HEYNE FILMBIBLIOTHEK

FILM-
JAHRBUCH
1991

Herausgegeben von Lothar Just
in Zusammenarbeit mit
Norbert Stresau und Uwe Wilk

Originalausgabe

WILHELM HEYNE VERLAG
MÜNCHEN

HEYNE FILMBIBLIOTHEK
Nr. 32/153

Herausgeber: Bernhard Matt

BILDNACHWEIS:

ARD, Arsenal, Ascot, Atlas, Cinevox, Columbia-Tri-Star, Concorde, Delta, Edition Salzgeber, Endfilm, FiFiGe/FilmConzept, Filmverlag der Autoren, Filmwelt, Forum des Jungen Films, Freunde der deutschen Kinemathek, Highlight, Hungaro Film, Impuls-Film, Jugendfilm, Kinowelt, Metropol, NEF2, Die Lupe, Neue Constantin, Progress, Pandora-Film, Prokino, Senator, Scotia, Tivoli, Tobis, Twentieth Century Fox, U. I. P., Verleihgenossenschaft, Warner-Bros., ZDF

Umschlagfoto-Vorderseite: Debra Winger und John Malkovich in »Himmel über der Wüste« mit freundlicher Genehmigung des Jugendfilm Verleih, Berlin
Printed in Germany 1991
Satz: Satz & Repro Grieb, München
Herstellung: Dieter Lidl
Druck und Verarbeitung: Ebner Ulm

ISBN 3-453-04631-5

Inhalt

Das Filmjahrbuch 1991

Herausgegeben von Lothar R. Just in Zusammenarbeit mit Uwe Wilk und Norbert Stresau.

Mitarbeit: Michael Hanisch, Johannes Klingsporn, Eva Lautenschlager, Karsten Prüßmann, Rolf Selas, Brita Geisler. Herstellung: Computergestützte Datenverarbeitung in Zusammenarbeit mit »Filmdata«. Programm und Satzkodierung: Norbert Stresau.

Kritiken

Die abgedruckten Kritiken und Texte stammen hauptsächlich aus den Zeitungen und Zeitschriften:
Abendzeitung, München; multimedia, Wien; tip, Berlin; Video Woche, München; Video Markt, München; Zoom, Zürich; sowie aus: Kölner Stadt-Anzeiger; Der Tagesspiegel, Berlin; tips, Osnabrück; Die Zeit, Hamburg.

Wir danken den Redaktionen und Autoren, die uns erlaubten, ihre Kritiken und Texte abzudrucken:

Michael Althen, Birgit Amon, Lars-Olav Beier, Wolfgang Brenner, Wolf Donner, Angie Dullinger, Richard Emele, Wilfried Geldner, Frauke Hanck, Alfred Holighaus, Anne Rose Katz, Helmut A. Lange, Kai Niemeyer, Milan Pavlović, Hans-Ulrich Pönack, Ponkie, Frank Scheller, Meinolf Zurhorst u. v. a. sowie der Redaktion der Video Woche für ihre Grundlagenarbeit, die es uns ermöglichte, den Videoteil so umfassend zu erstellen.

Danksagung

Die umfangreiche Arbeit an diesem Jahrbuch wäre nicht zu leisten gewesen ohne vielseitige Hilfe. Deshalb einen herzlichen Dank an alle, die uns bei der Arbeit unterstützten:
Silvia Andresen, Claudia Baumhöver, Elisabeth Berg, Unifrance, Kirsten Bollmann, Gaby Brandt, Redaktion und Verlag Filmecho/Filmwoche, Deutsches Institut für Filmkunde, Robert Fischer, Bodo Fründt, Freiwillige Selbstkontrolle der Filmwirtschaft (FSK), Filmbewertungsstelle Wiesbaden (FBW), Leonhard Gmür, Frauke Hanck, Benedikt Just, Jakobine Just, Jochen Kahn, Jürgen Labenski, Marlies Messinger, Michael Mues, Josef Nagel, Helge Post, Reinhard Pyrker, Peter Raschner, Uschi Reich, Susanne Reimann, Renate Sprenger, Detlef Schaller, Uta Schitthelm, Martin Stucki, Vera Sommer, Hungaro Film, Rolf Thissen, Attila Wiebe, Steffen Wolf.

Ein weiterer Dank an alle Mitarbeiter in den Presseabteilungen der Verleih- und Videofirmen und allen, die mit Informationen und Material zum Gelingen beitrugen.

Redaktionsschluß: 22. Dezember 1990
Erstverkaufstag: 15. März 1991

Vorwort

Nichts ist mehr so wie früher, aber eigentlich war es früher auch nicht besser. Elfhundert Filme aus den Bereichen Kino, Fernsehen und Video werden in diesem Jahrbuch vorgestellt. Würden wir aus dieser Menge die interessanten, wichtigen, die Filme, von denen man wahrscheinlich auch noch in zehn Jahren sprechen wird, herausheben, es sähe kläglich aus. Aber diese kleine Anzahl von Produktionen wird auch noch in den nächsten Jahren für das Filmschaffen des Jahres 1990 stehen. Kunst und Kommerz bilden dabei keine klare Trennungslinie mehr. Der Welterfolg des Jahres »Pretty Woman« wird als gelungene, charmante Komödie ihren Wert ebenso behalten wie »Dreams« von Akira Kurosawa oder »Eine Komödie im Mai« von Louis Malle. Aber wozu denn eigentlich diese Menge von weiteren Filmen, die uns überfluten? Den ehrbaren, engagierten, die uns um Mitternacht im Fernsehen in den Schlaf wiegen oder den trivial dummen, die mehr Aufwand als Umsatz für die Videotheken darstellen. Sie machen den »Markt« aus, sind Handelsobjekte für den Medienverwertungskreislauf Fernsehen und Video, füllen einen Sendeplatz, erreichen hohe Einschaltquoten und steigern die Werbeeinnahmen oder geben dem Redakteur das Gefühl, einen kulturellen Auftrag zu erfüllen. Nur bewirken diese Filme nichts. Weder die guten noch die schlechten. Sie bleiben nicht in Erinnerung, sie bewegen nicht, sie füllen die Zeit nur etwas besser als die sogenannte Fernsehunterhaltung. Wenn also nur im Kino der Film seine Wirksamkeit voll entfalten kann (und seine Werbefunktion für die weitere Medienverwertung), dann muß auch dafür gesorgt werden, daß der Film in den Kinos gespielt wird. Aber unter dem Gebot der Vielfalt und nicht der Marktmacht (drei Filme belegen 17 Kinosäle).
Mit Filmkunst ist hier nicht der esoterische Langweiler gemeint, nicht das deutsche Absichtskino mit seinen blutleeren Protagonisten, mit Schauspielern, bei denen man nicht erkennen kann, ob sie nicht wollen, dürfen oder können. Natürlich berühren wir jetzt auch die Problematik der Filmförderung, jenes Instrument der Geldverteilung, das nach dem Prinzip Hoffnung wirtschaftliches und künstlerisches scheinbar gleichermaßen konzeptionslos mit Finanzhilfen versieht zur höheren Ehre einer Region, eines Landes oder des deutschen Films. Wir landen bei den Klagen über den deutschen oder besser deutschsprachigen Film und bei seinen neuen Propheten, die die Schuld überall, aber nur nicht bei sich selber suchen. Und weil wir zwar eine eigene Meinung zu all den Fragen und Problemen haben, aber auch kein Konzept, oder besser gesagt ein zu simples, deshalb listen wir jedes Jahr alle Filme auf und lassen sie von Fachleuten bewerten. So können wir auch noch in Zukunft feststellen, daß Cynthia Rothrock zwar eine der meistbeschäftigten Schauspielerinnen war, aber auch, wie die Karriere von Andy MacDowell verläuft, die wir in »Sex, Lügen und Video« entdeckt haben.
Dieses Jahrbuch beinhaltet auch wieder eine Neuerung. Vier Fachautoren schreiben über die Filmszene in ihrem Land, über das, was sich nicht aus der lexikalischen Reihung der Filmeinträge ablesen läßt. Sie bleiben dabei der Konzeption dieses Buches treu und geben nicht Meinungen wieder, sondern Fakten. Durch die Gesamtfülle der Informationen über Filme, Festivals, Filmwirtschaft und -kultur wird deutlich, daß nichts mehr so läuft wie früher. Aber ob es früher wirklich besser war, ist immer noch offen. *Lothar Just*

Erläuterungen

Die Sternchenbewertung dient zur schnellen Einschätzung des Films. Dabei ist es durchaus möglich, daß die Bewertung im Gegensatz zur Meinung des Autors oder auch der FBW steht. Sie gibt Vorlieben der Mitarbeiter wieder, bemüht sich aber um eine objektive Beurteilung. Die Sternchen besagen:

* = Schrott, vergessen, ärgerlich	**** = Sehenswert, sollte man sehen
** = Zwiespältig, uninteressant	***** = Spitzenklasse, muß man sehen
*** = Annehmbar, kann man sehen	

Stab und Bestzung Regie, Drehbuch, Kamera, Musik und Schnitt werden in der Regel genannt. Die Schauspieler, soweit das festzustellen ist, mit ihren Rollen. Produzent, Produktion, Herkunftsland und Entstehungsjahr werden in einem Eintrag zusammengefaßt. Bei der Jahresangabe wird das Jahr der ersten öffentlichen Vorführung genannt. In Ausnahmen, bei denen Fertigstellung und Erstaufführung erheblich abweichen, auch das Herstellungsjahr.

Längenangabe Die Angaben dazu sind häufig widersprüchlich. Wir haben bei den meisten Filmen die gemessene Länge der FSK wiedergegeben, wenn die nicht vorlag, Längenangaben aus Festivalkatalogen oder Int. Filmzeitschriften. Bei großen Abweichungen wurden beide Angaben abgedruckt.

Verleihangaben Es wurde der jeweilige Verleih in der BRD, Österreich und der Schweiz in dieser Reihenfolge angegeben, danach folgt der Videovertrieb für den deutschen Markt. Lief der Film bis Redaktionsschluß noch nicht oder nur ausschließlich in einem Land, so ist das durch die Gedankenstriche ersichtlich. Die Filme in der ehemaligen DDR wurden noch ausschließlich durch den Progreß Filmverleih in die Kinos gebracht. Dabei sind einige, die auch in den anderen Ländern ausgewertet werden.

Video Die Längenangaben beziehen sich auf die Kinolänge des Films, durch die unterschiedliche Bildgeschwindigkeit verliert ein auf Video abgespielter Film pro 25 Minuten Laufzeit eine Minute. Falls der Film auf Video noch mehr verloren hat, kann man davon ausgehen, daß der Film gekürzt wurde; in diesem Fall ist die deutsche Videolänge in Klammern vermerkt. Erfaßt wurden alle Kino- und Fernsehfilme sowie die Pilotfilme zu neuen Fernsehserien. Nicht näher erfaßt wurden bloße Zusammenschnitte diverser Fernsehepisoden, hier findet sich im Text lediglich ein Verweis.

Literaturangaben Im Anschluß an die Kritik wird, soweit das möglich ist, auf die Veröffentlichung in anderen Zeitungen und Zeitschriften hingewiesen. Diese Kritiken sind im Bedarfsfall über den Herausgeber oder das Institut für Filmkunde zu beziehen.

Abkürzungen Nach Möglichkeit sind Abkürzungen vermieden worden, bis auf jene Zeitungsnamen, die allgemein bekannt sind:

AZ = Abendzeitung München	FR = Frankfurter Rundschau
FAZ = Frankfurter Allgemeine Zeitung	SZ = Süddeutsche Zeitung

Abkürzungen bei der FSK (Freiwillige Selbstkontrolle der Filmwirtschaft)-Freigabe: FBW = Filmbewertungsstelle Wiesbaden, o. A. = ohne Altersbeschränkung, d. h. auch Kleinstkinder können diesen Film sehen.

Die deutschsprachige Filmszene 1990

Ein Jahresrückblick auf die Filmsituation in der BRD/DDR, Österreich und der Schweiz

1990 – ein Jahr der Dynamik

Das Jahr 1990 ist auch unter filmwirtschaftlichen Gesichtspunkten ganz und gar von den gesellschaftlichen Veränderungen in Osteuropa und dem Mauerfall des Novembers '89 erfaßt worden. Deutsch-deutsche Annäherung, Wieder-Vereinigung und Öffnung des Osteuropäischen Marktes diktierten den Rhythmus, drängten auf Problemlösungen und veränderten Perspektiven. Unglaublich das Tempo. Und doch ist an der Schwelle zum neuen Jahr erkennbar, daß trotz des mörderischen Galopps der Zeitgeschichte die Strukturen der Filmwirtschaft in der ehemaligen DDR noch im Umbau sind.
Dynamik bringen auch die anstehende Novellierung des deutschen Filmförderungsgesetzes sowie der ab 1.1.1993 geplante europäische Binnenmarkt. Alles drängende Themen, die Produktivität nahezu herausfordern. Nicht umsonst wird das Jahr 1990 als das Jahr der Symposien in die Annalen eingehen: Krise des deutschen Films, Malaise der bundesdeutschen Filmförderung waren Dauerthemen. Bei aller Unterschiedlichkeit der jeweiligen Interessenlage ist sich die Branche einig, daß eine völlige Neuorientierung notwendig ist.

Deutscher Film und Europaperspektiven

Eine Art jour fixe der bundesdeutschen Filmwirtschaft ist die Münchner Filmwoche im Januar mit den CDU/CSU Filmgesprächen. Unter der Fragestellung »Europa 93 und der deutsche Film« wurden die Chancen des europäischen Binnenmarktes für die deutsche Filmwirtschaft erörtert, aber auch der Frage nachgegangen, wie der europäische Film gegenüber der mächtigen Dominanz der US-Produktionen zu stärken ist. Die Amerikaner halten inzwischen in fast allen europäischen Ländern einen Anteil von über 60%. Kreativität ist gefragt. Das Problem der europäischen Filmproduktion liegt darin, daß überwiegend kleine Unternehmen mit geringer Kapitalausstattung existieren, die nur unter Schwierigkeiten auf einem großen Markt operieren können. Diese Auffassung referierte auch Bundesinnenminister Dr. Wolfgang Schäuble, der den Standpunkt der Bundesregierung dazu in folgenden Punkten darlegte: Die Antwort Europas auf die Macht der Amerikaner darf keineswegs Quotenregelungen heißen. Hier unterscheidet sich der Minister deutlich von dem französischen Kulturminister Jack Lang und befindet sich im Einklang mit den bundesdeutschen Filmverbänden, die unter dem Dach der Spitzenorganisation der Filmwirtschaft (SPIO) zusammengefaßt sind. Die Bundesregierung sei aber für gemeinsame europäische medienpolitische Anstrengungen, wenn die kulturelle Vielfalt gewahrt bleibt. Einen Europudding will niemand; dagegen setzt man auf Coproduktionsabkommen, Verleih- und Absatzförderungen. In Brüssel sitzen die EG-Kommissare und mit ihnen ein gewaltig budgetiertes Programm, genannt MEDIA 92; in Straßburg tagen die Europaparlamentarier. Auch sie verwalten einen Fonds, der der Förderung des europäischen Films zugute kommen soll.

Gefreut haben sich die Kinowirtschaftler über die Äußerungen des Bundesinnenministers, was den Status der Filmtheater anbelangt: In der Auswertungsfolge setzt sich die Bundesregierung dafür ein, daß dem Kino gegenüber den anderen Konkurrenzmedien die erste Stelle einzuräumen ist. Eine weitere Forderung an Europa und an eine Medienordnung: Erhalt der Mehrwertsteuerpräferenz-Sätze im Zuge der steuerlichen Angleichung.

Der neue Markt im Osten

Auf den 40. Berliner Filmfestspielen, zum erstenmal in beiden Teilen der Stadt, stand alles noch unter dem deutsch-deutschen Vereinigungstaumel. Die Berlinale zeigte, daß Osteuropa geöffnet hat und auf den Markt drängt. Doch vorerst ist es umgekehrt: westliche Filme drängen auf die osteuropäischen Märkte, schon verschwinden die eigenen Produktionen aus den Kinos. Erste Klagen darüber wurden auf einem Ost-West-Symposium während der Berlinale laut: Osteuropäische Filmemacher stellen fest, daß für sie nach dem Diktat der kommunistischen Partei nun das Diktat der freien Marktwirtschaft ins Haus stehe. Flankenschutz ist sicher ein kulturpolitisches Gebot, sollte aber nur unterstützend eingesetzt werden. Aber: die Marktwirtschaft ein Kulturkiller? Eine solche Mythenbildung taugt kaum zur Problemlösung der anstehenden Veränderungen. Insbesondere Kinderfilme und Dokumentarfilme, in der ehemaligen DDR geradezu ein Aushängeschild der staatlichen DEFA-Produktion, werden sich auf dem westlichen Markt, insbesondere in den Kinos äußerst schwer tun. So gibt es zunächst bei den bundesdeutschen Exporteuren zufriedenere Gesichter, weil sich mit Osteuropa ein neuer riesiger Handelspartner auftut. Wegen der fehlenden Konvertierbarkeit der Währungen werden die Geschäfte oftmals über sogenannte Joint Ventures und Verrechnungen von Sachleistungen abgewickelt. Noch. Für viele Verleiher, die das Risiko eingehen, einen deutschen Film ins Kino zu bringen, ist der Exportmarkt oftmals die einzige wirkliche Möglichkeit, die Investition wieder zu amortisieren. Dies gilt für die deutschen Produzenten ebenso – um so mehr, als ihre Abnehmer auf der Fernsehseite sich über Coproduktionsbeteiligungen auf ewig die Lizenzen sichern.

Dauerkrise deutscher Film

Warum der deutsche Film auf dem Kinomarkt quasi eine Null-Nummer ist (was auch durch den Erfolg dreier Filme zum Jahresende nicht widerlegt ist), wurde in diesem Jahr in zahlreichen Publikationen und auf den sogenannten Symposien erörtert. Die einen sehen die Krise bei den Filmemachern; andere im bundesdeutschen Fördersystem; manche sehen, daß beides zusammenhängt. Das meistbeachtetste und sicher auch kompetenteste Referat des Jahres lieferte der Bavaria-Chef Dr. Günter Rohrbach während einer Veranstaltung der HFF, München, zur Medienentwicklung. Rohrbach sorgte für Zündstoff in der Diskussion – mit seinem berühmten Satz: »Der deutsche Film hat seinen Tiefpunkt noch nicht erreicht. Deutsche Filme sind geliftete Fernsehspiele.« Dr. Rohrbach, der die Produktion als Bavaria-Chef kennt wie kaum ein anderer, fordert: Weniger Filme mehr fördern – die Kapitalausstattung der Produzenten stärken, weil diese sonst auf einem internationalen Konkurrenzmarkt keine Chance mehr haben – Gremien neu zu gestalten und neue zu besetzen – und Fernsehrechte nicht global und auf ewig zu vergeben. Dr. Rohrbach mied auch nicht den heiklen Punkt, den deutschen Regionalismus in Frage zu stellen. Keineswegs wolle er damit die Kulturförderung abwürgen, wie es manche aus seinen Äußerungen heraushören wollten. Sein Credo heißt vielmehr Entflechtung des Förderdschungels.

Veränderungen in der Kinolandschaft

Eine andere Herausforderung kommt auf die deutschen Kinobesitzer zu: die sogenannten Multiplexe, gewaltige Kinocenter mit 10 Sälen und mehr, bevorzugt in der Umgebung großer Einkaufs- und Freizeitzentren angesiedelt.
Sind sie Ansporn für die bestehende Theaterlandschaft, für Technik, Sound und Equipment, oder geben sie kleinen Theatern, in deren Nähe sie entstehen, den Todesstoß? Das Jahr 1990 konnte darüber noch keinen Aufschluß geben, da der amerikanische Konzern UCI das erste Multiplexkino auf deutschem Boden in Hürth bei Köln erst im Oktober eröffnete. Kostenpunkt: 30 Mio DM. Der über 8000 qm umfassende Komplex umfaßt 14 Vorführsäle, alle nahezu gleich groß, alle nahezu mit demselben Outfit. Über Geschmack läßt sich streiten. Inwieweit dieser Koloß die Geschäfte der Innenstadtkinos beeinträchtigt, kann noch niemand sagen. Aber die Theaterbesitzer belastet ein ganz anderes Problem. Hinter den meisten geplanten oder schon im Bau befindlichen Komplexen stehen die amerikanischen Major-Firmen, die über solche Theater-Center von der Produktion über den Verleih bis hin zum Abspiel den Markt kontrollieren könnten. Die Frage ist, versuchen die Amerikaner in Europa eine vertikale Struktur aufzubauen, die mit Lieferbeeinträchtigung der hiesigen Filmtheater einhergeht? Diese Thematik diskutierten Theaterbesitzer auf dem 20. HDF (Hauptverband der Deutschen Filmtheater) Seminar in Baden Baden sowie auf einem Symposium über die Zukunft des Kinos, das auf dem Münchner Filmfest veranstaltet wurde.
Während die Multiplexe mit allem Argwohn beobachtet werden, steht der Kinopark der ehemaligen DDR zur Disposition. Viele Filmtheaterbesitzer sind aktiv, haben teilweise schon Vorverträge über Beteiligungen und sonstiges abgeschlossen. Nur rechtlich Verbindliches, also Fakten, wem diese ehemaligen volkseigenen Betriebe (sogenannte »GmbHs im Aufbau«) gehören, gab es bis Jahresende noch nicht. So sind auch die Abmachungen von keinem rechtlichen Wert. Während die Treuhand diese Erbmasse unter Verwaltung genommen hat, um über deren Zukunft zu entscheiden, mühen sich viele Theaterleiter, im Zuge der Privatisierung und dem Einsatz westlicher Filme, den drohenden Konkurs abzuwenden. In dem Prozeß der Umgestaltung, der nur allzu deutlich offengelegt hat, daß bei den notwendigen zu tätigenden Investitionen in den überwiegend unrentablen Kinos ohne westliche Beteiligung nichts zu machen ist, wuchs die Verantwortung mehr und mehr Treuhand und Kommunen zu, den ökonomischen Schnitt zu wagen, ohne daß dabei eine marktbeherrschende Position herauskommt. Ende 91 wird man bilanzieren müssen, was daraus geworden ist.

Verdrängungswettbewerb im Verleihgeschäft?

Die bundesdeutschen Verleiher schließlich stellten auf ihrer Jahreshauptversammlung fest, daß die unübersehbare Markt-Konzentration mit immer mehr Kopien für immer weniger Filme die Kinos verstopft. Die Mitgliederversammlung appelliert an die amerikanischen Majorfirmen, etwas mehr Maß zu halten und sich zu beschränken; andernfalls verstehe man dies als Verdrängungswettbewerb, in dem die kleinen und mittleren Firmen nicht mehr überlebensfähig bleiben werden. Einige kleinere deutsche Verleiher fühlten sich schon etwas verdrängt und legten ihre Firmenaktivitäten zusammen. So bezogen Kinowelt und Prokino, die schon längere Zeit zusammenarbeiten, jetzt auch gemeinsame Büroräume und beschlossen Impuls und Pandora eine Vertriebskooperation und Einkaufsgemeinschaft. Weitere Veränderungen im Jahr 1991 sind absehbar.

Bernd Jetschin

Poesie läßt sich auch mit amerikanischer Marktmacht nur schwer verkaufen: »Dreams« von Akira Kurosawa.

Auf dem Weg zur Marktwirtschaft
Das Kino der DDR im letzten Jahr seiner Existenz

Das DDR-Kino war 1990 auf den 40. Internationalen Filmfestspielen und dem Internationalen Forum des Jungen Films so präsent wie nie zuvor. Im Wettbewerb lief Heiner Carows »Coming out«, außerhalb der Konkurrenz Frank Beyers »Spur der Steine« (der in diesem Jahrbuch als einer der besten Filme des Jahres vorgestellt wird), und das Forum zeigte sieben DEFA-Filme, die - wie »Spur der Steine« - durch das berüchtigte 11. Plenum der SED verboten bzw. deren Produktion abgebrochen worden war. Während dieses Festivals wurde in der Öffentlichkeit auch zum ersten Mal eine Wahrheit ausgesprochen, die eigentlich allen längst klar war, die aber dennoch nicht wenige Beobachter schmerzte: Zum letzten Mal waren in West-Berlin Filme aus der DDR zu sehen. Vermutlich werden auch 1991 Filme aus Babelsberg bei der Berlinale zu sehen sein, aber das sind dann keine Filme aus der DDR mehr. Ein wehmütiger Gedanke nicht zuletzt für die unter den DDR-Filmemachern, die unter der schlimmen Kulturpolitik dieses Landes mehr als andere zu leiden gehabt haben. Plötzlich war es ganz deutlich geworden: Der Untergang des DDR-Films bedeutete für viele einen Verlust von DDR-Identität.
Zur gleichen Zeit, als die DEFA-Filme in West-Berlin zu sehen waren, tauchten in Ost-Berlin die ersten Wahlplakate auf. Auch erste Filmplakate tauchten in den Ostberliner Straßen auf. Sie warben für den neuesten Teil der »Nightmare«-Serie, der in den Westberliner Kinos lief. Und die Zeitschrift »Cinema« gab auf ihren Plakaten Auskunft »Wer treibt's mit wem in Hollywood?« Die Plakate warben für etwas, was es in Ost-Berlin und der DDR noch gar nicht zu kaufen gab.

Ein Verband wird aufgelöst

Am 23. und 24. Februar fand ein Außerordentlicher Kongreß des Verbandes der Film- und Fernsehschaffenden der DDR statt. Eine Minderheit (373 bzw. 331 von 1020 möglichen Delegierten) diskutierte über die Funktion des Verbandes in einer nahezu vollkommen veränderten Kulturlandschaft. Ein neues Statut wurde erlassen, ein neuer Vorstand gewählt. Neuer Vorsitzender: Der Dokumentarist *Joachim Tschirner*. Neben ihm als Stellvertreter die Dokumentaristin *Helke Misselwitz*, der Dramaturg *Gerd Gericke* und der Filmwissenschaftler *Rolf Richter*. Der neue Vorsitzende forderte am 15. März in einem Interview gegenüber der Berliner taz: »Was das Geld betrifft, bin ich für Staatsnähe, bei den Inhalten für Staatsferne. Staatliche Subventionen für Künste, die sich ökonomisch nicht selber tragen können, dürfen nicht vom guten Willen einer Regierung abhängig sein. Deshalb treten wir dafür ein, daß die staatliche Schutz- und Förderungspflicht zum Verfassungsgrundsatz erhoben wird. Das wäre etwas wirklich Neues, sowohl für die DDR als auch für die Bundesrepublik. (...) Kunst für Minderheiten ist kein Luxus, sondern letztendlich lebensnotwendig. Wir fordern das Geld, wir lehnen die Kontrolle ab, wir lehnen den Marktmechanismus ab. (...) Eine künftige Gesellschaft muß in der Lage sein, die Dächer zu schließen und Kunst zu subventionieren, auch Kunst für Minderheiten. Es ist eine Frage der Zivilisation, wo das Geld weggenommen wird.«
Ende September beschloß der Minister für Kultur der Regierung de Maizière »Richtlinien zur kulturellen Filmförderung« und übernahm auch auf diesem

Gebiet das Modell der bundesdeutschen Filmförderung für die zukünftigen neuen Bundesländer. In einer Erklärung protestierte Tschirner, daß die Idee von einer demokratischen Selbstverwaltung durch die Filmemacher - wie sie der Verband gefordert hatte - bei diesem Modell auf der Strecke blieb: »Wie früher sollen die letzten Entscheidungen von einem »Überorgan« getroffen werden, das heute Länderarbeitsgemeinschaft Filmförderung (LAF) heißt.«
Zur gleichen Zeit wurde auch bekannt, daß mit Ende des Jahres 1990 sämtliche Zahlungen der Regierung an die Künstlerverbände eingestellt würden und die Verbände dadurch keine Existenzmöglichkeiten mehr haben. In einer Art von Trotzreaktion ließ der Verband der Film- und Fernsehschaffenden verlauten, daß er sich nicht selbst auflösen werde, sondern solange weiterexistieren werde, wie ihn seine Mitglieder brauchen. Gleichzeitig gab am 15. September eine Initiativgruppe des Bezirkskollegiums Potsdam des Verbandes bekannt, daß sie einen Gemeinnützigen Filmverband für das Land Brandenburg innerhalb des Verbandes konstituieren will.

Das Ende von Monopolisten

Am 23. Mai, genau eine Woche vor dem Vollzug der deutschen Währungsunion, gab Progreß, der bisher einzige, staatliche Filmverleih der DDR bekannt, daß er in absehbarer Zeit einer unter wahrscheinlich 70 deutschen und ausländischen Filmverleihern sein wird, die den Kinos Filme anbieten werden. Das Verleihangebot von Progreß, das bisher ca. 150 Filme umfaßte, wird sich zukünftig auf etwa 30 Filme reduzieren. Als Schwerpunkt seiner künftigen Arbeit will der arg geschrumpfte Verleih den Vertrieb von DEFA-Filmen sowie von osteuropäischen, chinesischen und kubanischen Filmen im deutschsprachigen Raum ansehen. Allerdings war es bereits im Mai abzusehen, daß Progreß unter der Konkurrenzsituation mit potenten bundesdeutschen und ausländischen Verleihern erheblich zu leiden haben wird. Nicht wenige lukrative Kinos und Termine waren bereits zu jener Zeit besetzt. Ab 1. Juli, nach Realisierung der Währungsunion, wurde das Repertoire fast aller großen und mittleren Kinos der DDR durch bundesdeutsche Verleiher bestimmt. In Berlin richtete Progreß zwei neue, sehr kleine Kinos ein, die ausschließlich Filme aus dem Progreß-Angebot spielen. Allein in ihnen ist es nach dem 1. Juli 1990 in Berlin möglich, neue DEFA-Filme zu sehen.
Im August wurde bekannt, daß der zwei Jahre vor der Wende aus Altersgründen vom Posten des Progreß-Direktors abberufene ehemalige Direktor *Wolfgang Harkenthal* in Berlin den ersten privaten Filmverleih der DDR gegründet habe, die Neue Berlin Film Verleih GmbH. Erotikfilme wie »Griechische Feigen« und »Josephine Mutzenbacher« sind die Attraktionen des neuen Verleihs. Dazu kommen Filme wie »Der Joker« mit Peter Maffay und »Eine Frau namens Harry« mit Thomas Gottschalk.
Bereits im Mai hatten die führenden bundesdeutschen und amerikanischen Verleiher während des Filmfestivals in Cannes beschlossen, eine »Vertriebsgemeinschaft DDR« zu gründen, mit deren Hilfe man den DDR-Markt erobern will.
In Cannes wurde gleichzeitig auch bekannt gegeben, daß der Direktor des von der Liquidation bedrohten DEFA-Außenhandels *Helmut Diller* die Rechte an 250 der besten DEFA-Spielfilme dem Westberliner Filmproduzenten *Manfred Durniok* für den Spottpreis von 300 000 DM abgetreten habe. Der DEFA-

Außenhandel hatte seit 1964 als Monopolist das alleinige Recht, DEFA-Filme weltweit zu verkaufen. Der »Coup von Cannes« (erst Anfang Juni wurde bekannt, daß der umstrittene Vertrag bereits im Februar zustande gekommen war) löste in der DDR-Filmszene große Empörung aus, und so wurde dieser hinter dem Rücken des DEFA-Studios, des Filmverbandes und des Kulturministeriums ausgehandelte Vertrag im Juni vom Minister für Kultur rückgängig gemacht. Die Rechte an den DEFA-Filmen wurden inzwischen einer Stiftung sowie dem Progreß-Filmverleih übertragen.

Kinopoker in Ost-Berlin

Bereits Mitte des Jahres richtete sich die Aufmerksamkeit auf die sich bisher ausschließlich in staatlicher Hand befindlichen Kinos der DDR. Von Juni bis Dezember - und ein Ende ist bis heute nicht abzusehen - erschienen Meldungen in den Berliner Zeitungen, die über den aktuellen Stand der hinter verschlossenen Türen geführten Verhandlungen Auskunft gaben. Im Juli sah es noch verhältnismäßig klar aus: Die bisher der Bezirksfilmdirektion Berlin unterstellten 21 Ostberliner Kinos sollten in einer GmbH zusammengeschlossen werden. Dadurch wäre eine lebensfähige Kinokette gebildet worden, die sich dem Druck westlicher Verleiher und Kinoketten hätte widersetzen können. Aus den verschiedensten Gründen kam es nicht zu der Bildung dieser GmbH.
In den folgenden Wochen kam es zu vielfältigen, fieberhaften Aktivitäten, an denen die großen bundesdeutschen Kinoketten wie Riech und Flebbe, aber auch kleinere Westberliner Kinobesitzer wie die York GmbH auf der einen Seite, die Kulturressorts der beiden Berliner Verwaltungen und die ehemalige Bezirksfilmdirektion auf der anderen Seite beteiligt waren.
Schließlich meldete sich im November auch die Berliner Treuhandanstalt in dieser Angelegenheit zu Wort. Im Juli war von dieser Institution noch erklärt worden, daß die Filmtheater in der DDR nicht durch die Treuhandanstalt übernommen werden. Jetzt, im November, wollte dieselbe Treuhand dem Berliner Magistrat verwehren, die 21 Ostberliner Kinos zu verpachten. Dagegen wurde gefordert, alle 21 Kinos so schnell wie möglich dem meistbietenden Interessenten zu verkaufen. Dieser Forderung widersetzte sich bisher die Bezirksfilmdirektion und nimmt einen eventuellen Rechtsstreit mit der Treuhand dafür in Kauf.
Die letzte Runde im Ostberliner Kinopoker ist zur Zeit noch nicht eingeläutet. Das Publikum interessiert sich ohnehin nur wenig für den undurchschaubaren Streit. Angesichts gestiegener Eintrittspreise (teilweise von 1.50 Mark der DDR auf 6,- bis 8,- DM) waren die Kinos nach dem 1. Juli noch leerer als sonst.

Ein Filmstudio mit großer Tradition betritt Neuland

Aus dem VEB DEFA-Studio für Spielfilme wurde am 1. Juli die DEFA Spielfilm GmbH. Die Filmgesellschaft, die im Jahre 1946 als Deutsche Film AG gegründet worden war, suchte nun ebenfalls ihren Weg in die Marktwirtschaft. Gleichzeitig mit der Gründung der GmbH wurde eine Dreiteilung der DEFA beschlossen: Neben der Spielfilm GmbH existiert jetzt noch das DEFA-Studio für Trickfilme in Dresden sowie das DEFA-Studio für Dokumentarfilme in Potsdam-Babelsberg und Berlin.
Von den 2400 Beschäftigten des Spielfilmstudios waren vor Einführung der Währungsunion bereits 400 Mitarbeiter in den Vorruhestand geschickt worden.

Zum 31. Dezember erfolgten Kündigungen für 800 weitere Mitarbeiter. Darunter befindet sich das gesamte künstlerische Personal, u.a. 70 festangestellte Kameramänner und 43 Regisseure. (Da das Spielfilmstudio jährlich nur 15 Filme produzieren konnte, bedeutete das, daß jeder Regisseur nur alle drei Jahre einen eigenen Film drehen durfte.) Die entlassenen Mitarbeiter erhielten Abfindungen zwischen 1500 und 20 000 DM und müssen nun versuchen, freiberuflich weiterzuarbeiten.
Das Spielfilmstudio wandelt sich in einen reinen Atelierbetrieb, der interessierten Produzenten Dienstleistungen anbietet. Die Auftragslage sah Ende des Jahres 1990 nicht schlecht aus für die DEFA. Mehrere Westberliner Produzenten und TV-Gesellschaften verhandelten mit der Filmgesellschaft. Einige Filme und auch TV-Serien werden bereits gedreht.
Der Hauptauftraggeber des Studios aus der Vergangenheit aber, der Deutsche Fernsehfunk, der zeitweise über 50% der Kapazität ausschöpfte, fiel im Laufe des Jahres 1990 nahezu vollkommen aus.
Um dem entgegenzuwirken, entstand bereits im Juli die Idee für das Projekt eines privaten Fernsehsenders »DEFA TV«. Dieser Sender will einen Großteil seines Programms aus alten und neuen DEFA-Produktionen bestreiten und daneben mit Serien, Magazinen und Reportagen ein 24-Stunden-Programm anbieten. Die Entscheidung über Privatfernsehen in den fünf neuen Bundesländern ist im Dezember 1990 noch nicht gefallen. »DEFA-TV« führt als Argument für sich u.a. an, daß dieser Sender viele neue Arbeitsplätze im Land Brandenburg schaffen würde, Arbeitsplätze für Menschen, die u.a. im DEFA-Spielfilmstudio entlassen werden.
Das DEFA-Spielfilmstudio verfügt über ein Gelände von 40 Hektar, über eine Vielzahl großer und kleiner Ateliers, Werkstätten aller Art sowie zahlreiche Requisiten-Fundi. Der Grundstückswert des Geländes allein beträgt um 430 Millionen DM.
Wie bereits in den vergangenen Jahren so hat auch 1990 die DEFA ihren Plan von 15 Filmen erfüllt. Die Produktion ist auch für das erste Quartal 1991 sichergestellt. Ob das Studio danach seinen Weg in die Marktwirtschaft gefunden haben wird, bleibt allerdings fraglich.

Michael Hanisch

Filmszene Österreich

Jänner 1990

Zu Jahresbeginn gab es in Österreich 290 Kinos mit 399 Sälen und zusammen 85 351 Sitzplätzen. Während in anderen Ländern die Kinostruktur meistens auf mehrere große Ballungszentren verteilt ist, konzentrieren sich in Österreich die Kinos und vor allem die Einnahmen in der Bundeshauptstadt Wien; Ende 1989 zählte Wien 53 Lichtspielhäuser mit 96 Leinwänden und 19 022 Sitzplätzen. Die zwei größten österreichischen Kinoketten sind »Constantin Cinema Group Austria« und die »Wiener Stadthalle-KIBA«, die jede über knapp 40 Kinos mit jeweils doppelt so vielen Sälen verfügt.
Erstmals gab es 1989 mit österreichweit 10 256 000 verkauften Karten wieder einen leichten Anstieg des Kinobesuches von plus 0,2 Prozent, davon entfielen auf Wien 3,4 Mio Besucher (+2,8 Prozent). Der bundesweite Umsatz betrug 1989 639,3 Mio Schilling (ca. 91,3 Mio. DM), davon erbrachten die Wiener Kinos mit 284,4 Mio. Schilling (ca. 41 Mio. DM) 45 Prozent des Gesamtumsatzes.
1989 liefen 365 neue Filme in den österreichischen Kinos an, nur fünf davon erreichten mehr als 300 000 Besucher, jene Zahl, die nötig ist, um ein »Golden Ticket« der Filmwirtschaft zu erhalten – das österreichische Pendant zur bundesdeutschen »Goldenen Leinwand«. Fünfmal über 300 000, das bedeutete 1989 einen guten Durchschnitt und ist zugleich ein vehementer Hinweis auf die österreichische Kinorealität: Jeweils die Hälfte der Filme eines Jahres erreicht in Österreich weniger als 5000 Besucher und mehr als 50 Prozent aller neu im Kino anlaufenden Filme kommen aus den USA. Insgesamt beträgt der Marktanteil ausländischer Produktionen in Österreich 97 Prozent. Das österreichische Fernsehen (ORF) strahlte 1989 in seinen zwei Programmen insgesamt 1061 Langfilme aus.
Positiv bilanzierte in den letzten Jahren die Kinowerbung: Am 31. Jänner stellten der Fachverband der Lichtspieltheater Österreichs und die Gewista-Kinoreklame in einer gemeinsamen Pressekonferenz in Wien eine Studie über die Akzeptanz der Kinoreklame vor. Demnach wird Werbung im Kino vom Zuschauer positiver aufgenommen und bleibt länger im Gedächtnis als die Werbespots im Fernsehen. Diese im Kern nicht unbedingt neue aber erstmals empirisch bestätigte Erkenntnis führte in den folgenden Monaten zu einem regelrechten Reklame-Boom in den österreichischen Kinos.
Ein guter Start für den heimischen Film war 1990 die Teilnahme am Wettbewerb um den Max-Ophüls-Preis in Saarbrücken mit den Produktionen *Caracas* von Michael Schottenberg, *Die Skorpionfrau* von Susanne Zanke und *Shalom General* von Andreas Gruber; insgesamt 18 österreichische Beiträge liefen 1990 in Saarbrücken, und schließlich stellte Österreich zum vierten Mal den Siegerfilm: Der aus Wels/Oberösterreich stammende Regisseur Andreas Gruber erhielt für *Shalom General* den »Max-Ophüls-Preis 1990«. Vor ihm hatten ihn 1983 Niki List für *Cafe Malaria*, 1985 Christian Berger für *Raffl* und 1989 Berthold Mittermayr für *Eis* erhalten.
Am 1. Jänner 1990 trat der im Jahr davor abgeschlossene Vertrag zwischen Österreich und der Europäischen Verleihförderung in der EG (efdo) in Kraft. Partner der efdo in Österreich ist der Österreichische Filmförderungsfonds (ÖFF), der auf der Grundlage des Filmförderungsgesetzes von 1980 errichtet wurde (Novel-

lierung 1987). Aufgabe des ÖFF ist die Förderung des österreichischen Films in den Bereichen Planung, Herstellung und Verwertung, berufliche Weiterbildung, Verbreitung und marktgerechte Auswertung. Organe des ÖFF sind eine Auswahlkommission und ein übergeordnetes Kuratorium.
Am 25. Jänner wurden im Rahmen der Österreich-Premiere von Gabriel Baryllis Regiedebut *Butterbrot* Die »Golden Tickets 1989« vergeben: Innerhalb von 18 Monaten ab dem Start hatten *Der Bär*, *Otto der Außerfriesische*, *Roger Rabbit*, *Rain Man* und *Ein Fisch namens Wanda* die erforderlichen 300 000 Besucher erreicht. Als bestbesuchter heimischer Film wurde Niki Lists *Sternberg Shooting-Star* mit dem »Österreichischen Filmpreis« ausgezeichnet - an diese Auszeichnung ist keine Mindestbesucherzahl gebunden.

Februar 1990

Bei den 40. Filmfestspielen in Berlin war Österreich in drei offiziellen Programmsektionen vertreten, davon mit dem Trickfilm *Null Null* von Josef Nermuth im Kurzfilmwettbewerb und mit Erhard Riedlspergers Regiedebut *Tunnelkind* im Kinderfilmfest-Wettbewerb, wo der Film den zweiten Platz belegen konnte. Drei weitere Produktionen liefen in der Panorama-Reihe. Wie bei allen größeren Festivals war Österreich auch in Berlin mit einem Messe-Stand der »Austrian Film Commission« (AFC) vertreten und zeigte neue Produktionen auf dem internationalen Filmmarkt.
Ende Februar kam auf Einladung des Österreichischen Film Büros, das u.a. Veranstalter der nationalen Werkschau »Österreichische Film Tage« in Wels ist, eine Delegation aus der Volksrepublik China nach Österreich, um Filme für einen möglichen Kinoeinsatz in China auszuwählen. Darüber hinaus fanden Vorgespräche für ein Festival des chinesischen Films 1992 in Wien und eine Gegenwoche mit österreichischen Produktionen in Peking statt.
»30 000 Meter Film aus der Schweiz« präsentierte von Ende Februar bis Ende April zuerst in Wien und anschließend in sechs weiteren Bundesländern der größte nichtkommerzielle Filmverleih des Landes, die »Aktion Film Österreich«, die vor allem Schulen und Filmclubs seit Jahrzehnten beliefert.

März 1990

Am 2. März stellte Wiens Kulturstadträtin *Dr. Ursula Pasterk* die neue Leitung der Internationalen Wiener Filmfestwochen »Viennale« vor: *Reinhard Pyrker*, Chef der »Österreichischen Film Tage« in Wels, wird gemeinsam mit dem in Wien lebenden deutschen Regisseur *Werner Herzog* die Geschicke dieses traditionellen Filmfestivals der Wiener in den nächsten Jahren leiten. *Helmut Dimko* hatte im Herbst des Vorjahres nach mehrjähriger Direktion das Handtuch geworfen; einerseits aus beruflicher Überlastung (er betreibt zusammen mit Peter Hajek die Wiener »Mungo-Film«), andererseits aus Budgetgründen: Dem Festival »Viennale« standen 1989 lediglich 4 Mio. Schilling (600 000 DM) zur Verfügung. Mit der neuen Direktion soll die vor 30 Jahren gegründete »Viennale« auch besser dotiert werden. Mit einer Galapremiere von Milos Formans *Amadeus* in Budapest startete die Wiener Constantin am 17. März offiziell ihre Verleihtätigkeit in Ungarn. Unter dem Firmentitel »Constantin Film Distribution and Media« sollen künftig 10 bis 12 Titel jährlich auf ungarische Leinwände gebracht werden, auch an den Bau von Multiplexen ist gedacht. Als nächstes Ost-Ziel peilt Firmenchef *Anton Langhammer* die ČSFR an.

Zu seinem 35jährigen Bestehen präsentierte das »Österreichische Filmarchiv« am 23. März die 100 000ste eingelagerte Filmrolle. Geschäftsführer *Dr. Walter Fritz* sah darin einen guten Anlaß zum Feiern, aber keinen Grund zum Jubeln. Denn die Bewahrer-Institution des österreichischen Zelluloid-Erbes ringt seit Jahren ums finanzielle Überleben.
Seit seiner Gründung 1955 hat das Filmarchiv sich um die Umkopierung von rd. 5000 Nitrofilmrollen auf Sicherheitsfilm bemüht, weitere 6800 Rollen harren noch in den Regalen. Pro Jahr stehen aber nur 1,5 Mio Schilling (etwas über 200 000 DM) für die Umkopierung zur Verfügung, das reicht gerade aus, um fünf Spielfilme vor dem Zerfall zu retten.

April 1990

Am 23. April wurde in Graz/Steiermark die Juryentscheidung für den erstmals ausgeschriebenen »Carl-Mayer-Drehbuchpreis« bekanntgegeben: Der mit 150 000 Schilling (rd. 21 000 DM) höchstdotierte Drehbuchpreis Österreichs ging an den Wiener Journalisten *Reinhard Jud* und die Wiener Filmstudentin *Martina Kudlacek* für das Treatment *Mond in Cyan.*
Der Preis ist nach dem Grazer Drehbuchautor Carl Mayer benannt (*Das Cabinet des Dr. Caligari*) und wird in Zukunft alle zwei Jahre ausgeschrieben.
Am 5. April wurde das renovierte Wiener Autokino eröffnet. Mit drei Leinwänden stellte es als erstes Autokino-Center in Europa eine Novität dar.
Dem klassischen chinesischen Actionfilm der letzten 20 Jahre widmete das Wiener Schikaneder-Kino als erstes deutschsprachiges Kino vom 27. April bis 3. Mai eine Retrospektive, und das Österreichische Filmmuseum in der Wiener Albertina (»Unsichtbares Kino«) bot im April ein Buster Keaton-Festival.

Mai 1990

Bei den Internationalen Festspielen in Cannes konnte Österreich zwei Kurzfilme im offiziellen Programm zeigen, *Die Pedianten* von Prinzgau/Podgorschek (Kurzfilm-Wettbewerb) und den vielbeachteten Avantgardefilm *Pièce Touchée* von Martin Arnold. Darüber hinaus war Österreich mit etlichen Produktionen auf dem Markt vertreten.
Mit einem fulminanten Fest feierte vom 24.–27. Mai der in Österreich geborene Produzent *Karl Spiehs* »25 Jahre Wörthersee-Film«. Spiehs drehte in diesem Vierteljahrhundert 24 Spielfilme am Wörthersee und brachte es damit auf 40 Millionen Zuschauer. Zum Jubiläum erhielt er die »Goldene Ehrenmedaille für besondere Verdienste um den österreichischen Tourismus«, die vor ihm u. a. Arnold Schwarzenegger und Julie Andrews erhalten hatten.
Am 31. Mai wurde in der neuen niederösterreichischen Landeshauptstadt St. Pölten das Projekt »Stadtfilmer« vorgestellt. Der renommierte Filmemacher *Michael Pilz* (*Himmel und Erde*) wurde von der Niederösterreichischen Landesregierung und der Stadtverwaltung St. Pölten eingeladen, eine Filmwerkstatt und ein Programmkino einzurichten sowie die Ereignisse rund um die Entstehung der neuen Landeshauptstadt filmisch zu dokumentieren.
Ende Mai standen die ersten drei Filme fest, die in den 18 Monaten davor mehr als 300 000 Besucher in die österreichischen Kinos gelockt hatten: *Der Rosenkrieg, Schau mal wer da spricht* (in Deutschland »Kuck' mal, wer da spricht«) und *Der Club der toten Dichter* waren die ersten Anwärter des Jahres auf die bronzene Kleinplastik »Golden Ticket« der heimischen Filmwirtschaft.

Juni 1990

Beim Low Budget Film Festival in Hamburg war Österreich mit den Filmen *Weiningers Nacht*, *Seven Scenes of Plenty* und *A Licensed Liberty* vertreten, beim Festival in Troia/Portugal mit *Senderos*, *Die Skorpionfrau*, *Seven Scenes of Plenty* und *Idomeneo*. Das Festival in La Rochelle zeigte *Weiningers Nacht*, und beim Dokumentarfilmfest in München wurde Karl Prossliner für seinen Film *Roman Moser* mit dem Preis der Firma Fuji Kine Film ausgezeichnet.
Am 7. Juni wurden in Wien die »Goldenen Kader« vergeben. Mit diesem Preis zeichnet der Verband der Kameraleute alle zwei Jahre die besten Kameraarbeiten in den Bereichen Spielfilm, Dokumentation und Fernsehen aus. Kunstministerin Hilde Hawlicek überreichte die begehrten Trophäen an Hanus Polak (für *Ach Boris...*), Jiri Stibr (*Die toten Fische*) und Peter Freiss (*Postadresse: 2640 Schlöglmühl*).
Am 11. Juni überreichte Bundes-Wirtschaftsminister Dr. Schüssel die Staatspreise für Werbefilm 1989 an die Wiener Firmen Adi Mayer (für *Triumph White*) und Neutor-Film (für *Hagan Ski*). Einen Wirtschaftsfilm-Erfolg besonderer Art stellte am 21. Juni die Grazer Epo-Film vor, den Wien-Werbefilm *Vienna Winterlove*, mit dem der international vielfach ausgezeichnete Werbestreifen *Location Vienna* eine inzwischen ebenso erfolgreiche Fortsetzung fand.
Das »7. Film-Open-Air« vom 25. bis 28. Juni in Linz/Oberösterreich brachte Filme von Susanne Zanke (*Die Skorpionfrau*), Lukas Stepanik (*Unter Freunden*), Berthold Mittermayr (*Eis*), und Kurt Steinwendner (*Wienerinnen*). Das Österreichische Filmmuseum zeigte vom 20. bis 28. Juni als Gastspiel in Graz die umfassende Schau »Experiment Film - Bildkünstler als Filmemacher«.

Juli 1990

Vor wenigen Jahren hat Österreichs Kinowirtschaft die Zeichen der Zeit erkannt und startet alljährlich Sommerkino-Aktionen. Diese ursprüngliche Idee der Programm- und Filmkunstkinos haben inzwischen die beiden großen Kinoketten Constantin und Kiba übernommen und veranstalten zusammen mit der Gratis-Kinogazette »Skip« sommerliche Previews, Reprisen und Vorstellungen zu Sonderpreisen.
Zu Sommerbeginn bot die neugegründete »ARGE Drehbuch« erstmals Serviceleistungen in Form von Expertisen und dramaturgischer Betreuung an, es folgte im Herbst ein von österreichischen Regisseuren eifrig besuchtes Drehbuchseminar mit Syd Field. »Wenn in Österreich von Drehbuchautoren die Rede ist, dann wird entweder an schreibende Hausfrauen gedacht oder an ein paar Literaten, die sich bei Film und Fernsehen die Butter aufs karge Brot der Schriftstellerei verdienen wollen.« Dieses Zitat stammt von Thomas Pluch, Mitbegründer und Vorstandsmitglied der inzwischen als Verein konstituierten »ARGE Drehbuch«, die sich für die Zukunft »eine stärkere Einbindung der Autoren in das Produktionsgeschehen, die Förderung der Kommunikation untereinander und mit den Vertretern aller Bereiche des Filmschaffens und schließlich die Festigung des Stellenwertes der Autoren im öffentlichen Bewußtsein« zum Ziel gesetzt hat.
Die österreichische Jury für den Europäischen Filmpreis, bestehend aus je einem Vertreter der Drehbuchautoren, Kameraleute, Schnittmeister, Regisseure und Produzenten, nominierte die Filme *Weiningers Nacht* von Paulus Manker, *Tunnelkind* von Erhard Riedlsperger und *Die Farben der Vögel* von

Herbert Brödl als österreichische Hoffnungsträger für den »Felix 1990«. Zwei Filme vertraten Österreich im Juli in Karlovy Vary, *Das Tunnelkind* und *Die Ministranten*, der neue Film von Wolfram Paulus; das Jerusalem-Festival präsentierte *Weiningers Nacht.*

August 1990

Beim Filmfestival in Locarno lief *Zeit der Rache*, das Regiedebüt des bekannten Wiener Kameramannes Anton Peschke im Wettbewerb, und der Dokumentarfilm *Good News* von Ulrich Seidl in der Kritikerwoche. Montreal zeigte *Ach, Boris...*
Ende August veranstalteten die Local-Bühne Freistadt/Oberösterreich und das Linzer Programmkino »Moviemento« ein Seminar zum Sowjetischen Film: Nach dem Eisenstein-Zitat »Kunst ist immer Konflikt« leitete der junge Moskauer Drehbuchautor Andrej Fedorin das viertägige Seminar, das mit umfangreichem Filmmaterial ergänzt wurde.

September 1990

Weil sie einen kritischen Bericht über die aggressive Außenpolitik der Apartheidregierung gedreht haben, durften Margareta Heinrich und Margit Niederhuber Anfang September nicht nach Südafrika einreisen. Ihr Dokumentarfilm *Ist der Teufel wirklich ein Kind?* hatte im Juni seine erfolgreiche Uraufführung in Maputo/Moçambique und lief im September beim Filmfestival in Johannesburg, allerdings in Abwesenheit der Filmemacherinnen. Der kritische Streifen eröffnete außerdem das Filmfestival in Figueira da Foz/Portugal.

Kamera 1: Das vielbeachtete Regiedebut des Kameramanns Anton Peschke »Zeit der Rache« mit Alexander Milovanovic, Dominic Raacke, Annette Uhlen (v.l.n.r.).

Bei den Festspielen in Venedig erregte *Requiem für Dominic*, Robert Dornhelms dokumentarischer Spielfilm über die Revolution im rumänischen Temesvar Aufsehen, und in San Sebastian liefen gleich fünf Filme made in Austria, darunter die neuen Produktionen *Nie im Leben* von Helmut Berger und *Die Spitzen der Gesellschaft* von Franz Novotny. Das Toronto-Filmfestival zeigte drei Spielfilme in der Sektion »The Edge« für zukunftsorientiertes, junges Kino: *Weiningers Nacht*, *Zeit der Rache* und *Fleischwolf*, den neuesten Spielfilm des Wahlwieners Houchang Allahyari. In São Paolo liefen *Ist der Teufel wirklich ein Kind?* und sieben Animationsfilme.
Am 18. September wurde im British Film Institute in London der Beitritt Österreichs zum »European Script Fund« besiegelt. Das Beitrittsabkommen wurde von Sir Richard Attenborough, dem Vorsitzenden von »Script«, und *Gerhard Schedl* vom Österreichischen Filmförderungsfonds (ÖFF) unterzeichnet. Aus diesem Anlaß wurde während einer Gala in der British Academy for Film and Television Art Paulus Mankers Film *Weiningers Nacht* vorgeführt.
In Zusammenarbeit mit der Austrian Film Commission (AFC) veranstalteten das Wiener Filmcasino und das Filmhaus Stöbergasse vom 28. September bis 21. Oktober das Festival »Films Trespassing«, in dessen Rahmen auch das »1. Internationale Dokumentarfilmfestival« stattfand sowie eine Schau mit Spielfilmen der DDR 1965/66 und 1989/90, ein Spielfilmpanorama ČSFR/Österreich/Ungarn und Diskussionen zu Verleih und Vertrieb.

Oktober 1990

Mitte Oktober konstituierte sich nach über zehnjähriger Tätigkeitspause der Verband der Österreichischen Filmjournalisten neu. Der 1963 gegründete Verband mit Sitz in Wien war zuletzt in den 70er Jahren aktiv, seit 1976 ruhte die Vereinstätigkeit. Inzwischen hat unter den Journalisten eine Generationenablöse stattgefunden, und Zeitungsneugründungen sorgten für ein Aufleben der jungen Kritikerszene. Neuer Verbandspräsident wurde der bekannte Filmkritiker *Rudolf John* vom »Kurier«. Ende Oktober traten die Österreicher wieder offiziell dem internationalen Dachverband »FIPRESCI« bei.
Vom 16. bis 21. Oktober veranstaltete das »Österreichische Film Büro« zum 7. Mal die »Österreichischen Film Tage« in Wels/Oberösterreich. An sechs Tagen wurden 1990 in mehr als 70 Vorstellungen rd. 150 Filme und Videos aus der aktuellen heimischen Jahresproduktion vorgestellt und in einem umfassenden Programmheft dokumentiert. Wichtige und erfolgreiche Österreichpremieren waren u.a. der Eröffnungsfilm *Zeit der Rache*, *Fleischwolf* von Houchang Allahyari, *Ist der Teufel wirklich ein Kind?*, *Jenseits von Österreich*, eine Politsatire von Ferry Radax, und die Nachwuchsarbeiten *Erwin und Julia* von Götz Spielmann und *Himmel oder Hölle* von Wolfgang Murnberger. Letzterer gewann einstimmig den erstmals vergebenen, mit 150 000 Schilling (ca. 21 000 DM) dotierten »Preis der Österreichischen Film Tage«.
Die traditionelle Retrospektive war dem Kameramann und Produzenten *Eduard Hoesch* gewidmet, der 1990 hundert Jahre alt geworden wäre. Erstmals und sofort sehr erfolgreich fand im Rahmen der Film Tage ein »Schülerfestival« mit Beiträgen aus allen Bundesländern statt.
Bei den Filmtagen in Hof, die mit Anton Peschkes *Zeit der Rache* eröffnet wurden, lief u.a. *Mirakel*, ein neuer Film von Leopold Huber und Dietmar Schönherr, das Festival des Neuen Films in Montreal zeigte sieben Filme aus Öster-

Kamera 2: Retrospektive zum 100. Geburtstag des Kameramanns Eduard Hoesch bei den Österreichischen Filmtagen 1990 in Wels.

reich, und in Genf wurde Max-Ophüls-Preisträger *Shalom General* präsentiert, während in Chicago *Good News* und *Zeit der Rache* liefen, und in Via Reggio beim Festival des Europäischen Films der neue Peter Patzak-Streifen *Gavre Princip* vorgestellt wurde. Die österreichische Jury für den Auslandsoscar, bestehend aus 14 Vertretern der Berufsverbände, traf am 30. Oktober die Entscheidung, *Requiem für Dominic* von Robert Dornhelm bei der Academy of Motion Picture Arts and Science einzureichen.

November 1990

Am 1. November traten die Co-Produktionsabkommen mit der Schweiz und Deutschland in Kraft. Filme, die im Rahmen dieser Vereinbarungen in Gemeinschaftsproduktion hergestellt werden, sind seither inländischen Filmen gleichgestellt und können daher in den Genuß aller Förderungsformen kommen, die im Vertragsland zur Verfügung stehen. Ähnliche Abkommen existieren mit Frankreich, Italien, Spanien und Jugoslawien.
Veranstaltungsmäßig brachte der November zumindest ein annähernd internationales Angebotsniveau für Österreich; besonders Wien wurde – entgegen einiger Unkenrufe, wonach sich »zu viele Veranstaltungen« im November konzentriert hätten, seinem Ruf als Kulturmetropole endlich auch auf filmischem Gebiet gerecht. »Kino von Morgen in Afrika und Asien« brachte die Reihe »Trigon«, veranstaltet vom Österr. Informationsdienst für Entwicklungspolitik in etliche österreichische Städte.
Aus Anlaß des 15. Todestages von Pier Paolo Pasolini fand vom 8. bis 22. November im Wiener Filmcasino eine Retrospektive statt, die von einem international besetzten Symposium der Gesellschaft für Filmtheorie (u.a. Karsten Witte, Gertrud Koch) ergänzt wurde.
Das Wiener Stadtkino veranstaltete vom 16. bis 22. November die Filmschau »Im Off der Geschichte« und versuchte in einem angeschlossenen Symposium »das Abenteuer des avantgardistischen Films begreifbar zu machen«. Das Fran-

zösische Kulturinstitut in Wien zeigte vom 22. bis 28. November eine französische Filmwoche im Metro-Kino: 20 Filme in Originalfassung vom restaurierten *L'Atalante* Jean Vigos bis zum neuesten Godard-Film *Nouvelle Vague.*
Das Filmmuseum zeigte anläßlich des 100. Geburtstages von Fritz Lang in den Monaten November und Dezember eine umfassende Retrospektive seiner Werke. Vom 15. bis 17. November wurde in Graz/Steiermark zum dritten Mal das seit 1986 bestehende »Internationale Bergfilmfestival« abgehalten.
Am 18. November begann in Wien die groß angelegte Veranstaltung »Novemberkino« der »Viennale« in Zusammenarbeit mit fünf Programmkinos. Gezeigt wurden fünf eigenständige Filmreihen als »Beitrag zur filmischen Großwetterlage über Wien«.
Drei Dutzend Filme gaben einen Rückblick auf 25 Jahre Neuer Deutscher Film unter dem Titel »Abschied von Gestern«, »Aus anderer Sicht - die Sicht des Anderen« gab einen buntgemischten Einblick in das Thema »Ost und West im Film«, und unter dem Titel »Singin' & Swingin« brachte ein Musikfilmfestival Beiträge aus den Jahren 1960–1990.
In Anwesenheit des französischen Kamera-Altmeisters *Henri Alekan* (*La Belle et la Bête, Himmel über Berlin* u.v.a.) und des *Mayerling*-Regisseurs Terence Young wurde unter dem Titel »Hommage Henri Alekan« eine persönliche Auswahl aus dem Werk Alekans gezeigt. Am 28. November erhielt der »Zauberer des Lichts« die Ehrenmitgliedschaft seiner Berufskollegen, des österreichischen Verbandes der Kameraleute, überreicht von Obmann *Kurt Brazda.*
Neben den Filmreihen bot die Viennale-Veranstaltung »Novemberkino« ein dreitägiges Symposium mit dem Titel »Offene Grenzen: Filmland Österreich – Filmkontinent Europa«. International hochkarätig besetzt (u.a. mit Jerzy Toeplitz, William M. Johnston, Ron Holloway, Klaus Eder, David Streiff, Thomas Rothschild) fand dieses Symposium im In- und Ausland große Aufmerksamkeit.

Dezember 1990

Den Veranstaltungs-Abschluß des Filmjahres '90 bildeten die Studenten der Wiener Filmhochschule. Ihr 11. Festival ging vom 12. bis 14. Dezember im Wiener Stadtkino über die Leinwand, die besten Werke wurden von einer fünfköpfigen Jury ausgezeichnet. Den »Goldenen Bobby« für Regie erhielt Paul Harather für seinen Kurzfilm *Die Bürgschaft.*
Das Bundesministerium für Unterricht und Kunst, seit 1973 für die Förderung des innovativen, künstlerischen Films zuständig, hat 1990 Filmprojekte mit einem Gesamtbetrag von rd. 12 Mio. Schilling (ca. 1,7 Mio. DM) gefördert, in Filmkopien, Reisekosten von Regisseuren, Kinostarts, filmkulturelle Einrichtungen, Festivals, Retrospektiven, Filmwochen und Symposien wurden rd. 23 Mio. Schilling (ca. 3,2 Mio. DM) investiert.
Das Österreichische Filmförderungsfonds (ÖFF), dem jährlich steigende Mittel für den österreichischen Film zuerkannt werden, hatte 1990 aus Bundesbudgetmitteln rd. 55 Mio. Schilling (ca 7,8 Mio. DM) zur Verfügung. Durch ein Abkommen zwischen dem Filmförderungsfonds (ÖFF) und dem Fernsehen (ORF) standen weitere 48 Mio. Schilling (ca. 6,8 Mio. DM) bereit. Die Durchführung des Film/Fernseh-Abkommens sichert eine gemeinsame Kommission. Pro Jahr können damit ca. 10 abendfüllende Filme hergestellt werden.

Susanna Pyrker

Das Filmjahr 1990 in der Schweiz

Januar 1990

Die Solothurner Filmtage finden zum 25. Mal statt. Feierstimmung will bei der jährlichen nationalen Filmschau allerdings kaum aufkommen: Immer mehr Stimmen kritisieren die Veranstaltungen als einschläfernd-routiniert. Möglicherweise beziehen die Organisatoren Prügel, die teilweise insgeheim dem treulich vorgeführten einheimischen Filmschaffen gelten?
Mit einer Pressekonferenz in Solothurn machen die beiden »alternativen« Verleihfirmen Look Now! und Filmcooperative auf die Probleme bei Verleih und Promotion von Schweizer Dokumentar- und »kleinen« Spielfilmen aufmerksam. Mit üblicherweise zwischen 4000 und 7000 Besuchern können die Herausbringungskosten nicht gedeckt werden. Die Anwesenden scheinen sich weitgehend einig zu sein: Wenn solche Filme aus kulturellen Erwägungen in der Produktion gefördert werden, wäre es für den Staat nur logisch, mit einem relativ bescheidenen Mehrbetrag dafür zu sorgen, daß sie ein Publikum erreichen. Dennoch zeichnet sich auch im weiteren Verlauf des Jahres keine grundsätzliche Lösung für den Aufbau einer Verleihförderung in der Schweiz ab...
In Lausanne wird an einem von der Fondation Vaudoise du Cinéma organisierten Kolloquium auf die Bedrohung der Filmkritik hingewiesen: In der Tagespresse wird sie immer mehr durch kaum verbrämte PR-Texte verdrängt, die wenigen Filmzeitschriften führen (mangels öffentlicher Unterstützung) einen verzweifelten Kampf ums Überleben.

Februar 1990

Im Wettbewerb der Berliner Filmfestspiele ist die Schweiz mit Jacob Bergers *Angels* vertreten; die Presse- und Publikumsreaktionen lassen den Schluß zu, daß dieser Rahmen für den Erstlingsspielfilm zu anspruchsvoll war. Im Int. Forum des Jungen Films werden *Dreißig Jahre* von Christoph Schaub und *Step Across the Border* von N. Humbert/W. Penzel (Koproduktion CH/BRD) gezeigt. Anläßlich der Berliner Filmfestspiele wird der Beitritt der Schweiz zum Europäischen Drehbuchförderungs-Programm SCRIPT unterzeichnet. Obwohl Nicht-EG-Mitglied, ist die Schweiz bei mehreren »Media 92«-Aktivitäten (u.a. efdo, EAVE) mit von der Partie.

März 1990

Franz Schnyder, der produktivste und populärste Regisseur des Schweizer Films in den vierziger und fünfziger Jahren, feiert seinen 80. Geburtstag. Seit 1968 hat er – damals Inbegriff des von den Jungen bekämpften »alten« Schweizer Films – nicht mehr drehen können.

April 1990

Die Filmproduzenten *Alfons Sinniger* und *Marcel Hoehn* sowie der Verleger *Peter Baumenn* werden (neben dem bisherigen Firmenchef *Rudolf Hoch*) neue Aktionäre der traditionsreichen Verleihfirma Columbus Film. Da im Schweizer Filmverleih die »mittlere« Generation (d.h. die heute 40- bis 50jährigen) weitgehend

fehlt, löst die Firma den Generationswechsel auf elegante Weise durch ein Zusammengehen mit der Produktion.
Bei der Rialto Film AG, einem der größten unabhängigen Schweizer Verleiher, holen sich die Firmen-Gründer, die Brüder *Peter* und *Martin Hellstern*, den 26jährigen *Juerg M. Judin* als neuen Partner und Geschäftsführer. Judin hatte zuvor schon ein kleines Imperium aufgebaut mit den Verleihfirmen Neue Cactus Film, Monopol Films und Rex Film, die er nun in die Rialto-Gruppe einbringt. Im Mai folgt ein Schulterschluß Judins mit dem finanziell wohl potentesten Schweizer Produzenten *George Reinhart*.
An den Westdeutschen Kurzfilmtagen in Oberhausen wird der Schweizer Beitrag *Alois Camenzind, Klauenschneider* von der Int. Jury ausgezeichnet.

Mai 1990

Der Schweizerische Kino-Verband publiziert im Branchenblatt »cinébulletin« die Kinobesucherstatistik 1989. Mit total 15,18 Millionen Besuchern liegt sie endlich wieder einmal über dem Vorjahrestotal (14,98 Mio.). Doch dieses Resultat ist einzig dem Spitzenreiter *Rain Man* zu verdanken, der allein 428 000 Zu-

schauer mehr anzog als der Vorjahresbeste *Crocodile Dundee II.* Der Besucheranteil des US-amerikanischen Films beläuft sich auf über 70%, das bundesdeutsche Filmschaffen liegt (nach Frankreich) auf dem dritten Platz mit knapp 4,8%, es folgt die einheimische Produktion mit 2,7%.
Bei den Filmfestspielen in Cannes ist die Schweiz nach vierjährigem Unterbruch wieder im Wettbewerb vertreten: mit der schweizerisch-französischen Koproduktion *Nouvelle Vague* von Jean-Luc Godard. Ebenfalls eine Koproduktion, *Stille Betrüger* von Beat Lottaz (BRD/CH), lief in der Quinzaine des Réalisateurs.

Juni 1990

Die Schweiz kann die (u.a. mit der BRD und Frankreich) bestehenden Koproduktionsvereinbarungen durch neue Verträge mit Italien und Österreich ergänzen.
Premiere des Films *Der grüne Berg* von Fredi M. Murer. Nach längerer Zeit schafft wieder einmal ein Schweizer Dokumentarfilm (dazu mit politisch brisantem Thema: es geht um den Bau eines Lagers für radioaktive Abfälle) den Sprung in die Kinos; da sehen ihn bis Ende Oktober rund 11 500, in anderen Vorführungen zusätzlich ca. 6500 Personen.
Der Bundesrat (Regierung) beschließt, die Projekte zur Revision des schweizerischen Filmrechts in die »Vernehmlassung« zu schicken. Das bedeutet, daß sich Wirtschafts-, Berufs-, Kultur- und andere Verbände sowie die politischen Parteien und die Kantonsregierungen zu den Vorschlägen äußern können. Zwei Varianten liegen zur Auswahl vor: eine Revision des Filmgesetzes und eine (weniger weitgehende) Revision der Ausführungsbestimmungen. Beiden gemeinsam ist, daß angesichts internationaler Kritik (besonders aus den USA) das jahrzehntealte System der Einfuhrkontingentierung für Spielfilme, das bisher für eine gewisse Vielzahl der Anbieter und eine Vielfalt des Angebots gesorgt hat, zugunsten einer Marktanteilsregelung aufgegeben werden soll.
Die verschiedenen Filmberufsverbände gründen gemeinsam die »Stiftung Weiterbildung Film und Audiovision«.

August 1990

Das Int. Filmfestival von Locarno wird von seinem eigenen Erfolg überrannt: Von der Festivalorganisation bis zum lokalen Gastgewerbe ist man in Locarno dem Besucheransturm kaum mehr gewachsen. Festivaldirektor *David Streiff*, der in weiten Kreisen hohes Ansehen genießt, gibt bekannt, daß er 1991 das Festival zum zehnten und letzten Mal leiten wird. Die Selektion des Schweizer Beitrags *Reise der Hoffnung* von Xavier Koller für einen Wettbewerb, der neuen Autoren und Filmländern gewidmet ist, war im Vorfeld umstritten; von der Int. Jury erhält Kollers Film den dritten Preis.
In Locarno verleiht das Schweizerische Filmzentrum zum ersten Mal seinen Nachwuchspreis; er geht an *Stille Betrüger* von Beat Lottaz. Die Auszeichnung, die künftig zweimal jährlich vergeben werden soll, ist – angesichts des flagranten Mankos staatlicher Unterstützung für den Vertriebssektor – vor allem als Verleihförderung gedacht.

September 1990

Premiere von Alexander J. Seilers *Palaver, Palaver.* Der Dokumentarfilm beleuchtet von verschiedenen Seiten die Auseinandersetzungen um die Initiati-

ve zur Abschaffung der Schweizer Armee. Nach sieben Wochen Auswertung (an den meisten Orten nur in Spezialvorstellungen) haben bereits über 8500 Personen den Film gesehen.
Kinostart von Xavier Kollers *Reise der Hoffnung* mit viel (wenn auch nicht durchwegs positivem) Medienecho. Der Spielfilm erreicht schon nach knapp fünf Wochen die Erfolgsschwelle von 50 000 Besuchern.

Oktober 1990

Die Verbände der Filmverleiher und der Kinos gründen einen neuen Dachverband »Procinéma«. Zugleich finden jahrelange zähe Verhandlungen über die allgemeinen Vertragsbedingungen und über die Belieferung von Kleinstadt- und Landkinos zu Vorzugskonditionen ihren Abschluß. Auch wenn die beiden Einzelverbände daneben weiterbestehen, sollen künftig alle Fragen von gemeinsamem Interesse auf der Ebene des Dachverbandes behandelt werden.
Bei der Int. Filmwoche Mannheim erhält Alexander J. Seiler für *Palaver, Palaver* einen Filmdukaten und den Preis der katholischen Jury.
Beim Int. Dokumentarfilmfestival in Nyon werden die beiden Schweizer Beiträge *Hinterland* von Dieter Gränicher und *Männer im Ring* von Erich Langjahr durch verschiedene Jurys ausgezeichnet.
Kinostart des neuen Spielfilms von Markus Imhoof, *Der Berg*; auch er erreicht bereits in den ersten fünf Auswertungswochen 50 000 Zuschauer.
Antrittsvorlesung von *François Albera* an der Universität Lausanne. Nach Zürich erhält damit nun auch der französischsprachige Landesteil seinen ersten Filmlehrstuhl.

Dezember 1990

Daß die Züricher Kantonsregierung sich weigert, einen von der zuständigen Kommission vorgeschlagenen »politischen« Film auszuzeichnen, gehört zu einem sich alle paar Jahre wiederholenden Ritual. Neu ist diesmal, daß die Stadtregierung darauf reagiert und ihrerseits beschließt, im Rahmen der (grundsätzlich gemeinsam von Kanton und Stadt getragenen) Filmpreisverleihung die umstrittene Auszeichnung für *Palaver, Palaver* von Alexander J. Seiler ganz aus städtischen Mitteln auszurichten.
Alfredo Knuchel, der das Schweizerische Filmzentrum in vierjähriger Wiederaufbauarbeit aus der Krise geführt hat, gibt dessen Leitung an *Yvonne Lenzlinger* ab. Ihr erstes Amtsjahr wird mit den 700-Jahrfeiern der Schweizerischen Eidgenossenschaft zusammenfallen, eine heikle Aufgabe, denn ein Teil der Kulturschaffenden hat beschlossen, diese offiziellen Anlässe zu boykottieren...

Martin E. Girod

A

Abrahams Gold 1

****

Regie: Jörg Graser
Darsteller: Hanna Schygulla (Bärbel), Günther-Maria Halmer (Karl Lechner), Daniela Schötz (Annamirl), Robert Dietl (Hunzinger), Maria Singer (Lechnerin), Karl Friedrich (Bürgermeister), Otto Tausig (Pfarrer), Harry Täschner, Sepp Schauer, Johanna Bittenbinder, Christiane Blumhof, Toni Gierl
Drehbuch: Jörg Graser
Kamera: Henning Stegmüller (Farbe)
Musik: Bach, Vivaldi, Franck, Dvorak, Satie, Strauß
Schnitt: Helga Borsche
Produktion: Alena und Herbert Rimbach für Avista Film mit Pro-ject Filmprod./ Adanos Film, Henning Stegmüller/ZDF, BRD 1989
Verleih: Filmverlag/-/-/VCL-Carolco Video
Kinostart: 26.4.1990
FSK: ab 16, ffr.
Länge: 95 Min.
FBW: Besonders wertvoll

Der Film erzählt einfach, unspektakulär und eindringlich eine kleine deutsche Geschichte von heute, die Teil der großen deutschen Geschichte ist. Eine verlorene Tochter kommt unwillkommen nach Hause zurück (ungewöhnlich gut: Hanna Schygulla), ein ehemaliger KZ-Wächter holt sich 45 Jahre danach den Lohn für seine schmutzige Arbeit und sein Helfer erfährt, daß er selbst Jude ist.

Achim Forst, tip

Wolfgang Brenner in: tip, 9/90; Bodo Fründt in: SZ, 26.4.90; Peter Körte in: FR, 26.5.90; Joachim Kürten in: Kölner Stadt-Anzeiger, 3.5.90; Ponkie in: AZ, 26.4.90

Abschiedsdisco 2

***

Regie: Rolf Losansky
Darsteller: Holger Kubisch (Henning), Dana Brauer (Silke), Susanne Saewert (Dixie), Horst Schulze (Hennings Uropa), Jaecki Schwarz (Hennings Vater), Ellen Hellwig (Hennings Mutter), Fritz Marquardt (alter Kauz), Daniele Hoffmann (Magda), Annelise Matschulat (alte Frau),

Ein deutsches Schicksal: Kunst aber keine Kasse. Autor und Regisseur Jörg Graser (Mitte) in »Abrahams Gold«.

Wolfgang Winkler, Gert-Hartmut Schreier, Viola Schweizer, Susanne Worch, Gerhard Rachold
Drehbuch: Rolf Losansky, frei nach Motiven der gleichn. Erzählung von Joachim Nowotny
Kamera: Helmut Grewald (Farbe)
Musik: Reinhard Lakomy
Schnitt: Ilona Thiel
Produktion: Harald Fischer für Defa-Studio, Gruppe »Berlin«, DDR 1989
Verleih: Progreß/-/-
Kinostart: 6.4.1990
Länge: 89 Min.

Der Film folgt schwerfällig einem naiven DDR-Schüler auf seinem Gang durch ein verlassenes Dorf bei Leipzig. Makabere Realität einer wegen Kohleförderung verunstalteten Landschaft und einer um ihre ursprüngliche Lebensweise gebrachten Generation wird zum verklärten, kitschigen Kinderabenteuer mit skurrilen Typen in der Einöde. Globale Probleme sind unbeholfen in den Maßstab eines Kinderzimmers übersetzt und mit Märchenharmonie versehen worden. Musterfilm für didaktische DEFA-Dramaturgie. Ansonsten ein Öko-Mißverständnis. *tip*

(...) Joachim Nowotny ersann diesen Henning. Und als 1979 sein Filmscript nicht verwirklicht werden konnte, formte er es in eine Erzählung um. All die Jahre kämpfte Regisseur Rolf Losansky um den Stoff, konnte sich im Frühsommer '89 daran machen. Wie sich nun offenbart, kommt der Film beileibe nicht zu spät, greift vielmehr auf seine Weise in Auseinandersetzungen dieser Zeit ein.
Der Film ist weder spekulativ noch eifernd. Er vertraut einem geruhsamen Fluß, der das Ausformen von Zeitgenossen ermöglicht, verschränkt immer wieder Gestriges mit Heutigem – und übersieht nicht das Morgen. Obgleich dieses Dorf Wussina in der Lausitz liegt, könnte es gleichermaßen im Leipziger Raum beheimatet sein. Was meint, daß Geschichte und Gesinnung von »Abschiedsdisco« allgemeingültig sind, uns hier aber recht eigentlich treffen und betreffen.

Hans-Dieter Tok, Leipziger Volkszeitung

Birgit Grimm in: Sächsische Zeitung, 5.4.90; R. Herold in: Sächsisches Tageblatt, 11.4.90; Renate Holland-Moritz in: Eulenspiegel, 8.5.90; Heinz Kersten in: Der Tagesspiegel, 15.4.90; Ralph Kotsch in: Neues Deutschland, 12.4.90; Jürgen Schwarz in: Freie Presse, 14.4.90

Ach, Boris! 3
***

Regie: Niki List
Darsteller: Jutta Hoffmann (Clara), Anne Mertin (Sophie), Hilde Weinberger (Margaretha), Gerd Kunath (Paul), Ulrich Wildgruber (Boris Kaminsky), Susanne Altschul, Dominik Kaschke, Andreas Steppan, Fredl Schauer
Drehbuch: Niki List, Werner S. Sallmeier, Peter Berecz
Kamera: Hanus Polak sen. (Eastmancolor)
Musik: Franz Liszt, Freddy Gigele, Harald Kloser
Schnitt: Edith Koller
Produktion: Veit Heiduschka für Wega Film, Österreich 1990
Verleih: -/Constantin/-
Kinostart: 30.3.1990
Länge: 82 Min.

Szenen aus dem Alltag dreier in einer alten Wiener Villa lebenden Schwestern, von denen die beiden älteren schließlich sterben und die dritte der unerfüllten Liebe zu dem Pianisten Boris nachhängt. Eine läppische Charakterisierung der Personen und ein konfuser Handlungsaufbau beeinträchtigen stark das Interesse an diesem Pseudopsychodrama von Niki List, das trotz Motiven aus bekannten ausländischen Filmen auch gar nicht unterhaltsam geraten ist. *multimedia*

Acht Mann und ein Skandal 4
EIGHT MEN OUT ****

Video

Regie: John Sayles
Darsteller: John Cusack (Buck Weaver), Clifton James (Charles Comiskey), Michael Lerner (Arnold Rothstein), Christopher Lloyd (Bill Burns), John Mahoney (Kid Gleason), Charlie Sheen

Heinz Hoenig und Katharina Thalbach in »Der achte Tag« von Reinhard Münster.

(Hap Felsch), David Strathairn (Eddie Cicotte), D.B. Sweeney (Shoeless Joe Jackson), Don Harvey (Swede Risberg), Michael Rooker (Chick Gandil)
Drehbuch: John Sayles, nach dem Buch von Eliot Asinof
Kamera: Robert Richardson (DuArt Color)
Musik: Mason Daring
Schnitt: John Tintori
Produktion: Midge Sanford, Sarah Pillsbury für Orion, USA 1988
Verleih: -/-/-/Orion Video
Videostart: 6.2.1990
FSK: ab 12 J.
Länge: 119 Min.

Chicago 1919, ein Betrugsskandal entsetzt die Welt des Baseballs. Acht Spieler der White Sox lassen sich bestechen und verlieren als klare Favoriten die Weltmeisterschaft gegen die Cincinnati Reds. Ein Gericht spricht sie frei, aber der Verband sperrt sie auf Lebenszeit (...) Der pfiffige Schreibstil prägt den Tonfall des Baseballfilms: er ist knapper, ironischer, bunter als »Matewan«. Beide Filme zeichnet eine ungewöhnliche Faszination für Zersetzung aus. Die Beziehungen zerfallen, die Kommunikation funktioniert nicht mehr. Am bedrückendsten wirkt das in den Spielen der White Sox, wo jeder den anderen verdächtigt, keiner dem anderen mehr in die Augen schauen kann. Unruhig sucht die Kamera nach einer Perspektive, aber der Film besteht nur noch aus einem Netz von Blicken, die alle ins Leere führen.

Michael Althen, SZ

Der achte Tag 5
****

Regie: Reinhard Münster
Darsteller: Katharina Thalbach (Vera Pukall), Hans Christian Blech (Dr. Richard Svoboda), Hannelore Elsner (Frau de Vries), Ulrich Pleitgen (Dittmann), Peter Simonischek (De Vries), Heinz Hoenig (Holger), Fritz Schediwy (Unbekannter), Rosalinde Renn (Carola Stein), Heinz Werner Kraehkamp (Hamacher), Klaus Pohl (Brauneck), Lukas Ammann (Professor Wagner)
Drehbuch: Reinhard Münster
Kamera: Axel Block (Farbe)
Musik: Günther Fischer

Schnitt: Raimund Barthelmes
Produktion: Joachim von Vietinghoff für Von Vietinghoff Filmprod./WDR, BRD 1990
Verleih: Impuls/-/-
UA: Filmfest München 1990
Kinostart: 27.9.1990
FSK: ab 16, ffr.
Länge: 99 Min.
FBW: Besonders wertvoll
Regie-Förderpreis der Hypobank beim Filmfest München; Bayerischer Filmpreis 1990 (Axel Block)

Irgendwie ist es symptomatisch für das deutsche Kino, daß Reinhard Münster nach seinem Erstlingserfolg »Dorado - One Way« sieben Jahre brauchte, um seinen zweiten Spielfilm auf die Beine zu stellen. »Der achte Tag« ist ein Krimi aus der Genforschung, der so unterhaltsam und professionell gemacht ist, wie es sonst nur die Filme von Dominik Graf sind. Katharina Thalbach spielt eine Reporterin, die eine Spur aus den Genlabors zurückverfolgt in die Schreckenskabinette des Dritten Reichs. So müßte ein deutsches Kino aussehen, das Humor, Spannung und einen liebevollen Blick auf seine Helden miteinander verbindet zu Filmen, die auch an der Kasse Erfolg haben müßten. Münster hat eine Sprache für seine Menschen, und wenn sie handeln, dann gibt es auch ein Motiv. Das ist ein Film, auf den man sich verlassen kann, selbst dort, wo er Mängel hat. Davon müßte es mehr geben. *Michael Althen, SZ*

Michael Althen in: Die Zeit, 28.9.90; Wolfgang Brenner in: tip, 29/90; Peter Buchka in: SZ, 13.10.90; Frauke Hanck in: Die Welt, 27.9.90; Peter Körte in: FR, 27.9.90; Horst Wegener in: Prinz, 10/90

68 — 6

'68 — ***

Video

Regie: Steven Kovacs
Darsteller: Eric Larson (Peter Szabo), Sandor Técsi (Zoltan Szabo), Robert Locke (Sandy Szabo), Anna Dukasz (Zsuzsa Szabo), Miran Kwun (Alana Chan), Terra Vandergaw (Vera Kardos), Shony Alex Braun (Tibor Kardos), Donna Pecora (Piroska Kardos), Jan Nemec (Gizi Horvath), Rusdi Lane (Bela Csontos)
Drehbuch: Steven Kovacs
Kamera: Daniel Lacambre (Monaco Color)
Musik: John Cipollina, Shony Alex Braun
Schnitt: Cari Coughlin
Produktion: Dale Djerassi, Isabel Maxwell, Steven Kovacs für Sixty-Eight Ltd., USA 1987
Verleih: -/-/-/Highlight Video
Videostart: 5.3.1990
FSK: ab 12 J.
Länge: 97 Min.

Die Geschichte einer ungarischen Emigrantenfamilie in San Francisco. Steven Kovacs hat sich ein bißchen viel vorgenommen bei seinem Versuch, all die Ereignisse, Stimmungen und Phänomene des Jahres '68 in seine Familiengeschichte zu integrieren. Bei der Fülle des Materials wird vieles nur angerissen, was allein schon Stoff genug für einen ganzen Film wäre. Ansehenswert ist der facettenreiche Bilderbogen trotzdem, nicht zuletzt wegen des wunderschönen Soundtracks. *tip*

Adjustment and Work — 7

ADJUSTMENT AND WORK — ****

16 mm

Regie: Frederick Wiseman
Schnitt: Frederick Wiseman
Produktion: Frederick Wiseman, USA 1986
Verleih: Freunde der Deutschen Kinemathek/-/-
Kinostart: 1990
Länge: 120 Min.
Originalfassung

Im ersten Teil des Films sind wir in einem Ausbildungsinstitut für Behinderte. In den verschiedenen Lernphasen wird geschildert, wie der Behinderte lernt, in verschiedenen Bereichen des Alltags mit seinem Handicap fertig zu werden.
Im zweiten Teil befinden wir uns bei Alabama Industries, dem zweitgrößten Arbeitgeber für Behinderte in den USA. Hier werden über 300 Blinde, Taube oder mit einer anderen Behinderung behaftete Menschen beschäftigt. Der Film zeigt sie bei der Arbeit,

beim Herstellen von Haushaltswaren oder militärischen Produkten.

Katalog Freunde der Deutschen Kinemathek

AIDS – Leben, so lange es geht

Siehe »Bailey House - To Live As Long As You Can«

Die AIDS-Trilogie 8

***

Regie: Rosa von Praunheim
Verleih: Filmwelt/top-film/-

Die Aids-Trilogie umfaßt die Filme »Positiv«, »Schweigen = Tod« und »Feuer unterm Arsch«. Stab und Besetzung bei den jeweiligen Filmen.

Hans Stempel in: epd Film 7/90

Air Borne – Flügel aus Stahl 9

FIRE BIRDS **

Regie: David Greene
Darsteller: Nicolas Cage (Jake Preston), Tommy Lee Jones (Brad Little), Sean Young (Billie Lee Guthries), Bryan Kestner (Breaker), Dale Dye (A.K. McNeil), Mary Ellen Trainor (Janet Little), J.A. Preston (General Olcott), Bert Rhine (Stoller), Peter Onorati, Charles Lanyer, Illana Shoshan, Marshall Teague
Drehbuch: Nick Thiel, Paul F. Edwards, nach einer Story von Step Tyner, John K. Swensson, Dale Dye
Kamera: Tony Imi (Deluxe Color)
Musik: David Newman
Schnitt: Jon Poll, Norman Buckley, Dennis O'Connor
Produktion: William Badalato für Nova/ Keith Barish/Arnold Kopelson Prod., USA 1990
Verleih: Jugendfilm/Constantin/-/ New Vision Video
Kinostart: 15.11.1990
FSK: ab 12, nffr.
Länge: 86 Min.

Die Piloten einer modernen US-Hubschrauberstaffel, die auch ausländischen Regierungen zur Bekämpfung der Drogenkriminalität zur Verfügung gestellt wird, sind »richtige« Helden, die mit pausenlosen dummen Sprüchen für ihre »edlen« militärischen Ziele eintreten. Ein von Inhalt und Aussage her zweifelhafter Streifen, der seine gute Besetzung verheizt und formal neben breit ausgewalzten Kampfszenen fast nur kitschige Postkartenbilder zu bieten hat.

Christl Stadler, multimedia

Jürgen Richter in: FAZ, 24.11.90

Akira Kurosawas Träume 10

KONNA YUME WO MITA *****

Regie: Akira Kurosawa
Darsteller: Akira Terao (Ich), Mitsunori Isaki (Ich als Junge), Martin Scorsese (van Gogh), Chishu Ryu (alter Mann), Mieko Harada (Snow Fairy), Mitsuko Baisho (Mutter), Chosuke Ikariya (Weeping Ogre), Hisahi Igawa, Toshihiko Nakano
Drehbuch: Akira Kurosawa
Kamera: Takao Saito, M. Ueda (Farbe) (Farbe)
Musik: Shinichiro Ikebe
Schnitt: Tome Minami
Produktion: Hisao Kurosawa, Mike Y. Inoue für Akira Kurosawa USA Prod. Eine Steven Spielberg Präsentation, Japan/USA 1990
Verleih: Warner Bros./dto./dto./Warner Home Video
UA: 10.5.1990, Int. Filmfestspiele Cannes (außer Wettbewerb)
Kinostart: 31.5.1990
FSK: ab 12, ffr.
Länge: 119 Min.
FBW: Wertvoll

Ein Traum von Film! Geträumt wird vom wachen Menschenleben. Beginnend mit den Visionen des Kindes, handelt der Film dann von Heimatsuche und Todeskampf, von der Verzweiflung des Künstlers Van Gogh, geht bis zum atomaren Holocaust – und endet in einer verschmitzten Idylle. Durch acht Episoden geht Kurosawas »Ich« und durch mindestens ebensoviele, immer wieder neu überraschende Filmstile. Ein verfremdetes und gerade dadurch belebendes Welttheater; gleichzeitig ein skrupulöses Nachdenken über Natur und Anti-Natur, über Kunst, Katastrophe und Chancen der Menschheit. *Zoom*

Andreas Kilb in: Die Zeit, 1.6.90; Carla Rhode in: Der Tagesspiegel, 7.6.90; Tina Schmitt in: Prinz, 6/90; Wolfram Schütte in: FR, 1.6.90; Hans-Dieter Seidel in: FAZ, 12.5.90

The Alien Factor

Siehe »Metamorphosis - The Alien Factor«

Alien Seed 11

ALIEN SEED *

Video

Regie: Bob James
Darsteller: Heidi Paine (Lisa Jordan), Erik Estrada (Dr. Stone), Steven Blade (Mark Timmons), Shellie Block (Mary Jordan), David Hayes (Reverend Bolam), Terry Phillips (General Dole), Michael Ford (Colonel Hobbs)
Drehbuch: Douglas K. Grimm, Bob James
Kamera: Ken Carmack (Farbe)
Musik: John Standish
Schnitt: Douglas K. Grimm, Tom Matthies
Produktion: Mark Paglia für Fitzgerald Films, USA 1989
Verleih: -/-/-/Empire Video
Videostart: 6.9.1990
FSK: nicht unter 18 J.
Länge: 88 Min.

Nach dem Mord an ihrer Schwester, die angeblich von Außerirdischen geschwängert wurde, sieht sich eine junge Frau den brutalen Nachstellungen einer Geheimabteilung des CIA ausgesetzt. Langatmiges Low-Budget-Produkt der Firma Wirr & Warr.

Alien Terror 12

SPACE AVENGER *

Video

Regie: Richard W. Haines
Darsteller: Robert Prichard (Rex), Mike McClerie (Derek), Charity Staley (Karen), Gina Mastrogiacomo (Ginny), Kirk Fairbanks Fogg (Matt), Angela Nicholas
Drehbuch: Richard W. Haines, Lynwood Sawyer
Kamera: Mustapha Barat (Technicolor)
Musik: Richard Fiocca
Schnitt: Richard W. Haines
Produktion: Ray Sundlin, Robert A. Harris, Richard W. Haines für Manley Prods., USA 1989
Verleih: -/-/-/Ascot Video
Videostart: 4.4.1990
FSK: nicht unter 18 J.
Länge: 88 Min.

Die von einem außerirdischen Spezialagenten besessene Freundin eines jungen Comiczeichners rettet ihn vor den vier intergalaktischen Terroristen, die 50 Jahre nach ihrer Bruchlandung auf Plutonium-Suche durch Manhattan streifen. Freches SF-Klauobjekt, das mit grellen Effekten über sein mickriges Budget und seine platte Story hinwegzutäuschen sucht.

Das Alien vom Highway 13

DECEIT *

Video

Regie: Albert Pyun
Darsteller: Samantha Phillips (Eve Bendibuckle), Daiane Defoe (Wilma Fernbaccker), Scott Paulin (Brick Bardo), Norbert Weisser (Bailey)
Drehbuch: Kitty Chalmers
Kamera: Philip Alan Waters (Farbe)
Musik: Jim Saad
Schnitt: Sydney Conrad
Produktion: Tom Karnowski für 21st Century, USA 1990
Verleih: -/-/-/21st Century Video
Videostart: 24.10.1990
FSK: ab 16 J.
Länge: 89 Min.

In einer Lagerhalle erzählen zwei außerirdische Anhalter ihrem Opfer eine unglaubwürdige Geschichte nach der anderen. Ein äußerst skurriler SF-Film, der über weite Strecken eher einer Theaterinszenierung gleicht. Die endlosen Dialoge werden die Geduld des Publikums auf eine harte Probe stellen, zumal von Seiten der Regie keinerlei Anstrengungen unternommen werden, den Film in eine ansprechende visuelle Form zu bringen. *Video Woche*

Alienator – Der Vollstrecker aus dem All 14

ALIENATOR *

Video

Regie: Fred Olen Ray
Darsteller: Jan Michael Vincent (Commander), John Phillip Law (Ward), Ross Hagen (Kol), Dyana Ortelli (Orrie), Jesse Dabson (Benny), Dawn Wildsmith (Caroline), P.J. Soles (Tara), Teagan Clive (Alienator), Robert Clarke, Richard Wiley
Drehbuch: Paul Garson

Kamera: Gary Graver (Farbe)
Musik: Chuck Cirino
Schnitt: Chris Roth
Produktion: Jeffrey C. Hogue für American-Independent/Majestic International, USA 1989
Verleih: -/-/-/Splendid Video
Videostart: 12.3.1990
FSK: ab 16 J.
Länge: 92 Min.

Eine Gruppe junger Erdlinge verstrickt sich in den Kampf zwischen einem interplanetarischen Verbrecher
und dem zu seiner Vernichtung ausgesandten Killer-Androiden. Dilettantische Billig-SF aus der Grabbelkiste von Fred Olen Ray.

Alles auf Sieg — 15

LET IT RIDE — **

Video

Regie: Joe Pytka
Darsteller: Richard Dreyfuss (Trotter), David Johansen (Looney), Teri Garr (Pam), Jennifer Tilly (Vicki), Allen Garfield (Greenberg), Ed Walsh (Marty), Michelle Phillips, Mary Woronov, Robbie Coltrane
Drehbuch: Nancy Dowd, nach dem Roman »Good Vibes« von Jay Cronley
Kamera: Curtis J. Wehr (Technicolor)
Musik: Giorgio Moroder
Schnitt: Dede Allen, Jim Miller
Produktion: David Giler für Paramount, USA 1989
Verleih: -/-/-/CIC Video
Videostart: 3.10.1990
FSK: ab 6 J.
Länge: 86 Min.

Jay Trotter hat, oh Wunder, beim Pferdewetten eine Glückssträhne, die ihn bis zum Happy-End begleitet. Ganz nette, harmlose, etwas dröge Unterhaltung mit sicherer Besetzung.

tip

Alligator Joe — 16

JOE PANTHER — **

Video

Regie: Paul Krasny
Darsteller: Brian Keith (Captain Harper), Ricardo Montalban (Turtle George), Alan Reinstein (Rocky), Cliff Osmond (Rance), A. Martinez (Billy Tiger), Ray Tracey (Joe Panther), Robert W. Hoffman (George Harper), Gem Thorpe Osceola (Tommy Panther), Lois Red Elk (Joes Mutter)
Drehbuch: Dale Eunson, nach dem Roman von Zachary Ball
Kamera: Robert L. Morrison (Farbe)
Musik: Fred Karlin
Schnitt: Mike Vejar, Millie Moore
Produktion: Stewart H. Beveridge für Artists Creation & Associates, USA 1976
Verleih: -/-/-/Limar Video
Videostart: 14.8.1990
FSK: ab 12 J.
Länge: 110 (79) Min.

Familienfilm um die Anpassungsschwierigkeiten eines jugendlichen Indianers in der Welt der Weißen. Die Situation der Filmindianer wird mitunter klischeehaft dargestellt.

VideoWoche

Alpträume — 17

NIGHTMARES — ***

TV

Regie: Joseph Sargent
Produktion: Universal, USA, 1983
Sendetermin: 3.11.1990, ARD, 23.10 Uhr

Bereits 1985 von CIC Video herausgebracht. Nähere Angaben in »Das Filmjahr '86«.

Der alte Brunnen — 18

LAO JING — ****

Regie: Wu Tianming
Produktion: VR China 1987
Verleih: Progreß/-/-

Erstaufführung im vergangenen Jahr in der ARD unter dem Titel »Alter Brunnen«. Deshalb vollständige Angaben und Kritik im »Heyne Filmjahrbuch 1990«.

Always — 19

ALWAYS — ***

Regie: Steven Spielberg
Darsteller: Richard Dreyfuss (Pete Sandich), Holly Hunter (Dorinda Durston), Brad Johnson (Ted Baker), John Goodman (Al Yackey), Audrey Hepburn (Hap), Roberts Blossom (Dave), Keith David, Ed van Nuys, Marg Helgenberger, Doug McGrath, J.D. Souther
Drehbuch: Jerry Belson, nach dem Drehbuch des Films »A Guy Named Joe« von Dalton Trumbo in der Adaption von Frederick Hazlitt Brennan, nach der

Auch Steven Spielberg liefert manchmal Durchschnitt: Holly Hunter und Richard Dreyfuss in der romantischen Komödie »Always«.

Geschichte von Chandler Sprague und David Boehm
Kamera: Mikael Salomon; Unterwasser-Kamera: Pete Romano (Deluxe Color)
Musik: John Williams
Schnitt: Michael Kahn
Produktion: Steven Spielberg, Frank Marshall, Kathleen Kennedy für Amblin Ent., USA 1989
Verleih: UIP/UIP/UIP/CIC Video
UA: 22.12.1989 New York
Kinostart: 15.2.1990
FSK: ab 12, ffr.
Länge: 122 Min.
FBW: Besonders wertvoll

Ein Remake von Victor Flemings Film »A Guy Named Joe«. Diesmal spielt Richard Dreyfuss den tödlich verunglückten Flieger, der seinen ehemaligen Mitmenschen aus dem Jenseits Ratschläge erteilt. Steven Spielberg hat mit diesem Film das Element gewechselt, doch mit Worten kann er weniger geschickt umgehen als mit Bildern. Die visuellen Gags zünden wie gewohnt, die Dialoge leiden schwer unter der Trägheit der Masse. Kein komödiantischer Höhenflug. *Lars-Olav Beier, tip*

Norbert Grob in: Die Zeit, 13.4.90; Frauke Hanck in: Die Welt, 6.4.90; Heike Kühn in: FR, 5.4.90; Ponkie in: AZ, 5.4.90; Karl-Heinz Schäfer in: Prinz, 4/90; Stephanie Schröder in: Wiener, 3/90; Claudius Seidl in: SZ, 6.4.90

Am Gletscher 20

KRISTINIHALD UNDIR JÖKLI ****

TV

Regie: Gudny Halldorsdottir
Darsteller: Sigurdur Sigurjonsson (Embi), Margrét Helga Johannsdottir (Ua), Helgi Skulason (Mundi), Baldvin Halldorsson (Rev. Jon Primus), Solveig Halldorsdottir (Fina), Thorhallur Sigurdsson (Jodinius Elverock)
Drehbuch: Gerald Wilson, nach der gleichn. Erzählung von Halldor Laxness
Kamera: W.P. Hassenstein (Eastmancolor)
Musik: Gunnar Reinir Sveinsson
Schnitt: Kristen Palsdottir
Produktion: Haldor Thorgeisson, Ralph Christians für Umbifilm Prod. mit Magma/SDR/Maranfilm, Island 1989
UA: 16.4.1989, Nordic Film Festival, Torshavn, Färöer Inseln
Sendetermin: 20.8.1990, ARD, 23.00 Uhr
Länge: 91 Min.

Schilderung des Lebens einer kleinen isländischen Gemeinde, der seit 20 Jahren ein Pastor vorsteht, der wegen seiner eigenwilligen Bibelauslegung die Aufmerksamkeit seines Bischofs erregt. Ein junger Theologe soll nach dem Rechten sehen. Doch auch er ist bald in den Bann dieser bizarren, archaisch orientierten Gesellschaft geraten und erliegt den Reizen einer jungen Frau. Nach einem Roman des isländischen Nobelpreisträgers Halldor Laxness gestalteter Film, der ein vielschichtiges Bild der Konflikte zwischen Amtskirche und Basis zeichnet, wobei der Film eine Berücksichtigung von unterschiedlichen Kulturen und Volksgruppen bei der Glaubensverkündigung befürwortet. *film-dienst*

Ambulance 21

THE AMBULANCE ***

Regie: Larry Cohen
Darsteller: Eric Roberts (Josh Baker), James Earl Jones (Leutnant Spencer), Megan Gallagher (Sandra Malloy), Red Buttons (Elias Zachrai), Janine Turner (Cheryl), Eric Braeden (Arzt), Richard Bright, Jim Dixon, Jill Gatsby
Drehbuch: Larry Cohen
Kamera: Jacques Haitkin (Farbe)
Musik: Jay Chattaway
Schnitt: Armond Lebowitz, Claudia Finkle
Produktion: Moctesuma Esparza, Robert Katz für Epic/Diamant, USA 1990
Verleih: Senator/Constantin/-/Marketing Film Video
Kinostart: 30.8.1990
FSK: ab 16, ffr.
Länge: 90 Min.

Der Film zeigt einen jungen Comic-Zeichner auf der Suche nach seiner unter mysteriösen Umständen verschwundenen Angebeteten. Der humorvolle Thriller mit dem Charme eines B-Pictures hat gute Momente (z.B. die Autojagd) und den großartigen James Earl Jones als Polizeiinspektor; einige Längen und der affektiert agierende Hauptdarsteller Eric Roberts trüben das Vergnügen jedoch beträchtlich. *Ralph Umard, tip*

Bodo Fründt in: SZ, 1.9.90; Fritz Göttler in: Kölner Stadt-Anzeiger, 1.9.90; Kai Niemeyer in: AZ, 8.9.90; Jürgen Richter in: FAZ, 1.9.90; Anke Sterneborg in: Der Tagesspiegel, 31.8.90

American Angels 22

THE AMERICAN ANGELS – BAPTISM OF BLOOD *
Video

Regie: Ferd Sebastian, Beverly Sebastian
Darsteller: Jan MacKenzie (Lisa Kane), Tray Loren (Dazzling Dave), Mimi Lesseos (Magnificent Mimi), Trudy Adams (Pam), Patricia Cavoti (Marita), Sue Sexton (Pattie), Jean Kirkland (Black Venus), Jeff Lundy (Samson), Lee Marshall (Ansager), Robert D. Bergen
Drehbuch: Ferd und Beverly Sebastian
Kamera: Ferd Sebastian (Farbe)
Musik: George Hovis Hamilton
Schnitt: Ferd Sebastian
Produktion: Ferd Sebastian, Beverly Sebastian für Sebastian International Pictures, USA 1990
Verleih: -/-/-/CIC Video
Videostart: 6.9.1990
FSK: nicht unter 18 J.
Länge: 99 Min.

Schlichte Actionproduktion rund ums Damen-Catchen.
Die Handlung bemüht Schema F vom amerikanischen Traum vom Erfolg, das Geschehen außerhalb des Rings wird auf ein Mindestmaß reduziert, damit die blutige Ästhetik des Kampfes voll zum Ausdruck kommen kann. *Video Woche*

American Beauty Ltd. 23

***

Regie: Dieter Marcello
Darsteller: Liora Hilb, Walter Sachers, Kenneth V. Cockrel, Nancy Jones, Saul Wellman, Martin Glaberman, Lowell Boileau, Joel Silvers
Drehbuch: Dieter Marcello
Kamera: Axel Block (Farbe)
Musik: Wolfgang Hamm
Schnitt: Christel Maye
Produktion: Dieter Marcello für projekt + film, BRD 1989
Verleih: Basis/-/-
UA: 13.2.1989 Int. Forum des Jungen Films Berlin
EA: 9.3.1990 Filmschau Nürnberg
Kinostart: 14.6.1990
FSK: ab 6, ffr.
Länge: 89 Min.
FBW: Besonders wertvoll

Gefördert mit Mitteln des Kuratoriums Junger Deutscher Film, der Hessischen Filmförderung, des Hamburger Filmbüros und der kulturellen und wirtschaftlichen Filmförderung des Landes NRW

Der Film zeigt die Geschichte immer wieder enttäuschter Visionen von besseren Welten, verfolgt am Schicksal eines Paares von der Auswanderung um die Jahrhundertwende bis ins heutige Detroit.
Er verwendet teilweise unveröffentlichtes Material von sozialen Auseinandersetzungen und aus der Arbeitswelt. Das Archivmaterial wird mit Bildern und Szenen individueller Erinnerungen des Paares montiert (...) Kein trockener Lehrfilm, sondern ein sinnlicher Abgesang auf viele Träume. *tip*

Heike Kühn in: FR, 16.6.90; Dietrich Kuhlbrodt in: epd Film 6/90; Jochen Metzner in: Der Tagesspiegel, 8.11.90

American Born 24

AMERICAN BORN *

Video

Regie: Raymond Martino
Darsteller: Joey Travolta, Robert Gallo, Andy Zeller
Produktion: Pepin-Merhi Prod., USA 1990
Verleih: -/-/-/Scala Video
Videostart: 28.9.1990
FSK: ab 16 J.
Länge: 88 Min.

Nach dem gewaltsamen Tod des Vaters motiviert ein Pizzabäcker seine Familie zum Krieg gegen die allmächtige Mafia. Gewalt und Erotik im Rahmen eines sehr bescheidenen Budgets. Wenn man den Camcorder-Impressionen vom Time Square glauben darf, verlegen die hurtigen Herren Pepin und Merhi ihren Wirkungskreis zunehmend nach New York.

VideoWoche

American Diner 25

DINER ****

Regie: Barry Levinson
Darsteller: Steve Guttenberg (Eddie), Daniel Stern (Shrevie), Mickey Rourke (Boogie), Kevin Bacon (Fenwick), Timothy Daly (Billy), Ellen Barkin (Beth), Paul Reiser (Modell), Kathryn Dowling (Barbara), Michael Tucker (Bagel), Jessica James (Mrs. Simmons), Colette Blonigan
Drehbuch: Barry Levinson
Kamera: Peter Sova (Farbe)
Musik: Bruce Brody, Ivan Kral
Schnitt: Stu Linder
Produktion: Jerry Weintraub für MGM/SLM Entertainment, USA 1982
Verleih: FiFiGe, Arsenal/-/-
Kinostart: 6.9.1990
Sendetermin: 20.6.1987, ARD
Länge: 110 Min.
Synchronisiert und Original mit Untertitel

»American Diner« ist der Treffpunkt einer Gruppe guter Freunde, die schon erwachsen sind, aber ihr Leben so lange wie möglich in der Schwebe halten wollen. Im »Diner« fühlen sie sich geborgen und dennoch frei. Mit einem brillianten Darsteller-Ensemble inszenierte Levinson 1982 diesen Film. Es gelingt ihm, Schauspieler in Menschen zurückzuverwandeln und Geschichten in das Leben.

Lars-Olav Beier, tip

Michael Althen in: Die Zeit, 12.10.90; Vera Burkhard in: Prinz, 9/90; Elke Frick in: FR, 14.9.90; Fritz Göttler in: SZ, 6.9.90; Verena Lueken in: FAZ, 18.9.90; Kai Niemeyer in: AZ, 30.8.90; Rainer Nolden in: Die Welt, 12.9.90; Anke Sterneborg in: Der Tagesspiegel, 13.9.90

American Dreamer 26

AMERICAN DREAMER **

Video

Regie: Rick Rosenthal
Darsteller: JoBeth Williams (Cathy Palmer/ Rebecca Ryan), Tom Conti (Alan McMann), Giancarlo Giannini (Victor Marchand), Coral Browne (Margaret McMann), James Staley (Kevin Palmer), Huckleberry Fox (Karl Palmer), C.B. Barnes (Kevin Palmer jr.), Leon Zitrone (Ivan Stranauvlitch)
Drehbuch: Jim Kouf, David Greenwalt
Kamera: Giuseppe Rotunno, Jan de Bont (Technicolor)
Musik: Lewis Furey
Schnitt: Anne Goursand
Produktion: Doug Chapin für CBS Theatrical Films, USA 1984
Verleih: -/-/-/CBS-Fox Video
Videostart: 23.4.1990
FSK: ab 12 J.
Länge: 105 Min.

Kevin Bacon, Mickey Rourke, Daniel Stern und Steve Guttenberg zu Beginn ihrer Karriere im »American Diner«.

Bei einem Schreibwettbewerb gewinnt die amerikanische Hausfrau Cathy Palmer eine Woche Urlaub in Paris. Ein turbulenter Aufenthalt folgt: Cathy schlüpft nach einem Unfall geistig verwirrt in die Rolle ihrer Heldin Rebecca Ryan.
Unterhaltsame Komödie, die manchmal ins Alberne abgleitet, sich dann aber wieder fängt. *tip*

American Eiskrem 3 **27**
AMERICAN BOYFRIENDS ***
Video

Regie: Sandy Wilson
Darsteller: Margaret Langrick (Sandy Wilcox), John Wildman (Butch), Jason Blicker (Marty), Lisa Ropo Martell (Julie), Michele Bardeaux (Thelma), Dela Brett (Lizzie), Scott Anderson (Daryl), Troy Mallory (Spider)
Drehbuch: Sandy Wilson
Kamera: Brenton Spencer (Farbe)
Musik: Terry Frewer
Schnitt: Lara Mazur
Produktion: Steve de Nure für Alliance Ent./ First Choice, Kanada 1989

Verleih: -/-/-/VCL Video
Videostart: 28.5.1990
FSK: ab 16 J.
Länge: 100 Min.

Im Mittelpunkt der Geschichte stehen vier Freundinnen im Jahre 1965. Allesamt brechen sie von Kanada in die USA auf, um zunächst eine Hochzeit zu besuchen, dann fahren zwei von ihnen weiter nach Kalifornien. Dort werden sie mit Auseinandersetzungen ihrer Generation konfrontiert: u.a. Rassismus und Patriotismus (der Vietnamkrieg steht vor der Tür). Atmosphärisch dicht und von den Gesichtern absolut unverbraucht.

tips

American Fighter 4 – Die Vernichtung 28

AMERICAN NINJA 4 *

Video

Regie: Cedric Sundstrom
Darsteller: Michael Dudikoff (Joe Armstrong), David Bradley (Sean Davidson), Dwayne Alexandre (Carl Brackston), Robin Stille (Sarah), James Booth (Colonel Mulgrew), Ken Gampu
Drehbuch: James Booth
Kamera: Joseph Wein (Farbe)
Musik: Nicolas Tenbroek
Produktion: Christopher Pearce für Cannon, USA 1990
Verleih: -/-/-/Cannon-VMP Video
Videostart: 14.11.1990
FSK: nicht unter 18 J.
Länge: 100 Min.

Mit Hilfe einer Krankenschwester und einiger Strafkolonisten rettet der bewährte American Fighter Michael Dudikoff einen Delta Force-Einsatztrupp aus den Händen eines afrikanischen Scheichs.
Im nächsten Teil geht's dann wohl gen Bagdad.

American Hunter 29

AMERICAN HUNTER *

Video

Regie: Arizal
Darsteller: Chris Mitchum, Ray Martin, Bill Wallace, Ida Iasha, Mike Abbott
Produktion: Gope T. Samtani für Rapi Films, USA 1988
Verleih: -/-/-/IMV Video
Videostart: 12.2.1990
FSK: nicht unter 18 J.
Länge: 84 Min.

Weltkonflikt aus der Dauerfeuer-Abteilung, der einen Schnipsel Zelluloid zum Anlaß einer unaufwendigen Actionproduktion mit unfreiwillig komischen Momenten nimmt. Schnörkellose Kost für anspruchslose Genrefans. *VideoWoche*

American Rikscha 30

AMERICAN RISCIO **

Regie: Martin Dolman
Darsteller: Mitch Gaylors (Scott), Daniel Greene (Francis), Victoria Prouty (Joanna), Donald Pleasence (Morton), Michi Kobi (Madame Luna)
Drehbuch: Sauro Scavolini-Leoni, Maria Perrone Capano
Kamera: Giancarlo Ferrando (Farbe)
Schnitt: Eugenio Alabiso
Produktion: Ricky Sacco für Medusa/Dania Film/National Cinematografica, Italien 1988
Verleih: Esplanade/-/-/New Vision Video
Kinostart: 17.5.1990
FSK: ab 16, ffr.
Länge: 96 Min.

Okkulter Schnickschnack um einen Studenten, der als Rikscha-Fahrer arbeitet und in eine Mordintrige verwickelt wird.

Manfred Etten in: film-dienst, 29.5.90

La Amiga 31

***

Regie: Jeanine Meerapfel
Darsteller: Liv Ullmann (Maria), Cipe Lincovsky (Raquel), Federico Luppi (Pancho), Victor Laplace (Diego), Harry Baer, Lito Cruz, Greger Hansen, Nicolas Frei, Eva Ebner
Drehbuch: Jeanine Meerapfel, Alcides Chiesa, unter Mitarbeit von Osvaldo Bayer, Agnieszka Holland
Kamera: Axel Block (Farbe)
Musik: José Luis Castiñeira de Dios
Schnitt: Juliane Lorenz
Produktion: Klaus Volkenborn, Jorge Estrada Mora für Journal Film/Alma Film/Jorge Estrada Mora Prod., BRD/Argentinien 1988
Verleih: EA: 10.2.1990, Int. Forum des Jungen Films bei der Berlinale
Länge: 108 Min.

Vor dem Hintergrund der Freundschaft zweier Frauen schildert Jeanine Meerapfel den Kampf einer Mutter um ihren von den Militärs verschleppten Sohn.
Ein vielschichtiges, menschlich ergreifendes Bild der Gewaltherrschaft in Argentinien, der wichtigste Beitrag zum nach wie vor aktuellen Thema der Verschwundenen. *Katalog Forum*

The Amityville Curse – Der Fluch 32

THE AMITYVILLE CURSE *
Video

Regie: Tom Berry
Darsteller: Kim Coates, Dawna Wightman, Cassandra Gava, Helen Hughes, David Stein, Jan Rubes, Anthony Dean Rubes, Ted A. Bohus
Drehbuch: Norvell Rose, Michael Krueger, nach dem Roman von Hans Holzer
Kamera: Rodney Gibbons (Farbe)
Musik: Milan Kymlicka
Schnitt: Franco Battista
Produktion: Franco Battista für Allegro Films, USA 1990
Verleih: -/-/-/Ascot Video
Videostart: 4.6.1990
FSK: nicht unter 18 J.
Länge: 91 Min.

Eine junge Ehefrau soll im Auftrag eines Pfarrergeistes dessen einstige Ermordung rächen.
Hanebüchener Okkultwirrwarr nach der Vorlage eines flinken Kommerzschreiberlings, der nach dem Erfolg von »Amityville Horror« eine ganze Reihe thematisch nur bedingt verwandter Schundromane mit ähnlichen Titeln aus der Maschine gerotzt hat.

Amityville Horror Teil 4 33

AMITYVILLE: THE EVIL ESCAPES *
Video

Regie: Sandor Stern
Darsteller: Jane Wyatt (Alice Leacock), Patty Duke (Nancy Evans), Norman Lloyd (Pater Manfred), Frederic Lehne (Pater Kibbler), Lou Hancock (Peggy), Brandy Gold (Jessica Evans), Geri Betzler (Amanda Evans), Aron Eisenberg (Brian Evans), Robert Alan Browne (Donald McTear)
Drehbuch: Sandor Stern, nach den Romanen von John G. Jones
Kamera: Tom Richmond (Farbe)
Musik: Rick Conrad
Schnitt: Skip Schoolnick
Produktion: Barry Bernardi für Steve White Prod./Spectator, USA 1989
Verleih: -/-/-/MGM-UA Video
Videostart: 16.10.1990
Sendetermin: 12.5.1989, NBC
FSK: nicht unter 18 J.
Länge: 95 Min.

Wieder hat der Exorzist versagt, und wieder greift der mörderische Amityville-Geist aus der Stehlampe nach der Seele einer hübschen Enkelin, bis er am Ende, von Priesterhand geworfen, samt Lampe über kalifornische Klippen fliegt. Wir harren gespannt seiner nächsten Reinkarnation.

Ananas und blaue Bohnen 34

TRENCHCOAT IN PARADISE **
Video

Regie: Martha Coolidge
Darsteller: Dirk Benedict (Eddie Mazda), Bruce Dern (John Hollander), Catherine Oxenberg (Lisa Duncan), Kim Zimmer (Claire Hollander), Sydney Walsh (Mona Williams), Michelle Phillips (Susanna Hollander), Vincent Guastaferro (Carmen Nunzio), Steve Lundquist (Jack Christie), Keone Young
Drehbuch: Tom Dempsey
Kamera: John E. Jensen (Farbe)
Musik: John Debney
Schnitt: Jack Harnisch
Produktion: Harvey Frand für Ogiens/Kane Company/MGM-UA TV/Pipeline/Finnegan Pinchuk Co., USA 1989
Verleih: -/-/-/MGM-UA Video
Videostart: 11.12.1990
Sendetermin: 18.10.1989, CBS
FSK: ab 12 J.
Länge: 89 Min.

Auf der Flucht vor dem Mob landet ein Detektiv aus New Jersey in Hawaii, wo er alsbald in einen mörderischen Grundstücksschwindel verwickelt wird.
Der Pilotfilm für eine geplante Fernsehserie.

Ein anderer Liebhaber 35

****

16 mm

Regie: Xaver Schwarzenberger
Darsteller: Karl Heinz Hackl (Thomas Pohl), Friedrich von Thun (Dr. Hans Bergmann), Wilfried Klaus (Kommissar Weber), Alexander May (Herbert Fagel), Petra Maria Grühn (Jacqueline Pohl), Daphne Wagner (Hanne), Rolf Henniger (Dr. Reiser), Gerd Lohmeyer (Inspektor Nobel), Lisa Kreuzer (Johanna), Theresa Harder (Bessie), Isabell Fischer (Mina), Cora Frost
Drehbuch: Knut Boeser, nach dem Roman »La Prison« von Georges Simenon
Kamera: Xaver Schwarzenberger (Farbe)
Musik: Nikolaus Glowna
Schnitt: Ines Regnier
Produktion: Tele-München/Hamster Prod., BRD 1990
UA: 28.6.1990, Filmfest München
Sendetermin: 31.7.1990, ZDF, 20.00 Uhr
Länge: 94 Min.

Thomas Pohl ist ein erfolgreicher Mann, sowohl im Beruf als auch bei den Frauen. Eines Abends wird ihm von der Polizei eröffnet, seine Frau habe am selben Nachmittag ihre Schwester mit seiner Pistole erschossen. Das ist der Anfang vom Ende des starken, selbstsicheren Pohl. Jener hatte zwar ein Verhältnis mit der Schwägerin, aber das war seit einem Jahr beendet, so daß Eifersucht als Motiv ausgeschlossen scheint...

Katalog Filmfest München

Ein anderer Sound 36

CRNA MARIJA

**

Regie: Milan Zivkovic
Darsteller: Sonja Savic (Anja), Milan Mladenovic (Seva), Branko Vidakovic (Sivi), Branislav Lecic (Zenit)
Drehbuch: Milan Zivkovic
Kamera: Radoslav Vladic (Farbe)
Musik: Milan Trickovic
Produktion: Film Danas, Jugoslawien 1986
Verleih: Progress/-/-
Kinostart: 12.1.1990
FSK: ab 14 J.
Länge: 95 Min.

Der Film behandelt die Krise und das Comeback der Gruppe Zenit mit ausschweifenden Partys, Liebe und natürlich viel Musik. Im Wechselspiel von »Kunst und Kommerz«, inmitten der Verlockungen und Illusionen einer Rockmusikerkarriere, sind die Konflikte und ihre Lösungsversuche angesiedelt.

Kino DDR

Andersons Rache 37

MOUSEY

***

TV

Regie: Daniel Petrie
Darsteller: Kirk Douglas (George Anderson), Jean Seberg (Laura Anderson), John Vernon (David Richardson), Bessie Love (Mrs. Richardson), Suzanne Lloyd (Nancy), Sam Wanamaker (Inspektor), James Bradford (Detective), Stuart Chandler (Simon)
Drehbuch: John Peacock
Kamera: Jack Hildyard (Technicolor)
Musik: Ron Grainer
Schnitt: John Trumper
Produktion: Aida Young für Universal TV/London Films, USA 1974
UA: 9.3.1974, ABC
Sendetermin: 11.8.90, ARD, 22.05 Uhr
Länge: 78 Min.

Der Lehrer George Anderson hat sich jahrelang demütigen lassen, um für seinen Sohn Simon sorgen zu können, obwohl er nicht dessen leiblicher Vater ist. Die Scheidung von seiner Frau Laura gibt ihm den Rest. Als sie ablehnt, den Jungen weiterhin seinen Namen tragen zu lassen, beginnt Anderson einen furchtbaren Rachefeldzug.

ARD

Angel Town 38

ANGEL TOWN

**

Regie: Eric Karson
Darsteller: Olivier Gruner (Jacques), Theresa Saldana (Maria), Frank Aragon (Martin), Tony Valentino (Angel), Peter Kwong, Mike Moroff
Drehbuch: S. Warren
Kamera: John LeBlanc (Fotokem Color)
Musik: Gil Karson
Schnitt: Duane Hartzell
Produktion: Ash R. Shah, Eric Karson für Imperial Ent. Prod., USA 1990
Verleih: Highlight/Constantin/-
UA: 13.4.1990, New York
Kinostart: 24.5.1990
FSK: ab 18, nffr.
Länge: 104 Min.

Der Film läßt einen französischen Austausch-Studenten ausgerechnet im dicksten Sumpf von Los Angeles stranden, wo der Mob wütet. Doch zufälligerweise ist Jacques ein Kickbox-Profi, womit die Voraussetzungen für ein primitives Brutalo-Rache-Ballett gegeben sind.

Hans-Ulrich Pönack, tip

Antonieta 39

ANTONIETA ***

TV

Regie: Carlos Saura
Darsteller: Isabelle Adjani (Antonieta), Hanna Schygulla (Anna), Carlos Bracho (Vasconcelos), Ignacio Lopez Tarso (Vargas), Gonzalo Vega (Manuel Lozano), Diana Bracho (Juana)
Drehbuch: Jean-Claude Carrière, nach einer Novelle von Andrès Henestrosa
Kamera: Teo Escamilla (Farbe)
Schnitt: Pablo G. del Amo
Produktion: Gaumont/FR 3/Conaciné/ Nuevociné, Frankreich/Mexiko/ Spanien 1983
Sendetermin: 14.2.1990, ZDF, 22.40 Uhr
Länge: 103 Min.

Ein Freitod in der Kirche von Notre Dame, eine Tat, die fünfzig Jahre zurückliegt, fasziniert die Schriftstellerin Anna. Sie, die gerade an einer Studie über Selbstmorde von Frauen arbeitet, geht dem Schicksal der Mexikanerin »Antonieta« nach.
Deren dramatisches, tragisch angehauchtes Leben erschließt sich der Autorin Stück für Stück.
Antonieta, aus reichem Hause stammend, verläßt den ungeliebten Ehemann; sie fördert die Künste, eine unglückliche Liebe bindet sie an einen homosexuellen Maler.
Eine Zeitlang lebt sie mit einem revolutionärem Politiker zusammen; als der sie fallenläßt, macht sie ihrem Leben ein Ende.
Carlos Saura verschränkte in seinem Film Gegenwart und Vergangenheit zu einem komplexen Frauenportrait.

Birgit Amon, AZ

Wendelin Leweke in: Frankfurter Neue Presse, 16.2.90; o.A. Stuttgarter Zeitung, 16.2.90

Antonys Chance 40

ANTONYHO SANCE ***

TV

Regie: Vit Olmer
Darsteller: Lubos Vesely (Antony), Veronika Jenikova (Marta), Barbora Strakova (Bara), Jana Svandova (Irena), Milada Jezkova (Valouskova), Karel Brozek, Valentina Thielova, Frantisek Svihlik
Drehbuch: Rudolf Ráz, Vit Olmer
Kamera: Ota Kopriva (Farbe)
Musik: Jiri Stivin
Produktion: CSSR 1986
Sendetermin: 9.7.1990, ARD, 23.30 Uhr
Länge: 75 Min.

Antony und Marta heiraten von einem Tag auf den anderen, ohne sich richtig zu kennen. Erst danach erfährt die junge Frau, daß ihr Mann eine kleine Tochter hat, die sie aufziehen soll. Auch sonst hat er ihr einiges verschwiegen; das belastet die Ehe bald so sehr, daß Marta ihren Mann verläßt. Allein auf sich gestellt, machen beide Erfahrungen, die sie dazu bringen, noch einen gemeinsamen Versuch zu wagen.
»Antonys Chance« zeigt die unbeholfenen Versuche junger Leute, in einer Umwelt zurechtzukommen, in der die sozialen Beziehungen weitgehend zerschlissen sind. Mißgunst, Mißtrauen und offene Feindseligkeit schaffen ein Klima, das die Menschen auf sich selber zurückwirft und hinter jeder Annäherung nur egoistische Berechnung wittern läßt. *ARD*

Der Anwalt Sedow 41

SASCHTSCHITNIK SEDOW ***

Regie: Jewgenij Zimbal
Darsteller: Wladimir Iljin, Albina Matwejewa, Natalia Schtschukina, Tatjana Rogosina, Tamara Tschernowa, Sergej Arzybaschew
Drehbuch: Maria Swerewa
Kamera: Wladimir Schewzik
Musik: Wadim Chrapatschow
Produktion: Mosfilm, UdSSR 1988
Verleih: Filmverlag der Autoren/-/-
Kinostart: 12.7.1990 im Programm »1. Festival des Neuen Sowjetischen Films«
Länge: 48 Min.
Fipresci-Preis Mannheim 1988; Preis der Britischen Filmakademie /BAFTA) 1988

Völlig gradlinig erzählt Jewgenij Zimbal seine kurze Episode, die in den dreißiger Jahren spielt, zur Zeit der kurzen Schauprozesse: Zimbal zeigt in kafkaesken, bleichen Schwarzweißphotos die Odyssee eines Advokaten durch die engen Schreibstuben der stalinistischen Justiz. Drei hexenhafte Ehefrauen (sie könnten von Shakespeare entliehen sein) bitten um Hilfe für ihre inhaftierten Männer, Sedow setzt sich gegen unwirsche Staatsanwälte und knüppelharte Gefängniswärter durch und beweist die Unschuld der Eingesperrten. Sofort wird auch er vereinnahmt: Vor einer riesigen Versammlung lobt man den Unermüdlichen, der einen Justizirrtum aufklärte - die dafür Verantwortlichen werden nun selbst bestraft.
Und Sedow wird überschüttet mit Beifall, ein schmerzendes, endloses Klatschen, das er ungläubig zur Kenntnis nimmt.

Christian Gampert, FAZ

Applejuice 42

THE APPLEGATES ***

Video

Regie: Michael Lehmann
Darsteller: Ed Begley jr. (Dick Applegate), Stockard Channing (Jane Applegate), Cami Cooper (Sally Applegate), Bobby Jacoby (Johnny Applegate), Dabney Coleman (Tante Bea), Glenn Shadix (Greg Samson), Adam Biesk (Vince Samson), Roger Aaron Brown
Drehbuch: Redbeard Simmons, Michael Lehmann
Kamera: Mitchell Dubin (Farbe)
Musik: David Newman
Schnitt: Norman Hollyn
Produktion: Denise di Novi für New World/ Cinemarque Entertainment, USA 1990
Verleih: -/-/-/Highlight Video
Videostart: 3.12.1990
FSK: ab 16 J.
Länge: 82 Min.

Getarnt als durchschnittliche Familie, zieht eine Gruppe brasilianischer Mutantenkäfer nach Amerika, um den nuklearen Holocaust herbeizuführen und die Erde endgültig von der lästigen Menschheit zu befreien.
Lehmanns Angriffsziel sind einmal mehr die Marotten und (Un-)Sitten des amerikanischen Mittelstandes, die er in aberwitzigen, bisweilen sogar absurden Szenen der Lächerlichkeit preisgibt.

VideoWoche

Die Architekten 43

***

Regie: Peter Kahane
Darsteller: Kurt Naumann (Daniel Brenner), Rita Feldmeier (Wanda Brenner), Uta Eisold (Renate Reese), Jürgen Watzke (Martin Bulla), Ute Lubosch (Franziska Scharf), Catherine Stoyan (Elke Krug), Andrea Meißner (Barbara Schneider), Jörg Schüttauf (Wilfried Berger), Hans-Joachim Hegewald (Albrecht Wischala), Christoph Engel (Ökonom Endler), Joachim Tomaschewsky (Prof. Vesely)
Drehbuch: Thomas Knauf, Peter Kahane
Kamera: Andreas Köfer, Christoph Prochnow (Farbe)
Musik: Tamás Kahane
Schnitt: Ilse Peters
Produktion: Herbert Ehler für Defa-Studio/ Gruppe Babelsberg, DDR 1990
Verleih: Progreß/-/-
UA: 26.6.1990, Filmfest München
Kinostart: 24.8.1990
Länge: 108 Min.

Ein Mann am Ende: Daniel Brenner, fast vierzig, Architekt. Endlich hatte er den Auftrag erhalten - ein modernes Kommunikationszentrum für eine der Berliner Satellitenstädte zu projektieren. Und mit einem Team engagierter Kollegen hat er denn auch ein Traumhaus entworfen, das den Bedürfnissen menschlichen Bauens voll entspricht. Doch das Projekt wird abgelehnt. Bornierte Bürokratie und Mangelwirtschaft treten auf den Plan. Selbst Daniels übermäßige Kompromißbereitschaft kann das Scheitern nicht verhindern.
Ein Scheitern, dem auch seine Ehe zum Opfer fällt. Zu sehr mit sich selbst und dem Versinken in unproduktive Larmoyanz befaßt, hat er seine Frau Wanda und Tochter Johanna vernachlässigt.
Peter Kahanes Spielfilm zeigt in bitte-

Rita Feldmeier und Uta Eisold in »Die Architekten«.

rer Spiegelung des gestrigen DDR-Alltags sehr genau, wie eng Privates und Gesellschaftliches miteinander verwoben sind. Abgesehen von einigen vordergründigen Momenten, etwa der überdeutlichen Entlarvung von Machtstrukturen auf mittlerer Ebene, bedienen sie sich dabei einer eher leisen Erzählweise.
»Die Architekten« dürfte sicher kaum als Meilenstein in die deutschsprachige Filmgeschichte eingehen.
Als unmittelbare Reflexion des Niedergangs der alten DDR-Strukturen aber hat der Film, meine ich, zweifellos einen großen Wert, auch als Dokument – über ein Land in seinem Ende. *Peter Claus, Junge Welt*

Volker Baer in: Der Tagesspiegel, 27.5.90; Birgit Galle in: Neues Deutschland, 23./24.6.90; Fred Gehler in: Sonntag, 29/90; Heide Gossing in: Ostsee-Zeitung, 6.9.90; Roland Herold in: Sächsisches Tageblatt, 29.6.90; Cornelia Resik in: Sächsische Zeitung, 13.7.90; Günter Sobe in: Berliner Zeitung, 22.6.90; Regine Sylvester in: Sonntag, 21/90 (Interview Thomas Knauf); Hans-Dieter Tok in: Leipziger Volkszeitung, 30.6.90

Arielle – Die Meerjungfrau 44
THE LITTLE MERMAID ****

Regie: John Musker, Ron Clements
Drehbuch: John Musker, Ron Clements, nach dem gleichn. Märchen von Hans Christian Andersen
Kamera: John Cunningham (Technicolor)
Musik: Alan Menken; Songs: Howard Ashman, Alan Menken
Schnitt: John Carnochan
Produktion: Howard Ashman, John Musker für Walt Disney mit Silver Screen Partners IV, USA 1989
Verleih: Warner Bros./dto./dto.
Kinostart: 29.11.1990
FSK: o.A. ffr.
Länge: 82 Min.
FBW: Besonders wertvoll

Der Film entstand frei nach dem Märchen von Hans Christian Andersen. Die bezaubernde Meerjungfrau Arielle rettet Prinz Eric vor dem Ertrinken und verliebt sich unsterblich in ihn. Deshalb möchte sie ein Mensch werden, doch da spielt ihr die böse Seehexe Ursula einen üblen Streich. Der 28. abendfüllende Zeichentrickfilm aus dem Hause von

»Arielle – Die Meerjungfrau«

Walt Disney ist flott animiert, hübsch anzusehen und musikalisch ansprechend gestaltet. *Hans-Ulrich Pönack, tip*

Michael Althen in: SZ, 4.12.90; Fritz Göttler in: Kölner Stadt-Anzeiger, 1.12.90; Otto Heuer in: Rheinische Post, 30.11.90; Kai Niemeyer in: AZ, 29.11.90; Jürgen Richter in: FAZ, 1.12.90

Armer Schmetterling 45

POBRE MARIPOSA ***

Regie: Raul de la Torre
Darsteller: Graciela Borges, Lautaro Murua, Pepe Soritano, Victor Laplace, Cipe Lincovsky
Drehbuch: Aida Bortnik, Raul de la Torre
Kamera: Marcelo Comorino (Farbe)
Musik: Carlos Macias
Produktion: Argentinien 1986
Verleih: Progreß/-/-
Kinostart: 6.4.1990
Länge: 124 Min.

Buenos Aires im Jahre 1945. In Europa sind der Krieg und die Herrschaft der Faschisten beendet. Die Ratten haben das sinkende Schiff verlassen. Prominente Nazis sind geflüchtet, auch in Argentinien an Land gegangen. Ein Mann ist ihnen auf der Spur, Boris Somoloff, Journalist, Sozialist, Jude russischer Abstammung. Dieser Mann stirbt plötzlich, angeblich an Herzversagen. Die ihn kannten, zweifeln an der Todesursache. Zweifel erreichen auch seine Tochter Clara. Sie will Gewißheit über seinen Tod. Ihr Engagement für die Wahrheit wird für sie persönlich lebensgefährlich.

Kino DDR

Aschenputtel 46

****

Regie: Karin Brandauer
Darsteller: Petra Vigna (Aschenputtel), Krista Stadler (Stiefmutter), Jean-Marc Bory (Vater), Claudia Knichel (jüngere Stiefschwester), Roswitha Schreiner (ältere Stiefschwester), Stephan Meyer-Kohlhoff (Prinz)
Drehbuch: Michael Schulz, nach dem gleichn. Märchen der Gebrüder Grimm
Kamera: Helmut Pirnat (Farbe)
Musik: Christian Brandauer, Natascha Wilhelm
Schnitt: Daniela Padalewski
Produktion: Omnia/Toro/ZDF/RAI 1/TVE, BRD/CSSR 1989
Verleih: Progreß/-/-
UA: Filmfest München 1990
Kinostart: 3.8.1990
Länge: 92 Min.

Aschenputtel – die Geschichte vom armen Mädchen, das nach dem Tod der Mutter fromm und geduldig alle Erniedrigungen durch eine böse Stiefmutter und zwei zänkische Stiefschwestern erträgt und am Ende doch über sie triumphiert...
Von diesem in der ganzen Welt bekannten Märchen gibt es viele Versionen und bereits mehrere Verfilmungen. Karin Brandauers neuer Aschenputtel-Film hält sich an die Vorlage der Gebrüder Grimm. Er führt in eine Welt, die mit ihren Biedermeier-Interieurs und den im Bürgermilieu angesiedelten Figuren an die Mitte des vorigen Jahrhunderts gemahnt. Eine Balance zwischen Bürger- und Märchenwelt wird aufgebaut, durch die die Geschichte Bezüge zur heutigen Wirklichkeit gewinnt.

Kino DDR

(...) »Aschenputtel« ist von Karin Brandauer mit Verständnis und Einfühlungsvermögen für Kinder ab etwa 8 bis 10 Jahren inszeniert worden. Der

Film ist durch seine interpretierenden filmischen Mittel für Kinder intuitiv verstehbar, für Erwachsene jedoch - wenn sie Lust haben, sich auf die zahlreichen Angebote einzulassen - auch intellektuell ein Vergnügen.

Dagmar Ungureit,
Kinder- und Jugendfilm-Korrespondenz

Assa 47

ASSA ****

Regie: Sergej Solowjow
Darsteller: Sergej Bugajew, Tatjana Drubitsch, Stanislaw Goworuchin, Dmitri Schumilow, Andrej Chaljawin, Ilja Iwanow
Drehbuch: Sergej Liwnew, Sergej Solowjow
Kamera: Pawel Lebeschew (Farbe)
Musik: Boris Grebenschtschikow
Produktion: Mosfilm, UdSSR 1987
Verleih: Filmverlag der Autoren/-/-
Kinostart: 12.7.1990 im Programm »1. Festival des Neuen Sowjetischen Films«
Länge: 153 Min.

Die junge, hübsche Alika kommt nach Jalta, um ein paar Urlaubswochen mit ihrem wesentlich älteren Freund Andrej Krymow zu verbringen. Sie glaubt, ihn zu lieben, weil er ihr ein Gefühl von eigener Stärke und Selbstsicherheit gibt. Alika, die nicht weiß, daß Krymow ein Gangster ist, genießt das Leben im teuren Hotel, die Festessen und die Dampferausflüge. Eines Abends lernt sie den jungen Rocksänger Bananan kennen, der sich in sie verliebt. Als Krymow davon erfährt, bietet er Bananan viel Geld, damit er Jalta für ein paar Wochen verläßt. Bananan lehnt ab - und wird von Krymows Bandenmitgliedern brutal umgebracht. Alika, die plötzlich die Wahrheit über ihren älteren Liebhaber erkennt, erschießt Krymow.

Tatjana Drubitsch in »Assa«.

Atemloser Sommer 48

SIDE OUT **

Regie: Peter Israelson
Darsteller: C. Thomas Howell (Monroe Clark), Peter Horton (Zack Barnes), Courtney Thorne-Smith (Samantha), Harley Jane Kozak (Kate Jacobs), Christopher Rydell (Wiley Hunter), Terry Kiser (Onkel Max), Randy Stoklos (Rollo Vincent)
Drehbuch: David Thoreau
Kamera: Ron Garcia (CFI Color)
Musik: Jeff Lorber
Schnitt: Conrad Buff
Produktion: Gary Foster für Jay Weston Prod. mit Aurora/Then Prods., USA 1990
Verleih: Columbia Tri-Star/-/-/RCA-Columbia Video
Kinostart: 5.7.1990
FSK: ab 6, ffr.
Länge: 100 Min.

Der Film spielt in Kalifornien, wo Sommer, Sonne und Girls für zwei Yuppies angesagt sind. Sie spielen lieber am Strand, als geschäftlichen Dingen nachzugehen. Rock'n'Roll und Bikinis dominieren, kleine Problemchen um Geld und sportlichen (Volleyball-)Erfolg werden nebenbei abgehakt. *Hans-Ulrich Pönack, tip*

David Blum in: FAZ, 7.7.1990; Gildedienst 439, Mai 1990; Rupert Koppold in: Stuttgarter Zeitung, 7.7.1990

Atlantic Rhapsody – 52 Bilder aus Tórshavn 49

ATLANTIC RHAPSODY – 52 MYNDIR UR TORSHAVN ***

Regie: Katrin Ottarsdóttir
Darsteller: Erling Eysturoy, Elin Karbech Mouritsen, Páll Danielsen, Mikkjal Helmsdal, Birita Mohr sowie 98 andere Darsteller

Drehbuch: Katrin Ottarsdóttir
Kamera: Andreas Fischer-Hansen, Lars Johansson (Farbe)
Musik: Hedin Meitil
Schnitt: Jens Bidstrup
Produktion: Katrin Ottarsdóttir für Kaleidoskop Film, Färöer 1989
Verleih: Freunde der Deutschen Kinemathek/-/-
UA: 13.4.1989, Tórshavn, Nordurlendska Filmstevnan
EA: 11.2.1990, Int. Forum des Jungen Films bei der Berlinale
Kinostart: 1990
Länge: 80 Min.

Der Film ist kein gewöhnlicher Spielfilm, sondern eine kaleidoskopische Erzählung, ein Staffellauf in Bildern über 24 Stunden in der kleinsten Hauptstadt der Welt.
Der Film schildert auf amüsante und ironische Weise die Menschen von Tórshavn sowie ganz allgemein die Färöer und ihre Gesellschaft von heute. *Infoblatt Forum*

(...) Obwohl der Film viele schöne phantasievolle Elemente birgt und man hoffen kann, daß es nicht der letzte Film von den Färöern war, wirkt er doch teilweise unbeholfen, und in der zweiten Hälfte geht ihm die Puste aus. *Sabine Carbon, Der Tagesspiegel*

Atomic Hero 2 — 50

THE TOXIC AVENGER PART II *

Video

Regie: Michael Herz, Lloyd Kaufman
Darsteller: Ron Fazio/John Altamura (Atomic Hero), Phoebe Legere (Claire), Rick Collins (Vorstand von Apocalypse Inc.), Rikiya Yasouka (Big Mac), Tsutomu Sekine (Ansager), Shinoburyu (Shockikuyama), Lisa Gaye (Malfaire), Jessica Dublin (Mrs. Junko), Jack Cooper (Mr. Junko), Erika Schickel (Psychiaterin)
Drehbuch: Gay Partington Terry
Kamera: James London (TVC Color)
Musik: Barrie Guard
Schnitt: Michael Schweitzer
Produktion: Lloyd Kaufman, Michael Herz für Troma, USA 1989
Verleih: -/-/-/UFA Video
Videostart: 14.5.1990
FSK: nicht unter 18 J.
Länge: 95 Min.

»Atomic Hero 2«

Nach der Ermordung seines verbrecherischen Vaters in Japan kehrt der Atomic Hero nach Tromaville zurück, um die nuklearen Umtriebe der gemeingefährlichen »Apocalypse Inc.« zu vereiteln. Irgendwo gibt es sicher Menschen, die dieses dumpfe Brutalo-Comic - ein weiteres Musterbeispiel für Tromas peinliches Kokettieren mit der eigenen Unfähigkeit - zum Totlachen finden. Ihnen allen unser herzliches Beileid.

Atomic Reporter — 51

REVENGE OF THE RADIOACTIVE REPORTER *

Video

Regie: Craig Pryce
Darsteller: David Scammell (Mike R. Wave), Kathryn Boese (Richelle Darlington), Randy Pearlstein (Joe Wave), Derrick Strange (Richard Swell)
Drehbuch: David Wiechorek, Craig Pryce
Kamera: Paul Sarossy (Farbe)
Musik: David Bradstreet
Schnitt: Gary Zubeck
Produktion: Craig Pryce für Pryceless, Kanada 1990
Verleih: -/-/-/CIC Video
Videostart: 17.10.1990
FSK: nicht unter 18 J.
Länge: 84 Min.

Vom Aufsichtsrat eines in Verruf geratenen Kernkraftwerks zum schleimigen Monster zwangsumgewandelt, macht ein Reporter den Entführern seiner Geliebten den Garaus. Nicht ganz so elitär und schwachsinnig wie die einschlägigen Troma-Produkte (»Atomic Hero«), aber dumm genug.

Auf der Jagd nach dem verlorenen Gold 52

IMPASSE

***

TV

Regie: Richard Benedict
Darsteller: Burt Reynolds (Pat Morrison), Anne Francis (Bobby Jones), Vic Diaz (Jesus Jiminez Riley), Jeff Corey (Wombat), Lyle Bettger (Hansen), Rodolfo Acosta, Clarke Gordon, Miko Mayama, Joanne Dalsass, Anne Francis
Drehbuch: John C. Higgins
Kamera: Mars B. Rasca (Deluxe Color)
Musik: Philip Springer
Schnitt: John F. Schreyer
Produktion: Hal Klein für Aubry Schenk Prod., USA 1968
Sendetermin: 5.5.1990, ARD, 0.15 Uhr
Länge: 100 Min.

Schlitzohr Pat Morrison hat von Gold im Wert von mehreren Millionen Dollar Wind bekommen, das in der alten Inselfestung Corregidor auf den Philippinen versteckt liegen soll. Um es aufzuspüren, trommelt er einige ehemalige Kriegskameraden zusammen.

ARD

Auf Liebe und Mord 53

LOVE & MURDER

**

Video

Regie: Steven Hilliard Stern
Darsteller: Todd Waring (Hal Caine), Kathleen Laskey (Brenda), Ron White (Fred), Wayne Robson (Hausmeister)
Drehbuch: Steven Hilliard Stern
Kamera: David Herrington (Farbe)
Musik: Matthew MacCauley
Schnitt: Ron Wiseman
Produktion: Steven Hilliard Stern für Sharmhill, Kanada 1989
Verleih: -/-/-/RCA-Columbia Video
Videostart: 6.3.1990
FSK: ab 16 J.
Länge: 97 Min.

Als ein Photograph zufällig die Ermordung einer Bekannten aus dem Wohnhaus gegenüber knipst, heftet sich der psychopathische Killer, der bereits drei andere Mädchen auf dem Gewissen hat, an seine Fersen. Steven Sterns durchaus unnötige Vorstellung von Alfred Hitchcocks »Fenster zum Hof«.

Auf Todesrädern 54

WHEELS OF TERROR

**

Video

Regie: Christopher Cain
Darsteller: Joanna Cassidy (Laura MacKenzie), Marcie Leeds (Stephanie MacKenzie), Arlen Dean Snyder (Detective Drummond), Sharon Thomas (Amy Donaldson), Kimberly Duncan (Kimberly Donaldson), Carlos Cervantes (Luis), Jacob Kenner (Brad), Mindy Spence (Stacy Harrison), Henry Max Kendrick
Drehbuch: Alan B. McElroy
Kamera: Richard Bowen (Farbe)
Musik: Jay Gruska
Schnitt: Steve Cohen
Produktion: Richard Learman für Once Upon A Time/Cream Gravy/Wilshire Court, USA 1990
Verleih: -/-/-/CIC Video
Videostart: 22.11.1990
Sendetermin: 11.7.1990, USA
FSK: ab 16 J.
Länge: 83 Min.

In einem Wüstenstädtchen nimmt eine Schulbusfahrerin die Verfolgung eines unheimlichen schwarzen Mördersportwagens auf, der ihre Tochter entführt hat. Quietschende Reifen waren schon immer als Ersatz für eine halbwegs neue Story gut.

Aufbauer der Nation 55

***

16 mm

Regie: Angelo A. Lüdin
Darsteller: Karl Odermatt, Heinz Hermann
Drehbuch: Angelo A. Lüdin
Kamera: Pio Corradi (Farbe)
Schnitt: Mirjam Krakenberger
Produktion: Angelo A. Lüdin, Schweiz 1989
Verleih: -/-/-Look Now
Länge: 75 Min.

Heinz Hermann, derzeitiger Fußballstar, und Karl Obermatt, Idol der siebziger Jahre, sind weitum bekannt. Angelo A. Lüdin zeichnet ein subtiles Porträt der beiden vom Temperament her sehr gegensätzlichen Fußballer, die zwar einen äußerst biederen Eindruck machen, über die man aber auch einmal lachen kann und die letztlich doch sympathisch wirken. Zwar werden Fragen nach dem »Geschäft Fußball« oder der gesellschaftlichen Einbettung des »Phänomens Fußball« nur am Rande angesprochen, doch vermag hier der Film, durch die gekonnt eingefangene Stimmungen auf der Bildebene etliches zu vermitteln. *Zoom*

Aufstand in Kenia 56

THE KITCHEN TOTO ***

Video

Regie: Harry Hook
Darsteller: Edwin Mahinda (Mwangi), Bob Peck (John Graham), Phyllis Logan (Janet Graham), Kirsten Hughes (Mary), Robert Urquhart (D.C.), Nicholas Chase (Mugo), Job Seda, Leo Wringer
Drehbuch: Harry Hook
Kamera: Roger Deakins (Farbe)
Musik: John Keane
Schnitt: Tom Priestley
Produktion: Ann Skinner für British Screen/Film Four International, GB 1987
Verleih: -/-/-/Cannon-VMP Video
Videostart: 28.5.1990
FSK: ab 12 J.
Länge: 95 Min.

Kenia 1950. Der Geheimbund der Mau-Mau erhebt sich gegen die britische Kolonialherrschaft. Weil der Priester Mose Kayuki in einer Predigt zur Mäßigung mahnt, wird er ermordet. Sein Sohn Mwangi tritt als Küchenjunge in die Dienste des Polizeichefs John Graham und erweckt so das Mißfallen der Mau-Maus, die ihn zum Bluteid zwingen. Sensibel zeigt der in Kenia aufgewachsene Regisseur Harry Hook den Konflikt des zwölfjährigen Bantus. Dabei legt er mitunter einen bestechenden Realismus an den Tag. Ein sehenswertes Kolonialdrama. *VideoWoche*

Aufzeichnungen zu Kleidern und Städten 57

**

Regie: Wim Wenders
Drehbuch: Wim Wenders
Kamera: Robbie Müller (Farbe)
Musik: Laurent Petitgand
Schnitt: Dominique Auvray
Produktion: Road Movies mit Centre National d'Art et de Culture George Pompidou, BRD/Frankreich 1989
Verleih: Impuls/Classic/Citel
Kinostart: 29.3.1990
FSK: o.A., ffr.
Länge: 81 Min.
FBW: Wertvoll

Der Film war ursprünglich als 15minütige Auftragsarbeit des Centre Pompidou geplant. Doch Wenders fand so viel Gefallen an seinem Objekt, dem Modedesigner Yamamoto, und dem Medium Video, daß er es auf abendfüllende Länge streckte. Doch der Titel wird nicht eingelöst. Es handelt sich um Aufzeichnungen über einen Modemacher in den Städten Tokio und Paris. Und die Person des Modemachers ist sympathischer als Wenders mitunter arg konstruierter philosophischer Über- und Unterbau des Films. *Alfred Holighaus, tip*

Michael Althen in: Die Zeit, 30.3.90; Volker Baer in: Der Tagesspiegel, 29.3.90; Marli Feldvoss in: FAZ, 5.4.90; Frauke Hanck in: Die Welt, 31.3.90; Peter Körte in: FR, 31.3.90; Nina Landin in: Prinz, 4/90

Augenblicke mit dem Mörder 58

POSED FOR MURDER *

Video

Regie: Brian Thomas Jones
Darsteller: Charlotte J. Helmkamp (Laura Shea), Carl Fury (Rick Thompson), Rick Gianasi (Steve Barnes), Michael Merrings (Danny), William Beckwith (Clifford Devereux), Roy MacArthur (Serge LaRue), Terri Brennan (Terri)
Drehbuch: John A. Gallagher, Chuck Dickenson
Kamera: Bob Paone (Technicolor)
Musik: Tom Marolda
Schnitt: Brian O'Hara
Produktion: Carl Fury, Jack Fox für Fox/Fury Ventures, USA 1989
Verleih: -/-/-/VCL Video
Videostart: 28.5.1990
FSK: nicht unter 18 J.
Länge: 85 Min.

Als Stars dieses Machwerks fungieren ein Ex-Playmate und ein US-Cham-

Alan J. Pakula geht ins Gericht mit der Justiz. Raul Julia, Bonnie Bedelia und Harrison Ford in »Aus Mangel an Beweisen«.

pion. Beide lassen natürlich ständig ihre Hüllen fallen, um zu zeigen, was sie zu bieten haben. Die Story - ein Fotomodell genießt »Augenblicke mit einem Mörder« - und die Effekte sind primitiv und versprühen nur gähnende Langeweile. *tip*

Aus Mangel an Beweisen 59
PRESUMED INNOCENT ****

Regie: Alan J. Pakula
Darsteller: Harrison Ford (Rusty Sabich), Brian Dennehy (Raymond Horgan), Raul Julia (Alejandro »Sandy« Stern), Bonnie Bedelia (Barbara Sabich), Paul Winfield (Richter Larren Lyttle), Greta Scacchi (Carolyn Polhemus), John Spencer (Det. Lipranzer), Joe Grifasi (Tommy Molto), Sab Shimono, Jesse Bradford
Drehbuch: Frank Pierson, Alan J. Pakula, nach dem gleichn. Roman von Scott Turow
Kamera: Gordon Willis (Duart Color/Technicolor)
Musik: John Williams
Schnitt: Evan Lottman
Produktion: Sydney Pollack, Mark Rosenberg für Mirage Prod., USA 1990
Verleih: Warner Bros./dto./dto.
EA: Filmfest NRW, Köln 1990
Kinostart: 13.12.1990
FSK: ab 16, ffr.
Länge: 127 Min.
FBW: Besonders wertvoll

Der Film folgt Scott Turows US-Bestseller »Presumed Innocent«. Ein Staatsanwalt ist des Mordes an seiner jungen attraktiven Kollegin angeklagt, mit der er eine heiße Affäre hatte. Trotz Fehlbesetzungen (Harrison Ford, Greta Scacchi) erzeugt ein groß-

Bonnie Bedelia mit Alan Pakula, dem Regisseur von »Aus Mangel an Beweisen«.

artiges Ensemble, allen voran Raul Julia und Paul Winfield, die Atmosphäre schillernder Unsicherheit und unberechenbarer Zufälle hinter den ehrwürdigen Kulissen eines Justizpalastes. *Wolf Donner, tip*

Fritz Göttler in: SZ, 17.12.90; Franke Hanck in: Die Welt, 14.12.90; Otto Heuer in: Rheinische Post, 14.12.90; Rolf Lenz in: Prinz, 12/90; Gerhard Midding in: Film Bulletin, 5/90; Milan Pavlović in: Kölner Stadt-Anzeiger, 15. und 19.12.90; Ponkie in: AZ, 13.12.90; Jürgen Richter in: FAZ, 14.12.90

Ausweglos 60

NOWHERE TO RUN **

Video

Regie: Carl Franklin
Darsteller: David Carradine (Harmon), Jason Priestley (Howard), Kieran Mulroney (Jerry Lee), Jillian McWhirter (Cynthia), Henry Jones (Richter Culbert), Kelly Ashmore (Saralynn), Brenda Bakke (Joanie), Andy Wood (Sheriff Tooley), Sonny Carl Davis (J.W.)
Drehbuch: Jack Canson, Nancy Barr
Kamera: Phedon Papamichael (Fotokem Color)
Musik: Barry Goldberg
Schnitt: Carol Oblath
Produktion: Julie Corman für Concorde Pictures, USA 1989
Verleih: -/-/-/MGM-UA Video
Videostart: 14.8.1990
FSK: ab 16 J.
Länge: 85 Min.

Kleinstadtkorruption, die erste Liebe und ein Abenteuer vierer Jugendlicher an der Schwelle zum Erwachsenwerden. David Carradine und Henry Jones stemmen sich in dieser Geschichte aus der schwülen Atmosphäre des amerikanischen Südens mit gekonntem Chargieren gegen akuten Spannungsmangel. *VideoWoche*

Aviyas Sommer 61

HAKAYITZ SHEL AVIYA ****

Regie: Eli Cohen
Darsteller: Gila Almagor (Henya), Kaipo Cohen (Aviya), Eli Cohen (Herr Gantz), Marina Rosetti (Frau Gantz), Avital Dikkar (Maya), Dina Avrech (Frau Abramson), Yaakov Eyali (Flüchtling), Rami Baruch (Ladenbesitzer), Yossi Kantz (Nachbar), Ariela Rabinovitz (Lehrerin), Sandra Sadeh
Drehbuch: Gila Almagor, Haim Bouzaglo, Eli Cohen, nach dem Buch von Gila Almagor
Kamera: David Gurfinkel (Farbe)
Musik: Shem Tov Levi
Produktion: Eitan Evan, Gila Almagor für H.S.A. Ltd., Israel 1988
Verleih: -/Filmhaus Stöbergasse/-
UA: 17.2.1989, Wettbewerb der Int. Filmfestspiele Berlin
Kinostart: Sept. 1990
Länge: 95 Min.
Original mit Untertitel

Für die zehnjährige Israelin Aviya ist der Sommer 1951, den sie gemeinsam mit ihrer seelisch kranken, als »verrückten Partisanin« verachteten Mutter verbringt, eine Zeit schwieriger Erfahrungen und schmerzlichen Reiferwerdens. Die schlicht verfilmte Geschichte bietet ein sensibles, eindringliches Psychogramm. *multimedia*

B

Bach und Broccoli 62
BACH ET BOTTINE ***

Video

Regie: André Melançon
Darsteller: Mahée Paiement (Fanny), Raymond Legault (Jonathan), Harry Marciano (Sean), Andrée Pelletier (Bernice), France Arbour (Großmutter)
Drehbuch: Bernadette Renaud, André Melançon
Kamera: Guy Dufaux (Farbe)
Musik: Pierick Houdy
Schnitt: André Corniveau
Produktion: Rock Demers für La Fête Prod., Kanada 1987
Verleih: -/-/-/Neue Atlas Medien Video
Videostart: 28.9.1990
FSK: o.A.
Länge: 90 Min.

Eine elfjährige Waisin lockt ihren neuen Adoptivvater, einen musikliebenden Sonderling, aus seiner sozialen Isolation. Pädagogisch wertvolle und mit einer erfrischenden Hauptdarstellerin ausgestattete Komödie - Eigenschaften, die hierzulande immer noch mit den Attributen eines »guten Kinderfilms« verwechselt werden.

Back Stab 63
BACK STAB **

Video

Regie: James Kaufman
Darsteller: James Brolin (Cliff Murphy), Dorothée Berryman (Juliet Powell), Meg Foster (Sara Rudnick), Isabelle Truchon (Jennifer), June Chadwick (Carolyn Chambers), Robert Morelli (Steve Howe), Brett Halsey (Ken Updike)
Terrence La Brosse (Mr. Chambers)
Drehbuch: Paul Koval
Kamera: Rodney Gibbons (Sonolab Color)
Musik: Marty Simon
Schnitt: Paul Ziller
Produktion: Tom Berry für Allegro Films, Kanada 1990
Verleih: -/-/-/Ascot Video
Videostart: 5.12.1990
FSK: ab 16 J.
Länge: 91 Min.

Nach dem nächtlichen Intermezzo mit einer hübschen Blondine wacht ein verwitweter Architekt neben der Leiche seines Chefs auf. Er landet zunächst im Gefängnis, kann jedoch entkommen und den wahren Schuldigen entlarven. James Kaufmans leicht verworrener Thriller wirkt konstruiert, hat aber durchaus spannende Momente sowie eine gute Schlußpointe und verbindet Elemente des Gerichtssaaldramas mit interessanten Krimisequenzen. *VideoWoche*

Back to Back 64
BACK TO BACK **

Video

Regie: John Kincade
Darsteller: Bill Paxton, Todd Field, Apollonia Kotero, Ben Johnson, Luke Askew, Susan Anspach, Sal Landi, David Michael Sterling
Drehbuch: George Francis Skrow
Kamera: James L. Carter (Farbe)
Musik: Rick Cox
Schnitt: Peter Maris, Kevin Michaels
Produktion: Brad Krevoy, Steven Stabler für Motion Picture Corporation of America, USA 1990
Verleih: -/-/-/MGM-UA Video
Videostart: 17.7.1990
FSK: ab 16 J.
Länge: 95 Min.

Nach dessen Tode machen sich die Söhne des einzigen Überlebenden eines überfallenen Geldtransports zusammen mit einer Anhalterin auf die Suche nach den verschwundenen Millionen. Durch heftige Rückblenden eher verwirrender als fesselnder Thriller mit routinierter Besetzung.

Bad Influence

Siehe »Todfreunde - Bad Influence«

Der Bär und die Puppe 65
L'OURS ET LA POUPEE ***

TV

Regie: Michel Deville
Darsteller: Brigitte Bardot (Felicia), Jean-Pierre Cassel (Gaspard), Daniel

Ceccaldi (Ivan), Xavier Gélin (Reginald), Georges Claisse (Stéphane), Patrick Gilles, Patricia Darmon, Oliver Stroh, Patricia Darmon, Sabine Haudepin
Drehbuch: Nina Companeez, Michel Deville
Kamera: Claude Lecomte (Farbe)
Musik: Giuseppe Rossini, Eddie Vartan
Schnitt: Nina Companeez
Produktion: Mag Bodard/Parc Film/ Marianne Prod., Frankreich 1970
UA: 4.2.1970, Paris
Sendetermin: 5.1.1990, ARD, 23.50 Uhr
Länge: 86 Min.

Bei einer Autokollision treffen sie aufeinander: Er fährt eine Ente, sie einen Rolls; er ist Musiker, sie eine Jet-Set-Schöne; er wird von Jean-Pierre Cassel gespielt - und sie von Brigitte Bardot.
Michel Deville drehte 1970, gegen Ende der Bardot-Kinokarriere, diesen Komödien-Geschlechterkampf. Zwar können sich die Titelkontrahenten auf Anhieb nicht ausstehen, doch die verwöhnte Puppe Brigitte will nicht hinnehmen, daß irgendein männliches Wesen ihren Reizen zu widerstehen vermag. So setzt sie die Waffen einer Frau ein... *Birgit Amon, AZ*

Bailey House – To Live As Long As You Can 66

***

Regie: Alain Klarer
Drehbuch: Alain Klarer, Richard Dindo
Kamera: Pio Corradi (Video)
Produktion: Vega Film, Schweiz 1988
Verleih: -/-/Megherz
Länge: 60 Min.

Mit Hilfe der Stadtverwaltung von kirchlichen und privaten Kreisen gegründet, ist das Bailey House eine Art Sterbehaus geworden, gleichzeitig aber auch ein Haus der Hoffnung. Seit 1986 wohnen an AIDS erkrankte und alleingelassene Menschen in diesem ehemaligen Hotel und können die letzte Zeit ihres Lebens in einer menschlichen und warmen Umgebung verbringen. Alain Klarer hat als Volontär im Bailey House gearbeitet und sammelte in der Folge während dreier Monate tief bewegende Eindrücke. Entstanden ist ein formal überzeugender, leiser, subtiler und persönlicher Film, eine eindringliche Konfrontation mit dem Tod. *Zoom*

Die Ballade vom Banditen Barbarosa 67

BARBAROSA ***

TV

Regie: Fred Schepisi
Darsteller: Willie Nelson (Barbarosa), Gary Busey (Karl), Isela Vega (Josephina), Gilbert Roland (Don Braulio), Danny De La Paz (Eduardo), Alma Martinez (Juanita), George Voskovec, Sharon Compton, Howland Chamberlain
Drehbuch: William D. Wittliff
Kamera: Ian Baker (Eastmancolor)
Musik: Bruce Smeaton
Schnitt: Don Zimmerman, David Ramirez
Produktion: Paul N. Lazarus 3d für Wittliff, Nelson, Busey Prod. mit ITC-Films, USA 1981
Sendetermin: 10.11.1990, ZDF, 23.30 Uhr
Länge: 90 Min.

Countrysänger Willie Nelson spielt den Titelhelden, der durch die mörderische Dauerfehde mit der Familie seiner Frau zum Outlaw geworden ist. In dem jungen, naiven Karl, der ein ähnliches Schicksal hat, findet er einen Gefährten. Fortan ziehen die beiden durch die grandiose Natur am Rio Grande und zelebrieren ihre Freundschaftsrituale. Der Australier Fred Schepisi drehte mit diesem Film einen der wenigen Western der 80er Jahre. *Birgit Amon, AZ*

Ballerina 68

FAITH **

Regie: Ted Mather
Darsteller: Silvia Seidel (Faith), Richard Maldone (Tony), Ami Dolenz (Cheryl), Ernie Sabella (Stanley), Ellen Crawford (Beatrice), John Shearing (Faiths Vater), Rosalia Hayakawa, Kevin Wixted, Gwen Somers, Harry Waters jr., Carlos Lacamara, Len Lesser
Drehbuch: Ted Mather
Kamera: Dennis Peters (Farbe)
Musik: Guido und Maurizio De Angelis
Schnitt: Gianfranco Amicucci

Produktion: Stephen J. Ross, Henri Bagdadi für TPI Inc., USA 1989
Verleih: Neue Constantin/-/Monopole Pathé/VCL-Carolco Video
Kinostart: 29.3.1990
FSK: ab 12, ffr.
Länge: 101 Min.

Ein deutsches Mädchen macht nach dem Unfalltod seiner Eltern in Amerika schnell eine tänzerische Karriere, gelangt aber erst ans Liebes-Happy-End, als sich ihr Freund aus seinen Verstrickungen im Drogenhandel gelöst hat. Ein in Dramaturgie, Inszenierung und Darstellung drittklassiger Film. *multimedia*

Kai Niemeyer in: AZ, 31.3.90; Hans-Dieter Seidel in: FAZ, 2.4.90

Bande der Gewalt

Siehe »Wilding - Bande der Gewalt«

Bankomatt 69

***

Regie: Villi Hermann
Darsteller: Bruno Ganz (Bruno), Omero Antonutti (Ernesto Soldini), Giovanni Guidelli (Stefano), Francesca Neri (Maria), Pier Paolo Capponi, Fabrizi Cerusico, Roberto de Francesco, Andrea Novicov, Mauro Guidelli
Drehbuch: Giovanni Pascutto, nach einem Sujet von Villi Hermann
Kamera: Carlo Varini (Eastmancolor)
Musik: Franco Piersanti
Schnitt: Fernanda Indoni
Produktion: Enzo Porcelli, Villi Hermann für Imagofilm, Italien/Schweiz 1989
Verleih: -/-/Imagofilm
EA: 18.2.1989, Int. Filmfestspiele Berlin
Kinostart: Okt. 1989
Länge: 88 Min.

Stefano, ein in Lugano lebender Italiener der zweiten Generation, träumt davon, mit seiner Freundin fortzugehen. Wegen eines Delikts wird er von der Polizei gesucht. Er findet beim Gärtner Bruno Unterschlupf und wird von ihm samt Freundin gleich in ein neues Delikt hineingezogen - der ehemalige Bankdirektor will nämlich mit den Schweizer Banken abrechnen. Villi Hermann kann sich, nach einer fulminanten Exposition, zu lange nicht entscheiden, ob er sich auf die aufgesetzt wirkende Liebesgeschichte oder die dubiose Bankaffäre konzentrieren soll, und setzt sich damit zwischen Stuhl und Bank. *Zoom*

Der Baum, den wir verletzten 70

THE TREE WE HURT

***

Regie: Dimos Avdeliodis
Darsteller: Yannis Avdeliodis (Junge/Erzähler), Nikos Mioteris (Runny-Nose Vangelis), Marina Delivoria (Mutter des Jungen), Takis Agoris, Dimos Avdeliodis
Drehbuch: Dimos Avdeliodis
Kamera: Philipos Koutsaftis (Farbe)
Musik: Dimitris Papadimitriou
Schnitt: Costas Fountas
Produktion: Dimos Avdeliodis für A Greek Film Centre/Dimos Avdeliodis Prod., Griechenland 1986
Verleih: Matthias Film/-/-
Kinostart: Mai 1990
Länge: 75 Min.
Original mit Untertitel

Um 1960, auf der griechischen Insel Chios. Der Filmemacher Dimos Avdeliodis versetzt sich zurück in seine eigene Kindheit und Schulzeit. Im Mittelpunkt der Erinnerungen steht die Freundschaft zwischen zwei Jungen.

Bavaria Blue 71

***

16 mm

Regie: Jörg Bundschuh
Darsteller: Alfred Edel (Franz Daindl), Herbert Fux (Edi Blecha), Andy Geer (Rick Mahony), Siegmund Reindl (Sigi), Juliette Marischka (Inge Vogel), Jörg Hube, Ingrid Weber, Christian Jakob, Franz Kinateder und als Gast: Georg Lohmeier
Drehbuch: Jörg Bundschuh
Kamera: Jörg Schmidt-Reitwein (Farbe)
Musik: Hans-Jürgen Bucher »Haindling«
Schnitt: Rudi Reinbold
Produktion: Harald Stuckmann für Kick Film/ZDF, BRD 1989
Verleih: Impuls-Film/-/-
Kinostart: 28.6.1990
Länge: 83 Min.

Der Regisseur erfand für diesen Film ein neues Genre - die Doku-Komö-

Auf der Suche nach dem Mythos Bayern. »Bavaria Blue« von Jörg Bundschuh.

die. Mit der Fiktion einer US-Fernsehreportage über bayerische Sitten und Gebräuche beschreibt Bundschuh die Wirklichkeit bayerischer Liebenswürdigkeit - jenseits der Weißwurstkultur und nicht ohne Vorbehalte. *Alfred Holighaus, tip*

Volker Baer in: Der Tagesspiegel, 19.7.90

Baywatch – Die Rettungsschwimmer von Malibu 72

BAYWATCH **

TV

Regie: Peter H. Hunt
Darsteller: David Hasselhoff (Mitch Bucannon), Parker Stevenson (Craig Pomeroy), Billy Warlock (Eddi), Erika Eleniak (Shawnee), Peter Phelps (Travis), Shawn Weatherly, Holly Gagnier, Monte Markham
Drehbuch: Michael Berk, Douglas Schwartz
Kamera: James Pergola (Farbe)
Musik: Corey Lerios, John D'Andrea
Produktion: Gregory J. Bonnan, Jill Donner, William A. Schwartz für GTG Entertainment, USA 1989
Sendetermin: 31.8.90, ARD, 20.15 Uhr
Länge: 98 Min.

Pilotfilm der NBC-Fernsehserie mit dem »Knight Rider« David Hasselhoff in der Badehose.

The Beckett Affair 73

THE BECKETT AFFAIR **

Video

Regie: Osvaldo Civirani
Darsteller: Lang Jeffries, Krista Nell, Andrew Scott
Produktion: Italien/Frankreich 1966
Verleih: -/-/-/Focus Video
Videostart: 19.9.1990
FSK: ab 16 J.
Länge: 83 Min.

Ein Agent soll die Geheimorganisation eines kubanischen Spions infiltrieren, um die Ermordung eines südamerikanischen Politikers zu vereiteln.
Italienisch-französischer Agententhriller aus den Sechzigern, der seinen schlagfertigen Helden ganz im Stil der Zeit als cleveren Ladykiller mit harten Fäusten präsentiert.

VideoWoche

Bedroom Eyes II 74

BEDROOM EYES II *

Video

Regie: Chuck Vincent
Darsteller: Wings Hauser (Harry Ross), Linda Blair (Sophie), Kathy Shower (Carolyn Ross), Jane Hamilton (JoBeth), Joe Giardina (Vinnie), Kevin Thomsen (Matthew), Jennifer Delora (Gwendolyn), Harvey Siegel (Det. Briar)
Drehbuch: Gerard Ciccoritti
Kamera: Larry Revene (Agfacolor)
Musik: Budd Carr
Schnitt: James Davalos
Produktion: Chuck Vincent für Distant Horizon, USA 1989
Verleih: -/-/-/USA Video
Videostart: 28.5.1990
FSK: nicht unter 18 J.
Länge: 87 Min.

Der Film ist die Fortsetzung eines zweitklassigen Erotikkrimis aus dem Jahre 1984 (»Zeuge der Nacht«) mit neuen Darstellern: Die zweite Frau eines Mannes verstrickt ihren Gatten in den Mord an einer Geisteskranken, die bereits die Schwester der ersten Frau ermordet hat. Über weite Strekken verwirrender Thriller, der zuviele Haken schlägt, um Spannung zu entwickeln. *Video Woche*

Begegnung mit dem lustigen Teufel 75

BLISKIE SPOTKANIA Z WESOLYM DIABLEM ***

Regie: Jerzy Lukaszewicz
Darsteller: Rafal Synówka (Bi, Zenobi), Jacek Chmielnik (Mak, Makary), Franciszek Cwirko (Piszczalka), Ryszarda Hanin (Touristin), Irena Laskowska (Lehrerin), Leon Niemczyk (Tourist), Grzegorz Herominski (Rybarczyk), Krzysztof Litwin (Journalist), Pawel Unrug (Treiberboss), Ania Kwiatkowska, Agnieszka Kwiatkowska (Schülerinnen), Wanda Pilichowska (Telephonistin), Tadeusz Teodorczyk, Jerzy Rojek (Treiber)
Drehbuch: Jerzy Lukaszewicz
Kamera: Jerzy Lukaszewicz (Farbe)
Musik: Marek Bilinski
Schnitt: Agnieszka Bojanowska
Produktion: Andrzej Zielonka für Studio Malych Form Filmowych »Se-Ma-For«, Polen 1988
Verleih: Progreß/-/-
Kinostart: 28.9.1990
Länge: 77 Min.

Nur in einem sind sich die Leute einig: Das Untier ist ein Vielfraß. Es stibitzt hartgekochte Hühnereier, trinkt Kaffee und schreckt nicht einmal vor einer total versalzenen Geburtstagstorte zurück! Aber wie das Untier aussieht – da gibt es die unterschiedlichsten Beschreibungen. Nur einer hat es genau gesehen und sich sogar mit ihm angefreundet: der kleine Bi in seinem Rollstuhl. Und ihm widerfährt dank dieser ungewöhnlichen Freundschaft am Ende etwas ganz Wunderbares: Er lernt es, seine Beine wieder zu gebrauchen!
Dieser phantasievolle Film setzt die 1986 entstandene Abenteuergeschichte »Der Freund des lustigen Teufels« fort. *Kino DDR*

Bei mir liegen Sie richtig 76

**

Regie: Ulrich Stark
Darsteller: Dieter Hallervorden (Willy Kritz/ Dr. Tassilo Tetzlaff), Rosel Zeck (Lilo Berger), Ezard Haußmann (Dr. Reinhard), Alexander May (Dr. Sahner), Dieter Pfaff (Frundsberg), Rolf Zacker (Kalle Kriwitz), Werner Kreindl (Professor Havlicek)
Drehbuch: Wolfgang Limmer
Kamera: Manfred Ensinger (Farbe)
Musik: Birger Heymann
Schnitt: Sibylle Windt
Produktion: Werner Mietzner, Wolf Bauer für UFA/ZDF, BRD 1990
Verleih: Tobis/Constantin/-
Kinostart: 13.12.1990
FSK: ab 6, ffr.
Länge: 91 Min.

Dieter Hallervorden als Nachtwächter eines Ostberliner Krankenhauses, der eingelegte Leichenteile berühmter Männer durch das Brandenburger Tor schmuggelt: das linke Auge von Marx oder die Leber von Stalin. Diese Satire auf die Götter in Weiß erreicht sehr schnell die letzte Schwundstufe der Komödie: die Klamotte.

Lars-Olav Beier, tip

Heiko R. Blum in: Rheinische Post, 14.12.90; Daniel Brunner in: FAZ, 15.12.90; Sabine Carbon in: Der Tagesspiegel, 13.12.90; Ponkie in: AZ, 13.12.90

Belushi – Wired 77

WIRED **

Video

Regie: Larry Peerce
Darsteller: Michael Chiklis (John Belushi), Ray Sharkey (Angel Velasquez), J.T. Walsh (Bob Woodward), Patti D'Arbanville (Cathy Smith), Lucinda Jenney (Judy Belushi), Alex Rocco (Arnie Fromson), Gary Groomes (Dan Aykroyd), Jere Burns (Lou)
Drehbuch: Earl Mac Rauch
Kamera: Tony Imi (Agfacolor)
Musik: Basil Poledouris
Schnitt: Eric Sears
Produktion: Edward S. Feldman, Charles P. Meeker für F/M Entertainment/Lion Screen Entertainment, USA 1989
Verleih: -/-/-/Neue Atlas Medien Video
Videostart: 19.11.1990
FSK: ab 16 J.
Länge: 108 Min.

Ein Engel geleitet den Geist des verstorbenen John Belushi durch die Karrierestationen seines Lebens, dieweil Watergate-Experte Bob Woodward die näheren Umstände seines Todes recherchiert. Ein sehr merkwürdiges Stück Leichenfledderei, das den Kultstatus Belushis zwar nie auch nur ansatzweise begreiflich macht, in der Person von Michael Chiklis aber immerhin mit einem außergewöhnlichen Double des Verschiedenen aufwarten kann.

Berlin Blues 78

BERLIN BLUES **

Video

Regie: Ricardo Franco
Darsteller: Julia Migenes (Lola), Keith Baxter (Professor Huessler), José Coronado (David), Javiar Gurruchaga, Gerardo Vera, Jesus Lopez Cobos, Mereia Ross
Drehbuch: Ricardo Franco, Lawrence Dworet
Kamera: Teo Escamilla (Eastmancolor)
Musik: Lalo Schifrin
Schnitt: Teresa Font
Produktion: Emiliano Piedra Prod., Spanien 1988
Verleih: -/-/-/Cannon-VMP Video
Videostart: 12.2.1990
FSK: ab 12 J.
Länge: 102 Min.

Der Pianist der Leipziger Philharmoniker verliebt sich während eines Gastspiels in West-Berlin in die Rocksängerin Lola. Sein Dirigent steht Lola zunächst abweisend gegenüber, setzt sich dann aber für sie ein, als sie nach einer Razzia verhaftet wird, und bleibt bei ihr im Goldenen Westen, während der Pianist zur Rückkehr gezwungen wird. Ricardo Franco greift fleißig auf den »Blauen Engel« und »Cabaret« zurück. Die darstellerischen Leistungen können jedoch nicht mit den Ambitionen Schritt halten. *Video Woche*

Berlin um die Ecke 79

***

Regie: Gerhard Klein
Darsteller: Dieter Mann (Olaf), Monika Gabriel (Karin), Erwin Geschonneck (Paul), Hans Hardt-Hardtloff (Redakteur), Kaspar Eichel (Horst), Harald Warmbrunn (Meister), Kurt Böwe (Kratz, Volkspolizist), Jürgen Frohriep (Bender, Karins Mann), Claus Ebeling, Dieter Wien, Ernst-Georg Schwill, Marianne Wünscher
Drehbuch: Wolfgang Kohlhaase
Kamera: Peter Krause, Wilfried Kleist
Musik: Georg Katzer
Schnitt: Evelyn Carow
Produktion: Manfred Renger für Defa-Studio, Gruppe »Berlin«, DDR 1965/1990
Verleih: Progreß/-/-
UA: 7.2.1990, Filmtheater Babylon, Berlin (DDR)
EA: 14.2.1990, Int. Forum des Jungen Films bei der Berlinale
Kinostart: Mai 1990
Sendetermin: 3.10.90 DRS, 22.11.90 BR III
Länge: 88 Min.

Der Film durfte, was man ihm auch da und dort anmerkt, seinerzeit nicht fertiggestellt werden, geriet auch in die 1965er SED-Verbotskampagne gegen DEFA-Filme hinein. Auch er wird nun aufgeführt wie andere Filme, an denen damals ein Exempel restriktiver Kulturpolitik statuiert wurde.
Warum jedoch auch an ihm? Ein Ärgernis hätte dieser Film eigentlich nur für diejenigen sein können, die sich mit der sozialistischen Gesellschaft nicht einverstanden fühlten, und das gerade darum, weil es ein gut

»Berlin um die Ecke«

gemachter Film war: Ostberliner Milieu durchaus lebensecht genau. Das kann man immer noch mit Interesse sehen - dieses Tanzlokal, in dem Krawattenzwang herrscht, und diese motorradbegeisterte Jugend, die vom zuständigen Volkspolizisten vermahnt wird.
Das läßt sich immer noch erkennen, daß Gerhard Klein ein guter Regisseur war (sein bester Film, »Der Fall Gleiwitz«, gehört zu jenen antifaschistischen DEFA-Filmen, die, weil nicht propagandistisch vordergründig, gültig geblieben sind). Aber sonst kann man »Berlin um die Ecke« wohl nur noch als ein historisches Dokument nehmen. Als einen Film mit zwar einigen Ecken und Kanten, aber so brisant doch nicht wie andere DEFA-Filme, die damals verboten wurden.

Helmut Ullrich, Neue Zeit

Heinz Kersten in: Der Tagesspiegel, 21.2.90; Christiane Mückenberger in: Der Morgen, 23.6.90; Sächsisches Tageblatt, 22.6.90; André Simonoviescz in: tip, 9/90; Tribüne, 11.5.90; Hans-Dieter Tok in: Leipziger Volkszeitung, 13.5.90

Bernadette – Das Wunder von Lourdes 80

BERNADETTE

***

Video

Regie: Jean Delannoy
Darsteller: Sydney Penny (Bernadette Soubirous), Jean-Marc Bory (Peyramale), Roland Lesaffre (François Soubirous), Michele Simonnet (Louise Soubirous), Bernard Dheran (Dr. Dozous), François Dalout (Jacomet), Stephan Garcin (Nicolau), Arlette Didier (Mme. Milhet), Beata Tyszkiewicz (Mme. Pailhasson)
Drehbuch: Jean Delannoy, Robert Arnaut
Kamera: Jean-Bernard Penzer (Eastmancolor)
Musik: Francis Lai
Schnitt: Annick Charvein
Produktion: Films de l'Etoile/Bernadette Association, Frankreich 1987
Verleih: -/-/-/Cannon-VMP Video
Videostart: 3.12.1990
FSK: ab 6 J.
Länge: 118 Min.

Altmeister Jean Delannoy drehte den Film über die wundersamen Geschehnisse von Lourdes für das französische Fernsehen. Anders als in der fast 50 Jahre vorher entstandenen Hollywood-Verfilmung stehen hier die Demut und Bescheidenheit der Bernadette im Mittelpunkt. Es bedarf schon einer gewissen Gläubigkeit, um an dem schmucklosen Film gefallen zu finden.

VideoWoche

Berner Beben 81

***

16 mm

Regie: Andreas Berger
Drehbuch: Andreas Berger
Kamera: Jürg Rieben, Hugo Köppel, Andreas Berger
Musik: Züri West, Stop the Shoppers, Ugly Bluz, Demoband Bern
Schnitt: Christoph Schertenleib
Produktion: Andreas Berger, Schweiz 1985–1990
Verleih: -/-/SABZ
Kinostart: September 1990
Länge: 115 Min.

Der Berner Andreas Berger hat annähernd zehn Jahre »Bilder und Töne zur Geschichte des bewegten Bern 1980–1990« (so der Untertitel) gesammelt.
Entstanden ist eine bewußt parteiliche Chronik der Ereignisse rund um die alte Reitschule und das »Freie Land Zaffaraya«.
Das wichtige zeitgeschichtliche Do-

kument wider das Vergessen betreibt keine verklärende Denkmalsetzung. Vielmehr vermitteln zahlreiche Interviews mit Beteiligten Einblicke in das Innenleben der Bewegung und liefern Informationen, die sich über die Selbstdarstellung zu einem Klimabild einer widersprüchlichen und lebendigen Gegenkultur verdichten. *Zoom*

Berserker 82

BERSERKER – THE NORDIC CURSE *

Video

Regie: Jef Richard
Darsteller: Joseph Alan Johnson (Mike), Valerie Sheldon (Kathy), Greg Dawson (Josh), Beth Toussaint (Shelly), George »Buck« Flower (Pappa Nyquist)
Drehbuch: Jef Richard
Kamera: Henning Schellerup (Farbe)
Musik: Chuck Francour, Gary Griffin
Schnitt: Marcus Manton
Produktion: Jules Rivera für American Video Group/Paradise Filmworks, USA 1987
Verleih: -/-/-/Starlight Video
Videostart: 28.5.1990
FSK: nicht unter 18 J.
Länge: 85 Min.

Der mörderische Geist eines Wikingers und ein mordlustiger Grizzly schlachten einige Studenten ab. Vorhersehbarer Fantasy-Teenie-Tierfilm-Thriller mit quälend unaufwendigen Gruseleffekten. Der mit Valium vollgepumpte Grizzly trägt ebenfalls eher zur Erheiterung bei. *VideoWoche*

Beruf: Detektiv 83

PROFESSION: DETEKTIVE ***

Regie: José Carlos Huayhuaca
Darsteller: Orlando Sacha, Eduardo Yepes, José García Bustamante, Jaime Lertora, Ethel Mendoza, Ramon García, Jorge Belevan
Drehbuch: José Carlos Huayhuaca, Reinardo Ledgard
Kamera: Gianfranco Annichini, Cusi Barrio (Farbe)
Musik: David Aguilar
Produktion: Producciones cinematográficas, Peru/Cuba 1986
Verleih: Progreß/-/-
Kinostart: 13.7.1990
Länge: 133 Min.

Einer, der auf dem Weg zu einem eher bescheidenen Auskommen als Berufsdetektiv ist, begegnet anderen auf dem Weg zur Macht. Eigentlich ging es im Auftrag der Gattin des reichen Präsidentschaftskandidaten Bartem nur um einen Fall mieser Erpressung. Der Detektiv Alex findet in der Stieftochter der zur Kasse gebetenen Dame schnell die scheinbare Nutznießerin der kriminellen Aktion, was ihm wenigstens eine Nacht mit der Erlösten einbringt, aber auch das Ende der gewünschten Ermittlungen. Doch er hat allen Grund weiterzumachen. Immerhin war er eines Morgens neben einem Toten erwacht. Bald erkennt er, daß das Töchterlein nur Werkzeug anderer war. Ungläubig verfolgt er die Fäden bis zu einem alten Studienfreund Bartems. Der ist Parteichef des Präsidentenanwärters und setzt alles daran, um mit Betrug, Mord und amerikanischem Kapital Bartem auszubooten. Alex wird Zeuge eines perfiden Kompromisses zwischen den Rivalen.
Gerade so mit heiler Haut davongekommen, erlebt er den unaufhaltsamen Aufstieg brutaler Arroganz zur Macht. *Kino DDR*

The Best 84

THE BEST OF THE MARTIAL ARTS FILMS **

Video

Regie: Sandra Weintraub
Darsteller: John Saxon, Jean-Claude van Damme, Bruce Lee, Jackie Chan, Cynthia Rothrock
Produktion: Fred Weintraub, Sandra Weintraub für Golden Harvest, USA 1990
Verleih: -/-/-/UFA Video
Videostart: 23.5.1990
FSK: ab 16 J.
Länge: 87 Min.

John Saxon als Moderator einer Kompilation aus einschlägigen Kampfszenen und Interviews mit Größen wie Jackie Chan und Cynthia Rothrock. That's (Eastern) Entertainment!

Bestie in Schwarz

Siehe »Blackout – Bestie in Schwarz«

Beverly Hills Body Snatchers 85

BEVERLY HILLS BODY SNATCHERS **

Video

Regie: Jon Mostow
Darsteller: Vic Tayback (Lou), Frank Gorshin (Doc), Art Metrano (Vic), Rodney Eastman (Freddie), Warren Selko (Vincent), Keone Young (Don Ho), Seth Jaffe (Don Carlo), Brooke Bundy (Mona), Steven Field (Nunz)
Drehbuch: P.K. Simons jr.
Kamera: Zoran Hochstatter, Stephen Ashley Blake (Fotokem Color)
Musik: Arthur Barrow
Schnitt: Barry Zetlin
Produktion: Jon Mostow, P.K. Simonds jr. für Busybody, USA 1988
Verleih: -/-/-/Carrera Video
Videostart: 15.3.1990
FSK: ab 16 J.
Länge: 85 Min.

Nach der Injektion eines Wiederbelebungsserums wird ein toter Mafiaboß zur mordenden Bestie, worauf die Mitarbeiter des Bestattungsinstituts alle Hebel in Bewegung setzen, dessen Opfer zu re- und den Mörder zu deaktivieren. Schwarze Horrorkomödie im Gefolge von »Mortuary Academy«, gelegentlich makaber, öfter albern.

Beverly Hills Brats 86

BEVERLY HILLS BRATS **

Video

Regie: Dimitri Sotirakis
Darsteller: Burt Young (Clive), Martin Sheen (Jeffrey Miller), Terry Moore (Veronica Miller), Peter Billingsley (Scooter), Ramon Sheen (Sterling), Cathy Podewell (Tiffany)
Drehbuch: Linda Silverthorn
Kamera: Harry Mathias (Technicolor)
Musik: Barry Goldberg
Schnitt: Jerry Frizell
Produktion: Terry Moore, Jerry Rivers für Moore/Rivers Prod., USA 1989
Verleih: -/-/-/MGM-UA Video
Videostart: 16.10.1990
FSK: ab 12 J.
Länge: 91 Min.

Krimikomödie aus der Nobelwelt der armen Reichen von Beverly Hills: Daddy und die Frau Mama gehen auf getrennten Wegen ihren amourösen Abenteuern nach, der Bruder dealt mit gestohlenen Autos, das Schwesterchen ist ebenfalls in dubiose Geschäfte verwickelt, und der Held inszeniert mit Hilfe eines Einbrechers seine eigene Entführung. Leichtgewichtige Unterhaltung, stattlich besetzt. *Video Woche*

Eine Bewegung der Zeit 87

***

16 mm

Regie: Michael Kreihsl
Darsteller: Boris Manner, Roswitha Soukup, Marlene Poley, Boris Schafgans
Drehbuch: Michael Kreihsl
Kamera: Sandro Decleva (Farbe und s/w)
Musik: Serge Prokofieff, Dmitri Schostakowitsch
Schnitt: Andrea Wagner
Produktion: Hochschule für Musik und Darstellende Kunst, Wien, Österreich 1987
Verleih: Edition Salzgeber/-/-
UA: 14.10.1987, Österreichische Filmtage, Wels
Kinostart: Nov. 1990
Länge: 28 Min.
Läuft zusammen mit »Josef Hauser – Klang und Raum«

Eine Skizze, alltägliche Beobachtungen von Menschen und Situationen in Wien. »Die Kunstbetrachtung, die eine in unserer Kultur ausgezeichnete Weise des Sehens ist, bezeichnet dieses Sehen selbst. Die Alltagssituationen repräsentieren das flüchtige, andauernd stattfindende, selten als bewußt erlebte Sehen.« *Michael Kreihsl*

Big Bad Man 88

THE MIGHTY QUINN ***

Video

Regie: Carl Schenkel
Darsteller: Denzel Washington (Xavier Quinn), Robert Townsend (Maubee), James Fox (Elgin), Mimi Rogers (Hadley), M. Emmet Walsh (Miller), Sheryl Lee Ralph (Lola), Art Evans (Jump), Esther Rolle (Ubu Pearl), Norman Beaton (Gov. Chalk), Alex Colon (Patina)

»Big Bad Man«

Drehbuch: Hampton Fancher, nach dem Roman »Finding Maubee« von A.H.Z. Carr
Kamera: Jacques Steyn (Continental Color)
Musik: Anne Dudley
Schnitt: John Jympson
Produktion: Sandy Lieberson, Marion Hunt, Ed Elbert für A & M Films, USA 1989
Verleih: -/-/-/MGM-UA Video
Videostart: 5.3.1990
FSK: ab 16 J.
Länge: 98 Min.

Trotz Widerstand des Gouverneurs und des führenden Hoteliers der Insel kann der pflichtbewußte Cop einer Karibikinsel die Unschuld seines alten Freundes in einem Mordfall beweisen. Angenehmer, durch seine konfuse Story freilich nicht zu hinreißender Lückenfüller mit zwei sehenswerten Hauptdarstellern und allerhand Reggae.

Big Business 89

DEALERS **

Regie: Colin Bucksey
Darsteller: Paul McGann (Daniel Pascoe), Rebecca DeMornay (Anna Schuman), Derrick O'Connor (Robby Barrell), John Castle (Frank Mallory), Paul Guilfoyle (Lee Peters), Rosalind Bennett (Bonnie), Adrian Dunbar, Nicholas Hewetson, Sara Sugarman
Drehbuch: Andrew MacLear
Kamera: Peter Sinclair (Rank Color)
Musik: Richard Hartley
Schnitt: Jon Costelloe
Produktion: William P. Cartlidge für Euston Films Prod., GB 1989
Verleih: Delta/Constantin/Columbus/Warner Home Video
Kinostart: 19.4.1990
FSK: ab 12, ffr.
Länge: 91 Min.

Ein Stoff für Monopoly-Fans. Junger Börsen-Aufsteiger erlebt Elend und Glück beim Spiel um die Millionen, kriegt die attraktive blonde Chefin und steigt dann angewidert, aber aufrecht aus dem Geschäft aus. In Fernsehserienart aufgezogen, leidlich unterhaltsame »Wall Street«-Version für Arme. *Hans-Ulrich Pönack, tip*

Michael Laages in: Die Welt, 23.4.90

Big Gag – Selten so gelacht 90

THE BIG GAG *

Video

Regie: Yuda Barkan, Igal Shilon
Darsteller: Danuta, Cyril Green, Caroline Langford, Jeanett Charles, Robin Poole, John Berks, Yuda Barkan
Drehbuch: Yuda Barkan
Kamera: Gerry Lotter (Farbe)
Musik: Cyril Green
Schnitt: Zion Ebrahamian
Produktion: Ezra Shem-Tov, Yuda Barkan für Crazy Laughter Prod./Radiance Films International, Israel/USA 1987
Verleih: -/-/-/Cannon-VMP Video
Videostart: 20.9.1990
FSK: ab 12 J.
Länge: 84 Min.

Eine Serie von sogenannten Gags im Stil von »Versteckte Kamera«, diesmal aus südafrikanischen Landen. Für alle Misanthropen, denen es nicht ausreicht, wenn Kurt und Paola jeden Samstag ihre eigene Frage (»Verstehen Sie Spaß?«) mit einem klaren Nein beantworten.

Big Top Pee-Wee 91

BIG TOP PEE-WEE **

Video

Regie: Randal Kleiser
Darsteller: Paul Reubens (Pee-Wee Herman), Kris Kristofferson (Mace

Montana), Penelope Ann Miller (Winnie), Valeria Golino (Gina), Susan Tyrrell (Midge), Albert Henderson (Mr. Ryan), Jack Murdock (Otis), David Byrd (Deke), Mary Jackson (Mrs. Dill)
Drehbuch: Paul Reubens, George McGrath
Kamera: Steven Poster (Technicolor)
Musik: Danny Elfman
Schnitt: Jeff Gourson
Produktion: Paul Reubens, Debra Hill für Paramount, USA 1988
Verleih: -/-/-/CIC Video
Videostart: 18.6.1990
FSK: ab 6 J.
Länge: 86 Min.

Ein schrulliger Farmer überredet den Direktor eines Wanderzirkus zu einem neuen Programm unter der Überschrift »Die amerikanische Farm« und verliebt sich in der Folge in die Trapezartistin. Zweiter, gegen den Vorläufer deutlich abfallender Kinofilm des Infantil-Komikers Paul Reubens, dessen alberne, bisweilen hintergründige Gags ihm auch hierzulande das gewohnte Etikett »Kultstar« eingebracht haben.

Billy's Tod — 92

THE KISSING PLACE

**

Video

Regie: Tony Wharmby
Darsteller: Meredith Baxter-Birney (Florence Tulane), David Ogden Stiers (Charles Tulane), Nathaniel Moreau (Tommy Tulane/Billy), Victoria Snow (Mrs. Edelson), Ted Dykstra (Terry), Nikki DeBoer (Cathy), Michael Kirby (Pike Hamilton), Trixie Schink
Drehbuch: Richard Altabef, Cynthia A. Cherbak, Michael Wing
Kamera: Frank Tidy (Farbe)
Musik: Laurence Rosenthal
Schnitt: Geoffrey Rowland
Produktion: Paul Freeman für Wilshire Court/Cynthia Cherbak Prod., USA 1990
Verleih: -/-/-/CIC Video
Videostart: 8.8.1990
Sendetermin: 11.4.1990, USA
FSK: ab 16 J.
Länge: 84 Min.

Verschachtelter Psychothriller um einen Elfjährigen, der nach rätselhaften Alpträumen an seiner Identität zweifelt und sich auf die Suche nach der wahren Mutter macht. Die widersprüchliche Story erinnert mitunter an die düsteren Welten eines Nicolas Roeg, ist aber zu durchschnittlich und glatt inszeniert, um wirklich überzeugen zu können. *Video Woche*

Bingo — 93

****

Regie: Markus Imboden
Darsteller: Ruedi Walter (Sturzi), Mathias Gnädinger (Bingo), Robert Hunger-Bühler (Schorschi), Theresa Harder (Erika), Immy Schell (Chouchou)
Drehbuch: Philipp Engelmann, Thomas Tanner, Markus Imboden
Kamera: Martin Fuhrer (Farbe)
Musik: Benedikt Jeger
Schnitt: Rainer Maria Trinkler
Produktion: Vega/Agora/DRS, Schweiz/BRD 1990
Verleih: -/-/Elite
Kinostart: 17.5.90
Länge: 85 Min.

Nach abgesessenen langen Zuchthausjahren will der kleine Gauner Sturzi seinen Traum verwirklichen und den Lebensabend mit seinem Freund Bingo in Brasilien verbringen. Weil der Vormund aber mit dem Geld nicht herausrückt, läßt sich Sturzi von Bingo überreden, bei einem Bankraub mitzumachen, der Bingo das Leben kostet, während der pfiffige alte Gauner die Polizei hereinlegt und Richtung Traumziel abhebt. Tragikomische Geschichte einer Freundschaft, in der Zürcher Milieuatmosphäre gut getroffen und von den beiden Hauptdarstellern hervorragend gespielt.

Zoom

Black Hill — 94

ON THE BLACK HILL

***

Regie: Andrew Grieve
Darsteller: Mike Gwilym (Benjamin Jones), Robert Gwilym (Lewis Jones), Bob Peck (Amos Jones), Gemma Jones (Mary Jones), Nesta Harris (Hannah Jones), Benjamin Whitrow (Arkwright), Catherine Schell (Lotte Zons), Eric Wynn (Tom Watkins), Nicola Beddoe (Rosie), Jack Walters, Lynn Gardner, Iona Banks
Drehbuch: Andrew Grieve, nach der gleichn. Erzählung von Bruce Chatwin

Kamera: Thaddeus O'Sullivan (Farbe)
Musik: Robert Lockhart
Schnitt: Scott Thomas
Produktion: Jennifer Howarth für British Film Institute Prod. für Channel Four mit British Screen Finance Ltd., GB 1988
Verleih: Kinowelt/-/-
Kinostart: 4.1.1990
Sendetermin: 29.10.1990, ARD, 23.00 Uhr
Länge: 116 Min.

Eine kongeniale Umsetzung von Bruce Chatwins Roman über den Konflikt zwischen Landbesitzern und Bauern, Engländern und Walisern, dargestellt am Konflikt zweier Brüder und ihrer englisch-walisischen Eltern. Landschaft und Protagonisten werden von der Kamera Thaddeus O'Sullivans subtil in die Handlung integriert. *André Simonoviescz, tip*

Friedrich Luft in: Die Welt, 11.1.90; Heike-Melba Fendel in: epd Film, 2/90; o.A. in: Der Spiegel, 2/90

Black Nightfall 95
NIGHTFALL *
Video

Regie: Paul Mayersberg
Darsteller: David Birney (Aton), Sarah Douglas (Roa), Alexis Kanner (Sor), Andra Millian (Ana), Starr Andreeff (Bet), Charles Hayward (Kin), Jonathan Emerson (Architekt), Susie Lindeman (Boffin), Russell Wiggins (Zol)
Drehbuch: Paul Mayersberg, nach der Kurzgeschichte von Isaac Asimov
Kamera: Dariusz Wolski (Fotokem Color)
Musik: Frank Serafine, Steve Dancz
Schnitt: Brent Schoenfeld
Produktion: Julie Corman für New Horizons, USA 1988
Verleih: -/-/-/MGM-UA Video
Videostart: 5.3.1990
FSK: ab 16 J.
Länge: 82 Min.

Auf einem fernen, von mehreren Sonnen rund um die Uhr beschienenen Planeten droht das Chaos auszubrechen, als die nur alle tausend Jahre stattfindende, totale Sonnenfinsternis heranrückt. So freie wie verquaste Verfilmung der Asimov-Kurzgeschichte, angereichert mit rituellen Blendungszeremonien und einer verführerischen Schönen aus der Wüste.

»Black Nightfall«

Blackout – Bestie in Schwarz 96
BLACKOUT **
TV

Regie: Douglas Hickox
Darsteller: Richard Widmark (Joe Steiner), Keith Carradine (Ed Vinson/Allen Devlin), Kathleen Quinlan (Chris Graham)
Drehbuch: David Ambrose, nach einer Story von D. Ambrose, Richard Smith, Richard Parks und Les Alexander
Kamera: Tak Fujimoto (Farbe)
Musik: Laurence Rosenthal
Schnitt: Michael Brown
Produktion: Roger Gimbel für Peregrine Ent. mit HBO, USA 1985
Verleih: -/-/-/Constantin Video
Sendetermin: 17.2.1990, ARD, 22.05 Uhr
FSK: ab 16 J.
Länge: 93 Min.

Keine historische, eher eine hysterische Wendemarke der ARD, die sich immerhin als Arbeitsgemeinschaft der Rundfunkanstalten Deutschlands versteht, also öffentlich-rechtlich finanziert wird, war am Samstagabend zu registrieren: Ein bereits als Video vermarkteter »US-Psychothriller« von 1985 wurde als »Deutsche Erstaufführung« angekündigt. Der Titel »Bestie in Schwarz« beweist, mit welcher Falschmünzerei hier Zuschauer-Anteile eingekauft werden sollen, um den anspruchslosen Kommerzsendern und dem ZDF-Sportstudio die Anteile abzuluchsen.

Richard Widmark, immer noch ein Prototyp des grüblerischen Action-Man, verfolgt den mit einem neuen Gesicht versehenen Keith Carradine, einen mit Gedächtnisverlust gestraften Kindermörder. Vom Maskenbildner, der uns sämtliche Verunstaltungen in bluttriefender Detailtreue meisterlich vorführt, wird der Höchsteinsatz gefordert. Keine Verhaltensweise der Handlungsträger ist dumm genug, um nicht dem Regisseur Douglas Hickox zu den banalsten Schock-Szenen zu dienen. Keine Erstaufführung - ein Schlußlicht in der Programmgestaltung. *Kai Niemeyer, AZ*

Blast Killer 97

THE KILLER **

Video

Regie: John Woo
Darsteller: Chow Yun-Fat (Jeffrey), Danny Lee (Detective Lee), Sally Yeh (Jenny), Kenneth Tsang (Detective Randy), Chu Kong (Sydney), Shing Fui-on
Drehbuch: John Woo
Kamera: Won Wing-Hang (Farbe)
Musik: Lowell Lowe
Produktion: Tsui Hark für Film Workshop, Hongkong 1989
Verleih: -/-/-/New Vision Video
Videostart: 13.8.1990
FSK: nicht unter 18 J.
Länge: 110 Min.

Ein Profikiller übernimmt einen letzten Auftrag in Hongkong, um der durch seine Schuld erblindeten Nachtclubsängerin die nötige Hornhauttransplantation zu finanzieren. Marginal gelungener als das Gros der Eastern, wenngleich der gnadenlose Aufeinanderprall von seichter Melodramatik und bleihaltiger Prügel-Action nicht gerade leicht zu verdauen ist.

Blast of Silence 98

BLAST OF SILENCE ****

Regie: Allen Baron
Darsteller: Allen Baron (Frank Bono), Molly McCarthy (Lorrie), Larry Tucker (Big Ralph), Peter Clune (Troiano), Danny Meehan (Petey), Lionel Stander (Off-Stimme), Erich Kollmar, Don Saroyan, Milda Memonas, Dean Sheldon, Charles Cressap, Joe Bubbico, Bill DePrato, Ruth Kaner, Gil Rogers, Jerry Douglas, Jeri Sopanen, Mel Sponder, Betty Kovac, Bob Taylor, Ernest Jackson
Drehbuch: Allen Baron, Mel Davenport
Kamera: Merrill Brody
Musik: Meyer Kupferman
Schnitt: Peggy Lawson
Produktion: Merrill Brody für Maldo, USA 1961
Verleih: Warner Bros.; Cinerent/-/-
EA: 24.8.1962 unter dem Titel: Explosion des Schweigens; 6.12.1990, WA
FSK: ab 18, ffr.
Länge: 77 Min.
FBW: Wertvoll

Die Studie eines Killers, der aus der Kälte der Einsamkeit in eine Beziehung strebt. Die Verlobte seines Freundes weist ihn ab, er muß seinen Waffenhändler ermorden und wird nach erfolgreichem Auftrag selbst liquidiert. Im kalten, nassen New York der Vorweihnachtszeit in Schwarz-Weiß aufgenommen, ist Barons Erstling ein semi-dokumentarischer Alptraum. Ein vergessener Klassiker. *André Simonoviescz, tip*

Blaze – Eine gefährliche Liebe 99

BLAZE ***

Regie: Ron Shelton
Darsteller: Paul Newman (Earl Long), Lolita Davidovich (Blaze Starr), Jerry Hardin (Thibodeaux), Gailard Sartain (LaGrange), Jeffrey DeMunn (Tuck), Garland Bunting, Richard Jenkins
Drehbuch: Ron Shelton, nach dem Buch »Blaze Starr: My Life As Told To Huey Perry« von Blaze Starr und Huey Perry
Kamera: Haskell Wexler (Duart Color)
Musik: Bennie Wallace
Schnitt: Robert Leighton
Produktion: Gil Friesen, Dale Pollock für Touchstone Pic. mit Silver Screen Partners IV/A & M Films Prod., USA 1989
Verleih: Warner Bros./dto./dto.
Kinostart: 26.4.1990
FSK: ab 12, ffr.
Länge: 117 Min.

Der Film erzählt die wahre Geschichte vom hemdsärmeligen Loui-

Paul Newman als Gouverneur Earl K. Long und Lolita Davidovich als Starstripperin »Blaze« Starr.

siana-Gouverneur Earl K. Long und der berüchtigten Stripperin Blaze Starr 1959/60. Etwas unentschieden zwischen Lovestory, Südstaaten-Melodram, Polit-Farce und historischer Chronik, bleibt der Film politisch zu enthaltsam und in Bild und Ton zu artig; ihm fehlt die Portion Hitze, Dampf, Verrücktheit. Aber Paul Newman als Volkstribun mit robustem Charme und Lolita Davidovich als die gute, ironische, üppige Freundin sind sehenswert.

Wolf Donner, tip

Michael Althen in: SZ, 7.5.90; Hellmuth Karasek in: Der Spiegel, 16/90; Peter Körte in: Prinz, 5/90; Jürgen Richter in: FAZ, 5.5.90

Blaze of Glory – Flammender Ruhm 100

YOUNG GUNS II **

Regie: Geoff Murphy
Darsteller: Emilio Estevez (William H. Bonney), Kiefer Sutherland (Doc Scurlock), Lou Diamond Phillips (Chavez Y Chavez), Christian Slater (Arkansas Dave Rudabaugh), William Petersen (Pat Garrett), Alan Ruck (Hendry French), R.D. Call (D.A. Rynerson), James Coburn (John Chisum), Balthazar Getty, Jack Kehoe
Drehbuch: John Fusco
Kamera: Dean Semler (Deluxe Color)
Musik: Alan Silvestri; Songs: Jon Bon Jovi
Schnitt: Bruce Green
Produktion: Paul Schiff, Irby Smith für Morgan Creek Prod., USA 1990
Verleih: 20th Century Fox/Centfox/ 20th Century Fox
Kinostart: 29.11.1990
FSK: ab 16, ffr.
Länge: 104 Min.

Der Film ist die Fortsetzung von John Fuscos Billy The Kid-Saga »Young Guns«. Den Mythos vom kindlichen Killer vermag der Film trotz einiger stimmungsvoller Landschaftsaufnahmen und Emilio Estevez' einfühlsamer Verkörperung des jugendlichen Gesetzlosen nicht mit Leben zu erfüllen. Die Schießereien werden in symphonischer Musik ertränkt, die Spannung bleibt in dieser atmosphärelosen

Aneinanderreihung von Genre-Zitaten auf der Strecke. *Ralph Umard, tip*

Jan Dreier in: Prinz, 12/90; Heiko Küffner in: SZ, 1.12.90; Andreas Obst in: FAZ, 4.12.90; Milan Pavlović in: Kölner Stadt-Anzeiger, 8.12.90; Anke Sterneborg in: Der Tagesspiegel, 1.12.90

Bleu Marine 101

***
TV

Regie: Jean-Claude Riga
Darsteller: Jean-Claude Adelin (Jacques), Maurice Garrel (Capitaine), Dominique Pinon, Bernhard Ballet
Drehbuch: Jean-Claude Riga
Kamera: Alain Marcoen (Farbe)
Schnitt: Jean-Claude Riga
Produktion: Saga Film & Video, Belgien 1989
Sendetermin: 7.8.90, ZDF, 22.15 Uhr
Länge: 66 Min.
Original mit deutschen Untertiteln

(...) Vier Männer, ein Boot, das Meer und der Himmel, die Weite, die Einsamkeit, vor allem aber die Sehnsucht nach Liebe und Geborgenheit, nach der Wärme der Frauen.

Frankfurter Rundschau

Blind Fear – Nackte Angst 102

BLIND FEAR

**
Video

Regie: Tom Berry
Darsteller: Shelley Hack (Erika Breen), Jack Langedijk (Bo), Kim Coates (Ed), Heidi von Palleske (Marla), Ron Lea (Cal), Jan Rubes (Lasky), Geza Kovacs (Heinemann)
Drehbuch: Sergio Altieri
Kamera: Rodney Gibbons (Farbe)
Musik: Michael Malvoin
Schnitt: Franco Battista, Yves Langlois
Produktion: René Malo für Lance Entertainment, Kanada 1989
Verleih: -/-/-/New Vision Video
Videostart: 12.3.1990
FSK: ab 16 J.
Länge: 87 Min.

Eine blinde Telefonistin schaltet nach und nach die brutalen Raubmörder aus, die in dem von ihr bewohnten, abbruchreifen Hotel Zuflucht vor dem Auge des Gesetzes suchen. Vorhersehbarer Reißer frei nach »Wait Until Dark« mit aufgesetztem Überraschungsschluß.

Kiefer Sutherland in »Blaze of Glory – Flammender Ruhm«.

Das blinde Ohr der Oper 103

**
16 mm

Regie: Hans Neuenfels
Darsteller: Karin Armstrong (Sonja von Dehlien-Hohenritt), Elisabeth Trissenaar (ihre Sprechstimme), Roland Hermann (Grigor Fjodor Bastillovic), Ulrich Kuhlmann (seine Sprechstimme), Werner Hollweg (Jean-Christoph), James Johnson (John-Henry Joyce), Beatrice Uria-Monzon, Carla Gaida, Christiane Bruhn
Drehbuch: Hans Neuenfels
Kamera: Benedict Neuenfels (Farbe, s/w)
Schnitt: Inge Schneider
Produktion: Gisela Films, BRD 1990
Verleih: Gisela Film/-/-
UA: 13.2.90, Internationales Forum des Jungen Films bei der Berlinale
Sendetermin: 17.6.90, ZDF, 22.50 Uhr
Länge: 86 Min.

Ein Phantasiefilm über die Oper, rätselhaft, schräg und farbenfroh. Regisseur Hans Neuenfels, der sich gerne als Enfant terrible des Theaters geriert, drehte die bizarre Geschichte um den Librettisten Franz und einen ehrgeizigen Regisseur, die überall in der Welt eine Melodie für das Libretto suchen. *AZ*

Carla Rhode in: Tagesspiegel, 16.2.90; Curd Wolf in: Berliner Morgenpost, 16.2.90

Blinde Passagiere 104

***
TV

Regie: Sandor Söth
Darsteller: Laura Favali (Moni), Karl Tessler (Arpi), Luke Mullaney (Tomás)
Drehbuch: Sandor Söth, Geza Beremenyi
Kamera: Pjotr Sowocinski (Farbe)
Schnitt: Maria Rigo
Produktion: Journal Film/Mafilm, BRD/Ungarn 1990
Sendetermin: 22.5.90, ZDF, 22.40 Uhr
Länge: 90 Min.

Ein Fotoapparat wird zum Auslöser: In einem Budapester Kaffeehaus klauen die Abiturienten Arpi und Tomás eine vergessene Kamera. Kurz darauf paddeln sie in einem gestohlenen Boot westwärts, um mal richtig auf den Putz zu hauen. Die beiden geraten prompt in Seenot – und wegen Verdachts auf Republikflucht in den Knast. Nach einer authentischen Geschichte aus dem Jahr 1982. *AZ*

Blood Fist Fighter 105

BLOODFIST
*
Video

Regie: Terence H. Winkless
Darsteller: Don Wilson (Jake), Joe Maria Avellana (Kwong), Michael Shaner (Baby), Riley Bowman (Nancy), Billy Blanks (Black Rose), Rob Kaman (Raton), Kris Aguilar (Chin Woo), Vic Diaz (Detective)
Drehbuch: Robert King
Kamera: Ricardo Jacques Gale
Musik: Sasha Matson
Schnitt: Karen Horn
Produktion: Roger Corman für Concorde Pictures/New Horizon, USA 1989
Verleih: -/-/-/MGM-UA Video
Videostart: 11.12.1990
FSK: nicht unter 18 J.
Länge: 85 Min.

In Manila durchläuft ein rachedurstiger Recke eine Ausbildung zum Kickboxer, an deren Ende das gewohnte Duell mit dem Mörder seines Bruders steht. Seine deutlichen Parallelen zu »Karate Tiger 3« machen dieses Werk zu einem heißen Anwärter auf den monatlichen Rip Off-Award.

Blood Tiger 106

KARATE WARRIOR 2
*
Video

Regie: Larry Ludman
Darsteller: Kim Stuart, Amy Baxter, Christopher Alan, David Haynes, Brian Guerrieri, Ted Pryor
Drehbuch: David Parker jr., Larry Ludman
Produktion: Fulvia, Italien 1988
Verleih: -/-/-/Starlight Video
Videostart: 26.2.1990
FSK: nicht unter 18 J.
Länge: 89 Min.

Mit Hilfe seines japanischen Mentors bezwingt der junge Anthony den Wortführer des bösen Tigers und den nach dessen Niederlage herbeizitierten Ex-Champion. Ragazzo di carato parte quattro, einfühlsam gestaltet vom pseudonymen Schöpfer so subtiler Meisterwerke wie »Der Mörder-Alligator«.

Bloodfight 2 — 107

DEATH CAGE

*

Video

Regie: Robert Tai
Darsteller: Joe Lewis, Robin Chou, Steve Tagg
Produktion: Golden Sun Films, Hongkong 1988
Verleih: -/-/-/Splendid Video
Videostart: 22.1.1990
FSK: nicht unter 18 J.
Länge: 84 Min.

Eastern um einen absurden und recht blutigen Hahnenkampf zweier verfeindeter Kickbox-Schulen. Den »deutschen« Titel verdankt der Film in erster Linie wohl dem Erfolg des Films »Bloodfight«. Inhaltliche Bezüge oder Kontinuität bei der Besetzung lassen sich nicht ausmachen.

VideoWoche

Bloody Pom Poms — 108

CHEERLEADER CAMP

*

Video

Regie: John Quinn
Darsteller: Betsy Russell (Alison Wentworth), Leif Garrett (Brent Hoover), Lucinda Dickey (Cory Foster), Lorie Griffin (Bonnie Reed), George »Buck« Flower (Pop), Travis McKenna (Timmy Moser), Teri Weigel (Pam Bently), Rebecca Ferratti (Theresa Salazar)
Drehbuch: David Lee Fein, R.L. O'Keefe
Kamera: Bryan England (Fotokem Color)
Musik: Murielle Hodler-Hamilton, Joel Hamilton
Schnitt: Jeffrey Reiner
Produktion: Prettyman/Quinn Prod., USA 1988
Verleih: -/-/-/New Vision Video
Videostart: 9.4.1990
FSK: nicht unter 18 J.
Länge: 88 Min.

Eine alptraumgeplagte Cheerleaderin wird der blutigen Morde in einem Waldcamp verdächtigt. Neun kleine Teenager, die bumsten in der Nacht, der Schlitzer hat eins umgebracht, da waren's nur noch acht...

Blue Fever — 109

INCIDENT AT RAVEN'S GATE

***

Video

Regie: Rolf de Heer
Darsteller: Steven Vidler (Eddie Cleary), Celine Griffin (Rachel Cleary), Ritchie Singer (Richard Cleary), Vincent Gil (Felix Skinner), Saturday Rosenberg (Annie), Terry Camilleri (Dr. Hemmings), Max Cullen (Sgt. Taylor)
Drehbuch: Marc Rosenberg, Rolf de Heer
Kamera: Richard Michalak (Farbe)
Musik: Graham Tardif, Roman Kronen
Schnitt: Suresh Ayyar
Produktion: Mark Rosenberg, Rolf de Heer für Acquabay, Australien 1988
Verleih: -/-/-/Empire Video
Videostart: 5.12.1990
FSK: ab 16 J.
Länge: 93 (86) Min.

Als ein australischer Farmer dem Einfluß eines UFOs anheimfällt und angesichts der Strahlenschäden immer aggressiver reagiert, flüchtet sich seine Frau in die Arme seines eben aus der Haft entlassenen Bruders. SF-Thriller, der sich wohltuend abhebt von den glatten, durchgestylten US-Produkten vergleichbarer Machart. Die unabhängige Produktion besticht durch originelle Einfälle und eine gute Kameraarbeit.

VideoWoche

Blue Heart – Die letzten Helden — 110

BLUE HEART

*

Video

Regie: Min Ho Chang
Darsteller: Larry Chandler, Richard Young, Jimmy Gadola
Produktion: Cap Chin Han, Südkorea
Verleih: -/-/-/Limar Video
Videostart: 30.4.1990
FSK: nicht unter 18 J.
Länge: 100 Min.

Ein südkoreanischer Captain und seine Elite-Truppe sollen eine amerikanische Bootsbesatzung aus dem Foltercamp der Nordkoreaner befreien. Zeit und Schauplatz haben sich geändert, doch der Rambo-Mythos lebt.

Blue Movie — 111

BLUE MOVIE

***

16 mm

Regie: Andy Warhol
Darsteller: Viva, Louis Waldon
Drehbuch: Andy Warhol
Kamera: Andy Warhol (Farbe)

Jamie Lee Curtis in einer erotischen Situation mit Ron Silver in »Blue Steel«.

Produktion: Factory Films, USA 1968
Verleih: -/Movie/-
Kinostart: 10.2.1972; April 1990, WA Österreich
FSK: ab 16 J. (Wien)
Länge: 125 Min.
FBW: Wertvoll

In einer sonnendurchfluteten Wohnung in New York hoch über dem Hudson-River verbringt ein junges Paar einen Nachmittag mit Reden, Lieben, Kochen und Essen. Semidokumentarischer Streifen des früheren Pop-Künstlers Andy Warhol über eine Alltagssituation; spekulativ, langweilig und ohne menschliche oder gesellschaftskritische Relevanz.

Horst Stadler, multimedia

Blue Steel 112

BLUE STEEL ****

Regie: Kathryn Bigelow
Darsteller: Jamie Lee Curtis (Megan Turner), Ron Silver (Eugene Hunt), Clancy Brown (Nick Mann), Elizabeth Peña (Tracy), Louise Fletcher (Mrs. Turner), Philip Bosco (Mr. Turner), Kevin Dunn
Drehbuch: Kathryn Bigelow, Eric Red
Kamera: Amir Mokri (Farbe)
Musik: Brad Fiedel
Schnitt: Lee Percy
Produktion: Edward R. Pressman, Oliver Stone für Vestron Pic./Lightning Pic./ Edward R. Pressman Prod., USA 1988
Verleih: Concorde/Constantin/Rialto/ Concorde Video
UA: 26.1.1990 U.S. Film-Festival, Park City
EA: 11.2.1990, Int. Filmfestspiele Berlin »Panorama«
Kinostart: 26.4.1990
FSK: ab 16, ffr. – *FBW:* Wertvoll
Länge: 102 Min.

Eine junge Polizistin verliebt sich in einen Mann, der jedoch wahnsinnig und ein Mörder ist. Diese von ihm perfide geplante Verstrickung mündet in einer Eskalation von Gewalt. Was sich dem breiten Publikum als rasanter und brutaler Thriller darstellt, ist jedoch für Cineasten dieses Genres als kluger und treffender Kommentar über Voraussetzungen, Motive und Stilmittel dieser Filmgattung lesbar.

multimedia

Der Film liefert den Beweis, daß reaktionärer Machismo nicht nur Männersache ist. Die völlig unglaubwürdige Story von der schießwütigen New Yorker Polizistin und dem mordenden Psychofreak stilisiert mit Werbefilm-Mitteln, viel Zeitlupe und ständigen Großaufnahmen das Töten zum ästhetischen Akt. Die Rechtfertigung von Selbstjustiz ist infam: 90 Minuten lang wird der Zuschauer präpariert, einen psychisch kranken Killer und alle juristisch legalen Methoden zu hassen. Ein dummer, bis zur Albernheit aufgemotzter Film.

Wolf Donner, tip

Anja Friehoff in: Prinz, 5/90; Frauke Hanck in: Die Welt, 4.5.90; Peter Körte in: FR, 26.4.90; Robert Müller/Lars-Olav Beier in: tip, 9/90 (Interview K. Bigelow); Jürgen Richter in: FAZ, 26.4.90; Georg Seeßlen in: Die Zeit, 4.5.90; Claudius Seidl in: SZ, 14.2.90 (Berlinale Bericht)

Blueberry Hill 113

BLUEBERRY HILL **

Video

Regie: Strathford Hamilton
Darsteller: Carrie Snodgress (Becca Dane), Margaret Avery (Hattie Cole), Jennifer Rubin (Ellie Dane), Matt Lattanzi (Danny Logan)
Drehbuch: Lonon Smith
Kamera: David Lewis (Farbe)
Musik: Ira Ingber
Schnitt: March Hamilton
Produktion: Mark Michaels für Mediacom Industries/MVA-1/Tricoast Prod., USA 1988
Verleih: -/-/-/Atlas Video
Videostart: 28.8.1990
FSK: ab 16 J.
Länge: 87 Min.

Provinzdrama um den übermächtigen Einfluß des ertrunkenen Vaters auf ein junges Mädchen. Die bedrükkende Enge und die dazu im Kontrast stehende Aufbruchstimmung sind in einfache Bilder und Szenen mit dem obligatorischen Fünfziger-Soundtrack umgesetzt. Dabei ist der Reifeprozeß des 16jährigen Mädchens doch etwas rührselig und zu bieder inszeniert, um nachhaltig Eindruck zu machen. *VideoWoche*

Bluthund 114

DEADLY REVENGE **

Video

Regie: Juan Carlos Desanzo
Darsteller: Rodolfo Ranni, Julio de Grazia, Silvia Montanari, Ricardo Darin, Hector Bidonde
Drehbuch: Eduardo Mignona, Juan Carlos Desanzo, n.d. Roman von Ruben Tizziani
Produktion: Esmeralda Films, Argentinien 1985
Verleih: -/-/-/UFA Video
Videostart: 12.11.1990
FSK: nicht unter 18 J.
Länge: 91 Min.

Ein Lektor viertklassiger Romane übernimmt eine Bar und sieht sich rasch mit der Drogenmafia konfrontiert. Harter argentinischer Thriller, der sich an die Regeln amerikanischen Genrekinos hält, jedoch in Charakterisierung und Erzählweise deutlich abweicht: Hier werden Rückblenden eingesetzt, und der Held geht in bester Tango-Manier schwermütig zu Werke, während die Gangster mit der unnachsichtigen Wut gemeiner Folterknechte zuschlagen. *VideoWoche*

Bluthunde am Broadway 115

BLOODHOUNDS OF BROADWAY **

Video

Regie: Howard Brookner
Darsteller: Julie Hagerty (Harriet Mackyle), Randy Quaid (Feet Samuels), Madonna (Hortense Hathaway), Esai Morales (Handsome Jack Maddigan), Ethan Phillips (Basil Valentine), Matt Dillon (Regret), Jennifer Grey (Lovey Lou), Josef Sommer (Waldo Winchester), Rutger Hauer (das Hirn)
Drehbuch: Howard Brookner, Colman DeKay, nach Kurzgeschichten von Damon Runyon
Kamera: Elliot Davis (Farbe)
Musik: Jonathan Sheffner
Produktion: Howard Brookner für American Playhouse, USA 1989
Verleih: -/-/-/RCA-Columbia Video
Videostart: 10.7.1990
FSK: ab 16 J.
Länge: 101 Min.

Silvester 1928. Während die Halbwelt in Mindys Restaurant tanzt und feiert, begibt sich Inspektor McNamara mit seinen Bluthunden auf Mörderjagd.

Der Gangsterboß »Das Hirn« ist dem Tode geweiht, nachdem er von einem Messer am Bauch verletzt wurde. Am Leben bleiben der glücklose Spieler Regret, der mit Lovey Lou sein Traumlos zieht, und Feet Samuels, der für Hortense seine Füße der Wissenschaft vermacht hat. Melancholische Hommage an die Goldenen Zwanziger nach Kurzgeschichten von Damon Runyon. Der episodische Charakter des Films und seine theaterhafte Inszenierung werden nur beim aufgeschlossenen Publikum Anklang finden. *Video Woche*

Blutiger Ruhm 116

BRUTAL GLORY **

Video

Regie: Koos Roets
Darsteller: Robert Vaughn (Max Owen), Leah King Pinsent (Kids Freundin), Timothy Brantley (Kid McCoy), James Ryan (Tommy Ryan), Wilson Dunster, Simon Poland, Peter Turnstall
Drehbuch: Tinus Grobler
Musik: Dominic Frontiere
Produktion: Philo Pieterse für Philo Pieterse Prod., USA 1988
Verleih: -/-/-/RCA-Columbia Video
Videostart: 16.1.1990
FSK: nicht unter 18 J.
Länge: 107 Min.

Ringdrama mit knallharten Boxszenen um Leben und Karriere des legendären Kid McCoy, der in den 10er und 20er Jahren über 200 Profikämpfe bestritt und nur sechs verlor.

Video Woche

Boom Boom 117

BOOM BOOM **

Regie: Rosa Verges
Darsteller: Viktor Lazlo (Sofia), Sergi Mateu (Tristan), Fernando Guillen Cuervo (Angel), Angela Gonyalons (Eva), Pepe Rubianes (Alfredo), Pepa Lopez (Marta), Angel Jove (Maurici), Ines Navarro (Sebastiana), Bernadette Lafont (Alexandra), Gemma Cuervo, Ann Petersen, Conrado San Martin, Felix Rotaeta, Janine Calvo, Alicia Agut
Drehbuch: Jordi Beltran, Rosa Verges
Kamera: Josep M. Civit (Farbe)
Schnitt: Susana Rossberg
Produktion: Rosa Romero, Benoit Lamy für Arsenal Films/Lamy Films, Spanien/Belgien 1990
Verleih: Metropol/-/-
EA: Int. Filmfestspiele Cannes »Settimana della Critica«
Kinostart: 27.9.1990
FSK: ab 6, ffr.
Länge: 92 Min.

Ein im Stil einer Boulevardkomödie inszenierter amouröser Reigen, bei dem eine von den Männern enttäuschte, schöne Zahnärztin vergeblich versucht, ihre Libido unter Kontrolle zu halten, und ein von seiner treulosen Gattin betrogener Ladenbesitzer sich vornimmt, die Frauen fortan zu meiden. Heitere, leichte Unterhaltung mit netten Darstellern und mediterranem Charme und Esprit. *Ralph Umard, tip*

(...) Zum Teil grobe Schnittfehler degradieren den Streifen zu einem Retortenwerk aus der unteren Schublade. Sehenswert an der »Komödie mit Herz« sind einzig Viktor Lazlos Kleider und die Designer-Appartments, in denen das finale Happy-End alles verdunkelt.

Stuttgarter Zeitung

Claudia Schülke in: FAZ, 22.9.90

B.O.R.N. 118

B.O.R.N. *

Video

Regie: Ross Hagen
Darsteller: Ross Hagen (Buck Cassidy), P.J. Soles (Liz), Hoke Howell (Charlie), William Smith (Dr. Farley), Russ Tamblyn (Hugh), Amanda Blake (Rosie), Rance Howard, Clint Howard
Drehbuch: Hoke Howell, Ross Hagen
Kamera: Gary Graver (Fotokem Color)
Musik: William Belote
Schnitt: Diana Friedberg
Produktion: Claire Hagen für Movie Outfit, USA 1989
Verleih: -/-/-/New Vision Video
Videostart: 9.7.1990
FSK: ab 16 J.
Länge: 92 (83) Min.

Nach der Entführung seiner Töchter kommt ein Rancher auf die Spur einer illegalen Organbank. Schlichter »Coma«-Abklatsch, der sein brisantes Thema lediglich zu einer Abfolge brachialer Actionszenen und einigen blutigen, in der deutschen Fassung weitgehend entschärften Organschnipseleien mißbraucht.

Born to Fight 119

LADY REPORTER *

Video

Regie: Man Hoi
Darsteller: Cynthia Rothrock, Man Hoi, Elizabeth Lee, Chin Siu Ho, Keith Kwan, Roy Chao
Produktion: Samo Hung für Golden Harvest, Hongkong 1989
Verleih: -/-/-/Splendid Video
Videostart: 7.5.1990
FSK: ab 16 J.
Länge: 85 Min.

Als Journalistin getarnte Agentin klärt die Entführung des Hongkonger Chefanklägers durch ein Falschgeldsyndikat. Cynthia strikes again.

Born to Fight 2 120

ANGEL'S MISSION *

Video

Regie: Godfrey Ho
Darsteller: Cynthia Luster (Cynthia), Ron van Lee, Susanna Hughes
Produktion: Hongkong 1990
Verleih: -/-/-/Splendid Video
Videostart: 22.10.1990
FSK: nicht unter 18 J.
Länge: 90 Min.

Auf der Suche nach verschwundenen Prostituierten trifft eine Geheimagentin in Hongkong auf ein Syndikat, dessen Pate sich gerade in einem blutigen Bandenkrieg mit einigen seiner Ex-Mitglieder befindet.

Bounty Hunter 121

THE BOUNTY HUNTER **

Video

Regie: Robert Ginty
Darsteller: Robert Ginty (Duke Evans), Bo Hopkins (Sheriff Bennett), Loeta Waterdown (Marion Foot), Melvin Holt (Kevin Foot), John White (Barnes), Robert Knott (Jimmy Gibbons)
Drehbuch: Thomas Baldwin
Kamera: Robert Baldwin (Image Transform Color)
Musik: Tim James, Steve McClintock, Tim Heintz
Schnitt: David Campling, Jonathan Shaw
Produktion: Fritz Matthews für Action International, USA 1989
Verleih: -/-/-/New Vision Video
Videostart: 15.1.1990
FSK: ab 16 J.
Länge: 90 Min.

Die Jagd nach dem Mörder seines Freundes führt einen Kopfgeldjäger in eine Kleinstadt in Oklahoma, die sich schnell als Hort des (Indianer)-Rassismus entpuppt.
Actionstreifen, der sein nicht unbrisantes Thema lediglich als Aufhänger für die bewährte Geschichte vom Einzelkämpfer und dem bösen Sheriff verwendet.

Brandstifter 122

PODSCHIGATELI ***

Regie: Alexander Surin
Darsteller: Natascha Fedotowa (Sascha), Tatjana Agafonowa, Ljudmila Antonjuk, Valentina Petschnikowa
Drehbuch: Alla Krinizyna
Kamera: Juri Ljubschin (Farbe)
Produktion: Lenfilm, UdSSR 1988
Verleih: Filmverlag der Autoren/-/-
Kinostart: 12.7.1990 im Programm »1. Festival des Neuen Sowjetischen Films«
Länge: 107 Min.

Erzählt wird die Geschichte der Halbstarken Sascha, die in einem Erziehungsheim für straffällig gewordene Jugendliche lebt. Sascha führt ein brutales Regiment unter den Zimmergenossinnen. Geprägt von der Lieblosigkeit der Umwelt, vergällt sie deren Gewalt mit gleicher Unbarmherzigkeit.
Das Mädchen bricht aus und verendet schließlich nach auswegloser Flucht buchstäblich in der Wüste.
Surins Film ist das symbolische Porträt einer alleingelassenen Generation in einer sinnlos gewordenen Welt.

Rüdiger Heinrich, Kölner Stadt-Anzeiger

Die Braut des Teufels 123

THE DEVIL RIDES OUT **

TV

Regie: Terence Fisher
Darsteller: Christopher Lee (Duc de Richleau), Charles Gray (Mocata), Nike Arrighi (Tanith), Leon Greene (Rex van Ryn), Patrick Mower, Gwen Ffrangcon-Davies, Sarah Lawson, Paul Eddington, Rosalyn Landor, Russell Waters
Drehbuch: Richard Matheson, nach der gleichn. Erzählung von Dennis Wheatley
Kamera: Arthur Grant (De Luxe)
Musik: James Bernard
Schnitt: James Needs
Produktion: Anthony Nelson Keys für Hammer Prod., GB 1968
Sendetermin: 22.9.1990, ZDF, 23.35 Uhr
Länge: 95 Min.

(...) Hoffnungslos antiquiert mußte dieser Film schon im Entstehungsjahr 1968 erscheinen. Nach dem Schocker »Rosemaries Baby«, in dem ebenfalls der Leibhaftige bemüht wird, wirkte dieses Erzeugnis des Hammer-Starregisseurs Terence Fisher wie eine idyllische Landpartie. Christopher Lee, ansonsten elegante Verkörperung des Bösen, kommt einem diabolischen Finsterling in die Quere, der dem Teufel mit Satansriten ein paar verlorene Seelen zuführt. Das wird alles - in plüschiger Landhausatmosphäre - derart betulich erzählt, mit Effekten von vorgestern, daß sich nicht das Gruseln, sondern das Gähnen einstellt. (...)

Badische Neueste Nachrichten

(...) aber im Samstags-Fernsehen ist eben auch die Hölle nur zweite Wahl.

Ponkie, AZ

Bravo, Albert Lolisch! 124

BRAVO, ALBERT LOLISCH ***

Regie: Merab Tawadse
Darsteller: Surap Kipschidse, Ninel Tschankwetadse, Elischer Magalschwili, Gia Burdschanadse, Dato Bachtadse
Drehbuch: Lewan Tschelidse
Kamera: Juri Kikabidse, Gia Kusraschwili (Farbe)
Musik: Giwi Gatschetschiladse
Produktion: Grusija Film, UdSSR 1988
Verleih: Filmverlag der Autoren/-/-

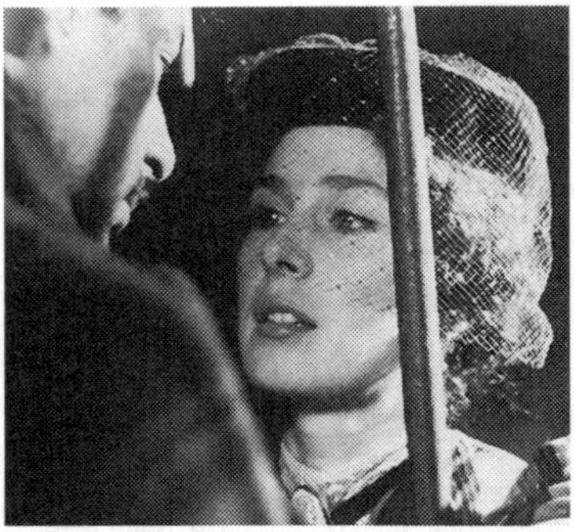

Surap Kipschidse und Ninel Tschankwadse in »Bravo, Albert Lolisch!«.

Kinostart: 12.7.1990 im Programm »1. Festival des Neuen Sowjetischen Films«
Länge: 98 Min.

Albert Lolisch, ein eleganter, junger Georgier, kommt Ende des 19. Jahrhunderts nach Tiflis - und gibt sich für einen Franzosen aus. Die Tochter eines der reichsten Unternehmer der Stadt verliebt sich in ihn. Albert Lolisch ist ein Träumer und begabter Erfinder zugleich. Er besitzt kein Geld, und alle Unternehmer der Stadt legen ihm wegen der Affäre mit der Tochter Steine in den Weg. So scheitert alles, was er unternimmt: Der schwunghafte Fahrrad- und Autohandel geht konkurs, der Bau einer Radrennbahn scheitert, und die Erdölbohrungen kommen auch nicht voran. Aber Albert Lolisch gibt nicht auf...

Brenda's Combat Boots 125

YOUR MOTHER WEARS COMBAT BOOTS **

Video

Regie: Anson Williams
Darsteller: Barbara Eden (Brenda Andersen), David Kaufman (Jimmy Andersen), Meagen Fey (Edie Winchell), Hector Elizondo (Sgt. Burke), Maria O'Brien (Carla), Conchata Ferrell (Mononaghee), Richard McGregor (Barry), Ernest Dixon (Sgt. Hawkins), Suzi Bass (Rose)

Drehbuch: April Kelly
Kamera: Harry Mathias (Farbe)
Musik: Jeff Barry
Schnitt: John Blizek
Produktion: Bill Novodor, Joe Wizan, Mickey Borofsky für Kushner-Locke Prod./Wizan TV/Mibar, USA 1989
Verleih: -/-/-/Madison Video
Videostart: 8.11.1990
Sendetermin: 27.3.1989, NBC
FSK: ab 6 J.
Länge: 95 Min.

Familienverträgliche Militärklamotte mit Barbara Eden als Hausfrau und Mutter beim Kommiß. Ein leichtgewichtiger Spaß, allemal tauglich als Happen für das rasche Videovergnügen zwischendurch. *VideoWoche*

Brennender Haß **126**
HEART OF DIXIE **
Video
Regie: Martin Davidson
Darsteller: Ally Sheedy (Maggie), Virginia Madsen (Delia), Phoebe Cates (Aiken), Treat Williams (Hoyt), Don Michael Paul (Boots), Kyle Secor (Tuck), Francesca Roberts (Keefi), Peter Berg (Jenks), Jenny Robertson (Schwester)
Drehbuch: Tom McCown, nach dem Roman »Heartbreak Hotel« von Anne Rivers Siddons
Kamera: Robert Elswit (Deluxe Color)
Musik: Kenny Vance
Schnitt: Bonnie Koehler
Produktion: Steve Tisch für Orion, USA 1989
Verleih: -/-/-/RCA-Columbia Video
Videostart: 11.9.1990
FSK: ab 12 J.
Länge: 95 Min.

Im Alabama des Jahres 1957 lernt ein College-Girl die unschöneren Seiten des allgegenwärtigen Rassenhasses kennen. Oberflächliche Aufarbeitung der »Mississippi Burning«-Thematik.

Brennpunkt San Diego **127**
GRAND SLAM **
Video
Regie: Bill L. Norton
Darsteller: John Schneider (Dennis »Hardball« Bakelenekoff), Paul Rodriguez (Pedro N. Gomez), Susan Walters, Juan Fernandez, James Victor
Drehbuch: Bill L. Norton, Bob Clark
Kamera: Shelly Johnson (Farbe)
Musik: Joseph Conlan
Schnitt: John Duffy
Produktion: Steve Katz, Paul Diamond, Robert Steinhauer, Terry Morse für New World TV/Bill Norton Prod., USA 1990
Verleih: -/-/-/Highlight Video
Videostart: 30.4.1990
Sendetermin: 28.1.1990, CBS
FSK: ab 16 J.
Länge: 105 Min.

Zur Abwechslung ein angenommener Pilotfilm: Zwei Kopfgeldjäger entwikkeln bei der Suche nach einem mexikanischen Killer jene innige Männerfeindschaft, die sich schon immer für trockene Scherze und das breite Auswalzen im Rahmen einer anschließenden Fernsehserie geeignet haben.

Brennpunkt San Diego 2

Zwei Folgen aus der Actionserie »Grand Slam« (Highlight Video).

Der Brief an den Weihnachtsmann **128**
THE KID WHO LOVED CHRISTMAS **
Video
Regie: Arthur A. Seidelman
Darsteller: Cicely Tyson (Etta Lewison), Sammy Davis jr. (Sideman), Michael Warren (Tony Parks), Ray Parker jr. (T.C. Milton), Gilbert Lewis (Ed Slater), Charlie Murphy (Jamal), Ken Page (Dwight McCrea), Paula Anglin (Cora Duval), John Beal (Cameron)
Drehbuch: Sam Egan
Kamera: Hanania Baer (Farbe)
Musik: Stanley Clarke
Schnitt: Bert Glatstein
Produktion: Sam Egan für Eddie Murphy Prod./Paramount TV, USA 1990
Verleih: -/-/-/CIC Video
Videostart: 19.12.1990
FSK: ab 6 J.
Länge: 94 Min.

Der Weihnachtsmann greift ein, um einem Waisenknaben gegen den Willen einer hartherzigen Matrone doch noch zum gewünschten Adoptivvater zu verhelfen. Eine ganze Riege von farbigen Superstars des Showbiz hat sich für diese rührselige Produktion zusammengefunden. Leider können auch sie in der routiniert abgedrehten, aber klischeereichen Geschichte kaum Akzente setzen. *VideoWoche*

Brontosaurus 129
BRONTOSAURUS ****

Regie: Vera Plívová-Simková
Darsteller: Tomás Simek (Tomás), Dana Vávrová (Dana), Lukás Bech (Jíra), Michal Hofbauer (Franta), Jaroslav Kolísek (Kouda), Jakub Nemec (Plasmuska), Pavel Soukup (Bertík), Zdenek Sverák (Bobr), Pavla Marsálková (Direktorin), Daniela Kolárová (Bizolecára)
Drehbuch: Vera Plívová-Simková
Kamera: Ivan Slapeta (Farbe)
Musik: Petr Hapka
Produktion: Filmstudio Barrandov, CSSR 1979
Verleih: Imbild, BAG (16 mm)
EA: 23.6.1990, Filmfest München
Kinostart: Nov. 1990
Länge: 79 Min.

Bei seinen Mitschülern heißt Thomas nur noch Brontosaurus, denn jede freie Minute verbringt er im Wald. Dort beobachtet er die Tiere – und die Menschen, die oft achtlos ihren Müll liegenlassen, zum Schaden der Natur und der Tiere. Als ein Reh in Lebensgefahr gerät, begreifen auch Thomas' Freunde den Ernst der Lage. Gemeinsam fahnden sie nach den Umweltsündern und machen eine Entdeckung: Ihr Schuldirektor ist auch ein Missetäter! Die Kinder überlegen, wie sie die Erwachsenen zum Umdenken zwingen können. Ein aus Abfällen gebauter Brontosaurus wird zum Symbol für den Naturschutz.

Katalog Filmfest

Elke Wendt-Kummer in: epd Film, 11/90 (über die Filme von V. Plívová-Simková)

The Bronx 2001 130
EMPIRE OF ASH III *

Video

Regie: Lloyd A. Simandl, Michael Mazo
Darsteller: William Smith, Pauline Crawford, Ken Farmer
Produktion: USA 1989
Verleih: -/-/-/Madison Video
Videostart: 26.6.1990
FSK: nicht unter 18 J.
Länge: 91 Min.

Im Jahre 2050 tritt eine Handvoll Freiheitskämpfer einmal mehr gegen die postatomare Schreckensherrschaft religiöser Fanatiker an. Billigschund der untersten Kategorie.

The Brooklyn-Kid 131
SPIKE OF BENSONHURST **

Video

Regie: Paul Morrissey
Darsteller: Ernest Borgnine (Baldo Cacetti), Sasha Mitchell (Spike Fumo), Anne DeSalvo (Sylvia Cacetti), Geraldine Smith (Helen Fumo), Antonia Rey (Bandanas Mutter), Rick Aviles (Bandana), Maria Patillo (Angel), Talisa Soto (India)
Drehbuch: Alan Browne, Paul Morrissey
Kamera: Steven Fierberg (Farbe)
Musik: Coati Mundi
Schnitt: Stan Salfas
Produktion: David Weisman, Nelson Lyon für Film Dallas Pictures, USA 1988
Verleih: -/-/-/Highlight Video
Videostart: 2.4.1990
FSK: ab 16 J.
Länge: 101 (96) Min.

Ein ehrgeiziger junger Boxer aus Brooklyn schwängert die Tochter eines Mafiabosses und wird nach einer öffentlichen Demütigung aus den Mafiakreisen verstoßen. Eine durchgestylte Mixtur aus Boxer- und Teenager-Lovestory mit ethnischen Akzenten. *VideoWoche*

Die Brüder Löwenherz 132
BRÖDERNA LEJONHJÄRTA ****

Regie: Olle Hellbom
Darsteller: Staffan Götestam (Jonathan), Lars Söderdahl (Karl), Gunn Wålgren (Sofia), Folke Hjort (Jossi), Per Oscarsson (Orvar), Tommy Johnsson, Jan Nygren, Micha Gabay, Georg Zerlin, Allan Edwall
Drehbuch: Astrid Lindgren, nach ihrem gleichn. Roman
Kamera: Rune Ericsson (Farbe und s/w)
Musik: Björn Isfält, Lasse Dahlberg
Schnitt: Jan Persson
Produktion: Olle Nordemar für Olle Nordemar/Svensk Filmindustri, Schweden/Dänemark 1977

»Bruder Löwenherz«

Verleih: Atlas/-/-/Taurus-Film Video
Kinostart: 30.8.1990
FSK: ab 6, nffr.
Länge: 106 Min.

Die Brüder Löwenherz kämpfen im Phantasiereich Nangijala gegen Drachen und Tyrannen. Der Kinderfilm von 1977 nach dem Astrid Lindgren-Buch behandelt behutsam das tabuisierte Thema Tod. Nach dreizehn Jahren haben die special effects etwas Staub angesetzt. Die Geschichte bleibt trotzdem faszinierend für jeden anständigen 8jährigen. *tip*

Das bucklige Schlitzohr 133

BIG MAN ON CAMPUS **

Video

Regie: Jeremy Paul Kagan
Darsteller: Allan Katz (Bob), Corey Parker (Alex), Cindy Williams (Diane Girard), Melora Hardin (Cathy), Tom Skerritt (Dr. Webster), Jessica Harper (Dr. Fisk), Gerrit Graham (Stanley Hoyle), John Finnegan (Richter Ferguson)
Drehbuch: Allan Katz
Kamera: Bojan Bazelli (DeLuxe Color)
Musik: Joseph Vitarelli
Schnitt: Howard Smith
Produktion: Arnon Milchan für Vestron, USA 1989
Verleih: -/-/-/Concorde Video
Videostart: 26.11.1990
FSK: ab 12 J.
Länge: 105 Min.

Ein Studentenpaar hat ein Semester Zeit, um das bucklige Ungetüm aus dem Campus-Turm zu einem nützlichen Mitglied der Gesellschaft zu machen. Kaspar Hauser trifft den Glöckner von Notre-Dame in einem reichlich klamaukigen Film, der es weder hierzulande noch in den USA bis in die Kinos gebracht hat.

Bud the Chud – C.H.U.D. II 134

C.H.U.D. 2 – BUD THE CHUD *

Video

Regie: David Irving
Darsteller: Brian Robbins (Steve), Bill Calvert (Kevin), Tricia Leigh Fisher (Katie), Gerrit Graham (Bud the Chud), Robert Vaughn (Masters), Larry Cedar (Graves), Bianca Jagger, Larry Linville, Judd Omen, June Lockhart
Drehbuch: Ed Naha
Kamera: Arnie Sirlin (Farbe)
Musik: Nicholas Pike
Schnitt: Barbara Pokras
Produktion: Jonathan D. Krane für MCEG, USA 1989
Verleih: -/-/-/Lightning Video
Videostart: 29.3.1990
FSK: ab 16 J.
Länge: 84 Min.

Von zwei Biologiestudenten aus dem Labor gestohlen und per Elektro-

»Das bucklige Schlitzohr«

Wann ist ein Mann ein Mann? Heinz Hoenig, Gabriel Barylli und Uwe Ochsenknecht in »Butterbrot«.

schock zu neuem Leben erweckt, frißt sich das kannibalistische Resultat eines mißlungenen Militärexperiments durch das Halloween-Fest einer amerikanischen High-School. Reichlich alberne Fortsetzung einer Horrorkomödie, in der allenfalls diverse Killerpudel für etwas Humor sorgen.

Buried Alive – Lebendig begraben 135

BURIED ALIVE

**

Video

Regie: Frank Darabont
Darsteller: Tim Matheson (Clint Goodman), Jennifer Jason Leigh (Joanna Goodman), William Atherton (Cortland van Owen), Hoyt Axton (Sheriff Eberly), Jay Gerber (Quintan), Wayne Grace (Bill Scorby), Donald Hotton (Reynolds), Brian Libby (Earl), Peg Shirley
Drehbuch: Mark Patrick Carducci
Kamera: Jacques Haitkin (Farbe)
Musik: Michel Colombier
Schnitt: Richard G. Haines
Produktion: Niki Marvin für Niki Marvin Prod./MCA-TV Entertainment, USA 1990
Verleih: -/-/-/CIC Video
Videostart: 20.9.1990
Sendetermin: 9.5.1990, USA
FSK: nicht unter 18 J.
Länge: 88 Min.

Remake des Corman-Films um den vergifteten und lebendig begrabenen Ehemann, der sich mit Mühe aus dem Sarg retten kann und der untreuen Gattin den Garaus macht. Die Effekte sind eine ganze Spur moderner, aber Ray Milland und den kranken AIP-Nebeln kann diese Poe-Renaissance trotzdem nicht das Wasser reichen.

Butterbrot 136

***

Regie: Gabriel Barylli
Darsteller: Gabriel Barylli (Martin), Uwe Ochsenknecht (Stefan), Heinz Hoenig (Peter), Timna Brauer (Maria), Natascha Aghfurian (Lilli)
Drehbuch: Gabriel Barylli, nach seinem gleichnamigen Theaterstück
Kamera: Thomas Mauch (Farbe)
Musik: Harald Kloser
Schnitt: Hannes Nikel

Uwe Ochsenknecht meditiert am häuslichen Herd in »Butterbrot«.

Produktion: Günter Rohrbach für Bavaria/ Iduna Film, BRD 1990
Verleih: Senator/-/-
Kinostart: 12.1.1990
FSK: ab 12, ffr.
Länge: 93 Min.
FBW: Besonders wertvoll
Bayerischer Filmpreis 1989

Es mag ja ein hübsches Boulevard-Stück sein - Gabriel Baryllis Männerpalaver über Frauen: »Butterbrot«. Aber im pingeligen Designer-Modeschick dieser aufgebrezelten Lifestyle-Verfilmung wirkt es, von spaßigironischen Details abgesehen, nur affig und hohl: Drei Cool-Männer in der Yuppie-Villa, von Weibern beunruhigt, verlassen, betrogen und gemein behandelt, belabern ihr Schicksal, ihre Träume, ihre Ich-Probleme.

Ein solcher Selbstfindungs-Jammer kann herrlich komisch sein, aber er steht und fällt mit dem Dialogwitz. Von dem Mannsbilder-Charme allein, den die drei Erfolgsbubis in ihrer adretten Herzensnot durch Haus und Garten flattern lassen, wird das Butterbrot nicht fett. *Ponkie, AZ*

Wolfgang Brenner in: tip, 2/90; Gilden-Dienst 434, Dez. 89; Peter Körte in: FR, 25.1.90; Susi Liermann in: Prinz, 1/90; Rainer Nolden in: Die Welt, 24.1.90; H.G. Pflaum in: SZ, 19.1.90; Martin Rabius in: epd Film, 2/90; Claudia Werfel in: FAZ, 19.1.90

Cabal – Die Brut der Nacht 137

NIGHTBREED **

Regie: Clive Barker
Darsteller: Craig Sheffer (Aaaron Boone), Anne Bobby (Lori), David Cronenberg (Dr. Philip Decker), Charles Haid (Capt. Eigerman), Hugh Quarshie (Det. Joyce), Hugh Ross (Narcisse), Doug Bradley (Lylesberg), Catherine Chevalier (Rachel), Malcolm Smith, Bob Sessions, Oliver Parker, Debora Weston
Drehbuch: Clive Barker, nach seinem Roman »Cabal«
Kamera: Robin Vidgeon (Deluxe Color)
Musik: Danny Elfman
Schnitt: Richard Marden, Mark Goldblatt
Produktion: Gabriella Martinelli für Morgan Creek Prod., USA 1990
Verleih: Senator/Constantin/-/Starlight Video
Kinostart: 4.10.1990
FSK: ab 18, nffr.
Länge: 102 Min.

Das Filmmärchen von der mythologischen Mutantenstadt Midian, in der scheu und zurückgezogen eine Meute bizarrer Kreaturen ihr unterirdisches Dasein fristet. Ein geistig verwirrter Jüngling entdeckt diese verborgene Welt und sorgt unfreiwillig für ihre Vernichtung.
Neoklassizistischer Horror. Trotz der dünnen Handlung humorvoll und unterhaltsam erzählt.

Ralph Umard, tip

Jürgen Richter in: FAZ, 6.10.90; Helmut Schmitz in: FR, 4.10.90

Cadillac Man 138

CADILLAC MAN ***

Regie: Roger Donaldson
Darsteller: Robin Williams (Joey O'Brien), Tim Robbins (Larry), Pamela Reed (Tina), Fran Drescher (Joy Munchak), Zack Norman (Harry Munchak), Annabella Sciorra, Lori Petty, Paul Guilfoyle, Bill Nelson, Eddie Jones, Mimi Cecchini
Drehbuch: Ken Friedman
Kamera: David Gribble (Deluxe Color)
Musik: J. Peter Robinson
Schnitt: Richard Francis-Bruce
Produktion: Charles Roven, Roger Donaldson für Donaldson/Roven-Cavallo Prod., USA 1990
Verleih: 20th Century Fox/Constantin/Monopole Pathé/RCA/Columbia Video
UA: 18.5.1990, New York
Kinostart: 20.9.1990
FSK: ab 16, ffr.
Länge: 97 Min.
FBW: Wertvoll

Joey ist ebenso mit Leib und Seele Autoverkäufer wie Schürzenjäger. Weil der Verkauf zurückgeht und die Entlassung droht, gerät die Finanzierung seiner komplizierten und aufwendigen Beziehungen in Gefahr, aus der er unverhofft gerettet wird: bei einem Sonderverkaufstag nimmt ein aus Eifersucht fast verrückter Mann alle Kunden als Geiseln, worauf Joey die Affäre in die Hand nimmt und zum Helden des Tages wird.
Eine etwas inkohärente, aber streckenweise amüsante Actionkomödie, die einige Längen und Schwächen nicht immer mit Gags zu kompensieren vermag.

Zoom

Michael Althen in: SZ, 25.9.90; Sabine Carbon in: Der Tagesspiegel, 27.9.90; Angela Gläser in: Münchner Merkur, 20.9.90; Peter Körte in: FR, 20.9.90; Rupert Koppold in: Stuttgarter Zeitung, 22.9.90; Jürgen Richter in: FAZ, 22.9. und 24.9.90

»Cadillac Man« Robin Williams als Autoverkäufer in schlechter Verhandlungsposition.

Entsetzter Blick auf die Situation des deutschen Films: Barbara Auer (Mitte) in »Café Europa«.

Café Europa — 139

***

Regie: Franz X. Bogner
Darsteller: Jacques Breuer (Emil Schröder), Barbara Auer (Nana), August Zirner (Yobo), Elmar Wepper (Reithmeyer), Raimund Harmstorf (Whiteman), Patrick Bach (Miguel), Remo Girone (Rizzo), Mario Adorf (Mikis), Walter Plathe, Ottfried Fischer, Thomas Holtzmann
Drehbuch: Ekkehard Ziedrich, Franz X. Bogner
Kamera: Frank Brühne (Farbe)
Musik: Rainhard Fendrich
Schnitt: Norbert Herzner
Produktion: Luggi Waldleitner für Roxy-Film, BRD 1990
Verleih: Filmverlag der Autoren/ Constantin/-
Kinostart: 13.9.1990
FSK: ab 12, ffr.
Länge: 91 Min.

Ein »90minütiger Polizistenwitz« verdient in bierernsten Zeiten deutscher Realpolitik durchaus Ermunterung, und zwar besonders der Storyspender Ekke Ziedrich. Wenn dieser Film einst im Archiv landet und von ihm vielleicht nichts mehr übrig ist außer der kulinarischen Erinnerung zweier Mäuse, dann wird sich die eine, womöglich noch kauend, so daran erinnern: »... das Drehbuch war aber besser!«.

tip

(...) »Café Europa« leidet nicht nur unter deutlichen Mängeln des Drehbuchs und der Dramaturgie. Der eigentliche Fehler besteht darin, daß der Film den Sprung in die Groteske nicht geschafft hat; die Geschmacklosigkeiten, die er sich leistet, sind ungewollt. (...) Der deutschen Komödie fällt diese Gratwanderung schwer. Am Ende von »Café Europa« kommt doch nur wieder heraus, daß das Gesetz gewinnt, so blöd es sich auch anstellt, und daß die Ganoven ihr Schicksal vedienen. Sehr komisch ist das nicht.

Sabine Horst, FR

(...) »Café Europa« – das ist eine komplizierte Geschichte, ganz einfach erzählt. Man muß ein wenig trottelig sein, um in dieser undurchschaubaren Welt einigermaßen unbeschadet seines Weges gehen zu können. Das ist die liebenswerte Botschaft von »Café Europa«, einer kleinen Komödie, die es niemals nötig hat aufzutrumpfen, weil sie alleine mit den immer wieder überraschenden Wendungen ihrer Geschichte bezwingt. (...) *Andreas Obst, FAZ*

(...) Nichts weiter als ein Räuber-und-Schandi-Jokus – aber nach pfiffiger Bogner-Art. *Ponkie, AZ*

Andreas Braun in: Stgt. Zeitung, 15.9.90; Peter Buchka in: SZ, 13.9.90; Sabine Carbon in: Der Tagesspiegel, 13.9.90; Hans Schifferle in; Kölner Stadt-Anzeiger, 15.9.90

Cage, der Kickboxer 140
RAGIN' CAJUN *
Video

Regie: William Byron Hillman
Darsteller: Samantha Eggar, Sam Bottoms, Charlene Tilton, Harry Landers, David Heavener, Rick Zumwalt, Allen Rich, Billy Vera, Rex Allen jr.
Drehbuch: William Byron Hillman
Kamera: Stan Lazan (Farbe)
Musik: John Lee Whitener
Produktion: Dino Stroppa für Loner Prod., USA 1990
Verleih: -/-/-/New Vision Video
Videostart: 5.6.1990
FSK: ab 16 J.
Länge: 91 (80) Min.

Rührseliges Actiondrama um einen Kickboxer wider Willen, in dem »Martial Arts«-Freunde eher unspektakuläre Kämpfe, dafür aber umso lebhaftere Country-Songs dargeboten bekommen. Auch die Figur des alptraumgeplagten Vietnamveteranen ist wie mit der Laubsäge ausgeschnitten. *VideoWoche*

Cage Fighter 141
CAGE FIGHTER *

Regie: Lang Elliott
Darsteller: Lou Ferrigno, Reb Brown, Michael Dante, Mike Moroff, Marilyn Tokuda, Al Leong, James Shigeta (Tin Lum Yin), Al Ruscio
Drehbuch: Hugh Kelley
Kamera: Jacques Haitkin (Eastmancolor)
Musik: Michael Wetherwat
Schnitt: Mark Westmore
Produktion: Lang Elliott Ent., USA 1988
Verleih: Ascot/Constantin/Elite/Ascot Video
Kinostart: 22.2.1990
FSK: ab 18, nffr.
Länge: 100 Min.

Lou Ferrigno (der einzig wahre Hulk) muß sich als geistig zurückgebliebener Muskelprotz auf Geheiß einiger böser Buben in einem Käfig mit zahlreichen Gegnern herumprügeln. *Kino*

Caged Fury 142
CAGED FURY *
Video

Regie: Bill Milling
Darsteller: Erik Estrada (Victor), Richie Barathy (Dirk Ramsey), Roxanna Michaels (Kathie Collins), Paul Smith (Wache), James Hong (Det. Stoner), Michael Parks (Mr. Collins), Jack Carter (Mr. Castaglia), April Dawn Dollarhide (Rhonda Wallace), Blake Bahner (Buck Lewis), Hugh Farrington (Det. Elston)
Drehbuch: Bob Milling
Kamera: Kenneth Wiatrak (TVC Color)
Musik: Joe Delia
Schnitt: Matthew Mallinson
Produktion: Bill Milling, Bob Gallagher für Atlantic Pictures, USA 1990
Verleih: -/-/-/21st Century Video
Videostart: 15.8.1990
FSK: nicht unter 18 J.
Länge: 95 Min.

Zweifelhafte Dessous-Show hinter Gittern, gewürzt mit einer Prise Action, für die zwei gutherzige, aber schlagkräftige Vietnamveteranen sorgen. Die hanebüchene Story dieses harten Frauenzuchthausfilms ist dabei Nebensache, allein die Mixtur aus Sex und Gewalt zählt. *VideoWoche*

The California Kid 143
THE CALIFORNIA KID ***
TV

Regie: Richard T. Heffron
Darsteller: Martin Sheen (Michael), Nick Nolte (Buzz), Vic Morrow (Roy), Stuart Margolin (Deputy), Michelle Phillips (Maggie), Joe Estevez (Don McCord), Janit Baldwin (Sissy), Gary Morgan
Drehbuch: Richard Compton
Kamera: Terry K. Meade (Farbe)
Musik: Lucio DeJesus

Schnitt: Robert F. Shugrue
Produktion: Howie Hurwitz für Universal TV, USA 1974
UA: 25.9.1974, ABC
Sendetermin: 4.8.1990, ZDF, 23.05 Uhr
Länge: 78 Min.

Michael will einem psychopathischen Sheriff, der seinen Bruder ermordet hat, das Handwerk mit einer ungewöhnlichen Waffe legen: einem aufgemotzten Sportwagen. *AZ*

The Caller 144
THE CALLER **

Video

Regie: Arthur A. Seidelman
Darsteller: Malcolm McDowell (Besucher), Madolyn Smith (Mädchen)
Drehbuch: Michael Sloan
Kamera: Armando Nannuzzi (Technicolor)
Musik: Richard Band
Schnitt: Bert Glatstein
Produktion: Frank Yablans für Empire, USA 1987
Verleih: -/-/-/Lightning Video
Videostart: 30.4.1990
FSK: ab 16 J.
Länge: 98 (93) Min.

Ein nächtlicher Besucher, in Wahrheit ein außerirdischer Android, verstrickt eine junge Frau in ein mörderisches Spiel, in dessen Verlauf er sie zur Auseinandersetzung mit sich und ihren Lebenslügen zwingt. Sparsam aufbereiteter Kammerspiel-Horror ohne spektakuläre Schrecken.
VideoWoche

Camp des Grauens 2 145
SLEEPAWAY CAMP 2: UNHAPPY CAMPERS *

Video

Regie: Michael A. Simpson
Darsteller: Pamela Springsteen (Angela Baker), Brian Patrick Clarke (T.C.), Renée Estevez (Molly), Walter Gotell (Onkel John), Susan Marie Snyder (Mare), Heather Binion (Phoebe), Tony Higgins, Terry Hobbs
Drehbuch: Fritz Gordon, nach einer Idee von Robert Hiltzik
Kamera: Bill Mills (Cinefilm Color)
Musik: James Oliverio
Schnitt: John David Allen
Produktion: Jerry Silva, Michael A. Simpson für Double Helix Films, USA 1988
Verleih: -/-/-/New Vision Video
Videostart: 15.1.1990
FSK: nicht unter 18 J.
Länge: 80 (73) Min.

Nach einer Geschlechtsumwandlung aus der Haft entlassen, betätigt sich ein ehemaliger Massenmörder als schlitzende Gruppenleiterin eines Feriencamps.

Caracas 146
***

Regie: Michael Schottenberg
Darsteller: Regula Bill (Helga), Gerhard Zemann (Heinz), Franz Blauensteiner (Trucker), Hertha Böhm, Robert Dietl, Karl Kratzel, Christoph Künzler, Paola Loew
Drehbuch: Michael Horowitz, Michael Schottenberg, Michael Juncker
Kamera: Walter Kindler (Farbe)
Musik: Erich Kleinschuster
Schnitt: Ingrid Koller
Produktion: Peter Pochlatko für Neue Studio-Film, Österreich 1989
Verleih: FiFiGe/Constantin/-
UA: Int. Filmfestspiele Cannes 1989
EA: 25.1.1990, Max-Ophüls-Preis, Saarbrücken
Kinostart: 19.7.1990
Länge: 91 Min.
»Camera D'Or« Int. Filmfestspiele Cannes 1989. »Quinzaine des Réalisateurs«; Preis des saarländischen Ministerpräsidenten beim Max-Ophüls-Preis 1990

Ein Tankstellenbesitzer bringt mit Hilfe einer Prostituierten seine untreue reiche Frau um, um in Caracas

»Caracas«

ein neues Leben zu beginnen. Michael Schottenbergs Erstlingsfilm will »seltsames, eigenwilliges« Kino sein, erweist sich jedoch an Figuren, Geschichte und Situation uninteressiert und verliert sich in oberflächlicher Ästhetik, die zu keinem Rhythmus findet, wodurch unklar bleibt, worauf der Streifen hinaus will. *multimedia*

Angie Dullinger in: AZ, 3.8.90; Achim Forst in: tip, 15/90; Raimund Gerz in: epd Film, 7/90; Joachim Kürten in: Kölner Stadt-Anzeiger, 15.9.90; H.G. Pflaum in: SZ, 7.9.90

Carmen on Ice 147

**

Regie: Horant H. Hohlfeld
Darsteller: Katharina Witt (Carmen), Brian Boitano (Don José), Brian Orser (Escamillo), Yvonne Gomez (Micaela), Otto Retzer (Zuniga)
Drehbuch: Horant H. Hohlfeld
Kamera: Klaus König (Farbe)
Musik: Georges Bizet, bearbeitet von Bert Grund; gespielt von Wiener Symphoniker und Großes Rundfunkorchester Berlin
Produktion: Thomas Bürger für Vegas Film, BRD 1989
Verleih: Neue Constantin/Constantin/ Monopole Pathé/Taurus Film Video
Kinostart: 8.2.1990
FSK: ab 6, ffr.
Länge: 86 Min. (Video 75 Min.)

Nach Carlos Sauras getanzter Fassung nun die geschlitterte Version des unverwüstlichen Stoffes. Katharina Witt, die Eisheilige des DDR-Sports, schlüpft hier in das knappe Kostüm einer Eishure. Ihr künstliches Profi-Lächeln stellt von vornherein klar, daß die Liebe dieser Frau nicht echt sein kann. *tip*

Gregor Dotzauer in: FAZ, 10.2.90; Birgit Rätsch in: tz, 17.2.90

The Carpenter 148

THE CARPENTER

*

Video

Regie: David Wellington
Darsteller: Wings Hauser (Ed), Lynn Adams (Alice), Pierre Lenoir (Martin), Barbara Jones (Rachel)
Drehbuch: Doug Taylor
Kamera: David Franco (Farbe)
Musik: Pierre Bundock
Schnitt: Roland Pollack
Produktion: Pierre Grisé für Goldgems Canada, Kanada 1988
Verleih: -/-/-/Splendid Video
Videostart: 2.4.1990
FSK: nicht unter 18 J.
Länge: 87 Min.

Aus Liebe wird eine junge Frau zum Komplizen des in Gestalt eines irren Schreiners auftauchenden Geistes eines hingerichteten Massenmörders. Hilflos zwischen Horror und makabrer Komödie pendelnder Streifen, der immer dann mit abgetrennten Gliedmaßen aufwartet, wenn die Story wieder einmal steckenbleibt.

Cartel 149

CARTEL

*

Video

Regie: John Stewart
Darsteller: Miles O'Keeffe (Chuck Taylor), Don Stroud (Tony King), Crystal Carson (Donna Grey), Suzanne Slater (Nancy), Gregory Scott Cummins (Rivera), William Smith (Mason), Marco Fiorini (Camarillo), Jack West (Baker), Gary Littlejohn (Clark), Sal Lopez (Steve/Bill)
Drehbuch: Moshe Hadar
Kamera: Thomas L. Callaway (Fotokem Color)
Musik: Rick Krizman
Schnitt: Terry J. Chiappe
Produktion: Ronnie Hadar für Promark, USA 1990
Verleih: -/-/-/21st Century Video
Videostart: 22.11.1990
FSK: nicht unter 18 J.
Länge: 99 Min.

Überharter Actionstreifen, der sich von der aufkeimenden Gefängnisfilmwelle inspiriert sieht und diese für sich ausschlachtet. Die scheinbar brisante Konfrontation eines unschuldig wegen Kokain verurteilten Piloten mit der Drogenmafia dient nur als Vorwand für ständige Daueraction, in der Material- und Menschenverschleiß hoch angesetzt werden. *VideoWoche*

Cézanne 150

CÉZANNE

**

Regie: Jean-Marie Straub, Danièle Huillet
Kamera: Henri Alekan (Farbe und s/w)

Produktion: Frankreich/BRD 1990
Verleih: Edition Salzgeber/-/-
Länge: 65 Min.

Ein Film über Hölderlin und Empedokles, Flaubert, Jean Renoir und Madame Bovary, Cézanne und die Montagne Sainte Victoire. Nach Cézannes Gesprächen mit Joachim Gasquet. Der Film ist Beispiel dafür, wie die gewiß lohnende Auseinandersetzung mit einem Maler anhand eines Gespräches im Film zu einer unsinnigen Bebilderung wird. Tote schlafen fest. Lebende aber werden minutenlang durch schlechte Fotos eines alten Mannes gequält, wenn sie nicht schon vorher eingeschlafen sind. *tip*

Peter Kammerer in: FR, 9.9.90 (Interview Straub/Huillet)

Chains 151

CHAINS *

Video

Regie: Roger J. Barski
Darsteller: Jim Jourdan (Geeter), Michael Dixon (J.J.), Howard Friedland (Paul), Cathleen Zim (Tracy), Rengan Altay (Michelle), John L. Eves (der Tote), John Herriman (Colonel), Tony Menders
Drehbuch: Jay Flynn, Michael Goi
Kamera: Michael Goi (Astrocolor)
Musik: Kevin Bassinson
Schnitt: Rocco Labellarte
Produktion: Mark Gragnani, Roger J. Barski für Producers Placement Group/AIP/Roger J. Barski Film, USA 1989
Verleih: -/-/-/Highlight Video
Videostart: 3.12.1990
FSK: nicht unter 18 J.
Länge: 90 Min.

Nachdem sie Zeugen der Ermordung eines Schwarzen geworden sind, verschanzen sich fünf junge Leute in einer Chemiefabrik vor den Nachstellungen einer brutalen Straßengang. Schlichtester Actionreißer aus der untersten Schublade.

Chance 152

CHANCE *

Video

Regie: Addison Randall, Charles T. Kanganis
Darsteller: Dan Haggerty, Lawrence Hilton-Jacobs, Roger Rodd, Addison Randall, Charlie Ganis, Richard Allen, Robert Axelrod, Michael McNabe
Drehbuch: Joe Hart, Addison Randall, Lawrence Hilton-Jacobs
Musik: John Gonzalez
Schnitt: John David Dagnen
Produktion: Richard Pepin, Joseph Merhi für P/M Entertainment, USA 1990
Verleih: -/-/-/Scala Video
Videostart: 26.6.1990
FSK: nicht unter 18 J.
Länge: 81 Min.

Ein befreundeter Repo Man verstrickt Detective Jon Chance in den Diebstahl einiger Diamanten aus dem Hause eines Bandenchefs. Drittes, nicht minder ödes Abenteuer der Pepin/Merhi-Variante von Dirty Harry.

Chanson der Liebe 153

ETOILE SANS LUMIERE ***

Regie: Marcel Blistène
Darsteller: Edith Piaf (Madeleine), Colette Brosset (Lulu), Yves Montand (Pierre), Serge Reggiani (Gaston Lansac), Mila Parely (Stella Dora), Mady Berry (Mélanie), Jules Berry, Renée Dennsy, Marcel Herrand, Paul Frankeur
Drehbuch: Marcel Blistène, André-Paul Antoine
Kamera: Paul Coteret (s/w)
Musik: Guy Luypaerts, Marguerite Monnot; Lieder: Henri Contet
Schnitt: Ginou Bretoneiche
Produktion: Pathé Cinéma, BUP, Frankreich 1946
Verleih: Schwarz-Weiß/filmladen/-
Kinostart: 6.12.1990
Länge: 88 Min.

Die Stimme eines Dienstmädchens wird für den jungen Tonfilm entdeckt und einem Stummfilmstar, der den Übergang nicht schafft, unterlegt. Der Film wird nicht zuletzt durch die Anfängerin ein großer Erfolg. Bei ihrem ersten Auftreten auf der Bühne versagt sie jedoch nervlich und sinkt in die Anonymität zurück. Inhaltlich ist der Streifen ein belangloses Melodram, technisch wegen seines Alters schon mangelhaft, so daß nur noch die Begegnung mit der früh verstorbenen

Edith Piaf in »Chanson der Liebe«.

Chansonette Edith Piaf und Yves Montand bei ihrem Leinwanddebüt von Interesse ist.

Richard Emele, multimedia

Heike Kühn in: FR, 10.12.90; Jochen Metzner in: Der Tagesspiegel, 6.12.90; Kai Niemeyer in: AZ, 20.12.90; Beate Ostermann in: tip, 25/90; H. G. Pflaum in: SZ, 22.12.90

Der Chaoten-Cop 154

HEART CONDITION ***

Regie: James D. Parriott
Darsteller: Bob Hoskins (Jack Moony), Denzel Washington (Napoleon Stone), Chloe Webb (Crystal Gerrity), Roger E. Mosley (Capt. Wendt), Janet DuBois (Mrs. Stone), Alan Rachins (Dr. Posner), Ray Baker, Jeffrey Meek, Kieran Mulroney
Drehbuch: James D. Parriott
Kamera: Arthur Albert (Deluxe Color)
Musik: Patrick Leonard
Schnitt: David Finter
Produktion: Steve Tisch für New Line Cinema, USA 1989
Verleih: Delta/-/Rialto/RCA-Columbia Video
UA: 12.1.1990, Palm Springs Festival
Kinostart: 5.7.1990
FSK: ab 12, ffr.
Länge: 95 Min.

Der Film erzählt die verrückte Geschichte von einem rassistischen weißen Bullen, der bei einer Transplantation das Herz eines Schwarzen eingepflanzt bekommt und fortan mit dem Geist des Vorbesitzers leben und arbeiten muß. Eine lahme Action-Komödie mit einem hirnrissigen Happy-End im Kreise einer gemischtrassigen Familie. *Ralph Umard, tip*

Daniel Brunner in: FAZ, 7.7.90; Jochen Metzner in: Der Tagesspiegel, 5.7.90

Charlie – Alle Hunde kommen in den Himmel 155

ALL DOGS GO TO HEAVEN ***

Regie: Don Bluth; Co-R: Gary Goldman, Dan Kuenster
Drehbuch: David N. Weiss, nach einer Story von Don Bluth, Ken Cromar, Gary Goldman, Larry Leker, Linda Miller, Monica Parker u.a.
Kamera: Ciaran Morris, Jim Mann (Animation, supervisors) (Technicolor)
Musik: Ralph Burns; Songs: Charles Strouse, T.J. Kuenster
Schnitt: John K. Carr
Produktion: Don Bluth, Gary Goldman, John Pomeroy für Sullivan Bluth Studios, Irland 1989
Verleih: Jugendfilm/Constantin/Rialto-Film/VPS Video
Kinostart: 29.3.1990
FSK: o.A., ffr.
Länge: 85 Min.

Ein schlitzohriger Schäferhund entführt seinem Ex-Partner, einem durchtriebenen Pitbull, ein kleines Waisenmädchen, das – weil es mit Tieren reden kann – ihm zu großen Wettgewinnen verholfen hat. Trotz fantastischer Einschübe und einiger Songs vorwiegend actiongeladener und von stark vermenschlichten Hundecharakteren bevölkerter Zeichentrickfilm, dem eine Gangsterstory aus den dreißiger Jahren zugrunde liegt.

Horst Stadler, multimedia

Fritz Göttler in: SZ, 3.4.90; Jürgen Richter in: FAZ, 31.3.90; Rolf Selas in: Rheinische Post, 30.3.90; Helmut Schmitz in: FR, 31.3.90

Chefarzt Dr. Welby 156

THE RETURN OF MARCUS WELBY, M.D. **

TV

Regie: Alexander Singer
Darsteller: Robert Young (Dr. Marcus Welby), Darren McGavin

Drehbuch: John McGreevey, Michael Braverman, nach einer Story von John McGreevey
Kamera: Edward R. Plante (Farbe)
Musik: Leonard Rosenman
Schnitt: Michael J. Lynch
Produktion: Dennis E. Doty für Marstar Prod./Universal Television, USA 1984
UA: 16.5.1984, ABC
Sendetermin: 27.10.1990, ZDF, 20.15 Uhr
Länge: 90 Min.

Pilotfilm einer geplanten, jedoch nie verwirklichten TV-Serie um die späten Jahre des Dr. Marcus Welby.

(...) Über die Arbeit des Regisseurs Alexander Singer läßt sich wenig sagen. Auf dem Weg zum Film ohne Eigenschaften liegen die Amerikaner weit an der Spitze; »Chefarzt Dr. Welby« reiht sich nahtlos ein in die Reihe genormter Industrieprodukte: so aufregend wie die Produkte aus der Schnellimbißstube, die hier ein junges Paar beim Rendezvous verspeist.

Stephan Pieroth, Die Rheinpfalz

Chicago Joe und das Showgirl 157

CHICAGO JOE AND THE SHOWGIRL **

Regie: Bernard Rose
Darsteller: Emily Lloyd (Georgina Grayson), Kiefer Sutherland (Rick Allen), Patsy Kensit (Joyce Cook), Keith Allen (Lenny Bexley), Liz Fraser (Mrs. Evans), Alexandra Pigg (Violet), Ralph Nossek (Inspektor Tansil), Colin Bruce (Robert de Mott), Roger Ashton-Griffiths (Inspektor Tarr), Harry Fowler (Morry), John Junkin
Drehbuch: David Yallop
Kamera: Mike Southon (Technicolor)
Musik: Hans Zimmer, Shirley Walker
Schnitt: Dan Rae
Produktion: Tim Bevan für Polygram/Working Title Prod. mit BSB, GB 1990
Verleih: Concorde/-/-/Concorde Video
Kinostart: 30.8.1990
FSK: ab 16, ffr. – *FBW:* Wertvoll
Länge: 103 Min.

Der Film handelt von dem 18jährigen Tanzgirl Georgina und dem 22jährigen amerikanischen Soldaten Rick im Oktober 1944 in London. Nachts werden sie zu aggressiven Hyänen, deren zerstörerische Lust nur noch durch einen Mord zu steigern ist. Der auf einer wahren Geschichte basierende Film wird dank der beiden großartigen Hauptdarsteller zu einem düsteren Psychogramm. *Hans-Ulrich Pönack, tip*

Peter Körte in: FR, 30.8.90; Andreas Obst in: FAZ, 1.9.90; Dieter Sattler in: Neue Presse, 30.8.90; Anke Sterneborg in: Der Tagesspiegel, 1.9.90

China Lake 158

CHINA LAKE ****

Regie: Dieter Weihl
Darsteller: L.A. Davis (Edmond Wodzinski), Joe Toppe (Scooter Wodzinski), Amielia Richer-Hart (Laura Wodzinski), Sandi Stutz (Tante Edna), Richard Edson (Connie Veesk), Veltha E. Race (Angie), Bob Bumgarner (Clyde), Red Cahoon
Drehbuch: Dieter Weihl
Kamera: Jasper Marquardt (Farbe)
Musik: Norbert Stachel, Patricia Weiss; Dieter Weihl (Supervision)
Schnitt: Christoph Schmid-Maybach
Produktion: Dieter Weihl, Ruth Johnson für American Independent Feature/Cairo Cinemafilms, USA 1989
Verleih: Europolis/-/-
EA: Int. Filmwoche Mannheim 1989
Kinostart: 16.8.1990
Länge: 94 Min.
Original mit Untertitel;
Max-Ophüls-Preis Saarbrücken, 1990; Großer Preis der Int. Filmwoche Mannheim 1989

Der Film erzählt die Geschichte eines seltsamen Familientreffens in der Wüste von Nevada. Die Geschwister Scooter und Laura, die sich zuletzt als Kinder gesehen haben, brechen zusammen aus der Spießigkeit ihrer Umgebung aus. Ein unabhängig und low budget produzierter Debütfilm.

Achim Forst, tip

Michael Althen in: SZ, 16.11.90; Jochen Metzner in: Der Tagesspiegel, 30.8.90; Jochen Richter in: FAZ, 1.10.90; Rüdiger Schmitz-Normann in: FR, 28.9.90

China O'Brien 159

CHINA O'BRIEN **

Video

Regie: Robert Clouse
Darsteller: Cynthia Rothrock (Cynthia O'Brien), Richard Norton (Matt Conroy), Keith Cooke (Dakota), David Blackwell

(Sheriff O'Brien), Steven Kerby (Sommers)
Kamera: Kent Wakeford (Farbe)
Musik: David Wheatley
Schnitt: Mark Harrah
Produktion: Fred Weintraub für Action Films, USA 1990
Verleih: -/-/-/New Vision Video
Videostart: 3.12.1990
FSK: ab 16 J.
Länge: 90 (85) Min.

Entlassene Polizistin kehrt in ihre Heimatstadt zurück und bricht zusammen mit zwei Freunden den Terror des allmächtigen Barbesitzers.

Chouans! Revolution und Leidenschaft 160

CHOUANS! ****

Video

Regie: Philippe de Broca
Darsteller: Philippe Noiret (Savinien de Kerfadec), Sophie Marceau (Céline), Lambert Wilson (Tarquin), Stéphane Freiss (Aurele), Jean-Pierre Cassel (Baron de Tiffauges), Charlotte de Turkheim (Olympe), Raoul Billery (Grospierre), Maxime Leroux (Priester)
Drehbuch: Philippe de Broca, Daniel Boulanger, Jérôme Tonnerre
Kamera: Bernard Zitzermann (Eastmancolor)
Musik: Georges Delerue
Schnitt: Henri Lanoë
Produktion: Daniel Deschamps, Maurice Illouz für Partner's Prod./Films A2/ Canal Plus, Frankreich 1988
Verleih: -/-/-/RCA-Columbia Video
Videostart: 15.5.1990
FSK: ab 16 J.
Länge: 146 Min.

Großes französisches Revolutionsepos und aufwendiges Zeitgemälde, das – ähnlich Bertoluccis »1900« – das Schicksal zweier Freunde verfolgt, die durch die politischen Wirren zu Feinden werden. Eine hochkarätige Videopremiere. *VideoWoche*

The Church 161

LA CHIESA **

Video

Regie: Michele Soavi
Darsteller: Tomas Arana, Feodor Chaliapin, Hugh Quarshie, Barbara Cupisti, Antonella Vitale, Asia Argento, Micaela Pignatelli, Lars Butin Jorgensen, Giovanni Lombardo Radice, Roberto Corbiletto
Drehbuch: Dario Argento, Franco Ferrini
Kamera: Renato Tafuri (Farbe)
Musik: Keith Emerson
Schnitt: Franco Fraticelli
Produktion: Dario Argento für ADC Film/ Cecchi Gori Group/Tiger Cinematografica/Reteitalia, Italien 1989
Verleih: -/-/-/New Vision Video
Videostart: 13.8.1990
FSK: nicht unter 18 J.
Länge: 110 (90) Min.

In einer alten Kirche, die auf einem mittelalterlichen Massengrab errichtet wurde, sieht sich eine Handvoll eingeschlossener Besucher mit den Mächten des Bösen konfrontiert. Argento-Protegé Soavi müht sich mit wechselhaftem Erfolg, den barocken Farbenspielen und blutigen Handlungen seines Mentors nachzueifern.

Clean and Sober 162

CLEAN AND SOBER ***

Regie: Glenn Gordon Caron
Darsteller: Michael Keaton (Daryl Poynter), Kathy Baker (Charlie Standers), Morgan Freeman (Craig), M. Emmet Walsh (Richard), Brian Benben (Martin), Luca Bercovici (Lenny), Tate Donovan (Donald), Henry Judd Baker, Claudia Christian, J. David Krassner, Dakin Matthews, Mary Catherine Martin
Drehbuch: Tod Carroll
Kamera: Jan Kiesser (Technicolor)
Musik: Gabriel Yared
Schnitt: Richard Chew
Produktion: Tony Ganz, Deborah Blum für Warner Bros., USA 1988
Verleih: Warner Bros./-/-/Warner Home Video, Titel: Süchtig
Kinostart: 28.6.1990
FSK: ab 12, ffr.
Länge: 124 Min.

Entzug in Hollywood: als Daryl Poynter in einer Klinik untertaucht, hat er nichts weniger vor als Drogenentzug, weil er nichts weniger denkt, als drogensüchtig zu sein. So beginnt eines Widerspenstigen Zähmung. Im Pendel von Wärme und Härte, von Gewinn und Verlust, von Erfolg und Niederlage, von Zuckerbrot und Peitsche vollzieht sich ein in allen Punkten exemplarisches, also immer unwirkliches Drogenschicksal. Ein betulich langer erster Film von Glenn Gordon Caron, in dem wenige Momente filmischer Wahrheit aus den Gesichtern von Morgan Freeman, M. Emmet Walsh und Kathy Baker kommen.

Anke Sterneborg, Der Tagesspiegel

Cleo/Leo 163

CLEO/LEO *

Video

Regie: Chuck Vincent
Darsteller: Jane Hamilton (Cleo Clock), Scott Baker (Leo Blockman), Alan Naggar (Marvin Blockman), Ginger Lynn Allen (Karen), Kevin Thomsen (Bob Miller), Ruth Collins (Sally), Frank Stewart, Jennifer Delora
Drehbuch: Chuck Vincent
Kamera: Larry Revene (Farbe)
Musik: Joey Mennonna
Schnitt: Chuck Vincent
Produktion: Chuck Vincent für Platinum Pictures/DB Films, USA 1989
Verleih: -/-/-/Summit Video
Videostart: 16.8.1990
FSK: ab 16 J.
Länge: 94 Min.

Ertränkter Chauvi steht als Frau wieder auf und macht sich im neuen Körper daran, seinem Bruder die Herrschaft über die Firma abzuluchsen. Später Nachzieher zur Körpertauschwelle, gesehen aus dem Blickwinkel des ehemaligen Pornofilmers Chuck Vincent.

Clownhouse 164

CLOWNHOUSE *

Video

Regie: Victor Salva
Darsteller: Nathan Forrest Winters (Casey), Brian McHugh (Geoffrey), Sam Rockwell (Randy), Tree (Cheezo), Byron Weible, David C. Reinecker
Drehbuch: Victor Salva
Kamera: Robin Mortarotti (DeLuxe Color)
Musik: Michael Becker, Thomas Richardson
Schnitt: Roy Anthony Cox, Sabrina Plisco-Morris
Produktion: Michael Danty, Robin Mortarotti, Victor Salva für Commercial Pictures, USA 1989
Verleih: -/-/-/RCA-Columbia Video
Videostart: 4.12.1990
FSK: nicht unter 18 J.
Länge: 84 Min.

Drei als Clowns verkleidete Irre machen sich auf die Hatz nach drei Brüdern. Der Slasher-Film der frühen Achtziger ist zwar noch nicht tot, aber er riecht schon ziemlich streng.

Der Club der toten Dichter 165

DEAD POETS SOCIETY ****

Regie: Peter Weir
Darsteller: Robin Williams (John Keating), Robert Sean Leonard (Neil Perry), Ethan Hawke (Todd Anderson), Josh Charles (Knox Overstreet), Gale Hansen (Charlie Dalton), Dylan Kussman (Richard Cameron), Allelon Ruggiero (Steven Meeks), James Waterston (Gerard Pitts), Norman Lloyd (Mr. Nolan), Kurtwood Smith (Mr. Perry), Carla Belver, Leon Pownall, George Martin, Joe Aufiery, Matt Carey, Kevin Cooney
Drehbuch: Tom Schulman
Kamera: John Seale (Metrocolor)
Musik: Maurice Jarre
Schnitt: William Anderson
Produktion: Steven Haft, Paul Junger Witt, Tony Thomas für Touchstone mit Silverscreen Partners IV und Steven Haft Prod., USA 1989
Verleih: Warner Bros./dto./dto./Buena Vista Home Video
Kinostart: 25.1.1990
FSK: ab 12, ffr. – *FBW:* Wertvoll
Länge: 128 Min.

Ein unorthodoxer junger Lehrer weckt die Schüler eines konservativ strengen Colleges zur Selbsterkenntnis und zur Verwirklichung der eigenen Identität. Poesie wird dabei zum Sinnbild geistiger Freiheit. Der Regisseur Peter Weir findet für die bewegende Story faszinierende filmische Bilder. Ein in Thema und Machart gleichermaßen beachtlicher Film, in dem sich Humor, jugendliche Abenteuerlust, Tragik und revolutionärer Geist fast nach klassischem Maßstab die Waage halten. *multimedia*

(...) Das Buch ist zu einfältig, die Regie zu geschmackvoll-konventionell, die Atmosphäre synthetisch. Im Vergleich zu Andersons »If« von 1968 ist dies ein postmodernes Revolutiönchen. *Wolf Donner, tip*

Brigitte Desalm in: Kölner Stadt-Anzeiger, 27.1.90; Heike-Melba Fendel in: Prinz, 2/90; Rainer Nolden in: Die Welt, 25.1.90; Carla Rhode in: Der Tagesspiegel, 25.1.90; Harry Rowohlt in: Die Zeit, 2.2.90; Claudia Schülke in: FAZ, 27.1.90; Claudius Seidl in: SZ, 27.1.90; Hans Stempel in: epd Film, 2/90; Karsten Visarius in: FR, 26.1.90; Willi Winkler in: Der Spiegel, 4/90

Cobra Mission 166

COBRA MISSION 2 *

Video

Regie: Mark Davis
Produktion: Italien 1988
Verleih: -/-/-/DEG Video
Videostart: 29.1.1990
FSK: ab 16 J.
Länge: 88 Min.

Hätte ursprünglich als »Cobra Mission 2« bei IHV herauskommen sollen. Siehe »Heyne-Filmjahrbuch 1989«.

Cold Dog – Zur Hölle mit dem Himmelhund 167

COLD DOG SOUP **

Video

Regie: Alex Metter
Darsteller: Randy Quaid (Jack Cloud), Frank Whaley (Michael Latchmer), Christine Harnos (Sarah Hughes), Sheree North (Mrs. Hughes), Seymour Cassel (JoJo), Pierre Epstein (Marty), Bret Hinkley (Benny), Michael de Lorenzo (Gangführer), Nick Latour (Boker)
Drehbuch: Thomas Pope, nach dem Roman von Stephen Dobyns
Kamera: Frederick Elmes (Technicolor)
Musik: Michael Kamen
Schnitt: Kaja Fehr
Produktion: Richard E. Abramson, William E. McEuen, Thomas Pope für Handmade Films/Aspen Film Society, Australien 1989
Verleih: -/-/-/VCL-Carolco Video
Videostart: 24.10.1990
FSK: ab 12 J.
Länge: 89 Min.

Ein nächtliches Hundebegräbnis entwickelt sich für einen jungen Mann zu einer Großstadt-Odyssee, vorbei an jüdischen Gangstern, Buggy-Banden und Voodoo-Priestern. Skurriles, bisweilen arg gestrecktes, britisches Pendant zu »After Hours«.

Cold Front – Ein Killer läuft Amok 168

COLD FRONT **

Video

Regie: Allen S. Goldstein
Darsteller: Martin Sheen (John Hyde), Michael Ontkean (Derek MacKenzie), Kim Coates (Mantha), Beverly d'Angelo (Amanda), Yvan Ponton (Duchesne), Shelagh McLeod (Jeannie), Joshua Murray (Matthew), Katie Murray (Katie)
Drehbuch: Sean Allan, Stefan Arngrim
Kamera: Thomas Burstyn (Farbe)
Musik: Braun Franon, Craig Zurba
Schnitt: Martin Hunter
Produktion: Ed Richardson, Sean Allan für Beacon Group, Kanada 1989
Verleih: -/-/-/Cannon-VMP Video
Videostart: 8.10.1990
FSK: ab 16 J.
Länge: 96 Min.

Zwei Polizisten auf der Suche nach einem mysteriösen Killer finden bei ihren Ermittlungen heraus, daß sie lediglich von CIA und KGB als Handlanger mißbraucht werden sollen. Vor der naßkalten Kulisse Vancouvers gut fotografierter Agententhriller, der noch einmal mittlerweile überkommene Klischees vom heißen »Kalten Krieg« bemüht. Die Spannung des handwerklich solide gemachten Films entfaltet sich eher zögernd.

Video Woche

Cold Heat 169

COLD HEAT *

Video

Regie: Ulli Lommel
Darsteller: Britt Ekland, John Phillip Law, Robert Sacchi
Produktion: USA 1989
Verleih: -/-/-/Starlight Video
Videostart: 23.7.1990
FSK: ab 16 J.
Länge: 85 Min.

Im Auftrag einer Milliardärsgattin befreit ein Privatdetektiv den entführten Sohn aus den Händen des Vaters. Non olet oder Wie es einem ehemali-

Ein Lehrer (Robin Williams) für seine Schüler . . .

. . . und die Schüler für einen ungewöhnlichen Pädagogen in Peter Weirs »Club der toten Dichter«.

gen Fassbinder-Protegé ganz mühelos gelungen ist, alle künstlerischen Ansprüche fahren zu lassen und sich das Motto des C-Films zu eigen zu machen.

Coldfire **170**
COLDFIRE *
Video

Regie: Wings Hauser
Darsteller: Wings Hauser (Lars), Kamar Reyes (Nick), Michael Easton (Jake),

Albert Cutt (Groska), Addison Randall (Sheldon), Darcy Bemoss, Robert Viharo
Drehbuch: Joe Hart
Kamera: Richard Pepin (Farbe)
Musik: John Gonzalez
Schnitt: Paul Volk
Produktion: Richard Pepin, Joseph Merhi für Pepin-Merhi Prod., USA 1990
Verleih: -/-/-/Scala Video
Videostart: 29.3.1990
FSK: nicht unter 18 J.
Länge: 90 Min.

Zwei Undercover-Agenten entdekken, daß die neue synthetische Droge »Coldfire« aus den Labors eines scheinbar übergelaufenen Sowjet-Agenten stammt. Und weil die hartgesottenen Helden in Pepin/Merhi-Filmen keine halben Sachen machen, räumen sie nicht nur mit dem bösen Iwan, sondern auch mit dessen Handlangern von der Drogenmafia auf. Eine fürwahr recht abenteuerliche Verknüpfung alter und neuer Feindbilder.

Common Threads – Stories from the Quilt 171

****

Regie: Robert Epstein, Jeffrey Friedman
Kommentar: Dustin Hoffman
Drehbuch: Robert Epstein, Jeffrey Friedman
Kamera: Dyanna Taylor, Jenu der Segonzac (Farbe)
Musik: Bobby McFerrin
Schnitt: Robert Epstein, Deborah Hoffman
Produktion: Telling/The Couturie Co., USA 1988
Verleih: -/-/Filmcooperative
Länge: 88 Min.

Im November 1989 fand vor dem Capitol in Washington ein gewaltiges und besinnliches Trauerspiel statt: Die Fläche von zwei Häuserblocks war von Quilts bedeckt, Stoff-Panels, mit denen Angehörige ihrer AIDS-Toten gedachten. Der mit dem Oscar als bestes »Documentary Feature« ausgezeichnete Film hält die Stimmung dieser stillen politischen Aktion fest und läßt die Toten in Gesprächen mit den Angehörigen nochmals lebendig werden. *Zoom*

Condor 172

CONDOR

**

Video

Regie: Virgil W. Vogel
Darsteller: Ray Wise (Chris Proctor), Wendy Kilbourne (Lisa Hampton), Carolyn Seymour (Rachel Hawkins), Vic Polizos (Ward), James Avery (Cass), Craig Stevens (Cyrus Hampton), Shawn Michaels (Wache), Mario Roccuzzo
Drehbuch: Len Janson, Chuck Menville
Kamera: Thom Neuwirth (Farbe)
Musik: Ken Heller
Schnitt: James Gross
Produktion: Peter Nelson, Arnold Oroglini für Jaygee/Orion TV, USA 1986
Verleih: -/-/-/CBS-Fox Video
Videostart: 23.4.1990
Sendetermin: 10.8.1986, ABC
FSK: ab 12 J.
Länge: 70 Min.

Im L.A. des 21. Jahrhunderts verhindern ein Agent und eine Androidin in letzter Sekunde, daß eine Terroristin mit Hilfe des umprogrammierten Zentralcomputers die Stadt in die Luft sprengt. Ein abgelehnter Pilotfilm von der Cyborg-Stange.

Contra Conspiracy 173

CONTRA CONSPIRACY

*

Video

Regie: Tom DeWeir
Darsteller: Michael Williams, Tom Mahler, Blake Bahner, Robert Beal, Vickie Stephenson, R.J. Walker
Drehbuch: Tom DeWeir, Mark Robles, Charles T. Kanganis
Kamera: Voja Mikulic (Farbe)
Musik: John Gonzalez
Schnitt: Steve Waller
Produktion: Ronald L. Gilchrist, Richard Pepin, Joseph Merhi für City Lights, USA 1990
Verleih: -/-/-/Scala Video
Videostart: 29.10.1990
FSK: nicht unter 18 J.
Länge: 87 Min.

Actionwerk der unverdrossenen Produzenten Pepin und Merhi, die den Schauplatz ihrer B-Ware diesmal in die freie Wildbahn verlegt haben. Das in Rückblenden erzählte Gemenge um ein Filmteam in Not, Drogengeschiebe und Macho-Greenhorns im Söldnerwams scheint das Duo anläßlich eines Betriebsausflugs ihrer City Lights Company realisiert zu haben.

VideoWoche

Cookie 174

COOKIE ***

Regie: Susan Seidelman
Darsteller: Peter Falk (Dino), Dianne Wiest (Lenore), Emily Lloyd (Cookie), Michael V. Gazzo (Carmine), Brenda Vaccaro (Bunny), Adrian Pasdar (Vito), Lionel Stander (Enzo Della Testa), Jerry Lewis (Arnold Ross), Bob Gunton, Ben Rayson, Ricki Lake, Joe Mantello
Drehbuch: Nora Ephron, Alice Arlen
Kamera: Oliver Stapleton (Duart/Metrocolor)
Musik: Thomas Newman
Schnitt: Andrew Mondshein
Produktion: Laurence Mark für Lorimar Film Ent., USA 1989
Verleih: Warner Bros./Constantin/Monopole Pathé/VCL-Carolco Video
EA: Montreal Film Festival (außer Wettbewerb)
Kinostart: 17.5.1990
FSK: ab 12, ffr.
Länge: 93 Min.

Der Film läßt Peter Falk als Mafioso mit Hilfe seiner ausgekochten Tochter Cookie Rache an früheren Partnern nehmen, die ihn während seiner Haftzeit übers Ohr balbiert haben. Die Regisseurin macht keinen Hehl daraus, daß diese Geschichte nicht taufrisch ist und spielt dafür mit den formalen Mitteln, ähnlich wie Jonathan Demme in »Die Mafiosi-Braut«. *Lars-Olav Beier, tip*

Heike-Melba Fendel in: Prinz, 5/90; H.G. Pflaum in: SZ, 21.5.90; Anke Sterneborg in: Der Tagesspiegel, 17.5.90

Coq Rouge 175

TÄCKNAMN COQ ROUGE ***

Video

Regie: Pelle Berglund
Darsteller: Stellan Skarsgard (Hamilton), Lennart Hjulström (Näslund), Krister Henriksen (Fristedt), Philip Zandén (Appeltoft), Bengt Eklund (der Alte), Saim Ursay, Tuncel Kurtiz, Anette Kischinowsky, Lars Green
Drehbuch: Pelle Berglund
Kamera: Göran Nilsson (Eastmancolor)
Musik: Ulf Dageby

Regisseurin Susan Seidelman

Schnitt: Björn Gunnarsson
Produktion: Peter Hald, Hans Iveberg für Spice Film/Schwedisches Filminstitut/Sandrews/STV-2/Sonet Media, Schweden 1989
Verleih: -/-/-/Atlas Video
Videostart: 29.6.1990
FSK: ab 16 J.
Länge: 90 Min.

Ein schwedischer Geheimagent auf den Spuren eines palästinensischen Terroranschlags. Nach dem gleichnamigen Bestseller von Jan Guillou entstandener Polit-Thriller, dessen solide Machart durchaus dem Vergleich mit amerikanischen Produktionen standhält. Ungewöhnlich ist auch die Story-Variante, rechtsradikale Israelis als Täter zu präsentieren. *VideoWoche*

Crack House 176

CRACK HOUSE *

Video

Regie: Michael Fischa
Darsteller: Jim Brown (Steadman), Anthony Geary (Dockett), Richard Roundtree (Lt. Johnson), Cheryl Kay (Melissa), Gregg Gomez Thomsen (Rick), Angel Thompkins (Mutter), Clyde R. Jones (B.T.), Albert Michel jr. (Chico), Heidi Thomas (Annie), Kenneth Edwards

Drehbuch: Blake Schaefer
Kamera: Arledge Armenaki (Fotokem Color)
Musik: Michael Piccirillo
Schnitt: Claudia Finkle
Produktion: Jim Silverman für Silverman Entertainment, USA 1989
Verleih: -/-/-/Cannon-VMP Video
Videostart: 17.4.1990
FSK: nicht unter 18 J.
Länge: 90 Min.

Die Freundin eines wegen Rachemord verhafteten Bandenmitglieds landet in der Obhut eines Crack-Dealers, der sie nicht nur süchtig macht, sondern aus Geldnöten schließlich auch noch an seinen Lieferanten verscherbelt. Wohlige Schauer für die Leser der Boulevardpresse, knüppeldicke Überzeichnungen für die »No Tolerance«-Schwätzer, ein schwarzer Held und ein schwarzer Gegenspieler fürs schwarze Publikum.
Ein geradezu klassisches »exploitation movie« für jedermann.

Crazy Horse 177

CRAZY HORSE **

Video

Regie: Stephen Withrow
Darsteller: Daniel Stern (Matt), Sheila McCarthy (Kathy), Damir Andrei (Harry), Elias Koteas (Davey), Page Fletcher (Buddy), Deborah Foreman (Annie)
Drehbuch: Michael Taav
Kamera: Douglas Koch (Farbe)
Schnitt: Michael McMahon
Produktion: Nicolas Stiliadis für Duomo Films, Kanada 1989
Verleih: -/-/-/RCA-Columbia Video
Videostart: 9.1.1990
FSK: ab 16 J.
Länge: 90 Min.

Matt hat 'ne Pechsträhne. Zunächst verliert er seinen guten Job, dann auch seine Freundin Kathy. Und Kathy hat auch noch einen »Neuen«, und der ist ausgerechnet Lehrer: Im »Crazy Horse«, einem Ferienhaus, in das Kathy mit ihrem Neuen fährt, fallen Entscheidungen.
Diese kanadische Komödie hält leider nicht das Tempo, mit dem sie anfängt.

tips

Crazy Street Life 178

CHU CHU AND THE PHILLY FLASH **

Video

Regie: David Lowell Rich
Darsteller: Alan Arkin (Flash), Carol Burnett (Emily), Jack Warden (Commander), Danny Aiello (Johnson), Adam Arkin (Charlie), Danny Glover (Morgan), Sid Haig (Vince), Vincent Schiavelli (B.J.), Ruth Buzzi (Consuelo), Vito Scotti
Drehbuch: Barbara Dana
Kamera: Victor J. Kemper (DeLuxe Color)
Musik: Peter Rugolo
Schnitt: Argyle Nelson
Produktion: Jay Weston für Melvin Simon Prod., USA 1981
Verleih: -/-/-/CBS-Fox Video
Videostart: 26.2.1990
FSK: o.A.
Länge: 100 Min.

Ein Penner und eine Straßenmusikantin versuchen, aus einem zufällig gefundenen Koffer mit geheimen Regierungspapieren das Höchste herauszuschlagen. Komödie mit ansehnlicher Besetzung, in der einige amüsante Sequenzen im Gerangel um den Koffer kaum über das insgesamt schwache Drehbuch hinwegtäuschen können. *VideoWoche*

Crime Task Force 179

LIBERTY & BASH *

Video

Regie: Myrl A. Schreibman
Darsteller: Miles O'Keeffe, Lou Ferrigno, Mitzi Kapture, Richard Eden, Lynette Merry, Charles Dierkop, Cheryl Paris, Gary Conway
Drehbuch: Tina Plakinger, Myrl A. Schreibman
Kamera: Thomas F. Denove (Farbe)
Schnitt: Lee Dragui
Produktion: Doug Forsmith für Chippewa/ Chariot VII, USA 1990
Verleih: -/-/-/21st Century Video
Videostart: 30.3.1990
FSK: nicht unter 18 J.
Länge: 90 Min.

Ein schlagkräftiger Bewährungshelfer und sein Kumpan stehen einem Bekannten gegen das Drogensyndikat bei. Simpelst gestrickter Drogenkrimi mit zwei restlos untalentierten Hauptdarstellern, die den Zuschauer wehmütig an die vergleichsweise vielschichtigen Plattfuß-Filme Bud Spencers denken lassen.

Crisis 180

VITAL SIGNS **

Video

Regie: Marisa Silver
Darsteller: Adrian Pasdar (Michael Chatham), Diane Lane (Gina Wyler), Jimmy Smits (Dr. Redding), Norma Aleandro (Henrietta), Jack Gwaltney (Kenny Rose), Laura San Giacomo (Lauren Rose), Jane Adams
Drehbuch: Larry Ketron, Jeb Stuart
Kamera: John W. Lindley (Deluxe Color)
Musik: Miles Goodman
Schnitt: Robert Brown, Danford B. Greene
Produktion: Laurie Perlman, Cathleen Summers für 20th-Century Fox, USA 1990
Verleih: -/-/-/CBS-Fox Video
Videostart: 12.11.1990
FSK: ab 16 J.
Länge: 103 Min.

Eifersucht, Ehrgeiz und Intrigen unter den Assistenzärzten einer amerikanischen Klinik. Die eher hausbackene Dramaturgie überragt allerdings kaum die Spannungsbögen der heimischen Schwarzwaldklinik. *VideoWoche*

Cry Baby 181

CRY-BABY ***

Regie: John Waters
Darsteller: Johnny Depp (Cry-Baby), Amy Locane (Allison), Susan Tyrrell (Ramona), Polly Bergen (Mrs. Vernon-Williams), Iggy Pop (Belvedere), Ricki Lake (Pepper), Traci Lords (Wanda), Kim McGuire (Hatchet Face), Darren E. Burrows (Milton), Mink Stole, Patty Hearst, Troy Donahue, Joe Dallesandro, Willem Dafoe
Drehbuch: John Waters
Kamera: David Insley (Deluxe Color)
Musik: Patrick Williams (score)
Schnitt: Janice Hampton
Produktion: Rachel Talalay für Imagine Ent., USA 1990
Verleih: UIP/UIP/UIP/CIC Video
Kinostart: 28.6.1990
FSK: ab 12, nffr. – *FBW:* Wertvoll
Länge: 85 Min.

Der Verbrechersohn Cry Baby steht mit seiner singenden Proletarier-

»Cry-Baby«-Regisseur John Waters.

Gang gegen die Gruppe der Oberschicht, wird nach einer Schlägerei eingelocht, aber dann vom Richter freigelassen. Parodie auf Elemente des Jugendkultes der fünfziger Jahre, die in ihrer kruden Art weder zur Unterhaltung beiträgt noch heutige Jugendkultur spiegelt. *multimedia*

Baltimore 1945. Es gibt unter den Jungen der Stadt die Squares, die adretten Reichen, und die Drapes, sozial Benachteiligte und Unangepaßte. Dieser Gegensatz bildet die Kulisse für eine Lovestory zwischen der reichen Allison und »Cry Baby« Walker, der hoffnungsvoller Nachwuchskrimineller und Rocksänger in einem ist. John Waters Parodie auf den Jugendfilm ist streckenweise recht witzig geraten und bietet viel Gelegenheit zu nostalgischem Schwelgen. Weil aber Bezüge zur aktuellen Jugendkultur fehlen, wirkt er im ganzen doch ein wenig harmlos. *Zoom*

Michael Althen in: SZ, 1.8.90; Angie Dullinger in: AZ, 28.7.90; Gildedienst 439, Mai 90; Frauke Hanck in: Die Welt, 26.7.90; Helmut Schmitz in: FR, 26.7.90

Crystalstone 182

CRYSTALSTONE **

Video

Regie: Antonio Pelàez
Darsteller: Kamlesh Gupta (Pablo), Laura Jane Goodwin (Maria), Frank Grimes (Captain), Edward Kelsey (Hook), Sydney Bromley (Alter), Terence Bayler
Drehbuch: Antonio Pelàez
Kamera: John Stephens (Fotofilm Color)
Musik: Fernando Uribe
Schnitt: Arnold Baker
Produktion: John Williams für TMS Pictures, USA 1988
Verleih: -/-/-/Concorde Video
Videostart: 17.12.1990
FSK: ab 12 J.
Länge: 103 Min.

Mit Hilfe eines unschuldig verurteilten Seemanns machen sich drei Waisenkinder auf die Suche nach einem legendären Kristall. Abenteuerfilm für Kinder, der seine Handlung stark auf Zufälle aufbaut und die negative Figur bereits zur Hälfte des Films sterben läßt. Nicht immer können die darstellerischen Leistungen die beabsichtigte Mischung aus Pathos und Humor aufrechterhalten. *VideoWoche*

Curfew 183

CURFEW **

Video

Regie: Gary Winick
Darsteller: Kyle Richards (Stephanie Davenport), Wendell Wellman (Ray Perkins), John Putch (Bob Perkins), Jean Brooks (Megan), Frank Miller (Walter), Peter Nelson, Nori Morgan
Drehbuch: Kevin Kennedy
Kamera: Makoto Watanabe (CFI Color)
Musik: Cengiz Yaltkaya
Schnitt: Carole Kravetz
Produktion: Julie Philips für York Image, USA 1989
Verleih: -/-/-/New Vision Video
Videostart: 5.6.1990
FSK: nicht unter 18 J.
Länge: 84 Min.

US-Produktion um zwei entwischte Knackis, die mit sichtlich schmalem Budget brutalen Schauer verbreitet. Der Psychoschrecken nähert sich seinem Thema von der drangsalierten Familie, die der Gefahr nicht entfliehen kann (Vorbild: »An einem Tag wie jeder andere«), zielstrebig auf vordergründige Effekte bedacht. *VideoWoche*

Cyberspace 184

CIRCUITRY MAN *

Video

Regie: Steven Lovy
Darsteller: Jim Metzler (Danner), Vernon Wells (Plughead), Dana Wheeler-Nicholson (Lori), Lu Leonard (Juice), Barbara Alyn Woods (Yoyo), Dennis Christopher
Drehbuch: Steven Lovy, Robert Lovy
Kamera: Jamie Thompson (Fotokem Color)
Musik: Deborah Holland
Schnitt: Jonas Thaler
Produktion: Steven Reich, John Schouweiler für IRS Media, USA 1990
Verleih: -/-/-/New Vision Video
Videostart: 3.12.1990
FSK: ab 16 J.
Länge: 87 Min.

»Cyberspace«

Eine schlagkräftige Frau und ein Droide flüchten mit einer Handvoll Drogen-Chips vor einem psychopathischen Gangster, der sein Bewußtsein mit Hilfe elektronischer Hirnanschlüsse in Computer und andere Menschen projizieren kann. Ein letzter, ein filmischer Sargnagel für die ohnehin weit überschätzte Literatur-Modeerscheinung Cyberpunk.

Cy-Warrior 185

CY WARRIOR – SPECIAL COMBAT UNIT *

Video

Regie: Giannetto de Rossi, David Parker jr.
Darsteller: Frank Zagarino, Henry Silva, Sherrie Rose, Bill Hughes, Brandon Hammond, James Summers, Roy Lang
Produktion: Fulvia Film, Italien
Verleih: -/-/-/Ascot Video
Videostart: 10.12.90
Länge: 90 Min.

Ein Geschwisterpaar steht einem entronnenen Kampfroboter gegen seine schießwütigen Agentenverfolger bei. Unausgeglichener, mal ultraharter, dann wieder kitschig-sentimentaler SF-Actionfilm mit Anleihen beim »Terminator« und der aktuellen Cyberpunk-Welle. Aufgrund fehlender finanzieller Mittel sind neben der Story auch die Effekte etwas schlicht geraten. *VideoWoche*

D

Dad 186
DAD **

Regie: Gary David Goldberg
Darsteller: Jack Lemmon (Jake Tremont), Ted Danson (John Tremont), Olympia Dukakis (Bette Tremont), Kathy Baker (Annie), Kevin Spacey (Mario), Ethan Hawke (Billy), Zakes Mokae (Dr. Chad), J.T. Walsh (Dr. Santana), Peter Michael Goetz, John Apicella
Drehbuch: Gary David Goldberg, nach der gleichn. Erzählung von William Wharton
Kamera: Jan Kiesser (Deluxe Color)
Musik: James Horner
Schnitt: Eric Sears
Produktion: Joseph Stern, Gary David Goldberg für Amblin Ent. Prod., USA 1989
Verleih: UIP/UIP/UIP/CIC Video
Kinostart: 8.3.1990
FSK: ab 12, ffr. – *FBW:* Wertvoll
Länge: 117 Min.

Einer von rund einem Dutzend neuer familiärer Rührstücke aus Hollywood. Es gibt einen vertrottelten Opa, der mal senil, dann ganz aktiv und helle, dann sterbenskrank, dann wieder kreuzfidel ist und dann stirbt, seine resolute Frau, eine etwas säuerliche Matrone, seinen Sohn, ein Ausbund verwandtschaftlicher Güte und Aufopferung und viele weitere Familienmitglieder durch drei Generationen. Behauptete Gefühle, menschelnde Dialoge, mittelprächtige Darsteller, eine Konstruktion und Anforderungen an die Intelligenz wie in Vorabend-Familienserien - ein Film wie schaler Vanillepudding.

Wolf Donner, tip

Sabine Carbon in: Der Tagesspiegel, 9.3.90; Bodo Fründt in: SZ, 26.3.90; Peter Körte in: FR, 8.3.90; Claudia Werfel in: FAZ, 10.3.90

Dämmerung 187
SZÜRKÜLET ****

Regie: György Fehér
Darsteller: Péter Haumann (Polizeiinspektor), János Derzsi (K.), Gyula Pauer (Schlagzeuger), István Lénárt (Psychologe), Judit Pogány (Frau des Inspektors), Erzsike Nagy
Drehbuch: György Fehér
Kamera: Miklós Gurbán
Schnitt: Mária Czeilik
Produktion: Budapest Film-Studio/ Hungarian Television/Praesens-Film, Ungarn 1990
Verleih: -/filmladen/-
Kinostart: Okt.1990
FSK: ab 16 J. (Wien)
Länge: 105 Min.
Original mit Untertitel

Ein mit der Fahndung nach einem mysteriösen Mädchenmörder beauftragter Inspektor macht einen persönlichen Fall daraus, wird daraufhin durch seine Vorgesetzten von dem Auftrag entbunden, setzt aber seine Recherchen auf eigene Faust fort. Spröd-undurchsichtiger Kriminalfilm nach Friedrich Dürrenmatts Roman »Das Versprechen«, der mit präziser Kameraführung, langsamem Tempo und wenig Dialog auskommt.

Horst Stadler, multimedia

Dämon in Seide 188
GOD'S PAYROLL **

Video

Regie: Yuri Sivo
Darsteller: Brian Benben (Nathan Weinschenk), Debrah Farentino (Laura Rollins), Anthony Lapaglia (Vito), Anna Berger (Mrs. Weinschenk), Maggie Jakobson (Marie), Jim Harper (Malcolm Rollins), Peter Onorati (Didooch), Steven Stout (Tom Gastin)
Drehbuch: Allen Blumberg
Kamera: Bobby Bukowski (Farbe)
Musik: Simon Boswell
Schnitt: Don Harris
Produktion: Allen Blumberg für Silver Chariot, USA 1989
Verleih: -/-/-/VPS Video
Videostart: 23.8.1990
FSK: ab 16 J.
Länge: 81 Min.

Im jüdisch-italienischen Milieu angesiedelter Krimi um eine Mordserie unter den Mitgliedern der »Divine

Church«, der das Sektenunwesen aufs Korn nimmt und sein Genre in Maßen parodiert. Zu den stimmungsvollen, derzeit modernen »Neo-Schwarze-Serie«-Bildern gesellt sich der passende Fifties-Soundtrack, der den nur bedingt aufregenden Inhalt verpacken hilft. *Video Woche*

Damned River 189

DAMNED RIVER **

Video

Regie: Michael Schroeder
Darsteller: Stephen Shellen (Ray), Lisa Aliff (Anne), John Terlesky (Carl), Marc Poppel (Luke), Bradford Brancroft (Jerry), Louis van Niekerk
Drehbuch: John Crowther, Bayard Johnson
Kamera: George Tirl (Farbe)
Musik: James Wesley Stremple
Schnitt: Mark Conte
Produktion: Lance Hool für Silver Lion Films, USA 1990
Verleih: -/-/-/Ascot Video
Videostart: 12.11.1990
FSK: nicht unter 18 J.
Länge: 95 Min.

Das Grundmuster der tödlichen Bootfahrt erinnert an John Boormans Klassiker »Beim Sterben ist jeder der Erste«. Regisseur Michael Schroeder versteht es jedoch, das Thema zu variieren – während bei Boormans Film die Bedrohung von außen kommt, geht die Gefahr hier von der Gruppe selber aus – und mit reizvollen Landschaftsaufnahmen zu bereichern. *Video Woche*

Dance 190

DANCE *

Video

Regie: Robin Murray
Darsteller: Johan Renvall, Ellen Troy, Charlton Wilborn
Produktion: Robert J. Williams, USA 1989
Verleih: -/-/-/Ascot Video
Videostart: 4.6.1990
FSK: ab 12 J.
Länge: 90 Min.

Die privaten und beruflichen Nöte eines Ballettstars, dem sowohl die Freundin als auch der Solopart zu entgleiten drohen. Restlos klischeehaftes Tanzfilmchen nach Schema F.

Dancin' thru the Dark 191

DANCIN' THRU THE DARK ***

Regie: Mike Ockrent
Darsteller: Con O'Neill (Peter), Claire Hackett (Linda), Angela Clarke (Maureen), Julia Deakin (Bernadette), Mark Womack (Eddie), Simon O'Brien (Kav), Andrew Naylor (Billy), Julian Littman, Ben Murphy, Louise Duprey, Sandy Hendrickse, Peter Beckett, Petter Watts, Conrad Nelson, Collin Welland
Drehbuch: Willy Russell, nach seinem Theaterstück »Stags and Hens«
Kamera: Philip Bonham-Carter (Farbe)
Musik: Willy Russell
Schnitt: John Stothart
Produktion: Andree Molyneux, Annie Russell für BBC Film/Formost Film Prod., GB 1989
Verleih: Senator/Constantin/Monopole Pathé
Kinostart: 22.11.1990
FSK: ab 12, ffr.
Länge: 95 Min.

Eine eigenwillige Komödie mit Musik, die Adaption eines Theaterstücks und gleichzeitig ein melancholischer Liverpool-Film, der an Chris Bernards »Brief an Breschnew« anknüpft. Vor der Hochzeit ziehen Dave und Linda getrennt los, um ausgiebig die letzte Nacht der Freiheit zu genießen. Unglücklicherweise läuft Linda ihr Ex-Geliebter über den Weg. Die gesicherten Zukunftspläne geraten ins Wanken. *Achim Forst, tip*

Sabine Horst in: FR, 22.11.90; Jochen Metzner in: Der Tagesspiegel, 30.11.90; Hans-Günther Pflaum in: SZ, 17.9.90 (Venedig-Bericht); Ponkie in: AZ, 29.11.90; David Simmons in: Kölner Stadt-Anzeiger, 1.12.90

Dancing Co-Ed 192

DANCING CO-ED ***

TV

Regie: S. Sylvan Simon
Darsteller: Lana Turner (Patty Marlow), Richard Carlson (»Pug« Braddock), Artie Shaw (Artie Shaw), Ann Rutherford (Eve), Lee Bowman (Freddy Tobin), Thurston Hall (Henry S. Workman), Leon Errol (»Pops« Marlow), Roscoe Karns (Joe Drews), Mary Field

Turbulenter Junggesellinnenabschied: Mike Ockrents »Dancing thru' the Dark«.

Drehbuch: Albert Mannheimer, nach einer Story von Albert Treynor
Kamera: Alfred Gilks
Musik: Edward Ward, David Snell (Score)
Schnitt: W. Donn Hayes
Produktion: Edgar Selwyn Prod., USA 1939
Sendetermin: 4.2.1990, ARD, 15.05 Uhr
Länge: 81 Min.

Patty Marlow ist auf dem Sprung nach Hollywood. Ein cleverer Manager will die junge Tänzerin dort mit einem getürkten Wettbewerb lancieren, darum muß sie zunächst einmal in ein College eingeschmuggelt werden. Ein junger Reporter der College-Zeitung riecht den Braten und will den Schwindel platzen lassen. Als ausgerechnet er sich in Patty verliebt, hat das amüsante Folgen. *ARD*

Danny – Der Champion 193

DANNY THE CHAMPION OF THE WORLD ****

Regie: Gavin Millar
Darsteller: Jeremy Irons (William Smith), Samuel Irons (Danny Smith), Robbie Coltrane (Hazell), Cyril Cusack (Doc Spencer), Jimmy Nail (Rabbetts), William Armstrong (Springer), Lionel Jeffries (Mr. Snoddy), Ronald Pickup (Captain Lancaster), Michael Hordern (Lord Claybury), John Woodvine (Tallon), Andrew McLachlan, Jonathan Adams, James Walker, Jean Marsh, Ceri Jackson, Phil Nice
Drehbuch: John Goldsmith, nach dem Buch »Danny oder die Fasanenjagd« von Roald Dahl
Kamera: Oliver Stapleton (Farbe)
Musik: Stanley Myers
Schnitt: Peter Tanner, Angus Newton
Produktion: Eric Abraham für Portobello Film Prod. mit Thames/British Screen/ The Disney Channel/Wonderworks/ Children's Film and Television Found., GB 1989
Verleih: Metropol/Fleur/-/VPS Video
Kinostart: 18.1.1990
FSK: ab 6, ffr.
Länge: 100 Min.
FBW: Besonders wertvoll
Ausgezeichnet mit »Blauer Elefant« beim 7. Essener Kinderfilmfestival, Preis der Kinderjury

Ein etwas zu naiv-sentimentaler Kinderfilm über den erfolgreichen Kampf von Vater und Sohn gegen einen

»Danny – Der Champion« mit Vater und Sohn Irons.

Grundstücksspekulanten, der sich ihr Land aneignen will. Der in den 50er Jahren spielende Film, nach einem Buch von Roald Dahl, ist selbst für ein Märchen etwas zu unrealistisch: sogar die Polizei bekämpft den Spekulanten. *André Simonoviescz, tip*

Marli Feldvoss in: epd Film, 1/90; Elke Frick in: FR, 18.1.90; W.O.P. Kistner in: AZ, 21.1.90

Dark Angel 194

I COME IN PEACE **

Regie: Craig R. Baxley
Darsteller: Dolph Lundgren (Jack Caine), Brian Benben (Laurence Smith), Betsy Brantley (Diane Pollon), Mattias Hues (Talec), David Ackroyd (Switzer), Jim Haynie (Captain Malone), Kevin Page, Robert Prentiss, Michael J. Pollard
Drehbuch: Jonathan Taylor, Leonard Maas jr.
Kamera: Mark Irwin, Arthur R. Botham (DeLuxe Color)
Musik: Jan Hammer
Schnitt: Mark Helfrich
Produktion: Jeff Young für Vision/Damon/Saunders, USA 1990
Verleih: Ascot/Czerny/Elite/VCL Video
Videostart: 7.6.1990
FSK: ab 16, nffr.
Länge: 91 (88) Min.

Ein unkonventioneller Polizist und ein mit ihm rivalisierender FBI-Mann müssen gemeinsam einen Außerirdischen jagen, der Menschen tötet, um aus ihnen eine Droge zu gewinnen. Der mit Klischees aus zwei Genres überladene, abstrus-unglaubwürdige Reißer bietet hauptsächlich breit ausgespielte Brutalitäten und pyrotechnische Effekte. *Christl Stadler, multimedia*

Rolf Selas in: Rheinische Post, 8.6.90

The Dark Side of the Moon 195

THE DARK SIDE OF THE MOON **

Video

Regie: D.J. Webster
Darsteller: Will Bledsoe (Giles Stewart), Alan Blumenfeld (Dreyfuss Steiner), Robert Sampson (Flynn Harding), John Diehl (Philip Jennings), Wendy MacDonald (Alex McInny), Camilla

Moore (Lesli), Joe Turkel (Paxton Warner), Kenneth R. Lesco
Drehbuch: Carey W. Hayes, Chad Hayes
Kamera: Russ T. Alsobrook
Musik: Mark Ryder, Phil Davis
Schnitt: John O'Connor, Peter Teschner
Produktion: Keith Walley für Spacescore, USA 1989
Verleih: -/-/-/VPS Video
Videostart: 23.8.1990
FSK: ab 16 J.
Länge: 87 Min.

Ein böser Geist aus dem Bermuda-Dreieck, aufgelesen im Körper eines verstümmelten Astronauten, bedroht die Mannschaft eines Space Shuttle. Ein Jungfilmer-SF streng nach dem Emmerich-Prinzip: technisch zwar versiert, aber dramaturgisch total verkorkst.

Darkman 196

DARKMAN **

Regie: Sam Raimi
Darsteller: Liam Neeson (Darkman), Frances McDormand (Julie Hastings), Colin Friels (Louis Strack jr.), Larry Drake (Robert G. Durant), Nelson Mashita (Yakitito), Jesse Lawrence Ferguson (Eddie Black), Rafael H. Robledo (Rudy Guzman), Danny Hicks (Skip), Theodore Raimi (Rick), Dan Bell, Nicholas Worth, Bruce Campbell, Jenny Agutter
Drehbuch: Chuck Pfarrer, Sam Raimi, Ivan Raimi, Daniel Goldline, Joshua Goldin, nach einer Story von Sam Raimi
Kamera: Bill Pope; Peter Deming (2nd unit); Frank Holgate (Luftaufnahmen) (Deluxe Color)
Musik: Danny Elfman
Schnitt: Bud Smith, Scott Smith (supervising); David Stiven
Produktion: Robert Tapert für Darkman Prod., USA 1990
Verleih: UIP/UIP/UIP
Kinostart: 15.11.1990
FSK: ab 18, nffr.
Länge: 96 Min.

Der Film hätte eine Reminiszenz an die Universal-Horrorfilme der Dreißiger werden können, doch Sam Raimi reinigt seinen Film recht schnell von Furcht und Mitleid. Ein Wissenschaftler, der von Verbrechern bis zur Unkenntlichkeit entstellt worden ist, wird zum ersten Probanden seiner synthetischen Haut. Nun kann er sich morgens das passende Gesicht zur Krawatte aussuchen. Das völlig verstümmelte Drehbuch rettet aber keiner mehr. *Lars-Olav Beier, tip*

Bodo Fründt in: SZ, 22.11.90; Sabine Horst in: FR, 16.11.90; Simone Mahrenholz in: Der Tagesspiegel, 15.11.90; Jürgen Richter in: FAZ, 16.11.90

Dark-Society 197

SOCIETY **

Video

Regie: Brian Yuzna
Darsteller: Billy Warlock (Bill Whitney), Devin Devasquez (Clarissa), Evan Richards, Ben Meyerson, Charles Lucia, Connie Danese, Patrice Jennings, Ben Slack, David Wiley, Heidi Holm
Drehbuch: Woody Keith, Rick Fry
Kamera: Rick Fichter
Musik: Mark Ryder
Schnitt: Peter Teschner
Produktion: Keith Walley für Wild Street Pictures, USA 1989
Verleih: -/-/-/Empire Video
Videostart: 31.1.1990
FSK: nicht unter 18 J.
Länge: 99 Min.

Nach zahlreichen unerklärlichen Ereignissen findet ein Teenager während einer surrealen Orgie heraus, daß seine reichen Stiefeltern in Wahrheit Mitglieder eines Bundes perverser Ungeheuer sind. Extrem prätentiöser Horrorfilm, der sich mit einer Verknüpfung von Hardcore-Elementen, alltäglicher Paranoia und überspannten Trickeffekten an der Entlarvung des Monsters im reichen Snob versucht. Zu mehr als einem schrillen Kultobjekt für hartgesottene Gore-Freaks hat es jedoch nicht gereicht.

David und Sandy 198

DAWID I SANDY ***

Regie: Wieslaw Zieba, Zbigniew Stanislawski
Drehbuch: Jerzy Maciej Siatkiewicz, Wieslaw Zieba, Zbigniew Stanislawski, Piotr Malinowski, Robert Pawlicki, Ewaryst Izewski, Jerzy Kurczak, Wojciech Trzópek
Kamera: Jan Maciej Ptasinski (Farbe)

Musik: Seweryn Krajewski
Schnitt: Hanna Michalewicz
Produktion: Zofia Karska, Teresa Kowal, Jolanta Konwinska für Polfrakt/Miniature Film Studios Warsaw, Polen 1988
Verleih: Progreß/-/-
UA: 1.6.1988
Kinostart: 12.10.1990
Länge: 78 Min.

Eine Tierfängerin treibt ihr Unwesen im Urwald. Noch gefährlicher aber ist deren Boss, der es auf verborgene Schätze der Vergangenheit abgesehen hat. David und seine Freunde, der kleine Adler Sandy und das Hündchen Pips, müssen allerhand Abenteuer bestehen, um erfolgreich gegen die Eindringlinge zu kämpfen. Mut und Geschicklichkeit sowie die Hilfe kleiner außerirdischer Wesen führen schließlich zum guten Ausgang. Im Stile der Disney-Produktion haben die Regisseure einen phantasievollen Film für das jüngste Kinopublikum geschaffen. *Kino DDR*

Dead Bang – Kurzer Prozeß 199

DEAD BANG ***

Regie: John Frankenheimer
Darsteller: Don Johnson (Jerry Beck), Penelope Ann Miller (Linda), William Forsythe (Arthur Kressler), Bob Balaban (Elliot Webly), Frank Military (Bobby Burns), Tate Donovan (John Burns), Tim Reid (Chief Dixon)
Drehbuch: Robert Foster
Kamera: Gerry Fisher (Alpha Cine/Metrocolor)
Musik: Gary Chang; Michael Kamen
Schnitt: Robert F. Shugrue
Produktion: Steve Roth für Steve Roth Prod., USA 1989
Verleih: Scotia/Constantin/-/VCL/Virgin Video
Kinostart: 15.3.1990
FSK: ab 16, ffr.
Länge: 102 Min.

Ein Polizeidetektiv verfolgt einen neonazistischen Mörder von Los Angeles nach Colorado. John Frankenheimer vermag der unoriginellen Story zusätzliche Reize abzugewinnen, indem er der Hauptfigur Profil verleiht. Auch die Actionszenen unterscheiden sich in ihrer Machart von der mechanischen Routine heutiger Durchschnittsproduktionen.

multimedia

Michael Althen in: Die Zeit, 23.3.90; Lars-Olav Beier in: tip, 5/90; Fritz Göttler in: SZ, 20.3.90

Dead Pit 200

THE DEAD PIT *

Video

Regie: Brett Leonard
Darsteller: Jeremy Slate (Dr. Gerald Swan), Steffen Gregory Foster (Christian Myers), Danny Gochnauer (Dr. Colin Ramzi), Cheryl Lawson (Jane Doe)
Drehbuch: Brett Leonard
Kamera: Marty Collins (Monaco Color)
Musik: Dan Wyman
Schnitt: Brett Leonard
Produktion: Gimel Everett für Cornerstone, USA 1989
Verleih: -/-/-/Splendid Video
Videostart: 12.11.1990
FSK: nicht unter 18 J.
Länge: 92 Min.

Die Hypnotherapie einer unter Amnesie leidenden Frau setzt den Geist ihres psychopathischen Vaters frei, der fortan seine früheren Patienten als Zombies durch die Heilanstalt spuken läßt, bis ihm ein Tank voll Weihwasser den Garaus macht. Morbider Zitatenmix aus der Billigkiste.

Deadly Cabaret 201

EXQUISITE CORPSES **

Video

Regie: Temistocles Lopez
Darsteller: Zoë Tamerlaine Lund (Belinda), Gary Knox (Tim), Daniel Chapman (Joe), Ruth Collins (Sue), Frank Roccio (Lou), Chuck Perley (Pat), Lucy Re (Ginny), David Ilku (Rocksänger), Robert Lund (Clubbesitzer)
Drehbuch: Temistocles Lopez
Kamera: Steve McNutt (Studiolab Color)
Musik: Gary Knox
Schnitt: John Murray
Produktion: Temistocles Lopez für Upfront Films, USA 1988
Verleih: -/-/-/Focus Video
Videostart: 5.12.1990
FSK: nicht unter 18 J.
Länge: 99 Min.

Ein Junge vom Land macht dank eines homosexuellen Agenten Karriere in New York, verstrickt sich nach einer nächtlichen Verführung jedoch in ein Mordkomplott. Thrillerkomödie nach bewährtem Strickmuster, die sich - wie jeder selbsterklärte Kultfilm - zu häufig an der eigenen Dekadenz berauscht.

Deadly Games 202

3615 - CODE PÈRE NOËL ***

Video

Regie: René Manzor
Darsteller: Brigitte Fossey (Julie), Louis Ducreux (Opa), Alain Musy (Thomas), Patrick Floersheim (Weihnachtsmann), François-Eric Gendron (Roland)
Drehbuch: René Manzor
Kamera: Michel Gaffier (Farbe)
Musik: Jean-Felix Lalanne
Schnitt: Christine Pansu
Produktion: Jungle Prods. für LM/Deal/ Garance, F 1989
Verleih: -/-/-/Atlas Video
Videostart: 19.11.1990
FSK: ab 16 J.
Länge: 87 Min.

Der Sohn einer Kaufhausbesitzerin liefert sich ein Hi-Tech-Duell mit dem als Weihnachtsmann verkleidet ins Haus eingedrungenen Psychopathen. »Shining« und »Stirb langsam« lassen grüßen. *Video Woche*

Deadly Illusion 203

DEADLY ILLUSION **

Video

Regie: William Tannen, Larry Cohen
Darsteller: Billy Dee Williams (Hamberger), Vanity (Rina), Morgan Fairchild (Jane/ Sharon), John Beck (Alex Burton), Joe Cortese (Detective Lefferts), Dennis Hallahan (Fake Burton), Jenny Cornuelle (Gloria Reid), Michael Wilding jr. (Costillion), Allison Woodward (Nancy Costillion), Joe Spinell (Bewaffneter)
Drehbuch: Larry Cohen
Kamera: Daniel Pearl (DeLuxe Color)
Musik: Patrick Gleeson
Schnitt: Steve Mirkovich, Ronald Spang
Produktion: Irwin Meyer für Pound Ridge Films, USA 1987
Verleih: -/-/-/Vestron Video
Videostart: 28.5.1990
FSK: ab 6 J.
Länge: 87 Min.

Die Ermordung einer Geschäftsfrau bringt einen Detective auf die Spur eines Drogenrings, der die Models einer Agentur als Kuriere einsetzt. Schießwütige Krimischablone, die allenfalls durch Larry Cohens eigentümlichen Humor bisweilen interessant wird.

Deadly Vacation 204

PUNK VACATION *

Video

Regie: Stanley Lewis
Darsteller: Sandra Bogan, Stephen Falchi, Roxanne Rodgers, Don Martin, Louis Waldon, Patrick Reynolds, Robert Garrison, Kevin Lewis
Drehbuch: Lance Smith, Harvey Rickelson
Kamera: Daryn Okada (Farbe)
Musik: Ross Vanelli, Ed Grenga
Schnitt: Dan Cogan
Produktion: Stephen Fusci, USA 1987
Verleih: -/-/-/Summit Video
Videostart: 17.4.1990
FSK: nicht unter 18 J.
Länge: 88 Min.

Höllenengel-Punks sorgen als Rebellen ohne jeden Grund für Jagdszenen in den Südstaaten. US-Gang-Action auf dem Lande, die sich mangels Budget und damit verbundener Perfektion auf weniger aufwendige Einfälle verlassen muß. *Video Woche*

Death Doll – Killerpuppe 205

DEATH DOLL *

Video

Regie: William Mims
Darsteller: Andrea Walters, William Dance, Jennifer Davis
Produktion: Esquire Films, USA 1990
Verleih: -/-/-/New Vision Video
Videostart: 7.5.1990
FSK: nicht unter 18 J.
Länge: 82 Min.

Eine Killer-Puppe geht um und jagt einer Hochschwangeren großen Schrecken ein. Das Ganze nimmt seinen unheilvollen Lauf bei einem Wahrsagermünzautomat. Fürchterliches wird hierbei einem jungen Ehepaar prophezeit, und es bleibt nicht bei bloßen Wahrsagungen... Bietet mit altbekannten Effekten oberflächliche Spannung und letztendlich eine »Na ja«-Aufklärung. *tip*

Death Force 206

DEATH FORCE *

Video

Regie: Frans Nel
Darsteller: John Barrett, Robin Smith, Kryska Witkowska
Drehbuch: Emil Kolbe
Produktion: Anant Singh für Niche Investment/Distant, USA 1988
Verleih: -/-/-/UFA Video
Videostart: 10.9.1990
FSK: ab 12 J.
Länge: 78 Min.

Als eine Taschendiebin einem Killer den Mordauftrag für einen Pferderennbahn-Besitzer aus der Tasche stiehlt, muß sie sich notgedrungen an einen Privatdetektiv wenden. Mäßiger Krimi, schwach inszeniert und mit eher hölzernen Schauspielerleistungen. *VideoWoche*

Death Lord 207

THE REVENGE OF AL CAPONE **

Video

Regie: Michael Pressman
Darsteller: Ray Sharkey (Al Capone), Keith Carradine (Michael Rourke), Jayne Atkinson (Elizabeth Rourke), Debrah Farentino (Jennie), Charles Haid (Alex Connors), Jordan Charney (J. Edgar Hoover), Scott Paulin (Ness), Charles Hallahan (Muldowney), James Handy
Drehbuch: Tracy Keenan Wynn
Kamera: Tim Suhrstedt (Farbe)
Musik: Craig Safan
Schnitt: Jeff Friedman
Produktion: Vicki Niemi-Gordon für River City/Unity, USA 1989
Verleih: -/-/-/Virgin Video
Videostart: 26.2.1990
Sendetermin: 26.2.1989, NBC
FSK: nicht unter 18 J.
Länge: 93 Min.

Der Film beginnt dort, wo »The Untouchables« aufhört. Dort war Elliot Ness der absolute Held, hier ist er die negative Figur. Das eigentliche Unschädlichmachen Capones erledigt der FBI-Agent Michael Rourke. Die Atmosphäre kommt nicht so gut

»Death Lord«

rüber, und auch dramaturgisch kann dieser Gangsterstreifen mit Brian de Palmas Film nicht mithalten. *tip*

Death on Safari 208

TEN LITTLE INDIANS **

Video

Regie: Alan Birkinshaw
Darsteller: Donald Pleasence (Justice Wargrave), Frank Stallone (Captain Lombard), Sarah Maur Thorp (Vera Claythorne), Herbert Lom (Romensky), Brenda Vaccaro (Marion Marshall), Warren Berlinger (Blore), Yehuda Efroni (Dr. Hans Werner), Paul Smith (Elmo Rodgers), Moira Lister (Ethel Rodgers)
Drehbuch: Jackson Hunsicker, Gerry O'Hara, nach dem gleichn. Roman von Agatha Christie
Kamera: Arthur Lavia (Rank Color)
Musik: George C. Clinton
Schnitt: Penelope Shaw
Produktion: Harry Alan Towers für Breton Films, USA 1989
Verleih: -/-/-/Cannon-VMP Video
Videostart: 5.3.1990
FSK: ab 16 J.
Länge: 98 Min.

Neuverfilmung des Agatha Christie-Romans »Zehn kleine Negerlein«, diesmal anläßlich einer Safari im afrikanischen Busch der Dreißiger. Harry Allan Towers' dritter (!) Versuch an der vertrauten Geschichte ist zugleich sein schlechtester.

Death Town 209

ZONE ROUGE **

Video

Regie: Robert Enrico
Darsteller: Sabine Azéma (Claire Rousset), Richard Anconina (Jeff Montellier), Hélène Surgère (Claires Mutter), Jacques Nolot (Pierre Rousset), Dominique Reymond (Nathalie Cheylard), Pierre Frejek, Thierry Rode, Jean Reno, Bernard Freyd, Jean-Pierre Bagot
Drehbuch: Robert Enrico, Alain Scoff, nach dem Roman von G.J. Arnaud
Kamera: Didier Tarot (Fujicolor)
Musik: Gabriel Yared
Schnitt: Patricia Neny
Produktion: Jean Bolvary für Revcom/ TFI Films, Frankreich 1986
Verleih: -/-/-/Neue Atlas Medien Video
Videostart: 28.9.1990
FSK: ab 12 J.
Länge: 114 Min.

Eine Frau und ein Versicherungsagent argwöhnen, daß die Brandkatastrophe in einem kleinen Dorf in Wahrheit nur angestiftet wurde, um von einer Vergiftung des örtlichen Trinkwassers abzulenken. Französischer Öko-Thriller, in dem sich das ach so probate Umweltbewußtsein in schöner Regelmäßigkeit vor die arg konstruierte Story stellt.

Deathstalker III 210

DEATHSTALKER AND THE WARRIORS FROM HELL *

Video

Regie: Alfonso Corona
Darsteller: John Allen Nelson (Deathstalker), Carla Herd (Carissa/Elezena), Terri Treas (Camisarde), Thom Christopher (Troxartes), Aaron Hernan (Nicias), Roger Cudney (Inares), Agustin Salvat (Makut), Claudia Inchaurregui (Marinda)
Drehbuch: Howard R. Cohen
Kamera: Xavier Cruz (Farbe)
Musik: Israel Torres
Produktion: Alfonso Corona für Triana Films, USA/Mexiko 1989
Verleih: -/-/-/Lightning Video
Videostart: 30.7.1990
FSK: ab 16 J.
Länge: 86 Min.

Ein Abenteurer und eine Prinzessin kämpfen mit einem bösen Zauberer um den Besitz dreier Juwelen, mit denen sich eine Armee aus Toten heraufbeschwören läßt. In billiges Halbdunkel getauchte, eher unfreiwillig komische Fantasy-Plotte.

Deep Secret – Gefahr in der Tiefe 211

BLÜCHER ***

Video

Regie: Oddvar Bull Tuhus
Darsteller: Helge Jordal (Vidar Vestheim), Hege Schöyen (Linda Welder), Frank Krog (Bernt Berg), Finn Kvalem (Leif Welder), Jack Fjeldstad (Olaf Böe), Reidar Sörensen, Mike Sean Right, Björn Floberg
Drehbuch: Oddvar Bull Tuhus, Sverre Arness
Kamera: Harald Paalgard (Eastmancolor)
Musik: Lillebjörn Nilsen, Arild Andersen
Schnitt: Malte Wadman
Produktion: Elin Erichsen für Norsk Film, Norwegen 1988
Verleih: -/-/-/Atlas Video
Videostart: 28.8.1990
FSK: ab 16 J.
Länge: 91 Min.

Skandinavischer Politthriller, der sich eindrucksvoll der Verquickung von Wirtschaft und Macht in der Gegenwart und verbrecherischer Kollaboration während der Kriegszeit widmet. Regisseur Tuhus jagt seine Akteure durch einen zeitweise beklemmenden Alptraum von Korruption und Bedrohung, der sich nach qualitativem Standard nicht vor vergleichbaren US-Produktionen verstecken muß.

Video Woche

Deep Space 212

DEEP SPACE *

Video

Regie: Fred Olen Ray
Darsteller: Charles Napier (Det. Macliamor), Ann Turkel (Carla Sanborn), Bo Svenson (Capt. Robertson), Ron Glass (Jerry), Julie Newmar (Elaine Wentworth), James Booth (Dr. Forsyth), Norman Burton (General Randolph), Anthony Eisley (Dr. Rogers), Michael Forest (Hawkins), Peter Palmer, Elisabeth Brooks
Drehbuch: Fred Olen Ray, T.L. Lankford
Kamera: Gary Graver (Fotokem Color)
Musik: Robert O. Ragland, Alan Oldfield
Schnitt: Nathan Zahavi, Bruce Stubblefield
Produktion: Alan Amiel für Trans World Entertainment, USA 1988

Verleih: -/-/-/Empire Video
Videostart: 28.2.1990
FSK: nicht unter 18 J.
Länge: 90 Min.

Zwei Cops aus Los Angeles begeben sich auf die Spur eines schleimigen, im Rahmen eines mißglückten Militärexperiments entstandenen Weltraumungeheuers. Impressionen eines Billigfilmers nach dem »Aliens«-Besuch.

Defector: Karate-Kickboxer 213

THE DEFECTOR *

Video

Regie: Billy Tang
Darsteller: Jet Lee (Jimmy Lee), Stephen Chiau, Tom Spindza, Marc Williams, Nina Lychee
Drehbuch: James Yuen, Sally Nichols
Produktion: Grand March Movie Prod., Hongkong/USA 1989
Verleih: -/-/-/Summit Video
Videostart: 13.12.1990
FSK: nicht unter 18 J.
Länge: 90 Min.

In San Francisco tritt ein Karateka zum Showdown mit seinem ehemaligen Freund an, der inzwischen in der Drogenmafia aufgestiegen ist und bei einem Heroin-Deal einen anderen Freund um die Ecke gebracht hat.

Delinquents 214

THE DELINQUENTS ***

Regie: Chris Thomson
Darsteller: Kylie Minogue (Lola Lovell), Charlie Schlatter (Brownie Hansen), Angela Punch-McGregor (Mrs. Lovell), Bruno Lawrence (Bosun), Desirée Smith (Mavis), Todd Boyce (Lyle), Melissa Jaffer, Lynette Curran
Drehbuch: Clayton Frohman, Mac Gudgeon, nach einer Erzählung von Criena Rohan
Kamera: Andrew Lesnie (Farbe)
Musik: Miles Goodman
Schnitt: John Scott
Produktion: Alex Cutler, Michael Wilcox für Cutler-Wilcox Prod. mit Silver Lining Ent., Australien 1989
Verleih: Warner Bros./dto./dto./Warner Home Video
Kinostart: 12.7.1990
FSK: ab 12, ffr.
Länge: 104 Min.

Die Liebe zweier Minderjähriger im Australien der späten fünfziger Jahre wird durch unverständige Erwachsene lange Zeit behindert, überdauert aber dank des Rock 'n' Roll die Zeit bis zur Großjährigkeit. Nostalgisch gefärbtes Jugendmelodram mit starken Überzeichnungen und etlichen Längen. *multimedia*

Michael Althen in: SZ, 16.7.90; Elke Frick in: FR, 17.7.90; Anke Sterneborg in: Der Tagesspiegel, 12.7.90

Delta Force Commando 2 215

DELTA FORCE COMMANDO 2 *

Video

Regie: Pierluigi Ciriaci
Darsteller: Richard Hatch, Fred Williamson, Van Johnson, Giannina Facio
Drehbuch: Lewis Cole
Kamera: Peter Louis Littleton (Farbe)
Musik: Elio Polizzi
Produktion: Surf Film/Realta Cinematografica, Italien 1990
Verleih: -/-/-/UFA Video
Videostart: 11.6.1990
FSK: ab 16 J.
Länge: 95 Min.

Der italienische Abklatsch der Einsatztruppe »Delta Force« entlarvt einen NATO-General als feindlichen Spion und rettet hernach seine Kumpels aus dem Terroristenlager irgendwo zwischen Afghanistan und Iran. Die gewohnte Action-Altersversorgung für abgeschlaffte Hollywood-Mimen.

Delta Force 2 – The Colombian Connection 216

DELTA FORCE 2 – THE COLOMBIAN CONNECTION **

Regie: Aaron Norris
Darsteller: Chuck Norris (Colonel Scott McCoy), Billy Drago (Ramon Coda), Bobby Chavez (Paul), John P. Ryan (General Taylor), Richard Jaeckel (John Page), Begonia Plaza, Mateo Gomez
Drehbuch: Lee Reynolds
Kamera: Joao Fernandes (Farbe)

Musik: Frederic Talgorne
Schnitt: Michael J. Duthie
Produktion: Yoram Globus, Christopher Pearce für Cannon Films, USA 1990
Verleih: Ascot/Constantin/-/Cannon/VMP Video
Kinostart: 30.8.1990
FSK: ab 18, nffr.; gekürzte Fassung auf Video ab 16 J.
Länge: 106 Min.

Der Film läßt das auf der Leinwand funktionieren, was in Wirklichkeit nicht gelingt: die Bekämpfung des Drogen-Kartells in Südamerika. Eine amerikanische Spezialeinheit (unter Führung des erprobten Chuck Norris) rückt aus, um einen sadistischen Bandenboß zur Strecke zu bringen.

Hans-Ulrich Pönack, tip

Den Drachen töten 217

UBIT DRAKONA ***

Regie: Mark Sacharow
Darsteller: Aleksander Abdulow (Lanzelot), Oleg Jankowski (Der Drache), Jewgeni Leonow (Bürgermeister), Wjatscheslaw Tichonow (Archivar Charlesmagne), Alexandra Sacharowa (Elsa), Viktor Rakow (Heinrich), Alexander Sbrujew, Frank Mut
Drehbuch: Mark Sacharow, Grigori Gorin, nach Motiven des Stücks »Der Drache« von Jewgeni Schwarz
Kamera: Wladimir Nachabzew (Farbe)
Musik: Gennadi Gladkow
Produktion: Studio Mosfilm/Bavaria-Film/ZDF/KAG Ritm/V/O Sovinfilm, UdSSR 1988
Verleih: Progreß/-/-
Kinostart: 19.1.1990
Länge: 116 Min.

1943 hat der sowjetische Dichter Jewgeni Schwarz seine berühmte Märchenkomödie geschrieben, damals angesichts des Faschismus. Als das erfolgreiche Stück zwanzig Jahre später ans Deutsche Theater Berlin kam, zu Zeiten, wo von Bedrohung durch faschistische Ideologie und Gewalt keine Rede mehr sein konnte, entfachte es dennoch wieder die gleichen Begeisterungsstürme. Die Fabel von Lanzelot, der eine Stadt vom Drachen befreit, ging auch damals wieder unter die Haut - als Wunschtraum, als Ausdruck der Sehnsucht angesichts der schon wieder eskalierten, neuen Gewalt.

Aber warum geht die Geschichte dann heute noch immer unter die Haut, warum entdeckt man überall Parallelen?

Es gibt in dem sowjetischen Film, der nun bei uns zu sehen ist, eine Szene, in der Lanzelot, der Drachentöter, lange nach der Tat wieder in die befreite Stadt kommt. Da stellt er mit Entsetzen fest, daß die Bürger mit ihrer Freiheit nichts anzufangen wußten, weil die lange Knechtschaft sie demoralisiert, ihr Rückgrat verletzt hat, weil sie nicht von heute auf morgen den aufrechten Gang lernen konnten. Es gibt wieder neue Herren, mit denen man sich arrangiert hat.

Gisela Buhrig, Die Union

Denk bloß nicht, ich heule 218

***

Regie: Frank Vogel
Darsteller: Peter Reusse (Peter), Anne-Kathrein Kretzschmar (Anne), Helga Göring (Frau Naumann), Jutta Hoffmann (Uschi), Herbert Köfer (Röhle), Armin Mechsner (Jonny), Horst Buder (Ami), Heinz-Dieter Obiora (Valente), Hans-Peter Körner (Klaus), Uwe Karpa, Hans Hardt-Hardtloff, Harry Hindemith
Drehbuch: Manfred Freitag, Joachim Nestler
Kamera: Günter Ost
Musik: Hans-Dieter Hosalla
Schnitt: Helga Krause
Produktion: Defa-Studio, Gruppe »Heinrich Greif«, DDR 1965
Verleih: Progreß/-/-
UA: 11.1.1990, Akademie der Künste, Berlin (DDR)
EA: 13.2.1990, Int. Forum des Jungen Films bei der Berlinale
Länge: 91 Min.

In zwei, drei dürren Sätzen deutet der Vorspann auf den schockierenden Sachverhalt: Als der Film fertig war, gab es Einwände und Anweisungen, zu ändern: Dialoge, Szenen, den Schluß. Kameramann Günter Ost vermochte es, die ursprüngliche Fassung wiederherzustellen. So kann man sich denn überzeugen, weshalb der Film – wie der Vorspann sarkastisch formuliert – das »Prädikat: besonders schädlich« zugesprochen bekam. Denn: Trotz aller »Nacharbeit« wurde der Film verboten und gemeinsam mit »Das Kaninchen bin ich« auf dem Dezember-Plenum von 1965 arg gerügt. FDJ-Vorsitzender Horst Schumann warf ihm vor, »ein Film gegen uns« zu sein, »falsch und böse«. Bei Testvorstellungen war dem Gegenwartsfilm bereits vorab der Todesstoß versetzt worden. So mit dem vernichtenden Urteil eines Schuldirektors: »Der Film wühlt in der Abfallgrube der Republik.« (...)

Hans-Dieter Tok, Leipziger Volkszeitung

A. Böhmer in: Der Neue Weg, 11.5.90; Heide Gossing in: Ostsee-Zeitung, 11.5.90; Heinz Kersten in: Der Tagesspiegel, 17.2.90

Des Teufels Unschuld 219

ASTONISHED

**

Video

Regie: Jeff Kahn, Travis Preston
Darsteller: Liliana Komorowski (Sonia), Ken Ryan (Detective Wylee), Rock Dutton, Theresa Merritt, Fred Neuman
Drehbuch: Jeff Kahn
Kamera: Peter Fernberger, Robert Draper (Farbe)
Musik: Michael Urbaniak
Schnitt: Peter Friedman, Bill Daughton
Produktion: Sydney Kahn, Herman Kahn für Dream Bird, USA 1988
Verleih: -/-/-/UFA Video
Videostart: 12.1.1990
FSK: ab 16 J.
Länge: 103 (93) Min.

Eine Schauspielerin aus Manhattan ermordet einen erpresserischen Kredithai und flüchtet anschließend, von Fiebervisionen geplagt, nach Brasilien. Der ermittelnde Inspektor kündigt und folgt ihr. Umständlich konstruierte Adaption von Dostojewskis »Schuld und Sühne«, deren Figuren im Underdog-Milieu der Großstadt an Alan Rudolphs Filme erinnern.

VideoWoche

Eine deutsche Geschichte 220

***

TV

Regie: Gitta Nickel
Darsteller: Ursula Lesekrug, Waltraud Block
Drehbuch: Wolfgang Schwarze, Gitta Nickel
Kamera: Niko Pawloff (Farbe)
Musik: Günther Fischer
Schnitt: Gitta Nickel, Barbara Hiltmann
Produktion: Manfred Durniok für ZDF, BRD 1990
Sendetermin: 9.11.1990, ZDF, 22.15 Uhr
Länge: 93 Min.

Der Film beschreibt in Gesprächen und Dokumentarbildern das Leben der Schwestern Ursula Lesekrug (55) und Waltraud Block (60) sowie ihrer Familien. Die Hälfte ihres Lebens konnten sie gemeinsam verbringen. Es war geprägt von Erlebnissen in der Nazizeit, im Krieg, im zerstörten Berlin. Entbehrungen, gute und schlechte Tage. Am 13. August 1961 zerreißt die Mauer die junge Familie von Ursula Lesekrug. Acht Jahre kämpft sie darum, mit ihren beiden Kindern zu ihrem Ehemann nach West-Berlin ausreisen zu dürfen. Weitere 20 Jahre dauert es, bis die Schwestern und ihre Familien wieder zueinander können.

ZDF

Das deutsche Kettensägenmassaker 221

**

16 mm

Regie: Christoph Schlingensief
Darsteller: Karina Fallenstein (Clara), Susanne Bredehöft (ihr Mann/Margit), Artur Albrecht (ihr Liebhaber), Volker Spengler (Hank), Alfred Edel (Alfred), Brigitte Kausch (Brigitte), Dietrich Kuhlbrodt (Dietrich), Reinhard Schnell
Drehbuch: Christoph Schlingensief
Kamera: Christoph Schlingensief, Voxi Bärenklau (Farbe)
Musik: Jacques Arr
Schnitt: Ariane Traub
Produktion: DEM Film mit Rhewes Filmprod., BRD 1990
Verleih: Mega Film/Filmhaus Stöbergasse/-/-
EA: Int. Hofer Filmtage 1990
Kinostart: 29.11.1990
Länge: 63 Min.

(...) Bei der Wiedervereinigung sieht Schlingensief rot, aus seinem Herzen

macht er eine Mördergrube. Eine Leipzigerin bringt ihren Mann um, fährt im Trabi über die Grenze und landet bei ihren Verwandten in der Wurstfabrik. Es wird gemetzgert und gemetzelt, daß es nur so spritzt. Die deutsche Einheit wird in diesem Film zur Schlachtschüssel. In der Vereinigung sieht Schlingensief weniger einen pathetischen als einen trivialen Vorgang, also benutzt er für sein Schlachtengemälde die Muster des Trivialen.
Sein Film ist ein Remake des Horrorklassikers »Texas Chainsaw-Massacre«, und das sagt schon alles. Auf die Blödheit reagiert der Film mit Geblödel - so gesehen ist er ganz auf der Höhe seiner Zeit.

Michael Althen, SZ

Fritz Göttler in: SZ, 28.12.90; Doja Hacker in: tip, 24/90; Ponkie in: AZ, 31.12.90; Jürgen Richter in: FAZ, 8.12.90; Helmut Schödel in: Die Zeit, 14.12.90; Anke Sterneborg in: Der Tagesspiegel, 1.12.90

Dial: Help 222

MINACCIA D'AMORE *

Video

Regie: Ruggero Deodato
Darsteller: Charlotte Lewis (Jennie Cooper), William Berger (Professor Klein), Marcello Modugno, Mattia Sbragia, Carola Stagnaro, Victor Cavallo, Carlo Monni
Drehbuch: Joseph Carava, Mary Carava, Ruggero Deodato
Kamera: Renato Tafuri (Telecolor)
Musik: Claudio Simonetti
Schnitt: Sergio Montanari
Produktion: Giovanni Bertolucci, Galliano Juso für Metro Film/San Francisco Film, Italien 1989
Verleih: -/-/-/UFA Video
Videostart: 10.9.1990
FSK: ab 16 J.
Länge: 96 Min.

Ein ansehnliches und im weiteren Verlauf des Films auch sehr oft ansehbares Model ruft versehentlich bei einem übersinnlichen Telefondienst an, dessen sinistre Energie prompt ihre Goldfische um die Ecke bringt. Und das ist aber erst der Anfang, liebe Leute...

Dick Tracy 223

DICK TRACY ****

Regie: Warren Beatty
Darsteller: Warren Beatty (Dick Tracy), Charlie Korsmo (Junge), Glenne Headly (Tess Trueheart), Madonna (Breathless Mahoney), Al Pacino (Big Boy Caprice), Dustin Hoffman (Murmler), William Forsythe (Flattop), Charles Durning (Chief Brandon), Mandy Patinkin (88 Keys), Paul Sorvino (Lips Manlis), R.G. Armstrong (Pruneface), Dick van Dyke (D.A. Fletcher), Seymour Cassel, James Keane, Allen Garfield, Henry Silva, James Caan, Frank Campanella, Michael J. Pollard, Mary Woronov, Estelle Parsons
Drehbuch: Jim Cash, Jack Epps jr., nach Charakteren von Chester Gould
Kamera: Vittorio Storaro (Technicolor)
Musik: Danny Elfman; Songs: Stephen Sondheim
Schnitt: Richard Marks
Produktion: Warren Beatty für Touchstone Pic. mit Silver Screen Partners IV, USA 1990
Verleih: Warner Bros./dto./dto.
Kinostart: 27.9.1990
FSK: ab 12, ffr.
Länge: 105 Min.
FBW: Wertvoll

Mit riesigem Aufwand inszeniert Warren Beatty sich selbst: Nach einem Comicstrip der dreißiger Jahre läuft die Jagd auf das organisierte Verbrechen in ausgetüftelten Farben, unter brausenden Klängen oder Madonna-Geschmelze, mit unzähligen Tricks auf vollen Touren. Es wird ausgiebig geschossen, schnell verfolgt, herzlich geliebt, aufreizend verführt, und fürs Herz sorgen große dunkle Waisenkinderaugen.
Daß Dick Tracy treu und aufrecht alle Bösewichter besiegt, versteht sich von selber. *Zoom*

Der Film ist eine brillante cinematographische Übung in Farbdramaturgie, Kostüm- und Personen-Stilisierung, Dekor-Arrangement, Ausleuchtung von Interieurs und überkandidelter Schnitt-Technik. Doch Warren Beatty als Dick Tracy wirkt befremdlich farblos in der bonbonbunten Phantasiewelt. Auch Madonna als

Glenne Headly

Henry Silva

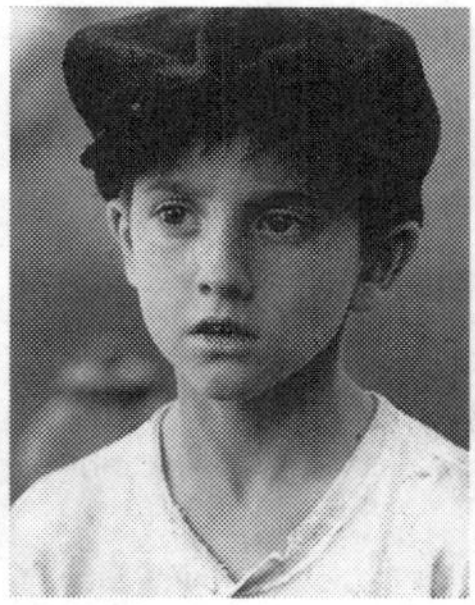

Charlie Korsmo

Dustin Hoffman

James Tolkan, Superstar Madonna und Al Pacino in »Dick Tracy«.

Das Böse ist immer und überall. Al Pacino in »Dick Tracy«.

Rechts: Warren Beatty, Regisseur und Hauptdarsteller, verfilmt mit hochkarätiger Besetzung den legendären Comicstrip »Dick Tracy«.

Breathless Mahoney bleibt nur aufgetakelte Charge.
Jede mögliche Spannung verpufft in der kalten Pracht einer Technicolor-Zirkus-Show. *Barry Graves, tip*

Angie Dullinger in: AZ, 27.9.90; Bodo Fründt in: SZ, 29.9.90; Gertrud Koch in: FR, 2.10.90; Verena Lueken in: FAZ, 27.9.90; H.G. Pflaum in: SZ, 5.9.90 (Venedig Bericht); Anke Sterneborg in: Der Tagesspiegel, 27.9.90; Jörg von Uthmann in: FAZ, 6.8.90

Der Dicke und die Schöne 224

LUCKY STIFF **

Video

Regie: Anthony Perkins
Darsteller: Donna Dixon (Cynthia Mitchell), Joe Alaskey (Ron Douglas), Jeff Kober (Ike), Barbara Howard (Frances), Fran Ryan (Ma), Morgan Sheppard (Pa), Leigh McCloskey (Eric West), Elizabeth Arlen (Arlene), Charles Frank (Durel)
Drehbuch: Pat Proft
Kamera: Jacques Haitkin (DeLuxe Color)
Musik: Tom Jenkins, Mike Tavera
Schnitt: Michael N. Knue, Tom Walls
Produktion: Gerald T. Olson für New Line Cinema, USA 1989
Verleih: -/-/-/RCA-Columbia Video
Videostart: 27.11.1990
FSK: ab 16 J.
Länge: 82 Min.

Am Traualtar sitzengelassenes Dickerchen stößt im Weihnachtsurlaub auf eine betörende Schöne, die sich beim elterlichen Antrittsbesuch indes als Sproß einer Kannibalenfamilie erweist.
Anthony Perkins' Sinn für makabren Humor kommt durch das etwas seltsam strukturierte Drehbuch leider nicht voll zur Geltung.

Der Diener 225

SLUGA ****

Regie: Vadim Abraschitov
Darsteller: Juri Beljajew (Kljujew), Oleg Borissow (Gudjonow), Irina Rosanowa, Alexej Petrenko, Irina Tscheritschenko, Michail Januschkewitsch
Drehbuch: Alexander Mindadse
Kamera: Denis Jewstignejew (Farbe)
Musik: Wladimir Daschkewitsch
Schnitt: R. Rogatkina
Produktion: Ljudmila Gabelaja für Studio Mosfilm, Gruppe »Tovarisc«, UdSSR 1989
Verleih: Progreß/-/-
EA: 15.2.1989, Wettbewerb der Int. Filmfestspiele Berlin
Kinostart: 8.6.1990
Länge: 141 Min.

Ein Gast kommt ins Haus des berühmten Chordirigenten Pawel Kljujew. Ein ungebetener, wie's scheint. Er hat eine unerklärliche Macht über den Hausherrn, benimmt sich selbst wie der Herr im Haus. Nach und nach enthüllt sich dem Zuschauer die Geschichte von der Verführung Pawels durch die Macht, durch seinen Chef Gudjonow. Dieser Mann wird zum Alpdruck seines Lebens, immer obsiegt dessen Wille. Der Diener und sein Herr – ein immerwährendes Mysterium, ein undurchbrechbarer Teufelskreis? *Kino DDR*

Dirty Diamonds 226

B.L. STRYKER: AUNTIE SUE **

Video

Regie: Tony Wharmby
Darsteller: Burt Reynolds (B.L. Stryker), Ossie Davis (Oz), Rita Moreno (Kimberly), Maureen Stapleton (Tante Sue), Jack Gilford (Morrie), Harry Carey jr. (Jim Bob), Douglas Fairbanks jr. (Edward A. White), Ted McGinley (Mitch Slade), Alfie Wise (Oliver)
Drehbuch: Tim Burns
Kamera: Nick McLean sr. (Farbe)
Musik: Steve Dorff
Schnitt: Stephen Lovejoy
Produktion: Alan Barnette für TWS/Blue Period/Universal TV, USA 1989
Verleih: -/-/-/CIC Video
Videostart: 15.2.1990
Sendetermin: 17.4.1989, ABC
FSK: ab 12 J.
Länge: 90 Min.

Bei einem Altersheimbesuch merkt B.L. Stryker, daß seine ausziehwillige Tante und ihre beiden Seniorenfreunde das neue Haus mit dem Schleifen geschmuggelter Saphire finanzieren wollen und dabei dummerweise bei den Profis angeeckt sind. Vierter Film der Krimiserie.

Dirty Games 227

DIRTY GAMES **

Video

Regie: Gray Hofmeyr
Darsteller: Jan Michael Vincent (Kepler West), Valentina Vargas (Nicola Kendra), Ronald France (Inspektor Boissiere), Michael McGovern (Van Kleff), Andrew Buchland (Maurette)
Drehbuch: David Gilman, Gray Hofmeyr, nach dem Roman von Geoffrey Jenkins
Kamera: Anthony Busbridge (Farbe)
Musik: John Weddepohl
Produktion: Albie Venter, Roy Sergeant für August Entertainment/Overseas Film, USA 1990

Verleih: -/-/-/New Vision Video
Videostart: 5.6.1990
FSK: ab 16 J.
Länge: 100 Min.

Eine französische Agentin vereitelt den Plan arabischer Terroristen, die neue Atommülldeponie in der Sahara in die Luft zu jagen. Klischeereiche Verfilmung eines klischeereichen Romans.

Dirty War 228

TRAPPER COUNTY WAR **

Video

Regie: Worth Keeter
Darsteller: Robert Estes (Ryan Cassidy), Betsy Russell (Lacey Luddigger), Bo Hopkins (Sheriff Frost), Don Swayze (Walt Luddigger), Noah Black (Bobby Keal), Sarah Hunley (Mom Luddigger), R.G. Armstrong (Pop Luddigger), Ernie Hudson (Jefferson Carter)
Drehbuch: Russel V. Manzatt
Kamera: Irl Dixon (Fotokem Color)
Musik: Shuki Levy
Schnitt: Miriam L. Preisel
Produktion: Michael W. Leighton für Noble Entertainment Group, USA 1989
Verleih: -/-/-/UFA Video
Videostart: 12.11.1990
FSK: nicht unter 18 J.
Länge: 95 Min.

Die Musiker Ryan und Bobby fahren von New Jersey nach Kalifornien, um dort Karriere zu machen. Unterwegs halten sie in einem kleinen Provinznest, wo sich Ryan in die Kellnerin Lacey verliebt. Was als unscheinbares Provinzdrama beginnt, entwickelt sich rasch zum überraschungsreichen Actionreißer. Dabei erklärt sich die Eskalation immerhin überzeugend aus der von Klischees nicht freien Handlung. *VideoWoche*

The Dive – Gefangen in der Tiefe 229

DYKKET ***

Regie: Tristan de Vere Cole
Darsteller: Frank Grimes (Dobs), Bjorn Sundquist (Gunnar), Eindride Eidsvold (Rolf), Sverre Anker Aousdal (Kapitän), Michael Kitchen (Bricks), Marika Lagerkrantz, Nils Ole Oftebro
Drehbuch: Leidulv Risan, Carlos Wiggen; Christopher Wicking (Beratung)
Kamera: Harald Paalgard (Farbe)
Schnitt: Russell Lloyd
Produktion: Dag Alveberg für Filmeffekt/ Millenium mit British Screen, GB/Norwegen 1989
Verleih: Metropol/-/-
Kinostart: 11.10.1990
FSK: ab 12, ffr.
Länge: 95 Min.

In den eisigen Gewässern der Nordsee lebt, oft für Monate von der Außenwelt abgeschnitten, eine einzigartige Truppe von Männern – die Tiefseetaucher, die die Ölbohrtürme und Unterwasser-Pipelines warten und reparieren. Der Film erzählt von dem Kampf um das Leben zweier dieser Männer, die in 120 Metern Tiefe auf dem Meeresgrund gefangen sind.

Claudia Schülke in: FAZ, 20.10.90

Dollarjagd in Hollywood 230

TAX SEASON **

Video

Regie: Thomas Law
Darsteller: Fritz Bronner, James Hong, Arte Johnson, Jana Grant, Patti Karr, Toru Tanaka, Dorie Krum, Ken Letner
Drehbuch: Thomas Law
Kamera: Ricardo Jacques Gale (Farbe)
Musik: Weir Brothers
Schnitt: Bob Bring
Produktion: Thomas J. Davis jr. für Prism Entertainment, USA 1989
Verleih: -/-/-/UFA Video
Videostart: 12.1.1990
Länge: 93 Min.

Schräge Komödie um einen Steuerberater, den sein Personal und seine Klienten an den Rand des Wahnsinns treiben.

Domino sucht die Liebe 231

DOMINO *

Video

Regie: Ivana Massetti
Darsteller: Brigitte Nielsen (Domino), Tomas Arana, Daniela Alzone, Lucien Bruchon, Pascal Druant, Cyrus Elias, Stephane Ferrara, Joy Garrison
Drehbuch: Ivana Massetti, Gérard Brach
Kamera: Tonino Nardi
Musik: Alessandro Murzi, Massimo Terracini

Schnitt: Anna Rosa Napoli
Produktion: Giovanni di Clemente für Clemi Cinematografica, Italien 1989
Verleih: -/-/-/Orion Video
Videostart: 6.3.1990
FSK: nicht unter 18 J.
Länge: 91 Min.

Italienisches Erotik-Vehikel für die platinblonde Walküre Brigitte Nielsen, von Regisseurin Ivana Massetti als Hommage an die Sängerin Billie Holiday konzipiert. In bewußt künstlicher Atmosphäre zwischen optischen Tricks und SF-Ambiente feiert der Film die massiven Formen seines nordischen Stars, ohne einen besonderen Wert auf die Handlung zu legen.

Video Woche

Donner des Todes 232

RACE FOR GLORY **

Video

Regie: Rocky Lang
Darsteller: Alex McArthur (Cody), Pamela Ludwig (Jenny), Peter Berg (Chris), Ray Wise (Jack), Oliver Stritzel (Klaus), Burt Kwouk (Yoshiro Tanaka), Jerome Dempsey (Ray Crowley), Lane Smith
Drehbuch: Scott Swanton
Kamera: Jack N. Green (Technicolor)
Musik: Jay R. Ferguson
Schnitt: Maryann Brandon
Produktion: Jon Gordon, Daniel A. Sherkow für BPS, USA 1989
Verleih: -/-/-/Starlight Video
Videostart: 27.12.1990
FSK: ab 16 J.
Länge: 96 Min.

Ein junger Motorradfahrer legt sich auf der Piste mit dem hochdekorierten Weltmeister an. Die Billigvariante von »Days of Thunder«.

Der doppelte Nötzli 233

**

Regie: Stephan Lukschy
Darsteller: Walter Roderer (Nötzli), Lolita Morena (Maria), Ursula Heyer (Charlotte Friedrichs), Gunter Berger (Max Schadow), Jeanine Burch (Leila), Anouschka Renzi, Michael Chevalier, Martina Gedeck, Ruth Jecklin, Joachim Tennstedt
Drehbuch: Stephan Lukschy, Walter Roderer
Kamera: Peter Baumgartner (Farbe)
Musik: Walter Baumgartner
Schnitt: M.-L. Buschke
Produktion: Erwin C. Dietrich für Ascot Film, Schweiz 1990
Verleih: Ascot/Constantin/Elite/Ascot Video
Kinostart: 8.11.1990
FSK: ab 12, ffr.
Länge: 96 Min.

Ein kleiner, linkischer Schweizer Hühnerfarmer fliegt nach Berlin, wo ihm sein vermeintlich verstorbener Zwillingsbruder ein Hotel hinterlassen hat.
Das Hotel entpuppt sich als Puff, der verschwundene Bruder als Mitglied der Berliner Unterwelt. Ein biederer, plumper und nur spärlich unterhaltsamer Schwank, der auf verklemmte Weise mit einem anrüchigen Milieu kokettiert, wie es schon in den fünziger Jahren gang und gäbe war.
Wohl nur für eingefleischte Roderer-Enthusiasten genießbar. *Zoom*

Daniel Brunner in: FAZ, 17.11.90

Double Revenge 234

DOUBLE REVENGE **

Video

Regie: Armand Mastroianni
Darsteller: Joe Dallesandro (Joe Hulsey), Leigh McCloskey (Nick Taylor), Theresa Saldana (Angie Corello), Nancy Everhard (Susie Taylor), Richard Rust (Sheriff Blanchfield), Chris Nash (Ray Hulsey), Bobby DiCicco (Burt)
Drehbuch: Brian Tobin, John Sharkey
Kamera: Arnie Sirlin (United Color)
Musik: Harry Manfredini
Schnitt: Seth Gaven
Produktion: T.J. Castronovo, John S. Curran für Smart Egg Pictures, USA 1988
Verleih: -/-/-/New Vision Video
Videostart: 9.7.1990
FSK: nicht unter 18 J.
Länge: 96 Min.

Ein wegen fehlender Indizien freigesprochener Bankräuber duelliert sich mit dem Gatten der beim Überfall Erschossenen. Routinierter Actionstreifen, der seine Spekulation auf niedere Instinkte in ein Mäntelchen moralischer Ambivalenz kleidet.

Downtown 235
DOWNTOWN ***

Regie: Richard Benjamin
Darsteller: Anthony Edwards (Alex Kearney), Forest Whitaker (Dennis Curren), Penelope Ann Miller (Lori Mitchell), Joe Pantoliano (White), David Clennon (Jerome Sweet), Art Evans (Henry Coleman), Kimberly Scott, Rick Aiello
Drehbuch: Nat Mauldin
Kamera: Richard H. Kline; Robert Thomas (2d unit) (Deluxe Color)
Musik: Alan Silvestri
Schnitt: Jacqueline Cambas, Brian Chambers
Produktion: Charles H. Maguire für Gale Anne Hurd Prod., USA 1990
Verleih: 20th Century Fox/dto./dto.
Kinostart: 26.4.1990
FSK: ab 16, ffr.
Länge: 96 Min.

Der Film zeigt einen jungen Cop, der vom feudalen Vorort Philadelphias in die berüchtigte Hölle der Innenstadt versetzt wird, wo ihn ein störrischer schwarzer Partner und viele böse Buben erwarten. Eine weitere Variante der Geschichte von den Zweien, die sich nicht mögen, schließlich aber doch Kumpel werden. Banale, langweilig erzählte Story, bei deren Umsetzung sich Autor und Regisseur nicht einigen konnten: Komödie oder Thriller, Spannung, Tiefgang oder Jux. *Hans-Ulrich Pönack, tip*

Fritz Göttler in: SZ, 25.6.90; Milan Pavlovic in: Kölner Stadt-Anzeiger, 28.4.90

Dr. M 236
DR. M **

Regie: Claude Chabrol
Darsteller: Alan Bates (Marsfeldt), Jennifer Beals (Sonja Vogler), Jan Niklas (Hartmann), Hanns Zischler (Moser), Benoit Regent (Stieglitz), William Berger (Penck), Alexander Radszun (Engler), Peter Fitz, Daniela Poggi, Tobias Hösl, Beatrice Macola, Jean Benguigui sowie Michael Degen, Wolfgang Preiss und Andrew McCarthy
Drehbuch: Sollage Mitchell, Thomas Bauermeister, Claude Chabrol, frei nach dem Roman »Mabuse, der Spieler« von Norbert Jacques, nach einer Story von Thomas Bauermeister

»Dr. M«-Regisseur Claude Chabrol.

Kamera: Jean Rabier (Farbe)
Musik: Paul Hindemith, Mekong Delta
Schnitt: Monique Fardoulis
Produktion: François Duplat, Hans Brockmann für NEF/ZDF/La Sept/Ellepi Film/Clea mit Tele Film, BRD/Frankreich/Italien 1989
Verleih: Jugendfilm/Constantin/-/Cannon VMP Video
Kinostart: 24.5.1990
FSK: ab 16, ffr.
Länge: 116 Min.

Ein Medienzar löst mit Hilfe eines suggestiven Modells Traumreisen aus, die in Wirklichkeit eine Selbstmordepidemie sind, bis ein Kommissar den bösen Spuk entlarvt. Was als Hommage an Franz Lang und seine »Mabuse«-Filme ausgegeben wird, erweist sich als ebenso unsinniger wie fader Bluff und als der schlechteste Film von Claude Chabrol in seiner langen Regiekarriere. *multimedia*

Der Film ist mehr als eine Hommage an die Mabuse-Filme von Fritz Lang. Chabrol machte aus einem Drehbuch von Thomas Bauermeister und Sollage Mitchell einen realistischen Sci-Fi-Thriller, in dem Berlin nicht nur Kulisse für eine Geschichte über die Bedrohung durch die Allmacht der Medien ist. Das verdankt Chabrol nicht nur seinem Kameramann Jean Rabier, sondern auch einer Regie hervorragender Darsteller.

Alfred Holighaus, tip

Michael Althen in: SZ, 29.5.90; Volker Baer in: Der Tagesspiegel, 26.5.90; Peter Körte in: FR, 25.5.90; Reinhard Tschapke in: Die Welt, 4.5.90

Dr. Petiot 237

DR. PETIOT ***

Regie: Christian de Chalonge
Darsteller: Michel Serrault (Dr. Petiot), Pierre Romans (Drezner), Zbigniew Horoks (Nathan Guzik), Bérangère Bonvoisin (Georgette Petiot), André Chaumeau (Celestin Nivelon), Aurore Prieto (Madame Guzik), Axel Bogousslavski, Maxime Coillion, André Julien, Nini Crepon, Nita Klein
Drehbuch: Dominique Garnier, Christian de Chalonge
Kamera: Patrick Blossier (Farbe und s/w)
Musik: Michel Portal
Schnitt: Anita Fernandez
Produktion: Michel Serrault, Alain Sarde, Philippe Chapelier-Dehesdin für M.S. Prods./Sara Films-Cine 5 mit Canal Plus und Sofica Investimage, Frankreich 1990
Verleih: Columbia Tri-Star/-/-
Kinostart: 15.11.1990
FSK: ab 12, ffr.
Länge: 101 Min.
FBW: Wertvoll

Der Film zeigt das besetzte Paris als dämonisch-expressionistische Vorhölle. Dr. Petiot, von Michel Serrault brillant gespielt, mordet Juden, denen er die Flucht nach Südamerika versprochen hat. Auf einem wahren Fall basierendes Porträt eines »Kleinunternehmer des Todes«.

André Simonoviescz, tip

Rolf Lenz in: Prinz, 12/90; Karsten Prüssmann in: Rheinische Post, 17.11.90; Christian Seebaum in: Kölner Stadt-Anzeiger, 17./18.11.90; Anke Sterneborg in: Der Tagesspiegel, 15.11.90

Der Drache Daniel 238

****

Regie: Hans Kratzert
Darsteller: Jens Sander (Daniel), Gunnar Helm (Daniel als Drache), Kathrin Waligura (Karoline Sommerfeld), Jörg Schüttauf (Norbert Lenz), Gert-Hartmut

Fabelhafter Schüler: »Der Drache Daniel«.

Schreier (Daniels Vater), Joachim Zschocke (Herr Mandelkow), Madeleine Lierck (Frau Melzer), Thomas Ewert
Drehbuch: Katrin Lange
Kamera: Eberhard Borkmann (Farbe)
Musik: Reinhard Lakomy
Produktion: Wolfgang Rennebarth für Defa-Studio, Gruppe »Berlin«, DDR 1989
Verleih: Progreß/-/-
Kinostart: 6.4.1990
Länge: 79 Min.

Ein amüsanter, komischer Kinderfilm. Weil Drachen schon immer erfolgreich Prinzessinnen entführt haben, verwandelt sich der achtjährige Daniel in ein Untier und raubt seine heißgeliebte Lehrerin. Bedauerlicherweise erweist sich die Rückverwandlung als schwierig.

tip

Regina Köhler in: Neue Zeit, 3.5.90; Klaus Maihorn in: Wochenpost, 20.4.90; Ehrentraud Novotny in: Berliner Zeitung, 24.4.90; Jürgen Schwarz in: Freie Presse, 10.4.90

Drei Betten für einen Junggesellen 239

WORTH WINNING **

Regie: Will Mackenzie
Darsteller: Mark Harmon (Taylor), Madeleine Stowe (Veronica), Lesley Ann Warren (Eleanor), Maria Holvöe (Erin), Mark Blum (Ned), Andrea Martin (Claire), Tony Longo (Terry), Alan Blumenfeld (Howard), Devin Ratray, David Brenner
Drehbuch: Josanne McGibbon, Sara Parriott, nach der gleichn. Erzählung von Dan Lewandowski
Kamera: Adam Greenberg (Deluxe Color)
Musik: Patrick Williams

Schnitt: Sidney Wolinsky
Produktion: Gil Friesen, Dale Pollock für A & M Films Prod., USA 1989
Verleih: 20th Century Fox/Centfox/-
Kinostart: 4.1.1990
FSK: ab 12, ffr.
Länge: 102 Min.

Seichte, halbwegs amüsante Yuppie-Komödie um eine Herrenwette. Gelingt es dem Schönling Taylor Worth (der smarte Mark Harmon als Star der abendlichen Wettervorhersage) innerhalb von drei Monaten, drei Damen vor laufender Videokamera ein Verlobungs-Ja-Wort abzuringen, erhält er von seinen Freunden einen Picasso. Die eine erobert er im Sturm, die andere wird er nicht mehr los, und bei der dritten kommt es, wie es kommen muß: die wahre Liebe bricht aus.
Sex, Lügen und Video für Anspruchslose. *Kölner Stadt-Anzeiger*

Gregor Dotzauer in: FAZ, 6.1.90; Gilden-Dienst 434, Dez. 89; Fritz Göttler in: SZ, 9.1.90; Hans-Ulrich Pönack in: tip, 9/90

Drei D 240

***

16 mm

Regie: Sönke Wortmann
Darsteller: Michael Schreiner (Mathias), Katharina Müller-Elmau (Eva), Claus-Peter Seifert (Theo), Michael Tregor (Sebastian), Thomas Schücke, Thomas Nowak, Hedi Kriegeskotte, Marie-Theres Relin, Iris Berben sowie Rolf Schimpf, Dieter Kirchlechner, Vadim Glowna, Peter Zilles, Sebastian Lentz
Drehbuch: Sönke Wortmann
Kamera: Johannes Kirchlechner (Farbe)
Schnitt: Birgit Klingel
Produktion: Yakuza Film Prod. mit HFF/SWF/BR/WDR, BRD 1988
Verleih: AV-Film/-/-
UA: Int. Hofer Filmtage 1988
Kinostart: März 1990
Länge: 50 Min.
Als Beifilm läuft »Fotofinish« (15 Min.) von Sönke Wortmann

Kein autobiographischer Autorenfilm, sondern ein komödiantischer Schlußstrich unter vier Jahre Filmhochschule, zusammen mit all denen vor und hinter der Kamera, die Sönke Wortmann im Laufe seiner Filmstudentenzeit kennen- und schätzengelernt hat.

Drei Verirrte in der Nacht 241

THREE BEWILDERED PEOPLE IN THE NIGHT ***

16 mm

Regie: Gregg Araki
Darsteller: Darcy Marta (Alicia), Mark Howell (David), John Lacques (Craig)
Drehbuch: Gregg Araki
Kamera: Gregg Araki
Schnitt: Gregg Araki
Produktion: Gregg Araki für Desperate Pict., USA 1987
Verleih: Comet/-/Xenix
EA: 11.8.1987, Locarno
Kinostart: 12.10.1989 (Schweiz), 15.11.1990 (BRD)
Länge: 92 Min.

Mit stimmungsvollen, grobkörnigen, mehr Schwarz- als Weiß-Bildern zeigt Gregg Araki die durchwachten Nächte der 25jährigen Alicia und ihrer beiden besten Freunde Craig und David. Durchs Telefon, in öden Nachtcafés, auf kalten Straßen, am Küchentisch erzählen sie sich ihre Langeweile und Verzweiflung, reden von der Sinnlosigkeit, schweigen sich an, fühlen sich einsam. Sie sind steckengeblieben.
Die immer stärker werdende Anziehung zwischen dem homosexuellen David und Alicias Geliebtem Craig bringt die festgefahrenen Strukturen in Bewegung.
Es gelingt diesem außergewöhnlichen »No«-Budget-Film, den Zuschauer ganz nahe an die Emotionen der drei Hauptfiguren heranzuführen. *Zoom*

Ein Film, der nur nachts spielt: Alicia und Craig leben allein zusammen, David und Craig haben zuviel Angst, miteinander zu leben. Zu dritt irren sie durch diesen exzentrischen aber innovativen Film. *tip*

Andreas Berger in: Tessiner Zeitung, 13.8.87; Christoph Egger in: NZZ, 29.4.88; Barbara Hegnauer in: Zoom, 9/88; André Simonoviescz in: tip, 22/89

Jadwiga Jankowska-Cieślak und Andrzej Mellin in »300 Meilen bis zum Himmel«.

300 Meilen bis zum Himmel 242

****

300 MIL DO NIEBA/300 MIL TIL HIMLEN

TV

Regie: Maciej Dejczer
Darsteller: Wojciech Klata (Grzés), Rafa Zimowski (Jedrek), Kama Kowalewska (Elka), Jadwiga Jankowska-Ciéslak (Mutter), Andrzej Mellin (Vater), Adrianna Biedrzynska (Journalistin), Jerzy Schejbal, Peter Steen
Drehbuch: Cezary Harasimowicz, Maciej Dejczer
Kamera: Krzysztof Ptak (Eastman/Orwo)
Musik: Michal Lorenc
Schnitt: Jaroslaw Wolejko
Produktion: Zespoly Polskich Producentow Filmowych, Produktionsgruppe »Tor«/ Lise-Lense-Möller-Film/Trans-Europe-Film, Polen/Dänemark/Frankreich 1989
Verleih: Matthias Film (16mm)
EA: 17.2.1990, Int. Filmfestspiele Berlin (außer Wettbewerb)
Sendetermin: 6.6.1990, ZDF, 23.30 Uhr
Länge: 91 Min.
Original mit Untertitel

Starke Gefühle mobilisierte der polnisch-dänische Ausreißerkinderfilm von Maciej Dejczer, in dem zwei polnische Buben sich unter einem dänischen Laster in den Westen schmuggeln, um den mit Geldstrafen schikanierten Eltern zu helfen. Ein herzzerreißender Film der Schande für Länder, die ihre Bürger wie Staatseigentum behandeln. *AZ*

Simone Mahrenholz in: Der Tagesspiegel, 18.2.90; Claudius Seidl in: SZ, 22.2.90 (Berlinale Bericht); Wilfried Wiegand in: FAZ, 8.6.90

Dreißig Jahre 243

***

Regie: Christoph Schaub
Darsteller: Joey Zimmermann (Franz), Stefan Gubser (Nick), Làszlò I. Kish (Thomas), Alfred Meier (Michi), Barbara Melzl (Eva), Stefanie Gubser (Lena), Walo Deuber, Mauro Sanitz, André Amsler, Rita Doll
Drehbuch: Martin Witz, Christoph Schaub
Kamera: Patrick Lindenmaier (Farbe)
Musik: Thomas Bächli
Schnitt: Fee Liechti
Produktion: Christoph Schaub für Dschoint Ventschr/Videoladen ZH/DRS,

Schweiz 1989
Verleih: Filmverlag/Filmhaus/Look Now
Kinostart: 17.5.1990
FSK: ab 6, ffr.
Länge: 91 Min.

»Dreißig Jahre« bringt nach einer kurzen und hoffnungslosen Phase der Selbständigkeit ein Wohngemeinschafts-Trio aus Zürich wieder zusammen.
Am Beispiel eines Ballonbastlers, eines depressiven Hirnforschers und eines singenden Bierverkäufers, die alle drei auf unterschiedliche Weise und doch symptomatisch gescheitert sind, soll die desillusionierende Erkenntnis bewiesen werden, daß mit dreißig jeder für sein Leben selbst verantwortlich ist.
Ein ebenso schwerfälliges wie humorloses Stück Trauerarbeit. *Doja Hacker, tip*

Maria Capponi in: epd Film, 6/90; Sabine Carbon in: Der Tagesspiegel, 17.5.90; Bodo Fründt in: SZ, 19.5.90; Kai Niemeyer in: AZ, 17.5.90; Helmut Schödel in: Die Zeit, 18.5.90

Drogenkrieg 244

DRUG WARS: THE CAMARENA STORY **

Video

Regie: Brian Gibson
Darsteller: Steven Bauer (Enrique Camarena), Craig T. Nelson (Harley Steinmetz), Elizabeth Pena (Mika Camarena), Miguel Ferrer (Tony Riva), Treat Williams (Ray Carson), Mike Moroff (El Sammy Ramirez), Joaquin Martinez (Vargas), Benicio del Toro (Rafael Caro Quintero)
Drehbuch: Chris Canaan, Mel Frohman, Ann Powell, Rose Schacht
Kamera: Sandi Sissel (Farbe)
Musik: Charles Bernstein, Charles Calello, Al Kooper, Jorge Struntz, Ardeshir Farah
Schnitt: Kevin Krasny, Skip Schoolnick
Produktion: Chris Canaan, Ann-Powell, Rose Schacht für ZZY Inc./ Iberoamericana de Television, USA 1989
Verleih: -/-/-/Warner Video
Videostart: 10.8.1990
Sendetermin: 7.1.1990, NBC
FSK: ab 16 J.
Länge: 140 Min.

Auf Spielfilmlänge gekappte US-Miniserie, die sich als recht episches Actiondrama um den Kampf gegen mexikanische Dealer gibt. In punkto

Midlife Crisis. Joey Zimmermann und Stefan Gubser in »Dreißig Jahre«.

Zähigkeit entspricht der Verlauf des Films durchaus dem realen Krieg an der Drogenfront. *VideoWoche*

Drugstore Cowboy 245

DRUGSTORE COWBOY ***

Regie: Gus van Sant
Darsteller: Matt Dillon (Bob), Kelly Lynch (Dianne), James Le Gros (Rick), Heather Graham (Nadine), James Remar (Gentry), William S. Burroughs (Tom), Max Perlich (David), George Catalano (Trousinski), Beah Richards (Drogenberater), Grace Zabriskie (Bobs Mutter), Eric Hull
Drehbuch: Gus van Sant, Daniel Yost, nach dem gleichn. Roman von James Fogle
Kamera: Robert D. Yeoman (Alpha-Cine/ Deluxe Color)
Musik: Elliot Goldenthal
Schnitt: Curtiss Clayton
Produktion: Nick Wechsler, Karen Murphy für Avenue Pic., USA 1989
Verleih: Arsenal/Elmo/Rialto/M.C.E.G. Virgin Video
UA: Montreal Film Festival 1989
EA: 13.2.1990, Forum des Jungen Films bei der Berlinale
Kinostart: 28.6.1990
FSK: ab 12, ffr.
Länge: 101 Min.

Der Junkie Bob, seine Frau und ein jüngeres Pärchen leben von Apothekenüberfällen, immer darauf bedacht, sich genügend Stoff zu besorgen, um high bleiben zu können.
Als die Sache eines Tages schief geht und sich eines der Gangmitglieder auch noch eine Überdosis spritzt, steigt Bob aus und findet dank Methadon-Programm wieder zu einem bürgerlichen Leben.
Der Film versucht das Lebensgefühl der Junkiegeneration der siebziger Jahre zu vermitteln, bleibt aber, obwohl stilistisch innovativ, an der Oberfläche stecken. *Zoom*

Marli Feldvoss in: FAZ, 28.6.90; Fred Gehler in: Sonntag 30/90; Josef Schnelle in: FR, 30.6.90; Claudius Seidl in: Die Zeit, 6.7.90; Horst Wegener in: Prinz, 6/90

Du Elvis, ich Monroe 246

**

16 mm

Regie: Lothar Lambert
Darsteller: Baduri (Tarek), Nilgün Taifun (Frau Korkmaz), Inga Schrader (Karin), Susanne Gautier (Susanne), Erika Rabau, Lothar Lambert, Dagmar Beiersdorf, Robert Cutts
Drehbuch: Lothar Lambert
Kamera: Albert Kittler
Schnitt: Lothar Lambert
Produktion: Lothar Lambert für Lothar Lambert Prod., BRD 1989
Verleih: Edition Salzgeber/-/-
UA: 13.2.1990, Int. Filmfestspiele Berlin »Panorama«
Kinostart: 17.5.1990
Länge: 70 Min.

Das neueste Opus des Berliner Undergroundfilm-Veterans. Diesmal geht es um Leben und Lieben in einer Kreuzberger Mietskaserne, um Ausländer und aufdringliche Nachbarn. Einige witzige Einfälle und der Elan der Laiendarsteller können nicht über Längen der recht dünnen Story hinwegtäuschen. *Ralph Umard, tip*

Knut Hickethier in: epd Film, 8/90; Jochen Metzner in: Der Tagesspiegel, 15.2.90

Du sollst nicht töten 247

VIETNAM, TEXAS **

Video

Regie: Robert Ginty
Darsteller: Robert Ginty (Thomas McCain), Haing S. Ngor (Wong), Tim Thomerson (Max), Kieu Chinh (Mailan), Tamlyn Tomita (Lan), John Pleshette (Harold), David Chow (Minh), Bert Remsen
Drehbuch: Tom Badal, C. Courtney Joyner
Kamera: Robert M. Baldwin (Deluxe Color)
Musik: Richard Stone
Schnitt: Jonathan Shaw
Produktion: Robert Ginty, Ron Joy für Epic, USA 1990
Verleih: -/-/-/21st Century Video
Videostart: 20.6.1990
FSK: nicht unter 18 J.
Länge: 85 Min.

Auf der Suche nach der einst geliebten Vietnamesin verstrickt sich ein Priester in die Drogengeschäfte ihres jetzigen Gatten.

E

Easy Kill — 248

EASY KILL — ** — Video

Regie: Josh Spencer
Darsteller: Jane Badler, Frank Stallone, Cameron Mitchell
Drehbuch: Greg Latter
Kamera: Tony Baggott (Farbe)
Schnitt: Carla Sandrock
Produktion: Ronnie Isaacs, USA 1989
Verleih: -/-/-/Movie House Video
Videostart: 26.11.1990
FSK: ab 16 J.
Länge: 89 Min.

Ein Barbesitzer verstrickt sich in das Komplott einer Ehefrau, die ihren angeblich drogenschmuggelnden Diplomatengatten aus dem Weg räumen möchte. Solider Thriller, der seinen Zuschauer bis zum verblüffenden Ende im Dunkeln tappen läßt. Allerdings hätte dem Film eine straffere und konzentriertere Inszenierung gut zu Gesicht gestanden. *VideoWoche*

Eat a Bowl of Tea — 249

EAT A BOWL OF TEA — ***

Regie: Wayne Wang
Darsteller: Cora Miao (Mei Oi), Russell Wong (Ben Loy), Victor Wong (Wah Gay), Lee Sau Kee (Bok Fat), Eric Tsang Chi Wai (Ah Song), Yuen Yat Fai, Lau Siu Ming (Lee Gong), Wu Ming Yu (Mei Ois Mutter), Hui Fun (Ben Loys Mutter)
Drehbuch: Judith Rascoe, nach dem gleichn. Roman von Louis Chu
Kamera: Amir Mokri (Deluxe Color)
Musik: Mark Adler
Schnitt: Richard Candib
Produktion: Tom Sternberg für American Playhouse Theatrical Film, USA 1989
Verleih: Pandora/-/Neue Cactus Film/ RCA-Columbia Video
UA: 17.5.1989, Int. Film Festival Cannes »Quinzaine des Réalisateurs«

Chinesisches Rezept gegen Potenzprobleme: »Eat a Bowl of Tea«.

Kinostart: 24.5.1990
Länge: 102 Min.

Der Film spielt 1949 in New Yorks Chinatown, unmittelbar nach der Aufhebung rigider Einwanderungsbeschränkungen. Als Ben Loy mit seiner jungen Frau aus China zurückkehrt, muß er feststellen, daß Sex gebärpflichtig ist, denn nichts fehlt in Chinatown mehr als Nachwuchs. Diesem Druck hält er nicht stand. Potenzschwierigkeiten haben ein großes komisches Potential, das Regisseur Wayne Wang jedoch nicht annähernd ausschöpft. *Lars-Olav Beier, tip*

Gildedienst 439, Mai 1990; Marli Feldvoss in: epd Film 6/90; Peter Körte in: FR, 6.7.90; Verena Lueken in: FAZ, 20.6.90; Carla Rhode in: Der Tagesspiegel, 24.5.90; Claudius Seidl in: SZ, 30.5.90

Eh' die Fledermaus ihren Flug beendet 250

MIELÖTT BEFEJEZI RÖPTET A DENEVER ****

TV

Regie: Péter Timár
Darsteller: Erika Bodnár (Therese), Róbert Csontos (Robert), Gábor Mathé (Laszlo Tardos)
Drehbuch: Péter Timár
Kamera: Sándor Kardos (Eastmancolor)
Musik: Zoltán Farkas
Schnitt: Péter Timár
Produktion: Dialog Studio, Ungarn 1988
EA: Int. Filmfestspiele Berlin, 1990
Sendetermin: 15.10.1990, ARD, 23.30 Uhr
Länge: 94 Min.

Eine grimmige Geschichte aus dem Ungarn von 1988. Die Kassiererin Therese, vor Jahren von ihrem Mann verlassen, ist glücklich über die neue Beziehung zu dem Zivilpolizisten Laszlo. Sie glaubt an die große Liebe, er aber stellt aufdringlich ihrem halbwüchsigen Sohn Robert nach. Es kommt zur tödlichen Katastrophe. Der Film spiegelt, so die ARD, »in pointierten Anspielungen große und kleine Umbrüche in der Gesellschaft und gibt indirekt Einblick in die politische und moralische Krise des Landes«. *Birgit Amon, AZ*

Ei oder Johan, der Bäcker 251

EI ***

Regie: Danniel Danniel
Darsteller: Johann Leysen (Johan), Marijke Veugelers (Eva), Jake Kruyer (Paul), Coby Timp (Mutter), Peter Smits (Peter), Piet Kamerman (Gerard)
Drehbuch: Danniel Danniel
Kamera: Erik von Empel (Farbe)
Musik: Michel Mulders
Schnitt: Menno Boerema
Produktion: René Scholten für Studio Nieuwe Gronden/NDS Televisie, Holland 1987
Verleih: Edition Salzgeber/-/-
Kinostart: 21.6.1990
Länge: 54 Min.
Original mit deutschen Untertiteln

Johan, der Dorfbäcker, ist 35 und lebt noch immer bei seiner Mutter. Er ist Analphabet und das Leben ist ihm ein Rätsel. Daß der Hund der Nachbarn Junge bekommt, ist eine Sensation in seinem Alltag... Die Idylle wird gestört, als seine Freunde eine Heiratsanzeige für ihn beantworten. Eva, die Frau aus dem Ausland, steigt eines schönen Tages mit vielen Koffern aus dem Bus... *André Simonoviecz, tip*

Carny James in: The New York Times, 5.4.89; V. Kern in: Zitty, 13/90

Eichhörnchen und die Zaubermuschel 252

VEVERKA A KOUZELNA MUSLE ****

Regie: Vera Plívová-Simková
Darsteller: Helena Vitovská, Jiri Schmitzer, Veronika Freimanová, Marie Rosulková, Lubor Tokos, Libuse Havelková, Jan Kalous, Tereza Vokurková
Drehbuch: Vera Plívová-Simková
Kamera: Antonin Holub (Farbe)
Musik: Michal Pavlicek
Produktion: CSSR 1988
Verleih: Progreß/-/-
EA: 30.6.1990, Filmfest München 1990
Kinostart: 12.10.1990
Länge: 73 Min.

Ein kleines Mädchen findet eine geheimnisvolle Muschel und entdeckt, daß die ihr alle Wünsche erfüllt, solange nicht Eitelkeit und Selbstsucht im Spiel sind. Ein verheißungsvoller Anfang einer seltsam-verwobenen

Robert Csontos und Erika Bodnár in »Eh' die Fledermaus ihren Flug beendet«.

Filmgeschichte. Erzählt wird von Katka und ihren Freunden, von einem wunderbaren Großvater und einem jungen Waldvogel, für den Katka Hühnerkeulen stiehlt und der trotzdem sterben muß, vom Dasein einer ganz normalen Familie und von kindlicher Märchenwelt, in der Zauber zu Hause ist. Erzählt wird von fröhlich-unbeschwertem Spiel und von alltäglichen und nur zu berechtigten Ängsten und vom Tod, vor dem das »Eichhörnchen« Katka am Ende steht, begleitet von der tröstlichen Mahnung, daß ein Gestorbener in der Erinnerung seiner Familie lebendig bleibt. *Kino DDR*

Das einfache Glück 253

***

Regie: Edzard Onneken
Darsteller: Jürgen Tonkel (Frank), Stephan Kuno (Max), Ariane Pestalozzi (Sabine), Anton Rattinger (Boss), Traute Hoess, Jockel Tschiersch, Harry Baer, Florian Körner
Drehbuch: Edzard Onneken
Kamera: Bernhard Winkler (Farbe)
Musik: Azra
Schnitt: Juliane Lorenz
Produktion: B.A. Prod./Skafander Film, BRD 1989
Verleih: Filmverlag der Autoren/-/-
Kinostart: 21.6.1990
FSK: ab 16, ffr.
Länge: 95 Min.

Der Film ist in Anlehnung an Heiko Schiers »Wedding« die Eröffnung eines neuen Genres: des Berliner Bezirksjugenddramas. Der Hänger von nebenan verliert wegen chronischen Versagens die Freundin, verstrickt sich in Kriminalität und gerät an den mephistophelischen Verderber Max. Etwas umständlich und verquer, lohnend aber durch den sinistren Max von Stefan Kuno. *Wolfgang Brenner, tip*

Renate Apitz in: FR, 9.7.90; Bodo Fründt in: SZ, 14.7.90; Frauke Hanck in: Die Welt, 18.7.90; Rolf Lenz in: Prinz, 6/90; Jochen Metzner in: Der Tagesspiegel, 23.7.90; Jürgen Richter in: FAZ, 5.7.90

Einmal hin, einmal her 254

KOPYTEM SEM, KOPYTEM TAM ***

Regie: Vera Chytilová
Darsteller: Tomás Hanák (Pepe), Milan Steindler (Dedek), David Vávra (Franti-

Liebesgeschichte im Eckkneipenmilieu. Ariane Pestalozzi und Jockel Tschiersche in »Das einfache Glück«.

sek), Tereza Kucerová (Jirina), Bára Dlouhá (Jana), Renáta Becerová (Hana), Chantal Poullain-Polivková (Katy), Ivana Kuntová (Petra)
Drehbuch: Vera Chytilová, Pavel Skapik
Kamera: Jaroslav Brabec (Farbe)
Musik: Jiri Chlumecky, Jiri Vesely
Produktion: Filmstudio Barrandov, CSSR 1988
Verleih: Progreß/-/-
Kinostart: 6.4.1990
Länge: 137 Min.

Pepe, Frantisek und Dedek sind jung und unternehmungslustig. Ihre Freundinnen wechseln und teilen sie unbefangen. Mit Sex, Jux und Blödelei vertreiben sie sich die Zeit. Auch die Langeweile in ihrem Institut. Amüsant statt Engagement ist ihre Lebensphilosophie. Ein Spiel, so scheint es, ohne Einsatz. Bis sich bei einem aus Übermut angestellten Bluttest ergibt, daß einer von ihnen AIDS hat. Schlagartig ist alles anders. Es geht nicht mehr um Normen für Moral oder Toleranz, sondern ums Leben. Die Bedrohung des Menschen durch selbstzerstörerisches Verhalten ist das Thema des Films. *Kino DDR*

Einstein Junior 255

YOUNG EINSTEIN ****

Regie: Yahoo Serious
Darsteller: Yahoo Serious (Albert Einstein), Odile Le Clezio (Marie Curie), John Howard (Preston Preston), Pee Wee Wilson (Mr. Einstein), Su Cruickshank (Mrs. Einstein), Basil Clarke (Charles Darwin), Esben Storm (Wilbur Wright), Lulu Pinkus, Kaarin Fairfax, Jonathan Coleman, Roger Ward, Max Meldrum, Rose Jackson, Adam Bowen
Drehbuch: David Roach, Yahoo Serious
Kamera: Jeff Darling (Farbe)
Musik: William Motzing, Martin Armiger, Tommy Tycho
Schnitt: Yahoo Serious
Produktion: Yahoo Serious, Warwick Ross, David Roach für Serious Film Prod., Australien 1988
Verleih: Warner Bros./dto./dto./Warner Home Video
Kinostart: 14.6.1990
FSK: ab 12, ffr.
Länge: 91 Min.
FBW: Besonders wertvoll

Im spinnigen Erstlingsfilm des vielseitigen australischen Komikertalents Yahoo Serious erfindet Albert Einstein als Sohn eines tasmanischen Apfelbauern beim Bierbrauen nicht nur die Kernspaltung samt Relativitätsgesetz, er ist auch der Erfinder des Rock'n Roll und des Surfbretts. In Sydney verliebt er sich in die junge und hübsche Nobelpreisträgerin Marie Curie und in Paris verhindert er die erste Atom(bierfaß)bombenexplosion. In der Slapstick-Tradition der Stummfilmzeit bis Monty Python wurzelnde Folge von Groteskituationen und Gags unterschiedlicher Qualität - aber insgesamt einfallsreich und unterhaltend. *Zoom*

Michael Althen in: SZ, 19.6.90; Achim Forst in: tip, 12/90; Elke Frick in: FR; 15.6.90; Anke Sterneborg in: Der Tagesspiegel, 16.6.90

Eintritt zur Hölle — 256

DARK HOLIDAY

**

Video

Regie: Lou Antonio
Darsteller: Lee Remick (Gene LePere), Norma Aleandro (Isha), Tony Goldwyn (Ken), Roy Thinnes (Jimmy), John Standing (Charnaud), Shanit Keter (Lufti), Suzanne Wouk (Neshe), Jim Antonio (Gant), Gonca Ondemir (Sara), Sirri Murad (Richter)
Drehbuch: Rose Leiman Goldemberg, nach dem Roman von Gene LePere
Kamera: Larry Pizer (Farbe)
Musik: Paul Chihara
Schnitt: Gary Griffen
Produktion: Peter Nelson für Orion TV/ Nelson-Antonio/Finnegan-Pinchuck/ Pipeline, USA 1989
Verleih: -/-/-/Orion Video
Videostart: 6.2.1990
Sendetermin: 1.5.1989, NBC
FSK: ab 12 J.
Länge: 94 Min.

Tasmanischer Teufel im internationalen Box Office: Yahoo Serious als »Einstein Junior«.

Als US-Touristin macht Gene LePere eine Studienreise durch die Türkei. Von Straßenhändlern erwirbt sie ahnungslos drei antike Figuren, bei der Zollabwicklung wird sie erwischt und kommt ins Frauengefängnis. Der Botschafter und auch ihre engagierte Anwältin sind machtlos. Spannende, dramatische und authentische Geschichte, die streckenweise an Alan Parkers »Midnight Express« erinnert. Die Gefängnisszenen wirken jedoch unrealistisch und überspitzt. *tip*

Eis — 257

****

Regie: Berthold Mittermayr
Darsteller: Erwin Leder (Sandor), Michele Sterr (Anni), Ulf Dieter Kusdas (Stiegler), Dagmar Cassens (Dr. Kovacs), Holde Naumann (Frau Horvath), Joe Berger (Loisl), Willi Stern (Dr. Weiß), Luis Essl (Obermeier), Leandros Karger, Robert Schartel, Helga Grausam, Walter Skotton, Sabrina Heil
Drehbuch: Berthold Mittermayr
Kamera: Ingo Hamer (Farbe)
Musik: Georg Mittermayr
Schnitt: Berthold Mittermayr
Produktion: Stefan Reiss für Stefan Reiss Filmprod./BR, BRD 1989
Verleih: Pandora/filmladen/-
UA: Max Ophüls Preis 1989 Saarbrücken
Kinostart: 1.3.1990
FSK: ab 12, ffr. – *FBW:* Wertvoll
Länge: 105 Min.
Bayerischer Filmpreis 1989; Max Ophüls Preis 1989, dotiert mit DM 25.000. – und mit DM 20.000. – Verleihförderung.

Silvesternacht/Burgenland: Wegen eines Verkehrsdeliktes und Grenzver-

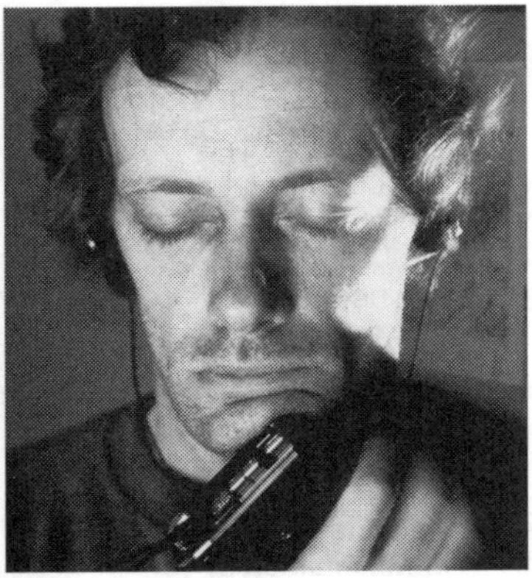

Erwin Leder in »Eis«.

letzung wird ein angetrunkener Mann in Polizeigewahrsam genommen und erst 18 Tage später in einer Zelle »wiederentdeckt«. Militärärzte nehmen sich des Kranken an. Ihrer todbringenden »Fürsorge« kann er sich nur durch eine spektakuläre Flucht entziehen.

»Eis« ist der erste Kinofilm des österreichischen Regisseurs. Erzählt wird eine vertrackte Spionagegeschichte an der österreichisch-ungarischen Grenze vor Öffnung des Eisernen Vorhangs, die zu einem spannenden Psycho-Thriller gerät. Herausragend: Erwin Leder in der Rolle eines Dorfbewohners, der zum Versuchskaninchen der Geheimdienste wird.

Alfred Holighaus, tip

Frauke Hanck in: Die Welt, 9.3.90; Andres Müry in: epd Film 3/90;

Die elf Schwäne 258
DIKIJE LEBEDI ***

Regie: Helle Karis
Darsteller: Katri Horma (Elisa), Juris Zagars (junger König), Andris Zagers (Erzbischof), Ines Aru (Mutter), Liina Orlowa (böse Königin), Gunnar Kilgas
Drehbuch: Helle Karis, Sawwa Kulisch, Juhan Viiding, nach Motiven des Märchens »Die wilden Schwäne« von Hans Christian Andersen
Kamera: Ago Ruus (Farbe)
Musik: Oleg Karawwaitschuk
Produktion: Studio Tallinnfilm, UdSSR 1988
Verleih: Progreß/-/-
Kinostart: 9.2.1990
Länge: 81 Min.

Kinderfilm über die böse Stiefmutter, die elf Brüder in wilde Schwäne verwandelt.

Emperor of the Bronx 259
EMPEROR OF THE BRONX *

Video

Regie: Joseph Merhi
Darsteller: Alex D'Andrea, Charlie Ganis, Leisha Sukary, William Smith, Anthony Gioia, Bob Gallo, Raymond Martino, R.J. Walker
Drehbuch: Sean Dash, Joseph Merhi
Kamera: Richard Pepin (Farbe)
Musik: John Gonzalez
Schnitt: Paul Volk, Steve Waller
Produktion: Richard Pepin, Joseph Merhi für City Lights, USA 1990
Verleih: -/-/-/Scala Video
Videostart: 30.4.1990
FSK: ab 16 J.
Länge: 103 (89) Min.

Nach der Ermordung seines Freundes flüchtet ein junger Ganove aus der Bronx an die Westküste und kommt dort in einem Club unter. Kurz darauf trifft seine Schwester ein, dicht verfolgt von einem Gangster, der sie im Verdacht hat, ihm 10.000 Dollar gestohlen zu haben. Street-Action mit Musikeinlagen und Girlie-Shows.

VideoWoche

Ende der alten Zeiten 260
KONEC STARYCH CASU ****

TV

Regie: Jiri Menzel
Darsteller: Josef Abrham (Fürst Alexander Megalrov), Marian Labuda (Josef Stoklasa), Jaromir Hanzlik (Spera), Rudolf Hrusinsky, Barbara Lechnerova, Jan Hartl
Drehbuch: Jiri Menzel, Jiri Blazek, nach dem Roman von Ladislav Vancura
Kamera: Jaromir Sofr
Musik: Jiri Sust
Schnitt: Jiri Brozek
Produktion: Barrandov Film, CSSR 1989

Jaromir Hanzlik will nichts wissen vom »Ende der alten Zeiten«.

EA: 1.9.1989, Montreal World Film Festival
Sendetermin: 6.8.1990, ARD, 23.00 Uhr
Länge: 97 Min.

Die Geschichte eines kleinen fetten Spekulanten, der sich in den zwanziger Jahren Güter und Schloß eines geflohenen k.u.k.-Adligen unter den Nagel reißen will. Mit verdeckten Karten spielt Menzel die Borniertheit und Unsicherheiten, die Charakterlosigkeit und den Materialismus der Politiker in seiner Farce aus. Trümpfe sind eine präzise und liebevolle Beobachtungsgabe, die nie diffamiert und desto stärker zum Lachen reizt. Seine Mannsbilder und sinnlichen Weiber tragen die schwächste Story, auch dann noch, wenn sie wie hier von den Ereignissen überholt wurde.

Kai Niemeyer, AZ

Enemy Unseen – Gefährliche Feinde 261

ENEMY UNSEEN
*
Video

Regie: Elmo de Witt
Darsteller: Vernon Wells, Angela O'Neil, Stack Pierce, Ken Gampu, Joe Stewardson
Drehbuch: Greg Latter
Kamera: Hans Kühle (Farbe)
Musik: Russell Stirling
Schnitt: Gerrie van Wyk
Produktion: Triax Entertainment, USA 1989
Verleih: -/-/-/Highlight Video
Videostart: 28.5.1990
FSK: ab 16 J.
Länge: 87 Min.

Ein Vietnamveteran begibt sich auf die Suche nach einer entführten Millionärstochter, die von Eingeborenen als Opfergabe für die heiligen Kroko-

»Enemy Unseen«

Den richtigen Genuß hat man nur im Kino bei der »Enthüllung um Mitternacht«.

dile ausgeguckt wurde. Kruder Abenteuerfilm zwischen Tarzan, Indianer und Vietnam.

Die Entfernung zwischen dir und mir und ihr 262

**

Regie: Michael Kann
Darsteller: Silvia Rieger (Anne), Jörg Simonides (Robert), Kirsten Block (Marga)
Drehbuch: Michael Kamen, Andreas Scheinert
Kamera: Hans Heinrich (Farbe)
Musik: Günther Fischer
Produktion: Defa-Studio, Gruppe »Johannisthal«, DDR 1988
Verleih: Arsenal/-/-
EA: Max-Ophüls-Preis 1989
Kinostart: 29.3.1990
Länge: 89 Min.
Förderpreis des Filmfestival Max-Ophüls-Preis, Saarbrücken 1989

Der Film ist schwerfällig wie der Titel: Unbeholfene Dreieckskomödie um eine Journalistin, die sich in den Exfreund eines Popstars verliebt, nur um ihn schließlich wieder zu ihr zurückzuschicken. Klischees, Klamauk und viel Gerede.

André Simonoviescz, tip

Enthüllung um Mitternacht 263

MIDNIGHT *****

Regie: Mitchell Leisen
Darsteller: Claudette Colbert (Eve Peabody), Don Ameche (Tibor Czerny), John Barrymore (Georges Flammarion), Francis Lederer (Jacques Picot), Mary Astor (Hélène Flammarion), Hedda Hopper (Stephanie), Elaine Barrie (Simone), Hedda Hopper (Stephane)
Drehbuch: Charles Brackett, Billy Wilder, nach einer Story von Edwin Justus Mayer und Franz Schulz
Kamera: Charles B. Lang jr.
Musik: Frederick Hollander
Schnitt: Diane Harrison
Produktion: Arthur Hornblow für Paramount, USA 1939
Verleih: Die Lupe/-/-
Kinostart: April 1990

Sendetermin: 1.2.1974, BR (OmU); 3.7.1981, ARD (Synchr.)
Länge: 94 Min.
Original mit Untertitel

(...) Es könnte noch ewig so weitergehen. Das Märchen sagt: Um Mitternacht verfliegt der Zauber, und aus der Prinzessin wird wieder ein Aschenputtel.
Aber das Märchen rechnet auch nicht mit Frauen wie Claudette Colbert, die auf ein Goldlamékleid eine ganze Existenz gründen können, ohne sich auch nur eine Sekunde lang verstellen zu müssen. *Michael Althen, SZ*

Die abgebrannte Eve Peabody gibt sich in Leisens gelungenster Komödie als ungarische Gräfin aus und erschleicht sich den Zugang zu den höchsten Pariser Gesellschaftskreisen. Ein erlesenes Staraufgebot, ein flottes Erzähltempo und amüsante Dialoge lassen diese Geschichte eines modernen Aschenputtels zum reinen Vergnügen werden.

Lars-Olav Beier in: tip, 8/90; Jürgen Richter in: FAZ, 30.6.90; Frank Schnelle in: epd Film 6/90; Anke Sterneborg in: Der Tagesspiegel, 12.4.90

Erdenschwer 264
***

Regie: Oliver Herbrich
Darsteller: Hannes Thanheiser (Franz Seeliger), Vera Tschechova (Hanna Frey), Rüdiger Vogler (Dr. Frank), Hark Bohm (Chefarzt), Dr. Peter Radke, Alfred Edel, Martin Abram, Alida Pisu
Drehbuch: Oliver Herbrich, Andreas Hamburger
Kamera: Ludolph Weyer (Farbe)
Musik: Hannes Thanheiser
Schnitt: Romy Schumann
Produktion: Calypso Film/WDR, BRD 1988
Verleih: Neue Schauburg/-/-
UA: 16.2.1990, Int. Filmfestspiele Berlin
EA: Int. Hofer Filmtage 1989
Kinostart: Mai 1990
FSK: ab 16, ffr.
Länge: 94 Min.
Federico Fellini-Filmpreis beim Festival »Europa Cinema '89«

Geschichte des Franz Seeliger, Langzeitpatient in einer Nervenklinik, dessen Traum es ist, einmal mit seinem selbstgebastelten Flugapparat vom Boden abzuheben.

Momente skurriler Leichtigkeit schafft Oliver Herbrich in »Erdenschwer«, denn sein Psychiatrie-Patient Seeliger (Johannes Thanheiser), der als Konstrukteur staunenswerter Flugobjekte nicht nur seine Isolation, sondern auch die Schwerkraft der Erde besiegt, ist ein wahrer Wundergreis. *Angie Dullinger, AZ*

Ein erfolgreicher Mann 265
HOW TO GET AHEAD IN ADVERTISING **

Regie: Bruce Robinson
Darsteller: Richard E. Grant (Bagley), Rachel Ward (Julia), Richard Wilson (Bristol), Jacqueline Tong (Penny), John Sharpnel (Psychiater), Susan Wooldridge (Monica), Mick Ford (Richard), Jacqueline Pearce (Maud), Roddy Maude-Roxby (Dr. Gatty)
Drehbuch: Bruce Robinson
Kamera: Peter Hannan (Fujicolor)
Musik: David Dundas, Rick Wentworth
Schnitt: Alan Strachan
Produktion: David Wimbury für Handmade Film, GB 1989
Verleih: Filmwelt/Czerny/-/VCL/Virgin Video, Titel: »Kopf an Kopf«
UA: 10.3.1989, Filmfestival San Francisco
Kinostart: 8.3.1990
FSK: ab 16, ffr.
Länge: 94 Min.

Der fähigste Kopf einer Werbeagentur schlittert durch eine Pickelcreme, für deren Werbekampagne ihm keine zündende Idee einfällt, in eine tiefe persönliche Krise, die durch das Auftreten eines sprechenden Pickels – seines zweiten Ichs – auf seiner Schulter noch verschärft wird.
Mißglückte Satire auf die Werbebranche, die an aggressiven Überzeichnungen und grotesken Übertreibungen scheitert.

Horst Stadler, multimedia

Achim Forst in: tip, 8/90; Detlef Kühn in: epd Film, 3/90; Jochen Schütze in: Prinz, 3/90

Erinnerungen an meine Kindheit 266

TONG NIEN WANG SHI ****

TV

Regie: Hou Hsiao-Hsien
Darsteller: Tien-Feng (Vater), Mei-Fang (Mutter), Tang Yu-Yuen (Großmutter), Hasiao Ai, Yiu Ann-Shuin, Sin Shu-Fen
Drehbuch: Chu Tien-Wen, Hou Hsiao-Hsien
Kamera: Li Ping-Bin (Farbe)
Musik: Wu Chu-Chu
Produktion: Taiwan 1985
Sendetermin: 8.1.1990, ARD, 23.00 Uhr
Länge: 132 Min.

Im Mittelpunkt der autobiographisch geprägten Geschichte steht der kleine Chinese Ah-ha. Der Junge wächst als Liebling der Großmutter in der Inselrepublik Taiwan heran, muß jedoch noch als Kind Abschied von allen ihm wichtigen Menschen nehmen; dem Vater, der Mutter, der Großmutter. – In ruhigen Einstellungen zeichnet Hsiao-Hsien dieses Porträt, das für ihn zugleich »das Bild einer Epoche« ist.
Birgit Amon, AZ

Das ermordete Haus 267

LA MAISON ASSASSINEE ***

Regie: Georges Lautner
Darsteller: Patrick Bruel (Séraphin Monge), Anne Brochet (Marie Dormeur), Agnès Blanchot (Rose Pujol), Ingrid Held (Charmaine Dupin), Yann Colette (Patrice Dupin), Jean-Pierre Sentier (Celestat Dormeur), Roger Jendly (Zorme), Christian Barbier, Martine Sarcey, Maria Meriko, Claude Evrard, Andre Rouyer
Drehbuch: Georges Lautner, Jackie Cukier, Didier van Cauwellaert, nach dem Roman von Pierre Magnan
Kamera: Yves Rodallec (Farbe)
Musik: Philippe Sarde
Schnitt: Michelle David
Produktion: Alain Poire für Gaumont/ Gaumont Prod., Frankreich 1988
Verleih: -/-/Challenger
Kinostart: März 1990
Länge: 110 Min.

Ende des Ersten Weltkrieges kehrt der einzige Überlebende eines mysteriösen Familienmassakers in sein Heimatdorf zurück. Bei seinen Nachforschungen über den Hergang der Greueltat stößt er auf kollektive Ablehnung und merkt schließlich, daß hinter der kleinbürgerlichen Fassade einer heilen Dorfwelt menschliche Abgründe zum Vorschein kommen, die der erlebten Kriegsgrausamkeit gleichkommen. Nach Chabrol-Manier hat der Belmondo-Regisseur Georges Lautner einen spannenden Psychothriller gedreht, dessen Geschichte allerdings allzu plump und unstimmig daherkommt. Die Seite der menschlichen Tragik erscheint in den schön fotografierten Bildern wie eine oberflächlich-glatte, nuancenlose Postkarten-Farce. *Zoom*

Erosbogen 268

***

Regie: Jerzy Domaradzki
Darsteller: Grazyna Trela (Maryska), Jerzy Stuhr (Ciaglewicz), Henryk Bista (Ramke), Olaf Lubaszenko (Adam), Janusz Michalowski (Kalucki), Piotr Machalica (Zdzich), Anna Majcher (Nastka), Ewa Isajewicz-Telega (Janina), Elzbieta Karkosza, Kazimierz Kaczor, Zbigniew Jozefowicz, Edward Zentara, Leon Niemczyk, Ewa Ciepiela, Lukasz Bogolembski
Drehbuch: Jacek Kondracki, Jerzy Domaradzki, nach Motiven der Erzählung »Luk« von Juliusz Kaden-Bandrowski
Kamera: Jacek Blawut (Farbe)
Musik: Michal Lorenc
Schnitt: Miroslawa Garlicka
Produktion: Konstanty Lewkowicz für Polish Corp. für Film Prod. »Zespoly Filmowe«/ Film Unit Perspektywa, Polen 1987
Verleih: Progreß/-/-
UA: 18.1.1988
Kinostart: 29.6.1990
FSK: ab 18 J.
Länge: 109 Min.

Krakow in der Zeit des Ersten Weltkrieges. Als Maria ihren Mann an die Front verabschiedet, ahnt sie selbst am wenigsten, daß sie bald eine völlig andere sein wird. Die attraktive, sittsame Ehefrau wird in den Wirren der Zeit und in der bigotten Atmosphäre der Krakower Lebe-Welt zur hemmungslos Begehrenden. Das Gefühl, von ihrem Mann alleingelassen und von Männern ausgenutzt zu werden, sowie der Tod ihrer Freundin bewirken schließlich den endgültigen Sinneswandel: Sie nutzt ihre Wirkung auf die Männer und wählt den Weg der kühl kalkulierenden Hure. *Kino DDR*

Erster Verlust 269

***

Regie: Maxim Dessau
Darsteller: Pawel Sanajew (Alexej), Julia Jäger (Kathrin), Uta Koschel (Frieda), Jaecki Schwarz (Soldat), Martin Seifert (Lange), Elvira Grecki (Trude), Jürgen Melzer (Heinrich), Horst Krause (Grober)
Drehbuch: Maxim Dessau, Peter Badel, frei nach Motiven der Erzählung »Die Frau am Pranger« von Brigitte Reimann
Kamera: Peter Badel
Musik: Karl-Ernst Sasse
Schnitt: Dorothea Brühl
Produktion: Harald Andreas für Defa-Studio, Gruppe »Johannisthal«, DDR 1990
Verleih: Progreß/-/-
UA: Okt. 1990
Länge: 102 Min.

(...) Für Maxim Dessau (36), der nach langer engagierter Arbeit einen Gegenwartsfilm, »Schnauzer«, aus politischen Gründen abbrechen mußte, ist »Erster Verlust«, frei nach Motiven jenes versunkenen Reimann-Buches, ein zwar spätes Debüt, doch zugleich Ausweis für filmkünstlerische Begabung und bemerkenswerte Sicherheit im Ästhetischen. Wie einer hier im ungewohnten Schwarzweiß, in Bildern, die zur Metapher streben, die Enge und Isoliertheit eines Dorfes am Rande des Krieges faßbar macht, wie das Eingezwängtsein der Bewohner, Alte und Frauen, in Tagesmühsal und Obrigkeitsfurcht spürbar wird, ist beachtlich. (...) *Rosemarie Rehahn, Wochenpost*

Der Film strengt sich sichtlich an, mit den ausgefahrenen Mitteln des ambitionierten Studentenfilms (steiles Schwarzweiß, 28er Objektiv, laute Musik und unverständliche Dialoge) das triviale Melodram (deutsche Frau liebt kriegsgefangenen Russen) zu zerstören. Der arme Zuschauer ist dabei der Banalität auf zwei Arten ausgeliefert: der Fabel (trotz alledem) und ermüdender Quasi-Filmkunst.

Oksana Bulgakowa, tip

Michael Hanisch in: Neue Zeit, 9.10.90; Horst Kietzsch in: Neues Deutschland, 11.10.90; Roland Rust in: film-dienst, 24/90

Erwin und Julia 270

***

Regie: Götz Spielmann
Darsteller: Heinz Weixelbraun (Erwin), Julia Stemberger (Karin), Wolf Bachofner, Oda Thormeyer, Wolfgang Böck
Drehbuch: Götz Spielmann
Kamera: Peter Zeitlinger (Farbe)
Musik: Michael Hennig
Schnitt: Hubert Canaval
Produktion: Allegro-Film, Österreich 1990
UA: 17.10.1990, Österreichische Filmtage, Wels
Sendetermin: 22.11.1990, ZDF, 22.40 Uhr
Länge: 101 Min.

Vielleicht ist es ein Film über Wien. Jedenfalls einer über ein paar Leute in dieser größenwahnsinnig pessimistischen Stadt. Erwin, der junge Mann aus der Provinz, der mit großen Illusionen und einer vagen Sehnsucht nach Zukunft hier ankommt. Karin, die Kellnerin in einem schäbigen Vorstadtespresso. Wolf, ein Dichter, der nicht schreiben kann und dem deshalb auch das Leben so schwerfällt. Claudia, eine Deutsche, die es vorübergehend in diese neurotische Stadt verschlagen hat. Vielleicht ein Film über die Liebe, vielleicht einer über die Ratlosigkeit. *Katalog Wels*

Es ist nicht leicht, ein Gott zu sein 271

***

Regie: Peter Fleischmann
Darsteller: Edward Zentara (Rumata), Alexander Filipenko (Reba), Anne Gautier (Kyra), Christine Kaufmann (Okana), Andrej Boltnew (Budach), Pierre Clementi (König), Hugues Quester (Suren), Michail Gluskij, El Gudscha Burduli, Birgit Doll, Werner Herzog, Regimantas Adomaitis, Werner Hess, Thomas Schücke

Werner Herzog in »Es ist nicht leicht ein Gott zu sein«.

Drehbuch: Peter Fleischmann, Jean-Claude Carrière, Dal Orlow, nach dem gleichn. Roman von Arkadij und Boris Strugatzki
Kamera: Pawel Lebeschew; Raumschiffszenen: Thomas Mauch (Farbe)
Musik: Jürgen Fritz
Schnitt: Christian Virmond, Marie Jo Audiard
Produktion: Hallelujah Film/Studio Dovschenko/Sovinfilm/Mediactuel/BA-Prod., BRD/UdSSR 1989
Verleih: Jugendfilm/Constantin/-/UFA-Universum Video
UA: Int. Filmfestspiele Venedig 1989
Kinostart: 25.1.1990
FSK: ab 16, ffr. – *FBW:* Wertvoll
Länge: 119 Min.

Im dritten Jahrtausend untersuchen menschliche Astronauten, die inzwischen in ihrer hochentwickelten Zivilisation jeglichen niederen Instinkt überwunden haben, einen fernen Planeten, auf dem archaisch-triebhafte und grausam-blutrünstige Verhältnisse herrschen. Ein aufwendiger, inhaltlich überfrachteter Trivial-Science-Fiction-Film, der kaum Gespür für Figuren, Szenenaufbau oder Timing erkennen läßt. Das eigentliche Thema, die Konfrontation einer hochentwickelten Kultur mit ihrer scheinbar überwundenen Triebstruktur, verkommt zum pseudophilosophischen Ballast. *multimedia*

(...) Die ungeheure Anstrengung und verbissene Hartnäckigkeit, mit der sich Fleischmann noch in der politischen Eiszeit vor Gorbatschow in diesem deutsch-sowjetischen Koproduktions-Projekt festgekrallt hat, ist in den Monumental-Visionen der Bilder von der Barbarenstadt Arkanar durchaus spürbar. Und mit einem gewissen Respekt vor Fleischmanns Besessenheit läßt man sich in die Menschheitssymbolik dieser archaisch-asiatischen Grusel-Architektur einstimmen: Ein fahler Totschläger-Schlund tut sich auf voller Menschengewürm, emotionslos aus dem Raumschiff beobachtet von den aseptischen Wissenschaftlern des Planeten Erde, die das Verhalten der Arkanar-»Grauen« studieren und ihren Ritter Rumata als Kundschafter in die Zwingburg des Tyrannen schicken.
Märchenmotive, ferne Mythen: Wer denkt, der wird umgebracht, die Erfinder von Fernrohr und Buchdruckerkunst enden im Folterkeller. Doch auf eine fast schmerzhafte Weise reduziert sich der Film immer wieder auf eine mittelalterliche Schauerschlachtschlüssel: Das naturalistische Metzeln bleibt ohne stilisierende Inspiration, erreicht keine poetische Ebene. *Ponkie, AZ*

Ulrich von Berg in: Kölner Stadt-Anzeiger, 27.1.90; Peter Buchka in: SZ, 25.1.90; Jan Dreier in: Prinz, 1/90; Urs Jenny in: Spiegel, 4.4.88; Heike Kühn in: FR, 29.1.90; Michael Laages in: Die Welt, 27.1.90; Jürgen Richter in: FAZ, 11.1. und 25.1.90; Claudius Seidl in: Die Zeit, 26.1.90; Karsten Visarius in: epd Film, 2/90; o.A.: Der Spiegel, 29.1.90

Essene — 272

ESSENE ****

16 mm

Regie: Frederick Wiseman
Kamera: William Brayne, Oliver Kool (Ass.)
Produktion: Frederick Wiseman, USA 1972
Verleih: Freunde der Deutschen Kinemathek/-/-

Kinostart: 1990
Länge: 86 Min.
Originalfassung

»Essene« ist die Geschichte einer Benediktinerabtei in Michigan.
»Ora et Labora« (Bete und arbeite) ist die Regel des Hl. Benedikt, aber bekanntlich lebt der Mönch nicht davon allein.
Bei der Dokumentation entstand eine hochkarätige Komödie, abstoßend, bewegend und absurd (...)
Wiseman drehte »Essene« in einer anglikanischen Abtei im ländlichen Michigan.
Der Film hat seinen Titel nach einer Gemeinschaft aus dem 2. Jahrhundert vor Christus, welche sich gebildet hat, um Armut und Frommsein zu praktizieren.
Durch Vergleiche und Gegenüberstellungen von Charakteren decken die einzelnen Teile des Films den Zweck des Klosters auf, die Notwendigkeit von Gemeinschaft und Enthaltsamkeit.

Katalog Freunde der Deutschen Kinemathek

Everybody wins 273

EVERYBODY WINS ***

Regie: Karel Reisz
Darsteller: Debra Winger (Angela Crispini), Nick Nolte (Tom O'Toole), Will Patton (Jerry), Judith Ivey (Connie), Kathleen Wilhoite (Amy), Jack Warden (Richter Murdoch), Frank Converse (Charlie Haggerty), Frank Military, Steve Skybell, Mary Louise Wilson
Drehbuch: Arthur Miller
Kamera: Ian Baker (Duart Color Deluxe)
Musik: Mark Isham, Leon Redbone
Schnitt: John Bloom
Produktion: Jeremy Thomas für Jeremy Thomas Prod., GB 1990
Verleih: Jugendfilm/Constantin/Monopole Pathé/VMP Video
EA: 13.2.1990, Int. Filmfestspiele Berlin (außer Wettbewerb)
Kinostart: 22.2.1990
FSK: ab 16, ffr.
Länge: 97 Min.
FBW: Besonders wertvoll

Ein Privatdetektiv übernimmt in einem neuenglischen Provinzkaff die Aufgabe, einen angeblich unschuldig des Mordes an seinem Onkel verdächtigten jungen Mann zu entlasten. Seine Auftraggeberin ist eine ortsbekannte Prostituierte, die bestens Be-

Verkannt. Debra Winger und Nick Nolte in »Everybody wins«.

scheid weiß über den korrupten Zustand des Gemeinwesen. »Free Cinema«-Regisseur Karel Reisz und der Dramatiker Arthur Miller (Drehbuch) verpassen allerdings die Chance, dem Sozialthriller auch eine echte gesellschaftskritische Dimension zu verleihen, das Netz aus Korruption und Heuchelei plausibel zu knüpfen, den Biedermännern die Maske vom Gesicht zu reißen. *Zoom*

Michael Althen in: SZ, 13.10.90 (Reisz/Nolte); Volker Baer in: Der Tagesspiegel, 14.2.90; Lars-Olav Beier in: tip 5/90; Inge Borgers in: Spandauer Volksblatt, 14.2.90; Karena Niehoff in: SZ, 17.2.90 (Berlinale Bericht); Claudius Seidl in: Die Zeit, 16.3.90

Extasy 274

FATAL TEMPTATION *

Video

Regie: Bob J. Ross
Darsteller: Loredana Romito, John Armstead, Ann Margaret Hughes
Produktion: Vincenzo Gallo für Real Film, Italien 1988
Verleih: -/-/-/VPS Video
Videostart: 31.1.1990
FSK: nicht unter 18 J.
Länge: 85 Min.

Eine attraktive Frau läßt sich mit dem Chauffeur ein, als sich ihr bei einem Verkehrsunfall erblindeter Gatte weiterhin mehr für seine Geliebte interessiert. (...) *VideoWoche*

F

Die fabelhaften Baker Boys 275

THE FABULOUS BAKER BOYS ****

Regie: Steve Kloves
Darsteller: Jeff Bridges (Jack Baker), Michelle Pfeiffer (Susie Diamond), Beau Bridges (Frank Baker), Elie Raab (Nina), Jennifer Tilly (Monica Moran)
Drehbuch: Steve Kloves
Kamera: Michael Ballhaus (Deluxe Color)
Musik: Dave Grusin
Schnitt: William Steinkamp
Produktion: Paula Weinstein, Mark Rosenberg für Gladden Ent./Mirage Prod., USA 1989
Verleih: Tobis/Constantin/Columbus/RCA-Columbia Video
Kinostart: 26.4.1990
FSK: ab 12, ffr.
Länge: 114 Min.

Als nach 15 Jahren die Engagements eines Barpianistenduos immer schlechter werden, engagieren sie eine junge, attraktive Sängerin, mit der sie zwar großen Erfolg haben, die aber später das Trio sprengt. Intelligente und ausgewogene Mischung aus romantischer Komödie und der psychologischen Studie zweier recht ungleicher Brüder, die durch gepflegte Inszenierung, dichte Atmosphäre und ein prächtiges Schauspielertrio besticht. *multimedia*

Michael Althen in: Die Zeit, 27.4.90; Brigitte Desalm in: Kölner Stadt-Anzeiger, 28.4.90; Bodo Fründt in: SZ, 30.4.90; Frauke Hanck in: Die Welt, 16.5.90; Eva Maria Lenz in: FR, 26.4.90; Ralph Umard in: tip, 9/90

Fäuste in der Dunkelheit 276

PESTI VE TME **

TV

Regie: Jaroslav Soukup
Darsteller: Marek Vasut, Josef Nedorost, Eliska Balzerova, Ferdinand Kruta, Josef Vinklar
Drehbuch: Jaroslav Vokral, Jaroslav Soukup

Beflügelnd: Michelle Pfeiffer mit Jeff Bridges in »Die fabelhaften Baker Boys«.

Kamera: Richard Valenta (Farbe)
Musik: Zdenek Bartak jr.
Schnitt: Jiri Brozek
Produktion: Filmstudio Barrandov, CSSR 1986
Sendetermin: 15.12.1990, DRS
Länge: 95 Min.

Weil sich 1936 ein tschechoslowakischer Profiboxer weigert, in zwei Kämpfen gegen einen Deutschen absichtlich zu verlieren, wird er durch die Gestapo in politische Intrigen und erpresserische Machenschaften verwickelt. Nur mäßig spannender Film aus dem Milieu des Boxsports, mit einer trivial-sentimentalen Liebesgeschichte und verschwommener politischer Zielsetzung. *Zoom*

Die Fahrt der Black Pearl 277

THE LOG OF THE BLACK PEARL **
Video

Regie: Andrew V. McLaglen
Darsteller: Ralph Bellamy (Captain Fitzsimmons), Kiel Martin (Christopher Sand), Jack Kruschen (Jock Roper), Glenn Corbett (Michael Devlin), Anne Archer (Lila Bristol), Henry Wilcoxon (Alexander Sand), John Alderson (Eric Kort), Edward Faulkner (Fenner)
Drehbuch: Harold Jack Bloom
Kamera: Gabriel Torres (Farbe)
Musik: Laurence Rosenthal
Schnitt: John Kaufman jr.
Produktion: William Stark für Mark VII, USA 1974
Verleih: -/-/-/CIC Video
Videostart: 2.4.1990
Sendetermin: 4.1.1975, NBC
FSK: ab 12 J.
Länge: 85 Min.

Ordentlicher, nicht mehr taufrischer Fernsehfilm um eine Schatzsuche in exotischen Gefilden. Hollywood-Veteran Ralph Bellamy spielt einen aufrechten Seebären mit der entsprechenden Portion Schrot und Korn. *VideoWoche*

Der falsche Zeuge 278

GIDEON OLIVER: KENNONITE **
Video

Regie: Bill Duke, Larry Gross
Darsteller: Louis Gossett jr. (Gideon Oliver), Melissa Leo (Rebecca Hecht), Newell Alexander (Helmut Hecht), Rob Knepper (Paul Hecht), Dana Short (Willa Harrow), Kevin Dunn (Jacob Waldner), John DeLancie (Lee Drexel), Tom Bower (Sheriff Talbot), Ian Patrick Williams (John D. Jackson)
Drehbuch: Earl Wallace, Edward Tivnan
Produktion: Kevin Donnelly für Universal TV, USA 1989
Verleih: -/-/-/CIC Video
Videostart: 8.5.1990
Sendetermin: 22.5.1989, ABC
FSK: ab 16 J.
Länge: 90 Min.

Ein befreundeter Sektenführer bittet Gideon Oliver, den Mordverdacht gegen seinen Sohn zu entkräften. In der Folge findet der Professor rasch heraus, daß auch die gewaltlos lebenden Kennoniten nicht über Grundstücksschiebereien im größeren Stil stehen. Fünftes Abenteuer des Hobby-Kriminologen, diesmal im »Witness«-Territorium.

Familie Brausewind macht Urlaub 279

SZELEBURDI VAKACIO ***

Regie: György Palásthy
Darsteller: Miklós Benedek (Vater), Zsuzsa Zolnay (Großmutter), Teri Tordai, Mari Kiss (Mutter), Ida Turay, György Miklosy (Großvater), Pèter Balázs, Attila Löte, Gabi Borbás, Erzsi Pàsztor, Adám Puhr, Adá Tunkli, Anito Harváth, Zsolt Alberti, Dóra Herczegh
Drehbuch: Agnes Bálint
Kamera: György Illes (Farbe)
Musik: Bárbor Berkes
Schnitt: Teri Losonci
Produktion: Gábor Sarudi für Dialog Studio Budapest, Ungarn 1987
Verleih: Atlas; Progreß/-/-
Kinostart: 10.5.1990
Sendetermin: 21.9.1990
FSK: ab 6, ffr.
Länge: 72 Min.
»Blauer Elefant« beim 6. Essener Kinderfilmfest 1988

Turbulente Ferienabenteuer einer Familie auf dem alten Donau-Segler »Ramona«. Heiter, harmlos, vergnüglich.

Sabine Carbon in: Der Tagesspiegel, 1.5.90; Jürgen Richter in: FAZ, 12.5.90

Großvater, Sohn und Enkel planen den großen Coup. Matthew Broderick, Sean Connery und Dustin Hoffman in »Family Business«.

Family Business 280
FAMILY BUSINESS ***

Regie: Sidney Lumet
Darsteller: Sean Connery (Jessie), Dustin Hoffman (Vito), Matthew Broderick (Adam), Rosana DeSoto (Elaine), Janet Carroll (Margie), Victoria Jackson (Christine), Bill McCutcheon, Deborah Rush, Marilyn Cooper, Salem Ludwig, Rex Everhart, James Tolkan
Drehbuch: Vincent Patrick, nach seiner gleichn. Erzählung
Kamera: Andrzej Bartkowiak (Technicolor)
Musik: Cy Coleman
Schnitt: Andrew Mondshein
Produktion: Lawrence Gordon für Gordon Co. Prod., USA 1989
Verleih: Tobis/Constantin/Neue Cactus/ Warner Home Video
Kinostart: 18.1.1990
FSK: ab 12, ffr.
Länge: 114 Min.

Der Film schaut einer Familienbande bei der Arbeit auf die Finger. Der Großvater (Sean Connery), ein leidenschaftlicher Verbrecher, sein Sohn (Dustin Hoffman), der seinen Lebensunterhalt mit freudlosem Fleischhandel verdient, und der Enkel (Matthew Broderick), der noch in der Orientierungsphase steckt, planen den großen Coup. Für den einen ist das ein Bruch, für den zweiten ein Ausbruch und für den dritten ein Aufbruch. Bei dieser Tragikomödie hat Regisseur Sidney Lumet den ganz großen Besetzungscoup gelandet: nie war Dustin Hoffman disziplinierter, selten konnte Connery so brillieren wie in diesem Film. *Lars-Olav Beier, tip*

Michael Althen in: SZ, 22.1.90; Andreas Berger in: Zoom, 3/90; Brigitte Desalm in: Kölner Stadt-Anzeiger, 20.1.90; Hellmuth Karasek in: Der Spiegel, 4/90; Michael Laages in: Die Welt, 20.1.90; Karl-Heinz Schäfer in: Prinz, 1/90; Uwe Schmitt in: FAZ, 20.1.90; Ulrich von Thüna in: epd Film, 2/90

Family Trouble 281
DIXIE LANES ***

Video

Regie: Don Cato
Darsteller: Karen Black (Zelma Putnam), Hoyt Axton (Clarence Laidlaw), Art Hindle (Louis Clark), John Vernon (Elmer Sinclair), Ruth Buzzi (Betty Conklin),

Nina Foch (Hazel Laidlaw), Tina Louise (Violet), A.J. Freeman (Chester Conklin), Moses Gunn (Popinjay), Pamela Springsteen (Judy), Chris Rydell
Drehbuch: John Howbrook
Kamera: William Wages (Farbe)
Musik: Pat Coleman, Paul Novotny
Schnitt: Michael McMahon, Stephen Withrow, Harvey Zlatarits
Produktion: David H. Brady für Gateway Entertainment, USA 1988
Verleih: -/-/-/DEG Video
Videostart: 29.1.1990
FSK: ab 12 J.
Länge: 87 Min.

Witzige und ausgezeichnet photographierte Komödie im Zeitkolorit der Nachkriegsjahre in den USA: Eine amerikanische Familie zum Knutschen stellt sich dem täglichen Chaos.

VideoWoche

Family Viewing 282

FAMILY VIEWING ***

Regie: Atom Egoyan
Darsteller: David Hemblen, Aidan Tierney, Gabrielle Rose, Arsinée Khanjian, Selma Keklikicen, Jeanne Sabourin
Drehbuch: Atom Egoyan
Kamera: R. McDonald, P. Mettler (Farbe)
Musik: Michael Danna
Schnitt: Atom Egoyan, B. MacDonald
Produktion: Ego Film Arts, Kanada 1987
Verleih: -/Filmhaus Stöbergasse/-
EA: 18.2.1990, Int. Forum des Jungen Films bei der Berlinale
Kinostart: 6.11.1990
Länge: 86 Min.
Originalfassung mit Untertitel

Ein junger Mann aus zerstörter Familie versorgt heimlich seine Großmutter, nachdem er sie mit einem zynischen Trick aus dem Pflegeheim geholt hat. Schwarze Komödie über Entfremdung und die Technik als Kommunikationsersatz, die mit ihrem spröden und sprunghaften Stil allerdings nur Teilerfolge verbucht.

Horst Stadler, multimedia

Fantasies 283

FANTASIES *

Video

Regie: John Derek
Darsteller: Bo Derek (Anastasia), Peter Hooten (Damir), Anna Alexiadis (Bürgermeister)
Drehbuch: John Derek
Kamera: John Derek (Farbe)
Musik: Jeffrey Silverman
Schnitt: Bret Weston
Produktion: Kevin Casselman für Klempner-Arnow Prod., USA 1973
Verleih: -/-/-/CBS-Fox Video
Videostart: 29.1.1990
FSK: ab 12 J.
Länge: 81 Min.

Seifenblasen-Erotik und Kindfrau-Getue - die erste Zusammenarbeit des späteren Ehepaars John und Bo Derek wurde bereits 1973 gedreht, doch erst 1981 veröffentlicht. Der Film plätschert dahin zwischen Landschaftsaufnahmen, einer Photo-Sequenz mit dem Insel-Nymphchen und der eigentlichen Liebesgeschichte, die der Dramatik halber unter Inzest-Verdacht steht.

VideoWoche

Far Out Man 284

FAR OUT MAN *

Video

Regie: Tommy Chong
Darsteller: Tommy Chong (Far Out Man), Paris Chong (Kyle), Shelby Chong (Tree), Martin Mull (Psychiater), Bob Taylor (Bobby), Reynaldo Taylor (Lou), Peggy F. Sands (Misty), Paul Bartel (Weebee Cool), C. Thomas Howell, Rae Dawn Chong, Judd Nelson, Cheech Marin (spielen alle sich selbst)
Drehbuch: Tommy Chong
Kamera: Greg Gardiner, Eric Woster (Fotokem Color)
Musik: Jay Chattaway
Schnitt: Stephen Myer, Gilberto Costa Nunes
Produktion: Lisa M. Hansen für Cinetel, USA 1990
Verleih: -/-/-/Ascot Video
Videostart: 12.11.1990
FSK: ab 16 J.
Länge: 91 Min.

Der Alt-Hippie »Far Out Man« erlebt bei der Suche nach seiner Ex-Gemahlin zusammen mit seinem Sohn etliche Abenteuer.
Keineswegs an einer einheitlichen Handlung interessiert, huldigt Tommy Chong in wenig zusammen-

hängenden Episödchen seiner Spätsechziger-Hippiephilosophie von freier Liebe und unbeschwertem Marihuanakonsum. Ob daran allerdings außerhalb der Cheech & Chong-Fangemeinde Interesse besteht, erscheint fraglich. *VideoWoche*

Fatal Sky 285

FATAL SKY **

Video

Regie: Frank Shields
Darsteller: Michael Nouri (Jeff Milker), Darlanne Fluegel (Bird McNamara), Maxwell Caulfield (George Abbott), Charles Durning (Colonel Clancy), Sebastian Allen (Beggs), Frano Lasic (Bergen), Darren Nesbitt (Corbin), Janez Vajevec (Sumner), Ena Begovic (Mrs. Sumner)
Drehbuch: David Webb Peoples
Kamera: Richard Michalak (Farbe)
Musik: Allan Zavod
Schnitt: Leslie Rosenthal
Produktion: Antony I. Ginnane, Steven Strick für Sugar Entertainment/Intl. Film Entertainment/Jadran/Inconvent, USA/Australien/Jugoslawien 1990
Verleih: -/-/-/New Vision Video
Videostart: 21.12.1990
FSK: nicht unter 18 J.
Länge: 89 Min.

Bei den Recherchen betreffs eines angeblich durch UFOs ausgelösten Flugzeugabsturzes stoßen zwei Journalisten in Norwegen auf eine unheimliche Seuche aus den Genlabors der NATO. SF-Thriller mit landläufigen Attitüden und verschenktem Thema.

Die Favoritin 286

THE FAVORITE/LA NUIT DU SERAIL **

Regie: Jack Smight
Darsteller: Amber O'Shea (Aimée Dubucq de Rivery), F. Murray Abraham (Abdul Hamid), Maud Adams (Sineperver), James Michael Gregary (Selim), Ron Dortch (Tulip), Laurent Le Doyen (Sebastiani), Jonathan Vuille, Francesco Quinn, Glenn Scarpelli, Gerard Touroul
Drehbuch: Larry Yust, nach dem Roman »Sultana« von Prinz Michael von Griechenland
Kamera: Howard Wexler, Giorgio Tonti (C.F.I. Color)
Musik: William Goldstein
Schnitt: Dennis Virkler
Produktion: Georges-Alain Vuille für Ascona Films Prod., Schweiz 1989
Verleih: 20th Century Fox/dto./dto.
Kinostart: 17.5.1990
FSK: ab 12, ffr.
Länge: 104 Min.

Ende des 18. Jahrhunderts: eine junge Französin verschlägt es nach Istanbul in den Harem des Sultans - ins Zentrum der Intrigen bei Hofe. Inszeniert nach einer Novelle von Prinz Michael von Griechenland bietet die langweilige Kostümschnulze nicht einmal schwülstige Erotik, sondern nur plüschigen Kitsch. *Kölner Stadt-Anzeiger*

Jürgen Richter in: FAZ, 19.5.90

FBI: Schonungslos 287

IN THE LINE OF DUTY: THE FBI MURDERS **

TV

Regie: Dick Lowry
Sendetermin: 20.9.1990, ARD, 23.00 Uhr

Erschien 1989 als »FBI Murders« auf Video. Und weil die Kassette auf dem Index jugendgefährdender Erzeugnisse der Bundesprüfstelle steht, erreichte die Behörde eine Verschiebung der Fernseh-Ausstrahlung. Vollständige Angaben und Besprechung im »Heyne Filmjahrbuch 1990«.

Birgit Weidinger in: SZ, 29.9.90

Fear – Todesangst 288

FEAR ***

Video

Regie: Rockne S. O'Bannon
Darsteller: Ally Sheedy (Cayce Bridges), Lauren Hutton (Jessica Moreau), Michael O'Keefe (Jack Hays), Stan Shaw (Thomas Weber), Dina Merrill (Catherine Tarr), Dean Goodman (William Tarr), Keone Young (William Wu), Pruitt Taylor Vince (Schattenmann), Jonathan Prince, John Agar
Drehbuch: Rockne S. O'Bannon
Kamera: Robert Stevens (Farbe)
Musik: Henry Mancini
Schnitt: Kent Beyda
Produktion: Richard Kobritz für Kobritz-O'Bannon Prod./Vestron, USA 1990

Verleih: -/-/-/Concorde Video
Videostart: 27.8.1990
Sendetermin: 15.7.1990, Showtime
FSK: nicht unter 18 J.
Länge: 92 Min.

Eine Frau mit dem zweiten Gesicht trifft auf einen Killer mit ähnlichen Fähigkeiten. Gelungener Thriller des früheren »Twilight Zone«-Autoren Rockne S. O'Bannon.

Feinde – Die Geschichte einer Liebe 289

ENEMIES, A LOVE STORY ****

Regie: Paul Mazursky
Darsteller: Ron Silver (Herman Broder), Anjelica Huston (Tamara), Lena Olin (Masha), Margaret Sophie Stein (Yadwiga), Alan King (Rabbi Lembeck), Judith Malina (Mashas Mutter), Rita Karin (Mrs. Schreier), Phil Leeds (Pesheles), Elya Baskin (Yasha Kotik), Paul Mazursky (Leon Tortshiner), Marie-Adele Lemieux
Drehbuch: Roger L. Simon, Paul Mazursky, nach dem Roman von Isaac Bashevis Singer
Kamera: Fred Murphy (Deluxe Color)
Musik: Maurice Jarre; Klarinetten-Solist: Giora Feidman
Schnitt: Stuart Pappé

Ich liebe euch doch alle! Ron Silver mit Margaret Sophie Stein, Anjelica Huston und Lena Olin in »Feinde – Die Geschichte einer Liebe«.

Produktion: Paul Mazursky für Morgan Creek Prod., USA 1989
Verleih: Concorde/Constantin/Rialto/ RCA-Columbia Video
Kinostart: 19.4.1990
FSK: ab 16, ffr.
Länge: 120 Min.
FBW: Wertvoll

Ein vor dem Nazi-Regime in die USA geflüchteter Jude, der mit seiner polnischen Lebensretterin verheiratet ist, hat eine temperamentvolle Geliebte und gerät in große Schwierigkeiten, als noch seine totgeglaubte erste Ehefrau auftaucht. Weder als jüdisches Einwandererdrama noch als Charakterstudie eines sich treiben lassenden Mannes überzeugender Film, dessen Stärken in der stimmungsvollen Milieuschilderung und im schauspielerischen Bereich liegen.

multimedia

Anne Frederiksen in: Die Zeit, 4.5.90; Frauke Hanck in: Die Welt, 24.4.90; Urs Jenny in: Der Spiegel, 23.4.90; Heike Kühn in: FR, 23.4.90; Verena Lueken in: FAZ, 19.4.90; Claudius Seidl in: SZ, 21.4.90; Anke Sterneborg in: Der Tagesspiegel, 19.4.90

La Femme de Rose Hill 290

LA FEMME DE ROSE HILL ***

Regie: Alain Tanner
Darsteller: Marie Gaydu (Julie), Jean-Philippe Ecoffey (Jean), Denise Peron (Jeanne), Roger Jendly (Marcel), Louba Guertchikoff (Marcels Mutter), André Steiger (Jeans Vater), Marie-Christine Epiney (Jeans Freundin), Jacques Michel
Drehbuch: Alain Tanner
Kamera: Hugues Ryffel (Eastmancolor)
Musik: Michel Wintsch
Schnitt: Laurent Uhler
Produktion: Alain Tanner für Filmograph/ Gemini Films/GPFI/WDR/SRR/Film Four Int./Airone Cinematografica, Schweiz/Frankreich 1989
Verleih: -/-/Sadfi
UA: 11.9.1989, Int. Filmfestival Venedig
EA: 26.6.1990, Filmfest München
Kinostart: Okt. 1990
Länge: 95 Min.

Der Waadtländer Bauer Marcel heiratet über eine Vermittlungsagentur die farbige Julie von den Antillen. Schon

Regisseur Alain Tanner (rechts) bei der Szenenbesprechung zu »La Femme de Rose Hill«.

nach kurzer Zeit bricht die Ehe auseinander, und Julie verliebt sich in den Unternehmer Jean. Als sie von ihm schwanger wird und seinem Drängen, das Kind abzutreiben, nicht nachgibt, erleidet auch diese Beziehung Schiffbruch. Alain Tanner erzählt in knappem und elliptischem Stil verschiedene Geschichten, ohne auch nur ein Thema tiefer auszuloten. So entsteht ein Film mit Bildern, die man alle schon irgendwo in Tanners Werk angetroffen hat. *Zoom*

Ferien zu dritt – The Great Outdoors 291

THE GREAT OUTDOORS **

Video

Regie: Howard Deutch
Darsteller: Dan Aykroyd (Roman), John Candy (Chet), Stephanie Faracy (Connie), Annette Bening (Kate), Chris Young (Buck), Ian Giatti (Ben), Hilary Gordon (Cara), Rebecca Gordon (Mara), Robert Prosky (Wally), Lucy Deakins
Drehbuch: John Hughes
Kamera: Ric Waite (CFI Color)
Musik: Thomas Newman
Schnitt: Tom Rolf, William Gordean, Seth Flaum
Produktion: Arne L. Schmidt für Hughes Entertainment, USA 1988
Verleih: -/-/-/CIC Video
Videostart: 17.4.1990
FSK: ab 12 J.
Länge: 90 Min.

Ziellos dahinplätschernde Komödie um den Niedergang eines sommerlichen Familienurlaubs, ausgelöst durch das Eintreffen des lauten Schwagers. John Hughes hat schon wesentlich Besseres zustandegebracht als die absehbaren Gags und Kalauer in diesem Streifen.

Fessle mich 292

ATAME! ***

Regie: Pedro Almodóvar
Darsteller: Victoria Abril (Marina), Antonio Banderas (Ricky), Francisco Rabal (Máximo Espejo), Loles Leon (Lola), Julieta Serrano (Alma), Maria Barranco (Berta), Rossi de Palma, Lola Cardona, Emiliano Redondo, Montse G. Romeu,

Antonio Banderas und Victoria Abril in »Fessle mich«.

Concha Rabal, José María Tasso, Víctor Aparicio, Carlos G. Cambero, Oswaldo Delgado, Angelina Llongueras, Alberto Fernández, Francisca Caballero
Drehbuch: Pedro Almodóvar
Kamera: José Luis Alcaine (Eastmancolor)
Musik: Ennio Morricone
Schnitt: José Salcedo
Produktion: Agustin Almodóvar für El Deseo, Spanien 1989
Verleih: Concorde/Constantin/Monopole Pathé/Concorde Video
EA: Filmfest München 1990
Kinostart: 16.8.1990
FSK: ab 16, ffr.
Länge: 102 Min.
FBW: Wertvoll

Ein aus der Psychiatrie entlassener 23jähriger Mann kidnappt die Frau, die er liebt, zwingt sie, drei Tage mit ihm zusammenzubleiben und schafft das schier unmöglich Geglaubte: Die Frau verliebt sich in ihn. Pedro Almodóvar braut in seinem achten Film ein Elaborat aus Kitsch, Liebe und Brutalität zusammen, das erstaunlich nahe an die Realität des Spaniens der neunziger Jahre herankommt. *Zoom*

(...) Ein hanebüchener Macho-Quatsch, aber von solch rasanter Spannungs- (und Spanner-)Tour, daß dem Sex-Maniak Almodóvar die kesse Orgasmus-Schnulze sicher gern als Matratzenknüller abgekauft wird. *Ponkie, AZ*

Wolfgang Brenner in: tip, 17/90; Marli Feldvoss in: FAZ, 16.8.90; Karl-Heinz Schäfer in: Prinz, 8/90; Helmut Schmitz in: FR, 16.8.90; Claudius Seidl in: SZ, 14.2.90 (Berlinale Bericht)

Feuer, Eis und Dynamit 293

**

Regie: Willy Bogner
Darsteller: Roger Moore (Sir George/McVay), Shari Belafonte (Serena), Connie de Groot (Lucy), Geoffrey Moore (Dudley), Simon Shepherd (Alexander), Uwe Ochsenknecht (Victor), Celia Gore Booth (Magda), Ursula Karven (Michelle), Ysabelle Lacamp (Li-Fah), Siegfried Rauch (Larry), Marjoe Gortner (Selby), Richard Cubison, Tiziana Stella
Drehbuch: Tony Williamson
Kamera: Charly Steinberger; Willy Bogner (Farbe)
Musik: Harold Faltermeyer
Schnitt: Peter Davies
Produktion: Willy Bogner Film, BRD 1990
Verleih: Neue Constantin/Constantin/Alpha/VCL/Carolco Video
UA: 17.10.1990, München
Kinostart: 18.10.1990
FSK: ab 12, ffr.
Länge: 106 Min.

Millionär stiftet sein Vermögen für den Sieger im »Megathon«, einem Wettkampf in sieben Extremsportarten. Die Fortsetzung von »Feuer und Eis« qualifiziert sich durch direkte Firmenwerbung, Dauergeblödel und die Darstellung naturfeindlicher Aktivitäten als fragwürdige Unterhaltung. *multimedia*

Ein Film ohne Inhalt, eine Show mit Dauer-Reklame. Vorgeblich ein Wettkampf um eine Riesenerbschaft, zeigt das artistische Spektakel halsbrecherische Stunts in allen nur erdenklichen Positionen. Die unübersehbaren »Empfehlungen« zahlungskräftiger Sponsoren in dieser actionreichen Blödelei sind von kühner Frechheit. Einer der längsten Werbefilme der Kinogeschichte. *Hans-Ulrich Pönack, tip*

Angie Dullinger in: AZ, 20.10.90; Jürgen Richter in: FAZ, 20.10.90

Feuer und Sturm 294

THE TIGER AND THE FLAME **

TV

Regie: Sohrab Modi
Darsteller: Mehtab (Manu, Rani Bai), Baby

Shikha (Manu als Kind), Sohrab Modi (Rajguru), Mubarak (Raja von Jhansi), A. Kishore (Lt. Henry Dowker), Ramsingh, Sapru, Marconi, Michael Shea
Kamera: (Technicolor)
Produktion: Indien 1952
Sendetermin: 11.2.1990, ZDF, 15.15 Uhr
Länge: 93 Min.

»Feuer und Sturm« ist der erste indische Farbfilm.
Schauprächtig und abenteuerhaft erzählt er die Geschichte der jungen, selbstbewußten Herrscherin Rani Bai, die nicht nur in friedlichen Zeiten große Zivilcourage zeigt, sondern sich auch mutig an die Spitze eines verzweifelten Aufstands gegen die britische Kolonialherrschaft setzt.

ZDF

Feuer unterm Arsch — 295

***
16 mm

Regie: Rosa von Praunheim
Kamera: Elfi Mikesch (Farbe)
Musik: Melitta Sundström, Roland Ingolf
Schnitt: Rosa von Praunheim, Patrick Hamm
Produktion: Rosa von Praunheim für Rosa von Praunheim/WDR, BRD 1990
Verleih: Filmwelt/-/-
Kinostart: 17.5.1990
Länge: 30 Min.
Untertitel: Vom Leben und Sterben schwuler Männer in Berlin

Der Film zeigt Versäumnisse, Mißverständnisse sowie frivole Gedankenspiele mit zügelloser Freiheit und der Lust am Tod in der Berliner Homosexuellen-Szene auf. Der kaum polemisch im Stil einer Fernsehdokumentation gehaltene Film ist der letzte Teil einer Aids-Trilogie. Es wird deutlich: Die »gay scene« tut sich schwer mit der Analyse ihres Milieus und ihres Selbstverständnisses. Schonungslos radikal sind in Berlin wie New York die sogenannten Tunten, deren Outriertheit Programm ist, deren Selbstreflexion zumeist aber auch nur in Zynismus und großorchestralem Pathos endet. *Barry Graves, tip*

Jochen Metzner in: Der Tagesspiegel, 20.5.90

Feuerpferde

Siehe »Schatten vergessener Ahnen«

Feverkill — 296

FEVER
***
Video

Regie: Craig Lahiff
Darsteller: Bill Hunter (Jack Welles), Gary Sweet (Jeff), Mary Regan (Leanne Welles), Jim Holt (Morris)
Drehbuch: John Emery
Kamera: David Foreman (Eastmancolor)
Musik: Frank Strangio
Schnitt: Denise Haratzis
Produktion: Terry Jennings für J.C. Williamson Prod., Australien 1988
Verleih: -/-/-/EuroVideo
Videostart: 10.4.1990
FSK: ab 16 J.
Länge: 92 (83) Min.

Der lachende Dritte eines Drogendeals überrascht seine Frau mit ihrem Liebhaber im Bett. Das folgende Handgemenge kostet ihn das Leben, seine Leiche landet in einem Brunnen. Aber das Pärchen merkt rasch, daß er noch lebt und ihnen auf den Fersen ist.
Überraschungsreicher, mit lakonischem Humor erzählter Action-Thriller aus Australien, der gekonnt Motive aus Hollywoods »Schwarzer Serie« einsetzt. *VideoWoche*

Fighter Gang – Sie kämpfen bis zum Ende — 297

KILL AND KILL AGAIN
*
Video

Regie: Ivan Hall
Darsteller: James Ryan (Steve Chase), Anneline Kriel (Kandy Kane), Ken Gampu (Gorilla), Norman Robinson (Gypsy Billy), Stan Schmidt (Fliege), Bill Flynn (Hotdog), Michael Mayer (Marduk), Marloe Scott-Wilson (Minerva), John Ramsbottom (Dr. Horatio Kane)
Drehbuch: John Crowther
Kamera: Tai Krige (DeLuxe Color)
Musik: Igo Kantor
Schnitt: Peter Thornton
Produktion: Igo Kantor für Film Ventures, USA 1981
Verleih: -/-/-/CBS-Fox Video
Videostart: 26.3.1990
FSK: ab 16 J.
Länge: 100 Min.

Ein Kampfsportweltmeister erhält den Auftrag, einen entführten Wissenschaftler, der neben einem Verfahren zur Umwandlung von Kartoffeln in Benzin auch noch eine Hirnwaschdroge entdeckt hat, aus den Fängen eines Größenwahnsinnigen zu befreien. Hanebüchener Eastern-Verschnitt aus Amerika, technisch und in den Kampfszenen nicht ganz auf der Höhe der Zeit.

Final Game 298

NIGHT GAME

**

Video

Regie: Peter Masterson
Darsteller: Roy Scheider (Seaver), Karen Young (Roxy), Richard Bradford (Nelson), Paul Gleason (Broussard), Carlin Glynn (Alma)
Drehbuch: Spencer Eastman, Anthony Palmer
Kamera: Fred Murphy (Technicolor)
Musik: Pino Donaggio
Schnitt: Robert Barrere
Produktion: George Litto für Epic Pictures, USA 1989
Verleih: -/-/-/VCL-Carolco Video
Videostart: 22.8.1990
FSK: nicht unter 18 J.
Länge: 95 Min.

Roy Scheider als Lieutenant gegen einen wahnsinnigen Frauen-Killer. Dieser mordet scheinbar sinnlos auf dem Gelände eines Vergnügungsparks. Zunächst sind keine Parallelen erkennbar, doch bald erkennt der Lieutenant, daß der Killer immer dann zuschlägt, wenn eine bestimmte Baseball-Mannschaft gewinnt. Oberflächliche Spannung leitet die undurchsichtige Story zu einer total unglaubwürdigen Aufklärung. Schade für Roy Scheider, ärgerlich für unsere kostbare Zeit. *Isabel Opitz, tips*

Final Notice 299

FINAL NOTICE

**

Video

Regie: Steven H. Stern
Darsteller: Gil Gerard (Harry Stoner), Steve Landesberg (Lt. Foster), Melody Anderson (Kate Davis), Louise Fletcher (Mrs.

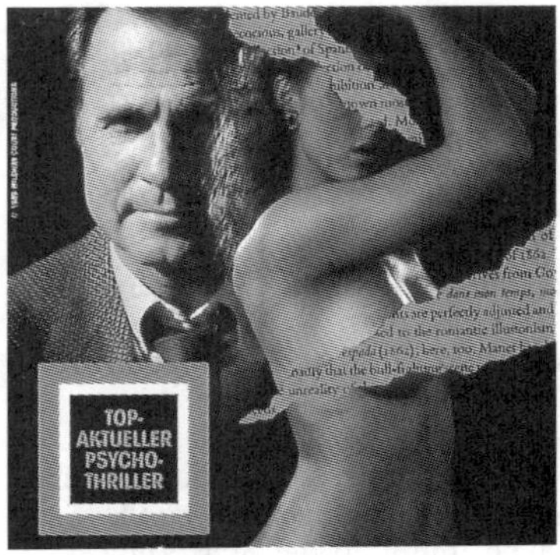

»Final Notice«

Lord), David Ogden Stiers (Leon Ringold), Kevin Hicks (Jake Lord), George Devries (Malcolm Stewart), Jackie Burroughs (Jessie Moselle), Alar Aedma
Drehbuch: John Gay, nach dem Roman von Jonathan Valin
Kamera: Frank Tidy (Farbe)
Schnitt: Barry Taylor
Produktion: Paul Freeman für Sharmhill/Wilshire Court, USA 1989
Verleih: -/-/-/CIC Video
Videostart: 15.2.1990
Sendetermin: 29.11.1989, USA
FSK: ab 16 J.
Länge: 88 Min.

Ein Privatdetektiv und eine hübsche Bibliothekarin entlarven den Bruder eines Drogenabhängigen als Aktbildschänder und Mädchenschlitzer. Glanzloser Fernsehkrimi.

Fire and Rain 300

FIRE AND RAIN

**

Video

Regie: Jerry Jameson
Darsteller: Angie Dickinson (Beth Mancini), Tom Bosley (Derryl Price), Robert Guillaume (Carter Guthrie), Susan Ruttan (Sandra Thompson), John Beck (Jack Ayres), Charles Haid (Bob Sonnamaker), Dick Christie (Rudy Price), Penny Fuller
Drehbuch: Gary Sherman, nach dem Buch von Jerome Greer Chandler
Kamera: Frederick Moore (Farbe)
Schnitt: Tom Stevens
Produktion: Richard Luke Rothschild für Wilshire Court/Pierre Cossette Prod., USA 1989
Verleih: -/-/-/CIC Video
Videostart: 1.3.1990

Sendetermin: 13.9.1989, USA
FSK: ab 16 J.
Länge: 83 Min.

Wieder stürzt ein Flugzeug ab, diesmal auf der Strecke Fort Lauderdale-Dallas, und wieder geben sich die Klischees des Katastrophenfilms die Klinke in die Hand. Daß sie es diesmal nicht im Flieger, sondern an der Unglücksstelle und in den Krankenhäusern tun, macht den erbärmlich inszenierten Fernsehfilm nicht besser.

Fire Syndrome 301
SPONTANEOUS COMBUSTION **

Regie: Tobe Hooper
Darsteller: Brad Dourif (Sam), Cynthia Bain (Lisa), Melinda Dillon (Nina), John Cypher (Dr. Marsh), William Prince (Orlander), Dey Young (Rachel), Frank Whiteman (Orlander in den 50ern), John Landis (Radiotechniker), Dick Butkus, Dale Dye, Andre de Toth, Joe Mays, Stacy Edwards, Brian Bremer
Drehbuch: Tobe Hooper, Howard Goldberg
Kamera: Levie Isaacks (Farbe)
Schnitt: Gabriella Christiani
Produktion: Jim Rogers für Project Samson Prod., USA 1989
Verleih: Delta/Elmo/-/RCA-Columbia Video
Kinostart: 3.5.1990
FSK: ab 16 nffr.
Länge: 97 Min.

»Fire and Rain«

Ein recht krudes Machwerk aus dem Splatter-Genre. Der Sohn radioaktiv verseuchter Eltern läuft als wandelnder Bunsenbrenner durch die Landschaft und verkohlt nicht nur sich, sondern die Zuschauer gleich mit. Gegen Hoopers texanisches Kettensägen-Massaker hat dieses Machwerk keinen Stich. *tip*

Jürgen Richter in: FAZ, 26.5.90; Georg Seeßlen in: epd Film 5/90

Flammender Ruhm

Siehe »Blaze of Glory – Flammender Ruhm«

Flash 302
THE FLASH **

Video

Regie: Robert Iscove
Darsteller: John Wesley Shipp (Barry Allen/Flash), Amanda Pays (Tina McGee), Alex Desert (Julio Mendez), Paula Marshall
Drehbuch: Danny Bilson, Paul DeMeo, nach den gleichnamigen DC-Comics
Kamera: Sandi Sissel (Farbe)
Musik: Shirley Walker, Danny Elfman
Schnitt: Frank Jimenez
Produktion: Steven Long Mitchell, Craig W. van Sickle, Gail Morgan Hickman für Warner Bros. TV/Pet Fly, USA 1990
Verleih: -/-/-/Warner Video
Videostart: 14.12.1990
Sendetermin: 20.9.1990, CBS
FSK: ab 16 J.
Länge: 90 Min.

Durch einen Laborunfall zum überschallschnellen »Roten Blitz« geworden, macht sich der Polizeichemiker Barry Allen an die Aufgabe, Central City von einer drogensüchtigen Motorradgang zu befreien. Pilotfilm einer neuen, relativ ordentlich getricksten Comic-Fernsehserie, die die dramaturgischen Grenzen ihres Helden sehr schnell unter Beweis stellte.

Flatliners 303
FLATLINERS ****

Regie: Joel Schumacher
Darsteller: Kiefer Sutherland (Nelson), Julia Roberts (Rachel), Kevin Bacon (La-

Traumatische Exkursionen ins Jenseits. Kiefer Sutherland, Kevin Bacon, Julia Roberts und Oliver Platt in »Flatliners«.

braccio), William Baldwin (Joe), Oliver Platt (Steckle), Kimberly Scott (Winnie Hicks), Joshua Rudoy (Billy Mahoney)
Drehbuch: Peter Filardi
Kamera: Jan de Bont (Deluxe Color Technicolor)
Musik: James Newton Howard
Schnitt: Robert Brown
Produktion: Michael Douglas, Rick Bieber für Stonebridge Ent., USA 1990
Verleih: Columbia Tri-Star/dto./ 20th Century Fox
UA: 10.8.1990, New York
Kinostart: 22.11.1990
FSK: ab 16, ffr.
Länge: 114 Min.
FBW: Besonders wertvoll

Der Film dreht sich um Medizinstudenten, die einen Weg gefunden haben, den klinischen Tod von Menschen herbeizuführen und sie danach wiederzubeleben. Sie halten das Herz an und gehen auf Tauchstation ins Unterbewußtsein. Bei ihren Jenseitserfahrungen stoßen sie auf abgelagerte Schuldgefühle und Sedimente des schlechten Gewissens.

Lars-Olav Beier, tip

Fritz Göttler in: SZ, 27.11.90; Jochen Metzner in: Der Tagesspiegel, 21.11.90; Rainer Nolden in: Die Welt, 23.11.90; Andreas Obst in: FAZ, 24.11.90

Fletch II – Der Troublemaker kehrt zurück 304

FLETCH LIVES **

Video

Regie: Michael Ritchie
Darsteller: Chevy Chase (Fletch), Hal Holbrook (Ham Johnson), Juliane Phillips (Becky Culpepper), Cleavon Little (Calculus), R. Lee Ermey (Jimmy Lee Farnsworth), Patricia Kalember, Richard Libertini, Randall »Tex« Cobb, George Wyner, Geoffrey Lewis
Drehbuch: Leon Capetanos
Kamera: John McPherson (DeLuxe Color)
Musik: Harold Faltermeyer
Schnitt: Richard A. Harris
Produktion: Alan Greisman, Peter Douglas für Universal, USA 1989
Verleih: -/-/-/CIC Video
Videostart: 8.5.1990
FSK: ab 12 J.
Länge: 95 Min.

Fletch, der rasende Reporter mit den tausend Masken, tritt das Erbe seiner verstorbenen Tante in Louisiana an und stößt dort auf einen Giftmüllskandal. Alberne, in ihrer Zeichnung der Südstaatler recht klischeehafte Fortsetzung für hartgesottene Chevy Chase-Fans.

Fletcher Quinn in Action 305

TWO WRONGS MAKE A RIGHT **

Video

Regie: Robert Brown
Darsteller: Ivan Rogers (Fletcher Quinn), Eva Wu (Jayna), Rich Komenich (Lake), R. Michael Pyle (Lt. Zander), Michael G. Rizk (Sgt. Vellosi), Ron Blackstone (Jack Balantine)
Drehbuch: Ivan Rogers
Kamera: David Yosha (Southwest Color)
Musik: Tony Byrne
Schnitt: Sheri J. Galloway
Produktion: Ivan Rogers für Paradigm Films, USA 1989
Verleih: -/-/-/Limar Video
Videostart: 30.4.1990
FSK: nicht unter 18 J.
Länge: 83 Min.

Ein schwarzer Nachtclubbesitzer wird auf seine Weise mit den lästigen Schutzgeldforderungen des Syndikats fertig. Später Nachzieher zur Shaft-Blaxploitation.

Flitzerwochen 306

HONEYMOON ACADEMY **

Video

Regie: Gene Quintano
Darsteller: Kim Cattrall (Chris), Robert Hays (Sean McDonald), Leigh Taylor-Young (Doris), Charles Rocket (Alex), Lance Kinsey (Lance), Christopher Lee (Lazos)
Drehbuch: Gene Quintano, Jerry Lazarus
Kamera: John Cabrera (CFI Color)
Musik: Robert Folk
Schnitt: Hubert C. de la Bouillerie
Produktion: Tony Anthony für Fidelity Films, USA 1990
Verleih: -/-/-/VPS Video
Videostart: 31.1.1990
FSK: ab 12 J.
Länge: 94 Min.

Während ihrer Flitterwochen erhält Chris den Auftrag, für ihre Chefin einen Botengang zu erledigen. Sie ahnt nicht, daß es sich um Falschgeld-Druckplatten handelt. Für diese »heiße« Ware interessieren sich natürlich noch diverse andere Leute. Mittlere, amüsante Unterhaltung der leichteren Klasse. *tip*

Die flotten Teens von Rimini 307

CIAO KIDS *

Video

Regie: Salvatore Sampieri
Darsteller: Lara Wendel, Massimo Ciavarro, Danilo Mattei, Diego Capuccio
Musik: Claudio Simonetti
Produktion: Italien 1983
Verleih: -/-/-/Focus Video
Videostart: 31.7.1990
FSK: ab 16 J.
Länge: 90 Min.

Teenies in Rimini rangeln sich mit einem reichen Schönling um eine blinde Passagierin. Anachronistische Ausgrabung aus der Zeit der muffigen »Flotte Teens«-Plotten.

Fluch des Dämon

Siehe »Malediction - Fluch des Dämon«

Der Fluch des Schlangentals 308

SAKLJATIE GOLINY SMEU/
KLATWA DOLINY WEZY **

Regie: Marek Pestrak
Darsteller: Ewa Salacka (Christine), Krzysztof Kolberger (Tarnas), Roman Wilhelmi (Traven), Lan Bik, Zygmunt Bielawski (Morineau), Henryk Bista (Redakteur), Sergej Desnizky (Buturlin), Zbigniew Lesien (Noiret), Mikk Mikiver, Leon Niemczyk, Igor Pschegrodski, Tuan Tou, Margus Tuuling
Drehbuch: Wojcech Nizynski, Marek Pestrak, Wladimir Waluzki, nach Motiven der Erzählung »Das Hobby des Doktor Traven« von Robert Stratton
Kamera: Ryszard Lencziewski, Janusz Pawlowski (Farbe)
Musik: Sven Grünberg
Schnitt: Maria Kuzminska-Lebiedzik
Produktion: Michal Zablocki, Anne Alla für Tallinnfilm/T/O »Oko«/»Sovinfilm«/PRF »Sespol Film«, UdSSR/Polen 1988
Verleih: Progreß/-/-
UA: 3.9.1988, Warschau
Kinostart: 22.6.1990
Länge: 106 Min.

Wirre Geschichte um eine geraubte Schatulle, die 30 Jahre später zu einem Schatz im Dschungel führt. Bei der Schatzsuche geraten die Abenteurer in einen Science-fiction Film.

Fluchtpunkt Highway 309

EDGE OF INNOCENCE **

Video

Regie: Chris du Toit
Produktion: Südafrika 1988
Verleih: -/-/-/Scala Video
Videostart: 30.9.1990
FSK: ab 12 J.
Länge: 90 Min.

Sollte bereits letztes Jahr unter dem Titel »Dirty Hunt - Unschuldig gejagt« anlaufen. Siehe »Heyne-Filmjahrbuch 1990«.

Flug in die Hölle

Siehe »Last Flight to Hell - Flug in die Hölle«

Fluß des Grauens

Siehe »River of Death - Fluß des Grauens«

Die Fontäne

Siehe »Der Springbrunnen«

Ford Fairlane – Rock'n Roll Detective 310

THE ADVENTURES OF FORD FAIRLANE **

Regie: Renny Harlin
Darsteller: Andrew Dice Clay (Ford Fairlane), Wayne Newton (Julian Grendel), Priscilla Presley (Colleen Sutton), Morris Day (Don Cleveland), Lauren Holly (Jazz), Maddie Corman (Zuzu Petals), Gilbert Gottfried (Johnny Crunch), David Patrick Kelly (Sam), Brandon Call, Robert Englund, Ed O'Neill
Drehbuch: Daniel Waters, James Cappe, David Arnott, nach einer Story von Cappe und Arnott und Charakteren von Rex Weiner
Kamera: Oliver Wood (Deluxe Color)
Musik: Yello
Schnitt: Michael Tronick
Produktion: Joel Silver, Steve Perry für Silver Pic. Prod., USA 1990
Verleih: 20th Century Fox/dto./CBS-Fox Video
UA: 11.7.1990, New York
Kinostart: 6.9.1990
FSK: ab 18, ffr.
Länge: 104 Min.

Der Film präsentiert den amerikanischen Komiker-Star Andrew Dice Clay in der Rolle eines extraordinären Detektivs, der sich auf Klienten aus der Musikszene von Los Angeles spezialisiert hat. Trotz illustrer Darsteller und einiger amüsanter Sequenzen wie der turbulenten Beerdigung eines Heavy-Metal-Idols kommt bei dieser oberflächlichen Klamotte nur wenig Freude auf, die Story ist extradünn und der Humor erschöpft sich in bloßem Klamauk und blöden Kalauern. *Ralph Umard, tip*

Bodo Fründt in: SZ, 24.11.90; Milan Pavlovic in: Kölner Stadt-Anzeiger, 17./18.11.90; Anke Sterneborg in: Der Tagesspiegel, 15.11.90

The Forgotten One 311

THE FORGOTTEN ONE **

Video

Regie: Phillip Badger
Darsteller: Terry O'Quinn (Bob Andersen), Kristy McNichol (Barbara), Blair Parker (Evelyn), Elisabeth Brooks (Carla)
Drehbuch: Phillip Badger
Kamera: James Mathers (Farbe)
Musik: Kevin Hedges
Schnitt: Michael Spence
Produktion: Peter Garrity, USA 1990
Verleih: -/-/-/Ascot Video
Videostart: 8.10.1990
FSK: ab 16 J.
Länge: 98 Min.

Ein Mann verfällt dem Geist seiner früheren Geliebten und begeht am Ende trotz heftiger Liebesmüh der Nachbarin Selbstmord im See, um wenigstens im Tod mit ihr beisammen sein zu können. Altmodischer Horrorfilm.

Der Franzose 312

FRANZUS ***

Regie: Galina Jurkowa
Darsteller: Sergej Schakurow (Vater),

Jewgenija Simonowa (Mutter), Leonid Jarmolnik (Onkel Sewa), Semjon Farada (Semjon Abramowitsch), Sascha Birjukow (Wlad), Igor Skljar (Hauptmann), Juri Swjaginzew (Viktor)
Drehbuch: Sergej Bodrow, Georgi Danelija
Kamera: Alexander Kowaltschik (Farbe)
Musik: Maxim Dunajewski
Produktion: Gorki-Studio, Moskau, UdSSR 1988
Verleih: Progreß/-/-
Kinostart: 20.4.1990
Länge: 80 Min.

Ein Heimkehrerschicksal zwei Jahre nach Beendigung des Krieges. Die Söhne Anatoli und Wlad wollen die Autorität des spät und unverhofft heimgekehrten Vaters nicht anerkennen. Sie meinen, ohne ihn auskommen zu können. Gleich wo er seine Arbeitskraft anbietet, er wird abgelehnt. Seine Gefangenschaft in den Lagern des faschistischen Deutschland machten ihn, trotz Flucht und Teilnahme in der französischen Widerstandsbewegung, suspekt. Ein Film, der emotional berührt, ein leiser, sensibler Film, der historischen Wahrheit verpflichtet, sehr dicht in der Atmosphäre, getragen von glaubwürdigen Charakterdarstellern.

Kino DDR

Die Frau, die vom Himmel fiel 313

THE GODDESS OF LOVE
**
Video

Regie: Jim Drake
Darsteller: Vanna White (Venus), David Naughton (Ted Beckman), Little Richard (Alphonso), John Rhys-Davies (Zeus), Betsy Palmer (Hera), David Leisure (Jimmy), Amanda Bearse (Cathy), Philip Baker Hall (Detective Charles), Jennifer Bassey (Mrs. Wilson)
Drehbuch: Don Segall, Phil Margo, nach dem Roman »Tinted Venus« von F. Anstey
Kamera: Gil Hubbs (Farbe)
Musik: Mitch Margo, Dennis Dreith, A.S. Diamond
Schnitt: Michael Economou
Produktion: Don Segall für Phil Margo Enterprises/New World TV/Phoenix Entertainment Group, USA 1988
Verleih: -/-/-/VCL Video
Videostart: 26.4.1990
Sendetermin: 20.11.1988, NBC
FSK: ab 6 J.
Länge: 88 Min.

Nach dreitausend Jahren olympischer Langeweile steigt Venus nach Los Angeles hinab, um dem geliebten Friseur seine künftige Braut abspenstig zu machen. Harmloser Ulk.

Eine Frau für Alfie 314

***
TV

Regie: Beat Kuert
Darsteller: Michael Schreiner, Eisi Gulp, Julia Sternberger, Lila Gürmen, Martina Gedeck, Buddy Elias, Peter Zilles, Eva Pflug, Jürgen Stössinger
Drehbuch: Niklaus Schlienger
Kamera: Reinhard Schatzmann, Karin Praxmarer (Farbe)
Schnitt: Dominique Beinroth, Patrizia Wagner
Produktion: DRS, Schweiz 1989
Sendetermin: 7.1.1990, DRS, 20.05 Uhr
Länge: 86 Min.

Komödie um zwei ungleiche Freunde, um deren Lebensbewältigung im Streß der Redaktion einer Schweizer Tageszeitung und die Logik einer stillen Gerechtigkeit, welche dem Fleißigen oft mehr zugesteht als dem Charmeur. Streckenweise amüsant, oft jedoch oberflächlich, greift der Film Themen auf, die den Alltag in der Schweiz am Ende der achtziger Jahre prägen: Aussiedlung von Ausländern, Baupolitik (undurchsichtig), berufstätige und sehr selbstbewußte Frauen, die Kleinfamilie ... doch alles nur am Rande erwähnt. Schade!

Zoom

Eine Frau namens Harry 315

**

Regie: Cyril Frankel
Darsteller: Thomas Gottschalk (Harry), Fiona Fullerton (Katherina), Heinz Hoenig (Michael), Mandy Perryment (Harriett), Heinz Mareck (Graf), Maria Perschy (Mutter), Eddi Arent (Psychiater), Jochen Busse (Androloge), Robert Dietl (Gynäkologe), Julia Kent, Sabi Dorr, Andrea Schober, Linda Joy, Daniel Friedrich, Sabina Trooger, Käte Jaenicke

sowie Stephanie Beacham als Christine und Charles Gray als Teufel
Drehbuch: Vivian Naefe (Originalvorlage, Nennung von Aubrin zurückgezogen)
Kamera: Heinz Hölscher (Farbe)
Produktion: Karl Spiehs, Luggi Waldleitner für Lisa/K.S./Roxy/Monaco, BRD 1990
Verleih: Tivoli/Fleur/Stamm/Starlight Video
Kinostart: 19.7.1990
FSK: ab 6, ffr.
Länge: 95 Min.
FBW: Wertvoll

Erfolglose Sekretärin wird durch einen Pakt mit dem Teufel zum Mann, hat als solcher allenthalben Erfolg, läßt sich aber aus Liebe wieder in eine Frau zurückverwandeln. Deutsche Komödie, die ihr Thema von der Akzeptanz der Geschlechterrolle zu grobschlächtig und zu langatmig umsetzt. *multimedia*

Daniel Brunner in: FAZ, 21.7.90; Heike Kühn in: FR, 21.7.90; Rainer Nolden in: Die Welt, 24.7.90; Claudius Seidl in: SZ, 25.7.90

Freiheit ist ein Paradies 316

SWOBODA – ETO RAJ ****

Regie: Sergej Bodrow
Darsteller: Wolodja Kosyrew (Sascha), Alexander Burejew (Vater), Swetlana Gaitan (Klawa), Vitautas Tomkus (Gefängnisdirektor)
Drehbuch: Sergej Bodrow
Kamera: Juri Schirtladse (Farbe)
Musik: Alexander Raskatow
Schnitt: Valentina Kulagina
Produktion: Mosfilm-Studios, UdSSR 1989
Verleih: Filmverlag, Progreß/Constantin/ Columbus
EA: 15.2.1990, Int. Forum des Jungen Films bei der Berlinale
Kinostart: 7.6.1990
FSK: ab 12, ffr.
Länge: 75 Min.
Hauptpreis des Weltfilmfestival in Montreal 1989; Wolfgang-Staudte-Preis der Berliner »Pressestiftung Tagesspiegel« für Regisseur Sergej Bodrow

(...) Sergej Bodrow reduziert in seinem scheinbar unaufwendigen Plädoyer für Menschenwürde (die Freiheit naturgemäß einschließt) sein Thema auf den dreizehnjährigen Sascha, der sich aus einem Heim für schwererziehbare Kinder auf die Suche nach seinem Vater macht. Auf dieser Odyssee vom Süden der Sowjetunion bis in den hohen Norden, wo auch der Vater gefangen gehalten wird, symbolisieren die Menschen und Landschaften den Aufbruch zur

»Freiheit ist ein Paradies« – und ebenso fern.

Perestrojka, ohne deshalb die brutalen Strukturen zu schonen, die immer noch bestehen. *Kai Niemeyer, AZ*

Michael Althen in: SZ, 9.6.90; Norbert Grob in: Die Zeit, 22.6.90; Peter Körte in: Prinz, 6/90; Detlev Kühn in: epd Film, 6/90; Heike Kühn in: FR, 7.6.90; Karena Niehoff in: Der Tagesspiegel, 18.2.90; Hans-Dieter Seidel in: FAZ, 12.6.90; Rainer Traub in: Der Spiegel, 24/90

Fremde Schatten 317
PACIFIC HEIGHTS ****

Regie: John Schlesinger
Darsteller: Melanie Griffith (Patty Palmer), Matthew Modine (Drake Goodman), Michael Keaton (Carter Hayes), Mako (Toshio Watanabe), Nobu McCarthy (Mira Watanabe), Laurie Metcalf (Stephanie MacDonald), Carl Lumbly
Drehbuch: Daniel Pyne
Kamera: Dennis E. Jones (Farbe)
Musik: Hans Zimmer
Schnitt: Mark Warner
Produktion: Scott Rudin, William Sackheim für Morgan Creek Prod., USA 1990
Verleih: 20th Century Fox/dto./dto.
Kinostart: 13.12.1990
FSK: ab 16, ffr.
Länge: 103 Min.
FBW: Wertvoll

John Schlesingers jüngster Film ist ein Psychothriller um zwei frischgebakkene Liegenschaftsbesitzer, Mann und Frau, und einen ebenso skrupellosen wie obskuren Hausbesetzer, der mit Küchenschaben und nächtlichem Hämmern und Sägen die Nachbarn zu

Mieterterror. Michael Keaton und Melanie Griffith in »Fremde Schatten«.

Marlon Brando spielt Marlon Brando in »Freshman«.

ärgern pflegt, bevor er zu drastischeren Belästigungsmethoden übergeht. Die unverhohlene Freude an gewalttätigen Effekten macht auch diesen Film des umstrittenen Regisseurs von »Marathon Man« zu einer fragwürdigen Sache. *Zoom*

Lars-Olav Beier in: tip, 25/90; Jan Dreier in: Prinz, 12/90; Hannes Hintermeier in: AZ, 13.12.90 (Interview Schlesinger); Frauke Hanck in: Die Welt, 19.12.90; Peter Körte in: FR, 13.12.90; Verena Lueken in: FAZ, 14.12.90; Anke Sterneborg in: Der Tagesspiegel, 14.12.90

Freshman 318
FRESHMAN ***

Regie: Andrew Bergman
Darsteller: Marlon Brando (Carmine Sabatini), Matthew Broderick (Clark Kellog), Bruno Kirby (Victor Ray), Penelope Ann Miller (Tina Sabatini), Frank Whaley (Steve Bushak), Jon Polito (Chuck Greenwald), Paul Benedict (Arthur Fleeber), Richard Gant (Lloyd Simpson), Maximilian Schell (Larry London/Hans), Kenneth Welsh, Pamela Payton-Wright, B.D. Wong, Leonardo Cimino, Gianni Russo
Drehbuch: Andrew Bergman

Kamera: William A. Fraker (Technicolor)
Musik: David Newman
Schnitt: Barry Malkin
Produktion: Mike Lobell für Lobell/Bergman Prod., USA 1990
Verleih: Columbia Tri-Star/dto./ 20th Century Fox/RCA-Columbia Video
Kinostart: 8.11.1990
FSK: ab 12, ffr.
Länge: 102 Min.
FBW: Besonders wertvoll

Leidlich unterhaltsame Mafia-Parodie mit deutlichen Anleihen bei Francis F. Coppolas »The Godfather«. Wieder spielt Marlon Brando den Mafia-Boß als Familienpatriarchen, nur ist diesmal an seiner Seite ein vom Leben unbeleckter Filmstudent, der sich - kaum in New York angekommen - im Gestrüpp von Mafiageschäften, Korruption und Familienbeziehungen (vorerst) hoffnungslos verstrickt. Die sichtliche Lust am Zitieren filmischer Vorbilder macht die etwas abstruse Geschichte um illegal eingeführte seltene Tierarten nicht viel plausibler. *Zoom*

Lars-Olav Beier in: tip, 23/90; Sabine Carbon in: Der Tagesspiegel, 9.11.90; Jan Dreier in: Prinz, 11/90; Otto Heuer in: Rheinische Post, 9.11.90; Sabine Horst in: FR, 8.11.90

Der Freund 319

DRUG ***

Regie: Leonid Kwinichidse
Verleih: Progreß, Filmverlag der Autoren/-/-

Der Film läuft in der BRD in der Reihe »Erstes Festival des Neuen Sowjetischen Films«. Bereits im vergangenen Jahr in der DDR gestartet. Deshalb vollständige Angaben und Kritik im »Heyne Filmjahrbuch 1990«.

Der Frühling braucht Zeit 320

****

Regie: Günter Stahnke
Darsteller: Eberhard Mellies (Heinz Solter), Elfriede Neé (Ruth Solter), Doris Abesser (Inge Solter), Günther Simon (Eberhard Faber), Karla Runkehl (Luise Faber), Rolf Hoppe (Wiesen), Horst Schön (Schellhorn), Kurt Barthel, Heinz Scholz, Friedrich Richter, Agnes Kraus, Hans Hardt-Hardtloff, Erik S. Klein, Kurt Abesser,
Drehbuch: Hermann O. Lauterbach, Konrad Schwalbe, Günter Stahnke
Kamera: Hans-Jürgen Sasse
Musik: Gerhard Siebholz
Schnitt: Erika Lehmphul
Produktion: Defa-Studio, Gruppe »Babelsberg«, DDR 1965
Verleih: Progreß/-/-
UA: 25.11.1965, Akademie der Künste, Berlin (DDR)
EA: 15.2.90, Int. Forum des Jungen Films bei der Berlinale
Kinostart: Mai 1990
Sendetermin: 26.9.1990 (DRS), 15.11.1990 (BR III)
Länge: 78 Min.

Ein Ingenieur wird von seinen Vorgesetzten angehalten, gegen seinen Willen eine fehlerhafte Ferngasleitung für den Betrieb freizugeben. Nach einer gravierenden Panne wird er als Verantwortlicher zur Rechenschaft gezogen. Der Film kritisiert unsinnige Plansollforderungen und die Allmacht der Partei. Neben der gesellschaftskritischen Stoßrichtung des Films monierten die Zensoren eine an expressionistischen Vorbildern orientierte Bildgestaltung, die sich anschickt, Entfremdung in der sozialistischen Gesellschaft behaupten zu wollen. *Zoom*

Vorige Woche wurde wieder einer der DEFA-Spielfilme aufgeführt, die seinerzeit Opfer von Ignoranz und Inkompetenz jenes selbstzerstörerischen »11. Plenums« geworden waren: Der Film von Günter Stahnke, entstanden 1965. »Der Frühling braucht Zeit, dafür kommt er auch ganz von selbst«, heißt es im Dialog des Streifens. Er kam nicht ganz von selbst und brauchte ein Vierteljahrhundert...
Wenngleich dieser Streifen mit seinen beiden Vorläufern - »Spur der Steine« und »Das Kaninchen bin ich« - was die künstlerische Umsetzung der Story betrifft, nicht schritthalten kann, so ist er doch wiederum aufschlußrei-

Florence Darrel, Eloise Bennett und anne Teyssedre in Rohmers »Frühlingserzählung«, dem ersten Film aus seinem Jahreszeiten-Zyklus.

che und zugleich bestürzende Geschichtslektion.

»Der Frühling braucht Zeit« ist ein Film, der sich um eine bessere Moral bemüht, denn die war seinerzeit schon, wie zu sehen, auf den Hund gekommen. Was immer es gewesen sein mag, was man hierzulande Sozialismus nannte, die Gretchenfrage ist im Film gestellt, ob der Mensch für den Sozialismus da sei oder der Sozialismus für den Menschen. Damals war diese Frage noch relevant. Und heute?

Günter Sobe, Berliner Zeitung

Heinz Kersten in: Der Tagesspiegel, 17.2.90; Curd Wolf in: Berliner Morgenpost, 17.2.90

Frühlingserzählung 321

CONTE DE PRINTEMPS ****

Regie: Eric Rohmer
Darsteller: Anne Teyssedre (Jeanne), Hugues Quester (Igor), Florence Darel (Natacha), Eloise Bennett (Eve), Sophie Robin (Gaelle), Marc Lelou, François Lamore
Drehbuch: Eric Rohmer
Kamera: Luc Pages (Farbe)
Musik: Beethoven, Schumann
Schnitt: Maria-Luisa Garcia
Produktion: Margaret Menegoz für Les Films du Losange mit Sofica Investimage, Frankreich 1989
Verleih: Prokino/top-film/Sadfi
EA: 20.2.1990, Int. Filmfestspiele Berlin (außer Wettbewerb)
Kinostart: 3.5.1990
FSK: ab 6, ffr.
Länge: 107 Min.

Der Film ist wie das Öffnen eines Fensters in einem dunstigen Raum: Man lernt wieder, was sehen heißt. Die bitterironische Geschichte von einem jungen Mädchen, das seinen Vater an eine Freundin verkuppeln möchte, weil es seine neue Geliebte haßt.

Alle Protagonisten haben ihre Gefühle an Objekte vergeben: von Kindheitsmöbeln bis zum Familienschmuck ist alles emotional besetzt. Gefühle sind kälter als Computer.

André Simonoviescz, tip

Erster Film aus Eric Rohmers »Contes de quatre saisons«.
Die junge Philosophiestudentin Jeanne lernt auf einer Party die Konservatoriumsabsolventin Natacha kennen. Die beiden verbringen eine Woche zusammen, reden miteinander und mit Natachas Vater und dessen Freundin Eve über Philosophie, Vorstellungen vom Leben und über Beziehungen.
Daß dabei eine kleine Eifersuchtsgeschichte stattfindet, ein riesiges Mißverständnis entsteht und sich klärt, gehört zu den alltäglichen Ereignissen, die sich unter Rohmers subtiler Regie zum Meisterwerk verbinden.

Zoom

Volker Baer in: Der Tagesspiegel, 21.2.90; Marli Feldvoss in: FAZ, 10.5.90; Andreas Kilb in: Die Zeit, 4.5.90; Heike Kühn in: FR, 10.5.90

Der fünfte Affe 322

THE FIFTH MONKEY **

Regie: Eric Rochat
Darsteller: Ben Kingsley (Cunda), Mika Lins (Octavia), Vera Fischer (Mrs. Watts), Silvia de Carvalho (Maria), Carlos Kroeber, Milton Gonçalves, Julio Levy, Rinaldo Rinaldi, Paulo Vinicius, Telma Heston, Bety Shumacher
Drehbuch: Eric Rochat, nach einem Roman von Jacques Zibi
Kamera: Gideon Porath (Rank Color)
Musik: Gaylon Horton (Supervisor), Robert O. Ragland
Schnitt: Alain Jakubowicz, Fabien D. Tordjmann
Produktion: Menahem Golan für 21st Century Film Prod., USA 1990
Verleih: Ascot/Constantin/Elite/21st Century Video
Kinostart: 23.8.1990
FSK: ab 6, ffr.
Länge: 102 Min.

Der Schlangenjäger Cunda ist in die rassige Witwe Maria verliebt, obwohl er es doch eigentlich an der Seite der schönen Oktavia ganz gut hat. Nach einem Schlangenbiß sieht er plötzlich vier wertvolle Affen, die ihm nachlaufen.
Ein affiges Vergnügen.

Sabine Horst in: FR, 13.9.90

Ben Kingsley in »Der fünfte Affe«.

Der fünfte Freitag 323

MELANCHOLIA ***

Regie: Andi Engel
Darsteller: Jeroen Krabbe (David Keller), Susannah York (Catherine), Ulrich Wildgruber (Manfred), Jane Gurnett (Sarah Yelin), Kate Hardie (Rachel), Saul Reichlin (Dr. Vargas), John Sparkes, Detlef Berthelsen, Mouchette van Helsdingen, John Joyce
Drehbuch: Andi Engel, Lewis Rodia
Kamera: Denis Crossan (Farbe)
Musik: Simon F. Turner
Schnitt: Chris Roth
Produktion: Colin MacCabe für Lichtblick Filmprod./British Film Institute/Channel Four/NDR/Filmfonds Hamburg/Hamburger Filmbüro, BRD/GB 1989
Verleih: Filmverlag/-/-
EA: Low Budget Festival, Hamburg 1989
Kinostart: 1.2.1990
FSK: ab 16, ffr.
Länge: 87 Min.
FBW: Wertvoll

Der Film erzählt die Geschichte vom Amoklauf eines kaputten Kunstkritikers, eines ehemaligen Aktiven in der 68er Studentenrevolte, der plötzlich aus seiner alkohol-vernebelten Lethargie erwacht und zum Killer wird. Biederes deutsches Autorenkino ohne Drive und zündende Ideen, das nur durch die überzeugende darstellerische Leistung des Jeroen Krabbes in der Hauptrolle vor der völligen Bedeutungslosigkeit bewahrt wird.

Ralph Umard, tip

Peter Buchka in: SZ, 1.2.90; Rainer Gansera in: epd Film 3/90; Andreas Kilb in: Die Zeit, 9.2.90; Eva Maria Lenz in: FAZ, 8.2.90; Kai Niemeyer in: AZ, 2.2.90; Reinhard Tschapke in: Die Welt, 2.2.90

Future Force 324

FUTURE FORCE *

Video

Regie: David A. Prior
Darsteller: David Carradine (John Tucker), Robert Tessier (Becker), Anna Rapagna (Marion), William Zipp (Adams), Patrick Culliton (Grimes), D.C. Douglas (Billy), Dawn Wildsmith (Roxanne), Kimberley Casey (Alicia), August Winters, John Cianetti
Drehbuch: David A. Prior, Thomas Baldwin
Kamera: Andrew Parke (Image Transform Color)
Musik: Tim James, Steve McClintock, Mark Mancina
Schnitt: Paul O'Bryan
Produktion: Kimberley Casey für Action International, USA 1989
Verleih: -/-/-/VCL Video
Videostart: 8.3.1990
FSK: nicht unter 18 J.
Länge: 84 Min.

Ein Cyborg-Polizist gerät unter Beschuß seiner Auftraggeber, als er eine Enthüllungsreporterin gegen das System verteidigen will. David A. Prior dreht im Schnitt vier Filme pro Jahr. Leider keine guten.

Jeroen Krabbe in »Der fünfte Freitag«.

Galaxy Heroes

Drei Folgen aus der SF-Serie »Captain Power« (EuroVideo).

The Garden 325

THE GARDEN **

TV

Regie: Derek Jarman
Darsteller: Tilda Swinton (Madonna), Roger Cook (Christ), Spencer Leigh (Mary Magdalene/Adam), Pete Lee Wilson (Teufel), Kevin Collins, Johnny Mills
Kamera: Christopher Hughes (Farbe)
Musik: Simon Fisher-Turner
Schnitt: Peter Cartwright
Produktion: James Makay für Basilisk/ZDF/Channel Four/British Screen/Uplink, GB 1990
Sendetermin: 30.10.90, ZDF, 22.55 Uhr
Länge: 92 Min.

Ein wüste surrealistische Mitternachts-Kanonade donnerte Derek Jarman mit seiner Alptraum-Explosion in die ZDF-Reihe »Das kleine Fernsehspiel«: Die Diskriminierung und Verfolgung Homosexueller knallt als rabiate Passion, orientiert an Kunst und Kitsch der christlichen Symbolbilder, durch den Kopf des schlafenden Jarman. Leidens-Orgie der Phantasie. *Ponkie, AZ*

Und das neunzig Minuten lang! Das gelegentliche Aufleuchten eines Atomkraftwerks alterniert mit einer Kissenschlacht; Scheußlichkeiten wie das Beschmieren eines gefesselten und geknebelten Mannes mit Ketchup und anderen Soßen und ein Flammenmeer sollen apokalyptische Vorstellungen wachrufen. Es ist schade um die Zeit, und wer das auch so empfand und nach fünf Minuten abschaltete oder das Programm wechselte, tat recht daran.

Michael Stone, Der Tagesspiegel

Michael O'Fray in: Monthly Film Bulletin, Jan. 1991

Der Gasthof in den Bergen 326

HANUL DINTRE DESLURI ***

Regie: Cristiana Nicolae
Darsteller: Florin Busnioc, Dana Dogaru, Alexandru Repan, Gina Patrichi, Mariana Buruiana, Teofil Vilou, Cornelia Gheorghiu, Dem Niculescu, Valentin Popescu, Laurentiu Lazar, Petrica Nicolae, Victor Moldovan, Dalila Gall, Vasile Boghita
Drehbuch: Cristiana Nicolae, nach der Novelle von Ion Luca Caragiale
Kamera: Alexandru Intorsureanu, Nicu Stan, Mihai Truica (Farbe)
Musik: Adrian Enescu
Produktion: Filmstudio Bukarest, Rumänien 1988
Verleih: Progreß/-/-
Kinostart: 2.2.1990
FSK: ab 14 J.
Länge: 112 Min.

Hauptmann Jordache hat seinen Reichtum bei der Niederwerfung der revolutionären Aktionen von 1848 erworben. Nun giert er nach noch mehr, nach dem Ausbau seiner Macht. Dazu fehlt ihm auch ein Mann für seine Tochter Kira. Seine Wahl fällt auf Stefan, den einzigen Sohn einer zwar angesehenen, aber verarmten Familie, und so kommt der »Kauf« alsbald zustande. *Kino DDR*

Gate 2 – Das Tor zur Hölle 327

THE GATE 2 **

Video

Regie: Tibor Takacs
Darsteller: Louis Tripp (Terry), Pamela Segall (Liz), James Villemaire (John), Simon Reynolds (Moe), Neil Munro (Art), Layne Colman
Drehbuch: Bruce Wagner, Michael Nankin
Kamera: Bryan England (Farbe)
Musik: George Blondheim
Schnitt: Ronald Sanders
Produktion: Andras Hamori für Epic Prod./Alliance Entertainment, USA 1990
Verleih: -/-/-/RCA-Columbia Video
Videostart: 13.11.1990
FSK: nicht unter 18 J.
Länge: 96 Min.

Ein unabsichtlich beschworener Mini-Dämon ergreift Besitz von zwei Teenagern, die ihre Bekannte zur Opferung schnurstracks in die Unterwelt verfrachten; ein vierter Teenie eilt ihr nach und kann um den Preis seines Lebens das Schlimmste verhindern. Unkonzentrierter, zwischen Horror und Humor schwankender Nachzieher.

Der Gatte – Das Dossier 328

**

Regie: Mark M. Rissi
Darsteller: Giulio Riccarelli, Wolfgang Schwarz, Peter Holliger, Agnes Dünneisen, Eva-Maria Hofmann
Drehbuch: Mathias von Wartau, Theodore Wilden
Kamera: Werner Schneider (Farbe)
Musik: Rolf Zang, Werner Hammer
Schnitt: Evelyne von Rabenau
Produktion: PICA-Film, Schweiz 1990
Verleih: -/-/Elite
EA: 25.1.1990, Max-Ophüls-Preis, Saarbrücken
Kinostart: März 1990
Länge: 94 Min.

Ein als Computerspezialist getarnter US-Drogenfahnder sucht in Datensystemen von Schweizer Banken nach verdächtigen Transaktionen. Eine Spur führt ihn über einen türkischen Drogen- und Waffenhändler zum Vizepräsidenten einer Geldwäscherorganisation, der als Gatte der Justizministerin in höchsten politischen Kreisen verkehrt. Hölzern inszenierter und gespielter, konfuser und langweiliger Agentenfilm, der mit oberflächlichen Bezügen zur Kopp-Affäre unverfroren Erwartungshaltungen weckt, die dann nirgends eingelöst werden. Frustrierend! *Zoom*

Gauner gegen Gauner 329

RIPOUX CONTRE RIPOUX ***

Regie: Claude Zidi
Darsteller: Philippe Noiret (Rene), Thierry Lhermitte (François), Guy Marchand (Brisson), Line Renaud (Simone), Grace de Capitani (Natasha), Michel Aumont

Neues von den Bestechlichen. Thierry Lhermitte und Philippe Noiret in »Gauner gegen Gauner«.

(Kommissar Bloret), Jean-Pierre Castaldi (Portal), Jean-Claude Brialy (Banker), Jean Benguigui (Cesarini)
Drehbuch: Claude Zidi, Simon Michael, Didier Kaminka
Kamera: Jean-Jacques Tarbes (Farbe)
Musik: Francis Lai
Schnitt: Nicole Saunier
Produktion: Claude Zidi für Films 7/Orly Films/Sedif/TF 1 Films Prod., Frankreich 1990
Verleih: Concorde/-/Alpha/Concorde Video
UA: 7.2.1990, Paris
Kinostart: 31.5.1990
FSK: ab 12, ffr.
Länge: 106 Min.
FBW: Wertvoll

Wie das leider so ist: den Fortsetzungen geht immer leicht die Luft aus. Die beiden korrupten Polizisten-Onkels vom Montmartre, die uns als »Die Bestechlichen« (1985) mit ihren talentierten Absahner-Kunststücken ergötzten, frischen ihre entzückend schlimme Seelenfäulnis noch einmal auf und räkeln sich gemütlich im Schmiergeldsumpf von Autor-Regisseur Claude Zidi. (...)
Das ist nicht unflott, wie unsere beiden Gemütsbullen Bankiers, Gastwirte und Kollegen leimen: Man freut sich ja immer, wenn der kleine Lump

den großen Lumpen in die Tinte tunkt. Auch wenn es, trotz Noiret, am Ende nur ein Zweitfilmchen im eigenen Saft ist. *Ponkie, AZ*

Michael Althen in: SZ, 11.6.90; Andreas Obst in: FAZ, 2.6.90; Karl-Heinz Schäfer in: Prinz, 6/90; Ralph Umard in: tip, 11/90

Gavre Princip – Himmel unter Steinen 330

**

Regie: Peter Patzak
Darsteller: Reuben Pillsbury, Christopher Chaplin, Robert Munic, Sinclicka Trpkova, Alexis Arquette, Michele Melega
Drehbuch: Peter Patzak, nach dem Roman »Tod eines Schuljungen« von Hans König
Kamera: Igor Luther (Farbe)
Produktion: Neue Studio/Lisa/Roxy Jadran mit Miran Ltd., Österreich/BRD 1990
Verleih: -/Elmo/-
Kinostart: 23.11.1990
FSK: ab 12, ffr.
Länge: 93 Min.
FBW: Wertvoll

Glorifizierende, eigenwillige, von der Realität abgehobene Darstellung des Mörders von Thronfolger Franz Ferdinand und seiner Gemahlin. In der undifferenzierten Schilderung der Tat und des Täters ebenso befremdend wie in der unzulänglichen filmischen Gestaltung. *multimedia*

Fritz Göttler in: SZ, 2.1.91; Ponkie in: AZ, 27.12.90

Geboren am 4. Juli 331

BORN ON THE 4TH OF JULY ****

Regie: Oliver Stone
Darsteller: Tom Cruise (Ron Kovic), Raymond J. Barry (Mr. Kovic), Caroline Kava (Mrs. Kovic), Kyra Sedgwick (Donna), Willem Dafoe (Charlie), Bryan Larkin (Young Ron), Jerry Levine (Steve Boyer), Josh Evans (Tommy Kovic), Jamie Talisman, Anne Bobby, Frank Whaley, John Getz, David Warshofsky, Corkey Ford, Rocky Carroll, Cordelia Gonzalez, Tony Frank, Jayne Haynes
Drehbuch: Oliver Stone, Ron Kovic, nach dem gleichn. Roman von Ron Kovic
Kamera: Robert Richardson (Deluxe Color)
Musik: John Williams
Schnitt: David Brenner; Joe Hutshing
Produktion: A. Kitman Ho, Oliver Stone für A. Kitman Ho und Ixtlan Prod., USA 1989
Verleih: UIP/UIP/UIP/CIC Video
UA: 20.12.1989
EA: 17.2.1990, Int. Filmfestspiele Berlin
Kinostart: 22.2.1990
FSK: ab 16, ffr.
Länge: 144 Min.
FBW: Wertvoll
»Goldener Bär« bei den Int. Filmfestspielen Berlin

Die wahre Geschichte des Ron Kovic ist die eines gelähmten Vietnamveteranen, der die Fronten wechselte und vom dekorierten Helden zum Kriegsgegner wurde.
Oliver Stone betreibt die Demontage uramerikanischer Mythen mit geradezu heiligem Ernst und zelebriert einen grellen, nicht immer geschmackssicheren Totentanz der geplatzten Illusionen.
Der da als Schmerzensmann durch die Hölle geht, ist kein Unbekannter: Tom Cruise wirft seine Popularität in die Waagschale, um den Weg vom »All-American-Hero« zum Aktivisten wider bigotte Lebenslügen plausibel zu machen. *Zoom*

Peter Buchka in: SZ, 5.3.90; Brigitte Desalm in: Kölner Stadt-Anzeiger, 3.3.90; Wolfgang Höbel in: Der Spiegel, 9/90; Andreas Kilb in: Die Zeit, 16.2.90; Peter Körte in: FR, 1.3.90; Verena Lueken in: FAZ, 5.3.90; Jürgen Richter in: FAZ, 3.3.90; Karl-Heinz Schäfer in: Prinz, 3/90; Hans-Dieter Seidel in: FAZ, 20.2.90; Claudius Seidl in: SZ, 22.2.90 (Berlinale Beitrag)

Gefährlich lebt sich's besser 332

IL FAUT VIVRE DANGEREUSEMENT ***
TV

Regie: Claude Makovski
Darsteller: Annie Girardot (Léone), Claude Brasseur (Diquet), Sydne Rome (Lorraine), Hans Christian Blech (Ritter), Mylène Demongeot (Laurence), Roger Blier, Daniel Ivernel, Gérard Sety, Karin Albin
Drehbuch: Claude Makovski, Nelly Kaplan, Claude Veillot, nach dem Roman von Raymond Marlot
Kamera: Jean Badal (Eastmancolor)
Musik: Claude Bolling
Schnitt: Jocelyne Triquet

Amerikanische Vergangenheitsbewältigung. Willem Dafoe und Tom Cruise in »Geboren am 4. Juli« von Oliver Stone.

Produktion: Les Films de la Chouette/ORTF, Frankreich 1975
Sendetermin: 28.9.1990, ZDF, 23.45 Uhr
Länge: 97 Min.

Mit der Maxime »Gefährlich lebt sich's besser« muß sich der kleine Privatdetektiv Diquet schon berufshalber anfreunden. Richtig brisant wird es für den Schnüffler, als sich ein Routine-Auftrag unversehens zu einem ganz großen Ding entwickelt. Da geht es um den Riesendiamanten »Großmogul«, um Schießereien, Mord und einen Täter in Golfschuhen. Nach Unfällen mühsam zusammengeflickt, findet sich Diquet im Krankenhaus wieder. Dort besucht ihn seine Freundin - um deren Hals der »Großmogul« baumelt. *AZ*

Gefährliche Feinde

Siehe »Enemy Unseen - Gefährliche Feinde«

Eine gefährliche Liebe 333

A GIRL TO KILL FOR **

Video

Regie: Richard Oliver
Darsteller: Karen Medak (Sue), Sasha Jensen (Chuck), Alex Cord (Mike), Karen Austin (Karen), Rod McCary (Norman), Irene Tsu, Austin Stoker
Drehbuch: Robert George
Kamera: Ralph Young (Farbe)
Musik: Jim Cushinery
Schnitt: Dennis Mosher
Produktion: Everett Chambers, Robert Janes für Glenwood Films, USA 1990
Verleih: -/-/-/VCL Video
Videostart: 22.8.1990
FSK: ab 16 J.
Länge: 89 Min.

Ein verliebter Provinzstudent verfällt einer begehrenswerten Kommilitonin, die ihn nach einigen harmloseren Mutproben zu einem Mord überreden möchte.
Richard Oliver treibt die arg konstruierte Story nicht sehr zielstrebig auf den Höhepunkt zu. *VideoWoche*

Eine gefährliche Liebe

Siehe »Blaze - Eine gefährliche Liebe«

Gefährliche Lust 334

IN DANGEROUS COMPANY

**

Video

Regie: Ruben Preuss
Darsteller: Cliff DeYoung (Blake), Tracy Scoggins (Evelyn), Steven Keats (Ryerson), Chris Mulkey (Chris), Henry Darrow (Alex Aguilar), Catherine Ai (Peggy), Dana Lee (Troung), Michael Shaner
Drehbuch: Mitch Brown
Kamera: James L. Carter (Fotokem Color)
Musik: Berington van Campen
Schnitt: W.O. Garrett
Produktion: Ruben Preuss, Robert Newell für Zuban, USA 1988
Verleih: -/-/-/UFA Video
Videostart: 15.3.1990
FSK: nicht unter 18 J.
Länge: 96 Min.

Der abgebrühte Vietnamveteran Blake geht eine Liebschaft mit der nymphomanen Evelyn ein, die sich von dem ihr hörigen Kunsthändler Ryerson und von ihrem Ex-Freund Ritchie verfolgt sieht. Konstruierter und langatmiger Erotik-Thriller, der in seiner ersten Hälfte von vielen Sexszenen und danach von vielen Leichen lebt. *VideoWoche*

Gefährlicher Ruhm – Der Aufstieg und Fall des Oliver North 335

GUTS & GLORY - THE RISE & FALL OF OLIVER NORTH

**

Video

Regie: Mike Robe
Darsteller: David Keith (Oliver North), Annette O'Toole (Betsy North), Peter Boyle (John Poindexter), Paul Dooley (Robert McFarlane), Amy Stock-Poynton (Fawn Hall), Bryan Clark (Präsident Reagan), Donald Clark (William Clark), Dakin Matthews (Edwin Meese)
Drehbuch: Mike Robe, nach dem Buch von Ben Bradlee jr.
Kamera: Kees Vanoostrum (Farbe)
Musik: Arthur B. Rubinstein
Schnitt: Byron Brandt, Karen P. Sharp
Produktion: Robert A. Papazian, James G. Hirsch für Mike Robe Prod./Papazian-Hirsch Entertainment, USA 1989
Verleih: -/-/-/CIC Video
Videostart: 15.3.1990
Sendetermin: 30.4.1989, CBS
FSK: ab 16 J.
Länge: 103 Min.

Politdrama aus der flinken Vermarktungsfabrik namens »Amerikanisches Fernsehen«: Die Lebensgeschichte des Oliver North, der als Buhmann in der Iran-Contra-Affäre herhalten mußte. Alles bieder und ausgewogen erzählt, damit keiner der Beteiligten dem Sender eine Anklage wegen Rufmord auf den Tisch donnert.

Gefährlicher Stoff 336

THE TAKE

**

Video

Regie: Leon Ichaso
Darsteller: Ray Sharkey (Detective Delaney), R. Lee Ermey (Detective Wilder), Larry Manetti (Barry Shaw), Joe Lala (Detective Suarez), Lisa Hartman (Sally Delaney), Julio Mechoso (Mario), Robert Escobar (Coco Cardona), Orestes Matacena (Victor Menocal), Nelson Orama
Drehbuch: Nevin Schreiner, Edward Anhalt, Handel Glassberg, nach dem Roman von Eugene Izzi
Kamera: Henry Vargas (Farbe)
Musik: Michael Shrieve, David Beal
Produktion: Boris Malden, Robert T. Skodis, Larry Manetti für Cine-Nevada/Lorenzo Prod./MCA-TV, USA 1990
Verleih: -/-/-/CIC Video
Videostart: 20.9.1990
Sendetermin: 28.3.1990, USA
FSK: ab 16 J.
Länge: 87 Min.

Sein Bekannter verstrickt einen eben aus dem Gefängnis entlassenen Cop in eine mörderische Jagd nach einer gestohlenen Heroinlieferung. Routinierte Fernseh-Action, die sich von »Miami Vice« das Thema und den Schauplatz, leider aber nicht die ungewöhnliche Optik geborgt hat.

Gefährliches Paradies – Ein Sarg voller Heroin 337

TROUBLE IN PARADISE

**

Video

Regie: Di Drew
Darsteller: Raquel Welch (Rachel Baxely), Jack W. Thompson (Jake LaFontaine),

Anthony Wong (Ringe), Ralph Cotterill (Hughes), Adrian Brown (Gang Han), James Condon (Captain Lindstrom), Bogdan Koca (Lustig), Tim Elston (Calyton), Charles Little (Minister)
Drehbuch: Robert Sherman, Ben Marshall
Kamera: David Connell (Farbe)
Musik: Chris Neal
Schnitt: John Scott
Produktion: Robert Halmi für Harvey Matofsky Entertainment/Qintex/Robert Halmi Inc., USA 1989
Verleih: -/-/-/Taurus Video
Videostart: 20.2.1990
Sendetermin: 16.5.1989, CBS
FSK: ab 6 J.
Länge: 89 Min.

Fernsehproduktion mit der ewig attraktiven Raquel Welch als schiffbrüchiger Augenweide, die die immer wieder amüsante Liebesgeschichte zweier Menschen variiert, die sich ursprünglich spinnefeind sind. Verknüpft wird das Ganze mit den malerischen Elementen einer Robinsonade, um das Ergebnis mit dem Mäntelchen eines Drogenkrimis zu versehen. Nicht übermäßig originell. *VideoWoche*

Gefahr in der Tiefe

Siehe »Deep Secret - Gefahr in der Tiefe«

Gefangen in der Tiefe

Siehe »The Dive - Gefangen in der Tiefe«

Geheimbefehl des Kaisers 338

SECRET IMPERIAL EDICT ***

Regie: Yao Shoukang
Darsteller: Yun Deng, He Wei, Sun Gengfa, Gu Yelu, Li Ji, Wang Zhengyu, Chang Jianguo, Wang Hui, Zhang Lin, Tan Fengfei, Zhao Xuelin
Drehbuch: Mu Sheng
Kamera: Peng Enli (Farbe)
Musik: Liu Yanxi
Produktion: Filmstudio Shanghai, China 1989
Verleih: Progreß/-/-
Kinostart: 16.11.1990
Länge: 100 Min.

Vor den Toren der Verbotenen Stadt stehen bereits die feindlichen Truppen, da wird im Palast ein »Geheimbefehl des Kaisers« unterzeichnet. Der sechzehnjährige Kronprinz Zhu Cilang soll dereinst das mächtige Chinesische Reich regieren. Es ist der letzte Befehl des Kaisers Chongzhen, unmittelbar darauf begeht er Selbstmord. Der Kronprinz aber will sich, begleitet und beschützt von einem einzigen Getreuen, nach Nanjing durchschlagen, wo ihn Anhänger der Ming-Dynastie erwarten. Doch seine Flucht wird bald publik. Zu allem entschlossene Verfolger unterschiedlichster Couleur nehmen die Spur auf. *Kino DDR*

Die geheime Nation 339

LA NACION CLANDESTINA ***

16 mm

Regie: Jorge Sanjinés
Darsteller: Reynaldo Yujra, Orlando Huanca, Delfina Mamani, Roque Salgado, Willy Pérez, Percy Brun, Luis Serverich, Julia Baltazar, Juan Carlos Calcina, Victor Condori, Zulema Bustamante
Drehbuch: Jorge Sanjinés
Kamera: César Pérez
Musik: Sergio Prudencio
Schnitt: Jorge Sanjinés
Produktion: Beatriz Palacios für Grupo Ukamau/Channel Four/EZEF, Bolivien 1989
Verleih: Freunde der deutschen Kinemathek; Matthias Film (16 mm)
UA: 23.9.1989, Int. Filmfestival San Sebastian
EA: 11.2.1990, Int. Forum des Jungen Films bei der Berlinale
Kinostart: September 1990
Länge: 125 Min.
Original mit Untertiteln

Sebastian Mamani, der Sargtischler vom Volk der Aymaras, entschließt sich, in sein Dorf auf dem Altiplano zurückzukehren, aus dem er vor Jahren von der Indio-Gemeinde, die er hintergangen und verraten hatte, verstoßen worden war. Auf seinem langen Weg zurück erinnert er sich an sein früheres Verhalten und an seine Vereinsamung in der Stadt, wo er für das berüchtigte Innenministerium gearbeitet und freiwillig Dienst in der Repressionsarmee geleistet hat. Das Bewußtsein der Entfremdung hat ihn dazu veranlaßt, den Ort seines Ursprungs wieder aufzusuchen, um bei einem alten Tanz des Todes zu sterben und damit seine Vergehen zu sühnen. *Katalog Forum*

Raimund Gerz in: epd Film, 11/90; Simone Mahrenholz in: Der Tagesspiegel, 13.2.90

Die geheimen Gärten des Herrn Lopez 340

LAS PUERTITAS DEL SR. LOPEZ **

Regie: Alberto Fischerman
Darsteller: Lorenzo Quinteros (Herr Lopez), Mirtha Busnelli (Maria), Katja Alemann (Leticia), Dario Grandinetti (Juan), Hugo Arana (Julio), Alejandro Dolina, Eduardo Nutkievicz, Alejandro Zanca, Jorge Varas
Drehbuch: Maximo Soto, Carlos Trillo, Alberto Fischerman, Andrés Di Tella, nach dem gleichn. Comic-Buch von Carlos Trillo und Horacio Altuna
Kamera: Rogelio Chonnalez, Francisco Miranda (Farbe)
Musik: Juan Pablo Compaired
Schnitt: Ruben Dario Tedesco
Produktion: Alberto Burino für Argentina Sono Film, Argentinien 1988
Verleih: Filmverlag der Autoren/-/-
Kinostart: 29.11.1990
FSK: ab 16, ffr.
Länge: 81 Min.
Ausgezeichnet mit dem 1. Preis auf dem Festival des Humors in Vevey 1988 als beste Komödie

Der Film versucht ohne Witz und Konsequenz, eine populäre argentinische Comic-Serie, »Die kleinen Türen des Herrn Lopez«, in einen Realfilm umzusetzen.
Der schüchterne Buchhalter Lopez wird von Ehefrau, Chef und Kollegen unterdrückt.
Der liebenswerte Trottel flieht in kühne Sex-Phantasien. Ein bißchen erotische Spekulation, lahmer Humor, deftige Klischees: eine dröge, in der deutschen Version wenig überzeugende Comic-Adaption.
Wolf Donner, tip

Rainer Nolden in: Die Welt, 4.12.90

Geheimkommando D.E.A.T.H.

Siehe »Lady Ninja - Geheimkommando D.E.A.T.H.«

Das Geheimnis 341

EL SECRETO ***

Regie: Luis Armando Roche
Darsteller: Orlando Urdaneta, Daniel Alvarado, Marilda Vera, Vladimir Bibic, Carmen Julia Alvarez, Julio Mota
Drehbuch: Cesar Miguel Rondon, Napoleon Grazziani
Kamera: Juan Andrés Valladares (Farbe)
Produktion: Producciones 800, Venezuela 1986
Verleih: Progreß/-/-
EA: 18.5.1990
FSK: ab 14 J.
Länge: 103 Min.

Allein gegen alle! Im Auftag der Polizei läßt sich Gáspar Urbeta in den engeren Kreis einer skrupellosen Goldschmugglerbande einschleusen, um die Drahtzieher dingfest zu machen.

Das Geheimnis der Frau in Weiß 342

WOMAN IN WHITE ****

TV

Regie: Peter Godfrey
Darsteller: Sidney Greenstreet (Graf Fosco), Alexis Smith (Marian Halcombe), Gig Young (Walter Hartright), Eleanor Parker (Laura Fairlie/Anne Catherick), Agnes Moorehead (Gräfin Fosco), John Abbott (Frederick Fairlie), John Emery (Sir Percival Glyde), Clifford Brooke (Jepson), Curt Bois (Louis), Emma Dunn, Matthew Boulton
Drehbuch: Stephen Morehouse Avery, nach dem gleichn. Roman von Wilkie Collins
Kamera: Carl Guthrie
Musik: Max Steiner
Schnitt: Clarence Kolster
Produktion: Henry Blake, USA 1948
Sendetermin: 28.1.1990, ZDF, 15.25 Uhr
Länge: 105 Min.

Der klassische viktorianische Kriminalroman von Wilkie Collins in einer gewissenhaften, aufwendigen Verfilmung. Die hintergründige Ironie des Originals kommt zur Geltung, die

Atmosphäre ist beklemmend, die Schurken sind bedrohlich, und die Damen sind schön und geheimnisumwittert. *ZDF*

Das Geheimnis der Schaukel

Video-Titel für »Das Mädchen auf der Schaukel«

Geheimnis des Herzens 343

THE SECRET HEART ***

TV

Regie: Robert Z. Leonard
Darsteller: Claudette Colbert (Lee), Walter Pidgeon (Chris Matthews), June Allyson (Penny Adams), Lionel Barrymore (Dr. Rossiger), Robert Sterling (Chase W. Addams), Patricia Medina, Richard Derr, Marshall Thompson, Elizabeth Patterson
Drehbuch: Whitfield Cook, Anne Morrison Chapin
Kamera: George Folsey
Musik: Bronislau Kaper
Schnitt: Adrienne Farzan
Produktion: Edwin H. Knopf, USA 1946
Sendetermin: 14.10.1990, ARD, 15.35 Uhr
Länge: 93 Min.

Die junge Penny Adams gibt ihrer attraktiven Stiefmutter Lee fälschlich die Schuld am Tod ihres Vaters. Als sich das sensible Mädchen in den Mann verliebt, der Lee heiraten möchte, spitzen sich die Dinge dramatisch zu. Effektvolles Melodram. *ARD*

Das Geheimnis von Coramaya 344

GIDEON OLIVER: THE LAST PLANE FROM CORAMAYA **

Video

Regie: Randy Roberts
Darsteller: Louis Gossett jr. (Gideon Oliver), Julie Carmen (Carlotta Guzman), Jesse Doran (Colonel Arache), Sam Hennings (Drew Lord), Guillermo Rios (Hector Suares), Humberto Elizondo (Limon), Eduardo Rojas Rojas (Forteza), Jorge Martinez (Benetiz), Joel Polis (Iselin Cort)
Drehbuch: William Sackheim, David Black, I.C. Rapoport
Produktion: Kevin Donnelly für Universal TV, USA 1989
Verleih: -/-/-/CIC Video
Videostart: 15.1.1990
Sendetermin: 10.4.1989, ABC
FSK: ab 12 J.
Länge: 91 Min.

Gideon Oliver entlarvt den Militärchef eines mittelamerikanischen Landes als skrupellosen Waffenschmuggler und Mörder seines Archäologenfreundes. Drittes Abenteuer des New Yorker Professors.

Geister & Gäste – In Memoriam Grand Hotel Brissago 345

FANTASMI & OSPITI – IN MEMORIAM GRAND HOTEL BRISSAGO ****

16 mm

Regie: Isa Hesse-Rabinovitch
Darsteller: Jo Mihaly, Angelo Conti Rossini, Mario Botta, La Lupa
Drehbuch: Isa Hesse-Rabinovitch
Kamera: Deidi von Schaewen, Jürg Hassler, Walter Sievi
Musik: Leoncavallo, Scharotl
Schnitt: Isa Hesse-Rabinovitch, Beni Müller
Produktion: Isa Hesse-Rabinovitch, Schweiz 1989
Verleih: -/-/T & C Edition
EA: 25.1.1990, Max-Ophüls-Preis, Saarbrücken
Kinostart: März 1990
Länge: 90 Min.

Das Grand Hotel Brissago, einst ein prächtiger Palast, ist nur mehr eine klägliche Ruine. Die Geschichte des Hotels und seiner illustren Kundschaft läßt Isa Hesse-Rabinovitch anhand von dokumentarischem Bild- und Tonmaterial und gespielten Szenen wiederaufleben, die sich mit verblüffender Leichtigkeit zu einer phantasie- und stimmungsreichen Hommage an eine versunkene Welt verbinden. *Zoom*

Gejagt zwischen zwei Leben 346

DANGEROUS PURSUIT **

Video

Regie: Sandor Stern
Darsteller: Gregory Harrison, Alexandra Powers, Brian Wimmer, Elena Stiteler, Scott Valentine, Robert Prosky
Drehbuch: Sandor Stern
Musik: Stanley Clarke

Produktion: Sandor Stern für Sankan/ Wilshire Court, USA 1990
Verleih: -/-/-/CIC Video
Videostart: 1.3.1990
FSK: ab 12 J.
Länge: 95 Min.

Drei Jahre nach dem One-Night-Stand mit einem bezahlten Killer sieht sich eine inzwischen verheiratete Frau erneut mit ihm konfrontiert; eine gnadenlose Jagd beginnt. »Mittelmäßig«, meinte Leonard Maltin nur.

Die Gejagten 347

THE HUNTED *

Video

Regie: David Hunt
Darsteller: Jack Gilbert (John Branigan), Andrea Lamatsch (Sylvia Smith), Jim Moss (Mike Branigan), Buddy Norton (Lavack), Corwin Paul Sperry
Kamera: Arnold Adams (Farbe)
Produktion: David Hunt, Anjantre Hunt für Davian International, Philippinen 1989
Verleih: -/-/-/RCA-Columbia Video
Videostart: 4.9.1990
FSK: nicht unter 18 J.
Länge: 89 Min.

Der Neffe eines CIA-Agenten erhält beim Urlaub in Manila eine Liste mit KGB-Agenten zugespielt, die ihn fortan zur Zielscheibe der bösen, bösen Russen macht. Holpriger Fetzer vom Filipino-Fließband.

Genie und Schnauze 348

WITHOUT A CLUE ***

Regie: Thom Eberhardt
Darsteller: Michael Caine (Sherlock Holmes), Ben Kingsley (Dr. Watson), Jeffrey Jones (Inspektor Lestrade), Lysette Anthony (Fake Leslie), Paul Freeman (Prof. Moriarty), Nigel Davenport (Lord Smithwick), Pat Keen (Mrs. Hudson), Peter Cook (Greenbough), Tim Killick, Matthew Savage
Drehbuch: Gary Murphy, Larry Strawther
Kamera: Alan Hume (Rank Color CFI)
Musik: Henry Mancini
Schnitt: Peter Tanner
Produktion: Marc Stirdivant für Eberhardt-Stirdivant Prod., USA 1988
Verleih: Concorde/-/-/VCL Video
Kinostart: 7.6.1990

Ben Kingsley und Michael Caine als Watson und Sherlock Holmes in »Genie und Schnauze«.

FSK: ab 12, ffr.
Länge: 106 Min.
FBW: Wertvoll

Der Film stellt das Verhältnis Sherlock Holmes - Dr. Watson auf den Kopf. In dieser Detektivfilm-Persiflage hat der Gehilfe seinen Meister erfunden und läßt ihn durch einen gemieteten Schmierenkomödianten darstellen. Das mit Pointen nicht übermäßig bestückte Drehbuch nutzen Michael Caine und Ben Kingsley zu einem schauspielerischen Alleingang: Understatement contra Overdrive. *Dora Hacker, tip*

Sabine Carbon in: Der Tagesspiegel, 7.6.90; Jan Dreier in: Prinz, 6/90; Frauke Hanck in: Die Welt, 15.6.90; Jürgen Richter in: FAZ, 7.6.90; Rudolf Worscheck in: epd Film, 6/90

Der Gentleman-Coup 349

THE HEIST ***

Video

Regie: Stuart Orme
Darsteller: Pierce Brosnan (Neal Skinner), Tom Skerritt (Ebet Berens), Wendy Hughes (Sheila Atkins), Robert Prosky (Dancer), Noble Willingham (Stuckey), Tom Atkins (Leland), Stephen F. Apostolina (Ramirez), Ben Mittleman (Morganthal), Nino Surdo (Brewst)

Drehbuch: William Irish jr., David Fuller, Rick Natkin
Kamera: George Tirl (Farbe)
Musik: Arthur B. Rubinstein
Schnitt: James Oliver
Produktion: Rick Rosenberg, Bob Christiansen für HBO/Paramount/Chris-Rose, USA 1989
Verleih: -/-/-/CIC Video
Videostart: 16.5.1990
Sendetermin: 16.9.1989, HBO
FSK: ab 12 J.
Länge: 93 Min.

Ein ehemaliger Schwindler ersinnt einen ausgefeilten Rennbahnraub, um sich an seinem früheren Partner zu rächen, der ihn bei einem Smaragd-Deal übers Ohr gehauen hat. Unterhaltsame Krimikomödie mit guter Besetzung.

Georgia 350

GEORGIA ***

Video

Regie: Ben Lewin
Darsteller: Judy Davis (Nina/Georgia), John Bach (William Karlin), Julia Blake (Elizabeth), Alex Menglet (Laszlo), Marshall Napier (Frank LeMat)

Drehbuch: Ben Lewin, Joanna Murray-Smith, Bob Weis
Kamera: Yuri Sokol (Farbe)
Musik: Paul Grabowsky
Schnitt: Edward McQueen-Mason
Produktion: Bob Weis für Generation Films, Australien 1988
Verleih: -/-/-/Atlas Video
EA: 29.6.1989, Filmfest München
UA: 6.9.1988, Toronto Festival of Festivals
Videostart: 28.5.90
Länge: 90 Min.

Hier stimmt einfach alles: Atmosphäre, Spannung, Styling, Story und Besetzung.
Australischer Psycho-Thriller von Bob Lewin um eine Frau auf der Suche nach Identität und Vergangenheit, der auf dem Filmfest München 1989 Premiere feierte und trotz Geheimtip-Qualitäten nicht den Sprung in unsere Kinos schaffte.

W.O.P. Kistner, AZ

Gepeinigt... liebe mich... quäle mich 351

LA CINTURA **

Video

Regie: Giuliano Gamba
Darsteller: Eleonora Brigliadori (Bianca), James Russo (Vittorio), Giuliana Calandra
Drehbuch: Gloria Malatesta, Francesca Archibugi, Claudio Sbarigia, n.d.R. A. Moravia
Kamera: Luigi Verga (Farbe)
Musik: Ron
Schnitt: Carlo Bartolucci
Produktion: Giovanni Bertolucci, Galliano Juso für San Francisco Film/Metrofilm/Reteitalia, Italien 1989
Verleih: -/-/-/VPS Video
Videostart: 29.3.1990
FSK: nicht unter 18 J.
Länge: 92 Min.

Vor Gericht läßt ein Schriftsteller seine Ehe mit einer traumatisierten Frau Revue passieren, deren sadomasochistische Tendenzen zu einer Eskalation der Gewalt und schließlich zu einer Fehlgeburt führten. Prätentiöses Erotik-Drama nach einer Erzählung von Alberto Moravia, mit enervierenden Schauspielern relativ zahm in Szene gesetzt.

Böse Utopie. Natasha Richardson und Robert Duvall in Schlöndorffs »Die Geschichte der Dienerin«.

Die Geschichte der Dienerin 352

THE HANDMAID'S TALE ***

Regie: Volker Schlöndorff
Darsteller: Natasha Richardson (Kate/Offred), Faye Dunaway (Serena Joy), Robert Duvall (Kommandant Fred), Aidan Quinn (Nick), Victoria Tennant (Tante Lydia), Elizabeth McGovern (Moira), Blanche Baker (Ofglen), Tracy Lind (Janine/Ofwarren), Lucie Hartpeng, Lucille McIntyre, David Luke, Annemarie Fenske, David Hurst, Rainer Schöne
Drehbuch: Harold Pinter, nach dem Roman »The Handmaid's Tale« von Margaret Atwood
Kamera: Igor Luther (Technicolor)
Musik: Ryuichi Sakamoto
Schnitt: David Ray
Produktion: Daniel Wilson, Eberhard Junkersdorf für Daniel-Wilson-Prod. mit Bioskop/Cinecom Int./Odyssey/Cinetudes Prod., USA/BRD 1990
Verleih: Neue Constantin/Constantin/Monopole Pathé/VCL-Carolco Video
UA: 10.2.1990, Int. Filmfestspiele Berlin
Kinostart: 15.2.1990
FSK: ab 16, ffr.
Länge: 108 Min.
FBW: Besonders wertvoll

In einer nicht allzu fernen Zukunft werden in den USA aufgrund einer Nuklearkatastrophe der Großteil aller Frauen zeugungsunfähig. Die wenigen, die noch Kinder bekommen können, werden von den herrschenden Familien als »Dienerinnen« bezeichnet und als Gebärmaschinen mißbraucht. Schlöndorff entwickelt ein verworrenes, liebloses Zukunftsbild, in dem klischiert faschistische und streng religiöse Macht jede Individualität unterdrücken. *Zoom*

Wenn Regisseure von Rang keinen Stoff haben, der ihnen unter den Nägeln brennt und nur, weil es eben Zeit ist, wieder mal einen Film zu machen, halbherzig an einer Sache hängenbleiben, mit der sie eigentlich wenig zu schaffen haben – dann merkt man das dem Film an.
Doch bei einem erstklassigen Handwerker wie Volker Schlöndorff ergab das immerhin einen interessanten

Psycho-Kraftakt: Der Sciene-fiction-Horror einer Orwellschen Puritaner-Diktatur, für die Drehbuchautor Harold Pinter die Irritationsfährten ausgelegt hat, gibt in seiner sterilen Signalfarben-Ästhetik irrationale amerikanische Ängste und verborgene Wünsche wieder. (...) *Ponkie, AZ*

Volker Baer in: Der Tagesspiegel, 11.2.90; Brigitte Desalm in: Kölner Stadt-Anzeiger, 10.2.90; Hellmuth Karasek in: Der Spiegel, 7/90; Peter Körte in: FR, 15.2.90; H.G. Pflaum in: SZ, 15.2.90; Jochen Schütze in: Prinz, 2/90 (Interview Schlöndorff)

Geschichte der Knaben und Mädchen 353

STORIA DI RAGAZZI E DI RAGAZZE ***

Regie: Pupi Avati
Darsteller: Felice Andreasi, Angiola Baggi, Davide Bechini, Lina Bernardi, Anna Bonaiuto, Massimo Bonetti, Claudio Botosso, Valeria Bruni Tadeschi, Claudia Casaglia, Monica Cervini, Marcello Cesena, Consuelo Ferrara, Stefania Orsola Garello, Alessandro Haber, Lucrezia Lante della Rovere, Susanna Marcomeni, Claudio Mazzanga, E.M. Mondungo, F. Orlandi, R. Paladini, C. Pozzi
Drehbuch: Pupi Avati
Kamera: Pasquale Rachini
Musik: Riz Ortolani
Schnitt: Amedeo Salfa
Produktion: Antonio Avati für Duea/Unione Cinematografica/RAI 1, Italien 1989
Verleih: -/-/Monopole Pathé
UA: 7.9.1989, Int. Filmfestival Venedig
EA: 23.6.1990, Filmfest München
Kinostart: Okt. 1990
Länge: 89 Min.

Ein Mädchen vom Land und ein Bürgersohn aus Bologna verloben sich. Das Fest wird im Elternhaus des Mädchens gefeiert. Menschen aus verschiedenen Schichten begegnen sich, ziehen sich an, stoßen sich ab. Der Zusammenprall zweier Welten ist sehr einfühlsam und nicht ohne Charme gestaltet, doch trübt ein hartnäckiger Eindruck des »déjà vu« das Vergnügen ganz beträchtlich: Für Avati scheint die Filmgeschichte thematisch wie formal vor vierzig Jahren stehengeblieben zu sein. *Zoom*

Bodo Fründt in: SZ, 23.6.90

Die Geschichte einer Liebe

Siehe »Feinde - Die Geschichte einer Liebe«

Geschichten aus Amerika 354

HISTOIRES D'AMERIQUE ***

Regie: Chantal Akerman
Darsteller: Mark Amitin, Eszter Balint, Stefan Balint, Kirk Baltz, George Bartenieff, Bill Bastiani, Isha Manna Beck, Jacob Becker, Max Brandt, Maurice Brenner
Drehbuch: Chantal Akerman
Kamera: Luc Ben Hamou (Kodak)
Musik: Sonia Wieder Atherton, Roy Nathanson
Schnitt: Patrick Mimouni
Produktion: Bertrand van Effenterre, Marilyn Watelet für Mallia/Paradise/La sept/ La BPI-Centre Georges Pompidou, Belgien/Frankreich 1988
Verleih: Mega-Film/-/-
EA: 14.2.1989 Int. Filmfestspiele Berlin
Kinostart: 4.1.1990
Länge: 97 Min.
Original mit Untertitel

Eine kunstvolle Inszenierung kleiner Geschichten, Bekenntnisse und jüdischer Witze aus Brooklyn. Die Europäerin Chantal Akerman - eine unserer eigenständigsten und mutigsten Regisseurinnen - versucht, das vor dem Vergessen zu retten, was Franz Kafka, Daniel Charms und Isaac Bashevis Singer in ihren Büchern beschrieben haben: Die Welt der Ostjuden, die auf der Flucht in die neue Welt fast abhanden gekommen ist. *Wolfgang Brenner, tip*

o.A. in: Der Spiegel, 2/90; Wolfgang Brenner in: tip, 1/90 (Interview Chantal Akerman); Marli Feldvoss in: FAZ, 4.1.90; Fritz Göttler in: Kölner Stadt-Anzeiger, 3.3.90; Frieda Grafe in: SZ, 8.2.90; Wilfried Günther in: epd Film, 1/90; Heike Kühn in: FR, 1.2.90; Ponkie in: AZ, 8.2.90

Geschichten aus der Schattenwelt 355

TALES FROM THE DARKSIDE - THE MOVIE ***

Regie: John Harrison
Darsteller: Deborah Harry (Betty), Christian Slater (Andy), David Johansen (Halston),

William Hickey (Drogan), James Remar (Preston), Rae Dawn Chong (Carola), Matthew Lawrence, Robert Sedgwick, Steve Buscemi, Julianne Moore, Robert Klein
Drehbuch: Michael McDowell, George A. Romero, nach Geschichten von Stephen King, Sir Arthur Conan Doyle und Michael McDowell
Kamera: Robert Draper (Farbe)
Schnitt: Harry B. Miller III
Produktion: Richard P. Rubinstein, Mitchell Galin für Laurel Darkside Movies, USA 1990
Verleih: Delta/Elmo/-
EA: Internationale Hofer Filmtage 1990
Kinostart: 29.11.1990
FSK: ab 18, nffr.
Länge: 93 Min.

Der Film läßt Debbie Harry als offenkundige Hausfrau alle Vorbereitungen treffen, den kleinen Timmy zu schlachten und zu einem Menschen-Auflauf zu verarbeiten. Doch der ausgekochte Junge findet das richtige Rezept und erzählt der Hausfrau spannende Geschichten, die u.a. aus der Feder von Arthur Conan Doyle und Stephen King stammen. Die einzelnen Episoden sind von unterschiedlicher Qualität und werden sicher nicht von jedem Zuschauer lustvoll verschlungen. *Lars-Olav Beier, tip*

Helmut W. Banz in: Kölner Stadt-Anzeiger, 1.12.90; Otto Heuer in: Rheinische Post, 7.12.90; Karl-Heinz Schäfer in: Prinz, 12/90; Reinhard Tschapke in: Die Welt, 5.12.90

Der Geschichtenerzähler 356

**

Regie: Rainer Boldt
Darsteller: Udo Schenk (Nico Thomkins), Anke Sevenich (Helen Thomkins), Christine Kaufmann (Clara Lilienthal), Peter Sattemann (Eduard Hanstock), Rüdiger Wandel (Alex Hanson), Jale Arikan (Ivy), Hans Michael Rehberg (Herr Jensen), Christina Horn (Frau Jensen), Gunnar Möller (Inspektor)
Drehbuch: Rainer Boldt, Dorothea Neukirchen, Wolf Christian Schröder, Hans Kwiet, nach einer Erzählung von Patricia Highsmith
Kamera: Rolf Liccini (Agfacolor)
Musik: Serge Weber
Schnitt: Petra Heymann
Produktion: Helmut Wietz für Common Film mit Ulla Stöckl Filmprod./PDK/SFB, BRD 1989
Verleih: Cinestar/-/-
FSK: ab 16, ffr.
Länge: 95 Min.

Welch eine Selbstüberschätzung, wenn zum Beispiel Rainer Boldt sich anschickt, die psychologische Filigrankunst einer Patricia Highsmith verbessern zu wollen und sie dabei nur vergröbert.
»Der Geschichtenerzähler«, in der literarischen Vorlage die Studie eines Mannes, dessen Phantasie immer lebensbedrohlicher die reale Wahrnehmungsfähigkeit überlagert, wird in Boldts Film zu einem effektsüchtig übersteigerten Beziehungskrampf - unter den deutschen Filmen im Herbst 1989 das größte Ärgernis.

FAZ

Das Gesetz der Zitadelle 357

EL-KALAA ****

TV

Regie: Mohamed Chouikh
Darsteller: Khaled Barkat (Kaddour), Djillali Ain-Tedeles (Sidi), Fettouma Ousliha, Fatima Belhadij
Drehbuch: Mohamed Chouikh
Kamera: Allel Yahiaoui (Farbe)
Musik: Jawad Fasla
Schnitt: Yamina Chouikh
Produktion: CAAIC, Algerien 1988
Verleih: -/-/Hatari
Sendetermin: 21.5.1990, ARD, 23.00 Uhr
Länge: 96 Min.

In einem südalgerischen Dorf verliebt sich der verhöhnte Adoptivsohn eines wohlhabenden Webereibesitzers in eine verheiratete Frau und stellt so vorübergehend das Herrschaftsgefüge zwischen Männern und Frauen in Frage.
Das erschütternde Plädoyer für die Überwindung traditioneller islamischer Geschlechterrollen gewinnt mit der männlichen Identifikationsfigur an Brisanz und vermag eine differenziertere Beschreibung von (männlichen) Täter- und (weiblichen) Opferstrukturen zu leisten. *Zoom*

Gesichter des Todes III 358

FACES OF DEATH III *

Video

Regie: Conan LeCilaire
Produktion: Rosilyn T. Scott, USA 1988
Verleih: -/-/-/Madison Video
Videostart: 29.5.1990
FSK: nicht unter 18 J.
Länge: 90 Min.

Entsetzlich VERSTÜMMELTE Opfer eines Massenmörders! HAIE und BARRACUDAS fressen Taucher! PRÜGELORGIEN im Gefängnis! ERSTAUNLICHE Super-8-Aufnahmen des legendären Bigfoot! And don't say we didn't warn you!

Gesichter des Todes IV 359

FACES OF DEATH IV *

Video

Regie: Conan LeCilaire
Drehbuch: James B. Schwartz
Produktion: Susumu Saegusa, Andrew Theopolis für K Network/FOD, USA 1990
Verleih: -/-/-/Madison Video
Videostart: 28.11.1990
FSK: nicht unter 18 J.
Länge: 90 Min.

Eine Hinrichtung, eine Vierteilung, die Flugzeugkatastrophe von Ramstein und ein hanebüchener pseudowissenschaftlicher Kommentar. Bluthirnis aller Länder, was wollt ihr mehr?

Das Gespenst des Krieges 360

EL ESPECTRO DE LA GUERRA ***

Regie: Ramiro Lacayo Deshón
Darsteller: Elmer Macfield, Alenka Diaz, Manuel Poveda, Carlos Alemán Ocampo, Pilar Aguirre
Drehbuch: Ramiro Lacayo Deshón, Franco Reggoiani
Kamera: Livio Delgado (Farbe)
Musik: Randall Watson
Produktion: Icine/TVE/ICAIC/Inmevision, Nicaragua/Spanien/Kuba/Mexiko 1988
Verleih: Progreß/-/-
Kinostart: 1.6.1990
FSK: ab 14 J.
Länge: 84 Min.

Reynaldo, ein begabter junger Tänzer aus Nicaragua, trainiert hart für eine internationale Karriere. In den Visionen von Balletten, die er einst auf der Bühne tanzen möchte, vermischen sich lateinamerikanische Rhythmen und europäische Tanzkultur zu wahrhaft poetischen Choreografien. Eine ganz andere Realität erreicht den Jungen, als er - eingezogen zum Militärdienst - in einem Dorf an der Grenze zu Honduras gegen die Contra-Banden kämpfen muß: »Das Gespenst des Krieges«, Greuel, Blut, Tod. So mischen sich in der Geschichte dieses ersten Spielfilms von Regisseur Ramiro Lacayo Deshón, der gleichzeitig erst der zweite aus dem nicaraguanischen Studio ICINE ist, sehr verschiedene Lebenssphären, die doch von den heutigen Nicaraguanern allesamt als Alltag gelebt werden müssen. *Kino DDR*

Ghost – Nachricht von Sam 361

GHOST ***

Regie: Jerry Zucker
Darsteller: Patrick Swayze (Sam Wheat), Demi Moore (Molly Jensen), Whoopi Goldberg (Oda Mae Brown), Tony Goldwyn (Carl Bruner), Rick Aviles (Willie Lopez), Gail Boggs (Louise), Armelia McQueen, Vincent Schiavelli
Drehbuch: Bruce Joel Rubin
Kamera: Adam Greenberg (Technicolor)
Musik: Maurice Jarre
Schnitt: Walter Murch
Produktion: Lisa Weinstein für Howard W. Koch Prod./Paramount, USA 1990
Verleih: UIP/UIP/UIP
UA: 13.7.1990, New York
Kinostart: 1.11.1990
FSK: ab 12, ffr.
Länge: 127 Min.
FBW: Wertvoll

Um seine Ermordung aufzuklären und seine geliebte Freundin vor dem Anstifter, dem sie völlig vertraut, zu schützen, bleibt Sams Seele in der Nähe der Lebenden, bis er gelernt hat, durch Einwirkung auf die materielle Welt überzeugenden Kontakt aufzunehmen. Zur modischen Welle »übersinnlicher« Themen gehörig, erweist

Der Kassenschlager 1990 in den USA. »Ghost – Nachricht von Sam« mit Demi Moore und Patrick Swayze.

sich der Streifen als inhaltlich und formal recht gelungene Mischung aus Komödie, Krimi und rührendem Melodram. *multimedia*

Michael Althen in: SZ, 16.10.90; Lars-Olav Beier in: tip, 21/90; Jan Dreier in: Prinz, 10/90; Peter Körte in: FR, 16.10.90; Milan Pavlović in: Kölner Stadt-Anzeiger, 13.10.90

Ghost Writer 362

GHOST WRITER **

Video

Regie: Kenneth J. Hall
Darsteller: Audrey Landers (Angela Reid), Jeff Conaway (Tom Farrell), Judy Landers (Billie Blaine), Anthony Franciosa (Vincent Carbone), David Doyle, Joey Travolta, John Matuszak, Peter Paul, David Paul, Dick Miller, Ken Tobey
Drehbuch: Kenneth J. Hall
Kamera: Nicholas von Sternberg (Image Transform/Fotokem Color)
Musik: Reg Powell, Sam Winans
Schnitt: Tony Malanowski
Produktion: David DeCoteau, John Schouweiler für Rumar Films, USA 1989
Verleih: -/-/-/Cannon-VMP Video
Videostart: 12.2.1990
FSK: ab 12 J.
Länge: 94 Min.

Eine Klatschreporterin, die sich ihre Kolumnen vom Geist der toten Halbschwester ihrer Tante diktieren läßt, gerät in Schwierigkeiten, als sich deren Mörder für das Tagebuch interessiert, aus dem die Informationen angeblich stammen.

Ghostbusters II 363

GHOSTBUSTERS II ***

Regie: Ivan Reitman
Darsteller: Bill Murray (Dr. Peter Venkman), Dan Aykroyd (Dr. Raymond Stantz), Sigourney Weaver (Dana Barrett), Harold Ramis (Dr. Egon Spengler), Rick Moranis (Louis Tully), Ernie Hudson (Winston Zeddemore), Annie Potts (Janine Melnitz), Janet Margolin (Staatsanwalt), Peter MacNicol, Harris Yulin, David Margulies, Kurt Fuller, Wilhelm von Homburg, Cheech Marin
Drehbuch: Harold Ramis, Dan Aykroyd, nach Charakteren von Dan Aykroyd und Harold Ramis
Kamera: Michael Chapman (Deluxe)
Musik: Randy Edelman
Schnitt: Sheldon Kahn, Donn Cambern

Produktion: Ivan Reitman für Columbia Pic., USA 1989
Verleih: Columbia Tri-Star/Columbia/20th Century Fox/RCA-Columbia Video
Kinostart: 11.1.1990
FSK: ab 12, ffr.
Länge: 108 Min.

Auch Fortsetzungen können recht vergnüglich sein, wenn sie von solchen Top-Witzbolden wie Bill Murray, Dan Aykroyd und Harold Ramis aus der großen Geister-Schlabberkiste in der New Yorker Glibbermonster-Kanalisation herausgefischt werden.
Die »Ghostbuster«-Firma ist inzwischen mangels Geistern pleite, und Bill Murray muß sich als Moderator einer bescheuerten übersinnlichen Fernsehsendung durchbringen – als es plötzlich aufs neue aus dem Kanaldeckel stinkt und ein Großangriff des großen Bösen mit einer Armee von scheußlichen Glibberwürmern ins Haus steht. Das ist herrlich kindisch und blöde, und die drei Höllenschleimbändiger sind so komisch, daß man ihre grotesken Leuteverkohler-Scherze gern hinunterschluckt.

Ponkie, AZ

Gilden-Dienst 435, Januar 90; Barry Graves in: tip, 1/90; Milan Pavlovic in: Kölner Stadt-Anzeiger, 13.1.90; Jürgen Richter in: FAZ, 13.1.90; Jürgen Schütze in: Prinz, 1/90; Claudius Seidl in: SZ, 13.1.90

Ghoulies II — 364

GHOULIES II

*

Video

Regie: Albert Band
Darsteller: Damon Martin (Larry), Royal Dano (Onkel Ned), Phil Fondacaro (Sir Nigel), J. Downing (P. Hardin), Kerry Remsen (Nicole), Dale Wyatt, Jon Maynard Pennell, Sasha Jensen
Drehbuch: Dennis Paoli
Kamera: Sergio Salvati (Technicolor)
Musik: Fuzzbee Morse
Schnitt: Barry Zetlin
Produktion: Charles Band für Empire, USA 1988
Verleih: -/-/-/Concorde Video
Videostart: 27.6.1990
FSK: ab 16 J.
Länge: 90 Min.

Als sich die neueste Attraktion eines Zirkus – kleine, bissige Ungeheuer –

Nötiger denn je: Die »Ghostbusters«. Auch noch als Fortsetzung.

am Publikum zu vergreifen beginnt, beschwören der Besitzer und sein Neffe als Gegenmaßnahme einen übergroßen Dämon herbei. Zu sehr in ihre eigene Schrillheit verliebte Fortsetzung eines Remakes von Joe Dantes Multizitat-Orgie »Gremlins«.

Gideons Kampf 365

GIDEON OLIVER: GIDEON'S WAR **

Video

Regie: George Mendeluk
Darsteller: Louis Gossett jr. (Gideon Oliver), Madge Sinclair (Angela Holmes), Shari Headley, Darnell Williams, Eriq LaSalle, Kenneth Welsh, Eric Christmas, Frances Bay
Drehbuch: David Black
Kamera: Alex Phillips (Farbe)
Musik: Nicholas Pike
Produktion: Brad H. Aronson für Universal TV, USA 1989
Verleih: -/-/-/CIC Video
Videostart: 15.3.1990
FSK: ab 12 J.
Länge: 90 Min.

Nach einem Bombenanschlag auf drei Wissenschaftler stößt Gideon Oliver auf das Komplott eines karibischen Innenministers, der die Drogendeals einer amerikanischen Firma mit den Aufständischen willig hinnimmt, um einen Vorwand für seine harte Gangart zu haben. Viertes Abenteuer mit dem Hobby-Kriminologen aus New York.

Der Glanz dieser Tage 366

***

16 mm

Regie: Wenzel Storch
Darsteller: Jürgen Höhne (werdender Priester), Alexandra Schwartz (seine Frau), Bernward Herkenrath (Pfarrer), Matze Hänisch, Jonas Kättner, Kaname Schulze, Sabine Meyer, Bernd Röthig, Baron von Lallu, Wenzel Storch
Drehbuch: Wenzel Storch
Kamera: Wenzel Storch, Iko Schütte (Farbe)
Musik: Diet, Schweine im Weltall, Die Fliegenden Unterhosen
Schnitt: Iko Schütte, Rolf Eiermann
Produktion: Wenzel Storch für Wenzel Storch Prod., BRD 1989
Verleih: Wenzel Storch/-/-
UA: 16.12.1989, Hamburg
Kinostart: 7.6.1990
Länge: 93 Min.

(...) Wenzel Storch, Autor, Regisseur, Darsteller usw. erzählt die Geschichte eines verheirateten Mannes, der unbedingt für zwölf Jahre Priester werden will, um als solcher mit zwei Meßknaben Badeanstalt, Kiosk und Kanzel unsicher zu machen, bis ihn die Sehnsucht zu seiner Frau zurücktreibt. Dazwischen muß die größte Popelsammlung der Welt, die sich natürlich im Vatikan befindet, von Hänsel und Gretel ergänzt, ein Hupfball zur Zeitmaschine werden und ein Engel sich besaufen. Sowas kann einem nur einfallen, wenn man selbst jahrelang Meßdiener war und unter religiösem Spätstreß steht. Aber hinter dem komisch-bösen Befreiungsschlag steckt eine schwarze Kinderpoesie, die selten ist im deutschen Film. Nichts wie hin!

Georg Seeßlen, Zitty

Renate Apitz in: FR, 7.8.90; Ronald Gutberlet in: taz, 16.12.89; Szene Hamburg 6/90; Peter Körte in: FR, 21.6.90; Georg Seeßlen in: epd Film, 10/90

Glory 367

GLORY ***

Regie: Edward Zwick
Darsteller: Matthew Broderick (Col. Robert Gould Shaw), Denzel Washington (Ptv.

»Der Glanz dieser Tage« von Wenzel Storch.

Der fragwürdige Ruhm, für's Vaterland zu sterben – »Glory« von Edward Zwick.

Trip), Cary Elwes (Maj. Cabot Forbes), Morgan Freeman (St. Maj. Rawlins), Jihmi Kennedy (Pvt. Jupiter Sharts), André Braugher (Pvt. Thomas Searles), John Finn (Sgt. Maj. Mulcahy), Alan North (Gov. John A. Andrew), Bob Gunton (Gen. Harker), Cliff DeYoung (Coe. James Montgomery), Jay O. Sanders (Maj. Gen. George C. Strong), Christian Baskous, RonReaco Lee, Richard Riehle, Mark A. Levy, Jane Alexander, Raymond St. Jacques

Drehbuch: Kevin Jarre, nach den Romanen »Lay This Laurel« von Lincoln Kirstein und »One Gallant Rush: Robert Gould Shaw And His Brave Black Regiment« von Peter Burchard und den Briefen von Col. Robert Gould Shaw

Kamera: Freddie Francis; David Wagreich (2d unit) (Technicolor)

Musik: James Horner; Mitwirkende: The Boys Choir of Harlem

Schnitt: Steven Rosenblum, I. Battle Davis

Produktion: Freddie Fields für Freddie Fields Prod., USA 1989

Verleih: Columbia Tri-Star/dto./ 20th Century Fox/RCA-Columbia Video

EA: 15.2.90, Int. Filmfestspiele Berlin »Panorama«

Kinostart: 5.4.1990

FSK: ab 16, ffr.

Länge: 122 Min.

Als am 1. Januar 1863 Lincolns Proklamation für die Freiheit der Schwarzen Gesetz wird, erhält der weiße Offizier Robert G. Shaw den Auftrag, das erste Regiment Schwarzer im Amerikanischen Bürgerkrieg auszubilden, das dann bei einem aussichtslosen Kampfeinsatz fast völlig aufgerieben wird. Der Film glorifiziert auf fragwürdige Weise die (Auf-)Opferung der Schwarzen für Freiheit und Gleichberechtigung und treibt einen unverhältnismäßigen Aufwand mit endlosen Schlachtszenen, die noch mit pathetischer Musik untermalt sind. *Zoom*

Der Film zelebriert mit waberndem Schwulst den Heldentod tausender schwarzer Rekruten und ihres blutjungen weißen Colonels im amerikanischen Bürgerkrieg 1863. Daß Schwarze für ihre Befreiung von der Sklaverei aktiv kämpften, ist eine Novität für's US-Publikum. Daß der Film ein widerliches, verlogenes Kriegsspektakel in bester Nazimanier ist, übersehen in den USA aus lauter Ergriffenheit und mangelndem Selbstwertgefühl auch schwarze Autoren. Die Peinlichkeit dieses Berlinale-Beitrages macht das nicht besser. Pathos, Blut und sakrale Klänge, eine Mixtur zum Kotzen.

Wolf Donner, tip

Michael Althen in: SZ, 27.6.90; Rolf Lenz in: Prinz, 4/90; Andreas Obst in: FAZ, 16.6.90; Claudius Seidl in: Die Zeit, 6.4.90; Anke Sterneborg in: Der Tagesspiegel, 16.2.90

Glory! Glory! 368

GLORY! GLORY! **

Video

Regie: Lindsay Anderson
Darsteller: Ellen Greene (Schwester Ruth), Richard Thomas (Reverend Bobby Joe Stuckey), James Whitmore (Lester Babbitt), Barry Morse (Reverend Dan Stuckey), Winston Rekert (Chet Madison), George Buza (Vincent), Jamie Near (Bobby Joe als Junge), Frances Hyland
Drehbuch: Stan Daniels
Kamera: Mike Fash (Farbe)
Musik: Christopher Dedrick
Schnitt: Ruth Foster
Produktion: Stan Daniels, Seaton McLean für Greif-Dore Co./Atlantis Films/Orion TV/Stan Daniels Prod., USA 1989
Verleih: -/-/-/Orion Video
Videostart: 3.4.1990
Sendetermin: 19.2.1989, HBO
FSK: ab 16 J.
Länge: 196 Min.

Reverend Bobby Joe gerät in arge Schwierigkeiten. Nach dem plötzlichen Tod seines Vaters fehlt das richtige »Zugpferd« für die öffentlichen Messen. Durch einen Zufall gerät Bobby Joe in einen Musikschuppen übelster Sorte. Doch dort hat er seine Erleuchtung: er trifft auf die Rock-Lady Ruth. Schon ihr erster Auftritt schlägt ein wie eine Bombe. Recht unterhaltsam und kritisch aufbereitet, aber bei über drei Stunden Laufzeit ist dieses Mammutepos natürlich mit etlichen Längen gesegnet.

Isabel Opitz, tips

Good Night Hell 369

THE TERROR WITHIN *

Video

Regie: Thierry Notz
Darsteller: George Kennedy (Hal), Andrew Stevens (David), Starr Andreeff (Sue), Terri Treas (Linda), John LaFayette (André), Tommy Hinchley (Neil), Yvonne Saa (Karen), Roren Sumner (Gargoyle)
Drehbuch: Thomas M. Cleaver
Kamera: Ronn Schmidt (Fotokem Color)
Musik: Rick Conrad
Schnitt: Brent Schoenfeld
Produktion: Roger Corman für Concorde Pictures, USA 1989
Verleih: -/-/-/MGM-UA Video
Videostart: 14.8.1990
FSK: nicht unter 18 J.
Länge: 86 Min.

In einem postatomaren Labor wird eine Gruppe Wissenschaftler vom greulich mutierten Kind einer Hochschwangeren dahingerafft. Roger Cormans Autobiographie trägt nicht von ungefähr den Titel »Wie ich Hunderte von Filmen produzierte und nie 'nen einzigen Cent verlor«.

Good Fellas – Drei Jahrzehnte in der Mafia 370

GOODFELLAS *****

Regie: Martin Scorsese
Darsteller: Robert De Niro (Jimmy »The Gent« Conway), Ray Liotta (Henry Hill), Joe Pesci (Tommy De Vito), Lorraine Bracco (Karen Hill), Paul Sorvino (Don Paul Cicero), Frank Sivero, Tony Darrow, Mike Starr, Frank Vincent, Chuck Low, Frank Dileo
Drehbuch: Nicholas Pileggi, Martin Scorsese, nach dem Roman »Wiseguy: Life in a Mafia Family« von Nicholas Pileggi
Kamera: Michael Ballhaus (Technicolor)
Musik: Tony Bennett, Aretha Franklin, Bobby Darin, Muddy Waters
Schnitt: Thelma Schoonmaker
Produktion: Irwin Winkler für Irwin Winkler Prod., USA 1990
Verleih: Warner Bros./Warner/-/Warner Home Video
UA: Int. Filmfestspiele Venedig 1990
Kinostart: 11.10.1990
FSK: ab 16, ffr.
Länge: 145 Min.
FBW: Wertvoll

Die authentische Lebensgeschichte des New Yorker Mafioso Henry Hill, der als Kleingangster in der geschlossenen Mafiagesellschaft Ansehen und Schutz erhält, bis er nach seiner Verhaftung für sie zum Risiko wird. Um

Robert DeNiro, Ray Liotta und Paul Sorvino in »Good Fellas«.

dem sicheren Tod zu entgehen, wird er zum Zeugen der Anklage und muß untertauchen. Martin Scorseses fulminant inszenierter Film, der durch einige brutale Szenen schockiert, kann als Metapher gelesen werden: Wo Geld und Gewalt regieren, werden alle menschlichen Beziehungen wie durch ein Krebsgeschwür korrumpiert und zerstört. *Zoom*

Patrick Bahners in: FAZ, 13.10.90; Peter Buchka in: SZ, 12.10.90; Wolf Donner in: tip, 21/90; Andreas Kilb in: Die Zeit, 12.10.90; Rainer Nolden in: Die Welt, 11.10.90; H.G. Pflaum in: SZ, 17.9.90 (Venedig-Bericht)

The Great Outdoors

Siehe »Ferien zu dritt - The Great Outdoors«

Gremlins II – Die Rückkehr der kleinen Monster 371

GREMLINS II – THE NEW BATCH ***

Regie: Joe Dante
Darsteller: Zach Galligan (Billy Peltzer), Phoebe Cates (Kate Beringer), John Glover (Daniel Clamp), Robert Prosky (Großvater Fred), Robert Picardo (Forster), Christopher Lee (Dr. Catheter), Haviland Morris (Marla Bloodstone), Dick Miller (Murray Futterman), Hulk Hogan, Paul Bartel (Kinobesitzer), Leonard Maltin, Bubba Smith, Jackie Joseph, Gedde Watanabe, Keye Luke, Kathleen Freeman, Howie Mandel, Tony Randall
Drehbuch: Charlie Haas, nach Charakteren von Chris Columbus
Kamera: John Hora (Technicolor)
Musik: Jerry Goldsmith
Schnitt: Kent Beyda
Produktion: Michael Finnell für Amblin Ent./ Michael Finnell Prod., USA 1990
Verleih: Warner Bros./dto./dto./Warner Home Video
Kinostart: 23.8.1990
FSK: ab 12, nffr.
Länge: 99 Min.

Leider nicht ganz so liebevoll-zynisch wie der erste »Gremlins«-Streifen ist Dante die Zweitauflage, eher eine etwas müde um einen roten Faden kämpfende Persiflage, gelungen. Da werden erneut aus niedlichen Kuscheltieren anarchistische Mini-Monster, nur treiben diese ihr Unwesen diesmal in einem gigantischen New Yorker Wolkenkratzer, und den Gegenpart verkörpern nicht brave Kleinbürger, sondern ein Megamulti namens Daniel Clamp. Auf einer sarkastischen Meta-Ebene blitzt gelegentlich Witz auf, und das wär's dann.

Zoom

Michael Althen in: SZ, 26.8.90; Lars-Olav Beier in: tip, 17/90; Jochen Metzner in: Der Tagesspiegel, 25.8.90; Jürgen Richter in: FAZ, 25.8.90

Großalarm im Krankenhaus 372

UNCOMMON VALOR **

TV

Regie: Rod Amateau
Darsteller: Mitchell Ryan (Tom Riordan), Ben Murphy (Jim Merrit), Margaret Houghton (Barbara Parkins), Rick Lohman (Joe Donovan), Norman Fell, John C. Reilly, Gregory Sierra
Drehbuch: Mark Rodgers
Kamera: Stephen W. Gray (Farbe)
Musik: Bob Summers
Schnitt: Bud Friedgen
Produktion: Mark Rodgers für Bradman-Self Prod. mit Schick Sunn Classics, USA 1983
UA: 22.1.1983, CBS
Sendetermin: 4.5.1990, ZDF, 20.15 Uhr
Länge: 120 Min.

Es gibt »Großalarm im Krankenhaus«, nachdem im siebten Stock einer Klinik in Salt Lake City ein Brand ausgebrochen ist. Während die Feuerwehr unter Boß Tom Riordan versucht, das Feuer unter Kontrolle zu bringen, hat der psychopathische Brandstifter an einer anderen Stelle erneut gezündelt.

Nach dem üblichen Kino-Katastrophen-Klischee beginnt ein dramatischer Wettlauf gegen die Zeit und das Flammenmeer. Wenn auch das Feuer tricktechnisch beeindruckend loderte, so sprang doch der Funke nicht über.

Die »unterdurchschnittliche Produktion« (TV Movie Guide) war 1983 als Pilotfilm für eine Serie gedreht worden, die nie zustande kam.

Birgit Amon, AZ

Das große Geld 373

BONY A KLID ***

Regie: Vit Olmer
Verleih: Progreß/-/-
Kinostart: 10.8.1990

Erstaufführung bereits im vergangenen Jahr im ZDF unter dem Titel: »Der Boß kennt auch den Staatsanwalt«. Deshalb vollständige Angaben und Kritik im »Heyne Filmjahrbuch 1990«.

Die große Herausforderung 374

LISTEN TO ME ***

Regie: Douglas Day Stewart
Darsteller: Kirk Cameron (Tucker Muldowney), Jami Gertz (Monica Tomanski), Roy Scheider (Charlie Nichols), Amanda Peterson (Donna Lumis), Tim Quill (Garson McKellar), George Wyner (Dean Schwimmer), Anthony Zerbe (Sen. McKellar), Christopher Atkins (Bruce Arlington), Quinn Cummings (Susan Hooper), Jason Gould
Drehbuch: Douglas Day Stewart
Kamera: Fred Koenekamp (CFI Color)
Musik: David Foster
Schnitt: Anne V. Coates
Produktion: Marykay Powell für Martin Bregman Prod., USA 1989
Verleih: Columbia Tri-Star/-/-/ RCA-Columbia Video
Kinostart: 28.6.1990
FSK: ab 16, ffr.
Länge: 110 Min.

Tucker, Monica und Garson, drei unterschiedliche Charaktere und aus sehr verschiedenen sozialen Verhältnissen stammend, haben nur ein Ziel: den rhetorischen Olymp zu erreichen. Die Konkurrenzkämpfe finden nicht nur verbal statt, bei der alljährlichen College-Rhetorik-Meisterschaft werden sie sogar nach Rocky-Manier ausgetragen. Der sehr konventionell gemachte Film vertritt die Ansicht, daß konservative, gesellschaftliche Werte um jeden Preis verteidigt werden müssen.

Hans-Ulrich Pönack, tip

Sabine Carbon in: Der Tagesspiegel, 3.7.90; Claudia Schülke in: FAZ, 7.7.90

Der grüne Berg **375**

****

16 mm

Regie: Fredi M. Murer
Drehbuch: Fredi M. Murer
Kamera: Pio Corradi
Musik: Fritz Hauser, Arthur Schneiter
Schnitt: Cathrin Plüss
Produktion: Fredi M. Murer, Pio Corradi für DRS, Schweiz 1990
Verleih: -/-/Filmcooperative
Länge: 125 Min.

Im Wellenberg im nidwaldnerischen Engelbergertal wird ein Endlager für »schwach- bis mittelradioaktive Abfälle« geplant. Fredi M. Murer läßt Befürworter und Gegner, insbesondere Bauernfamilien der Region, ausführlich zu Wort kommen. Der umsichtig und sorgfältig dialogisch-dialektisch aufgebaute Dokumentarfilm stellt nicht nur die Probleme rund um die Endlagerung radioaktiver Abfälle zur Diskussion, er stellt auch Fragen an den Glauben an das technisch Machbare, die Verantwortung für Umwelt und Zukunft und die durch »Sachzwänge« gefährdete Demokratie. Der Film ist künftigen Generationen gewidmet. *Zoom*

The Gun **376**

L'ARMA

**

Video

Regie: Pasquale Squitieri
Darsteller: Stefano Satta Flores (Luigi Campagna), Claudia Cardinale (Marta Campagna), Benedetta Fantoli (Rossana Campagna), Clara Colosimo
Drehbuch: Pasquale Squitieri
Kamera: Giulio Albonico (Farbe)
Musik: Tullio DePiscopo
Produktion: Maratea Film, Italien 1978
Verleih: -/-/-/Focus Video
Videostart: 19.9.1990
FSK: ab 16 J.
Länge: 85 Min.

Italienisches Thriller-Drama aus den späten 70er Jahren um die soziale Demontage eines wildgewordenen Kleinbürgers. Pasquale Squitieri liefert die professionelle Bearbeitung des eigenen Stoffs ohne sonderliche Höhepunkte. *VideoWoche*

Gute Tauben kehren immer zurück **377**

DOBRI HOLUBI SO VRACEJI

****

Regie: Dusan Klein
Darsteller: Milan Knazko (Lexa), Alicja Jachiewicz (Landová), Rudolf Hrusínsky (Pfleger), Miroslav Machácek (Ament), Vladimir Mensík (Honícek), Pavel Zednícek (Fußballstar), Marían Labuda (Dorenda), Zdenek Rehor (Zlámal), Radan Rusev (Jánosik), Rudolf Hrusínsky jun. (Obuli), Ludék Kopriva (Smok), Josef Somr (Chefarzt)
Drehbuch: Ladislav Pechácek, Dusan Klein, nach dem gleichn. Roman von Ladislav Pechácek
Kamera: Josef Vanis (Farbe)
Musik: Harry Macourek
Produktion: Filmstudio Barrandov, CSSR 1988
Verleih: Progreß/-/-
Kinostart: 27.7.1990
Länge: 122 Min.

Dusan Kleins neuester Film entstand nach dem gleichnamigen, in der CSFR vielgelesenen Roman des Arztes und Schriftstellers Ladislav Pechácek. Er führt den Zuschauer in eine psychiatrische Klinik, in der Alkoholkranke Heilung suchen. Milos Lexa, Heizer im Prager Nationaltheater, gehört zu ihnen. Schwer nur findet er sich mit den Therapiemethoden der Klinik ab, wehrt sich gegen das schikanöse Regime des Pflegers Masák. Schreiben, vom Chefarzt verordnet, wird für Lexa zur Lebenshilfe. In poetischen Bildern fängt der Film seine Erinnerungen ein. Vor allem jene an Sona, die große Jugendliebe, heute gefragte Opernsängerin. Spät finden beide doch noch zueinander, doch bald schon trennen sie sich wieder. Lexa kehrt aus freien Stücken in die Klinik zurück, um zu schreiben. *Kino DDR*

Hachi-Ko. Ein Hundeleben 378

HACHI-KO MONOGATARI **

Regie: Sijiro Koyama
Darsteller: Tatsuya Nakadai (Professor), Kaoru Yachigusa (Shizuko), Mako Ishino (Chizuko), Toshiro Yanagiba (Moriyama), Toshinori Obi (Saikichi), Horoyuki Nagato (Kiku)
Drehbuch: Kaneto Shindo
Kamera: Masahisa Himeda (Farbe)
Musik: Tetsuji Hayashi
Produktion: Tokyu Group, Mitsui C./ Shochiku Group, Japan 1987
Verleih: Progreß/-/-
Kinostart: 18.5.1990
FSK: ab 6 J.
Länge: 110 Min.

Kinderfilm um einen Hund der nicht nur besondere Privilegien genießt, sondern auch von seiner Umwelt geliebt und geachtet wird.

Hände weg von Stefanie! 379

NOBODY'S PERFECT **

Regie: Robert Kaylor
Darsteller: Chad Lowe (Stephen/ Stephanie), Gail O'Grady (Shelly), Patrick Breen (Andy), Kim Flowers (Jackie), Vitas Gerulaitis (Tennis Coach), Robert Vaughn (Doktor), Annie Korzen (Professor Lucci), Eric Bruskotter, Todd Schaefer, Mariann Aalda, Marcia Karr, Nikky Lusty, Devon Kaylor
Drehbuch: Annie Korzen, Joel Block, nach einer Story von Steven Ader
Kamera: Claus Loof (Eastmancolor)
Musik: Robert Randles
Schnitt: Robert Gordon
Produktion: Benni Korzen für Panorama Film/Just Betzer mit SAP, USA 1989
Verleih: Scotia/Constantin/Rialto/Cannon-VMP Video, Titel: »Nobody's Perfect – Hände weg von Stefanie!«
Kinostart: 31.5.1990
FSK: ab 12, ffr.
Länge: 89 Min.

Um in die Nähe seiner Angebeteten zu kommen, verkleidet sich ein junger College-Schüler als Mädchen, das als Austauschstudentin das Damen-Tennisteam der Hochschule verstärken soll. Müde Neuauflage des abgedroschenen Geschlechtertausch-Themas, vorhersehbar in der Handlung, platt und unsorgfältig synchronisiert. *Zoom*

Daniel Brunner in: FAZ, 2.6.90

Hallo Baby 380

MAYBE BABY **

Video

Regie: Tom Moore
Darsteller: Jane Curtin (Julia Gilbert), Dabney Coleman (Hal Gilbert), Julia Duffy (Casey), David Bowe (Mark), Florence Stanley (Ebba), David Doyle (Pete), Peter Michael Goetz (Maneri), Mort Sertner (Bill), Jane Higginson (Dr. Harrigan)
Drehbuch: Janet Kovalcik
Kamera: Hal Trussell (Farbe)
Musik: Patrick Williams
Schnitt: Gregory Prange
Produktion: Robert M. Sertner für Perry Lafferty Prod./Von Zerneck-Samuels Prod., USA 1988
Verleih: -/-/-/VCL Video
Videostart: 28.5.1990
Sendetermin: 5.12.1988, NBC
FSK: ab 6 J.
Länge: 90 Min.

US-Fernsehkomödie, die zwei Jahre zu spät komt, um am Baby-Boom teilhaben zu können. Allenfalls das hysterisch-überdeutliche Spiel von Jane Curtin als babysüchtiger Wahlkampfmanagerin verleiht dem biederen Vergnügen eine besondere Note. *VideoWoche*

Der Hammermörder 381

****

16 mm

Regie: Bernd Schadewald
Darsteller: Ulrike Kriener (Christa Rohloff), Christian Redl (Erich Rohloff), Walter Kreye, Verena Plangger, Ulrich Pleitgen, Oliver Stritzel
Drehbuch: Fred Breinersdorfer
Kamera: Ingo Hamer (Farbe)
Musik: Ingfried Hoffmann
Schnitt: Rudi Reinbold
Produktion: Artur Brauner für CCC-Television/ZDF, BRD 1990

EA: 24.6.1990, Filmfest München
Sendetermin: 3.9.1990, ZDF, 19.30 Uhr
Länge: 90 Min.

Der Film erzählt von einer tatsächlichen Mordserie, von einem Polizisten, der Banken überfiel und Menschen umbrachte. Mit seinem Blick für Verhaltensweisen schaffte Schadewald im Familienleben des Polizisten eine solche Enge, daß jede Bewegung zur Qual wird. Dem mitleidlosen Blick kann man sich kaum entziehen, für den Zuschauer gibt es keine Fluchtmöglichkeiten. Der Film sucht keine Erklärungen, sondern hängt die Morde und das Familienleben einfach aneinander. So wird auf einmal jedes Detail zum Indiz, und das Entsetzen breitet sich langsam aus. Daß das auch in den Überspitzungen gelingt, verdankt Schadewald auch seinen Schauspielern Christian Redl und Ulrike Kriener.

Michael Althen, SZ

Ponkie in: AZ, 5.9.90

Hanging Heart 382

HANGING HEART **
Video

Regie: Jimmy Lee
Darsteller: Barry Wyatt (Dennie Curtis), Jake Henry (Elliot Scott), Francine Lapensée (Julie), John Stevens (Richard), Debra Robinson (Cathy)
Drehbuch: Jimmy Lee
Kamera: Silvio Sumavski (Farbe)
Musik: Erik Estrand, Nathan Wong
Schnitt: Steve Nielson
Produktion: Michael L. White für Mod Sync Film Entertainment, USA 1989
Verleih: -/-/-/UFA Video
Videostart: 11.6.1990
FSK: nicht unter 18 J.
Länge: 99 Min.

Zeitweise packender Thriller aus dem Theatermilieu um einen falschen Verdacht und die Angst, sexuelle Normen zu verletzen. Die Spannung erschöpft sich allzuschnell, da die wahre Identität des Täters auch dem ungeübten Zuschauer frühzeitig offenbar wird.

VideoWoche

Jill Clayburgh als »Hanna K.«.

Hanna K. 383

HANNAH K. ***
TV

Regie: Constantin Costa-Gavras
Darsteller: Jill Clayburgh (Hannah Kaufman), Jean Yanne (Victor Bonnet), Gabriel Byrne (Josue Herzog), Mohamed Bakri (Selim Bakri), David Clennon (Amnon), Shimon Finkel, Oded Kotler
Drehbuch: Constantin Costa-Gavras, Franco Solinas
Kamera: Ricardo Aronovich (Fujicolor)
Musik: Gabriel Yared
Schnitt: Françoise Bonnot
Produktion: Michele Ray-Gavras für KG/Gaumont/Films A2, Frankreich 1983
Sendetermin: 12.10.1990, ZDF, 23.50 Uhr
Länge: 108 Min.

Ein zwiespältiger französischer Film über Terror und Gegenterror zwischen Israelis und Arabern. Jill Clayburgh als Anwältin eines Palästinensers, der auf ein ererbtes Haus Anspruch erhebt, als Terrorist verdächtigt und ausgewiesen wird. Bei aller differenzierenden Darstellung des gegenseitigen Mißtrauens und politischen Kalküls wird doch die palästinensische Märtyrer-Pose hier allzu blauäugig übernommen. Wie eiskalt diese gewollte »Märtyrer«-Rolle als medienwirksames Aufheizermittel ausgespielt wird, ist gerade wieder im Jerusalemer PLO-Terrorkonzept sichtbar geworden. *AZ*

Hanna Monster, Liebling 384

**

Regie: Christian Berger
Darsteller: Marika Green (Hanna), Hagnot Elishka (Leo), Peter Turrini (Arthur), Hannes Nicolussi, Claudia Holldack, Elert Bode, Ignaz Kirchner (Rudolf), Paulus Manker, Rosemarie Wohlbauer, Zbigniew Kasztan
Drehbuch: Christian Berger
Kamera: Christian Berger
Musik: Carmel
Schnitt: Eliska Stibrova
Produktion: TTV/Cult Films tv, Österreich/ BRD 1989
Verleih: -/Filmhaus Stöbergasse/-
UA: 12.9.1989, Int. Filmfestspiele Venedig
Kinostart: 2.3.1990
FSK: ab 16 J. (Wien)
Länge: 98 Min.

Eine durchaus bürgerlich lebende Frau gebiert statt eines normalen Kindes eine Art Monster und begibt sich auf eine Reise zur Nordsee, um zu sich selbst zu finden. Ein sprödes, in Schwarzweiß gehaltenes Frauen-Road-Movie, das über weite Strecken langweilt und unverständlich bleibt. *Horst Stadler, multimedia*

Happy Together 385

HAPPY TOGETHER

**

Regie: Mel Damski
Darsteller: Helen Slater (Alexandra Page), Patrick Dempsey (Christopher Wooden), Dan Schneider (Gooseflesh), Kevin Hardesty (Slash), Maris Weyers (Denny Dollenbacher), Barbara Babcock (Ruth Carpenter), Gloria Hayes (Luisa Dellacova), Brad Pitt, Aaron Harnick, Ron Sterling, Eric Lumbard, Michael D. Clarke, Wendy Lee Marconi, Yvette Rambo
Drehbuch: Craig J. Nevius
Kamera: Joe Pennella (Eastmancolor)
Musik: Robert Folk
Schnitt: O. Nicholas Brown
Produktion: Jere Henshaw für Apollo Film, USA 1989
Verleih: Metropol/Fleur/-/VPS Video
Kinostart: 26.7.1990
FSK: ab 12, ffr.
Länge: 99 Min.

Der Film erzählt von Chris und Alexandra. Er will ernsthaft studieren, sie setzt dagegen auf unbekümmertes Amüsieren. Nicht allzu alberne Beziehungsgeschichte mit einem sympathischen Hauptakteur Patrick Dempsey, »Supergirl« Helen Slater fällt vor allem durch ständigen Kleidungswechsel auf. *Hans-Ulrich Pönack, tip*

David Blum in: FAZ, 28.7.90

Hard Days, Hard Nights 386

***

Regie: Horst Königstein
Darsteller: Rita Tushingham (Rita), Al Corley (Chris), Wigald Boning (Kurt), Annette Hörmann (Annette), Roland Schäfer, Mark Forrest, Tony Forsyth, Christoph Eichhorn, Ulrich Mühe, Sharon Brauner, Gisela Trowe, Helmut Griem
Drehbuch: Horst Königstein; Mitarbeit: Frank Göhre, Peter Turner
Kamera: Klaus Brix (Farbe)
Musik: Hans P. Ströer
Schnitt: Tanja Schmidbauer
Produktion: Jürgen Haase für Provobis mit Pro-ject, BRD 1989
Verleih: Filmverlag der Autoren/-/-
Kinostart: 16.8.1990

Rita Tushingham in »Hard Days, Hard Nights«.

FSK: ab 16, ffr.
Länge: 103 Min.
FBW: Wertvoll

Der Film verschenkt die an sich spannende Idee, die Situation einer englischen Band im Hamburg des Jahres 1960 zu beschreiben. Die Figuren agieren theatralisch, und jegliche Ausdeutung der Charaktere wird von einer fragwürdigen »Collagentechnik« vereitelt. *Norbert Tefelski, tip*

Michael Althen in: SZ, 20.8,90; Angie Dullinger in: AZ, 21.8.90 (Interview R. Tushingham); Peter Körte in: FR, 16.8.90; Michael Laages in: Die Welt, 17.8.90; Andreas Obst in: FAZ, 18.8.90

Hard Justice 387

HARD JUSTICE *

Video

Regie: Ralph Fillmore
Darsteller: Andrew Hoyer, Denise Jackson, Dick Marshall
Produktion: Filmark International, Hongkong 1988
Verleih: -/-/-/Focus Video
Videostart: 19.9.1990
FSK: nicht unter 18 J.
Länge: 86 Min.

Fernöstliche Rangeleien um eine wertvolle Buddha-Statue, bei der sich Interpol, CIA, die Mafia und einige Privatleute gegenseitig das Leben schwer machen. Gewinner am Ende: der Hersteller der zahlreich verschossenen Platzpatronen.

Hard to Kill 388

HARD TO KILL **

Regie: Bruce Malmuth
Darsteller: Steven Seagal (Mason Storm), Kelly Le Brock (Andrea Stewart), Bill Sadler (Vernon Trent), Frederick Coffin (O'Malley), Bonnie Burroughs (Mrs. Storm), Zachary Rosencrantz, Branscombe Richmond, Charles Boswell
Drehbuch: Steven McKay
Kamera: Matthew F. Leonetti (Technicolor)
Musik: David Michael Frank
Schnitt: John F. Link
Produktion: Gary Adelson, Joel Simon, Bill Todman jr. für Lee Rich Prod. mit Adelson/Todman/Simon Prods., USA 1990
Verleih: Warner Bros./dto./dto./Warner Home Video (FSK ab 16 J., Länge 89 Min.)
Kinostart: 16.8.1990
FSK: ab 18, nffr.
Länge: 96 Min.

Der Film zeigt den Kampfsportexperten Steven Seagal (»Nico«) als heldenhaften Polizisten ohne Furcht und Tadel, der den Mord an seiner Gattin grausam rächt. Einfallsarmes Action-Kaspertheater mit ausgesucht blöden Sprüchen, das weder die perfekt inszenierten Stunts noch die Kurzauftritte des großartigen Bill Sadler vor der totalen Bedeutungslosigkeit bewahren können. *Ralph Umard, tip*

Fritz Göttler in: SZ, 21.8.90; Jochen Schütze in: Prinz, 8/90

Hardcover 389

HARDCOVER/I, MADMAN ***

Regie: Tibor Takacs
Darsteller: Jenny Wright (Virginia/Anna), Clayton Rohner (Richard), Randall William Cook (Malcolm Brand), Steven Memel (Lenny), Stephanie Hodge (Mona), Bruce Wagner (Pianist)
Drehbuch: David Chaskin
Kamera: Bryan England (Farbe)
Musik: Michael Hoenig
Schnitt: Marcus Manton
Produktion: Rafael Eisenman für Sarlui/Diamant Prod., USA 1989
Verleih: Metropol/Fleur/-/VPS Video
Kinostart: 19.7.1990
FSK: ab 16, ffr.
Länge: 89 Min.

Der Film verkocht alle Horrorzutaten zu einem Gericht: Monster aus der Retorte, ein wahnsinniger Arzt, der die Opfer bei lebendigem Leib seziert, ein Polizist, der einer Logik folgt und nicht an irrationale Wahrheit glaubt, eine blonde Unschuld. Der Film macht das Verhältnis des intelligenten Lesers zu Gruselschund zur Story: Man kann es nicht lassen, verlacht sich dabei selbst und gibt sich doch wohlig dem Erlebnis hin. Ein typisches »Spätwerk«, das als Imitation, Trivialfilm und intelligente Parodie konsumiert werden kann. *Oksana Bulgakowa, tip*

Jürgen Richter in: FAZ, 21.7.90

Harlem Nights 390
HARLEM NIGHTS **

Regie: Eddie Murphy
Darsteller: Eddie Murphy (Quick), Richard Pryor (Sugar Ray), Redd Foxx (Bennie Wilson), Danny Aiello (Phil Cantone), Michael Lerner (Bugsby Calhoune), Della Reese (Vera), Belinda Tobert (Anni), Stan Shaw (Jack Jenkins), Jasmine Guy (Dominique La Rue), Arsenio Hall (Crying Man)
Drehbuch: Eddie Murphy
Kamera: Woody Omens (Technicolor)
Musik: Herbie Hancock
Schnitt: George Bowers
Produktion: Robert D. Wachs, Mark Lipsky für Eddie Murphy Prods., USA 1989
Verleih: UIP/UIP/UIP/CIC Video
Kinostart: 12.4.1990
FSK: ab 16, ffr.
Länge: 116 Min.

In seinem Regiedebüt verteidigt Eddie Murphy einen gut gehenden Nachtclub gegen die Nachstellungen eines neidischen Großgangsters. Borsalino für einmal in Harlem, wobei es hier - auch dies eine Premiere - Schwarze sind, die den großen Coup landen. Alles in allem: konventionelle, doch trotz einiger überdehnter Gags sehr unterhaltsame Gangsterkomödie. *Zoom*

Der Regie-Erstling des verwöhnten Stars wird ungewollt zum Porträt eines eitlen, vulgären, dummen und nicht sehr sympathischen Frauenhassers.
Die Gangsterkomödie aus den 30ern mit vagen, bemühten Anleihen bei »Cotton Club« oder »The Sting« ist langweilig und linkisch inszeniert, nur sehr mäßig komisch, dafür aber von bemerkenswerter Obszönität in den Originaldialogen. Ein Boxkampf mit einer Zwei-Zentner-Lady oder das coole Abknallen einer Schönen unmittelbar nach dem Sex im Bett, das ist Humor à la Murphy. *Wolf Donner, tip*

Sascha Gorkow in: Rheinische Post, 14.4.90; Michael Laages in: Die Welt, 12.4.90; Jochen Metzner in: Der Tagesspiegel, 12.4.90; Jürgen Richter in: FAZ, 14.4.90; Horst Wegener in: Prinz, 4/90

Die Harte mit dem weichen Keks 391
LA GRANDE MAFFIA **
TV

Regie: Philippe Clair
Darsteller: Francis Blanche (Modeste Miette), Tontos (Drei Söhne), Michel Galabru (Vater), Sidney Chaplin (Major), Chantal Nobel, Micha Bayard
Drehbuch: Philippe Clair
Kamera: Edmond Sechan (Eastmancolor)
Schnitt: Germaine Lamy
Produktion: Maurice Jacquin für AMFC, Frankreich/Italien 1971
Sendetermin: 22.9.1990, ARD, 23.50 Uhr
Länge: 84 Min.

Ein dicklicher Bankangestellter avanciert zum Bandenboß, nachdem ihm das Herz des berühmten Verbrecher-Königs Al Cartone transplantiert wurde. Nun soll er den Überfall auf die eigene Bank organisieren. Regisseur Philippe Clair macht sich, so die ARD-Filmredaktion, »über Mafia-Kinoklischees lustig und schreckt dabei auch vor handfestem Klamauk nicht zurück«.
Bislang allerdings hat Clair das Publikum mit peinlichen Primitiv-Schwänken à la »Jetzt wackelt die Kaserne« oder »Jetzt nerven wir die Polizei« geschreckt. *Birgit Amon, AZ*

Der Harte und der Zarte 392
LOOSE CANNONS ***

Regie: Bob Clark
Darsteller: Gene Hackman (Mac), Dan Aykroyd (Ellis), Dom DeLuise (Gutterman), Ronny Cox (Smiley), Nancy Travis (Riva), Robert Prosky, Paul Koslo, Dick O'Neill
Drehbuch: Richard Christian Matheson, Richard Matheson, Bob Clark
Kamera: Reginald H. Morris (Technicolor)
Musik: Paul Zaza; Titelsong gesungen von: Dan Aykroyd, Katey Sagal
Schnitt: Stan Cole
Produktion: Aaron Spelling, Alan Greisman für Aaron Spelling/Alan Greisman Prod., USA 1990
Verleih: Columbia Tri-Star/dto./ 20th Century Fox/RCA Columbia Video
Kinostart: 2.8.1990
FSK: ab 16, ffr.
Länge: 94 Min.

»Der Harte und der Zarte«: Gene Hackman (r.) und Dan Aykroyd

Ein Kriminalist und sein halbirrer Kollege jagen in Washington einen faschistischen Killer und verhindern dank eines Filmdokuments und dem israelischen Geheimdienst die Wahl eines ehemaligen Hitler-Helfers zum deutschen Bundeskanzler. Kräftig danebengeratene Krimikomödie mit pubertärem Humor und vordergründiger Doppelmoral, deren belanglose Blödeleien öfters auf Kosten gesellschaftlicher Außenseiter gehen.

Zoom

Michael Althen in: SZ, 6.8.90; Daniel Brunner in: FAZ, 4.8.90; Rolf Selas in: Rheinische Post, 3.8.90

Hast noch der Söhne ja...? 393

**
TV

Regie: Lukas Ammann
Darsteller: Schaggi Streuli, Elisabeth Barth, Renate Steiger, Peter Pöschl, Walter Roderer, Heinrich Gretler, Armin Schweizer
Drehbuch: Victor Trivas, Thomas Meer, nach dem Roman von Erwin Heimann
Kamera: Georges C. Stilly, Heinz Furchner
Musik: Werner Kruse
Produktion: Neue Terra, Schweiz 1959
Sendetermin: 24.3.1990, DRS, 10.00 Uhr
Länge: 79 Min.

Eine industriell-fortschrittliche und eine bäuerlich-konservative Doppelgemeinde gerät sich wegen des Baus eines neuen Schwimmbads in die Haare. Die schwankhafte Satire versucht, die Beschränktheit schweizerischen kleinbürgerlichen Gemeindelebens anzuprangern und zugleich den Wert demokratischer Lebensart vorzuführen. So anerkennenswert die Absicht, so dürftig die Ausführung.

Zoom

Hateman 394

SWIFT JUSTICE

*
Video

Regie: Harry Hope
Darsteller: Jon Greene, Cindy Rome, Cameron Mitchell, Aldo Ray, Chuck Mitchell, Ted LePlat, Wilson Dunster
Drehbuch: Harry Hope
Kamera: Koos Roets (Farbe)
Musik: Bruce Stewart
Produktion: N. Hope, Harry Hope für Emerald Films, USA 1987
Verleih: -/-/-/VPS Video
Videostart: 26.4.1990
FSK: nicht unter 18 J.
Länge: 94 Min.

Dürftige und zum Teil albern brutale Action-Schmonzette um Jagdszenen bei den Hinterwäldlern, angereichert um das Klischee vom Vietnamveteranen mit dem angeknacksten Seelenleben. Glücklose Altstars wie Cameron Mitchell und Aldo Ray müssen den Spätherbst ihrer Karriere in sparsam inszenierten B-Filmen wie dem vorliegenden fristen. *VideoWoche*

Eine Hauptrolle für Rosmarina 395

JAK SE TOCI ROZMARYNY

****

Regie: Vera Plívová-Simková
Kinostart: November 1990
Verleih: AV-Film (16 mm)
Länge: 85 Min.

Auf dem Münchner Filmfest 1990 »entdeckt« und hernach in die Kinoauswertung gelangt, aber bereits Juni 1979 von der ARD ausgestrahlt.

He, Meister! 396
EJ, MAESTRO! ***

Regie: Nodar Managadse
Darsteller: Tengis Amiridse, Jelena Kwirkwelia, Jekaterina Mtschedlidse, Makwala Gonaschwili
Drehbuch: Erlom Achwlediani, Nodar Managadse, David Dshawachischwili
Kamera: Lewan Paataschwili (Farbe)
Musik: Nodar Mamissaschwili
Produktion: Kartuli Philmi, UdSSR 1987
Verleih: Progreß/-/-
Kinostart: 2.2.1990
FSK: ab 14 J.
Länge: 87 Min.

Bekannter Pianist gibt seine Karierre auf, um mit sich ins reine zu kommen.

Heartbreak Hotel 397
HEARTBREAK HOTEL ****
Video

Regie: Chris Columbus
Darsteller: David Keith (Elvis Presley), Tuesday Weld (Marie Wolfe), Charlie Schlatter (Johnny Wolfe), Angela Goethals (Pam Wolfe), Jacque Lynn Colton (Rosie Pantangellio), Chris Mulkey (Steve Ayres), Karen Landry
Drehbuch: Chris Columbus
Kamera: Stephen Dobson (Metrocolor)
Musik: Georges Delerue
Schnitt: Raja Gosnell
Produktion: Linda Obst, Debra Hill für Touchstone Pictures/Silver Screen Partners III, USA 1988
Verleih: -/-/-/Touchstone Video
Videostart: 17.7.1990
FSK: ab 6 J.
Länge: 93 Min.

Columbus' verblüffender Trick, seine Geschichte zu erzählen, besteht darin, nicht etwa den Star in den Mittelpunkt zu rücken, sondern einen 17jährigen Jungen, der Elvis zudem gar nicht leiden kann. Doch seine Mutter, ein Fan in des Wortes ursprünglicher Bedeutung, hat große Probleme, seit ihr Mann verschwunden ist. So kommt Johnny auf den grotesken Gedanken, das Familienleben in dem verrotteten kleinen Hotel könnte wieder in Ordnung kommen, wenn das Idol höchstpersönlich die irregeleiteten Begierden der Mama wieder auf schlichtes Plattenhören zurückführen könnte. (...) Columbus zeigt beides; er produziert Fan-Träume und konfrontiert sie mit dem knallharten Kalkül der Traumfabrikanten; er beschwört die Herrlichkeit der Musik und läßt sie zusammenprallen mit dem Kitsch, den die bloßen Konsumenten daraus machen, und der Ernsthaftigkeit, den die Fans ihr entnehmen.

Peter Buchka, SZ

Heathers 398
HEATHERS ***
Video

Regie: Michael Lehmann
Darsteller: Christian Slater (J.D.), Winona Ryder (Veronica Sawyer), Shannen Doherty (Heather Duke), Lisanne Falk (Heather McNamara), Kim Walker (Heather Chandler), Penelope Milford (Pauline Fleming), Glenn Shadix (Pater Ripper), Lance Fenton (Kurt Kelly), Patrick Labyorteaux (Ram), Jeremy Applegate (Peter Dawson)
Drehbuch: Daniel Waters
Kamera: Francis Kenney (DeLuxe Color)
Musik: David Newman
Schnitt: Norman Hollyn
Produktion: Denise di Novi für New World Pictures/Cinemarque Entertainment, USA 1989
Verleih: -/-/-/New Vision Video
Videostart: 5.11.1990
FSK: nicht unter 18 J.
Länge: 102 Min.

Der Name Heather verbindet die drei heißesten, aber auch hochnäsigsten Schülerinnen der High School von Westerburg. Zu ihrer Clique gehört die hübsche Veronica, die von den Heathers nur geduldet wird. Das ändert sich, als sie den Außenseiter J.D. kennenlernt. Zu zweit vergiften sie die führende Heather und stellen den Mord als Selbstmord dar. Bitterböse, tiefschwarze Satire auf das Leben in der High School mit kunterbunten, kraß überzeichneten Bildern.

VideoWoche

Heaven Tonight 399
HEAVEN TONIGHT **
Video

Regie: Pino Amenta
Darsteller: John Waters (Johnny Dysart),

Kim Gyngell (Baz Schultz), Rebecca Gilling (Annie Dysart), Sean Scully (Tim Robbins), Guy Pearce (Paul Dysart), Sarah de Teliga (Robbins' Sekretärin), Ted Hepple (Verwalter), Bruce Venables (Polizist), Syd Conabere (Priester), Reg Evans (Norm), Robert Morgan
Drehbuch: Frank Howson, Pino Amenta
Kamera: David Connell
Musik: John Capek
Schnitt: Philip Reid
Produktion: Frank Howson für Boulevard Films, Australien 1990
Verleih: -/-/-/Atlas Video
Videostart: 28.9.1990
FSK: ab 12 J.
Länge: 95 Min.

Australisches Rock-Drama um eine desillusionierte Rock-Legende und ihren erfolgreichen Sohn. Hart an der Wirklichkeit wie die Grundkonstellation ist auch der Blick auf die Schattenseite des Musikbusiness angesiedelt. Daß die Produktion dennoch nicht alle Klischees umschifft und ein Zuviel an Sentimentalität und Melodramatik bietet, macht die stimmige Musik wett. *Video Woche*

Heavy Petting 400
HEAVY PETTING ***

Regie: Obie Benz, Josh Waletzky
Darsteller: David Byrne, Sandra Bernhard, Allen Ginsberg, William S. Burroughs, Judith Malina, Josh Mostel, Abbie Hoffman, John Oates, Spalding Gray
Drehbuch: Suzanne Fenn, Lianne Halfron, nach einer Idee von Pierce Rafferty
Kamera: Sandi Sissel (Farbe)
Musik: Hal Wilner
Schnitt: Judith Sobol, Josh Waletzky, Edith Becker
Produktion: Obie Benz für Fossil Films, USA 1988
Verleih: -/-/Neue Cactus
EA: 27.1.1989, Internationale Filmfestspiele Berlin, »Panorama«
Länge: 80 Min.

Zunächst produzierte Obie Benz die Filmschnipselcollage »The Atomic Café«, bevor er sich an das nicht minder reizvolle Thema der Aufbereitung von »Sex in den Fifties« wagte. Ausschnitte aus Aufklärungsfilmen und Liebesdramen finden sich mit Bekenntnissen von Teenagern von einst durchsetzt – es entsteht das (eher oberflächliche) Bild einer wissens- und erlebnishungrigen Generation, die sich gegen elterliche Bevormundung (nicht viel anders als heutige Jugendliche) auflehnte, mehr oder minder erfolgreich. *Zoom*

Heimaturlaub 401
BRYSGI SCHAMPANSKOGO **

Regie: Stanislaw Goworuchin
Darsteller: Alexej Burykim, Amtonina Wenediktowa, Oleg Menschikow, Natalia Schtschukina
Drehbuch: Wjatscheslaw Kondratjew, Stanislaw Goworuchin
Kamera: Gennadi Engstrem (Farbe)
Musik: Nikolai Korndorf
Produktion: Mosfilm, UdSSR 1989
Verleih: Filmverlag der Autoren/-/-
Kinostart: 12.7.1990 im Programm »1. Festival des Neuen Sowjetischen Films«
Länge: 100 Min.

Im Sommer 1942 kommt der junge Leutnant Wolodja auf Heimaturlaub nach Moskau. Das Leben in Moskau wird zum Schock für ihn: Die Leute leben in Saus und Braus – während nur ein paar hundert Kilometer entfernt die Soldaten getötet werden. Wolodja dreht durch, bedroht die Besucher eines Cafés mit der Pistole und muß vor der Polizei fliehen. Nur langsam beruhigt er sich wieder. Weil ihn sein schlechtes Gewissen drückt, kehrt er zurück an die Front.

Heiraten will gelernt sein 402
LOVE AND KISSES ***
TV

Regie: Ozzie Nelson
Darsteller: Rick Nelson (Buzzy), Kristin Nelson (Rosemary), Jack Kelly (Jeff Pringle), Jerry van Dyke (Freddy), Madelyn Himes, Pert Kelton, Sheilah Wells, Alvy Moore, Angelo Brovelli
Drehbuch: Ozzie Nelson, nach einem Bühnenstück von Anita Rowe Block
Kamera: Robert Moreno (Technicolor)
Musik: William Loose, Jimmy Haskell
Schnitt: Newell P. Kimlin
Produktion: Ozzi Nelson Prod., USA 1965
Sendetermin: 18.2.1990, ARD, 15.05 Uhr
Länge: 84 Min.

Am Tage seines Schulabschlusses überrascht Buzzy Pringle seine Eltern mit der Mitteilung, daß er seit ein paar Stunden frischgebackener Ehemann ist: er hat seine Freundin Rosemary geheiratet. Die junge Braut geht noch zur Schule und soll zunächst zusammen mit Buzzy in seinem Elternhaus wohnen. Das führt bald zu heftigen Turbulenzen. Der Rock- und Country-Sänger Rick(y) Nelson, Teenager-Idol der fünfziger Jahre, spielt in dieser Komödie den jungen Ehemann und wartet musikalisch mit einigen »Oldies« auf. *ARD*

Heiß auf Liebe – Stray Days 403

I GIORNI RANDAGI *

Video

Regie: Filippo Ottoni
Darsteller: Sergio Rubini (Pino), Margherita Bui (Annalisa), Annalena Lombardi (Marina), Matteo Corsini (Maurizio), Pino Insegno (Andrea), Giorgio Vignali (Mauro), Lidia Broccolina (Cinzia)
Drehbuch: Filippo Ottoni, Umberto Marino
Kamera: Roberto Forges Davanzati (Farbe)
Musik: Carlo Penisi, Alessandro Centofanti
Schnitt: Cesare D'Amico
Produktion: Menahem Golan, Yoram Globus für Cannon, USA/Italien 1988
Verleih: -/-/-/Cannon-VMP Video
Videostart: 8.10.1990
FSK: ab 12 J.
Länge: 90 Min.

Italienische Komödie um die privaten und beruflichen Nöte eines Provinzmusikers, die gleichermaßen von Fellinis neorealistischem »Die Müßiggänger« und der »Eis am Stiel«-Reihe inspiriert zu sein scheint. Die mit Schlüpfrigkeiten rund ums erste Mal, Landschaftsaufnahmen und zahlreichen Einlagen mediterraner Popmusik versehene Handlung fügt sich nur schwer zu einem harmonischen Ganzen zusammen. *VideoWoche*

Heiße Eisen 404

HORKA KASE ***

Regie: Radovan Urban
Darsteller: Petr Bok (Honza), Dana Syslová (Mutter), Milos Vávra (Vater), Tomás Ruzicka (Bruder), Lucie Benesová (Lucy), Daniela Kolárová (Mutter), Cestmir Gebousky, Ondrej Votocek
Drehbuch: Milos Cajthaml
Kamera: Martin Benoni (Farbe)
Musik: Martin Kratochvil
Produktion: Filmstudio Barrandov, CSSR 1988
Verleih: Progreß/-/-
Kinostart: 22.6.1990
FSK: ab 14 J.
Länge: 90 Min.

Jugenddrama um erste Liebe, Anerkennung, und die Rolle von Heavy Metal-Musik, die für den Regisseur Ausdruck des Protestes ist.

Heißer Stoff für Boston 405

DEALING: OR THE BERKELEY-TO-BOSTON FORTY BRICK LOST-BAG BLUES **

TV

Regie: Paul Williams
Darsteller: Robert F. Lyons (Peter), Barbara Hershey (Susan), John Lithgow (John), Charles Durning (Murphy), Joy Bang, Ellen Barber, Gene Borkan, Ted Williams, Desmond Wilson
Drehbuch: Paul Williams, David Odell, nach dem Roman von Michael Douglas
Kamera: Ed Brown (Technicolor)
Musik: Michael Small
Schnitt: Sidney Katz
Produktion: Edward R. Pressman für Pressman/Williams Prod., USA 1971
Sendetermin: 17.8.1990, ZDF, 23.15 Uhr
Länge: 88 Min.

Peter, der sich eigentlich im Elite-College Harvard dem Studium der Rechte widmen soll, übernimmt immer wieder Marihuana-Kurierdienste für seinen Freund John, den King in Sachen Dope. Alles läuft glatt, bis sich Peter in eine schräge Hippie-Maid verliebt und die mit zwei Koffern voll Stoff von einem dubiosen Polizisten geschnappt wird. Der zweigt die Hälfte der Beute für sich selbst ab.
Die Studenten ersinnen nun einen rasanten Erpressungsplan zur Befreiung des Mädchens.

Birgit Amon, AZ

Andreas Obst in: FAZ, 20.8.90

Heißes Eisen 406
THE BIG HEAT ****

Regie: Fritz Lang
Darsteller: Glenn Ford (Dave Bannion), Gloria Grahame (Debby Marsh), Jocelyn Brando (Katie Bannion), Alexander Scourby (Mike Lagana), Lee Marvin (Vince Stone), Jeanette Nolan (Bertha Duncan), Peter Whitney (Tierney), Willis Bouchey (Lt. Wilkes), Robert Burton (Gus Burke), Adam Williams (Larry Gordon), Howard Wendell, Cris Alcaide, Michael Granger, Dorothy Green, Carolyn Jones, Ric Roman, Dan Seymour, Edith Evanson
Drehbuch: Sidney Boehm, nach dem Roman von William P. McGivern
Kamera: Charles B. Lang jr.
Musik: Daniele Amfitheatrof
Schnitt: Charles Nelson
Produktion: Robert Arthur für Columbia, USA 1953
Verleih: Kinowelt/-/-
EA: 5.2.1954
Kinostart: 13.12.1990 (WA)
Sendetermin: 21.10.1967/1.3.1969, ARD
Länge: 89 Min.

Der Film erzählt spannend, genau und kühl von der Suche eines Polizisten (Glenn Ford) nach dem Mörder seiner Frau. Das Verbrechen hat durch den Virus der Korruption schon das Establishment der Gesellschaft erobert, und der einsame Polizist wird ihm in den Methoden und der Rücksichtslosigkeit seines Kampfs immer ähnlicher. Dieses späte Meisterwerk des »film noir« ist einer der Filme, mit denen in den Kinos der 100. Geburtstag Fritz Langs gefeiert wird.

Achim Forst, tip

Fritz Göttler in: Kölner Stadt-Anzeiger, 8.12.90; Verena Lucken in: FAZ, 21.12.90

Heißes Geld 407
LE BEAUF ***

Video

Regie: Yves Amoureux
Darsteller: Gérard Jugnot (Gilbert), Gérard Damon (Serge), Marianne Basler (Gisèle), Zabou (Maryline), Nicolas Wostrikoff (Nicolas), Didier Sauvegrain (Marc), Boris Bergman (Rocky), Jean-Pol Dubois (Bankleiter)
Drehbuch: Yves Amoureux, Guy Beaumont
Kamera: Thierry Arbogast (Eastmancolor)
Musik: Alain Bashung
Schnitt: Catherine Renault
Produktion: Charlotte Fraisse für GPFI/TF 1/Arturo Prod., Frankreich 1987
Verleih: -/-/-/VPS Video
UA: 7.1.1987, Paris
Videostart: 20.9.1990
FSK: ab 12 J.
Länge: 105 (84) Min.

Der Beamte einer staatlichen Geldverbrennungsanlage heckt einen raffinierten Plan aus, um an die Millionen im Ofen heranzukommen, stolpert dabei aber beinahe über Liebesprobleme. Amüsanter Dukatenspaß aus Frankreich um den kriminellen Traum vom ganz großen Geld. Die recht originelle Story des Films setzte Regiedebütant Yves Amoureux solide, aber auch konventionell um.

VideoWoche

Heißes Pflaster New Orleans 408
FALSE WITNESS **

Video

Regie: Arthur A. Seidelman
Darsteller: Phylicia Rashad (Lynne Jacobi), Philip Michael Thomas (Bobby Jones), Teri Austin (Sandralee Dawson), Robin Mattson (Jody Nicols), George Grizzard (McMahon), John Bennett Perry (Dr. Stiner), Joycelyn O'Brien (Lucy Capella), James Sutorius (Kevin Masters), Lenore Banks (Mrs. Stiner)
Drehbuch: Bill Driskill, nach dem Roman von Dorothy Uhnak
Kamera: Dennis Dalzell (Farbe)
Musik: David Michael Frank
Schnitt: Bert Glatstein
Produktion: Renee Valente für New World TV/EPI/Valente-Kritzer Prod., USA 1989
Verleih: -/-/-/Highlight Video
Videostart: 19.12.1990
Sendetermin: 23.10.1989, NBC
FSK: ab 16 J.
Länge: 95 Min.

Eine Staatsanwältin und ihr Geliebter machen sich auf die Suche nach dem Vergewaltiger einer kontroversen TV-Moderatorin. Die durch den vielversprechenden Anfang und eine interessante Personenkonstellation erzeugte Spannung verliert sich in langatmigen Dialogen, klischeehaften Rassen- und

Geschlechtskonflikten und einer allzu simplen Auflösung. *Video Woche*

Helden USA 4 409

MINISTRY OF VENGEANCE *

Video

Regie: Peter Maris
Darsteller: John Schneider (David Miller), Ned Beatty (Reverend Bloor), James Tolkan (Colonel Freeman), Yaphet Kotto (Mr. Whiteside), Apollonia Kotero (Zarah), George Kennedy (Reverend Hughes), Robert Miano (Ali Aboud), Daniel Radell (Al-Hassan)
Drehbuch: Brian D. Jeffries, Mervyn Emryys, Ann Narus
Kamera: Mark Harris (Farbe)
Musik: Scott Roewe
Schnitt: Michael Haight
Produktion: Brad Krevoy, Steven Stabler für Motion Picture Corp. of America, USA 1989
Verleih: -/-/-/Highlight Video
Videostart: 6.8.1990
FSK: nicht unter 18 J.
Länge: 93 Min.

Nach der Ermordung seiner Familie tritt ein Vietnam-Veteran gegen den libanesischen Terroristen Ali Aboud und seine CIA-Hintermänner an. Fragwürdige Heldenglorifizierung in einem schnell heruntergekurbelten Actionstreifen, dessen deutscher Titel wie üblich frei erfunden ist.

Die Heldentaten eines jungen Don Juan 410

LES EXPLOITS D'UN JEUNE DON JUAN ***

Regie: Gianfranco Mingozzi
Darsteller: Claudine Auger (Mutter), Serena Grandi (Ursula), Marina Vlady (Madame Muller), Fabrice Josso (Roger), François Perrot (Vater), Bérangère Bonvoisin (Tante Marguerite), Rufus (Priester), Laurent Spielvogel, Rosette, Alexandra Vandernoot, Marion Peterson, Virginie Ldoyen, Yves Lambrecht
Drehbuch: Jean-Claude Carrière, Peter Fleischmann, nach dem Roman von Guillaume Apollinaire
Kamera: Luigi Verga (Farbe)
Musik: Nicola Piovani
Schnitt: Alfredo Muschietti
Produktion: Orphée Arts/Séléna Audiovisuel/Films Ariane/Lagonda Films/Antea, Frankreich/Italien 1986
Verleih: Progreß/-/-
UA: 11.3.1987, Paris
Kinostart: 9.2.1990
Länge: 91 Min.

Der junge Roger macht 1914 im Landhaus seiner Eltern seine ersten sexuellen Erfahrungen. *Kino DDR*

Hellgate 411

HELLGATE *

Video

Regie: William A. Levey
Darsteller: Ron Palillo (Matt), Abigail Wolcott (Josie), Carel Trichardt (Lucas), Petrea Curran (Pam), Evan J. Klisser (Chuck), Joanne Ward (Bobby), Frank Notard (Buzz), Lance Vaughan (Zonk), Victor Mellaney (Jonas)
Drehbuch: Michael O'Rourke
Kamera: Peter Palmer (Technicolor)
Schnitt: Mark Baard, Max Lemmon, Chris Barnes
Produktion: Anant Singh, Shan Moodley für Ghost Town Management/Distant Horizon, USA 1989
Verleih: -/-/-/Highlight Video
Videostart: 8.1.1990
FSK: nicht unter 18 J.
Länge: 88 Min.

In einer Geisterstadt müssen sich vier College-Kids mit einem Verrückten auseinandersetzen, der mit Hilfe eines magischen Kristalls seine einst vergewaltigte Tochter zu neuem Zombie-Leben erweckt hat.
Schauderhafte Dialoge, miserable Schauspieler und äußerst schwache Tricks.

Henry V. 412

HENRY V. *****

Regie: Kenneth Branagh
Darsteller: Kenneth Branagh (Henry V), Derek Jacobi (Chorus), Brian Blessed (Exeter), Ian Holm (Fluellen), Paul Scofield (Franz. König), Michael Maloney (Dauphin), Alex McCowen (Ely), Emma Thompson (Katherine), Geraldine McEwan (Alice), Simon Shepherd, James Larkin, John Sessions, Christian Bale, Michael Williams
Drehbuch: Kenneth Branagh, nach dem gleichn. Schauspiel von William Shakespeare

In Blut gebadet: Kenneth Branagh (r.) als Henry V.

Kamera: Kenneth MacMillan (Farbe)
Musik: Patrick Boyle
Schnitt: Michael Bradsell
Produktion: Bruce Sharman für Renaissance Films Prod./BBC/Curzon Film, GB 1989
Verleih: Impuls/Cinestar/-/-
EA: 14.2.1990, Int. Filmfestspiele Berlin »Panorama«
Kinostart: 13.12.1990
FSK: ab 12, ffr.
Länge: 137 Min.
FBW: Besonders wertvoll
Stern des Jahres der Münchner Abendzeitung als »Bester Film«

Die Verfilmung eines der anstößigsten Stücke des britischen Barden durch den hochbegabten jungen Kenneth Branagh, dessen Darstellung dem rabiaten Monarchen erschütternde Züge abgewinnt.
Close-Ups und Regen überwiegen. Ein Fest für den Shakespeare-Fan.

Mara Harlan, tip

Eberhard Falcke in: SZ, 20.12.90; Brigitte Desalm in: Kölner Stadt-Anzeiger, 22.12.90; Wolfram Schütte in: FR, 24.12.90; Rolf Michaelis in: Die Zeit, 14.12.90; Petra Trinkhaus in: Prinz, 12/90; Ponkie in: AZ, 20.12.90; Carla Rhode in: Der Tagesspiegel, 13.12.90

Henry: Portrait of a Serial Killer — 413

HENRY: PORTRAIT OF A SERIAL KILLER — ****

Regie: John McNaughton
Darsteller: Michael Rooker (Henry), Tracy Arnold (Becky), Tom Towles (Otis), Ray Atherton (Hehler), David Katz (Henrys Chef), Eric Young (Bewährungshelfer), Rick Paul (hilfreicher Autofahrer), Mary Demas, Anne Bartoletti, Elizabeth Kaden, Ted Kaden, Denise Sullivan, Anita Ores, Megan Ores, Cheri Jones, Monica Anne O'Malley, Bruce Quist, Erzsebet Sziky
Drehbuch: Richard Fire, John McNaughton
Kamera: Charlie Lieberman (Farbe)
Musik: Robert McNaughton, Ken Hale
Schnitt: Elena Maganini
Produktion: John McNaughton, Lisa Dedmond, Steven A. Jones für Maljack Prod., USA 1989
Verleih: Cinerent/-/-
UA: 14.9.1989, Boston Film Festival
EA: 29.6.1990, Filmfest München
Kinostart: Nov. 1990
Länge: 90 Min.

Provozierend, hart und mit eisiger Distanz porträtiert John McNaughton einen Massenmörder (Psycho-Studie von Michael Rooker), der seine wahnsinnige Zerstörungswut auch dann nicht aufgeben kann, als er in der

Michael Rooker als Massenmörder in »Henry ... Portrait of a Serial Killer«.

Begegnung mit der Schwester seines Freundes zum ersten Mal im Leben so etwas wie Zuneigung und Wärme erfährt. Der irritierende, unbequeme und rigorose Film basiert auf den Geständnissen des amerikanischen Massenmörders Henry Lee Lucas.

Angie Dullinger, AZ

Lars-Olav Beier in: tip, 23/90

Henry und June 414

HENRY & JUNE ***

Regie: Philip Kaufman
Darsteller: Fred Ward (Henry Miller), Uma Thurman (June Miller), Maria de Medeiros (Anais Nin), Richard E. Grant (Hugo), Kevin Spacey (Osborn), Jean-Philippe Ecoffey (Eduardo), Bruce Meyers (Jack), Jean-Louis Bunuel (Herausgeber), Feodor Atkine, Sylvie Huguel, Pierre Etaix, Brigitte Lahaie

Regisseur Philip Kaufman mit den Hauptdarstellern Fred Ward und Maria De Medeiros bei den Dreharbeiten zu »Henry & June«.

Drehbuch: Rose und Philip Kaufman, nach dem Buch »Intimes Tagebuch Henry, June und ich« von Anais Nin
Kamera: Philippe Rousselot (Deluxe Color)
Schnitt: Vivien Hillgrove, William S. Scharf, Dede Allen
Produktion: Peter Kaufman für Walrus & Associates, USA 1990
Verleih: UIP/UIP/UIP
EA: 14.9.1990, Int. Filmfestspiele Venedig (außer Wettbewerb)
Kinostart: 4.10.1990
FSK: ab 16, ffr.
Länge: 136 Min.
FBW: Wertvoll

Kunstgewerblich-geschmäcklerisch werden die sexuellen Beziehungen zwischen Henry Miller, seiner Frau, Anais Nin und ihrem Mann Hugo in Paris anfangs der dreißiger Jahre ausgebreitet. Dargestellt werden soll wohl die Wechselwirkung zwischen »sexueller Befreiung« und literarischer Kreativität, aber die angestrengte Freizügigkeit des Films erweist sich als (amerikanisch) verklemmter, kitschiger Schwulst. *Zoom*

Wolfgang Brenner in: tip, 20/90; Robin Detje in: Die Zeit, 12.10.90; Sabine Horst in: FR, 4.10.90; Heiko Küffner in: SZ, 9.10.90; Eva-Maria Lenz in: FAZ, 9.10.90; Rainer Nolden in: Die Welt, 9.10.90

Herr der Fliegen 415

LORD OF THE FLIES ***

Regie: Harry Hook
Darsteller: Balthazar Getty (Ralph), Chris Furrh (Jack), Daniel Pipoly (Piggy), Badgett Dale (Simon), Edward Taft, Andrew Taft, Bob Peck, Bill Schoppert, Michael Greene
Drehbuch: Sara Schiff, nach dem gleichn. Roman von William Golding
Kamera: Martin Fuhrer (Continental Color Deluxe)
Musik: Philippe Sarde
Schnitt: Tom Priestley
Produktion: Ross Milloy für Jack's Camp/ Signal Hill Prod., USA 1990
Verleih: Jugendfilm/Constantin/Rialto/ Cannon VMP Video
UA: 16.3.1990
Kinostart: 26.4.1990
FSK: ab 12, ffr.
Länge: 90 Min.

In der zweiten Verfilmung des weltbekannten Romans von Sir William Golding (Erstverfilmung von Peter Brook, 1963) wird auf formale Experimente verzichtet und auf Realismus gesetzt. Gut geführte Laiendarsteller verkörpern eine Schicksalsgemeinschaft von 8-12jährigen, die sich nach einem Flugzeugabsturz auf eine unbewohnte Insel retten, und in der Wildnis mehr und mehr der Irrationalität und Brutalität verfallen. An den erschreckenden Wahrheitsgehalt der literarischen Parabel über die Macht des Bösen in der Natur des Menschen kommt der Film trotz starker Bildsprache nicht heran. *Zoom*

Thomas Brandlmeier in: epd Film, 6/90; Roland Huschke in: tip, 9/90; Heike Kühn in: FR, 2.5.90; Eva-Maria Lenz in: FAZ, 8.5.90; Claudius Seidl in: SZ, 2.5.90

Die Herren Buben 416

PANI KLUCI ****

Regie: Vera Plívová-Simková
Darsteller: Michal Dymek (Tomás), Petr Stary (Jozka), Petr Vorísek (Hubert), Magda Reifová (Blanka), Iva Janzurová (Tante Apoléna), Karel Augusta (Onkel Václav), Karel Dellapina (Lezatka), Lubomír Kostelka (Pajdák), Jirí Lábus (Petr), Josef Somr (Lopatka), Petr Nározny (Schuldirektor Pajprle), Vít Olmer, David Vlcek, Zdenka Hadrbolcová
Drehbuch: Vít Olmer, frei nach Motiven aus Tom Sawyers Abenteuer von Mark Twain
Kamera: Emil Sirotek (Farbe)
Musik: Petr Hapka
Produktion: Filmstudio Barrandov, CSSR 1975
Verleih: Imbild, BAG (16mm)
EA: Filmfest München 1990
Kinostart: Nov. 1990
Länge: 92 Min.

Die Herren Buben – das sind der Waisenjunge Tomás und der Schulschwänzer Hubert – haben schon manchen Streich ausgeheckt. Als sie es gar zu toll treiben, sehen sie nur noch einen Ausweg: ausreißen. Je länger die frechen Buben verschwunden sind, desto mehr scheinen sie den braven Bürgern zu fehlen. Und als ihre ans Ufer geschwemmten Kleider vom Untergang künden, bricht Trauer aus, zum Erstaunen der Buben, die putzmunter bei ihrer Trauerfeier zuschauen. Sie tauchen mit einem Fund auf, der sie zum Mittelpunkt der kleinen Stadt macht: Sie haben das Geld entdeckt, das Einbrecher ein paar Tage vorher aus der Bank geraubt haben. Mit der Lausbuben Hilfe gelingt es, die wirklichen Unholde der Gesellschaft dingfest zu machen.

Katalog Filmfest

Das Herz eines Indianers 417

THE LIGHT IN THE FOREST ***

TV

Regie: Herschel Daugherty
Darsteller: James MacArthur (Johnny Butler), Carol Lynley (Shenandoe), Fess Parker (Del Hardy), Wendell Corey (Onkel Wilse), Joanne Dru (Milly Elder), Jessica Tandy (Mutter), John McIntire (John Elder), Joseph Calleia, Rafael Campos
Drehbuch: Lawrence Edward Watkin, nach einem Roman von Conrad Richter
Kamera: Ellsworth Fredericks (Farbe)
Musik: Paul Smith
Schnitt: Stanley Johnson
Produktion: Walt Disney Prod., USA 1958
Sendetermin: 5.5.1990, ARD, 15.30 Uhr
Länge: 91 Min.

Ein junger Weißer, der nach seiner Verschleppung als Adoptivsohn eines Häuptlings bei den Delawaren aufgewachsen ist, kehrt im Jahre 1764 zu seinen leiblichen Eltern zurück. Dort hat er große Anpassungsschwierigkeiten, weil er sich ganz als Indianer fühlt. Als es ihn wieder zu den Delawaren zurücktreibt, kommt es zu einer dramatischen Bewährungsprobe. *ARD*

Herzlich willkommen 418

****

Regie: Hark Bohm
Darsteller: Uwe Bohm (Friedrich Dombrowski), Barbara Auer (Elke Kramer), David Bohm (Fritz), Hark Bohm (Direktor), Anna Thalbach (Iris), Claus Rathjens (Erzieher), Peter Hick (Flüchtling), Simone Guillaumon (Das Mädchen) und als Gäste: Eva-Maria Hagen, Michael Gwisdek, Peter Franke, Heinz Hoenig
Drehbuch: Hark Bohm unter Mitarbeit von Dorothée Schön, frei nach Motiven des gleichn. Romans von Walter Kempowski
Kamera: Edward Klosinski (Farbe)
Musik: Jens Peter Ostendorf
Schnitt: Moune Barius
Produktion: Hark Bohm für Hamburger Kino-Kompanie/ZDF, BRD 1990
Verleih: Neue Constantin/Constantin/-/VCL-Carolco Video
Kinostart: 22.2.1990
FSK: ab 16, ffr.
Länge: 92 Min.
FBW: Wertvoll

Barbara Auer in »Herzlich Willkommen«.

Der Film erzählt frei nach Motiven des gleichnamigen Romans von Walter Kempowski die Geschichte eines Republikflüchtlings in den fünfziger Jahren. Dombrowski kommt als Praktikant in ein nach braunen Prinzipien geführtes Heim für Schwererziehbare - und lernt dort sich selbst und die wahre Liebe kennen. »Herzlich willkommen« hat wieder die Qualitäten aller gelungenen Filme des Regisseurs: Wärme, Spannung und tolle Schauspieler. *Alfred Holighaus, tip*

Peter Buchka in: SZ, 28.2.90; Hellmuth Karasek in: Der Spiegel, 8/90; Peter Körte in: FR, 23.2.90; Dietrich Leder in: Kölner Stadt-Anzeiger, 24.2.90; Ponkie in: AZ, 23.2.90; Carla Rhode in: Der Tagesspiegel, 17.2.90; Hans-Dieter Seidel in: FAZ, 24.2.90

Hexen hexen 419
THE WITCHES ***

Regie: Nicolas Roeg
Darsteller: Anjelica Huston (Miss Ernst/die große Hexenmeisterin), Mai Zetterling (Großmutter Helga), Jason Fisher (Luke), Rowan Atkinson (Mr. Stringer), Bill Paterson (Mr. Jenkins), Brenda Blethyn (Mrs. Jenkins), Jane Horrocks
Drehbuch: Allan Scott, nach dem gleichn. Buch von Roald Dahl
Kamera: Harvey Harrison (Farbe)
Musik: Stanley Myers
Schnitt: Tony Lawson
Produktion: Mark Shivas für Jim Henson Prod., GB 1990
Verleih: Warner Bros./Constantin/-/VCL-Carolco Video
EA: 24.6.1990, Filmfest München
Kinostart: 28.6.1990
FSK: ab 6, ffr.
Länge: 92 Min.

Ein neunjähriger Bub und seine Großmutter vereiteln den Plan der englischen Hexen, alle Kinder in Mäuse zu verwandeln. In Bezug auf Kamera, Schnitt und die genialen Masken von Jim Henson (dessen letzter Film dies ist) durchaus gelungen, verfehlt der Film sein Publikum: für Erwachsene ist er zu kindisch, für Kinder phasenweise zu schreckhaft. *multimedia*

Jan Dreier in: Prinz, 7/90; Fritz Göttler in: SZ, 2.6.90; Jürgen Richter in: FAZ, 29.6.90; Carla Rhode in: Der Tagesspiegel, 28.6.90; Helmut Schmitz in: FR, 28.6.90

Hick's Last Stand 420
****

Regie: Herbert Achternbusch
Darsteller: Herbert Achternbusch
Kamera: Cordula Smolka (Farbe)
Schnitt: Micki Joanni
Produktion: Herbert Achternbusch für Herbert Achternbusch Filmprod., BRD 1990
Verleih: Filmwelt/-/-
UA: 30.6.1990, Filmfest München
Kinostart: 2.8.1990
Länge: 79 Min.

Nach Achternbusch in Asien nun Achternbusch in Amerika: da schält sich der alte Komantsche aus dem Buddha und verabreicht Indianergerechte Highway-Lyrik zur Trucker-Ästhetik. Ein wunderschöner Poeten-Trip (mit erlesenen Musik-Anleihen): der Waldler und die Trucks. Zum

Kinder zu Mäusen! Chefhexe Anjelica Huston läßt ihre »Hexen hexen«.

Der allerletzte Mohikaner. Herbert Achternbusch in »Hick's Last Stand«.

Road-Movie Herberts Klagelied um Annamirl, die lieber dem Bruder die Kinder aufzieht, anstatt dem Herbert Zuflucht und Bettwärme zu spenden. So ist der neueste Stand des Achternbusch-Werks zugleich die Rache an Sepp Bierbichler, also fast ein Familienfest. *Ponkie, AZ*

Fritz Göttler in: SZ, 10.7.90; Helmut Schödel in: Die Zeit, 20.7.90

High Desert Kill 421
HIGH DESERT KILL **
Video

Regie: Harry Falk
Darsteller: Anthony Geary (Dr. Jim Cole), Marc Singer (Brad Mueller), Chuck Connors (Stan Brown), Micah Grant (Ray Bettencamp), Vaughn Armstrong (Paul Bettencamp/Alien), Lori Birdsong (Terry), Deborah Anne Mansy (Kathleen)
Drehbuch: Tom S. Cook
Kamera: Michel Hugo (Farbe)
Musik: Dana Kaproff
Produktion: Warren G. Smith für Lehigh Entertainment/MCA-TV, USA 1989
Verleih: -/-/-/CIC Video
Videostart: 2.4.1990
Sendetermin: 1.11.1989, USA
FSK: ab 16 J.
Länge: 88 Min.

Drei Jäger werden in der Wildnis von New Mexico zu Versuchskaninchen eines bösen Außerirdischen. Eine Orgie aus blauen Lichteffekten, die allzuoft von der nicht uninteressanten Handlung ablenken.

High Hopes 422
HIGH HOPES ****

Regie: Mike Leigh
Darsteller: Philip Davis (Cyril), Ruth Sheen (Shirley), Edna Dore (Mrs. Bender), Philip Jackson (Martin), Heather Tobias (Valerie), Lesley Manville, David Bamber, Jason Watkins, Judith Scott, Linda Beckett
Drehbuch: Mike Leigh
Kamera: Roger Pratt (Eastmancolor)
Musik: Andrew Dixon
Schnitt: Jon Gregory
Produktion: Simon Channing-Williams, Victor Glynn für Portman Prod., GB 1988
Verleih: Sputnik/-/-
UA: 29.8.1988, Int. Film-Festival Venedig
EA: Internationale Hofer Filmtage 1988
Kinostart: 1.3.1990
Länge: 112 Min.

Eine Studie über das Großbritannien Margaret Thatchers: drei Paare und ihre unterschiedliche Reaktion auf die Dehumanisierung des Landes. Armut und Arbeitslosigkeit werden nicht mehr diskutiert, sie sind zu persönlichen Fehlhaltungen erklärt worden. Konsumgeilheit und Ellenbogenverhalten haben aus dem Land des Individualismus eine Wüste gemacht, in der alles seinen Preis hat. Eine Minderheit, die noch weiß, was Ideen und Ideale sind, resigniert. Leighs Film,

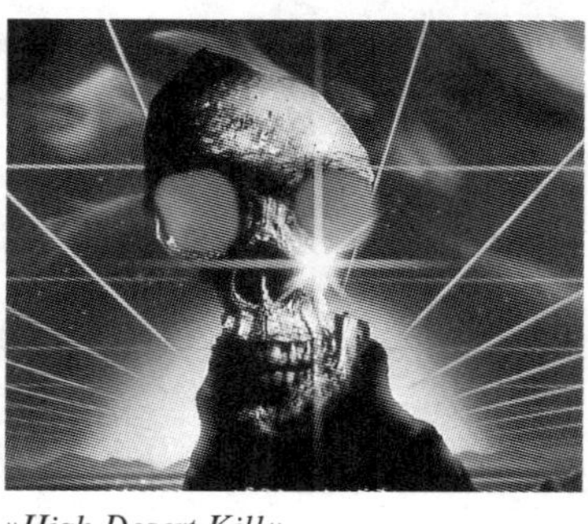

»High Desert Kill«

Misfits mit »High Hopes«.

formal als Komödie angelegt, ist bitter und hoffnungslos.

André Simonoviescz, tip

Christian Seebaum in: Kölner Stadt-Anzeiger, 5.5.90

High School — 423

HIGH SCHOOL ****

16 mm

Regie: Frederick Wiseman
Kamera: Richard Leiterman, David Eames
Produktion: USA 1968
Verleih: Freunde der Deutschen Kinemathek/-/-
Kinostart: Frühjahr 1990
Länge: 75 Min.
Originalfassung

Das Besorgniserregende an »High School« ist, daß es ein Dokumentarfilm ist. Im inzwischen schon »mythischen« Jahr 1968 entstanden, geht der Film weit über eine bloße Bestandsaufnahme hinaus. Das alltägliche Treiben in einer »guten« High School in Philadelphia bereitet deren Schüler nicht auf das spätere Leben vor, sondern will sie zu widerspruchslosen Eunuchen erziehen. Und der Direktor ist selbstverständlich stolz darauf.

Katalog Freunde der Deutschen Kinemathek

High Score — 424

***

Regie: Gustav Ehmck
Darsteller: James Brolin (Budetsky), Gudrun Landgrebe (Police-Commissioner), Jace Alexander (MJ), Anne Carlisle (Olympia), Hannes Jaenicke (Harra), Annette von Klier (Vikki), Alexis Arquette (Freddy), Ralf Wolter (Michelangelo), Clayton Barclay Jones, Norbert Ghatouri, Rick Maverik, Klaus Zabel
Drehbuch: Gustav Ehmck, Peter Lawrence
Kamera: Gerard Vandenberg (Farbe)
Musik: Matthias Thurow
Schnitt: Norbert Herzner
Produktion: Luggi Waldleitner für Roxy Film mit Filmtheaterbetriebe Gerd Politt/ Ehmck-Film und BR, BRD 1989
Verleih: Filmverlag der Autoren/-/-/ Starlight-Film Video
UA: 26.7.1990
Kinostart: 26.7.1990
FSK: ab 16, ffr.
Länge: 93 Min.
FBW: Wertvoll

Der Film blickt auf drei jugendliche Desperados in einer anonymen Future-Großstadt. Sie sind besessene Video-Player und verwechseln gern das Spiel mit der Realität. Mehr und mehr geraten sie auf die schiefe Bahn und scheitern. Der sich stilistisch ungeniert an Jean-Jacques Beineix (»Diva«) und Luc Besson (»Subway«) orientierende Asphalt-Streifen ist totaler ästhetischer Kitsch, ohne eine plausible Story oder inszenatorische Stimmung. *Hans-Ulrich Pönack, tip*

Fritz Göttler in: SZ, 30.7.90

Highland Ranger — 425

COOL CHANGE ***

Video

Regie: George Miller
Darsteller: Jon Blake (Steve), Lisa Armytage (Joanna), Deborra-Lee Furness (Lee), David Bradshaw (James Hardwicke), Alec Wilson (Bull Raddick), James Wright (Ranger), Mark Albiston (Frank Mitchell), Marie Redshaw (Rob Mitchell), Clive Hearne (Ray Regan)
Drehbuch: Patrick Edgeworth
Kamera: John Haddy (Eastmancolor)
Musik: Bruce Rowland
Schnitt: Philip Reid
Produktion: Dennis Wright für Delatite, Australien 1986
Verleih: -/-/-/UFA Video
Videostart: 12.1.1990
FSK: ab 12 J.
Länge: 90 Min.

Ein Ranger unterstützt seine alte Liebe im Kampf gegen eine neue, auf

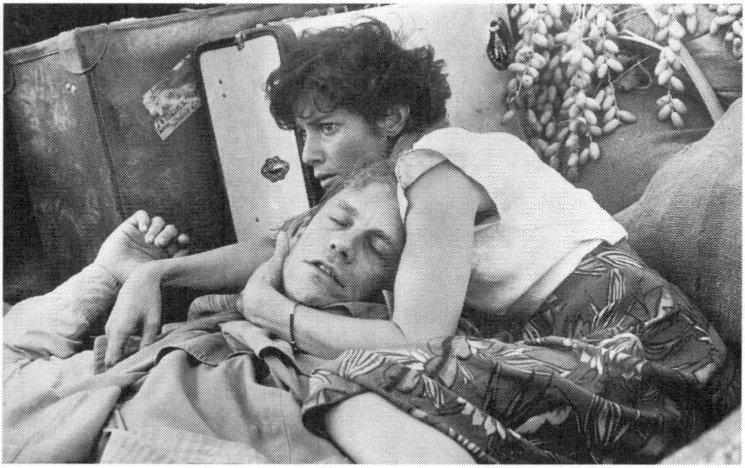

Der Mensch wird klein vor der Größe der Natur. John Malkovich und Debra Winger in »Himmel über der Wüste«.

Druck von Umweltbehörden entstandene Verordnung, derzufolge ihr Land zu einem Nationalpark erklärt werden soll. Stimmungsvolles Abenteuer aus dem australischen Hochland, inszeniert mit kraftvollen Bildern, das eine urwüchsige Naturverbundenheit in Gegensatz zu den politischen Winkelzügen postenbewußter Politiker stellt. *Video Woche*

Himmel über der Wüste 426

THE SHELTERING SKY ****

Regie: Bernardo Bertolucci
Darsteller: Debra Winger (Kit Moresby), John Malkovich (Port Moresby), Campbell Scott (Tunner), Jill Bennett (Mrs. Lyle), Timothy Spall (Eric), Eric Vu An (Belqassim), Ben Smail (Smail), Amina Mannabi, Sogtgui Kouyate, Laaroussi Abdelkrim, Carolyne de Fonseca und als Erzähler Paul Bowles
Drehbuch: Mark Peploe mit Bernardo Bertolucci, nach dem gleichn. Roman von Paul Bowles
Kamera: Vittorio Storaro (Farbe)
Musik: Ray Williams
Schnitt: Gabriella Christiani
Produktion: Jeremy Thomas für The Sahara Company, GB 1990
Verleih: Jugendfilm/Constantin/Monopole Pathé/Highlight Video
Kinostart: 25.10.1990
FSK: ab 12, ffr.
Länge: 138 Min.
FBW: Besonders wertvoll

Landschaft steht hier für eine existentielle Urerfahrung: Was die drei betuchten Kultur-Amerikaner im Jahre 1947 als Reisende in Nordafrika zu finden hoffen, ist eine Selbsterneuerung jenseits der Zivilisation, die Auffrischung erschlaffter Gefühle (und eingetrockneter Kreativität) in einer gefährlich fremden, archaischen Welt. Der ersehnte Nervenkitzel wird jedoch für die risikolüsternen Nobeltouristen zum Horrortrip: Das Ehepaar (Musiker Port und die Schriftstellerin Kit) kränkelt weiter an ermüdeter Liebe – Kit hält sich an Sex und Sekt ihres gemeinsamen Reisegefährten Tunner, Port an Bauchtanz und die Magie arabischer Basar-Gauklerinnen. Man stiehlt ihm den Paß – den Nachweis seines Vorhandenseins.

Bertoluccis Literaturverfilmungen

haben immer einen großen Atem: Wie er hier die langsame Auslöschung der Persönlichkeit durch elementare Überlebensreflexe inszeniert, das wird vom gewaltigen Naturschauspiel der Wüste bestimmt. Karawanen in endloser Weite; Hitze und Sand; ein tristes Fort der Fremdenlegion in den Staubstürmen der Sahara - die Endstation des Todes für den elend an Typhus krepierenden Port und das tiefe schwarze Loch, in dem Kits Selbstvernichtungs-Odyssee mit einer Beduinenkarawane beginnt. Als geistesverwirrte Schattenfrau wird sie später von der US-Botschaft aufgegriffen. Ein Gänsehaut-Film in glühender Wüstensonne, von einer sehr grausamen, bizarr-melancholischen Schönheit. Die Liebe: Fata Morgana. Der Mensch und sein Tod: Sandkorn im Nichts. *Ponkie, AZ*

Michael Althen in: SZ, 25.10.90; Wolf Donner in: tip, 22/90; Andreas Kilb in: Die Zeit, 26.10.90; Verena Lueken in: FAZ, 25.10.90; Silvia Reuter in: Prinz, 11/90

Himmel unter Steinen

Siehe »Gavre Prinzip – Himmel unter Steinen«

Histoires d'Amerique

siehe »Geschichten aus Amerika«

Hitman 427

COHEN & TATE ***

Regie: Eric Red
Darsteller: Roy Scheider (Cohen), Adam Baldwin (Tate), Harley Cross (Travis Knight), Cooper Huckabee (Jeff Knight), Suzanne Savoy (Martha Knight)
Drehbuch: Eric Red
Kamera: Victor J. Kemper (Farbe)
Musik: Bill Conti
Schnitt: Edward Abroms
Produktion: Antony Rufus Isaacs, Jeff Young für Nelson Films, USA 1988
Verleih: Ascot/-/Elite/Ascot Video
Kinostart: 15.3.1990
FSK: ab 16, ffr.
Länge: 85 Min.

Brutaler Actionthriller mit Road-Movie-Einschlag: Zwei Berufskiller mit dem Auftrag, eine Farmersfamilie auszulöschen, entführen den zwölfjährigen Travis, um Informationen aus ihm herauszupressen. Eine blutige Spur zieht sich bald von Oklahoma nach Houston, und die absehbare Frage ist: Wird Travis die Schießereien, das Niedermetzeln ahnungsloser Zeugen und die genreüblichen Explosionen überleben? *Zoom*

Frank Arnold in: epd Film, 5/90

Höllische Freundin 428

GIRLFRIEND FROM HELL **

Video

Regie: Daniel M. Peterson
Darsteller: Liane Curtis (Maggie), Dana Ashbrook (Chaser), Lezlie Deane (Diane), James Daughton (David), Anthony Barrie (Carl), Ken Abraham (Rocco), Hilary Morse (Alice), Sarah Kaite Coughlan (Freda), Brad Zutaut, James Karen, Alba Francesca
Drehbuch: Daniel M. Peterson
Kamera: Gerry Lively (Fotokem Color)
Musik: Michael Rapp
Schnitt: Beth Conwell
Produktion: Alberto Lensi, Daniel M. Peterson für IVE/Queen's Cross, USA 1990
Verleih: -/-/-/Cannon-VMP Video
Videostart: 5.3.1990
FSK: ab 16 J.
Länge: 92 Min.

Der Geist eines unfreiwilligen Exorzisten sieht sich gezwungen, den Teufel aus dem Körper eines Mauerblümchens auszutreiben. Überwiegend läppische Horrorkomödie.

Hoffnung auf Eis 429

A WOMAN OBSESSED *

Video

Regie: Deland Nuse
Darsteller: Linda Blair, Dan Haggerty, Troy Donahue, Ruth Raymond
Drehbuch: Jack A. Sunseri
Kamera: Deland Nuse (Farbe)
Schnitt: Rick LeCompte
Produktion: Trans-Bay Pictures, USA 1989
Verleih: -/-/-/RCA-Columbia Video
Videostart: 4.12.1990
FSK: ab 16 J.
Länge: 105 (91) Min.

»Hoffnung und Schmerz«-Regisseur Yoji Yamada.

Die nimmermüde Linda Blair kämpft gegen in Alufolie gewickelte Zombies. Der etwas alberne und auffällig kostengünstig gedrehte Spaß um eisgekühlte Tote liefert in seiner haarsträubenden Handlung nur einen mehr oder weniger geistreichen Abklatsch von »Nacht der lebenden Toten«. *Video Woche*

Hoffnung und Schmerz 430

DAUNTAUN HIROZU ****

Regie: Yoji Yamada
Darsteller: Hiroko Yakushimaru (Fusako), Hashinosuke Nakamura (Kosuke), Toshiro Yanagiba (Onkel), Toshinori Obi (Arles), Tetsuta Sugimoto, Isao Takeno, Shinobu Sakagami, Heti Ishida, Chieko Baisho, Kiyoshi Atsumi, Shikan Nakamura
Drehbuch: Yoji Yamada, Yoshitaka Asama, nach einer Novelle von Akira Hayasaka
Kamera: Tetsuo Takaba (Farbe)
Musik: Teizo Matsumura
Produktion: Shizuo Yamanouchi für Shochiku Films, Japan 1988
Verleih: Silver Cine/-/-
EA: 16.2.1989, Int. Filmfestspiele Berlin
Kinostart: 25.1.1990
Länge: 120 Min.

Der Film erzählt die Geschichte einiger Gymnasiasten, die im Nachkriegs-Japan hungern, lernen und lieben. In einer Zeit des Übergangs nimmt eine Jugendgeneration endgültig Abschied von der Kindheit. Ein Film wie von George Lucas, wenn er auf der anderen Seite der Erde zur Welt gekommen wäre - komisch, wehmütig, melancholisch und (oft zu) schön: ein »Japanese Graffiti«. *Achim Forst, tip*

Hollywood Detective 431

HOLLYWOOD DETECTIVE **

Video

Regie: Kevin Connor
Darsteller: Telly Savalas (Harry Bell), Helene Udy (Lois Wednesday), Greg Mullavey (Mike Maglin), Joe Dallesandro (Jerry Brazil), Tom Reese (Lt. Grabowski), James Creene (Eddie Northcott), George Coe (Syd Kurl), Herman Poppe (Marvin Morris), William Bassett
Drehbuch: Christopher Crowe
Kamera: Douglas Milsome (Farbe)

Musik: Arthur B. Rubinstein
Schnitt: Bernie Gribble
Produktion: R.J. Louis für Casiano-Riggs/ Papazian-Hirsch/MCA TV, USA 1989
Verleih: -/-/-/CIC Video
Videostart: 5.6.1990
Sendetermin: 25.10.1989, USA
FSK: ab 12 J.
Länge: 84 Min.

Routiniert gemachter US-Fernsehkrimi, der seine Originalität dem Umstand verdankt, daß Ex-Kojak Telly Savalas nahe an der Wirklichkeit als ehemaliger Fernsehstar eingesetzt wurde. Der verschlungene Verlauf der Handlung ist ebenso eine Reminiszenz an Klassiker des Detektivfilm-Genres wie an Roman Polanskis »Chinatown«. *Video Woche*

Der Hollywood-Clou 432

DOWN THE DRAIN **

Video

Regie: Robert C. Hughes
Darsteller: Andrew Stevens, John Matuszak, Joseph Campanella, Mickey Morton, Julian Burton, Sal Lopez, Teri Copley, Jerry Mathers, Stella Stevens
Drehbuch: Moshe Hadar
Kamera: James Mathers (Farbe)
Schnitt: Michael Ruscio
Produktion: Ronnie Hadar für Empire Entertainment/Ronnie Hadar Prod., USA 1990
Verleih: -/-/-/Ascot Video
Videostart: 9.5.1990
FSK: ab 16 J.
Länge: 105 Min.

Bei einem Banküberfall gelangt ein Rechtsanwalt in den Besitz eines Mikrofilms, hinter dem fortan allerlei zwielichtige Gestalten her sind. Durchschnittlicher Krimi, der sein Heil im Zitieren besserer Vorbilder (»Rififi«, »Ein Fisch namens Wanda«) sucht.

The Honeymoon Killers 433

THE HONEYMOON KILLERS ****

Regie: Leonard Kastle
Darsteller: Shirley Stoler (Martha Beck), Tony LoBianco (Ray Fernandez), Mary Jane Higby (Janet Fay), Doris Roberts (Bunny), Kip McArdle (Delphine Downing), Marilyn Chris (Myrtle Young), Dortha Duckworth (Mrs. Beck), Barbara Cason (Evelyn Long), Ann Harris (Doris Acker), Mary Breen (Rainelle Downing), Elsa Raven (Oberschwester), Mary Engel (Lucy), Guy Sorel (Mr. Dranoff)

Tony LoBianco und Shirley Stoler als »Honeymoon Killers«.

Kamera: Oliver Wood
Musik: Gustav Mahler
Schnitt: Stan Warnow, Richard Brophy
Produktion: Warren Steibel für Roxanne, USA 1969
Verleih: Comet/top-film/-
EA: 25.6.1990, Filmfest München
Kinostart: 19.11.1970; 11.10.1990 (WA)
Länge: 108 Min.
Original mit Untertiteln

Der einzige Film des New Yorker Opernkomponisten Leonard Kastle erregte 1969 wegen seiner lakonisch-ironischen Darstellung von Gewalt die Gemüter. Basierend auf einem authentischen Fall aus dem Jahr 1949 erzählt Kastle die Geschichte eines smarten Heiratsschwindlers und einer Krankenschwester, die einsame Frauen um ihre Ersparnisse bringen und ermorden. Das Liebespaar endet auf dem elektrischen Stuhl. Ein erbarmungsloses Porträt einer pervertierten Gesellschaft. *Angie Dullinger, AZ*

Fritz Göttler in: SZ, 24.10.90; Frauke Hanck in: Die Welt, 15.10.90; Rüdiger Schmitz-Normann in: Frankfurter Rundschau, 17.11.90

Hopnick 434

****

16 mm

Regie: Detlev Buck
Darsteller: Sophie Rois (Frau), Pago Balke (Conferencier), Hans E. Viet (Kollege),

Ulrich Semontowitz (Gastgeber), Detlev Buck (Hopnick), Andreas Hosang
Drehbuch: Detlev Buck, Roger Heereman, Hans E. Viet
Kamera: Roger Heereman (Farbe)
Musik: Burkhard Brozat
Schnitt: Petra Heymann
Produktion: Deutsche Film- und Fernsehakademie, BRD 1990
Verleih: Delphi/-/-
EA: 25.1.1990, Max-Ophüls-Preis, Saarbrücken
Kinostart: 7.6.1990
Länge: 55 Min.

»Hopnick« ist der zweite längere und dennoch schön kurze Spielfilm des Holsteiners in Berlin. Erzählt wird die Geschichte vom frustrierten Grenzer Hopnick und seiner scheinbar unerfüllten Liebe zu einer Kreuzberger Friseuse mit dem Buck eigenen Charme und seiner fast bedingungslosen Liebe zu seinen Figuren. Ein Kleinod. *Alfred Holighaus, tip*

Hospital 435

HOSPITAL ****

16 mm

Regie: Frederick Wiseman
Kamera: William Brayne, David Martin
Produktion: Frederick Wiseman, USA 1970
Verleih: Freunde der deutschen Kinemathek/-/-
Kinostart: 1990
Länge: 84 Min.
Originalfassung

Die Notaufnahme, Wartesäle, Krankenstationen und Gänge sind überfüllt von Lahmen, Niedergestochenen, Angeschossenen, Verwahrlosten und Vergewaltigten, Geschlagenen und Mißhandelten. Aber zum Glück sind ja Ärzte da; sofern du deine Krankenrechnung auch bezahlen kannst.

Katalog Freunde der Deutschen Kinemathek

Hot Spot 436

HOT SPOT **

Video

Regie: Miguel Hermoso
Darsteller: Britt Ekland (Deborah), Rod Taylor (Commander Anderson), Francisco Rabal (Juan), Emma Suarez (Mirian), Sancho Gracia
Drehbuch: Miguel Hermoso
Kamera: Fernando Arribas (Farbe)
Musik: Paul Chiten
Produktion: José Frade für Calepas International, Spanien 1986
Verleih: -/-/-/UFA Video
Videostart: 14.5.1990
FSK: ab 12 J.
Länge: 97 Min.

Ein ehemaliger Kapitän heuert drei kleine Ganoven an, um sich mit ihrer Hilfe an einem bösen Waffenschieber zu rächen, der beinahe sein Schiff versenkt hätte. Spanische Kriminalkomödie mit Altstar-Besetzung und einem Déjà-Vu-Effekt. *Video Woche*

The House of Usher 437

THE HOUSE OF USHER **

Video

Regie: Alan Birkinshaw, Gerard Kikoine
Darsteller: Oliver Reed (Roderick Usher), Donald Pleasence (Clive Derrick), Romy Windsor (Molly McNulty), Rufus Swart
Drehbuch: Michael J. Murray, Jake Clesi, Stuart Lee, nach dem Roman von E.A. Poe
Musik: Frederic Talgorne
Produktion: Harry Alan Towers für 21st Century/Breton Films, USA 1990
Verleih: -/-/-/21st Century Video
Videostart: 20.3.1990
FSK: nicht unter 18 J.
Länge: 88 Min.

Bevor er sich lebendig begraben lassen möchte, will der letzte Sproß einer degenerierten Familie die Freundin seines Neffen zur Mutter seines Stammhalters machen. Knallbunter, aber vergeblicher Versuch einer Neuauflage von Roger Cormans unerreichten Poe-Verfilmungen.

How to make Love to a Negro without getting tired oder: Die Kunst, einen Neger zu lieben 438

COMMENT FAIRE L'AMOUR AVEC UN NEGRE SANS SE FATIGUER ***

Regie: Jacques W. Benoit
Darsteller: Isaach de Bankolé (Man), Maka

Kotto (Bouba), Antoine Durand (François), Roberta Bizeau (Miss Literature), Miriam Cyr (Miss Suicide), Marie-Josée Gauthier, Jacques Legras, Mark Bromilow, Susan Almgren, Alexandra Innes
Drehbuch: Dany Laferrière, Richard Sadler, nach dem gleichn. Roman von Dany Laferrière
Kamera: John Berrie (Farbe)
Musik: Manu Dibango
Schnitt: Dominique Roy
Produktion: Richard Sadler, Ann Burke, Henry Lange für Stock Int. Dédalus/ Molécule/Télévision Quatre saisons/ Téléfilm Canada, Frankreich/Kanada 1989
Verleih: Impuls/Classic/-
Kinostart: 11.1.1990
FSK: ab 16, ffr.
Länge: 98 Min.
FBW: Wertvoll

Der Film holt aus zu einem Rundumschlag gegen wechselseitige rassistische Vorurteile, trifft aber nur selten die Wirklichkeit, weil er sich ständig in den eigenen Klischees verheddert. So haben die Frauen in diesem Film herzlich wenig zu lachen. Wer hat Lust auf den schwarzen Mann? Fast alle. Nur wenn sie den Mund aufmachen, ist alles vorbei. Nie kann sich der Film entscheiden, ob er die ausgestellten »Sexual-Mythen« demontieren oder zementieren will. Nur mit einem Mythos rechnet die Hauptfigur gnadenlos ab: daß es schwer ist, ein Buch zu schreiben. *Lars-Olav Beier, tip*

Annette Brauerhoch in: epd Film, 1/90; Frauke Hanck in: Die Welt, 12.1.90; Peter Körte in: Prinz, 1/90; Heike Kühn in: FR, 18.1.90; Rüdiger Schmitz-Normann in: Kölner Stadt-Anzeiger, 13.1.90; Claudius Seidl in: SZ, 16.1.90; Susanne Weingarten in: FAZ, 18.1.90

Hunde-Theater 439

CIZIM VSTUP POVOLEN ***

Regie: Josef Pinkava
Darsteller: Jana Pálencková (Jana), Anton Samulejew (Dima), Wadim Chrytschkin (Sasa), Eva Jakoubkové, Miloslav Mejzlik, Lubomir Lipsky, Zdenka Hadrbolcová, Natalja Warlej, Jewgeni Gerassimow, Natalja Durowa, Oleg Popow, Raissa Rjasanowa
Drehbuch: Valeri Karen, Milan Simek
Kamera: Juraj Fándli (Farbe)
Musik: Zdenèk John
Produktion: Filmstudio Gottwaldov/Gorki-Studio, UdSSR 1986
Verleih: Progreß/-/-
Kinostart: 19.1.1990
FSK: ab 6 J.
Länge: 81 Min.

Eine Prager Familie wird in den Ferien zu Freunden nach Moskau eingeladen. Auf Hündchen Marquis will Tochter Jana auf keinen Fall verzichten. Sie beschließt, ihn als blinden Passagier mitzunehmen. Der Ärger ist programmiert. *Kino DDR*

Hunk 440

HUNK *

Video

Regie: Lawrence Bassoff
Darsteller: John Allen Nelson (Hunk Golden), Steve Levitt (Bradley Brinkman), Deborah Shelton (O'Brien), Rebecca Bush (Sunny), James Coco (Dr. D.), Robert Morse (Garrison Gaylord), Avery Schreiber (Constantine Constapopolis)
Drehbuch: Lawrence Bassoff
Kamera: Bryan England (Fotokem Color)
Musik: David Kurtz
Schnitt: Richard E. Westover
Produktion: Marilyn J. Tenser für Crown International Pictures, USA 1987
Verleih: -/-/-/Vestron Video
Videostart: 26.9.1990
FSK: ab 12 J.
Länge: 102 Min.

Ein mickriger Computerspezialist verkauft dem Teufel seine Seele und darf fortan als strammer Schönling über sonnige Strände schweifen, bis er am Ende in sich geht und in seinen alten Körper zurückkehrt. Seichte kalifornische Klamotte, die sich in üblich verlogener Manier der Emanzipation des »Nerds« widmet.

I Wanna Hold Your Hand 441

I WANNA HOLD YOUR HAND ***

Video

Regie: Robert Zemeckis
Darsteller: Nancy Allen (Pam Mitchell), Bobby DiCicco (Tony Smerko), Marc McClure (Larry Dubois), Susan Kendall Newman (Janis Goldman), Theresa Saldana (Grace Corrigan), Wendie Jo Sperber (Rosie Petrofsky), Eddie Deezen (Richard Klaus), Christian Juttner (Peter Plimpton), Will Jordan (Ed Sullivan)
Drehbuch: Robert Zemeckis, Bob Gale
Kamera: Donald M. Morgan (Farbe)
Musik: John Lennon, Paul McCartney
Schnitt: Frank Morriss
Produktion: Tamara Asseyev, Alex Rose für Universal, USA 1978
Verleih: -/-/-/Warner Home Video
Videostart: 16.3.1990
FSK: ab 12 J.
Länge: 104 (95) Min.

Amerika 1964. Eine mysteriöse Krankheit befällt amerikanische Teenager: die Beatlemania. Unter den Erkrankten sind auch Grace, Pam und Rosie. Sie leben in der Kleinstadt Maplewood, New Jersey. Ihr größter Traum wäre es, die Beatles einmal persönlich kennenzulernen. Also machen sich die drei auf nach New York. Ziel: die Hotelsuite der vier Pilzköpfe. Ein origineller und witziger Streifen, der nach anfänglichen Längen schnell Tempo gewinnt. Durch geschickte Schnittechnik werden Live-Aufnahmen der Beatles in die laufende Handlung eingebaut, alles wirkt recht stilecht. *Isabel Opitz, tip*

Ich bin dir verfallen 442

JE T'AI DANS LA PEAU **

Regie: Jean-Pierre Thorn
Darsteller: Solveig Dommartin (Jeanne), Philippe Clevenot (Lucien), Henri Serre (Henri), Aurore Prieto (Renée), Hélène Surgere (Superiorin), Anna Acerbis (Biquette), Roger Souza (Gégé), Edith Winkler (Yvonne Martinot), Yvette Petit (Jacqueline), Emmanuelle Chaulet, Pierre Banderet, Henriette Palazzi
Drehbuch: Jean-Pierre Thorn, Lorette Cordrie, Dominique Lancelot
Kamera: Denis Gheerbrant (Farbe)
Musik: Jacky Moreau
Schnitt: Jean-Pierre Thorn, Alain Debarnot
Produktion: Les Films d'Ici/Video 13/Road Movies/La Sept, Frankreich 1989
Verleih: Freunde der Deutschen Kinemathek/-/-
UA: 27.10.1989, Montreal
EA: 18.2.1990, Int. Forum des Jungen Films bei der Berlinale
Kinostart: Nov. 1990
Länge: 120 Min.
Original mit Untertiteln

(...) Dabei hat Solveig Dommartin in diesem Spielfilm Jean-Pierre Thorns einen äußerst reizvollen Part. Ihre Jeanne ist einer authentischen Figur nachempfunden, die im Laufe ihres Lebens Nonne, Arbeiterin, Geliebte eines Priesters und feministische Gewerkschaftsführerin war. Der Film zeichnet ihr Leben nach bis zu ihrem Selbstmord 1981, mit 52.
Der Sache nach verdient der Film viel Sympathie. Er zeigt, wie edelste politische und geistliche Bewegungen an der Spannung zwischen außergewöhnlicher Individualität und der »Parteilinie« herabsinken können und ihre herausragenden Figuren verraten. Filmisch ist er enttäuschend. Ohne jedes Tempo, optisch und dramaturgisch hausbacken und vielleicht thematisch zu involviert, als daß er den Personen jenseits ihrer Dialoge Profil zu geben vermöchte.

Simone Mahrenholz, Der Tagesspiegel

Ich liebe Dich zu Tode 443

I LOVE YOU TO DEATH ***

Regie: Lawrence Kasdan
Darsteller: Kevin Kline (Joey Boca), Tracey Ullman (Rosalie Boca), Joan Plowright (Nadja, Rosalies Mutter), River Phoenix (Devo), William Hurt (Harlan), Keanu Reeves (Marlon), James Gammon (Lt. Schooner), Victoria Jackson (Lacey), Miriam Margolyes, Jack Kehler, Phoebe

Cates, Kathleen York, Heather Graham, Lawrence Kasdan
Drehbuch: John Kostmayer
Kamera: Owen Roizman; Stephen H. Burum (Technicolor)
Musik: James Horner
Schnitt: Anne V. Coates
Produktion: Jeffrey Lurie, Ron Moler für Chestnut Hill Prod., USA 1990
Verleih: Columbia Tri-Star/dto./ 20th Century Fox/RCA-Columbia Video
Kinostart: 30.10.1990
FSK: ab 12, ffr.
Länge: 97 Min.
FBW: Wertvoll

Eine arg banale Pizza-Komödie, die mit sehr viel Schwung anfängt und einer rosigen Versöhnung endet. Joey Boca, seines Zeichens verheirateter Pizzeriabesitzer, vor allem aber großer Schürzenjäger, wird von seiner Rosalie »in flagranti« ertappt. Sie hat ihren Mann jedoch lieber tot als bei einer anderen Frau liegend - was Ausdruck wahrer Liebe sei, wie Joey, nach einer x-fachen Dosis Schlaftabletten und mit zwei Kugeln im Körper im Spital erwachend, feststellt. *Zoom*

Lars-Olav Beier in: tip, 18/90; Elke Frick in: FR, 3.9.90; Fritz Göttler in: SZ, 3.9.90; Rainer Nolden in: Die Welt, 29.8.90; Hans-Dieter Seidel in: FAZ, 30.8.90

Ich liebe, du liebst... 444

JA MILUJEM, TY MILUJES ****

TV

Regie: Dusan Hanák
Darsteller: Roman Klosowski (Pista), Milan Jelic (Vinco), Iva Janzurová (Viera), Václav Babka (Albinko), Marie Motlova, Milada Jezkova, Juraj Nvota, Eva Vidlarova
Drehbuch: Dusan Hanak, Dusan Dusek
Kamera: Jozef Ort-Snep, Alojz Hanúsek
Musik: Miroslav Korinek
Schnitt: Alfred Bencic
Produktion: Karol Bakos für Slovenska filmova tvorba, CSSR 1980
EA: Int. Filmfestspiele Berlin 1989
Sendetermin: 18.6.1990, ARD, 23.00 Uhr
Länge: 95 Min.

Er wollte nur »einen Film über einfache Menschen machen«, doch dann wurde die Kleine-Leute-Geschichte von den offiziellen tschechischen Behörden als »nicht repräsentativ« abgelehnt und auf Eis gelegt. Das war 1980.

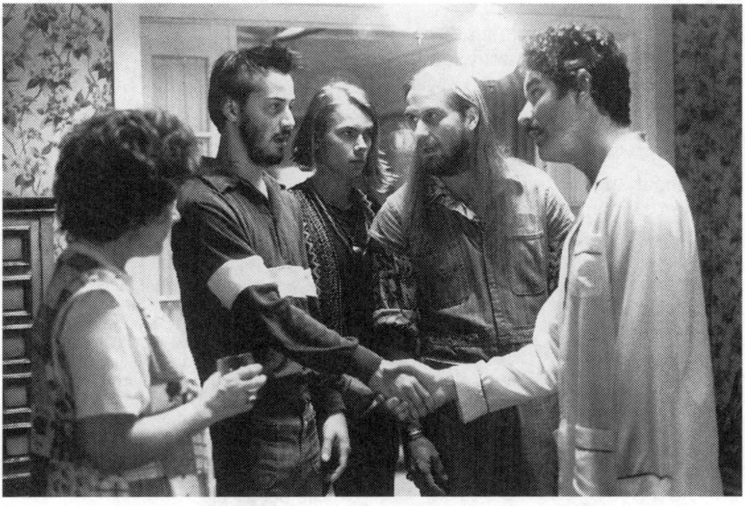

Quicklebendig auch nach dem fünften Mordversuch: Kevin Kline (r.) mit den glücklosen Attentätern Joan Plowright, Keanu Reeves, River Phoenix und William Hurt in »Ich liebe dich zu Tode«.

Neun Jahre später erhielt Dusan Hanak den Regie-Preis der Berlinale. Erzählt wird von dem dicklichen Pista, der auf dem Lande lebt, das kleine Glück sucht - und eine Frau. Weil er keine findet, säuft er, weil er trinkt, lehnen ihn die Frauen ab. Dann stirbt Pistas Freund im Suff, und er kümmert sich rührend um dessen schwangere Freundin. Eine Love-Story bahnt sich an, doch von der Flasche kommt Pista nicht los ... *Birgit Amon, AZ*

Ich war Stalins Leibwächter 445

JA SLUSCHIL W OCHRANE STALINA ***

Regie: Semjon Aranowitsch
Drehbuch: Juri Klepikow, Semjon Aranowitsch
Kamera: Sergej Sidorow (Farbe und s/w)
Musik: Alexander Kneifel
Produktion: Panorama, Leningrad, UdSSR 1989
Verleih: Filmverlag der Autoren; Progreß/-/-
Kinostart: 12.7.1990 im Programm »1. Festival des Neuen Sowjetischen Films«
Länge: 90 Min.

»Versuch einer dokumentarischen Mythologie« ist der Untertitel dieses Films. Hier werden Interviewausschnitte mit einem ehemaligen Staatssicherheitsoffizier aus der unmittelbaren Umgebung Stalins mit Wochenschaubildern arrangiert. Es entsteht ein Zeitpanorama und zugleich die minutiöse Typologie eines Kapo, der wie die Spinne im Netz einer riesigen Spitzelorganisation saß. Heute unterrichtet der Altstalinist Kinder.

Rüdiger Heinrich, Kölner Stadt-Anzeiger

Christian Gampert in: FAZ, 14.11.90

I'm a Negro, I'm an American – Paul Robeson 446

***

Regie: Kurt Tetzlaff
Drehbuch: Jochen Niebelschütz/ Kurt Tetzlaff
Kamera: Andreas Bergmann
Musik: Traditional
Schnitt: Monika Schäfer, Renate Zakrzewski
Produktion: Ulrich Kling für Defa-Studios, Gruppe »Kontakt«/Chronos-Film, DDR/ BRD 1989
Verleih: Progreß/-/-
Kinostart: 16.2.1990
Länge: 87 Min.

Wir wissen von Menschen, die einen hohen Preis dafür bezahlen mußten, daß sie ihr eigenes Leben leben wollten. Die Unterdrückung von Andersdenkenden, sei's mit Feuer und Schwert, durch die Scheiterhaufen der Inquisition, die preußische Zuchtrute, durch Berufsverbote aus politischen Gründen oder stalinistischen Machtanspruch, findet sich zu allen Zeiten in der Geschichte der Menschheit.
Über den Sänger Paul Robeson, der im vergangenen Jahr 90 geworden wäre, hat der Regisseur Kurt Tetzlaff vom DEFA-Dokumentarfilmstudio einen Film gedreht. »I'm a Negro, I'm an American Paul Robeson« ist ein berührender Film über einen außergewöhnlichen Menschen und Künstler, der auf der Höhe seines Ruhms gezwungen wurde, von der Bühne abzutreten.

Horst Knietzsch, Neues Deutschland

Im Bann der Sekte 447

B.L. STRYKER: BLUES FOR BUDER **
Video

Regie: Burt Reynolds
Darsteller: Burt Reynolds (B.L. Stryker), Neil Patrick Harris (Buder Campbell), Elizabeth Ashley (Althea Campbell), Michael Chiklis (Bruder Powell), Ossie Davis (Oz Jackson), Dana Kaminski (Lynda Lynnox), Rita Moreno (Kimberly), Michael O. Smith (Chief McGee), Alfie Wise (Oliver)
Drehbuch: Robert Parker, Joan Parker
Kamera: Nick McLean (Farbe)
Musik: David Chu, T. Garrett, David Nelson, Marie Ravenscroft, Kevin Stoller
Schnitt: Doug Ibold
Produktion: Alan Barnette für Universal TV, USA 1989
Verleih: -/-/-/CIC Video
Videostart: 17.4.1990

Sendetermin: 15.5.1989, ABC
FSK: ab 12 J.
Länge: 92 Min.

Privatdetektiv Stryker als Babysitter des sektenmäßig umnachteten Millionärssprosses Buder, dessen Guru unschöne Pläne mit den Millionen hat. Fünfter Teil des Fernseh-Lebensabends von Burt Reynolds.

Im Banne des Grauens 448

I'M DANGEROUS TONIGHT **

Video

Regie: Tobe Hooper
Darsteller: Madchen Amick (Amy O'Neill), Anthony Perkins (Professor Buchanan), R. Lee Ermey (Captain Aickman), Natalie Schafer (Gram), Daisy Hall (Gloria), Mary Frann (Martha), Dee Wallace Stone (Wanda Thatcher), Corey Parker (Eddie), Jason Brooks (Mason)
Drehbuch: Bruce Lansbury, Philip John Taylor, nach der Kurzgeschichte von Cornell Woolrich
Kamera: Levie Isaacks (Farbe)
Musik: Nicholas Pike
Schnitt: Carl Kress
Produktion: Bruce Lansbury, Philip John Taylor für BBK/MCA TV, USA 1990
Verleih: -/-/-/CIC Video
Videostart: 5.12.1990
Sendetermin: 8.8.1990, USA
FSK: nicht unter 18 J.
Länge: 88 Min.

Das rote Gewand einer alten Mumie verwandelt seinen jeweiligen Träger in eine morddurstige Bestie. Armer, abgeschlaffter Tobe Hooper, der du seit 1974 dem Kettensägen-Massaker hinterherhinkst.

Im Durchgang – Protokoll für das Gedächtnis 449

****

Regie: Kurt Tetzlaff
Drehbuch: Kurt Tetzlaff, Hans Dieter Rutsch
Kamera: Andreas Bergmann, Achim Sommer, Jürgen Voigt (Farbe)
Schnitt: Monika Schindler
Produktion: Achim Sigmund für Defa-Studio, DDR 1990
Verleih: Progreß/-/-
Kinostart: Nov. 1990
Länge: 90 Min.

Im März 1989 begann Regisseur Kurt Tetzlaff mit den Dreharbeiten zu dem Film »Im Durchgang«. Was als Skizze über einen Potsdamer Jugendlichen, einen der »schrägen Vögel« vom Café Heider, gedacht war, wuchs durch die Ereignisse des Jahres '89 zu einem exemplarischen Dokument: einem Film der Erinnerungen an eine mögliche Zukunft. *Kino DDR*

Im Glanze dieses Glückes 450

***

16 mm

Regie: Johann Feindt, Helga Reidemeister
Schnitt: Juliane Lorenz
Produktion: Wolfgang Pfeiffer für Max Film/WDR, BRD 1990
Verleih: Ex Picturis
UA: 30.9.1990, Berlin
Länge: 85 Min.
FBW: Wertvoll

Der Film dokumentiert Formen der Vergangenheitsbewältigung sowie Gefühle, Nöte und Ängste verschiedener Bürger der ehemaligen DDR zu Beginn des Jahres 1990. Ausführliche Interviewsequenzen werden montiert mit markanten Kanzlersprüchen, historischen Filmausschnitten und Impressionen aus Deutschland nach dem Mauerfall. *Ralph Umard, tip*

Im Horrorkabinett 451

TALES FROM THE CRYPT ****

Video

Regie: Richard Donner (1), Walter Hill (2), Robert Zemeckis (3)
Darsteller: Joe Pantoliano (Ulric), Gustav Vintas (Dr. Manfred), Robert Wuhl (Barker), Kathleen York (Coralee) (1); Bill Sadler (Niles Talbot), David Wohl (Warden Havers), J.W. Smith (Ledbetter), Dani Minnick (Cynthia Baldwin) (2); Gerrit Graham (Theodore Carne), Roy Brocksmith (Vic), Laura Albert (Tänzerin), Mary Ellen Trainor (Mutter), Larry Drake (Weihnachtsmann) (3)
Drehbuch: Terry Black (1), Robert Reneau, Walter Hill (2), Fred Dekker (3)
Kamera: Richard Bowen (1), John Leonetti (2), Dean Cundey (3) (Farbe)
Musik: Nicholas Pike (1), Ry Cooder (2), Alan Silvestri (3)
Schnitt: Steven Kemper (1), Carmel Davies (2), Stephen Semel (3)

Produktion: Richard Donner, Joel Silver, William Teitler für Tales from the Crypt Holdings/Tales from the Crypt Ventures, USA 1989
Verleih: -/-/-/CIC Video
Videostart: 17.4.1990
Sendetermin: 10.6.1989, HBO
FSK: nicht unter 18 J.
Länge: 79 Min.
Titel der Episoden: (1) »Dig That Cat... He's Real Gone« (2) »The Man Who Was Death« (3) »And All Through the House«

Ein arbeitsloser Scharfrichter mag seinen Beruf nicht aufgeben, eine Gattenmörderin bekommt es mit einem irren Weihnachtsmann zu tun, und ein Obdachloser erhält die neun Leben einer Katze, vertut sich indes beim Mitzählen. Hinreißender Pilotfilm der HBO-Horroranthologie, in der ein animatronischer Crypt-Keeper als Moderator der strengen Moral der EC-Comics neues, ironisch gewürztes Leben einhaucht.

Im Land der Raketenwürmer 452

TREMORS **

Regie: Ron Underwood
Darsteller: Kevin Bacon (Valentine McKee), Fred Ward (Earl Basset), Finn Carter (Rhonda LeBeck), Michael Gross (Burt Gummer), Reba McEntire (Heather Gummer), Bobby Jacoby (Melvin Plug), Charlotte Stewart (Nancy), Tony Genaro, Ariana Richards, Richard Marcus, Victor Wong, Sunshine Parker
Drehbuch: S.S. Wilson, Brent Maddock
Kamera: Alexander Gruszynski (Farbe)
Musik: Ernest Troost
Schnitt: O. Nicholas Brown
Produktion: S.S. Wilson, Brent Maddock für No Frills/Wilson-Maddock Prod., USA 1990
Verleih: UIP/UIP/UIP/CIC Video
Kinostart: 17.5.1990
FSK: ab 16, nffr.
Länge: 96 Min.

Riesige schlangenähnliche, unterirdisch lebende Bestien fressen in einem abgelegenen Tal in Nevada Tiere und Menschen, bis sie von einigen Überlebenden mit einem gut sortierten Waffenarsenal »erledigt« werden. Die dümmlichen Abenteuer mit den blutgierigen Monstern sind mäßig aufregend, wie gewohnt unappetitlich und wirken ziemlich lustlos inszeniert.

Christl Stadler, multimedia

Claudius Seidl in: SZ, 21.5.90

Im Netz des Todes 453

DANGEROUS AFFECTION ***

TV

Regie: Larry Elikann
Darsteller: Judith Light (Cathy Proctor), Jimmy Smits (Detective Richard Braden), Audra Lindley (Großmutter), Billy Sullivan, Rhea Perlman
Drehbuch: Annabel Davis-Goff, Susan Rice
Kamera: William Wages (Farbe)
Musik: J.A.C. Redford
Produktion: USA 1987
Sendetermin: 2.3.1990, ARD, 20.15 Uhr
Länge: 91 Min.

»Im Netz des Todes« zappelt der kleine Sam, weil er eine wunderschöne Briefmarke gefunden und beglückt nach Hause gebracht hat. Der Junge kann nicht ahnen, daß die Marke topgeheime Mikro-Raketenbaupläne enthält. Der Agent, der das wertvolle Objekt verloren hat, will es wiederbekommen und unternimmt einen Kidnapping-Versuch im Kindergarten. Das Unternehmen schlägt fehl, die Mutter des Kindes aber ist zutiefst beunruhigt. Und dann wird noch ihr Mann, der sie trotz ihrer Schwangerschaft verlassen hat, ermordet - Cathy gerät in Tatverdacht. Zu ihrem Glück findet sie in Polizeidetektiv Braden einen verständnisvollen Helfer, der sich in sie verliebt.

Birgit Amon, AZ

Im Schatten vieler Jahre 454

UNA MUJER ***

TV

Regie: Juan José Stagnaro
Darsteller: Cipe Lincovsky (Matilde), Federico Luppi (Ricardo), Maria Vaner (Monica), Victor Laplace (Eduardo), Soledad Silveyra, Luisa Vehil
Drehbuch: Aida Bortnik, Osvaldo Soriano
Kamera: Ricardo Younis (Eastmancolor)
Musik: Luis Maria Serra

Federico Luppi, Victor Laplace und Cipe Lincovsky »Im Schatten vieler Jahre«.

Schnitt: Jorge Valencia
Produktion: Globus Baires, Argentinien 1975
Sendetermin: 26.7.1990, ZDF, 23.25 Uhr
Länge: 101 Min.

Die Geschichte einer Frau, die nach sieben Jahren Haft an den heimischen Herd zurückkehrt und versucht, die Beziehung zu ihrem Mann dort aufzunehmen, wo sie einst unterbrochen wurde, entwickelt sich mehr und mehr zu einem bleischweren Psychogramm einer verpfuschten Ehe (...) So einfühlsam die beiden Hauptdarsteller mit ihren Rollen als unbequeme Individualisten auch umzugehen verstanden, so dünn war letztlich doch der Stoff der Story. Die Handlung blieb flau. *Stuttgarter Zeitung*

Hannes Hintermaier in: AZ, 28.7.90

Im Spiegel lauert der Tod 455
HAUNTED BY HER PAST **

Video

Regie: Michael Pressman
Darsteller: Susan Lucci (Karen Beckett), John James (Eric Beckett), Finola Hughes (Megan Meguire), Marcia Strassman (Rita Kamen), Robin Thomas (Charles Kamen), Douglas Seale (MacVey), Chris Owens (Thomas), Page Fletcher (Lt. Eisley), Susan Rubes
Drehbuch: Barry Schneider
Kamera: Bert Dunk (Farbe)
Musik: Paul Chihara
Schnitt: Millie Moore
Produktion: Terry Morse für ITC/Bell/Norton Wright Prod., USA 1987
Verleih: -/-/-/Taurus Video
Videostart: 17.4.1990
Sendetermin: 5.10.1987, NBC
FSK: ab 12 J.
Länge: 93 Min.

Das Spiegelbild ihrer männerhassenden Vorfahrin versucht, eine junge Frau zum Mord an ihrem Ehemann zu zwingen. Fantasy-Trip mit gedämpft erotischer Komponente, dessen Story der Altmeisterin der Heftchen-Romantik, Barbara Cartland, zur Ehre gereicht hätte.

VideoWoche

Im Tresor ist die Hölle los 456
DISORGANIZED CRIME **

Video

Regie: Jim Kouf
Darsteller: Hoyt Axton (Sheriff Henault), Corbin Bernsen (Frank Salazar), Ruben Blades (Carlos Barrios), Fred Gwynne (Max Green), Ed O'Neill (George Denver), Lou Diamond Phillips (Ray Forgy), Daniel Roebuck (Bill Lonigan), William Russ (Nick Bartkowski)
Drehbuch: Jim Kouf
Kamera: Ron Garcia (Metrocolor)
Musik: David Newman
Schnitt: Frank Morriss, Dallas Puett
Produktion: Lynn Bigelow für Touchstone Pictures/Silver Screen Partners IV, USA 1989
Verleih: -/-/-/Touchstone Video
Videostart: 12.2.1990
FSK: ab 12 J.
Länge: 101 Min.

Witzlose Krimikomödie um vier Ganoven, die auf ihren leider verhafteten Anführer warten, der den perfekten Bankraubplan ersonnen hat.

Im Westen – Alles nach Plan 457
***

Regie: Hans Peter Clahsen, Michael F. Huse
Darsteller: Reinhart Firchow (Sprecher)
Drehbuch: Werner Morgenrath
Kamera: Piotr Lenar
Musik: Peter Witt

Schnitt: Barbara Kirchner
Produktion: Morgenrath Filmprod./WDR/ BR/NDR/SWF, BRD 1990
UA: Duisburger Filmwoche 1990
Kinostart: 28.10.1990
FSK: o.A., ffr.
Länge: 110 Min.
FBW: Besonders wertvoll

An ausgewählten Lebensläufen dokumentiert der Film ein Phänomen, das gern verdrängt wird: Armut in Deutschland, einem der reichsten Länder der Welt (...) So wird dieser dokumentarische Zeitfilm gerade in den Wochen vor der ersten gesamtdeutschen Wahl zu einem Werk aufklärerischer, im Grunde anwaltschaftlicher Kunst, die Zeugenschaft und sorgfältige Strukturen-Analyse miteinander zu verknüpfen weiß. Das geschieht ohne plumpe Bild- und Dialog-Agitation.
Um so eindringlicher wirken die hier ausgewählten »Abwärtskarrieren«, die Bild um Bild vor Augen führen, wie tief gespalten eine Gesellschaft am Ende sein kann, wenn Fortschrittsglauben und Anpassungstüchtigkeit »vorherrschender Mehrheiten« den sozialen Sinn für die ohne Lobby dastehenden Benachteiligten verkümmern lassen.

Aus der Begründung der FBW

Petra Koruhn-Greb in: WAZ, 9.11.90

Im Zeichen des Krebs 458

ANY MAN'S DEATH
**
Video

Regie: Tom Clegg
Darsteller: John Savage (Leon Abrams), William Hickey (Schiller/Bauer), Mia Sara (Gerlind), Ernest Borgnine (Gantz), Michael Lerner (Harvey)
Drehbuch: Iain Roy, Chris Kelly
Kamera: Vincent G. Cox (Technicolor)
Musik: Jeremy Lubbock
Schnitt: Max Lemmon
Produktion: John Karie, S.D. Nethersole für Intl. Entertainment Corp./Independent Networks, Südafrika/USA 1988
Verleih: -/-/-/Virgin Video
Videostart: 26.2.1990
FSK: ab 16 J.
Länge: 109 Min.

»Im Zeichen des Krebs«

In Namibia trifft ein Reporter auf einen Krebsforscher, der sich bei näheren Recherchen als ehemaliger Nazi entpuppt. Was als Action- und Kriegsabenteuer beginnt, entwickelt sich rasch zum moralisierenden Drama mit der allzu oft bemühten Mengele-Thematik. *VideoWoche*

Das Imperium brennt 459

THE BURNING OF THE IMPERIAL PALACE
***
Video

Regie: Li Hang Chiang
Darsteller: Liu Xiaoqing, Liang Jiahui, Chen Ye, Zhang Shuyi, Siang Kun, Wang Pei, Zhang Tielin
Drehbuch: Yang Cunbin
Produktion: New Kun Lun Film/China Film/ Southern Film, China 1983
Verleih: -/-/-/VCL-Carolco Video
Videostart: 19.12.1990
FSK: ab 12 J.
Länge: 200 Min.

Sehr aufwendiges und zeitweise actionreich-gewaltvolles Zeit- und Sittengemälde über die bewegte Geschichte des Reiches der Mitte im vergangenen Jahrhundert. Obwohl sehr eindrucksvoll inszeniert, kann das Monumentalepos bei weitem nicht die Kraft und die Klasse des

Bertolucci-Films »Der letzte Kaiser« erreichen. *VideoWoche*

Impulse 460
IMPULSE ***

Regie: Sondra Locke
Darsteller: Theresa Russell (Lottie), Jeff Fahey (Stan), George Dzundza (Lt. Joe Morgan), Alan Rosenberg (Charley Katz), Nicholas Mele (Rossi), Eli Danker (Dimarjian), Charles McCaughan (Frank Munoff), Lynne Thigpen (Dr. Gardner), Shawn Elliott (Tony Peron), Angelo Tiffe, Christopher Lawford, Nick Savage, Dan Bell, Tom Dahlgren
Drehbuch: John de Marco, Leigh Chapman, nach einer Story von de Marco
Kamera: Dean Semler (Technicolor)
Musik: Michel Colombier
Schnitt: John W. Wheeler
Produktion: Albert S. Ruddy, André Morgan für Ruddy Morgan Prod., USA 1990
Verleih: Warner Bros./Warner Bros./Warner Bros./Warner Home Video
Kinostart: 2.8.1990
FSK: ab 16, ffr.
Länge: 109 Min.

Eine attraktive Polizistin aus dem Rauschgiftdezernat von Los Angeles gerät in eine schwierige Situation, als sie während ihrer Ermittlungen gegen ein Drogen-Syndikat Beruf und Gefühle zu sehr durcheinanderbringt. Etwas lang geratener Thriller mit starken Spannungsmomenten und gelungenen Actionszenen, aber weniger überzeugend im menschlich-emotionalen Bereich. *multimedia*

Bodo Fründt in: SZ, 4.8.90; Kai Niemeyer in: AZ, 4.8.90; Claudia Schülke in: FAZ, 4.8.90

In der Gewalt des Unterirdischen 461
A BOY AND HIS DOG ***
TV

Regie: L.Q. Jones
Darsteller: Don Johnson (Vic), Susanne Benton (Quilla June), Jason Robards (Lew), Alvy Moore (Dr. Moore), Helene Winston (Mez), Charles McGraw, Ron Feinberg, Tim McIntire
Drehbuch: L.Q. Jones, nach der Kurzgeschichte von Harlan Ellison
Kamera: John Arthur Morrill (Farbe)
Musik: Tim McIntire
Produktion: Alvy Moore für Films Inc., USA 1975
Verleih: -/-/-/Arcade Video

Mit mehr als den Waffen einer Frau: Theresa Russell in »Impulse«.

EA: Herbst 1984 (unter dem Videotitel »Der Junge und sein Hund«)
Sendetermin: 28.12.1990, ARD, 23.50 Uhr
Länge: 87 Min.

Im Jahre 2024 gleichen weite Teile der Welt nach einem verheerenden Atomkrieg einer Wüste. In den verrottenden Überresten versucht der junge Einzelgänger Vic, sich mit seinem Hund Blood zu behaupten. Eines Tages lockt ihn ein hübsches Mädchen in die Unterwelt. Dort herrschen Überfluß und eine totalitäre Clique, man hat jedoch Fortpflanzungsprobleme. Vic soll sie beheben helfen. *ARD*

In the Cold of the Night 462

IN THE COLD OF THE NIGHT **

Video

Regie: Nico Mastorakis
Darsteller: Jeff Lester, Adrienne Sachs, Marc Singer, Brian Thompson, Shannon Tweed, John Beck, Tippi Hedren
Drehbuch: Nico Mastorakis, Fred C. Perry
Kamera: Andreas Bellis (Farbe)
Musik: Jerry J. Grant
Schnitt: Barry Zetlin
Produktion: Nico Mastorakis für Omega Pictures, USA 1990
Verleih: -/-/-/UFA Video
Videostart: 16.7.1990
FSK: ab 16 J.
Länge: 107 Min.

Ein Modephotograph erfährt, daß seine mörderischen Alpträume auf die nach einem Unfall in seine Zähne eingepflanzten Mikrochips zurückgehen. Schillernde Fingerübung von Nico Mastorakis, der schöne Menschen in schönen Dekors schöne Dinge sagen und tun läßt. *VideoWoche*

Die Indianer von Cleveland 463

MAJOR LEAGUE ***

Regie: David S. Ward
Darsteller: Tom Berenger (Jake Taylor), Charlie Sheen (Ricky Vaughn), Corbin Bernsen (Roger Dorn), Margaret Whitton (Rachel Phelps), James Gammon (Lou Brown), Rene Russo, Wesley Snipes, Charles Cyphers, Chelcie Ross, Dennis Haysbert, Andy Romano, Bob Uecker
Drehbuch: David S. Ward
Kamera: Reynaldo Villalobos; James Pergola (2d unit) (Astro/Technicolor)
Musik: James Newton Howard
Schnitt: Dennis M. Hill
Produktion: Chris Chesser, Irby Smith für Morgan Creek/Mirage Prod., USA 1988
Verleih: Senator/Constantin/Rialto/Starlight-Film Video
Kinostart: 8.2.1990
FSK: ab 12, ffr.
Länge: 106 Min.

Nach dem Tod des Managers des Baseballteams »Cleveland Indians«, will seine Frau, die Baseball haßt und lieber in Miami leben möchte, die legendär erfolglose Mannschaft loswerden, indem sie die miesesten Spieler des Landes engagiert. Der neue Trainer aber schweißt die Versager und Chaoten zusammen und führt sie schließlich von Triumph zu Triumph. Typisch amerikanische Erfolgsstory, nicht ohne Tempo, Ironie und Witz inszeniert – aber man muß wohl Baseballfan und Amerikaner sein, um sich dafür wirklich begeistern zu können. *Zoom*

Andreas Conrad in: Der Tagesspiegel, 22.2.90; Fritz Göttler in: SZ, 13.2.90; Kai Niemeyer in: AZ, 10.2.90; Milan Pavlovic in: Kölner Stadt-Anzeiger, 10.2.90; Jürgen Richter in: FAZ, 10.2.90

Indien, Mutter Erde 464

INDIA, MATRI BHUMI ****

Regie: Roberto Rossellini
Drehbuch: Roberto Rossellini, Sonali Senroy DasGupta, Fereydoun Hoveyda
Kamera: Aldo Tonti (Gevacolor)
Musik: Philippe Arthuys; indische Volksmusik (bearbeitet von Alain Danielou)
Schnitt: Cesare Cavagna
Produktion: Jean Bhownhagari für Aniene Film/Union Générale Cinématographique mit Indian Films Development, Indien 1957
Verleih: Die Lupe/-/-
UA: 9.5.1959, Int. Filmfestspiele Cannes
Kinostart: 26.4.1990
Länge: 90 Min.

Der Film versucht, auf indischem Boden die Seelenspaltung des Kinos in Dokumentar- und Spielfilm zu überwinden. Rossellini hat mit der Unmittelbarkeit eines Dokumentaristen gefilmt und dem Kalkül eines klassischen Erzählers geschnitten. Eine der schönsten Episoden beschäftigt sich mit Elefanten: Tagsüber sehen wir sie mit tonnenschwerer Grazie Bäume fällen, nach Feierabend treffen sie sich zum schüchternen Rüsselhalten im Unterholz. Rossellini begegnet den Tieren mit dem gleichen Taktgefühl wie den Menschen. *Lars-Olav Beier, tip*

Peter Buchka in: SZ, 6.7.90; Carla Rhode in: Der Tagesspiegel, 27.4.90

Indio 465

INDIO **

Video

Regie: Antonio Margheriti
Darsteller: Brian Dennehy, Francesco Quinn, Marvin Hagler
Drehbuch: Gianfranco Bucceri, Filiberto Bandini
Kamera: Sergio D'Offizi (Farbe)
Musik: Pino Donaggio
Schnitt: Christopher Holmes
Produktion: Filiberto Bandini für Filmauro/RPA International, Italien 1988
Verleih: -/-/-/Highlight Video
Videostart: 8.1.1990
FSK: ab 16 J.
Länge: 93 Min.

Im südamerikanischen Regenwald zieht ein Halbblutindianer gegen den bösen Vietnamveteranen ins Feld, der im Auftrag eines Konzernmultis eine Trasse in den Dschungel schlagen soll und dabei über Indio-Leichen geht. Italienisches Urwaldabenteuer, dem das ökologische Mäntelchen lediglich als Vorwand für die üblichen pyrotechnischen Mätzchen dient.

Inferno in Safehaven 466

ESCAPE FROM SAFEHAVEN *

Video

Regie: Brian Thomas Jones, James McCalmont
Darsteller: Rick Gianasi (Pierce), John Wittenbauer (Jeff Colt), Roy MacArthur (Prediger), William Beckwith (Ben Colt), Sammi Gavich (Janet Colt), Mollie O'Mara (Natalie), Marcus Powell
Drehbuch: Brian Thomas Jones, James McCalmont
Kamera: James McCalmont (Technicolor)
Musik: Taj
Schnitt: Brian O'Hara
Produktion: Steven Mackler für Avalon, USA 1989
Verleih: -/-/-/Focus Video
Videostart: 2.4.1990
FSK: nicht unter 18 J.
Länge: 85 Min.

Nach der atomaren Apokalypse steht ein Einzelgänger einer braven Familie gegen die Schläger und Verbrecher ihrer Sicherheitszone bei. Trümmergrundstücke vor der Altstadtsanierung und eine stattliche Anzahl trister Kellerräume sind die Schauplätze dieser billigen Endzeitphantasie.

VideoWoche

Insel der Frauen 467

ISLAND ***

Regie: Paul Cox
Darsteller: Eva Sitta (Eva), Irene Papas (Marquise), Anoja Weerasinghe (Sahana), Chris Haywood (Janis), Norman Kaye (Henry), François Bernard, Rousso Petrinolis, Michalis Psaris
Drehbuch: Paul Cox
Kamera: Mike Edols (Farbe)

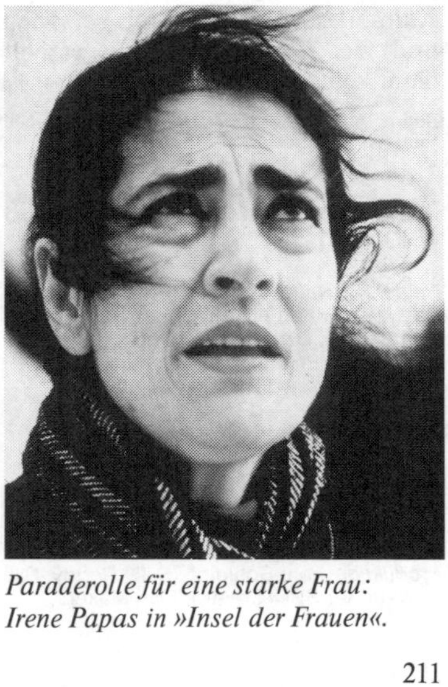

Paraderolle für eine starke Frau: Irene Papas in »Insel der Frauen«.

Musik: Anil Acharya (Consultant)
Schnitt: John Scott
Produktion: Paul Cox, Samantha K. Naidu für Illumination Films, Australien 1989
Verleih: Prokino/Top/-
UA: Int. Filmfestspiele Venedig 1989
Kinostart: 5.7.1990
FSK: ab 12, ffr.
Länge: 96 Min.

Auf einer kleinen griechischen Insel begegnen einander eine griechische Malerin, eine tschechische Emigrantin, die aus ihrer neuen Heimat Australien geflohen ist und die Gattin eines Politikers aus Sri Lanka. Der stille Film des Australiers Paul Cox kreist um die Themen Existenz, Identität und Heimat, verliert jedoch durch eine Rauschgiftgeschichte an Geschlossenheit. *multimedia*

Der Film unternimmt die dramaturgische Anstrengung, in einer Drei-Personen-Geschichte von den südlichen griechischen Kykladen die Probleme und die Rolle der Frau von heute darzulegen. In jeder Szene des Films spürt man das Bemühen des Regisseurs, eine Hymne auf die seelische Schönheit und Stärke der Frauen zu singen. Dabei verteilt Cox seine Aufmerksamkeit auf drei Personen und vier Geschichten und erzählt dann keine richtig. *Achim Forst, tip*

Bodo Fründt in: SZ, 7.7.90; Raimund Gerz in: epd Film, 7/90; Kai Niemeyer in: AZ, 5.7.90

Insel des Schreckens 468

WHODUNIT? *

Video

Regie: Bill Naud
Darsteller: Marie Alise (Donna), Bari Suber (BJ), Rick Dean (Jim), Ron Gardner (Franklin Phlem), Terry Goodman (Steve Faith), Richard Helm (Rick), Jeanine Marie (Lyn), Red McVay (Bert), Gary Phillips (Taylor), Jim Piper (John), Michael Stroka (Bürgermeister)
Drehbuch: Bill Naud
Kamera: Tom Spalding (United Color)
Musik: Joel Goldsmith
Schnitt: Hari Ryatt
Produktion: Tom Spalding, Sally Roddy, Bill Naud für SRN/Creative Film Makers, USA 1981
Verleih: -/-/-/UFA Video
Videostart: 17.10.1990
FSK: nicht unter 18 J.
Länge: 82 Min.

Auf einer abgelegenen Insel wird ein Filmteam von einem unbekannten Killer dezimiert; nach Entlarvung des vermeintlichen Täters findet die einzig überlebende Schauspielerin indes heraus, daß der wider Erwarten am Leben gebliebene Produzent die Morde für einen Snuff-Film brauchte. Selbst für dieses Genre ungewöhnlich billig heruntergekurbelte Horror-Variante von Agatha Christies »Ten Little Indians«, die ihren absoluten Mangel an Ideen mit einem gequält selbstironischen »Hinter die Kulissen«-Blick wettmachen will.

Internal Affairs 469

INTERNAL AFFAIRS ****

Regie: Mike Figgis
Darsteller: Richard Gere (Dennis Peck), Andy Garcia (Raymond Avila), Nancy Travis (Kathleen Avila), Laurie Metcalf (Amy Wallace), Richard Bradford (Grief), William Baldwin, Michael Beach, Faye Grant, Katherine Borowitz, Annabella Sciorra
Drehbuch: Henry Bean
Kamera: John A. Alonzo; Curtis Clark (Technicolor)
Musik: Mike Figgis, Anthony Marinelli, Brian Banks
Schnitt: Robert Estrin
Produktion: Frank Mancuso jr. für Frank Mancuso jr. Prod. mit Pierre David, USA 1990
Verleih: UIP/UIP/UIP/CIC Video
Kinostart: 26.4.1990
FSK: ab 18, nffr.
Länge: 115 Min.
FBW: Wertvoll

Avila und seine Kollegin Wallace sind mit speziellen Vollmachten ausgerüstete Beamte, die in Los Angeles nach schwarzen Schafen innerhalb der Polizei fahnden. In einer dramatisch verlaufenden Untersuchung bringen die beiden einen angesehenen, aber korrupten Polizisten zur Strecke. Perfekt und spannend inszeniert, verbin-

Regisseur Michael Figgis und Andy Garcia bei den Dreharbeiten zu »Internal Affairs«.

det dieser harte Thriller Gewaltszenen mit einer Art Psycho-Sexkrieg um Avilas Frau, wobei sich Jäger und Gejagter immer ähnlicher werden. Überraschend Richard Gere in der Rolle des hinterhältig-brutalen Bösewichts. *Zoom*

Michael Althen in: SZ, 28.4.90; Lars-Olav Beier in: tip, 9/90; Peter Krobath in: Prinz, 5/90; Andreas Obst in: FAZ, 28.4.90; Hans Schifferle in: Kölner Stadt-Anzeiger, 28.4.90

Interzone 470

INTERZONE *

Video

Regie: Deran Sarafian
Darsteller: Bruce Abbott (Swann), Beatrice Ring (Tera), Teagan Clive (Mantis), John Armstead (Balzakan), Kiro Wehara (Panasonic), Alain Smith (Zwerg), Franco Diogene (Rat)
Drehbuch: Clyde Anderson, Deran Sarafian
Kamera: Gianlorenzo Battaglia (Farbe)
Schnitt: Kathleen Stratton
Produktion: Aristide Massaccesi, Donatella Donati für Filmirage, USA 1989
Verleih: -/-/-/VPS Video
Videostart: 23.5.1990
FSK: nicht unter 18 J.
Länge: 90 Min.

Im Auftrag einiger Mönche soll ein Abenteurer deren durch einen Schutzschirm von der radioaktiv verseuchten Erde abgetrenntes Domizil vor den Übergriffen einer Verbrecherbande bewahren. Einfältig-wirre, von der deutschen Synchronisation zusätzlich ins Alberne gezogene Post-Doomsday-Fantasy.

Investigator 471

THE INVESTIGATOR ***

Video

Regie: Arne Mattson
Darsteller: Rod Taylor (Inspektor McLane), Valerie Perrine (Marianne), Christopher Lee (Polizeichef Rich), Sam Cook (Inspektor Cooper), Frank Brannan (Johannes Krantz)
Drehbuch: Volodja Semitjov
Kamera: Tomislav Pinter (Farbe)
Musik: Bjorn Jason Lindh
Produktion: Tommy Iwering für Master Film, Kanada 1985
Verleih: -/-/-/VPS Video
Videostart: 18.10.1990
FSK: ab 16 J.
Länge: 84 Min.

Vom Titel her würde der Film in die Reihe der Action-Streifen à la »Terminator« passen, doch überraschenderweise haben wir es hier mit einem exzellenten Psychothriller zu tun, der inhaltlich mehr zu bieten hat als die simple Aufklärung einer Mordserie. Alt-Mime Rod Taylor agiert souverän in der Titelrolle eines alternden, verschlossenen Polizisten. *Isabel Opitz, tip*

Irgendwo in Ungarn 472

VALAHOL MAGYARORSZAGON ****

TV

Regie: András Kovács
Darsteller: Péter Blaskó (Bodnár), Imre Csiszár (Veres), Mari Szernes (Frau Gera), Anna Kubik (Agnes), István Fonyó (Harmati), Gábor Mádi Szabó (Gruber), András Fekete (Jakab)
Drehbuch: András Kovács
Kamera: Ferenc Szécsenyi (Farbe)
Schnitt: Mária Szécsenyi
Produktion: Mafilm/Dialog Studio, Ungarn 1988
EA: Filmfest München 1988
Sendetermin: 22.10.1990, ARD, 23.00 Uhr
Länge: 94 Min.

Mitte der achtziger Jahre, irgendwo in Ungarn. Der Agraringenieur Balint

András Fekete wird »Irgendwo in Ungarn« Opfer übler Wahlmanipulationen.

Bodnár hat die Anlage eines neuen Steinbruchs mit zwingenden ökologischen Argumenten verhindern können, weshalb ihn die Bürger der kleinen Provinzstadt zur Parlamentswahl aufstellen wollen. Gegen die beiden offiziellen Kandidaten der kommunistischen Partei hat Bodnár keinen leichten Stand. Die scheuen nämlich kein noch so mieses Mittel, um den unerwünschten Konkurrenten auszumanövrieren. »Nüchtern registrierend zeigt András Kovács den Anfang vom Ende der totalitären Parteiherrschaft«, kündigt die ARD-Filmredaktion den Polit-Thriller aus Ungarn an.

AZ

Ist der Teufel wirklich ein Kind? 473

****

Regie: Margareta Heinrich, Margit Niederhuber
Drehbuch: Margareta Heinrich, Margit Niederhuber
Kamera: Bernd Neuburger (Farbe)
Musik: Linda Sharrock, Wolfgang Puschnig
Produktion: Extra-Film, Österreich 1990
Verleih: -/Filmladen/-
EA: 20.10.1990, Österreichische Filmtage Wels
Kinostart: 2.11.1990
frei: ab 16 J. (Wien)
Länge: 100 Min.

Dokumentarfilm über Greueltaten einer Organisation im ostafrikanischen Staat Mozambique, wo Kinder zu Mördern ausgebildet wurden. Die erschütternde Realität wird in eindrucksvoller Weise vermittelt.

multimedia

J

Jadup und Boel 474

***

Regie: Rainer Simon
Darsteller: Kurt Böwe, Katrin Knappe, Gudrun Ritter, Timo Jacob, Käthe Reichel, Franciszek Pieczka
Drehbuch: Rainer Simon, Paul Kanut Schäfer, nach dem Roman »Jadup« von Paul Kanut Schäfer
Kamera: Roland Dressel (Farbe)
Schnitt: Helga Gentz
Produktion: Herbert Ehler für DEFA, Gruppe »Babelsberg«, DDR 1988
Verleih: Unidoc/-/-
Kinostart: Januar 1990
Länge: 102 Min.

Jadup, ein Mann um die 50, seit langem Bürgermeister in einer kleinen Stadt, tut sein Bestes. Sein Leben scheint festgefügt. Da geschieht etwas Sonderbares. Einige für sich genommen unwichtige Begebenheiten lassen bei ihm Erinnerungen aufkommen, Erinnerungen an den jungen Burschen, der er einst war, der 1945 auf dem Kirchturm der Stadt sein rotes Turnhemd hißte zum Zeichen einer neuen Zeit, Erinnerungen an das Mädchen Boel, das er Lesen und Schreiben lehrte, dessen Vertrauen er aber in einer schwierigen Situation enttäuschte. Diese Erinnerungen an seine mögliche Schuld machen ihm zu schaffen, aber sie bringen ihn auch in Bewegung. Er stößt sich plötzlich an Erscheinungen von Gleichgültigkeit, Routine, Oberflächlichkeit im Umgang mit Menschen.

Jagd auf »Roter Oktober« 475

THE HUNT FOR RED OCTOBER

***

Regie: John McTiernan
Darsteller: Sean Connery (Capt. Marko Ramius), Alec Baldwin (Jack Ryan), Scott Glenn (Capt. Bart Mancuso), James Earl Jones (Admiral Greer), Sam Neill (Capt. Borodin), James Earl Jones (Admiral Greer), Joss Ackland (Andrei Lysenko), Richard Jordan (Jeffrey Pelt), Peter Firth (Ivan Putin), Tim Curry (Dr. Petrov), Courtney B. Vance, Stellan Skarsgard, Jeffrey Jones, Fred Dalton Thompson, Daniel Davis, Tomas Arana
Drehbuch: Larry Ferguson, Donald Stewart, nach dem gleichn. Roman von Tom Clancy
Kamera: Jan De Bont (Technicolor)
Musik: Basil Poledouris
Schnitt: Dennis Virkler, John Wright
Produktion: Mace Neufeld für Mace Neufeld/Jerry Sherlock Prod., USA 1990
Verleih: UIP/UIP/UIP/CIC Video
UA: 2.3.1990, New York
Kinostart: 9.8.1990
FSK: ab 12, ffr.
Länge: 135 Min.
FBW: Besonders wertvoll

Ein sowjetischer Kapitän will auf der Jungfernfahrt seines modernen, mit (fast) unhörbarem Atom-Antrieb ausgerüsteten U-Boots zu den Amerikanern überlaufen. Die Sowjets lassen diese glauben, der verrückt gewordene Kapitän wolle die USA angreifen, während sie selbst Jagd auf den Verräter machen. Mit Versatzstücken des Kalten Krieges operierendes und

Sean Connery als russischer Atom-U-Boot-Kommandant in »Jagd auf Roter Oktober«.

deshalb anachronistisch anmutendes Spionagegeplänkel. Gegenüber dem großen Aufwand an technischen Details vermag nicht einmal Sean Connery als U-Boot-Kapitän wirkliches Profil zu gewinnen. *Zoom*

Jan Dreier in: Prinz, 8/90; Claudius Seidl in: SZ, 11.8.90

Der Jaguar 476

THE STALKER

*

Video

Regie: Yvan Chiffre
Darsteller: John Coleman, Martin Kove, Bo Hopkins
Produktion: Yvan Chiffre, USA 1988
Verleih: -/-/-/Carrera Video
Videostart: 22.1.1990
FSK: nicht unter 18 J.
Länge: 90 Min.

Ein Spezialagent deckt ein internationales Drogenkomplott zwischen den USA, südamerikanischen Politikern und einem alten Vietnamkumpel auf. Nichts Neues unter der Drogensonne.

Jahrgang 45 477

****

Regie: Jürgen Böttcher
Darsteller: Rolf Römer (Alfred, genannt Al), Monika Hildebrand (Lisa, genannt Li), Paul Eichmann (Mogul), Holger Mahlich (Hans), Renate Reinecke (Rita), Ruth Kommerell (Mutter), Walter Stolp (Kaderleiter), Werner Kanitz, Ingo Koster, Anita Okon
Drehbuch: Klaus Poche, Jürgen Böttcher
Kamera: Roland Gräf
Schnitt: Helga Gentz
Produktion: Defa, Gruppe »Roter Kreis«, DDR 1990
Verleih: Progreß/-/-
UA: 6.2.1990, Berlin (DDR)
EA: 17.2.1990, Int. Forum des Jungen Films bei der Berlinale
Kinostart: Mai 1990
Sendetermin: 13.12.1990, BR III, 23.15 Uhr/10.11.90, Schweizer Fernsehen
Länge: 94 Min.

Der bis heute einzige Spielfilm des bekannten Dokumentarfilmers und Kunstmalers Jürgen Böttcher erzählt von der unmöglichen Liebe zwischen Al und Li und ihrer Sehnsucht nach einem selbstbestimmten Leben ab-

Noch ein Regalfilm: »Jahrgang 45« mit Monika Hildebrand.

seits staatlich vorgezeichneter Lebensbahnen. Die im Berliner Stadtteil Prenzlauer Berg situierte Geschichte wurde trotz rigoroser Schnittanweisungen als »Heroisierung des Abseitigen« verboten. Böttcher offenbarte mit seinem Debüt eine sehr persönliche Handschrift und fing mit großer Sensibilität das Schwanken einer Generation zwischen Resignation und Rebellion ein. *Zoom*

Peter Buchka in: SZ, 20.2.90 (Berlinale Bericht); Heinz Kersten in: Der Tagesspiegel, 18.2.90; Ponkie in: AZ, 15.12.90

J'ai été au Bal / I went to the Dance 478

J'AI ÉTÉ AU BAL/I WENT TO THE DANCE

****

16 mm

Regie: Les Blank, Chris Strachwitz
Darsteller: Walter Mouton and the Scott Playboys, Queen Ida and her Bon Ton Zydeco Band, Michael Doucet, Canray Fontenot, Dennis McGee, ›Bois Sec‹ Ardoin, Amédeé Ardoin, Marc Savoy, Clifton Chenier
Drehbuch: Les Blank, Chris Strachwitz, nach dem Buch 'Cajun Music: A Reflection of a People' von Ann Allen Savoy
Kamera: Les Blank, Susan Kell (Farbe)
Schnitt: Maureen Gosling
Produktion: Les Blank, Chris Strachwitz für Brazos Films/Flower Films, USA 1989

Verleih: Freunde der Deutschen Kinemathek/-/-
UA: 26.8.1989, Montreal World Film Festival
EA: 10.2.1990, Int. Forum des Jungen Films bei der Berlinale
Kinostart: 1990
Länge: 84 Min.
Original mit Untertiteln

Abendfüllender Dokumentarfilm über die Cajun- und Zydeco-Musik aus dem Südwesten Louisianas in Vergangenheit und Gegenwart. Konzertaufnahmen, Photos und historische Filmausschnitte werden mit Berichten und Erzählungen zu einem stimmungsvollen Porträt verwoben.

Katalog Forum

Jochen Metzner in: Der Tagesspiegel, 13.2.90

Jakarta 479

JAKARTA ***

Video

Regie: Charles Kaufman
Darsteller: Christopher Noth (Falco), Sue Francis Pai (Esha), Ronald Hunter (Dolph), Franz Tumbuan (Jack), Zoraya Perucha (Lola), David Sharp (Bernie)
Drehbuch: Charles Kaufman, Ralph Soll
Kamera: Robert Chappell (TVC Color)
Musik: Jay Chattaway
Schnitt: Michael Spence
Produktion: Dhamoo Punjabi, Gobind Punjabi, Raam Punjabi für Novacom/Parkit Films/Troma, Indonesien/USA 1989
Verleih: -/-/-/UFA Video
Videostart: 15.3.1990

Fidel: Michael Doucet in »J'ai été au Bal«.

»Jakarta«

FSK: ab 16 J.
Länge: 95 Min.

Ein ehemaliger CIA-Agent mischt in Jakarta die Organisation eines Drogenbosses auf, der seine totgeglaubte Freundin in Sklavendienste gepreßt hat. Geglückter Versuch an Film noir-Traditionen mit exzellenten Actionszenen, einer extrem gutaussehenden Femme Fatale und reichlich Lokalkolorit.

Jeder Körper hat seinen Preis

Siehe »New York Cats - Jeder Körper hat seinen Preis«

Jessica und das Rentier 480

PRANCER ****

Regie: John Hancock
Darsteller: Sam Elliott (John Riggs), Rebecca Harrell (Jessica Riggs), Cloris Leachman (Mrs. McFarland), Rutanya Alda (Tante Sarah), John Joseph Duda (Steve Riggs), Abe Vigoda (Orel Benton), Michel Constantin (Mr. Stewart/Santa), Ariana Richards, Boo, Frank Welker
Drehbuch: Greg Taylor
Kamera: Misha Suslov (Film House Color)
Musik: Maurice Jarre
Schnitt: Dennis O'Connor, Jack Hofstra
Produktion: Raffaella de Laurentiis für Cineplex Odeon Films, USA 1989
Verleih: Concorde/Constantin/-/-/ Concorde Video
Kinostart: 29.11.1990
FSK: o.A. ffr. – *FBW:* Wertvoll
Länge: 103 Min.

Der Film erzählt von einer 9jährigen, die sich inmitten von Armut und Härte ihre Träume und ihr Selbstbewußtsein nicht nehmen läßt. Sie freundet sich mit einem verletzten Rentier an, pflegt es gesund und wird damit zum Symbol für das Gute im Menschen. Sentimentaler, liebenswerter Film. *Hans-Ulrich Pönack, tip*

Jürgen Richter in: FAZ, 8.12.90; Anke Sterneborg in: Der Tagesspiegel, 29.11.90

Jesus von Montreal 481

JESUS DE MONTREAL ****

Regie: Denys Arcand
Darsteller: Lothaire Bluteau (Daniel), Catherine Wilkening (Mireille), Johanne-Marie Tremblay (Constance), Rémy Girard (Martin), Robert Lepage (René), Gilles Pelletier (Pater Leclerc), Yves Jacques, Denys Arcand
Drehbuch: Denys Arcand
Kamera: Guy Dufaux (Farbe)
Musik: Yves Laferrière
Schnitt: Isabelle Dedieu
Produktion: Roger Frappier, Pierre Gendron für Max Films/Gerard Mital Prods. mit National Film Board of Canada, Kanada/Frankreich 1989
Verleih: Concorde/Constantin/Regina/Vestron Video
EA: 15.5.1989, Int. Filmfestspiele Cannes
Kinostart: 25.1.1990
FSK: ab 12, ffr. – *FBW:* Besonders wertvoll
Länge: 119 Min.

Der Film ist ähnlich überschätzt wie dessen Vorgänger, die intellektuelle Sex-Quasselrunde »Der Untergang des amerikanischen Imperiums«. Hier geht es um ein Passionsspiel, das ein junger Mime inszeniert. Er spielt den Jesus, wird verboten, wird am Kreuz verwundet, wandelt segnend durch die Stadt, verendet unter den Messern der Transplantation. Das ist wabernder Sakralkitsch voller verschmockter Bibel- und Wirklichkeits-Parallelen, präsentiert mit leichter Hand, was den prätentiösen christlich-humanitären Augenaufschlag des Ganzen kaschieren soll. Jesus als schauriges Kunstgewerbe, nein danke. *Wolf Donner, tip*

(...) Indem Denys Arcand Situationen des Evangeliums in eine heutige Großstadt verpflanzt, hält er mit seinem originellen, herausfordernden Film der verschwenderischen, orientierungslosen Konsum- und Mediengesellschaft einen kritischen Spiegel vor. *Zoom*

(...) Ein brillanter Widerhaken-Film: ernst und sarkastisch, komisch und böse, gläubig zweifelnd, klug und kühl. *Ponkie, AZ*

Michael Althen in: Die Zeit, 26.1.90; Helmut W. Banz in: Kölner Stadt-Anzeiger, 27.1.90; Marli Feldvoss in: FAZ, 1.2.90; Fritz Göttler in: SZ, 26.1.90; Heike Kühn in: FR, 1.2.90; Annette Meyhöfer in: Der Spiegel, 5/90; Rainer Nolden in: Die Welt, 27.1.90; Martin Ripkens in: epd Film, 2/90

Jetzt rasten die Götter völlig aus

Siehe »Odd Ball Hall – Jetzt rasten die Götter völlig aus«

Jetzt sind mal die Männer dran

Siehe »Lady Check – Jetzt sind mal die Männer dran«

Joe gegen den Vulkan 482

JOE VERSUS THE VOLCANO **

Regie: John Patrick Shanley
Darsteller: Tom Hanks (Joe), Meg Ryan (Dede/Angelica/Patricia), Lloyd Bridges (Graynamore), Robert Stack (Dr. Ellison), Abe Vigoda (Waponi-Häuptling), Dan Hedaya (Waturi), Barry McGovern (Gepäckverkäufer), Amanda Plummer (Dagmar), Ossie Davis (Marshall), Jayne Haynes (Krankenschwester), David Burton (Mike), Jon Pochran (Tony), Carol Kane (Friseuse)
Drehbuch: John Patrick Shanley
Kamera: Stephen Goldblatt (Technicolor)
Musik: Georges Delerue
Schnitt: Richard Halsey
Produktion: Teri Schwartz für Amblin Entertainment, USA 1990
Verleih: Warner Bros./dto./dto./Warner Home Video
UA: 9.3.1990, New York
Kinostart: 26.7.1990
FSK: ab 6, ffr.
Länge: 102 Min.

Der Film handelt von einem Nobody, der erfährt, daß er nur noch wenige Monate zu leben hat. Daraufhin nimmt er das Angebot eines reichen Industriellen an, Menschenopfer auf einer polynesischen Vulkan-Insel zu werden. Dafür darf er bis dahin in Saus und Braus mit der hübschen Tochter des Geldgebers leben. Dürftige Romanze mit zuviel inhaltlichem Leerlauf und einer statischen, geschwätzigen Dramaturgie. Der Debütfilm des »Oscar«-Autoren (»Mondsüchtig«) langweilt schrecklich.

Hans-Ulrich Pönack, tip

Michael Althen in: SZ, 28.7.90; Daniel Brunner in: FAZ, 28.7.90; Heike Kühn in: FR, 30.7.90; Michael Nungesser in: Der Tagesspiegel, 28.7.90

Johnny Handsome – Der schöne Johnny 483

JOHNNY HANDSOME ****

Regie: Walter Hill
Darsteller: Mickey Rourke (John Sedley), Ellen Barkin (Sunny Boyd), Elizabeth McGovern (Donna McCarty), Morgan Freeman (Lt. A.Z. Drones), Forest Whitaker (Dr. Steven Resher), Lance Henriksen (Rafe Garrett), Scott Wilson (Mikey Chalmette), David Schramm (Vic Dumask), Yvonne Bryceland, Peter Jason, J.W. Smith, Jeffrey Meek
Drehbuch: Ken Friedman, nach dem Roman »The Three Worlds of Johnny Handsome« von John Godey
Kamera: Matthew F. Leonetti (Technicolor)
Musik: Ry Cooder
Schnitt: Freeman Davies
Produktion: Charles Roven für Guber-Peters Comp. mit Charles Roven für Tri-Star/Carolco Pic., USA 1989
Verleih: Scotia/Constantin/Monopole Pathé/UFA Video
Kinostart: 22.2.1990
FSK: ab 16, ffr.
Länge: 94 Min.

Johnnys Gesicht ist zur Fratze entstellt. Bei einem von ihm geplanten Raubüberfall wird sein einziger Freund von den Komplizen kaltblütig erschossen. Nach Jahren im Gefängnis und einer Gesichtsoperation wird Johnny entlassen. Das Gesicht ist neu, die Vergangenheit die gleiche.

Mickey Rourke als »Johnny Handsome«.

Johnny nimmt Rache. Trotz einiger Unwahrscheinlichkeiten greift der Film ein interessantes psychologisches Thema auf, das jedoch zugunsten von Gewalt- und Actionszenen vernachlässigt wird. *Zoom*

(...) Walter Hill inszeniert die klassische Tragödie des Außenseiters als Genre-Film mit subjektiven Kamera-Einstellungen, die den Zuschauer fast mitagieren lassen, sorgt mit radikalem Schnitt und kühlem Beobachter-Blick für alptraumhafte Spannung. Mickey Rourke lebt seine Rolle mit passioniertem Können. Ein Gemüts-Reißer von der Macht des Schicksals.

Angie Dullinger, AZ

Michael Althen in: Die Zeit, 2.3.90; Lars-Olav Beier in: tip, 4/90; Gregor Dotzauer in: FAZ, 23.2.90; Rudolf Lenz in: Prinz, 2/90; Milan Pavlovic in: Kölner Stadt-Anzeiger, 17.3.90; Claudius Seidl in: SZ, 13.3.90; Anke Sterneborg in: Der Tagesspiegel, 8.3.90

Johnny Sturmgewehr 484

**

16 mm

Regie: Ueli Mamin
Darsteller: Katharina Rupp, Stefan Witschi, Hugo Ruef, Peter Glauser, Dieter Stoll
Drehbuch: Ueli Mamin

Kamera: Martin Gressman
Musik: Giancarlo Nicolai
Schnitt: Ueli Mamin
Produktion: DRS/ZDF/Fama, Schweiz 1989
Verleih: -/-/Fama Film
Länge: 91 Min.

Der Berner Oberländer Johnny erfährt am Silvestermorgen vom lang vergangenen Seitensprung seiner Frau. Darüber verliert er die Fassung, nimmt sein Sturmgewehr und taucht in der festlich maskierten Gesellschaft unter. Sein ehemaliger Freund Beni will ihm helfen, zettelt aber statt dessen eine hoffnungslose Liaison mit Johnnys Schwester an. Der Film ist verwirrend aufgebaut, die Dialoge gehören zum Schlechtesten, was im Schweizer Film bisher geboten worden ist, und die immer wiederkehrenden langweiligen »Trycheln«-Szenen (ein Meiringer Volksbrauch) machen den Film auch noch zur akustischen Tortur. *Zoom*

Jorinde und Joringel 485

***

Regie: Wolfgang Hübner
Darsteller: Susanne Lüning (Jorinde), Thomas Stecher (Joringel), Jutta Wachowiak (Die Alte), Walfriede Schmitt (Mutter), Hans-Peter Reinecke (Vater), Volkmar Kleinert (Marodeur), Günther Junghans (der Geharnischte), Michael Gerber (der Trompeter)
Drehbuch: Wolfgang Hübner, Wera Küchenmeister, Claus Küchenmeister
Kamera: Hartwig Strobel (Farbe)
Musik: Karl-Ernst Sasse
Produktion: DDR-Fernsehen, DDR 1986
Verleih: Progreß/-/-
Kinostart: 28.9.1990
Länge: 76 Min.

An so erfolgreiche Märchen-Adaptionen wie »Der Meisterdieb« (1978) und »Gevatter Tod« (1980) knüpfen Wera und Claus Küchenmeister mit ihrem Szenarium an. Nach dem Märchen der Gebrüder Grimm inszenierte Wolfgang Hübner die Geschichte von zwei Liebenden in der Zeit eines langandauernden Krieges voll Poesie und zugleich realitätsbezogen als eine Aufforderung, für die Liebe und um das Glück zu kämpfen. Auf dem 5. Geraer Festival »Goldener Spatz«, 1987, erhielt der Film einen Sonderpreis, als bester Kinderfilm 1989 wurde er auf dem 6. Filmfestival in Hildesheim ausgezeichnet.
Kino DDR

Josef Hauser – Klang und Raum 486

***
16 mm

Regie: Heinz Ebner, Othmar Schmiderer
Darsteller: Josef Hauser, Anna Hauser, Andreas Hauser
Drehbuch: Heinz Ebner, Othmar Schmiderer
Kamera: Heinz Ebner, Othmar Schmiderer
Musik: Heinz Leonhardsberger; Klangwerk: Josef Hauser
Schnitt: Heinz Ebner, Othmar Schmiderer
Produktion: Michael Pilz für Michael Pilz Filmprod., Österreich 1988
Verleih: Edition Salzgeber/Filmhaus Stöbergasse/-
UA: 11.8.1988, Lofern
Kinostart: Nov. 1990
Länge: 55 Min.

Ein »synthetischer Dokumentarfilm«: synthetisch insofern, als das Porträt des Tiroler Bauern und Uhrmachers, der sich einen »Gotischen Turm«, ein kompliziertes mechanisches Geläute, errichtete, sich weitet zu einem durch dämonische Lichtsetzungen und hypnotische Fahrten erschlossenen Raum aus Klang.
Neue Züricher Zeitung

Jüdisches Glück 487

JEWREJSKOJE SCHTSCHASTJE/ JIDDISCHE GLIKN ****

TV

Regie: Alexander Granowskij
Darsteller: Solomon Michoels (Menachem Mendel), S. Epstein (Jossele), M. Goldblat (Zalman), T. Chasak (Kimbak), I. Rogaler (Beulah), I. Schidlo, R. Imenitowa, J. Abraham
Drehbuch: Grigori Gritscher-Tscherikower, nach Motiven aus dem Briefroman »Menachem Mendel« von Scholem Aleichem
Kamera: Eduard Tissé, Wassili Chwatow, N. Strukow

»Jugendsünde« von Radovan Tadic.

Musik: Hans Jönssen (ZDF)
Produktion: Goskino, UdSSR 1925
Sendetermin: 13.4.1990, ZDF, 9.45 Uhr
Länge: 99 Min.

In Berditschew lebt Menachem Mendel, der immer wieder Heim und Familie verläßt, um irgendein Geschäft abzuschließen, das ihn reich machen könnte. Doch kaum hat er Erfolg, sind seine »Millionen« durch eine unvorhersehbare Tragödie auch schon wieder verloren. Eines Tages versucht Mendel sein Glück als professioneller Heiratsvermittler. Aber auch dieses Unternehmen endet mit einem Fiasko. *ZDF*

Hans-Dieter Seidel in: FAZ, 12.4.90

Jugendsünde 488

ERREUR DE JEUNESSE ***

Regie: Radovan Tadic
Darsteller: Francis Frappat (Antoine), Muni (Thérèse), Garaldine Davon (Françoise), Patrick Bauchau (Paul), Didier Flamand (Patrick), Irène Jacob, Gaspard Manesse, Eric Veillard, Isabelle Weingarten, Yann Dedet, Jacques Dacqmine
Drehbuch: Radovan Tadic
Kamera: Pierre Novion, Georges Strave (s/w)
Musik: Jean-Louis Valero
Schnitt: Dominique Gallieni
Produktion: Philippe Cosson für M 87 Prods./MC Films, Frankreich 1989
Verleih: Prokino/top-film/-
EA: Int. Filmfestspiele Cannes 1989, Reihe »Perspectives«
Kinostart: 31.5.1990
FSK: ab 12, ffr.
Länge: 94 Min.
Prix de la Jeunesse, Cannes 1989

Ein kafkaesker Film über die Beziehung von drei Bewohnern einer Pariser Mansardenetage: die alte Thérèse treibt mit ihrem Wissen ehemalige Bekannte zum Selbstmord, die junge Françoise braucht immer zwei Männer, um glücklich zu sein, und der Dichter Antoine verliert seinen Job und irrt mit T.S. Eliot-Gedichten durch die Metro. Bizarr, allegorisch und traumatisch. Ein phantastischer Erstling. *André Simonoviescz, tip*

(...) Ein poetisches Nacht-Styling der Halluzinationen und Inspirationen, randvoll mit Rätseln und Symbolismen (aber wofür?). Formal hat dieser exzentrische Schwarzweißfilm eine hohe lyrische Qualität - aber er ist so durch und durch ein individueller Kopf-Film, in dem alles mit Bedeutung beladen ist, daß vom Zuschauer bedingungslose cinéastische Hingabe verlangt wird. Willkommen im Elfenbeinturm. *Ponkie, AZ*

Michael Althen in: Die Zeit, 8.6.90; Sabine Carbon in: Der Tagesspiegel, 14.6.90; Fritz Göttler in: SZ, 18.6.90; Peter Körte in: FR, 13.9.90

Die Jugger - Kampf der Besten 489

SALUTE OF THE JUGGER **

Regie: David Webb Peoples
Darsteller: Rutger Hauer (Sallow), Joan Chen (Kidda), Vincent Phillip D'Onofrio (Young Gar), Delroy Lindo (Mbulu), Anna Katarina (Big Cimber), Gandhi Macintyre (Gandhi), Justin Monju, Max Fairchild, Hugh Keays-Byrne, Lia Francisa, Aaron Martin
Drehbuch: David Webb Peoples
Kamera: David Eggby (Technicolor)
Musik: Todd Boekelheide
Schnitt: Richard Francis-Bruce
Produktion: Charles Roven für Kings Road Ent., Australien 1989
Verleih: Metropol/Fleur/-/VPS Video
Kinostart: 4.1.1990
FSK: ab 18, nffr.
Länge: 104 Min.

Der Film entwirft das düstere Bild einer postzivilisatorischen Zukunft, in der die Menschen auf einer unfruchtbaren Erde ihr armseliges Leben jenseits von Kultur und Wohlstand fristen. Einzige Abwechslung bedeuten die Gladiatorenkämpfe der Jugger: brutal und gnadenlos. Der Film erzählt die Geschichte eines dieser Juggerteams, er ergeht sich dabei in endlosen blutrünstigen Kampfszenen.

Beate Ostermann, tip

Gernot Gricksch in: Prinz, 1/90; Ulrich Lössl in: Stadtmagazin München, 1/90; Jürgen Richter in: FAZ, 6.1.90; Rolf Selas in: Rheinische Post, 5.1.90

Junge über Bord 490

CAPTAINS COURAGEOUS ***

TV

Regie: Harvey Hart
Darsteller: Karl Malden (Captain Disko Troop), Jonathan Kahn (Harvey Cheyne, jun.), Fritz Weaver (Harveys Vater), Ricardo Montalban (Manuel), Johnny Doran (Dan), Fred Gwynne (Long Jack), Jeff Corey (Salters), Neville Brand (Little Penn), Charles Dierkop, Stan Haze, Redmond Gleeson
Drehbuch: John Gay, nach einer Erzählung von Rudyard Kipling
Kamera: Philip Lathrop (Farbe)
Musik: Allyn Ferguson
Schnitt: Jack McSweeney
Produktion: Norman Rosemont, USA 1977
UA: 4.12.1977, ABC
Sendetermin: 21.4.1990, ZDF, 14.20 Uhr
Länge: 98 Min.

Remake des Kinderbuch-Klassikers von Rudyard Kipling.

Die Känguruh-Lady 491
OUTBACK BOUND
**
Video

Regie: John L. Moxey
Darsteller: Donna Mills (Samantha Hollings), John Schneider (Jim Tully), Andrew Clarke (Bill Wellesley), John Mellon (Nobby), Collette Mann (Edith Fraser), Robert Harper (Bennett), Nina Foch (Samanthas Mutter), Joanna Lockwood (Fion), Beth Child (Mrs. Jilloway)
Drehbuch: Elizabeth Comici, Luciano Comici
Kamera: Paul Murphy (Farbe)
Musik: Miles Goodman
Schnitt: Ray Daniels
Produktion: Andrew Gottlieb für Andrew Gottlieb Prod./CBS Entertainment, USA 1988
Verleih: -/-/-/CBS-Fox Video
Videostart: 29.1.1990
Sendetermin: 11.10.1988, CBS
FSK: ab 12 J.
Länge: 90 Min.

Als ihr Teilhaber mit Geld und Wertsachen abhaut, erinnert sich eine ebenso attraktive wie verwöhnte Beverly Hills-Galeristin an die Minen-Erbschaft ihres Vaters im australischen Busch (...) Nachdem Crocodile Dundee ausgezogen ist, wird seine Region von einer energischen, aufgeweckten US-Städterin aufgemischt, leider aber mit ziemlich bescheidenen, vorhersehbaren Mitteln. So hält sich das angestrebte Vergnügen dann auch in Grenzen. *tip*

Kaktus 492
CACTUS
***

Regie: Paul Cox
Darsteller: Isabelle Huppert (Colo), Robert Menzies (Robert), Norman Kaye (Tom), Monica Maughan (Bea), Banduk Marika (Banduk), Sheila Florance (Martha), Peter Aanensen, Julia Blake
Drehbuch: Paul Cox, Bob Ellis, Norman Kaye
Kamera: Yuri Sokol (Farbe)
Schnitt: Tim Lewis
Produktion: Jane Ballantyne, Paul Cox für Spectrafilm, USA 1986
Verleih: Progreß/-/-
EA: 25.6.1990
Länge: 97 Min.

Die junge Französin Colo, die nach Australien kommt, um in Ruhe über die Beziehung zu ihrem Mann nachzudenken, und bei einem Autounfall einen Glassplitter ins Auge bekommt, hadert mit ihrem Schicksal. Sie sperrt sich gegen die eine Erblindung aufhaltende Operation. Erst als sie den blinden Robert kennenlernt, nimmt sie ihr andersartiges Sein allmählich an. *Kino DDR*

Kalmenhofkinder – Ermordet und vergessen 493
****
16 mm

Regie: Nikolaus Tscheschner
Drehbuch: Nikolaus Tscheschner
Kamera: Gerhard Braun, Anton Klima, Alberto Montani
Musik: C.P. Emanuel Bach, Paul Bley
Schnitt: Johannes Beringer
Produktion: Nikolaus Tscheschner, BRD 1989
Verleih: Freunde der Deutschen Kinemathek/-/-
EA: Int. Filmfestspiele Berlin 1990 »Neue deutsche Filme«
Kinostart: Nov. 1990
Länge: 141 Min.
FBW: Besonders wertvoll

Bedrückende Dokumentation über die Heilerziehungsanstalt Kalmenhof bei Idstein/Taunus, wo zwischen 1940-45 über 600 Kinder, Jugendliche und Erwachsene umkamen – Vernichtung »unwerten Lebens«.

Kalte Hölle 494
SLOW BURN
**
TV

Regie: Matthew Chapman
Sendetermin: 1.9.1990, ARD, 22.15 Uhr

Erschien bereits 1987 unter dem Originaltitel auf Video. Deshalb vollständige Angaben und Kritik im »Heyne-Filmjahrbuch 1988«.

Kamikaze Hearts 495

KAMIKAZE HEARTS ***

16 mm

Regie: Juliet Bashore
Darsteller: Tigr Mennett (Tigr), Sharon Mitchell (Mitch), Jon Martin (Jon Martin), Sparky Vasque (Sparky Vasque), Jerry Abrahms (Gerald Greystone), Robert McKenna (Bobby Mac), Jennifer Blowdryer und Fast Floyd and the Famous Firebirds, The Fast Dancers, The Joyce James Tap Dancers
Drehbuch: Juliet Bashore
Kamera: David Golia (Farbe)
Musik: Paul M. Young, Walt Fowler
Schnitt: John Knoop
Produktion: Heinz Legler, Sharon Hennessey, Bob Rivkin für Legler/Bashore Prod., USA 1986
Verleih: Edition Salzgeber/-/-
UA: 8.11.1986, San Francisco Film Arts Festival
Kinostart: 9.6.1990
Länge: 87 Min.
Original mit Untertiteln

Der Film ist die Dokumentation der Liebesbeziehung zweier Frauen, die im Dienste der Porno-Industrie stehen. Fiktion, Illusion und Realität verschwimmen im Film genauso wie in den Köpfen der Protagonistinnen, für die die Filmaufnahmen zum Selbsterfahrungs-Trip werden. Offen, provokant und chaotisch, schafft der Film es dennoch nicht, mehr als neugieriges Interesse für die Probleme aus jener »anderen Welt« zu wecken.

Beate Ostermann, tip

Joachim Kürten in: Kölner Stadt-Anzeiger, 1.9.90; Georg Licht in: Prinz, 6/90; Jochen Metzner in: Der Tagesspiegel, 9.6.90

»Kamikaze Hearts«

Kampf der Besten

Siehe »Die Jugger – Kampf der Besten«

Kampf der Roboter 496

CRASH AND BURN *

Video

Regie: Charles Band
Darsteller: Paul Ganus, Megan Ward, Bill Moseley, Eve LaRue, Jack McGee, Ralph Waite, Elizabeth MacLellan, Katherine Armstrong
Drehbuch: J.S. Cardone
Kamera: Mac Ahlberg (DeLuxe Color)
Musik: Richard Band
Schnitt: Ted Nicolaou
Produktion: David DeCoteau, John Schouweiler für Full Moon Entertainment, USA 1990
Verleih: -/-/-/CIC Video
Videostart: 19.12.1990
FSK: nicht unter 18 J.
Länge: 84 Min.

Die Mannschaft einer rebellischen Fernsehgesellschaft leistet dem mörderischen Roboter des allmächtigen UNICOM-Konzerns erbitterten Widerstand. Banales Endzeitspektakel aus der trotz Empire-Konkurs fleißig weiterwerkelnden Oberklau-Fabrik von Charles Band.

Kampfratten 497

BATTLE RATS *

Video

Regie: Bridges Benjamin sr.
Darsteller: Jack Gilbert, Corwyn Sperry, Paul John
Produktion: David Hunt für Davian International, Hongkong/USA 1988
Verleih: -/-/-/RCA-Columbia Video
Videostart: 8.5.1990
FSK: nicht unter 18 J.
Länge: 85 Min.

Eine Spezialeinheit für den Kampf unter Tage, die sogenannten »Tunnel-

Alfred Müller und Angelika Waller in »Das Kaninchen bin ich«.

ratten«, triumphiert dank der Liebe einer Vietcong über den vietnamesischen Commander. Ärgerliches Machwerk nach dem Motto »Hauen und Stechen für den Sieg der Herrenrasse«. *VideoWoche*

Das Kaninchen bin ich 498

*****

Regie: Kurt Maetzig
Darsteller: Angelika Waller (Maria Morzeck), Alfred Müller (Paul Deister), Ilse Voigt (Tante Hete), Wolfgang Winkler (Dieter), Helmut Schellhardt (Bürgermeister), Irma Münch (Gabriele Deister), Annemarie Esper (Edith), Rudolf Ulrich, Willi Schrade, Willi Narloch, Bernd Bartoszewski, Maria Besendahl, Peter Borgelt, Werner Wieland
Drehbuch: Manfred Bieler, nach seinem Roman »Maria Morzeck oder Das Kaninchen bin ich«
Kamera: Erich Gusko
Musik: Rainer Bredemeyer, Gerhard Rosenfeld
Schnitt: Helga Krause
Produktion: Defa Studio, Gruppe »Roter Kreis«, DDR 1965
Verleih: Progreß/Filmladen/-
UA: 23.11.1989, Kino International, Berlin (DDR)
Kinostart: 9.3.1990
Sendetermin: 14.10.1990, ZDF, 23.10 Uhr
Länge: 119 Min.

Die Zeit der großen Reinigung schreitet rasch dem Ende entgegen, schon schließen sich die ersten Archive wieder denen, die ihre Öffnung einst erzwungen - also rasch ins Kino, bevor uns dort ähnliches widerfährt. Erzählt wird uns die Geschichte der 19jährigen Maria Morzeck (das Leinwanddebüt von Angelika Waller): Waisenkind, Bruder Dieter wegen »staatsfeindlicher Hetze« im Knast, in offensichtlicher Sippenhaft bleibt ihr der Studienplatz versagt, also kellnert sie im »Bayrisch-Zell«. Und verliebt sich irgendwann - ausgerechnet in Paul Deister, der kurz zuvor als Richter von Ulbrichts Gnaden so gar nicht uneigennützig Bruder Dieter für drei Jahre nach Brandenburg schickte. Doch ist es nicht die klassische Liebesgeschichte, die sich da vor der Kulisse des Berlin im Jahre 1961/62 entwikkelt, vielmehr wird uns die beginnende Krankengeschichte einer ganzen Gesellschaft vorgeführt. Quintessenz? Die bittere Erkenntnis: Die Heilung eingangs beschriebener Krankheit lange nicht in Sicht, der Zustand scheint mir wie die Agonie, und mittendrin sind wir.

Gernot Switalla, Tageszeitung

(...) Der Film wurde in der DDR verboten und erlebte erst 1989 seine Uraufführung. Der Autor vermittelt darin ungeschminkt das Lebensgefühl und die Radikalität einer jungen Generation und thematisiert mit erstaunlicher Treffsicherheit das Duckmäusertum des Ulbricht-Staates. *Zoom*

Peter Buchka in: SZ, 20.2.90 (Berlinale-Bericht); Birgit Galle in: Neues Deutschland, 9.3.90; Heinz Kersten in: Der Tagesspiegel, 14.2.90; Ponkie in: AZ, 16.10.90

Der Kapitän der Pilgrim 499

KAPITAN »PILGRIMA«

***

Regie: Andrej Pratschenko
Darsteller: Wjatscheslaw Chodtschenko, Nodar Mgaloblischwili, Leonid Jarmolnik, Albert Filosow, Tatjana Parkina, Andrej Furmantschuk, V. Echmendia, E. Konowalow, L. Durow
Drehbuch: Alexander Gusselnikow, nach dem Roman »Ein Kapitän von 15 Jahren« von Jules Verne
Kamera: Alexej Solotarjow, Wassili Truschkowski (Farbe)
Musik: Wadim Chrapatschow
Produktion: Dowshenko-Studio, UdSSR 1986

Verleih: Progreß/-/-
Kinostart: 9.2.1990
FSK: ab 6 J.
Länge: 93 Min.

Auf dem Walfangschiff »Pilgrim«, der die Route Afrika - Amerika befährt, macht der fünfzehnjährige Leichtmatrose Dick Sand eher einen schüchternen Eindruck.
Nachdem der Kapitän und die gesamte Besatzung auf hoher See einem Mordanschlag des entflohenen Sträflings Negoro zu Opfer gefallen sind, muß er allein das Kommando übernehmen.
Bei einer nun recht abenteuerlichen Odyssee zu Wasser und zu Lande beweist sich der Halbwüchsige als ganzer Mann.

Kino DDR

Karate Tiger IV — 500

BEST OF THE BEST

*

Regie: Bob Radler
Darsteller: Eric Roberts (Alex Grady), James Earl Jones (Coach Couzo), Sally Kirkland (Catherine Wade), Louise Fletcher (Mrs. Grady), Phillip Rhee (Tommy Lee), Christopher Penn (Travis), Edan Gross (Walter), David Agresta, John Dye, Tom Everett, John P. Ryan, Edward Bunker
Drehbuch: Paul Levine, nach einer Story von Phillip Rhee und Paul Levine
Kamera: Doug Ryan (Farbe)
Musik: Paul Gilman
Schnitt: William Hoy
Produktion: Phillip Rhee, Peter E. Strauss für Movie Group, USA 1989
Verleih: Ascot/-/Elite/VCL-Carolco Video
Kinostart: 28.6.1990
FSK: ab 16, ffr.
Länge: 97 Min.

Ein krakeelender Arena-Film. Der Karate-Länderkampf zwischen den USA und Südkorea ist etwa so, als würden sich im Fußball Liechtenstein und Brasilien duellieren. Lauter Hau-Drauf-Film mit einigen Stars und unüberhörbaren chauvinistischen und nationalistischen Tönen sowie rassistischer Kraftmeierei.

Hans-Ulrich Pönack, tip

Karla — 501

****

Regie: Herrmann Zschoche
Darsteller: Jutta Hoffmann (Karla), Jürgen Hentsch (Kaspar), Hans Hardt-Hardtloff (Direktor), Inge Keller (Frau Jansen), Rolf Hoppe (Eifert), Jörg Knoche (Rudi), Klaus-Peter Pleßow (Uwe), Jürgen Krumrey (Der Kleine), Regine Albrecht, Heidemarie Schneider, Dieter Wien, Herwarth Grosse, Harald Moszdorf, Gisela Morgen, Fred Delmare
Drehbuch: Ulrich Plenzdorf, Herrmann Zschoche
Kamera: Günter Ost
Musik: Karl-Ernst Sasse
Schnitt: Brigitte Krex
Produktion: Gert Golde für Defa-Studio, Gruppe »Berlin«, DDR 1965
Verleih: Progreß/-/-
UA: 4.2.1990, Akademie der Künste, Berlin (DDR)
EA: 16.2.1990, Int. Forum des Jungen Films bei der Berlinale
Kinostart: 15.6.1990
Sendetermin: 6.12.1990 BR 3
Länge: 130 Min.

Die DDR - in den frühen sechziger Jahren - befindet sich im Umbruch. Die »eigene Meinung« der Menschen ist offiziell gefragt, doch eine junge Lehrerin, die den Appellen gemäß einen aufklärerischen Unterricht betreibt, wird fristlos entlassen. 25 Jahre am Gängelband der Partei-Ideologie folgen- und 25 Jahre, in denen der Film »Karla« wie so viele andere »unbotmäßige« auch auf Eis gelegt wurde.

Zoom

Jürgen Hentsch und Jutta Hofmann in »Karla«.

Herrmann Zschoche, erfolgreicher DEFA-Filmemacher, war 1983 ein Stich ins Wespennest gelungen. Seinen Film »Insel der Schwäne« faßten einige Verantwortliche als Angriff auf das Wohnungsbauprogramm, Lieblingskind des Sozialprogramms, auf. Wütende Attacken in zwei damals führenden Tageszeitungen nebst »Leserbriefen« zeigten das an, initiierten allerdings ungewollt größeres Interesse, die Kinos füllten sich. Nahezu 20 Jahre früher ging das für den Regisseur nicht so günstig aus. »Karla« gehörte zur 65er Filmproduktion, die ein SED-Plenum kurzerhand verbot, die Geschichte ist bekannt.
»Karla« verschwand gleich vom Schneidetisch im Panzerschrank, erst jetzt erfolgt mit einer rekonstruierten Fassung die Aufführung. Der Film ist wichtige Trauerarbeit für den, der sich mit der eigenen Geschichte befassen will. Hauptdarstellerin Jutta Hoffmann, seit einigen Jahren im Westen, meinte anläßlich der Premiere dazu: »Ich denke, daß man plötzlich weiß, warum alles so gekommen ist und warum es so lange gedauert hat.«

Gerd Dehnel, Berliner Allgemeine

Volker Baer in: Der Tagesspiegel, 18.2.90; Birgit Galle in: Neues Deutschland, 23./24.6.90

Katastrophenflug 243 — 502

MIRACLE LANDING **

Video

Regie: Dick Lowry
Darsteller: Wayne Rogers (Bob Schornstheimer), Connie Sellecca (Mimi Tompkins), Ana-Alicia (Michelle Honda), Nancy Kwan (C.B. Lansing), James Cromwell (B.J. Cocker), Jay Thomas (Ed Meyer), Will Nipper (David Kornberg), Herta Ware (Dorothy Hendricks), Armin Shimerman (Eric Weston)
Drehbuch: Garner Simmons
Kamera: Frank Beascoechea (Farbe)
Musik: Mark Snow
Schnitt: Byron Brandt, Anita Brandt Burgoyne
Produktion: Dick Lowry für CBS Entertainment, USA 1990
Verleih: -/-/-/CBS-Fox Video
Videostart: 12.10.1990
Sendetermin: 11.2.1990, CBS
FSK: ab 16 J.
Länge: 85 Min.

Dramatisierung des Katastrophenfluges 243 von Honolulu, bei dem der Flieger in der Luft beinahe auseinanderfiel. »Airport«-Filme sterben nicht. Sie fliegen allenfalls ins Fernsehen.

Keaton's Cop — 503

KEATON'S COP **

Video

Regie: Bob Burge
Darsteller: Lee Majors (Mike Gable), Abe Vigoda (Louie Keaton), Tracy Brooks Swope (Susan Watson), Don Rickles (Jake Barber), June Wilkinson (Archie), Art LaFleur (Det. Hayes), Robert Hilliard (Lt. Spence), Clinton Shirley
Drehbuch: Michael B. Druxman
Kamera: Ozzie Smith (Film Service Color)
Musik: Kevin Barnes, David Connor
Schnitt: Terry Chambers
Produktion: Bob Burge für Third Coast, USA 1990
Verleih: -/-/-/Cannon-VMP Video
Videostart: 7.5.1990
FSK: ab 12 J.
Länge: 95 Min.

Ein Cop verbündet sich mit einem Millionenbetrüger, um einer Bandenchefin das Handwerk zu legen, die versehentlich seinen Partner um die Ecke gebracht hat, obwohl sie doch eigentlich den Betrüger erwischen wollte.

Kenny

THE KID BROTHER ****

Bereits vollständig vorgestellt in »Heyne Filmjahrbuch 1990«

Kerib, der Spielmann — 504

ASCHIK-KERIB ****

Regie: Sergej Paradschanow
Verleih: Progreß/-/Columbus Film

Bereits im vergangenen Jahr in der Schweiz unter dem Originaltitel im Kino gelaufen. Deshalb vollständige Angaben und Kritik im »Heyne Filmjahrbuch 1990«.

Kickboxer 2 – Blood Brothers 505

BLOOD BROTHERS *

Regie: Lucas Lo
Darsteller: Keith Vitali (Casey Alexander), Loren Avedon (Will Alexander), Joseph Campanella (John Alexander), Wanda Acuna (Maria), Luke Askew (Atterton), Mark Russo (Russo), Rion Hunter, D.M. Sterling
Drehbuch: Keith W. Strandberg
Kamera: John Huneck (Farbe)
Musik: Richard Yuen
Schnitt: Alan Poon
Produktion: Ng See Yuen für Seasonal Hongkong, Hongkong 1989
Verleih: Ascot/Constantin/-/Ascot Video
Kinostart: 25.1.1990
FSK: ab 16, nffr.
Länge: 98 Min.

Zwei vorher zerstrittene Brüder rächen die Ermordung ihres Vaters durch eine Terroristenbande. Ein geistig und formal höchst bescheidener Actionfilm, dessen einziger Erfindungsreichtum in Variationen von Gewalttätigkeiten liegt. *multimedia*

Kill Me Again 506

KILL ME AGAIN ***

Regie: John Dahl
Darsteller: Joanne Whalley-Kilmer (Fay Forrester), Val Kilmer (Jack Andrews), Michael Madsen (Vince Miller), Pat Mulligan (Sammy), Nick Dimitri (Marty), Bibi Besch (Jacks Sekretärin), Jonathan Gries (Alan Swayzie), Michael Sharrett
Drehbuch: John Dahl, David W. Warfield
Kamera: Jacques Steyn (Deluxe Color)
Musik: William Olvis
Schnitt: Frank Jimenez, Jonathan Shaw, Jacques Steyn
Produktion: David W. Warfield, Sigurjon Sighvatsson, Steve Golin für Propaganda Films, USA 1989
Verleih: Concorde/Constantin/-/Concorde Video
EA: 23.6.1990, Filmfest München
Kinostart: 5.7.1990
FSK: ab 16, ffr.
Länge: 94 Min.
FBW: Wertvoll

Ein heruntergekommener Privatdetektiv wird von einer undurchsichtig-verführerischen Frau mit einem Koffer voll Geld in Gefahren verstrickt, die nur er selbst überlebt. In der Tradition des Film Noir stehender Erstlingsfilm, der durch ein ausgefeiltes Drehbuch, treffende Charakterzeichnung und dichte Atmosphäre beeindruckt. *multimedia*

Ein synthetischer Film-Noir-Aufguß: die zusammengestohlene Geschichte eines armen Privatdetektivs und einer Gangsterbraut auf der Flucht vor ihrem Kumpel und der Mafia. *tip*

Michael Althen in: SZ, 6.8.90; Peter Körte in: FR, 6.7.90; Jochen Metzner in: Der Tagesspiegel, 5.7.90; Andreas Obst in: FAZ, 7.7.90

Killer Crocodile 2 – Die Mörder-Bestie 507

KILLER CROCODILE 2 *

Video

Regie: Giannetto de Rossi
Darsteller: Anthony Crenna (Kevin), Thomas Moore, Debra Karr
Drehbuch: David Parker jr., Giannetto de Rossi, Larry Ludman
Kamera: Giovanni Bergamini (Farbe)
Musik: Riz Ortolani
Produktion: Fabrizio de Angelis für Fulvia Film, Italien 1989
Verleih: -/-/-/Cannon-VMP Video
Videostart: 3.12.1990
FSK: ab 12 J.
Länge: 94 Min.

Auf der üblichen Karibikinsel stößt die übliche Jounalistin auf das übliche, radioaktiv mutierte Mörderkrokodil aus Hartgummi. Eine schonungslose Entlarvung italienischer Filmökonomie.

Killer Inside Me 508

THE KILLER INSIDE ME **

Video

Regie: Burt Kennedy
Darsteller: Stacy Keach (Lou Ford), Susan Tyrrell (Joyce Lakeland), Tisha Sterling (Amy Stanton), Keenan Wynn (Chester Conway), Don Stroud (Elmer Conway), Charles McGraw (Howard Hendricks), John Dehner (Bob Maples), Pepe Serna (Johnny Lopez), John Carradine (Dr. Smith)
Drehbuch: Edward Mann, Robert Chamblee, nach dem Roman von Jim Thompson

Kamera: William A. Fraker (Farbe)
Musik: Tim McIntire, John Rubinstein
Schnitt: Danford B. Greene, Aaron Stell
Produktion: Michael W. Leighton für JS Prod./Devi Productions Systems, USA 1976
Verleih: -/-/-/Scala Video
Videostart: 31.7.1990
FSK: ab 16 J.
Länge: 99 Min.

Leicht angejahrtes Krimi-Drama um einen psychopathischen Sheriff, inszeniert mit offensichtlich bescheidenen Mitteln. Die Art der Verknüpfung von Sex und Gewalt mag anno 1976 noch skandalös erschienen sein, heutzutage dürfte sich eine erfolgverheißende Entrüstung in Grenzen halten.

VideoWoche

Killer Kid 509

DEADLY WEAPON *

Video

Regie: Michael Miner
Darsteller: Rodney Eastman (Zeke), Kim Walker (Traci), Gary Frank (Dalton), Michael Horse (Indian Joe), Gary Kroeger, Barney Martin, Sam Melville, Joe Regalbuto
Drehbuch: Michael Miner
Kamera: James L. Carter (Fotokem Color)
Musik: Guy Moon
Schnitt: Peter Teschner
Produktion: Peter Manoogian für Empire Pictures, USA 1989
Verleih: -/-/-/CBS-Fox Video
Videostart: 13.8.1990
FSK: nicht unter 18 J.
Länge: 90 Min.

Mit einer geheimen Strahlenkanone der US-Army tritt ein weltfremder Träumer zum Amoklauf gegen seinen alkoholsüchtigen Vater und die unliebsamen Mitschüler an. Hanebüchene Mixtur aus Teenager und SDI, so recht nach dem Geschmack jugendlicher Allmachtsphantasien.

Ein Killer läuft Amok

Siehe »Cold Front - Ein Killer läuft Amok«

Die Killer-Brigade 510

THE PACKAGE ***

Regie: Andrew Davis
Darsteller: Gene Hackman (Johnny Gallagher), Joanna Cassidy (Eileen Gallagher), Tommy Lee Jones (Thomas Boyette), John Heard (Col. Glen Whi-

Pam Grier, Joanna Cassidy und Gene Hackman gegen ein teuflisches Komplott in »Die Killerbrigade«.

tacre), Dennis Franz (Milan Delich), Pam Grier (Ruth Butler), Kevin Crowley (Walter Henke), Reni Santoni (Police Lt.), Ron Dean (Karl Richards), Thalmus Rasulala, Nathan Davis, Chelcie Ross, Joe Greco, Ike Pappas, Marco St. John
Drehbuch: John Bishop
Kamera: Frank Tidy (Astro Color Deluxe)
Musik: James Newton Howard
Schnitt: Don Zimmerman, Billy Weber
Produktion: Beverly J. Camhe für Orion Pic., USA 1989
Verleih: 20th Century Fox/Constantin/Monopole Pathé/RCA-Columbia Video
Kinostart: 18.1.1990
FSK: ab 16, ffr.
Länge: 108 Min.
FBW: Wertvoll

Um ein Abkommen über den totalen Verzicht auf Atomwaffen zu verhindern, das der amerikanische Präsident und der sowjetische Generalsekretär in Chicago unterzeichnen sollen, planen unverbesserliche Hardliner ein Attentat auf die Staatsmänner. US-Sergeant Gallagher gelingt es als Strohmann jedoch, den Mordanschlag im letzten Moment zu verhindern. Bis es soweit ist, werden einige Frauen und Männer brutal um die Ecke gebracht, um dem ungereimten Politthriller zu entsprechenden »Spannungshöhepunkten« zu verhelfen. *Zoom*

Thomas Brandlmeier in: epd Film, 1/90; Heike-Melba Fendel in: Prinz, 1/90; Andreas Obst in: FAZ, 20.1.90; Reinhard Wissdorf in: Filmfaust 75, Jan.-Febr. 90

Killerpuppe

Siehe »Death Doll – Killerpuppe«

The Killers 511

THE KILLERS ****

Regie: Robert Siodmak
Darsteller: Burt Lancaster (»Swede«), Ava Gardner (Kitty Collins), Edmond O'Brien (James Reardon), Albert Dekker (Big Him Colfax), Sam Levene (Lt. Sam Lubinsky), Vince Barnett (Charleston), Virginia Christine, Jack Lambert, Charles D. Brown, Donald MacBride, Charles McGraw, William Condrad, Jeff Corey
Drehbuch: Anthony Veiller (ohne Credit: John Huston), nach einer Kurzgeschichte von Ernest Hemingway
Kamera: Elwood »Woody« Bredell
Musik: Miklos Rozsa
Schnitt: Arthur Hilton
Produktion: Mark Hellinger für Universal, USA 1947
Verleih: Kinowelt/-/-
EA: 1950, Titel: »Rächer der Unterwelt«
Kinostart: 7.6.1990 (WA)
FSK: ab 16, nffr.
Länge: 102 Min.
Originalfassung mit deutschen Untertiteln

Robert Siodmaks stilistisch reizvolles Schattenspiel aus dem Jahre 1947 zählt zu den weniger bekannten Filmen der »schwarzen Serie«. Doch alleine die Eröffnungssequenzen dieses Schwarzweiß-Gangsterfilmes zeigen, daß auch heute noch viele Regisseure davon lernen könnten (und sollten): Zwei Killer erscheinen in einem Provinzrestaurant. Ihre fast stumme, zynische Gewalttätigkeit ist ein filmischer knapper Überrumplungsakt, der den Zuschauer direkt ins Zentrum des Spannungsgefüges schleudert. Ein Mann (Burt Lancaster als smart-attraktiver Looser, dessen trauerumflorter Blick zum Strahlen erglüht, wenn er liebt) wird ermordet und ein Versicherungsmann macht sich an die Arbeit. Nach und nach bringt er Licht in die Vergangenheit des Toten. Durch die Liebe zu einer Frau (wunderschön und verführerisch: Ava Gardner) geriet er in einen Gangsterkreis und beteiligte sich an einem Raubüberfall...
Aus einem Rückblendenmosaik setzt sich bis zum Schluß-Show-Down diese spannende Entdeckungsfahrt durch ein gescheitertes Leben zusammen. *Gunter Göckenjan, tz*

Norbert Grob in: Die Zeit, 6.7.90; Rupert Koppold in: Stuttgarter Zeitung, 10.11.90

Killing Cop 512

THE CHINA LAKE MURDERS ***

Video

Regie: Alan Metzger
Darsteller: Tom Skerritt (Sam Brodie), Michael Parks (Donnelly), Nancy Ever-

hard (Cindy), Lauren Tewes (Kitty), Bill McKinney (Captain Ferry), Lonny Chapman (Wallace), J.C. Quinn (Ben), David Crowley (Wache), Doug Mears (Bobby)
Drehbuch: N.D. Schreiner
Kamera: Geoff Schaaf (Farbe)
Musik: Dana Kaproff
Schnitt: Sidney Wolinsky
Produktion: William Beaudine jr. für Papazian-Hirsch Entertainment/MCA-TV, USA 1989
Verleih: -/-/-/CIC Video
Videostart: 18.6.1990
Sendetermin: 31.1.1990, USA
FSK: nicht unter 18 J.
Länge: 85 Min.

Ein Kleinstadtsheriff entlarvt einen psychisch gestörten Cop aus der Großstadt als Täter in einer Reihe von Morden. Der Film bezieht seine Spannung aus seiner exzentrischen Handlung und dem Gegenspiel der auf unterschiedlichen Seiten des Gesetzes stehenden Polizisten. Bemerkenswert ist dabei die ausgefeilte Story samt Umsetzung und die schauspielerische Leistung Tom Skerritts.
Video Woche

Killing Girls 513
SLIPPING INTO DARKNESS **
Video

Regie: Eleanor Gaver
Darsteller: John DiAquino (Fritz), Michelle Johnson (Carlyle), Neill Barry (Ebin), Anastasia Fielding (Genevieve), Cristen Kauffman (Alex), Vyto Ruginis (Otis), David Sherrill, Terrence Markovich, Adam Roarke
Drehbuch: Eleanor Gaver
Kamera: Loren Bivens (Fotokem Color)
Musik: Joey Rand
Schnitt: Barbara Pokras
Produktion: Jonathan D. Krane für Management Company Entertainment Group, USA 1988
Verleih: -/-/-/UFA Video
Videostart: 17.10.1990
FSK: nicht unter 18 J.
Länge: 87 Min.

Um den Tod seines Bruders zu klären, begibt sich ein junger Mann zusammen mit zwei Freunden und den drei tatverdächtigen Mädchen auf eine Spritztour mit tödlichem Ausgang. Sprödes Jugenddrama aus der amerikanischen Provinz, das allenfalls durch den kunstgewerblichen Touch von Loren Bivens Kameraführung zu überzeugen weiß.

Kinder für das Vaterland 514
ALLONS Z'ENFANTS ***
TV

Regie: Yves Boisset
Darsteller: Lucas Belvaux (Simon Chalumot), Alexandre Sterling, Riton Liebman, Thélonius Bernard, Jean Carmet
Drehbuch: Yves Boisset, nach dem Roman von Yves Gibeau
Kamera: Pierre William Glenn
Musik: Philippe Sarde
Schnitt: Albert Jurgenson
Produktion: Alain Sarde für Sara Films, Frankreich 1980
Sendetermin: 15.10.1990, SAT 1, 23.50 Uhr
Länge: 120 Min.

Simon Chalumot, der sensible Sohn eines Berufssoldaten, wird 1937 in die Kadettenanstalt einberufen. Er kann sich dort nicht zurechtfinden und flieht – doch der Papa bringt Simon in Handschellen zurück. Nun beginnt eine Zeit unbeschreiblicher Leiden. Der Anti-Kriegsfilm entstand nach einem Roman von Yves Gibeau und entlarvt laut Kritik »eindrucksvoll den Unsinn der militärischen Maschinerie und des soldatischen Drills«. *AZ*

King of Basketball 515
BASKETBALL **
Video

Regie: Duby Gal
Darsteller: Riwka Michali, Ajal Lawe, Duby Gal
Produktion: Doron Eran, Israel 1989
Verleih: -/-/-/Limar Video
Videostart: 30.4.1990
FSK: ab 12 J.
Länge: 90 Min.

Zeitweilig amüsante, aber ungelenk realisierte Sportkomödie um einen sympathischen Außenseiter und Ballzauberer: Der offensichtliche Versuch des Sportartikelherstellers Spalding, den israelischen Markt mittels »Product Placement« zu erobern.
Video Woche

King of New York 516
KING OF NEW YORK ***

Regie: Abel Ferrara
Darsteller: Christopher Walken (Frank White), David Caruso (Dennis Gilley), Larry Fishburne (Jimmy Jump), Victor Argo (Bishop), Wesley Snipes (Thomas Flanigan), Janet Julian (Jennifer), Joey Chin (Larry Wong), Giancarlo Esposito (Lance), Paul Calderon (Joey Dalesio), Steve Buscemi, Theresa Randle, Leonard Lee Thomas, Roger Guenver Smith, Carrie Nygren, Jay Julian, Frank Gio, Freddie Jackson
Drehbuch: Abel Ferrara, Nicholas St. John
Kamera: Bojan Bazelli (Duart Color)
Musik: Joe Delia
Schnitt: Anthony Redman
Produktion: Mary Kane, Augusto Caminito für Reteitalia/Scena Intl., Italien/USA 1990
Verleih: Metropol/-/-/VPS Video
Kinostart: 11.10.1990
FSK: ab 18, nffr.
Länge: 102 Min.

Der Film bietet optisch opulent dargebotenes inhaltsleeres Action-Entertainment. Ein Gangster kommt aus dem Knast, räumt alle Konkurrenten aus dem Weg und endet am Schluß mit einer Kugel im Bauch. Ein faszinierender Christopher Walken in der Hauptrolle vermag nur stellenweise über die Dürftigkeit der Story hinwegzutrösten. *Ralph Umard, tip*

Brigitte Desalm in: Kölner Stadt-Anzeiger, 13.10,90; Andreas Hahm in: FR, 24.11.90

Kiss Shot 517
KISS SHOT **

Video

Regie: Jerry London
Darsteller: Whoopi Goldberg (Sarah Collins), Dorian Harewood (Kevin Merrick), Dennis Franz (Max Fleisher), Tasha Scott (Jenny Collins), David Marciano (Rick Powell), Teddy Wilson (Billy Tatum), Adilah Barnes (Amanda Gilbert), Charles Branklyn (Lyle Gilbert), Phyllis Coates (Ruby Tibbs)
Drehbuch: Carl Kleinschmitt
Kamera: Chuy Elizondo (Farbe)
Musik: Steve Dorff
Schnitt: Michael Brown
Produktion: Salli Newman, Mel A. Bishop für London Prod./Whoop Inc., USA 1989
Verleih: -/-/-/Madison Video
Videostart: 27.9.1990
Sendetermin: 11.4.1989, CBS
FSK: ab 6 J.
Länge: 90 Min.

Whoopi Goldberg tritt als weibliches Pendant der Billard-Asse Paul Newman und Tom Cruise an den Filz. Die Intensität des Vorbilds erreicht der Fernsehfilm allerdings nicht, obwohl die Komikerin durch Wortwitz und ihren perfekten Umgang mit dem Queue zu überzeugen weiß. Leichtgewichtige, in ihrem Verlauf aber vorhersehbare Unterhaltung.

Video Woche

Die Klage der Kaiserin 518
**

Regie: Pina Bausch
Darsteller: Mariko Aoyama, Anne Marie Benati, Bénédicte Billiet, Rolando Brenes Calvo, Antonio Carallo, Finola Cronin, Dominique Duszynski, Mechthild Grossmann, Barbara Hampel, Kyomi Ichida, Urs Kaufmann, Ed Kortlandt, Beatrice Libonati, Anne Mertin, Dominique Mercy, Jan Minarik, Dana Sapiro, Mark Alan Wilson
Drehbuch: Pina Bausch
Kamera: Martin Schäfer, Detlef Erler (Farbe)
Musik: Matthias Burkert (Auswahl)
Schnitt: Nina von Kreisler, Michael Felber, Martine Zevort
Produktion: L'Arche Editeur mit Wuppertaler Bühnen/ZDF/Channel Four/La Sept, Frankreich/BRD 1989
Verleih: Pandora/-/-
UA: 17.2.1990, Int. Forum des Jungen Films bei der Berlinale
Kinostart: 8.3.1990
Sendetermin: 2.9.1990, ZDF, 23.10 Uhr
FSK: ab 12, ffr.
Länge: 103 Min.
FBW: Wertvoll

Pina Bausch ist bei dem Versuch, ihre Tanztheaterarbeit in einem anderen Medium fortzuführen, auf halbem Wege steckengeblieben. Filmtechnische Möglichkeiten nutzt sie kaum. Lange statische Einstellungen herrschen vor, Szenen werden einfach abgefilmt, die Montage scheint ihr unbekannt zu sein. Auch wenn der Film fast ausschließlich im Freien spielt, im Wald, auf dem Acker, auf der

Straße, im Auto – vom Bühnenraum befreit erscheint er nicht. (...)

Carla Rhode, Der Tagesspiegel

Martin G. Butter in: Volksblatt, 14.2.90; Eva-Elisabeth Fischer in: SZ, 25.5.90; SL in: tip, 8/90; Rolf Michaelis in: Die Zeit, 9.3.90; Ponkie in: AZ, 20.2.90, 29.5.90; Jochen Schmidt in: FAZ, 10.4.90

Klassezämekunft 519

***

Regie: Walter Deuber, Peter Stierlin
Darsteller: Anne-Marie Blanc, Ruedi Walter, Lukas Ammann, Eva Langraf, Paul Hubschmid, Ursula Andress, Stephanie Glaser, Hannes Schmidhauser, Peter W. Staub, Inigo Gallo
Drehbuch: Walter Deuber, Peter Stierlin
Kamera: Edwin Horak (Farbe)
Musik: Jonas C. Häfeli, Polo Hofer
Schnitt: Daniela Roderer
Produktion: Condor Features mit Ringier, Basler Vers., Deuber & Stierlin/DRS/ORF/SWF, Schweiz 1988
Verleih: Progreß/-/Monopole Pathé
Kinostart: Dezember 1988
Länge: 87 Min.

50 Jahre nach Schulabschluß lädt eine Schloßherrin acht ehemalige Schulkollegen und -kolleginnen zu einem Klassentreffen ein, das für die Gäste zur tödlichen Falle wird. Auf makabre Weise nimmt so die alte Dame späte Rache an jenen, die auf der Maturareise an der Ermordung ihres ersten und einzigen Geliebten beteiligt waren. Nach dem Abzählreim »Zehn kleine Negerlein ...« und im Stil älterer englischer Gruselfilme inszenierte, dramaturgisch nicht ganz überzeugende Hommage an die alte Garde renommierter Schweizer Filmschauspieler, die sich teils mit Bravour, teils klischeehaft aus der Affäre ziehen.

Zoom

Klaus Fuchs – Atomspion 520

KLAUS FUCHS – ATOM SPY

****

16 mm

Regie: Donatello Dubini, Fosco Dubini, Wolfgang Meyer
Darsteller: Lutz Göhnermeier, Bernhard Baier, Rudolf Jürgen Bartsch, Corinna Belz, Alan Fountain
Drehbuch: Donatello Dubini, Fosco Dubini, Wolfgang Meyer
Kamera: Donatello Dubini (Farbe)
Musik: Heiner Goebbels, René Lussier
Produktion: Dubini/Dubini/Meyer/La Sept und WDR, BRD 1989
Verleih: Der andere Blick/-/-
Kinostart: Dez. 1990
Länge: 92 Min.
FBW: Besonders wertvoll
Förderpreis des Landes NRW; Bayerischer Filmpreis 1990

Rekonstruktion der Biografie des deutschen Spions Klaus Fuchs, der – von den Nazis vertrieben – in Großbritannien und den USA maßgeblich an der Entwicklung der Atomwaffen beteiligt war und alle Erkenntnisse an die UdSSR weitergab.

Klaus und Kläuschen 521

MIKOLA A MIKOLKA

***

Regie: Dusan Trancik
Darsteller: Stefan Reck (Mikolka), István Hunyadkürti (Mikola), Lola Forner (Zora), Marta Raslová (Dora), Jaroslava Kretschmerová (Müllerin), Jan Kuzelka (Müller), Stefan Kozka (Kirchendiener), Gundel Thormann (Alte), Stanislav Danciak (Wirt)
Drehbuch: Jan Fleischer, Dusan Trancík, nach dem Märchen von Hans Christian Andersen
Kamera: Alojz Hanúsek (Farbe)
Musik: Iva Bitová, Pavel Fajt
Produktion: Slovenská Filmová Tvorba/Omnia, CSSR/BRD 1988
Verleih: Progreß/-/-
Kinostart: 7.12.1990
Länge: 92 Min.

In der Schubkarre muß Mikola seine Braut zur Hochzeit fahren: Die wohlgenährte Tochter des Gutsbesitzers, bei dem Mikola Knecht war, ist das Laufen gar nicht gewöhnt, kann dafür aber von ihrem Lieblingssessel aus bequem nach den Würsten unter der Zimmerdecke hangeln. Wenig tatkräftige Hilfe leistet diese Bäuerin dem Hofbauern, dem außerdem im selben Dorf eine Konkurrenz erwächst, der er nicht standhält. Dem armen, aber tatkräftigen und einfallsreichen Mikolka geraten nicht nur die Kartoffeln größer, ihm glückt auch jede sonstige Unternehmung, so daß er ein wichtiger Mensch in der Gemeinde wird.

Pour me another vodka... Natalij Negoda als »Kleine Vera« mit Andrej Fomin.

Und in der Liebe ist dieser »kleine Klaus« erst recht vom Glück begünstigt. *Kino DDR*

Kleine Vera 522

MALENKAJA VERA ****

Regie: Vasilij Picul
Verleih: Filmverlag/Constantin/Columbus

Lief bereits 1989 in der Schweiz und im Fernsehen (ARD). Deshalb vollständige Angaben und Kritik im »Heyne Filmjahrbuch 1990«.

Achim Forst in: tip, 5/90; Urs Jenny in: Der Spiegel, 10/90 ; Andreas Kilb in: Die Zeit, 9.3.90; Carla Rhode in: Der Tagesspiegel, 1.3.90; Jürgen Richter in: FAZ, 30.7.90; Claudius Seidl in: SZ, 6.3.90; Karsten Visarius in: FR, 27.7.90

Der knallharte Prinzipal 523

LEAN ON ME ***

Video

Regie: John G. Avildsen
Darsteller: Morgan Freeman (Joe Clark), Beverly Todd (Ms. Levias), Robert Guillaume (Dr. Frank Napier), Lynne Thigpen (Leona Barett), Jermaine Hopkins (Thomas Sams), Karen Malina White (Keneesha Carter)
Drehbuch: Michael Schiffer
Kamera: Victor Hammer (Technicolor)
Musik: Bill Conti
Schnitt: John Carter, John G. Avildsen
Produktion: Norman Twain für Warner Bros., USA 1989
Verleih: -/-/-/Warner Video
Videostart: 10.7.1990
FSK: ab 16 J.
Länge: 104 Min.

Mit Baseballschläger und Megaphon erringt der unorthodoxe Prinzipal einer berüchtigten High School in New York den Respekt seiner Schüler. Die bewährte Avildsen-Variante des amerikanischen Traums, ansprechend vor allem durch Morgan Freemans intensives Porträt der Titelrolle. »Time« bezeichnete den Film in Anlehnung an »Stand and Deliver« als »Shut Up and Sit Down«.

König der Eidechsen 524

***

16 mm

Regie: Andreas Piontkowitz
Darsteller: Martin Plass (Marko), Harald Kleber (Uwe), Manfred Köhler (Helmuth), Cornelia Cabralle, Ditta Rolle, Karim Bouziouane, Sylvain Faivre, Xavier Villisech
Drehbuch: Andreas Piontkowitz, Klaus Flemmer
Kamera: Bernd Meiners
Musik: The Doors
Produktion: Jürgen Brüning Filmprod., BRD 1989
UA: 26.1.1990, Max-Ophüls-Preis, Saarbrücken
Sendetermin: 6.2.1990, ZDF, 23.25 Uhr
Länge: 71 Min.

Zwei Jugendliche vom Lande sind am Todestag des legendären Rocksängers Jim Morrison nach Paris »gepilgert«,

»Der knallharte Prinzipal«

um auf Morrisons Grab auf dem Friedhof Pêre Lachaise eine selbst modellierte Büste aufzustellen. Angekommen in der Fremde, scheitern sie zusehends an ihrer Vertrauensseligkeit und an ihrem naiven Glauben an Solidarität unter mehr oder minder Gleichgesinnten (...) »König der Eidechsen« hat nichts gewollt Vermittelndes, beobachtet vielmehr mit sanfter Beharrlichkeit den Alltag der Personen, ihr Verhalten in Äußerungen und Gesten. Solch dokumentarischer Fundus wird dann mit lakonischer Prägnanz inszenatorisch verdichtet und entwickelt einen spröden Charme. *Film-Korrespondenz*

König der Winde 525

KING OF THE WIND ***

Regie: Peter Duffell
Darsteller: Richard Harris (König George II), Glenda Jackson (Königin Caroline), Frank Finlay (Edward Coke), Jenny Agutter (Hannah Coke), Nigel Hawthorne (Achmet), Anthony Quayle (Lord Granville), Peter Vaughan (Captain), Ian Richardson (Bey of Tunis), Barry Foster (Mr. Williams), Navin Chowdhry, Neil Dickson, Jill Gascoine, Ralph Bates, Joan Hickson, Norman Rodway, Melvyn Hayes, Hilton McRae, Ben Aris, Richard Ridings
Drehbuch: Phil Frey, nach dem Roman von Marguerite Henry
Kamera: Brian Morgan (Farbe)
Produktion: Michael Guest, William Panzer für Davis Panzer mit HTV Int., GB 1990
Verleih: 20th Century Fox/dto./-/-/VCL/Carolco Video
Kinostart: 6.12.1990
FSK: o.A., ffr.
Länge: 102 Min.
FBW: Wertvoll

(...) Ausgestattet mit der ersten Klasse englischer Schauspieler, von Richard Harris bis Barry Foster, einigen einschlägig hinreißenden Pferden und einem sanft dreinblickenden Araberjungen, der sein geliebtes Pferd durchs brutale englische Leben begleitet, vermittelt die Story nur Kostüm- und Pferdenarren das wahre Vergnügen. Hinreißend bocken, wiehern und jagen die Vollblüter über merry old Englands fette Weiden. Die Mimen versuchen, den Konkurrenten eine Länge voraus zu sein. Durchs Ziel aber geht das Rassepferd an sich.

Kai Niemeyer, AZ

Michael Althen in: SZ, 12.12.90; Daniel Brunner in: FAZ, 8.12.90; Sebastian Feldmann in: Rheinische Post, 7.12.90

Ein Königreich vor unserer Zeit 526

WIZARDS OF THE LOST KINGDOM 2 *

Video

Regie: Charles B. Griffith
Darsteller: Mel Welles (Caedmon), Bobby Jacoby (Tyor), David Carradine (Dunkler), Susan Lee Hoffman (Idun), Blake Bahner (Erman), Lana Clarkson (Amathea), Henry Brandon (Zarz), Wayne Grace (Vanir), Edward Blackoff (Loki), Sid Haig (Donar), Diana Barton (Freja)
Drehbuch: Lance Smith, Charles B. Griffith
Kamera: Geza Sinkovics (Farbe)
Musik: David M. Rubin
Schnitt: Jonas Thaler
Produktion: Reid Shane, Roger Corman, Sally Mattison für Concorde Pictures/New Classics, USA 1989
Verleih: -/-/-/RCA-Columbia Video
Videostart: 6.3.1990
FSK: ab 12 J.
Länge: 79 Min.

Ein Schwertkämpfer und ein Zauberer begeben sich auf eine gefährliche Reise, um drei Königreiche von der Herrschaft dreier Hexenmeister zu befreien. Unfreiwillig (?) komische Fantasy, die ihr niedriges Budget durch einen umso tieferen Griff in die Asservatenkiste aufzuwiegen versucht.

Ein Koffer für das Syndikat 527

GOOD NIGHT, MY LOVE ***

TV

Regie: Peter Hyams
Darsteller: Richard Boone (Francis Hogan), Michael Dunn (Arthur Boyle), Barbara Bain (Susan Lakely), Victor Buono (Julius Limeway), Gianni Russo, Walter Burke, John Quade, Lou Wagner
Drehbuch: Peter Hyams
Kamera: Earl Rath (Farbe)
Musik: Harry Betts

Schnitt: James Mitchell
Produktion: Ward Sylvester für ABC Circle Films, USA 1972
UA: 17.10.1972, ABC
Sendetermin: 25.8.1990, ZDF, 23.20 Uhr
Länge: 73 Min.

Ein Koffer wird übergeben, dem Kurier kaltblütig der Garaus gemacht, ein Verlobter verschwindet, seine Herzensdame fleht unter Tränen auf Drehbuch-Kommando um Hilfe - und schon haben zwei Privatdetektive, denen mangels Aufträgen ohnehin das Wasser bis zum Hals steht, die Mafia im Genick. Ein smarter Schmunzelkrimi, der nicht nur das Milieu auf die Schippe nimmt, sondern auch manch »ernsthaften« Krimi. *Mannheimer Morgen*

Kogel-Mogel 528

KOGEL-MOGEL ***

Regie: Roman Zaluski
Darsteller: Grazyna Blecka-Kolska (Katarzyna), Ewa Kasprzyk (Wolanska), Zdzislaw Warejn (Wolanski), Katarzyna Laniewska (Solska), Malgorzata Lorentowicz (Großmutter), Jerzy Turek (Solski), Dariusz Siatkowski (Pawel), Jerzy Rogalski (Kolasa), Maciek Koterski (Piotrus)
Drehbuch: Ilona Lepkowska, Roman Zaluski
Kamera: Jacek Mieroslawski (Farbe)
Musik: Seweryn Krajewski
Schnitt: Roman Kolski, Ewa Pakulska
Produktion: Zbigniew Grabowski für Zespoly Polskich Producentow Filmowe, Zespol Filmowy »Oko«, Polen 1988
Verleih: Progreß/-/-
UA: 15.8.1988
Kinostart: 20.7.1990
Länge: 112 Min.

Einer der bekanntesten Regisseure des »Dritten polnischen Kinos«, Roman Zaluski, der sich in den letzten Jahren vor allem der Komödie um die kleinen Leute in der modernen polnischen Gesellschaft gewidmet hat, stellt auch in seinem neuen Werk sehr durchschnittliche Menschen vor: In »Kogel-Mogel« wird von einer jungen Frau erzählt, die gegen den Willen der Eltern in der Stadt ein Studium aufnimmt und so ihrem vorgegebenen Schicksal als Bauersfrau auf einem winzigen Hof entflieht. Ihre Lebensperspektiven in der Stadt scheinen auf den ersten Blick weitaus besser zu sein als im heimatlichen Dorf, doch Probleme türmen sich auch hier allzubald auf. Katarzyna muß sich entscheiden, welchen Weg sie gehen will. Eine Hilfe dabei ist ein junger Mann, der vom Lande kommt, Landwirtschaft studiert hat und danach in sein Dorf zurückkehren will - ein Dorf, das er mit verändern möchte... *Kino DDR*

Komm und sieh das Paradies 529

COME SEE THE PARADISE ***

Regie: Alan Parker
Darsteller: Dennis Quaid (Jack McGurn), Tamlyn Tomita (Lily Kawamura), Sab Shimono (Mr. Kawamura), Shizuko Hoshi (Mrs. Kawamura), Stan Egi (Charlie Kawamura), Ronald Yamamoto (Harry Kawamura), Akemi Nishino, Naomi Nakano, Brady Tsurutani, Elizabeth Gilliam, Shyree Mezick, Caroline Junko, Pruitt Taylor, Colm Meaney, Becky Ann Baker
Drehbuch: Alan Parker
Kamera: Michael Seresin (Deluxe Color)
Musik: Randy Edelman
Schnitt: Gerry Hambling
Produktion: Robert F. Colesberry, USA 1990
Verleih: 20th Century Fox/dto./dto./ CBS-Fox Video
UA: 13.5.1990, Int. Filmfestspiele Cannes
Kinostart: 27.9.1990
FSK: ab 12, ffr.
Länge: 132 Min.
FBW: Besonders wertvoll

Der Film ist eine ausladende, akkurate Chronik der Deportation einer großen Familie zusammen mit Tausenden anderer Japaner in die US-Internierungslager 1941, nach dem Überfall auf Pearl Harbor. Beziehungslos daneben stehen eine sentimentale Lovestory und Episoden eines radikalen, in frühe Arbeitskämpfe verwickelten Arbeiters. Parker weicht dem brisanten

Regisseur Alan Parker (l.) dreht »Komm und sieh das Paradies«.

Stoff aus, macht ihn zum pompösen historischen Epos. Ehrenwert, lang und etwas langweilig. *Wolf Donner, tip*

Michael Althen in: SZ, 2.10.90; Heike Kühn in: FR, 2.10.90; Verena Lueken in: FAZ, 2.10.90; Rainer Nolden in: Die Welt, 8.10.90; Jochen Schütze in: Prinz, 10/90

Die Komödiantin 530

KOMEDIANTKA ***

Regie: Jerzy Sztwiertnia
Darsteller: Malgorzata Pieczynska (Janka Orlowska), Beata Tyszkiewicz (Cabinska), Marzena Trybala (Majkowska), Krzysztof Kowalewski (Cabinski), Wladyslaw Kowalski (Glogowski), Piotr Dejmek (Wladek), Bronislaw Pawlik (Orlowski), Krzysztof Wakulinski (Topolski), Grazyna Szapolowska (Nicoletta), Henryk Bista (Doktor), Katarzyna Figura (Mimi Zarzecka)
Drehbuch: Jerzy Sztwiertnia, nach dem gleichn. Roman von W.S. Reymont
Kamera: Andrzej Ramlau (Farbe)
Musik: Adam Slawinski
Schnitt: Anna Wilska
Produktion: Jerzy R. Michaluk für Zespoly Filmowe, Gruppe »Rondo«, Polen 1986
Verleih: Progreß/-/-
UA: 4.5.1987
Kinostart: 11.5.1990
FSK: ab 14 J.
Länge: 112 Min.

Melodram um eine junge Frau, die sich im Theater das große Glück erhofft. Als ihre Träume dort auch betrogen werden und sie den Weg der Anpassung nicht gehen will, scheidet sie freiwillig aus dem Leben.

Eine Komödie im Mai 531

MILOU EN MAI *****

Regie: Louis Malle
Darsteller: Michel Piccoli (Milou), Miou-Miou (Camille), Michel Duchaussoy (Georges), Dominique Blanc (Claire), Harriet Walter (Lily), Bruno Carette (Grimaldi), François Berleand (Daniel), Martine Gautier (Adèle), Paulette Dubost (Madame Vieuzac), Rozenn le Tallec, Renaud Danner, Jeanne Herry-Leclerc
Drehbuch: Louis Malle, Jean-Claude Carrière
Kamera: Renato Berta (Farbe)
Musik: Stèphane Grappelli, Mozart, Debussy

Piccoli mit Piccolo. Szenenfoto aus Louis Malles »Eine Komödie im Mai«.

Schnitt: Emmanuelle Castro
Produktion: Vincent Malle für Nouvelles Editions de Films/TF1 Films Prod./Ellepi Films, Frankreich/Italien 1989
Verleih: NEF 2/Smile/Sadfi/Starlight Video
UA: 24.1.1990, Paris
Kinostart: 15.3.1990
FSK: ab 12, nffr.
Länge: 107 Min.
FBW: Besonders wertvoll

Im Mai 1968, als die Studenten auf die Barrikaden gingen, versammeln sich in einem Landhaus in der südwestfranzösischen Provinz Familienangehörige zur Beerdigung ihrer Mutter und Großmutter. Sie streiten um die Erbschaft, flirten und rivalisieren, geben sich einige Stunden den Träumen von Glück und freier Liebe hin, um schließlich in Panik vor der heranrükkenden »Revolution« in die Wälder zu fliehen. An Louis Buñuel erinnernde, aber weniger ätzende Schilderung des »diskreten Charmes der Bourgeoisie« und ihres Verhaltens angesichts des Todes und einer Gesellschaft, die aus den Fugen zu geraten droht. *Zoom*

(...) Die Bobachtung der Figuren und Ereignisse wird nicht nur zum Kommentar der Politik im Hintergrund, sondern auch zu einer weiterreichenden Parabel. Ein sorgfältiges Drehbuch, faszinierende Schauspieler, eindrucksvolle Bilder mit feiner Ironie, klugen Anspielungen und differenzierter Aussagekraft kennzeichnen dieses Meisterwerk von Louis Malle. *multimedia*

Michael Althen in: SZ, 17.3.90; Volker Baer in: Der Tagesspiegel, 25.3.90; Andreas Kilb in: Die Zeit, 16.3.90; Annette Meyhöfer in: Der Spiegel, 11/90; Gerhard Midding in: Kölner Stadt-Anzeiger, 17.3.90; Helmut Schmitz in: FR, 15.3.90; Susanne Weingarten in: FAZ, 15.3.90

Komplott gegen Harry — 532

THE PLOT AGAINST HARRY ****

Regie: Michael Roemer
Darsteller: Martin Priest (Harry Plotnick), Ben Lang (Leo Perlmutter), Maxine Woods (Kay Plotnick), Henry Nemo (Max), Jacques Taylor (Jack Pomerance), Jean Leslie (Irene Pomerance), Ellen Herbert (Mae Klepper), Sandra

Kazan (Margie Skolnik), Ronald Coralian (Mel Skolnik), Ruth Roemer, Max Ulman, Margo Solin
Kamera: Robert Young
Musik: Frank Lewin
Schnitt: Terry Lewis, Georges Klotz
Produktion: Michael Roemer, Robert Young für King Screen, USA 1969/1989
Verleih: TiMe/-/Filmcoopeative
EA: 29.6.1990, Filmfest München
Kinostart: 6.12.1990 (WA)
Länge: 81 Min.

Eine sanfte, feine New Yorker Komödie aus dem Jahr 1969. Harry, der Spieler, muß nach einem Gefängnisaufenthalt feststellen, daß sein Ring vor der Pleite steht. Er versucht, das Steuer noch einmal herumzureißen, doch seine jüdische Familie will Harry partout auf den Weg der Tugend bringen. Roemer hat in seinem Film nebenbei viel von der Atmosphäre der multikulturellen Gesellschaft Manhattans eingefangen. *Achim Forst, tip*

Frank Arnold in: Der Tagesspiegel, 16.12.90; Angie Dullinger in: AZ, 29.6.90; Frauke Hanck in: Die Welt, 7.12.90; Peter Körte in: FR, 13.12.90; H. G. Pflaum in: SZ, 5.1.91; Claudia Wefel in: FAZ, 17.12.90

Konrad Zuse 533

****

16 mm

Regie: Mathias Knauer
Darsteller: Gisela Zuse, Konrad Zuse, Walter Buttman, Andreas Grohmann, Ursula Schweier
Drehbuch: Mathias Knauer, Emil Zopfi
Kamera: Rob Gnant
Schnitt: Mathias Knauer
Produktion: Filmkollektiv/Attacca/ Känguruh, Schweiz/BRD 1990
Verleih: -/-/Filmcooperative
Länge: 73 Min.

Mathias Knauers dokumentarisches Porträt »des Computerpioniers und seiner Maschinen« vermittelt durch Gespräche mit Konrad Zuse, dessen Ehefrau Gisela und verschiedenen Freunden und Bekannten Einblick in Leben und Werk eines großen Denkers. Der Film beeindruckt vor allem durch die Präsenz des heute achtzigjährigen deutschen Computertechnikers, aber auch durch die Aufnahmen der ersten »rechenplangesteuerten Rechenmaschinen« und deren Nachfolger. *Zoom*

Nach 20 Jahren endlich im Kino. »Komplott gegen Harry« von Michael Roemer mit Martin Priest in der Titelrolle.

Kopffeuer 534

***

Regie: Erwin Michelberger
Darsteller: Nobuyuki Takayama (Yukio), Seyran Ates (Alev), Ameise (David), Klaus Pawlak (Gerold), Peter Kern, Volker Spengler, Ünal Gümüs, Harald Tonhauser, Ralph Zühlke, Jörg Brodde, Yüksel Cahgloglu, Peer Frank, Martin Hermes, Götz Armin Joas, Jean-Marie Ivan, Eckard Schulze,
Drehbuch: Erwin Michelberger
Kamera: Jörg Schalk (Farbe)
Musik: CYAN; Songs: Welcome Happy Man
Schnitt: Irmingard Buttler
Produktion: Joachim Rüsenberg für Lerm-Film/NDR, BRD 1987
Verleih: Basis
Kinostart: 5.7.1990
Länge: 87 Min.
Gefördert mit Mitteln der kulturellen Filmförderung des Landes NRW, des Hamburger Filmbüros und des Film Fonds Hamburg

Der Film ist ein mit Laiendarstellern besetztes, rührend naives Märchen über vier ausgestoßene Jugendliche (zwei Ausländer und zwei schwule Stricher), die sich in einer leerstehenden Fabrikhalle ein neues Zuhause schaffen und dabei ihre Sehnsucht nach Gemütlichkeit entdecken. Das wenig verstörende Werk erinnert zur Hälfte an die seligen Zeiten des sozialistischen Realismus, zur anderen an Werbung für alternative Sozialarbeit.
Doja Hacker, tip

Sabine Carbon in: Der Tagesspiegel, 10.7.90

Ein Kopfgeldjäger sieht rot

Siehe »Logan Blade - Ein Kopfgeldjäger sieht rot«

Kopflos durch die Nacht 535

IT TAKES TWO

***

Video

Regie: David Beaird
Darsteller: George Newbern (Travis Rogers), Leslie Hope (Stephi Lawrence), Kimberly Foster (Jonni Tigersmith), Barry Corbin (George Lawrence), Anthony Geary (Wheel), Frances Lee McCain (Joyce Rogers), Patrika Darbo (Dee Dee), Marco Perella
Drehbuch: Richard Christian Matheson, Thomas Szollosi
Kamera: Peter Deming (Farbe)
Musik: Peter Afterman
Schnitt: David Garfield
Produktion: Robert Lawrence für United Artists, USA 1988
Verleih: -/-/-/Warner Home Video
Videostart: 10.7.1990
FSK: ab 12 J.
Länge: 81 Min.

Kurz vor seiner Hochzeit bekommt ein Bräutigam kalte Füße. In einer Kurzschlußreaktion entschließt er sich zum Kauf eines Sportwagens, wobei er auch gleich eine rassige Verkäuferin kennenlernt. Romantische Komödie, deren unverbrauchte Besetzung die etwas biedere Story teilweise aufzuwiegen vermag.

Die Krays 536

THE KRAYS

***

Regie: Peter Medak
Darsteller: Billie Whitelaw (Violet Kray), Gary Kemp (Ronald Kray), Martin Kemp (Reginald Kray), Susan Fleetwood (Rose), Charlotte Cornwell (May), Jimmy Jewel (Cannonball Lee), Avis Bunnage (Helen), Kate Hardie (Frances), Alfred Lynch (Charlie Kray sr.), Tom Bell (Jack -The Hat- McVitie), Steven Berkoff (George Cornell), Gary Love, Victor Spinetti, Barbara Ferris, Julia Migenes
Drehbuch: Philip Ridley
Kamera: Alex Thomson (Farbe)
Musik: Michael Kamen
Schnitt: Martin Walsh
Produktion: Dominic Anciano, Ray Burdis für Fugitive Features, GB 1990
Verleih: Delta/Elmo/-/RCA-Columbia Video
Kinostart: 27.9.1990
FSK: ab 18, ffr. – *FBW:* Wertvoll
Länge: 119 Min.

Der Film basiert auf der Lebensgeschichte eines Londoner Zwillingspaares, das vor dreißig Jahren die Stadt terrorisierte wie weiland Capone Chicago. Der darstellerischen Leistung des Brüderpaares Gary und Martin Kemp (»Spandau Ballet«) verdankt der Film seine überzeugende psychologische Spannung – und nicht der mitunter zu bombastischen Regie Medaks.
Alfred Holighaus, tip

Elke Frick in: FR, 27.9.90; Michael Laages in: Die Welt, 4.10.90; Jürgen Veile in: Prinz, 10/90

Martin und Gary Kemp spielen die berüchtigten Zwillingsbrüder »Die Krays«.

Kritische Tage 537
DIAS DIFICILES ***

Regie: Alejandro Pelayo Rangel
Darsteller: Alejando Parodi (Edmundo Castelar), Fernando Balzaretti (Ricardo Castelar), Luis Manuel Pelayo (Ezequiel Rodriguez), Blanca Guerra (Luisa Castelar), Luisa Fernanda Gonzalez (Mónica Castelar), Beatriz Aguirre (Doua Amalia), Aaron Hernan, Juan Carlos Colombo, Guillermo Gil, Juan de la Loza, Ruben Cristiani
Drehbuch: Victor Hugo Rascón, Banda, Alejandro Pelayo
Kamera: Arturo de la Rosa (Farbe)
Musik: Arturo Márquez
Produktion: Cooperative »José Revueltas«, Producciones Penichet, Mexiko 1987
Verleih: Progreß/-/-
Kinostart: 2.2.1990
FSK: ab 14 J.
Länge: 87 Min.

Mit einem Todesfall beginnen und mit einem weiteren enden sie, die »Kritischen Tage« für die nordmexikanische Industriellenfamilie Castelar: Als der Seniorchef stirbt, fällt dem Sohn Edmundo die Geschäftsleitung zu. Ein schwieriges Erbe tritt er an, sind doch die Betriebe verschuldet, und neuerlich hohe Ausgaben verlangen die von der Regierung geforderten Umweltschutz-Anlagen. Edmundo will zwischen den Interessen vermitteln. Doch Bruder Ricardo, den es drängt, selbst Firmenchef zu werden, verbündet sich mit dem Chef des Industriellenverbandes und Boß der Ultrarechten. *Kino DDR*

Kuck' mal, wer da spricht 538
LOOK WHO'S TALKING ***

Regie: Amy Heckerling
Darsteller: John Travolta (James), Kirstie Alley (Molly), Olympia Dukakis (Rosie), George Segal (Albert), Abe Vigoda (Großvater), Bruce Willis/Thomas Gottschalk (Stimme des Babys), Jason Schaller, Jaryd Waterhause
Drehbuch: Amy Heckerling
Kamera: Thomas Del Ruth (Alpha Cine Color/Technicolor)
Musik: David Kitay
Schnitt: Debra Chiate
Produktion: Jonathan D. Krane für Jonathan D. Krane/MCEG Prod., USA 1989

Verleih: Columbia Tri-Star/dto./dto./ RCA-Columbia Video
Kinostart: 3.5.1990
FSK: ab 12, ffr.
Länge: 96 Min.

Der Film schwimmt im Kielwasser der Babyboom-Filme der letzten Jahre und läßt sich gleichzeitig von der Welle der italoamerikanischen Familienfilme mitziehen. Taxifahrer fährt werdende Mutter, die ein Kind von ihrem verheirateten Geliebten erwartet, mit Höllentempo in die Klinik und bewirbt sich dann lange und hartnäkkig um den Posten des Papas. Gag des Films ist, daß Baby-Boy wie ein Alter spricht (hörbar nur für die Zuschauer), im Deutschen mit der Stimme von Schnodder-Schnauze Thomas Gottschalk. John Travolta, diesmal in Lederjacke, mimt überzeugend den smarten und notorisch kinderlieben Italo. *Achim Forst, tip*

Ulli Hübsch in: Prinz, 5/90

Kurzer Prozeß

Siehe »Dead Bang - Kurzer Prozeß«

Ein kurzes Leben lang 539

A TIME TO LIVE **

TV

Regie: Rick Wallace
Darsteller: Liza Minnelli (Mary-Lou Weisman), Jeffrey DeMunn (Larry Weisman), Swoosie Kurtz (Patricia), Scott Schwartz (Adam Weisman), Corey Haim (Peter Weisman), Janine Manatis, Henry Sanders, Doris Petrie, Karen Shallo, Francois Klanfer, Ken Pogue
Drehbuch: John McGreevey, nach einem Buch von Mary-Lou Weisman
Kamera: Fred Murphy (Farbe)
Musik: Georges Delerue
Schnitt: William Anderson
Produktion: Blue Andre für ITC Prod., USA 1984
UA: 28.10.1985, NBC
Sendetermin: 13.4.1990, ARD, 20.15 Uhr
Länge: 91 Min.

Wer sich vom Hollywood-Nimbus blenden ließ und dem Heide-Pils-Film das US-Fernsehstück »Ein kurzes Leben lang« vorzog, der sah zwar eine eindrucksvolle Liza Minnelli, aber einen schlechten Film. Die authentische Geschichte von Mary-Lou Weisman über das radikal veränderte Leben einer Mutter, die ihr an Muskelschwund dahinsiechendes Kind 13 Jahre lang pflegt, wurde hemmungslos in die billige Schnulzenmangel genommen: Edeltragödie mit Kino-Blitzblankeffekt, auf dekorative Ausbrüche zurechtgestutzt. Das tropfte ab wie Öl. *AZ*

Der Kuß der Bestie 540

MERIDIAN - KISS OF THE BEAST *

Video

Regie: Charles Band
Darsteller: Sherilyn Fenn (Catherine), Malcolm Jamieson (Lawrence/Oliver), Hilary Mason (Martha), Phil Fondacaro (Zwerg), Vernon Dobicheff (Priester), Alex Daniels (Ungeheuer), Vito Passeri (Adriano), Angelo DeBianchi
Drehbuch: Dennis Paoli
Kamera: Mac Ahlberg
Musik: Pino Donaggio
Schnitt: Ted Nicolaou
Produktion: Charles Band, Debra Dion für Full Moon Prod./BandCompany International, USA 1990
Verleih: -/-/-/CIC Video
Videostart: 22.11.1990
FSK: nicht unter 18 J.
Länge: 85 Min.

Auf dem Schloß ihrer Ahnen verfällt eine Künstlerin einem dreihundertjährigen Untoten, sieht sich jedoch außerstande, ihn umzubringen, wie der auf ihm liegende Fluch es verlangt. Die Schöne ist die gutaussehende Sherilyn Fenn. Die Bestie ist Regisseur Charles Band, der es wieder einmal schafft, einen uralten Topos ohne die geringste Innovation auf die Leinwand zu klatschen.

L

L.A. Bounty 541
L.A. BOUNTY **
Video

Regie: Worth Keeter
Darsteller: Sybil Danning (Ruger), Wings Hauser (Cavanaugh), Henry Darrow (Lt. Chandler), Lenore Kasdorf (Kelly Rhodes), Robert Hanley, Van Quattro
Drehbuch: Michael W. Leighton
Kamera: Gary Graver (Fotokem Color)
Musik: Howard Leese
Schnitt: Stewart Schill
Produktion: Sybil Danning, Michael W. Leighton für Adventuress Prod., USA 1989
Verleih: -/-/-/UFA Video
Videostart: 12.2.1990
FSK: nicht unter 18 J.
Länge: 81 Min.

Eine Kopfgeldjägerin auf der bleireichen Hatz nach einem Drogenhändler, der vor Jahren ihren Partner um die Ecke gebracht hat. Sybil Danning als kühle Rachegöttin in einem schnörkellosen Film, der seine mangelnde Originalität durch umso größere Kaliber aufzuwiegen hofft.

L.A. 2088 – Die Zukunft ist jetzt 542
OUT OF TIME **
Video

Regie: Robert Butler
Darsteller: Bruce Abbott (Channing Taylor), Bill Maher (Max Taylor), Adam Ant (Markus), Rebecca Schaeffer (Pam), Kristian Alfonso (Cassandra), Leo Rossi (Hawkins), Ray Girardin (Captain Krones), Tom LaGrua (Frank), Arva Jolt
Drehbuch: Brian Alan Lane, John J. Sakmar, Kerry Lenhart
Kamera: Lloyd Ahern II (Farbe)
Musik: Andy Summers
Schnitt: Daniel Cahn
Produktion: David Latt für Columbia TV, USA 1988
Verleih: -/-/-/VCL Video
Videostart: 22.8.1990
Sendetermin: 17.7.1988, NBC
FSK: ab 12 J.
Länge: 97 Min.

Ein Polizist des Jahres 2088 folgt einem gefährlichen Mörder und Zeitmaschinenräuber in die heutige Zeit, kann ihn unschädlich machen und seinem Urgroßvater einige wertvolle Tips hinterlassen. Harmloser Pilotfilm einer geplanten TV-Serie im Gefolge von »Time Tunnel«.

Labyrinth der Leidenschaften 543
LABERINTO DE PASIONES ****

Regie: Pedro Almodóvar
Darsteller: Cecilia Roth (Sexilia), Imanol Arias (Riza Niro), Helga Line (Toraya), Marta Fernandez-Muro (Queti), Fernando Vivanco (Dr. de la Peña), Ofelia Angelica (Susana), Angel Alcazar (Eusebio), Concha Gregori (Angustias), Cristina Sanchez Pacual, Fany McNamara, Antonio Banderas, Luis Ciges
Drehbuch: Pedro Almodóvar
Kamera: Angel Luis Fernandez (Farbe)
Schnitt: Jose Salcedo
Produktion: Alphaville, Spanien 1982
Verleih: prokino/-/-
Kinostart: 22.11.1990
FSK: ab 16, ffr.
Länge: 97 Min.

Ein anarchistisches Frühwerk: Sexilia, die nymphomane Tochter eines Gynäkologen, verliebt sich in den homosexuellen Sohn eines südamerikanischen Potentaten, der von Terroristen entführt werden soll. Persiflage auf Freud, Rockmusik und Politik. Grell, ohne Respekt für Sitten, Moral und Filmgenres. *André Simonoviescz, tip*

Fritz Göttler in: SZ, 11.12.90; Sabine Horst in: FR, 6.12.90; Carla Rhode in: Der Tagesspiegel, 23.11.90; Christian Seebaum in: Kölner Stadt-Anzeiger, 22.12.90; Verena Lueken in: FAZ, 6.12.90

Lady Check – Jetzt sind mal die Männer dran 544
LA VIDA ALEGRE **
Video

Regie: Fernando Colomo
Darsteller: Veronica Forqué (Ana), Antonio Resines (Antonio), Ana Obregón (Carolina), Massiel (Rosi), Miguel A. Rellán, Guillermo Montesinos, Itziar Alvarez

Drehbuch: Fernando Colomo
Kamera: Javier G. Salmones (Farbe)
Musik: Suburbano
Produktion: El Catalejo/Spanish TV, Spanien 1987
Verleih: -/-/-/Taurus Video
Videostart: 15.1.1990
FSK: ab 12 J.
Länge: 98 Min.

Antonio sieht nur ungern, daß seine Frau Heim und Herd verläßt und eine Praxis zur Bekämpfung von Geschlechtskrankheiten eröffnet. Versuche von seiten des Ministeriums, Ana zu stoppen, scheitern sowohl an ihrer steigenden Popularität als auch an der Tatsache, daß ihr Mann und der Minister selbst bald ärztliche Hilfe in Anspruch nehmen müssen. Freche Unterhaltung, die 1987 auf dem Komödienfestival in Vevey lobend erwähnt wurde. *VideoWoche*

Lady Macbeth aus dem Landkreis Mzensk 545

LEDI MAKBET MZENSKOWO UESDA **

Regie: Roman Balajan
Darsteller: Natalja Andrejtschenko (Katerina), Aleksander Abdulow (Sergej), Nikolaj Pastuchow (Ehemann), Tatjana Krawtschenko, Oleg Iljuchin, Jelena Koltschugina, Natalja Potapowa
Drehbuch: Roman Balajan, Pawel Finn, nach der gleichn. Erzählung von Nikolaj Leskow
Kamera: Pawel Lebeschew (Farbe)
Musik: Jewsef Jewsejew
Produktion: Mosfilm, UdSSR 1989
Verleih: Progreß/-/-
Kinostart: 21.12.1990
Länge: 94 Min.

An den ältlichen, ungeliebten Kaufmann Sinowi verheiratet, verdämmert die junge, lebensvolle Katerina ihre Tage auf dem Landgut. Da überkommt sie die Liebe zu dem Bediensteten Sergej wie ein Naturereignis: Alle verdrängten Sehnsüchte brechen auf, ihr Leben erhält wieder einen Sinn. Katerina erwägt jedoch nicht einen Augenblick die Folgen ihres Ehebruchs; in unbedingter Hingabe liefert sie sich und den Geliebten einem verhängnisvollen Schicksal aus.

Ohne moralische Bewertung, doch voller Verständnis für die Bedrängnis des nach Erfüllung strebenden Menschen zeigt Roman Balajans Film kontroverse Stimmungen, eindringliche Metaphern, poetisierte Natur- und Landschaftsatmosphäre.

Kino DDR

Lady Ninja – Geheimkommando D.E.A.T.H. 546

CHALLENGE OF LADY NINJA *

Video

Regie: Lin Ho Yin
Darsteller: Yang Hui Sang, Chen Kuan Tai, Shing Yung Peng
Produktion: Hongkong 1988
Verleih: -/-/-/IVE Video
Videostart: 26.2.1990
FSK: nicht unter 18 J.
Länge: 88 Min.

Nach siebzehn Jahren Training verläßt ein weiblicher Ninja ihren Orden, um – was sonst? – den Tod ihres Vaters von Hand ihres ehemaligen Verlobten zu rächen.

Lady Terminator – Nasty Hunter 547

LADY TERMINATOR *

Video

Regie: Jalil Jackson
Darsteller: Barbara Anne Constable, Christopher J. Hart, Claudia Angelique Rademaker, Joseph P. McGlynn, Adam Stardust, Ikang Fawzi
Drehbuch: Karr Kruinowz
Kamera: Chuchu Suteja (Farbe)
Musik: Ricky Brothers
Produktion: Ram Soraya für Soraya Intercine Film/108 Sound Studio, USA/Indonesien 1989
Verleih: -/-/-/Highlight Video
Videostart: 5.3.1990
FSK: nicht unter 18 J.
Länge: 82 (75) Min.

Der Geist einer männermordenden Südseekönigin ergreift Besitz von einer Anthropologin und macht sich an die blutreiche Rache an der Urenkelin ihres hundertsten Ehemanns.

Ein hanebüchenes Potpourri aus Fantasy, Horror- und Söldnerfilm, das in einigen Szenen ungeniert James Camerons »Terminator« kopiert und mit anderen recht drastisch männliche Kastrationsängste schürt.

VideoWoche

Ladykillers 548

LADYKILLERS **

Video

Regie: Robert Lewis
Darsteller: Marilu Henner (Samantha Flannery), Lesley-Anne Down (Morganna Ross), Susan Blakely (Lilah Corbett), Thomas Calabro (Cavanaugh), William Lucking (Captain Bucholtz), Alexandra Borrie (Jane Rand), Mark Carlton (Sgt. Kramer), David Correia (Garcia), Gary Hudson (Michael Foster)
Drehbuch: Gregory S. Dinallo
Kamera: Thomas del Ruth (Farbe)
Musik: Mark Snow
Schnitt: J.P. Farrell
Produktion: Andrew Hill für Barry Weitz Films/ABC Circle Films, USA 1988
Verleih: -/-/-/EuroVideo
Videostart: 2.5.1990
Sendetermin: 9.11.1988, ABC
FSK: ab 16 J.
Länge: 95 Min.

In einem Männerstrip-Club kommt es zu mehreren Schlitzermorden. Eine Polizistin und ihr Freund ermitteln.

»Ladykillers«

Konventioneller Fernsehthriller, der neben seiner Umkehr üblicher Rollenverteilungen herzlich wenig zu bieten hat.

Das Lächeln der Sonne 549

ZIMBET DE SOARE ***

Regie: Elisabeta Bostan
Darsteller: Carmen Galin, Mircea Diaconu, Bianca Brad, Tudor Petrut, Ileana Stan Ionescu, George Mihaita, Rudy Rosenfeld
Drehbuch: Vasilica Istrate
Kamera: Ion Marinescu (Farbe)
Musik: Marius Teicu
Produktion: Studio »Bucarest«, Rumänien 1988
Verleih: Progreß/-/-
Kinostart: 23.3.1990
Länge: 90 Min.

Kinderfilm-Musical um eine Schülerband, die sich mit einem fliegenden roten Oldtimer auf eine märchenhafte Reise begibt.

Lambada – Heiß und gefährlich 550

LAMBADA *

Video

Regie: Giandomenico Curi
Darsteller: Andrew J. Forest (Michael), Mary Sellers (Annabelle), Vya Negromonte, Carlinhos DeJesus, Lana Francis, Kadu Karniero, Elba Ramalho
Drehbuch: Giandomenico Curi
Kamera: Gianlorenzo Battaglia (Telecolor)
Musik: Kaoma do Brasil
Schnitt: Sergio Montanari
Produktion: Galliano Juso für Metrofilm/Universo Filmes, Italien/Brasilien 1990
Verleih: -/-/-/VCL Video
Videostart: 25.6.1990
FSK: ab 16 J.
Länge: 90 Min.

Bei Videoclip-Dreharbeiten in Rio verknallt sich ein amerikanischer Regisseur in eine rassige Mulattin, was wiederum einem Bandenchef sauer aufstößt; beim großen Tanzturnier gegen Ende kommt indes alles wieder ins Lot. Pseudoerotischer Schmalhirnbeitrag zur gottlob gräßlich gefloppten Lambada-Vermarktungswelle.

Lambada – Set The Night On Fire 551

LAMBADA - SET THE NIGHT ON FIRE **

Regie: Joel Silberg
Darsteller: J. Eddie Peck (Kevin), Melora Hardin (Sandy), Shabba-Doo (Ramone), Ricky Paull Goldin (Dean), Basil Hoffman (Supt. Leland), Dennis Burkley (Onkel Big), Keene Curtis (Principal Singleton)
Drehbuch: Joel Silberg, Sheldon Renan, nach einer Story von Joel Silberg
Kamera: Roberto D'Ettore Piazzoli (Farbe)
Musik: Greg de Belles; Seth Kaplan
Schnitt: Marcus Manton
Produktion: Peter Shepherd für Cannon/ Film and Television Co., USA 1989
Verleih: Warner Bros./-/-/VMP Video
UA: 16.3.1990
Kinostart: 12.4.1990
FSK: ab 12, nffr.
Länge: 104 Min.

Der Film erzählt von einem netten, aber nicht ausgelasteten Mathe-Lehrer, der sich nachts als Disco-King im Wettbewerb um den besten »Macho-Latino« austobt. Als die Ekstase nachläßt, folgt ihr eine Identitätskrise. *tip*

Andreas Obst in: FAZ, 14.4.90

Land der schwarzen Sonne 552

MOUNTAINS OF THE MOON **

Regie: Bob Rafelson
Darsteller: Patrick Bergin (Richard Burton), Iain Glen (John Hanning Speke), Fiona Shaw (Isabel Arundell), Richard E. Grant (Laurence Oliphant), Peter Vaughan (Lord Houghton), Roger Rees (Edgar Papworth), Bernard Hill (David Livingstone), Anna Massey (Mrs. Arundell), Leslie Phillips (Mr. Arundell), Delroy Lindo, Paul Onsongo, Peter Eyre, James Villiers, Omar Sharif, Roshan Seth, Doreen Mantle, Pip Torrens
Drehbuch: William Harrison, Bob Rafelson, nach dem Roman »Burton and Speke« von William Harrison und den Tagebüchern von Richard Burton und John Hanning Speke
Kamera: Roger Deakins, Dick Pope (Rank Color Technicolor)
Musik: Michael Small; Originalmusik gespielt vom Graunke Sinfonie Orchester, dirigiert von Allan Wilson
Schnitt: Thom Noble
Produktion: Daniel Melnick für Indieprod, USA 1990
Verleih: Scotia/Constantin/Monopole Pathé/UFA Video
Kinostart: 10.5.1990
FSK: ab 12, ffr.
Länge: 126 Min.

Zweimal brechen die britischen Afrikaforscher Richard Burton und John Speke mit einer großen Expedition zu den Quellen des Nil auf. Die tausend Gefahren, die der Schwarze Kontinent in der zweiten Hälfte des 19. Jahrhunderts birgt, lassen die beiden sehr verschiedenen Männer zu Freunden werden. Ihre Freundschaft zerbricht in England, wo Speke das Opfer einer Intrige wird und Burton verrät. Diese Mischung aus Abenteuerfilm und Seelendrama ist sehr konventionell inszeniert. *Zoom*

Der Film singt das Hohelied des abenteuerlichen Forschertums im Zeitalter des Kolonialismus. Eine Männerfreundschaft wird auf Expeditionen in blutigen Kämpfen mit mörderischen Schwarzen gestählt. Lohn der Strapazen ist die Entdeckung des Victoria-Sees. Die Afrikaner sind überwiegend gesichtslose Wilde, die weißen Helden verkörpern nicht viel mehr als ihre eigenen Charakterklischees.

Achim Forst, tip

Michael Althen in: SZ, 19.5.90; Verena Lueken in: FAZ, 12.5.90

Das lange Elend 553

THE TALL GUY ***

Regie: Mel Smith
Darsteller: Jeff Goldblum (Dexter King), Emma Thompson (Kate Lemon), Rowan Atkinson (Ron Anderson), Emil Wolk (Cyprus Charlie), Geraldine James (Carmen), Kim Thomson (Cheryl), Susand Field (Dr. Freud), Hugh Thomas, Peter Kelly
Drehbuch: Richard Curtis
Kamera: Adrian Biddle (Farbe)
Musik: Peter Brewis
Schnitt: Dan Rae
Produktion: Paul Webster für Working Title Prod., GB 1989

Tall Guy Jeff Goldblum mit Emma Thompson in der britischen Komödie »Das lange Elend«.

Verleih: Concorde/Czerny/Rialto/Virgin Video
Kinostart: 29.3.1990
FSK: ab 12, ffr.
Länge: 92 Min.
FBW: Wertvoll

Ein tolpatschiger amerikanischer Schauspieler in London kann sich nach etlichen Schwierigkeiten sowohl eine Rolle als auch eine Freundin angeln. Obwohl sich alles um diesen liebenswerten Pechvogel dreht, setzt die stellenweise etwas spröde Komödie weniger auf gutmütigen Humor als auf bissige, manchmal auch geschmacklose Satire. *multimedia*

Michael Althen in: SZ, 4.4.90; Elke Frick in: FR, 29.3.90; Rolf Lenz in: Prinz, 4/90; Anke Sterneborg in: Der Tagesspiegel, 29.3.90; Susanne Weingarten in: FAZ, 29.3.90

Lange Schatten 554

***

Regie: Mansur Madavi
Darsteller: Adi Hirschal, Karin Kienzer, Ferry Rabi, Robert Polak, John Weiler
Drehbuch: Mansur Madavi
Kamera: Mansur Madavi
Musik: Heinz Leonhardsberger
Produktion: Kamikaze, Österreich 1989
Verleih: -/Filmladen/-
Kinostart: 9.3.1990
Länge: 82 Min.

Ein junger Österreicher - dessen Vater aus dem Iran stammte und, heimgekehrt, hingerichtet wurde - macht mit Freunden ein Kabarettprogramm gegen das Khomeini-Regime und wird deshalb von einem Mordkommando verfolgt. Provokanter Politthriller, der aber trotz seines Themas kaum aufzurütteln vermag; die Charaktere bleiben blaß, die Atmosphäre wirkt verkrampft, und die Actionszenen sind eher plump inszeniert. *multimedia*

Laser Mission 555

*
Video

Regie: Beau Davis
Darsteller: Brandon Lee (Gold), Debi Monahan (Alissa), Ernest Borgnine (Professor Braun), Werner Pochath (Eckhardt), Graham Clark (Kalishnakov),

Pierre Knoessen (Manuel), Maureen Lahoud (Roberts)
Drehbuch: Phillip Guteridge
Kamera: Hans Kühle jr. (Farbe)
Musik: David Knopfler
Schnitt: E. Selave
Produktion: Claus Czaika für Zimuth/ Interfilm/IMV/Karat Film, BRD 1989
Verleih: -/-/-/IMV Video
Videostart: 10.11.1990
FSK: ab 16 J.
Länge: 95 (79) Min.

Auf der Suche nach einem entführten Laserexperten muß sich ein CIA-Agent in der Wüste mit dem - wie immer - bösen KGB herumärgern. Actionspektakel bundesdeutscher Provenienz, das an Dürftigkeit der Handlung mühelos internationalen »Standard« erreicht.

Laßt mich doch eine Taube sein 556

**

Regie: Miomir Stemenkovic
Darsteller: Vanja Drach (Hans Sulka), Manfred Möck (Josef Sulka), Marina Markovic (Anna Sulka), Lutz Leyh (Milan Folk), Slobodan Negic (Boris), Ljiljana Djokovic-Simonovic (Hilde), Joachim Nimtz, Hildegard Alex, Jens Knospe, Uwe Lach, Gojko Mitic
Drehbuch: Wolfgang Held
Kamera: Danijal Sukalo (Farbe)
Musik: Peter Rabenalt
Schnitt: Jelena Djokic
Produktion: Horst Hartwig/Zikrija-Zijo Pasic für Defa-Studios mit Sutjeska Film, DDR/ Jugoslawien 1989
Verleih: Progreß/-/
Kinostart: 23.2.1990
FSK: ab 14 J.
Länge: 109 Min.

Hans Sulkas Sohn Josef, der über Hitlerjugend und faschistische Erziehung im »Reich« zur Waffen-SS kam, kämpft auf der Seite der Okkupanten. Sulkas Tochter Anna hat nach dem Erlebnis eines furchtbaren Massakers den Weg zu den Partisanen gefunden. Lange Zeit bemüht sich der Vater, Hans Sulka, neutral zu bleiben, aber die Ereignisse zwingen ihn, sich für eines seiner Kinder zu entscheiden.

Kino DDR

Last Flight to Hell – Flug in die Hölle 557

THE LAST FLIGHT TO HELL *

Video

Regie: Paul D. Robinson
Darsteller: Reb Brown (Mitch Taylor), Chuck Connors (Reb Farley), Michele Dehne
Drehbuch: Tito Carpi
Kamera: Sergio D'Offizi (Farbe)
Musik: Luigi Ceccarelli
Schnitt: Alberto Moriani
Produktion: Gianfranco Couyoumdjian für Cico Cinematografica, Italien 1989
Verleih: -/-/-/Cannon-VMP Video
Videostart: 3.12.1990
FSK: ab 16 J.
Länge: 93 Min.

Ein Topagent und ein schmuckes Mädel ziehen in den Dschungel, um den entführten Kronzeugen in einem Drogenprozeß zu befreien. Wo bliebe die italienische C-Filmindustrie ohne ihre originellen Einfälle?

The Last Game 558

PALAIS ROYALE **

Video

Regie: Martin Lavut
Produktion: Kanada 1988
Verleih: -/-/-/Starlight Video
Videostart: 29.1.1990
FSK: ab 16 J.
Länge: 100 (92) Min.

Nach leichten Auslieferungsverzögerungen auch gleich ein neuer Titel für »Palais Royale«. Siehe »Heyne-Filmjahrbuch 1990«.

Last Rites 559

LAST RITES **

Video

Regie: Donald P. Bellisario
Darsteller: Tom Berenger (Pater Michael Pace), Daphne Zuniga (Angela), Chick Vennera (Nuzo), Anne Twomey (Zena Pace), Dane Clark (Carlo Pace), Paul Dooley (Pater Freddie), Vassili Lambrinos (Tio)
Drehbuch: Donald P. Bellisario
Kamera: David Watkin (DeLuxe Color)
Musik: Bruce Broughton
Schnitt: Pembroke J. Herring
Produktion: Donald P. Bellisario, Patrick McCormack für MGM, USA 1988
Verleih: -/-/-/MGM/UA Video

Videostart: 10.4.1990
FSK: ab 16 J.
Länge: 103 Min.

Ein Priester flüchtet zusammen mit einer Mordzeugin vor der Mafia nach Mexiko, muß dann jedoch erkennen, daß ihn diese lediglich benutzt hat. Kompliziert verschachtelter Thriller mit gelegentlich überspitzter Darstellung und mittlerweile reichlich bekanntem Priesterkonflikt à la »Die Dornenvögel«. *VideoWoche*

The Last Shot 560

SOTTO IL VESTITO NIENTE **
Video

Regie: Carlo Vanzina
Darsteller: Renée Simonsen (Barbara), Tom Schanley (Bob), Donald Pleasence (Inspektor), Nicola Perring, Maria McDonald, Catherine Noyes, Paolo Tomei, Cyrus Elias
Drehbuch: Carlo Vanzina, Enrico Vanzina, Franco Ferrini
Kamera: Giuseppe Maccari (Farbe)
Musik: Pino Donaggio
Produktion: Achille Manzotti für Faso Film, Italien 1985
Verleih: -/-/-/IMV Video
Videostart: 23.1.1990
FSK: nicht unter 18 J.
Länge: 97 Min.

Variation der »Augen der Laura Mars«-Thematik, die ebenfalls hübsche Models als Blickfang offeriert. Eine Mischung aus Spannung, Sex und plakativer Gewalt. *VideoWoche*

Das latente Bild 561

IMAGEN LATENTE ****

Regie: Pablo Perelman
Darsteller: Bastián Bodenhöfer (Pedro), Mariá Izquierdo (Hochi), Gonzalo Robles (Carlos), Gloria Munchmeyer, Elena Muñoz, Schlomit Baytelman
Drehbuch: Pablo Perelman
Kamera: Beltrán Garciá (Farbe)
Musik: Jaime de Aguirre
Schnitt: Fernando Valenzuela Quinteros
Produktion: Colectivo de Actores y Tecnicos y Productores Chilenos/ Ictus Prod., Chile 1986-88
Verleih: Freunde der Deutschen Kinemathek/-/-
EA: 19.2.1988, Int. Forum des Jungen Films bei der Berlinale
Kinostart: Okt. 1990
Länge: 92 Min.
Original mit Untertiteln

Pedro ist Fotograf. Er sucht seinen vor zehn Jahren verschleppten Bruder und versucht damit auch, sich aus seinen inneren Widersprüchen zu befreien. Pablo Perelman hat einen Anti-Helden gewählt, eine gebrochene Gestalt mit vielerlei Konflikten, in Ehekrise und Arbeitsnot, angeschlagen von den Jahren der Repression, verfolgt vom Traum der Folter, isoliert in vielem. Ein Mann, der sich täglich ein Bild macht von dem, was Unterdrükkung bedeutet, und doch nicht mehr fähig ist, sich wirklich zu engagieren, ein Gefährdeter und manchmal ein Haltloser (...) »Imagen Latente« ist die leidenschaftliche Darstellung einer politischen Untersuchung, die plötzlich für den Fragesteller selbst zu einer grundsätzlichen Befragung seiner selbst wird - mitten in der Hölle der Morde, im Santiago des Jahres 1975.

Katalog Freunde der Deutschen Kinemathek

Karena Niehoff in: Der Tagesspiegel, 21.2.88

Der lautlose Krieg 562

***
16 mm

Regie: Rolf Müller
Kamera: Rolf Müller (Farbe)
Musik: Klaus Landauer
Schnitt: Ursula Dieterich
Produktion: Rolf Müller für Rolf Müller Filmprod., BRD 1989
Verleih: Matthias Film/-/-
UA: 10.2.1990, Int. Forum des Jungen Films bei der Berlinale
Kinostart: März 1990
Länge: 76 Min.
FBW: Wertvoll

Der Film ist die spröde Dokumentation einer Bauernkooperative in Nicaragua, in der einfache Menschen mit wenig Worten große Eindrücke hinterlassen. Allerdings fehlen neue Informationen, da Müller zu dicht am

Sujet bleibt und sich lieber langwieriger Momentaufnahmen von Arbeit, dösenden Soldaten und wenig erhellenden Diskussionen erfreut.

Ralph Umard, tip

Der lautlose Mörder 563
DOORMAN
***
TV

Regie: Gary Youngman
Darsteller: Bradley Whitford (Terry), Sharon Schlarth (Linda), Bruce Taylor (Simpone), Dan Biggers (Greer), Haru Aki (San Loo), Don Devendorf (Sheridan), Al Garrison, John Ammerman
Drehbuch: Barbara Brenner, Gary Youngman
Kamera: William Wages (TVColor)
Musik: Claude Gaudette
Schnitt: Tod Lending
Produktion: Stratton Leopold für Just Spokes Prod., USA 1986
Sendetermin: 18.3.1990, ARD, 0.25 Uhr
Länge: 80 Min.

Ein angehender Kriminalschriftsteller sieht sich in einen dreifachen Mord verwickelt. Alle Opfer arbeiteten wie er als Portiers in noblen Apartmenthäusern von Atlanta. Als er zusammen mit einer jungen Künstlerin den mysteriösen Verbrechen auf eigene Faust nachgeht, geraten die beiden in große Gefahr. *ARD*

Law and Order 564
LAW AND ORDER
****
16 mm

Regie: Frederick Wiseman
Kamera: William Brayne, David Martin
Produktion: Frederick Wiseman, USA 1969
Verleih: Freunde der Deutschen Kinemathek/-/-
Kinostart: 1990
Länge: 91 Min.
Originalfassung

Betrunkene, Prostituierte, Autoknakker, Familienstreits und Verkehrsunfälle. Mit diesen alltäglichen Routineproblemen haben die Polizisten von Kansas zu schaffen und stehen damit vor einer unlösbaren Aufgabe, da die Polizei dabei ebenso überfordert ist wie die Opfer.

Katalog Freunde der Deutschen Kinemathek

Peter O'Toole in dem restaurierten Klassiker »Lawrence von Arabien«.

Lawrence von Arabien 565
LAWRENCE OF ARABIA
****

Regie: David Lean
Darsteller: Peter O'Toole (Lawrence von Arabien), Alec Guinness (Prinz Feisal), Jack Hawkins (General Allenby), Anthony Quinn (Auda Abu Tayi), José Ferrer (Türkischer Befehlshaber), Omar Sharif (Sherif Ali ibn el Kharish), Anthony Quayle (Colonel Brighton), Claude Rains (Mr. Dryden), Arthur Kennedy (Jackson Bentley), Donald Wolfit (General Murray), I.S. Johar (Gasim), Gamil Ratib, Michel Ray, John Dimech, Zia Mohyeddin, Howard Marion Crawford, Jack Gwillim, Hugh Miller
Drehbuch: Robert Bolt, nach der Autobiographie von T.E. Lawrence
Kamera: Fred A. Young; Skeets Kelly, Nicolas Roeg (2d unit); Ernest Day (Technicolor)
Musik: Maurice Jarre, gespielt vom London Philharmonic Orchestra unter der Leitung von Sir Adrian Boult
Schnitt: Anne V. Coates
Produktion: Sam Spiegel für Horizon Pic., GB 1962
Verleih: Columbia Tri-Star/-/20th Century Fox
EA: 15.3.1963
Kinostart: 4.10.1990 (WA)
FSK: ab 12, ffr.
Länge: 217 Min.
FBW: Besonders wertvoll

In der von Robert A. Harris rekonstruierten Originalfassung präsentiert sich David Leans Monumentalfilm auch 27 Jahre nach der Entstehung noch als eines der faszinierendsten Werke seiner Art. Die episch ausgebreitete Geschichte des legendären Thomas Edward Lawrence, der im Ersten Weltkrieg den arabischen Aufstand gegen die Türken anzettelte, ist nicht nur ein Sinnenspektakel mit überwältigenden Wüstenaufnahmen, sondern auch ein erstaunlich vielschichtiges Charakterporträt, das durch glänzende Darsteller und subtile Dialoge besticht. *Zoom*

Frank Arnold in: epd Film, 11/90; Ponkie in: AZ, 6.12.90

Leb wohl, Gesindel! 566

PROSCHTSCHAJ SPANA SAMOSKWOREZKAJA ****

Regie: Alexander Pankratow
Darsteller: Sergej Makarow (Robert), Larissa Borodina (Milka), Nikolai Dobrynin (Gavroche), Michail Pusyrjow (Bogdan), Natalja Popowa (Roberts Mutter), Tamara Sjomina (Gabroches Mutter), Nina Ussatow (Bogdans Mutter), Georgi Burkow, Michail Golubowitsch, Sergej Barabanschtschikow
Drehbuch: Eduard Wolodarski
Kamera: Boris Nowosjolow (Farbe und s/w)
Musik: Nikolai Karetnikow
Produktion: Studio Mosfilm, UdSSR 1987
Verleih: Progreß/-/-
Kinostart: 30.3.1990
Länge: 103 Min.

Dieser Film hat viele Zeiten gesehen, doch zu keinen wurde er gesehen. Beginnen wir mit der Zeit, in der die Handlung spielt: Frühjahr 1956 in Moskau. Es ist nicht die richtige Zeit für die erste Liebe des sechzehnjährigen Robert, zumal die Angebetete zwei Jahre älter und Favoritin des gefürchteten Bandenchefs ist. Und dann lastet noch jenes Problem auf Robert, besonders gefordert zu sein, weil sein Vater im Lager ist...
Der Film kam erst zu Zeiten von Glasnost und Perestroika wieder heraus und fand im eigenen Lande sein Publikum. Auch bei uns sollte er im Dezember 1988 anlaufen. Doch die Zeiten waren noch nicht danach, flogen doch im Spätherbst die Filme des Sowjetischen Festivals aus dem Programm, um nach und nach leise wieder eingesetzt zu werden. Auch dieser Film war zu jenen Zeiten mit einem Mal weg und kam nicht so schnell wieder...

Werner Mett, Schweriner Volkszeitung

M. Dänhardt in: Sächsische Zeitung, 23.3.90; Heide Gossing in: Ostseezeitung, 23.3.90

Leb wohl, Joseph 567

***

TV

Regie: Andreas Kleinert
Darsteller: Peter Prager (Joseph), Cornelia Schmaus (Frau), Christoph Engel (alter Kollege), René Silkinat (Sohn), Peter Zimmermann (Freund), Dorothea Mommsen, Sina Fiedler, Werner Kamenik, Günther Drescher
Drehbuch: Andreas Kleinert, Sebastian Richter
Kamera: Sebastian Richter
Schnitt: Karin Geiß
Produktion: Ralph Lübben, Jutta Garbas, DDR 1989
Sendetermin: 3.9.1990, ZDF, 23.10 Uhr
Länge: 66 Min.

Der Film zeigt einen jungen Mann, der fortgeht und wiederkommt in Gestalt seines Bruders. Er begegnet Nachbarn, Frauen, Freunden und Kindern, er bewegt sich traumatisiert in einer fremden Welt, die doch seine eigene ist.
Die Abschlußarbeit eines Studenten der Babelsberger Filmhochschule bedrückt durch melancholische Schwarz-Weiß-Bilder, triste Impressionen des Verfalls.

Ralph Umard, tip

Leben – BRD 568

****

16 mm

Regie: Harun Farocki
Drehbuch: Harun Farocki
Kamera: Ingo Kratisch (Farbe)
Schnitt: Rosa Mercedes, Irina Hoppe
Produktion: Harun Farocki für Harun Farocki Filmprod./ZDF/La Sept, BRD 1990
Verleih: Basis/Filmhaus Stöbergasse/-

UA: 10.2.1990, Int. Forum des Jungen Films bei der Berlinale
Kinostart: 29.3.1990
Sendetermin: 21.2.1990, ZDF
Länge: 83 Min.
Preis der deutschen Filmkritik (DM 15.000.–) bei den Duisburger Filmtagen

Ein deutscher Dokumentarfilm mit distanzierter Ironie. Das Staatsvolk BRD bei der Übung des Ernstfalles als Soldaten, Hebammen, Polizisten und Striptease-Tänzerinnen. Der verzweifelte Versuch, alles zu planen, gerät zur Farce, die Farocki unkommentiert aufzeichnet. Keine Denunziation, sondern eine unverkrampfte undogmatische Chronik. *André Simonoviescz, tip*

(...) Der Film ist einfach völlig unverständlich. Was Farocki mit seinem Film erreichen wollte, bleibt unergründlich; seine neckischen Mätzchen versinken in Bedeutungslosigkeit. *Berliner Morgenpost*

Fritz Göttler in: SZ, 6.11.90; Kay Hoffmann in: Filmecho-Filmwoche, 9/90; Ponkie in: AZ, 2.11.90; Carla Rhode in: Der Tagesspiegel, 14.2.90; Uwe Schmitt in: FAZ, 22.2.90

Das Leben und nichts anderes **569**

LA VIE ET RIEN D'AUTRE ****

Regie: Bertrand Tavernier
Darsteller: Philippe Noiret (Maj. Dellaplane), Sabine Azéma (Irène de Courtil), Pascale Vignal (Alice), Maurice Barrier (Mercadot), François Perrot (Perrin), Jean-Pol Dubois (André), Daniel Russo (Lt. Trevise), Michel Duchaussoy (Gen. Villerieux), Arlette Gilbert, Louis Lyonnet, Charlotte Maury, François Caron
Drehbuch: Jean Cosmos, Bertrand Tavernier
Kamera: Bruno de Keyzer (Eastmancolor)
Musik: Oswald d'Andrea
Schnitt: Armand Psenny
Produktion: Frédéric Bourbouion, Albert Prévoest für Hachette Premiere/Groupe Europe 1 Communication/AB Films/Little Bear/Films A2 mit Soficas Sofinergie/Investimage, Frankreich 1989
Verleih: NEF 2/dto./Régina
UA: 6.9.1989 Paris
Kinostart: 18.1.1990
FSK: ab 12, ffr.

Sabine Azéma in »Das Leben und nichts anderes«.

Länge: 136 Min.
FBW: Besonders wertvoll

Frankreich 1920: Der desillusionierte Kommandant einer militärischen Einheit, die mit der Suche und Identifizierung von Kriegsopfern beauftragt ist, soll den Leichnam eines »unbekannten Soldaten« für ein Heldendenkmal ans Kriegsministerium liefern. Bei seiner Suche nach Vermißten lernt er eine Frau kennen, deren Mann im Krieg verschollen ist und die ihm zunächst unerreichbar scheint, aber schließlich zur Quelle der Hoffnung für das Leben und die Zukunft wird. Hervorragend inszenierter Film über die Bewältigung von Kriegsfolgen, die dem Leben nicht mehr Rechnung trägt. *Zoom*

(...) Verwaltung des Todes und gedrosselte Leidenschaft zur Kriegerwitwe: Es ist der Film Philippe Noirets. Nur durch Noiret gewinnt dieser steife, sich selbst kasteiende Charakter raumfüllende Wärme – nur durch Noiret wird die bleierne Schwere des Films aufgefangen. *Ponkie, AZ*

Marli Feldvoss in: FAZ, 22.1.90; Fritz Göttler in: SZ, 20.1.90; Norbert Grob in: Kölner Stadt-Anzeiger, 20.1.90; Frauke Hanck in: Die Welt, 17.1.90; Andreas Kilb in: Die Zeit, 19.1.90; Annette Meyhöfer in: Der Spiegel, 4/90; Karl-Heinz Schäfer in: Prinz, 1/90; Helmut Schmitz in: FR, 10.2.90; Frank Schnelle in: epd Film 1/90; Reinhard Wissdorf in: Filmfaust 75, Jan./Febr. 90

Leben und Tod des Goldgräbers Jakob O. 570
JAKOB ***

Regie: Mircea Daneliuc
Darsteller: Dorel Visan, Cecilia Birbora, Ion Fiscuteanu, Maria Seles, Livia Baba, Dinu Apetrei, Florin Zamfirescu, Ion Besoiu
Drehbuch: Mircea Daneliuc, nach Werken von Geo Bogza
Kamera: Florin Mihailescu (Farbe)
Musik: Anatol Vieru
Produktion: Filmstudio Bukarest, Gruppe 5, Rumänien 1987
Verleih: Progreß/-/-
Kinostart: Aug. 1989
Länge: 122 Min.

Mircea Daneliuc schildert das bittere Schicksal eines Mannes. In den dreißiger Jahren unseres Jahrhunderts fand man in Rumänien Gold. Doch der Goldrausch rief damals keine Abenteurer mehr auf den Plan. Längst war die Zeit der individuellen Goldsuche vorbei. Grubengesellschaften ließen für sich nach dem kostbaren Edelmetall suchen. Einer der Männer ist Jakob. Er führt für sich und seine Familie einen täglichen harten Kampf ums Überleben. Er lehnt sich nicht auf, er erduldet Demütigung und alle Form der Ausbeutung. Der Film zeichnet in Gestalt einer dramatischen Parabel das Leben eines Mannes nach, der kein Aufrührer ist, der sein Schicksal, das Schicksal seiner Familie als gottgewollt annimmt. Ein Leben wird geschildert, das bis zur bitteren Konsequenz geführt wird.

Lebendig begraben

Siehe »Buried Alive - Lebendig begraben«

Die Leihmutter 571
SIBAJ ***

Regie: Kwon-Taek Im
Darsteller: Kang Soo-Yeon, Lee Gu-Soon, Bang Hee, Han Eun-Jin, Yoon Yang-Ha
Drehbuch: Song Gil-Han
Kamera: Gu Jung-Mo
Musik: Shin Byung-Ha
Schnitt: Park Sun-Duk
Produktion: Jung Do-Hwang für Shin Han Motion Pictures, Südkorea 1986
Verleih: -/-/trigon-film
EA: 23.6.1990, Filmfest München
Länge: 94 Min.

Hier wird das Melodram zur symbolhaften Form einer Klassentragödie: Im starren Gesellschaftsgefüge von Adel und niederem Volk ist die Magd, die der kinderlosen Adelsfamilie einen Sohn gebären muß, nur Gefäß einer rituellen Ideologie: Der Sohn-Kult, die Familienehre, die Macht der Großmutter als »Herrin«, zugleich die Verachtung der »Frau« an sich. Wild (und vergeblich) brennen die Gefühle. *AZ*

Leningrad Cowboys go America 572
LENINGRAD COWBOYS GO AMERICA ***

Regie: Aki Kaurismäki
Darsteller: Matti Pellonpää (Vladimir, Manager), Kari Väänänen (Igor, Dorftrottel), Sakke Järvenpää, Heikki Keskinen, Pimme Korhonen, Sakari Kuosmanen, Puka Oinonen, Silu Seppälä, Mauri Sumén, Mato Valtonen, Pekka Virtanen (Die Leningrad Cowboys), Nicky Tesco, Jatimatic Ohlström, Richard Boes, Jim Jarmusch
Drehbuch: Aki Kaurismäki, Sakke Järvenpää, Mato Valtonen
Kamera: Timo Salminen (Farbe)
Musik: Mauri Sumén
Schnitt: Raija Talvio
Produktion: Villealfa Filmprod./The Swedish Film Institute mit Finnkino/Megamania Ky/Essette, Finnland 1989
Verleih: Pandora/Stadtkino/Filmcooperative
EA: 15.2.1990, Int. Forum des Jungen Films bei der Berlinale
Kinostart: 26.7.1990
FSK: ab 12, ffr.
Länge: 79 Min.
Original mit deutschen Untertiteln

Der Film von Aki Kaurismäki ist sein jüngstes und wirkliches piece of junk. Der Film ist ziemlich schlecht, aber er macht Spaß. Die »Leningrad Cowboys« sind eine miserable Rock'n 'Roll-Band, aber da Amerika das Land

Durststrecke im Land der unbegrenzten Möglichkeiten. Aki Kaurismäkis »Leningrad Cowboys go America«.

ist, in dem auch der größte »Shit« seine Chance bekommt, macht man sich auf die lange Wanderschaft zum nächsten Flughafen. *Doja Hacker, tip*

Ein schräges Road-Movie, in dem Aki Kaurismäki eine mit Haartolle, spitzen Schnabelschuhen und schwarzer Kleidung perfekt gestylte Musikband aus dem tiefsten Nordeuropa auf Entdeckung der »neuen Welt« schickt. Viele witzige Szenen, viele Einfälle, aber wenig konsequent durchgezogen, so daß der Film allmählich zu langweilen beginnt. *Zoom*

Michael Althen in: Die Zeit, 27.7.90; Fritz Göttler in: SZ, 28.7.90; Frauke Hanck in: Die Welt, 1.8.90; Urs Jenny in: Der Spiegel, 29/90 (Porträt Kaurismäki); Peter Körte in: Prinz, 7/90; Verena Lueken in: FAZ, 27.7.90

Leon 573

A.W.O.L. **

Regie: Sheldon Lettich
Darsteller: Jean-Claude van Damme (Leon), Deborah Rennard (Cynthia), Harrison Page (Joshua), Lisa Pelikan (Helene), Ashley Johnson (Nicole), Brian Thompson (Russell)
Drehbuch: Sheldon Lettich, Jean-Claude van Damme
Kamera: Robert New (Farbe)
Musik: John Scott
Schnitt: Mark Conte
Produktion: Ash R. Shah, Eric Karson für Imperial Ent., USA 1990
Verleih: Highlight/Constantin/Alexander Film/Highlight Video
Kinostart: 4.10.1990
FSK: ab 18, nffr.
Länge: 108 Min.

Leon büchst, als er von einem Mordanschlag auf seinen Bruder hört, aus der Fremdenlegion aus, um sich in Amerika dessen Mörder vorzuknöpfen. Bis es soweit ist, verdient er sein Geld mit Kick-Boxen. *Kino*

Daniel Brunner in: FAZ, 13.10.90; Erich Kocian in: Blickpunkt Film, 14.9.90

Lerchen am Faden 574

SKRIVANCI NA NITICH ****

TV

Regie: Jiri Menzel
Darsteller: Rudolf Hrusinsky (Vertrauensmann), Vaclav Neckar (Pavel), Leos Sucharipa (ehemaliger Staatsanwalt),

Jitka Zelenohorska, Nadia Urbankova, Jaroslav Satoransky
Drehbuch: Jiri Menzel, Bohumil Hrabal
Kamera: Jaromir Sofr, Petr Lech (Farbe)
Musik: Jiri Sust
Schnitt: Jirina Lukesova
Produktion: Filmstudio Barrandov, CSSR 1969
EA: 16.2.1990, Int. Filmfestspiele Berlin
Sendetermin: 23.7.1990, ARD, 23.00 Uhr
Länge: 100 Min.
»Goldener Bär« bei den Int. Filmfestspielen Berlin, 1990

Abgefeimt und schein-naiv wird hier der stalinistische Umerziehungs-Humbug ad absurdum geführt: Die bürgerlichen Elemente und intellektuellen Volksfeinde müssen Zwangsarbeit auf einem Schrottplatz leisten - aber was ein richtiges Element ist, das versaut den schönsten sozialistischen Aufbauschrott. Für die Zensoren war dieser Blick in den Spiegel unerträglich - denn wer so dämlich ist, ist auch humorlos. Menzel bekam seine späte Rache. *Ponkie, AZ*

Volker Baer in: Der Tagesspiegel, 17.2.90

Die letzte Beute - Der Stamm der Secoyas 575

***
16 mm

Regie: Lisa Faessler
Drehbuch: Lisa Faessler
Kamera: Konrad Totowski
Schnitt: George Janett
Produktion: Luciano Gloor für Limbo Film, Schweiz 1990
Verleih: -/-/Filmcooperative
Kinostart: Januar 1990
Länge: 105 Min.

Mit ruhigen, visuell starken Bildern stellt die Autorin eine Gruppe von Urwald-Bewohnern vor, deren traditionelle, der Natur angepaßte Lebensweise als nomadisierende Jäger durch massive kirchliche, wirtschaftliche und staatliche Einflußnahme während der letzten 40 Jahre zunehmend eingeschränkt wurde. Ihrer eigenen Kultur schon fast ganz beraubt, sucht die junge Generation jetzt nach einer Gleichstellung zu den anderen Ecuadorianern. *Zoom*

Ein sozialistischer Badespaß. Szene aus Jiři Menzels »Lerchen am Faden«.

Satirischer Abgesang auf die DDR: Hans-Eckart Menzel und Steffen Mensching präsentieren »Letztes aus der DaDaeR«.

Die letzten Helden

Siehe »Blue Heart - Die letzten Helden«

Letztes aus der DaDaeR 576

**

Regie: Jörg Foth
Darsteller: Steffen Mensching (Meh), Hans-Eckardt Wenzel (Weh), Irm Hermann (Sie), Christoph Hein (Müllmann), Täve Schur (Postbote), Gerd Wolf (Fährmann), Andre Hennicke, Peter Dommisch
Drehbuch: Steffen Mensching, Hans-Eckardt Wenzel
Kamera: Thomas Plenert (Farbe)
Musik: Dietmar Staskowiak (auch Liederarrangements), gespielt vom Defa Sinfonieorchester unter der Leitung von Manfred Rosenberg
Schnitt: Renate Schäfer
Produktion: Defa, Studio Babelsberg, DDR 1990
Verleih: Filmverlag der Autoren/-/-
Kinostart: 7.10.1990
FSK: ab 12, ffr.
Länge: 86 Min.

Ein bitter-ironischer Abgesang auf einen angenommenen, aber sehr ungeliebten Staat. Stilistisch sicher, ohne Wehmut oder Verklärung; ein erstaunliches und geglücktes Experiment.
tip

(...) Kabarett von der Bühne auf Zelluloid übertragen zu wollen, wirft jedoch immer Probleme auf. Regisseur Foth versucht dies damit zu lösen, daß er »Letztes aus der DaDaeR« den losen Rahmen einer Odyssee anlegt und den Szenenwechsel mit Hilfe von Zwischentiteln erklärt. Die Irrfahrt ist die simpelste aller Handlungsmodelle: sie verpflichtet zu nichts, ist zufällig und braucht Brüche nicht weiter zu erklären.
Heiko Küffner, SZ

Patrick Bahners in: FAZ, 24.10.90; Frank-Wolf Matthies in: Frankfurter Rundschau, 27.10.90; Carla Rhode in: Der Tagesspiegel, 14.10.90

Leviathan 577

LEVIATHAN
***

Regie: George P. Cosmatos
Darsteller: Peter Weller (Beck), Richard Crenna (Doc), Amanda Pays (Willie),

Daniel Stern (Sixpack), Ernie Hudson (Jones), Michael Carmine (DeJesus), Lisa Eilbacher (Bowman), Hector Elizondo (Cobb), Meg Foster (Martin), Eugene Lipinsky, Larry Dolgin, Pascal Druant, Steve Pelot
Drehbuch: David Webb Peoples, Jeb Stuart
Kamera: Alex Thomson (Agfa)
Musik: Jerry Goldsmith
Schnitt: Roberto Silvi, John F. Burnett
Produktion: Luigi und Aurelio De Laurentiis für Gordon Company, USA 1988
Verleih: 20th Century Fox/dto./dto./ Marketing-Film Video
Kinostart: 8.2.1990
FSK: ab 16, ffr.
Länge: 98 Min.

5000 Meter unterm Meeresspiegel schürft eine Crew amerikanischer Kumpel nach Silber und anderen Edelmetallen. Am Ende der Untertagearbeit entdecken sie das russische Wrack »Leviathan«. Mit ihm beginnt das gruselrekordverdächtige Spektakel erst sanft thrillernd, um sich dann aber zu einem geradezu kreislauf- und magenschädigenden Horrorfestival auszuwachsen.
Erst scheint einer der Kameraden am lebendigen Leib zu verfaulen, dann wuchert aus ihm ein fischähnliches Mißgeschöpf, das sich von den Kollegen und Blutkonserven ernährt.
Hochentwickelt, mit Computern und Supertechnik vollgestopft, ist die Unterwasserstation als Wissenschafts- und Informationsmonster geradezu gleichnishaft dem fleischgewordenen Gen-Koloß hilflos ausgeliefert. Da helfen nur noch amerikanischer Wagemut und die Mißachtung vorhandener Dienstvorschriften. Und wenn sich kein neuer Drehbuchautor erbarmt, dann beißt und sabbert das Biest bis in alle Ewigkeit.

Kai Niemeyer, AZ

Michael Althen in: SZ, 13.2.90; Lars-Olav Beier in: tip, 3/90; iff in: Kölner Stadt-Anzeiger, 17.2.90; Jürgen Richter in: FAZ, 10.2.90; Reinhard Tschapke in: Die Welt, 9.2.90

Lex Minister 578

****

Regie: Peter Patzak
Darsteller: Hans Peter Heinzl (Minister), Iris Berben (Bardame), William Berger, Peter Patzak
Drehbuch: Hans Peter Heinzl, Peter Patzak, nach einem Text von Peter Orthofer
Produktion: Österreich 1990
Verleih: -/Cineart/-
Kinostart: 21.9.1990
Länge: 79 Min.

Nach einem satirischen Text von Peter Orthofer vom Kabarettisten H.P. Heinzl eindrucksvoll gespielte Studie eines Repräsentanten mißratener Parteipolitik, der tragisch in Isolation endet. Die witzigen Pointen erfordern Kenntnisse der österreichischen Politszene und geraten mitunter in die Bereiche des Pamphlets. *multimedia*

Liebe, Betrug und andere Leidenschaften 579

***

CHAMBRE A PART

Regie: Jackie Cukier
Darsteller: Lio (Marie), Michel Blanc (Martin), Jacques Dutronc (Francis), Frances Barber (Gert), Nicolas Asken (Howard), Roger Ashton-Griffiths (Harvey), Catherine Frot (Babette), Peter Moffait, Lollie May, Christine Murillo, Engelbert Humperdinck
Drehbuch: Serge Frydman, Jackie Cukier
Kamera: Yves Angelo (Farbe)
Musik: Philippe Sarde
Schnitt: Anne Lafarge
Produktion: Flach Film/Solus Prod./ TF1 Film mit Sofica Investimage, Frankreich 1989
Verleih: Pandora/-/-
UA: 22.11.1989, Paris

Lio und Michel Blanc in »Liebe, Betrug und andere Leidenschaften«.

Kinostart: 30.8.1990
FSK: ab 16, ffr.
Länge: 92 Min.

Der Film markiert das gelungene Debüt eines neuen französischen Regietalents. Auf einer Sylvesterfeier treffen zwei völlig unterschiedliche Paare aufeinander; die einen verklemmte Spießbürger, die anderen lebenslustige Abenteurer. Eine charmante Komödie voller Situationskomik und sanfter Zwischentöne.

Ralph Umard, tip

Michael Althen in: SZ, 5.9.90; Jürgen Richter in: FAZ, 1.9.90; Helmut Schmitz in: FR, 30.8.90; Reinhard Tschapke in: Die Welt, 31.8.90

Die Liebe eines Detektivs 580

LOVE AT LARGE ****

Regie: Alan Rudolph
Darsteller: Tom Berenger (Harry Dobbs), Elizabeth Perkins (Stella), Anne Archer (Miss Dolan), Ted Levine (Frederick King/James MacGraw), Annette O'Toole (Mrs. King), Kate Capshaw (Mrs. MacGraw), Ann Magnuson (Doris), Barry Miller (Marty), Kevin J. O'Connor (Art), Neil Young (Rick), Ruby Dee
Drehbuch: Alan Rudolph
Kamera: Elliot Davis (Farbe)
Musik: Mark Isham
Schnitt: Lisa Churgin
Produktion: David Blocker für Orion Pic., USA 1990
Verleih: 20th Century Fox/Constantin/Monopole Pathé
UA: 27.1.1990, U.S. Film Festival, Park City, Utah
EA: 29.6.1990, Filmfest München
Kinostart: 2.8.1990
FSK: ab 12, ffr.
Länge: 97 Min.

Der leicht abgewrackte Privatdetektiv Dobbs erliegt dem »Auftragscharme« einer schönen, reichen Frau. Er verfolgt den falschen bösen Buben, gewinnt aber immerhin die Liebe einer Berufskollegin, die wiederum auf ihn selber angesetzt ist. Ein gut geschneidertes Routineprodukt von Alan Rudolph, dem ehemaligen Assistenten von Robert Altman. Mit charmanter Selbstironie gespielt von Tom Berenger und vor allem Anne Archer, aber ohne den Biß der deutlich anvisierten Filmadaptionen nach den Meisterstücken um gebrochene Charaktere von Dashiel Hammett oder Raymond Chandler. Konfektion für den Moment, aber gut unterhaltend. *Zoom*

Angie Dullinger in: AZ, 2.8.90; Heike-Melba Fendel in: Prinz, 8/90; Fritz Göttler in: SZ, 2.8.90; Norbert Grob in: Die Zeit, 3.8.90; Rainer Nolden in: Die Welt, 3.8.90; Andreas Obst in: FAZ, 4.8.90

Liebe, Rache, Cappuccino 581

QUEEN OF HEARTS ***

Regie: Jon Amiel
Darsteller: Vittorio Duse (Nonno), Joseph Long (Danilo), Anita Zagaria (Rosa), Eileen Way (Mama Sibilla), Vittorio Amandola (Barbariccia), Ian Hawkes (Eddie), Tat Whalley (Beetle), Ray Marioni, Sarah Hadaway, Anna Pernicci, Jimmy Lambert
Drehbuch: Tony Grisoni
Kamera: Mike Southon (Rank Color)
Musik: Michael Convertino
Schnitt: Peter Boyle
Produktion: John Hardy für Enterprise/TVS Film Prod., GB 1989
Verleih: Concorde/-/-/Concorde Video
UA: 21.8.1989, Edinburgh Film Festival
Kinostart: 18.10.1990
FSK: ab 12, ffr. – *FBW:* Wertvoll
Länge: 112 Min.

Die schicksalhafte Saga der Familie Lucca, erzählt aus der Perspektive des zehnjährigen Sohnes. Vater Lucca floh einst mit seiner Geliebten Rosa vor ihrem eifersüchtigen Bräutigam aus Italien nach London, um ihm zu entkommen. Nach Jahren taucht dieser plötzlich auf, um die Ehe von Danilo und Rosa zu zerstören. Sympathische Unterhaltung für die ganze Familie, besonders durch den Charme der unverbrauchten Darsteller. *Ralph Umard, tip*

Vera Burkhardt in: Prinz, 10/90; Hans-Juergen Fink in: Rheinischer Merkur, 19.10.90; Elke Frick in: FR, 25.10.90; Fritz Göttler in: SZ, 31.10.90

Liebe, Tod und kleine Teufel 582

**
16 mm

Regie: Lothar Lambert
Darsteller: Lothar Lambert, Dagmar

Beiersdorf, Renate Soleymany, Mustafa Iskandarani
Drehbuch: Lothar Lambert
Kamera: Albert Kittler, Izzet Akay
Schnitt: Lothar Lambert
Produktion: BRD 1989
Verleih: Edition Salzgeber/-/-
Kinostart: 25.1.1990
Länge: 80 Min.

Der Film verschenkt eine sehr originelle Idee durch Überlänge: auf dem TV-Schirm wird eine Klamotte über ein Begräbnisinstitut gezeigt, im Wohnzimmer sehen ein homosexueller Kleindarsteller und drei Gäste zu. Lambert hat genug Ideen für 60 Minuten, danach geht langsam die Luft aus.

André Simonoviescz, tip

Claudia Schülke in: FAZ, 8.12.90

Die Liebesschule 583

DORTOIR DES GRANDES *

Video

Regie: Pierre Unia
Darsteller: Maureen Legrand, Raphaele Henault, Véronique Catanzaro, Christian Giacomazzi
Drehbuch: Pierre Unia
Kamera: Pierre Fattori (Farbe)
Musik: Jean-Marc Courtois, Pierre Unia
Schnitt: Michel Patient
Produktion: Christine Renaud, Pierre Unia für Unia Films, Frankreich 1989
Verleih: -/-/-/Cannon-VMP Video
Videostart: 31.10.1990
FSK: nicht unter 18 J.
Länge: 90 Min.

Französische Variante des Schulmädchenreports mit zuckersüßer Bilitis-Musik und hübschen Heranwachsenden. Im Gegensatz zu ähnlicher Lolita-Romantik des Briten David Hamilton verfügt Pierre Unias softerotische Videopremiere über die Fährnisse leichtbeschürzter Nymphchen über keinerlei ästhetische Qualitäten.

VideoWoche

Die liebestollen Hexen 584

COMMON LAW CABIN **

Video

Regie: Russ Meyer
Darsteller: Adele Rein (Coral), Babette Bardot (Babette), Alaina Capri (Shelia), Jack Moran (Dewey Hoople), Ken Swofford (Barney Rickert), John Furlong (Dr. Martin Ross), Frank Bolger (Craker), Andrew Harga (Erbe)
Drehbuch: John E. Moran, Russ Meyer
Kamera: Wady C. Medawar, Jack Lucas (Farbe)
Musik: Igo Kantor
Produktion: Russ Meyer, Eve Meyer für Eve Prod., USA 1967
Verleih: -/-/-/Focus Video
Videostart: 31.7.1990
FSK: nicht unter 18 J.
Länge: 70 Min.

Meyer selbst beschreibt die Story von »Common Law Cabin« (der Titel spielt auf Leute an, die in wilder Ehe zusammenleben) als eine Geschichte von Menschen, die sich ihr eigenes Grab schaufeln, die Opfer der Umstände und ihrer eigenen Geilheit werden. Er gibt aber auch zu, daß die Story unlogisch ist und durchsetzt mit Insider-Scherzen. Es geht halt in erster Linie darum, die Vorzüge (bzw. Vorbauten) der Damen ins Bild zu rücken. *Rolf Thissen*

Die Liebhaberin 585

IL FRULLO DEL PASSERO ***

Regie: Gianfranco Mingozzi
Darsteller: Philippe Noiret (Gabriele Battistini), Ornella Muti (Silvana), Nicola Farron (Sandro/Gabriele als junger Mann), Claudine Auger (Dinos Witwe), Sabrina Ferilli (die Dame auf der Party), Rosa di Brigada (die Dame in der Oper), Chiara Argelli, Beppe Chierici, Claudio Del Falco, Miriam Axa
Drehbuch: Tonino Guerra, Gianfranco Mingozzi, Roberto Roversi, nach dem gleichn. Roman von Tonino Guerra
Kamera: Luigi Verga (Telecolor)
Musik: Lucio Dalla, Mauro Malavasi
Schnitt: Alfredo Muschietti
Produktion: Amedeo Pagani für Basic Cinematografica/Candice Prod./Initial Group/TF1/Reteitalia, Italien 1988
Verleih: prokino/-/-
EA: 30.6.1990, Filmfest München
Kinostart: 5.7.1990
Länge: 96 Min.

Basierend auf einer Vorlage von Tonino Guerra (u.a. Drehbuchautor für Federico Fellini, Francesco Rosi, die Taviani-Brüder) erzählt Gian-

Ornella Muti ist »Die Liebhaberin« von Philippe Noiret.

franco Mingozzi die Geschichte des einsamen Witwers Gabriele (Philippe Noiret: einfach gut in jeder Rolle), der die schöne Silvana als Zuhörerin für seine erotischen Phantasien anwirbt. Aus dem Zweck-Arrangement der beiden einsamen Menschen entsteht Liebe. Mingozzi verzichtet auf psychologische Klarheit und zelebriert Gefühle in edlem Dekor.

Angie Dullinger, AZ

Der Film läßt einen ergrauten Witwer von seinen längst vergangenen Liebesabenteuern faseln, während eine attraktive Schöne zum lustvollen Zuhören angestellt ist. Darstellerisch eintöniger, inhaltlich schwülstiger Eros-Schmarren, bei dem vor allem Noiret als lüsterner Charmeur völlig deplaciert wirkt.
Die Muti dagegen wirkt wie immer: ein fotogenes, aber nicht abendfüllendes Modell.

Hans-Ulrich Pönack, tip

Michael Althen in: SZ, 27.7.90; Sabine Carbon in: Der Tagesspiegel, 7.7.90; Jürgen Richter in: FAZ, 7.8.90

Das Lied der Steine 586

***
TV

Regie: Michel Khleifi
Darsteller: Bushra Karaman, Makram Houri
Drehbuch: Michel Khleifi
Kamera: Raymond Fromont
Musik: Jean Marie Senia
Produktion: Sourat Films, BRD/Belgien 1989
Sendetermin: 17.4.1990, ZDF, 22.55 Uhr
Länge: 105 Min.

Der Film erzählt die Liebesgeschichte eines Paars, aber er erzählt in dokumentarischen Aufnahmen auch von der quälenden Geschichte der palästinensischen Heimat. Er singt das Lied der Steine in der Zeit des Kriegs der Steine. *ZDF*

The Lighthorsemen 587

THE LIGHTHORSEMEN
***
Video

Regie: Simon Wincer
Darsteller: Jon Blake (Scotty), Peter Phelps (Dave Mitchell), Tony Bonner (Lt.Col. Bourchier), Gary Sweet (Frank), John Walton (Tas), Tim McKenzie (Chiller), Sigrid Thornton (Anne), Anthony Andrews (Major Meinertzhagen), Anthony Hawkins (General Allenby), Gerard Kennedy (Ismet Bey), Shane Briant (Reichert), Serge Lazureff
Drehbuch: Ian Jones
Kamera: Dean Semler (Eastmancolor)
Musik: Mario Millo
Schnitt: Adrian Carr
Produktion: Ian Jones, Simon Wincer für Picture Show, Australien 1987
Verleih: -/-/-/Vestron Video
Videostart: 28.5.1990
FSK: ab 16 J.
Länge: 128 (112) Min.

Mitreißende und actiongeladene Produktion über den Weltkrieg I-Einsatz der australischen berittenen Infanterie. Im Gegensatz zu dem thematisch verwandten »Gallipoli« liegt hier das Hauptaugenmerk nicht auf dem sinnlosen Verheizen von Menschen durch fragwürdige Befehle des britischen Oberkommandos. Vielmehr werden, allerdings auf sympathische und glaubwürdige Weise, die Kameraderie und Männerfreundschaft der vier Protagonisten gefeiert. *Video Woche*

Lily was here 588
DE KASSIERE ***

Regie: Ben Verbong
Darsteller: Marion van Thijn (Lily), Thom Hoffman (Arend), Coen van Vrijberghe de Coningh (Ted), Truus te Selle (Mutter), Con Meyer (Jake), Dennis Rudge (Alan), Adrian Brine (Kommissar Doesburg), Yvonne Ristie (Rita), Monique van de Ven (Ärztin Conny), Jeroen Planting, Gunar Gritters-Doublet, Erik Beekes
Drehbuch: Ben Verbong, Sytze van der Laan
Kamera: Lex Wertwijn (Farbe)
Musik: David A. Stewart
Schnitt: Ton de Graaff
Produktion: Chris Brouwer, Haig Balian für Movies Film Prod., NL 1989
Verleih: Delta/Elmo/-
EA: 19.2.1990, Int. Filmfestspiele Berlin »Panorama«
Kinostart: 1.11.1990
FSK: ab 16, ffr.
Länge: 112 Min.

Der Film erzählt zunächst sozialarbeiterhaft von der 17jährigen Lily, die ungewollt schwanger wird und nach dem Tod ihres Freundes plötzlich die große, weite Welt gegen sich hat. Nach anfänglichen Wehen gebärt der Film dann aber ein dichtes, raffiniert verpacktes Frauenporträt.

Roland Huschke, tip

Heiko R. Blum in: Rheinische Post, 16.11.90; Carla Rhode in: Der Tagesspiegel, 30.11.90; Karsten Visarius in: FR, 10.11.90; Claudia Werfel in: FAZ, 9.11.90

Maron van Thijn und Coen van Vrijberghe in »Lily was here«.

Limit Up – Zum Teufel mit den Kohlen 589
LIMIT UP **

Video

Regie: Richard Martini
Darsteller: Nancy Allen (Casey Falls), Dean Stockwell (Peter Oak), Brad Hall (Marty Callahan), Ray Charles (Julius), Danitra Vance (Nike), Rance Howard (Chuck Feeney), Sally Kellerman (Sängerin), Sandra Bogan (Andy Lincoln), William J. Wolff (Rusty)
Drehbuch: Richard Martini, Luana Anders
Kamera: Peter Lyons Collister (Fotokem)
Musik: John Tesh
Schnitt: Sonny Baskin
Produktion: Jonathan D. Krane für MCEG/ Sterling Entertainment, USA 1989
Verleih: -/-/-/Cannon-VMP Video
Videostart: 27.8.1990
FSK: ab 12 J.
Länge: 88 Min.

Casey ist mit ihrer Stellung als Hilfskraft an der Börse unzufrieden. Ein fieser Chef macht ihr das Leben zusätzlich schwer. In dieser verzweifelten Situation trifft sie Nike, eine Farbige, die sich als linke Hand des Teufels ausgibt. Mit ihrer Hilfe arbeitet sich Casey an der Börse schnell nach oben. Nette Unterhaltung, abgesehen von einigen teuflischen Spinnereien gut anzusehen. *tip*

Little Big Man 590
LITTLE BIG MAN ****

Regie: Arthur Penn
Darsteller: Dustin Hoffman (Jack Crabb), Faye Dunaway (Mrs. Pendrake), Martin Balsam (Allardyce T. Merriweather), Richard Mulligan (General George A. Custer), Chief Dan George (Old Lodge Skins), Jeff Corey (Wild Bill Hickock), Amy Eccles, Kelly Jean Peters, Carol Androsky, Ruben Moreno, Robert Little Star, Cal Bellini, Thayer David, Ray Dimas, Alan Howard
Drehbuch: Calder Willingham, nach dem gleichn. Roman von Thomas Berger
Kamera: Harry Stradling jr. (Technicolor)
Musik: John Hammond
Schnitt: Dede Allen
Produktion: Stuart Millar für Hiller Prod./ Stockbridge Prod., USA 1970
Verleih: Comet/-/-
EA: 13.8.1971
Kinostart: 21.6.1990 (WA)

FSK: ab 16, ffr.
Länge: 130 Min.
FBW: Wertvoll

In einem Altersheim wird der 121jährige Crabb zu seinem Leben interviewt und erzählt eine abenteuerliche Geschichte: Seine Eltern wurden bei einem Indianer-Überfall getötet, er wächst bei den Cheyenne auf.
Eine Odyssee durch den Wilden Westen beginnt für Little Big Man, den Soldaten, Falschspieler, Büffeljäger, Goldgräber, Trunkenbold und Liebhaber.
Penns Held ist ein brillanter Lügner wie Münchhausen und ein anrührender Verlierer wie Simplicius Simplicissimus - ein Wanderer zwischen den Welten. *Angie Dullinger, AZ*

Lobstermann vom Mars 591

LOBSTER MAN FROM MARS **

Video

Regie: Stanley Sheff
Darsteller: Tony Curtis (J.P. Sheildrake), Deborah Foreman (Mary), Patrick Macnee (Professor Piccostomos), Billy Barty (Throckmorton), Anthony Hickox (John), Dean Jacobsen (Stevie Horowitz), Fred Holiday (Colonel Ankrum), Bobby Pickett (Marskönig/Astrologe), S.D. Nemeth (der gefürchtete Lobstermann)
Drehbuch: Bob Greenberg
Kamera: Gerry Lively (Fotokem Color)
Musik: Sasha Matson
Schnitt: Stanley Sheff, Joan Peterson
Produktion: Eyal Rimmon, Steven S. Greene für Filmrullen, USA 1989
Verleih: -/-/-/VCL Video
Videostart: 26.4.1990
FSK: ab 12 J.
Länge: 93 Min.

Auf der Suche nach einem Abschreibungsflop läßt sich ein Filmmogul einen schauderhaften Streifen über die Luftbeschaffungsmaßnahmen eines marsianischen Lobstermanns vorführen.
Eine leidlich unterhaltsame Parodie auf die billigen SF-Filme der Fünfziger, in etwa auf dem Komikniveau des Streifens »Amazonen auf dem Mond«.

Lock up – Überleben ist alles 592

LOCK UP ***

Regie: John Flynn
Darsteller: Sylvester Stallone (Frank Leone), Donald Sutherland (Drumgoole), John Amos (Meissner), Darlanne Fluegel (Melissa), Frank McRae (Eclipse), Sonny Landham (Chink), Tom Sizemore (Dallas), William Allen Young, Larry Romano, Jordan Lund, John Lilla
Drehbuch: Richard Smith, Jeb Stuart, Henry Rosenbaum
Kamera: Donald E. Thorin (Technicolor)
Musik: Bill Conti
Schnitt: Michael N. Knue, Donald Brochu
Produktion: Lawrence Gordon, Charles Gordon für Gordon Company, USA 1989
Verleih: Scotia/-/Monopole Pathé/ VMP Video
Kinostart: 11.1.1990
FSK: ab 16, nffr.
Länge: 107 Min.

Ein Häftling muß nur noch ein paar Wochen im Knast absitzen. Doch die kurze Zeit wird dem Kriminellen durch den sadistischen Gefängnisdirektor zur höllischen Ewigkeit gemacht. Ein oberflächlicher Knastfilm mit billiger Stimmungsmache und theatralischem Finale auf dem elektrischen Stuhl, ohne daß es zur Rösterei kommt. *Zoom*

Jürgen Richter in: FAZ, 12.1.90; Rudolf Worscheck in: epd Film, 2/90

Rambo mit neuem Image. Sylvester Stallone als Mit-Regisseur und Hauptdarsteller von »Lock up«.

Die Todgeweihten grüßen sich. Vom Leben und Sterben im Aids-Zeitalter: »Longtime Companion«.

Logan Blade – Ein Kopfgeldjäger sieht rot 593

STREET HUNTER *

Video

Regie: John A. Gallagher
Darsteller: Steve James (Logan Blade), Reb Brown (Colonel Walsh), John Leguizamo (Angel), Valerie Pettiford (Denise), Frank Vincent (Don Mario Romano), Tom Wright (Riley), Richie Havens (Daze), Richard Panebianco (Louis Romano), Sam Coppola (Jannelli), Thom Christopher (Wellman)
Drehbuch: John A. Gallagher
Kamera: Phil Parmet (TVC Color)
Musik: Dana Walden, Barry Fasman
Schnitt: Mary Hickey
Produktion: David Gil für 21st Century Film, USA 1990
Verleih: -/-/-/Highlight Video
Videostart: 5.11.1990
FSK: nicht unter 18 J.
Länge: 94 Min.

Harter und realitätsferner Actionreißer auf New Yorks Straßen, vollkommen zugeschnitten auf den Zweikampf der Genrestars Steve James und Reb Brown. Zugunsten ihrer Auseinandersetzung verzichtet der Film nicht nur auf den Konflikt der kolumbianischen Gang mit der italienischen Mafia, sondern auch auf eine halbwegs ausgefeilte und glaubwürdige Handlung. *VideoWoche*

Longtime Companion 594

LONGTIME COMPANION ****

Regie: Norman René
Darsteller: Bruce Davison (David), Campbell Scott (Willy), Stephen Caffrey (Fuzzy), Mark Lamos (Sean), Patrick Cassidy (Howard), Mary-Louise Parker (Liza), John Dossett, Brian Cousins, Dermot Mulroney, Brad O'Hara, Michael Schoeffling
Drehbuch: Craig Lucas
Kamera: Tony Jennelli (Farbe)
Musik: Liz Vollack
Schnitt: Katherine Wenning
Produktion: Stan Wlodkowski für American Playhouse Prod., USA 1989
Verleih: NEF 2/Smile/Rialto
UA: 24.1.1990, US Film Festival, Park City, Utah
EA: Int. Hofer Filmtage 1990
Kinostart: 8.11.1990
FSK: ab 12, ffr.
Länge: 99 Min.

FBW: Besonders wertvoll
Publikumspreis beim Sundance United Filmfestival, Utah 1990

Der Film schildert in neun unpathetischen Episoden, wie AIDS eine Clique von New Yorker Freunden vom Amüsier-Clan zur Schicksalsgemeinschaft werden läßt. Der Film vermeidet die schwule Kiez-Selbstbeweihräucherung und das Voyeurs-Stück für Heteros gleichermaßen, wirkt dabei aber ein wenig zu glatt, zu wohlgefällig.
Immerhin macht er das große beispiellose Generationsdrama homosexueller Männer im mittleren Alter deutlich, ermutigt und tröstet.

Barry Graves, tip

Otto Heuer in: Rheinische Post, 16.11.90; H.G. Pflaum in: SZ, 5.11.90; Ponkie in: AZ, 2.11.90; Carla Rhode in: Der Tagesspiegel, 9.11.90; Rüdiger Schmitz-Normann in: FR, 8.11.90; Hans Schifferle in: Kölner Stadt-Anzeiger, 10.11.90; Karsten Witte in: Die Zeit, 16.11.90

Looking for Langston 595

LOOKING FOR LANGSTON ***

16 mm

Regie: Isaac Julien
Darsteller: Ben Ellison (Alex), Matthew Baidoo (Beauty), Akim Mogaji (James), John Wilson (Karl), Dencil Williams (Marcus), Guy Burgess (Dean), James Dublin (Carlos), Harry Donaldson, Alaena Adams, James Dublin, Michael Bailey
Drehbuch: Isaac Julien
Kamera: Nina Kellgren (Farbe)
Musik: Peter J. Spencer, Trevor Mathison, Wayson Jones
Schnitt: Robert Hargreaves
Produktion: Nadine Marsh-Edwards für Sankofa Film, GB 1989
Verleih: Edition Salzgeber/-/-
Kinostart: 28.10.1990
Länge: 46 Min.

Der Film ist eine Hommage an den schwarzen Dichter Langston Hughes, dessen Texte als Blues und Jazz vertont wurden. Wegen seiner Homosexualität wurde er auch vom schwarzen Establishment gemieden. Keine Biografie, sondern ein poetischer Traum mit Archivaufnahmen, nachgestellten Szenen, Jazz und Gedichten von Hughes und Essex Hemphill.

André Simonoviescz, tip

Thomas Kuppinger in: Die Tageszeitung, 26.10.90; Simone Mahrenholz in: Der Tagesspiegel, 25.10.90; Christian Seebaum in: Kölner Stadt-Anzeiger, 8.12.90

Lords of the Deep 596

LORDS OF THE DEEP *

Video

Regie: Mary Ann Fisher
Darsteller: Bradford Dillman (Dobler), Priscilla Barnes (Claire), Melody Ryane (Barbara), Daryl Haney (O'Neill), Eb Lottimer (Seaver), Greg Sobeck (Engel), Richard Young (Chadwick), Stephen Davies
Drehbuch: Howard R. Cohen, Daryl Haney
Kamera: Austin McKinney (Fotokem Color)
Musik: Jim Berenholtz
Schnitt: Nina Gilberti
Produktion: Roger Corman für Concorde Pictures, USA 1989
Verleih: -/-/-/MGM-UA Video
Videostart: 30.5.1990
FSK: ab 12 J.
Länge: 82 (74) Min.

Als sich die mantaförmigen Ungeheuer, die die Crew eines U-Boots zu bedrohen scheinen, als ökologische Mahner aus der fernen Zukunft herausstellen, erhält der psychopathische Captain von der Konzernleitung den Auftrag, alle Spuren zu verwischen. Psychedelisch aufgemotzter Unterwasser-Nachzieher.

Los Angeles Cop 597

NIGHT CHILDREN **

Video

Regie: Norbert Meisel
Darsteller: David Carradine (Max), Nancy Kwan, Griffin O'Neal, Kamala Lopez, Tawny Fere, Jimmy Medina Taggert, Michael Matthews, Vanessa Marquez
Drehbuch: James McIntire
Kamera: Gary Graver (Farbe)
Musik: Michael M. Egizi
Schnitt: Fabien D. Tordjmann
Produktion: Norbert Meisel für American Film Distributors/Silver Star, USA 1989
Verleih: -/-/-/Movie Star Video
Videostart: 3.12.1990
FSK: nicht unter 18 J.
Länge: 91 Min.

In der Drogenzone um den Hollywood Boulevard kreuzen ein Cop und die mit ihm befreundete Sozialarbeiterin die Schwerter mit dem Anführer einer Punk-Bande und dessen Freundin. Routinierte Actionware mit leicht moralinsauren Touch.

Los Angeles: Mord auf dem Freeway 598

POLICE STORY: THE FREEWAY KILLINGS **

TV

Regie: William A. Graham
Darsteller: Richard Crenna (Robert Devers), Angie Dickinson (Anne Davanaugh), Ben Gazzarra (Captain Tom Wright), Tony Lobianco (Detectiv Diangelo), Don Meredith (Detectiv Foley), James B. Sikking, Gloria Loring, Vincent Baggetta
Drehbuch: Mark Rodgers
Kamera: Robert Steadman (Farbe)
Produktion: MGM/UA Communications Co., USA 1987
Verleih: -/IMV Video
Sendetermin: 17.3.1990, ARD, 20.15 Uhr
FSK: ab 16 J.
Länge: 140 Min.

Robert Devers hat das Zeug, Polizeichef von Los Angeles zu werden. Die Entscheidung darüber ist noch offen, als eine Serie von Frauenmorden große Unruhe in der Stadt auslöst. Die Opfer werden stets am Rande von Autobahnen gefunden, die unbekannten Täter geben sich fälschlich für Polizisten aus. Für Devers und seine Leute ist das ein Grund mehr, die Mörder schnell zu fassen. *ARD*

Lost Girls 599

BURIED ALIVE *

Video

Regie: Gerard Kikoine
Darsteller: Robert Vaughn (Gary), Donald Pleasence (Dr. Schaeffer), Karen Witter (Janet), John Carradine (Jacob), Nia Long (Fingers), Ginger Lynn Allen (Debby), Bill Butler (Tim), Janine Denison (Shiro), Arnold Vosloo (Ken Wade)
Drehbuch: Jake Clesi, Stuart Lee, nach einer Vorlage von Edgar Allan Poe
Kamera: Gerard Loubeau (Farbe)
Musik: Frederic Talgorne
Schnitt: Gilbert Kikoine, Frank DePalma
Produktion: Harry Alan Towers für 21st Century/Breton Film, USA 1990
Verleih: -/-/-/VCL Video
Videostart: 24.9.1990
FSK: nicht unter 18 J.
Länge: 97 (87) Min.

Der Direktor einer Reformschule für gefallene Mädchen erweist sich als Wahnsinniger, der seine Opfer lebendig einmauert. Banaler Grusel mit bebenden Mauern und Stimmen aus den Wänden: Gerard Kikoine (»House of Usher«) scheint der Ansicht zu sein, mit möglichst vorlagenungetreuen Poe-Verfilmungen auf den Roger Corman-Zug zur kritischen Anerkennung aufspringen zu können. Das ist ein Irrtum.

Lost Tribe 600

THE LOST TRIBE **

Video

Regie: John Laing
Darsteller: John Bach (Edward/Max Sparry), Darien Takle (Ruth Takle), Don Selwyn (Sgt. Swain), Emma Takle (Katy), Martyn Sanderson (Thorne)
Drehbuch: John Laing
Kamera: Thomas Burstyn (Farbe)
Musik: David Fraser
Schnitt: Philip MacDonald
Produktion: Gary Hannam, John Laing für Meridian Film/Film Investment Corp. of New Zealand, Neuseeland 1986
Verleih: -/-/-/UFA Video
Videostart: 16.7.1990
FSK: ab 16 J.
Länge: 91 Min.

Neuseeländischer Thriller um einen Ethnologen, der seinem Zwillingsbruder einen Mord unterschieben will. Der Film bezieht seine Stärken aus dem exotischen Schauplatz und der unheimlichen Magie der Ureinwohner. Leider muß der Zuschauer jedoch lange warten, bis die gleich zu Beginn versprochenen schauerlichen Ereignisse tatsächlich einsetzen.

Video Woche

Lubitsch Junior 601

***

16 mm

Regie: Christian Bau, Jens Huckeriede, Manfred Oppermann, Jenny Ramcke, Peter Stockhaus
Darsteller: Heinz Joachim Klein (Lubitsch

»Lubitsch Junior«

Junior), Werner Eichhorn, Petra Schmidt, Georg Ackermann, Walter Böhm, Prof. Drewniak, Evelyn Kilian, Alice Schubert, Armin Wick
Drehbuch/Schnitt: Christian Bau, Jens Huckeriede, Manfred Oppermann, Jenny Ramcke, Peter Stockhaus
Musik: Roland Musolff
Produktion: die thede, BRD 1990
Verleih: die thede/-/-
Kinostart: Okt. 1990
Sendetermin: 11.12.1990, ZDF, 22.40 Uhr
Länge: 70 Min.

Als klinischer Fall von politischer Verdrängung verkleidete ein Team seine Dokumentar-Collage über einen gewissen »Lubitsch junior«. Um sich und den Zuschauern nicht den Spaß zu verderben, montierten die fünf Macher fast 60 Minuten Fronttheater-Nostalgie mit den Statements von alten Soldaten-Entertainern. Die Hauptfigur, der Mann, der sich als unehelicher Sohn des großen Regisseurs Ernst Lubitsch »verkaufte«, ein schmieriger Bonvivant, beschwindelte nicht nur die Reporter, er selbst war das Opfer seiner politisch und berufsbedingten Schizophrenie. Heinz-Joachim Klein zog mit der Solonummer eines Provinz-Poseurs alle Register dieser armseligen, eitlen und verwirrten Existenz. Das Ende und der Rest waren Schweigen. Eine unvergeßliche Studie.

Kai Niemeyer, AZ

Lars-Olav Beier in: tip, 24/90; Jochen Metzner in: Der Tagesspiegel, 27.11.90; Conny E. Voester in: epd Film 10/90

Lynx – Erbschaft 602

***
16 mm

Regie: Franz Reichler
Drehbuch: Franz Reichle
Kamera: Gisela Tuchtenhagen, Franz Reichle
Musik: Joseph Haydn, C.M. von Weber
Schnitt: Franz Reichle, Myriam Flury
Produktion: Schweiz 1990
Verleih: -/-/Filmcooperative
Länge: 90 Min.

In Franz Reichles außergewöhnlichem Dokumentarfilm steht nicht der in der Schweiz wieder angesiedelte Luchs im Vordergrund, sondern die Suche nach ihm, die Befragung von Wildhütern, Zoologen und eines Walliser Arbeiters und Schafzüchters, für den der Luchs zum Sündenbock für andere Probleme geworden ist. Dank der Methode, die Zuschauer an der Beschaffung von Informationen und Ergebnissen teilnehmen zu lassen, vermittelt der sorgfältig recherchierte Film wichtige Einblicke in das ökologische System der Natur. *Zoom*

M

Mad Bull 603
MAD BULL **
Video

Regie: Walter Doniger, Len Steckler
Darsteller: Alex Karras (Iago Karkus), Susan Anspach (Christina Sebastiani), Nicolas Colasanto (Duke Sallow), Elisha Cook (Sweeper), Danny Dayton (Eddie Creech), Chris DeRose (Anthony Yarkus), Richard Karron (Yapopotsky), Steve Sandor
Drehbuch: Vernon Zimmerman
Kamera: Jacques R. Marquette (Farbe)
Musik: Al DeLory
Schnitt: Scott Conrad, Thomas Stanford
Produktion: Richard M. Rosenbloom für Steckler Prod./Filmways, USA 1977
Verleih: -/-/-/CBS-Fox Video
Videostart: 16.7.1990
Sendetermin: 21.12.1977, CBS
FSK: ab 16 J.
Länge: 96 Min.

Ein Catcher zwischen einem psychopathischen Killer, dem amtierenden Weltmeister und seiner neuen Geliebten, die seine Sportart ganz schrecklich findet, in bester Adrian-Manier aber doch zum Schlußfight auftaucht. Durchschnittliches Prügeldrama, deren betuliche Kampfszenen die Cage-Fight-Freunde ebensowenig begeistern werden, wie den Krimifreund die dünne Psychopathengeschichte faszinieren wird. *VideoWoche*

Mad Dogs – Ein tödlicher Alptraum 604
TOUGHER THAN LEATHER **
Video

Regie: Rick Rubin
Darsteller: Joseph Simmons (Run), Darryl McDaniels (DMC), Jason Mizell (Jam Master Jay), Richard Edson (Bernie), Jenny Lumet (Pam), Rick Rubin (Vic), Lois Ayer (Charlotte), George Godfrey (Nathan), Russell Simmons
Drehbuch: Ric Menello, Rick Rubin
Kamera: Feliks Parnell (Farbe)
Musik: Run DMC
Schnitt: Steven Brown
Produktion: Vincent Giordano für Def American Picture, USA 1988
Verleih: -/-/-/Ascot Video
Videostart: 27.6.1990
FSK: nicht unter 18 J.
Länge: 92 (83) Min.

Die Rap-Band Run DMC wird von einer dubiosen Agentur, die ihre Musik-Produktionen als Geldwäsche ihrer Einkommen aus dem Drogenhandel benutzt, für eine Tournee engagiert. Vic, der Boß der Agentur, erschießt einen seiner Gefolgsleute und auch einen Schwarzen aus Run DMCs Road Crew, der zufällig Zeuge wurde. Daraufhin jagen die drei Musiker Vic, um ihren Freund zu rächen. Von der Story her wie eine Mischung aus »Blues Brothers« und »Dirty Harry« angelegt, macht der Film seine qualitativen Mängel durch flotte Konzertmitschnitte wett. *VideoWoche*

Mad Mission 5 605
MAD MISSION 5 *
Video

Regie: Lau Kar Leung
Darsteller: Samuel Hui, Leslie Cheung, Karl Maka, Conan Lee, Danny Lee, Fennie Yuen, Nina Li Chi
Drehbuch: Tsong Kwok Chi
Kamera: Paul Chan (Farbe)
Musik: Richard Lo, Teddy Robin
Produktion: Cinema City, Hongkong 1988
Verleih: -/-/-/New Vision Video
Videostart: 12.2.1990
FSK: ab 16 J.
Länge: 79 Min.

Die haarsträubenden Abenteuer zweier ehemaliger Gangster auf der Jagd nach dem gestohlenen chinesischen Nationalschatz. Irgendjemand wird's wohl komisch finden.

Made in USA 606
MADE IN U.S.A. ***
TV

Regie: Jean-Luc Godard
Darsteller: Anna Karina (Paula), Jean-Pierre Leaud (Donald), Laszlo Szabo (Paul), Marianne Faithful, Yves Afonso, Kyoko Kosaka

Drehbuch: Jean-Luc Godard
Kamera: Raoul Coutard (Farbe)
Musik: Antoine Duhamel
Produktion: Georges de Beauregard für Rome Paris Films/Anouchka Films/ S.E.P.I.C., F 1967
Sendetermin: 30.9.1990, ZDF, 23.30 Uhr
Länge: 92 Min.

Von Godard, dem Leitwolf der Nouvelle Vague der sechziger Jahre, gibt es glanzvolle, epocheprägende Filme. »Made in USA« gehört nicht dazu. Bei dieser Etude der Strukturzertrümmerung werden stereotype Trivialmuster des amerikanischen Gangsterkinos verhackstückt und mit einem assoziativen Deuteltext ironisch aufgemotzt. Wobei man nie das Gefühl los wird, als habe Godard nur krampfhaft eine Gelegenheit gesucht, um seine Anna Karina attraktiv ins Bild zu bringen. Was heute noch an spielerischem Witz aus diesem pseudointellektuell verquasten Cinéastenkrimi über die Rampe kommt, ist gering: Eine »Hommage an den amerikanischen Gangsterfilm«? Allenfalls ein Avantgarde-Kuriosum der Sechziger.
Ponkie, AZ

Madhouse 607
MADHOUSE ***

Regie: Tom Ropelewski
Darsteller: John Larroquette (Mark), Kirstie Alley (Jessie), Alison LaPlaca (Claudia), John Diehl (Fred), Jessica Lundy (Bernice), Bradley Gregg (Jonathan), Dennis Miller (Wes), Robert Ginty (Dale)
Drehbuch: Tom Ropelewski
Kamera: Denis Lewiston (Fotokem color)
Musik: David Newman
Schnitt: Michael Jablow
Produktion: Leslie Dixon für Orion Pic./Boy of the Year Prod., USA 1990
Verleih: Columbia Tri-Star/dto./-
Kinostart: 22.11.1990
FSK: ab 12, ffr.
Länge: 90 Min.

Der Film zeigt fünfzig Tage im Leben eines harmlosen Yuppie-Ehepaars, das sein trautes Heim ungeliebten Verwandten und nervenden Nachbarn widerstandslos überläßt. Der Kampf gegen die gnadenlosen Dauergäste entwickelt sich zur absurden Alptraumkomödie, zündende oder gar abgründige Gags bleiben allerdings Mangelware. *Frank Schnelle, tip*

Michael Althen in: SZ, 31.12.90; Heiko R. Blum in: Rheinische Post, 23.11.90; Carla Rhode in: Der Tagesspiegel, 24.11.90

Das Mädchen auf der Schaukel 608
THE GIRL IN A SWING **

Regie: Gordon Hessler
Darsteller: Meg Tilly (Karin), Rupert Frazer (Alan), Nicholas Prevost (Tony), Elspet Gray (Mrs. Desland), Lorna Heilbron (Flick), Claire Shepherd (Angela), Jean Boht (Mrs. Taswell), Sophie Thursfield (Deirdre), Lynsey Baxter (Barbara), Helen Cherry, June Ellis, Hilary Minster
Drehbuch: Gordon Hessler, nach dem gleichn. Roman von Richard Adams
Kamera: Claus Loof (Farbe)
Musik: Carl Davis
Schnitt: Robert Gordon
Produktion: Just Betzer für Panorama Film, GB 1988
Verleih: Concorde/-/-/Concorde Video
Kinostart: 4.1.1990
FSK: ab 16, ffr. – *FBW:* Wertvoll
Länge: 119 Min.

Der Film hängt durch von der ersten bis zur letzten Minute. Ein britischer Porzellanhändler verliebt sich auf dänischem Boden in eine Deutsche, die zerbrechlicher ist als sein kostbarstes Ausstellungsstück. Der europaweite Austausch der Neurosen kann nur mit einem Scherbenhaufen enden. Den hinterläßt auch Regisseur und Autor Gordon Hessler, der ständig die rätselhafte Vergangenheit seiner Protagonistin beschwört, ohne auch nur ein Drittel der aufgeworfenen Fragen beantworten zu können. *Lars-Olav Beier, tip*

Knut Hickethier in: epd Film 1/90; Andreas Obst in: FAZ, 6.1.90

Das Mädchen aus der Streichholzfabrik 609
TULITIKKUTEHTAAN TYTTÖ ****

Regie: Aki Kaurismäki
Darsteller: Kati Outinen (Iris), Elina Salo

Mitleidloser Abschluß seiner proletarischen Trilogie: Kaurismäkis »Das Mädchen aus der Streichholzfabrik«.

(Mutter), Esko Nikkari (Stiefvater), Vesa Vierikko (Mann), Reijo Taipale (Sänger), Silu Seppälä (Bruder), Outi Mäenpää, Marja Packalen
Drehbuch: Aki Kaurismäki
Kamera: Timo Salminen (Farbe)
Schnitt: Aki Kaurismäki
Produktion: Villealfa Filmprod./Schwedisches Filminstitut, Finnland 1989
Verleih: Pandora/Stadtkino/-
EA: 14.2.1990, Internationale Forum des Jungen Films bei der Berlinale
Kinostart: 20.9.1990
Länge: 68 Min.

Fast dokumentarisch kühl zeigt der Autor das Leben von Iris, die in einer finnischen Streichholzfabrik am Fließband arbeitet. Von einem Manager geschwängert und verlassen und von ihren Eltern vor die Tür gesetzt, rächt sich Iris an ihnen, indem sie alle mit Rattengift umbringt. Klassisch und nahe am Stil Bressons inszeniert, vollendet Kaurismäki mit diesem Film seine proletarische Trilogie und schafft einen filmischen Meilenstein. *Zoom*

Volker Baer in: Der Tagesspiegel, 17.2.90; Fritz Göttler in: SZ, 11.10.90; Doja Hacker in: tip, 19/90; Andreas Kilb in: Die Zeit, 5.10.90; Peter Körte in: Prinz, 9/90; Rainer Nolden in: Die Welt, 28.9.90; Jürgen Richter in: FAZ, 29.9.90; Helmut Schmitz in: FR, 28.9.90

Mädchen des Monats 610

I MARRIED A CENTERFOLD **

Video

Regie: Peter Werner
Darsteller: Teri Copley (Debra Ryan), Timothy Daly (Kevin Coates), Diane Ladd (Jeanette Bryan), Todd Susman (Bill Bodell), Robert Hanley (Roger Evans), Anson Williams (Bick Bellows), Roger Aaron Brown (Bob Waters), Richard Jamison
Drehbuch: Victoria G. Hochberg
Kamera: Isidore Mankofsky (Farbe)
Musik: Mark Snow
Schnitt: Robert Florio, Gregory Prange
Produktion: Robert M. Sertner für Frank von Zerneck Films/Moonlight Prod., USA 1984
Verleih: -/-/-/Taurus Video
Videostart: 15.1.1990
Sendetermin: 11.11.1984, NBC
FSK: ab 12 J.
Länge: 92 Min.

Aufgrund einer Pokerwette verliebt sich ein schüchterner Konstrukteur in ein nettes Playgirl vom Lande, das seine Gefühle trotz einer intriganten Mutter wider Erwarten voll erwidert. Singles-Komödie, die mit züchtigem Sex-Appeal auf den naiven Charme ihrer Hauptdarsteller setzt.

Das Mädchen und der Fighter 611

THUNDERGROUND **

Video

Regie: David Mitchell
Darsteller: Paul Coufos (Bird), Margaret Langrick (Casey), M. Emmet Walsh (Promoter), Jesse Ventura, Donny LaLonde, William Sanderson, Michael Ironside
Drehbuch: David Mitchell, Damian Lee
Kamera: Curtis Petersen (Farbe)
Musik: John Cascella
Schnitt: Reid Dennison
Produktion: Damian Lee für Rose & Ruby Prod./Thunderground Prod., USA 1989
Verleih: -/-/-/RCA-Columbia Video
Videostart: 8.5.1990
FSK: ab 16 J.
Länge: 93 Min.

Recht ansprechendes Road Movie um ein ungleiches Hobo-Team. Eine gewisse »Huckleberry Finn«-Romantik ist dem Film nicht abzusprechen, für ausreichende Action sorgen dann diverse Ringprügeleien. *VideoWoche*

Das Mädchen von nebenan 612

A MENINA DO LADO ***

Regie: Alberto Salvá
Darsteller: Reginaldo Faria (Mauro), Flávia Monteiro (Alice), Debóra Duarte, John Herbert, Adriano Reis, Tania Scher, Sergio Mamberti
Drehbuch: Alberto Salvá, Elisa Tolomeli
Kamera: Antonio Luis (Farbe)
Musik: Antonio C. Jobim
Produktion: Alberto Salvá für Alberto Salvá Prod./Artisticas Ltda., Brasilien 1987
Verleih: Progreß/-/-
Kinostart: 24.1.1990
FSK: ab 16 J.
Länge: 86 Min.

Ein ernstzunehmender Mann - Journalist, aktiv im öffentlichen Leben, seit vielen Jahren verheiratet und Vater erwachsener Kinder - hat ein ungeahntes Erlebnis: Er verliebt sich in ein vierzehnjähriges Mädchen. Von diesem Moment an gewinnt er eine neue Einstellung zu seinem Leben; er fühlt sich veranlaßt, das Verhältnis zu seiner Familie und seinen Freunden zu überdenken, seine Arbeit und seine Anschauungen treten in den Hintergrund.
Er wird sich der Vergänglichkeit der Zeit bewußt und ringt um die Möglichkeit eines Neubeginns.

Kino DDR

Die Männerfresser 613

MAN EATERS **

Video

Regie: Daniel Colas
Darsteller: Catriona MacColl (Deborah), Roberta Weiss (Elizabeth), Coralie Seyrig (Audrey), Daniel Colas (Hubert), Mark Sinden, Ray Lonnen, Yves Renier
Drehbuch: Daniel Colas, nach seinem Bühnenstück
Kamera: Jean Orgollet (Farbe)
Musik: Aldo Frank
Schnitt: Pierre Didier
Produktion: Patrice Martineau, Marc-André Grynbaum für Bel Air Pictures/R.T. Prod., USA/Frankreich 1988
Verleih: -/-/-/VPS Video
Videostart: 20.9.1990
FSK: ab 16 J.
Länge: 87 Min.

Inselkomödie, in der ein ansehnliches Amazonen-Trio ihrem geplagten Freitag das Leben nicht immer angenehm gestaltet. Leichtgeschürzte Verfilmung eines Theaterstücks - kein großer Wurf, aber nett. *VideoWoche*

Maestro 614

LE MAITRE DE MUSIQUE ***

Regie: Gérard Corbiau
Darsteller: José van Dam (Joachim Dallayrac), Anne Roussel (Sophie Maurier), Philippe Volter (Jean Nilson), Sylvie Fennec (Estelle Fischer), Patrick Bauchau (Prinz Scott), Johann Leysen (François Manssaux), Marc Schreiber, Alain Carre
Drehbuch: Gérard Corbiau, Andree Corbiau, Patrick Iratni, Jacqueline Pierreux, Christian Watton
Kamera: Walter Vanden Ende (Farbe)
Musik: Gustav Mahler, Guiseppe Verdi, Vincenzo Bellini, Wolfgang Amadeus Mozart, Jacques Offenbach, Franz Schubert, Robert Schumann, gespielt vom Neuen Symphonieorchester des RTBF, Dirigent Ronald Zollmann
Schnitt: Denise Vindevogel
Produktion: Dominque Janne, Jacqueline Pierreux für RTBF/K2 One, Belgien 1988
Verleih: Delta/-/-
Kinostart: 6.12.1990
FSK: o.A., ffr. – *FBW:* Wertvoll
Länge: 95 Min.

José van Dam in »Maestro«.

Der Film erzählt die Geschichte eines berühmten Sängers, der sich vom elitären europäischen Musikleben der Jahrhundertwende zurückzieht, um zwei begabte Schüler zu Weltrang-Stars zu trainieren. Hohe edle Gefühle, feudale Schlösser, klassische Musik. Der Film ist altmodisch und gediegen wie ein TV-Seniorenprogramm vergangener Jahrzehnte.

Wolf Donner, tip

Eberhard Falcke in: SZ, 28.11.90; Simone Mahrenholz in: Der Tagesspiegel, 21.11.90; Roland Schmidt in: AZ, 22.11.90; Silke Schütze in: Prinz, 12/90

Der Magdalenenbaum 615

***

Regie: Rainer Behrend
Darsteller: Christine Schorn (Magda), Christian Steyer (Ramboll), Thomas Redlich (Felix), Thomas Stecher (Felix als Erwachsener), Hermann Stövesand (Gustav Striebel), Doris Thalmer (Berta Striebel), Klaus Piontek (Pfützner), Dagmar Manzel (Rosie), Annett Kruschke (Hilde Konzak), Gerhard Hähndel (Erich Konzak), Werner Dissel (Opa Panse)
Drehbuch: Friedhold Bauer, nach dem gleichn. Roman von Armin Müller
Kamera: Günter Haubold, Dieter Chill (Farbe)
Musik: Rainer Bredemeyer
Schnitt: Renate Schäfer
Produktion: Rolf Martius für Defa-Studio, Gruppe »Johannisthal«, DDR 1989
Verleih: Progreß/-/-
Kinostart: Dez. 1989
Länge: 85 Min.

Ein 200 Jahre alter Baum ist das Symbol für Beständigkeit und Harmonie. Es heißt von ihm, daß er das Unglück fernhalte und die Blitze. Vor Jahren hat ihn die Gemeindeschwester vor den Bulldozern gerettet, seither trägt er ihren Namen: Magdalenenbaum.
Mutter Magda, selbstlos handelnd und immer für andere da, kommt eines Tages in einen Konflikt. Kann sie einfach das zehnjährige Kind einer Alkoholikerin behalten, um in ihrem Leben doch noch zu einer Familie zu kommen? Läßt sich das Glück zwingen? Ein poetischer DEFA-Film mit schönen Bildern.

Kino DDR

Regisseur Herbert Ross.

Magnolien aus Stahl 616

STEEL MAGNOLIAS

***

Regie: Herbert Ross
Darsteller: Sally Field (M'Lynn Eatenton), Dolly Parton (Truvy Jones), Shirley MacLaine (Ouiser Boudreaux), Daryl Hannah (Annelle Dupuy Desoto), Olympia Dukakis (Clairee Belcher), Julia Roberts (Shelby Eatenton Latcherie), Tom Skerritt (Drum Eatenton), Sam Shepard (Spud Jones), Dylan McDermott, Kevin J. O'Connor, Bill McCutcheon
Drehbuch: Robert Harling, nach seinem gleichn. Theaterstück
Kamera: John A. Alonzo (Technicolor)
Musik: Georges Delerue
Schnitt: Paul Hirsch
Produktion: Ray Stark für Rastar Prod., USA 1989
Verleih: Columbia Tri-Star/dto./ 20th Century Fox/RCA-Columbia Video
EA: 9.2.1990, Int. Filmfestspiele Berlin (außer Konkurrenz)
Kinostart: 15.3.1990
FSK: ab 12, ffr. – *FBW:* Wertvoll
Länge: 118 Min.

Ein Überkitsch des Hollywood-Routiniers Herbert Ross, auf der altmodisch-verlogenen Umlaufbahn des Dreiklangs Kinder, Küche, Kirche angesiedelt. Es geht um sechs wackere Freundinnen in allen Lebenslagen, die in einem spießigen Südstaatenkaff zusammenstehen, als eine tapfere Mutter den Tod ihrer Tochter, die trotz ärztlichem Verbot ein Kind bekommen hatte, verkraften muß. Einziger Lichtblick ist die schauspielerische Leistung der immer noch besten Komödiantin des US-Films: Shirley MacLaine als Dorfschnatter. *Zoom*

Eine Gruppe von älteren Damen, die einander aus dem Frisiersalon kennen, begleiten das Schicksal einer Mutter, deren zuckerkranke Tochter nach der Geburt ihres Kindes stirbt. Gute schauspielerische Leistungen und zahlreiche Dialogpointen gewährleisten gehobene Unterhaltung. *multimedia*

Angie Dullinger in: AZ, 16.3.90; Dietrich Leder in: Kölner Stadt-Anzeiger, 17.3.90; Jürgen Richter in: FAZ, 17.3.90; Ska in: Stuttgarter Zeitung, 17.3.90

Malediction – Fluch des Dämon 617

MALEDICTION *

Video

Regie: Bert I. Gordon
Darsteller: Robert Forster (Lou Cherney), Lydie Denier (Nicole St. James), Caren Kaye (Leah), Phillip Glasser (Joey), M.K. Harris (Dorian)
Drehbuch: Stephen Katz
Kamera: Thomas F. Denove (Farbe)
Musik: Norman H. Mamey
Schnitt: Barbara Boguski
Produktion: Universal/Sun Heat, USA 1989
Verleih: -/-/-/CIC Video
Videostart: 3.10.1990
FSK: nicht unter 18 J.
Länge: 88 Min.

Die übersinnlich begabte, von einem Dämon besessene Chefin einer exklusiven Modellagentur ergreift Besitz vom Sohn des ermittelnden Polizisten. Wackelnde Kameras als Trickersatz und das Latex-Antlitz des Dämonen belegen sehr anschaulich, daß Bert I. Gordon seit den Sechzigern im Grunde nichts dazugelernt hat. Was irgendwie recht tröstlich wirkt.

A Man Called Sarge 618

A MAN CALLED SARGE *

Video

Regie: Stuart Gillard
Darsteller: Gary Kroeger (Sarge), Marc Singer (Von Kraut), Jennifer Runyon (Fifi LaRue), Gretchen German (Sadie), Michael Mears (Chevalier), Andy Greenhalgh (Browning), Bobby Di Cicco (Anazalone), Travis McKenna (Billy Bob)
Drehbuch: Stuart Gillard
Kamera: David Gurfinkel (Farbe)
Musik: Chuck Cirino
Produktion: Gene Corman für Cannon, USA 1989
Verleih: -/-/-/Cannon-VMP Video
Videostart: 28.5.1990
FSK: ab 16 J.
Länge: 88 Min.

Ein alliiertes Sonderkommando soll den bösen Deutschen die Treibstoffdepots in Tobruk wieder abjagen. Militärklamotte mit den »Saturday Night Live«-Stars der neuen Generation, die recht anschaulich demonstrieren, weshalb die Einschaltquoten dieser einst so populären TV-Satire ziemlich in den Keller gegangen sind.

Man hat nicht immer Glück 619

RAS NA VAS NE PRICHODITZJA ***

Regie: Ara Gabrieljan
Darsteller: Armen Dshigarchanjan (Papaschin), Leonid Kurawljow (Romanow), Borislaw Brondukow (Ismailow), L. Polistschuk (Zeugin Smirnowa)
Drehbuch: Valentin Jeshow, Albert Iwanow
Kamera: Sergej Saizew (Farbe)
Musik: Jewgeni Krylatow
Produktion: Mosfilm-Studio, UdSSR 1987
Verleih: Progreß/-/-
Kinostart: 2.3.1990
FSK: ab 6 J.
Länge: 77 Min.

Beim Abriß eines alten Hauses finden drei Bauarbeiter tatsächlich einen Schatz – Goldbarren.
Das Glück, sprich Geld, scheint greifbar nahe.

Man no Run 620
MAN NO RUN ****

Regie: Claire Denis
Darsteller: Les Têtes Brulés, Jean Marie, Zanzibar, Roger, Martin & Afata
Drehbuch: Claire Denis, Jean-Marie Ahanda, Blaise N'Djehoya
Kamera: Pascal Marti (Farbe)
Musik: »Les Têtes Brûlées«, André Afata, Jean-Marie Ahanda, Roger Bekongo, Theodore Epeme, Martin Maah
Schnitt: Dominique Auvray
Produktion: Jean François Casamayou für CASA-Films, Frankreich 1988
Verleih: Impuls/-/-
Kinostart: Febr. 1990
Länge: 104 Min.
Original mit deutschen Untertiteln

Die Têtes Brûlées, die »Hitzköpfe« aus dem Tropenwald von Kamerun, auf ihrer ersten Frankreich-Tournee. Fünf schwarze Musiker mit kahlrasierten Schädeln und weißer Körperbemalung tanzen und spielen mit vollgepackten Rucksäcken Bikutsi-Musik, einen uralten Rhythmus des Beti-Landes, den sie mit ihren Elektrogitarren bearbeiten, einer phantastischen Mischung aus Rock, Jazz, Reggae, Soul und Disco-Sound. Man No Run (was im Pidgin-Englisch so viel wie »Lauf nicht weg, bleib bei uns bis morgen früh« heißt) ist das gefilmte Reisetagebuch einer der besten Musikbands Schwarzafrikas.

Das Manifest der Narren 621
PABO SUNON ***

Regie: Chang-Ho Lee
Darsteller: Bo-Hee Lee (Hae-Yong), Myung-Kon Kim (Dong-Chil), Hui-Sung Lee
Drehbuch: Si-Mon Yoon, nach dem Roman von Dong-Chul Lee
Kamera: Jung-Min Suh (Farbe)
Musik: Jong-Ku Lee
Schnitt: Hee-Su Kim
Produktion: Chong-Chan Park/Hwa Chun Trading, Korea 1983
Verleih: Freunde der Deutschen Kinemathek/-/-
EA: 13.2.1988, Int. Forum des Jungen Films bei der Berlinale
Kinostart: März 1990
Länge: 87 Min.
Original mit Untertiteln

Das »Manifest der Narren« basiert auf einem Roman, den ein entlassener Strafgefangener geschrieben hat, und kritisiert auf bittere Weise die Absurditäten und Widersprüche der Gesellschaft. Seine Protagonisten sind der hinkende junge Mann Dong-Chil und das Mädchen Hae-Yong, das einem schimärenhaften Traum vom Erfolg in der Gesellschaft nachläuft. Indem er den Erlebnissen dieser Personen folgt, kritisiert der Film die Korruption und die Vergnügungssucht der Reichen, aber auch den Verfolgungswahn und das verdrehte Bewußtsein der Armen. *Katalog Forum*

Wilfried Geldner in: FAZ, 17.2.88; Jutta Kamke in: Der Tagesspiegel, 16.2.88

Manifesto 622
MANIFESTO ***

Video

Regie: Dusan Makavejev
Darsteller: Camilla Söberg (Swetlana), Alfred Molina (Avanti), Simon Callow (Hunt), Eric Stoltz (Christopher), Lindsay Duncan (Lily Sanchor), Rade Serbedzija (Emile), Svetozar Cvetkovic (Rudi), Chris Haywood (Wango), Patrick Godfrey (Dr. Lombrosow), Linda Marlowe (Stella)
Drehbuch: Dusan Makavejev
Kamera: Tomislav Pinter (Rank Color)
Musik: Nicola Piovani
Schnitt: Tony Lawson
Produktion: Menahem Golan, Yoram Globus für Cannon Group, USA 1988
Verleih: -/-/-/Cannon-VMP Video
Videostart: 26.3.1990
FSK: nicht unter 18 J.
Länge: 94 Min.

Die Jurastudentin Swetlana kehrt 1920 nach dreijähriger Abwesenheit zurück ins heimatliche Waldheim. Mit ihr im Zug sitzt Geheimdienstchef Avanti, der Waldheim für den bevorstehenden Besuch des Königs säubern soll. Während Swetlana heimlich die Revolution schürt, läßt Avanti die Revoluzzer ausschalten. Swetlana muß nach einer Reihe kurzer, aber heftiger Flirts unverrichteter Dinge abreisen. Heiteres, metaphernreiches Politmärchen des jugoslawischen Exilregisseurs. *Video Woche*

Der Mann mit den Bäumen 623

**

Regie: Werner Kubny
Darsteller: Anna Ludwig (Anna), Ferdinand Dux (Opa Kolander), Franz Bulin (Elzéard Bouffier), Wolfgang Kaven (Herr Schmidt), Konstantin Graudus (Junge in U-Bahn), Anna Seitz, Rainer Finke, Björn Petersen, Heiko Wittke sowie die Bewohner des Dorfes Lioux, Provence
Drehbuch: Werner Kubny, nach einer Vorlage von Jean Giono
Kamera: Werner Kubny (Farbe)
Musik: Piet Klocke, Omar Kelaptrischwili
Schnitt: Christel Maye
Produktion: Werner Kubny Filmprod. mit WDR, BRD 1989
Verleih: Comet/-/-
EA: 25.1.1990, Max-Ophüls-Preis, Saarbrücken
Kinostart: 12.7.1990
FSK: o.A., ffr. – *FBW:* Wertvoll
Länge: 81 Min.

Der Großvater der kleinen Anna, die einen Eichenschößling verpflanzen will - so die Rahmenhandlung - erinnert sich: An den alten Schäfer in der Provence, der über ein halbes Jahrhundert lang in unwegsamer, steiniger Gegend, Abertausende von Bäumen pflanzte und die karge Landschaft zu neuem Leben erweckte. Die Inszenierung dieser Geschichte nach Jean Giono könnte man wohlwollend als behutsam gemacht und langsam dahinfließend bezeichnen, als ansprechend für Freunde bukolisch beschaulicher Szenerie und minimalistischer Machart. Direkter könnte man sagen, sie ist schlicht langatmig, einfältig - und einschläfernd.

Kölner Stadt-Anzeiger

Claudia Schülke in: FAZ, 18.8 und 22.8.90; Carla Rhode in: Der Tagesspiegel, 12.7.90

Marathon der Hoffnung 624

THE TERRY FOX STORY/
HEART OF A CHAMPION

***

TV

Regie: Ralph L. Thomas
Darsteller: Eric Fryer (Terry Fox), Robert Duvall (Bill), Michael Zelniker (Doug), Rosalind Chao (Rika), Christopher Makepeace (Darrell Fox), Elva Mai Hoover, Frank Adamson, Maria McCann
Drehbuch: Edward Hume, nach einer Story von John und Rose Kastner
Kamera: Richard Ciupka (Farbe)
Musik: Bill Conti
Schnitt: Ron Wiseman
Produktion: Robert Cooper für Astral mit CTV und der Bank of Montreal, Kanada 1983
Sendetermin: 17.3.1990, ZDF, 14.20 Uhr
Länge: 93 Min.

Der 18jährige Kanadier Terry Fox unternimmt nach überstandener Krebsoperation einen Marathonlauf quer durch ganz Kanada, um Geld für die nationale Krebshilfe aufzubringen. Thema des Films ist nicht nur die tödliche Krankheit selbst, sondern vor allem die Isolation des Kranken, seine Gettoisierung in den nun für ihn zuständigen Institutionen, in deren Bereich physische Behandlung mit psychischer Reduzierung auf die Rolle des Patienten verbunden ist.

ZDF

M.A.R.K. 13 625

HARDWARE

**

Regie: Richard Stanley
Darsteller: Dylan McDermott (Mo), Stacey Travis (Jill), John Lynch (Shades), William Hootkins (Lincoln), Iggy Pop (Angry Bob)
Drehbuch: Richard Stanley
Kamera: Steven Chivers (Farbe)
Musik: Simon Boswell
Schnitt: Derek Trigg
Produktion: Joanne Sellar, Paul Trybits für Palace/Miramax Prod., GB 1990
Verleih: Metropol/-/-/VPS Video
Kinostart: 8.11.1990
FSK: ab 18, nffr.
Länge: 92 Min.

Der Film zeigt einmal mehr ein radioaktiv verseuchtes Amerika. Ein rätselhafter Helm ist für einen Nomaden todbringend, denn er ist Teil einer Tötungsmaschine der Regierung. Blut- und Horrorszenen vom Blödesten. Ein primitiver Film.

Hans-Ulrich Pönack, tip

Peter Krobath in: Prinz, 11/90; Milan Pavlović in: Kölner Stadt-Anzeiger, 17.11.90

Marked for Murder 626
MARKED FOR MURDER **
Video

Regie: Rick Sloane
Darsteller: Wings Hauser (Emerson), Renée Estevez (Justine), James Mitchum (Rainier), Ross Hagen (Tyrell), Ken Abraham (Corey), Blake Bahner, Martin Sheen
Drehbuch: Rick Sloane
Kamera: James Neil Rosenthal (Farbe)
Musik: Alan DerMarderosian
Produktion: Rick Sloane, Kathleen Vandale, USA 1989
Verleih: -/-/-/New Vision Video
Videostart: 8.10.1990
FSK: ab 16 J.
Länge: 88 Min.

Bei der Suche nach einem inkriminierenden Videoband verstricken sich zwei Mitarbeiter einer Fernsehstation in die dunklen Drogengeschäfte ihres Chefs.
Actionkrimi der Gewichtsklasse B, weder sonderlich aufwendig noch sorgfältig inszeniert. *VideoWoche*

Marquis de Sade 627
MARQUIS ***

Regie: Roland Topor, Henri Xhonneux
Darsteller: Philippe Bizot, Bien de Moor, Gabrielle van Damme, Olivier Dechaveau, Bernard Cognaux, Pierre Decuypere, Francois Marthouret, Valerie Kling, Michel Robin, Isabelle Canet-Wolfe, Vicky Messica
Drehbuch: Roland Topor, Henri Xhonneux
Kamera: Etienne Fauduet (Fujicolor)
Musik: Reinhardt Wagner
Schnitt: Chantal Hymans
Produktion: Y.C. Alligator Films/ Constallition Prod./Tchin Tchin Prod., Belgien/Frankreich 1989
Verleih: Mega/-/-
UA: 26.4.1989
Kinostart: 8.11.1990
FSK: ab 16, nffr.
Länge: 83 Min.

Der Film führt uns in den Kerker der Bastille, wo sich der Marquis de Sade mit seinem Schwanz »Colin« unterhält. Die beiden haben gegensätzliche Ansichten und Leidenschaften. Liebt es der Marquis eher platonisch und mit seiner Feder, braucht »Colin« handfeste Befriedigung. *tip*

»Marquis de Sade«

(...) Topors Figuren haben Viecherköpfe von feinstem Viechs-Charakter: der Marquis ein kluger Hund von Adel, der Gouverneur ein Mistgockel, Juliette eine Domina-Jungstute – Justine Kalbskopf mit Seele. Der Jesuit ein intrigantes Sakristei-Kamel, der Knastwärter bisexuelle Ratte, das kriminelle Kleinvieh dummes Schwein (...) Der souveräne Witz, mit dem dieser boshafte Verweigerer seine Denkfreiheit (mit oder gegen Colin) hochhält, ist bezaubernd frech und intelligent – ein wahres Kunst-Stück der Dualität von Hirn und Hose.
Ponkie, AZ

Sabine Carbon in: Der Tagesspiegel, 30.8.90; Angie Dullinger in: AZ, 15.11.90 (Interview Topor); Eberhard Falcke in: SZ, 20.11.90; Sabine Horst in: FR, 19.11.90; Manfred Nöbel in: Sonntag, 41/90; Michael Volber in: Prinz, 11/90

Die Maske 628
LE MASQUE ***
16 mm

Regie: Johan van der Keuken
Kamera: Johan van der Keuken (Farbe)
Musik: Henri Razafindratefy, Arson Andriamisalalao
Schnitt: Jan Dop, Johan van der Keuken
Produktion: Lucid Eye Films/LMK-Images/ N.O.S. Television/FR 3, Frankreich/ Niederlande 1989
Verleih: Freunde der Deutschen Kinemathek/-/-
UA: 28.1.1990, Rotterdam, Int. Film Festival
EA: 18.2.1990, Int. Forum des Jungen Films bei der Berlinale
Kinostart: 1990
Länge: 55 Min.

(...) Wie wichtig auch in einer aufgeklärten bürgerlichen Gesellschaft die

Maske ist, hinter der sich die eigentliche Individualität verbirgt, zeigt van der Keuken mit seinem Porträt eines Obdachlosen. Philippe ist Kellner, doch über Gelegenheitsjobs kommt er nicht hinaus. Für eine feste Wohnung reichen die sporadischen Einnahmen nicht, und so beginnt die Suche nach einem geeigneten Schlafplatz jeden Abend von neuem. Doch die Tristesse seines Daseins ist ihm wenigstens äußerlich nicht anzumerken, er wirkt gepflegt. Ein Obdachloser mit bürgerlicher Innen- und Außenansicht, der Mitterrand zujubelt, das System selbst nicht in Frage stellt und an Mitterrands Politik lediglich kritisiert, daß sie zu ausländerfreundlich sei. Der Rassismus ist die Grenze, an der die Illusion bürgerlicher Gleichheit zerbricht.

Sabine Carbon, Der Tagesspiegel

Maske des roten Todes 629

EDGAR ALLAN POE'S MASQUE OF THE RED DEATH

*

Video

Regie: Larry Brand
Darsteller: Patrick Macnee (Macchiavelli), Adrian Paul (Prospero), Clare Hoak (Julietta), Jeff Osterhage (Claudio), Tracy Reiner (Lukrezia)
Drehbuch: Daryl Haney, Larry Brand nach der Erzählung von Edgar Allan Poe
Kamera: Edward Pei (Fotokem Color)
Musik: Mark Governor
Schnitt: Stephen Mark
Produktion: Roger Corman für Concorde Pictures, USA 1989
Verleih: -/-/-/MGM-UA Video
Videostart: 30.5.1990
FSK: ab 16 J.
Länge: 85 (78) Min.

Remake des Corman-Films über den sadistischen Prinzen Prospero, der sich in seinem hermetisch gegen die Pest abgeriegelten Schloß in ein Bauernmädchen verliebt, schließlich aber doch dem Roten Tod anheimfällt. Wir gedenken sehnsüchtig der delirischen Farbenspiele Nicolas Roegs und der schleimigen Dekadenz eines Vincent Price.

Massenmord in San Francisco 630

THE LAUGHING POLICEMAN

***

Video

Regie: Stuart Rosenberg
Darsteller: Walter Matthau (Jake Martin), Bruce Dern (Leo Larsen), Louis Gossett jr. (Larrimore), Albert Paulsen (Camerero), Anthony Zerbe (Lt. Styner), Anthony Costello (Dave Evans), Cathy Lee Crosby (Kay Butler), Shirley Ballard (Martins Frau), David Belrose
Drehbuch: Tom Rickman, nach dem Roman von Maj Sjöwall und Per Wahlöö
Kamera: David M. Walsh (Farbe)
Musik: Charles Fox
Schnitt: Bob Wyman
Produktion: Stuart Rosenberg für 20th-Century Fox, USA 1973
Verleih: -/-/-/CBS-Fox Video
Videostart: 21.5.1990
FSK: ab 16 J.
Länge: 111 Min.

Zwei ungleiche Cops auf der Jagd nach dem brutalen Busmörder. Schon etwas angegrauter Polizeifilm, der eher von den Kontrasten zwischen Walter Matthau und Bruce Dern als von seiner Inszenierung lebt.

Matador 631

MATADOR

***

Regie: Pedro Almodóvar
Verleih: Kinowelt/top-film/Citel
Kinostart: 19.7.1990

Lief bereits 1989 in der Schweiz. Vollständige Angaben daher im »Heyne Filmjahrbuch 1990«.

Michael Althen in: SZ, 25.7.90; Marli Feldvoss in: FAZ, 26.7.90; Peter Körte in: FR, 30.7.90; Ponkie in: AZ, 19.7.90; Claudius Seidl in: Die Zeit, 10.8.90

Matewan 632

MATEWAN

****

Video

Regie: John Sayles
Darsteller: Chris Cooper (Joe), Will Oldham (Danny), Mary McDonnell (Elma Radnor), Bob Gunton (C.E. Lively), James Earl Jones (»Few Clothes« Johnson), Kevin Tighe (Hickey), Gordon Clapp (Griggs), Josh Mostel (Testerman), Ken Jenkins (Sephus Purcell), Jace Alexander (Hillard), Nancy Motto (Bridey Mae), Gary McCleery (Ludie)

Spielplatz deutsche Einheit. Hannes Herwig, Stefanie Stappenbeck und Davia Dannenberg in »Die Mauerbrockenbande«.

Drehbuch: John Sayles
Kamera: Haskell Wexler (DuArt Color)
Musik: Mason Daring
Schnitt: Sonya Polonsky
Produktion: Peggy Rajski, Maggie Renzi für Cinecom, USA 1987
Verleih: -/-/-/MGM-UA Video
Videostart: 12.2.1990
FSK: ab 16 J.
Länge: 130 Min.

Matewan 1920, eine kleine Minenarbeitersiedlung in den Hügeln West-Virginias. Der Versuch, die Kumpels gewerkschaftlich zu organisieren, führt zum Matewan-Massaker, einem Showdown zwischen den Streikenden und den Schergen der allmächtigen Bergbaugesellschaft (...) Auch dies ist ein Film der gesenkten Blicke, die an den fortgesetzten Demütigungen so lange vorbeisehen, bis es überhaupt keine Stelle mehr gibt, wo man hingucken kann. Die Zeit der Konfrontationen ist vorbei, es gibt nur noch Abhängigkeiten in diesem Amerika.

Michael Althen, SZ

Die Mauerbrockenbande 633

***
TV

Regie: Karl Heinz Lotz
Darsteller: Davia Dannenberg (Marion), Lukasz Krzycaniak (Jacek), Stefanie Stappenbeck (Sibylle), Hannes Hervig
Drehbuch: Wolfgang Kirchner
Kamera: Michael Heiter
Schnitt: Petra Heymann
Produktion: Regina Ziegler Filmproduktion, BRD/DDR 1990
EA: 1.7.1990, Filmfest München
Sendetermin: 11.9.1990, ZDF, 20.15 Uhr
Länge: 90 Min.

Wenn es um das Faszinosum des 9. November am Brandenburger Tor geht, drosselt Lotz jeden Überschwang. Die Ökonomie des Autors ließ ihm allerdings wenig Möglichkeiten, die Geschichte der 12jährigen Marion zwischen zwei Jungen und zwei »Wohnsitzen« (West-Baracke und Ost-Nestwärme) durchgehend mit Leben zu versehen. So wechselten sich klug dosierte Ausschnitte aus der aktuellen historischen Lage mit dem betulichen Anprangern von West-Euphorie und DDR-Bonzentum ab. Doch Trauerarbeiter Lotz konnte sich auf seine Kind-Akteure verlassen.

Kai Niemeyer, AZ

Die Maulwürfe von Beverly Hills 634

UNDERGROUND ACES **

Video

Regie: Robert Butler
Darsteller: Dirk Benedict (Huff), Melanie Griffith (Lucy), Rick Podell (Joe), Frank Gorshin (Kruger), Randy Brooks (Ollie), Robert Hegyes
Drehbuch: Jim Carabatsos, Lenore Wright, Andrew Peter Martin
Kamera: Thomas del Ruth (Farbe)
Musik: Peter Rugulo
Produktion: Samuel Z. Arkoff, Jay Weston für Orion/Filmways Pictures, USA 1980
Verleih: -/-/-/CBS-Fox Video
Videostart: 18.6.1990
FSK: ab 12 J.
Länge: 89 Min.

Jugendliche Hotelbedienstete treiben ihre Tiefgaragenspäße mit den Nobelmobilien der Gäste. Eine altbackene Teenie-Comedy im plumpen »Hotel«-Serien-Stil. *W.O.P. Kistner, AZ*

Max mon amour 635

MAX MON AMOUR ***

TV

Regie: Nagisa Oshima
Darsteller: Charlotte Rampling (Margaret), Anthony Higgins (Peter), Bernard-Pierre Donnadieu (Archibald), Christopher Hovik, Miléna Vukotic, Diana Quick
Drehbuch: Nagisa Oshima, Jean-Claude Carrière
Kamera: Raoul Coutard
Musik: Michel Portal
Schnitt: Hélène Piemiannikow
Produktion: Serge Silberman für Greenwich Film, Frankreich 1986
Sendetermin: 10.11.1990, ARD, 0.05 Uhr
Länge: 97 Min.

Ein britischer Diplomat in Paris schöpft Verdacht, daß seine Frau einen Liebhaber haben muß. Als er sie überrascht, entdeckt er, daß sein Rivale ein Schimpanse ist. Völlig konsterniert, möchte er daraufhin unbedingt herausbekommen, was es mit dieser befremdenden Liaison auf sich hat.

ARD

McCloud rechnet ab 636

THE RETURN OF SAM MCCLOUD **

Video

Regie: Alan J. Levi
Darsteller: Dennis Weaver (Sam McCloud), J.D. Cannon (Peter Clifford), Terry Carter (Chief Broadhurst), Diana Muldaur (Chris Coughlin), David McCallum (Inspektor Craig), Roger Rees (Jason Cross), Robert Beatty (William Maitland), Kerrie Keane (Ashley Stevens), Patrick Macnee
Drehbuch: Michael Sloan
Kamera: Frank Watts (Farbe)
Musik: Steve Dorff
Schnitt: Buford F. Hayes, Victor B. Lackey
Produktion: Nigel Watts, Bernadette Joyce, Dennis Weaver für Michael Sloan Prod./ Universal TV, USA 1989
Verleih: -/-/-/CIC Video
Videostart: 9.7.1990
Sendetermin: 12.11.1989, CBS
FSK: ab 12 J.
Länge: 89 Min.

Nach seiner TV-Karriere zum Senator aufgestiegen, nimmt der ehemalige »Sheriff in New York« den Kampf gegen einen Chemiegiganten auf, der der Menschheit um des schnöden Profits wegen ein Mittel gegen Krebs vorenthalten will. Ein schmuckloser Pilotfilm einer geplanten Serien-Neuauflage, die nicht erscheint.

Meat 637

MEAT ****

16 mm

Regie: Frederick Wiseman
Kamera: William Brayne, Oliver Kool (Ass.)
Produktion: USA 1976
Verleih: Freunde der Deutschen Kinemathek/-/-
Kinostart: 1990
Länge: 113 Min.
Originalfassung

»Meat« ist eine Studie über einen der größten Schlacht- und Viehhöfe Amerikas. Der scheinbar normale Vorgang des Zerlegens eines Tieres wird hier zu einem Inferno aus Häuten, Blut und Knochen. Die Arbeiter gleichen Robotergestalten, welche höhere Befehle zur Zerstörung des Lebens ausführen. Spätestens nach »Meat« werden auch Sie Vegetarier.

Katalog Freunde der Deutschen Kinemathek

Mein Freund, der Frauenheld 638

L'AMI DE VINCENT ***

TV

Regie: Pierre Granier-Deferre
Darsteller: Philippe Noiret (Albert), Jean Rochefort (Vincent), Françoise Fabian (Dominique), Fanny Cottençon (Natalie), Marie Dubois (Marion), Anna Karina (Eléonore), Jane Birkin (Marie-Pierre), Marie-France Pisier (Miléna)
Drehbuch: Christopher Frank, Jean-Marc Roberts, Pierre Granier-Deferre, nach dem gleichn. Roman von Jean-Marc Roberts
Kamera: Etienne Becker (Farbe)
Musik: Philippe Sarde
Schnitt: Jean Ravel
Produktion: Alain Sarde, Alain Terzian für Sara Films/T. Films/Films A2, Frankreich 1983
Sendetermin: 16.4.1990, ZDF, 22.40 Uhr
Länge: 89 Min.

Der französische Ladenhüter würgte sich, trotz Philippe Noiret und Jean Rochefort, nur mühsam durch den weiblichen Großmarkt eines männlichen Konsumfetischisten, und es war so unterhaltsam wie das Durchfilzen eines Katalogs für Registrierkassen-Design. *Ponkie, AZ*

Sven Pflug-Schurr in: Stgt. Nachrichten, 18.4.90

Mein Freund, der Maler 639

JÄG AR MARIA ***

TV

Regie: Karsten Wedel
Darsteller: Lise-Lotte Hjelm (Maria), Peter Lindgren (Jon), Helena Brodin (Maj-Britt), Frej Lindquist (Lennart), Claire Wikholm (Mutter), Malin Aman (Pia)
Drehbuch: Karsten Wedel
Kamera: Rune Ericsson (Eastmancolor)
Schnitt: Karsten Wedel
Produktion: Drakfilm/Svenska Filminstitutet/Treklövern, Schweden 1979
Sendetermin: 16.8.1990, ZDF, 23.35 Uhr
Länge: 100 Min.

Der »fröhlichste und optimistischste Film des neuen skandinavischen Kinos« (FAZ) erzählt von einer ungewöhnlichen Freundschaft. Die zwölfjährige Maria lernt bei einem Verwandtenbesuch einen skurrilen Alten kennen, der als Trinker und Spinner gilt. Er wird für sie »Mein Freund, der Maler«. In Jons märchenhafter Welt erlebt die Schülerin Wärme und Geborgenheit. Als er ihr zum Geburtstag eines seiner naiven Bilder schenkt, gerät es in die Hände eines Museumsexperten. Über Nacht wird Jon berühmt. Reporter und TV-Teams belagern das neuentdeckte Talent. Der Rummel wird Jon zuviel, er dreht durch. *AZ*

Mein Geist will immer nur das Eine 640

GHOSTS CAN'T DO IT **

Regie: John Derek
Darsteller: Bo Derek (Kate O'Dare Scott), Anthony Quinn (M.B. Scott »Der Große«), Don Murray (Winston), Leo Damian (Fausto), Donald Trump

Supermacho Anthony Quinn in »Mein Geist will immer nur das Eine«.

Drehbuch: John Derek
Kamera: John Derek (Farbe)
Musik: Junior Hamrich & Randy Tico
Produktion: Bo Derek für Epic Prod., USA 1988
Verleih: Tivoli/Constantin/Stamm/VCL/Virgin Video
Kinostart: 4.1.1990
FSK: ab 12, ffr.
Länge: 94 Min.

Ein milliardenschwerer Geschäftsmann kann auch nach seinem Tod die Kommunikation mit seiner schönen jungen Frau aufrechterhalten. Aus dem Jenseits steht er ihr - nur für sie sichtbar - hilfreich zur Seite. Um ihr Glück zu vervollkommnen, sucht er Ersatz für seine abhandengekommene Männlichkeit und bemächtigt sich des Körpers eines attraktiven Italieners. Eine läppisch inszenierte, weitgehend witz- und geistlose Komödie mit steriler Erotik. *Zoom*

Daniel Brunner in: FAZ, 13.1.90

Mein Krieg 641

***

16 mm

Regie: Harriet Eder, Thomas Kufus
Kamera: Johann Feindt (Farbe und s/w)
Schnitt: Arpad Bondy
Produktion: Känguruh-Film mit WDR, BRD 1990
Verleih: Basis/-/-
EA: 12.2.1990, Int. Forum des Jungen Films
Kinostart: 24.5.1990
Länge: 90 Min.
FBW: Besonders wertvoll

Eine dramaturgisch geschickt gemachte, spannende Dokumentation zur Zeitgeschichte: Ehemalige Filmamateure, die als Wehrmachtssoldaten den Rußlandfeldzug im 2. Weltkrieg mitgemacht hatten, präsentieren und kommentieren ihre privaten Filmaufnahmen aus jenen Tagen. *tip*

Jochen Metzner in: Der Tagesspiegel, 27.5.90; Gustav Seibt in: FAZ, 27.10.90

Mein linker Fuß 642

MY LEFT FOOT

****

Regie: Jim Sheridan
Darsteller: Daniel Day Lewis (Christy Brown), Ray McAnally (Mr. Brown), Brenda Fricker (Mrs. Brown), Ruth McCabe (Mary), Fiona Shaw (Dr. Eileen Cole), Eanna McLiam (Benny), Alison Whelan (Sheila), Declan Croghan (Tom), Hugh O'Conor (Christy als Kind), Cyril Cusack (Lord Castlewelland)
Drehbuch: Shane Connaughton, Jim Sheridan
Kamera: Jack Conroy (Farbe)
Musik: Elmer Bernstein
Schnitt: J. Patrick Duffner
Produktion: Noel Pearson für Granada Film Prod., Irland 1989
Verleih: 20th Century Fox/Constantin/Monopole Pathé/RCA-Columbia Video
UA: 14.8.1989, Montreal Film Festival
EA: Internationale Hofer Filmtage '89
Kinostart: 1.2.1990
FSK: ab 12, ffr.
Länge: 103 Min.
FBW: Besonders wertvoll

Der Film erzählt eine authentische Geschichte. Christy Brown wächst im Dublin der 30er Jahre als schwerbehindertes, scheinbar schwachsinniges Kind in einer Arbeiterfamilie auf. Erst als es ihm eines Tages gelingt, mit seinem gesunden linken Fuß Zeichen seiner Intelligenz zu geben, wird er gefördert.
Sheridan verbindet einen anspruchsvollen europäischen Stoff mit den Mitteln des amerikanischen Erzählkinos zu einem eindrucksvollen Film. Hauptdarsteller Daniel Day Lewis sorgt mit seiner suggestiven und kompromißlosen Darstellung des Christy

Verdiente Oscars für Daniel Day Lewis und Brenda Fricker in »Mein linker Fuß«.

Es gibt auch noch ausgefallene Filmplakate – manchmal.

Brown dafür, daß der Film nie in Rührseligkeit versinkt.

Achim Forst, tip

Annette Birschel in: epd Film, 2/90; Gregor Dotzauer in: FAZ, 2.2.90; Elke Frick in: FR, 15.2.90; H.G. Pflaum in: SZ, 6.2.90; Lothar Schmidt-Mühlisch in: Die Welt, 1.2.90

Mein Name ist Harlekin 643

MINJA ZAWUT ARLEKIN **

Regie: Valeri Rybarew
Darsteller: Oleg Fomin (Harlekin/Andreij), Swetlana Kopylowa (Lena), Ludmila Gawrilowa (Harlekins Mutter), Wladimir Poshidajew (Der Nachbar), Stanislaw Pschewlotsky (Stas), Wassili Domratschew (Vampir), Pawel Rybarew, Pawel Pribytok, Viktor Chosjanow, Viktor Begunow, Igor Ketschajew
Drehbuch: Valeri Rybarew, Juri Schtscekotschichin, nach dem Theaterstück »Falle 46, Größe 2« von Juri Schtscekotschichin
Kamera: Felix Kutschar (Farbe)
Musik: Marat Kamilow
Produktion: Belarus, UdSSR 1989
Verleih: 20th Century Fox/Centfox/-
Kinostart: 22.11.1990
FSK: ab 16, ffr.
Länge: 132 Min.
Original mit deutschen Untertiteln.

Der Film erzählt das Schicksal von Harlekin aus der russischen Provinz, der mit seiner Jugendbande in Konflikt mit einer professionellen Schieberbande gerät. Seine unglückliche Liebesgeschichte ruiniert die gesellschaftliche Analyse und macht aus dem Film ein kolportagehaftes Hollywooddrama mit überflüssig brutalem Ende. *André Simonoviescz, tip*

Andreas Bartl in: Münchner Stadtmagazin, 25/90; Eva-Maria Lenz in: FAZ, 12.12.90; Ricarda Solms in: Rheinische Post, 7.12.90

Mein 20. Jahrhundert 644

AZ EN XX. SZAZADOM ****

Regie: Ildikó Enyedi
Darsteller: Dorotha Segda (Dora/Lili/Mutter), Oleg Jankowski (Z.), Péter Andorai (Thomas Alva Edison), Gábor Máthé (X.), Paulus Manker (Weininger), Gyula Kéry, Andrei Schwartz, Sándor Téry, Sándor Czvetkó, Endre Koronczi, Agnes Kovács, Eszter Kovács und Dietrich Kuhlbrodt als Prof. Rochat
Drehbuch: Ildikó Enyedi
Kamera: Tibor Máthé
Musik: László Vidovszky
Schnitt: Mária Rigó
Produktion: Gábor Hanák, Norbert Friedländer für Budapest Film-Studio/Friedländer Filmprod./MAFILM/Hamburger Filmbüro/ICAIC, Ungarn/BRD 1989
Verleih: Arsenal/filmladen/-
UA: 4.2.1989, Budapest
EA: Filmfest München 1989
Kinostart: 25.1.1990
FSK: ab 16, ffr.
Länge: 103 Min.
FBW: Wertvoll
»Caméra d'Or« beim Int. Filmfest Cannes 1989; Spezialpreis der Jury, Int. Filmfest Edinburgh 1989; Beste Regie, Gene Moskowitz Award, Filmwoche Budapest 1989

Ein Debütfilm wie ein Bilderbuch: Die Ungarin Ildikó Enyedi hat, Seite für Seite mit der ironischen Überschrift »Mein 20. Jahrhundert« versehen, aus ihrem Bauch heraus Filmfeuilletons über ihre subjektive Weltsicht inszeniert.
Die Zwillinge Dora und Lili (ebenso wie ihre Mutter von der Krakauerin Dorota Segda sinnlich-slapstickhaft interpretiert) zelebrieren Enyedis Satiren über den Dualismus des Femininen: Kindische Ideologin und infantile Mode-Nutte im fröhlichen Clinch mit technischem Fortschritt und Emanzipation.
Trieb und Trübsal werden in Bilder gegossen, die man mit jener Distanz betrachten kann, die Erwachsene später ihren Kindermärchen gegenüber empfinden. Ildikó Enyedis Anspielungen auf Edisons scheinbare Erleuchtung dieser Welt, ihre Marotte, jede Szenerie mit einer Kreisblende abzuschließen, zaubert ein wenig von der Nostalgie der Stummfilme herbei. Der große Tarkowskij-Star Oleg Jankowski (»Nostalghia«) blickt, fast verstummend, mit Rätselblick in die jeweiligen anekdotischen Kuriositäten dieser hochbegabten Regisseurin. Wenn sie nur einen Teil ihrer philosophisch verbrämten Bildsequenzen in Zukunft zu wirklichen Erzählungen gestalten kann, ist ihr Lebenswerk gesichert. *Kai Niemeyer, AZ*

Gregor Dotzauer in: FAZ, 26.1.90; Marli Feldvoss in: epd Film, 2/90; Carlos Flimmer in: Filmfaust 75, Jan./Febr. 90; Fritz Göttler in: Kölner Stadt-Anzeiger, 24.2.90; Michael Kötz in: FR, 27.1.90; H.G. Pflaum in: SZ, 24.2.90; Claudius Seidl in: Die Zeit, 16.2.90

Strahlender Auftakt für »Mein 20. Jahrhundert«.

Ildikó Enyedi und Tibor Máthé bei den Dreharbeiten zu »Mein 20. Jahrhundert«.

Meine Nächte sind schöner als Deine Tage **645**
**

MES NUITS SONT PLUS BELLES QUE VOS JOURS

Regie: Andrzej Zulawski
Darsteller: Sophie Marceau (Blanche), Jacques Dutronc (Lucas), Valérie Lagrange (Mutter), Myriam Mezières (Hedwige), Laure Killing (Inès), Françoise Chaumette (Concierge), Sandy Rebbot, Salim Talbi, Jean-Pette Hebrard
Drehbuch: Andrzej Zulawski, nach einer Erzählung von Raphaële Billetdoux
Kamera: Patrick Blossier (Eastmancolor)
Musik: Andrzej Korzynski
Schnitt: Marie-Sophie Dubus
Produktion: Alain Sarde für Saris Prod., Frankreich 1989

Jacques Dutronc und Sophie Marceau in »Meine Nächte sind schöner als deine Tage«.

Verleih: Jugendfilm/Constantin/-/CBS-Fox Video
Kinostart: 6.9.1990
FSK: ab 16, ffr.
Länge: 89 Min.

Der Film erzählt von der besessenen Liebe zweier Außenseiter. Er ist reich, adlig und sehr krank, sie, als Wahrsagerin und Nachtclub-Aktrice, läßt sich in der Hoffnung auf ihn ein, sich selbst dabei kennenzulernen. Zulawski, der Exzentriker (»Nachtblende«), will provozieren, schafft jedoch nur eine kunstgewerbliche Farce.

Hans-Ulrich Pönack, tip

Michael Althen in: SZ, 20.11.90; Andreas Obst in: FAZ, 10.9.90; Karl-Heinz Schäfer in: Prinz, 9/90

Meine Universitäten 646

MOI UNIWERSITETY ***

Regie: Mark Donskoi
Darsteller: N. Walberg, S. Kajukow, N. Dorochin, N. Platnikow, Lew Swerdlin
Drehbuch: Ilja Grusdew, Mark Donskoi, nach Motiven von Maxim Gorki
Kamera: Pjotr Jermolow
Musik: L. Schwarz
Produktion: Sojusdetfilm, UdSSR 1940
Verleih: -/-/Columbus
Länge: 102 Min.

Dritter Teil der »Gorki«-Trilogie: Alexej Peschkow kommt Ende der achtziger Jahre des 19. Jahrhunderts nach Kasan mit der Absicht, die Universität zu besuchen, doch sie bleibt für ihn ein unerfüllbarer Traum. Er lebt im Elend und muß als Träger sein Geld verdienen. Hier erlebt er Freude an der Arbeit im Kollektiv. Nach einer Zeit als Arbeits- und Obdachloser findet er bei einem Bäckermeister eine schlecht bezahlte Arbeit. Im Gegensatz zu den ersten beiden Teilen der Trilogie wirkt der dritte stellenweise thesenhaft und manchmal peinlich.

Zoom

Melodie des Todes

Siehe »Sea of Love - Melodie des Todes«

Melody of Passion 647

*

Video

Regie: Hubert Frank
Darsteller: Sonja Martin, Montse Bayo, Marina Oroza, Klaus Münster
Drehbuch: Hubert Frank, S.U. Friedlaender
Produktion: Luis Mayr für ASA-Film, BRD/Spanien 1990
Verleih: -/-/-/UFA Video
Videostart: 12.11.1990
FSK: nicht unter 18 J.
Länge: 85 Min.

Die Münchner Studentin Betty tritt ihre Erbschaft, ein Traumschloß auf Mallorca an, und erlebt von Stund an sinnliche Überraschungen. Erotisches Tutti-Frutti von Regisseur Hubert Frank, der immerhin auf 25 Jahre einschlägige Erfahrung im Genre verweisen kann.

VideoWoche

Metamorphosis – The Alien Factor 648

METAMORPHOSIS – THE ALIEN FACTOR *

Video

Regie: Glenn Takajian
Darsteller: Tara Leigh, Marcus Powell, Diana Flaherty, Tony Gigante, George Gerard, Allen L. Rickman, Patrick Barnes, Greg Sullivan, Katherine Romaine
Kamera: John Corso (Farbe)
Musik: John Gray
Schnitt: Janice Keuhnelian
Produktion: Ted A. Bohus, Scott Morette für Petrified Films/Movie Moguls, USA 1990
Verleih: -/-/-/Highlight Video

Videostart: 5.11.1990
FSK: nicht unter 18 J.
Länge: 92 Min.

Von einem genmutierten Frosch gebissener Forscher verwandelt sich selbst in ein Ungeheuer; gottlob ist das Labor jedoch mit einer Atomkanone ausgestattet. Gerüchtehalber soll es in Hollywood ein Genlabor geben, das jeden Film unmittelbar nach seinem Anlaufen klont. Pikant ist diesmal allenfalls, daß »Leviathan« selbst bereits ein Klon von »Alien« und »The Thing« war. Und so mutieren Filme munter weiter: Das Chromosom für Originalität ist längst verkümmert.

Metropolitan 649
METROPOLITAN ****

Regie: Whit Stillman
Darsteller: Carolyn Farina (Audrey Rouget), Edward Clements (Tom Townsend), Christopher Eigeman (Nick Smith), Taylor Nichols (Charlie Black), Allison Parisi (Jane Clarke), Dylan Hundley (Sally Fowler), Isabel Gillies (Cynthia McClean), Bryan Leder (Fred Neff), Will Kempe (Rick von Sloneker), Elizabeth Thompson (Serena Slocum)
Drehbuch: Whit Stillman
Kamera: John Thomas (Farbe)
Musik: Mark Suozzo
Schnitt: Chris Tellefsen
Produktion: Whit Stillman für Westerly Film-Video Prod., USA 1989
Verleih: Pandora/Stadtkino/Filmcooperative
UA: 23.1.1990, U.S. Film Festival, Park City, Utah
EA: Int. Hofer Filmtage 1990
Kinostart: 6.12.1990
Länge: 98 Min.
»Silberner Leopard«, Int. Filmfestspiele Locarno 1990

(...) Wirklich brillant ist Whit Stillmans »Metropolitan«, der von ein paar Jugendlichen aus der Haute Bourgoisie Manhattans erzählt. Whitman folgt einer Clique, die sich eine Jugend lang über den Reichtum der Eltern definiert hat und nun vor dem Sprung ins wirkliche Leben steht. Man sieht sie auf den Bällen und Parties der New Yorker Weihnachtstage, erlebt sie in ihrer ganzen Arroganz und Blasiertheit, aber auch in Zweifeln und Ungewißheit. Die Dialoge sind von verhaltener Ironie, die Bilder von zurückhaltender Eleganz, und der Film macht seinem Titel alle Ehre. *Michael Althen, SZ*

Michael Althen in: Die Zeit, 7.12.90; Peter Buchka in: SZ, 7.12.90; Anne Jüster in: Prinz, 12/90; Ponkie in: AZ, 6.12.90; Peter Körte in: FR, 6.12.90; Verena Lueken in: FAZ, 10.12.90; Rainer Nolden in: Die Welt, 6.12.90; Carla Rhode in: Der Tagesspiegel, 6.12.90

Mexican Jackpot 650
THIEVES OF FORTUNE **

Video

Regie: Michael McCarthy
Darsteller: Michael Nouri (Juan Luis), Lee van Cleef (Sergio »El Patron«), Shawn Weatherly (Peter), Craig Gardner (HH), Liz Torres (Big Rosa), Russel Savadier (Miguel), John Hussey (Sir Nigel), Toni Caprari (Oberpriester), Joe Ribiero (Polizeichef), Nadia Bilchick (Isobella), Claudia Udy (Marissa)
Drehbuch: Michael McCarthy, Sheldon Keller
Kamera: James Robb (Farbe)
Musik: Grahame Beggs, David Pollecutt
Schnitt: David Campling
Produktion: Edgar Bold für Emerald Films International, USA 1990
Verleih: -/-/-/VPS Video
Videostart: 15.11.1990
FSK: ab 12 J.
Länge: 89 Min.

Zwei Neffen sollen sich in Mexiko als würdige Erben eines Millionenvermögens beweisen. Durchschnittliche Abenteuerkomödie vor exotischer Kulisse, die gewiß nicht vor Originalität sprüht. *VideoWoche*

Das MI-8 Projekt 651
HUMAN ERROR **

Video

Regie: Clyde Ware
Darsteller: Rod McGary, Joe Estevez, Suzanne Wouk, Vince Cobb
Drehbuch: Clyde Ware, Carol Cline Hummel
Kamera: Craig Cockerill (Farbe)
Musik: Jamie Sheriff
Produktion: Robert E. Hummel, Valerie Heraty, Edward Mahler für Front Row Pictures, USA 1989
Verleih: -/-/-/UFA Video

Videostart: 15.3.1990
FSK: ab 16 J.
Länge: 98 Min.

Im Rahmen eines Tests für ein neues Serum gegen Strahlenverseuchung wird die Familie eines NASA-Ingenieurs zu unfreiwilligen Versuchskaninchen.

Miami Blues 652

MIAMI BLUES ***

Regie: George Armitage
Darsteller: Alec Baldwin (Frederick J. Frenger Jr.), Fred Ward (Sgt. Hoke Moseley), Jennifer Jason Leigh (Susie Waggoner), Nora Dunn (Ellita Sanchez), Charles Napier (Sgt. Bill Henderson), Jose Perez (Pablo), Paul Gleason
Drehbuch: George Armitage, nach dem Roman von Charles Willeford
Kamera: Tak Fujimoto (DeLuxe Color)
Musik: Gary Chang
Schnitt: Craig McKay
Produktion: Jonathan Demme, Gary Goetzman für Tristes Tropiques Prod., USA 1990
Verleih: 20th Century Fox/-/-/RCA/ Columbia Video
UA: 20.4.1990, New York
Kinostart: 30.8.1990
FSK: ab 18, ffr.
Länge: 97 Min.

Die größtenteils gelungene Verfilmung eines Krimis des jüngst verstorbenen Kult-Autors Charles Willeford. Wenn auch der Story zu wenig Raum gelassen wird, bereitet die Geschichte vom verbrecherischen Niedergang des freundlichen Psychos Junior Vergnügen. Dafür sorgt schon der schräge Humor, den Produzent Jonathan Demme und Regisseur Armitage miteinander teilen. *Roland Huschke, tip*

Daniel Brunner in: FAZ, 25.8.90; Norbert Grob in: Die Zeit, 31.8.90

Midlife Crisis 653

FALLING IN LOVE AGAIN **

Video

Regie: Steven Paul
Darsteller: Elliott Gould (Harry Lewis), Susannah York (Sue Lewis), Stuart Paul (Pompadour), Michelle Pfeiffer (Sue Wellington), Kaye Ballard (Mrs. Lewis), Robert Hackman (Mr. Lewis), Steven Paul (Stan), Todd Helper
Drehbuch: Steven Paul, Ted Allan, Susannah York
Kamera: Michael Mileham, Dick Bush, Wolfgang Suschitzky (Farbe)
Musik: Michel Legrand
Schnitt: Bud Smith, Doug Jackson, Jacqueline Cambas
Produktion: Steven Paul für International Picture Show Company/OTA, USA 1980
Verleih: -/-/-/VPS Video
Videostart: 29.3.1990
FSK: ab 12 J.
Länge: 103 Min.

Dies ist ein Film für den Designer-Yuppie: Susannah York und Elliot Gould als Ehepaar in den Mittvierzigern mit zwei Teenage-Kindern, wunderbar angepaßt und eklig brav. Alles spielt irgendwo in der US-Provinz, bis sich das Ehepaar entschließt, samt Kindern nach New York zu fahren, wo damals alles in der Bronx begonnen hatte. Die folgenden Rückblenden sind noch unausstehlicher als die Spielhandlung. *tip*

Midnight Cop 654

NICK KNIGHT **

Video

Regie: Farhad Mann
Darsteller: Rick Springfield (Nick Knight), Richard Fancy (Captain Brunetti), John Kapelos (Don Schanke), Robert Harper (Dr. Brittington), Laura Johnson (Alyce Hunter), Michael Nader (Lacroix), Cec Verrell (Janette), Craig Richard Nelson
Drehbuch: James D. Parriott
Kamera: Frank Beascoechea (Farbe)
Musik: Joseph Conlan
Schnitt: Benjamin A. Weissman
Produktion: S. Michael Formica für Barry Weitz Films/Robirdle Pictures/New World TV/Cuppa Blood, USA 1989
Verleih: -/-/-/Highlight Video
Videostart: 3.10.1990
Sendetermin: 20.8.1989, CBS
FSK: ab 16 J.
Länge: 88 Min.

Ein vampirischer Cop und eine Archäologin jagen den Verantwortlichen hinter einer Serie draculöser Morde. Dümmlicher Pilotfilm einer geplanten, aber abgeschmetterten Krimiserie mit Teen-Idol Rick Springfield.

Mindfield 655

MINDFIELD ***

Video

Regie: Jean-Claude Lord
Darsteller: Michael Ironside (Kellen O'Reilly), Lisa Langlois (Sarah Paradis), Christopher Plummer (Dr. Satorius), Stefan Wodoslawsky (Raolo Basutti)
Drehbuch: William Deverall, Tom Berry, George Mihalka
Kamera: Bertrand Chentrier (Farbe)
Musik: Milan Kymlicka
Schnitt: Yves Langlois
Produktion: Tom Berry, Franco Battista für Allegro Films, Kanada 1990
Verleih: -/-/-/21st Century Video
Videostart: 26.3.1990
FSK: ab 16 J.
Länge: 86 (92) Min.

Bei der Untersuchung eines Raubüberfalls stößt ein kanadischer Polizist auf ein CIA-Komplott, mit Hilfe geheimer Experimente perfekte Killer heranzuzüchten. Überdies scheinen seine traumatischen Erinnerungen darauf hinzudeuten, daß er selbst Teil dieses Programms war. Pointenreich inszenierter Actionthriller aus dem Dickicht politischer Geheimorganisationen. *VideoWoche*

Mindgames 656

MIND GAMES **

Video

Regie: Bob Yari
Darsteller: Maxwell Caulfield (Eric Garrison), Edward Albert (Dana Lund), Shawn Weatherly (Rita Lund), Matt Norero (Kevin Lund)
Drehbuch: Kenneth Dorward
Kamera: Arnie Sirlin (Fotokem Color)
Musik: David Richard Campbell
Schnitt: Robert Gordon
Produktion: Mary Apick für MTA/Persik, USA 1989
Verleih: -/-/-/Starlight Video
Videostart: 26.3.1990
FSK: nicht unter 18 J.
Länge: 93 Min.

Mit seinen Eltern fährt der kleine Kevin in einem Wohnmobil die amerikanische Westküste entlang. Unterwegs gesellt sich der Psychologiestudent Eric zu ihnen, der die Familie zu einem teuflischen Experiment benutzt. Den Jungen macht er zum

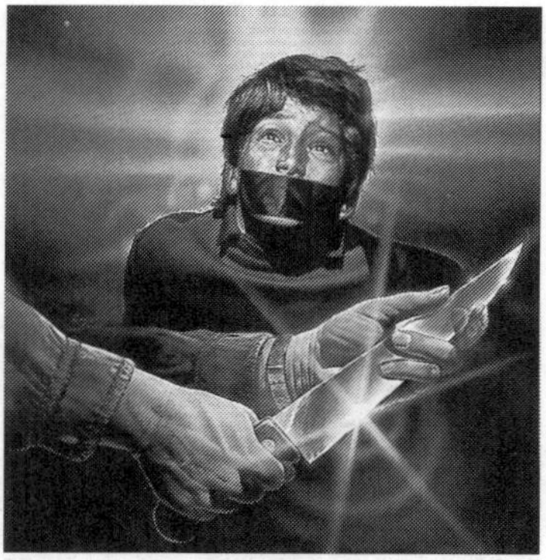

»Mindgames«

Komplizen eines Verbrechens, die Mutter verführt er und bringt sie dazu, der Ermordung des eigenen Gatten zuzustimmen. Der brachiale Schluß entschädigt ein wenig dafür, daß die großteils clever konstruierte Handlung zwischenzeitlich arg melodramatische Züge annimmt. *VideoWoche*

Die Ministranten 657

****

Regie: Wolfram Paulus
Darsteller: Christoph Schnell (Pauli), Gerald Bachler (Sepp), Nikolaus Dobrowolsky (Mescht), Stefan Steger (Bartl), Franz Brandauer (Stoff), Petra Obinger (Maria), Bernd Ludl (Hausteiner), Johannes Thanheiser (Pfarrer), Martin Abram (Kooperator), Gregor Gfrerer (Mesner)
Drehbuch: Wolfram Paulus
Kamera: Volker Tittel (Farbe)
Musik: Bert Breit
Schnitt: Wolfram Paulus, Ortrun Bauer
Produktion: Angelika Weber, Michael von Wolkenstein für Hermes Film/Infratel/BR/ORF, Österreich/BRD 1990
Verleih: -/Constantin/-
EA: 30.6.1990, Filmfest München
Kinostart: 30.8.1990
FSK: ab 6, ffr.
Länge: 87 Min.
FBW: Besonders wertvoll

Der Regisseur und mehrfache Filmpreisträger hat einst selbst ministriert, und so gelingt es ihm, in fast lakonischen Bildern und knapper, eindrin-

Lassowerfen statt Weihrauchfaßschwingen üben »Die Ministranten«.

glicher Filmsprache die klerikale Atmosphäre im Salzburger Land 1962 präzis zu illustrieren. Sie ist der Hintergrund zu einer fast parabelhaften Schilderung: Zwei pubertierende Buben entwickeln Gruppendynamik in Konkurrenz mit einer anderen Bande. Der kleine Dorfkrieg und die großen Träume von der Kraft. *Kai Niemeyer, AZ*

Michael Althen in: SZ, 28.6.90 (Filmfest München)

Miracles 658

OIJI **

Video

Regie: Jackie Chan
Darsteller: Jackie Chan (Mr. Canton), Anita Mui (Luming), Richard Ng (Detective Ho), Gua An Len
Drehbuch: Tang King-sang
Kamera: Wong Ngok-tai (Farbe)
Schnitt: Cheung Yui-jung
Produktion: Wong Jo-yi für Golden Way Films, Hongkong 1989
Verleih: -/-/-/New Vision Video
Videostart: 12.3.1990
FSK: ab 16 J.
Länge: 125 (87) Min.

Jackie gerät in die Auseinandersetzung zweier Gangster-Clans und wird durch das Vermächtnis des sterbenden Sittenchefs zum Boß einer der beiden Organisationen. Nachdem ihn seine neuen Untergebenen anerkannt haben, macht er die Tänzerin Ruby zur Attraktion seines Nachtclubs und bekämpft mit Geschick die rivalisierende Bande. So sehr Jackie Chan als Regisseur in seinem aufwendig gemachten Gangster-Epos auch bemüht ist, einen detaillierten Blick auf Hongkongs Unterwelt der 30er Jahre zu vermitteln, so wenig achtet er auf einen kontinuierlichen Erzählrhythmus und eine stimmige Story.

VideoWoche

Miss Arizona 659

MISS ARIZONA ***

Regie: Pál Sándor
Darsteller: Marcello Mastroianni (Sándor Rozsnyai), Hanna Schygulla (Mitzi), Alessandra Martinez (Marta), Urbano

Barberini (Stanley), Juli Básti (Eva), Gábor Reviczki (Kardos), Dorottya Udvaros, Sándor Zsóter, Dezsö Garas, Károly Eperjes, Berta Dominguez
Drehbuch: Alfredo Gianetti, Pál Sándor, nach einer Idee von Agnes Fedor und Pál Sándor
Kamera: Elemér Ragályi (Eastmancolor)
Musik: Armando Trovaioli
Schnitt: Nino Baragli
Produktion: Hunnia Studio/Video Distributori Ass., Ungarn/Italien 1988
Verleih: Progreß/-/-
Kinostart: April 1990
Länge: 119 Min.

Ein opulentes Zeitgemälde malt der Regisseur Pál Sándor mit »Miss Arizona«. Im Leben seiner Haupthelden - der Tingeltangelsängerin Mizzi und des armen, doch gütigen Clowns und Dichters Sandor - spiegeln sich Menschenschicksale unseres Jahrhunderts. *Kino DDR*

In einem gewissen Sinn sind sie enge Verwandte von Ginger und Fred und erinnern auch, ohne vergleichbar zu sein, an Gelsomina und Zampano in Fellinis »La Strada«. Sie tingeln spielend, tanzend und singend von Ort zu Ort und haben noch viel mehr als sich selbst und ihren anrührend großen, nahezu traumtänzerischen Optimismus, eine nachtwandlerische Begabung auf ihrem Seillauf ohne schützendes Netz in einer Zeit, in der die Welt auf dem Vulkan tanzt, liebenswerte Menschen mit einem Kinderglauben dicht am Abgrund, die meinen, unbeschadet durch alle Fährnisse zu kommen, was sich schließlich als ihr großer tragischer Irrtum erweist. *Die Union*

Miss Daisy und ihr Chauffeur 660

DRIVING MISS DAISY ****

Regie: Bruce Beresford
Darsteller: Jessica Tandy (Daisy Werthan), Morgan Freeman (Hoke Colburn), Dan Aykroyd (Boolie Werthan), Patti LuPone (Florine Werthan), Esther Rolle (Idella), Joann Havrilla, William Hall jr., Alvin M. Sugarman, Clarice F. Geigerman, Muriel Moore, Sylvia Kaler
Drehbuch: Alfred Uhry, nach seinem eigenen Theaterstück
Kamera: Peter James (Technicolor)
Musik: Hans Zimmer
Schnitt: Mark Warner
Produktion: Richard D. Zanuck, Lili Fini Zanuck für Zanuck Co., USA 1989
Verleih: Highlight/Constantin/Monopole Pathé/Highlight Video
EA: 16.2.1990 Int. Filmfestspiele Berlin
Kinostart: 15.3.1990
FSK: ab 6, ffr.
Länge: 99 Min.
FBW: Wertvoll
Ausgezeichnet in der Sparte »Komödie« bei der 47. Golden Globe Verleihung »Bester Film«, »Beste Hauptdarstellerin« Jessica Tandy, »Bester Hauptdarsteller«, Morgan Freeman. Neun Oscar-Nominierungen. »Silberner Bär« bei den Int. Filmfestspielen Berlin 1990.

Der 72jährigen selbstbewußten und eigensinnigen Miss Daisy wird von ihrem Sohn der über 60jährige Schwarze Hoke als Chauffeur aufgezwungen. Aus der anfänglichen Abneigung entwickelt sich in einem 25jährigen »Kleinkrieg« zwischen den beiden selbstbewußten alten Menschen eine tiefe Freundschaft. In den fünfziger und sechziger Jahren im

Morgan Freeman in »Miss Daisy und ihr Chauffeur«.

Südstaat Georgia spielender Film über den »alltäglichen« Rassismus, der zwar Rührung und nostalgische Gefühle erweckt, das Rassenproblem jedoch zu sehr auf private Dimensionen reduziert. Hervorragend gespielt.

Zoom

Michael Althen in: SZ, 22.3.90; Angie Dullinger in: AZ, 24.3.90; Elke Frick in: FR, 22.3.90; Andreas Kilb in: Die Zeit, 23.3.90; Peter Körte in: Prinz, 4/90; Jürgen Richter in: FAZ, 23.3.90; Anke Sterneborg in: Der Tagesspiegel, 17.2.90

Missile 661

MISSILE ****

16 mm

Regie: Frederick Wiseman
Drehbuch: Frederick Wiseman
Kamera: John Davey (Farbe)
Schnitt: Frederick Wiseman
Produktion: Zipporah Films, USA 1978
Verleih: Freunde der Deutschen Kinemathek/-/-
Kinostart: 1990
Länge: 120 Min.
Originalfassung

Wenn es keine Dokumentation wäre, könnte man von bösester Ironie sprechen. In Wirklichkeit handelt es sich aber nicht um Personen aus Kubricks »Dr. Strangelove«, sondern um amerikanische Realität. Hier werden junge, eigentlich ganz »normale« Männer und Frauen in einem US-Luftwaffenstützpunkt in einem Dreimonatskurs zu Raketenoffizieren ausgebildet. Diese Personen unterhalten sich beiläufig über die Moral – welche? – eines Nuklearkrieges.

Freunde der Deutschen Kinemathek

Mission: Impossible

Eine zweiteilige Episode aus dem Remake von »Kobra, übernehmen Sie« (CIC Video).

Mission Nordpol 662

COOK AND PEARY: THE RACE TO THE POLE **

Video

Regie: Robert Day
Darsteller: Richard Chamberlain (Frederick Cook), Rod Steiger (Robert E. Peary), Diane Venora (Marie Fidele Hunt), Michael Gross (James Troth), Samm-Art Williams (Matt Henson), Louis Negin (Maitre d'), Bronwen Mantel (Mrs. Dudley), Mark Walker, Barry Blake
Drehbuch: I.C. Rapoport
Kamera: Ernest Day (Farbe)
Musik: Charles Gross
Schnitt: Eric Albertson
Produktion: Robert Halmi jr. für Robert Halmi Prod./ITT, USA 1983
Verleih: -/-/-/CBS-Fox Video
Videostart: 12.10.1990
Sendetermin: 13.12.1983, CBS
FSK: ab 6 J.
Länge: 100 Min.

Von seinem ehemaligen Partner Peary der Lüge bezichtigt, berichtet Dr. Cook einem Reporter seine Variante des Rennens zum Nordpol. Farblose Schauspieler, eine Landschaft, die im TV-Format nicht ganz zur Geltung kommen mag, und eine Story, die sich in ihrer dramaturgischen Strickart etwa auf dem Niveau von Messners Antarktis-Gekabbel bewegt.

Mit dem Tod verbunden 663

SORRY, WRONG NUMBER **

Video

Regie: Tony Wharmby
Darsteller: Loni Anderson (Angela Stevenson), Carl Weintraub (Charlie Stevenson), Hal Holbrook (Jim Coltrane), Patrick Macnee (Nigel Evans), Diane D'Aquila (Sally Luntchild), Alan Jordan (Jerry Luntchild), Miguel Fernandes (Carlos Diaz), Barry Flatman (Dr. Levine), Helen Hughes (Ms. Jennings)
Drehbuch: Ann Bardach
Kamera: Frank Tidy (Farbe)
Produktion: Paul Freeman für Sharmhill/Wilshire Court/Jack Grossbart Prod./Sorry Prod., USA 1989
Verleih: -/-/-/CIC Video
Videostart: 8.5.1990
Sendetermin: 11.10.1989, USA
FSK: nicht unter 18 J.
Länge: 85 Min.

Neuverfilmung des Klassikers mit Barbara Stanwyck und Burt Lancaster. Loni Andersons manierierter Auftritt in Seifenopernqualität trägt allerdings nicht zu der erstrebten Identifikation mit dem Opfer bei und entfernt den Psychothriller weit von der Qualität

des Originals. Die samtige Weichzeichnerwelt dieses Fernsehfilms macht aus dem Film noir ein Barbiepuppendrama. *VideoWoche*

Mit den besten Absichten 664

DON'T TELL HER IT'S ME **

Regie: Malcolm Mowbray
Darsteller: Steve Guttenberg (Gus Kubicek), Shelley Long (Lizzie Potts), Jami Gertz (Emily Pear), Kyle MacLachlan (Trout), Kevin Scannell (Mitchell Potts), Madchen Amick (Mandy), Caroline Lund
Drehbuch: Sarah Bird, nach ihrer Erzählung »The Boyfriend School«
Kamera: Reed Smoot (CFI Color)
Musik: Michael Gore
Schnitt: Marshall Harvey
Produktion: George G. Braunstein, Ron Hamady, USA 1990
Verleih: 20th Century Fox/dto./Monopole Pathé
Kinostart: 15.11.1990
FSK: ab 12, ffr.
Länge: 101 Min.

Der Film erzählt von Gus, der lange sehr krank war, sich als Cartoonist über Wasser gehalten hat und nun von seiner aktiven Schwester wieder ins Leben zurückbeordert wird. Um das Herz der umschwärmten schönen Emily zu gewinnen, trainiert sie ihn zum Macho-Herzensbrecher hoch, was zu einigen komisch gemeinten Verwicklungen führt. Langweilige übliche Boy-meets-Girl-Story. *tip*

Milan Pavlović in: Kölner Stadt-Anzeiger, 22.12.90; Helmut Schmitz in: FR, 17.11.90; Claudia Schülke in: FAZ, 17.11.90

Mit Mut und Mist 665

***

16 mm

Regie: Angelika und Peter Schubert
Kamera: Berthold Schweiz (Farbe)
Schnitt: Angelika Reichler, Gabriele Kröber
Produktion: Peresfilm, BRD 1986
Verleih: Verleihgenossenschaft /-/-
Kinostart: Mai 1990
Länge: 74 Min.

Dieser Film zeigt den Jahresablauf auf einem Bio-Bauernhof. Die Komik im Alltag ebenso wie die Tragik im besonderen, auch wenn Tschernobyl die ganze Arbeit beinahe zunichte gemacht hätte.

Mit stählerner Faust 666

DEATH WARRANT **

Regie: Deran Sarafian
Darsteller: Jean-Claude van Damme (Louis Burke), Robert Guillaume (Hawkins), Cynthia Gibb (Amanda Beckett), George Dickerson (Tom Vogler), Art LaFleur (Sergeant DeGraf), Patrick Kilpatrick (The Sandman), Joshua Miller (Douglas Tisdale), Hank Woessner, George Jenesky, Jack Bannon, Abdul Salaam El Razzac
Drehbuch: David S. Goyer
Kamera: Russell Carpenter (Deluxe Color)
Musik: Gary Chang
Schnitt: G. Gregg McLaughlin, John A. Barton
Produktion: Mark DiSalle für Mark DiSalle Prod., USA 1990
Verleih: Senator/Constantin/-/VMP Video
UA: 14.9.1990, New York
Kinostart: 22.11.1990
FSK: ab 18, nffr.
Länge: 89 Min.

Der Detektiv Louis Burke wird in ein Gefängnis eingeschleust, um dort eine mysteriöse Mordserie aufzuklären. Leider trifft der Polizist dort je-

Musik, die unter die Haut geht. Denzel Washington und Cynda Williams in »Mo' Better Blues«.

doch auf einen Killer, den er gerade hinter Gitter gebracht hat ... Die Budgets der (Mach-)Werke, in denen Muskelmann van Damme auftritt, werden immer größer – leider wird jedoch die Qualität nie besser. Als Faustregel gilt: einmal bekloppt, immer bekloppt. *Münchner Stadtmagazin*

Daniel Brunner in: FAZ, 1.12.90

Mo' Better Blues 667

MO' BETTER BLUES ****

Regie: Spike Lee
Darsteller: Denzel Washington (Bleek Gilliam), Spike Lee (Giant), Wesley Snipes (Shadow Henderson), Joie Lee (Indigo Downes), Cynda Williams (Clarke Bentancourt), Giancarlo Esposito (Left Hand Lacey), Robin Harris (Butterbean Jones), Bill Nunn (Bottom Hammer), Dick Anthony Williams (Big Stop Gilliam), John Turturro (Moe Flatbush), Rubén Blades (Petey), Jeff »Tain« Watts, Nicholas Turturro, Abbey Lincoln, Linda Hawkins, Zakee L. Howze, Bill Lee, Branford Marsalis
Drehbuch: Spike Lee
Kamera: Ernest Dickerson (Duart Color/Deluxe)
Musik: Bill Lee, gespielt vom Branford Marsalis Quartett mit Terence Blanchard
Schnitt: Sam Pollard
Produktion: Spike Lee für 40 Acres And A Mule Filmworks Prod., USA 1990
Verleih: UIP/UIP/UIP
Kinostart: 27.9.1990
FSK: ab 16, ffr. – *FBW:* Wertvoll
Länge: 129 Min.

Die Tage und Nächte im Leben des Jazztrompeters Bleek Gilliam (hervorragend gespielt von Denzel Washington) sind glanzvoll, erotisch, spaßig, farbig, hektisch, dramatisch, ruhig, genüßlich – genau wie der als Hommage an legendäre Jazzmusiker gedachte Film des Schwarzamerikaners, cleveren Drehbuchautors, Regie-Könners, komödiantischen Talents Spike Lee (diesmal, kleingewachsen wie er ist, ganz groß in der Rolle des Managers »Giant«). *Zoom*

Michael Althen in: SZ, 1.10.90; Robin Detje in: Die Zeit, 5.10.90; Peter Körte in: FR, 29.9.90; Ssirus W. Pakzad in: AZ, 29.9.90; Wolfgang Sandner in: FAZ, 2.10.90; Martina Werner in: Prinz, 10/90

Mob War 668

MOB WAR *

Video

Regie: J. Christian Ingvordsen
Darsteller: Johnny Stumper (Johnny Falcone), Jake LaMotta (Pate), David Henry Keller, J. Christian Ingvordsen
Drehbuch: J. Christian Ingvordsen
Kamera: Steven W. Kaman (Farbe)
Musik: Walter Fritz
Produktion: J. Christian Ingvordsen für Cinema Sciences Prod./Shapiro-Glickenhaus, USA 1988
Verleih: -/-/-/Starlight Video
Videostart: 23.7.1990
FSK: nicht unter 18 J.
Länge: 92 Min.

Ein drogenabhängiger PR-Agent gerät zwischen die Fronten eines Mafiakrieges. Vielfilmer Ingvordsen läßt den Zuschauer durch die zurückhaltende Ausleuchtung des Films buchstäblich im Dunkeln tappen. Schwächen im dramaturgischen Aufbau sind dennoch unschwer erkennbar.

Modern Love 669

UP YOUR ALLEY **

Regie: Bob Logan
Darsteller: Linda Blair (Vickie Adderly), Murray Langston (David), Bob Zany (Sonny), Ruth Buzzi (Marilyn), Johnny Dark (Nick), Jack Hanrahan, Glen Vincent, Melissa Shear, Kevin Benton, Yakov Smirnoff
Drehbuch: Murray Langston, Bob Logan
Kamera: Mark Melville (Fotokem Color)
Musik: Paul Ventimiglia
Schnitt: Tom Siiter
Produktion: Murray Langston für Unknown Film Co./Loganworks, USA 1989
Verleih: Splendid/-/-/Splendid Video
Kinostart: 25.10.1990
FSK: ab 16, ffr.
Länge: 88 Min.

Eine Reporterin gibt sich als Stadtstreicherin aus, um einem verrückten Killer auf die Spur zu kommen, und freundet sich dabei rasch mit ihren skurrilen Leidensgenossen an. Ambitionierte Low-Budget-Komödie, die trotz guter Schauspielerleistungen stets Gefahr läuft, die wahrlich nicht schöne Situation der »Homeless People« zu mißbrauchen.

Die Möchtegern-Väter 670

LA FETE DES PERES **

Regie: Joy Fleury
Darsteller: Thierry Lhermitte (Thomas), Alain Souchon (Stéphane), Gunilla Karlzen (Carole), Micheline Presle (Mireille), Rémi Martin (Jerome)
Drehbuch: Pierre Grillet, Joy Fleury
Kamera: Manuel Teran (Farbe)
Musik: Bob Telson
Schnitt: Jacques Comets
Produktion: Jean-Claude Fleury für GPFI/TF 1 Films Prod./Ice Films/SGGC/Futures Prod., Frankreich 1990
Verleih: Jugendfilm/Constantin/-/CBS-Fox Video
Kinostart: 13.12.1990
FSK: ab 12, ffr.
Länge: 83 Min.

Der mißlungene Versuch, ein Lustspiel mit Anspruch zu machen; ein »heißes Thema« leicht zu verpacken. Zwei bemüht originelle Schwule haben Sehnsucht nach einem Kind und versuchen aus einer Blondine eine Leihmutter zu machen. Die Dialoge sind entweder schlecht übersetzt oder einfach nur dumm; nichts Überraschendes geschieht; über Liebe wird immer nur geredet, ohne daß man etwas davon sieht. Schade um die vertane Zeit. *Kölner Stadt-Anzeiger*

Mörder Clan 671

SO PROUDLY WE HAIL **

Video

Regie: Lionel Chetwynd
Darsteller: David Soul (Alden Ernst), Edward Herrmann (James Wagner), Chad Lowe (Billy Kincaid), Raphael Sbarge (Henry Ernst), Peter Dobson (Rocco Inucci), Harley Jane Kozak (Susan McCarran), Gloria Carlin (Angie), Billy Morrissette (Hally Kenner), Kevin Conroy (Francis Crosby)
Drehbuch: Lionel Chetwynd
Kamera: Mark Irwin (Farbe)
Musik: Gil Melle
Schnitt: Penny Shaw
Produktion: Jay Benson für CBS Entertainment/Lionel Chetwynd Prod., USA 1990
Verleih: -/-/-/CBS-Fox Video
Videostart: 5.12.1990
Sendetermin: 23.1.1990, CBS
FSK: ab 16 J.
Länge: 90 Min.

Eine neonazistische Organisation bedient sich eines naiven Anthropologen, um ihre Ziele einer breiten Fernsehöffentlichkeit schmackhaft zu machen. Lionel Chetwynd gelingt es, zu erklären, was rechte Ideologien für manche so attraktiv macht und zugleich deutlich zu machen, daß gleiche Sichtweisen eines Problems noch lange nicht gleiche Lösungen bedeuten. Weniger glückliche Hand hatte er mit seinem Drehbuch, das zwei Geschichten nur mit Mühe zusammenfinden läßt. *VideoWoche*

Mörderische Hitze 672

THE RUTANGA TAPES **

Video

Regie: David Lister
Darsteller: David Dukes (Bo Petersen), Dustin Montgomery (Matthew), Susan Anspach (Kate), Henry Cele (Samaani), Ken Gampu (Präsident Mbule), Arnold Vosloo (Assad), Wilson Dunster (Bernaard)
Drehbuch: Patrick Lee
Kamera: Tobie Swanepoel (Farbe)
Musik: John Weddepohl
Schnitt: Alastair Henderson
Produktion: Edgar Bold, Carl Fischer für Marton Prod., USA 1989
Verleih: -/-/-/VCL-Carolco Video
Videostart: 20.11.1990
FSK: nicht unter 18 J.
Länge: 85 Min.

Die wenig glaubwürdige Geschichte dreht sich um böse Libyer, zwielichtige deutsche Wissenschaftler, wackere US-Touristen und tapfere CIA-Agenten und ist angereichert um einen verschmitzten Buschmann nach Art von »Die Götter müssen verrückt sein«. Trotz der vielen Zutaten ist das Ergebnis nur ein nicht sonderlich aufregender Action-Eintopf. *VideoWoche*

Mörderische News 673

MONEY, POWER, MURDER **

Video

Regie: Lee Philips
Darsteller: Kevin Dobson (Peter Finley), Blythe Danner (Jeannie), Josef Sommer (Jack Finley), John Cullum (Reverend Endicott), Paul McCrane (Billy Lynn), Julianne Moore (Peggy Lynn Brady), Anthony Herrera (Tom Harrold), Peter Bergman (Johnny Brandt), Dion Anderson (Sam Cummings)
Drehbuch: Mike Lupica, nach seinem Roman »Dead Air«
Kamera: Richard Kratina (Farbe)
Musik: Miles Goodman
Produktion: Vanessa Greene für Skids Prod./CBS Entertainment, USA 1989
Verleih: -/-/-/CBS-Fox Video
Videostart: 12.11.1990
Sendetermin: 10.12.1989, CBS
FSK: ab 16 J.
Länge: 91 Min.

Fernsehkrimi um das in den Staaten aktuelle Thema der skrupellosen TV-Prediger: Kojaks ehemaliger Partner Kevin Dobson kämpft diesmal von einem kleinen TV-Sender aus für Gerechtigkeit und stößt auf viel falsche Moral. Die Dialoglastigkeit vieler Sequenzen wird nur bei großen Krimifans den nötigen Zuspruch finden.

Ein mörderisches Team 674

WELCOME HOME, SOLDIER BOYS **

Video

Regie: Richard Compton
Darsteller: Joe Don Baker (Danny), Paul Koslo (Shooter), Alan Vint (Kid), Elliott Street (Fatback), Jennifer Billingsley (Braut), Billy Green Bush (Sheriff), Geoffrey Lewis (Motelbesitzer), Francine York (Lydia), Timothy Scott (Mike)
Drehbuch: Guerdon Trueblood
Kamera: Don Birnkrant (Farbe)
Musik: Kenneth Wannberg, Ronee Blakley
Schnitt: Patrick Kennedy
Produktion: Marvin Schwartz für 20th-Century Fox, USA 1971
Verleih: -/-/-/CBS-Fox Video
Videostart: 18.6.1990
FSK: nicht unter 18 J.
Länge: 91 Min.

Vier hartgesottene Kameraden kehren aus dem Vietnamkrieg in ihre Heimat zurück. Schnell merken sie, daß sie sich in den geregelten Alltag nicht mehr einfinden können. In einer Kleinstadt öffnet ein kleiner Anlaß ein Ventil, um ihre angestauten Aggressionen herauszulassen. Die Psyche der Täter kommt in dem Film zu kurz, das Ende ist somit, wie zu erwarten, mit reichlich Ballerei versehen. *tip*

Mondjäger 675

***

Regie: Jens-Peter Behrend
Darsteller: Marie Bierstedt (Katrin), Karl Michael Vogler (Paul Hartmann), Angelo Temrité-Wadzatsé (Wao-Moté), Murilo Alvarenga (Joâo da Silva), Sabine Kotzur (Eva Hartmann), Frank Glaubrecht (Wagner), Alberto Bastos, Claudio Flores Morales, Lothar Hinze
Drehbuch: Jens-Peter Behrend, Elfie Donnelly, nach Motiven des gleichn. Romans von Sigrid Heuck
Kamera: Adrian Cooper, Carsten Krüger, Lars Barthel (Farbe und s/w)
Musik: Jürgen Knieper
Schnitt: Marion Richter, Goschka Brady
Produktion: Carsten Krüger für Carsten Krüger Film- und Fernsehprod./SFB, BRD 1989
Verleih: Edition Salzgeber, Matthias Film (16 mm)/-/-
Kinostart: 1.9.1990
FSK: ab 6, ffr.
Länge: 90 Min.
FBW: Wertvoll

Katrins Vater, der als Entwicklungshelfer in Brasilien tätig war, wurde dort angeblich von Indianern ermordet.
Katrin und ihr Großvater machen sich auf die Reise, um die Hinterlassenschaft abzuholen. Bei dieser Gelegenheit versuchen sie vor Ort, weitere Details über den Tod herauszufinden. Sie stoßen jedoch auf eine Mauer des Schweigens.
Mit Hilfe eines Indiojungen und eines früheren Kollegen des Vaters macht sich Katrin weiter auf die Suche. Unter abenteuerlichen Umständen findet sie schließlich die wahre Todesursache heraus: Nicht Indianer, sondern weiße Siedler haben auf das Flugzeug des Vaters geschossen, da er für die Landrechte der Indianer eingetreten war.

Simone Mahrenholz in: Der Tagesspiegel, 13.12.90

Monsters

Episoden aus der gleichnamigen Grusel-Anthologie (Highlight Video).

Michael Pare in »Moon 44«.

Moon 44 676

***

Regie: Roland Emmerich
Darsteller: Michael Paré (Felix Stone), Lisa Eichhorn (Major Terry Morgan), Malcolm McDowell (Captain Lee), Brian Thompson (Jake), Stephen Geoffreys (Cookie), Dean Devlin, Leon Rippy, John March, Mechmed Yilmaz, Drew Lucas, Jochen Nickel, David Williamson
Drehbuch: Dean Heyde, Oliver Eberle, nach einer Story von Roland Emmerich und Dean Heyde
Kamera: Karl Walter Lindenlaub (Farbe)
Musik: Joel Goldsmith
Schnitt: Tomy Wigand
Produktion: Dean Heyde, Roland Emmerich für Centropolis Film, BRD 1989
Verleih: Cinevox bei Warner Bros./Warner Bros./Elite/Warner Home Video
Kinostart: 15.2.1990
FSK: ab 16, ffr.
Länge: 98 Min.

Nach »Das Arche Noah Prinzip«, »Joey« und »Hollywood Monster« das vierte schaurige Spektakel des heute 35jährigen Stuttgarters, der mit Tricks und Technik sehr gut umzugehen vermag, mit Menschen und Geschichten dagegen weitaus weniger. Hier soll ein »Krieg der Sterne« verhindert werden, deshalb wird im Jahr 2038 ein »Soldat« der Erde auf einen fernen, wichtigen Rohstoff-Planeten geschickt, wo Chaos und Anarchie herrschen. Alles ist vorhersehbar, vieles glitzert; eine fade, laute, primitive Mischung aus Science Fiction und Kinder-Krimi. *Hans-Ulrich Pönack, tip*

Gregor Dotzauer in: FAZ, 17.2.90; Kai Niemeyer in: AZ, 17.2.90; Helmut Schmitz in: FR, 17.2.90; Markus Schütz in: Prinz, 2/90; Win in: Kölner Stadt-Anzeiger, 18.2.90

Moon Trek 677

PERSONAL CHOICE **

Video

Regie: David Saperstein
Darsteller: Martin Sheen (Paul Andrews), Christian Slater (Eric), Robert Foxworth (Richard Michaels), Sharon Stone (Laurie McCall), Olivia d'Abo (Mara Simon), F. Murray Abraham (Harry), Don Davis (Phil)
Drehbuch: David Saperstein
Kamera: John Bartley (TVC Color)
Musik: Geoff Levin, Chris Smart
Schnitt: Pat McMahon
Produktion: Joseph Perez für Five Star Entertainment, USA 1989
Verleih: -/-/-/VCL Video
Videostart: 8.3.1990
FSK: ab 6 J.
Länge: 88 Min.

Der raumfahrtbegeisterte Schüler Eric lernt den Ex-Astronauten Paul Andrews kennen. Während seines mehrwöchigen Aufenthalts freundet sich der Junge mit dem schwierigen Einzelgänger an, der sich weigert, über seine Erlebnisse im Weltraum zu sprechen. Solides SF-Drama mit esoterischem Flair. Die Handschrift des »Cocoon«-Autoren David Saperstein

»Moon Trek«

bleibt vor allen Dingen gegen Filmende unverkennbar. *VideoWoche*

Mord im falschen Bezirk 678

MURDER IN COWETA COUNTY ***

TV

Regie: Gary Nelson
Darsteller: Andy Griffith (John Wallace), Johnny Cash (Sheriff Lamar Potts), Robert Schenkkan (Wilson Turner), Earl Hindman (J.H. Potts), Ed Van Nuys (Huddleson), Danny Nelson (Sheriff Hardy Collier), Norman Matlock, June Carter Cash, James Neale
Drehbuch: Dennis Nemec, nach dem Roman von Margaret Anne Barnes
Kamera: Larry Pizer (Farbe)
Musik: Brad Fiedel
Schnitt: Eric Albertson
Produktion: Dick Atkins für Telecom Ent./ The Int. Picture Show Com., USA 1983
UA: 15.2.1983, CBS
Sendetermin: 19.6.1990, ZDF, 20.00 Uhr
Länge: 88 Min.

Ein authentischer Kriminalfall aus dem Amerika des Jahres 1948: Der selbstherrliche Großgrundbesitzer John Wallace bringt einen seiner kleinen Pächter um, weil er sich wegen einiger Bagatell-Vorfälle über ihn geärgert hat. Sein Pech aber ist, daß er den »Mord im falschen Bezirk« begeht und damit ein unbestechlicher Sheriff gegen ihn ermittelt.

Mannheimer Morgen, 21.6.90

Morphium – Die Nadel 679

IGLA ****

Regie: Raschid Nugmanov
Darsteller: Viktor Zoj, Marina Smirnova, Pjotz Mamonow, Aleksandr Baschirov
Drehbuch: Aleksandr Baranov, Bachyt Kilibaev
Kamera: Murat Nugmanov (Farbe)
Musik: Viktor Zoj
Produktion: Kasachfilm, UdSSR 1988
Verleih: Sputnik/-/-
EA: Int. Filmfestspiele Berlin 1989
Kinostart: 2.8.1990
Länge: 82 Min.

Der junge Kirgise Moro kehrt nach Alma-Ata zurück und begegnet seiner früheren Freundin Dina. Die Wiedersehensfreude wird getrübt durch

Dinas neuen Freundeskreis, der Drogen, Rock, Gewalt und offenbar dunkle Geldgeschäfte liebt. Moro begreift, daß auch Dina heroinsüchtig ist. Mit einer Fahrt aufs Land versucht er ihr zu helfen und scheint damit zunächst auch Erfolg zu haben. Doch in Alma-Ata fängt dann alles wieder von vorn an. Moro entschließt sich zu einem gefährlichen Kampf gegen die Drogendealer...

Katalog Filmfestspiele Berlin

Mortal Passions 680

MORTAL PASSIONS

**

Video

Regie: Andrew Lane
Darsteller: Zach Galligan (Todd), Michael Bowen (Berke), Krista Errickson (Emily), Sheila Kelly (Adele), David Warner (Dr. Powers), Luca Bercovici (Darcy), Cassandra Gava (Cinda)
Drehbuch: Alan Moskowitz
Kamera: Christian Sebaldt (Fotokem Color)
Musik: Parmer Fuller
Schnitt: Kimberly Ray
Produktion: Gwen Field für Gibraltar Releasing, USA 1989
Verleih: -/-/-/Starlight Video
Videostart: 12.2.1990
FSK: nicht unter 18 J.
Länge: 98 Min.

Der Bruder eines gehörnten Ehemanns erschießt den Liebhaber der Untreuen in flagranti, verfällt der Nymphomanin dann aber selbst. Alles endet tragisch, sogar der Psychiater muß ins Gras beißen. Clever konstruierte Spannungsware, die sich ziemlich verworfen gibt, der aber doch die Klasse fehlt. *Video Woche*

The Most Dangerous Man in the World 681

THE MOST DANGEROUS MAN IN THE WORLD

***

Video

Regie: Gavin Millar
Darsteller: Martin Shaw, Ian Sears, Tom Radcliffe, Ewan Hooper, George Innes, John Grillo, Tony Hagarth
Drehbuch: T.R. Bowen
Kamera: John McGlashan
Musik: Stanley Myers
Produktion: Alan Shallcross für Iberoamericana/Celtic Films, GB 1988
Verleih: -/-/-/Lightning Video
Videostart: 26.9.1990
Sendetermin: 25.9.1988, BBC
FSK: ab 12 J.
Länge: 96 Min.

Interessanter und spannender Versuch, die wichtigsten Lebensstationen des Papstattentäters auf Film zu bannen und damit die Motive seiner Wahnsinnstat erklärbar zu machen. Um ein Höchstmaß an Authentizität zu erlangen, drehte der Regisseur seinen Streifen in einem halbdokumentarischen Stil, wobei immer wieder Originalmaterial einmontiert wird.

Motivsuche 682

****

Regie: Dietmar Hochmuth
Darsteller: Peter Zimmermann (Rüdiger Stein), Arianne Borbach (Christa Stein), Dorothea Rohde (Manuela), Mario Klaszynski (Klaus), Florian Martens (Andy), Lothar Bisky (Gerd), Bärbel Bolle, Jürgen Clasen
Drehbuch: Dietmar Hochmuth
Kamera: Dieter Chill (Farbe)
Produktion: Defa-Studio, Gruppe »Johannisthal«, DDR 1989
Verleih: Progreß/-/-
EA: 26.1.1990, Max-Ophüls-Preis, Saarbrücken
Kinostart: 8.6.1990
Länge: 101 Min.
Förderpreis der Jury beim Max-Ophüls-Preis

Der Film variiert auf DDR-Art das Film-im-Film-Motiv. Ein Dok-Filmer will seinen Defa-Plan mit Melanchthon nicht erfüllen und hängt sich stattdessen an ein junges Paar. Der Versuch, endlich »lebendige Menschen zu filmen«, scheitert am Leben. Der Doker gerät in einen Strudel von Beziehungs- und Sinnkrisen. Hochmuth erzählt mit einem für deutsche Verhältnisse geradezu artistischen Witz, ohne den Ernst der Lage aus dem Auge zu verlieren.

Wolfgang Brenner, tip

Peter Claus in: Junge Welt, 13.6.90; Fred Gehler in: Sonntag, 26/90

Move or Die

Siehe »Roadkill - Move or Die«

Mr. & Mrs. Bridge 683

MR. & MRS. BRIDGE ****

Regie: James Ivory
Darsteller: Paul Newman (Walter Bridge), Joanne Woodward (India Bridge), Robert Sean Leonard (Douglas Bridge), Margaret Welsh (Carolyn Bridge), Kyra Sedgwick (Ruth Bridge), Blythe Danner (Grace), Simon Callow (Dr. Sauer), Malachy McCourt (Dr. Forster), Austin Pendleton (Mr. Gadbury), Diane Kagan (Julia), Sandra McClain, Gale Garnett, Marcus Giamatti, Remak Ramsey
Drehbuch: Ruth Prawer Jhabvala, nach dem Roman »Mrs. Bridge und Mr. Bridge« von Evan S. Connell
Kamera: Tony Pierce-Roberts; Larry Pizer (Kanada) (Technicolor)
Musik: Richard Robbins
Schnitt: Humphrey Dixon
Produktion: Ismail Merchant für Merchant Ivory/Robert Halmi Prod., USA 1990
Verleih: Tobis/Constantin/Monopole Pathé
EA: Int. Filmfestspiele Venedig 1990
Kinostart: 1.11.1990
FSK: ab 6, ffr.
Länge: 124 Min.

Bilder aus dem Ehe- und Familienleben der Bridges in Kansas City, den Zeitraum von den Dreißigern bis in die Fünfziger umspannend. Das Familienoberhaupt Walter, ein äußerst korrekter Rechtsanwalt, ist die

Joanne Woodward und Paul Newman als »Mr. & Mrs. Bridge«.

Strenge, Disziplin und Prüderie in Person. Seine Frau India, eine vorbildlich besorgte Hausfrau, leidet zwar unter dem Anpassungsdruck, wagt aber nie einen Ausbruch aus der erstickenden Enge, den erst ihre drei Kinder vollziehen. Perfekt fotografierte, inszenierte und gut gespielte psychologische Studie einer durch nichts zu erschütternden Mittelstandsidylle aus Amerikas mittlerem Westen. *Zoom*

Heiko R. Blum in: Rheinische Post, 2.11.90; Gertrud Koch in: FR, 6.11.90; Ponkie in: AZ, 2.11.90; Claudia Schülke in: FAZ, 6.11.90; Reinhard Tschapke in: Die Welt, 1.11.90

Murder Story 684

MURDER STORY **

Video

Regie: Eddie Arno, Markus Innocenti
Darsteller: Christopher Lee (Willard Hope), Bruce Boa (Corrigan), Alexis Desinof (Tony Zonis), Stacia Burton (Marty), Kieron Jecchinis, Jeff Harding, Kate Harper
Drehbuch: Eddie Arno, Markus Innocenti
Kamera: Marc Felperlaan (Cineco Color)
Musik: Wayne Bickerton
Schnitt: Rodney Holland
Produktion: Tom Reeve für Murder Story B.V., Niederlande/GB 1989
Verleih: -/-/-/21st Century Video
Videostart: 26.3.1990
FSK: ab 16 J.
Länge: 90 Min.

Ein angehender Kriminalschriftsteller sieht sich bei seinen Nachforschungen über den Tod eines Wissenschaftlers mit Mordanschlägen und Erpressungen konfrontiert. Leichtgewichtiger Krimi mit moderatem Suspense.

Music Box – Die ganze Wahrheit 685

MUSIC BOX ****

Regie: Constantin Costa-Gavras
Darsteller: Jessica Lange (Ann Talbot), Armin Mueller-Stahl (Mike Laszlo), Frederic Forrest (Jack Burke), Donald Moffat (Harry Talbot), Lukas Haas (Mikey Talbot), Cheryl Lynn Bruce (Georgine Wheeler), Mari Töröcsik (Magda Zoldan), J.S. Block, Sol Frieder, Elzbieta Czyzewska

Ihr Vater ein Kriegsverbrecher? Armin Mueller-Stahl und Jessica Lange in »Music Box – Die ganze Wahrheit«.

Drehbuch: Joe Eszterhas
Kamera: Patrick Blossier (Farbe)
Musik: Philippe Sarde
Schnitt: Joelle van Effenterre
Produktion: Irwin Winkler für Irwin Winkler Prod., USA 1989
Verleih: Scotia/Constantin/Monopole Pathé/UFA Video
EA: 10.2.1990, Int. Filmfestspiele Berlin
Kinostart: 29.3.1990
FSK: ab 12, ffr.
Länge: 125 Min.

Ein nach Kriegsende in die USA emigrierter Ungar wird – längst amerikanischer Staatsbürger und liebevoller Vater geworden – als Kriegsverbrecher angeklagt. Von seiner Unschuld überzeugt, übernimmt seine Tochter die Verteidigung. Es gelingt ihr, die Glaubwürdigkeit aller Zeugen zu erschüttern und einen Freispruch zu erwirken, hält aber schließlich doch unwiderlegbare Beweise für die Schuld ihres Vaters in Händen. Dem eindringlich inszenierten Film geht es weniger um die Bewältigung einer verbrecherischen Vergangenheit als vielmehr um den Loyalitätskonflikt der Tochter gegenüber ihrem Vater.

Zoom

(...) Das Thema ist aktueller denn je: bei staatlich sanktionierten Verbrechen spielt bald der Täter das Opfer.

Ponkie, AZ

Volker Baer in: Der Tagesspiegel, 11.2.90; Milan Pavlovic in: Kölner Stadt-Anzeiger, 14.4.90; H.G. Pflaum in: SZ, 2.4.90; Uwe Schmitt in: FAZ, 18.4.90; Fred Schruers in: Wiener, 3/90 (Jessica Lange); Karsten Visarius in: FR, 20.4.90

Muttertag II — 686

KUUTAMOSONTTI

**

Video

Regie: Olli Soinio
Darsteller: Tiina Björkman (Anni Stark), Kim Gunell (Johannes), Kari Sovali (Arvo Kyyrölä), Mikko Kivinen (Sulo), Soli Labbart, Ville-Veikko Salminen
Drehbuch: Olli Soinio
Kamera: Kari Sohlberg (Eastmancolor)
Musik: Antti Hytti
Schnitt: Irma Taina

Produktion: Heikki Takkinen für Filminor/ Finnish Film Foundation, Finnland 1989
Verleih: -/-/-/Summit Video
Videostart: 31.5.1990
FSK: nicht unter 18 J.
Länge: 85 Min.

In den finnischen Wäldern sieht sich ein überarbeitetes Model den Nachstellungen der degenerierten Landbevölkerung ausgesetzt. Sorgfältig konstruierter und handwerklich gut gemachter Psychohorror, der statt blutrünstiger Szenen ausgefeilte Spannungsmomente liefert. Mit dem Horrorkultfilm »Muttertag« hat »Mondscheinsonate« - so der wörtlich übersetzte Originaltitel - allenfalls die Figurenkonstellation gemein. Was die »Fachleute« der BPS allerdings nicht dran hinderte, den Film stante pede auf den Index zu setzen. *VideoWoche*

My First 40 Years 687

I MIEI PRIMI 40 ANNI **

Video

Regie: Carlo Vanzina
Darsteller: Carol Alt (Marina), Elliott Gould (Renuzzi), Jean Rochefort, Pierre Cusso, Massimo Venturiello, Capucine
Drehbuch: Enrico Vanzina, Carlo Vanzina
Produktion: Mario Cecchi Gori, Vittorio Cecchi Gori für C.G. Silver Film, Italien 1987
Verleih: Columbia Tri-Star/-/-/ RCA-Columbia Video
Videostart: 28.12.89
FSK: ab 16, ffr.
Länge: 107 Min.

Der Film berichtet seicht und belanglos von einem Flittchen aus der italienischen Jet-Set-Gesellschaft, das ohne nennens- oder sehenswerten Grund sein oberflächliches Leben der ersten vierzig Jahre abhakt. Jede Glühbirne besitzt mehr Ausstrahlung als das amerikanische Top-Model Carol Alt in der Hauptrolle. Und der Sex hier ist so animierend wie essigsaure Tonerde. Langweiliger Kintopp mit vielen Klischees. *Hans-Ulrich Pönack, tip*

N

Nacht in Union City 688
UNION CITY ***
TV

Regie: Mark Reichert
Darsteller: Deborah Harry (Lillian), Dennis Lipscomb (Harlan), Irina Maleeva (Contessa), Everett McGill (Larry), Sam McMurray, Terina Lewis, Pat Benatar, Tony Azito
Drehbuch: Mark Reichert, nach einer Geschichte von Cornell Woolrich
Kamera: Ed Lachman
Musik: Chris Stein
Schnitt: Eric Albertson, Lana Tokel
Produktion: Graham Belin für Kinesis, USA 1980
Sendetermin: 11.6.1990, ZDF, 23.30 Uhr
Länge: 87 Min.

Nachts in Union City pflegt ein Penner einen kräftigen Schluck aus der Milchflasche zu nehmen, die ein biederer Buchhalter regelmäßig vor die Haustür geliefert bekommt. Der Kleinstadtneurotiker dreht dermaßen durch, daß er den Dieb schließlich (aus Versehen) umbringt. Die Leiche schafft der Täter in eine leerstehende Wohnung, in die zu seiner Verzweiflung bald darauf ein junges Pärchen einzieht. *Birgit Amon, AZ*

Nächtliches Indien 688a
NOCTURNO INDIEN ****

Regie: Alain Corneau
Darsteller: Jean-Hugues Anglade (Der Mann), Clementine Célarié (Christine), Otto Tausig (Peter Schlemihl), T.P. Jain, Iftekhar, Dipti Dave, Luis Santos
Drehbuch: Alain Corneau, Louis Gardel nach dem Buch »Notturno Indiano« von Antonio Tabucchi
Kamera: Yves Angelo (Fujicolor)
Musik: Franz Schubert
Schnitt: Thierry Derocles
Produktion: Maurice Bernart für A.F.C./Sara Films/Ciné-Cina/Christian Bourgois Prod., Frankreich 1989
Verleih: Concorde/-/Sadfi
ãUA: 16.8.1989, Paris
FSK: ab 12, ffr. – *FBW:* Wertvoll
Kinostart: 13.12.1990
Länge: 110 Min.

Ein Reisefilm: Auf den Spuren eines verschollenen Freundes reist der Held durch ein nachtdunkles Indien, um am Ende vor allem sich selbst zu begegnen. Corneaus »Film« zeigt einmalige Bilder aus Indien und verblüfft durch eine Narration, die sich jenseits

Nachtsonne 689
IL SOLE ANCHE DI NOTTE ***

Regie: Paolo Taviani, Vittorio Taviani
Darsteller: Julian Sands (Sergio Giuramondo), Charlotte Gainsbourg (Matilda), Nastassja Kinski (Cristina), Massimo Bonetti (Prinz Santobuono), Margherita Lozano (Sergios Mutter), Patricia Millardet (Aurelia), Rüdiger Vogler (König Karl III.), Pamela Villoresi, Geppy Gleijeses
Drehbuch: Paolo und Vittorio Taviani, Tonino Guerra, nach »Vater Sergius« von Leo Tolstoi
Kamera: Giuseppe Lanci (Cinecittà Color)
Musik: Nicola Piovani
Produktion: Giuliani G. De Negri, Juraj Chmel für Filmtre/RAI 1/Capoul/Interpool/Sara Film/Direkt Film, Italien/Frankreich/BRD 1990
Verleih: Concorde/Constantin/Sadfi/Concorde Video
UA: Int. Filmfestspiele Cannes 1990 (a.W.)
EA: 23.7.1990, Eröffnung Filmfest München
Kinostart: 13.9.1990
FSK: ab 12, ffr. – *FBW:* Besonders wertvoll
Länge: 113 Min.

Mit ihrer Tolstoi-Adaption zelebrieren die Tavianis die Segnungen kontemplativer Ruhe: Genuß-Kino für Ästheten, die in wunderschönen Bildern einer naturheilen, verlorenen Welt schwelgen wollen. Julian Sands macht als Weltentsager und verhinderter Heiliger Sergio im Italien des des »Gewöhnlichen« unmerklich auf einer tief reflexiven Stufe dem Thema des Meta-Films nähert, Figuren und Erzählung unverhofft verschmelzen läßt. *Zoom*

Michael Althen in: SZ, 13.12.90; Angie Dullinger in: AZ, 13.12.90; Helmut Schmitz in: FR, 20.12.90; Karsten Witte in: Die Zeit, 14.12.90

Verhängnisvolles Geständnis: Nastassja Kinski mit Julian Sands in »Nachtsonne«.

18. Jahrhunderts die Verzweiflungs-Stationen eines Menschen deutlich, dessen spirituelle Sinnsuche an ganz und gar irdischer Verführbarkeit scheitert. *Angie Dullinger, AZ*

Der Film erzählt, sehr frei nach Tolstoi, die Geschichte eines Eremiten, der sich von der Welt zurückgezogen hat und von der Sinnlichkeit eingeholt wird. Noch immer gelingen den Tavianis grandiose Bilder, aber der alte Schwung der Begeisterung ist hin, weil fast alle Bilder nur noch der Erklärung dienen. Vielleicht glauben die Fratelli selbst nicht so recht an ihren neuen Glauben. Das kommt davon, wenn marxistische Brüder zu frommen Betschwestern werden.

Peter W. Jansen, tip

Peter Buchka in: SZ, 14.9.90; Robin Detje in: Die Zeit, 14.9.90; Gertrud Koch in: FR, 17.9.90; Verena Lueken in: FAZ, 14.9.90; Ponkie in: AZ, 13.9.90

Nackte Angst

Siehe »Blind Fear – Nackte Angst«

Die nackte Bombe II 690

GET SMART, AGAIN **

Video

Regie: Gary Nelson
Darsteller: Don Adams (Maxwell Smart), Barbara Feldon (Agent 99), John de Lancie (Major Waterhouse), Dick Gautier (Hymie), Harold Gould (Nicholas Dimente), Robert Karvelas (Larrabee), Dave Ketchum (Agent 13), Bernie Kopell (Siegfried), Kenneth Mars
Drehbuch: Leonard B. Stern, Mark Curtiss, Rod Ash
Kamera: Gayne Rescher (Farbe)
Musik: Peter Melnick, Irving Szathmary
Schnitt: Donald R. Rode
Produktion: Burt Nodella für IndieProd/ Phoenix Entertainment Group, USA 1989
Verleih: -/-/-/VCL Video
Videostart: 30.3.1990
Sendetermin: 26.2.1989, ABC
FSK: ab 12 J.
Länge: 90 Min.

Mit gewohntem Geschick vereitelt Maxwell Smart die infamen Wettermaschinen-Pläne des Verlegers seiner Gattin, der die Menschen durch konstant schlechtes Wetter zum Lesen zwingen will. Alt und hausbakken isser geworden, unser Kultheld und seine Gags, was allerdings auch damit zu tun haben könnte, daß ihn seine begnadeten Schöpfer Mel Brooks und Buck Henry längst verlassen haben.

Nackte Lügen 691
NAKED LIE **
Video

Regie: Richard A. Colla
Darsteller: Victoria Principal (Joanne Dawson), James Farentino (Jonathan Morris), Glenn Withrow (Andy Fencik), William Lucking (Bob Webster), Dakin Matthews (Adam Berger), Vic Polizos (Larry Sanders), Douglas Roberts (Jack Ross), Craig Richard Nelson (Harry), William Forard (Stearns)
Drehbuch: Timothy Wurtz, Glenn M. Benest, John Robert Bensink
Kamera: Ron Garcia (Farbe)
Musik: Bob Alcivar
Schnitt: Robert L. Kimble
Produktion: Stephanie Austin für Shadowplay Films/Phoenix Entertainment Group, USA 1989
Verleih: -/-/-/VCL Video
Videostart: 25.6.1990
Sendetermin: 26.2.1989, CBS
FSK: ab 16 J.
Länge: 92 Min.

Pamela Ewing in einem TV-Krimi um ein schwarzes Schaf in Richterrobe. Weder die Mimin in Unterwäsche noch die trotz vieler Zufälle reichlich vorhersehbare Handlung - die Grundidee ist »Suspect« entliehen - vermögen zu begeistern.

Nackter Tango 692
NAKED TANGO ***

Regie: Leonard Schrader
Darsteller: Mathilda May (Stefanie/Alba), Vincent Phillip D'Onofrio (Cholo), Esai Morales (Zico), Fernando Rey (Torres), Cipe Lincovsky (Mama), Josh Mostel, Patricio Bisso
Drehbuch: Leonard Schrader, nach einer Erzählung von Manuel Puig
Kamera: Juan Ruiz-Anchia (Farbe)
Musik: Thomas Newman
Schnitt: Debra McDermott, Lee Percy
Produktion: David Weisman für Grupo Baires/Praesens Film/Towa Prod., USA/Argentinien 1990

Mathilda May in »Nackter Tango«.

Verleih: Scotia/Constantin/-/VMP Video
Kinostart: 27.9.1990
FSK: ab 16, nffr.
Länge: 89 Min.

Der Film spielt im düster-schwülstigen Buenos Aires von 1924, wo eine gelangweilte Luxus-Lady aussteigt, um in der Gosse ungestillte Erotik-Wünsche und Abenteuerlust zu befriedigen, doch sie erlebt nur sklavische Erniedrigung und Abhängigkeit. Fragwürdige Erotik mit viel Macho-Getue und langweiliger Fleischbeschau. *Hans-Ulrich Pönack, tip*

Angie Dullinger in: AZ, 6.10.90; Fritz Göttler in: SZ, 8.10.90; Hans Schifferle in: Kölner Stadt-Anzeiger, 6.10.90; Claudia Schülke in: FAZ, 29.9.90

Die Nadel

Siehe »Morphium - Die Nadel«

Nasses Grab 693

DEAD RECKONING
**
Video

Regie: Robert Lewis
Darsteller: Susan Blakely (Alex Barnard), Cliff Robertson (Dr. Daniel Barnard), Rick Springfield (Kyle Rath), Linda Darlow (Chi-Chi), Michael Macrae (Sheriff Cline), Jano Frandsen (Killian), Barry Greene (Lt. Harmoldt), Tasha Simms (Diane), Darcia Carney (Libby)
Drehbuch: Neill D. Hicks, Andie McCuaig
Kamera: Richard Leiterman (Farbe)
Musik: Mark Snow
Schnitt: Les Green
Produktion: Robert Lewis für Houston Lady Prod./MCA-TV, USA 1990
Verleih: -/-/-/CIC Video
Videostart: 17.10.1990
Sendetermin: 23.5.1990, USA
FSK: ab 16 J.
Länge: 91 Min.

Ein reiches Ehepaar, sie 20 Jahr jünger, und ein Skipper machen eine Segeltour. Sie hatte mal eine Affäre mit dem jungen Skipper, somit ist tödliche Eifersucht vorprogrammiert. Hinzu kommt, daß Schlechtwetter aufkommt und die drei bei strömendem Regen auf einer Leuchtturminsel Schutz suchen müssen. Der Film bedient sich alter Muster, wie man sie schon z.B. aus »Midnight Crossing« und Polanskis »Messer im Wasser« kennt. *tip*

Nasty Boys 694

NASTY BOYS
**
Video

Regie: Rick Rosenthal
Darsteller: Jeff Kaake (Paul Morrissey), Benjamin Bratt (Eduardo Cruz), Don Franklin (Al Wheeler), Craig Hurley (Danny Larsen), James Pax (Tommy Kee), Nia Peeples (Serena Cruz), William Russ (Lt. Farlow), Whip Hubley (Mike Morrissey), Thomas Mikal Ford (Payday)
Drehbuch: Dick Wolf, David Black
Kamera: Roy H. Wagner (Farbe)
Musik: Basil Poledouris
Schnitt: Arthur W. Forney
Produktion: Daniel Sackheim, Richard Wechsler, Victor Davich, Lynn Guthrie für Universal TV/Wolf Films, USA 1989
Verleih: -/-/-/CIC Video
Videostart: 9.7.1990
Sendetermin: 22.9.1989, NBC
FSK: ab 16 J.
Länge: 88 Min.

Eine Gruppe verkleideter Cops im Ninja-Gewand knöpft sich die Drogenbarone von Las Vegas vor. Unorigineller, auf authentischen Ereignissen beruhender Pilotfilm einer unoriginellen Fernsehserie, die in Windeseile wieder aus dem NBC-Programm herausflog.

»Nasty Boys«

Philippine Leroy-Beaulieu und Pierre Arditi in »Natalia«.

Nasty Hunter

Siehe »Lady Terminator - Nasty Hunter«

Natalia 695

NATALIA ***

TV

Regie: Bernard Cohn
Darsteller: Pierre Arditi (Paul Langlade), Philippine Leroy-Beaulieu (Natalia Gronska), Ludmila Mikael (Catherine Valence), Michel Voita (Tomasz), Dominique Blanc (Jacqueline Leroux), Elisabeth Kaza, Lionel Rocheman, Gerard Blain
Drehbuch: Bernard Cohn, Claude Heymann
Kamera: Denys Clerval (Farbe)
Musik: Michel Portal
Schnitt: Cécile Decugis
Produktion: Fakhoury Prod./Slotint/CNC, Frankreich 1988
Sendetermin: 30.5.1990, ZDF, 22.40 Uhr
Länge: 116 Min.

Das zwielichtige Kollaborateurs-Klima unter dem Vichy-Regime von 1940 bis 1945 geriet doch recht plakativ. Natalia, die polnische Jüdin, die Schauspielerin werden will, trotz Protektion ihres Filmregisseur-Freundes denunziert und deportiert wird und zerstört aus der Hölle zurückkommt, bewegt sich wie auf einer Schicksalsbühne - in einem langatmig inszenierten Melodram der Judenverfolgungsrituale. Ein respektabler, aber kein großer Film. *Ponkie, AZ*

Navy Seals 696

NAVY SEALS **

Regie: Lewis Teague
Darsteller: Charlie Sheen (Hawkins), Michael Biehn (Curran), Joanne Whalley-Kilmer (Claire), Rick Rossovich (Leary), Cyril O'Reilly (Rexer), Bill Paxton (Graham), Paul Sanchez (Ramos), Nicholas Kadi, Ron Joseph, Richard Venture
Drehbuch: Chuck Pfarrer, Gary Goldman
Kamera: John A. Alonzo (Technicolor/Deluxe)
Musik: Sylvester LeVay, gespielt von den Münchner Philharmonikern
Schnitt: Don Zimmerman
Produktion: Brenda Feigen, Bernard Williams für Brenda Feigen Prod., USA 1990
Verleih: 20th Century Fox/Constantin/Monopole Pathé
Kinostart: 4.10.1990
FSK: ab 18, nffr.
Länge: 113 Min.

Eine Einheit der US-»Navy Seals« (einer Spezialtruppe für besonders gefährliche Missionen) führt im Nahen Osten mehrere halsbrecherische Aktionen durch. Die entnervende Anhäufung von Tapferkeitsbeweisen in Form von Grausamkeiten, die durch die sportlich-coole Art ihrer Präsenta-

Regisseur Lewis Teague.

tion nur noch widerwärtiger werden, und die nur mit dürftigsten Mitteln bewerkstelligte Herausarbeitung einiger weniger menschlicher Charaktere machen diesen aufwendigen Actionfilm zu einem durchaus entbehrlichen Produkt. *Zoom*

Michael Althen in: SZ, 18.10.90; Jürgen Richter in: FAZ, 6.10.90; Hans Schifferle in: Kölner Stadt-Anzeiger, 13.10.90

Near Death 697

NEAR DEATH ****

16 mm

Regie: Frederick Wiseman
Kamera: John Davey
Schnitt: Frederick Wiseman
Produktion: Frederick Wiseman für Exit Films, USA 1989
Verleih: Freunde der Deutschen Kinemathek/-/-
UA: 7.10.1989, New York Film Festival
EA: 11.2.1990, Int. Forum des Jungen Films
Kinostart: Mai 1990
Länge: 348 Min.
Original mit Untertiteln

Ein Film über die medizinische Intensivstation des Beth Israel Krankenhauses in Boston und die Frage, wie Menschen dem Tod entgegentreten (...) »Near Death« nähert sich seinem Thema frontal. Hier wird nichts versteckt oder beschönigt. Einen Bereich der persönlichen Intimität, in den man besser nicht vordringen sollte, scheint es für Wiseman nie gegeben zu haben. Sonst hätte sich der Mann, der sich seit 1967 mit dem Dokumentarfilm beschäftigt, wahrscheinlich auch nicht sechs Wochen auf einer Intensivstation eines amerikanischen Krankenhauses aufgehalten, um fünfzehn Stunden pro Tag sterbende Menschen zu filmen. Resultat waren 80 Stunden Film, die Wiseman in 14monatiger Kleinstarbeit auf eine endgültige Fassung von exakt fünf Stunden und 46 Minuten zusammengeschnitten hat.

Curd Wolf, Berliner Morgenpost

Klaus Dermutz in: SZ, 28.4.90; Anke Sterneborg in: Der Tagesspiegel, 11.2.90

Neugier tötet 698

CURIOSITY KILLS ***

Video

Regie: Colin Bucksey
Darsteller: C. Thomas Howell (Cat Thomas), Rae Dawn Chong (Jane), Courteney Cox (Gwen Hartwick), Jeff Fahey (Michael Manus), Louis A. Rivera (Falco), Paul Guilfoyle (Wally Ortley), Larry Dobkin (Harry van Beek), Scott Lincoln (Dixie), Richard Foronly (Captain McGarrity)
Produktion: Alan Barnette für Davis Entertainment/Universal TV/Dutch Prod./MCA TV, USA 1990
Drehbuch: John Rice, Joe Batteer
Kamera: Bojan Bazelli (Farbe)
Musik: Jan Hammer
Schnitt: Robert Barrere
Verleih: -/-/-/CIC Video
Videostart: 7.11.1990
Sendetermin: 27.6.1990, USA
FSK: ab 16 J.
Länge: 82 Min.

»Neugier tötet«, dieses Sprichwort lernen der Fotograf Cat Thomas und Nachbarin Jane am eigenen Leib kennen. Alles beginnt mit dem »Selbstmord« des dritten Bewohners. Der unmittelbare Nachmieter entpuppt sich als sehr geheimnisvoll. Cat und Jane beobachten ihn und machen eine ungeheure Entdeckung, bis der Mieter auf sie aufmerksam wird. Nervenkitzel und Spannung von der ersten bis zur letzten Minute. Gute Effekte. *Isabel Opitz, tips*

Neuner 699

***

Regie: Werner Masten
Darsteller: Manfred Krug (Theo Neuner), Claudia Wedekind (Nora Neuner), Klaus Wennemann (Felix Moll), Sibylle Canonica (Anni), Peter Lohmeyer (Kurt Neuner), Ingrid van Bergen (Hella Griebnitz)
Drehbuch: Jurek Becker
Kamera: Klaus Eichhammer (Farbe)
Musik: Klaus Doldinger
Schnitt: Michael Breining
Produktion: Otto Meissner für Novafilm/WDR, BRD 1990
Verleih: Tobis/Constantin/-
Kinostart: 8.11.1990
FSK: ab 12, ffr.
Länge: 95 Min.
FBW: Wertvoll

Manfred Krug in »Neuner«, einer deutschen Auf- und Ausbruchskomödie.

Nach dem Tod seiner Geliebten will ein Mann während einer Berlin-Reise geschäftliche mit privaten Erfolgen verknüpfen und scheitert letztlich an beidem. Das Team der erfolgreichen TV-Serie »Liebling - Kreuzberg« versucht sich mit den gleichen Mitteln an einem Kinofilm und enttäuscht das Publikum mit der Erkenntnis, daß ein melodramatischer Schluß allein nicht genügt, um dem anderen Medium Genüge zu tun. *multimedia*

Volker Baer in: Der Tagesspiegel, 8.11.90; Heiko R. Blum in: Rheinische Post, 9.11.90; Ernst-Michael Brandt in: Freitag, 16.11.90; Bodo Fründt in: SZ, 10.11.90; Jochen Schütze in: Prinz, 11/90; Hans-Dieter Seidel in: FAZ, 13.11.90

New York Cats – Jeder Körper hat seinen Preis 700

NEW YORK'S FINEST *

Video

Regie: Chuck Vincent
Darsteller: Jennifer Delora, Ruth Collins, Heidi Paine, Scott Baker, Jane Hamilton
Drehbuch: Craig Horrall
Kamera: Larry Revene (Farbe)
Musik: Joey Mennonna
Produktion: Chuck Vincent für Platinum Pictures, USA 1987
Verleih: -/-/-/Taurus Video
Videostart: 20.2.1990
FSK: ab 16 J.
Länge: 83 Min.

Vulgärvariante des Monroe-Klassikers »Wie angelt man sich einen Millionär?«. Die Sexkomödie ist im Boulevardtheater-Stil inszeniert und bietet einfältige Dialoge hart an der Grenze des Erträglichen.

Die Nichtprofessionellen 701

NEPROFESSIONALY ***

Regie: Sergej Bodrow
Darsteller: Walentina Talysina, Amangelis Eselbajew, Anis Sadykow, Igor Solotowizki, Luisa Mosends
Drehbuch: Sergej Bodrow, Alexander Burawski, Ashar Ajapowa
Kamera: Fedor Aranyschew
Musik: Wladimir Trapesnikow, Lieder der Beatles und von Bulat Okudshawa
Produktion: UdSSR 1985-87
Verleih: -/Filmhaus Stöbergasse/-

EA: 15.2.1988, Int. Forum des Jungen Films
Kinostart: Okt. 1990
FSK: ab 16 J. (Wien)
Länge: 70 Min.
Originalfassung mit Untertiteln

Tragikomische Erlebnisse einer Amateurband jugendlicher Rock-Musiker, die in der endlosen Steppe Kasachstans mit einem Autobus unterwegs sind und sich nach dieser erfolglosen Konzerttournee im Rahmen staatlich verordneter Kulturarbeit trennen. Spröd und ungeschminkt erzähltes Road-Movie mit technischen Schwächen und gesellschaftskritischen Akzenten.

Horst Stadler, multimedia

Volker Baer in: Der Tagesspiegel, 16.2.88; Wolfgang Brenner in: tip, 7/88

Nichts als Ärger mit dem Kamikaze-Cop

Siehe »Short Time – Nichts als Ärger mit dem Kamikaze-Cop«

Night Shadow – Schatten der Vergangenheit 702

DEEP DARK SECRETS **

Video

Regie: Robert Lewis
Darsteller: James Brolin (Michael Wakefield), Melody Anderson (Julianne Wakefield), Pamela Bellwood (Anna), Morgan Stevens (Paul), Joseph Spano (Eric Lloyd), Don Branberry (Tom), Merrilyn Gann (Susan), Ric Reid (Tony), Roman Podhora (Albert)
Drehbuch: Nancy Sackett
Kamera: Isidore Mankofsky (Farbe)
Musik: Charles Fox
Schnitt: Les Green
Produktion: Marcy Gross für Gross-Weston Prod./Fries Entertainment, USA 1987
Verleih: -/-/-/Madison Video
Videostart: 15.8.1990
Sendetermin: 26.10.1987, NBC
FSK: ab 12 J.
Länge: 95 Min.

Amerikanischer Fernsehfilm um den Alptraum eines blonden Heimchens, das nichts vom wirklichen Leben ihres Göttergatten weiß. Durchschnittliche Spannungsware mit Groschenheftromantik, nicht über Gebühr originell und mitunter unfreiwillig komisch.

VideoWoche

Night Train 703

WARM NIGHTS ON A SLOW MOVING TRAIN **

Video

Regie: Bob Ellis
Darsteller: Wendy Hughes (Mädchen), Colin Friels (Mann), Norman Kaye (Verkäufer), John Clayton (Footballtrainer), Rod Zusnic (Soldat), Lewis Fitzgerald (Priester), Steve J. Spears (Sänger), Grant Tilly (Politiker), Peter Whitford (Steward)
Drehbuch: Bob Ellis, Denny Lawrence
Kamera: Yuri Sokol (Farbe)
Musik: Peter Sullivan
Schnitt: Tim Lewis
Produktion: Ross Dimsey für Western Pacific Films, Australien 1987
Verleih: -/-/-/Lightning Video
Videostart: 29.10.1990
FSK: ab 16 J.
Länge: 91 Min.

Stilvoller, unterkühlter Eisenbahnthriller mit Wendy Hughes als Gelegenheitsnutte. Ihre Kontaktaufnahme mit den verschiedensten Männer-Typen zählt zu den faszinierendsten Momenten des mitunter spannungsarmen Films, ebenso wie der langsame Verlust der Kontrolle über die Situation. Die vielen Feinheiten, die sich zwischen den Personen abspielen, verlangen jedoch vom Betrachter Mühe und Geduld.

Nightlife 704

NIGHTLIFE **

Video

Regie: Daniel Taplitz
Darsteller: Ben Cross (Vlad), Maryam d'Abo (Angelique), Keith Szarabajka (Dr. David Zuckerman), Rosa Mercedes, Camille Saviola, Glenn Shadix, Oliver Clark
Drehbuch: Daniel Taplitz, Anne Beatts
Kamera: Peter Fernberger (Farbe)
Produktion: Robert T. Skodis, Dan Wigutow für Cine Enterprises/MTE, USA 1989
Verleih: -/-/-/CIC Video
Videostart: 15.2.1990
Sendetermin: 23.8.1989, USA
FSK: nicht unter 18 J.
Länge: 90 Min.

»Nightlife«

Eine achtbare Adaption des antiquierten Horrorstoffs, handwerklich solide mit ordentlich agierenden Darstellern. Taplitz baut in seiner zunehmend grotesken und temporeichen Mär vom Hämatologen, der sich unsterblich in eine bezaubernde Untote verliebt, weniger auf harten Horror als vielmehr auf Humor. *tip*

Nightmare on Elm Street 5 – Das Trauma 705

NIGHTMARE V – THE DREAM CHILD **

Regie: Stephen Hopkins
Darsteller: Robert Englund (Freddy Krueger), Lisa Wilcox (Alice), Danny Hassel (Dan), Whitby Hertford (Jacob), Kelly Jo Minter (Yvonne), Erika Anderson (Greta), Joe Seely (Mark)
Drehbuch: Leslie Bohem, nach Charakteren von Wes Craven
Kamera: Peter Levy (Farbe)
Schnitt: Chuck Weiss, Brent Schoenfeld
Produktion: Robert Shaye, Rupert Harvey für New Line Cinema, USA 1990
Verleih: Tobis/-/-/Marketing Film Video
Kinostart: 22.2.1990
FSK: ab 18, ffr.
Länge: 89 Min.

Die enttäuschende neue Folge der erfolgreichsten Horrorfilm-Reihe aller Zeiten. Anders als im aufregenden vierten Teil ist die Handlung hier verwirrend und bruchstückhaft. Atmosphäre- und spannungslos wird ein inhaltsleeres Effektfeuerwerk um den lavagesichtigen Killer mit der Todeskralle abgefackelt, der, offensichtlich in die Jahre gekommen, nun auch noch Vater werden will.

Ralph Umard, tip

Peter Körte in: FR, 26.2.90; Jürgen Richter in: FAZ, 24.2.90

Nightwalk 706

NIGHT WALK ***

Video

Regie: Jerrold Freedman
Darsteller: Robert Urich (Jake Simon), Lesley-Anne Down (Geneva Miller), Ryan Urich (Matt Simon), Frederick Koehler (Eric Miller), Michael Alldredge (Brody), Lawrence P. Casey (Shooter), Richie Devaney (Brian), Bert Remsen
Drehbuch: Harry Longstreet, Renee Longstreet
Kamera: Thomas Burstyn (Farbe)
Musik: Patrick Williams
Schnitt: Ray Daniels
Produktion: CBS Entertainment/Galatea, USA 1989
Verleih: -/-/-/CBS-Fox Video
Videostart: 16.7.1990
Sendetermin: 1.10.1989, CBS
FSK: ab 16 J.
Länge: 90 Min.

Geneva Miller wird einzige Zeugin bei einem eiskalten Mord am Strand und ist von nun an die Gejagte. Polizeischutz und ständige Ortswechsel sind die Folge. Doch immer wieder kommt es zu dramatischen Zusammentreffen zwischen Kronzeugin und den brutalen Killern. Das Finale wartet mit einer raffinierten Wendung auf. Spannend und überzeugend in Story und Darstellung. *tip*

Nightwalker 707

COURAGE MOUNTAIN **

Video

Regie: Christopher Leitch
Darsteller: Juliette Caton (Heidi), Jan Rubes (Opa), Charlie Sheen (Peter), Leslie Caron (Jane Hillary), Yorgo Voyagis (Signor Bonelli), Laura Betti (Signora Bonelli), Joanna Clarke
Drehbuch: Weaver Webb

Kamera: Jacques Steyn (Farbe)
Musik: Sylvester Levay
Schnitt: Martin Walsh
Produktion: Stephen Uljaki für Epic Prod., USA/Frankreich 1989
Verleih: -/-/-/21st Century Video
UA: 16.9.1989, Toronto Festivals
Videostart: 18.12.1990
FSK: ab 12 J.
Länge: 96 Min.

Kurz nach Ausbruch des 1. Weltkriegs flüchtet eine herangewachsene Heidi zusammen mit einigen anderen Kindern aus dem italienischen Sklaventreiber-Internat zurück zu ihrem Alp-Öhi. Harmlose Fortschreibung der Geschichten von Johanna Spyri, mit einem schrecklich fehlbesetzten Charlie Sheen als Geißen-Peter.

Nightwish – Out of Control **708**
NIGHTWISH **
Video

Regie: Bruce R. Cook
Darsteller: Clayton Rohner, Alisha Das, Elizabeth Kaitan, Jack Starrett, Robert Tessier, Artur Cybulski, Tom Dugan, Brian Thompson
Drehbuch: Bruce R. Cook
Kamera: Sean McLin (Farbe)
Musik: Mark Ryder, Phil Davis
Schnitt: William Shaffer
Produktion: Keith Walley, USA 1988
Verleih: -/-/-/Empire Video
Videostart: 26.4.1990
FSK: nicht unter 18 J.
Länge: 88 (92) Min.

Im Rahmen eines Tiefschlafexperiments träumt ein Teenager von spiritistischen Sitzungen und außerirdischen Parasiten, die die Körper ihrer Mitpatienten übernommen haben. Horrorfilm der schleimigen Sorte, der seine massive Unlogik dadurch zu kaschieren sucht, daß er alles als Traum hinstellt.

Nikita **709**
NIKITA ***

Regie: Luc Besson
Darsteller: Anne Parillaud (Nikita), Jean-Hugues Anglade (Marco), Tchéky Karyo (Bob), Jeanne Moreau (Amande), Jean Reno (Victor), Jean Bouise (Kabinettchef), Philippe du Janerand (Botschafter), Roland Blanche (Verhörleiter), Philippe Leroy-Beaulieu (Grosmann), Marc Duret (Rico), Jacques Boudet

Anne Parillaud als Luc Bessons eiskalter Engel »Nikita«.

Kamera: Thierry Arbogast (Eastmancolor)
Musik: Eric Serra
Schnitt: Oliver Mauffroy
Produktion: Gaumont/Cecchi Gori Group Tiger Cinematografica, Frankreich 1990
Verleih: Jugendfilm/Constantin/Monopole Pathé/Marketing-Film Video
EA: 27.6.1990, Filmfest München
Kinostart: 28.6.1990
FSK: ab 16, ffr.
Länge: 117 Min.

Ein entwurzeltes, aggressives, drogensüchtiges Mädchen wird gezwungen, als Killerin »für die Regierung« zu arbeiten. Der überwiegend auf äußere Effekte bedachte Streifen verwendet sein interessantes, kritisches Thema nur als Aufhänger für einen schillernden, handwerklich recht eindrucksvollen, brutalen Reißer. *multimedia*

(...) Die Sorte von todernster Brutalromantik, die sich für das rituelle Leutezerfetzen, Abknallen und Abstechen einen Kult-Tempel errichtet: Das Kino als Kloster vom Heiligen Mörder-Orden – blutig, stupide und heimlich sentimental. *Ponkie, AZ*

Andreas Hahn in: FR, 4.7.90; Andreas Kilb in: Die Zeit, 29.6.90; Jochen Schütze in: Prinz, 6/90; Ralph Umard in: tip, 14/90

Ninja Academy 710

NINJA ACADEMY *

Video

Regie: Nico Mastorakis
Darsteller: Will Egan (Josh), Gerald Okamura (Chiba), Kelly Randall (Gayle), Michael David (Phillip), Robert Factor (George), Jeff Robinson (Mime), Kathleen Stevens (Suzy), Lisa LeCover (Lynn), John Freiberger (Claude), Seth Foster (Addleman), Art Cammacho
Drehbuch: Jonathan Gift
Kamera: William Steven Shaw (Technicolor)
Musik: Jerry J. Grant
Schnitt: Barry Zetlin
Produktion: Nico Mastorakis für Omega Pictures, USA 1990
Verleih: -/-/-/VPS Video
Videostart: 29.3.1990
FSK: ab 16 J.
Länge: 93 Min.

Ein verzogenes Muttersöhnchen, ein abgehalfterter Geheimagent, ein Pantomime und ein paar hübsche Mädels melden sich auf der Ninja-Akademie des Sensei Chiba an. Ninja-Komödie, die vor keinem Kalauer zurückschreckt und sich dabei einer deutschen Synchronisation bedient, die schmerzliche Erinnerungen an gewisse Fernsehserien der Siebziger weckt. *VideoWoche*

Non oder Der vergängliche Ruhm der Herrschaft 711

NON OU A VA GLORIA DE MANDAR ***

Regie: Manoel de Oliveira
Darsteller: Luis Miguel Cintra, Diego Doria, Miguel Guilherme, Luis Lucas, Carlos Gomes, Antonio S. Lopes, Mateus Lorena, Lola Forner, Raul Freire, Rui de Carvalho, Teresa Meneses, Leonor Silveira
Drehbuch: Manoel de Oliveira
Kamera: Elso Roque (Farbe)
Musik: Alejandro Masso
Schnitt: Manoel de Oliveira, Sabine Franel
Produktion: Paulo Branco für Madragoa/Tornasol/Gemini/SGGC/Radio-Televisao Portuguesa/RTVE, Portugal/Spanien/Frankreich 1990
Verleih: NEF 2/-/-/-
EA: 27.6.1990, Filmfest München
Kinostart: 4.10.1990
Länge: 110 Min.

Mag sein, daß unsereiner sich zu wenig mit portugiesischer Geschichte abgibt. Mag auch sein, daß die Illusionen vaterländischen Opfermuts, die ein Leutnant auf Kolonialkriegspatrouille in Afrika seinen Kameraden als Krieger-Epos heroischer Niederlagen (von den Römern bis heute) nahebringen will, trotz der Nein-These im Titel zu ungebrochen pathetisch wir-

Manoel de Oliveiras philosophisches Kriegs- und Geschichtsepos: »Non oder Der vergängliche Ruhm der Herrschaft«.

ken, wie echter Soldatenkitsch: Mit Manoel de Oliveiras portugiesischen Heldentod-Visionen kann man Probleme haben. *Ponkie, AZ*

(...) Insgesamt ein Film also, dem man in seiner Fülle nach dem ersten Sehen gar nicht gerecht werden kann, weil er sich der schnellen Definition so entzieht wie die Wahrheit. Doch vielleicht ist das seine Wahrheit: geheimnisvoll und unaussprechlich.

Peter Buchka, SZ

Andreas Kilb in: Die Zeit, 19.10.90; Kai Niemeyer in: AZ, 19.10.90; H.G. Pflaum in: SZ, 19.10.90

Nonnen auf der Flucht 712

NUNS ON THE RUN **

Regie: Jonathan Lynn
Darsteller: Eric Idle (Brian Hope/Schwester Euphemia), Robbie Coltrane (Charlie/Schwester Inviolata), Camille Coduri (Faith), Janet Suzman (Schwester Superior), Doris Hare (Schwester Mary des heiligen Herzens), Lila Kaye (Schwester Mary der Verkündigungen), Robert Patterson, Robert Morgan, Winston Dennis, Tom Hickey, Colin Campbell, David Forman, Tatiana Strauss
Drehbuch: Jonathan Lynn
Kamera: Michael Garfath (Agfa Gevaert/Technicolor)
Musik: Yello, Hidden Faces
Schnitt: David Martin
Produktion: Michael L. White für Handmade Films, GB 1990
Verleih: 20th Century Fox/Centfox/-/VCL-Carolco Video
UA: 16.3.1990
Kinostart: 21.6.1990
FSK: ab 12, ffr.
Länge: 92 Min.

Nach dem Raub von Drogengeldern flüchten zwei Ganoven in ein Nonnenkloster. Verkleidungsposse in Slapstickmanier. *multimedia*

(...) Was am Ende bleibt von »Nonnen auf der Flucht«, ist die Erinnerung an das zupackende Spiel und an die abenteuerlichen Grimassen von Eric Idle und seines schwergewichtigen Kollegen Robbie Coltrane. Und es bleibt die Gewißheit, daß Billy Wilders Travestie-Ulk »Manche mögen's heiß« ein unerreichbares Meisterwerk ist. *Andreas Obst, FAZ*

Elke Frick in: FR, 28.6.90; Jochen Metzner in: Der Tagesspiegel, 30.6.90; Silvia Reuter in: AZ, 29.6.90

Nouvelle Vague 713

NOUVELLE VAGUE ***

Regie: Jean-Luc Godard
Darsteller: Alain Delon (Er), Domiziana Giordano (Sie), Roland Amstutz (Gärtner), Laurence Cote (Gouvernante), Jacques Dacqmine (Manager), Christophe Odent (Anwalt), Laurence Guerre (Sekretärin), Joseph Lisbona (Arzt), Laure Killing, Veronique Muller, Maria Pitarresi
Kamera: William Lubtchansky, Christophe Pollock, Frank Messmer, Hélène Sebillotte, Guy Auguste Boleat, Pierre Speyer, Jean-Michel Vincent, Jim Howe, Richard Weber (Farbe)
Schnitt: Jean-Luc Godard
Produktion: Alain Sarde für Sara Films/Peripheria/Canal Plus/Vega Film/Télévision Suisse Romande/Films A2/C.N.C./DFI mit Sofica Investimage, Sofica Créations, Schweiz/Frankreich 1990
Verleih: Kinowelt/top-film/Monopole Pathé
UA: 18.5.1990, Int. Filmfestspiele Cannes
Kinostart: 15.11.1990
FSK: ab 12, ffr.
Länge: 89 Min.
Original mit deutschen Untertiteln

Eine Elegie über Geld, Macht und Liebe. In der Villa einer millionenschweren Contessa am Genfer See schwirrt reichliche Dienerschaft um eine Gruppe von Finanzhaien, die um große Transaktionen dealen. Die Contessa hat derweil zwei Affären. Betörend schöne Bilder, eine musikalische Struktur, Zitate, Titel und Verweise in vielen Sprachen: ein klassischer Film, Godards erstes Alterswerk. *Wolf Donner, tip*

Mittels einer komplexen Verdichtung literarischer Texte, vielschichtiger Bilder und eines schier unerschöpflichen philosophischen Hintergrundes thematisiert Jean-Luc Godard die Liebe, das Licht, die Natur, menschliche Realitäten und die immerwährende Erneuerung von allem, was ist. Ein

Domiziana Giordano und Alain Delon in »Nouvelle Vague«.

optimistisches, wenn auch schwer faßbares Meisterstück godardscher Kreativität. *Zoom*

Marli Feldvoss in: FAZ, 3.12.90; Frieda Grafe in: SZ, 22.11.90; Norbert Grob in: Die Zeit, 16.11.90; Ponkie in: AZ, 22.11.90; Wilfried Reichart in: Kölner Stadt-Anzeiger, 24.11.90; Carla Rhode in: Der Tagesspiegel, 21.11.90; Wolfram Schütte in: FR, 23.11.90

Nur eine Frage der Zeit 714

A MATTER OF TIME ***

TV

Regie: Vincente Minnelli
Darsteller: Ingrid Bergman (Contessa), Liza Minnelli (Nina), Gabriele Ferzetti (Vicari), Charles Boyer (Sanziani), Spiros Andros (Mario), Tina Aumont (Valentina), Amadeo Nazzari (Tewfik), Fernando Rey (Charles van Maar), Isabella Rossellini
Drehbuch: John Gay, nach dem Roman »The Film of Memory« von Maurice Druon
Kamera: Geoffrey Unsworth (Farbe)
Musik: Nino Oliviero
Schnitt: Peter Taylor
Produktion: Jack H. Skirball, J. Edmund Grainger, USA 1976
Sendetermin: 3.6.1990, ZDF, 22.55 Uhr
Länge: 99 Min.

Es war der erste Film, den Vincente Minnelli mit Tochter Liza drehte, und es war gleichzeitig seine letzte Regiearbeit: Das 1976 gedrehte Melodram brachte dem Gespann allerdings wenig Ruhm. Die US-Kritik ließ kein gutes Haar dran, und in Deutschland kam der Film erst gar nicht in die Kinos. Die sentimentale Nachkriegsgeschichte spielt in Rom. Dort begegnet das Zimmermädchen Nina einer alten Gräfin, deren Erinnerungen an vergangene, glanzvolle Zeiten dem unbedarften Mädchen Selbstvertrauen geben. Während die Contessa einsam stirbt, wird Nina ein großer Filmstar. *Birgit Amon, AZ*

(...) Was hätte man aus der Vorlage machen können: eine zynische Gesellschaftskomödie oder zumindest eine grandiose Schnulze. Aber bei Minnelli war lediglich lustloses Albumblättern angesagt.

Augsburger Allgemeine

O

Obsession – Die dunkle Seite des Ruhms 715

SVENGALI **

Video

Regie: Anthony Harvey
Darsteller: Peter O'Toole (Anton Bosnyak), Jodie Foster (Zoe Alexander), Elizabeth Ashley (Eve Swiss), Larry Joshua (Johnny Rainbow), Pamela Blair (Trish), Barbara Byrne (Mrs. Burns-Rizzo), Ronald Weyand (Hypnotiseur), Robin Thomas (Mendy Weindenbaum)
Drehbuch: Frank Cucci
Kamera: Larry Pizer (Farbe)
Musik: John Barry
Schnitt: Norman Gay
Produktion: Robert Halmi für Robert Halmi Prod., USA 1983
Verleih: -/-/-/CBS-Fox Video
Videostart: 13.8.1990
Sendetermin: 9.3.1983, CBS
FSK: ab 12 J.
Länge: 103 Min.

Fernsehversion von Daphne du Mauriers Geschichte um den alternden Künstler, der einen jungen Sangesstar unter seine Fittiche nimmt. Peter O'Tooles outriertes Spiel macht die olle Kamelle bisweilen sehenswert.

Odd Ball Hall – Jetzt rasten die Götter völlig aus 716

ODD BALL HALL **

Video

Regie: Jackson Hunsicker
Darsteller: Don Ameche (Paul), Burgess Meredith (Ingersol), Bill Maynard (Copperthwaite), Tullio Moneta (Goose), Tiny Skifile (Meetoo-U), Tine Jaxa (Tennanna), Patrick Maynhardt (Otto)
Drehbuch: Jackson Hunsicker
Kamera: Avi Karpick (Farbe)
Musik: William T. Stromber
Schnitt: Michael Spence
Produktion: Alan Munro für The Movie Group, USA/Südafrika 1990
Verleih: -/-/-/Cannon-VMP Video
Videostart: 8.10.1990
FSK: ab 12 J.
Länge: 84 Min.

Vier Juwelenräuber, die sich nach ihrem Coup in eine südafrikanische Bruderschaft eingeschmuggelt haben, geraten in helle Aufregung, als der Meister der Riege sein Kommen ankündigt. Schelmisch gemeintes Altstar-Abenteuer im Stile von »Die Götter müssen verrückt sein«.

Ohne Zeugen 717

IN THE BEST INTEREST OF THE CHILD **

Video

Regie: David Greene
Darsteller: Meg Tilly (Jennifer Colton), Ed Begley jr. (Howard Feldon), Michael O'Keefe (Walt Colton), Michele Greene (Nora Harold), Marta Woodward (Mandy Colton), David Wohl (Richter Dunham), James Eckhouse (Chilton), Jim Byrnes (Kurt), Angela Bassett (Lori)
Drehbuch: Hal Sitowitz
Kamera: Brianne Murphy (Farbe)
Musik: Peter Manning Robinson
Schnitt: Eric Sears
Produktion: Papazian-Hirsch Entertainment, USA 1990
Verleih: -/-/-/CIC Video
Videostart: 5.12.1990
Sendetermin: 20.5.1990, CBS
FSK: ab 12 J.
Länge: 90 Min.

US-Drama um die sexuelle Mißhandlung von Kindern. Anders als »Tödliche Stille« konzentriert sich die vorliegende Produktion auf die juristische und die moralische Seite des Problems und ist hier weniger um Aufklärung als um Emotionalisierung des Zuschauers bemüht. *VideoWoche*

On the Run 718

COUNTRY BLUE **

Video

Regie: Jack H. Conrad
Darsteller: Dub Taylor, Jack H. Conrad, Rita George, David Huddleston, Mildred Brown
Drehbuch: Jack H. Conrad, William F. Conrad
Kamera: Emmett R. Alston (Farbe)
Musik: Kelly Gordon, Larry Muhoberac
Produktion: Emmett R. Alston, Jack H. Conrad für General Film, USA 1975

Verleih: -/-/-/EuroVideo
Videostart: 22.3.1990
FSK: ab 16 J.
Länge: 95 Min.

Ein junger Mann und seine Freundin geraten auf der Jagd nach dem großen Geld auf die schiefe Bahn. Verhaltene Actionszenen, eine tragische Lovestory und vereinzelte Milieustudien kennzeichnen die Inszenierung.

VideoMarkt

Onkel Moses 719

UNCLE MOSES ****

TV

Regie: Aubrey Scotto, Sidney Goldin
Darsteller: Maurice Schwartz (Onkel Moses), Judith Abarbanell (Mascha), Rubin Goldberg (Alter Melnick), Zvee Scooler (Charlie), Mark Schweid (Aaron), Sally Schor, Rebecca Weintraub, Jacob Mestal, Sam Gertler
Drehbuch: Sholom Asch
Kamera: Frank Zucker, Buddy Harris
Musik: Samuel Polonsky
Schnitt: Bob Snody
Produktion: Yiddish Talking Pic., USA 1932
Sendetermin: 26.4.1990, ZDF, 23.10 Uhr
Länge: 81 Min.
Jüdische Originalfassung mit deutschen Untertiteln

Die Spielfilmreihe »Jüdische Wege« führt diesmal in die USA, ins jüdische Einwanderungsviertel von New York zu Beginn der 30er Jahre. »Onkel Moses«, der einst sein »Schtetl« verlassen hat, ist in Amerika ein reicher Mann geworden.

Maurice Schwarz und Judith Abarbanell in »Onkel Moses«.

Er nimmt sich ein schönes junges Mädchen zur Frau, doch die Ehe wird unglücklich; und beruflich bekommt er Schwierigkeiten mit den neuen Gewerkschaften.
Mit diesem Film präsentiert das ZDF in deutscher Erstaufführung ein Beispiel des jiddischen Kinos in den USA, das immer ein »armes« Kino war. Heute sind die wenigen noch existierenden Streifen zu wertvollen Dokumenten einer fast erloschenen Kultur geworden. *Birgit Amon, AZ*

Stgt. Zeitung, 30.4.90

Order of the Eagle 720

ORDER OF THE EAGLE **

Video

Regie: Thomas Baldwin
Darsteller: Frank Stallone (Quill), William Zipp (Billings), Jil Foor (Monica), Perry Hill (Freddie), Casey Hirsch (Greg), David Roger Harris (Leo), David Marriott (Jack LaRouse), Brian O'Connor, John Cianetti, David Campell, Steve Horton
Drehbuch: William Zipp
Kamera: Stephen Ashley Blake (United Color)
Musik: William Stromberg
Schnitt: Rick Brown, Steve Nielson
Produktion: William Zipp für Action International Pictures, USA 1989
Verleih: -/-/-/New Vision Video
Videostart: 7.5.1990
FSK: ab 16 J.
Länge: 82 Min.

Ein Flugzeugwrack mit der Leiche eines SDI-Konstrukteurs wird für einen Scout zum Auslöser einer brutalen Hetzjagd, als ihn eine alarmierte Killertruppe daraufhin im Besitz wichtiger Geheimpapiere wähnt. Banale Wildnis-Hatz mit dem üblichen Vietnamveteranen, der die Sache am Ende wieder ins Lot bringt.

Ortelsburg – Szczytno. Es war einmal in Masuren 721

****

16 mm

Regie: Peter Goedel
Drehbuch: Wolfgang Koeppen
Kamera: David Slama (Farbe und s/w)
Schnitt: Lili Otting

Produktion: Peter Goedel für Peter Goedel Filmprod./BR/WDR, BRD 1990
Verleih: Peter Goedel/-/-
UA: 24.6.1990, Filmfest München
Kinostart: 11.11.1990
Sendetermin: 20.12.1990, BR III, 22.30 Uhr
Länge: 80 Min.

Ortelsburg liegt am Beginn der masurischen Seenplatte, zählte bis 1945 zu Ostpreußen und gehört seitdem zu Polen. Heute heißt es Szczytno. Wolfgang Koeppen, einer der bekanntesten deutschen Dichter, wurde 1906 in Greifswald/Pommern geboren. Zwischen 1912 und 1922 lebte er mit seiner Mutter in Ortelsburg, im Hause seines Onkels, eines königlich-preußischen Baurats. Hier verbrachte er seine ersten Schuljahre, bis sein Onkel aus beruflichen Gründen wegzog. Die Erinnerungen Wolfgang Koeppens an Kindheit und Jugend in dieser ostpreußischen Kleinstadt aus der Zeit um den ersten Weltkrieg werden kontrastiert mit den Erzählungen eines Vierzehnjährigen aus dem Polen von heute. In der Form einer dichterischen Erzählung begegnet der Autor diesem polnischen Jungen. Er findet ihn in diesem Städtchen, geht mit ihm auf den Schauplätzen seiner Erinnerungen spazieren und sieht sich durch diesen Jungen in die eigene Vergangenheit zurückversetzt.
In einem imaginären Dialog »unterhält sich« Wolfgang Koeppen mit dem Jungen Pawel.

Katalog Filmfest

(...) »Ortelsburg-Szczytno« ist nach der Verfilmung des Romans »Das Treibhaus« die zweite Zusammenarbeit von Koeppen und Goedel, ein Dialog der Generationen, über Erfahrungen und Geschichte, ein Zwiegespräch zwischen Bildern und Worten; ein Film über die Einsamkeit des Sprechens und die Hoffnungen des Schweigens. *Fritz Göttler, SZ*

Oskar Kokoschka – Erinnerung 722

***

Regie: Albert Quendler
Drehbuch: Albert Quendler
Kamera: Albert Quendler (Farbe)
Musik: Ludwig van Beethoven, Arnold Schönberg, Ernst Krenek, Friedrich Gulda
Schnitt: Gertraud Luschützky
Produktion: Quendler/Regler, Österreich 1986
Verleih: -/Silver Cine/-
Kinostart: Mai 1990
Länge: 85 Min.

Der Film ist eine Mammutbiografie: die Produktion dauerte 17 Jahre (davon zwölf mit dem Maler selbst). Fast alle Bilder werden vorgestellt, Zitate aus seinen Theaterstücken und Pamphleten sowie ein lebenslanger Briefwechsel mit Familie und Freunden ergänzen das unprätentiöse Porträt, das nur durch die pathetischen Beethoven-Sonaten etwas an Lebendigkeit verliert. *André Simonoviescz, tip*

Jochen Metzner in: Der Tagesspiegel, 17.10.90; Ulrich von Thüna in: epd Film 6/90

Out of Control

Siehe »Nightwish - Out of Control«

The Outsiders II – Der Kampf geht weiter 723

THE OUTSIDERS – THE STRUGGLE CONTINUES **

Video

Regie: Sharron Miller, Alan Shapiro
Darsteller: Jay R. Ferguson (Ponyboy Curtis), Rodney Harvey (Sodapop Curtis), Boyd Kestner (Darrel Curtis), Harold R. Pruett (Steve Randle), David Arquette (Two-Bit Matthews), Robert Rusler (Tim Shepard), Heather McComb (Belinda Jenkins), Kim Walker (Cherry Valance), T. Scott Coffey
Drehbuch: Alan Shapiro, nach dem Roman von S.E. Hinton
Kamera: Hector Figueroa (Farbe)
Musik: W.G. Snuffy Walden, Bennett Salvay
Schnitt: Corky Ehlers
Produktion: R.J. Louis für Zoetrope Studios/Papazian-Hirsch Entertainment/ Fox TV, USA 1990
Verleih: -/-/-/CIC Video
Videostart: 8.8.1990

»Ortelsburg-Szczytno – Es war einmal in Masuren« – von Peter Goedel.

Sendetermin: 25.3.1990, Fox
FSK: ab 16 J.
Länge: 84 Min.

Nach dem Tod von Dallas hat Darrel die Vormundschaft über seine Brüder Sodapop und Ponyboy übernommen. Der Ärger mit dem Sozialamt läßt nicht lange auf sich warten. Natürlich flackert auch die alte Feindschaft zwischen den Greasern und den Socs wieder auf. Pilotfilm der gleichnamigen Fernsehserie: Aus dem »Vom Winde verweht« für Kleinstadtrebellen wird Dutzendware. *Video Woche*

P

Pacific Palisades 724

PACIFIC PALISADES **

Video

Regie: Bernard Schmitt
Darsteller: Sophie Marceau (Bernadette), Adam Coleman Howard (Ben), Anne Curry (Liza), Virginia Capers (Shirley), Toni Basil, Virgil Frye, Diana Barton, Sydney Lassick, André Weinfeld
Drehbuch: Marion Vernoux, Bernard Schmitt
Kamera: Martial Barrault (Farbe)
Musik: Jean-Jacques Goldman, Roland Romanetti
Schnitt: Gilbert Namiand
Produktion: Bernard Verley, Lise Fayolle für BVF/Sandor/Antenne 2, Frankreich 1990
Verleih: -/-/-/Highlight Video
Videostart: 5.12.1990
FSK: ab 16 J.
Länge: 94 Min.

Eine Französin folgt dem geliebten Amerikaner nach Los Angeles, verpaßt ihn jedoch am Flughafen, endet in einem Diner und kommt ob der dortigen »Kultur« bald arg ins Schleudern. Touristische Impressionen mit Sophie Marceau, die durch häufiges Aus- und Anziehen ausgiebig belegt, weshalb sie in manchen Kreisen als Filmstar gilt.

Paint It Black 725

PAINT IT BLACK **

Video

Regie: Tim Hunter
Darsteller: Rick Rossovich (Jonathan Dunbar), Sally Kirkland (Marion Easton), Julie Carmen (Gina), Doug Savant (Eric), Martin Landau (Lambert), Jason Bernard
Drehbuch: Tim Hunter, Herschel Weingrod
Kamera: Mark Irwin (CFI Color)
Musik: Jürgen Knieper
Schnitt: Michael J. Sheridan
Produktion: Anne Kimmel, Mark Forstater für Vestron, USA 1989
Verleih: -/-/-/Vestron Video
Videostart: 26.9.1990
FSK: ab 16 J.
Länge: 101 Min.

Psychopathen-Thriller um einen Bildhauer und sein gestörtes Modell. Mit eher konventionellen Mitteln hat Tex Hunter (»Das Messer am Ufer«) hier einen atmosphärisch dichten, besonders gegen Ende jedoch uneinheitlichen Streifen gedreht. *VideoWoche*

Palaver, Palaver 726

****

Regie: Alexander J. Seiler
Drehbuch: Alexander J. Seiler
Kamera: Rob Gnant, Thomas Krempke
Musik: Michael Seigner
Schnitt: Mirjam Krakenberger
Produktion: Zyklop Film, Schweiz 1990
Verleih: -/-/Look Now
Länge: 92 Min.

Vor dem Hintergrund epochaler Umwälzungen in Europa und reflektiert anhand von Szenen aus Max Frischs Bühnenstück »Jonas und sein Veteran« (inszeniert von Benno Besson) entfaltet sich eine Chronik der Auseinandersetzungen zwischen Befürwortern und Gegnern der Volksinitiative für eine »Schweiz ohne Armee« im Herbst 1989. Alexander J. Seilers

Francesco Rosi bei den Dreharbeiten zu »Palermo vergessen«.

dank einer subtilen Montage komplexes Werk dokumentiert einen demokratischen und künstlerischen Prozeß und vermittelt das politische Klimabild einer Schweiz, die durch den öffentlichen Diskurs über eine bisher als tabu geltende Frage in Bewegung geraten ist. *Zoom*

Palermo vergessen 727

DIMENTICARE PALERMO ****

Regie: Francesco Rosi
Darsteller: James Belushi (Carmine Bonavia), Mimi Rogers (Carrie), Joss Ackland (Der Mächtige), Carolina Rosi (Gianna Magnardi), Philippe Noiret (Hotelmanager), Vittorio Gassman (Der Prinz), Harry Davies, Marco Leonardi, Ronald Yamamoto
Drehbuch: Francesco Rosi, Gore Vidal, Tonino Guerra, nach dem gleichn. Roman von Edmonde Charles-Roux
Kamera: Pasqualino de Santis (Technicolor/Eastmancolor)
Musik: Ennio Morricone
Schnitt: Ruggero Mastroianni
Produktion: Mario und Vittorio Cecchi Gori für Reteitalia/C.G. Group Leopard/ Gaumont, Italien/Frankreich 1990
Verleih: NEF 2/Smile/-
EA: Filmfestival NRW, Köln 1990
Kinostart: 18.10.1990
FSK: ab 12, ffr.
Länge: 110 Min.
FBW: Wertvoll

»Palermo vergessen« steht am vorläufigen Ende einer Kette von Filmen, die Palermo umschlingen und umkreisen wie die Machenschaften der Mafia den amerikanischen Politiker Bonavia, der das Palermo in sich vergessen hatte, bis es aus ihm herausbricht. Der Filmemacher Rosi, soviel steht fest, hat Palermo nicht vergessen, diese Stadt, die selbst längst zum Genre, weil zum Mythos geworden ist. *Peter W. Jansen, tip*

Vera Burkhard in: Prinz, 10/90; Frauke Hanck in: Die Welt, 19.10.90; Eva-Maria Lenz in: FAZ, 18.10.90; Rüdiger Schmitz-Normann in: FR, 19.10.90; Karsten Witte in: Die Zeit, 26.10.90

Pancho Barnes – Ein Leben fürs Fliegen 728

PANCHO BARNES **

Video

Regie: Richard T. Heffron
Darsteller: Valerie Bertinelli (Florence »Pancho« Barnes), Sam Robards (Gene McKendry), Ted Wass (Frank Clarke), James Stephens (Rankin Barnes), Cynthia Harris (Mrs. Lowe), Geoffrey Lewis (Ben Catlin), Richard Young (Roger Chute), Todd Allen (Chuck Yeager), David Kockinis (Howard Hughes)
Drehbuch: John Michael Hayes
Kamera: William Wages (Farbe)
Musik: Allyn Ferguson
Schnitt: Michael Eliot, Michael F. Anderson
Produktion: Blue André für Pancho Prod./ Blue André Prod./Orion TV, USA 1988
Verleih: -/-/-/Orion Video
Videostart: 6.3.1990
Sendetermin: 25.10.1988, CBS
FSK: ab 6 J.
Länge: 142 Min.

Früh und unglücklich mit einem Pfarrer verheiratet, entflieht Pancho Barnes dem Ehealltag und lernt Fliegen. Schnell hat sie Erfolg bei Derbys und als Stuntfliegerin in Hollywood. Sie ist die Initiatorin für die Gründung einer Fliegergewerkschaft, im 2. Weltkrieg bildet sie junge Flieger aus. Ein bewegtes Leben, einfühlsam und interessant dargestellt. *tip*

Paper Mask – Vorsicht Arzt 729

PAPER MASK ***

Regie: Christopher Morahan
Darsteller: Paul McGann (Matthew Harris), Amanda Donohoe (Christine Taylor), Frederick Treves (Dr. Mumford), Tom Wilkinson (Dr. Thorn), Barbara Leigh-Hunt (Celia Mumford), Jimmy Yuill (Alec Moran), Mark Lewis Jones (Dr. Lloyd), John Warnaby (Dr. Hammond), Alexandra Mathie (Beverley), Oliver Ford Davies (Leichenbeschauer), Frank Baker (Happy), Clive Rowe
Drehbuch: John Collee, nach seinem gleichn. Roman
Kamera: Nat Crosby (Farbe)
Musik: Richard Harvey
Schnitt: Peter Coulson
Produktion: Christopher Morahan für Granada/British Screen/Film Four Int., GB 1990
Verleih: Metropol/-/-/VPS Video
EA: Filmfest München 1990
Kinostart: 6.12.1990
FSK: ab 16, ffr.
Länge: 105 Min.

Der Film beginnt etwas holprig als Komödie, entwickelt sich zur Liebesgeschichte und steigert sich schließlich zum spannenden Thriller, der ein kritisches Licht auf Klüngel und Mißstände im Krankenhausbetrieb wirft. Ein junger, selbstsüchtiger Hochstapler dilettiert als falscher Arzt in einer Klinik und bringt erst aus Unfähigkeit, später vorsätzlich Patienten um.

Ralph Umard, tip

Andreas Kilb in: Die Zeit, 7.12.90

Paratrooper 730

SCARECROWS *

Video

Regie: William Wesley
Darsteller: Ted Vernon (Corbin), Victoria Christian (Kellie), Richard Vidan (Jack), B.J. Turner (Bert), David Campbell (Al)
Drehbuch: Richard Jeffries, William Wesley
Kamera: Peter Deming
Musik: Terry Plumeri
Schnitt: William Wesley
Produktion: Cami Winikoff, William Wesley für Effigy, USA 1988
Verleih: -/-/-/Highlight Video
Videostart: 28.5.1990
FSK: nicht unter 18 J.
Länge: 80 Min.

Zum Leben erwachende Vogelscheuchen vereiteln die Flucht einiger Millionenräuber: Versatzstücke einer Handlung, die in sparsam ausgeleuchteten Szenen ein unübersichtliches, aber blutiges Treiben im Maisfeld liefert.

VideoWoche

Paris bei Nacht 731

PARIS BY NIGHT ***

Video

Regie: David Hare
Darsteller: Charlotte Rampling (Clara Paige), Michael Gambon (Gerald Paige), Robert Hardy (Adam Gilvray), Iain Glen (Wallace Sharp), Andrew Ray (Michael Swanton), Jane Asher (Pauline), Linda Bassett (Janet Swanton), Niamh Cusack
Drehbuch: David Hare
Kamera: Roger Pratt (Technicolor)
Musik: Georges Delerue
Schnitt: George Akers
Produktion: Patrick Cassavetti für British Screen/Zenith/Film Four, GB 1989
Verleih: -/-/-/Concorde Video
Videostart: 30.7.1990
FSK: ab 12 J.
Länge: 101 Min.

Psychodrama des gefeierten britischen Autors David Hare. Als eiserne Lady am Seelenabgrund repräsentiert Charlotte Rampling auf bittere Weise die Lebenslüge und das doppelbödige Wertesystem der britischen Konservativen. Ein Thriller mit Tiefgang, ein Charakterporträt einer Politikergeneration und eine clevere Abrechnung mit dem britischen Establishment.

VideoWoche

Payback 732

PAYBACK *

Video

Regie: Addison Randall
Darsteller: Roger Rodd, Denise Dougherty, Jeannie Dale, Deron McBee, Carla Driver, Ted Buck, Jeff Culver, Michelle Berger
Drehbuch: Addison Randall
Kamera: F. Smith Martin (Farbe)
Musik: John Gonzalez
Schnitt: Steve Waller
Produktion: Joseph Merhi, Richard Pepin für P/M Entertainment, USA 1990
Verleih: -/-/-/Scala Video
Videostart: 28.5.1990

FSK: nicht unter 18 J.
Länge: 85 Min.

Ein Vietnamveteran befreit seine Geliebte, einen Senatoren und dessen Tochter aus den Händen einer rechtsradikalen Terroristentruppe, die mit der Entführung ein neuartiges Gewehr in die Finger bekommen wollen. Der Pepin/Merhi-Fetzer des Monats, mit vielen Rambo-Anklängen entsprechend einfältig inszeniert.

Peacemaker 733
PEACEMAKER **
Video

Regie: Kevin S. Tenney
Darsteller: Robert Forster (Yates), Lance Edwards (Townsend), Hilary Shepard (Dori Caisson), Robert Davi (Sgt. Frank Ramos), Bert Remsen (Doc)
Drehbuch: Kevin S. Tenney
Kamera: Thomas Jewett (Farbe)
Musik: Dennis Michael Tenney
Schnitt: Dan Duncan
Produktion: Andrew Lane, Wayne Crawford für Gibraltar Releasing/Mentone Pictures, USA 1990
Verleih: -/-/-/Highlight Video
Videostart: 21.12.1990
FSK: nicht unter 18 J.
Länge: 90 Min.

Eine Ärztin verstrickt sich in die Ermittlungen eines außerirdischen Friedensstifters, der auf der Suche nach einem Verbrecher und einem Ersatzteil für sein Raumschiff auf der Erde gelandet ist. »The Hidden« à la Kevin Tenney, der nach einem zumindest formal ansprechenden Film (»Witchboard«) voll in den Krachbumm-Stil des durchschnittlichen C-Movies abgerutscht ist.

Pentagramm – Macht des Bösen 734
THE FIRST POWER **

Regie: Robert Resnikoff
Darsteller: Lou Diamond Phillips (Det. Russel Logan), Tracy Griffith (Tess Seaton), Jeff Kober (Patrick Channing), Mykel T. Williamson (Det. Oliver Franklin), Elizabeth Arlen (Schwester Marguerite), Dennis Lipscomb (Commander Perkins), Carmen Argenziano (Lt. Grimes), Julianna McCarthy, Nada Despotovich, Sue Giosa, Clayton Landey, Hansford Rowe, Philip Abbott, David Gale
Drehbuch: Robert Resnikoff
Kamera: Theo van de Sande (Deluxe Color)
Musik: Stewart Copeland
Schnitt: Michael Bloecher
Produktion: David Madden für Interscope Communications Prod., USA 1990
Verleih: Highlight/Constantin/Elite/New Vision Video
Kinostart: 16.8.1990
FSK: ab 16, ffr.
Länge: 96 Min.

Einem jungen Detektiv in Los Angeles gelingt es, einen Kriminellen festzunehmen, der mehrere Ritualmorde begangen hat. Nach dessen Hinrichtung beginnen jedoch die Morde von neuem, worauf der Detektiv, unterstützt von einer Seherin und einer Nonne, den Kampf gegen den bösen Geist wieder aufnimmt, allerdings ohne Aussicht auf einen definitiven Erfolg: Der Bösewicht verfügt über die »erste Macht Satans«, die Unsterblichkeit. Ein recht dummer, mit pseudoreligiösen Zutaten garnierter Horrorfilm, in dem so gut wie gar nichts stimmt. *Zoom*

Peter Körte in: FR, 18.8.90; Jürgen Richter in: FAZ, 18.8.90

Pentagramm des Satans 735
THROUGH THE FIRE *
Video

Regie: G.D. Marcum
Darsteller: Tamara Hext, Tom Campitelli, Randy Strickland
Drehbuch: G.D. Marcum, Brad Potter
Produktion: Charles S. Cunningham für Talon, USA 1987
Verleih: -/-/-/UFA Video
Videostart: 12.11.1990
FSK: ab 16 J.
Länge: 84 Min.

Ein Monster aus der Hölle und diverse irdische Gauner machen sich auf die blutreiche Suche nach einem magischen Amulett; die Schwester der verstorbenen Besitzerin kann das Unheil schließlich abwenden. Alberner, geschwätziger und regelrecht bildfeindlicher Horrorfilm, dessen deutscher Titel in schönster Verleihmanier mal wieder auf den Vidioten spekuliert.

Peter Gunn 736

PETER GUNN ***

Video

Regie: Blake Edwards
Darsteller: Peter Strauss (Peter Gunn), Pearl Bailey (Mutter), Barbara Williams (Edie), Charles Cioffi (Tony Amatti), Peter Jurasik (Lt. Jacoby), Jennifer Edwards (Maggie), Debra Sandlund (Sheila), David Rappaport (Speck), Richard Portnow (Spiros)
Drehbuch: Blake Edwards
Kamera: Arthur R. Botham (Farbe)
Musik: Henry Mancini
Schnitt: Robert Pergament
Produktion: Tony Adams für Blake Edwards Co./New World TV, USA 1989
Verleih: -/-/-/New Vision Video
Videostart: 9.4.1990
Sendetermin: 23.4.1989, ABC
FSK: ab 16 J.
Länge: 91 Min.

Amüsante Krimikomödie von Blake Edwards, der hier seine Figur des cool-urbanen Private Eye und Jazz-Liebhabers Peter Gunn aus der gleichnamigen TV-Serie der frühen Sechziger wiederaufleben läßt.

Peterchens Mondfahrt 737

****

Regie: Wolfgang Urchs
Drehbuch: Wolfgang Urchs, nach dem gleichn. Märchen von Gerdt von Bassewitz
Kamera: Sylvia Kekule, Alexander Mika, Giselher Beyer (Farbe)
Musik: Klaus Doldinger
Schnitt: Gisela Haller
Produktion: Televersal/Iduna/ZDF mit TC Film Studio, BRD 1990
Verleih: Atlas, CineKid/Constantin/-
UA: 13.12.1990, München
Kinostart: 13.12.1990
FSK: o.A.
Länge: 84 Min.
FBW: Wertvoll

Als Buch, als Theaterstück und nun als gut gemachter Zeichentrickfilm – die Abenteuer des Geige spielenden Maikäfers Sumsemann, der auf der Suche nach seinem verlorenen Bein zum Mond reisen muß, erfreuen sich ungebrochener Beliebtheit. Neil Armstrong und Genossen mögen noch so viele Fußabdrücke im Mondsand hinterlassen haben, für Peter und Anneliese wohnen dort nach wie vor Weihnachtsmann und Mondriese, ist die einzig angemessene Fortbewegung durch die Galaxie der Ritt auf dem Großen Bären.
Wolfgang Urchs gelang immerhin das Kunststück, die allzu bekannte Vorlage mit vielen originellen, witzigen, gruseligen, aber nie süßlichen Details aufzupäppeln. Die Naturgeister samt Blindem Zufall sind schön skurril, die Nachtfee ist edel, der Maikäfer trotz seiner Großmäuligkeit ein Angsthase, und die Kinder benehmen sich angenehm natürlich.
Ein Trickfilm, der neben der übermächtigen amerikanischen Konkurrenz mehr als nur das eine mühselig eroberte Maikäferbeinchen auf die Erde bringt und Unterhaltung für Menschen von 4 bis 99 bietet.

Katrin Behrend, AZ

(...) Einzig die allzu unterschiedliche Konzeption und Qualität der gezeichneten Figuren trübt das vorweihnachtliche Vergnügen.

Alfred Holighaus, tip

Jochen Metzner in: Der Tagesspiegel, 2.12.90; Jürgen Richter in: FAZ, 1.12.90; Stefan Sommer in: Rheinische Post, 30.11.90

Der Pfad des Glücks ist breit 738

ZANMEN DE NIU BAISUI ***

TV

Regie: Zhao Huanzhang
Darsteller: Liang Qinggang (Niu Baisui), Wang Fuli (Ju Hua), Ding Yi (Qui Shuang), Qian Yongfu (Niu Tiansheng), Chen Yude (Tian Fu), Dawan Pingcuo
Drehbuch: Yuan Xueqiang
Kamera: Zhu Yongde (Farbe)
Musik: Xiao Heng
Schnitt: Liu Jialin
Produktion: Shanghai Film, China 1983

Sendetermin: 6.9.1990, ZDF, 23.30 Uhr
Länge: 96 Min.

Ein wenig erinnerte das Stück an die Parabeln eines Bertolt Brecht. Böse Menschen gibt es grundsätzlich nicht, nur fehlgeleitete und schwache. Beide Typen lassen sich zurechtbiegen, durch ethische Maximen und durch Stärkung ihres Bewußtseins. Die Rolle des unverzagt ans Gute im Menschen glaubenden Lehrers übernimmt hier Niu Baisui, ein unermüdlich sich fürs Gemeinwohl einsetzender Gruppenleiter. Den Nichtstuer bekehrt er zum Fleiß, den Raufbold zur Mäßigung, den moralinsauren Eigenbrötler führt er gar einer herzensguten, aber schlecht beleumundeten Schönheit zu – alles menschliche Meisterleistungen, die obendrein dem Staat und der Dorfgemeinschaft nützen.
Für die schlichte Holzschnittmanier von Fabel und Charakteren entschädigten malerische Landschaftskulissen und interessante Einblicke in den chinesischen Alltag. *Stuttgarter Zeitung*

Die phantastische Geisternacht 739

GRAVE SECRETS **

Video

Regie: Donald P. Borchers
Darsteller: Renée Soutendijk (Iris Norwood), Paul LeMat (David Shaw), David Warner (Farnsworth), Lee Wink, Olivia Barash
Drehbuch: Jeffrey Polman, Lenore Wright
Kamera: Jamie Thompson (Eastmancolor)
Musik: Jonathan Elias
Produktion: Michael Alan Shores für Planet Prod., USA 1990
Verleih: -/-/-/New Vision Video
Videostart: 9.4.1990
FSK: ab 16 J.
Länge: 89 Min.

Ein Medium und ein Parapsychologe helfen einer jungen Frau gegen den mörderischen Poltergeist ihres Ungeheuerkinds.
Bisweilen atmosphärisch dichter Horrorthriller.

Das Phantom der Oper 740

THE PHANTOM OF THE OPERA *

Regie: Dwight H. Little
Darsteller: Robert Englund (Erik Destler, das Phantom), Jill Schoelen (Christine), Alex Hyde-White (Richard), Bill Nighy (Barton), Stephanie Lawrence (Carlotta), Terence Harvey (Hawking), Nathan Lewis (Davies), Molly Shannon, Emma Rawson
Drehbuch: Duke Sandefur, basierend auf einem Drehbuch von Gerry O'Hara, nach der gleichn. Erzählung von Gaston Leroux
Kamera: Elemér Ragályi (Rank Color)
Musik: Misha Segal
Schnitt: Charles Bornstein
Produktion: Harry Alan Towers für Menahem Golan Prod., USA 1989
Verleih: Ascot/-/-/21st Century Video
Kinostart: 22.3.1990
FSK: ab 16, ffr.
Länge: 92 Min.

Nach einem Unfall träumt sich eine Opernelevin in das London des vorigen Jahrhunderts zurück, wo sie in den Katakomben unterhalb der Oper auf einen wahnsinnigen Komponisten stößt, der sein entstelltes Antlitz mit den Gesichtsfetzen seiner Opfer zukleistert. Im Fahrwasser des Erfolgsmusicals schwimmender Aufguß, der sich mit ausgebleichten Farben und billigen Sets einem kruden Blut-Naturalismus verschreibt: Dwight H. Littles Phantom ist kein romantischer Peter Hoffmann, nur ein greulicher Freddy Krueger.

Picknick in Ghost-City 741

FAMILY REUNION *

Video

Regie: Michael Hawes
Darsteller: Nel Novak, Pam Phillips, John Andes, A.J. Woods, Kaylin Cool, Mark McTague
Drehbuch: Michael Hawes
Kamera: Jack Anderson (Farbe)
Schnitt: Rose Ann Weinstein
Produktion: Michael Hawes für Spectrum Entertainment/Bullseye Entertainment Group, USA 1990
Verleih: -/-/-/UFA Video
Videostart: 10.9.1990
FSK: ab 16 J.
Länge: 84 Min.

Bei einem Besuch in einer Geisterstadt (Massenmord vor vierzig Jahren bei schwarzer Messe!) reagiert ein bislang braver Familienvater immer merkwürdiger, bis er am Ende von allen guten Geistern verlassen ist. Dem Film ergeht es ähnlich.

Pink Cadillac 742
PINK CADILLAC ***

Regie: Buddy van Horn
Darsteller: Clint Eastwood (Tommy Nowak), Bernadette Peters (Lou Ann McGuinn), Timothy Carhart (Roy McGuinn), John Dennis Johnston (Waycross), Michael Des Barres (Alex), Geoffrey Lewis (Ricky Z.), William Hickey, Bill McKinney, Paul Benjamin, Frances Fisher, Jim Carrey, Mara Corday
Drehbuch: John Eskow
Kamera: Jack N. Green (Technicolor)
Musik: Steve Dorff
Schnitt: Joel Cox
Produktion: David Valdes für Malpaso Prod., USA 1989
Verleih: Warner Bros./-/-/Warner Home Video
Kinostart: 26.4.1990
FSK: ab 16, ffr.
Länge: 122 Min.

Ein rauhbeiniger Kautionseintreiber verliebt sich in sein »Opfer« und rettet die junge Mutter vor einer gefährlichen Bande. Zu lang geratene, mäßig spannende, eher unharmonische Mischung aus Gewalt, derbem Humor und aufgesetzt wirkenden »menschlichen Elementen«. *multimedia*

Clint Eastwood in »Pink Cadillac«.

Pink Palace Paradise Beach 743
***

Regie: Milan Dor
Darsteller: Matthias Habich (Daniel), Laura Morante, Ljuba Tadic, Rüdiger Vogler, Hilde van Mieghem, Friedrich Karl Praetorius, Vassilis Kolovos
Drehbuch: Milan Dor, Michael Juncker
Kamera: Anton Peschke (Farbe)
Musik: Lucio Dalla
Produktion: Milan Dor für Dor-Film, Österreich 1989
Verleih: -/Filmladen/-
Kinostart: 7.9.1990
Frei ab 16 J. (Wien)
Länge: 92 Min.

Ein Tourist ist auf einer griechischen Insel auf vergeblicher Suche nach einem Freund, wird in mysteriöse Erlebnisse mit Einheimischen verwikkelt und schließlich im neuen Milieu integriert. Zweiter Spielfilm von Milan Dor (»Malambo«), der einige originelle Züge aufweist, aber nur mühsam über die Runden kommt. *multimedia*

Die Piratenbraut 744
LA FIANCÉE DU PIRATE ****

Regie: Nelly Kaplan
Darsteller: Bernadette Lafont (Marie), Georges Geret (Gaston Duvalier), Michel Constantin (André), Julien Guiomar (Le Duc), Jean Paredes (Monsieur Paul), Francis Lax (Emile), Claire Maurier (Irène), Henry Czarniak, Jacques Marin, Pascal Mazzotti, Louis Malle (Jésus)
Drehbuch: Nelly Kaplan, Claude Makovski
Kamera: Jean Badal (Farbe)
Musik: Georges Moustaki
Schnitt: Gerard Pollicand, Nelly Kaplan, Noelle Boisson
Produktion: Claude Makovski für Cythere Films Prod., Frankreich 1969
Verleih: prokino/-/-/Tristar Video (Titel: »Rache auf französisch«)
Kinostart: 22.3.1990
FSK: ab 18, ffr.
Länge: 107 Min.

(...) Vor zwei Jahrzehnten sorgte Nelly Kaplans Film in Frankreich und

jenseits der Grenzen für die gebotene moralische Entrüstung. Fast wäre er, der nach seiner Uraufführung auf den Filmfestspielen von Venedig von der Kritik als Meisterwerk gefeiert wurde, von der Zensur verboten worden. Heute ist »Die Piratenbraut« eine erfrischend böse Komödie, ein hoffnungsvolles Lehrstück über Widerstand und vor allem ein Kinofilm, der immer noch soviel Spaß macht, wie er offensichtlich allen Beteiligten zur Zeit seiner Entstehung verschaffte.
Bodo Fründt, SZ

Piroschka und der Wolf 745
PIROSKA ES A FARKAS ***

Regie: Márta Mészáros
Darsteller: Fanny Lauzier (Piroschka), Pamela Collier (Mutter), Jan Nowicki (Ethnologe), Teri Tordai (Großmutter), Margit Makay (Urgroßmutter), David Vermes (Miki)
Drehbuch: Márta Mészáros, Eva Pataki, Jan Nowicki
Kamera: Nyika Jancsó (Farbe)
Musik: Zsolt Dome
Produktion: Hungaro Film/Les Productions la Fête, Ungarn/Kanada 1988
Verleih: Progreß/-/-
Kinostart: 17.8.1990
Länge: 99 Min.

Piroschka heißt das 12jährige Mädchen, das am liebsten rote Sachen trägt und mit seiner Mutter allein auf einer Wetterstation in einem großen Wald lebt. Vor vielen Jahren sind sie aus der Stadt hierhergezogen, nachdem der Vater die Familie verlassen hatte. Eines Tages kommt ein Mann in den Wald, in dem Piroschka ihren Vater wiederzuerkennen glaubt. Und dann begegnet sie einem Wolf, der sprechen kann ... *Kino DDR*

Pitcairn – Endstation der Bounty 746
***

Regie: Reinhard Stegen
Drehbuch: Reinhard Stegen
Kamera: Volker Tittel (Farbe)
Musik: Joachim Meßner
Schnitt: Caroline Meier, Ulrike Bez
Produktion: Anyfilm-Prod. für WDR, BRD 1989
Verleih: Cineterz/-/-
Kinostart: 8.3.1990
Länge: 80 Min.
FBW: Wertvoll

Der Film liefert filmische Sammelstücke von einer Reise in die Südsee. Beim Besuch der Nachfahren der berühmten Meuterer von der Bounty, die sich 1790 auf der winzigen Insel Pitcairn niedergelassen hatten, konnte sich der Regisseur nicht entschließen, was er in seinem Film zeigen wollte. So pendelt er ohne Konzept zwischen Impressionen, halbherzigen Rechercheversuchen und dem oberflächlichen Portrait einer Inselgesellschaft. Der enervierende Kommentar kaschiert nur notdürftig die Beliebigkeit der Szenen und Bilder. *Achim Forst, tip*

Plaff oder Zuviel Angst vor dem Leben 747
PLAF **

Regie: Juan Carlos Tabio
Darsteller: Daisy Granados, Thais Valdés, Raul Pomares, Luis Alberto Garcia jun., Jorge Cao, Alicia Bustamante, Ana Vivian Mora, Rolando Nunez, Natasha Diaz, Blanquita Contreras
Drehbuch: Daniel Chavarria, Juan Carlos Tabio
Kamera: Julio Valdés (Farbe)
Musik: Nicolás Reynoso
Produktion: ICAIC, Kuba 1988
Verleih: Progreß/-/-
Kinostart: 5.1.1990
FSK: ab 14 J.
Länge: 89 Min.

Kubanischer Gegenwartsfilm über die unterschiedlichen Wertvorstellungen einzelner Generationen und die Emanzipation der Frau.

The Platinum Triangle 748
THE PLATINUM TRIANGLE **
Video

Regie: Anthony J. Christopher
Darsteller: Peter Cochran (Brad Stillman), Lori Lethin (Karen Masters), Alex Court-

ney (Garth Baxter), Janet Carroll (Lt. Smith), Robert Frank Telfer (Denver), Joe Estevez (Roland Geiger), Troy Donahue (Harold Farber), Harvey Jason (Victor Kolter), Jennifer Bassey (Mrs. Farber)
Drehbuch: Anthony J. Christopher
Kamera: Bryan Greenberg (Farbe)
Schnitt: Hudson T. Legrand
Produktion: Anthony Christopher für Platinum Triangle/Anthony Christopher Prod., USA 1990
Verleih: -/-/-/21st Century Video
Videostart: 24.5.1990
FSK: nicht unter 18 J.
Länge: 91 Min.

Hartgesottener Detektiv-Thriller um illegale Platindeals im coolen Ambiente der Neon-Clubs, der für jüngere Polizeifilmfreunde (mal wieder) einen Cop mit Hund bietet. Der B-Film macht mit leichtgeschürzten Mädchen, Männerwitzen und populärer Selbstjustiz das erforderliche Zugeständnis an die anvisierte Klientel.

VideoWoche

The Plot Against Harry

Siehe »Komplott gegen Harry«

Der Pornojäger 749

****

16 mm

Regie: Peter Heller
Kamera: Bernd Neuburger, Paul Spitzkopf, Roland Boor, Gabriella Reisinger (Farbe)
Musik: Arpad Bondy
Schnitt: Sabine Rodrian
Produktion: Peter Heller für WDR, BRD 1989
Verleih: Verleihgenossenschaft/filmladen/-
UA: 1.7.1989, Filmfest München
Kinostart: 22.3.1990
Sendetermin: 10.10.1989, ARD, 23.15 Uhr
Länge: 90 Min.

Eine Dokumentation um eine typisch österreichische Schlammschlacht: ein fanatisierter Saubermann gegen die Schmutzindustrie. Heller leistet sich eine seltene Ambivalenz: keine Helden, nur Neurotiker. Mehr als ein Lehrstück über die elegante Prüderie der Österreicher, eine erbarmungslose Sektion der Bigotterie.

Wolfgang Brenner, tip

Gilden-Dienst 434, Dez. 89; H.G. Pflaum in: SZ, 9.2.90; Ponkie in: AZ, 1.2.90; Rainer Weber in: Der Spiegel, 10/90

Positiv 750

***

16 mm

Regie: Rosa von Praunheim
Darsteller: Phil Zwickler, Larry Kramer, Michael Callen, Peter Staley, Gary Eller, Diamanda Galas, Jay Corcoram, John Finch, Ronald Reagan, Larry Mass, Arnie Kantrowitz
Kamera: Mike Kuchar, Evan Estern (Farbe)
Musik: Diamanda Galas, Michael Callen, Ricky Ian Gordon, Jim Ferraras
Schnitt: Mike Shephard, Rosa von Praunheim
Produktion: Rosa von Praunheim für Rosa von Praunheim Filmprod./WDR, BRD 1990
Verleih: Filmwelt/-/Filmcooperative
EA: 16.2.1990, Int. Filmfestspiele Berlin, Reihe »Panorama«
Kinostart: 17.5.1990
FSK: ab 18, nffr.
Länge: 83 Min.
FBW: Wertvoll

Report über die von Aids-Erkrankungen stark geprägte New Yorker Homosexuellen-Szene und die Organisation von Selbsthilfegruppen.

Heike Kühn in: FR, 19.5.90; Joachim Kürten in: Kölner Stadt-Anzeiger, 19.5.90; Jochen Metzner in: Der Tagesspiegel, 18.2.90

Powerplay 751

THE FOURTH WAR

***

Regie: John Frankenheimer
Darsteller: Roy Scheider (Col. Jack Knowles), Jürgen Prochnow (Col. Valachev), Tim Reid (Lt. Col. Clark), Lara Harris (Elena), Harry Dean Stanton (Gen. Hackworth), Dale Dye (Sgt. Major), Bill MacDonald (M.P. Corporal), David Palffy, Neil Grahn, Ernest Jackson
Drehbuch: Stephen Peters, Kenneth Ross, nach einem Roman von Stephen Peters
Kamera: Gerry Fisher (Alpha Ciné Color)
Musik: Bill Conti
Schnitt: Robert F. Shugrue
Produktion: Wolf Schmidt für Kodiak Films, USA 1990
Verleih: Cinevox bei Warner Bros./dto./-/ VPS Video
Kinostart: 8.3.1990
FSK: ab 12, ffr.
Länge: 90 Min.

Ein US-Colonel und ein russischer Oberst lassen mit einer erbitterten Privatfehde an der deutsch-tschechoslowakischen Grenze den »Kalten Krieg« wieder aufflackern. Die dünne, klischeehafte, oft albern-kindische, von der Realität überholte Story überzeugt ebenso wenig wie die vorgeblich kritischen Töne dieses Streifens, dessen Inszenierungsstil eher Bedauern vermittelt, daß Militarismus heute kaum mehr gefragt ist.

Christl Stadler, multimedia

Thomas Brandlmeier in: epd Film, 3/90; Bodo Fründt in: SZ, 12.3.90; Kai Niemeyer in: AZ, 19.3.90; Andreas Obst in: FAZ, 10.3.90; Milan Pavlovic in: Kölner Stadt-Anzeiger, 10.3.90; bla in: Stuttgarter Zeitung, 10.3.90

Pretty Woman 752

PRETTY WOMAN ****

Regie: Garry Marshall
Darsteller: Richard Gere (Edward Lewis), Julia Roberts (Vivian Ward), Ralph Bellamy (James Morse), Jason Alexander (Philip Stuckey), Laura San Giacomo (Kit de Luca), Hector Elizondo (Hotelmanager), Alex Hyde-White (David Morse), Amy Yasbeck (Elizabeth Stukkey), Patrick Richwood (Liftboy), Larry Miller, Elinor Donahue, William Gallo, Hank Azaria, Dey Young
Drehbuch: J.F. Lawton
Kamera: Charles Minsky (Technicolor)
Musik: James Newton Howard
Schnitt: Priscilla Nedd
Produktion: Arnon Milchan, Steven Reuther für Touchstone Pic. mit Silver Screen Partner IV/Arnon Milchan Prod., USA 1990

Der Star des Jahres: Julia Roberts

Verleih: Warner Bros./dto./dto.
UA: 23.3.1990
Kinostart: 5.7.1990
FSK: ab 12, ffr.
Länge: 119 Min.
FBW: Besonders wertvoll

(...) Julia Roberts spielt Entzücken und Enttäuschung, Faszination und Unsicherheit, Rührung und aufkeimende Liebe so eindringlich, daß sie einer Oscar-Nominierung kaum entkommen wird. Richard Gere bleibt fast immer beherrscht, mit einem ungläubigen, kaum wahrnehmbaren Lächeln in den edlen Zügen. (...) *Ssirus W. Pakzad, AZ*

Ein konventionelles Kinomärchen ohne Pfiff und Ironie, mit einem zu reservierten Richard Gere als kühler, millionenschwerer Börsenjobber, der an eine kluge Nutte mit Herz gerät. Julia Roberts, anfangs schauerlich outriert, überzeugt nach kurzem ihn und uns; sie ist spontan, sympathisch und verwirrend sexy. Die romantische Komödie variiert schamlos die einschlägen Vorgänger von »My Fair Lady« über »Wall Street« bis zu »Rita will es endlich wissen«. Aber immerhin, Julia Roberts... *Wolf Donner, tip*

Michael Althen in: SZ, 10.7.90; Peter Körte in: FR, 5.7.90; Annette Meyhöfer in: Der Spiegel, 27/90 (über Richard Gere); Andreas Obst in: FAZ, 9.7.90; Anke Sterneborg in: Der Tagesspiegel, 7.7.90

Prinzessin Julia 753
O PRINCEZNE JULINCE ***

Regie: Antonín Kachlík
Darsteller: Lucie Tomková (Prinzessin Julia), Petr Mikula (Franta), Oldrich Vlach (König), Tatána Fischerová (Königin), Jindrich Bonaventura (Brcál, der Wassergeist), Václav Babka (Mulisák, das Gespenst)
Drehbuch: Jitka Pistoriusová, nach Motiven einer Erzählung von Josef Lada
Kamera: Jiri Macák (Farbe)
Musik: Milos Vacek
Produktion: Studio Barrandov, CSSR 1987
Verleih: Progreß/-/-
Kinostart: 8.6.1990
FSK: ab 6 J.
Länge: 93 Min.

»Private Guys«

Märchenfilm um ein Gespenst und einen Wassergeist, die sich mit der Prinzessin Julia einem Wanderzirkus anschließen.

Private Guys 754
SINGAPORE HARBOR, USA *
Video

Regie: Eric Straton
Darsteller: Brian Patrick Clarke (Mac), Bird (Bird), Eliabeth Gorcey (Debbie), Frank Gorshin (Clifford T. Osgood), Cosie Costa
Drehbuch: Eric Straton
Kamera: Jeffrey Dougherty (Farbe)
Musik: Albert Vincent Rizzo
Produktion: Nanette Sorensen, Larry Horwowitz für Cine-Maker Prod., USA 1988
Verleih: -/-/-/Virgin Video
Videostart: 22.1.1990
FSK: nicht unter 18 J.
Länge: 96 Min.

Nach dem Mord an ihrem Kompagnon nimmt sich ein heruntergekommenes Detektiv-Duo eines bösen Gangsters an.
Langatmig und umständlich erzählter Krimi mit komödiantischen Einlagen, die in extremem Widerspruch zu einigen sehr harten Gewaltszenen stehen. Die Story und ihre Auflösung ist stellenweise kaum verständlich.
VideoWoche

Private Investigations 755

PRIVATE INVESTIGATIONS **

Video

Regie: Nigel Dick
Darsteller: Clayton Rohner (Joey Bradley), Ray Sharkey (Ryan), Paul LeMat (Lt. Wexler), Talia Balsam (Jenny Fox), Phil Morris (Eddie Gordon), Martin Balsam (Cliff Dowling), Anthony Zerbe (Charles Bradley), Robert Ito (Kim), Vernon Wells (Detective North), Anthony Geary (Larry)
Drehbuch: John Dahl, David W. Warfield
Kamera: David Bridges (Farbe)
Musik: Murray Munro
Schnitt: Scott Chestnut
Produktion: Steve Golin, Sigurjon Sighvatsson für Polygram Movies, USA 1987
Verleih: -/-/-/Concorde Video
Videostart: 30.7.1990
FSK: ab 16 J.
Länge: 91 Min.

Der Sohn eines Reporters wird in die Aufklärungskampagne des Vaters verwickelt, der eine Gruppe korrupter Polizisten, die »Bruderschaft«, ans Zeitungsmesser liefern möchte.

Eine Probe für den Mörder 756

REHEARSAL FOR MURDER ***

TV

Regie: David Greene
Darsteller: Robert Preston (Alex Dennison), Lynn Redgrave (Monica Wells), Patrick Macnee (David Matthews), Lawrence Pressman (Lloyd Andrews), William Russ (Frank), Madolyn Smith (Karen Daniels), Jeff Goldblum (Leo Gibbs)
Drehbuch: Richard Levinson, William Link
Kamera: Steven Larner (Farbe)
Musik: Billy Goldenberg
Schnitt: Parkie Singh
Produktion: Levinson/Link Prod., USA 1982
Sendetermin: 17.9.1990, ZDF, 19.30 Uhr
Länge: 92 Min.

Theaterleute morden gerne, besonders angelsächsische. In diesem Film spielten sie hingebungsvoll eine Schein-Theaterprobe zur Überführung des Heimtückers, der die Diva aus dem Fenster warf. Wohltemperierte Leidenschaften, gut abgehangen und auf kleinem Krimi-Feuer durchgeschmort. *Ponkie, AZ*

Richard Dölle in: Recklinghauser Zeitung, 19.9.90; Günter Tillinger in: FR, 19.9.90

Projekt 9000 ... die coolste Schnauze von L.A. 757

K-9000 **

Video

Regie: Kim Manners
Darsteller: Chris Mulkey (Eddie Monroe), Catherine Oxenberg (Dr. Aja Turner), Dennis Haysbert (Nick), Dana Gladstone (Captain de Lillo), Judson Scott (Anton Zeiss), Anne Haney (Edna Wittington), Jerry Hauser, Thom McFadden
Drehbuch: Steven E. De Souza, Michael Part
Kamera: Frank Raymond (Farbe)
Musik: Jan Hammer
Schnitt: J.P. Farrell
Produktion: J. Rickley Dumm für Fries Entertainment, USA 1990
Verleih: -/-/-/VPS Video
Videostart: 23.5.1990
FSK: nicht unter 18 J.
Länge: 89 Min.

Mit Hilfe eines bionisch aufgerüsteten Schäferhunds macht sich eine ehemaliger CIA-Agent auf die Jagd nach diversen Verbrechern. Pilotfilm einer geplanten TV-Serie im Gefolge von »K-9« und dem Sechs-Millionen-Dollar-Mann, die bis heute allerdings noch keinen Abnehmer gefunden hat. Zu Recht.

Promised Land 758

PROMISED LAND ***

Video

Regie: Michael Hoffman
Darsteller: Kiefer Sutherland (Danny Rivers), Jason Gedrick (Davey Hancock), Meg Ryan (Bev), Tracy Pollan (Mary), Googy Gress (Baines), Deborah Richter (Pammie), Oscar Rowland (Mr. Rivers), Sondra Seacat (Mrs. Rivers), Jay Underwood (Circle K-Angestellter), Herta Ware (Mrs. Higgins)
Drehbuch: Michael Hoffman
Kamera: Ueli Steiger, Alexander Gruszynski (Farbe)
Musik: James Newton Howard
Schnitt: David Spiers
Produktion: Rick Stevenson für Wildwood, USA 1987
Verleih: -/-/-/Concorde Video
Videostart: 29.10.1990
FSK: ab 12 J.
Länge: 100 Min.

Jahre nach der High School treffen zwei flüchtige Bekannte erneut aufeinander: Der introvertierte Danny ist zum Gauner geworden, der sich verzweifelt bemüht, einem deprimierenden Dasein durch Drogen, Sex und Gewalt einen Sinn zu verleihen; der ehemalige Baseball-Crack Davey ist zum Polizisten aufgestiegen. Die neuerliche Begegnung der beiden endet tragisch. Bewegendes Road-Drama aus der Schmiede von Robert Redfords Sundance Institute mit märchenhaften, kraftvollen Bildern und bewegenden Dialogen. *Video Woche*

Prophecies

Eine zweiteilige Episode aus der Horrorserie »Erben des Fluchs« (CIC Video).

Psychic Killer 759

PSYCHIC KILLER

*

Video

Regie: Raymond Danton
Darsteller: Jim Hutton (Arnold), Nehemiah Persoff (Dr. Gubner), Paul Burke (Morgan), Julie Adams (Dr. Laura Scott), Whit Bissell (Dr. Taylor), Rod Cameron (Dr. Commanger), Neville Brand (Lemonowski), Aldo Ray (Anderson), Harry Holcombe (Richter), Joe della Sorte (Sanders), Stack Pierce (Emilio)
Drehbuch: Raymond Danton, Greydon Clark, Mike Angel
Kamera: Herb Pearl (Farbe)
Musik: William Kraft
Schnitt: Michael Brown
Produktion: Mardi Rustam für Mars, USA 1975
Verleih: -/-/-/Empire Video
Videostart: 23.5.1990
FSK: ab 16 J.
Länge: 89 Min.

Mit Hilfe eines magischen Amuletts schickt ein Verrückter seinen Geist aus, um sich an all jenen zu rächen, die für seine Einweisung in die Heilanstalt gesorgt haben. Angesichts der frech kopierten Duschszene, dem Mutterkomplex des Irren und anderer »zufälliger« Parallelen könnte man es Alfred Hitchcock nicht verdenken, wenn er im Jenseits ähnliche Gedanken gegenüber den Machern dieses Machwerks hegen würde.

Pueblo 760

**

16 mm

Regie: Marc Adrian
Darsteller: Tassilo Blittersdorf, Rolf Schwendter, Ernst Schmid jun., Nina Hanson, C. Tonto Miller, Nino Cochise
Drehbuch: Marc Adrian
Kamera: Marc Adrian, Moucie Blackout (Farbe)
Musik: Peter Ruzsicska
Produktion: Marc Adrian, Österreich 1989
Verleih: -/filmladen/-
UA: 19.10.1989, Österr. Filmtage Wels
Kinostart: 1.6.1990
Länge: 90 Min.

Formal antiquierte, inhaltlich zum Widerspruch reizende Collage eher mäßiger, indianisches europäischem Denken gegenüberstellender Bilder des österreichischen Experimentalfilmers Marc Adrian. *multimedia*

Der Puppenmacher 761

GOSPODIN OFORMITEL

****

Regie: Oleg Tepzow
Darsteller: Viktor Awilow, Anna Demjanenko, Michail Kosakow
Drehbuch: Juri Arabow
Kamera: Anatolij Lapschow (Farbe)
Musik: Sergej Kurjochin
Produktion: Lenfilm, UdSSR 1988
Verleih: Filmverlag der Autoren/-/-
Kinostart: 12.7.1990 im Programm »1. Festival des Neuen Sowjetischen Films«
Länge: 107 Min.

Eine schaurig-phantastische Geschichte mit spannender Dramaturgie und fesselnden Charakteren erzählt »Der Puppenspieler«. Er spielt im Petersburg der Jahrhundertwende und ist eine Variation auf Oscar Wildes »Dorian Gray«. In einem perfekt entworfenen Jugendstilambiente wirkt der geniale, vom Schönheitswahn besessene Künstler Platon Andrejewitsch. Tepzow arrangiert dunkel gefilterte Bildsequenzen in der Bildsprache des Jugendstils und Symbolismus. So entsteht eine authentische Atmosphäre, in der ein großartig spielender Viktor Awilow gespenstische Auftritte hat.

Rüdiger Heinrich, Kölner Stadt-Anzeiger

Christian Gampert in: FAZ, 14.11.90

»Der Puppenmacher« und sein Modell.

Puppenmord **762**
WILT ***

Regie: Michael Tuchner
Darsteller: Griff Rhys Jones (Wilt), Mel Smith (Flint), Alison Steadman (Eva), Diana Quick (Sally), Jeremy Clyde (Hugh), Roger Allam (Dave), David Ryall, Roger Lloyd-Pack
Drehbuch: Andrew Marshall, David Renwick, nach einer Erzählung von Tom Sharpe
Kamera: Norman Langley (Farbe)
Musik: Anne Dudley
Schnitt: Chris Blunden
Produktion: Brian Eastman für Picture Partnership Prod. mit Talkback für Rank Film und London Weekend TV, GB 1989
Verleih: Metropol/-/Columbus/VPS Video
Kinostart: 10.5.1990
FSK: ab 16, nffr.
Länge: 93 Min.
FBW: Wertvoll

Die Verfilmung des urkomischen und von einer »typisch britischen« Geschmacklosigkeit strotzenden Milieu-Krimis von Tom Sharpe. Der vom Pech verfolgte Berufsschullehrer Henry Wilt gerät nach einem unfreiwilligen Liebesakt mit einer Plastikpuppe in Verdacht, seine unerträglich aktive Ehefrau ermordet zu haben. Die gemilderte, vom Fernsehen coproduzierte Fassung rettet das wunderbare Komiker-Duo Griff Rhys Jones und Mel Smith. *Doja Hacker, tip*

Anna Bergmann in: Prinz, 5/90; Elke Frick in: FR, 10.5.90; Ponkie in: AZ, 21.5.90; Claudia Schülke in: FAZ, 12.5.90; Anke Sterneborg in: Der Tagesspiegel, 10.5.90

Britischer Humor. Griff Rhys Jones in »Puppenmord«.

Purgatory **763**

PURGATORY

*

Video

Regie: Ami Artzi

Darsteller: Tanya Roberts (Carly Arnold), Julie Pop (Melanie), Hal Orlandini (Bledsoe), Rufus Swart (Paul Cricks), Adrienne Pearce (Janine), Marie Human (Kirsten), David Sherwood (Stern), Clare Marshall (Ruth Arnold), Hugh Rouse

Drehbuch: Felix Kroll, Paul Aratow

Kamera: Tom Fraser (Farbe)

Musik: Julian Laxton

Schnitt: Ettie Feldman

Produktion: Ami Artzi für New Star Entertainment, USA 1989

Verleih: -/-/-/New Vision Video

Videostart: 7.5.1990

FSK: nicht unter 18 J.

Länge: 93 Min.

»Purgatory«

Spekulative Mischung aus Sex und Gewalt, die den Frauenmißbrauch in einem faschistoiden System als Aufhänger für sadistische Gewalt nutzt. Tanya Roberts gibt sichtlich das Äußerste und muß sich dennoch auf das Vorführen von mal mehr, mal weniger Gefängnisunterwäsche beschränken.

Video Woche

R

Rache auf französisch

Videotitel für »Die Piratenbraut«

Rain in Swing City 764

***
16 mm

Regie: Konrad Wittmer
Drehbuch: Konrad Wittmer
Kamera: Hansueli Schenkel, Bernhard Lehner
Schnitt: Konrad Wittmer, Bernhard Lehner
Produktion: Konrad Wittmer, Bernhard Lehner, Schweiz 1989
Verleih: -/-/Look Now
Kinostart: April 1990
Länge: 80 Min.

Der Musikfilm begleitet drei Bands aus Newcastle auf einer kleinen Tournee durch die Schweiz. Konzert- und Probenmitschnitte werden ergänzt durch reportageartige Passagen aus der nordenglischen Industriestadt. Dort leben die jungen Musiker, arbeitslos und am Rande der Gesellschaft. Sie erzählen von ihren sozialen Lebensumständen, die auch ihre Songs prägen. Die Musik ist für sie ein Mittel des Protests, eine zuweilen schrille Selbstbehauptung voller Lebensmut gegen die widrigen Verhältnisse. Mit einfachen Mitteln dokumentiert der Film diese Welt. *Zoom*

Rammpaß 765

***

Regie: Franz Kälin
Darsteller: Markus Heinrich, Stefan Schönbächler, Madeleine Scherrer, Christian Kälin
Drehbuch: Franz Kälin
Kamera: Franz Kälin
Musik: Beat Zehnder, Marcel Schorno
Schnitt: Karl Käppelin
Produktion: Franz Kälin, Schweiz 1990
Verleih: -/-/Edi Hubschmid
Kinostart: Juni 1990
Länge: 90 Min.

»Rammpaß« ist ein Schwyzer Dialekt-Ausdruck für Rüpel. Um zwei solche »Rüpel« geht es im Film des Einsiedlers Franz Kälin, um zwei junge Männer, die ihre Verunsicherung durch betont männliches Gehabe und automobilistische Kraftmeiereien überspielen wollen, was für einen von ihnen tödlich endet. Der Film – mit erstaunlich gut geführten Laiendarstellern gedreht – zeigt einfühlsam die Schwierigkeiten von Jugendlichen in Randregionen; von der Story her wirkt er aber doch zu konstruiert, um ganz zu überzeugen. *Zoom*

Rampage – Anklage: Massenmord 766

RAMPAGE

****
Video

Regie: William Friedkin
Darsteller: Michael Biehn (Anthony Fraser), Alex McArthur (Charles Reece), Nicholas Campbell (Albert Morse), Deborah van Valkenburgh (Kate Fraser), John Harkins (Dr. Keddie), Art Lafleur (Met Sanderson), Billy Greenbush (Judge McKinsey), Royce D. Applegate (Gene Tippetts), Grace Zabriskie
Drehbuch: William Friedkin, nach dem Roman von William P. Wood
Kamera: Robert D. Yeoman (Technicolor)
Musik: Ennio Morricone
Schnitt: Jere Huggins
Produktion: David Salven für DEG, USA 1987
Verleih: -/-/-/Concorde Video
Videostart: 26.11.1990
FSK: ab 16 J.
Länge: 97 Min.

Bestialische Morde verunsichern eine ruhige Wohngegend. Der Killer kommt tagsüber, klingelt und löscht in kurzer Zeit ganze Familien aus. Anschließend »badet« er im Blut der Opfer. Hinweise aus der Bevölkerung führen zum Erfolg, der Anwalt plädiert auf Todesstrafe, ein erbitterter Kampf vor Gericht beginnt. Der Thriller spielt auf vielen verschiedenen Ebenen, läßt diverse Handlungsstränge parallel laufen, um sie später

»Rampage-Anklage: Massenmord«.

zu verbinden. Das Ganze wird von Friedkin so geschickt realisiert, so daß unterm Strich kein Verwirrspiel, sondern ein interessantes Psychodrama herauskommt. *Isabel Opitz, tips*

Das Rattennest 767

A FATHER'S REVENGE **

Video

Regie: John Herzfeld
Darsteller: Brian Dennehy (Paul Hobart), Joanna Cassidy (Barbara Hobart), Ron Silver (Max Greenwald), Anthony Valentine (Vickers), Christoph M. Ohrt (Wolfgang Donner), Claudia Matschulla (Ingrid Kleist), Alexander Radszun (Captain Schilling), Angus McInnes (Patterson), Helen Patton (Karen Hobart)
Drehbuch: Mel Frohman
Kamera: William Steven Shaw (Farbe)
Musik: Klaus Doldinger
Schnitt: Thomas Schwalm, Klaus Zimmerman
Produktion: Hans Proppe für Shadowplay/Rosco Prod./Phoenix Entertainment Group, USA 1988
Verleih: -/-/-/EuroVideo
Videostart: 23.1.1990
Sendetermin: 24.1.1988, ABC
FSK: ab 16 J.
Länge: 93 Min.

Die Tochter eines Amerikaners, eine Stewardeß, wurde in Europa von Terroristen entführt. Brian Dennehy sieht rot und ermittelt auf eigene Faust. Er engagiert einen Anti-Terror-Spezialisten und begibt sich mit ihm auf die Suche nach seiner Tochter. Thematisch recht interessanter Polit-Thriller, der aber kein kontinuierliches Tempo aufweist. *tips*

Der Rausschmeißer 768

****

Regie: Xaver Schwarzenberger
Darsteller: Claudia Messner (Fanny), David Martin (Frieder), Hans Diehl (Pater Roland), Hanno Pöschl (Ludwig), Manfred Zapatka (Otto), Harald Pichlhöfer (Peter), Jennifer Minetti (alte Fischerwirtin), Hertha Schwarz, Michael Stippel, Sintawati Tamsjadi, Robert Spitz
Drehbuch: Jörg Graser
Kamera: Xaver Schwarzenberger (Farbe)
Musik: Hermann Weindorf
Schnitt: Ines Regnier
Produktion: Manfred D. Heid, Herbert Kloiber für tele-münchen/ZDF, BRD 1989
Verleih: -/-/-/Concorde Video
EA: 26.6.1990, Filmfest München
Kinostart: Sept. 1990
Länge: 97 Min.

Ein prächtig fotografiertes, naiv ans Herz gehendes Nuttenmelodram von der Liebe des debilen Kraftkerls zum jungen Strichmädchen in einer brutalen Zuhälter-Dreckswelt: Eines von Schwarzenbergers schönen, atmosphärestarken Milieu-Saftstücken, in denen das Triviale in einem Schimmer von Poesie erglänzt. Und Claudia Messner spielt alle Sehnsucht und Gemeinheit der Gosse hinein.

Ponkie, AZ

Reason to Die 769

REASON TO DIE *

Video

Regie: Tim Spring
Darsteller: Wings Hauser, Anneline Kriel, Arnold Vosloo, Norman Austey, Liam Cundill, Patrick Lyster
Drehbuch: Aubrey Rettan, Terry Asbury
Kamera: Anthony Busbridge (Farbe)
Musik: Fransua Roos
Schnitt: Paul Carlin, Chris Barnes
Produktion: Helena Spring, USA 1990
Verleih: -/-/-/USA Video
Videostart: 22.1.1990
FSK: nicht unter 18 J.
Länge: 86 Min.

Ein psychopathischer Killer, der bereits sechs Prostituierte auf dem Gewissen hat, flüchtet in den afrikanischen Busch, dicht verfolgt von einem Kopfgeldjäger und dem Sohn eines alten Söldnerkumpels. Die hanebüchene Story vom schizoiden Messerschlitzer dient lediglich als Vorwand für eine Kette gewalttätiger Auseinandersetzungen. *Video Woche*

Rebel Waves 770

RISING STORM **

Video

Regie: Francis Schaeffer
Darsteller: Zach Galligan (Artie Gage), Wayne Crawford (Joe Gage), June Chadwick (Mila Hart), John Rhys-Davies (Don Waldo), Elizabeth Keifer (Blaise Hart), Graham Clark (Lt. Ulmer), William Katt, Gordon Mulholland
Drehbuch: Gary Rosen, William Fay
Kamera: Robb D. Hinds (Farbe)
Musik: Julian Laxton
Schnitt: Alan Baumgarten
Produktion: Jay Davidson, James Buchfuehrer für Gibraltar Releasing/Crawford/Lane Prod., USA 1989
Verleih: -/-/-/Highlight Video
Videostart: 6.8.1990
FSK: ab 16 J.
Länge: 96 Min.

Zwei Brüder beenden die theokratische Schreckensherrschaft eines postatomaren TV-Predigers. Actionreiche Endzeit-Satire, mit geringem Budget in der Wüste von Namibia gedreht. Trotz einiger origineller Ideen nur durchschnittliche Genreware.

The Red Dragon 771

THE RED DRAGON *

Video

Regie: Jackie Chan
Darsteller: Jackie Chan, Li Kuen, Yen Si Kuan
Drehbuch: Jackie Chan
Produktion: Hongkong 1981
Verleih: -/-/-/Madison Video
Videostart: 20.12.1990
FSK: nicht unter 18 J.
Länge: 90 Min.

Ein junger Recke soll nach dem Willen seines Onkels die erlittene Schmach rächen. Der Jackie Chan des Monats.

Red End 772

HONOR BOUND **

Video

Regie: Jeannot Szwarc
Darsteller: John Philbin, Gabrielle Lazure, Tom Skerritt, George Dzundza, Lawrence Pressman, Gene Davis, Edward Meeks, Janez Vajevec, Jdenko Jelcic
Drehbuch: Aiken Woodruff, Terrell Tannen, nach dem Roman »Recovery« von Steven L. Thompson
Kamera: Robert Stevens (Farbe)
Musik: Mark Shreene
Schnitt: John Jympson
Produktion: Eric Weymueller, Tim van Rellim für FilmAccord, USA 1990
Verleih: -/-/-/Ascot Video
Videostart: 5.12.1990
FSK: ab 16 J.
Länge: 90 Min.

Ein CIA-Fahrer findet heraus, daß die Ermordung seines Partners nahe eines Atomwaffendepots in der ehemaligen DDR Teil eines infamen Plans ist, die Explosion der dort stationierten Raketen zu verschleiern. Überholter Agentenfetzer mit den üblichen Feindbildern.

Red Force 773

IN THE LINE OF DUTY 4 *

Video

Regie: Yuen Wo Ping
Darsteller: Cynthia Khan, Donnie Yen, Michael Wong
Produktion: Hongkong 1989
Verleih: -/-/-/New Vision Video
Videostart: 21.12.1990
FSK: nicht unter 18 J.
Länge: 90 Min.

Eine schlagkräftige Detektivin und zwei Beamte der Mordkommission folgen einem flüchtigen Zeugen nach Hongkong und geraten dort alsbald in die üblichen Eastern-Prügeleien.

Red Fox 774

RIDING THE EDGE **

Video

Regie: James Fargo
Darsteller: Raphael Sbarge (Matt Harman), Catherine Mary Stewart (Maggie Kemp),

Peter Haskell (Dean Stradling), Lyman Ward (Dr. Harman), Asher Sarfati (Moussa), Benny Bruchim (Junge), Michael Sarne (Kroll), Nili Zomer (Karima), James Fargo (Tarek), Brooke Bundy (Mrs. Harman)
Drehbuch: Ronald A. Suppa
Kamera: Bernard Salzmann (Farbe)
Musik: Michael Gibbs
Schnitt: James Ruxin
Produktion: Wolf Schmidt für Kodiak Films, USA 1989
Verleih: -/-/-/New Vision Video
Videostart: 12.2.1990
FSK: ab 16 J.
Länge: 96 Min.

Als der Sohn eines entführten Erfinders, der im Auftrag des FBI den geforderten neuen Mikrochip an die Kidnapper übergeben soll, merkt, daß er lediglich benutzt werden soll, nimmt er die Sache mit Hilfe einer Agentin in die eigene Hand. Konventioneller Abenteuerfilm mit dem gewohnten, identifikationsgeeigneten Teenie-Helden.

The Red Monks 775

THE RED MONKS *

Video

Regie: Joe Martucci
Darsteller: Chuck Valenti, Lara Wendel, Gerardo Amato

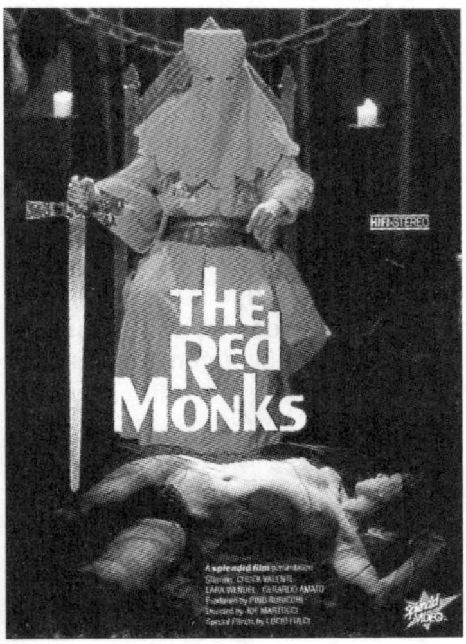

Produktion: Filmexport Group, Italien 1989
Verleih: -/-/-/Splendid Video
Videostart: 17.4.1990
FSK: ab 16 J.
Länge: 85 Min.

Auf dem Schloß ihres spröden Ehemanns stößt eine junge Frau auf einen satanischen Mönchskult, der sie als neues Opfer fordern will. Viel nacktes Fleisch, Satanismus und eine spinnwebverhangene Burg: Mühsam schleppt sich die Geschichte durch düstere Korridore. *VideoWoche*

Red Surf 776

RED SURF *

Video

Regie: H. Gordon Boos
Darsteller: George Clooney (Remar), Doug Savant (Attila), Dedee Pfeiffer (Rebecca), Gene Simmons (Doc), Philip McKeon (True Blue), Rick Najera (Calavera)
Drehbuch: Vincent Robert
Kamera: John Schwartzman (Farbe)
Musik: Sasha Matson
Schnitt: Dennis Dolan
Produktion: Richard C. Weinman für Arrowhead Entertainment, USA 1990
Verleih: -/-/-/Starlight Video
Videostart: 24.4.1990
FSK: nicht unter 18 J.
Länge: 105 Min.

Nach der Verhaftung eines Mitglieds gerät eine Bande aus L.A. ins Schußfeld eines Drogenbosses, dem sie bislang die per Motor-Jet aus dem Pazifik aufgefischte Ware frei Haus lieferten. Trostloses Actiondrama im Gefolge von »Colors«.

Der Regenbogen 777

THE RAINBOW ***

Regie: Ken Russell
Darsteller: Sammi Davis (Ursula Brangwen), Paul McGann (Anton Skrebensky), Amanda Donohoe (Winifred), David Hemmings (Onkel Henry), Glenda Jackson (Anna Brangwen), Christopher Gable (Will Brangwen), Dudley Sutton (MacAllister), Jim Carter, Judith Paris, Ken Colley, Mark Owen, Glenda McKay
Drehbuch: Ken Russell, Vivian Russell, nach dem gleichn. Roman von D.H. Lawrence
Kamera: Billy Williams (Technicolor)

Paul Mc Gann und Sammi Davis in der D. H. Lawrence-Verfilmung »Der Regenbogen«.

Musik: Carl Davis, gespielt vom Symphonie-Orchester Graunke, Dirigent: Carl Davis
Schnitt: Peter Davies
Produktion: Ken Russell für Vestron Pic./ Rainbow Pic., GB 1989
Verleih: Concorde/-/-
EA: 26.6.1989, Filmfest München
Kinostart: 15.2.1990
FSK: ab 16, ffr. – *FBW:* Wertvoll
Länge: 111 Min.

Der Film ist die wenig zaghafte Annäherung des britischen Schwulst-Meisters an D.H. Lawrence (zweite Runde). Nach der Besichtigung eines Regenbogens jagt die schöne Ursula ein Leben lang ihrem Glück nach, selbstbestimmt und voller Leidenschaft. Lesbische und militärische Liaisons mißlingen, die Gute bleibt allein aber zuversichtlich. Hyperromantisches Alterstraktat mit Weichzeichnersex. *Wolfgang Brenner, tip*

Eva-Maria Lenz in: FAZ, 15.2.90; Jochen Schütze in: Prinz, Febr. 90; Ulrich von Thüna in: epd Film 2/90.

Reise der Hoffnung 778

UMUD'A YOLCULUK ****

Regie: Xavier Koller
Darsteller: Necmettin Çobanoglu, Nur Sürer, Emin Sivas, Yaman Okay, Mathias Gnädinger, Dietmar Schönherr
Drehbuch: Xavier Koller, Feride Çiçekoglu
Kamera: Elemér Ragalyi
Musik: Jan Garbarek, Terje Rypdal, Arild Andersen, Manfred Eicher
Schnitt: Galip Iyitanir
Produktion: Catpics/Condor, Schweiz 1990
Verleih: -/-/Columbus
Kinostart: September 1990
Länge: 106 Min.

Ein türkischer Kleinbauer will mit seiner Familie in die ferne Schweiz emigrieren, die er nur von einer Postkarte her kennt. Er hofft, dort ein leichteres Auskommen und eine bessere Zukunft zu finden. Die beschwerliche Reise, bei der er von Schleppern ausgebeutet wird, endet abrupt und tragisch an der Schweizer Grenze, mitten auf dem verschneiten Splügenpaß. Koller gelingt es in seinem Film, der auf einer wahren Begebenheit beruht, die Spannung zwischen dem anrührenden Einzelschicksal und der kollektiven Tragik des Fremdseins in der Fremde zu halten und zu differenzieren. *Zoom*

Reise nach Südwest 779

CESTA NA JIHOZAPAD ***

Regie: Zdenek Sirovy
Darsteller: Jiri Strach (Ben), Jiri Schmitzer (Chett), Milan Sandhaus (Jones), Zdenek Podhursky (Tomy), Oldrich Vlach (Bill), Ivan Palúch (Jeff), Gustav Opocensky (Indianer), Jan Preucil (Wirt), Petr Cepek (O'Brian)
Drehbuch: Jiri Krizan, nach Motiven der Erzählungen von Jack London
Kamera: Jiri Kolín (Farbe)
Musik: Ondrej Soukup
Produktion: Filmstudio Gottwaldov, CSSR 1989
Verleih: Progreß/-/-
Kinostart: 7.12.1990
Länge: 90 Min.

Eigentlich fühlt sich der halbwüchsige Ben wohl hier im Norden, unter Goldgräbern und Indianern: wozu soll er im Süden zur Schule gehen und so unnütze Dinge wie Lesen und Schreiben lernen; drei Kreuze genügen doch für die Unterschrift auf amtlichen Dokumenten... Nun reist Ben doch gen Südwest, mit einem alten Jäger in einem schmalen Kanu, verfolgt von vier Banditen, die ihnen eine kleine hölzerne Truhe abjagen wollen, die Hinterlassenschaft eines Goldgräbers. *Kino DDR*

Die Reise nach Tarzania 780

OPTIONS **

Video

Regie: Camilo Vila
Darsteller: Matt Salinger (Donald Anderson), Joanna Pacula (Prinzessin Nicole), John Kani (Jonas), Danny Keogh (Philippe), Tobie Cronje (Rajid), James Keach (Ed Sloan), Alan Pierce (Raff), Siobhan Taylor (Priscilla)
Drehbuch: Edward Decter, John J. Strauss
Kamera: Tony Imi, James Robb, Leo Napolitano (Farbe)
Musik: Roger Bellon
Schnitt: Christopher Greenbury
Produktion: Lance Hool für Silver Lion Films/Vestron, USA 1989
Verleih: -/-/-/Atlas Video
Videostart: 29.6.1990
FSK: ab 6 J.
Länge: 92 Min.

Im afrikanischen Busch rettet ein tolpatschiger Fernsehreporter eine belgische Prinzessin aus den Händen ihrer Entführer. Alberne, mit penetrantem Musikteppich unterlegte Dschungelposse.

Reise zurück in der Zeit 781

WAXWORK *

Video

Regie: Anthony Hickox
Darsteller: Zach Galligan (Mark), Deborah Foreman (Sarah), Michelle Johnson (China), David Warner (Mr. Lincoln), Dana Ashbrook (Tony), Patrick Macnee (Sir Wilfred), Charles McCaughan (Det. Roberts), J. Kenneth Campbell (Marquis de Sade), Miles O'Keeffe (Graf Dracula), John Rhys-Davies (Anton Weber)
Drehbuch: Anthony Hickox
Kamera: Gerry Lively (Fotokem Color)
Musik: Roger Bellon
Schnitt: Christopher Cibelli
Produktion: Steffan Ahrenberg für Vestron, USA 1988
Verleih: -/-/-/Vestron Video
Videostart: 29.3.1990
FSK: nicht unter 18 J.
Länge: 97 (88) Min.

Nach dem spurlosen Verschwinden dreier Freunde findet ein Teenager heraus, daß der Inhaber eines Wachsfigurenkabinetts mit Hilfe seiner achtzehn Monster-Porträts das in ihnen verkörperte Böse auf die Welt loslassen will. Heftig beschnittener und dadurch noch konfuser gemachter Horrorfilm, der im Grunde nur beweist, daß es doch eines gewissen Verständnisses für das Genre bedarf, wenn man eine Hommage drehen will.

Repo Jake 782

REPO JAKE **

Video

Regie: Joseph Merhi
Darsteller: Dan Haggerty, Dana Bently, Steve Wilcox, Jim Williams
Produktion: Richard Pepin, Joseph Merhi für P/M Entertainment, USA 1989
Verleih: -/-/-/Scala Video
Videostart: 30.11.1990
Länge: 90 Min.

Neues Kriminaldrama des unvermeidlichen Produzentenduos Pepin/Merhi, die mal wieder eine heiße Geschichte aus ihrer Heimatstadt Los Angeles holprig zu erzählen wissen. Im Action-Cocktail drehen sich: »Repo Man«-Umfeld, Glücksspiel & Drogenszene und Crashcar-Racing, garniert mit ein paar Softsex-Einlagen. *VideoWoche*

Requiem für Dominic 783

****

Regie: Robert Dornhelm
Darsteller: Felix Mitterer (Paul), Viktoria Schubert (Clara), August Schmolzer (Dominic), Angelica Schütz (Codrata), Antonia Rados (Antonia), Nikolas Vogel (Nick), Georg Hoffmann-Ostenhof, Werner Prinz, Georg Metzenrad
Drehbuch: Michael Kohlmeier, Felix Mitterer
Kamera: Hans Selikovsky (Farbe)
Musik: Harald Kloser
Schnitt: Ingrid Koller, Barbara Heraut
Produktion: Norbert Blecha für Terra Film Prod. mit OFF/ORF, Österreich 1990
Verleih: Obelisk/Constantin/-
UA: 7.9.1990, Int. Film-Festival Venedig
Kinostart: 12.10.1990

Sendetermin: 20.11.1990, RTL plus
Länge: 83 Min.
Besonders wertvoll (Österreich)

Robert Dornhelms Hommage an seinen Freund Dominic Paraschiv, der in den rumänischen Revolutionswirren im Dezember 1989 in Temesvar tödlich verletzt und als Terrorist diffamiert wurde. Ein leidenschaftliches Plädoyer gegen ein menschenverachtendes System, das auch die Rolle der Massenmedien nicht ausspart.

multimedia

Die Rettungsschwimmer von Malibu

Siehe »Baywatch - Die Rettungsschwimmer von Malibu«

Return of the Family Man 784

RETURN OF THE FAMILY MAN *

Video

Regie: John Murlowski
Darsteller: Ron Smerczak, Liam Cundill, Terence Reis, Debra Kaye, Michelle Constant, Kurt Egelhof, Dominique Moser, Adrian Galley, Victoria Bancombe
Drehbuch: John Fox, John Murlowski
Kamera: René Smith (Farbe)
Musik: Collin Shapiro, Barry Bekker
Schnitt: Steve Sandrock, Margret Fieldgate
Produktion: Johan van Rooyen, Karl Johnson für Gibraltar Releasing, USA 1989
Verleih: -/-/-/Skyline Video
Videostart: 8.1.1990
FSK: nicht unter 18 J.
Länge: 90 Min.

Ein entflohener Massenmörder mit Vorliebe für Familien meuchelt in seinem alten Landsitz eine Reihe von Teenagern. So what else is new?

Revolving Doors 785

LES PORTES TOURNANTES ***

Video

Regie: Francis Mankiewicz
Darsteller: Monique Spaziani (Céleste Beaumont), Gabriel Arcand (Blaudelle), Miou-Miou (Lauda), Jacques Penot (Pierre Blaudelle), François Méthé (Antoine), Françoise Faucher
Drehbuch: Jacques Savoie nach seinem gleichn. Roman, Francis Mankiewicz
Kamera: Thomas Vamos (Farbe)
Musik: François Dompierre
Schnitt: André Corniveau
Produktion: René Malo, Francyne Morin für Malofilm/UGC/Canal Plus/ACPAV/Office National du Film de Canada, Kanada/Frankreich 1988
Verleih: -/-/-/Highlight Video
UA: 16.11.1988, Paris
Videostart: 2.4.1990
FSK: ab 12 J.
Länge: 100 Min.

Nostalgisch gestimmtes Drama mit pastellgefärbten Bildern aus den goldenen Jahren des Stummfilms. Die Geschichte der Emanzipation einer Künstlerin steckt voller Würdigungen an die Anfänge des Kinos und bietet beachtliche schauspielerische Leistungen.

Rivalen der Liebe 786

THE PASSAGE **

Video

Regie: Harry Thompson
Darsteller: Ned Beatty (Matthew Bonner), Barbara Barrie (Rachel Bonner), Brian Keith (Byron Monroe), Alexandra Paul (Annie May Bonner), Dee Law (Jesse)
Drehbuch: Dee Law
Kamera: Peter Stein (Eastmancolor)
Musik: Paul Loomis
Schnitt: Peter Appleton
Produktion: Raul Carrera für Spectrum/Carrera, USA 1988
Verleih: -/-/-/UFA Video
Videostart: 15.3.1990
FSK: ab 12 J.
Länge: 105 Min.

Familiendrama, das anders als üblich ein Loblied auf die Hinterwäldler singt. Dee Law als braver Holzfäller wirkt ein wenig tapsig, Brian Keith gibt als Großvater reichlich Bibelweisheiten von sich. Naivität in Reinkultur mit vielen platten Szenen, in denen von »Rivalen der Liebe« nur wenig zu sehen ist. *Video Woche*

River of Death – Fluß des Grauens 787

RIVER OF DEATH *

Video

Regie: Steve Carver
Darsteller: Michael Dudikoff (John Hamilton), Robert Vaughn (Dr. Manteuffel), Do-

nald Pleasence (Heinrich Spaatz), Herbert Lom (Colonel Diaz), L.Q. Jones (Hiller), Cynthia Erland (Maria), Sarah Maur Thorp (Anna), Foziah Davidson (Dahlia), Ian Yule (Long John)
Drehbuch: Andrew Deutsch, Edward Simpson, nach dem Roman von Alistair McLean
Kamera: Avi Karpick (Rank Color)
Musik: Sasha Matson
Schnitt: Ken Bornstein
Produktion: Harry Alan Towers, Avi Lerner für Breton Films, USA 1989
Verleih: -/-/-/Cannon-VMP Video
Videostart: 12.2.1990
FSK: ab 16 J.
Länge: 100 Min.

Ein Abenteurer, ein Wissenschaftler und dessen Tochter entdecken im südamerikanischen Dschungel die verlorene Indiostadt eines ehemaligen, mit Genexperimenten beschäftigten SS-Arzts. Der böse Mengele im Urwald, oder: Ve haff vays of making you vatch zis zilly flick.

The Road to God Knows Where 788

***
16 mm

Regie: Uli M. Schüppel
Darsteller: Nick Cave & The Bad Seeds mit Nick Cave (Sänger), Mike Harvey (Bass), Blixa Bargeld (Gitarre), Thomas Wydler (Drums), Kid Congo Powers (Gitarre), Roldan Wolf (Piano); Rayner Jesson (Manager), Lydia Lynch
Drehbuch: Uli M. Schüppel
Kamera: Uli M. Schüppel
Musik: Nick Cave & The Bad Seeds
Schnitt: Frank Behnke
Produktion: Mike Harvey, Uli M. Schüppel für Mute Films/uMs Prod./DFFB, BRD/GB 1990
Verleih: Okapi/Independent Movies/-
Kinostart: 12.6.1990
Länge: 89 Min.
Original mit Untertitel

Der Berliner Regisseur Uli M. Schüppel (Nihil oder Alle Zeit der Welt, 1987) begleitete seine langjährigen Freunde Nick Cave & The Bad Seeds mit einer alten 16mm-Kamera auf ihrer US-Tour Anfang 1989. Herausgekommen ist dabei ein sehr ruhiger, trister, ernster Schwarzweiß-Film, der nichts mit den üblichen bunten, schnell geschnittenen Konzertfilmen à la Talking Heads gemeinsam hat.

Birgit Herdlitschke, Filmecho

Knut Hickethier in: epd Film, 8/90; Anke Sterneborg in: Der Tagesspiegel, 24.5.90

Roadhome 789

ROADHOME
***

Regie: Hugh Hudson
Darsteller: Donald Sutherland (Dr. Charles Loftis), Adam Horovitz (Tim Doolan), Amy Locane (Cheryl Anderson), Don Bloomfield (Andy Doolan), Celia Weston (Felicia Marks), Graham Beckel (Richard Doolan), Patricia Richardson (Mrs. Anderson), Ron Frazier (Barton Marks), Joseph d'Angerio, William O'Leary, Kevin Corrigan, Leonard Portar Salazar, Jonathan del Arco, David Herman, Max Perlich, Kevin Tighe, John C. McGinley
Drehbuch: Michael Weller
Kamera: Juan Ruiz-Anchia (Eastman Kodak/Deluxe)
Musik: Philippe Sarde, »Lost Angels« Thema nach Edward Elgar; Schlußsong von Jimmy Cliff, gesungen von Toni Childs
Schnitt: David Gladwell
Produktion: Thomas Baer, Howard Rosenman für Thomas Baer/Howard Rosenman Prod., USA 1989
Verleih: 20th Century Fox/Constantin/-/RCA/Columbia Video
Kinostart: 31.5.1990
FSK: ab 16, ffr.
Länge: 116 Min.

Aus Unverständnis der Eltern gerät ein Minderjähriger auf die schiefe Bahn; ein einfühlsamer Psychiater bringt ihn aber auf den rechten Weg.

Adam Horovitz und Amy Locane

Don McKellar und Valerie in »Roadkill«.

Wirksam inszeniertes Melodram über vernachlässigte Jugend, das durch Überzeichnung und Verlagerung in die Vergangenheit sein Thema verwässert. *multimedia*

H.G. Pflaum in: SZ, 27.8.90; Jürgen Richter in: FAZ, 2.6.90; Karsten Visarius in: FR, 5.6.90

Roadkill – Move or die 790

ROADKILL ***

Regie: Bruce McDonald
Darsteller: Valerie Buhagiar (Ramona), Gerry Quigley (Roy Seth), Larry Hudson (Buddie), Bruce McDonald (Bruce Shack), Shaun Bowring (Matthew), Don McKellar (Russel), Mark Tarantino (Luke), Peter Morfea, Patricia Sims, Earl Pastko, Dean Richards, Jim Millan
Drehbuch: Don McKellar, nach einer Story von Bruce McDonald
Kamera: Miroslaw Baszak
Musik: Nash The Slash, The Ramones
Schnitt: Mike Munn
Produktion: Bruce McDonald, Colin Brunton für Mr. Shack Motion Pic., Kanada 1989
Verleih: Time/-/-
UA: 15.9.1989, Toronto Festival of Festivals
EA: 16.2.1990, Int. Forum des Jungen Films
Kinostart: 8.11.1990
Länge: 80 Min.

Der Film beschreibt humorvoll und mit Stilmitteln des Amateur- und Undergroundfilms die Irrfahrt einer jungen Frau durch die kanadische Einöde. Auf der Suche nach einer verschollenen Rockgruppe findet sie zu sich selber und lernt nebenbei Autofahren. *Ralph Umard, tip*

Simone Mahrenholz in: Der Tagesspiegel, 18.2.90

RoboCop – The Comic

Episoden aus der gleichnamigen Zeichentrickserie (New Vision Video).

RoboCop 2 791

ROBOCOP 2 **

Regie: Irvin Kershner
Darsteller: Peter Weller (RoboCop), Nancy Allen (Anne Lewis), Felton Perry (Donald Johnson), Robert DoQui (Sgt. Reed), Tom Noonan (Cain), Belinda Bauer (Juliette Faxx), Willard Pugh (Bürgermeister Kuzack), Gabriel Damon (Hob), Galyn Gorg (Angie), Daniel O'Herlihy (Der »Alte«), Lila Finn, John Glover, Mario Machado, Leeza Gibbons, John Ingle
Drehbuch: Frank Miller, Walon Green, nach einer Story von Frank Miller, nach den

Nancy Allen und die kläglichen Überreste von »RoboCop 2«, Peter Weller.

Charakteren von Edward Neumeier und Michael Miner
Kamera: Mark Irwin; Jamil Anderson (2nd unit) (Farbe)
Musik: Leonard Rosenman
Schnitt: William Anderson
Produktion: Jon Davison für Orion, USA 1990
Verleih: 20th Century Fox/Constantin/Monopole Pathé
Kinostart: 13.9.1990
FSK: ab 18, nffr.
Länge: 115 Min.

Nach Atomkatastrophe und zerstörter Ozonschicht herrscht zu Beginn des 21. Jahrhunderts in Detroit Mord und Totschlag, eine neue gefährliche Droge findet reißenden Absatz, und die Polizei streikt. Da nehmen RoboCop, eine Mischung aus Mensch und Maschine, und seine Gefährtin Anne allein den aussichtslos scheinenden Kampf gegen den Drogenkönig Cain auf und erklären ihm den Krieg. Dieser Science-Fiction-Fortsetzung gelingt es nicht, das Thema gegenüber dem Vorläufer wirklich zu erneuern, und erschöpft sich weitgehend in Gewaltszenen und technischen Effekten, insbesondere auf der Tonspur. *Zoom*

Milan Pavlović in: Kölner Stadt-Anzeiger, 15.9.90; Jürgen Richter in: FAZ, 15.9.90; Anke Sterneborg in: Der Tagesspiegel, 13.9.90; Ralph Umard in: tip, 19/90

Die Roboter kommen 792

THE ANNIHILATOR **
TV

Regie: Michael Chapman
Darsteller: Mark Lindsay Chapman (Richard Armour), Susan Blakely (Layla), Lisa Blount (Cindy), Brion James (Anführer der Aliens), Earl Boen (Sid), Geoffrey Lewis (Professor Jeffries), Catherine Mary Stewart (Angela Taylor), Nicole Eggert (Elyse), Barry Pearl (Eddie)
Drehbuch: Roderick Taylor, Bruce A. Taylor
Kamera: Paul Goldsmith (Farbe)
Musik: Frank Mazzola, UDI
Schnitt: Frank Mazzola
Produktion: Alex Beaton für Universal TV, USA 1976
Verleih: -/-/-/CIC Video
UA: 7.4.1986, NBC
EA: 1986 auf Video
Sendetermin: 25.11.1990, ARD, 0.20 Uhr
Länge: 88 Min.

Als seine Freundin als Cyborg aus dem Hawaii-Urlaub zurückkehrt, kommt ein Reporter hinter ein außerirdisches Plot, alle Menschen zu robotisierten Killern umzufunktionieren. Pilotfilm einer abgelehnten Serie, an dem bestenfalls die emmynominierten Maskeneffekte von Michael Westmore und Zoltan Elek einer Erwähnung würdig sind.

Robotjox 793

ROBOT JOX **
Video

Regie: Stuart Gordon
Darsteller: Gary Graham (Achilles), Anne-Marie Johnson (Athena), Paul Koslo (Alexander), Robert Sampson (Jameson), Danny Kamekona (Dr. Matsumoto), Hilary Mason (Professor Laplace), Michael Alldredge (Tex Conway)
Drehbuch: Joe Haldeman
Kamera: Mac Ahlberg (Farbe)
Musik: Frederic Talgorne
Schnitt: Ted Nicolaou, Lori Scott Ball
Produktion: Albert Band für Epic, USA 1990
Verleih: -/-/-/Empire Video

Videostart: 2.11.1990
FSK: ab 12 J.
Länge: 96 (81) Min.

Im 21. Jahrhundert kämpfen turmhohe Roboter um die letzten Rohstoffreserven; als die geklonte Fighterin des Westens im Kampf um Alaska gegen den sadistischen Champ des Ostens zu unterliegen droht, greift ein ehemaliger »Robotjox«-Crack entscheidend ins Geschehen ein. Mit recht durchsichtigen Modelltricks aufgemotzte Variante der »Transformers«-Geschichten, in der Regisseur Stuart Gordon rein gar nichts von jenem nachtschwarzem Humor beweist, der ihn nach »Re-Animator« und »From Beyond« zum Hoffnungsträger des phantastischen Films gemacht hat.

Robot-War 794

GUNHEAD

*

Video

Regie: Masato Harada
Darsteller: Masahiro Takashima, Yujin Harada, Kaori Mizushima, Mickey Curtis, James B. Thompson, Brenda Bakke
Drehbuch: Masato Harada
Kamera: Junichi Fujisawa (Farbe)
Musik: Toshiyuki Honda
Produktion: Toho/Sunrise, Japan 1989
Verleih: -/-/-/VPS Video
Videostart: 19.7.1990
FSK: ab 16 J.
Länge: 92 Min.

Auf einer künstlichen Pazifikinsel tritt eine Gruppe von Abenteurern gegen einen Supercomputer an, der mit Hilfe eines neuen Minerals die Weltherrschaft anstrebt. Der bunte Destruktionstrieb der Toho Company auf einem unwesentlich modernisierten Star Wars-Spielplatz. Wir warten lieber auf den nächsten Godzilla.

»Robot-War«

Rockula 795

ROCKULA

**

Video

Regie: Luca Bercovici
Darsteller: Dean Cameron (Ralph), Toni Basil (Phoebe), Thomas Dolby (Stanley), Tawny Fere (Mona), Susan Tyrrell (Chuck), Bo Diddley (Axman), Kevin Hunter (Betrunkener), Nancy Ferguson (Robin), Rick Zumwalt (Boom Boom), Tamara DeTreaux (Bat Dork), Tony Cox (Big Al), Greg Rusin (Elmo)
Drehbuch: Luca Bercovici, Christopher Verwiel
Kamera: John Schwartzman (TVC Color)
Musik: Hilary Bercovici
Schnitt: Maureen O'Connell
Produktion: Jeffrey Levy für Cannon/Pathé, USA 1989
Verleih: -/-/-/Cannon-VMP Video
Videostart: 28.5.1990
FSK: ab 16 J.
Länge: 87 Min.

Mit Hilfe seines Spiegelbilds bemüht sich ein Vampir nach Kräften, das tödliche Schicksal zu verhindern, das seine einzige, diesmal als Rocksängerin reinkarnierte Geliebte alle 22 Jahre aufs Neue ereilt. Videoclip-Horror, aufgedonnert mit den üblichen schrägen Mätzchen.

Rocky V 796

ROCKY V

***

Regie: John G. Avildsen
Darsteller: Sylvester Stallone (Rocky), Talia Shire (Adrian), Burt Young (Paulie), Sage Stallone (Rocky jr.), Burgess Meredith (Mickey), Tommy Morrison (Tommy), Richard Gant (George W. Duke), Tony Burton (Tony), James Gambina, Delia Sheppard, Michael Sheehan, Michael Williams
Drehbuch: Sylvester Stallone
Kamera: Steven Poster, Victor Hammer (Deluxe Color)
Musik: Bill Conti

Aber dann ist hoffentlich endgültig Schluß! »Rocky V« mit Sylvester Stallone.

Schnitt: John G. Avildsen, Michael N. Knue
Produktion: Irwin Winkler, Robert Chartoff für Robert Chartoff/Irwin Winkler Prod., USA 1990
Verleih: UIP/UIP/UIP
Kinostart: 20.12.1990
FSK: 12, ffr. – *FBW:* Wertvoll
Länge: 105 Min.
FBW: Wertvoll

(...) Die inzwischen fünfteilige Rocky-Serie gilt als die bekannteste in der ganzen Welt. Und das, obwohl alle ungefähr die gleiche Handlung haben. Der ewige amerikanische Aufstieg aus der Gosse an die Spitze ist auch hier nur minimal variiert: Stallone, inzwischen 44 Jahre alt, will's noch einmal wissen und nimmt in Philadelphia die Herausforderung eines gewissen Tommy Gunn an. Gleichzeitig sorgt er für die Zukunft: In diesem Film stellt er uns seinen Sohn Sage vor, der als – was sonst? – Rocky junior seinen Auftritt hat. Die Folgen VI bis X sind somit gesichert. *Joanne Miller, Prinz*

Sebastian Feldmann in:Rheinische Post, 19.12.90; Bodo Fründt in: SZ, 22.12.90; Milan Pavlović in: Kölner Stadt-Anzeiger, 22.12.90; Jürgen Richter in: FAZ, 22.12.90

Roger & Me 797

ROGER & ME ****

Regie: Michael Moore
Drehbuch: Michael Moore
Kamera: Christopher Beaver, John Prusak, Kevin Rafferty, Bruce Schermer (Farbe)
Schnitt: Jennifer Beman, Wendey Stanzler (auch Co-Prod.)
Produktion: Michael Moore für Dog Eat Dog Films/Center für Alternative Media, USA 1989
Verleih: Warner Bros./dto./dto./Warner Home Video
UA: 6.9.1989, Telluride
EA: 16.2.90, Int. Forum des Jungen Films
Kinostart: 15.4.1990
FSK: ab 12, ffr.
Länge: 90 Min.
FBW: Besonders wertvoll

Aus subjektiver Perspektive pointiert formulierte und mit bissigem Humor gestaltete Dokumentarfilm-Collage über die Situation der amerikanischen Autostadt Flint, die nach Massenentlassungen in den achtziger Jahren am Rande des Zusammenbruchs steht. Keine chronologisch exakte Rekonstruktion der Ereignisse, sondern eine schwarze ideologiekritische Sozialsa-

Kein Prosit der Gemütlichkeit. Ricky Müller, Anna Dobra und Jürgen Vogel besiegeln ein handfestes Verbrechen in »Rosamunde«.

tire über Ungerechtigkeiten im amerikanischen Wirtschaftssystem.

multimedia

Volker Baer in: Der Tagesspiegel, 18.2.90; Bodo Fründt in: SZ, 23.4.90; Michael Laages in: Die Welt, 25.4.90; Verena Lueken in: FAZ, 7.4.90; Helmut Schmitz in: FR, 25.4.90; Willi Winkler in: Der Spiegel, 16/90

Rosamunde 798

***

Regie: Egon Günther
Darsteller: Anna Dobra (Rosamunde), Jürgen Vogel (Emil), Richy Müller (Bruno), Boris Koneczny (Franz), Mario Adorf (Levin Austerlitz), Manfred Krug (Jablonski), Mathieu Carrière (Oskar), Brigitte Mira (Oma Kaminski), Rose Re-

Autor, Produzent und Regisseur Michael Moore (rechts) bei den Dreharbeiten zu seinem Dokumentarfilm »Roger & Me«.

née Roth (ältere Dame), Suzanne Stoll, Beata Tyszkiewicz, Patrick Elias, Calvin E. Burke, Gerd Duwner, Horst Sachtleben
Drehbuch: Egon Günther
Kamera: Gerard Vandenberg (Farbe)
Musik: Rolf Wilhelm
Produktion: Matthias Deyle für Mutoskop mit Toro Film/Maran Film, BRD 1989
Verleih: Scotia/Constantin/-/Cannon VMP Video
Kinostart: 1.2.1990
FSK: ab 16, ffr.
Länge: 111 Min.
FBW: Wertvoll
Bayerischer Filmpreis 1989 für Anna Dobra und Jürgen Vogel

Eine junge Frau und drei arbeitslose junge Männer entführen 1930 in Berlin den Sohn einer reichen großbürgerlichen Familie jüdischer Herkunft, um ein hohes Lösegeld zu erpressen. Die Frau verliebt sich in das Entführungsopfer, die Spannungen im Verbrecherquartett wachsen, die ermittelnde Polizei knüpft ihre Fäden, und schließlich kommt es zur tödlich endenden Katastrophe. Mit großem Aufwand inszeniertes »Zeitgemälde«, das für die Beschreibung einer chaotisch-wirren Epoche lediglich banale Klischees und schale »Sensationen« ohne dramaturgisch stichhaltige Verankerung findet. *multimedia*

Michael Althen in: SZ, 5.2.90; Dietrich Kuhbrodt in: epd Film 2/90; Ponkie in: AZ, 1.2.90; Claudia Schülke in: FAZ, 3.2.90

Roselyne 799

ROSELYNE ET LES LIONS ***

Regie: Jean-Jacques Beineix
Darsteller: Isabelle Pasco (Roselyne), Gérard Sandoz (Thierry), Gabriel Monnet (Frazier), Philippe Clevenot (Bracquard), Günter Meisner (Klint), Wolf Harnisch (König), Jacques Le Carpentier, Carlos Pavlidis, Jacques Mathou
Drehbuch: Jean-Jacques Beineix, Jacques Forges
Kamera: Jean-François Robin (Farbe)
Musik: Reinhardt Wagner
Schnitt: Annick Baly, Danielle Fillios
Produktion: Jean-Jacques Beineix für Cargo Films/Gaumont, Frankreich 1989
Verleih: Jugendfilm/-/-/Starlight Video
UA: 12.4.1989, Paris
Kinostart: 7.6.1990
FSK: ab 6, ffr.
Länge: 119 Min.

Der Film beschäftigt sich auf so oberflächliche Weise mit Raubtierdressuren, daß den Löwen die Mähnen zu Berge stehen. Roselyne und Thierry lieben sich, doch ihre wahre Leidenschaft gilt den Löwen. *tip*

Verena Lueken in: epd Film, 7/90 und FAZ, 9.6.90; Claudius Seidl in: SZ, 25.6.90

Der Rosengarten 800

***

Regie: Fons Rademakers
Darsteller: Liv Ullmann (Gabriele Freund), Maximilian Schell (Aaron Reichenbach), Peter Fonda (Herbert Schlüter), Jan Niklas (Pässler), Katarina Lena Müller (Tina), Kurt Hübner (Arnold Krenn), Hanns Zischler (Prof. Eckert), Gila Almagor (Ruth Levi), Mareike Carrière, Georg Marischka, Nicolaus Sombart, Ozay Fecht
Drehbuch: Paul Henegge, nach einer Erzählung von Art Bernd
Kamera: Gernot Roll (Eastmancolor)
Musik: Egisto Macchi
Schnitt: Kees Lindhorst
Produktion: Artur Brauner für CCC mit Cannon Film/ZDF/ORF, BRD 1989
Verleih: Filmverlag der Autoren/-/-
UA: 21.8.1989, Norwegian Film Festival
EA: Filmfest NRW, Köln 1990
Kinostart: 15.11.1990
FSK: ab 12, ffr. – *FBW:* Besonders wertvoll
Länge: 112 Min.

Der Film hat ein wichtiges Thema durch eine kolportagehafte Spielhandlung teilweise verschenkt: der Kommandant der Außenlager des KZ Neuengamme bei Hamburg hat 20 jüdische Kinder erhängen lassen – das Verfahren gegen ihn wurde 1967 eingestellt, 1985 wurde er für dauerhaft verhandlungsunfähig erklärt. Statt sich auf die Tatsachen zu beschränken, spekuliert der Regisseur in einer fiktiven Spielhandlung auf falsches Mitleid. *André Simonoviescz, tip*

Michael Althen in: Die Zeit, 23.11.90; Peter Buchka in: SZ, 17.11.90; Gert Gliewe in: AZ, 17.11.90 (Interview Liv Ullman); Eva-Maria Lenz in: FAZ, 15.11.90; Ponkie in: AZ, 16.11.90; Carla Rhode in: Der Tagesspiegel, 15.11.90:; Rüdiger Schmitz-Normann in: FR, 15.11.90

Out of Rosenheim gerät Marianne Sägebrecht (r.) bei Kathleen Turner mitten in den »Rosen-Krieg«.

Der Rosenkäfer 801

***

TV

Regie: Mariusz Grzegorzek
Darsteller: Ewa Szykulska (Mutter), Anna Pasinska (Anna Broniecka), Artur Krajewski (Karol Bronięcki), Alexander Bednarz (Vater)
Drehbuch: Mariusz Grzegorzek
Kamera: Jolanta Dylewska, Katarzyna Remin
Musik: Johann Sebastian Bach
Produktion: Krakatau Film, Polen 1989
Sendetermin: 24.9.1990, ZDF, 23.15 Uhr
Länge: 60 Min.

Um Mitternacht ein Horrorfilm von Format: Der polnische TV-Grusler über die seltsamen Visionen, die ein Talisman-Käfer im vergammelten alten Herrenhaus auslöst, bekrabbelte die Phantasie wie eine Alptraumspinne mit dunklen Angstgebilden. Eine Freud'sche Schreckensnacht.

Ponkie, AZ

Der Rosen-Krieg 802

THE WAR OF THE ROSES

****

Regie: Danny DeVito
Darsteller: Kathleen Turner (Barbara Rose), Michael Douglas (Oliver Rose), Danny DeVito (Gavin D'Amato), Marianne Sägebrecht (Susan), Sean Astin (Josh mit 17), Heather Fairfield (Carolyn mit 17), G.D. Spradlin (Harry Thurmont), Peter Donat (Larrabee), Dan Castellaneta, Gloria Cromwell, Harlan Arnold, Mary Fogarty, Rika Hofmann
Drehbuch: Michael Leeson, nach dem gleichn. Roman von Warren Adler
Kamera: Stephen H. Burum (Deluxe)
Musik: David Newman
Schnitt: Lynzee Klingman
Produktion: James L. Brooks, Arnon Milchan für James L. Brooks Prod., USA 1989
Verleih: 20th Century Fox/dto./dto./ CBS-Fox Video
EA: 11.2.1990, Int. Filmfestspiele Berlin
Kinostart: 1.3.1990
FSK: ab 16, ffr.
Länge: 116 Min.
FBW: Wertvoll

Der Film führt den brutalsten und konsequentesten aller Kinoehekriege vor. Kathleen Turner und Michael Douglas, anfangs zwei langweilige Durchschnittsamis, wüten mit akrobatischen Spitzenleistungen gegeneinander, bis daß der Tod sie scheidet. Die skurrile Ästhetik des Films vergißt man ebenso schnell wie die arme Marianne Sägebrecht als entsetzte Haushälterin oder DeVito als sarkastischen Erzähler.

Ornella Muti, Franco Sangermano und Ugo Tognazzi in »Das rote Zimmer«.

Lachen, Verstörung und schließlich nackter Horror - eine schwarze Komödie für Hartgesottene.

Wolf Donner, tip

Michael Althen in: SZ, 1.3.90; Andreas Kilb in: Die Zeit, 2.3.90; Annette Meyhöfer in: Der Spiegel, 9/1990; Karena Niehoff in: Der Tagesspiegel, 13.2.90; Milan Pavlovic in: Kölner Stadt-Anzeiger, 3.3.90; Ponkie in: AZ, 1.3.90

Der rote Schleier – Brautzeit in der Türkei 803

***

16 mm

Regie: Pierre Hoffmann
Kamera: Pierre Hoffmann (Farbe)
Produktion: Pierre Hoffmann, BRD 1988
Verleih: Matthias Film/-/-
Kinostart: Mai 1990
Länge: 45 Min.

In Taskale, einem Bergdorf im Hochland von Anatolien, steht ein junges Paar kurz vor der Hochzeit. Der Zuschauer nimmt Anteil an den Vorbereitungen, am Aushandeln der Heirat durch die Familien der Eltern, dem Kauf des Brautschmucks, aber auch an der täglichen Arbeit im Dorf.

Das rote Zimmer 804

LA STANZA DEL VESCOVO

***

TV

Regie: Dino Risi
Darsteller: Ugo Tognazzi (Orimbelli), Ornella Muti (Matilda), Patrick Dewaere (Mattei), Gabriella Giacobbe (Cleofe), Marcello Turilli (Berlusconi), Franco Sangermano
Drehbuch: Leo Benvenuti, Piero Di Bernardi mit Piero Chiara, Dino Risi
Kamera: Franco Di Giacomo (Technicolor)
Musik: Armando Trovaioli
Schnitt: Roberto Gallitti
Produktion: Giovanni Bertolucci für Merope, Italien 1977
UA: 13.5.1977, Int. Filmfestspiele Cannes
Sendetermin: 7.7.1990, ZDF, 23.40 Uhr
Länge: 96 Min.

Eine späte Premiere für »Das rote Zimmer«: 1977 drehte der italienische Regisseur Dino Risi dieses komplizierte Kriminalspiel, in das er seine Fachkenntnisse als studierter Psychiater einbringen konnte.
Geht es da doch um ein erotisch angehauchtes Psycho-Puzzle. Der charmante Müßiggänger Mattei und der reiche Herr Orimbelli lieben beide die schöne Matilda, die Orimbellis

Schwägerin ist. Der plötzliche Tod von Orimbellis Ehefrau Cleofe und das überraschende Auftauchen von Matildas totgeglaubtem Ehemann sorgen für Krimi-Spannung.

Birgit Amon, AZ

Der rothaarige Teo 805

TEO EL PELIRROJO ****

TV

Regie: Paco Lucio
Darsteller: Alvaro de Luna (Teo), Juan Diego Botto (Santiago), Ovidi Montillor (Luis), Maria Luisa San José (Viviana), Sarai Hermosa (Valeriana), Daniel Barros (Matias)
Drehbuch: Paco Lucio
Kamera: Federico Ribes (Farbe)
Musik: Jan Garbarek, Rosita Ferrer, Felipe Campuzano
Schnitt: Luis Manuel del Valle
Produktion: Pedro Román für Peña Amaya Films, Spanien 1985
EA: Int. Filmfestspiele Berlin 1986
Sendetermin: 24.1.1990, ZDF, 22.40 Uhr
Länge: 100 Min.

Die Kinderphantasie eines spanischen Richtersohns bei Großvaters Tod auf dem Lande ließ den malerischen Erstlingsfilm des Spaniers Paco Lucio in spröde-elegischer Landschaftsromantik aufblühen: Der Knecht Teo als Großvaters Freund im weiten Land der Stoppelfelder und Jagdgründe als dunkler Held für Bubenträume. Ein Film der herben Stimmungen. *Ponkie, AZ*

Dieter Deul in: Frankfurter Neue Presse, 26.1.90; Ursula Heinig in: Bremer Nachrichten, 27.1.90

Route One/USA 806

ROUTE ONE/USA ***

Regie: Robert Kramer
Darsteller: Paul McIsaac (Doc)
Kamera: Robert Kramer (Farbe)
Musik: Barre Philips
Schnitt: Guy Lecorne, Robert Kramer u.a.
Produktion: Les films d'ici/La Sept/Channel Four/RAI 3, Frankreich 1989
Verleih: Freunde der Deutschen Kinemathek/-/-
UA: 10.6.1989, Pesaro
EA: 14.2.1990, Int. Forum des Jungen Films
Kinostart: Okt. 1990
Länge: 255 Min.
Original mit Untertiteln

»Route One - USA« ein gefühlsduseliges Poem über die amerikanische Ostküste - entlang der Landstraße Nummer 1, die von der kanadischen Grenze über New England, das geschichtsbeladene Virginia, die waldig einsamen Regionen North Carolinas über das rauhe Georgia bis nach Key West Florida führt. Sein Solodarsteller Paul McIsaac, der einen verwitterten, nach Amerika heimkehrenden Arzt spielt, stoppt alle nasenlang, um alte Freunde zu besuchen. Die sind aber entweder schon tot oder kurz davor. Also muß der einsame Edeltrapper sein Ränzlein wieder schnüren und tränenfeuchten Auges, die Bürde des schweren Schicksals wakker tragend, gebrochenen Herzens von dannen schleichen. Immer wieder erfahren wir etwas über die sozialen Mißstände, die Rassenprobleme oder die Landschaft.

Berliner Morgenpost

(...) »Route One« ist ein moralischer Film, in seiner Sinnsuche altmodisch wie ein deutscher Bildungsroman, zugleich aber aktuelle Diagnose des amerikanischen Wohls und Übels.

Sabine Carbon, Der Tagesspiegel

Rückfällige 807

VISSZAESÖK ***

TV

Regie: Zsolt Kezdi-Kovacs
Darsteller: Lili Monori (Juli), Miklos B. Szekely (György), Mari Töröcsik (Mutter), Jozsef Horvath (Vater), Joszef Toth (Julis Bruder), Tibor Molnar (Onkel Pista), György Banffy (Doktor), Laszlo Horvath
Drehbuch: Zsolt Kezdi-Kovacs
Kamera: Janos Kende (Farbe)
Schnitt: Andrasne Karmentö
Produktion: Mafilm/Objektiv Studio, Ungarn 1982
Sendetermin: 3.5.1990, ZDF, 23.10 Uhr
Länge: 88 Min.

Verbotene Geschwisterliebe - ein ausgesprochen heikles, im Grenzgebiet zwischen Medizin, Ethik und Moral angesiedeltes Thema, für das es in der Literatur nur tragische Ausgänge gibt.

Inzestuöse Liebe. Miklós B. Székely und Lili Monori in »Rückfällige«.

Ein Novum im Film also, daß der ungarische Regisseur Zsolt Kezdi-Kovacs nicht etwa eine rein erfundene Story, sondern eine authentische Geschichte verarbeitete. Hier konnte es also keine poetischen Überhöhungen des Geschehens geben, alle Akteure mußten strikt auf dem Boden der Realität bleiben, und weil es eben auch für die Fernseh-Zuschauer keine Fluchtmöglichkeiten in Fantasie-Nischen gab, entstand eine ungemein belastende Atmosphäre, die durch die Düsternis der Landschaft noch verdichtet wurde. Da gab es keinen Hauch von Schönfärberei, auch die Darsteller selbst mußten Mut zur Häßlichkeit beweisen, und die Motivkette war so angelegt, daß die Sympathien keineswegs immer auf der Seite der Liebenden blieben.
Ein Plädoyer für Toleranz? Das ist sicherlich richtig, aber ein Plädoyer, dem es auch so manches entgegenzusetzen gibt. *Wiesbadener Zeitung*

Die Rückkehr 808

L'AFRICANA ***

Regie: Margarethe von Trotta
Darsteller: Barbara Sukowa (Martha), Stefania Sandrelli (Anna), Sami Frey (Victor)
Drehbuch: Margarethe von Trotta
Kamera: Tonino Delli Colli (Farbe)
Musik: Eleni Karaindrou
Schnitt: Nino Baragli
Produktion: Eberhard Junkersdorf für Bioskop-Film/Scena-Group/Rachel Prod., BRD/Italien/Frankreich 1990
Verleih: Filmverlag der Autoren/-/-
UA: 4.9.1990, Int. Filmfestspiele Venedig
Kinostart: 1.11.1990
FSK: ab 12, ffr. – *FBW:* Besonders wertvoll
Länge: 104 Min.

Der Film führt ein internationales Triangel in Liebesnöten vor. Kein Kino der großen Gefühle, Leidenschaften, erotischen Konfusionen, sondern erlesener Intellektueller, die darüber reden. Die drei Stars hadern, barmen, leiden bedeutungsvoll und mit melodramatischem Tremolo wie in den früheren Jahrzehnten. Ein Redestück für Fortgeschrittene.

Wolf Donner, tip

Michael Althen in: Die Zeit, 2.11.90; Peter Buchka in: SZ, 8.11.90; Angie Dullinger in: AZ, 8.11.90 (Interview Trotta); Frauke Hanck in: Die Welt, 2.11.90; Peter Körte in: FR, 1.11.90; Ponkie in: AZ, 8.11.90; Jochen Schütze in: Prinz, 11/90; Hans-Dieter Seidel in: FAZ, 5.9.90

Rückkehr aus der Wüste 809

****

Regie: Bernhard Stephan
Darsteller: André Hennicke (Thomas Tänzer), Barbara Schnitzler (Doris), Deborah

Barbara Sukowa und Stefania Sandrelli in »Die Rückkehr«.

Kaufmann (Angela), Azzedine Medjoubi (Mohamed), Bernd-Uwe Reppenhagen (Napoleon), Justus Carrière (Falk), Franz Viehmann (Kaderleiter), Ruth Friemel, Gerd Gallrein, Chafia Boudraa, Ameur Ouyakoub, Götz Schubert, Erik Veldre, Werner Dissel, Jürgen Trott
Drehbuch: Bernd Schirmer, nach Motiven des gleichn. Romans von Konrad Potthoff
Kamera: Otto Hanisch (Farbe)
Musik: Peter Kuno Kühnel
Schnitt: Margit Brusendorff
Produktion: Defa-Studio, Gruppe »Berlin«/ EnPA Algerie, DDR/Algerien 1989
Verleih: Progreß/-/-
Kinostart: 23.3.1990
Länge: 99 Min.

Ein Film aus der DDR, vor dem Umbruch, über die DDR vor ihrem Zusammenbruch, über die deprimierende Enge, den Stillstand seit Jahren. Wer will so einen Film haben? Ich fürchte, zu wenige. Weg mit Misere und Land, wie viele wollen davon nichts mehr sehen und hören, im Kino erst recht nicht. Ob der Film zumindest als Dokument angenommen wird, das dem Zuschauer bei der Auseinandersetzung mit sich selbst hilft? Da habe ich nicht mehr Hoffnung. Über die Wende sind die meisten rasch hinweggekommen, mit ihrer Vergangenheit - ob so oder so - ist die Mehrheit schnell fertig geworden. Mir ist »Rückkehr aus der Wüste« von Bernhard Stephan einiges wert. Man wird - sollte es einem weggerutscht sein - erinnert, wie alles gekommen ist. Beklemmend. Ein Gegenwartsfilm aus der Vergangenheit.
»Rückkehr aus der Wüste«, wieder ein Film, der uns zu spät erreichte.

Birgit Galle, Neues Deutschland

Rückkehr der Musketiere 810

THE RETURN OF THE MUSKETEERS ***

Video

Regie: Richard Lester
Darsteller: Michael York (D'Artagnan), Oliver Reed (Athos), Frank Finlay (Porthos), C. Thomas Howell (Raoul), Kim Cattrall (Justine de Winter), Richard Chamberlain (Aramis), Philippe Noiret (Kardinal Mazarin), Roy Kinnear (Planchet), Geraldine Chaplin (Königin), Christopher Lee (Rochefort), Eusebio Lazaro (Beaufort)
Drehbuch: George MacDonald Fraser, nach dem Roman von Alexandre Dumas
Kamera: Bernard Lutic (Rank Color)
Musik: Jean-Claude Petit
Schnitt: John Victor Smith
Produktion: Pierre Spengler für Timothy Burrill Prod./Filmdebroc/Cine 5/Iberoamericana Films, GB/F/Spanien 1989
Verleih: -/-/-/VPS Video
Videostart: 13.12.1990
FSK: ab 12 J.
Länge: 94 Min.

Fortsetzung der ersten beiden Musketier-Filme: Nach der mißlungenen Vereitelung der Hinrichtung König Karls I. geraten D'Artagnan, Porthos, Athos und Aramis mit der Tochter ihrer ehemaligen Rivalin aneinander, die den zehnjährigen König Frankreichs entführt hat. Opulentes Kostümdrama mit dem Richard Lester eigenen Sinn für Slapstick.

Rückwärtslaufen kann ich auch 811

***

Regie: Karl Heinz Lotz
Darsteller: Peggy Langner (Kati), Roland Kuchenbuch (Vater), Vera Irrgang (Mutter), Claudia Geisler (Gerda), Heiko Krüger (Frank), Peter Dommisch, Gudrun Okras, Angelika Perdelwitz
Drehbuch: Manfred Wolter
Kamera: Michael Göthe (Farbe)
Musik: Andreas Aigmüller
Schnitt: Ilse Peters
Produktion: Defa-Studio, Gruppe »Babelsberg«, DDR 1989
Verleih: Progreß/-/-
Kinostart: 26.1.1990
Länge: 88 Min.

Das Buch für »Rückwärtslaufen kann ich auch« jedenfalls durfte fast ein Jahrzehnt lang nicht verfilmt werden. Die Geschichte der Schulanfängerin Kati, die sich auf ihren verdrehten Beinen nur ganz langsam bewegen kann und Spastikerin ist, diese Geschichte rechnete sich nicht in den Bilanzen von Tüchtigem und Erfolgreichem.

Also schweigen. Aber wie soll Verständnis füreinander wachsen, wenn man nicht miteinander ins Gespräch kommt. Armut an Gefühl und Unwissenheit - das scheint die weitverbreiteste Behinderung zu sein. Aber sie ist nicht unheilbar. Der Film hat dokumentarische Züge, wir verfolgen jeden Schritt, den das Mädchen tut. Die kleine Peggy Langner ist die Kati. Daß der Zuschauer eher einen sozialen und medizinischen Problemkatalog aufgeblättert bekommt, als eine tiefberührende Filmgeschichte zu erleben, ist allerdings schade.

Birgit Galle, Neues Deutschland

Günter Sobe in: Berliner Zeitung, 27./28.1.90

Ruf nach Vergeltung 812

NEXT OF KIN ***

Regie: John Irvin
Darsteller: Patrick Swayze (Truman Gates), Liam Neeson (Briar Gates), Adam Baldwin (Joey Rosselini), Helen Hunt (Jessie Gates), Andreas Katsulas (John Isabella), Ben Stiller (Lawrence Isabella), Bill Paxton (Gerald Gates), Michael J. Pollard (Harold), Ted Levine, Del Close
Drehbuch: Michael Jenning, Jeb Stuart
Kamera: Steven Poster (Metrocolor)
Musik: Jack Nitzsche
Schnitt: Peter Honess
Produktion: Don Enright, Les Alexander für Barry & Enright Prod., USA 1989
Verleih: Warner Bros./Constantin/-/ VCL-Carolco Video
Kinostart: 3.5.1990
FSK: ab 16, ffr.
Länge: 108 Min.

Ein Polizist in Chicago rächt den Tod seiner zwei Brüder, die die Mafia auf ihrem Gewissen hat. Dabei kommen ihm die Hillibillys aus seinem Heimatdorf mit ihren eigenwilligen Waffen und Kampfmethoden zu Hilfe. Banaler Polizei-Thriller, der das krasse Stadt-Land-Gefälle zwischen abgefeimten Killern und aufrechten Hinterwäldlern in eine fragwürdige Rechtfertigung des zeitgenössischen Faustrechts ummünzt. *multimedia*

Anke Sterneborg in: Der Tagesspiegel, 31.5.90

Patrick Swayze in »Ruf nach Vergeltung«.

Running Hero 813

RUNNING COMBAT/SOLDIERS OF FORTUNE *

Video

Regie: Pierluigi Ciriaci
Darsteller: Daniel Greene, Bo Svenson, Savina Gersak, Danuta Lato, George H. Thausanij
Drehbuch: David Parker jr.
Kamera: Rado Likon (Farbe)
Produktion: Italien 1987
Verleih: -/-/-/UFA Video
Videostart: 10.4.1990
FSK: ab 16 J.
Länge: 90 Min.

Während eines Afghanistan-Auftrags stößt ein Green Beret auf eine Höhle mit einer magischen Kugel, die alles Wissen der Menschheit in sich birgt. Haarsträubende, völlig ernst gemeinte Mischung aus Rambo und Fantasy.

Russian Ninja 814

RUSSIAN TERMINATOR *

Video

Regie: Mats Helge
Darsteller: Helena Michaelsen, Frederick Offrein, Harley Melin, Tina Tjung

Drehbuch: Mats Helge
Kamera: Bill Nelson (Farbe)
Musik: Danny Young
Schnitt: Andrew Nelson
Produktion: Roger Lundgren für Christensen & Madsen Inc., Schweden 1989
Verleih: -/-/-/Limar Video
Videostart: 14.8.1990
FSK: nicht unter 18 J.
Länge: 85 Min.

Ein Werbephotograph und ein russischer Ninja vereiteln die Bestrebungen einer Terroristengruppe, durch die Entführung wichtiger Politiker eine Handvoll brisanter Glasnost-Dokumente in die Hände zu bekommen.
Auch schwedische Regisseure haben ihre schwachen Stunden.

»Running Hero«

Russicum 815

RUSSICUM. I GIORNI DEL DIAVOLO **

Regie: Pasquale Squitieri
Darsteller: Treat Williams (Mark Hendrix), F. Murray Abraham (Pater Carafa), Danny Aiello (George Sherman), Rita Rusic (Alexandra), Luigi Montini (Mario Preti), Robert Balchus (Michael Wessling), Rossano Brazzi (Marini), Nigel Court (Pater Hanema), Leopoldo Mastelloni (Pater Isidoro), Rossano Brazzi, Benito Raimondo Barbieri, Maria Teresa Bax
Drehbuch: Valerio Riva, Robert Balchus, Pasquale Squitieri, nach der Erzählung »Il Martedi del Diavolo« von Enzo Russo
Kamera: Mario Cimini (Farbe)
Musik: Renato Serio
Schnitt: Mauro Bonnani
Produktion: Mario Cecchi Gori, Vittorio Cecchi Gori für Cecchi Gori Group/Tiger Cinematografica/RAI, Italien 1989
Verleih: Columbia Tri-Star/-/-/ RCA-Columbia Video
Kinostart: 4.1.1990
FSK: ab 12, ffr.
Länge: 112 Min.

Merkwürdiger Polit-Thriller um eine Papst-Reise in die Sowjetunion, die verhindert werden soll. Daraufhin spioniert jeder bei jedem, inmitten eines rätselhaften Durcheinanders, zwischen KGB, CIA, dem Vatikan, ukrainischen Katholiken, falschen Nonnen und Jesuiten-Clowns. Prominente Schauspieler wie F. Murray Abraham und Danny Aiello spielen verständlicherweise so, als seien sie versehentlich in diesen Film geraten.

Hans-Ulrich Pönack, tip

S

Sahara 816
SAHARA ***

Regie: Antonio R. Cabal
Darsteller: Antonio Junco (Javier), Maru Valdivielso (Florence), Enrique Perez (Rafa), Luis Holstalot (Bruno), Pep Corominas (Ricard), Boukheba Halij, Amomen Oumma, Beikheir Brahim
Drehbuch: Antonio R. Cabal
Kamera: Javier G. Salmones (Farbe)
Musik: Carlos Vizziello
Produktion: Cabal Film, Spanien 1984
Verleih: Progreß/-/-
Kinostart: 9.2.1990
Länge: 103 Min.

Traumhaft schöne Bilder von extremen Landschaften, Einblicke in die Lebensgewohnheiten und die überlieferte Sagenwelt der Tuaregs, exotische, jahrtausendealte Zivilisationszentren in der algerischen Sahara machen die äußere Attraktivität dieses Filmes aus. *Kino DDR*

Samoa 817
FLYING FOX IN A FREEDOM TREE ***

Regie: Martyn Sanderson
Darsteller: Faifua Amiga jr. (Pepe), Richard von Sturmer (Tagata, der fliegende Hund), Peseta Sinavse Isara (Tauilo, Pepes Vater), Fuialo Molimau (Toasa, der alte Häuptling), Afatia Aloese
Drehbuch: Martyn Sanderson, nach einem Roman von Albert Wendt
Kamera: Allen Guilford (Farbe)
Schnitt: Ken Zemke
Produktion: Graham McLean für Grahame McLean Ass./New Zealand Film Commission, Neuseeland 1989
Verleih: TiMe/-/-
UA: 3. Tokyo Film Festival 1989
Kinostart: 20.9.1990
Länge: 92 Min.
Original mit Untertitel

Der erste Spielfilm aus Samoa: ein poetisches Gedicht über Verweigerung, Außenseiter und Träume. Pepe bekämpft die raffgierige Welt seines Vaters, der sich der Ideologie der Weißen unterworfen hat. Mit einem englischen Liliputaner zündet er eine Kirche an und raubt das Geschäft seines Vaters aus...

André Simonoviescz, tip

Sabine Carbon in: Der Tagesspiegel, 22.9.90

Samstag der 14. schlägt zurück 818
SATURDAY THE 14TH STRIKES BACK *
Video

Regie: Howard R. Cohen
Darsteller: Jason Presson (Eddie Baxter), Ray Walston (Opa), Avery Schreiber (Frank), Patty McCormack (Kate), Julianne McNamara (Linda), Rhonda Aldrich (Alice), Daniel Will-Harris (Bert), Pamela Stonebrook (Charlene), Joseph Ruskin, Leo V. Gordon, Michael Berryman
Drehbuch: Howard R. Cohen
Kamera: Levie Isaacks (Fotokem Color)
Musik: Parmer Fuller
Schnitt: Bernard Caputo

Identitätssuche zwischen Tradition und Zivilisation: Faifua Amiga jr. in »Samoa«.

»Samstag der 14. schlägt zurück«

Produktion: Julie Corman für Concorde Pictures, USA 1988
Verleih: -/-/-/MGM-UA Video
Videostart: 2.5.1990
FSK: ab 12 J.
Länge: 78 Min.

Mit magischen Essenzen und der Hilfe seines Großvaters tritt der Sohn einer ignoranten Mittelklasse-Familie gegen allerlei Ungeheuer an, die ihn an seinem Geburtstag zum Herrn der Welt krönen wollen. Mißratene Breitband-Parodie, die jeden bescheidenen Gag mindestens dreimal breitwalzt.

Savage Beach 819

SAVAGE BEACH **

Video

Regie: Andy Sidaris
Darsteller: Dona Speir (Donna), Hope Marie Carlton (Taryn), John Aprea (Captain Andreas), Bruce Penhall (Bruce Christian), Rodrigo Obregon (Martinez), Michael Mikasa (japanischer Krieger), Michael Shane (Shane Abilene), Teri Weigel (Anjelica)
Drehbuch: Andy Sidaris
Kamera: Howard Wexler (Filmservice Color)
Musik: Gary Stockdale
Schnitt: Michael Haight
Produktion: Arlene Sidaris für Malibu Bay, USA 1989
Verleih: -/-/-/Ascot Video
Videostart: 26.2.1990
FSK: nicht unter 18 J.
Länge: 95 Min.

Drittes Abenteuer um die ansehnlichen Agentinnen der Organisation »Abilene«, die diesmal auf einer einsamen Südseeinsel zwischen die Fronten von CIA und diversen Revolutionären geraten, welche auf der Suche nach einem vergrabenen Goldschatz sind. Allzu bemüht flotte Dialoge und eine hanebüchene Story, verpackt in die Erfolgsformel Sex & Action. *VideoWoche*

Saxo – Musik in Dur und Mord 820

SAXO ***

Video

Regie: Ariel Zeitoun
Darsteller: Gérard Lanvin (Sam Friedman), Akosua Busia (Puppet), Richard Brooks (Joe), Laure Killing (Esther), Clément Hart (Tonia), Roland Blanche (Scorpio), Thomas Pollard (Manager), Jany Holt (Meicha), Francis Girod (Anwalt)
Drehbuch: Ariel Zeitoun, Gilbert Tanugi, Jacques Audiard
Kamera: Bruno de Keyzer (Farbe)
Musik: Gene Barge, Denise Osso, Roy Buchanan, Donald Kinsey
Schnitt: Hugues Darmois
Produktion: Ariel Zeitoun für Partner's Prod./Canal Plus/Films A2, Frankreich 1988
Verleih: -/-/-/RCA-Columbia Video
Videostart: 2.10.1990
FSK: ab 16 J.
Länge: 116 Min.

Durch Zufall gerät der eher erfolglose Musikmanager Sam Friedman eines Nachts in eine Bar nur für Farbige, wo er den Auftritt des Geschwisterpaars Puppet und Joe Bennett erlebt. Puppets Gitarre und Joes sensationelles Saxophonspiel begeistern Sam so sehr, daß er, entgegen mancher dunkler Vorzeichen, alles auf diese Karte setzt. Die gemeinsamen Plattenaufnahmen geraten bald zum Alptraum und schließlich zum Melodram. »Saxo« hat manche gute Ansätze, die jedoch immer in Oberflächlichkeiten und unnötigem Bombast erstickt werden. Zwei Pluspunkte aber sind dem Film nicht abzusprechen: die wirklich gute Filmmusik (mit tatsächlich sensationellen Saxophonklängen) und die Hauptdarstellerin Akosua Busia. Ihre Ausstrahlung und verlorenes Lächeln lassen ahnen, wieviel mehr an Substanz man aus dem Stoff hätte herausholen können.

Christina Schulze, tips

Scenes from the Class Struggle in Beverly Hills 821

SCENES FROM THE CLASS STRUGGLE IN BEVERLY HILLS ***

Regie: Paul Bartel
Darsteller: Jacqueline Bisset (Clare Lipkin), Ray Sharkey (Frank), Robert Beltran (Juan), Mary Woronov (Lisabeth Hepburn-Saravian), Ed Begley jr. (Peter), Wallace Shawn (Howard Saravian), Arnetia Walker (To-Bel), Rebecca Schaeffer (Zandra Lipkin), Barret Oliver (Willie Saravian), Paul Bartel (Dr. Mo van de Kamp), Paul Mazursky (Sidney Lipkin), Edith Diaz, Susan Saigner
Drehbuch: Bruce Wagner, nach einer Story von Paul Bartel und Bruce Wagner
Kamera: Steven Fierberg (Farbe)
Musik: Stanley Myers
Schnitt: Alan Toomayan
Produktion: J.C. Katz für North Street Films, USA 1989
Verleih: Delta/Elmo/Columbus/ RCA-Columbia Video

Beverly Hills Snobs. Wallace Shawn und Mary Woronov in »Scenes from the Class Struggle in Beverly Hills«.

Kinostart: 4.1.1990
FSK: ab 16, nffr.
Länge: 103 Min.

Ein Wochenende in Beverly Hills, an dem sich nicht nur sämtliche Reichen und Leichen, sondern auch die als Hauspersonal agierenden männlichen Beaus ins Spiel von »Wer mit wem, wann und wo« einlassen. Zu Ehren verstorbener Ehemänner und Hunde werden Totenwach-Parties gefeiert, an denen fitgestreßte, schlankgefressene, selbstverständlich in Schwarz gehüllte Gäste Verabredungen für amouröse Appointments treffen. Gefilmte Dekadenz der Bourgeoisie, made in USA. Das ist streckenweise witzig, manchmal komisch, meist nur belanglos. *Zoom*

Thomas Brandlmeier in: epd Film, 1/90; Daniel Brunner in: FAZ, 6.1.90; Fritz Göttler in: SZ, 17.1.90; Gernot Gricksch in: Prinz, 1/90; Anke Sterneborg in: Der Tagesspiegel, 6.1.90; Reinhard Tschapke in: Die Welt, 4.1.90

Scharfe Kurven 822

DANGEROUS CURVES *

Video

Regie: David Lewis
Produktion: USA 1987
Verleih: -/-/-/Vestron Video
Videostart: 26.11.1990
FSK: ab 12 J.
Länge: 83 Min.

Sollte laut Verleihinformation bereits letztes Jahr unter dem Titel »Dangerous Curves« herauskommen. Siehe daher »Heyne-Filmjahrbuch 1990«.

Schatten an der Wand 823

SHADOWS ON THE WALL ***

Regie: Patrick C. Poole
Verleih: Progreß/-/-
Kinostart: 10.8.1990

Erstaufführung 1989 auf Video unter dem Originaltitel. Siehe »Heyne-Filmjahrbuch 1990«.

Schatten der Vergangenheit

Siehe »Night Shadow – Schatten der Vergangenheit«

Schatten der Wüste 824

***

Regie: Jürgen Bretzinger
Darsteller: Jessica Forde (Mona), Hannes Jaenicke (Adam), Oliver Stokowski (Kai), Joachim Kemmer (Chris), Adam Choucou, Gerhard Jeschke, Saskia Vester, April de Luca
Drehbuch: Jürgen Bretzinger; Mitarbeit: Peter Renz
Kamera: Jürgen Jürges (Farbe)
Musik: Andreas Köbner
Schnitt: Barbara von Weitershausen
Produktion: Peter Voiss für Voissfilm mit Pro-ject Filmprod./B.A. Prod./Neue Sentimental Film und BR, BRD 1989
Verleih: Filmverlag der Autoren/ Constantin/-/Highlight Video
Kinostart: 18.1.1990
FSK: ab 12, ffr.
Länge: 99 Min.
FBW: Wertvoll

Ein Film über eine Beziehungskiste vor exotischem Hintergrund. Zwei junge Deutsche, Kontrahenten um eine Frau, geraten in die Situation, mehrere Wochen allein in der Wüste ums Überleben kämpfen zu müssen. Der psychologische Konflikt wird langweilig und vordergründig behandelt, die Verhaltensweisen der Männer entsprechen gängigen Klischees.

Beate Ostermann, tip

Verena Lueken in: epd Film 2/90; Jürgen Richter in: FAZ, 20.1.90; Claudius Seidl in: SZ, 24.1.90

Schatten vergessener Ahnen 825

TENI SABYTYCH PREDKOW

****

Regie: Sergej Paradschanow
Darsteller: Iwan Nikolaitschuk, Larissa Kadotschnikowa, Tatjana Bestajewa, S. Bagaschwili, L. Jengibarow
Drehbuch: Sergej Paradschanow, Iwan Tschendej, nach einer Erzählung von Michail Kosjubinski
Kamera: Juri Iljenko (Farbe und s/w)
Musik: Miroslaw Skorik
Schnitt: M. Ponomarenko
Produktion: Dowschenko Studio, Kiew, UdSSR 1964
Verleih: -/-/Columbus
EA: Filmfest München 1988
Kinostart: Januar 1990
FSK: ab 14 J.
Länge: 97 Min.

Die Geschichte der unmöglichen Liebe zwischen Iwan und Marischka, Angehöriger zweier verfeindeter Uzulen-Familien in den Karpaten, die an jene von Romeo und Julia erinnert, nimmt der gebürtige Georgier armenischer Abstammung Sergej Paradschanow zur Vorlage für ein Werk von überwältigender visueller Schönheit. Im Ausland wurde der Film zu einem Ereignis und mit Auszeichnungen überhäuft, in der UdSSR wurde ihm Formalismus vorgeworfen. *Zoom*

Die Schattenmacher 826

THE SHADOW MAKERS

***

Regie: Roland Joffé
Darsteller: Paul Newman (General Leslie R. Groves), Dwight Schultz (J. Robert Oppenheimer), Bonnie Bedelia (Kitty Oppenheimer), John Cusack (Michael Merriman), Laura Dern (Kathleen Robinson), Ron Frazier (Peer de Silva), John C. McGinley (Richard Schoenfield), Natasha Richardson (Jean Tatlock), Ron Vawter (Jamie Latrobe), Michael Brockman, Del Close, John Considine, Alan Corduner, Gerald Hiken
Drehbuch: Bruce Robinson, Roland Joffé, nach einer Story von Bruce Robinson
Kamera: Vilmos Zsigmond (Technicolor)
Musik: Ennio Morricone
Schnitt: Françoise Bonnot
Produktion: Tony Garnett für Lightmotive, USA 1989
Verleih: UIP/UIP/UIP/CIC Video
EA: 14.2.1990, Int. Filmfestspiele Berlin
Kinostart: 22.2.1990
FSK: ab 12, ffr.
Länge: 126 Min.

In Europa tobt der Zweite Weltkrieg. General Groves, von Gerüchten motiviert, versammelt hochqualifizierte Physiker unter der Leitung von Robert Oppenheimer, um in der Wüste New Mexicos die Atombombe vor den Deutschen zu entwickeln. Schmucklos, nüchtern, ohne Special Effects, aber dennoch gekonnt inszeniert, erzählt Roland Joffé vom Schritt ins Atomzeitalter und den dabei auftretenden organisatorischen, menschlichen und ethischen Problemen.

Die Väter der Atombombe: Paul Newman (Mitte) als General Groves mit John Cusack und Dwight Schultz als Wissenschaftler in »Die Schattenmacher«.

Ein langwieriger, diffuser, unentschiedener Film über den Bau der Atombomben, die 1945 auf Hiroshima und Nagasaki abgeworfen wurden. Ein bulliger und cleverer Pentagon-Hardliner heuert Robert Oppenheimer und ein Team meist europäischer, kommunistischer, jüdischer Wissenschaftler an, steckt sie in ein Camp, motiviert sie und besiegt ihre Skrupel. Der Film verpaßt alle in dem Stoff angelegten großen Themen und bringt sich um seine dramatischen Wirkungen. *Wolf Donner, tip*

Fritz Göttler in: SZ, 24.2.90; Urs Jenny in: Der Spiegel, 8/90; Heike-Melba Fendel in: Prinz, 3/90; Milan Pavlovic in: Kölner Stadt-Anzeiger, 24.2.90; Ponkie in: AZ, 23.2.90; Carla Rhode in: Der Tagesspiegel, 15.2.90; Jürgen Richter in: FAZ, 24.2.90; Helmut Schmitz in: FR, 22.2.90

Schattenmund 827

LES MOTS POUR LE DIRE ***

TV

Regie: José Pinheiro
Darsteller: Nicole Garcia (Marie), Marie-Christine Barrault (Éliane, ihre Mutter), Daniel Mesguich (Psychoanalytiker), Claude Rich (Professor Talbiac), Jean-Luc Boutté, Michèle Baumgartner, Céline Blanc-Potard, Violaine Gonce
Drehbuch: Suso Cecchi D'Amico, Marie-Françoise Leclere, Marie Cardinal, José Pinheiro, nach dem gleichn. Roman von Marie Cardinal
Kamera: Gerry Fischer (Eastmancolor)
Musik: Jean-Marie Senia
Schnitt: Claire Pinheiro
Produktion: Stéphan Films/Filmedis/U.G.C./Belstar/T.F.1, Frankreich 1983
Sendetermin: 1.4.1990, ZDF, 23.25 Uhr
Länge: 90 Min.

Marie, 31, ist psychisch schwer gestört.
Erst nach einer jahrelangen Analyse ist sie fähig, ihre Probleme zu meistern – und sich ihre Erfahrungen von der Seele zu schreiben.
Nicole Garcia spielt die Marie, die ein ungewolltes, ungeliebtes Kind war, geboren während der Scheidung der Eltern. Im Laufe der Therapie lernt sie, diese Tatsache und ihr Leben zu akzeptieren. *Birgit Amon, AZ*

Anne-Rose Katz in: SZ, 3.4.90; Stgt. Zeitung, 4.4.90

Der Schatz des Teufels

Video-Titel für »Die Schatzinsel«

Die Schatzinsel 828

TREASURE ISLAND ***

Regie: Fraser C. Heston
Darsteller: Charlton Heston (Long John Silver), Christian Bale (Jim Hawkins), Julian Glover (Dr. Livesey), Richard Johnson (Squire Trelawney), Oliver Reed (Captain Billy Bones), Christopher Lee (Blind Pew)
Drehbuch: Fraser C. Heston
Kamera: Robert Steadman (Farbe)
Musik: Paddy Maloney, The Chieftains
Schnitt: Eric Boyd-Perkins
Produktion: Fraser C. Heston für Turner Pic., USA 1989
Verleih: Warner Bros./dto./dto./Warner Home Video
Kinostart: 7.5.1990
FSK: ab 12, ffr.
Länge: 131 Min.

Bei seinem Wiederbelebungsversuch des Piratenfilms ist sich Fraser C. Heston der ausgetretenen Pfade des Genres wohl bewußt; anstatt sie jedoch zu reflektieren, negiert er sie, indem er Robert L. Stevensons klassische Räuberpistole so aussehen läßt, als ob sie sich tatsächlich zugetragen hätte. Dadurch beraubt die langfädige Neuverfilmung den Stoff seiner abenteuerlichen Qualitäten: sie strickt aus einem phantasievollen Seemannsgarn ein naturalistisches Kriegsspektaktel, das sich für die Schiffsmeuterei mehr interessiert als für die eigentliche Schatzsuche. *Zoom*

Fritz Göttler in: SZ, 13.6.90; Otto Heuer in: Rheinische Post, 8.6.90; Andreas Obst in: FAZ, 9.6.90

Scheiß' auf den Tod 829

S'EN FOUT LA MORT ***

Regie: Claire Denis
Darsteller: Isaach de Bankolé (Dah), Alex Descas (Jocelyn), Jean-Claude Brialy (Pierre Ardennes), Solveig Dommartin (Toni), Christopher Buchholz (Michel), Gilbert Felmar (Ti Emile), Daniel Bellus, François Oloa Biloa, Christa Lang
Drehbuch: Denis Jean-Pol Fargeau, Claire Denis
Kamera: Pascal Marti (Farbe)
Musik: Adullah Ibrahim (= Dollar Brand)
Schnitt: Dominique Auvray
Produktion: Francis Boespflug, Philippe Carcassone für NEF Filmprod./Cinéa/Pyramide/Les Films de Mindif/Caméra One/La Sept, Frankreich/BRD 1989
Verleih: NEF 2/Smile Film/-
UA: 10.9.1990, Int. Filmfestival Venedig
Kinostart: 29.11.1990
FSK: ab 12, ffr. – *FBW:* Wertvoll
Länge: 92 Min.

Der Film erzählt die Geschichte von zwei schwarzen Männern, die durch Hahnenkämpfe den Alltag der Kleinbürger in einer französischen Kleinstadt beleben. Wetteinsätze und menschliche Rivalitäten eskalieren, bis nicht nur Hahnenblut in der Arena fließt. Die lose Struktur des Films führt oft zur Oberflächlichkeit.

Françoise Pyszora, tip

Carla Rhode in: Der Tagesspiegel, 30.11.90; Siegfried Tesche in: Prinz, 12/90

Schizomaniac 830

PLAYROOM **

Video

Regie: Manny Coto
Darsteller: Lisa Aliff, Aron Eisenberg, Chris McDonald, James Purcell, Jamie Rose, Vincent Schiavelli
Drehbuch: Keaton Jones
Kamera: James L. Carter (Farbe)
Musik: David Russo
Schnitt: Bernard Weiser
Produktion: Luigi Cingolani für Smart Egg Pictures, GB 1990
Verleih: -/-/-/New Vision Video
Videostart: 21.12.1990
FSK: nicht unter 18 J.
Länge: 87 Min.

Ein Horrorschocker, der sich des »Shining«-Motivs des stets weiter in den Wahnsinn abdriftenden Durchschnittsbürgers bedient und in den düsteren Kulissen eines mittelalterlichen Schlosses effektiv in Szene gesetzt ist. Obwohl auf drastische Szenen weitgehend verzichtet wird, vermögen die morbide Atmosphäre und der Einsatz vermeintlich unschuldiger Kinder als Verkörperung des Bösen für Spannung und Grusel zu sorgen. *Video Woche*

Schlachtenbummel 831

***

16 mm

Regie: Thomas Frickel
Kamera: Thomas Frickel, Wilhelm Rösing, Gunter Oehme (Farbe und s/w)
Schnitt: Thomas Frickel; Regine Hauser
Produktion: HE-Film Thomas Frickel, BRD 1989
Verleih: Basis/-/-
EA: 20.2.1989, Int. Forum des Jungen Films
Kinostart: Mai 1990
Länge: 155 Min.
FBW: Wertvoll

Mit Hilfe von Tagebuchaufzeichnungen, Befragung von Zeitzeugen und Zeitdokumenten wird rekonstruiert, was der Erste Weltkrieg für Europa und unsere Geschichte der Gegenwart bedeutet hat und noch bedeutet.

Patrick Bahners in: FAZ, 19.10.90; Gilden-Dienst 435, Jan. 90

Die Schmerzen der Lausitz 832

****

Regie: Peter Rocha
Kamera: Karl Farber (Farbe)
Schnitt: Ilse Gebhardt, Lieselotte Schönfeld
Produktion: Thomas Janze, Lothar Schuster, Alfred Mainka für Defa-Studio Dresden, Produktionsgruppe Sorbischer Film, DDR 1990
Verleih: Progreß/-/-
Kinostart: Dez. 1990
Länge: 58 Min.

Nach »Hochwaldmärchen« und »Leben am Fließ« legt Peter Rocha den dritten Teil seines Filmzyklus über die Lausitz vor. In Bildern, Tönen und Gedankenreflexionen schaffen »Die Schmerzen der Lausitz« eine eindrucksvolle Konfrontation mit erschreckenden Ausmaßen von Landschaftsverwüstung, wie sie für die Heimat Jurij Kochs, Gerhard Gundermanns, Heinjak Strittmatters kennzeichnend sind. Im Film, dessen Aufnahmen vom Oktober 1989 bis zum Frühling 1990 entstanden, kommen Serben und Deutsche mit ihren Erwartungshaltungen und Ansprüchen an eine geistig-soziale Heimat zu Wort.

Kino DDR

Schnellzug 833

SKORYJ POJESD

***

Regie: Boris Jaschin
Darsteller: Jelena Majorowa (Olga), Shenja Piwowarow (Anton), Lidia Sawtschenko (Olgas Mutter), Alexander Safronow (Rybakow), Alexander Buklejew (Pascha), Ljudmila Korjuschkina (Galina), Tatjana Agafonowa (Lidka), Taissia Smirnowa, Vera Wassiljewna
Drehbuch: Jelena Laskarewa
Kamera: Wladimir Papjan (Farbe)
Produktion: Studio Mosfilm, Arbeitsgruppe »Towaristsch«, UdSSR 1988
Verleih: Progreß/-/-
Kinostart: 20.4.1990
Länge: 101 Min.

Eigentlich wollte Olga Sängerin werden. Ihr Traum blieb jedoch unerfüllt. Nun ist die ledige junge Frau Mutter eines Sohnes.
Ihr Geld verdient sie als Schnellzugkellnerin. Oft ist sie wochenlang unterwegs und sieht nur für kurze Zeit ihren Sohn (...)
»Schnellzug« - ein sowjetischer Film über aktuelle Probleme der zwischenmenschlichen Beziehungen: spröde, direkt und ungeschminkt.

Kino DDR

Schock Therapie 834

LOVE POTION

**

Video

Regie: Julian Doyle
Darsteller: Norman Chancer, Nancy Paul, John Rowe, Robert Ashby
Drehbuch: Mark Ezra, Julian Doyle
Kamera: Brian Herlihy (Farbe)
Produktion: Mark Hill für Flying High Ltd., GB 1987
Verleih: -/-/-/Concorde Video
Videostart: 17.12.1990
FSK: ab 16 J.
Länge: 88 Min.

Während ihrer Therapie findet eine Drogensüchtige heraus, daß die Klinik offenbar als Organbank für unfreiwillige Spender doubelt. Skurriles Schockdrama mit düsteren, oft surrealen Bildern, das indes über zuwenig Spannungsmomente verfügt.

VideoWoche

Schöne Bescherung 835

NATIONAL LAMPOON'S CHRISTMAS VACATION **

Video

Regie: Jeremiah S. Chechik
Darsteller: Chevy Chase (Clark Griswold), Beverly d'Angelo (Ellen Griswold), Randy Quaid (Eddie), Diane Ladd (Nora), John Randolph (Clark sr.), E.G. Marshall (Art), Doris Roberts (Francis), Julia Louis-Dreyfus (Margo Chester), Mae Questel
Drehbuch: John Hughes
Kamera: Thomas Ackerman (Technicolor)
Musik: Angelo Badalamenti
Schnitt: Jerry Greenberg
Produktion: John Hughes, Tom Jacobson für Hughes Entertainment, USA 1989
Verleih: -/-/-/Warner Video
Videostart: 16.11.1990
FSK: ab 6 J.
Länge: 97 Min.

Clark Griswold beschließt, mit seiner Familie für einmal ein beschauliches Weihnachtsfest im trauten Heim zu feiern, nach traditioneller Art mit Tannenbaum und Kerzenlicht und so. Aber dann kommt alles anders als geplant, und alles geht drunter und drüber. Burleske Parodie auf Familienweihnachtsfeiern, bei der Regieneuling J.S. Chechik sich redlich darum bemüht, in das turbulente, überladene Geschehen etwas Ordnung zu bringen. *Zoom*

Der schöne Johnny

Siehe »Johnny Handsome - Der schöne Johnny«

Der Schönste 836

***

Regie: Burghard Schlicht
Darsteller: Burghard Schlicht (Der Schönste), Ling Ti (Noi), Rolf Idler (Ecke), Rio Reiser (Nummerzwei), Matthias Beltz (Der Hausmeister)
Drehbuch: Burghard Schlicht, Hanno Loewy
Kamera: Jörg Jeshel (Farbe)
Musik: Rio Reiser
Schnitt: Bettina Böhler
Produktion: Burghard Schlicht, Daniel Zuta für Daniel Zuta/Burghard Schlicht Filmprod. im Auftrag des ZDF, BRD 1989
Verleih: Filmgalerie/-/-
EA: Int. Hofer Filmtage 1989
Länge: 90 Min.

Frankfurt Bahnhofsviertel. Der Schönste, ein obdachloser Geschäftsmann, und das Mädchen von der Milchbar, die Thailänderin. Sie braucht einen »falschen« Mann. Er verdächtigt sie, sein Geld gestohlen zu haben. Auf ihrer Spur verwandelt sich sein Verdacht in Zuneigung. Ein Mord geschieht. Der Schönste weiß, wer der Mörder ist, und muß fliehen. Er flieht zu ihr und hofft auf eine Reise in ein fernes Land. *Katalog Hof*

Raimund Gerz in: epd Film, 5/90

Das schreckliche Mädchen 837

****

Regie: Michael Verhoeven
Darsteller: Lena Stolze (Sonja), Monika Baumgartner (Mutter), Michael Gahr (Vater), Fred Stillkrauth (Onkel), Elisabeth Bertram (Oma), Robert Giggenbach (Martin), Hans-Reinhard Müller (Prof. Juckenack), Willi Schultes (Pater Brummel), Richard Süßmeier (Bürgermeister), Michel Guillaume, Karin Thaler, Barbara Gallauner, Udo Thomer, Ludwig Wühr, Herbert Lehnert, Hans Stadtmüller, Georg Einerdinger, Joachim Bernhard, Hermann Hummel, Ottfried Fischer, Stella Adorf, Kurt Weinzierl, Christof Wackernagel
Drehbuch: Michael Verhoeven
Kamera: Axel de Roche (Farbe)
Musik: Mike Herting, Elmar Schloter, Billy Gorlt, Lydie Auvray
Schnitt: Barbara Hennings
Produktion: Sentana, BRD 1990
Verleih: Filmverlag der Autoren; Progress/Constantin/Filmcooperative
UA: 14.2.1990, Int. Filmfestspiele Berlin
Kinostart: 15.2.1990
FSK: ab 12, ffr.
Länge: 93 Min.
FBW: Wertvoll
»Silberner Bär« bei den Int. Filmfestspielen Berlin 1990

Der Film basiert auf der authentischen Geschichte einer Passauer Lehrerin, die bei scheinbar harmlosen Geschichtsrecherchen die braunen Flecken in der Vergangenheit und Gegenwart ihres Heimatortes aufdeckt. Formal ungewöhnlich und mitunter aufregend inszeniert – und mit

»Made in Germany« für den ausländischen Filmmarkt.

Lena Stolze in der Titelrolle bestens besetzt. *Alfred Holighaus, tip*

(...) Die unterschiedlichen Stadtpanoramen (Passau, Landshut, München), die als Schwarzweiß-Hintergrund verwendet werden, stilisieren die Rituale zusätzlich ins Exemplarische. Daß in der DDR nun unverhofft ein neues Verdrängungspotential entsteht für staatstreu begangene Untaten, gibt Verhoevens Pfilzing-Stück unversehens eine noch breitere Basis – auch wenn die bayerische Passau-Komponente natürlich einmalig exotisch aus der gesamtdeutschen Heimat dampft. *Ponkie, AZ*

Brigitte Desalm in: Kölner Stadt-Anzeiger, 17.2.90; Fritz Göttler in: SZ, 21.2.90; Urs Jenny in: Der Spiegel, 8/90; Anna Mikula in: Zeit-Magazin, 9/90 (Lena Stolze); Karena Niehoff in: SZ, 17.2.90 (Berlinale Bericht); Karsten Visarius in: FR, 20.2.90

Schütze deine Rechte 838

SOIGNE TA DROITE ***

TV

Regie: Jean-Luc Godard
Darsteller: Jean-Luc Godard (Idiot/Fürst), Jacques Villeret (Individuum), François Perier (Mann), Jane Birkin (Zikade), Michel Galabru (Admiral), Dominique Lavanant (Frau des Admirals), Catherine

Ringer (Musikerin), Frederic Chichin
Drehbuch: Jean-Luc Godard
Kamera: Carolie Champetier de Ribes (Eastmancolor)
Musik: Les Rita Mitsouko
Schnitt: Jean-Luc Godard
Produktion: Gaumont/JLG Film/Xanadu Film, Frankreich/Schweiz 1987
EA: Int. Filmfestspiele Berlin 1988, »Panorama«
Sendetermin: 14.11.1990, ZDF, 23.25 Uhr
Länge: 82 Min.

Godards Spielfilm begann als hinreißende Slapstick-Burleske (Godard als Filmemacher-»Idiot« und Dostojewski-Kasperle, dem auferlegt wird, bis zum Nachmittag einen Film abzuliefern) – und hackte einem die Godardschen Strukturzertrümmerungsmethoden in die Cinéasten-Rübe. Zitate-Lockvögel an allen Enden, Assoziationen und Reflexionen quer durchs kreative Gestrüpp von Kunst, Moral und Politik – ein mit der Dokumentation von Musik-Entstehung verschnürtes Paket aus experimentellen Bild-, Ton- und Denk-Effekten, das zu einer Hommage an das Licht aufplatzt, als der Film am Ende an den Seine-Ufern vorgeführt wird. Aber da hatte mich (weit nach Mitternacht) die Lust an Godards verquasten Genie-Texten längst verlassen. *Ponkie, AZ*

Anke Sterneborg in: Der Tagesspiegel, 25.2.1988; Andreas Obst in: FAZ, 16.11.90

Schuß Gegenschuß 839

****

Regie: Niels Bolbrinker, Thomas Tielsch
Darsteller: Werner Bergmann, Jost Graf von Hardenberg, Hans-Jürgen Musehold, Heinz Tödter, Dr. Fritz Hippler, Mme. und M. Chamauret
Kamera: Niels Bolbrinker; Gabi Henzler, Katrin Klamroth (Ass.)
Schnitt: Niels Bolbrinker, Thomas Tielsch
Produktion: Thomas Tielsch, Niels Bolbrinker für Dickerlitz Filmprod. Thomas Tielsch/Niels Bolbrinker, BRD 1990
Verleih: Freunde der Deutschen Kinemathek/-/-
UA: 16.2.1990, Int. Forum des Jungen Films
Kinostart: Nov. 1990
Länge: 95 Min. – *FBW:* Wertvoll

Eindrucksvolle Bilder für unfaßbares Leid. »Schwarzer Regen« von Shohei Imamura.

Ein intellektueller, dokumentarischer und literarischer Exkurs über die Arbeit und Einstellung von Kameramännern, die als »Kamerasoldaten« im II. Weltkrieg und in Vietnam gedient haben.

Carla Rhode in: Der Tagesspiegel, 21.2.90

Schwarzer Regen 840

KUROI AME/BLACK RAIN *****

Regie: Shohei Imamura
Darsteller: Yoshiko Tanaka (Yasuko), Kazuo Kitamura (Shigematsu), Etsuko Ichihara (Shigeko), Shoichi Ozawa (Shokichi), Norihei Miki (Kotaro), Keisuke Ishida
Drehbuch: Toshiro Ishido, Shohei Imamura, nach dem gleichn. Roman von Masuji Ibuse
Kamera: Takashi Kawamata
Musik: Toru Takemitsu
Schnitt: Hajime Okayasu
Produktion: Hisa Lino für Imamura Prod./ Hayashibara Gruppe mit Tohokushinsha Film, Japan 1988
Verleih: Concorde/-/-/Concorde Video
UA: Int. Filmfestspiele Cannes 1989
Kinostart: 8.2.1990
FSK: ab 12, ffr. – *FBW:* Wertvoll
Länge: 122 Min.
»Preis der Technik« in Cannes 1989 für die brillante Schwarz-Weiß-Technik; »Erste spezielle Empfehlung der ökumenischen Jury« für Shohei Imamura

Der Film erzählt eine Familiengeschichte vor dem Hintergrund des atomaren Holocausts von Hiroshima. 1950, in einem japanischen Dorf: Die Familie Shizuma ist noch einmal davongekommen und scheinbar von der Strahlenkrankheit verschont worden, Yasuko war nur in den schwarzen Regen nach der Explosion gekommen. Doch auch der war verseucht. Imamuras in Cannes 1989 preisgekrönter Film zeigt intensiv und sensibel das unvorstellbare, vergessene Leiden und Sterben der Überlebenden. *André Simonoviescz, tip*

Werner Dannowski in: epd Film 2/90; Marli Feldvoss in: FAZ, 16.3.90; Fritz Göttler in: Kölner Stadt-Anzeiger, 10.2.90 und SZ, 16.6.90; Norbert Grob in: Die Zeit, 9.2.90; Herbert Heinzelmann in: Filmecho/Filmwoche, AV-Mediendienst, 2/90; Peter Körte in: FR, 16.3.90; Kai Niemeyer in: AZ, 16.6.90; Martin Werner in: Prinz, 2/90

Schwarzer Regenbogen 841

BLACK RAINBOW ***

Regie: Mike Hodges
Darsteller: Rosanna Arquette (Martha Travis), Jason Robards (Walter Travis), Tom Hulce (Gary Wallace), Mark Joy (Lloyd Harley), Ron Rosenthal (Lt. Weinberg), John Bennes (Ted Silas), Linda Pierce, Olek Krupa, Marty Terry, John Thompson
Drehbuch: Mike Hodges
Kamera: Gerry Fisher (Farbe)
Musik: John Scott
Schnitt: Malcolm Cooke
Produktion: John Quested, Geoffrey Helman für Goldcrest Films, GB 1989
Verleih: Delta/Elmo/-/Warner Home Video
UA: 26.11.1989 London Film Festival
EA: Festival des Phantastischen Films, Avoriaz 1990
Kinostart: 22.3.1990
FSK: ab 16, ffr.
Länge: 103 Min.

Eine junge Frau gerät in Gefahr, weil sie durch ihre hellseherischen Fähigkeiten den Namen eines Mörders kennt.
(...) Regisseur Mike Hodges versucht, hier drei Geschichten auf einmal zu erzählen: das geheimnisvolle Schicksal eines Mediums; eine tragische Vater-Tochter-Beziehung; und einen richtigen Krimi mit korrupten Bullen, skrupellosen Politikern und gedungenen Killern. Leider greifen die verschiedenen Stränge kaum überzeugend ineinander. Zusammenhänge wirken konstruiert, und trotz guter Darsteller-Leistungen gibt's von allem bloß ein bißchen und nichts so richtig. (...) *Rolf Lenz, Prinz*

Anke Sterneborg in: Der Tagesspiegel, 22.3.90; Hanspeter Künzler in: Wiener, 3/90 (Rosanna Arquette)

Schwarzer Sommer 842

HAUNTED SUMMER **

Video

Regie: Ivan Passer
Darsteller: Philip Anglim (Lord Byron), Laura Dern (Claire Clairmont), Alice Krige (Mary Wollstonecraft Godwin), Eric Stoltz (Percy Shelley), Alex Winter
Drehbuch: Lewis John Carlino, nach dem Roman von Anne Edwards

Krasse Gesellschaftskritik. Szene aus Pier Paolo Pasolinis »Schweinestall«.

Kamera: Giuseppe Rotunno (Telecolor)
Musik: Christopher Young
Schnitt: Cesare D'Amico, Richard Fields
Produktion: Martin Poll für Cannon, USA 1988
Verleih: -/-/-/Cannon/-/VMP Video
Videostart: 26.3.1990
FSK: ab 16 J.
Länge: 115 (102) Min.

Der Sommer 1816 wird für fünf junge Leute zu einem unheimlichen Liebesreigen. Da sind zum einen der Poet Percy, seine Geliebte Mary und deren Halbschwester Claire. Sie treffen auf einer Reise von London in die Schweiz auf Lord Byron und seinen intimen Freund John. In dem unheimlichen Schloß Chillon und unter Opium-Genuß eskalieren die Gefühle der jungen Leute untereinander. Alles hört sich sehr dramatisch an, geht aber in langweiligen Dialogen unter. *tips*

Schweigen = Tod 843

***
16 mm

Regie: Rosa von Praunheim
Darsteller: David Wojnarowicz, Rafael Gamba, Paul Smith, Peter Kunz, Don Moffet, Bern Boyle, Keith Haring, Allen Ginsberg, Emilio Cubiero
Drehbuch: Rosa von Praunheim
Kamera: Mike Kuchar, Evan Estern (Farbe)
Musik: »This Is The Law Of The Plague« von Diamanda Galas
Schnitt: Mike Shephard
Produktion: Rosa von Praunheim Prod. mit SR, BRD 1989
Verleih: Filmwelt/-/Filmcooperative
Kinostart: 17.5.1990
Länge: 60 Min.

Dieser Film ist der zweite Teil einer Trilogie über Aids – die beiden anderen Teile heißen »Positiv« und »Feuer unterm Arsch«.

Der Schweinestall 844

PORCILE
****

Regie: Pier Paolo Pasolini
Darsteller: Pierre Clémenti (Mann in der Wüste), Jean-Pierre Léaud (Julian Klotz), Alberto Lionello (Klotz, sein Vater), Franco Citti (2. Mann in der Wüste), Anne Wiazemsky (Ida), Ugo Tognazzi (Herdhitze), Marco Ferreri (Hans Günther), Ninetto Davoli, Margherita Lozano
Drehbuch: Pier Paolo Pasolini
Kamera: Tonino Delli Colli, Armando Nannuzzi, Giuseppe Ruzzolini (Farbe)

Musik: Benedetto Ghiglia
Schnitt: Nino Baragli, Andreina Casini
Produktion: Gian Vittorio Baldi, Gianni Barcelloni für Idi Cinematografica/Film dell'Orso/I.N.D.I.E.F./C.A.P.A.C., Italien 1969
Verleih: Die Lupe/-/-
UA: 30.8.1969, Int. Filmfestspiele Venedig
Kinostart: 3.8.1989
Sendetermin: 27.4.1971, ZDF
Länge: 100 Min.

Der Schweinestall, die Behausung dieser intelligenten Tiere, hat bei einem Schock-Liebhaber wie Pier Paolo Pasolini viele mehrfach interpretierbare Bedeutungen: Porcile, das ist die Villa der Kapitalisten am Rhein, es ist das Komplott zwischen der alten und der neuen Geldaristokratie, es ist die Stätte der Sodomie.
Diese literarischen wie filmischen Metaphern verquickt Pasolini in zwei Handlungen, die ebenso faszinieren wie irritieren. Einmal geht es um die Kuppelei zwischen einem deutschen und italienischen Neofaschisten, an der scheinbar die Jugend nicht beteiligt ist. Zum anderen wird in einer Orgie szenischer Abstraktionen inmitten der immer noch bösen Ätna-Landschaft ein »Mann in der Wüste« zum Kannibalen. Kämpfer und Dulder, der er ist, geht er doppelt zugrunde.
Nicht jedem wird sich im nachhinein diese nonkonformistische Film-Ästhetik von 1969 erschließen. Pasolinis poetische Grausamkeit wirkt für sich allein bereits so provozierend, daß die Strenge, mit der er seine asketischen Bilder komponiert und durchinszeniert, schon fast wieder erholsam wirkt. *Kai Niemeyer, AZ*

Peter W. Jansen in: tip, 22/90

Scott & Huutsch 845
TURNER & HOOCH ***

Regie: Roger Spottiswoode
Darsteller: Tom Hanks (Scott Turner), Mare Winningham (Emily Carson), Craig T. Nelson (Chief Hyde), Reginald VelJohnson (David Sutton), Scott Paulin (Zack Gregory), J.C. Quinn (Walter Boyett), John McIntire (Amos Reed), David Knell, Ebbe Roe Smith, Kevin Scannell, Joel Bailey, Mary McCusker

Tom Hanks und seine Dogge als das unschlagbare Gespann »Scott & Huutsch«.

Drehbuch: Dennis Shryack, Michael Blodgett, Daniel Petrie jr., Jim Cash, Jack Epps jr., nach einer Story von Dennis Shryack, Michael Blodgett und Daniel Petrie jr.
Kamera: Adam Greenberg, Michael A. Benson (2d unit) (Metrocolor/Technicolor)
Musik: Charles Gross
Schnitt: Garth Craven (auch 2d unit Regie)
Produktion: Raymond Wagner für Touchstone Pic. mit Silver Screen Partners IV, USA 1989
Verleih: Warner Bros./dto./dto./ Buena Vista Home Video
Kinostart: 1.2.1990
FSK: ab 12, ffr.
Länge: 99 Min.
FBW: Wertvoll

Scott & Huutsch sind die Nachfolger von James Belushi und seinem »Partner mit der kalten Schnauze«. Polizist Tom Hanks steht diesmal eine rebellische, ständig sabbernde Dogge zur Seite, sein einziger »Kronzeuge« in einem Mordfall. Dieser macht sich bei ihm häuslich breit, sorgt für Chaos und Aufklärung gleichermaßen und führt sogar zwei Liebende zusammen. Eine Mischung aus Tierfilm und Krimi, anfangs noch ganz ulkig, später dann eher unappetitlich und plump.
Hans-Ulrich Pönack, tip

Heike-Melba Fendel in: Prinz, 2/90; Fritz Göttler in: SZ, 5.2.90; Andreas Obst in: FAZ, 3.2.90; Rolf Selas in: Rheinische Post, 23.2.90

Sea of Love – Melodie des Todes 846

SEA OF LOVE ****

Regie: Harold Becker
Darsteller: Al Pacino (Frank Keller), Ellen Barkin (Helen), John Goodman (Sherman), Michael Rooker (Terry), William Hickey (Frank Keller sen.), Richard Jenkins (Gruber), Paul Calderon, Gene Canfield, John Spencer, Christine Estabrook, Barbara Baxley, Patricia Barry, Mark Phelan
Drehbuch: Richard Price
Kamera: Ronnie Taylor (Farbe)
Musik: Trevor Jones
Schnitt: David Bretherton
Produktion: Martin Bregman, Louis A. Stroller für Universal, USA 1989
Verleih: UIP/UIP/UIP/CIC Video
Kinostart: 1.2.1990
FSK: ab 16, ffr.
Länge: 113 Min.
FBW: Wertvoll

Nach zwanzig Dienstjahren und einer gescheiterten Ehe steckt ein New Yorker Polizist tief in einer Lebenskrise. Da verliebt er sich während seiner Ermittlungen in einer rätselhaften Mordserie in eine der Hauptverdächtigen. Mehr und mehr gerät er durch seine Liebe in Konflikt mit seinen beruflichen Aufgaben. Ein gut inszenierter, erotischer Thriller mit phantastischen Hauptdarstellern.

Zoom

Annette Brauerhoch in: epd Film 2/90; Otto Heuer in: Prinz, 2/90; Hellmuth Karasek in: Der Spiegel, 5/90; Rainer Nolden in: Die Welt, 8.2.90; Jürgen Richter in: FAZ, 3.2. und 8.2.90; Claudius Seidl in: SZ, 7.2.90

Search and Destroy 847

SEARCH AND DESTROY *

Video

Regie: J. Christian Ingvordsen
Darsteller: Stuart Garrison Day, J. Christian Ingvordsen, Johnny Stumper, Kosmo Vinyl, Oliver Daniels, John Rano, Angel Cahan
Drehbuch: J. Christian Ingvordsen, Steven W. Kaman
Kamera: Steven W. Kaman (Farbe)
Musik: Chris Burke
Produktion: Cinema Sciences, USA 1988

Ellen Barkin und Al Pacino in dem erotischen Thriller »Sea of Love – Melodie des Todes«.

Verleih: -/-/-/Starlight Video
Videostart: 26.2.1990
FSK: nicht unter 18 J.
Länge: 94 Min.

Ein psychopathischer Spezialagent überwindet die Terroristen in einem militärischen Forschungslabor. Dauerfeuer für schlichtere Gemüter.

Second Hand Familiy 848

IMMEDIATE FAMILY ***

Regie: Jonathan Kaplan
Darsteller: Glenn Close (Linda Spector), James Woods (Michael Spector), Mary Stuart Masterson (Lucy Moore), Kevin Dillon (Sam), Linda Darlow (Susan Drew), Jane Greer (Michaels Mutter), Jessica James (Bessie), Mimi Kennedy, Charles Levin, Harrison Mohr, Matthew Moore, Kristin Sanderson, Merrilyn Gann
Drehbuch: Barbara Benedek
Kamera: John W. Lindley (Deluxe Color)
Musik: Brad Fiedel
Schnitt: Jane Kurson
Produktion: Sarah Pillsbury, Midge Sanford für Lawrence Kasdan Prod. mit Sanford/Pillsbury Prod., USA 1989
Verleih: Columbia Tri-Star/dto./20th Century Fox/RCA-Columbia Video
UA: 11.10.1989, Mill Valley (Calif.) Festival
Kinostart: 7.6.1990
FSK: ab 12, ffr.
Länge: 100 Min.

Ein reiches, kinderloses Ehepaar nimmt eine junge Schwangere auf, die ihr Kind zur Adoption freigeben will. Doch nach der Geburt stellt sie nun selbst Ansprüche. Halbwegs unterhaltsam in Szene gesetzter »Baby-Film«, der seine angerissenen Probleme zugunsten leichterer Konsumierbarkeit nicht auslotet. *multimedia*

Karl-Heinz Schäfer in: Prinz, 6/90; Claudia Schülke in: FAZ, 11.6.90; Anke Sterneborg in: Der Tagesspiegel, 7.6.90

Sehnsucht 849

***

Regie: Jürgen Brauer
Darsteller: Ulrike Krumbiegel (Ena), Ulrich Mühe (Sieghart), Thomas Büchel (Mathias), Martin Trettau (Großvater), Katharina Lind (Enas Mutter), Benno Mieth (Braschka), Thomas Bading, Dieter Rutnowski
Drehbuch: Jürgen Brauer, nach der Novelle »Der Kirschbaum« von Jurij Koch
Kamera: Jürgen Brauer (Farbe)
Musik: Ralf Hoyer
Schnitt: Erika Lehmphul
Produktion: Gerrit List für Defa-Studio, Gruppe »Johannisthal«, DDR 1989
Verleih: Progreß/-/-
Kinostart: 1.6.1990
Länge: 97 Min.

Der Film wurde gedreht, als die Mauer noch 100 Jahre stehen sollte und der Regisseur über die Abge-

Glenn Close und James Woods in »Second Hand Family«.

»Seifendiebe«-Regisseur und Hauptdarsteller Maurizio Nichetti.

schiedenheit der DDR poetisierte. Die Sehnsucht nach der Ferne lockt einen Wasserbauingenieur aus der Lausitz nach Paris, die Sehnsucht nach der Idylle daheim ruft seine Frau zurück. Ulrich Mühe in der Hauptrolle versucht den Kitsch eines Operntextes als Poesie zu interpretieren. *tip*

Volker Baer in: Der Tagesspiegel, 1.6.90; Roland Rust in: film-dienst, 25/90

Die Seifendiebe 850

LADRI DI SAPONETTE ****

Regie: Maurizio Nichetti
Darsteller: Maurizio Nichetti (Regisseur Nichetti/Antonio Piermattei), Caterina Sylos Labini (Maria), Renato Scarpa (Don Italo), Heidi Komarek (Model), Federico Rizzo (Bruno), Matteo Auguardi, Carolina Tarta, Massimo Sacilotto, Lella Costa
Drehbuch: Maurizio Nichetti, Mauro Monti
Kamera: Mario Battistoni (Farbe und s/w)
Musik: Manuel de Sica
Schnitt: Rita Olivati, Anna Missoni
Produktion: Ernesto di Sarro für Bambù Cinema e TV/Reteltalia, Italien 1988
Verleih: Atlas/-/Citel
UA: 16.2.1989, Rom
Kinostart: 30.8.1990
FSK: ab 6, ffr.
Länge: 85 Min.
Ausgezeichnet mit dem großen Preis beim Moskauer Filmfestival 1989; »Golden Globe« für Regie, Drehbuch, Kamera und Originalmusik

Ein Regisseur hat einen Spielfilm über die Armut und die Sorgen eines jungen Paares in unmittelbarer Nachkriegszeit inszeniert, eine gefühlvolle Hommage auf Vittorio de Sicas »Ladri di biciclette«. Bei der Ausstrahlung des Films im italienischen Fernsehen kommt es durch Werbeunterbrechungen zu Überraschungen, die verschiedenen Bilderwelten verbinden und verwirren sich. Eine auf mehreren Ebenen jonglierende turbulente und amüsante Satire. *Zoom*

Lars-Olav Beier in: tip, 17/90; Georg Hensel in: FAZ, 29.8.90; Helmut Schmitz in: FR, 23.8.90

Sein Freund, der Roboter 851

PROTOTYPE **

TV

Regie: David Greene
Darsteller: Christopher Plummer (Dr. Carl Forrester), David Morse (Michael), Frances Sternhagen (Dorothy Forrester), Arthur Hill (General Keating), James Sutorius (Dr. Gene Pressman), Stephen Elliott (Arthur Jarrett), Alley Mills (Chris), Ed Call, Richard Kuss
Drehbuch: Richard Levinson, William Link
Kamera: Harry May (Farbe)
Musik: Billy Goldenberg
Schnitt: Parkie Singh
Produktion: Robert A. Papazian für King Features, USA 1983
UA: 7.12.1983, CBS
Sendetermin: 29.5.1990, ZDF, 20.15 Uhr
Länge: 92 Min.

Ein Androidenschöpfer merkt wieder einmal, daß das Pentagon schlimme Pläne mit seinem künstlichen Menschen hat, und sucht mit seiner Schöpfung das Weite. Fernsehmanns Bieder-Vorstellung eines aktualisierten »Frankenstein«, mit all den üblichen, wenngleich geschickt aufbereiteten Klischees.

Selten so gelacht

Siehe »Big Gag - Selten so gelacht«

Sensations 852

SENSATIONS *

Video

Regie: Chuck Vincent
Darsteller: Blake Bahner (Brian Ingles), Rebecca Lynn (Jenny Hunter), Jennifer Delora (Della Randall), Rick Savage (Dave Salt), Frank Stewart (Harold Nichols), Loretta Palma (Beatrice Cox), Jane Hamilton (Tippy), W.P. Dremak
Drehbuch: Craig Horrall
Kamera: Larry Revene
Musik: Joey Mennonna
Produktion: Chuck Vincent für Platinum Pictures, USA 1988
Verleih: -/-/-/UFA Video
Videostart: 16.8.1990
FSK: ab 16 J.
Länge: 91 Min.

Ein Stricher und eine Bordsteinschwalbe müssen sich zusammenraufen, als sie beim Lotto das große Los ziehen. Leichtgewichtige, angemessen schlüpfrige Beziehungskomödie aus dem Rotlicht-Milieu. Chuck Vincent kommen seine einschlägigen Erfahrungen als Pornofilmer bei dieser papierdünnen Geschichte sehr zupaß.

Video Woche

Set Me Free – Konzert für Berlin 853

***

Regie: Holger Senft
Drehbuch: Holger Senft
Kamera: Hans Jörg Reinert, Ulli Seifert, Dieter Hoffmann, Horst Kandeler (Farbe)
Schnitt: Hans-Jürgen Busch, Christian Radke
Produktion: Conny Konzack, Holger Senft für Hit & Run Filmprod., BRD 1989
Verleih: Filmverlag der Autoren/-/-
UA: 16.2.1990 Int. Forum des Jungen Films
Kinostart: 15.3.1990
Länge: 80 Min.

Die Dokumentation spannt den Bogen von der Nacht der Maueröffnung bis zur Neujahrsnacht mit dem Riesenspektakel am Brandenburger Tor. Diese Bilder sind eingebettet in ein einmaliges Rock-Konzert, das am 12. November 1989 in Berlin stattfand.

Der Sex-Tapes Skandal 854

FULL EXPOSURE: THE SEX TAPES SCANDAL ***

Video

Regie: Noel Nosseck
Darsteller: Lisa Hartman (Sarah Dutton), Anthony Denison (Lt. Thompson), Vanessa Williams (Valentine Hayward), Jennifer O'Neill (Debralee Taft), Peter Jurasik (Portis), Judson Scott (Grace), James Avery (Earl), Rene Enriquez (Ramirez), Jennifer Warren
Drehbuch: Stephen Zito
Kamera: Denis Lewiston (Farbe)
Musik: Dana Kaproff
Schnitt: Gregory Prange
Produktion: Stephen Zito, Gregory Prange für Von Zerneck-Sertner Films/World Wide Media, USA 1989
Verleih: -/-/-/VCL Video
Videostart: 30.3.1990
Sendetermin: 5.2.1989, NBC
FSK: nicht unter 18 J.
Länge: 92 Min.

Mit der Ermordung eines hochbezahlten Callgirls wird der »Sex-Tapes Skandal« entfacht. Berühmte Persönlichkeiten wurden anhand von eindeutigen Bändern von ihr erpreßt. Ein Lieutenant und eine Staatsanwältin ermitteln und decken nach langen Wirren einen echten Skandal auf. Spannend und fesselnd gemacht, mit unbekannten, aber guten Darstellern und vielen überraschenden Wendungen.

tips

Sexy Platoon 855

THE SHOOTERS *

Video

Regie: Peter Yuval
Darsteller: Benjamin Schick (Lt. Harley Cole), Robin Sims (Lt. Robin Perry), Aldo Ray (General Makepeace), Ray Essler (Major Zipp), Randy Hogen (Lt. Nelson), Joe Pilot (Sgt. Plato), Shawn Greenfield (Detonator), Gary Gibson, Kelly Mullis
Drehbuch: Jeff Mandel, Michael Bogert, Peter Yuval
Kamera: Paul Maibaum (Farbe)
Musik: Todd Hayen
Schnitt: Christopher Reynolds
Produktion: Peter Yuval für AIP, USA 1989
Verleih: -/-/-/VPS Video
Videostart: 23.8.1990
FSK: ab 16 J.
Länge: 87 Min.

Amerikanische Militärklamotte um das Duell zwischen einer Versager- und einer Amazonenkompanie, bei der nicht der sexuelle Aspekt der Handlung im Vordergrund steht, wie der Titel vermuten läßt, sondern die Komiker in Uniform, die mit ein paar guten Gags und noch mehr Standardsituationen ihr Publikum zu unterhalten suchen. *VideoWoche*

Shadowzone 856

SHADOWZONE

*

Video

Regie: J.S. Cardone
Darsteller: Louise Fletcher (Dr. Erhard), Miguel Nunez, David Beecroft, Lu Leonard, James Hong, Shawn Weatherly, Frederick Flynn, Maureen Flaherty, Robbie Rives
Drehbuch: J.S. Cardone
Kamera: Karen Grossman (Farbe)
Musik: Richard Band
Schnitt: Tom Meshelski
Produktion: Carol Kottenbrook für Full Moon Prod., USA 1990
Verleih: -/-/-/CIC Video
Videostart: 16.5.1990
FSK: nicht unter 18 J.
Länge: 89 Min.

Bei Tiefschlafexperimenten dringt ein mörderisches Ungeheuer durch die Träume der Versuchspersonen in unsere Dimension vor. Stereotype Mad-Scientist-Mär, die sehr deutlich unter ihrem mangelnden Budget leidet.

Shalom General 857

****

16 mm

Regie: Andreas Gruber
Darsteller: Rainer Egger, Dieter Naumann, Susanne Geyer, Andrea Wolf
Drehbuch: Andreas Gruber
Kamera: Hermann Dunzendorfer (Farbe)
Produktion: Thalia-Film, Österreich 1989
Verleih: Europolis/-/-
EA: Max-Ophüls-Preis 1990, Saarbrücken
Kinostart: 14.5.1990
Sendetermin: 18.2.1990, ORF, 10.50 Uhr
Länge: 100 Min.
Max Ophüls-Preis 1990 (DM 25.000,– und Verleihförderung DM 20.000,–)

(...) Ein Zivildienstleistender kommt in die Pflegestation eines Altenheims, überwindet allmählich seinen Ekel vor den hinfälligen Körpern der Patienten, streitet und befreundet sich mit einem ehemaligen Wehrmachtsoffizier, der bis zur Halskrause gelähmt im Rollstuhl sitzt – das ist die Geschichte von »Shalom General«, aber wer jetzt glaubt, Grubers Film sei ein langweilig-ausgewogenes Dossier zur Altenpflegethematik, hat sich geirrt. »Shalom General« ist ein witziger, genau komponierter »filmischer« Film, ein Lichtblick im Wettbewerb von Saarbrücken. (...)

Andreas Kilb, Die Zeit

Ilona Jerger-Bachmann in: Filmecho-Filmwoche 24/90; W.O.P. Kistner in: AZ, 2.8.90; Horst Peter Koll in: Film-Korrespondenz, 3/90; Elke Wendt-Kummer in: epd Film 6/90; H.G. Pflaum in: SZ, 3.8.90; Carla Rhode in: Der Tagesspiegel, 28.6.90

Shigatse – Eine Spritze kommt selten allein 858

***

16 mm

Regie: Jürg Neuenschwander
Drehbuch: Jürg Neuenschwander, Alex Sutter
Kamera: Manfred Neuwirth (Farbe)
Musik: Volksgruppe Shigatse, Tsering Tenzing, David Gattiker, Rick Iannacone
Schnitt: Jürg Neuenschwander
Produktion: Limbo, Container TV, Schweiz 1989
Verleih: -/filmladen/Jürg Neuenschwander
Länge: 90 Min.

In Shigatse, einer Gegend in Zentral-Tibet, treffen seit der chinesischen Besetzung verschiedene Wertvorstellungen hart aufeinander. Der Film zeigt am Beispiel der medizinischen Versorgung, wie die kulturelle Identität der Einheimischen mehr und mehr verloren geht. Während das traditionelle medizinische Wissen Tibets nicht per Schnellbleiche weitervermittelt werden kann, werden andererseits Leute in einem sechsmonatigen Kurs in die chinesisch-westliche Medizin eingeführt. Sie können danach leidlich praktizieren und Medikamente nach Gutdünken verteilen.

Leider ist der Film formal brav, zeigt wenig Engagement und bleibt recht unverbindlich. *Zoom*

Shirley Valentine – Auf Wiedersehen, mein lieber Mann 859

SHIRLEY VALENTINE ****

Regie: Lewis Gilbert
Darsteller: Pauline Collins (Shirley Valentine-Bradshaw), Tom Conti (Costas Caldes), Alison Steadman (Jane), Julia McKenzie (Gillian), Joanna Lumley (Marjorie), Bernard Hill (Joe Bradshaw), Sylvia Syms, Gillian Kearney, Catherine Duncan, Tracie Bennett, Gareth Jefferson
Drehbuch: Willy Russell, nach seinem gleichn. Theaterstück
Kamera: Alan Hume (Technicolor)
Musik: George Hadjinassios, Willy Russell
Schnitt: Lesley Walker
Produktion: Lewis Gilbert für Paramount, USA 1989
Verleih: UIP/UIP/UIP/CIC Video
Kinostart: 22.2.1990
FSK: ab 12, ffr.
Länge: 109 Min.
FBW: Wertvoll

»Shirley Valentine« ist Film gewordener Ausbruchs- und Selbstverwirklichungstraum einer gut vierzigjährigen englischen »Durchschnitts«-Hausfrau. Voller Witz und Selbstironie steht und fällt der Film mit seiner gewieften Hauptdarstellerin. Eher rundlich, mit einem riesigen Herzen, ganz alltäglichen Sorgen und direkt ans Publikum gerichteten Fragen, ist

Alison Steadman und Pauline Collins in »Shirley Valentine«.

Shirley Valentine das pure Gegenteil eines Filmstarlets, ein Stück auf die Leinwand gebannte Lebensphilosophie, eine weibliche Komödiantin und dadurch eine sehenswerte Rarität. *Zoom*

Anna Bergmann in: Prinz, 2/90; Angie Dullinger in: AZ, 24.2.90; Elke Frick in: FR, 26.2.90; Bodo Fründt in: SZ, 26.2.90; Claudia Schülke in: FAZ, 24.2.90; David Simmons in: Kölner Stadt-Anzeiger, 24.2.90; Anke Sterneborg in: Der Tagesspiegel, 21.2.90

Shocker 860

SHOCKER ***

Regie: Wes Craven
Darsteller: Michael Murphy (Lt. Don Parker), Peter Berg (Jonathan Parker), Mitch Pileggi (Horace Pinker), Cami Cooper (Alison), Richard Brooks (Rhino), Theodore Raimi (Pack Man), John Tesh, Dr. Timothy Leary, Heather Langenkamp, Bingham Ray
Drehbuch: Wes Craven
Kamera: Jacques Haitkin (Foto-Kem Color)
Musik: William Goldstein
Schnitt: Andy Blumenthal
Produktion: Marianne Maddalena, Barin Kumar für Alive Films, USA 1989
Verleih: Scotia/Monopole Pathé/-/ UFA Video (gekürzte Fassung, 101 Min., frei ab 16 J.)
Kinostart: 10.5.1990
FSK: ab 16, nffr.
Länge: 105 Min.

Der Film beginnt krude und grell wie jeder Horrorfilm dieses Splatter-Spezis mit Blutbädern, einem Serienkiller, Geschrei, Schocks, Grusel- und Gewalteffekten.
Aber es gibt mehr: Humor und Ironie, Motive von Poe und Cocteau bis zu Kult-Klassikern des Genres und im Finale einen virtuosen Video-Clinch mit Kameras, Monitoren und komplizierten Stromkreisen. Der Dämon und sein Verfolger hechten durch Kabel und Kanäle, bringen Programme durcheinander, machen den Realhorror des Fernsehens zur perfekten Fernsehsatire.
Die letzte halbe Stunde macht den Film sehenswert. *Wolf Donner, tip*

Milan Pavlović in: Kölner Stadt-Anzeiger, 12.5.90

Short Run 861

CAT CHASER ****

Video

Regie: Abel Ferrara
Darsteller: Peter Weller (George Moran), Kelly McGillis (Mary de Boya), Charles Durning (Jiggs Scully), Frederic Forrest (Nolan Tyner), Tomas Milian (Andres de Boya), Juan Fernandez
Drehbuch: Elmore Leonard, Jim Borrelli, Alan Sharp, nach dem Roman von Elmore Leonard
Kamera: Anthony Richmond (Technicolor)
Musik: Chick Corea
Schnitt: Kim Kennedy
Produktion: Peter Davis, William Panzer für Whiskers, USA 1989
Verleih: -/-/-/VCL-Carolco Video
Videostart: 24.10.1990
FSK: nicht unter 18 J.
Länge: 90 Min.

Auf der Suche nach einer linksgerichteten Rebellin, die ihm 1965 das Leben schenkte, kehrt ein ehemaliger Marinesoldat in die Dominikanische Republik zurück. Zwar wird er dabei nicht fündig, dafür stößt er jedoch auf eine frühere Geliebte, die mit seiner Hilfe ihren jetzigen Lover, den ehemaligen Geheimdienstchef, um zwei Millionen Dollar erleichtern möchte. Gelungene Verfilmung eines Romans von Elmore Leonard: Ein Caper-Movie mit exzellenter Besetzung und plastischen Dialogen, das sich in der Zeichnung seiner Figuren um differenzierte Charakterisierungen bemüht.

Short Time – Nichts als Ärger mit dem Kamikaze-Cop 862

SHORT TIME **

Regie: Gregg Champion
Darsteller: Dabney Coleman (Burt Simpson), Matt Frewer (Ernie Dills), Teri Garr (Carolyn Simpson), Xander Berkeley
Drehbuch: John Blumenthal, Michael Berry
Kamera: John Connor (Farbe)
Produktion: Todd Black für Rank/Gladden Ent., USA 1990
Verleih: Highlight/-/-/Highlight Video
Kinostart: 22.11.1990
FSK: ab 16, ffr.
Länge: 97 Min.

Zwei Wochen vor seiner Pensionierung erfährt der Cop Burt Simpson, daß er nur noch kurze Zeit zu leben hat. Zu allem Überdruß stellt sich auch noch heraus, daß seine Lebensversicherung nur dann an die Hinterbliebenen ausgezahlt wird, wenn er im Dienst stirbt. Der Polizist setzt also alles daran, im Dienst den Heldentod zu erleiden ... Ein Punkt spricht für diese Action-Komödie, nämlich die originelle Ausgangsidee. Den Rest der Geschichte kann man getrost vergessen. Sämtliche Gags sind ausgelaugt, die Schauspieler agieren hölzern und das Timing läßt arg zu wünschen übrig. *Münchner Stadtmagazin*

Sidewalk Stories 863

SIDEWALK STORIES ****

Regie: Charles Lane
Darsteller: Charles Lane (Künstler), Nicole Alysia (Kind), Sandye Wilson (Junge Frau), Darnell Williams (Vater), Trula Hoosier (Mutter), Michael Baskin (Portier), George Riddick (Partner), Tom Hoover, Luis Ramos, Frank John Trezza, Olivia Sklar, Michael Luciano
Drehbuch: Charles Lane
Kamera: Bill Dill
Musik: Marc Marder
Schnitt: Anne Stein, Charles Lane
Produktion: Charles Lane für Rhinoceros/Howard M. Brickner, USA 1989
Verleih: Impuls/-/Rialto
EA: 25.6.1989, Filmfest München
Kinostart: 15.3.1990
FSK: ab 6, ffr.
Länge: 100 Min.
FBW: Besonders wertvoll
Publikumspreis Int. Filmwochenende Würzburg 1990

Ein Schwarzweißfilm, der – in der Tradition der Slapstick-Grotesken – ohne Dialog auskommt. Die Story selbst erinnert stark an Chaplins »The Kid«: Ein herumziehender Straßenmaler findet neben einem Ermordeten dessen Kind. Er nimmt es auf und schlägt sich mit ihm gegen die Widrigkeiten seiner unsicheren Existenz durch, bis er schließlich die Mutter ausfindig macht und ihr das Kind

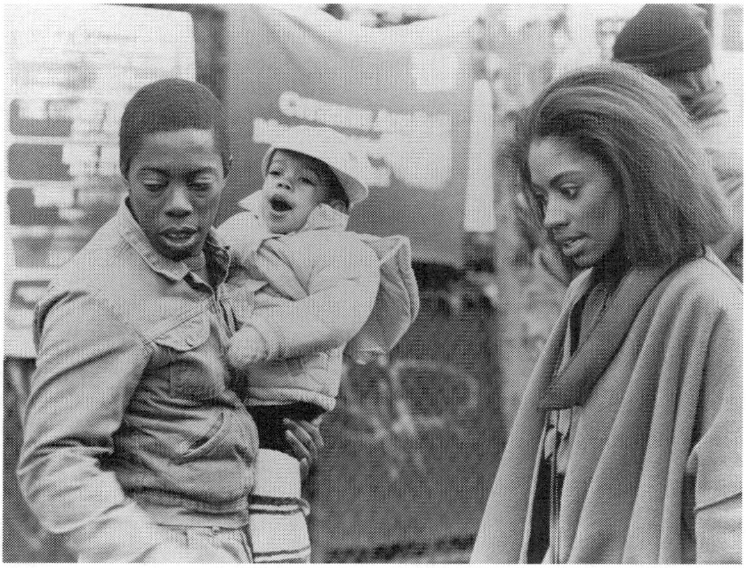

Moderne Tramp-Geschichte in der Tradition Chaplins. Regisseur und Hauptdarsteller Charles Lane mit Nicole Alysia und Sandye Wilson in »Sidewalk Stories«.

überläßt. Ein Märchen - das zum Schluß aber in die soziale Wirklichkeit einmündet, weil Charles Lane da die Bettler und Stadtstreicher zu Wort kommen läßt. *Zoom*

Angie Dullinger in: AZ, 29.3.90; Anne Frederiksen in: Die Zeit, 16.3.90; Andreas Hahn in: FR, 23.6.90; Peter Körte in: Prinz, 3/90; Michael Laages in: Die Welt, 17.3.90; H.G. Pflaum in: SZ, 9.4.90; Claudia Werfel in: FAZ, 22.3.90

Sieben auf einen Streich 864

SEDM JEDNOU RANOU ***

Regie: Dusan Trancík
Darsteller: Miro Noga (Simon), Amanda Sandrelli (Prinzessin), Monica Molina (Frantiska), Günter Mack (König), Chris Greener (erster Riese), Sasa Sizonenko
Drehbuch: Tibor Vichta, Dusan Trancik, nach Motiven der Gebrüder Grimm
Kamera: Viktor Svoboda (Farbe)
Musik: Petr Smékal
Produktion: Slovenská Filmová Tvorba/ Taurus-Film, CSSR/BRD 1988
Verleih: Progreß/-/-
Kinostart: Dez. 1990
Länge: 100 Min.

Märchenfilm um den tapferen slowakischen Schneider Simon, der die Bösen bezwingt, die Prinzessin heiratet und fast ein Königreich gewinnt. Und wenn sie nicht gestorben sind ...

Sieben Hungrige 865

SEDM HLADOVYCH **

Regie: Karel Smyczek
Darsteller: Frantisek Husák (Chefarzt), Tomás Josifko (Cudla), Marie Durnová (Kulturreferentin), Emil Kosir (Direktor), Pavel Brümer (Sládek), Antonin Bubenik (Jaroslav), Jitka Smutná (Ruzenka), Gabriele Wilhelmová, Maruska
Drehbuch: Frantisek R. Cech, Petr Novotny, Karel Smyczek
Kamera: Jaroslav Brabec (Farbe)
Musik: Michal Pavlicek
Produktion: Filmstudio Barrandov, CSSR 1989
Verleih: Progreß/-/-

Kinostart: 9.3.1990
FSK: ab 6 J.
Länge: 88 Min.

Komödie um das alte Problem, ob die Dicken freundlichere Menschen sind und ob das Abnehmen den Charakter verdirbt.

Silent Killing 866

A WHISPER KILLS **

Video

Regie: Christian I. Nyby II.
Darsteller: Loni Anderson (Liz Bartlett), Joe Penny (Dan Walker), Jeremy Slate (Dr. Oxford), June Lockhart (Winnie), James Sutorius (Vince), Martin Ponch (Miller), Bob Parnell (Chief Block)
Drehbuch: John Robert Bensink
Kamera: Arch Bryant (Farbe)
Musik: Charles Bernstein
Schnitt: David Solomon
Produktion: Hans Proppe für Sandy Hook Prod./Steve Tisch Co./Phoenix Entertainment Group, USA 1988
Verleih: -/-/-/Virgin Video
Videostart: 22.1.1990
Sendetermin: 16.5.1988, ABC
FSK: nicht unter 18 J.
Länge: 90 Min.

Solider Thriller, der seine Story im Milieu der Kleinstadt-Journaille ansiedelt. Die Mördersuche ist mit soviel Wendungen und Winkelzügen versehen, daß der Zuschauer beim Showdown tatsächlich noch ein Aha-Erlebnis hat. Joe Penny füllt in seiner Rolle als abgebrühter Reporter Dan mühelos das, was Blondine Loni Anderson an leerem Raum hinterläßt.
VideoWoche

Silk 2 – Hart wie Seide, sanft wie Stahl 867

SILK 2 *

Video

Regie: Cirio H. Santiago
Darsteller: Monique Gabrielle (Jenny), Peter Nelson (Tony), Maria Claire, Jan Merlin, Ken Metcalfe
Drehbuch: Robert King
Kamera: Richard Remias (Farbe)
Musik: Jimmy Fabregas
Schnitt: Edgardo Vinararo
Produktion: Roger Corman, Christopher R. Santiago für Concorde Pictures, USA 1990
Verleih: -/-/-/RCA-Columbia Video
Videostart: 6.11.1990
FSK: nicht unter 18 J.
Länge: 76 Min.

Eine Polizistin aus Honolulu auf den Spuren eines Kunstmagnaten, der bei seinem Versicherungsschwindel über Leichen geht. Schablonenhafter Actionkrimi, bei dem es Cirio H. Santiago entgegen den Erwartungen nicht einmal schafft, seiner Karate-Amazonin den obligaten Softsex-Touch zu geben.

Sindbad, Herr der Sieben Meere 868

SINBAD OF THE SEVEN SEAS *

Video

Regie: Enzo G. Castellari
Darsteller: Lou Ferrigno (Sindbad), John Steiner (Jaffer), Roland Wybenga (Ali), Enzo Girolami (Wikinger), Haruhiko Yamanouchi (Samurai), Yehuda Efroni, Alessandra Martinez, Leo Gullotta, Stefania Girolami, Cork Hubbert, Teagan Clive
Drehbuch: Enzo G. Castellari, Tito Carpi
Kamera: Blasco Giurato (Farbe)
Musik: Dov Seltzer
Schnitt: Gianfranco Amicucci
Produktion: Menahem Golan, Yoram Globus, Enzo G. Castellari für Cannon, Italien 1989
Verleih: -/-/-/Cannon-VMP Video
Videostart: 7.5.1990
FSK: ab 12 J.
Länge: 93 Min.

Um die Herrschaft des bösen Hofzauberers über Basra zu brechen, machen sich Sindbad und seine Gefährten auf die Suche nach vier magischen Kristallen.
Schlichte Italo-Fantasy.

Sinners 869

SINNERS *

Video

Regie: Charles T. Kanganis
Darsteller: Joey Travolta, Joe Palese, Sabrina Ferrand
Produktion: Richard Pepin, Joseph Merhi für PM Entertainment, USA 1989
Verleih: -/-/-/Scala Video
Videostart: 29.1.1990
FSK: nicht unter 18 J.
Länge: 87 Min.

Ein Priester scheitert bei seiner Ehetherapie, sein Cousin ergeht sich im Kartenspiel, dessen Postbotencousin wiederum mit seiner Schwester anbandelt. Krause Verwandtschaftsposse aus der gemeinhin eher für bleihaltige Action bekannten Fabrik von Pepin/Merhi.
Auf nichts ist mehr Verlaß in dieser Branche.

Sirene 1 — 870

THE RIFT **

Regie: J.P. Simon
Darsteller: Jack Scalia (Vick Hayes), R. Lee Ermey (Phillips), Deborah Adair (Nina Crowley), Ray Wise (Robbins), Ely Poget, John Toles Bey
Drehbuch: David Coleman, nach einer Story von J.P. Simon und Mark Klein
Kamera: Yan Marine (Farbe)
Musik: Joel Goldsmith
Schnitt: Isaak Sehayek
Produktion: Jose Escriva, Francesca de Laurentiis, J.P. Simon für Dister Prod., Spanien/USA 1989
Verleih: 20th Century Fox/dto./-
Kinostart: 26.7.1990
FSK: ab 16, ffr.
Länge: 83 Min.

In einer unterseeischen Höhle, die zu einem Brutplatz von Mutanten und Tentakeln wurde, entdeckt das Rettungs- und Forschungsteam ein vermißtes U-Boot. Lediglich zwei Besatzungsmitglieder können sich im Kampf gegen die Unterseemonster retten.
Ein B-Picture mit reichlichen Anleihen aus dem Science-Fiction-Genre der fünfziger und achtziger Jahre.

film-dienst

Michael Althen in: SZ, 30.7.90; Jürgen Richter in: FAZ, 28.7.90

Die Sitze im Alcazar — 871

LES SIEGES DE L'ALCAZAR ****

16 mm

Regie: Luc Moullet
Darsteller: Olivier Maltini (Guy), Elisabeth Moreau (Jeanne), Sabine Haudepin
Drehbuch: Luc Moullet
Kamera: Richard Copans (Farbe)
Schnitt: Guy Lecorne
Produktion: Les Films d'Ici/La Sept/CNC, Frankreich 1989
Verleih: Freunde der Deutschen Kinemathek/-/-
UA: 1.2.1990, Rotterdam Film Festival
EA: 10.2.1990, Int. Forum des Jungen Films
Kinostart: Juni 1990
Länge: 52 Min.
Original mit Untertiteln

Das satirische Portrait eines exzentrischen Filmkritikers, der zwischen seiner Liebe zum Kino und seinem Verlangen nach Frauen hin und hergerissen wird.
Zugleich ist Moullets Film eine amüsante Hommage an die in den 60er Jahren noch weitverbreiteten Vorstadtkinos.

Ralph Umard, tip

Karena Niehoff in: Der Tagesspiegel, 14.2.90

Ski Academy — 872

SKI PATROL **

Regie: Richard Correll
Darsteller: Roger Rose (Jerry), Corby Timbrook (Lance), T.K. Carter (Iceman), Leslie Jordan (Murray), George Lopez (Eddie), Martin Mull (Maris), Ray Walston (Pops), Paul Feig, Tess, Sean Gregory Sullivan
Drehbuch: Steven Long Mitchell, Craig W. van Sickle, nach einer Story von S. L. Mitchell, C. W. van Sickle und Wink Roberts
Kamera: John Stephens (Deluxe Color)
Musik: Bruce Miller
Schnitt: Scott Wallace
Produktion: Phillip B. Goldfine, Donald L. West für Epic/Paul Maslansky Prod., USA 1990
Verleih: Tivoli/Constantin/Elite/Starlight Video
Kinostart: 25.1.1990
FSK: ab 6, ffr.
Länge: 92 Min.

Die Mitglieder der Ski Academy, die für Ordnung in einem Skigebiet sorgen sollen, vereiteln den Plan eines Grundstückmaklers, hier Hotels und Spielcasinos zu bauen. Turbulentverrücktes Lustspiel vor prächtiger Winterlandschaft, das Humor mit schwachsinnigem Klamauk verwechselt. *Horst Stadler, multimedia*

Skinheads in USA 873
SKINHEADS *

Video

Regie: Greydon Clark
Darsteller: Chuck Connors, Brian Brophy, Barbara Bain, Jason Culp, Elizabeth Sagal
Drehbuch: Greydon Clark, David Reskin
Kamera: Nicholas von Sternberg (Farbe)
Musik: Dan Slider
Produktion: Greydon Clark, David Reskin für Greydon Clark Prod., USA 1989
Verleih: -/-/-/Scala Video
Videostart: 17.12.1990
FSK: ab 16 J.
Länge: 90 Min.

Zwei Besucher eines Imbißrestaurants finden in der Waldhütte eines Kriegsveteranen Zuflucht vor den sie verfolgenden Skinheads. Billiges Exploitation-Movie, das das schlagzeilenträchtige Phänomen spekulativ für sich ausschlachtet. Das Feindbild ist so einfältig gestrickt wie die dünne Story. *VideoWoche*

Der Skipper 874
**

Regie: Peter Keglevic
Darsteller: Jürgen Prochnow (Der Skipper), Patsy Kensit (Su), Elizabeth Hurley (Lou), Franz Buchrieser (Besitzer des »California«), Grazyna Szapolowska (Mona, Frau des Skippers), Carmel S. Aquilina (Hafenkapitän), Manuel Cauchi, John Suda, Elton Mamo, Mario Stock, John Ciantar
Drehbuch: Peter Keglevic
Kamera: Edward Klosinski (Farbe)
Musik: Brynmor Jones
Schnitt: Susanne Schett
Produktion: Matthias Wendlandt für Rialto Film, BRD 1989
Verleih: Tobis/Constantin/-/Highlight Video
Kinostart: 5.4.1990
FSK: ab 16, ffr.
Länge: 98 Min.
FBW: Wertvoll

Der Film erzählt die Geschichte vom letzten Törn des Bootsmanns Jürgen Prochnow mit zwei Frauen, die ihn küssen und schlagen. Was daherkommt wie der Kampf ums Messer im Wasser auf dem Atlantik, bleibt ein seelenloser Abenteuerfilm mit hypothetischen Gefahren und dem allzu

Vom Segeltörn zum Horrortrip. Jürgen Prochnow in »Der Skipper«.

starren Blick auf den internationalen Markt. *Alfred Holighaus, tip*

Fritz Göttler in: SZ, 10.4.90; Ponkie in: AZ, 7.4.90; Andreas Obst in: FAZ, 7.4.90

Der Skorpion 875
DE SCHORPIOEN ***

TV

Regie: Ben Verbong
Darsteller: Peter Tuinman (Loe Wolff), Monique van de Ven (Anna), Adrian Brine (Karl Wissing), Henk van Ulsen (William Kemp), Rima Melati, Senne Rouffaer, Edwin de Vries
Drehbuch: Ben Verbong, Pieter de Vos
Kamera: Theo van de Sande (Farbe)
Musik: Nicola Piovani
Schnitt: Ton de Graaff
Produktion: Chris Brouwer, Haig Balian, Niederlande 1984
Sendetermin: 4.4.1990, ZDF, 22.40 Uhr
Länge: 96 Min.

»Der Skorpion« ist der große Unbekannte, die Zentralfigur in dem niederländischen Polit-Thriller, der im Jahr 1956 spielt und auf authentischem Hintergrund basiert. Ein Lastwagenfahrer gerät ahnungslos in eine brisante Affäre. Wegen des Geldes gibt er seinen Paß einem Ungarn-Flüchtling, er selbst bekommt neue Papiere.
Mißtrauisch geworden, spürt er dem Mann nach, dessen Paß-Existenz er

»Die Skorpionfrau«

angenommen hat. Und stößt per Zufall auf einen bösen Fall von Waffenschieberei und Mord, begangen im Zusammenhang mit dem Befreiungskampf der Indonesier gegen die holländische Kolonialmacht.

Birgit Amon, AZ

Dieter Deul in: Frankfurter Neue Presse, 29.3.90; Stgt. Zeitung, 30.3.90

Die Skorpionfrau 876

**

Regie: Susanne Zanke
Verleih: FiFiGe/Constantin/-
Kinostart: 17.5.1990

Lief 1989 in Österreich im Kino an. Stabangaben und Besprechung siehe »Heyne-Filmjahrbuch 1990«.

Anke Sterneborg in: Der Tagesspiegel, 17.5.90; Christian Winterfeld in: Kölner Stadt-Anzeiger, 30.6.90

Skrupellos II 877

SENZA SCRUPOLI 2

*

Video

Regie: Carlo Ausino
Darsteller: Virna Anderson (Sandra), Marcello Garcia Facal (Marco), Luana Perdon (Luana), Angela Minimi (Claudia), Marino Mase, Daniela Airoldi, Loris Liberatori, Daniela Rebellato
Drehbuch: Riccardo Ghione, Emiliano di Meo
Kamera: Carlo Ausino (Farbe)
Musik: Serfran
Schnitt: Luigi Gorini
Produktion: Emiliano di Meo, Marcello Garcia für United Prod., Italien 1988
Verleih: -/-/-/VPS Video
Videostart: 18.10.1990
FSK: nicht unter 18 J.
Länge: 86 Min.

Eine Photographin begibt sich auf die Spuren eines gewissen Dr. Caligari, der sich seinen Callgirl-Ring mit bewährten Mitteln auf den Straßen zusammensucht. Vergewaltigungen und ein hoher Ausziehfaktor: ein billiger italienischer Softcore eben.

Sky Rider 878

RIDING FAST

**

Video

Regie: Djordje Milicevic
Darsteller: Meg Foster (Sara), Douglas Greenall (Jake Riley), Robin Mossley (Scoot), Warwick Sims (Guffy Desmond), Kelly Piper (Carol)
Drehbuch: Djordje Milicevic
Kamera: Paul Ryan (Farbe)
Musik: Jill Fraser
Schnitt: Betsy Blankett Milicevic
Produktion: Christopher Harbonville, Nicolas Clermont für Canamerica Film Corporation/Transcontinental Pictures Industries, Kanada 1986
Verleih: -/-/-/VPS Video
Videostart: 28.2.1990
FSK: ab 12 J.
Länge: 92 Min.

Als seine Beziehung zu einer älteren Photographin in die Brüche zu gehen droht, bemüht sich ein Motocross-Fahrer, der Erinnerung an ihren ehemaligen Freund dadurch gerecht zu werden, daß er dessen tödlich verlaufenen Rekordversuch im Drachenfliegen wiederholt. Kanadisches Melodram mit endlos breitgetretenen Sportsequenzen.

Sleeping Car 879

THE SLEEPING CAR

**

Video

Regie: Douglas Curtis
Darsteller: David Naughton (Jason), Judie Aronson (Kim), Kevin McCarthy (Vincent Tuttle), Jeff Conaway (Bud Sorenson), Dani Minnick (Joanne), John Carl Buechler (Mr. Erickson), Ernestine Mercer (Mrs. Erickson), Steve Lundquist (Dwight), Bill Stevenson (Kerry), David Coburn (Harris)
Drehbuch: Greg O'Neill
Kamera: David Lewis (CFI Color)
Musik: Ray Colcord
Schnitt: Allan Holzman, Betty Cohen
Produktion: Douglas Curtis für Vidmark Entertainment, USA 1990

»Sleeping Car«

Verleih: -/-/-/Empire Video
Videostart: 21.6.1990
FSK: ab 16 J.
Länge: 87 (73) Min.

Ein Journalist, der sich einen stillgelegten Zugschlafwagen zum neuen Heim erkoren hat, bekommt es mit dem mörderischen Geist des ehemaligen Lokführers zu tun. Stilistisch ansehnlicher, bisweilen etwas übertriebener Horrorthriller mit heftigen Kürzungen in der deutschen Fassung.

Slipstream 880

SLIPSTREAM **

Video

Regie: Steven Lisberger
Darsteller: Mark Hamill (Tasker), Bob Peck (Byron), Bill Paxton (Matt), Kitty Aldridge (Belitski), Eleanor David (Ariel), Ben Kingsley (Avatar), F. Murray Abraham (Cornelius), Robbie Coltrane

»Slipstream«

Drehbuch: Tony Kayden
Kamera: Frank Tidy (Eastmancolor)
Musik: Elmer Bernstein
Schnitt: Terry Rawlings
Produktion: Gary Kurtz für Entertainment Film, GB 1989
Verleih: -/-/-/VCL Video
Videostart: 30.3.1990
FSK: ab 16 J.
Länge: 101 Min.

Auf einer postatomaren, von einem ewigen Sturm heimgesuchten Erde stoßen ein Abenteurer und ein wegen Mordes gesuchter Android auf einen religiösen Kult im Untergrund. Aufwendiger britischer SF-Film, der sein ungewöhnliches Setting lediglich für das alte Klischee vom fühlenden Roboter zu nutzen weiß. Teilweise gute Schauspielerleistungen helfen nur bedingt über die dramaturgischen Schwächen hinweg.

Snack Bar Budapest 881

SNACK BAR BUDAPEST **

Video

Regie: Tinto Brass
Darsteller: Giancarlo Giannini (Anwalt), Philippe Léotard (Partner), François Négret (Molecola), Raffaella Baracchi (Milena), Sylvie Orcier (Carla), Giorgio Tirabassi (Papera), Isabella Mantero (Carlas Schwester), Giulio Mascolini (Molecolas Vater), Carlo Monni
Drehbuch: Tinto Brass, nach dem Roman von Marco Lodol und Silvia Dre
Kamera: Alessio Gelsini (Telecolor)
Musik: Zucchero Fornaciari, David Sancious
Schnitt: Tinto Brass
Produktion: Giovanni Bertolucci, Galliano Juso für San Francisco Film/Metro Film/Reteitalia, Italien 1988
Verleih: -/-/-/VPS Video
Videostart: 21.6.1990
FSK: nicht unter 18 J.
Länge: 98 Min.

Ein gescheiterter Jurist läßt sich von einem Mafiaboß engagieren, ergreift jedoch beim ersten Auftrag Partei für die Inhaber der aufzulösenden Snack Bar, was dann auch zu den üblichen Resultaten führt. Überstilisierte Sex & Crime-Mischung im Comic-Stil von Tinto Brass. Sein erotisches Fastfood ist zwar quantitativ üppig und attraktiv drapiert, ansonsten aber geschmacklos. *VideoWoche*

Snake Eater's Revenge 882

SNAKE EATER'S REVENGE *

Video

Regie: Georg Erschbamer
Darsteller: Lorenzo Lamas (Jack Kelly), Michelle Scarabelli (Dr. Pierce), Larry B. Scott (Speedboat), Jack Blum (Billy Ray), Al Vandecruys (Salvatore Franco), Ron Palillo, Kathleen Kinmont, Harvey Atkins
Drehbuch: Don Carmody, John Dunning, Michael Paseornek
Kamera: Glen MacPherson (Farbe)
Musik: John Massari
Produktion: John Dunning für Cinepix, Kanada 1990
Verleih: -/-/-/Starlight Video
Videostart: 27.6.1990
FSK: ab 16 J.
Länge: 81 Min.

Zweites, fragwürdiges Actionspektakel um den Ex-Marine Snake Eater, der diesmal aus dem Irrenhaus heraus mit der bösen Drogenmafia aufräumt. Die Story weist Schwächen auf, die Darstellung des Irrenhauses als Unterhaltungszentrum und die im heutigen Actionfilm scheinbar unerläßliche Rechtfertigung der Selbstjustiz sind weitere Kritikpunkte, die sich der Film gefallen lassen muß. *VideoWoche*

So ein Satansbraten 883

PROBLEM CHILD ***

Regie: Dennis Dugan
Darsteller: John Ritter (Ben), Jack Warden (Big Ben), Michael Oliver (Junior), Gilbert Gottfried (Mr. Peabody), Amy Yasbeck (Flo), Michael Richards (Martin Beck), Peter Jurasik (Roy)
Drehbuch: Scott Alexander, Larry Karaszewski
Kamera: Peter Lyons Collister (Farbe)
Musik: Miles Goodman
Schnitt: Daniel Hanley, Michael Hill
Produktion: Robert Simonds für Imagine Ent., USA 1990
Verleih: UIP/UIP/UIP
UA: 27.7.1990, New York
Kinostart: 8.11.1990
FSK: ab 12, ffr.
Länge: 81 Min.

Der Film erzählt von einem Ehepaar, das einen Siebenjährigen adoptiert, der ihnen die Hölle heiß macht. Gedacht als Parodie auf idyllische Familienfilme, verfährt dieser Filmstreifen jedoch nach dem Prinzip des Flächenbombardements: Nur jeder zehnte Witz trifft ins Ziel. Im Happy-End wird der Satansbraten mit Zuckerguß garniert, und die Satire geht zum Teufel. *Lars-Olav Beier, tip*

Sabine Carbon in: Der Tagesspiegel, 8.11.90; Elke Frick in: FR, 10.11.90; Fritz Göttler in: SZ, 13.11.90; Sascha Gorkow in: Rheinische Post, 9.11.90

Söhne 884

SONS ****

Regie: Alexandre Rockwell
Darsteller: William Forsythe (Mikey), D.B. Sweeney (Ritchie), Robert Miranda (Fred), Samuel Fuller (Vater), Stéphane Audran (Florence), Judith Godreche (Florences Tochter), William Hickey (Roger), Bernard Fresson (Bäcker), Jennifer Beals, Shirley Stoler
Drehbuch: Alexandre Rockwell, Brandon Cole
Kamera: Stefan Czapsky (Farbe)
Musik: Mader
Schnitt: Jay Freund
Produktion: Marc Toberoff für Pacific Pic., USA 1989
Verleih: NEF 2/Smile-Film/-
EA: 30.6.1989, Filmfest München
Kinostart: 8.2.1990
FSK: ab 12, ffr.
Länge: 86 Min.
FBW: Wertvoll

»Söhne« ist ein kleiner Film, der sich liebevoll, aber mit ironischer Distance, seinen Figuren widmet und eine völlig unspektakuläre Geschichte erzählt. Drei Söhne sind von der fixen Idee besessen, ihren gelähmten Vater aus dem Veteranenheim zu entführen, um ihn noch einmal in die Normandie zu bringen, wo er sich während der Alliierten-Invasion in eine Französin verliebt hatte. Rockwells Film zeigt humorvoll das Aufeinanderprallen zweier Kulturen, und läßt sich dabei auf beide gleichermaßen ein. *Gerhard Midding, tip*

Familienausflug. Samuel Fuller und »Söhne« auf dem Weg in die Normandie.

Carla Rhode in: Der Tagesspiegel, 1.3.90; Karl-Heinz Schäfer in: Prinz, 2/90; Frank Schnelle in: epd Film, 2/90; Reinhard Tschapke in: Die Welt, 14.2.90

Sofia 885

SOFIA ***

Regie: Alejandro Doria
Darsteller: Dora Baret (Sofia), Alejandro Milrud (Pedro), Héctor Alterio (Javier, Pedros Vater), Graciela Dufau (Mónica, Pedros Mutter), Lito Cruz, Mónica Villa
Drehbuch: Jacobo Langsner, Alejandro Doria, Miguel Rodriguez
Kamera: Miguel Rodriguez (Farbe)
Musik: Luis Maria Serra
Produktion: Diana Frey für Rosafrey-Susy Suranyi & Asoc., Argentinien 1987
Verleih: Progreß/-/-
Kinostart: 19.1.1990
FSK: nicht unter 14 J.
Länge: 100 Min.

Der Film erzählt die Geschichte zweier Menschen, die sich unter extremen Gefahren kennenlernen und ein Gefühl füreinander entwikkeln, das für den einen, den 17jährigen Pedro, zur ersten großen Liebe gerät und der 38jährigen Sofia das Erlebnis von menschlicher Wärme und Solidarität vermittelt. Daß diese Liebe scheitert, hat nicht nur damit zu tun, daß es sich um ein an Jahren ungleiches Paar handelt, sondern mit den Verhältnissen in diesem Land, die für die Liebe der Menschen höchst ungünstig sind.

Kino DDR

The Soho Connection 886

TANK MALLING **

Video

Regie: James Marcus
Darsteller: Ray Winstone (Tank Malling), Amanda Donohoe (Helen Searle), Peter Wyngarde (Robert Knights), Glen Murphy (Cashman), Jason Connery (Dunboyne), Marsha Hunt (Salena), Jamie Foreman (Danny), John Bett
Drehbuch: James Marcus, Mick Southworth
Kamera: Jason Lehel (Farbe)
Musik: Rick Fenn, Nick Mason
Schnitt: Brian Peachey
Produktion: Glen Murphy, Jamie Foreman für Pointlane Films, GB 1989
Verleih: -/-/-/UFA Video
Videostart: 17.10.1990
FSK: nicht unter 18 J.
Länge: 108 (92) Min.

Auf den Tip einer Edelnutte entwendet der Reporter Tank Malling das skandalumwitterte Tagebuch eines reaktionären Politikers, der jenem daraufhin einen Mord in die Schuhe schiebt. Die plakativen Bilder und die eher eindimensional geratenen Charaktere verleihen dem Film kaum das gewünschte Maß an Glaubwürdigkeit und stimmiger Atmosphäre.

VideoWoche

Some Girls 887

SOME GIRLS **

Video

Regie: Michael Hoffman
Darsteller: Patrick Dempsey (Michael), Jennifer Connelly (Gabby), Sheila Kelly (Irenka), André Gregory (Vater), Ashley Greenfield, Florinda Bolkan, Lila Kedrova
Drehbuch: Rupert Walters
Kamera: Ueli Steiger (Farbe)
Musik: James Newton Howard
Schnitt: David Spiers
Produktion: Rick Stevenson für Oxford Film, USA 1988
Verleih: -/-/-/MGM/UA Video
Videostart: 10.4.1990
FSK: ab 12 J.
Länge: 94 Min.

Als ein amerikanischer College-Student die Weihnachtsferien bei den Eltern seiner Freundin in Quebec verbringt, lassen die romantischen Komplikationen in Form zweier Schwestern nicht lange auf sich warten. Besinnlich dahinplätschernde Komödie, in der allenfalls André Gregory als exzentrischer Vater die dringend benötigten Glanzlichter setzt.

Sommernächte auf dem Planeten Erde 888

SOMMARKVÄLLAR PÄ JORDEN ***

TV

Regie: Gunnel Lindblom
Darsteller: Sif Ruud (Karna), Margaretha Byström (Ulrika), Per Mattsson (Tomas), Harriet Andersson (Magda), Leif Ahrle, Mona Malm, Ulf Johanson, Inga-Lill Andersson
Drehbuch: Gunnel Lindblom, nach einem Theaterstück von Agneta Pleijel
Kamera: Lasse Björne, Torbjörn Andersson, Dan Myhrman (Farbe)
Musik: Göran Klintberg, Thirteen Moons
Schnitt: Hélène Berlin
Produktion: Peter Hald für Spice, Schweden 1986
Sendetermin: 26.9.1990, ZDF, 22.40 Uhr
Länge: 94 Min.

Ach, diese schwedische Sommernachts-Landhausromantik mit den Familien-Wehmutsgesprächen und schmerzenden Erinnerungen: In Gunnel Lindbloms Drei-Schwestern-Film wirkte das schon recht epigonal auf Bergmans Spuren. Aber nicht jedes Ehescheidungs- und Fruchtbarkeitsgeschwätz ist das Zuhören wert. Und daß die Teenie-Tochter justament zum Freund ihrer Tante ins Bett hüpft und sich dann kindisch erbost, daß er sie und ihre Schwangerschaft nicht heiraten will und daß ihre egoistischen Puppenstubenträume nicht in Erfüllung gehen – so richtig in der Seele berührt das nicht. Auch wenn die ländliche Frust-Idylle dreier Frauengenerationen mit viel Sinn für Atmosphäre aufgebrochen wird. *AZ*

Mannheimer Morgen, 28.9.90; Ingrid Uebe in: Neue Ruhr Zeitung, 28.9.90; Stuttgarter Zeitung, 28.9.90; micha in: Westdeutsche Allgemeine Zeitung, 28.9.90

Sophisticated Lady 889

SOPHISTICATED LADY ****

16 mm

Regie: David Mingay, David Robinson
Darsteller: Adelaide Hall (vocals), Benny Waters (reeds), Mike Pyne (piano), Dave Green (bass), Ron Hetherington (drums)
Kamera: Jack Hazan, Richard Branczik, Mike Miller, Dick Pope, Ken Morse (Farbe)
Schnitt: David Mingay
Produktion: David Film für Channel Four, GB 1989
Verleih: Freunde der Deutschen Kinemathek/-/-
UA: 19.11.1989, London Film Festival
EA: 17.2.1990, Int. Forum des Jungen Films
Kinostart: 1990
Länge: 80 Min.
Originalfassung

Ein Portrait der heute 86jährigen amerikanischen Sängerin Adelaide Hall,

montiert aus Aufnahmen eines Konzerts vom 22. April 1989 in London mit Benny Waters (reeds) und dem Mike Pyne-Trio, Interviewmaterial und historischen Filmausschnitten (u.a. von Dsiga Wertow).
Der Film zeichnet anhand von Selbstzeugnissen und Photodokumenten drei wichtige Stationen ihres Lebens nach: von Brooklyn zum Broadway – vom Broadway nach Paris – von Paris nach London. *Katalog Forum*

Jochen Metzner in: Der Tagesspiegel, 21.2.90

Space Mutiny 890

SPACE MUTINY *

Video

Regie: David Winters, Neal Sundstrom
Darsteller: Reb Brown (Dave Ryder), John Phillip Law (Kalgan), James Ryan (MacPhearson), Cameron Mitchell (Alex Jansen), Cissy Cameron (Lea Jansen), Graham Clark (Scott Dyers), Billy Second, Rufus Swart, Chip Mitchell, Madyelene Reynel
Drehbuch: Maria Danté
Kamera: Vincent G. Cox (Farbe)
Musik: Tim James, Steve McClintock, Mark Mancina
Schnitt: Bill Asher, Charlotte Konrad, Catherine Meyburgh
Produktion: David Winters für Action International, USA 1989
Verleih: -/-/-/Starlight Video
Videostart: 29.1.1990
FSK: ab 16 J.
Länge: 91 Min.

Zehn Lichtjahre vor dem Ziel muß sich die Besatzung eines Generationenschiffs mit Rebellen, Raumpiraten und hübschen Telepathinnen herumärgern. Hoffnungslos überholte SF-Klischees aus der Krampfstern Becknacktika-Ecke.

Spezialagent Hammer Head 891

HAMMERHEAD *

Video

Regie: Enzo G. Castellari
Darsteller: Daniel Greene, Nick Cassada, Melonee Rodgers
Produktion: INIP, Italien 1988
Verleih: -/-/-/UFA Video
Videostart: 12.1.1990
FSK: nicht unter 18 J.
Länge: 92 Min.

Ein Detektiv aus Miami klärt auf Jamaika die scheinbare Ermordung seines Freundes von Hand einer Drogengang. Enzo G. Castellari wollte offenbar einmal in die Karibik fliegen und das Ganze als Berufsaufwendung von der Steuer absetzen.

Spieler 892

***

Regie: Dominik Graf
Darsteller: Peter Lohmeyer (Jojo), Anica Dobra (Kathrin), Hansa Czypionka (Tom), Joachim Kemmer (Strobek), Claus Dieter Reents (Hugo), Anthony Dawson (Roy)
Drehbuch: Christoph Fromm
Kamera: Klaus Eichhammer (Farbe)
Musik: Ottorino Respighi, Samuel Barber, Andreas Köbner, Dominik Graf
Schnitt: Christel Suckow
Produktion: Michael Hild, Günter Rohrbach für Bavaria/ZDF, BRD 1990
Verleih: Senator/-/-
UA: 9.9.1990, Int. Filmfestspiele Venedig
EA: Internationale Hofer Filmtage 1990
Kinostart: 1.11.1990
FSK: ab 16, ffr. – *FBW:* Wertvoll
Länge: 111 Min.

Anica Dobra in »Spieler«.

Die ungewöhnlich und mit ironischen Anklängen an die Nouvelle Vague erzählte Geschichte eines - im doppelten Wortsinn - verspielten Trios auf der Flucht und auf der Suche - zum Beispiel nach Liebe. Während seine Figuren um Geld und Leben spielen, spielt der Regisseur zum Vergnügen des Publikums mit den Mitteln des Kinos. *Alfred Holighaus, tip*

Michael Althen in: SZ, 3.11.90; Jan Dreier in: Prinz, 11/90; Norbert Grob in: Die Zeit, 2.11.90; H.G. Pflaum in: SZ, 13.9.90 (Venedig-Bericht); Ponkie in: AZ, 2.11.90

Die Spitzen der Gesellschaft 893

***

Regie: Franz Novotny
Darsteller: Natja Towa, Fritz Karl, Hilde Berger, Jaromir Borek, Hubert Kramar, Franz Buchrieser, Wolf Bachofner, Vadim Glowna
Drehbuch: Franz Novotny, Gustav Ernst, Peter Berecz
Kamera: Karl Kases (Farbe)
Musik: Anton Bruckner, Pyramid Orchestra, Swap und Altausseer Schützenmusi
Produktion: Wega, Österreich 1990
Verleih: -/Wega/-
Kinostart: 5.10.1990
Länge: 86 Min.

Eine ambitionierte junge Fernsehreporterin entdeckt das geheime Treiben in einer Fabrik für Agrarchemie, wo Giftgasgranaten für den arabischen Raum erzeugt werden. Franz Novotny setzt sich in seiner recht aktuell wirkenden, bitteren Satire intensiv mit Korruption und Skrupellosigkeit auseinander, überfrachtet aber den Inhalt und überzieht die stellenweise dichte, gespenstische Atmosphäre bis hin zu Grottenbahneffekten. *Christl Stadler, multimedia*

Splitter der Erinnerung 894

RESSISIM

****

TV

Regie: Yossi Somer
Darsteller: Danny Roth (Gary), Polly Reshef (Alex), Shmuel Edelman (Zivka), Alon Oliarchik (Rubie), Etti Ankri, Yahali Bergman, Yosef El Dror
Drehbuch: Yossi Somer, Ami Amir
Kamera: Yoav Kosh (Farbe)
Musik: Jan Garbarek
Schnitt: Yaakov Dagan
Produktion: Ami Amir für Compact Films, Israel 1988
Sendetermin: 5.7.1990, ZDF, 23.50 Uhr
Länge: 86 Min.

(...) Es ist unvorstellbar, daß man in Israel schon ein kleiner Held sein muß, wenn man einen Film macht, der sich mit der Armee sehr kritisch auseinandersetzt. Yossi Somer, der selbst Fronterfahrungen gesammelt hat und daher wußte, daß man nicht Arm oder Bein verlieren muß, um kriegsversehrt zu sein, nahm sich des Problems der psychischen Störungen von Soldaten an. Es wurde ein trauriger, erschütternder, aber sehr aussagekräftiger Antikriegsfilm, der auf große Worte und Appelle verzichten konnte, weil Momentaufnahmen aus dem Rehabilitationszentrum viel mehr enthüllten als veröffentlichte Geheimberichte. *Peter Michael, Mainzer Zeitung*

Wilfried Geldner in: SZ, 7.7.90; Dirk Schümer in: FAZ, 7.7.90; Wolfgang Zehentmeier in: Main Post, 7.7.90

Splitter unterm Nagel 895

TÜSKE A KÖRÖM ALATT

****

Regie: Sándor Sára
Darsteller: György Cserhalmi (András Hódosi), Anna Ráckevei (Zsuzsa), Attila Tyll (Zsuzsas Vater), Gábor Koncz (Pilot), Erika Szegedí, Gábor Reviczki
Drehbuch: Sándor Csóri, Sándor Sára
Kamera: Sándor Kurucz (Eastmancolor)
Musik: Péter Eötvös
Schnitt: Mariann Tuba
Produktion: Budapest Studio, Ungarn 1987
Verleih: Progreß/-/-
Kinostart: 15.6.1990
Länge: 98 Min.

Im Gegensatz zu manch übertrieben schillerndem Produkt ist hier die Verpackung (Titel) nichtssagend, der Inhalt aber hat's in sich: »Splitter unterm Nagel« fand in Ungarn bei Kritik und Publikum - seltener Glücksfall - gleichermaßen positive Resonanz. Regisseur Sándor Sára durfte sich über einen Hauptpreis der ungarischen Spielfilmschau freuen. Er hatte mit dem Film einen Nerv der Demokratie-Diskussion getroffen, die Frage nach der Moral im erneuerten nichtsozialistischen Ungarn gestellt. Auch für uns interessantes Seitenthema von »Splitter unterm Nagel«: Sára und sein Co-Autor Sándor Csóri lassen die Wurzeln solcher neuer Wirtschaftskriminalität bis in die Rakosi-Ära zurückreichen. Die in der Zeit des ungarischen Stalin Mächtigen sitzen wieder/noch an den Fleischtöpfen. Der Filz ist der gleiche.

Gerd Dehnel, Berliner Allgemeine

Spring Fever USA 896

SPRING FEVER USA

*

Video

Regie: Bill Milling
Darsteller: Darrel Guilbeau (Larry Wilson), Michelle Kemp, Jeff Greenman, Lara Belmomte, Janine Lindemulder
Drehbuch: Bill Milling
Musik: Nick Tell
Schnitt: Bruce Spiegel
Produktion: Bob Gallagher, Tom Gioulos für Alpha Pictures/Matrix Entertainment, USA 1988
Verleih: -/-/-/UFA Video
Videostart: 17.10.1990
FSK: nicht unter 18 J.
Länge: 87 Min.

Leichtgewichtige Komödie mit leichtgeschürzten Mädels. Diesmal tummelt sich Darrel Guilbeau (»Hot Summer Night Fever«) auf der Suche nach der verschwundenen Liebe seines Lebens an diversen Stränden und geht zusammen mit einer angeblichen Privatdetektivin Vergnügungen wie Bauchplatscher-Wettbewerben und Wet-T-Shirt-Contests nach. Das Vergnügen für den Zuschauer kennt seine Grenzen.

Video Woche

Der Springbrunnen 897

FONTAN

****

Regie: Jurij Mamin
Darsteller: Assankul Kuttubajew, Sergej Donzow, Schanna Kerimatejewa
Drehbuch: Wladimir Vardunas
Kamera: Anatolij Lapschow (Farbe)
Musik: Alexej Saliwalow
Schnitt: O. Adrianowoj
Produktion: Lenfilm, UdSSR 1988
Verleih: -/-/Columbus
Kinostart: März 1990
Länge: 100 Min.

Ein alter Hirt, der in einer Wüste Mittelasiens eine lebenswichtige Quelle hütet, kommt nach deren mutwilligen Zerstörung durch zwei »Zivilisationsvertreter« nach Leningrad, wo er sich im baufälligen Wohnblock seines Schwiegersohnes nützlich zu machen sucht. Sein Eingreifen löst jedoch eine Kette von Reaktionen aus, die zu absurd-chaotischen Zuständen und Situationen führen. Eine fulminante satirische Parabel in sieben Teilen über den sowjetischen Alltag samt Korruption, Bürokratie, Opportunismus, Umweltzerstörung und kulturelle Unterschiede.

Zoom

Spur der Angst 898

CHILD'S CRY

***

TV

Regie: Gilbert Cates
Darsteller: Lindsay Wagner (Joanne van Buren), Peter Coyote (Matt Townsend), Taliesin Jaffe (Eric Townsend), Gerald S. O'Loughlin (Sam van Buren), E.J. Castillo, David A. Penhale, Peter Hobbs, Guy Boyd, Brent Jennings, Vic Polizos
Drehbuch: Jonathan B. Rintels jr.
Kamera: Isidore Mankofsky (Farbe)
Musik: Gary Sherman
Schnitt: Melvin Shapiro
Produktion: Shoot the Moon Ent./Phoenix Ent. Group, USA 1986
UA: 9.2.1986, CBS
Sendetermin: 24.1.1990, ARD, 20.15 Uhr
Länge: 89 Min.

Sie ist eine erfahrene Sozialarbeiterin, deren Engagement und Mitgefühl auch nach sieben Dienstjahren noch nicht in Routine erstickt sind. So folgt Joanne couragiert der »Spur der Angst«, die den sechsjährigen Eric peinigt.
Der Junge ist sexuell mißbraucht worden, schweigt sich aber über den Täter

Realsozialisten. Manfred Krug (Mitte) mit seiner Truppe in »Spur der Steine«.

aus. Der Vater gerät in Verdacht, doch erst die Gerichtsverhandlung enthüllt die Wahrheit.

Zwei berühmte Fernsehfrauen aus den USA sind maßgeblich an diesem Film beteiligt. Vor der Kamera agiert Lindsay Wagner, die vor allem als »Sechs-Millionen-Dollar-Girl« Serien-Ruhm gewann; im Hintergrund wirkte Kate Jackson (einer der »Drei Engel für Charlie« und die »Agentin mit Herz«) als Co-Produzentin. Das fürs Fernsehen gedrehte Sozialmelodram wurde in den USA nur als »Durchschnittsware« eingestuft. *Birgit Amon, AZ*

Spur der Steine — 899

*****

Regie: Frank Beyer
Darsteller: Manfred Krug (Hannes Balla), Krystyna Stypulkowska (Kati Klee), Eberhard Esche (Werner Horrath), Johannes Wieke (Hermann Jansen), Walter Richter-Reinick (Richard Trutmann), Hans-Peter Minetti (Heinz Bleibtreu), Walter Jupé (Hesselbarth), Ingeborg Schumacher (Marianne Horrath), Gertrud Brendler (Frau Schikketanz), Helga Göring (Elli), Erich Mirek, Fred Ludwig, Helmut Schreiber, Erik Veldre
Drehbuch: Karl-Georg Egel, Frank Beyer, nach Motiven des gleichn. Romans von Erik Neutsch
Kamera: Günter Marczinkowski
Schnitt: Hildegard Conrad-Nöller
Produktion: Dieter Dormeier für Defa-Studio, Gruppe »Heinrich Greif«, DDR 1966
Verleih: Kinowelt; Progreß/Stadtkino/Filmcooperative
EA: 15.2.1990, Int. Filmfestspiele Berlin
Kinostart: 10.5.1990
Sendetermin: 1.10.1990, ZDF, 19.30 Uhr
FSK: ab 6, ffr.
Länge: 134 Min.

(...) Nach einer Voraufführung während der 8. Arbeiterfestspiele im Bezirk Potsdam lief er für drei Tage in den Kinos. Diesmal ohne Werbung, oft ohne Plakatierung. Dafür saßen im Publikum Claqueure mit dem Kampfauftrag, daß ihnen der Film zu mißfallen habe. Dann verschwand »Spur der Steine« für 23 Jahre im Panzerschrank (...)

Rund 14 Tage nach Verbot des Films erschien am 6. Juni im »Neuen Deutschland« ein Verriß, nicht vom ständigen Kritiker Horst Knietzsch, sondern von Hans Konrad. Dort heißt es unter anderem: ... »Der Film ›Spur der Steine‹ wird der Größe des Themas nicht gerecht. Er gibt ein verzerrtes Bild von unserer sozialistischen Wirklichkeit, dem Kampf der Arbeiterklasse, ihrer ruhmreichen Partei und dem aufopferungsvollen Wirken ihrer Mitglieder.« ... In diesem Duktus ist die gesamte Kritik gefaßt.
Der dreiunddreißigjährige Frank Beyer stand zu seinem Film und ging für zwei Jahre als Regisseur ans Staatstheater Dresden. (...)

Ernst-Michael Brandt, Sonntag

Das Bild von einer Gesellschaft, in der das Leben eine endlose Aneinanderreihung von Prüfungen ist, zeichnete Frank Beyer in »Spur der Steine« sicherlich am klarsten und am sarkastischsten. Hier ist mit viel Witz und noch mehr Scharfsinn alles gebündelt, was das Klima der damaligen DDR bestimmt und in den anderen Filmen eher vereinzelt vorkam: Machtmißbrauch und Überforderung der Funktionäre, Prüderie und Verlogenheit der Partei, Schlamperei und Unfähigkeit der Planer, Verlogenheit und Ellbogen-Mentalität der Karrieretypen. Aber eben auch der Idealismus und die Opferbereitschaft, die Tapferkeit und die persönlichen Schwächen der kleinen Leute, die ein System am Leben erhielten, das ihrer nicht würdig war.
Bei Beyer wird die Baustelle eines Atomkraftwerks zum Mikrokosmos einer Gesellschaft, die sich schon unrettbar in ihren eigenen Strukturen verfangen hat.

Peter Buchka, SZ

Alfred Holighaus in: tip, 5/90; H.G. Pflaum in: SZ, 10.5.90; Claudius Seidl in: Die Zeit, 11.5.90; Horst Wegener in: Prinz, 5/90

Die Spur der zweiten Frau 900

VANISHING ACT ***

TV

Regie: David Greene
Sendetermin: 30.10.1990, ZDF, 20.15 Uhr

Angebliche Erstaufführung, die 1988 als »Kopflos - Die Frau aus dem Nichts« auf Video herauskam. Stabangaben und Besprechung siehe »Heyne-Filmjahrbuch 1989«.

Michael Görmann in: Kieler Nachrichten, 1.11.90; Jutta W. Thomasius in: Frankfurter Neue Presse, 1.11.90

Spur des Schreckens 901

KONBU FINZE ***

TV

Regie: Edward Yang
Darsteller: Miaw Chian-Jen (Yüfen), Li Li-Chuen (Lizhong), Wang An (Shuan)
Drehbuch: Sheau Yeh, Edward Yang
Kamera: Chang Jian (Farbe)
Produktion: VR China 1986
Sendetermin: 22.1.1990, ARD, 23.00 Uhr
Länge: 112 Min.

Nach einer Polizeiaktion in Taipeh setzt die Freundin eines jungen Gangsters mit einem anonymen Telefonanruf eine verhängnisvolle Kettenreaktion in Gang. Dadurch gerät eine Handvoll Menschen in einen Teufelskreis von Frustrationen, Verdächtigungen und verletzten Gefühlen, die das Geschehen zwischen ihnen dramatisch eskalieren lassen. *ARD*

Die Spur führt zum Silbersee 902

***

Regie: Günter Rätz
Drehbuch: Günter Rätz, nach Motiven einer Erzählung von Karl May
Kamera: Rudolf Uebe (Farbe)
Musik: Addy Kurth
Produktion: Defa-Studio für Trickfilme, DDR 1989
Verleih: Progreß/-/-
Kinostart: 19.1.1990
Länge: 85 Min.

Wer sich auf Wildwest mit Puppen einläßt, kommt gut damit zurecht. Ein Achtung für alle anderen: Betulichkeit ist angesagt. Des langen und des breiten setzte Rätz die Handlung in Gang. Der Anfang - das Zusammenführen der Figuren auf einem Dampfer - hat Weile, ebenso wie der Ringelpietz von Gefangennahme und die Flucht der Banditen in einem Eisenbahntunnel, die den Großteil des Geschehens ausmacht. Geschenkt. Ich empfand angesichts der Ausstattung - kleinste, bis ins historische Detail zusammengepusselte Eisenbahnen ratterten munter umher - und angesichts des Spiels der Puppen Freude wie an einer Sprungdeckeluhr, die eine kleine Melodie klimpert. Rätz' Trickfilm ist solide Handarbeit.

Birgit Galle, Neues Deutschland

The Spy — 903

SPY

**

Video

Regie: Philip F. Messina
Darsteller: Bruce Greenwood (Richard Berk), Ned Beatty (Thomas Ludlow), Catherine Hicks (Angela Berk), Michael Tucker (Tony Krueger), Jameson Parker (Frank Harkevy), Tim Chaote (David Tiomchin), Michael Thoma (erster Richard Berk), Len Lesser (Dr. Stern)
Drehbuch: Philip F. Messina, nach dem Roman von Norman Garbo
Kamera: John E. Jensen (Farbe)
Musik: Nan Schwartz
Schnitt: David Handman
Produktion: Robert Lewis für Deadly Prod./ Wilshire Court, USA 1989
Verleih: -/-/-/CIC Video
Videostart: 15.1.1990
Sendetermin: 27.12.1989, USA
FSK: ab 16 J.
Länge: 89 Min.

Richard Berk arbeitet in einem Geheimkommando der CIA. Bei illegalen und brutalen Machenschaften in El Salvador beschließt er, auszusteigen und mit einem neuen Gesicht und Namen ein »normales« Leben in den Staaten zu beginnen. Doch seine Vergangenheit holt ihn wieder ein, und nun ist er der Gejagte der CIA. Mittelprächtiger Thriller, der durch drittklassige Schauspieler nicht gerettet wird. *tips*

Die Stadt Zero — 904

GOROD SERO

****

Regie: Karen Schachnasarow
Darsteller: Leonid Filatow (Waragin), Oleg Bassilaschwili, Armen Dshigarchanjan, Jewgenij Jewstignejew, Alexej Sharkow, Jelena Arshanik
Drehbuch: Alexander Borodjanski, Karen Schachnasarow
Kamera: Nikolai Nemoljajew (Farbe)
Musik: Eduard Artemjew
Schnitt: L. Milioti
Produktion: Mosfilm, UdSSR 1988
Verleih: Filmverlag der Autoren/-/Columbus
Kinostart: 12.7.1990 im Programm »1. Festival des Neuen Sowjetischen Films«
Länge: 100 Min.

Ein Moskauer Ingenieur kommt auf einer Dienstreise in eine graue Provinzstadt, wo er in eine Serie grotesker bis absurder Situationen gerät, aus denen es für ihn kein Entkommen mehr zu geben scheint. Dieser kafkaeske Trip ist eine erstaunliche und überraschende Satire auf den real existierenden Sozialismus, in dem die Pannen zur Norm geworden sind, und auf die Geschichtsfälschungen und ideologischen Bocksprünge des Sowjetsystems. *Zoom*

Christian Gampert in: FAZ, 14.11.90

Stanley and Iris — 905

STANLEY AND IRIS

***

Regie: Martin Ritt
Darsteller: Jane Fonda (Iris), Robert De Niro (Stanley), Swoosie Kurtz (Sharon), Martha Plimpton (Kelly), Harley Cross (Richard), Jamey Sheridan (Joe), Feodor Chaliapin (Leonides), Zohra Lampert, Loretta Devine, Julie Garfield, Karen Ludwig, Kathy Kinney
Drehbuch: Harriet Frank jr., Irving Ravetch, nach der Novelle »Union Street« von Pat Barker
Kamera: Donald McAlpine (Duart Color)
Musik: John Williams
Schnitt: Sidney Levin
Produktion: Arlene Sellers, Alex Winitsky für Lantana Prod. für MGM, USA 1990
Verleih: UIP/UIP/UIP
UA: 19.1.1990, U.S. Film Festival Park City
Kinostart: 24.5.1990
FSK: ab 12, ffr. – *FBW:* Besonders wertvoll
Länge: 104 Min.

Ceterum censeo »Die Stadt Zero«...

Der Film verharmlost das beklemmende Problem von etwa 30 Millionen US-Analphabeten zu einer Lovestory von zwei Hilfsarbeitern über 40. Der 75-jährige Regisseur, der zeitlebens politische und soziale Themen riskierte, verdichtet die etwas dröge Geschichte dennoch zu schönen, leisen, anrührenden Pasagen. De Niro bleibt reserviert und ganz De Niro, wie seit langem, Mrs. Fonda aber war lange nicht so gut, so glaubwürdig.

Wolf Donner, tip

Elke Frick in: FR, 30.5.90; Verena Lueken in: FAZ, 26.5.90; H.G. Pflaum in: SZ, 30.5.90; Ponkie in: AZ, 25.5.90; Frank Schnelle in: epd Film, 6/90

Station für Unbekannte 906

SPIRKA SA NEPOSNATI ***

Regie: Iwan Rossenow
Darsteller: Katja Paskalewa, Anton Raditschew, Nikola Todew, Stefan Mawrodiew
Drehbuch: Peter Iskrenow
Kamera: Swetlana Ganewa (Farbe)
Musik: Bochidar Petkow
Produktion: Filmstudio Bojana, Arbeitsgruppe »Blick«, Bulgarien 1988
Verleih: Progreß/-/-
Kinostart: 2.2.1990
FSK: ab 14 J.
Länge: 78 Min.

Die schwierige Annäherung zweier Menschen auf einem einsamen Provinzbahnhof.

Stella 907

STELLA **

Regie: John Erman
Darsteller: Bette Midler (Stella Claire), John Goodman (Ed Munn), Trini Alvarado (Jenny Claire), Stephen Collins (Stephen Dallas), Marsha Mason (Janice Morrison), Eileen Brennan (Mrs. Wilkerson), Linda Hart (Debbie Whitman), William McNamara
Drehbuch: Robert Getchell, nach dem Roman »Stella Dallas« von Olive Higgins Prouty
Kamera: Billy Williams (Farbe)
Musik: John Morris
Schnitt: Jerrold I. Ludwig
Produktion: Samuel Goldwyn jr. für Touchstone Pic./Samuel Goldwyn, USA 1989
Verleih: Delta/Elmo/Rialto
Kinostart: 6.9.1990
FSK: ab 12, ffr.
Länge: 109 Min.

Bette Midler als »Stella«, mit Trini Alvarado.

Die Kellnerin einer Kneipe zieht ihre Tochter allein groß und kann ihr schließlich zu ihrem Glück in einer gehobenen Gesellschaftsschicht verhelfen. Gefühlsselige Schnulze von totaler künstlerischer Belanglosigkeit. Diese Story wurde schon von Henry King (1925) und von King Vidor (1937) verfilmt. *multimedia*

(...) Das rührselige Märchen aus Hollywood ist in dieser Neufassung so unglaubwürdig, daß auch das eindrucksvoll agierende Darstellerensemble mit Bette Midler an der Spitze es nicht zu retten vermag. *tip*

Michael Althen in: SZ, 24.12.90; Gertrud Koch in: FR, 8.9.90; Carla Rhode in: Der Tagesspiegel, 6.9.90; David Simmons in: Kölner Stadt-Anzeiger, 8.9.90

Step Across the Border 908

****

Regie: Nicolas Humbert, Werner Penzel
Darsteller: Fred Frith, Jonas Mekas, René Loussier, Eitetsu Hayashi, Arto Lindsay, Tom Cora, Bob Ostertag, Tom Walker, Tim Hodgkinson, Ted Milton, Pavel Fajt, Iva Bitová, Joey Baron, Jean Derome, Julia Judge, John Zorn, Ciro Battista, Haco, Robert Frank, Candy
Drehbuch: Nicolas Humbert, Werner Penzel
Kamera: Oscar Salgado
Musik: Fred Frith, Iva Bitová, Tom Cora, Pavel Fajt, Tetsuji Hayashi, Arto Lindsay, René Lussier, John Zorn
Schnitt: Vera Burnus, Gisela Castronari
Produktion: Res Balzli für Cine Nomades mit Res Balzli & Cie., BRD/Schweiz 1990
Verleih: Arsenal/Filmhaus Stöbergasse/ Look Now!
UA: 11.2.1990, Int. Forum des Jungen Films
Kinostart: 27.9.1990
Länge: 90 Min.
FBW: Wertvoll
Europäischer Filmpreis 1990

Mittelpunkt dieses Musikfilms ist der heute in New York und Tokio lebende Engländer Fred Frith, seine musikalische Arbeit, sein Verständnis von Jazz als Lebensform. Kongenial übernehmen die Autoren dessen Haltung: Friths Musik ist für sie nicht nur Inhalt, sondern auch Formprinzip des Films - strenge Reduktion der Wirklichkeit auf eine Auswahl von Materialien und spielerische Rekomposition derselben nach einfachen und assoziativen Mustern, wie um der Textur der Stadt eigene Bilder, Töne und Rhythmen entgegenzuhalten. Eingeweiht in die Vielfalt der Möglichkeiten, Welt zu erfassen, ist der Hörer/Betrachter auf seine Kreativität verwiesen. *Zoom*

Jochen Metzner in: Der Tagesspiegel, 13.2.90; Andreas Obst in: FAZ, 5.10.90; Ssirus W. Pakzad in: AZ, 27.9.90; Thomas Schuler in: SZ, 27.9.90

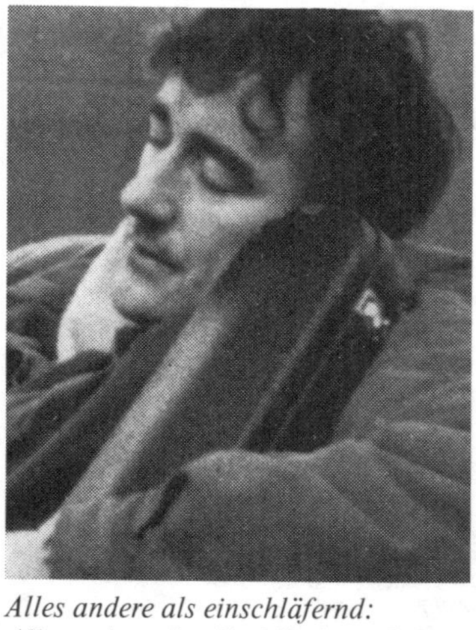

Alles andere als einschläfernd: Allroundmusiker Fred Frith in »Step Across The Border«.

Stepfather II 909
STEPFATHER II **

Video

Regie: Jeff Burr
Darsteller: Terry O'Quinn (Dr. Gene Clifford), Meg Foster (Carol Grayland), Caroline Williams (Matty Crimmins), Jonathan Brandis (Todd Grayland), Henry Brown (Dr. Danvers), Mitchell Laurance (Phil Grayland), Leon Martell
Drehbuch: John Auerbach
Kamera: Jacek Laskus (Fotokem Color)
Musik: Jim Manzie, Pat Regan
Schnitt: Pasquale A. Buba
Produktion: William Burr, Darin Scott für ITC Entertainment Group, USA 1989
Verleih: -/-/-/MCEG Virgin Vision Video
Videostart: 21.8.1990
FSK: nicht unter 18 J.
Länge: 86 Min.

Flinker Nachzieher zu Joseph Rubens bemerkenswertem »Kill, Daddy, Kill« im konventionellen Billig-Look: Der böse Stiefvater hat - oh, Wunder - seine Ermordung überlebt und treibt als Psychiater in einer Kleinstadt erneut sein Unwesen.

Der Stich ins Wespennest 910
CANNON **

TV

Regie: George McCowan
Darsteller: William Conrad (Frank Cannon), Vera Miles (Diana Langston), J.D. Cannon (Lt. Kelly Redfield), Earl Holliman (Magruder), Murray Hamilton (Virgil Holly), John Fielder (Jake, Taxifahrer), Lynda Day (Christa), Barry Sullivan (Calhoun), Keenan Wynn
Kamera: John A. Alonzo (Farbe)
Musik: Robert Drasnin
Schnitt: Jerry Young
Produktion: Adrian Samish, Arthur Fellows für Quinn Martin Prod., USA 1971
UA: 26.3.1971, CBS
Sendetermin: 28.4.1990, ZDF, 20.15 Uhr
Länge: 93 Min.

Als Privatschnüffler Cannon hatte es Conrad in der Provinz mit anonymen Anrufen, Säureattentaten und korrupten Polizisten zu tun. Was die ZDF-Filmredaktion als »spannend bis zum Schluß« ankündigte, entpuppte sich als langatmiger und biederer Pseudokrimi.

Augsburger Allgemeine Zeitung

Stille Freude 911
TICHA RADOST ***

TV

Regie: Dusan Hanák
Darsteller: Magda Vasaryova (Sona), Jiri Bartoska (Dr. Machko), Jana Brejchova (Dr. Galova), Juraj Nvota (Vlado)
Drehbuch: Dusan Hanák, Ondrej Sulaj
Kamera: Viktor Svoboda (Farbe)
Musik: S. Havelka
Produktion: CSSR 1985
Sendetermin: 25.6.1990, ARD, 23.45 Uhr
Länge: 88 Min.

Die junge Krankenschwester Sona bricht aus ihrer unglücklichen Ehe aus. Als sie sich in einen Arzt verliebt, erlebt sie eine neue Enttäuschung, findet dann aber zu sich selber. *ARD*

Stille Tage in Clichy 912
JOURS TRANQUILLES A CLICHY **

Regie: Claude Chabrol
Darsteller: Andrew McCarthy (Henry), Nigel Havers (Alfred), Stephanie Cotta (Colette), Barbara de Rossi (Nys), Isolde Barth (Ania), Stéphane Audran (Adrienne), Anna Galiena (Edith), Wolfgang Reichman (Sebastien), Mario Adorf (Regentag), Eva Grimaldi, Vadim Glowna
Drehbuch: Claude Chabrol, Ugo Leonzio, nach dem gleichn. Roman von Henry Miller
Kamera: Jean Rabier (Eastmancolor)
Musik: Matthieu Chabrol, Luigi Ceccarelli

Andrew McCarthy genießt »Stille Tage in Clichy«.

Paolo Villaggio und Roberto Benigni in Fellinis »Die Stimme des Mondes«.

Schnitt: Monique Fardoulis
Produktion: Antonio Passalia, Gabriel Rossini, Alfonso Sansone, Juraj Chmel für Italfrance/Tvor/Sofimage 2/Cinécitta/ AZ Films/Direkt Film, Frankreich/Italien/ BRD 1990
Verleih: Senator/Constantin/-/Starlight-Film Video
Kinostart: 23.8.1190
FSK: ab 16, ffr. – *FBW:* Wertvoll
Länge: 121 Min.

Ein Amerikaner und sein französischer Freund erleben im Paris der frühen dreißiger Jahre eine Welt der Perversionen. Zweite Verfilmung des anrüchigen Romans von Henry Miller, der einen neuerlichen Tiefpunkt in der Karriere des einst renommierten französischen Regisseurs Claude Chabrol zeigt, da ihm nur ein steriles Zeitbild mit plakativen Sexszenen gelang. *multimedia*

Der Film ist leider nur ein engagementloses Auftragswerk: leidenschaftslos schildert er das Paris der Bohemiens in den 30er Jahren. Henry Millers bahnbrechendes Sex-Epos bleibt dabei auf der Strecke. Jens Jörgen Thorsens Version aus dem Jahre 1969 ist nicht nur wegen des Zeitgeistes jener Jahre weit überlegen.

André Simonoviescz, tip

Angie Dullinger in: AZ, 23.8.90; Fritz Göttler in: SZ, 23.8.90; Gertrud Koch in: FR, 27.8.90; Rainer Nolden in: Die Welt, 27.8.90; Iris Radisch in: Die Zeit, 31.8.90; Thierry Lavoise in: AZ, 22.8.90 (Interview Chabrol); Hans-Dieter Seidel in: FAZ, 28.8.90

Die Stimme des Mondes 913

LA VOCE DELLA LUNA ****

Regie: Federico Fellini
Darsteller: Roberto Benigni (Salvini), Paolo Villaggio (Präfekt Gonella), Nadia Ottaviani (Aldina), Marisa Tomasi (»Dampflok«), Sim, Syusy Blady, Angelo Orlando, Dario Ghirardi, Dominique Chevalier, Nigel Harris, Vito, Eraldo Turra, Giordano Falzoni, Feruccio Brambilla, Franco Javarone, Lorose Keller, Uta Schmidt
Drehbuch: Federico Fellini mit Tullio Pinelli, Ermanno Cavazzoni, frei nach dem Roman »Il Poema dei Lunatici« von Ermanno Cavazzoni
Kamera: Tonino Delli Colli (Technicolor)

Musik: Nicola Piovani
Schnitt: Nino Baragli
Produktion: Mario Cecchi Gori, Vittorio Cecchi Gori für C.G. Group Tiger Cinematografica/Cinemax/RAI, Italien/ Frankreich 1989
Verleih: Nef 2/Nef 2/Rialto
Kinostart: 31.5.1990
FSK: ab 12, ffr.
Länge: 121 Min.
FBW: Besonders wertvoll

Der Film zeigt den fast 70jährigen Meister im Vollbesitz seiner künstlerischen Kraft, obwohl er in den surrealen Szenen und Geschichten seines Films die Konventionen der Dramaturgie und des traditionellen Erzählkinos mal wieder sehr konsequent mißachtet. Roberto Benigni spielt hervorragend den sanften, liebenswürdigen Narren, der die Stimme des Mondes hört und neugierig durch eine verrückte Welt stolpert.

Achim Forst, tip

Peter Buchka in: SZ, 31.5.90; Rolf Lenz in: Prinz, 6/90; Verena Lueken in: FAZ, 31.5.90; Wolfram Schütte in: FR, 2.6.90

Stirb langsam 2 914

DIE HARD 2 ***

Regie: Renny Harlin
Darsteller: Bruce Willis (John McClane), Bonnie Bedelia (Holly McClane), William Atherton (Thornberg), Reginald VelJohnson (Al Powell), Franco Nero (Esperanza), Bill Sadler (Stuart), John Amos (Grant), Dennis Franz (Carmine Lorenzo), Art Evans (Barnes), Fred Dalton Thompson (Trudeau), Tom Bower (Marvin), Sheila McCarthy (Samantha Copeland), Don Harvey, Tony Ganios, Peter Nelson
Drehbuch: Steven E. de Souza, Doug Richardson, nach dem Roman »58 Minutes« von Walter Wager und den Charakteren von Roderick Thorpe
Kamera: Oliver Wood; Frank Holgate (2d unit) (Deluxe Color)
Musik: Michael Kamen; »Finlandia« von Jean Sibelius
Schnitt: Stuart Baird, Robert A. Ferretti
Produktion: Lawrence Gordon, Joel Silver, Charles Gordon für Gordon Co./Silver Pic., USA 1990
Verleih: 20th Century Fox/dto./dto.
Kinostart: 25.10.1990
FSK: ab 16, ffr.
Länge: 123 Min.

Um einen lateinamerikanischen Diktator und Drogenboß, der an die US-Behörden ausgeliefert werden soll, zu befreien, legt ein Kommando-Unternehmen den Flughafen von Washington D.C. lahm und läßt, um seinen Forderungen Nachdruck zu verleihen, ein Passagierflugzeug am Boden zerschellen.
Ein Polizist aus Los Angeles bringt das Unternehmen praktisch im Alleingang zum Scheitern.
Terrorfilm, der mit einem gigantischen Aufwand an spektakulär-brutaler Action einer latenten Lust am Untergang Vorschub leistet. *Zoom*

Fritz Göttler in: SZ, 27.10.90; Peter Körte in: FR, 25.10.90; Jürgen Richter in: FAZ, 27.10.90; Karl-Heinz Schäfer in: Prinz, 10/90; Reinhard Tschapke in: Die Welt, 25.10.90

Stirb niemals allein 915

NEVER SAY DIE ***

Video

Regie: Geoff Murphy
Darsteller: Lisa Eilbacher (Melissa), Temuera Morrison (Alf), Tony Barry (Inspektor Evans), George Wendt (Witten), John Clarke, Martyn Sanderson, Phillip Gordon, Judith Fyfe, Jay Laga'aia
Drehbuch: Geoff Murphy
Kamera: Rory O'Shea (Farbe)
Musik: Billy Kristian, Sam Negri
Schnitt: Scott Conrad
Produktion: Geoff Murphy, Murray Newey für Everard Films/New Zealand Film Commission, Neuseeland 1988
Verleih: -/-/-/VPS Video
Videostart: 26.2.1990
FSK: ab 16 J.
Länge: 103 Min.

Ein Journalist und seine Freundin sehen sich von erbosten Terroristen verfolgt, weil sie deren Pläne für ein geplantes Flugzeugattentat belauscht haben.
Weitgehend unterhaltsame Bond-Parodie des neuseeländischen Regisseurs Geoff Murphy (»Mach's gut, Pork Pie«), die – dem großen Vorbild gemäß – den Stunts und Set Pieces den Vorzug gegenüber der eher losen Story gibt.

The Store 916

THE STORE ****

16 mm

Regie: Frederick Wiseman
Kamera: John Davey (Farbe)
Schnitt: Frederick Wiseman
Produktion: Frederick Wiseman, USA
Verleih: Freunde der Deutschen Kinemathek/-/-
Kinostart: 1990
Länge: 118 Min.
Originalfassung

Es sind nur alltägliche Szenen des Kaufs und Verkaufs in einem Warenhaus der riesigen Kaufhauskette Neimann-Marcus in Dallas. Das Konsumverhalten der Reichen, von Wiseman ohne Kommentar dokumentiert, wird hier zu einer unterhaltsamen Parodie auf den American Way of Life.

Katalog Freunde der Deutschen Kinemathek

Strand – Under the Dark Cloth 917

STRAND – UNDER... ***

Regie: John Walker
Drehbuch: Seaton Findlay
Kamera: John Walker
Musik: Jean Derome, René Lussier
Produktion: John Walker, Kanada 1989
Verleih: -/-/Filmcooperative
Länge: 81 Min.

Ein formal beeindruckendes, anrührendes Porträt des amerikanischen Fotopioniers Paul Strand (1890 bis 1976).
Er wurde unter dem Eindruck des Kubismus und der Arbeiten seines Förderers Alfred Steglitz zu einem Vordenker der kritischen sozial-dokumentarischen Bildgestaltung. *Zoom*

Straße der Träume 918

STREET OF DREAMS **

Video

Regie: William A. Graham
Darsteller: Ben Masters (Thomas Kyd), Morgan Fairchild (Laura Cassidy), Diane Salinger (Ann Kepler), Michael Cavanaugh (Lt. Marcus), Alan Autry (Morris Field), Gerald Hiken (Dix), Wendell Wellman (Sleepwalker Bromberg), Julie Philips (Pidge), Danny Goldman (Dr. Abrahamson), John Hillerman
Drehbuch: Bill Stratton, nach dem Roman von Timothy Harris
Kamera: Denis Lewiston (Farbe)
Musik: Laurence Rosenthal
Schnitt: Ronald J. Fagan
Produktion: Richard M. Ravin für Bill Stratton/Myrtos/Phoenix Entertainment Group, USA 1988
Verleih: -/-/-/VCL Video
Videostart: 26.4.1990
Sendetermin: 7.10.1988, CBS
FSK: ab 16 J.
Länge: 92 Min.

Die Frau eines ermordeten Produzenten flüchtet sich in die Arme eines Privatdetektivs, der bei seinen Recherchen herausfindet, daß das verschwundene neue Drehbuch des Toten auf authentischen Gehirnwasch-Experimenten basiert. Eine anämische Kreuzung aus Burt Reynolds, Schimanski und Magnum, dessen Filmbutler ein Gastspiel als trinkender Autor gibt. *Video Woche*

Stray Days

Siehe »Heiß auf Liebe – Stray Days«

Street Soldiers 919

STREET SOLDIERS **

Regie: Lee Harry
Darsteller: Jun Chong, David L. Holm, Jeff Rector, Jonathan Gorman, Joon Kim, Katherine Armstrong
Drehbuch: Spencer Grendhal, Lee Harry
Kamera: Dennis Peters (Farbe)
Musik: David Bergeaud
Produktion: Jun Chong für Front Row Pictures/Action Brothers, USA 1990
Verleih: Splendid/-/-
Kinostart: 13.12.1990
FSK: nicht unter 18 J.
Länge: 97 Min.

Unter der Ägide eines asiatischen Kampfsportexperten schließt sich eine Gruppe von Studenten zu einer Selbsthilfegruppe gegen den übermächtigen Terror der Straßenbanden von L.A. zusammen.

Der Streit um des Esels Schatten 920
***

Regie: Walter Beck
Darsteller: Fritz Decho (Struthion), Jürgen Watzke (Anthrar), Jens-Uwe Bogadtke (Leander), Manfred Heine (Demokrit), Karin Gregorek (Krobyle), Gerit Kling (Gorgo), Michael Walke (Physignathos), Gerhard Hähndel (Polyphonos), Pedro Hebenstreit (Batrachos), Leon Niemczyk (Archon Onolaus)
Drehbuch: Walter Beck, frei nach Christoph Martin Wieland und einem Szenarium von Friedhold Bauer
Kamera: Wolfgang Braumann (Farbe)
Musik: Günther Fischer
Schnitt: Vera Nowark
Produktion: Volkmar Leweck für Defa, Gruppe »Johannisthal«, DDR 1989
Verleih: Progreß/-/-
UA: 20.7.1990, Berlin
Kinostart: 20.7.1990
Länge: 75 Min.

Die Frage, ob man sich in gesellschaftliche Verhältnisse einmischen sollte oder nicht, steht im Zentrum des Films. Sich in erster Linie an Kinder wendend, behandelt der Film auf der Grundlage antiker Motive Probleme, die die Aufmerksamkeit aller Altersgruppen finden dürften. Der Schüler Leander wettet mit seinem Lehrmeister Demokrit darum, daß er die Einwohner der Narrenstadt Abdera zur Vernunft bringen könne. Wenn auch der äußere Rahmen der Geschichte auf das klassische Griechenland verweist, so erscheinen die Probleme, mit denen Leander zu tun hat, in nicht allzu ferner Zeit angesiedelt zu sein.

Kino DDR

Streng vertraulich oder Die innere Verfassung 921
***

Regie: Ralf Marschalleck
Kamera: Frank Reinhold (Farbe)
Musik: Ekkehard Enkelmann
Schnitt: Petra Barthel
Produktion: Defa, Studio für Dokumentarfilme, DDR 1990
Verleih: Con Film/-/-
UA: 7.10.1990, Berlin-Ost
EA: 8.12.1990, Kassler Dokumentarfilm-Fest
Länge: 90 Min.

Der neunzigminütige Streifen beginnt mit der Erstürmung der Stasi-Zentrale in Berlin am 15. Januar. Mitglieder des noch in der Nacht der Besetzung gegründeten Bürgerkomitees geben Auskunft über Begegnungen und Gespräche mit Mitarbeitern des MfS (...) Im Film sind zahlreiche zum Teil erstmalig veröffentlichte Dokumente aus Bild- und Tonarchiven des MfS zu sehen.

Dresdner Neueste Nachrichten

Strike Commando 922
FINAL SCORE *
Video

Regie: Arizal
Darsteller: Chris Mitchum, Mike Abbott, Jaa Jasha
Produktion: Gope T. Samtani, USA/Indonesien 1988
Verleih: -/-/-/New Vision Video
Videostart: 12.3.1990
FSK: nicht unter 18 J.
Länge: 71 Min.

Nach der Ermordung seiner Familie rächt sich ein Vietnamveteran durch die Reihen einer Drogen- und Waffenschmuggelbande. Indonesischer »Let's fetz« mit dem geküßten Gummibärchen Chris Mitchum.

Stripped to Kill 2 923
STRIPPED TO KILL 2 – LIVE GIRLS *
Video

Regie: Katt Shea Ruben
Darsteller: Maria Ford (Shady), Eb Lottimer (Decker), Karen Mayo Chandler (Cassandra), Birke Tan (Dazzle), Marjean Holden (Something Else), Debra Lamb (Montra), Lisa Glaser (Victoria)
Drehbuch: Katt Shea Ruben
Kamera: Phedon Papamichael (Fotokem Color)
Musik: Gary Stockdale
Schnitt: Stephen Mark
Produktion: Andy Ruben für Concorde Pictures, USA 1989
Verleih: -/-/-/MGM-UA Video
Videostart: 18.9.1990
FSK: nicht unter 18 J.
Länge: 82 Min.

Die Mädels aus dem Strip-Schuppen »Paragon« leben gefährlich – der

Reihe nach werden sie von einem mysteriösen Täter abgeschlachtet. Die übel überflüssige Mixtur aus Lovestory (10 Prozent), Krimihandlung (20 Prozent) und schalen Striptease-Nummern (Rest) dilettiert und deliriert knapp 80 Minuten vor sich hin. Ein Weichzeichnervideo der Blut- und Schmuddelklasse.

W.O.P. Kistner, AZ

Stunts auf Leben und Tod 924

KONO AI NO MONOGATARI **

Regie: Toshio Masuda
Verleih: Progreß/-/-/Cosmos Video
Kinostart: Juni 90

Kam 1988 unter dem Titel »Auf Leben und Tod« auf Video heraus. Nähere Angaben siehe »Heyne Filmjahrbuch 1989«.

Summer City 925

SUMMER CITY **

Video

Regie: Christopher Fraser
Darsteller: John Jarratt (Sandy), Mel Gibson (Scollop), Phil Avalon (Robbie), Steve Bisley (Boo), James Elliott (Vater), Debbie Forman (Caroline), Judith Woodroffe, Bruce Cole, Nick Canny
Drehbuch: Phil Avalon
Kamera: Jerry Marek (Farbe)
Musik: Phil Butkis
Schnitt: David Stiven
Produktion: Phil Avalon für Intertropic Films, Australien 1977
Verleih: -/-/-/Ascot Video
Videostart: 7.8.1990
FSK: ab 16 J.
Länge: 83 Min.

Drei Jungs unternehmen im sommerlichen Australien einen Wochenendausflug, der tödlich endet. Nun ist es ja immerhin das Leinwanddebüt von Mel Gibson, aber dieses schäbige Straßenfilmchen (um den Begriff »Road Movie« zu vermeiden), gnadenlos schludrig und peinigend holprig, wäre wohl besser in den Archiven als im Videothekenregal verschimmelt. *W.O.P. Kistner, AZ*

Summer Job 926

SUMMER JOB *

Video

Regie: Paul Madden
Darsteller: Sherrie Rose (Kathy), Amy Baxter (Susan), Cari Mayor (Donna), George O. (Herman), Renee Shugart (Karen), James Summer, Chantal, Dave Clouse, Fred Bourdin, Kirt Earhardt
Drehbuch: Ralph Wilson
Kamera: Orson Ochoa (Agfacolor)
Musik: Ike Stubblefield
Schnitt: Christopher Cibelli
Produktion: Josi W. Konski für Movie Job, USA 1989
Verleih: -/-/-/Taurus Video
Videostart: 15.1.1990
FSK: ab 16 J.
Länge: 88 Min.

Eifersucht, Machtkämpfe und romantische Anwandlungen zwischen dem studentischen Aushilfspersonal eines Strandhotels in Miami.

Der Sunset-Killer 927

RELENTLESS **

Video

Regie: William Lustig
Darsteller: Judd Nelson (Buck Taylor), Robert Loggia (Bill Malloy), Leo Rossi (Sam Dietz), Meg Foster (Carol Dietz), Patrick O'Bryan (Todd Arthur), Mindy Seger (Francine), Ron Taylor (Captain Blakely), Beau William Starr (Ike Taylor), Angel Thompkins (Carmen), Harriet Hall
Drehbuch: Phil Alden Robinson
Kamera: James Lemmo (Fotokem Color)
Musik: Jay Chattaway
Schnitt: David Kern
Produktion: Howard Smith für Cinetel, USA 1989
Verleih: -/-/-/Warner Video
Videostart: 12.10.1990
FSK: nicht unter 18 J.
Länge: 92 Min.

Psychopathischer Killer treibt in L.A. ein grausames Spiel mit der Polizei. Er mordet nach Telefonbuch und legt ständig neue Fährten, um so die chronisch überlasteten Cops an der Nase herumzuführen. William Lustig ist seiner Vorliebe für Psychos (»Maniac«, »Maniac Cop I + II«) treu geblieben, weiß dem Thema aber letztlich auch nichts Neues abzugewinnen. (....) *Zoom*

T

T and T

Mehrere Episoden aus der unabhängig produzierten TV-Serie (VCL-Carolco Video).

Tabu 928

TABU ***

Regie: Andrzej Baranski
Darsteller: Grazyna Szapolowska (Mutter), Bernadetta Machala-Krzeminska (Milka), Bronislaw Pawlik (Organist), Krzysztof Gosztyla (Krystian), Zofia Merle (Verkäuferin), Olaf Lubaszenko (Stefek)
Drehbuch: Andrzej Baranski, nach dem gleichn. Buch von Timo K. Mukka
Kamera: Krzysztof Ptak (Farbe)
Musik: Zygmunt Konieczny
Schnitt: Marek Denys
Produktion: Konstanty Lewkowicz, Pawel Rakowski für PRF »Zespoly Filmowe« – Zespol Filmowy »Oko«, Polen 1987
Verleih: Progreß/-/-
UA: 5.9.1988
Kinostart: 6.7.1990
Länge: 107 Min.

Eine der bekanntesten polnischen Schauspielerinnen der Gegenwart, Grazyna Szapolowska, spielt eine der beiden Hauptrollen. Sie verkörpert eine noch junge, schöne Witwe, die zusammen mit ihrer soeben erwachsen gewordenen Tochter allein auf dem Hof lebt. Die Frau liebt insgeheim den jungen Mann, von dem ihre Tochter ein Kind erwartet; sie möchte ihn heiraten. Doch ihre Glücksvorstellungen, ihre Wünsche, als Frau ein ausgefülltes Leben zu führen, scheitern an den Tabus einer nach den überlieferten christlichen Moralvorstellungen lebenden Gemeinschaft. Aus dem scheinbar idyllischen Leben einfacher Leute entwickelt sich eine Tragödie. Menschen werden zerstört. Die Tabus einer Gesellschaft stellen unüberwindbare Barrieren bei der Verwirklichung menschlichen Glücks dar. »Tabu« ist ein inhaltlich interessanter und auch formal außerordentlich gelungener Film. *Kino DDR*

Tage des Donners 929

DAYS OF THUNDER ***

Regie: Tony Scott
Darsteller: Tom Cruise (Cole Trickle), Robert Duvall (Harry Hogge), Nicole Kidman (Dr. Claire Lewicki), Randy Quaid (Tim Daland), Michael Rooker (Rowdy Burns), Cary Elwes (Russ Wheeler), Fred Dalton Thompson (Big John), John C. Reilly (Buck Bretherton), J.C. Quinn (Waddell), Don Simpson (Aldo Bennedetti), Stephen Michael Ayers, Donna Wilson, Chris Ellis
Drehbuch: Robert Towne, nach einer Story von Robert Towne und Tom Cruise
Kamera: Ward Russell, Charles Mills (Technicolor)
Musik: Hans Zimmer; Gitarrensolos: Jeff Beck
Schnitt: Billy Weber, Chris Lebenzon
Produktion: Don Simpson, Jerry Bruckheimer für Don Simpson und Jerry Bruckheimer Prod., USA 1990
Verleih: UIP/UIP/UIP

Tom Cruise als Rennfahrer in »Tage des Donners«.

Kinostart: 20.9.1990
FSK: ab 12, ffr.
Länge: 107 Min.
FBW: Wertvoll

Der Film präsentiert Tom Cruise als Helden der Rennpiste. Der Newcomer im Stock Car-Rennsportzirkus entwickelt sich nach einigen Enttäuschungen und Rückschlägen zum Champion. Trotz vieler Klischees und der nach altbekanntem Muster gestrickten Handlung fesselt der Film mit spannenden Rennszenen und überzeugenden Darstellern. Pures Entertainment. *Ralph Umard, tip*

Fritz Göttler in: SZ, 26.9.90; Sabine Horst in: FR, 20.9.90; Peter Körte in: Prinz, 9/90; Michael Laages in: Die Welt, 21.9.90; Andreas Obst in: FAZ, 22.9.90; Anke Sterneborg in: Der Tagesspiegel, 20.9.90

Tage ohne Sonne 930

SUNLESS DAYS/MEIYOU TAIYANG DE RIZI ****
16 mm

Regie: Shu Kei, Allen Fong, Tony Au, Brian Woo, George Ho, Manfred Wong
Drehbuch: Shu Kei
Kamera: Wong Chun-Piu, David Chung, Christopher Doyle, Jaco Li, Henry Chung, Brian Woo, George Ho, Manfred Wong (Farbe)
Musik: Danny Chung, Franz Liszt, Lun Wing-Leung
Schnitt: Sammy Chow, Fong Po-Wah
Produktion: Masami Ogahara für Creative Workshop/NHK, Hongkong/Japan 1990
Verleih: Freunde der Deutschen Kinemathek/-/-
UA: 12.2.1990, Int. Forum des Jungen Films
Kinostart: 1990
Länge: 90 Min.
Original mit Untertiteln

»Tage ohne Sonne« ist Teil einer Serie von wöchentlichen Fernseh-Dokumentarfilmen, die von NHK Enterprises für das NHK-Fernsehen hergestellt werden. Für diese Serie lud NHK eine Reihe junger asiatischer Regisseure ein, Filme über ihr Land oder ihre Stadt zu machen.
Katalog Forum

(...) Shu Kei läßt Künstler, Literaten und Regisseure sprechen, über ihr Land, über innere Abkehr und äußere Emigration, mehr noch aber über die Unmöglichkeit zu fliehen; der stumme Lehrer macht begreiflich: so schnell man auch läuft, man kann nicht entkommen. So begreift man, im Laufe dieses Films, der eigentlich – vor dem Juni 1989 – einfach nur ein Film über das eigene Land sein sollte, daß es um mehr geht als um den Juni '89. Es geht um China, um die Demokratie und die Freiheit.
Anke Sterneborg, Der Tagesspiegel

Tagebuch eines vernünftigen Mannes 931

DIARY OF A SANE MAN ***
16 mm

Regie: Gad Hollander
Darsteller: Sara Donadoni (Enkel), Charles Shuts (Großvater), Gad Hollander (Der Filmemacher), Julia Langley (Antonin Artaud), Monty Ray Garrison (Der Dichter), Raffaela Monti (Venus/Aphrodite), Antonio Celiento (Adonis), Carla Fioravanti (Madonna/Wahrsagerin), David L. Hirst, Ian Hinchcliffe, Lol Coxhill
Drehbuch: Gad Hollander
Kamera: Bob Goodliffe 35 mm, Graham Gussin Super 8; (Farbe)
Musik: Johann Sebastian Bach
Schnitt: Gad Hollander
Produktion: David Pupkewitz, Gad Hollander für Focus Films Prod./Euripides Movies/Channel Four, GB 1989
Verleih: Freunde der Deutschen Kinemathek/-/-
UA: 13.2.1990, Int. Forum des Jungen Films
Kinostart: 1990
Länge: 85 Min.
Original mit Untertiteln

Gad Hollander ist ein äußerst geistreicher Mann. Liebt Bach und Artaud und hat zehn Minuten Film gedreht, die die Kritikerin tief durchatmen lassen vor Glück. Witzig, philosophisch, kreativ verrückt.
Simone Mahrenholz, Der Tagesspiegel

Tango Bar 932

TANGO BAR ****

Regie: Marcos Zurinaga
Darsteller: Raul Julia (Ricardo), Valeria Lynch (Elena), Ruben Juarez (Antonio); Tango-Sequenzen mit: Carlos Gardel,

Die Smarten: Kurt Russell und Sylvester Stallone als »Tango & Cash«.

Rudolph Valentino, Fred Astaire, Gene Kelly, Gary Cooper, Stefania Sandrelli und Dominique Sanda, Jean Paul Belmondo, Angela Lansbury und Peter Ustinov, Alain Delon, Charles Chaplin, Stan Laurel und Oliver Hardy
Drehbuch: Jose Pablo Feinman, Juan Carlos Codazzi, Marcos Zurinaga
Kamera: Marcos Zurinaga (Farbe und s/w)
Musik: Atilio Stampone
Schnitt: Pablo Mari
Produktion: Robert Gandara, Juan Carlos Codazzi für Zaga Films/Beco Films, Argentinien 1988
Verleih: Arsenal/Fleur/-/21st Century Video
Kinostart: März 1990
FSK: ab 6, ffr.
Länge: 89 Min.
Die Tanz-Sequenzen wurden von Choreographen und Compagnie des Broadway Ensembles »Tango Argentino« gestaltet.

Mehr als nur ein Tanz- und Musikfilm: Über die Geschichte einer populären Tango-Show in Buenos Aires wird zugleich auch die wechselvolle Geschichte dieses »erotischsten aller Tänze« erzählt. Die überzeugenden Darsteller, unter ihnen Raul Julia (»Kuß der Spinnenfrau«), und die hinreißenden Tanzszenen trösten über die fürchterliche deutsche Synchronisation und einige Nachlässigkeiten der Inszenierung hinweg.

Beate Ostermann, tip

Heinz Trenczak in: epd Film, 2/90

Tango & Cash 933
TANGO & CASH ***

Regie: Andrei Konchalowsky
Darsteller: Sylvester Stallone (Tango), Kurt Russell (Cash), Teri Hatcher (Kiki), Jack Palance (Yves Perret), Brion James (Courier/Requin), James Hong (Quan), Marc Alaimo, Phillip Tan, Michael J. Pollard, Roy Brocksmith, Phil Rubenstein, Lewis Arquette
Drehbuch: Randy Feldman
Kamera: Donald E. Thorin; Julio Macat 2d unit (Technicolor)
Musik: Harold Faltermeyer
Schnitt: Stuart Baird
Produktion: Jon Peters, Peter Guber für Guber-Peters Prod., USA 1989
Verleih: Warner Bros./dto./dto./Warner Home Video
Kinostart: 29.3.1990
FSK: ab 16, nffr.
Länge: 101 Min.

Die beiden Supercops Tango und Cash werden durch die Intrige eines fiesen Gangsters hinter Gitter gebracht und rehabilitieren sich nach dem Gefängnisausbruch mit einem resoluten Rachefeldzug. Für Sylvester Stallone ist »Tango and Cash« dank einigen selbstironischen Ansätzen eine eher überdurchschnittliche Arbeit; als Inszenierung von Andrei Konchalowsky, dem Regisseur von

Zum Fürchten: Tsilla Chelton als »Tante Daniele« bei den Dreharbeiten.

Werken wie »Siberiade« oder »Runaway Train«, ist der streckenweise sehr brutale Film dagegen eine herbe Enttäuschung. *Zoom*

Peter Krobath in: Prinz, 3/90; Andreas Obst in: FAZ, 31.3.90; Claudius Seidl in: SZ, 4.4.90; Anke Sterneborg in: Der Tagesspiegel, 31.3.90

Tante Danielle 934

TATIE DANIELLE ***

Regie: Etienne Chatiliez
Darsteller: Tsilla Chelton (Tante Danielle), Catherine Jacob (Catherine Billard), Isabelle Nanty (Sandrine), Neige Dolsky (Odile), Eric Prat (Jean-Pierre Billard), Laurence Février (Jeanne Billard), Virginie Pradal (Madame Lafosse), Mathieu Foulon (Jean-Marie Billard), Gary Ledoux (Totoff), André Wilms, Patrick Bouchey, Christine Pignet, Evelyne Didi, Isabelle Petit-Jacques
Drehbuch: Florence Quentin, Etienne Chatiliez
Kamera: Philippe Welt (Farbe)
Musik: Gabriel Yared
Schnitt: Catherine Renault
Produktion: Charles Gassot für Téléma/FR3/Les Productions du Champ Poirier/Soficas, Frankreich 1990
Verleih: NEF2/-/Rialto
EA: 24.6.1990, Filmfest München
Kinostart: 28.6.1990
FSK: ab 12, ffr. – *FBW:* Wertvoll
Länge: 111 Min.

Eine böse, hinterhältige Frau ist Tante Danielle, die eines Tages bei den Billards einzieht. Sie liebt nichts und niemanden und Freundlichkeit schon gar nicht. Letztere quittiert sie mit Gemeinheiten und macht der ganzen Familie das Leben schwer. Einzig die Pflegerin Sandrine, aus ähnlich hartem Holz geschnitzt, findet einen Zugang zu der alten Dame. Eine schräge Komödie mit Zwischentönen, die über das Lachen hinaus zum Nachdenken anregt. *Zoom*

Michael Althen in: SZ, 3.7.90; Karl-Heinz Schäfer in: Prinz, 6/90; Helmut Schmitz in: FR, 28.6.90; Hans-Dieter Seidel in: FAZ, 3.7.90

Tanya's Island 935

TANYA'S ISLAND **

Video

Regie: Alfred Sole
Darsteller: D.D. Winters (Tanya), Richard Sargent (Lobo), Mariette Levesque (Kelly), Don McCleod (Blue)
Drehbuch: Pierre Brousseau
Kamera: Mark Irwin (Film House Color)
Musik: Jean Musy
Schnitt: Michael MacLaverty
Produktion: Pierre Brousseau für IFEX/Fred Baker Films, Kanada 1981
Verleih: -/-/-/DEG Video
Videostart: 27.3.1990
FSK: nicht unter 18 J.
Länge: 82 Min.

Ein Werbemodell träumt sich auf eine einsame Insel, wo sie sich zwischen einem blauäugigen Gorilla und einem Künstler zu entscheiden hat (...) Der Affe, eine frühe maskenbildnerische Meisterleistung von Rick Baker, ist ein eher statischer Charakter. Die Verschiebungen in der Konstellation und den Beziehungen der Personen können als Reflektion feministischer Diskussion in den 70er Jahren interpretiert werden. Dem Thema (und dem Augenschein) zum Trotz kommt der Gedanke an sexuelle Perversion kaum auf, so sehr ist der Affe als Sympathieträger gezeichnet. Bleibt die Erinnerung an eine erotische Fantasie in sanften Pastellfarben. (...)

Werner Petermann

Tanz der Dämonen 936

DEMON WIND *

Regie: Charles Philip Moore
Darsteller: Eric Larson, Francine Lapensée, Rufus Norris, Bobby Johnston, Lynn Clark, Mark David Fritsche, Sherry Bendorf, Jack Vogel, Stephen Quadros, Richard Gabai
Drehbuch: Charles Philip Moore
Kamera: Thomas L. Callaway, Gary Graver (Farbe)
Musik: Bruce Wallenstein
Schnitt: Chris Roth
Produktion: Paul Hunt, Michael Bennett für United Filmmakers, USA 1990
Verleih: Allround/-/-/Allround Video
Kinostart: 3.5.1990
FSK: ab 18, nffr.
Länge: 96 Min.

(...) Einen stupiden Zombiefilm hat Charles Philip Moore mit Zitaten und Versatzstücken angereichert – der erotische Shocker der achtziger Jahre ist ebenso vertreten wie Motive des Vampirfilms oder aus der »Omen«-Trilogie. (...) *Jürgen Richter, FAZ*

Rupert Koppold in: Stuttgarter Zeitung, 14.7.90

Tanzfieber 937
LETO U ŚKOCJCI
**

Regie: Tugo Stiglic
Darsteller: Kaja Stiglic, David Sluga, Jure Sotler, Ziga Kobilica, Alma Blagdanic, Gregor Cvetko, Blaz Kosorok, Martin Lange, Adriano Janezic, Marko Radovan, Iztok Gruden, Primoz Ranik, Bostjan Omerza, Roman Paskulin, Mare Kumar, Gregor Jamar
Drehbuch: Vitan Mal, Tugo Stiglic
Kamera: Rado Likon (Farbe)
Musik: Jani Golob
Produktion: Viba Film Prod., Jugoslawien 1988
Verleih: Progreß/-/-
Kinostart: 14.9.1990
Länge: 96 Min.

Autobagger tanzen Ballett nach Wiener-Walzer-Klängen, musikbesessene junge Leute protestieren mit einer Riesenshow gegen den Rausschmiß aus ihren Übungsräumen, und ein nettes Pärchen entdeckt für sich die ersten Herz-Schmerz-Gefühle. Liebe mit fünfzehn und ein bilderbuchbuntes Jugendleben inszenierte Tugo Stiglic in »Tanzfieber« mit stattlichem Aufwand an Zeittrends und modischen Effekten. Die attraktive Kulisse eines Städtchens an der Adria, eine überwiegend heile und auf Hochglanz lackierte Welt und der Löwenanteil perfektionistisch arrangierter Show bestimmen den Unterhaltungswert dieses jugoslawischen Sommerfilmchens. *Kino DDR*

Tapeheads – Verrückt auf Video 938
TAPEHEADS
**
Video

Regie: Bill Fishman
Darsteller: John Cusack (Ivan Alexcov), Tim Robbins (Josh Tager), Doug McClure (Sidney Tager), Connie Stevens (June Tager), Clu Gulager (Norman Mart), Mary Crosby (Samantha), Katy Boyer (Belinda Mart), Lyle Alzado, King Cotton
Drehbuch: Bill Fishman, Peter McCarthy
Kamera: Bojan Bazelli (DeLuxe Color)
Musik: Fishbone
Schnitt: Mondo Jenkins
Produktion: Peter McCarthy für Front Films, USA 1988
Verleih: -/-/-/RCA-Columbia Video
Videostart: 3.4.1990
FSK: ab 16 J.
Länge: 97 (88) Min.

Zwei ehemalige Wachleute gründen eine Videoclip-Firma und geraten alsbald ins Schußfeld eines Präsidentschaftskandidaten, der sie im Besitz eines kompromittierenden Videos wähnt. Temporeicher, aber letztlich etwas prätentiöser Blick aufs Musikgeschäft vom ehemaligen Gitarristen der Monkees.

Tau mich auf, Liebling 939
OUT COLD
***

Regie: Malcolm Mowbray
Darsteller: John Lithgow (Dave), Teri Garr (Sunny Cannald), Randy Quaid (Lester Atlas), Bruce McGill (Ernie Cannald), Lisa Blount, Alan Blumenfeld, Morgan Paull, Barbara Rhoades
Drehbuch: Howard Glasser, George Malko, nach einer Story von Howard Glasser
Kamera: Tony Pierce-Roberts (CFI Color)
Musik: Michel Colombier
Schnitt: Dennis M. Hill
Produktion: George G. Braunstein, Ron Hamady für Braunstein/Hamady Prod., USA 1989
Verleih: Apollo/-/-/RCA-Columbia Video
Kinostart: 6.12.1990
FSK: ab 16, ffr.
Länge: 92 Min.

Ernie und Sunny, ein Ehepaar, bei dem schon lange nichts mehr stimmt. Sie hat ihre Liebhaber, er seine Geliebten. Sunny sinnt auf Rache und engagiert einen Privatdedektiv, der Ernie überwachen und ihr einen Scheidungsgrund an die Hand liefern soll.

Helmut Schmitz in: FR, 6.12.90

Teen Lover 940
SAY ANYTHING
**
Video

Regie: Cameron Crowe
Darsteller: John Cusack (Lloyd Dobler), Ione Skye (Diane Court), John Mahoney (James Court), Lili Taylor (Corey Flood), Amy Brooks (D.C.), Pamela Segall (Rebecca), Jason Gould (Mike Cameron), Loren Dean (Joe), Joan Cusack

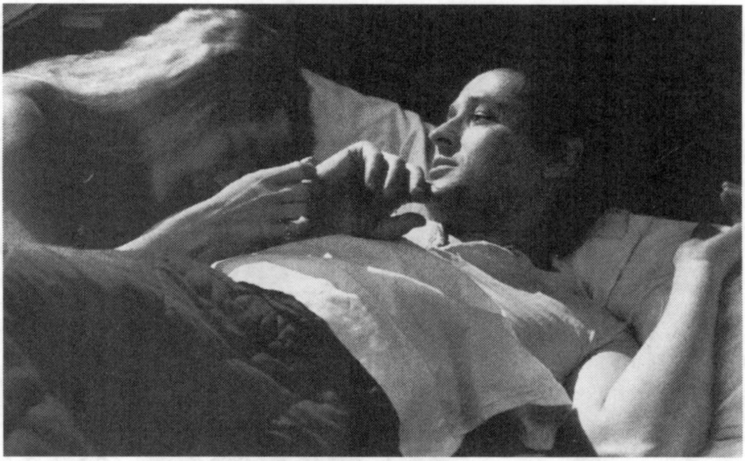

Ann Zacharias und Michel Jonasz in »Das Testament eines ermordeten jüdischen Dichters«.

Drehbuch: Cameron Crowe
Kamera: Laszlo Kovacs (DeLuxe Color)
Musik: Richard Gibbs, Anne Dudley
Schnitt: Richard Marks
Produktion: Polly Platt für Gracie Films, USA 1989
Verleih: -/-/-/CBS-Fox Video
Videostart: 12.10.1990
FSK: ab 12 J.
Länge: 100 Min.

Der mittelmäßige Schüler Lloyd verknallt sich in die wohlbehütete Diane, die den Wünschen ihres Vaters zum Trotz Lloyds innere Werte rasch zu schätzen lernt. Bemüht ernsthafte und angesichts des Endes – liebeshemmender Mustervater entpuppt sich als Steuerhinterzieher – reichlich verlogene Schnulze im Bravo-Stil.

Teen Witch 941

TEEN WITCH **

Regie: Dorian Walker
Darsteller: Robin Liveley (Louise), Dan Gauthier (Brad), Joshua Miller (Ritchie), Zelda Rubinstein (Serena), Caren Kaye (Margaret), Dick Sargent (Frank), Lisa Fuller, Mandy Ingber, Noah Blake
Drehbuch: Vernon Zimmerman, Robin Menken
Kamera: Mark Reshovsky (Farbe)
Musik: Richard Elliot, Larry Wier
Produktion: Alana Lambros, Rafael Eisenman für Trans World Ent./Alana Prod., USA 1989
Verleih: Metropol/Fleur/-/VPS Video
Kinostart: 1.3.1990
FSK: ab 12, ffr.
Länge: 93 Min.

Ein weiterer Film über High-School-Teenies. Pennälerin Louise ist ein Aschenputtel, das aber über magische Kräfte verfügt und so für Krach, Zauberei und Gefühlswallungen sorgen kann. Irgendwann ist der Spuk vorbei und der richtige »american dream« kann beginnen. Heile-Welt-Klamotte für die Kids der Clip-Generation.

Hans-Ulrich Pönack, tip

Das Testament eines ermordeten jüdischen Dichters 942

LE TESTAMENT D'UN POETE JUIF ASSASSINE ***

TV

Regie: Frank Cassenti
Darsteller: Michel Jonasz (Paltiel Kossover), Erland Josephson (Zupanev), Wojtek Pszoniak (Richter), Philippe Léotard (Bernard Hauptmann), Vincent David (Grisha Kossover), Anne Zacharias

Kampfhühner. Meryl Streep, Bob Patchett und »Die Teufelin« Roseanne Barr.

(Inge), Anne Wiazemsky (Raissa Kossover), Moscu Alcalay, Laszlo Szabo
Drehbuch: Frank Cassenti, Michele Annie Mercier, nach dem Roman von Elie Wiesel
Kamera: Patrick Blossier (Eastmancolor)
Musik: Gabriel Yared
Schnitt: Michele Annie Mercier
Produktion: Hubert Niogret für Feeling Prods./La Sept/Images des Anges/T.F.1/ Swan Prod. mit Centre National du Cinéma und YNYL Prod., Frankreich 1987
UA: 28.4.1987, Paris
Sendetermin: 29.4.1990, ZDF, 23.35 Uhr
Länge: 87 Min.

Juden-Pogrom im zaristischen Rußland, Flucht, Exil in Rumänien, dann in Berlin, die Nazis, der spanische Bürgerkrieg, schließlich Rückkehr in die alte Heimat, die den verlorenen Sohn nicht mehr will: Diese Stationen eines Lebens hält der Film fest.
Er basiert auf dem Roman des israelischen Friedensnobelpreisträgers Elie Wiesel. In Rückblenden wird das traurige Schicksal des Titel-Dichters Paltiel Kossover erzählt, der 1951 in Rußland inhaftiert und hingerichtet wird. Im stalinistischen Gefängnis hat er seine Lebensgeschichte aufgeschrieben: Jahre später übergibt der Gefängnissekretär dies »Testament« dem taubstummen Sohn des ermordeten jüdischen Dichters.

Birgit Amon, AZ

Joachim Hauschild in: SZ, 2.5.90

Die Teufelin — 943

SHE-DEVIL — ****

Regie: Susan Seidelman
Darsteller: Meryl Streep (Mary Fisher), Roseanne Barr (Ruth), Ed Begley jr. (Bob), Linda Hunt (Hooper), Sylvia Miles (Mrs. Fisher), Elisabeth Peters (Nicolette Patchett), Bryan Larkin (Andy Patchett), Maria Pitillo (Olivia Honey), A. Martinez, Mary Louise Wilson, Susan Willis, Jack Gilpin, Robin Leach, Nitchie Barrett, June Gable, Jeanine Joyce
Drehbuch: Barry Strugatz, Mark R. Burns, nach dem Roman »Die Teufelin« von Fay Weldon
Kamera: Oliver Stapleton (Deluxe)
Musik: Howard Shore

Schnitt: Craig McKay
Produktion: Jonathan Brett, Susan Seidelman für Seidelman/Brett Prod. für Orion, USA 1989
Verleih: 20th Century Fox/Constantin/ Monopole Pathé/RCA-Columbia Video
Kinostart: 12.4.1990
FSK: ab 12, ffr.
Länge: 99 Min.

Die gedemütigte Ehefrau, die ihren karrieresüchtigen Mann an eine blasierte Autorin von Kitschromanen verloren hat, geht nach einem Schlachtplan vor, um dem Treulosen einen Denkzettel zu verpassen. Glänzend inszenierte satirische Komödie nach dem Bestseller von Fay Weldon, die mit einer großartigen Besetzung aufwartet und ein durchwegs köstliches Vergnügen bietet. *multimedia*

Brigitte Desalm in: Kölner Stadt-Anzeiger, 14.4.90; Elke Frick in: FR, 12.4.90; Heike-Melba Fendel in: Prinz, 4/90; Terri Minsky in: Wiener, 3/90 (Meryl Streep); Rainer Nolden in: Die Welt, 18.4.90; Hans-Dieter Seidel in: FAZ, 17.4.90

Things Change 944

THINGS CHANGE ***

Regie: David Mamet
Verleih: Kinowelt/Constantin/20th Century Fox/RCA-Columbia Video

Lief im vergangenen Jahr bereits in der Schweiz. Deshalb vollständige Angaben und Kritik im »Heyne Filmjahrbuch 1990«.

Tibet – Widerstand des Geistes 945

***

Regie: Clemens Kuby
Kamera: Hans Hager (Farbe)
Musik: Christian Bühner, Helge Schröder, Palden Tawo
Schnitt: Clemens Kuby, Agape Dorstewitz
Produktion: Thomas Wingen, Karl-B. Koepsell für Kuby Film TV/WDR, BRD 1989
Verleih: Delta/Elmo/-
Kinostart: 1.3.1990
FSK: ab 16, ffr.
Länge: 98 Min.

Die Dokumentation über die Auswirkungen von Jahrzehnten Unterdrückung des tibetischen Volkes durch die chinesischen Machthaber bietet viel interessantes Material über Land und Menschen bzw. eine eindrucksvolle Beschreibung der kargen, aber friedliebenden und sinnerfüllten Lebensweise – und man verzeiht wegen der schwierigen Bedingungen auch technische Mängel des Films. Aber die Darstellung der geistig-seelischen und religiösen Welt des tibetanischen Buddhismus – gleichermaßen schwer zugänglich wie von betroffen machender Beispielhaftigkeit – scheint nur in Ansätzen geglückt.

Christl Stadler, multimedia

Anne Frederiksen in: Prinz, 3/90; Frauke Hanck in: Die Welt, 14.3.90; Kai Niemeyer in: AZ, 12.4.90

Tigerman 946

THE FINAL ALLIANCE *

Video

Regie: Mario di Leo
Darsteller: David Hasselhoff (Will Colton), Bo Hopkins (Sheriff Whistler), John Saxon (Geist), Jeanie Moore (Carrie), Len Sparrowhawk (Zeke), Karl Johnson (Red), Frank Notard (Ferret), Jeff Fannell (Chuck), Sylvano Architto (ZZ)
Drehbuch: John T. Eubank, Harel Goldstein
Kamera: Mario di Leo (Irene Color)
Musik: Julian Laxton
Schnitt: Duane Hartzell
Produktion: Ami Artzi, David Goldstein für International Media Exchange, USA 1990
Verleih: -/-/-/VPS Video
Videostart: 19.7.1990
FSK: ab 16 J.
Länge: 93 Min.

Ein einsamer Rächer und sein Puma machen einem Kleinstadtschurken den Garaus. Feuerintensiver Westernabklatsch mit dem verunglückten Multimedia-Ereignis David Hasselhoff.

Time Trackers 947

TIME TRACKERS **

Video

Regie: Howard R. Cohen
Darsteller: Ned Beatty (Harry), Wil Shriner (Charles), Kathleen Beller (R.J.), Bridget Hoffman (Madeline), Alex Hyde-White (Edgar), Lee Bergere (Zandor)

Drehbuch: Howard R. Cohen
Kamera: Ronn Schmidt (Fotokem Color)
Musik: Parmer Fuller
Schnitt: Brent Schoenfeld
Produktion: Roger Corman für Concorde Pictures, USA 1989
Verleih: -/-/-/MGM-UA Video
Videostart: 18.9.1990
FSK: ab 16 J.
Länge: 87 Min.

In naher Zukunft ist es gelungen, eine Zeitmaschine zu bauen. Ein böser Mann schnappt sich das Gerät und fährt zurück in die Vergangenheit, um dort die Vorfahren eines guten Mannes zu töten und damit dessen Existenz zu vernichten. Ein paar gute Menschen aber reisen ihm hinterher, um den Schurken an diesem Vorhaben zu hindern (...) Das ist weder besonders gut inszeniert noch so gut gedacht wie der Plot von »Zurück in die Zukunft«. Trotzdem lohnt es sich, die Kassette einzuwerfen. Wenn der Film nämlich Längen hat - und die hat er ziemlich oft - dann beginnt man unwillkürlich mit dem »channel crossing« (...) und man begreift das alles als Weiterführung jener Reise durch Raum und Zeit. Man beginnt, archäologisch aufs Programm zu gucken und archäologisch darüber nachzudenken. *Claudius Seidl, SZ*

Tod aus dem Jenseits

Siehe »Witch Bitch - Tod aus dem Jenseits«

Der Tod der herrlichen Rehe 948

SMRT KRASNYCH SRNCU ****
TV

Regie: Karel Kachyna
Darsteller: Karel Hermánek (Vater Popper), Marta Vancurová (Mutter Popper), Rudolf Hrusinsky (Prosek), Dana Vlková (Irma Korálek), Ladislav Potmesil (Direktor Korálek), Jiri Krampol, Lubor Tokos
Drehbuch: Karel Kachyna, nach dem Roman von Ota Pavel
Kamera: Vladimir Smutny (Farbe)
Musik: Lúbos Fiser
Produktion: Filmstudio Barrandow, CSSR 1986
Sendetermin: 7.2.1990, ZDF, 22.40 Uhr
Länge: 91 Min.

Karel Kachyna ist einer der Spitzen-Regisseure der CSSR und einer jener Kino-Künstler, deren Werke hierzulande allenfalls auf dem Bildschirm zu sehen sind. Nach einer Erzählung seines Landsmanns Ota Pavel drehte Kachyna diese Geschichte um einen jüdischen Handelsreisenden. Leo Popper ist recht erfolgreich in seinem Beruf; seine größte Freude ist es, Rehe zu beobachten. Dann bricht der Zweite Weltkrieg aus, der Jude Popper verliert seinen Job, seine Söhne kommen ins Konzentrationslager. Um sie mit Proviant zu versorgen, schießt er seine geliebten Rehe. *Birgit Amon, AZ*

Hellmut A. Lange in: Neue Osnabrücker Zeitung; Hannoversche Allg. Ztg.; Stgt. Zeitung, 9.2.90

Tod im Regenwald 949

AVAETÉ, A SEMENTE DA VINGANCA ***
TV

Regie: Zelito Viana
Darsteller: Hugo Carvana (Ramiro), Macsuara Kadiweu (Avá), José Dumont (Ribamar), Milton Rodrigues (Elias), Renata Sorrah (Clara), Jonas Bloch, Jayme del Cueto
Drehbuch: Zelito Viana, José Joffily
Kamera: Edgard Moura (Farbe)
Musik: Egberto Gismonti
Produktion: Manfred Durniok, Roberto Mendes für Manfred Durniok/Cabana da Ponte LTDS/Roberto Mendes, Brasilien/BRD 1985
Sendetermin: 24.5.1990, ZDF, 23.30 Uhr
Länge: 100 Min.

Der achtjährige Indianer Avá muß miterleben, wie ein brasilianischer Großunternehmer alle Bewohner seines Dorfes ermorden läßt. Avá kommt mit dem Leben davon, weil Ramiro, ein von Gewissensbissen geplagter Söldner, mit ihm in den Dschungel flieht. Nach Jahren berichtet Ramiro einem Missionar von dem Massaker. Der wendet sich an die Öffentlichkeit - mit verheerenden Folgen. »Mit einem bis an die Grenzen des Erträglichen reichenden Rea-

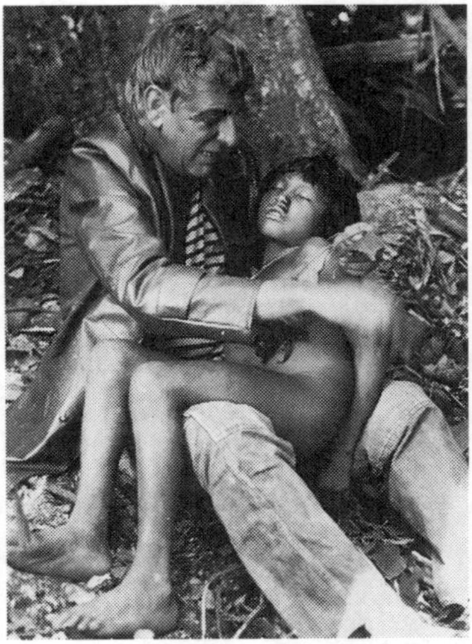

Dem »Tod im Regenwald« knapp entgangen: Hugo Carvana und Jairo Canoeiro.

lismus«, so das ZDF, »zeichnet Regisseur Zelito Viana den authentischen Fall der Liquidierung eines Indianerstammes nach«. *AZ*

Der Todesmajor 950

THE LOST IDOL *

Video

Regie: Phillip Chalong (= Chalong Packdivijit
Darsteller: Erik Estrada, James Phillips, Myra Chason, Christoph Klüppel, Pierre Delalande, Sorapong Chatree, Noppol Gomarachun, Likit Ekmongkol
Drehbuch: James Phillips, Tony S. Suwat
Kamera: Visidh Stone (Farbe)
Musik: Anuwat Suebsuwan
Schnitt: P. Charles
Produktion: P. Sumon für Shapiro Glickenhaus, USA/Thailand 1988
Verleih: -/-/-/RCA-Columbia Video
Videostart: 5.6.1990
FSK: nicht unter 18 J.
Länge: 102 Min.

Ein Vietnamveteran kehrt in den kambodschanischen Dschungel zurück, um die seinerzeit geraubte Götzenstatue abzuholen.

Todesparty II 951

CUTTING CLASS **

Video

Regie: Rospo Pallenberg
Darsteller: Donovan Leitch (Brian Woods), Jill Schoelen (Paula Carson), Brad Pitt (Dwight Ingalls), Roddy McDowall (Dr. Dante), Martin Mull (William Carson), Brenda Lynn Klemme (Colleen), Mark Barnet, Robert Glaudini, Eric Boles
Drehbuch: Steve Slavkin
Kamera: Avi Karpick (Farbe)
Musik: Jill Fraser
Schnitt: Nathan Zahavi
Produktion: Rudy Cohen für April Films, USA 1989
Verleih: -/-/-/Lightning Video
Videostart: 28.5.1990
FSK: ab 16 J.
Länge: 90 (85) Min.

Ein eben aus der Heilanstalt entlassener Schüler kann seine Freundin überzeugen, daß ihr ehemaliger Geliebter in Wahrheit für die brutale Mordserie an der High School verantwortlich ist. Stereotyper Slasher, der allenfalls in seinen Mordsequenzen etwas Einfallsreichtum beweist.

Todesträume 952

MURDER BY NIGHT ***

Video

Regie: Paul Lynch
Darsteller: Robert Urich (Alan Strong), Michael Ironside (Carl Madsen), Kay Lenz, Jim Metzler, Richard Monette

Drehbuch: Alan B. McElroy
Produktion: David Roessele, Peter Simpson für MCA TV/Norstar Entertainment, USA 1989
Verleih: -/-/-/CIC Video
Videostart: 15.1.1990
Sendetermin: 19.7.1989, USA
FSK: ab 16 J.
Länge: 89 Min.

Bei der Suche nach einem brutalen Hammermörder tappt die Polizei im Dunkeln, bis eines Tages ein Zeuge auftaucht. Doch dieser hat das Gedächtnis verloren und kann sich weder auf seinen eigenen Namen noch auf das Gesicht des Mörders besinnen. Mysteriöserweise quälen ihn Alpträume von immer neuen Greueltaten, die dann auch tatsächlich geschehen.
Die Konstellation als Plot eines Psychothrillers ist nicht neu, dessen ungeachtet ist der Film ziemlich spannend erzählt und die gute Kameraführung erzeugt eine beunruhigende Atmosphäre, die einigermaßen über die Längen hinweghilft. *tip*

Todfreunde – Bad Influence 953

BAD INFLUENCE ***

Regie: Curtis Hanson
Darsteller: Rob Lowe (Alex), James Spader (Michael Boll), Lisa Zane (Claire), Christian Clemenson (Pismo Boll), Kathleen Wilhoite (Leslie), Tony Maggio (Patterson), Marcia Cross (Ruth Fielding)
Drehbuch: David Koepp
Kamera: Robert Elswit (Farbe)
Musik: Trevor Jones
Schnitt: Bonnie Koehler
Produktion: Steve Tisch für Steve Tisch/Producer Representatives Organization, USA 1990
Verleih: Tivoli/Fleur/Stamm/Concorde Video
UA: 9.3.1990, New York
Kinostart: 21.6.1990
FSK: ab 16, ffr.
Länge: 101 Min.

Ein Yuppie schert aus. In einer Bar lernt er einen charmanten Nichtstuer kennen, der ihn ins Nachtleben einführt. Was als große Befreiung beginnt, endet jedoch als Alptraum, da der Befreier sich immer mehr als Psychopath erweist.
Der Story fehlt eine innere Spannung, weil Gut und Böse allzu klar geschieden bleiben. Zudem ist sie viel zu glatt inszeniert, um glaubwürdig zu wirken. *Zoom*

Claudius Seidl in: SZ, 11.7.90; Anke Sterneborg in: Der Tagesspiegel, 27.6.90

Die Töchter des Hauses Makioka 954

SASAME YUKI ****

TV

Regie: Kon Ichikawa
Darsteller: Keiko Kishi (Tsuruko), Yoshiko Sakuma (Sachiko), Sayuri Yoshinaga (Yukiko), Yuko Kotegawa (Taeko), Juzo Itami (Tatsuo), Koji Ichizaka
Drehbuch: Kon Ichikawa, Shinya Hidaka, nach einem Roman von Junichiro Tanizaki
Kamera: Kiyoshi Hasegawa (Farbe)
Musik: Shinnosuke Okawa
Schnitt: Chizuko Nagata
Produktion: Toho Comp., Japan 1983
Sendetermin: 28.2.1990, ZDF, 22.40 Uhr
Länge: 135 Min.

Am Vorabend des Zweiten Weltkriegs sind traditionelle Strukturen innerhalb der japanischen Gesellschaft längst durch westliche Einflüsse aufgebrochen. Den Zwiespalt zwischen überlieferter und moderner Lebensweise schildert Junichiro Tanizaki in seinem zwischen 1942 und 1948 entstandenen Roman »Sasame Yuki« am Beispiel der reichen Bürgerfamilie Makioka.
Für Regisseur Kon Ichikawa bot der Stoff nicht nur eine ideale Möglichkeit, einen Konflikt, der bis in die moderne Industriegesellschaft Japans hineinreicht, filmisch aufzubereiten, sondern auch die Gelegenheit, in opulenten Bildern die Schönheit der Jahreszeiten nachzuzeichnen und den erlesenen Reichtum der japanischen Kultur aufzuzeigen.
Der Film zählte 1983 in Japan zu den kommerziell erfolgreichsten Filmen. *ZDF*

Tödliche Bekanntschaften 955

PERSONALS **

Video

Regie: Steven H. Stern
Darsteller: Jennifer O'Neill (Heather Moore), Stephanie Zimbalist (Sarah Martin), Robin Thomas (Evan Martin), Gina Gallego (Theresa Casona), Joe Griffin (Julio Casona), Ben Gordon (Brad Rothman), Rosemary Dunsmore (Susan Merchant), David Nichols (Michael Merchant), Barry Stevens (Randy Yates)
Drehbuch: Georg Franklin, Brad Whiting jr.
Kamera: Frank Tidy (Farbe)
Musik: Ken Throne
Schnitt: Barrett B. Taylor
Produktion: Steven H. Stern für Sharmhill/Wilshire Court, USA 1990
Verleih: -/-/-/CIC Video
Videostart: 9.7.1990
Sendetermin: 28.2.1990, USA
FSK: ab 16 J.
Länge: 87 Min.

Die Frau eines Reporters erledigt eine psychopathische Bibliothekarin, die dem unverhofft verschiedenen Gatten bei seinen Kontaktanzeigen-Recherchen untergekommen ist. Der gewohnte »Fatal Attraction«-Zeigefinger in einem bisweilen interessanten, letztlich aber viel zu übertriebenen Thriller.

Tödliche Fragen 956

Q&A ****

Regie: Sidney Lumet
Darsteller: Nick Nolte (Mike Brennan), Timothy Hutton (Al Reilly), Armand Assante (Bobby Texador), Patrick O'Neal (Kevin Quinn), Lee Richardson (Leo Bloomenfeld), Luis Guzman (Luis Valentin), Charles Dutton (Sam Chapman), Jenny Lumet (Nancy Bosch), Paul Calderon, Dominick Chianese, Leonardo Cimino, Fyvush Finkel, Tommy A. Ford, Brian Neill, Susan Mitchell, Cynthia O'Neal
Drehbuch: Sidney Lumet, nach einem Roman von Edwin Torres
Kamera: Andrzej Bartkowiak (Technicolor)
Musik: Rubén Blades
Schnitt: Richard Cirincione
Produktion: Arnon Milchan, Burtt Harris für Regency Intl. Pic./Odyssey, USA 1990
Verleih: Tobis/Constantin/Rialto/VCL/Carolco Video
Kinostart: 9.8.1990
FSK: ab 16, ffr.
Länge: 132 Min.

Nick Nolte in »Tödliche Fragen«.

Ein Mörder-und-Gendarm-Spiel innerhalb der Polizei: Korrupter Cop wird von verbissenem Kreuzritter der Legalität und Gerechtigkeit überführt. Was in Mike Figgis' »Internal Affairs« elegante, interessante Oberflächenreize ergab, verdichtet Lumet wie in früheren Cop-Thrillern (»Serpico«, »Prince of the City«) zu einem bohrenden moralischen Diskurs über die prekären Beziehungen der Ordnungsmacht zu Rassismus, Konservatismus, Justiz, Politik, Unterwelt.

Wolf Donner, tip

Bodo Fründt in: SZ, 11.9.90; Norbert Grob in: Die Zeit, 14.9.90; Peter Körte in: FR, 8.9.90; Jürgen Richter in: FAZ, 10.9.90; Karl-Heinz Schäfer in: Prinz, 9/90

Tödliche Galaxie 957

MURDER BY MOONLIGHT **

Video

Regie: Michael Lindsay-Hogg
Darsteller: Brigitte Nielsen (Lt. Maggie Bartok), Julian Sands (Major Kirilenko), Gerald McRaney (Huff), Jane Lapotaire (Louise Mackey), Michael J. Shannon (Vincent Ivanov), Brian Cox (Col. Fedorenko), Alphonsia Emmanuel (Dr. Klein), Celia Imre (Patsy Diehl)
Drehbuch: Carla Jean Wagner
Kamera: David Watkin (Farbe)
Musik: Trevor Jones
Schnitt: Ralph Sheldon, Robert K. Lambert
Produktion: Ron Carr für Tamara Asseyev Prod./London Weekend TV/Viacom Prod., GB 1989

Verleih: -/-/-/Warner Home Video
Videostart: 12.4.1990
Sendetermin: 9.5.1989, CBS
FSK: ab 12 J.
Länge: 96 Min.

Im Jahre 2015 entlarven eine NASA-Agentin und ein KGB-Offizier ein transsexuelles Mitglied des Mondstützpunkts als Mörder des Sicherheitschefs. Langatmiger und geschwätziger »Outland«-Abklatsch mit Glasnost-Touch, in dem Brigitte Nielsen ihre einzigen Talente zu allem Überfluß auch noch in einem Raumanzug versteckt.

Tödliche Kriegsspiele 958

COLUMBO: GREAT DECEPTIONS **

Video

Regie: Sam Wanamaker
Darsteller: Peter Falk (Lt. Columbo), Robert Foxworth (Colonel Braille), Janet Eilber (Jenny Padget), Stephen Elliott (General Padget), Andy Romano (Sergeant Major Lester), Michael McManus (Tanzer), James Lashly (Sgt. Winnik), Lee Arenberg
Drehbuch: Sy Salkowitz
Musik: Patrick Williams
Produktion: Stanley Kallis für Universal TV, USA 1989
Verleih: -/-/-/CIC Video
Videostart: 1.2.1990
Sendetermin: 1.5.1989, ABC
FSK: ab 12 J.
Länge: 91 Min.

Schusselinspektor Columbo entlarvt durch gezieltes Nerven das konstruierte Alibi eines Armee-Majors, der in einem privaten Ausbildungslager Gelder veruntreut und den Ehrenvorsitzenden, der ihn mit seinem Wissen erpressen wollte, kaltblütig ermordet hat. Spannungsarmer vierter Teil von Peter Falks TV-Comeback.

Tödliche Stille 959

A DEADLY SILENCE ***

Video

Regie: John Patterson
Darsteller: Bruce Weitz (Detective McCready), Heather Fairfield (Cheryl Pierson), Charles Haid (James Pierson), Sally Struthers (Marilyn Adams), Mike Farrell (Paul Gianelli), Richard Portnow (Ed Jablonski), Wally Ward (Jimmy Pierson), Juliet Sorcey
Drehbuch: Jennifer Miller, nach dem Roman von Dena Kleiman
Kamera: William Steven Shaw (Farbe)
Musik: Richard Gibbs
Schnitt: Robert Florio
Produktion: Philip K. Kleinbart, Paul Lussier für Robert Greenwald Prod., USA 1989
Verleih: -/-/-/VCL Video
Videostart: 25.6.1990
Sendetermin: 16.4.1989, ABC
FSK: ab 12 J.
Länge: 91 Min.

Nach einem auf wahren Begebenheiten beruhenden Roman verfilmtes Drama um den weit verbreiteten, nur schwer aufzuklärenden sexuellen Mißbrauch von Kindern innerhalb der Familie. Gerade durch seine Sachlichkeit hinterläßt der verstörende Film umso nachhaltigeren Eindruck.

Tödliche Wüste 960

THE OASIS **

Video

Regie: Sparky Greene
Darsteller: Christopher Makepeace (Matt Campbell), Scott Hylands (Jake), Richard Cox (Paul), Dori Brenner (Jill), Rick Podell (Alex), Mark Metcalf (Eric), Ben Slack (Louis), Anne Lockhart (Anna), Suzanne Snyder (Jennifer)
Drehbuch: Tom Klassen
Kamera: Alexander Gruszynski (Farbe)
Musik: Christopher Young
Schnitt: Mary Bauer
Produktion: Myron Meisel, Sparky Greene für Oasis Prod./Titan Films, USA 1984
Verleih: -/-/-/CBS-Fox Video
Videostart: 26.2.1990
FSK: nicht unter 18 J.
Länge: 92 Min.

Nach einem Flugzeugabsturz in der mexikanischen Wüste kommt es unter den Überlebenden bald zu erbitterten Kämpfen. Eindringliches, aber auch sprödes Lehrstück, das emotionslos die Leiden seiner Hauptfiguren beobachtet.

Ein tödlicher Alptraum

Siehe »Mad Dogs – Ein tödlicher Alptraum«

Tödlicher Charme 961
FATAL CHARM **

Video

Regie: Fritz Kiersch
Darsteller: Christopher Atkins (Adam), Mary Frann (Susan Richter), Amanda Peterson (Valerie Richter), James Remar, Peggy Lipton, Robert Walker jr., Lar Park Lincoln
Drehbuch: Nicholas Niciphor
Kamera: Steve Grass (Farbe)
Musik: Michael Linn
Schnitt: Bill Butler, Steve Butler
Produktion: Jonathan D. Krane, Bruce Cohn Curtis für MCEG, USA 1990
Verleih: -/-/-/MCEG Virgin Vision Video
Videostart: 18.9.1990
FSK: nicht unter 18 J.
Länge: 90 Min.

Nach dessen Fluchtversuch muß eine einsame Frau einsehen, daß ihr angeblich unschuldiger Brieffreund aus dem Gefängnis eben doch ein sadistischer Killer ist. Einer der besseren Filme von Fritz Kiersch, was soviel aber auch nicht heißen soll.

Tödliches Gift 962
AGENT ORANGE **

Video

Regie: Robert Davies
Darsteller: Philipp Brown (Steve Woodman), Michelle Bestbier (Sarah Williams), Michael Brunner (Clive Hyde), Ron Smerczak (Jonathan Forbes), Alfred Nowke (David Dhlomo)
Drehbuch: Johann Potgieter
Musik: James Hooker
Schnitt: Nena Olwage
Produktion: Duncan McNeillie für Orange Management, GB 1989
Verleih: -/-/-/CIC Video
Videostart: 6.9.1990
FSK: ab 16 J.
Länge: 84 Min.

Ein amerikanischer Chemiker entlarvt in Afrika einen Großgrundbesitzer, der die Zuckerrohrplantagen seiner kleineren Konkurrenten mit Agent Orange entlauben läßt. Die ein wenig verworren konstruierte Handlung, einhergehend mit einer gewissen Action-Armut, macht es schon dem geneigten Zuschauer schwer zu folgen. *Video Woche*

Tötungsbefehl 963
AT MOTHER'S REQUEST **

Video

Regie: Michael Tuchner
Verleih: -/-/-/Polyband Video
Videostart: 26.2.90

Zweiter Anlauf. Siehe »Heyne-Filmjahrbuch 1990«.

Tokyo Drifter – Der Mann aus Tokio 964
TOKYO NAGAREMONO ***

Regie: Seijun Suzuki
Darsteller: Tetsuy Watari (Tetsu), Chieko Matsubara (Chiharu), Hideaki Nitani (Kenji), Eiji Go (Tanaka), Tamio Kawaji (Tatsuzo), Tomoko Hamakawa (Mutsuko)
Drehbuch: Yasunori Kawauechi
Kamera: Shigeyoshi Mine; Hideo Kumagai, Licht (Farbe)
Schnitt: So Isuburagi
Produktion: Tetsuo Nakagawa für Nikkatsu, Japan 1966
Verleih: Kinowelt/-/-
Kinostart: 11.10.1990
Länge: 85 Min.

Weniger ein japanischer Gangsterfilm als vielmehr ein psychedelischer Trip, aus dem jeglicher Realismus verbannt ist, ein absurdes Pop-Spektakel in schreienden Farben. Eine radikalästhetische Stilübung voller Kitsch und Klamauk, die nicht durchgängig zu fesseln vermag. *tip*

Thomas Brandlmeier in: epd Film, 10/90; Sabine Carbon in: Der Tagesspiegel, 20.10.90; Peter Körte in: FR, 11.10.90; Andreas Obst in: FAZ, 11.10.90

Tong Tana – Eine Reise ins Innere Borneos 965
TONG TANA ***

Regie: Jan Röed, Fredrik von Krusenstjerna
Drehbuch: Jan Röed, Fredrik von Krusenstjerna
Kamera: Jan Röed
Musik: Björn Ryd
Schnitt: Björn Cederberg
Produktion: Harold Budd, Brian Eno für Against the Sky, Schweden 1989
Verleih: -/-/Filmcooperative
Länge: 88 Min.

Im nördlichen Borneo beheimatet, leben die Penan als Jäger und Samm-

Regisseur Paul Verhoeven und Muskelmann Arnold Schwarzenegger bei den Dreharbeiten zu »Die totale Erinnerung«.

ler im Einklang mit der Natur. Durch extensive Waldrodungen wird nun ihr Lebensraum zerstört, der über Millionen Jahre gewachsene Regenwald mit seinem immensen Artenreichtum in wenigen Jahren vernichtet. Der Schweizer Bruno Manser lebte sechs Jahre mit den Penan zusammen. Der Dokumentarfilm zeigt eindrücklich, wie es ihm gelang, die fremde Kultur zu verstehen, und berichtet von der Ohnmacht der Penan im Kampf gegen die Holzfäller. *Zoom*

Top Jet

Zusammenschnitte der italienischen Serie »Aquile« um die Stunts der »Frecce Tricolori« (Highlight Video).

Die totale Erinnerung 966

TOTAL RECALL ****

Regie: Paul Verhoeven
Darsteller: Arnold Schwarzenegger (Quaid/Hauser), Rachel Ticotin (Melina), Sharon Stone (Lori), Ronny Cox (Cohaagen), Michael Ironside (Richter), Marshall Bell (George/Kuato), Mel Johnson jr. (Benny), Michael Champion (Helm), Roy Brocksmith (Dr. Edgemar), Ray Baker, Rosemary Dunsmore, Priscilla Allen
Drehbuch: Ronald Shusett, Dan O'Bannon, Gary Goldman, nach einer Kurzgeschichte von Ronald Shusett, Dan O'Bannon und Jon Povill, inspiriert durch die Kurzgeschichte »We Can Remember It For You Wholesale« von Philip K. Dick
Kamera: Jost Vacano; Alex Phillips, 2d unit camera (Technicolor)
Musik: Jerry Goldsmith
Schnitt: Frank J. Urioste
Produktion: Buzz Feitshans, Ronald Shusett für Carolco Pic. Prod., USA 1990
Verleih: Scotia/Constantin/Monopole Pathé/UFA Video
UA: 1.6.1990, New York
Kinostart: 26.7.1990
FSK: ab 18, ffr. (Video ab 16 J. mit 106 Min.)
Länge: 111 Min.

Ein Bauarbeiter des 21. Jahrhunderts entdeckt, daß er in seiner Vergangenheit Geheimagent auf dem Mars war und ihm die Erinnerung daran gelöscht wurde. Er begibt sich, von Mörderbanden gehetzt, auf den fernen Planeten und bekämpft dort seinen ehemaligen Vorgesetzten. Technisch perfekt und temporeich inszeniert, bezieht der Film seine Spannung vor allem aus der Unsicherheit des Helden über seine Existenz. Einige Unlogik und manche Widersprüche mindern jedoch den Gesamteindruck. *multimedia*

Frauke Hanck in: Die Welt, 31.7.90; Andreas Obst in: FAZ, 29.7.90; Claudius Seidl in: SZ, 27.7.90

Tote Zeugen reden nicht 967

TROUBLE IN PARADISE ***

Video

Regie: Robbe DeHert
Darsteller: Beatie Edney (Ann Kusters), Freark Smink (Freddy DeJonghe), Carl Huybrechts (Carl), Jack Coulter (Jack), Eric Schneider (Eric Kusters), Alexandra Vandernoot (Francine), Patty Pontier (Myrthe), Monica Dumon (Claire), Gees Linnebank (Johan van Zuylen)
Drehbuch: Robbe DeHert, Chiem van Houweninge
Kamera: Jules van den Steenhoven (Fujicolor)
Musik: Jack van Poll, Brian Clifton, Dirk Jooris
Schnitt: Chris Verbiest
Produktion: Otto Wobma, Luc Pien für Emotion Pictures/BRT/Three Lines/Ministerie van de Vlaamse Gemeenschap, Belgien/Holland 1989
Verleih: -/-/-/UFA Video
Videostart: 10.4.1990
FSK: ab 16 J.
Länge: 95 Min.

Internationale Waffenschieber schieben die Erpressung einer Industriellengattin der Friedensorganisation »Redpeace« in die Schuhe; zwei Journalisten greifen ermittelnd ins Geschehen ein. Belgisch/holländischer Politthriller, der merklich um Stil und politische Aktualität bemüht ist und dabei seine Geschichte weitgehend spannend zu erzählen weiß.

Toto, Peppino und das süße Leben 968

TOTO, PEPPINO E LA DOLCE VITA ****

Regie: Sergio Corbucci
Darsteller: Toto (Antonio Barbacane), Peppino de Filippo (Peppino, sein Vetter), Taina Beryll (ausländische Schauspielerin), Gloria Paul (andere Schauspielerin), Francesco Mulè, Rosalba Neri, Antonio Pierbellini, Peppino de Martino, Daniele Vargas
Drehbuch: Lucio Fulci, Sergio Corbucci, Giovanni Grimaldi, Mario Guerra
Kamera: Alvaro Mancori
Musik: Armando Trovaioli
Schnitt: Renato Clinquini
Produktion: Mario Mariani, Gianni Buffardi für M.B. Film, Italien 1961
Verleih: Die Lupe/-/-
UA: März 1961
Kinostart: 25.1.1990
Länge: 90 Min.
Original mit Untertiteln

Der Film spielt auf der Via Veneto, die schon bei Fellini der Canale Grande der High Society war. Dort nehmen die Stars ein Bad in der Menge, die Schönen und Reichen lassen sich von Amüsement zu Amüsement treiben. Nur Toto steht das Wasser bis zum Hals. Inmitten des süßen Lebens muß er sein Brot sauer verdienen. Der Klassenkomiker Toto macht Komödien mit Klassenbewußtsein: Hier spürt er mit fröhlicher Anarchie auf, daß es vom Überfluß zum Überdruck nur ein kurzer Schritt ist.

Lars-Olav Beier, tip

H.G. Pflaum in: SZ, 29.1.90; Georg Seeßlen in: epd Film, 5/88 (Retrospektive Forum 1988); Peter Steinhart in: FR, 5.3.88 (über Toto)

Transit-Träume 969

***

16 mm

Regie: Hartmut Jahn, Peter Wensierski
Darsteller: Marita Marschall (Anne/Marie), Pascal Levy (Pascal), Gerald Uhlig (Mars), Edith Neitzel (Wollnatzky), Kurt Raab (Kaderleiter), Peter Heusch (Regisseur)
Drehbuch: Hartmut Jahn, Peter Wensierski
Kamera: Carlos Bustamante (Farbe)
Musik: Bernhard Voss
Schnitt: Verena Neumann
Produktion: ZDF/pantafilm, BRD 1985
Verleih: Okapi
Kinostart: 1.2.1990
Länge: 95 Min.

Marie aus Berlin-West, arbeitslos, wäre zu gern Schauspielerin. Freundin Anne aus Berlin-Ost, die Marie zum Verwechseln ähnlich sieht, träumt von einer Karriere als Musikerin. Da die jeweils andere über die scheinbar aussichtsreicheren Kontakte verfügt, tauschen die beiden kurzerhand ihre Identität und damit Land und Leute einschließlich ihrer Freunde. *Gaby Brandt*

Trau keinem Schurken 970

LA GRANDE FAUCHE ***

Regie: Guy Hamilton
Darsteller: Michael Brandon (Lepski), David Carradine (Bradley), Arielle Dombasle (Maggie), Guy Marchand (Ottavioni), Mario Adorf (Radnitz), Peter Bowles (Igor), Harold Innocent (Kendrick), Edward Meeks (Lindsay), Valerie Steffen, Stephane Bonnet, Françoise Christophe, Bill Dunn
Drehbuch: Alex Medieff, Sergio Gobbi, Guy Hamilton, nach dem gleichn. Roman von James Hadley Chase
Kamera: Jean-Yves Le Mener (Farbe)
Musik: Claude Bolling
Schnitt: Georges Klotz
Produktion: Sergio Gobbi für Candice/ S.G.G.C., Frankreich 1988
Verleih: 20th Century Fox/dto./-/CBS-Fox Video
Kinostart: 12.7.1990
FSK: ab 12, ffr.
Länge: 107 Min.

Valerie Steffen

Regisseur Bill Forsyth.

Ex-Polizist versucht als Agent einer Versicherungsgesellschaft einem brutalen, gefinkelten Verbrecher eine russische Madonna abzujagen, die er in Nizza geraubt hat. Etwas zu breit angelegter Krimi des James-Bond-Regisseurs Guy Hamilton (»Goldfinger«). *multimedia*

Sabine Carbon in: Der Tagesspiegel, 14.7.90

Die Traumtänzer 971

BREAKING IN ***

Regie: Bill Forsyth
Darsteller: Burt Reynolds (Ernie Mullins), Casey Siemaszko (Mike Lefebb), Sheila Kelley (Carrie), Lorraine Toussant (Delphine), Albert Salmi (Johnny Scat), Harry Carey (Shoes), Maury Chaykin (Tucci), Earl Taylor (Withrow), Matt Clark (Jimmy Quinn), Stephen Tobolowsky (Staatsanwalt), Charles Bernard
Drehbuch: John Sayles
Kamera: Michael Coulter (Farbe)
Musik: Michael Gibbs
Schnitt: Michael Ellis
Produktion: Harry Gittes für Act III Prod., USA 1989
Verleih: Delta/Elmo/-
EA: 27.6.1990, Filmfest München
Kinostart: 2.8.1990
FSK: ab 12, ffr.
Länge: 94 Min.

Possierlich verschrullte Einbrecherkomödie in der amerikanischen Provinz: Burt Reynolds als Safeknacker-Profi und Casey Siemaszko als junger Amateur-Blödmann - der Handwerksmeister und sein unbegabter Lehrling. Forsyths Ganovenphilosophie hat skurrilen Trödel-Charme - eine Berufsfibel zur Verwertung von Diebesgut, von sanft verschmitzer Harmlosigkeit. *Ponkie, AZ*

Michael Althen in: Die Zeit, 7.8.90; Bodo Fründt in: SZ, 9.8.90; Verena Lueken in: FAZ, 24.8.90; Michael Volber in: Prinz, 8/90

Das Traum-Team 972

THE DREAM TEAM ***

Regie: Howard Zieff
Darsteller: Michael Keaton (Billy Caulfield), Christopher Lloyd (Henry Sikorsky), Peter Boyle (Jack McDermott), Stephen Furst (Albert Ianuzzi), Lorraine Bracco (Riley), Dennis Boutsikaris (Dr. Weitzman), Milo O'Shea (Dr. Newald), James Remar (Gianelli), Philip Bosco (O'Malley), Jack Gilpin, Macintyre Dixon, Michael Lembeck
Drehbuch: Jon Connolly, David Loucka (auch Co-Prod.)
Kamera: Adam Holender (Deluxe Color)
Musik: David McHugh
Schnitt: Timothy O'Meara
Produktion: Christopher W. Knight für Imagine Ent., USA/Kanada 1988

Ein Küßchen in Freiheit. Michael Keaton mit Lorraine Bracco in »Das Traum-Team«.

Verleih: UIP/UIP/UIP/CIC Video
Kinostart: 4.1.1990
FSK: ab 12, ffr. – *FBW:* Besonders wertvoll
Länge: 113 Min.

Komödienspezialist Howard Zieff läßt vier harmlose Geisteskranke im größten Irrenhaus der Welt, in New York City, ohne Aufsicht herumlaufen. Parallel zu diesem gaggeladenen Teil der Geschichte spinnt sich eine Mord- und Korruptionsstory. Statt sich selbst zu bemitleiden und lächerlich zu machen, überwinden die Psychos ihre Schwächen oder setzen sie geschickt zu ihrem Vorteil ein. Auffallend ist erneut die schauspielerische Leistung Michael Keatons, der als »Batman« neben der schrillen Clownerei Jack Nicholsons zu kurz kam. *Zoom*

(...) sind vier Geisteskranke aus der Heilanstalt entflohen: So fangen die billigsten aller Witze an - und die billigsten aller Drehbücher. Das Traum-Team nämlich behandelt seine Helden wie Witzfiguren, geht keinem Scherz aus dem Weg und schreckt vor mieser Denunziation nicht zurück. Nur vor dem Wahnsinn fürchtet sich auch dieser Film. Seine Perspektiven sind stinknormal, seine Bilder geistig gesund, und sein Motto heißt nur: Ist ja irre! (...) *Claudius Seidl, SZ*

Lars-Olav Beier in: tip, 1/90; Franz Fall in: Prinz, 1/90; Helmut Schmitz in: FR, 4.1.90

Die Tricks einer Frau 973

TRICKS OF THE TRADE ***

Video

Regie: Jack Bender
Darsteller: Cindy Williams (Catherine), Markie Post (Marla), Chris Mulkey (Detective), James Whitmore jr. (Detective), Scott Paulin (Catherines Freund), Susan Davis (Therapeutin), John Durbin, Armin Shimerman, S.A. Griffin, Tanya Boyd
Drehbuch: Noreen Stone
Kamera: Paul Onorato (Farbe)
Musik: Walter Murphy
Schnitt: Daniel Cahn
Produktion: Ron Gilbert für Hill/O'Connor Prod./Truth Prod., USA 1988

Verleih: -/-/-/Virgin Video
Videostart: 23.3.1990
Sendetermin: 5.12.1988, CBS
FSK: ab 16 J.
Länge: 90 Min.

Die verzärtelte Frau eines reichen Geschäftsmanns verbündet sich mit einer Prostituierten, um den Mörder ihres Gatten aufzuspüren. Ansprechende Schauspieler und Benders einfallsreiche Inszenierung heben den Suspense-Thriller deutlich über das übliche TV-Niveau.

Trip Wire 974
TRIPWIRE
**
Video

Regie: James Lemmo
Darsteller: Terence Knox (Jack DeForest), David Warner (Josef Szabo), Isabella Hoffmann (Annie), Charlotte Lewis (Annie), Andras Jones (Rick DeForest), Sy Richardson (Turbo), Marco Rodriguez (El Tigre), Viggo Mortensen (Hans)
Drehbuch: B.J. Goldman
Kamera: Igor Sunara (Alpha Cine Color)
Musik: Richard Stone
Schnitt: Christopher Cibelli
Produktion: Lisa M. Hansen für Cinetel, USA 1990
Verleih: -/-/-/Ascot Video
Videostart: 27.6.1990
FSK: nicht unter 18 J.
Länge: 91 Min.

Aus Rache für die Ermordung seines Sohnes entführt ein Terrorist den Sohn eines FBI-Agenten. Nach einjähriger Jagd wird der inzwischen suspendierte Agent endlich fündig, doch mittlerweile scheint sich der Sohn den Terroristen angeschlossen zu haben. Bleihaltiger, mit dem Thema »Generationenkonflikt« unnütz aufgedröselter Actionreißer.

Troll 2 975
TROLL 2
*
Video

Regie: Drago Floyd
Darsteller: Michael Stephenson, Connie McFarland, George Hardy
Produktion: Filmirage, USA 1990
Verleih: -/-/-/Splendid Video
Videostart: 22.10.1990
FSK: ab 16 J.
Länge: 95 Min.

Der Geist seines Großvaters steht einem Jungen gegen die Trolls im neuen Landhaus bei, die sich vorzugsweise von zu Pflanzen mutierten Menschen ernähren. Mies getrickster, einfallsloser Brei aus Horror und Fantasy.

Der Trost von Fremden 976
THE COMFORT OF STRANGERS
***

Regie: Paul Schrader
Darsteller: Christopher Walken (Robert), Rupert Everett (Colin), Natasha Richardson (Mary), Helen Mirren (Caroline), Manfredi Aliquo, Giancarlo Previati, Antonio Serrano, Mario Cotone
Drehbuch: Harold Pinter, nach einer Erzählung von Ian McEwan
Kamera: Dante Spinotti (Technicolor)
Musik: Angelo Badalamenti
Schnitt: Bill Pankow
Produktion: Angelo Rizzoli für Erre Produzioni/Sovereign Pic. mit Reteitalia, Italien/USA 1990
Verleih: 20th Century Fox/Constantin/Monopole Pathé
UA: 20.5.1990, Int. Filmfestspiele Cannes
EA: Int. Hofer Filmtage 1990
Kinostart: 1.11.1990
FSK: ab 16, ffr.
Länge: 104 Min.

Aus ihrem schal gewordenen Ehe-Alltag fliehen Mary und Colin in einen

Venedig-Urlaub, der ihnen verschüttete Gefühle wiederbringen soll, und geraten dabei in die Fänge eines teuflischen Paares: Hinter der großzügigen Gastfreundschaft der eleganten Palazzo-Besitzer (Helen Mirren und Christopher Walken als Ausbund des Bösen) lauern sexuelle Perversion und tödliche Grausamkeit. Mit seiner Adaption eines Romans von Ian McEwan zelebriert Regisseur Paul Schrader so viel Oberflächen-Ästhetik, daß sein eigentliches Thema auf der Strecke bleibt: die Abgründe erotischer Obsessionen, der gefährliche Sog von Gewalt, die bedingungslose Verführbarkeit durch Schönheit. Erlesene Bilder venezianischer Dekadenz und gestylter Menschen decken das Geheimnisvolle zu, das diesen Film zur Besonderheit erhoben hätte.

Angie Dullinger, AZ

Wolfgang Brenner in: tip, 22/90; W.O.P. Kistner in: AZ, 2.11.90 (Interview Schrader); Peter Körte in: FR, 15.11.90; Peter Krobath in: Prinz, 11/90; Verena Lueken in: FAZ, 7.11.90; H.G. Pflaum in: SZ, 8.11.90

Truck One 977

TRUE BLUE **

Video

Regie: William A. Graham
Darsteller: Timothy van Patten (Andy Wojeski), Ally Walker (Jessy Haley), Nestor Serrano (Geno Toffinelli), Beau William Starr (Lt. Triplett), Elya Baskin (Yuri), Leo Burmester (Red Tollin), John Bolger (Bobby Traverso), Dick Latessa (Mike Duffy), Darnell Williams
Drehbuch: David J. Kinghorn, Christina Krauss, Michael Fisher
Kamera: Frank Prinzi (Farbe)
Musik: Domenic Troiano
Schnitt: David B. Thompson
Produktion: Alan Wagner für Grosso-Jacobson/NBC, USA 1989
Verleih: -/-/-/RCA-Columbia Video
Videostart: 7.8.1990
Sendetermin: 3.12.1989, NBC
FSK: ab 16 J.
Länge: 93 Min.

Ein Elitetrupp der New Yorker Polizei rettet eine Gruppe von Diplomatenkindern aus den Händen libyscher Terroristen. Und noch ein abgelehnter Pilotfilm aus dem unerschöpflichen Actionfundus des amerikanischen Fernsehens.

Venedig sehen und sterben ... Rupert Everett und Natasha Richardson in Paul Schraders Melodram »Trost von Fremden«.

Tschernobyl - Die Schwelle 978
POROG ****

Regie: Rollan Sergijenko
Drehbuch: Ljubow Sirota, Wladimir Schowkoschitnyi
Kamera: Alexander Kowalji, Vera Berdaschkewitsch (Farbe)
Musik: Michael Tariwerdijew
Schnitt: Ewgenij Russetzkoj
Produktion: Filmstudio A.P. Dowschenko, UdSSR 1986-1988
Verleih: Senator/Constantin/-
Kinostart: 8.3.1990
FSK: ab 12, ffr.
Länge: 93 Min.

(...) Wie also zeigt man das unsichtbare Grauen?
Eine Antwort darauf versucht die sowjetische Dokumentation Tschernobyl - Die Schwelle.
»Der erste Film, der von Augenzeugen und Opfern der Katastrophe gedreht wurde«, so die Presseankündigung, arbeitet mit Amateuraufnahmen und Aussagen von Betroffenen, die sich zwei Jahre nach dem Unglück zusammenfinden in privaten Zirkeln und auf einer Bürgerversammlung. Was der Regisseur Rollan Sergijenko auf diese Weise sichtbar und hörbar macht, kann also gar nicht mit fertigen Ergebnissen in opulenten Bildern daherkommen.
Erfahrungen werden eher zögernd ausgebreitet, durchsetzt vom Gefühl der Ohnmacht und von insistierenden Fragen, gestellt mit wütendem Gerechtigkeitssinn.
Ein solcher Dokumentarfilm hat nur ein Argument, das überzeugt und fesselt jenseits aller formalen Überlegungen: Authentizität.
Und »Die Schwelle« verbreitet diese Atmosphäre des Authentischen in jedem Augenblick. (...) *Peter Buchka, SZ*

Frauke Hanck in: Die Welt, 16.3.90; Werner Köpf in: AZ, 10.3.90 (Interview Schowkoschitnyi); Heike Kühn in: FR, 9.3.90; Werner Schneider in: epd Film, 3/90; Matthias Schreiber in: FAZ, 22.2.90; HH in: Neue Presse, Frankfurt, 8.3.90

Das Tunnelkind 979
****

Regie: Erhard Riedlsperger
Darsteller: Silvia Lang, Josef Griesser, Claudia Martini, Herbert Schmölzer, Christoph Künzler, Georges Kern
Drehbuch: Peter Zeitlinger, Erhard Riedlsperger, Walter Wippersberg
Kamera: Peter Zeitlinger
Produktion: Teamfilm, Österreich 1989
Verleih: -/Teamfilm/-
Kinostart: 11.5.1990
Länge: 90 Min.
FBW: Wertvoll (Österreich)

Ein 13jähriges Mädchen im Grenzgebiet des Waldviertels, das kein glückliches Familienleben kennt und deshalb die Sprache verweigert, entdeckt einen Tunnel, der sie ins Ausland führt und lernt dabei einen tschechischen Landvermesser kennen, zu dem sie menschliches Vertrauen fassen kann. Der erste Langfilm des Österreichers Erhard Riedlsperger, der eine subtile Menschenzeichnung und gute Schauspielerführung erkennen läßt, aber die Monotonie der kargen Handlung nicht überwinden kann. *multimedia*

Turtles 980
TEENAGE MUTANT NINJA TURTLES ***

Regie: Steve Barron
Darsteller: Judith Hoag (April O'Neil), Elias Koteas (Casey Jones), Joch Pais (Raphael), Michelan Sisti (Michelangelo), Leif Tilden (Donatello), David Forman (Leonardo), Michael Turney (Danny Pennington), Jay Patterson (Charles Pennington), Raymond Gerra, James Saito, Toshishiro Obata
Drehbuch: Todd W. Langen, Bobby Herbeck, nach einer Erzählung von Bobby Herbeck und den Comic-Charakteren von Kevin Eastman und Peter Laird
Kamera: John Fenner (Technicolor Deluxe)
Musik: John Du Prez
Produktion: Kim Dawson, Simon Fields, David Chan für Limelight Prod. mit Gary Propper, USA 1990
Verleih: Warner Bros./dto./Elite
UA: 30.3.1990, New York
Kinostart: 12.12.1990
FSK: ab 6, ffr.
Länge: 91 Min.

»Turtles«

»TMNT«, zu deutsch ungefähr »Teenager-Mutanten-Kampfsport-Schildkröten«, ist die Umsetzung einer gleichnamigen Comic-Strip-Serie für Kinder in den Realfilm. Die Superhelden-Parodie schwimmt auf derselben Welle wie »Batman« und »Dick Tracy«, jedoch wird hier direkt der »Kiddie-Markt« (der kommerzielle Erfolg bei den jüngsten Kinozuschauern) angepeilt. Trickreiche Prügelorgie mit überlautem Soundtrack; es fehlt der Handlung nebst der Logik auch der Sinn fürs Absurde, der den rauhen Charme der Vorlage ausmacht. *Zoom*

(...) Vier Schildkröten und eine Ratte, die von radioaktivem Saft genascht haben, schwellen auf Mannsgröße an, können sprechen und üben sich auch noch in der Kunst des Ninja-Kampfes, um die wieder einmal erschreckend gestiegene Kriminalitätsrate New Yorks zu senken. Aus dem Untergrund bekämpfen sie einen Bösewicht und seine aus heimatlosen Buben bestehende Truppe.
Der letzte Satz dieses erbärmlich unscharfen, mit pseudophilosophischem Nonsensgequatsche sowie presswehenähnlich gequälten Gags zugeschmierten Blödkröten-Filmchens: »Das sollte doch nur ein Witz sein.« *W.O.P. Kistner, AZ*

Michael Althen in: SZ, 19.12.90; Sabine Carbon in: Der Tagesspiegel, 13.12.90; Ulrich Hoffmann in: Prinz, 12/90; Jürgen Richter in: FAZ, 15.12.90; Rolf Selas in: Rheinische Post, 14.12.90

Jim Henson inmitten seiner Kreaturen.

Two Moon Junction 981

TWO MOON JUNCTION **

Video

Regie: Zalman King
Darsteller: Sherilyn Fenn (April), Richard Tyson (Perry), Louise Fletcher (Ellen), Kristy McNichol (Belle), Martin Hewitt (Patti-Jean), Burl Ives (Sheriff Hawkins), Millie Perkins, Don Galloway
Drehbuch: Zalman King
Kamera: Mark Plummer (CFI Color)
Musik: Jonathan Elias
Schnitt: Marc Grossman
Produktion: Donald P. Borchers für DDM, USA 1988
Verleih: -/-/-/CBS-Fox Video
Videostart: 13.8.1990
FSK: ab 16 J.
Länge: 104 Min.

Zwei High-Society-Sprößlinge stehen kurz vor ihrer Hochzeit. Doch April spürt, daß sie mehr will im Leben. In dieser Stimmung begegnet sie dem Schriftsteller Perry, eine leidenschaftliche Affäre beginnt.
Mit fantastischen Bildern und Farben schafft Zalman King eine schwüldüstere Erotikromanze, die streckenweise an David Lynchs »Blue Velvet« erinnert. Eine dünne Story nimmt dem Film leider sämtlichen Esprit.

tips

Der Typ mit dem irren Blick II 982

ZAPPED AGAIN **

Regie: Doug Campbell
Darsteller: Todd Eric Andrews (Kevin), Kelli Williams (Lucy), Reed Rudy (Wayne), Maria McCann (Amanda), David Donah (Cecil), Ira Heiden (Elliot), Ross Harris, Linda Larkin, Michael K. Colvar
Drehbuch: Jack Morris, Vince Cheung, Ben Montanio, nach einer Idee von Jack Morris, basierend auf Charakteren von Bruce Robin und Robert J. Rosenthal
Kamera: Tom Grubbs (Farbe)
Musik: Brian Bennet
Schnitt: Michael Spence
Produktion: Jeff Apple, Robert J. Rosenthal für ITC Ent., USA 1989
Verleih: Senator/Constantin/-/Starlight-Vilm Video
Kinostart: 19.7.1990
FSK: ab 12, nffr.
Länge: 92 Min.

Der Typ benutzt Pflaumensaft als Zaubertrunk, mit dem für den Teenie Kevin herrliche Highschool-Zeiten beginnen. Nun kann er die Girls sich ausziehen »lassen«, wie er es aus einschlägigen Herrenmagazinen kennt. Dazu ist natürlich flotte Musik und ein bißchen Show-Action angesagt. Armseliger Teenie-Film mit lahmen Gags und Neandertaler-Humor.

Hans-Ulrich Pönack, tip

Rupert Koppold in: Stgt. Zeitung, 21.7.90; Claudia Schülke in: FAZ, 21.7.90

U

Über die Grenzen 983
**

Regie: Rainer Ackermann
Darsteller: Joachim Lätsch (Krewer), Jörg Simonides (Gorski), Carl Heinz Choynski (Micki Miller), John Bode (Steve Baxter), Asad Schwarz (Schultz), Ralf Lindermann (Ritter), Peter Wohlfeil (Falck), Jolante Grusznic (Malgorzata), Gabriela Oswaldova, Rene Bischoff, Wolfgang Winkler, Horst Hiemer, Eckhard Becker
Drehbuch: Rainer Ackermann
Kamera: Thomas Plenert (Farbe)
Musik: Wolfram Bodag
Schnitt: Ursula Henning
Produktion: Hans-Erich Busch für Defa, Gruppe »Berlin«, DDR 1989
Verleih: Progreß/-/-
Kinostart: 17.5.1990
FSK: ab 12 J.
Länge: 105 Min.

Der Film folgt einem Dokumentarfilmer, der aus demselben Provinznest wie der Rennfahrer kommt, dem er angeblich »über Grenzen« - bei der Friedensfahrt zwischen Warschau, Berlin und Prag - hinterherfilmt. Das Spielfilmdebüt des »Dokfilmregisseurs« Ackermann, der seine Faszination weder für den Radsport noch für inszenierte Bilder mitteilen kann und dessen zehn Jahre alte Filmidee nicht erst seit letztem November hoffnungslos verschlissen ist. *tip*

Heinz Kersten in: Der Tagesspiegel, 20.5.90

UHF – Sender mit beschränkter Hoffnung 984
UHF **
Video

Regie: Jay Levey
Darsteller: Weird Al Yankovic (George Newman), Victoria Jackson (Teri), Kevin McCarthy (R.J. Fletcher), Michael Richards (Stanley Spadowski), David Bowe (Bob), Stanley Brock, Anthony Geary, Trinidad Silva, Gedde Watanabe
Drehbuch: Weird Al Yankovic, Jay Levey
Kamera: David Lewis (Alpha Cine Color)
Musik: John du Prez
Schnitt: Dennis O'Connor
Produktion: Gene Kirkwood, John Hyde für Cinecorp/Imaginary Entertainment, USA 1989
Verleih: -/-/-/RCA-Columbia Video
Videostart: 9.10.1990
FSK: ab 12 J.
Länge: 96 Min.

Mit ungewöhnlicher Programmgestaltung versucht Videoclip-Parodist Weird Al Jankovic als neuer Chef einer maroden Fernsehanstalt, gegen die Übermacht der Konkurrenz anzurennen. Notdürftig zusammengeflickte Abfolge teils brillanter Sketche, maßgeschneidert für die »attention span« der MTV-Generation.

Ein Umzug kommt selten allein 985
THE CHAIN ***
TV

Regie: Jack Gold
Darsteller: Warren Mitchell (Bamber), Bernard Hill (Nick), Tony Westrope (Paul), Gary Waldhorne (Tornado), Anna Massey (Betty Thorn), Nigel Hawthorne (Mr. Thorn), Herbert Norville (Desmond), Phyllis Logan, David Troughton, Billie Whitelaw
Drehbuch: Jack Rosenthal
Kamera: Wolfgang Suschitzky (Farbe)
Musik: Stanley Myers
Schnitt: Bill Blunden
Produktion: Quintet Film, GB 1985
Sendetermin: 28.11.1990, ZDF, 23.10 Uhr
Länge: 92 Min.

Wohnungswechsel als unterhaltsambissiges Sozialprogramm: Nach dem Motto »Ein Umzug kommt selten allein« teilt Regisseur Jack Gold satirische Seitenhiebe auf die englische Gesellschaft aus. In sieben Geschichten lassen sieben Londoner Paare und Familien ihre Siebensachen in einen Möbelwagen packen. So verläßt ein Schüler seine besorgte Mutter, um sich ein Domizil mit seiner Freundin zu teilen. Eine Frau erfährt, daß sich der Schwiegervater gleich in der Nachbarschaft der neuen Bleibe einnisten will. Ein Paar stellt geschockt fest, daß es einem betrügerischen Fuhrunternehmer auf den Leim gegangen ist. *AZ*

(...) Erstaunlich auch der Facettenreichtum des Films: Die zwischen stinkender Altstadtgasse und Nobelviertel angesiedelten neuen Heime geben den Blick frei auf die Vielschichtigkeit der britischen Gesellschaft. *Stuttgarter Zeitung*

Immo von Falbis in: Die Welt, 28.11.90; Nicola Kuhn in: FAZ, 30.11.90; Corinna Willführ in: Frankfurter Neue Presse, 30.11.90

Die unbarmherzige Meute 986

ORIGINAL SIN **

Video

Regie: Ron Satloff
Darsteller: Charlton Heston (Louis Mancini), Ann Jillian (Sharon Richards), Robert Desiderio (John Richards), Zachary Benjamin (Matthew Richards), Lou Liberstone (Chris Mancini), Marshall Teague (Richie Morgan), Richard Portnow (Vincent), Gary Kasper (Tommy), S.A. Griffin (Lenny Percel)
Drehbuch: Philip F. Messina
Kamera: Steven Fierberg (Farbe)
Musik: Lalo Schifrin
Schnitt: Jerrold I. Ludwig
Produktion: Ian Sander für Larry Thompson Organization/New World TV, USA 1989
Verleih: -/-/-/Highlight Video
Videostart: 2.7.1990
Sendetermin: 20.2.1989, NBC
FSK: ab 16 J.
Länge: 90 Min.

Eine glücklich verheiratete Frau findet heraus, daß ihr Schwiegervater ein Unterweltboß und möglicherweise für die Entführung ihres Sohnes verantwortlich ist. Dialogorientiertes Spannungsstück, leidlich packend.

Die unbeugsamen Wilden 987

SUMMER CAMP NIGHTMARE **

Video

Regie: Bert L. Dragin
Darsteller: Chuck Connors (Mr. Warren), Charles Stratton (Franklin Reilly), Adam Carl (Donald Poultry), Harold R. Pruett (Chris Wayne), Melissa Brennan (Heather), Tom Fridley (John Mason), Stuart Rogers (Stanley Runk), Shawn McLemore (Hammond Pumpernil), Samantha Newark (Debbie)
Drehbuch: Bert L. Dragin, Penelope Spheeris, nach dem Roman »The Butterfly Revolution« von William Butler
Kamera: Don Burgess (United Color)
Musik: Ted Neeley, Gary Chase
Schnitt: Michael Spence
Produktion: Robert T. Crow, Emilia Lesniak-Crow für Crow Prod./Butterfly Prod./Concorde Pictures, USA 1986
Verleih: -/-/-/UFA Video
Videostart: 12.2.1990
FSK: ab 16 J.
Länge: 87 Min.

Campdrama aus dem Jahre 1986, das seine Story aus der kindlichen Revolte gegen die Erwachsenenwelt entwikkelt. Ein teilweise an »Herr der Fliegen« erinnerndes Lehrstück über die Anfälligkeit von Jugendlichen für faschistische Machtstrukturen.

Video Woche

Und es ward Licht 988

ET LA LUMIERE FUT ****

Regie: Otar Iosseliani
Darsteller: Saly Badji (Okonoro), Binta Cisse (Mzezve), Sigalon Sagna (Bandinia), Moussa Sagna (Lade), Alpha Sane (Yeré), Abdou Sane (Bouloudé), Souleimane Sagna (Soutoura), Oswaldo Olivera (Sedou)
Drehbuch: Otar Iosseliani
Kamera: Robert Alazraki (Farbe)
Musik: Nicolas Zourabichvili
Schnitt: Otar Iosseliani, Ursula West, Marie-Agnès Blum
Produktion: Alain Queffelean, Juraj Chmel, Horst Schier für Les Films du Triangle Direkt Film/RAI Uno/La Sept, BRD/Frankreich 1989
Verleih: TiMe/top-film/Citel
UA: Int. Filmfestspiele Venedig 1989
Kinostart: 7.6.1990
Länge: 106 Min.
Großer Preis der Jury bei den Int. Filmfestspielen Venedig 1990

Ein Märchen über ein Urwaldparadies, das untergehen muß, und eine Gemeinschaft, in der die Frauen das Sagen haben. Der in Paris lebende georgische Meisterregisseur (»Die Günstlinge des Mondes«) hat seinen Film in Afrika mit Laiendarstellern in einem fast dokumentarischen Stil inszeniert, mit viel Witz und versteckter

Ironie. In Venedig 1989 mit dem Großen Jury-Preis ausgezeichnet.

Achim Forst, tip

Peter Buchka in: SZ, 6.7.90; W.O.P. Kistner in: AZ, 21.6.90 (Interview Iosseliani); Peter Körte in: FR, 14.9.90; Nicola Kuhn in: FAZ, 18.9.90; Ponkie in: AZ, 5.7.90

Und Wasser brennt doch 989

***

TV

Regie: Ali Özgentürk
Darsteller: Tarik Akan (Regisseur), Natalie Douverne (Freundin), Sahika Tekand (Frau), Turgut Savas (Vater), Fahriye

Energiedebatte. Natalie Douverne und Tarik Akana in »Und Wasser brennt doch«.

Abla (Großmutter), Hasmet Zeybek (Produzent), Iranli Celal (Dichter)
Drehbuch: Isil Özgentürk
Kamera: Ertunc Senkay
Musik: Sarper Özsan
Schnitt: Ali Özgentürk
Produktion: Young Cinema 85/Manfred Durniok Prod./Asya Film, Türkei/BRD 1987
Sendetermin: 22.10.1990, ZDF, 23.00 Uhr
Länge: 111 Min.

Schwerblütige Türken-Poesie um Mitternacht: Ali Özgentürks Spielfilm findet als autobiographische Erfahrungsbilanz eines Künstlers und Intellektuellen in der Türkei (als Filmregisseur ist er auf der Suche nach seinem Thema) starke Symbolbilder für einen Zustand des permanenten Drucks unter Militär- und Polizeiterror. Eine Elegie der Ohnmacht und Trauer in einem Land, in dem Shakespearelesende, Beckett-spielende Schüler von stupiden Uniformtrotteln als antinationale Kommunistenfreunde schikaniert werden, in dem verhaftet, gefoltert und erpreßt wird. Überdehnte, doch eindrucksvolle Metaphern.

Ponkie, AZ

Nach bewährtem Rezept: »Und wieder 48 Stunden« mit Nick Nolte und Eddie Murphy.

Und wieder 48 Stunden 990

ANOTHER 48 HRS. ***

Regie: Walter Hill
Darsteller: Eddie Murphy (Reggie Hammond), Nick Nolte (Jack Cates), Brion James (Ben Kehoe), Kevin Tighe (Blake Wilson), Ed O'Ross (Frank Cruise), David Anthony Marshall (Willy Hickok), Andrew Divoff (Cherry Ganz), Bernie Casey (Kirkland Smith), Brent Jennings, Ted Markland, Tisha Campbell
Drehbuch: John Fasano, Jeb Stuart, Larry Gross, nach einer Story von Fred Braughton
Kamera: Matthew F. Leonetti (Technicolor)
Musik: James Horner
Schnitt: Freeman Davies, Carmel Davies, Donn Aron
Produktion: Lawrence Gordon, Robert D. Wachs für Lawrence Gordon Prod. mit Eddie Murphy Prods., USA 1990
Verleih: UIP/UIP/UIP
Kinostart: 18.10.1990
FSK: ab 16, nffr.
Länge: 93 Min.

Ein Cop, ein Ganove, zwei langhaarige Killer auf schweren Motorrädern, das sind die Ingredienzien, aus denen Action-Spezialist Hill das Sequel zu seinem sieben Jahre alten »48 Hrs.« anrichtet.
Das ist eine halbe Stunde lang atemberaubendes Unterhaltungskino mit grandiosen, an Italowestern erinnernden Einstellungen, und eine weitere Stunde eskalierende und blutige, aber blutleere Berserkerei, bei der die anfängliche Ironie, aber auch die Spannung auf der Strecke bleiben.
Und keinen überrascht's, daß der

langgesuchte Drogendealer wieder einmal im Polizeidienst zu finden ist. *Zoom*

Lars-Olav Beier in: tip, 21/90; Fritz Göttler in: SZ, 23.10.90; Carla Rhode in: Der Tagesspiegel, 18.10.90; Hans-Dieter Seidel in: FAZ, 20.10.90; Horst Wegener in: Prinz, 10/90

Under the Gun 2 — 991

UNDER THE GUN 2 *

Video

Regie: John Lloyd
Darsteller: Sam Jones, Blueberry, David Light, Jerry Beyer, Erwin Hahn, Anthony East, Mike Monty, Ivy Erlandson, Michael Romero
Drehbuch: Rod Davies, John Lloyd
Kamera: Mars B. Rasca (Farbe)
Musik: Pat Wales
Schnitt: Rene Tucker
Produktion: USA 1989
Verleih: -/-/-/USA Video
Videostart: 18.7.1990
FSK: nicht unter 18 J.
Länge: 88 Min.

Ein ahnungsloser Doktor sieht sich unvermittelt im Zentrum der Auseinandersetzungen um die drei Teile einer neuen Superwaffe. Regisseur und Autor John Lloyd hat sein einfältiges Actionstück ohne großen Aufwand als Fast-Food-Ware für den Sofortverzehr inszeniert. *VideoWoche*

Undercover USA — 992

MORE WILD WILD WEST **

Video

Regie: Burt Kennedy
Darsteller: Robert Conrad (James T. West), Ross Martin (Artemus Gordon), Jonathan Winters (Albert Paradine III.), Victor Buono (Dr. Henry Messenger), Harry Morgan (Robert T. Malone), Rene Auberjonois (Sir David Edney), Randi Brough (Yvonne), Candi Brough (Daphne), Liz Torres (Juanita)
Drehbuch: William Bowers, Tony Kayden
Kamera: Charles G. Arnold (Farbe)
Musik: Jeff Alexander
Schnitt: Michael McCroskey
Produktion: Robert L. Jacks für CBS Entertainment, USA 1980
Verleih: -/-/-/CBS-Fox Video
Videostart: 23.4.1990
Sendetermin: 7.10.1981, CBS
FSK: ab 12 J.
Länge: 93 Min.

Neuauflage der satirisch-anachronistischen Fernsehserie »Verrückter Wilder Westen«: Um die Jahrhundertwende versuchen zwei Agenten, einem verrückten, mit Atombomben und Unsichtbarkeitsserum ausgerüsteten Professor, der durch gezielte Attentate den Ersten Weltkrieg auslösen möchte, das Handwerk zu legen.

Underground — 993

UNDERGROUND TERROR **

Video

Regie: James McCalmont
Darsteller: Doc Dougherty (John Willis), Lennie Loftin (Boris), B.J. Geordan (Kim Knowles), Ric Siler (Weasel), Joe Bachana, James Davies, Allen L. Rickman, Christopher Koron
Drehbuch: Brian O'Hara, Robert Zimmerman
Kamera: Anghel Deca (Technicolor)
Musik: Taj
Schnitt: Keith Reamer
Produktion: Steven Mackler für Triangle, USA 1989
Verleih: -/-/-/Focus Video
Videostart: 19.2.1990
FSK: nicht unter 18 J.
Länge: 90 Min.

Durch die Informationen einer Reporterin kommt ein Detektiv einem gewalttätigen Wahnsinnigen und seiner Bande auf die Spur, die in den U-Bahnschächten von New York ihr Versteck aufgeschlagen haben. Die sporadischen Ambitionen des Regisseurs versacken sehr rasch in der üblichen Zurschaustellung von Gewalt.

Underworld — 994

UNDERWORLD **

Video

Regie: George Pavlou
Darsteller: Denholm Elliott (Dr. Savary), Steven Berkoff (Hugo Motherskille), Miranda Richardson (Oriel), Larry Lamb (Roy Bain), Art Malik (Fluke), Nicola Cowper (Nicole), Ingrid Pitt (Pepperdine), Irina Brook (Bianca), Paul Brown (Nygaard), Philip Davis (Lazarus), Gary Olsen (Red Dog)
Drehbuch: Clive Barker, James Caplin
Kamera: Sidney Macartney (Farbe)

Auf der Suche nach Phantásien ist Jonathan Brandis in »Die unendliche Geschichte II«.

Musik: Freur
Schnitt: Chris Ridsdale
Produktion: Kevin Attew, Don Hawkins für Limehouse/Green Man Prod., GB 1985
Verleih: -/-/-/Lightning Video
Videostart: 21.2.1990
FSK: nicht unter 18 J.
Länge: Min.

Rauschgiftabhängige Untergrundmutanten kidnappen ein gegen die Droge immunes Mädchen, worauf sich deren Ex-Freund auf die Suche nach ihr macht. *Das SF-Jahr 1989*

Pavlous 1985 in den Londoner Docklands gedrehter, streckenweise atmosphärisch dichter Thriller erinnert vom Inhalt und Ambiente her an das »Phantom in der Oper« und die TV-Serie »Beauty and the Beast«. Inszeniert ist er jedoch wie ein überlanger Videoclip, ein mit grellen Bildern und visuellen Spielereien reich ausgestattetes Pop-Märchen, effektvoll unterlegt mit flotten Musik-Rhythmen. *tip*

Die unendliche Geschichte II 995

***

Regie: George Miller
Darsteller: Jonathan Brandis (Bastian Bux), Kenny Morrison (Atreyu), Clarissa Burt (Xayide), Alexandra Johnes, Martin Umbach, Colin Gilder, John Wesley Shipp, Helena Mitchell, Thomas Hill
Drehbuch: Karin Howard, nach Motiven des gleichn. Romans von Michael Ende
Kamera: David Connell (Eastmancolor)
Musik: Robert Folk, Songs: Giorgio Moroder
Schnitt: Peter Hollywood, Chris Blunden
Produktion: Dieter Geissler für The Neverending Story Film/Dieter Geissler Filmprod./Scriba und Deyhle/Warner Bros., BRD 1990
Verleih: Warner Bros./Constantin/Warner Bros./Warner Home Video
UA: 24.10.1990, Berlin
Kinostart: 25.10.1990
FSK: ab 6, ffr.
Länge: 90 Min.
FBW: Wertvoll

Großzügig ausgestatteter Fantasy-Film über den kleinen Bastian, der durch die Kraft seines Mutes das

Reich der Phantasie vor der Leere bewahrt. *multimedia*

(...) Erneut rettet Sebastian die hier besonders fade kindliche Kaiserin und mit ihr ganz Phantásien. Doch Phantasien ist längst zum kommerziellen Objekt verkommen. Michael Endes Plädoyer für ein Reich der Phantasie und der Imagination wird von der filmischen Realisation erneut und konsequenter noch als beim ersten Mal - ad absurdum geführt. Vor George Millers Bildern auf der Leinwand bedarf es keiner Imagination mehr; die Geschichte wird als Fertiggericht serviert. *H.G. Pflaum, SZ*

(...) Man hangelt sich von Windsbraut zu Lavamann und Schlammwarze - aber der innere Motor der Geschichte (mit dem Raub der Erinnerungen durch schnelle Wunscherfüllung) säuft im Selbstzweck-Kitsch einer gigantischen Spielwarenindustrie ab. *Ponkie, AZ*

Sabine Carbon in: Der Tagesspiegel, 26.10.90; Jürgen Richter in: FAZ, 25.10.90

Die Uni meiner Träume 996
HOW I GOT INTO COLLEGE **
Video

Regie: Savage Steve Holland
Darsteller: Anthony Edwards (Kip), Corey Parker (Marlon), Lara Flynn Boyle (Jessica), Finn Carter (Nina), Charles Rocket (Leo), Christopher Rydell (Oliver), Brian-Doyle Murray (Trainer), Tichina Arnold (Vera Cook), Bill Raymond (Flutter)
Drehbuch: Terrel Seltzer
Kamera: Robert Elswit (DeLuxe Color)
Musik: Joseph Vitarelli
Schnitt: Sonya Sones Tramer, Katja Fehr
Produktion: Michael Shamberg für 20th-Century Fox, USA 1989
Verleih: -/-/-/CBS-Fox Video
Videostart: 26.3.1990
FSK: ab 12 J.
Länge: 89 (83) Min.

Ein zielloser Schüler folgt seinem Schwarm an die Uni, verstrickt sich jedoch rasch in die gnadenlose Verwurstungsmaschinerie.
Leichtgewichtige Komödie, die das Satirepotential ihres Themas weitgehend verschenkt.

Die Unschuld der Molly 997
ILLEGALLY YOURS **
Video

Regie: Peter Bogdanovich
Darsteller: Rob Lowe (Richard Dice), Colleen Camp (Molly Gilbert), Kenneth Mars (Hal Keeler), Harry Carey jr. (Wally), Kim Myers (Suzanne Keeler), Marshall Colt (Donald Cleary), Linda MacEwen (Ruth), Rick Jason (Freddie Boneflecker), Jessica James
Drehbuch: M.A. Stewart, Max Dickens
Kamera: Dante Spinotti (Technicolor)
Musik: Phil Marshall
Schnitt: Richard Fields, Ronald Krehel
Produktion: Peter Bogdanovich für Crescent Moon, USA 1988
Verleih: -/-/-/Concorde Video
Videostart: 17.12.1990
FSK: ab 12 J.
Länge: 102 Min.

Als Juror verpflichteter Student bemüht sich nach Kräften, die Angeklagte - eine ehemalige High School-Flamme - vor einer Verurteilung wegen Mord an einem Erpresser zu bewahren. Ein Überkomplizierter, schmerzhaft unkomischer Versuch an einer Screwball-Comedy, der bislang letzte Schritt im Niedergang des selbsterklärten Hawks-Nachfolgers Peter Bogdanovich.

Unser Panzerzug 998
NASCH BRONEPOJESD ***

Regie: Michail Ptaschuk
Darsteller: Wladimir Gostjuchin (Nikolaj Kusnezow), Michail Uljanow (Oberst Iwan Sawitsch), Alexander Filipenko (Journalist Petrow), Waleri Prijomychow (Ruditsch), Leonid Newedomski, Natalja Popowa, Jelena Smirnowa
Drehbuch: Jewgeni Grigorjew
Kamera: Juri Jelchow (Farbe)
Musik: Sergej Kortes
Produktion: Belarusfilm, UdSSR 1988
Verleih: Progreß/-/-
EA: Festival des Sowjetischen Films, Berlin 1990
Kinostart: Okt. 1990
Länge: 153 Min.

Was unterscheidet den ehemaligen Kommandeur einer Lagerwache von seinen alten Dienstkollegen, die wie er »Rädchen« oder »Schräubchen« im Stalinschen Unterdrückungsmechanismus gewesen sind? Während Nikolaj Kusnezow das Frühjahr '66 als persönlichen Identitätsverlust und tiefe moralisch-ethische Krise erlebt, begegnen ihm die übrigen Angehörigen seines »Panzerzuges« als verkappte oder offene Zyniker. Unfähig, den Wandel der Zeit in veränderten Wert- und Idealvorstellungen zu akzeptieren, warten sie nur auf die Stunde, da man auf ihre Erfahrungen zurückgreift. Für Kusnezow, einen »ehrlichen Menschen«, endet die Auseinandersetzung mit der Vergangenheit tragisch. - Überzeugende Abrechnung mit der Allgegenwart des Vergangenen. *Kino DDR*

Unsere Familie 999

A MI CSALADUNK ***

TV

Regie: Jozsef Magyar
Drehbuch: Jozsef Magyar
Kamera: Tibor Ormos
Schnitt: Maria Souló
Produktion: Mafilm, Ungarn 1985
Sendetermin: 15.9.1990, ZDF, 14.15 Uhr
Länge: 77 Min.

(...) Offensichtlich steckt nicht nur die kapitalistische, sondern auch die sozialistische Kleinfamilie in der Krise. Jugendliche Alkoholiker und Kriminelle auf der einen, berufstätige Doppelverdiener auf der anderen Seite sind die beiden Ausgangspunkte, zwischen denen sich eine vielschichtige, erstaunlich offene Diskussion entfacht. Obwohl Magyar der konventionellen Form des Interview-Films verhaftet bleibt, versteht er über weite Strecken, auch das Interesse des Zuschauers zu wecken.

Rhein-Neckar-Zeitung

Maria Frise in: FAZ, 17.9.90

Untamagiru 1000

UNTAMAGIRU ***

Regie: Go Takamine
Darsteller: Kaoru Kobayashi (Untamagiru), Jun Togawa (Chiru), John Sayles (Hochkommissar Kamajisa), Chikako Aoyama (Malley), Edie (Andaque), Susumu Taira (Nishibaru), Yoshiko Hazama, Masahiro Miyazato, Kotaro Ogimi
Drehbuch: Go Takamine
Kamera: Masaki Tamura (Farbe)
Musik: Koji Ueno
Schnitt: Hiroshi Yoshida
Produktion: Junichi Ito, Natsuki Hariu für Parco Co., Japan 1989
Verleih: Freunde der Deutschen Kinemathek/-/-
UA: 27.9.1989, Tokio
EA: 10.2.1990, Int. Forum des Jungen Films
Kinostart: Okt. 1990
Länge: 120 Min.
Original mit Untertiteln

Okinawa, die im Krieg blutig umkämpfte, dann lange von den Amerikanern besetzte japanische Insel - Okinawa ist ganz anders: die Bewohner haben eine eigene uralte, nur von ihnen selbst verstandene Sprache. Und ihre eigenen Wunder, dies vor allem. Anno 1969 haben sie zudem einen amerikanischen Hochkommissar der hochnäsig martialischen Sorte, dessen liebstes Hobby es ist, sein eigenes Blut insgeheim - per Transfusion - mit dem von allerlei Tieren aufzumischen; vorzugsweise mit dem der träumend an seiner Seite sich kuschelnden, allerliebst mit ihren Schweinshaxen kokettierenden Sau namens Malley. Diese wiederum, ihrerseits auch nicht ohne Gelüste, verwandelt sich, immer wenn der Mond sich rundet, in eine sexhungrige männerfressende, männertötende Mädchenschönheit (...) Der Regisseur Go Takamine hat allerlei zu erzählen. Er tut es jedoch in einer weniger naiven denn banalen Direktheit, die das Magische und das Alltägliche nicht zu einer mythischen Gebärde zusammenzwingt, sondern es fast als Jahrmarktskuriosität vergeudet. *Karena Niehoff, Der Tagesspiegel*

Unter fremden Menschen 1001
W LJUDJACH ***

Regie: Mark Donskoi
Darsteller: Aljoscha Ljarski, W. Massalitinowa, M. Trojanowski, I. Kudrjazew, A. Timontajew
Drehbuch: Ilja Grusdew, Mark Donskoi, nach Motiven von Maxim Gorki
Kamera: Pjotr Jermolow
Musik: L. Schwarz
Produktion: Sojusdetfilm, UdSSR 1939
Verleih: -/-/Columbus
Länge: 100 Min.

Zweiter Teil der »Gorki«-Trilogie: Mit dreizehn Jahren muß Alexej Peschkow (Gorkis bürgerlicher Name) das Haus seiner Großeltern verlassen und selbst sein Brot verdienen. Er arbeitet als Zeichnergehilfe, Tellerwäscher, wird Schüler in einem Ikonenmaleratelier und kehrt zum Schluß zu seiner Großmutter zurück. Alexej liest viel und beobachtet seine Umwelt genau. Dieser Teil der Trilogie wirkt, trotz der scharf gezeichneten Realität Rußlands Anfang der achtziger Jahre des 19. Jahrhunderts etwas weniger kohärent als der erste. *Zoom*

Die unwürdige Frau 1002
SHE'S BEEN AWAY ****

Regie: Peter Hall
Darsteller: Peggy Ashcroft (Lillian Huckle), Geraldine James (Harriet Ambrose), James Fox (Hugh Ambrose), Jackson Kyle (Dominic Ambrose), Rebecca Pidgeon (junge Lillian), Rosalie Crutchley (Gladys), Rachel Kempson (Matilda), Hugh Lloyd (George), Clyss Jean Healey, Donald Douglas, Barnaby Holm
Drehbuch: Stephen Poliakoff
Kamera: Philip Bonham-Carter (Farbe)
Musik: Richard Hartley
Schnitt: Ardan Fisher
Produktion: Kenith Trodd für BBC Films, GB 1989
Verleih: Pandora/-/-
UA: 10.9.1989, Int. Filmfestspiele Venedig
Kinostart: 19.4.1990
FSK: ab 12, ffr.
Länge: 106 Min.

Mitnichten »Eine unwürdige Frau«: Peggy Ashcroft als Lillian.

Preis für die beste schauspielerische Leistung für Peggy Ashcroft und Geraldine James bei den Int. Filmfestspielen Venedig 1989

Ein wunderbar leichter und berührender Film mit einer außergewöhnlichen Hauptdarstellerin, der 80jährigen englischen Theaterschauspielerin Peggy Ashcroft. Ein Finanzmakler holt seine alte Großtante, die ihr Leben hinter den Gittern einer Nervenheilanstalt verbracht hat, in sein großbürgerliches Heim. Doch Lillian wartet überhaupt nicht auf Befreiung und stellt die Geduld des karitativen Neffen und seiner Frau auf harte Bewährungsproben. Die junge Frau spürt die Kraft und den Selbstbehauptungsdrang Lillians, von der sie noch viel lernen wird. *Achim Forst, tip*

Marli Feldvoss in: FAZ, 27.4.90; Heike-Melba Fendel in: Prinz, 4/90; Rupert Koppolt in: Filmecho-Filmwoche, 16/90; Ponkie in: AZ, 11.5.90; Wolfram Schütte in: FR, 28.4.90

V

Väter der tausend Sonnen 1003

****

Regie: Joachim Hellwig
Drehbuch: Joachim Hellwig
Kamera: Wolfgang Dietzel (Farbe und s/w)
Musik: Brigitte Unterdörfer
Schnitt: Dieter Körner
Produktion: Defa-Studio, Gruppe »Chronik«, DDR 1989
Verleih: Progreß/-/-
Kinostart: 12.1.1990
Länge: 94 Min.

Zwei Jahrzehnte bemühte sich der Regisseur Joachim Hellwig darum, das außergewöhnliche Leben des deutschen Kernphysikers Klaus Fuchs (1911-1988) der Öffentlichkeit per Dokumentarfilm zugänglich zu machen. Auf den Monat drei Jahre nach dem Tod des geheimnisumwitterten Wissenschaftlers kann er es nun tun.
(...) Nach hiesiger offizieller Lesart bis Oktober war er ein »international hochgeachteter theoretischer Physiker und Wissenschaftspolitiker der DDR«, im Westen stets der Atomspion. Hellwigs Film gebührt das Verdienst, erstmals beide Seiten zu betrachten. Er bricht das Tabu um den Kundschafterdienst auf und zeigt, wie und warum der 1933 aus dem faschistischen Deutschland emigrierte Physiker zuerst am englisch-amerikanischen Atombombenprojekt mitwirkte und dann in den 40er Jahren Informationen darüber an die Sowjetunion weitergab. Fuchs verkürzte so die Entwicklung der Waffe in der UdSSR und trug zum schnellen, friedenserhaltenden atomaren Patt nach dem Zweiten Weltkrieg bei.
Von dieser gewaltigen wissenschaftlichen wie menschlichen Leistung wollte die Sowjetunion unter Stalin nach der Enttarnung ihres Informanten 1949 allerdings nichts wissen. Folgerichtig mußte Fuchs auch in der DDR schweigen, in die er nach neun Jahren Haft in England 1959 gekommen war. Ein Antrag des Regisseurs, diesen Film zu drehen, wurde noch 1987 von Kurt Hager als »nicht zweckmäßig« zurückgewiesen.

Rüdiger Thunemann, Berliner Zeitung

Die Väter des Nardino 1004

***

Regie: Wolf Gaudlitz
Darsteller: Turi Ferro (Virgili, alt), Hilmar Thate (Pasquale, alte), Massimo Bonetti (Virgilio, jung), Peter von Strombeck (Pasquale, jung), Sergio Lo Verde (Nardino, alt), Andrea Ferreol (Concetta), Volker Prechtel (Padre Sebastiano), Rosanna Veraldi, Claudio Collova, Pippo Patavina, Ida Carrara, Daniela Spampinata, Carsten Welte, Turi Ferro, Nina Micalizzi
Drehbuch: Wolf Gaudlitz
Kamera: Claus Langer (Farbe)
Musik: Sergio Mirabelli
Schnitt: Alexander Rupp
Produktion: Thomas Wommer für Solofilm Wolf Gaudlitz mit Duofilm/BR, BRD 1988
Verleih: Solofilm/-/-
Länge: 90 Min.
Bayerischer Filmpreis 1989

Mit Sinn und Gespür für malerische Atmosphäre, milieusichere Dialoge und köstliche Situationskomik erzählt der junge Autor, Regisseur und Produzent die bitter-süße Lebenschronik einer verratenen Männerfreundschaft in Sizilien. Wolf Gaudlitz gelingt hier ein erstaunlich einfühlsamer Erstlingsfilm von merkwürdiger Heiterkeit und Fabulierlust.

Aus der Begründung des Bayerischen Filmpreises

Venus Peter 1005

VENUS PETER

***

Regie: Ian Sellar
Darsteller: Ray McAnally (Großvater), David Hayman (Kinnear), Sinead Cusack (Miss

Balsilbie), Gordon R. Strachan (Peter), Sam Hayman (Peter Baby), Caroline Paterson (Mutter), Alex McAvoy (Beadle), Emma Dingwall (Jenny), Robin McCaffrey, Louise Breslin, Juliet Cadzow, Sheila Keith, George Anton, Alan Tall, Ken Drury, Peter Caffrey
Drehbuch: Ian Sellar, Christopher Rush, nach dem Roman »A Twelvemonth and a Day« von Christopher Rush
Kamera: Gabriel Beristain (Fujicolor)
Musik: Jonathan Dove
Schnitt: David Spiers
Produktion: Christopher Young für BFI/ Channel 4/The Scottish Film Prod., GB 1989
Verleih: Impuls/-/-/Starlight-Film Video
Kinostart: 6.9.1990
FSK: ab 12, ffr.
Länge: 93 Min.
FBW: Wertvoll

Eine Rarität: ein schottischer Film. Für Venus Peter endet seine Kindheit in der Grundschule: Sein angehimmelter Vater weist ihn bei seiner Rückkehr ins Internat ein, und der geliebte Großvater verliert das Boot, das ihm seinen Namen gab. Ein poetischer, melancholischer Bilderbogen über den Verlust von Kindheit, Identität und Landschaft. *André Simonoviescz, tip*

Sabine Carbon in: Der Tagesspiegel, 6.9.90

Verbotene Liebe 1006
***

Regie: Helmut Dziuba
Darsteller: Julia Brendler (Barbara), Hans-Peter Dahm (Georg), Gudrun Ritter (Lehrerin Laube), Karin Gregorek (Mutter Kalisch), Rolf Dietrich (Vater Kalisch), Heide Kipp (Mutter Behrend), Peter Sodann (Vater Behrend), Dietrich Körner (Direktor), Gert Gütschow (Staatsanwalt)
Drehbuch: Helmut Dziuba, nach Motiven der Erzählung »Der Sündenfall« von Helmut H. Schulz
Kamera: Helmut Bergmann (Farbe)
Musik: Christian Steyer
Schnitt: Monika Schindler
Produktion: Uwe Kraft für Defa-Studio, Gruppe »Berlin«, DDR 1989
Verleih: Progreß/-/-
Kinostart: 20.4.1990
Länge: 89 Min.

»Verbotene Liebe« ist ein uralter Stoff: Verführung einer Minderjährigen. Der authentische Fall ereignete sich 1964, inszeniert wurde er 1989, 20 Jahre zu spät. Der Film betrachtet die Dinge in den 90ern aus der Perspektive der 60er. Das führt zu Verschiebungen und Verklärungen, z.B. der Sexrevolution als Ersatz für den Kampf gegen alte Männer an der Macht. Von einem 60jährigen Mann inszeniert, mit dem Beigeschmack von Altmännervoyeurismus dort, wo die beiden Jugendlichen (zwölf und sechzehn) mit ihren nackten Körpern nicht alleingelassen werden können. Ansonsten stilisiert der Regisseur die frühreifen Teens zur verfolgten Randgruppe. *Oksana Bulgakowa, tip*

(...) Als Helmut Dziuba vor mindestens Jahresfrist mit der aktiven Arbeit an »Verbotene Liebe« begonnen haben mag, gehörte beträchtlicher Mut dazu, für so eine Darstellung real existierender DDR Öffentlichkeit zu suchen. Er wich nicht aus, wo mehr oder minder deutliche Fluchtbewegungen ins sozial weniger Verbindliche auch bei der Defa gang und gäbe waren. Dziuba riskierte, was wenige taten, Lohn und Brot, vielleicht mehr. Von jenen mir bekannten Defa-Spielfilmen, die im wesentlichen vor den Ereignissen des Herbstes 1989 entstanden, ist »Verbotene Liebe« fraglos der bedeutendste. Er setzt nicht gelegentlich einmal diese oder jene kritische Pointe, er ist in sich sozialkritisch, DDR-sozialkritisch.

Günter Sobe, Berliner Zeitung

Peter Ahrens in: Die Weltbühne, 19.6.90; Birgit Galle in: Neues Deutschland, 23.4.90; Renate Holland-Moritz in: Eulenspiegel, 6.6.90; Udo Lemke in: Sächsische Zeitung, 24.4.90; Hans-Dieter Tok in: Leipziger Volkszeitung, 29.4.90; Helmut Ullrich in: Neue Zeit, 24.4.90

Der verbotene Tanz 1007
LAMBADA! THE FORBIDDEN DANCE **

Regie: Greydon Clark
Darsteller: Laura Herring (Nisa), Jeff James (Jason), Barbra Brighton (Ashley), Richard Lynch (B. Maxwell), Kid Creole and The Coconuts

Drehbuch: Joseph Goldman
Kamera: R. Michael Stringer (Farbe)
Produktion: Marc Fischer, Richard L. Albert für 21st Century, USA 1989
Verleih: Ascot/Constantin/Elite/21st Century Video
Kinostart: 31.5.1990
FSK: ab 12, ffr.
Länge: 97 Min.

Das Werk entspricht der Machart der Schlagerfilme aus den 50ern. Ein Hit wird durch eine dünne und dumme Story untermalt: hier ist es »Lambada«. Eine Urwaldprinzessin aus Brasilien kommt nach Los Angeles, um im Großstadt-Dschungel den Tanz-Wettbewerb zu gewinnen und obendrein noch auf die Gefährdung des tropischen Regenwaldes in ihrer Heimat aufmerksam zu machen.

Hans-Ulrich Pönack, tip

Verbrechen und andere Kleinigkeiten 1008

CRIMES AND MISDEMEANORS ****

Regie: Woody Allen
Darsteller: Martin Landau (Judah Rosenthal), Woody Allen (Cliff Stern), Mia Farrow (Halley Reed), Alan Alda (Lester), Anjelica Huston (Dolores Paley), Sam Waterston (Ben), Joanna Gleason (Wendy Stern), Caroline Aaron (Barbara), Jerry Orbach (Jack Rosenthal), Claire Bloom (Miriam Rosenthal), Daryl Hannah (Lisa), Stephanie Roth, Jenny Nichols, David S. Howard, Anna Berger, Victor Argo, Martin Bergmann
Drehbuch: Woody Allen
Kamera: Sven Nykvist (Duart Color Deluxe)
Schnitt: Susan E. Morse
Produktion: Robert Greenhut für Jack Rollins und Charles H. Joffe, USA 1989
Verleih: 20th Century Fox/Constantin/Monopole Pathé/RCA-Columbia Video
Kinostart: 1.3.1990
FSK: ab 12, ffr.
Länge: 104 Min.
FBW: Wertvoll

Der Film ist weit mehr als eine neue Variation auf Allens ewige Stadtneurosen. Diesmal hat der New Yorker Regisseur und Tragikomiker einen Diskurs über Schuld und Sühne, Moral und Unmoral versucht, der ihm nicht nur gelang, weil er sich selbst als Figur zurücknahm, sondern weil er sich auch auf eine ungewöhnliche Erzählform einließ. Der Film erzählt verschiedene Geschichten aus ver-

Einer ist immer der Verlierer: Woody Allen und Martin Landau in »Verbrechen und andere Kleinigkeiten«.

Brian DePalmas Auseinandersetzung mit dem Trauma Vietnam. Michael J. Fox, Don Harvey und Sean Penn in »Die Verdammten des Krieges«.

schiedenen Perspektiven - über Leute, die sich mehr oder weniger zufällig begegnen. Am intensivsten geriet die Story um einen erfolgreichen Arzt, der sein Familienglück rettet, indem er seine Geliebte umbringen läßt. Martin Landau in seiner besten Rolle. *Alfred Holighaus, tip*

Bodo Fründt in: SZ, 3.3.90; Benjamin Henrichs in: Die Zeit, 2.3.90; Franz Kalterbräu in: FR, 2.3.90; Peter Krobath in: Prinz, 3/90; Karena Niehoff in: Der Tagesspiegel, 20.2.90; Ponkie in: AZ, 1.3.90; Wilfried Reichart in: Kölner Stadt-Anzeiger, 3.3.90; Hans-Dieter Seidel in: FAZ, 3.3.90; o.A.in: Der Spiegel, 9/90

Verdammte Helden 1009

LO SAM ZAYIN ***

Video

Regie: Shmuel Imberman
Darsteller: Ikka Zohar (Rafi), Anath Waxman (Nira), Liora Grossman (Maya), Shmuel Vilojni (Eli), Shlomo Tarshish (Amnon), Dudu Ben Ze'ev, Idith Tzur, Shmuel Shilo
Drehbuch: Hana Peled, nach dem Roman von Dan Ben Amotz
Kamera: Nissim Leon (Farbe)
Musik: Benny Nagari
Schnitt: Atara Horenstein
Produktion: Yair Pradelsky, Israel Ringel für Roll Films, Israel 1987
Verleih: -/-/-/VPS Video
Videostart: 28.2.1990
FSK: ab 16 J.
Länge: 102 (89) Min.

Der achtzehnjährige Israeli Rafi lernt im letzten Sommer vor seiner Einberufung die Kunststudentin Nira kennen. Doch die Liebe ist nur von kurzer Dauer: Rafi wird bei einem Einsatz gegen Terroristen zum Krüppel geschossen. Der Schicksalsschlag macht ihn zu einem menschenverachtenden Tyrannen, der auch Nira auf schroffe, verletzende Weise zurückstößt. Dramatische Produktion aus Israel, die sich redlich müht, das Schicksal eines Kriegsbehinderten facettenreich und einfühlsam darzustellen. *VideoWoche*

Die Verdammten des Krieges 1010

CASUALTIES OF WAR ***

Regie: Brian DePalma
Darsteller: Michael J. Fox (Eriksson), Sean Penn (Meserve), Don Harvey (Clark), John C. Reilly (Hatcher), John Legui-

Abschied. Barbara Auer und Peter Cieslinski in der Nachkriegsgeschichte »Verfolgte Wege«.

zamo (Diaz), Thuy Thu Le (Oahn), Erik King (Brown), Jack Gwaltney (Rowan), Sam Robards (Kaplan Kirk), Ving Rhames, Dan Martin, Dale Dye, Darren E. Burrows, Ba Thuan T Le
Drehbuch: David Rabe, nach dem gleichn. Presseartikel von Daniel Lang, erstveröffentlicht am 18.10.1969 im »New Yorker«
Kamera: Stephen H. Burum (Deluxe/Technicolor)
Musik: Ennio Morricone
Schnitt: Bill Pankow
Produktion: Art Linson, USA 1989
Verleih: Columbia Tri-Star/dto./20th Century Fox/RCA-Columbia Video
Kinostart: 1.2.1990
FSK: ab 16, ffr.
Länge: 113 Min.

Ein Zug von GIs entführt auf einem Erkundungsgang eine Vietnamesin. Das Mädchen wird mißhandelt, vergewaltigt und zuletzt umgebracht. Der Soldat Eriksson, der das Verhalten seiner Kameraden kritisiert, gerät in die Rolle des Außenseiters und muß um sein Leben fürchten. Zeitweise beklemmende Schilderung der Gruppenprozesse, welche Differenzierung und moralische Reflexion unterdrücken; doch wird die Überzeugungskraft des Films gemindert durch eine konventionelle moralische Optik, die platt und aufgesetzt wirkt.

Helmut W. Banz in: Kölner Stadt-Anzeiger, 17.2.90; Urs Jenny in: Der Spiegel, 5/90; Detlef Kühn in: epd Film, 2/90; Rolf Lenz in: Prinz, 2/90; Anke Sterneborg in: Der Tagesspiegel, 8.3.90

Verfolgte Wege 1011

****

Regie: Uwe Janson
Darsteller: Peter Cieslinsky (Hermann), Barbara Auer (Marie), Michael Dick (Karl), Tilo Prückner (Heindl), Adolf Laimböck (Friedrich), Helen de Lon (Lotte), Michaela Wolko (Carla), Julia Lindig (Lisa), Heiner Stadelmann (Dr. Stamm), Ernst Strachwitz, Michael Röhlen-Sarato, Karl Fischer, Dieter Jung, Hartmut Schorries
Drehbuch: Uwe Janson
Kamera: Egon Werdin (Farbe)
Schnitt: Patricia Rommel
Produktion: Christian Faust für Vulcano M/BR/SDR/HR/SFB/La Sept, BRD 1989

Verleih: Kinowelt/-/-
UA: 24.6.1989, Filmfest München
Kinostart: 3.5.1990
Länge: 100 Min.
FBW: Besonders wertvoll
Bayerischer Filmpreis 1989, Regie-Förderpreis der Bayer. Hypobank 1989, »Prix des Jeunes« bei den 42. Int. Filmfestspielen Locarno

Der Film ist (endlich) ein deutscher Film, der sich auf seine Bilder verläßt und kein Hörspiel imitiert. Die Liebesgeschichte eines jungen Paares im Deutschland der Nachkriegszeit ist die atmosphärische Schilderung eines traumatischen Wiederbeginns. Selbst die action-Szenen sind gelungen. Tilo Prückner ist als Bahnbeamter die Inkarnation des deutschen Bürokraten.

André Simonoviescz, tip

(...) Uwe Jansons Erstlingsfilm spannt ein paar Charaktertypen auf einer abgelegenen Bahnstation zusammen, wo Kohlenklauen und Schwarzhandel alltäglich sind und keiner dem anderen über den Weg traut.
Mit kraftvollem Zugriff baut Janson die Liebesgeschichte von Marie und Hermann in das unsicher gewordene Sozialgefüge von Bahnhofsbeamten, Handlangern, Bauern und Wirtshausfiguren ein, und es wird eine fast romantisch-abenteuerliche Kumpanei für Zugüberfälle, denn jeder muß sich holen, was er kriegen kann.
Das hat Atmosphäre und Spannung, Gefühl für Menschen und Landschaft. Ein schöner Debütfilm.

Ponkie, AZ

Bodo Fründt in: SZ, 7.6.90

Vergessene Melodie für Flöte 1012

SABYTAJA MELODIJA DLJA FLEJTY ****

Regie: Eldar Rjasanow
Darsteller: Leonid Filatow (Filimonow), Tatjana Dogilewa (Lida), Irina Kuptschenko (Lena), Wsewolod Sanajew (Jaroslaw Stepanowitsch), Olga Wolkowa (Surowa), Sergej Arzybaschew (Ikschanow), Alexander Schirwindt (Mjassojedow), Valentin Gaft (Odinkow), Jelena Majorowa (Lussja), Wazlaw Dworshezki, Jelena Fadejewa
Drehbuch: Emil Braginski, Eldar Rjasanow
Kamera: Wadim Alissow (Farbe)
Musik: Andrej Petrow
Produktion: Mosfilm, UdSSR 1987
Verleih: Progreß/-/-
EA: Festival des Sowjetischen Films, Berlin 1990
Kinostart: Okt. 1990
Länge: 137 Min.

Unermüdlich sind die Beamten der »Hauptverwaltung für Freizeit« tätig: für die Beförderung, für die nächste Dienstreise ins Ausland, für allerlei große und kleine Privilegien. Zwischendurch kümmert man sich auch um die Laienkunst: man verbietet und reglementiert. Da begeht Filimonow, der »kommende Mann« der Behörde, die erste unvernünftige Tat seines Lebens: er verliebt sich...
Ungewöhnlich in seiner Mischung von Groteske und Liebesmelodram ist Eldar Rjasanows Film, ungewöhnlich auch der Held des Films: intelligent, nicht unsympathisch - und zugleich Karrierist und Zyniker, ein Typ, beunruhigend und sehr heutig.

Kino DDR

Die Vergessenen 1013

TO HEAL A NATION ***

Video

Regie: Michael Pressman
Darsteller: Eric Roberts (Jan Scruggs), Glynnis O'Connor (Becky Scruggs), Marshall Colt (Jack Wheeler), Scott Paulin (Bob Doubek), Laurence Luckinbill (Senator Mathias), Linden Chiles (Senator Warner), Gloria Carlin (Monica Healy), Conrad Bachmann (H. Ross Perot), James F. Kelly (Webb)
Drehbuch: Lionel Chetwynd, nach dem Roman von Jan C. Scruggs und Joel L. Swerdlow
Kamera: Denis Lewiston (Farbe)
Musik: Laurence Rosenthal
Schnitt: Gregory Prange, Millie Moore
Produktion: Robert M. Sertner für Von Zerneck-Samuels Prod./Lionel Chetwynd Prod./Orion TV, USA 1988
Verleih: -/-/-/Virgin Video
Videostart: 23.3.1990

Sendetermin: 29.5.1988, NBC
FSK: ab 6 J.
Länge: 95 Min.

Bewegende und sorgfältig gemachte Verfilmung der Geschichte des Vietnamveteranen Scruggs, auf dessen Einsatz die Errichtung des 1982 eingeweihten Denkmals mit den Namen der 58.156 gefallenen GI's zurückgeht. Ein sehr amerikanisches Thema, stimmungssicher inszeniert. *Video Woche*

Verhängnis auf Bestellung 1014

DESTINY TO ORDER **

Video

Regie: Jim Purdy
Darsteller: Michael Ironside (Kenrick), Stephen Ouimette (J.D. Baird), Alberta Watson (Thalia), Victoria Snow (Anne)
Drehbuch: Jim Purdy
Kamera: Ludek Bogner (Farbe)
Musik: Dave Gray
Schnitt: Ian Webster
Produktion: Seaton McLean, Jonathan Goodwill, John Kramer für Atlantis Films, USA 1989
Verleih: -/-/-/Vestron Video
Videostart: 29.10.1990
FSK: ab 16 J.
Länge: 97 Min.

Die Geschichte, die ein junger Krimiautor gerade in seinen Computer eingibt, beginnt sich zu realisieren, und er steht mitten im Geschehen. Die Frau seiner Träume »lebt«, doch der Bösewicht der Geschichte raubt dem Autoren sein Werk und schreibt die Geschichte kurzerhand zu seinen Gunsten um. Die Idee ist witzig und originell, aber leider ziemlich haarsträubend inszeniert. *tips*

Verhängnisvolle Freundschaft 1015

THRILLED TO DEATH **

Video

Regie: Chuck Vincent
Darsteller: Blake Bahner (Cliff Jackson), Rebecca Lynn (Elaine Jackson), Richard Maris (Darryl Christie), Christine Moore (Nan Christie), Harvey Siegel (Val), Scott Baker (Bill), Karen Nielsen (Trudy), Al Goldstein, Gloria Leonard
Drehbuch: Craig Horrall
Kamera: Larry Revene (Farbe)
Musik: Joey Mennonna
Schnitt: James Davalos, Chuck Vincent
Produktion: Chuck Vincent für Platinum Pictures, USA 1989
Verleih: -/-/-/UFA Video
Videostart: 12.2.1990
FSK: nicht unter 18 J.
Länge: 92 Min.

Aus Recherchegründen für sein neues Buch besuchen der erfolgreiche Schriftsteller Cliff Jackson und seine Frau eine Sex-Party. Dort lernen sie ein Paar kennen, welches sich auch mehr oder weniger dort verirrt hat. Eine merkwürdige Freundschaft beginnt, die in einem ausgeklügelten Mord endet.
Streckenweise ganz spannend und infam. Das Ende ist dann jedoch klischeehaft und ohne größere Überraschung. *tips*

Verhext nochmal! 1016

BURNIN' LOVE/LOVE AT STAKE ***

Video

Regie: John Moffitt
Darsteller: Patrick Cassidy (Miles), Kelly Preston (Sara Lee), Bud Cort (Parson Babcock), David Graf (Nathaniel), Stuart Pankin (Richter Samuel John), Dave Thomas (Bürgermeister Upton), Barbara Carrera (Faith), Georgia Brown (Widow Chastity), Annie Golden, Audrie Neenan
Drehbuch: Terrence Sweeney, Lanier Laney
Kamera: Mark Irwin (CFI Color)
Musik: Charles Fox, Tom Rizzo
Schnitt: Danford B. Greene
Produktion: Michael Gruskoff für Hemdale, USA 1987
Verleih: -/-/-/RCA-Columbia Video
Videostart: 2.10.1990
FSK: ab 16 J.
Länge: 83 Min.

Die Hexenprozesse von Salem als Aufhänger einer überdrehten Parodie im Stile von Mel Brooks:
Eine Bäckerin sieht sich mit dem Scheiterhaufen konfrontiert, als ein korrupter Richter ihr Land konfiszieren möchte und sie deshalb als Hexe denunzieren läßt.

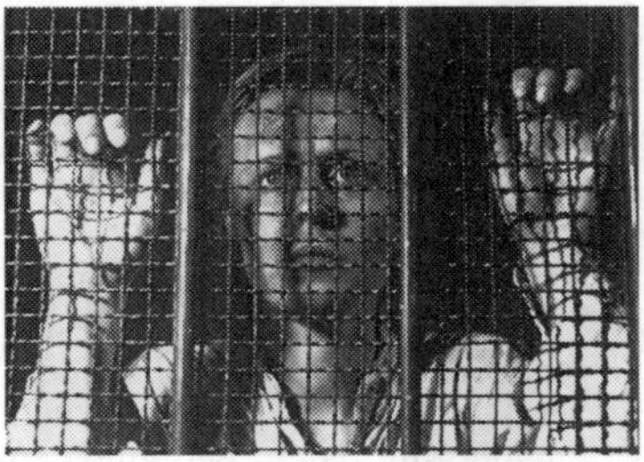

Krystyna Janda in »Verhör einer Frau«.

Verhör einer Frau 1017

PRZESLUCHANIE ****

TV

Regie: Ryszard Bugajski
Darsteller: Krystyna Janda (Tonia), Janusz Gajos (Major Zawada), Adam Ferency (Lt. Morawski), Anna Romantowska (Mira), Agnieszka Holland (Witkowska), Bozena Dykiel, Olgierd Lukaszewicz, Jan Jurewicz, Jacek Kalucki, Witold Debicki
Drehbuch: Ryszard Bugajski, Janusz Dymek
Kamera: Jacek Petrycki
Musik: Danuta Zankowska-Marucha, Jerzy Satanowski, Jacek Janszarski
Schnitt: Kataryna Maciejko
Produktion: Filmgruppe »X«/Dokumentarfilmstudio Warschau, Polen 1982
Sendetermin: 2.8.1990, ZDF, 23.15 Uhr
Länge: 111 Min.

Eine Abrechnung mit dem Stalinismus. Krystyna Janda spielt die Revuesängerin Tonia, die 1951 grundlos hinter Gitter kommt. Sie wird gequält und gefoltert, weil man von ihr belastende Aussagen gegen Kollegen erwartet. Tonias Mann läßt sich scheiden, das Kind, das sie im Gefängnis zur Welt bringt, nehmen ihr die Bewacher weg. Nach Stalins Tod wird die Frau entlassen, als gebrochener Mensch. Dieser Erstlingsfilm des Polen Ryszard Bugajski wurde 1982 sofort verboten und erst nach sieben Tresor-Jahren uraufgeführt; der Regisseur emigrierte in die USA.

Birgit Amon, AZ

Christian Berger in: Stuttgarter Nachrichten, 3.8.90; Karl-Friedrich Eckhard in: Südkurier, 4.8.90; FAZ, 4.8.90; Stuttgarter Zeitung, 4.8.90

Verruchtes Paradies 1018

PUT NA JUG ***

Regie: Juan Bautista Stagnaro
Darsteller: Mirjana Jokovic, Adrian Ghio, Zarko Lausevic, Mira Furlan, Osvaldo Santoro, Maria Fiorentino, Olivera Markovic, Eva Ras
Drehbuch: Juan Bautista Stagnaro, Beda Docampo Feijöo
Kamera: Karpo Acimovic Godina (Farbe)
Musik: Zoran Simjanovic
Produktion: Art Film 80/Jorge Estrada Mora Prod./Smart Egg, Jugoslawien/Argentinien/GB 1988
Verleih: Progreß/-/-
Kinostart: 27.7.1990
Länge: 106 Min.

Sicher wird die halbwüchsige Jana nicht nur von ihren älteren Schwestern beneidet. Da ist ein schöner, junger und reicher Märchenprinz gekommen, irgendwoher aus dem fernen Amerika, zog sie allen anderen vor, heiratete sie auf der Stelle und entführte sie dann in sein fremdes Reich.
Vorbereitet auf ein Leben als Ehefrau und in der Fremde ist Jana zwar nicht, aber die Liebe soll ja Berge versetzen können. So kommt das unbedarfte Mädchen aus dem abgeschiedenen, armen serbischen Dorf in die elegante Umgebung der großen Stadt Buenos Aires. Doch der Traum vom Glück endet noch vor der Ankunft. Liebe kommt gar nicht erst auf. Was von der Mutter als ein existenzrettendes Geschäft eingefädelt worden war, ist eben nicht mehr als ein solches. (...)

Kino DDR

Eine verrückte Reise durch die Nacht 1019

THE NIGHT BEFORE **

Video

Regie: Thom Eberhardt
Darsteller: Keanu Reeves (Winston Connelly), Lori Loughlin (Tara Mitchell), Theresa Saldana (Rhonda), Trinidad Silva (Tito), Suzanne Snyder (Lisa), Morgan Lofting (Mom), Gwil Richards (Dad), Chris Hebert (Bruder), Michael Greene (Captain Mitchell)

»Eine verrückte Reise durch die Nacht«

Drehbuch: Gregory Scherick, Thom Eberhardt
Kamera: Ron Garcia (Farbe)
Produktion: Martin Hornstein für Kings Road Entertainment, USA 1988
Verleih: -/-/-/Warner Home Video
Videostart: 18.5.1990
FSK: ab 12 J.
Länge: 85 Min.

Eigentlich sollte ja ein schmucker Schulabschlußball mit einer passenden Traumfrau auf dem Abendprogramm stehen. Doch dann wacht Keanu Reeves in der Rolle des Ver(w)irrten in einer Gosse auf und erst nach und nach kommt die Erinnerung zurück. Doch was geschah, und wo ist seine Begleitung geblieben? Alberner und müder Abklatsch von Scorseses »Zeit nach Mitternacht«. *tips*

Via Appia 1020

***
16 mm

Regie: Jochen Hick
Darsteller: Peter Senner (Frank), Guilherme de Padua (José), Yves Jansen (Regisseur), Margarita Schmidt (Lucia), José Carlos Berenguer (Sergio), Gustavo Motta (Ulieno), Luiz Kleber (Mario)
Drehbuch: Jochen Hick
Kamera: Peter-Christian Neumann (Farbe)
Musik: Charly Schöppmer
Schnitt: Claudia Vogeler
Produktion: Norbert Friedländer für Friedländer Filmprod. für ZDF, BRD 1989
Verleih: Edition Salzgeber/-/-
UA: 27.1.1990, Max-Ophüls-Preis, Saarbrücken
EA: 21.8.1990, ZDF
Kinostart: Oktober 1990
Länge: 90 Min.

Wie ein Täter kehrt er an die Orte des Geschehens zurück. Der ehemalige Steward Frank reist, von Krankheit gezeichnet, mit einem befreundeten Regisseur und dessen Kamerateam nach Rio. Er geht diese Strapaze ein, um sich filmen zu lassen bei der Suche nach den Spuren jener Nacht, die er mit Mario verbracht hatte und deren Folgen morgens auf dem Badezimmerspiegel zu lesen waren: Welcome to the AIDS Club. Von dem jungen Brasilianer blieb nur ein Foto, mit dem Frank nun die einschlägigen Plätze der Schwulenszene, Motels, Saunaclubs, die »Galeria Alaska« oder die »Via Appia«, durchstreift. Der attraktive José entbietet dort seine Dienste und wird in die Suchaktion, beziehungsweise in deren Inszenierung, einbezogen. Er verkörpert eine Lebenskraft, deren Frank in seinem Tun auf verzweifelt banale Weise habhaft werden will.

Die 4 Millionen Dollar Jagd 1021

THE MILLION DOLLAR MYSTERY ***
Video

Regie: Richard Fleischer
Darsteller: Eddie Deezen (Rollie), Wendy Sherman (Lollie), Rick Overton (Stuart Briggs), Mona Lyden (Barbara Briggs), Douglas Emerson (Howie Briggs), Royce D. Applegate (Tugger), Pam Matteson (Dotty), Daniel McDonald (Crush), Penny Baker (Charity), Tawny Feré (Faith), LaGena Hart (Hope), Tom Bosley
Drehbuch: Tim Metcalfe, Miguel Tejada-Flores, Rudy de Luca
Kamera: Jack Cardiff (Technicolor)
Musik: Al Gorgoni
Schnitt: John W. Wheeler
Produktion: Stephen F. Kesten für DEG, USA 1987
Verleih: -/-/-/Vestron Video

Videostart: Januar 90
FSK: ab 6 J.
Länge: 95 Min.

Ein hochbeamteter Schieber aus dem Weißen Haus hat vier Millionen Dollar mitgehen lassen, er befindet sich auf der Flucht und landet irgendwo in einem Coffee-Shop in der Wüste. Ein Herzinfarkt setzt dem Leben des ehemaligen Beamten ein Ende, zuvor jedoch vertraut er der kleinen Zufallsgemeinde um sich herum noch sein kostbares Geheimnis an. Die Jagd auf vier wertvolle Koffer kann beginnen. Eine hinreißende Klamotte mit hierzulande weitgehend unbekannten Gesichtern, die an den Komödien-Klassiker »Eine total, total, total verrückte Welt« von Stanley Kramer aus dem Jahre 1962 erinnert. *tip*

Villa Orchidee 1022

VILA ORHIDEJA ****

Regie: Kreso Golik
Darsteller: Rene Medvesek, Gordana Gadzic, Gala Videnovic, Zlatko Crnkovic, Neva Rosic, Boriz Cavazza, Josip Marotti, Relja Basic, Vlatko Dulic, Jovan Licina, Mirko Vojkovic
Drehbuch: Ruza Jurkovic, Kreso Golik
Kamera: Davorin Gecl (Farbe)
Musik: Zivan Cvitkovic
Produktion: Croatia Film/Smart Egg Pic./Art Film 80, Jugoslawien 1988
Verleih: Progreß/-/-
Kinostart: 8.6.1990
FSK: ab 14 J.
Länge: 95 Min.

Jugoslawien um 1930. Der junge Schriftsteller Boris sucht die Plätze seiner Kindheit auf. Erinnerungen werden wach an Julia, die schöne Nachbarstochter aus der Villa Orchidee. Über ihren Verbleib gibt es nur Gerüchte. Magisch angezogen fühlt sich Boris von der Villa; er glaubt, das Geheimnis hinter den verfallenen Mauern ergründen zu können.

Vincent und Theo 1023

VINCENT AND THEO ****

Regie: Robert Altman
Darsteller: Tim Roth (Vincent van Gogh), Paul Rhys (Theo van Gogh), Jip Wijngaarden (Sien Hoornik), Johanna Ter Steege (Jo Bonger), Wladimir Yordanoff (Paul Gauguin), Jean-Pierre Cassel (Dr. Paul Gachet), Bernadette Giraud (Marguerite Gachet), Adrian Brine, Jean-

Tim Roth in dem Film zum 100. Todestag Vincent van Goghs: »Vincent und Theo« von Robert Altman

François Perrier, Vincent Vallier, Hans Kesting, Anne Canovas, Feodor Atkine
Drehbuch: Julian Mitchell
Kamera: Jean Lepine (Eastmancolor)
Musik: Gabriel Yared
Schnitt: Françoise Coispeau, Geraldine Peroni
Produktion: Ludi Boeken für Belbo Films/Central Films/La Sept/Telepool/RAI Uno/Vara/Sofica Valor, GB/Frankreich 1990
Verleih: Nef 2/Nef 2/Filmcooperative
Kinostart: 3.5.1990
FSK: ab 12, ffr. – *FBW:* Wertvoll
Länge: 139 Min.

US-Regisseur Robert Altman hat auf eine konventionelle Künstlerbiografie verzichtet und das komplexe, symbiotische Verhältnis der Brüder Vincent und Theo van Gogh in den Mittelpunkt gerückt. Bei allen äußeren Unterschieden verband den erfolgreichen Kunsthändler Theo mit seinem verkannten, sich für sein Werk aufopfernden Bruder eine tiefe seelische Verwandtschaft. Das mit hervorragenden Schauspielern besetzte, intime Kammerspiel nähert sich dem Phänomen van Gogh - ohne Geniekult und Heiligenverehrung - über eine psychologisch überzeugend herausgearbeitete Bruderbeziehung.

Zoom

Peter Dittmar in: Die Welt, 11.5.90; Fritz Göttler in: SZ, 5.5.90; Peter W. Jansen in: tip, 9/90; Carla Rhode in: Der Tagesspiegel, 4.5.90; Wilfried Wiegand in: FAZ, 5.5.90

Vineyard 1024

THE VINEYARD *

Video

Regie: Bill Rice, James Hong
Darsteller: James Hong, Karen Witter, Michael Wong
Drehbuch: James Hong
Kamera: John Dirlam (Farbe)
Produktion: Harry Mok, Jim Vilona für Northstar Entertainment/Vineyard Partners, USA 1989
Verleih: -/-/-/New Vision Video
Videostart: 12.2.1990
FSK: nicht unter 18 J.
Länge: 90 Min.

Ein unsterblicher, mit heidnischem Zauberamulett bewehrter Magier lockt eine Gruppe junger Schauspieler zu Opferzwecken auf seine Insel. Wenn einem schon nichts Neues einfällt, kann man wenigstens soviel Altes wie möglich zu einer wirren Story zusammenrühren und sich mit gequält selbstironischem Touch einreden, daß man es eigentlich viel besser kann.

The Visitors 1025

BESÖKARNA **

Video

Regie: Joakim Ersgard
Darsteller: Kjell Bergqvist (Frank), Lena Endre (Sara), Joanna Berglund (Lotta), Jonas Olsson (Peter), Johannes Brost (Allan), Patrik Ersgard (Briefträger), Bernt Lundquist (Sheriff)
Drehbuch: Joakim Ersgard, Patrik Ersgard
Kamera: Hans-Ake Lerin (Eastmancolor)
Musik: Peter Wallin
Schnitt: Martin Jordan
Produktion: Hakan Ersgard für MVM Entertainment, Schweden 1988
Verleih: -/-/-/VPS Video
Videostart: 21.6.1990
FSK: ab 16 J.
Länge: 104 (98) Min.

Die Ehe eines Werbefachmanns droht auseinanderzubrechen, als er sich nach mehreren unerklärlichen Phänomenen auf die Ansicht versteift, daß ein Poltergeist im neuen Familienhaus sein Unwesen treibt. Das übliche Horrorplädoyer für die Meriten einer intakten Familie, streng nach den biederen Prinzipien des Hooper/Spielberg-Originals gedreht.

Ein Vogel auf dem Drahtseil 1026

BIRD ON A WIRE ***

Regie: John Badham
Darsteller: Mel Gibson (Rick Jarmin), Goldie Hawn (Marianne Graves), David Carradine (Sorenson), Bill Duke (Diggs), Joan Severance (Rachel Varney), Stephen Tobolowsky (Joe Weyburn), Harry Caesar (Marvin), Jeff Corey (Lou Baird), Alex Bruhanski (Raun), John Pyper-Ferguson, Clyde Kusatsu
Drehbuch: David Seltzer, Louis Venosta & Eric Lerner, nach einer Story von Louis Venosta & Eric Lerner

Sturzflug. Mel Gibson und Goldie Hawn in »Ein Vogel auf dem Drahtseil«.

Kamera: Robert Primes (Deluxe Color)
Musik: Hans Zimmer, Titelsong von The Neville Brothers
Schnitt: Frank Morriss, Dallas Puett
Produktion: Rob Cohen für Badham/Cohen Interscope Communications, USA 1990
Verleih: UIP/UIP/UIP
UA: 18.5.1990, New York
Kinostart: 6.9.1990
FSK: ab 12, ffr. – *FBW:* Wertvoll
Länge: 111 Min.

Ein Kronzeuge in einem Prozeß gegen Rauschgiftgangster, der seitdem ständig unter falschen Namen lebt, sieht sich nach 15 Jahren von diesen bedroht. Seine Ängste und Gefahren teilt eine Anwältin, eine ehemalige Geliebte, die er nach langer Zeit wieder trifft. Rasanter Kriminalfilm, der seine Action allerdings so aufputscht, daß sie schon wieder an Spannung verliert. *multimedia*

(...) Obwohl das Gerenne im Zoo endet und die Schufte teils von Löwen, teils von Piranhas gefressen werden, obwohl also relativ unterhaltsame Todesarten mit Goldie Hawns Gekreisch verbunden sind, ist der alberne Abenteuerkrawall nur ein dürftiger Zeitvertreib. *Ponkie, AZ*

Elke Frick in: FR, 7.9.90; Otto Heuer in: Rheinische Post, 7.9.90; Andreas Obst in: FAZ, 8.9.90; Claudius Seidl in: SZ, 10.9.90; Anke Sterneborg in: Der Tagesspiegel, 9.9.90

Der Vollstrecker aus dem All

Siehe »Alienator - Der Vollstrecker aus dem All«

Von Bullen aufs Kreuz gelegt 1027

AN INNOCENT MAN ***

Regie: Peter Yates
Darsteller: Tom Selleck (Jimmie Rainwood), F. Murray Abraham (Virgil Cane), Laila Robins (Kate Rainwood), David Rasche (Mike Parnell), Richard Young (Danny Scalise), Badja Djola (John Fitzgerald), Todd Graff (Robby), M.C. Gainey, Peter van Norden
Drehbuch: Larry Brothers
Kamera: William A. Fraker (Technicolor)
Musik: Howard Shore
Schnitt: Stephen A. Rotter, William S. Scharf
Produktion: Ted Field, Robert W. Cort für Touchstone/Silver Screen Partners IV, USA 1989
Verleih: Warner Bros./dto./dto./Warner Home Video
Kinostart: 19.4.1990
FSK: ab 16, nffr.
Länge: 113 Min.

Ein von zwei korrupten Polizisten zusammengeschossener und dann des Drogenbesitzes bezichtigter un-

Tom Selleck in »Von Bullen aufs Kreuz gelegt«.

bescholtener Bürger landet unschuldig im Gefängnis, wo er selbst ungestraft zum Mörder wird. Nach seiner Entlassung rächt er sich an den beiden Cops. Im Fernseh-Serien-Stil inszenierte Spannungsgeschichte, die sich wenig um die Charaktere ihrer Figuren kümmert und ganz auf äußere Action setzt. Das schauspielerische Unvermögen Tom Sellecks verstärkt noch die Oberflächlichkeit von Buch und Regie. *Zoom*

Lars-Olav Beier in: tip, 8/90; Arthur Dent in: Prinz, 4/90; Frauke Hanck in: Die Welt, 23.5.90; Andreas Obst in: FAZ, 28.4.90; Milan Pavlovic in: Kölner Stadt-Anzeiger, 28.4.90

Von Generation zu Generation 1028

PRODLENIJE RODA ***

Regie: Igor Maslennikow
Darsteller: Jelena Safonowa (Restauratorin), Igor Agejwe (Bylin), Waleri Prijomychow (Restaurator), Konstantin Worobjow (Rytschkow), Fjodor Odinokow, Nikolai Trofimow, Waldimir Iwantschin
Drehbuch: Sergej Alexejew, Wladimir Waluzki
Kamera: Waleri Mjulgaut (Farbe)
Musik: Wladimir Daschkewitsch
Produktion: Lenfilm, UdSSR 1988
Verleih: Progreß/-/-
Kinostart: 16.2.1990
Länge: 88 Min.

Jagdflugzeuge dröhnen im Tiefflug über die Preobrashenski-Kathedrale hinweg. Drei Wissenschaftler bemühen sich um das aus dem 12. Jahrhundert stammende, ernstlich bedrohte Kulturdenkmal. Als eine Armee-Einheit erscheint, um das Kloster endgültig zu annektieren, entbrennt ein Kampf, der vor allem zwischen Historikerin Olga und dem Hauptmann Sergej Nikolajewitsch geführt wird. *Kino DDR*

Der Voodoo-Fluch 1029

SCARED STIFF **

Video

Regie: Richard Friedman
Darsteller: David Ramsey (Masterson), Nicole Fortier (Elizabeth), Andrew Stevens (David Young), Mary Page Keller (Kate Kristopher), Josh Segal (Jason), Jackie David (Det. Whitecomb), William M. Hindman (Dr. Brightman)
Drehbuch: Mark Frost, Richard Friedman
Kamera: Yuri Denysenko
Musik: The Barber Brothers
Schnitt: Nick G. Stagliano
Produktion: Daniel F. Bacaner für Fremont Group, USA 1987
Verleih: -/-/-/CBS-Fox Video
Videostart: 12.11.1990
FSK: nicht unter 18 J.
Länge: 81 Min.

Ein afrikanischer Fluch verwandelt einen Nervenarzt in eine mörderische Bestie; der Freundin des Arztes gelingt es indes, das seinerzeit zerbrochene Schutzamulett wieder rechtzeitig zusammenzusetzen. Die Sparsamkeit der Effekte überträgt sich allzurasch auf die Handlung.

Der VW-Komplex 1030

***

Regie: Hartmut Bitomsky
Drehbuch: Hartmut Bitomsky
Kamera: Axel Block (Farbe)
Schnitt: Hartmut Bitomsky
Produktion: Big Sky/FAS-Film/WDR/ La Sept, BRD 1989
Verleih: Ex picturis/-/-
UA: 14.2.1990, Int. Forum des Jungen Films bei der Berlinale
Kinostart: 27.9.1990
Sendetermin: 24.1.1991, ARD, 23.00 Uhr
Länge: 93 Min.
FBW: Wertvoll

Der Film rekonstruiert die Geschichte des VW-Werkes und dokumentiert zugleich die Entstehungsgeschichte eines Autos. Dies ist jedoch nicht nur ein Film über Autos: auf den blankpolierten Karosserien und dem blitzenden Chrom spiegelt sich stets deutsche Geschichte. Leider lenkt Bitomsky durch einige bedeutungsschwere Sätze, die die Tragfähigkeit der Bilder auf eine harte Bewährungsprobe stellen, etwas von seiner ertragreichen Spurensuche ab. Doch das ist nur ein leichter Blechschaden. *Lars-Olav Beier, tip*

Jochen Metzner in: Der Tagesspiegel, 19.4.90

W

Waffenbrüder 1031

L'UNION SACREE ***

Regie: Alexandre Arcady
Darsteller: Richard Berry (Karim Hamida), Patrick Bruel (Simon Atlan), Said Amadis (Radjani), Corinne Dacla (Lisa), Bruno Cremer (Joulin), Claude Brasseur (Revers), Marthe Villalonga (Blanche Atlan), Hammou Graia, Amidou, Michel Albertini
Drehbuch: Daniel Saint-Hamont, Alexandre Arcady, Pierre Aknine
Kamera: Robert Alazraki (Eastmancolor)
Musik: Jean-Jacques Goldman, Roland Romanetti
Schnitt: Joelle van Effenterre
Produktion: Alexandre Arcady für Alexandre Films/SGGC/FR3, Frankreich 1989
Verleih: Prokino/top-film/Rialto/Ascot Video
Kinostart: 2.8.1990
FSK: ab 18, ffr.
Länge: 110 Min.

Zwei Polizisten in Paris - der eine ist Jude, der andere arabischer Herkunft - bilden unfreiwillig ein Team in der Drogenfahndung, raufen sich jedoch zusammen, um gemeinsam gegen die Terroranschläge blindwütender islamischer Fundamentalisten vorzugehen. Teilweise harter, gut gespielter Polizeifilm, der aktuelle Themen der

Richard Berry in »Waffenbrüder«.

französischen Realität als Aufhänger für seine Story nimmt, aber oberflächlich und letztlich chauvinistisch behandelt. *Zoom*

Michael Althen in: SZ, 14.8.90; Rolf Lenz in: Prinz, 8/90; Susanne Weingarten in: FAZ, 2.8.90

Eine Wahnsinnsehe 1032

***

16 mm

Regie: Sönke Wortmann
Darsteller: Barbara Auer (Jana), Thomas Heinze (Till), Heinrich Schafmeister (Strubel), Katharina Müller-Elmau (Sabine), Jan-Paul Biczycki (Edgar Vierling), Barbara Lass (Herta Vierling), Thomas Schulte-Michels (Professor März), Ulrike Kriener (Claudia März), Raidar Müller-Elmau, Andreas Borcherding, Robert Giggenbach, Christoph Mainusch, Thorsten Krohn, Franz Rampelmann
Drehbuch: Karlheinz Freynik
Kamera: Rolf Paulerberg (Farbe)
Musik: Rolf G. Wehmeier
Schnitt: Wolfgang Raabe
Produktion: Harald Kügler für Olga Film im Auftrag des ZDF, BRD 1990
EA: Internationale Hofer Filmtage 1990
Sendetermin: 12.11.1990, ZDF, 19.30 Uhr
Länge: 97 Min.

»Eine Wahnsinnsehe« hat den Polizisten Till dahin gebracht, wo er heute ist: in eine Nervenklinik. Die rasante Komödie erregte auf den diesjährigen Hofer Filmtagen großes Aufsehen. »Brüllend komisch«, freute sich AZ-Kritikerin Angie Dullinger.
Begegnet sind sich die beiden 1968 bei einer Demo in München: Till, der schüchterne Polizist, Jana, die verwöhnte, modisch-linke Tochter aus gutem Hause. Sie heiraten, und Till versucht, seinen (zeit-)geistigen Rückstand aufzuholen. Doch er schafft es nicht: Kaum wird Till Kommunist, ist sie Freudianerin, gerade beginnt er seine Analyse, schon zieht es Jana nach Poonah... *AZ*

Hans-Dieter Seidel in: FAZ, 12.11.90

Eine Wahnsinnsfamilie 1033
PARENTHOOD ***

Regie: Ron Howard
Darsteller: Steve Martin (Gil), Mary Steenburgen (Karen), Dianne Wiest (Helen), Jason Robards (Frank), Rick Moranis (Nathan), Tom Hulce (Lary), Martha Plimpton, Keanu Reeves, Harley Jane Kozak, Dennis Dugan, Leaf Phoenix, Eileen Ryan, Helen Shaw, Jason Fisher, Paul Kinke
Drehbuch: Lowell Ganz & Babaloo Mandel, nach einer Story von L. Ganz, B. Mandel und Ron Howard
Kamera: Donald McAlpine (Deluxe Color)
Musik: Randy Newman
Schnitt: Michael Hill, Daniel Hanley
Produktion: Brian Grazer für Imagine Ent., USA 1989
Verleih: UIP/UIP/UIP
Kinostart: 7.6.1990
FSK: ab 12, ffr.
Länge: 124 Min.

Der Film heißt im Original »Parenthood«, Elternschaft, und ist die typische komisch-tragisch-melancholische Mischung des neuen US-Familienkintopps. Drei kinderreiche Familien krebsen lärmend durcheinander, drei Generationen teilen Freud und Leid. Ein imponierendes Staraufgebot und quirlige Gefühligkeit appellieren spürbar an ein älteres Publikum. *Wolf Donner, tip*

Elke Frick in: FR, 7.6.90; H.G. Pflaum in: SZ, 12.6.90; Jürgen Richter in: FAZ, 9.6.90; Horst Wegener in: Prinz, 6/90; Rudolf Worscheck in: epd Film, 6/90

Jason Robards und Steve Martin in »Eine Wahnsinnsfamilie«.

Wahre Liebe 1034
***

Regie: Kitty Kino
Darsteller: Wookie Mayer, August Zirner, Helmut Zierl, Sabine Berg, Anita Kolbert
Drehbuch: Reinhard Meirer, Kitty Kino
Kamera: Walter Kindler (Farbe)
Musik: Freddy Gigele
Produktion: Wega/Julian R. Film, Österreich/BRD 1990
Verleih: -/Wega/-
Kinostart: 16.11.1990
Länge: 99 Min.

Eine kurze, zufällige Begegnung zweier Menschen führt nicht zum von ihnen gesuchten Happy-End, sie arrangieren sich vielmehr in ihren bestehenden Beziehungen. Da der Film nur wenig Witz und Ironie aufbringt, geraten seine menschlichen Beziehungen mehr zu konventioneller Banalität. *multimedia*

Der Waldhauptmann 1035
AZ ERDO KAPITANYA ***

Regie: Attila Dargay
Drehbuch: József Nepp, Attila Dargay
Kamera: Irén Henrik (Farbe)
Musik: Zsolt Pethö
Produktion: Pannonia Film, Ungarn 1988
Verleih: Progreß/-/-
Kinostart: 13.7.1990
Länge: 73 Min.

Aktionsreich und turbulent geht es in diesem abendfüllenden Zeichentrickfilm aus Ungarn zu.
Regisseur Attila Dargay, bekannt durch »Matyi, der Gänsejunge«, »Vuk - aus dem Leben eines Fuchses« sowie »Saffi und der Zigeunerbaron«, erzählt in seinem jüngsten Film »Der Waldhauptmann« mit ebenso anmutig wie lustig gestalteten Figuren eine Geschichte, die ausschließlich in der Tierwelt spielt: Der schon recht betagte Hund, der Hauptmann der Miliz, will den großen Zero endlich hinter Gitter bringen.
Denn dieser raffinierte und skrupellose Bösewicht plant die größte Gaunerei des Jahrhunderts. *Kino DDR*

Wale im August 1036

THE WHALES OF AUGUST ***

TV

Regie: Lindsay Anderson
Darsteller: Bette Davis (Libby Strong), Lillian Gish (Sarah Webber), Vincent Price (Mr. Maranow), Ann Sothern (Tisha Doughty), Harry Carey jr. (Joshua Brackett), Frank Grimes (Mr. Beckwith), Frank Pitkin, Mike Bush, Margaret Ladd, Tisha Sterling, Mary Steenburgen
Drehbuch: David Berry, nach seinem gleichn. Theaterstück
Kamera: Mike Fash (Farbe und s/w)
Musik: Alan Price
Schnitt: Nicolas Gaster
Produktion: Carolyn Pfeiffer, Mike Kaplan für Circle Ass. mit Nelson Ent., USA 1987
UA: Int. Filmfestspiele Cannes 1987 (außer Wettbewerb)
Sendetermin: 15.4.1990, ZDF, 21.40 Uhr
Länge: 90 Min.

Hier ist geziemende Ehrerbietung am Platze: Auch wenn es in dem amerikanischen Wehmutfilm im Grunde nur darum geht, daß zwei alte Schwestern im Sommerhaus am Meer zusammenhausen und die eine die andere schikaniert, so ist doch dabei ein sehenswerter Greisenclub am Werk. Bette Davis (79) als erblindete Giftzahn-Lady und hypochondrisches Salonkrokodil, Lillian Gish (91) als gutmütiges Hausputz-Aschenputtel, zart und zäh, Ann Sothern als Nachbars dicke Neugier-Nase, Vincent Prince als russischer Großfürst-Emigrant, verarmt, aber mit Zarenhof-Grandezza, und Harry Carey jr. als Trampelhandwerker, da muß man einfach zuschauen trotz Mondschein-Leerlauf. *Ponkie, AZ*

Andreas Obst in: FAZ, 17.4.90; Andreas Wilink in: Westdeutsche Zeitung, 17.4.90

Wallstreet Woman 1037

HIGH FINANCE WOMAN *

Video

Regie: Joe D'Amato
Darsteller: Tara Buckman, Charlie Edwards, Dan Smith, Paul van Gent, Julia Howard, Louie Elias
Drehbuch: Daniel Davis
Kamera: Frederico Slonisco (Farbe)
Musik: Piero Montanari
Produktion: Filmirage, USA/Italien 1989
Verleih: -/-/-/Ascot Video
Videostart: 10.12.1990
FSK: ab 16 J.
Länge: 89 Min.

Eine sexuell recht aktive Börsenmaklerin sieht sich unter Mordverdacht, als der Vater ihres neuen Freundes eines mysteriösen Todes stirbt. Banaler Thriller aus der Rip-Off-Fabrik Joe d'Amatos, mit den üblichen kleinbürgerlichen Vorstellungen von Luxus und Erotik.

Warte bis zum Frühling, Bandini 1038

WAIT UNTIL SPRING, BANDINI ***

Regie: Dominique Deruddere
Darsteller: Joe Mantegna (Svevo Bandini), Ornella Muti (Maria Bandini), Faye Dunaway (Effi Hildegarde), Michael Bacall (Arturo Bandini), Daniel Wilson (August Bandini), Alex Vincent (Federico Bandini), Burt Young (Rocco Saccone), Tanya Lopert (Schwester Celia), Renata Vanni, Sean Baca, Nathalie Gregory, François Beukelaers, Josse de Pauw

Faye Dunaway in »Warte bis zum Frühling, Bandini«.

Drehbuch: Dominique Deruddere, nach dem Roman »Hau ab, Bandini« von John Fante
Kamera: Jean-François Robin (Eastmancolor)
Musik: Angelo Badalamenti; Themamusik »Sant' America« von Paolo Conte
Schnitt: Ludo Troch
Produktion: Erwin Provoost, Tom Luddy, Fred Roos für Dusk-CFC-Zoetrope Studios Prod. mit Intermedias/Basic Cinematografica, Belgien/Frankreich/Italien/USA 1989
Verleih: Concorde/-/Citel/Concorde Video
UA: 14.10.1989, Film Festival Gent
Kinostart: 29.11.1990
FSK: ab 12, ffr.
Länge: 100 Min.
FBW: Wertvoll

Nach seinem reichlich überschätzten, auf Bukowski basierenden Debüt »Crazy Love« durfte der junge Belgier Deruddere gleich mit großer Kelle anrichten. Produzent Coppola ermöglichte ihm, seine Dreiecksgeschichte mit Ornella Muti, Faye Dunaway und Joe Mantegna zu drehen. Erzählt wird aus der Perspektive eines kleinen Jungen, der nach etlichen Hindernissen schließlich die Ehe seiner Eltern rettet. Nett, nostalgisch, schön fotografiert und unbeholfen inszeniert. *Zoom*

Der Film kommt daher wie ein leises Musikstück. Seine schlichte und unspektakuläre Geschichte einer italienischen Immigrantenfamilie im Amerika des Jahres 1952 arrangiert der belgische Regisseur zu einem Kino der Blicke und Gesten. Ein im besten Sinne altmodischer Film, in dem das Entdecken kleiner Details zum großen Abenteuer wird.

Frank Schnelle, tip

Bodo Fründt in: SZ, 8.12.90; Peter Körte in: FR, 7.12.90; Rainer Nolden in: Die Welt, 29.11.90; Andreas Obst in: FAZ, 6.12.90; Ponkie in: AZ, 6.12.90; Anke Sterneborg in: Der Tagesspiegel, 6.12.90

Warum? 1039
PROC? ***

Regie: Karel Smyczek
Darsteller: Jiri Langmajer (Jirka), Jan Potmesil (Milan), Pavlina Mourkova (Marie), Martin Dejdar (Sury), Pavel Zvaric (Petr), Marketa Zmozkova (Julca)
Drehbuch: Radek John, Karel Smyczek
Kamera: Jaroslav Brabec (Farbe)
Musik: Michal Pavlicek
Schnitt: Jan Svoboda
Produktion: Barrandov-Filmstudio, CSSR 1987
Verleih: Matthias-Film (16mm)
EA: Filmfest München 1990
Kinostart: Okt. 1990
FSK: ab 16, ffr.
Länge: 83 Min.

Juni 1985. Nicht lange nach den blutigen Krawallen in den Fußballstadien in Brüssel und Kiew fahren Fans des tschechischen Fußballklubs Sparta im Zug zum wichtigsten Spiel der Saison. Unter dem Einfluß von Alkohol schlägt die Euphorie der Schlachtenbummler in Gewalt und Brutalität um. Die Abteile werden verwüstet, Fahrgäste flüchten aus dem Waggon, und eine Schaffnerin wird fast aus dem fahrenden Zug geworfen. Auf der 600 Kilometer langen Strecke beherrschen die Rowdies den Zug, bis sie an der Endstation von der Polizei empfangen werden. Die anschließende Gerichtsverhandlung stößt in der Öffentlichkeit auf starkes Interesse.

Bernt Lindner in: Kinder Jugend Film Korrespondenz.

Warum Bodhi-Dharma in den Orient aufbrach? 1039a
DHARMAGA TONGJOGURO KAN KKADALGUN? ****

Regie: Yong-Kyun Bae
Darsteller: Pan-Yong Yi (Hyegok), Won-Sop Sin (Kibong), Hae-Jin Huang (Haejin), Su-Myong Ko, Hae-Yong Kim
Drehbuch: Yong-Kyun Bae
Kamera, Schnitt: Yong-Kyun Bae
Musik: Kyu-Young Chin
Produktion: Yong-Kyun Bae, Südkorea 1989
Verleih: Pandora/Filmhaus Stöbergasse/Trigon
Kinostart: 25.10.1990
Länge: 137 Min.
EA: Int. Filmfestival Locarno 1989
Originalfassung mit deutschen Untertiteln. »Goldener Leopard«, »Preis der Internationalen Filmkritik«, »Preis der internationalen

»Warum Bodhi-Dharma in den Orient aufbrach?«

Ökumenischen Jury«, »Preis der Jugend« beim Int. Filmfestival von Locarno, 1989.

In einem buddhistischen Kloster, das in der Abgeschiedenheit eines Bergwaldes liegt, leben ein alter Zen-Meister, sein Schüler und ein heranwachsender Waisenknabe. Die drei – sie können für die drei Lebensalter des Menschen stehen – befinden sich auf verschiedenen Stufen der Wahrheits- und Sinnsuche, inmitten einer beherrschenden Natur mit ihren Elementen Wasser, Feuer, Luft und Erde. In achtjähriger Arbeit geschaffenes, ästhetisch packendes Werk, das die Erfahrung einer spirituellen Suche nach innerer Harmonie vermittelt. *Zoom*

Marli Feldvoss in: FAZ, 2.11.90; Heiko Küffner in: SZ, 26.10.90; Heike Kühn in: FR, 1.11.90; Kai Niemeyer in: AZ, 25.10.90; Ralph Umhard in: tip, 22.10.90

Was wird aus mir... 1040

***

Regie: Gitta Nickel
Drehbuch: Wolfgang Schwarze, Gitta Nickel
Kamera: Niko Pawloff, Werner Heydn (Farbe)
Musik: Silly
Schnitt: Edeltraud Theurig
Produktion: Gerhard Knopfe, Uwe-K. Schade für Defa-Studio, Gruppe »effekt«, DDR 1989
Verleih: Progreß/-/-
Kinostart: Januar 1990
Länge: 88 Min.

Ein abendfüllender Dokumentarfilm über arbeitslose Jugendliche, junge arbeitslose Lehrer und Künstler aus Katernberg/Essen im Ruhrgebiet. Gemeinsam haben sie im Rahmen einer »ABM« (Arbeitsbeschaffungsmaßnahme, die von den Arbeitsämtern finanziert wird) ein Stadtteilkunst-Projekt entwickelt. Der Film entstand vor den Oktoberereignissen, im Frühjahr 1989. Aus einer konfliktbeladenen Gesellschaft kommend, interessieren sich die Dokumentaristen für die Realitäten arbeitsloser junger Bürger in einem der reichsten Länder der Erde, der Bundesrepublik Deutschland, in die so viele von uns gegangen sind. *Kino DDR*

Es war einmal... Harald Kempe vor der Mauer in »Wedding«.

Water and Power — 1041

WATER AND POWER

****

Regie: Pat O'Neill
Darsteller: Joel Loriman, Beth Block, George Lockwood
Kamera: Pat O'Neill (Farbe)
Musik: John Bergamo, Greg Johnson, Robert Lloyd, Kurt Festinger, Vivian Miller
Schnitt: Pat O'Neill
Produktion: Pat O'Neill, USA 1989
Verleih: Freunde der Deutschen Kinemathek/-/-
EA: 10.2.1990, Int. Forum des jungen Films
Kinostart: Mai 1990
Länge: 60 Min.
Originalfassung

Ein Film, der den Assoziationen des Zuschauers gehört: In und um Los Angeles gefilmt, sieht man im Zeitraffer die Interaktion von Menschen, Landschaft und Technik. Zwischentitel und Ausschnitte aus Stummfilmen machen diesen Film zu einer Hommage an Hollywood. Ein Film, in dem jeder seine eigenen Träume realisieren kann. Ein Film für die Imagination.
André Simonoviescz, tip

Sabine Carbon in: Der Tagesspiegel, 20.2.90

Wedding — 1042

****

Regie: Heiko Schier
Darsteller: Angela Schmid-Burgk (Susanne), Roger Hübner (Markus), Harald Kempe (Sulawski), Heino Ferch (Klaus), Wolfgang Bathke (Korn), Paul Wenning (Buchhalter), Eberhard Prüter, Isot Lang, Inge Herbrecht, Hans-Walter Klein, Peter Schmode
Drehbuch: Heiko Schier
Kamera: Jörg Jeshel (Farbe)
Musik: Piet Klocke
Schnitt: Karin Nowarra
Produktion: Joachim von Vietinghoff für Metropolis Film, BRD 1989
Verleih: Delta/Elmo/-
UA: Int. Hofer Filmtage 1989
EA: 25.1.1990, Max-Ophüls-Preis, Saarbrücken
Kinostart: 1.2.1990
FSK: ab 16, ffr.
Länge: 86 Min.
FBW: Wertvoll

Der Film ist keine Dokumentation über repräsentative Protagonisten eines Nordberliner Problembezirks. Die sympathische Tragikomödie erzählt von einem Tag aus dem Leben dreier Freunde, die sich nach Jahren wieder treffen und dabei für wenige Stunden die konkrete Utopie von einer gemeinsamen Zukunft erleben. Schiers erster Film fürs Kino ist vor allem ein Film für die Schauspieler Roger Hübner, Harald Kempe und Angela Schmid-Burgk, die ihre Talentprobe mit Bravour bestehen.

Alfred Holighaus, tip

Knut Hickethier in: epd Film, 3/90; Ponkie in: AZ, 12.4.90

Wehr dich, Dakota 1043

DAKOTA

**

Video

Regie: Fred Holmes
Darsteller: Lou Diamond Phillips (Dakota), Eli Cummins (Walt), DeeDee Norton (Molly), Jordan Burton (Casey), Steven Ruge (Bo), John Hawkes (Rooster), Tom Campitelli (Rob), Herta Ware (Tante Zard), Lawrence Montaigne (Diamond)
Drehbuch: Lynn Kuntz, Darryl J. Kuntz
Kamera: Jim Wrenn (Farbe)
Musik: Chris Christian
Schnitt: Leon Seith
Produktion: Darryl J. Kuntz, Frank J. Kuntz für Kuntz Bros., USA 1988
Verleih: -/-/-/RCA-Columbia Video
Videostart: 4.9.1990
FSK: ab 6 J.
Länge: 97 Min.

Der junge Dakota fährt mit seiner Maschine quer durch Amerika, auf der Flucht vor sich selbst und seiner Vergangenheit. Durch Zufall verschlägt es ihn auf eine Pferdefarm. Dort lebt und arbeitet er wie ein Mitglied der Familie. Doch selbst hier merkt er, daß er vor den vergangenen Ereignissen nicht weglaufen kann und stellt sich wie ein richtiger Mann dem Problem. Ein schön anzusehender Film mit einer schlimmen antiquierten Moral, die man nicht mal erwägen sollte, geschweige denn ernst nehmen.

tips

Weiningers Nacht 1044

****

Regie: Paulus Manker
Darsteller: Paulus Manker (Otto Weininger), Josefin Platt (Ottos Double), Sieghardt Rupp (Leopold, sein Vater), Hilde Sochor (Adelaide, seine Mutter), Hermann Schmid (Tietz), Andrea Eckert (Clara), Peter Faerber (Berger), Otmar Klein
Drehbuch: Paulus Manker, nach dem Theaterstück »The Soul of a Jew« von Joshua Sobol
Kamera: Walter Kindler (Farbe)
Musik: Hansgeorg Koch
Schnitt: Ingrid Koller, Marie Homolkova
Produktion: Veit Heiduschka für Wega/Camera, Österreich/BRD 1989
Verleih: -/Stadtkino/-
EA: 13.2.1990, Int. Filmfestspiele Berlin, »Panorama«
Kinostart: 2.3.1990
Länge: 110 Min.

Österreichische Verfilmung des gleichnamigen Theaterstücks von Joshua Sobol, in dessen Mittelpunkt die Figur des jüdischen Philosophen und Schriftstellers Otto Weininger steht, der zum Protestantismus konvertierte, zum Antisemiten wurde und 1903 im Alter von nur 23 Jahren in Beethovens Sterbezimmer Selbstmord beging. Beachtlich vor allem die filmische Auflösung des spröden Stoffes sowie die Regieleistung und Hauptrollengestaltung von Paulus Manker.

multimedia

Anke Sterneborg in: Der Tagesspiegel, 16.2.90

Weiße Hochzeit 1045

NOCE BLANCHE

***

Regie: Jean-Claude Brisseau
Darsteller: Vanessa Paradis (Mathilde Tessier), Bruno Cremer (François Hainaut), Ludmila Mikael (Catherine Hainaut), François Negret (Carpentier), Jean Dasté (Hausmeister), Véronique Silver, Philippe Tuin, Benoit Muracciole
Drehbuch: Jean-Claude Brisseau
Kamera: Romain Winding (Farbe)
Musik: Jean Musy
Schnitt: Maria-Luisa Garcia
Produktion: Margaret Menegoz für Les Films du Losange/La Sept/La Sorcière Rouge/Soficas/Centre National de la Cinematographie, Frankreich 1989
Verleih: prokino/top-film/Sadfi
UA: 8.11.1989 Paris
Kinostart: 6.9.1990
FSK: ab 16, ffr. – *FBW:* Wertvoll
Länge: 92 Min.

Ein gestandener Philosophielehrer fördert eine hochbegabte, aber fahrige

Schülerin und läßt sich von ihr verführen.
An der unmöglichen Liebe zerbricht zuerst seine Ehe, zuletzt das auseinandergerissene Paar selbst.
Gedacht als Tragödie einer verbotenen Leidenschaft, bricht in der zunehmend melodramatischen Geschichte allzu unverblümt die Männerphantasie von der willigen Lolita durch, die Regisseur Jean-Claude Brisseau denn auch gehörig mystifiziert. *Zoom*

Lars-Olav Beier in: tip, 18/90; Annette Brauerhoch in: epd Film, 6/90; Anne Jüster in: Prinz, 9/90;

Weiße Wale 1046

SKYTTURNAR ****

TV

Regie: Fridrik Thór Fridriksson
Darsteller: Thorarinn Thorarinsson (Grimur), Eggert Gudmundsson (Bubbi), Harald G. Haraldsson, Karl Gudmundsson, Audur Jónsdóttir, Eggert Thorleifsson
Drehbuch: Einar Kárason, Fridrik Thór Fridriksson
Kamera: Ari Kristinsson (Farbe)
Musik: Hilmar Örn Hilmarsson, Bubbi Morthens, Sykurmolanir
Schnitt: Tómas Gislason, Jens Bidstrup
Produktion: Islenska Kvikmyndasamsteypan, Island 1987
Sendetermin: 7.3.1990, ZDF, 23.15 Uhr
Länge: 73 Min.

Mit »Weiße Wale« wird ein neues Beispiel aus Islands junger Kino-Produktion vorgestellt. Fridrik Thór Fridriksson debütierte 1987 mit dieser Geschichte um zwei Walfänger, die nach der Fangsaison nach Reykjavik zurückkehren.
Nun suchen sie Arbeit an Land – erfolglos. Als auch privat alles schiefläuft, ziehen Grimur und Bubbi auf einer Sauftour durch die Bars.
Völlig betrunken brechen sie in ein Waffengeschäft ein, klauen Gewehre und kommen bei einem blutigen Feuergefecht mit der Polizei ums Leben.

Birgit Amon, AZ

Christian Berger in: Stgt. Nachrichten, 9.3.90; Hans Scherer in: FAZ, 9.3.90

Weißer Jäger, schwarzes Herz 1047

WHITE HUNTER, BLACK HEART ***

Regie: Clint Eastwood
Darsteller: Clint Eastwood (John Wilson), Jeff Fahey (Pete Verrill), George Dzundza (Paul Landers), Alun Armstrong (Ralph Lockhart), Marisa Berenson (Kay Gibson), Timothy Spall (Hodkins), Mel Martin (Mrs. McGregor), Richard Vanstone (Phil Duncan), Jamie Koss (Mrs. Duncan), Catherine Neilson (Irene Saunders), Richard Warwick (Basil Fields), Boy Mathias Chuma, Geoffrey Hutchings, Christopher Fairbank, Norman Lumsden, Charlotte Cornwell
Drehbuch: Peter Viertel, James Bridges, Burt Kennedy, nach einer Novelle von Peter Viertel
Kamera: Jack N. Green (Technicolor)
Musik: Lennie Niehaus
Schnitt: Joel Cox
Produktion: Clint Eastwood für Malpaso/ Rastar Prod., USA 1990
Verleih: Warner Bros./dto./dto./Warner Home Video
UA: 13.3.1990, Int. Filmfestival Cannes
Kinostart: 24.5.1990
FSK: ab 12, ffr.
Länge: 112 Min.

Der Film dreht sich nicht, wie das Unternehmen verspricht, um die Dreharbeiten zu John Hustons »African Queen« mit Bogart/ Hepburn 1950, sondern um einen ruppigen, egozentrischen Regisseur, der sich nicht für seinen Film interessiert, sondern ums Verrecken einen Elefanten schießen will. Dirty Harry auf Hustons Spuren: Eastwood, seit Anfang der 80er zum bewunderten Cineasten gewandelt, verkündet eherne Wahrheiten über Hollywood, Autoren, Stars, das Leben und das Kino. Leider bleibt sein Film holprig, langwierig, redselig und wenig plausibel. *Wolf Donner, tip*

Für John Huston war die Filmwelt trotz zahlreicher Meisterwerke nur ein Teil des Lebens. Zeichnen, Trinken, Literatur, Spiel waren ihm zeitweise wichtiger als die Arbeit. Seinen Aufenthalt in Uganda, wo »African Queen« 1951 gedreht wurde, nützte er für seine Jagdleidenschaft aus. Sich

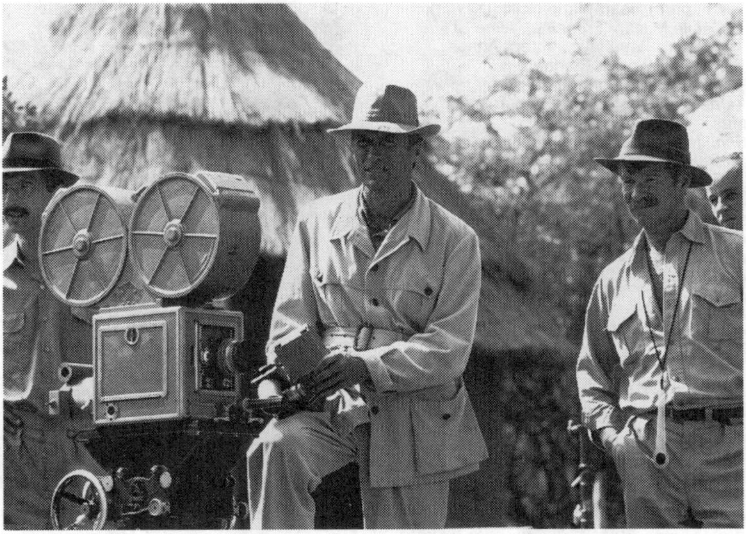

Zweifelhafte Ehre für John Huston. Clint Eastwood bei den Dreharbeiten zu »Weißer Jäger, schwarzes Herz«.

auf den Erlebnisbericht eines damaligen Mitarbeiters Hustons stützend, gelingt Eastwood, Regisseur und Hauptdarsteller in einem, ein spannendes Porträt des faszinierenden Abenteurers. *Zoom*

Fritz Göttler in: SZ, 29.5.90; Verena Lueken in: epd Film, 6/90; Andreas Obst in: FAZ, 25.5.90; Anke Sterneborg in: Der Tagesspiegel, 27.5.90

Die Welt des Frauenplaneten 1048

WOMEN OF THE PREHISTORIC PLANET *

TV

Regie: Arthur C. Pierce
Darsteller: Wendell Corey (Admiral King), Keith Larsen (Commander Scott), John Agar (Dr. Farrell), Irene Tsu (Linda), Paul Gilbert (Bradley), Merry Anders (Funkoffizier), Stuart Laswell (Charles)
Drehbuch: Arthur C. Pierce
Kamera: Arch R. Dalzell (DeLuxe Color)
Schnitt: George White
Produktion: George Edwards für Standard Club of California, USA 1966
Sendetermin: 16.12.1990, Tele 5, 15.35 Uhr
Länge: 87 Min.

Auf einem unbekannten Planeten trifft der Rettungstrupp für ein achtzehn Jahre zuvor abgestürztes Raumschiff auf prähistorische Menschen, Riesenechsen und den einzigen Überlebenden des Unglücks (...) Ein Film in gedämpften Bonbonfarben, Blau und Pink, durchsetzt mit dem militärischen Khaki männlicher Uniformen, der wie eine Episode von »Star Trek« aussieht, die sich ins Kino verirrt hat (...) Die Spezialeffekte sind fast durch die Bank miserabel, und der Höhepunkt der Lächerlichkeit ist erreicht, wenn eine Mordstarantel an einem Draht zappelt, der so dick und deutlich sichtbar wie ein Strick ist.

Werner Petermann, Enzyklopädie des phantastischen Films

Eine Welt ohne Mitleid 1049

UN MONDE SANS PITIÉ ****

Regie: Eric Rochant
Darsteller: Hippolyte Girardot (Hippo), Mireille Perrier (Nathalie), Yvan Attal

(Halpern), Jean-Marie Rollin (Xavier), Cécile Mazan (Francine), Aline Still (Mutter), Paul Pavel (Vater), Anne Kessler, Patrick Blondel
Drehbuch: Eric Rochat
Kamera: Pierre Novion (Farbe)
Musik: Gérard Torikian
Schnitt: Michèle Darmon
Produktion: Adeline Lecallier für Les Productions Lazennec, Frankreich 1989
Verleih: Concorde/Constantin/Sadfi/Concorde Video
UA: Int. Filmfestspiele Venedig 1989
EA: 23.6.1990, Filmfest München
Kinostart: 5.7.1990
FSK: ab 12, ffr. – *FBW:* Besonders wertvoll
Länge: 88 Min.
»Prix Louis Delluc« und »César« für Eric Rochant

Hippo vertreibt sich die Zeit mit Nichtstun und Frauengeschichten, sein jüngerer Bruder besucht das Gymnasium und finanziert mit kleinen Drogendeals ihren bescheidenen Lebensunterhalt. Nathalie, die Studentin, arbeitet im Kreis ihrer linksintellektuellen Freunde an ihrer wissenschaftlichen Karriere. Die Liebesgeschichte zwischen den beiden entwikkelt sich im Spannungsfeld ihrer gegensätzlichen Welten. Ein poetischer, humorvoller und wunderbar genauer Film über das Lebensgefühl der No-Future-Generation im Paris der neunziger Jahre. *Zoom*

Michael Althen in: Die Zeit, 6.7.90; Heike Kühn in: FR, 28.6.90; Eva-Maria Lenz in: FAZ, 28.6.90; Simone Mahrenholz in: Der Tagesspiegel, 7.7.90; Heike-Melba Fendel in: Prinz, 6/90; Ponkie in: AZ, 3.7.90

Wenn die Masken fallen 1050

**

ACQUE DI PRIMAVERA/
TORRENTS OF SPRING

Regie: Jerzy Skolimowski
Darsteller: Timothy Hutton (Dimitri Sanin), Nastassja Kinski (Maria Nikolaevna Polozov), Valeria Golino (Gemma Rosselli), William Forsythe (Ippolite Polozov), Urbano Barberini (Baron von Doenhof), Francesca De Sapio (Signora Rosselli), Jacques Herlin (Pantaleone), Antonio Cantafora, Christopher Janczar, Christian Dottorini, Alexia Korda, Marinella Anaclerio, Pietro Bontempo, Thierry Langerak, Anna Piccioni und Jerzy Skolimowski als Victor Victorovich

Hippolyte Girardot und Mireille Perrier in »Eine Welt ohne Mitleid«.

Drehbuch: Jerzy Skolimowski, Arcangelo Bonaccorso, nach einer Erzählung von Ivan Turgenev
Kamera: Dante Spinotti, Witold Sobocinski (Technicolor)
Musik: Stanley Myers
Schnitt: Cesare D'Amico
Produktion: Angelo Rizzoli für Erre/Reteitalia/Les Films Ariane/Films A2 mit Curzon Film Distributors, Italien/Frankreich 1989
Verleih: 20th Century Fox/-/-
UA: Int. Filmfestspiele Cannes 1990
Kinostart: 10.5.1990
FSK: ab 12, ffr.
Länge: 99 Min.

Der Film ist ein typischer Euro-Pudding. Junger russischer Landadliger verliebt sich in eine nette Bürgertochter aus Mainz, zerbricht aber dann an den Intrigen der rücksichtslosen Frau eines alten Schulfreundes. Depressives, lahmes Melodram, dünn verpackt als Kostümfilm mit viel zu wenig Geschmack.

Hans-Ulrich Pönack, tip

Bodo Fründt in: SZ, 15.5.90; Dietrich Kuhlbrodt in: epd Film, 6/90; Michael Laages in: Die Welt, 28.5.90

Die Bölkfritzen unterwegs: »Werner – Beinhart!«.

Wenn du groß bist, lieber Adam 1051

***
TV

Regie: Egon Günther
Darsteller: Stephan Jahnke, Gerry Wolff, Manfred Krug, Daisy Granados, Rolf Römer, Günther Simon

Nastassja Kinski in »Wenn die Masken fallen«.

Drehbuch: Egon Günther, Helga Schütz
Kamera: Helmut Grewald
Musik: Wilhelm Neef
Schnitt: Monika Schindler
Produktion: DEFA, DDR 1966
Sendetermin: 31.10.1990, DRS; 29.11.1990, BR 3
Länge: 77 Min.

Das von lachhafter Mimosenzensur verstümmelte Fragment der skurrilen DDR-Zauberkomödie handelte von einer Wunder-Taschenlampe, die Wahrheit und Lüge anzeigt (wer lügt, schwebt in die Luft). In diesem amüsant absurden Kinderabenteuer steckte ein galgenhumorig verzweifelter Frozzelton – und an den eingeblendeten Zensurtexten sah man: Sie vertrugen aber auch nicht die harmloseste Anspielung, die kleinkarierten Partei-Ochsen. *Ponkie, AZ*

Werner – Beinhart 1052

**

Regie: Gerhard Hahn, Michael Schaack; Realteil: Niki List
Darsteller: Rötger Feldmann (Brösel), Ludger Pistor (Pfarrer A. Amen), Meret Becker (Rumpelstilzchen), Johannes

Silberschneider (Kanzler/Chauffeur); Sprecher: Klaus Büchner (Werner), Andi Feldmann (Meister Röhrich), Kulle Westphal (Eckat), Eva Mattes
Drehbuch: Ernst Kahl
Kamera: Egon Werdin, Thorsten Falke (Farbe)
Musik: Jörg Evers
Schnitt: Ulrich Steinvorth, Ingrid Stoller
Produktion: Bernd Eichinger für Neue Constantin, BRD 1990
Verleih: Neue Constantin/Constantin/-
Kinostart: 29.11.1990
FSK: ab 6, ffr.
Länge: 93 Min.

Eine Mischung aus Trick- und Realfilm. Eine schwachbrüstige und platt inszenierte reale Rahmenhandlung verbindet eine Reihe gut animierter Werner-Comics miteinander. Letztere gewinnen im Kino sogar, so daß man ahnen kann: Ein reiner Trickfilm wäre ein echtes Vergnügen geworden. *Alfred Holighaus, tip*

Patrick Bahners in: FAZ, 1.12.90; Heiko Küffner in: SZ, 5.12.90; Kai Niemeyer in: AZ, 29.11.90; Milan Pavlović in: Kölner Stadt-Anzeiger, 1.12.90; Rolf Selas in: Rheinische Post, 30.11.90

White Panther II – Zwei Stunden bis zur Ewigkeit 1053

STRIKE OF THE PANTHER **

Video

Regie: Brian Trenchard-Smith
Darsteller: Edward John Stazak, John Stanton, Rowena Wallace
Produktion: Virgo/TVM Studios, Australien 1988
Verleih: -/-/-/Polyband Video
Videostart: 3.9.1990
FSK: nicht unter 18 J.
Länge: 83 Min.

Kampfmaschine Jason Blade tritt gegen einen Killer an, der sich mit seiner Freundin, einer guten Tonne Sprengstoff und eine Horde mordgieriger Ninja-Recken in einem Kraftwerk verschanzt hat. Fortsetzung des ersten Teils in derselben Besetzung: Verfügt über gut choreographierte Kampfszenen, das nötige Quentchen Brutalität und eine auch für schlichtere Gemüter mühelos überschaubare Handlung. *VideoWoche*

Wie die Mütter so die Töchter 1054

GOOD MORNING AND GOODBYE ***

Video

Regie: Russ Meyer
Darsteller: Alaina Capri (Angel), Stuart Lancaster (Burt), Karen Ciral (Lana), Pat Wright (Stone), Haji (Zauberin), Don Johnson (Ray), Tom Howland (Herb), Megan Timothy (Lottie), Toby Adler (Betty), Sylvia Tedemar, Coral Peters
Drehbuch: John E. Moran
Kamera: Russ Meyer (Farbe)
Musik: Igo Kantor
Schnitt: Russ Meyer, Richard Brummer
Produktion: Russ Meyer, Eve Meyer für Eve Prod., USA 1967
Verleih: -/-/-/Focus Video
Videostart: 31.7.1990
FSK: nicht unter 18 J.
Länge: 80 Min.

In »Good Morning and Goodbye« vulgarisiert Meyer klassische Dreieckssituationen, eine sogenannte Mai-September-Romanze, die Beziehung zwischen einer jungen Frau und einem alten Mann (...) Meyer spielt stets geschickt mit den Fantasien seiner Zuschauer, die sich erstens »seine« Art von Frauen nicht »leisten« können, es wohl aber gerne würden, und die zweitens auch nicht »so« um sie kämpfen könnten. Andererseits bietet er mit den schwachen, betrogenen Männern in seinen Filmen auch wieder reiche Identifikationsmöglichkeiten. *Rolf Thissen*

Wie klaut man einen Renoir? 1055

HOT PAINT **

TV

Regie: Sheldon Larry
Sendetermin: 9.3.1990, ARD. 20.15 Uhr

Erstaufführung bereits 1988 auf Video unter dem Titel »Eine verdammt heiße Ware«. Vollständige Angaben im »Heyne Filmjahrbuch 1989«.

Wie spät ist es? 1056

CHE ORA E? ****

Regie: Ettore Scola
Darsteller: Marcello Mastroianni (Marcello,

der Vater), Massimo Troisi (Michele, der Sohn), Anne Parillaud (Loredana, Micheles Verlobte), Renato Moretti (Sor Pietro), Lou Castel (der stumme Fischer)
Drehbuch: Ettore Scola, Beatrice Ravaglioli, Silvia Scola
Kamera: Luciano Tovoli (Farbe)
Musik: Armando Trovaioli
Schnitt: Raimondo Crociani
Produktion: Mario Cecchi Gori, Vittorio Cecchi Gori für Cecchi Gori Group/Tiger Cinematografica/Studio E.L./Gaumont, Italien 1989
Verleih: Kuchenreuther/Fleur/Sadfi
UA: Int. Filmfestspiele Venedig 1989
EA: 29.6.1990, Filmfest München
Kinostart: 19.7.1990
FSK: ab 6, ffr.
Länge: 97 Min.
FBW: Besonders wertvoll
Darstellerpreis für Marcello Mastroianni und Massimo Troisi bei den Int. Filmfestspielen Venedig 1989

Auto, Wohnung und andere Geschenke des karrierefixierten Vater dokumentieren dessen Hilf- und Sprachlosigkeit dem unentschlossen studierenden Sohn gegenüber. Unausgesprochenes schmerzt, Ausgesprochenes verletzt. Ein gemeinsam verbrachter Tag vor dem Examen bringt die beiden einander näher. Scolas Film ist eine latente Attacke auf zeitgeistiges Karrieredenken, ein Plädoyer für die Freundschaft - nicht nur zwischen Vater und Sohn. Manchmal gemächlich, immer menschlich.

W.O.P. Kistner, AZ

Michael Althen in: SZ, 21.7.90; Marli Feldvoss in: FAZ, 19.7.90; Andreas Kilb in: Die Zeit, 27.7.90; Heike Kühn in: FR, 19.7.90; Ponkie in: AZ, 19.7.90

Wie Staub im Wind 1057

LIANLIAN FENGCHEN ****

TV

Regie: Hou Hsiao-Hsien
Darsteller: Wang Jingwen (Xie Wenyuan, »Ah Yuan«), Xin Shufen (Jiang Suyun, »Ah Yun«), Li Tianlu (Großvater), Chen Shufang (Ah Huens Mutter), Lin Yang (Vater), Mei Fang (Mutter), Lai Denan, Lin Yuping, Zhang Fuqin, Yang Liyin, Shi Mingyang
Drehbuch: Wu Nianzhen, Zhu Tianwen
Kamera: Li Ping-Bin (Eastmancolor)
Musik: Chen Mingzhang
Schnitt: Liao Quingsong

Eindrucksvolle Reflexionen von Massimo Troisi und Marcello Mastroianni in »Wie spät ist es?«.

Produktion: Zhang Huakun, Li Xianzhang für Central Motion Pic., Taiwan 1987
Sendetermin: 15.1.1990, ARD, 23.00 Uhr
Länge: 110 Min.

»Wie Staub im Wind« heißt der zweite Film des taiwanesischen Meisterregisseurs Hou Hsiao-Hsien, den die ARD in der kleinen Taiwan-Reihe in deutscher Erstaufführung zeigt. 1987 entstand diese einfühlsam inszenierte Geschichte um einen jungen Mann, der gemeinsam mit seiner Freundin das arme Heimatdorf verläßt.
Ah Yuan will in der Großstadt Taipeh Geld verdienen, um seine große Familie finanziell unterstützen zu können. Dann aber muß er seine dreijährige Militärzeit antreten. 1906 Briefumschläge gibt ihm sein Mädchen mit. Doch lange, bevor er so viele Briefe schreiben kann, hat sich die schöne Ah Yun mit einem anderen getröstet ... *Birgit Amon, AZ*

Die Schöne und das Biest. Laura Dern und Willem Dafoe in »Wild At Heart«.

Wild at Heart 1058
WILD AT HEART *****

Regie: David Lynch
Darsteller: Nicolas Cage (Sailor Ripley), Laura Dern (Lula Pace), Diane Ladd (Marietta Pace), Willem Dafoe (Bobby Peru), Isabella Rossellini (Perdita Durango), Harry Dean Stanton (Johnnie Farragut), Crispin Glover (Dell), Grace Zabriskie (Juana), J.E. Freeman (Marcello Santos), Morgan Shepherd (Mr. Reindeer), Calvin Lockhart, Sherilyn Fenn, Freddie Jones, David Patrick Kelly, Cheryl Lee, John Lurie, Jack Nance, Bellina Logan
Drehbuch: David Lynch, nach dem gleichn. Roman von Barry Gifford
Kamera: Frederick Elmes (Farbe)
Musik: Angelo Badalamenti
Schnitt: Dunawaye Dunham
Produktion: Monty Montgomery, Steve Golin, Sigurjon Sighvatsson für PolyGram/Propaganda Films, USA 1990
Verleih: Senator/Constantin/Rialto/ Marketing Film Video
UA: 19.5.1990, Int. Filmfestspiele Cannes
EA: 29.6.1990, Filmfest München
Kinostart: 20.9.1990
FSK: ab 16, ffr. – *FBW:* Besonders wertvoll
Länge: 124 Min.
»Goldene Palme« bei den Int. Filmfestspielen Cannes 1990

1990 war sein Jahr: »Wild At Heart« – Regisseur David Lynch mit Ehefrau-Schauspielerin Isabella Rossellini.

Auf der Flucht vor Lulas Mutter wird das Liebespaar Sailor und Lula durch ein Horrorkabinett skurriler Figuren gehetzt, um schließlich zum ironisch gebrochenen Happy-End vorzusto-

Nicolas Cage und Laura Dern in dem umstrittenen Überraschungssieger von Cannes »Wild At Heart«.

ßen. Wie in »Eraserhead« und »Blue Velvet« zerrt David Lynch eine pechschwarze, schmutzige Welt ans Tageslicht. Sein Film ist eine respektlose, genüßliche Gratwanderung zwischen Kitsch und Gewalt, Witz und Horror, Liebesschmalz und Sex. Raffiniert persifliert die »gewalttätige Komödie« (Lynch) die Klischees des Unterhaltungskinos und der Konsumgesellschaft. *Zoom*

Fritz Göttler in: SZ, 20.9.90; Andreas Kilb in: Die Zeit, 21.9.90; Verena Lueken in: FAZ, 21.9.90; Ponkie in: AZ, 20.9.90; Wolfram Schütte in: FR, 20.9.90; Hans-Dieter Seidel in: FAZ, 22.5.90

Wild Boys — 1059
COUPE DE VILLE
***

Regie: Joe Roth
Darsteller: Patrick Dempsey (Bobby), Arye Gross (Buddy), Daniel Stern (Marvin), Annabeth Gish (Tammy), Rita Taggart (Betty Libner), Joseph Bologna (Onkel Phil), Alan Arkin (Fred Libner), James Gammon, Ray Lykins, Chris Lombardi, Josh Segal, John Considine, Steve Boles, Don Tilley, Edan Gross
Drehbuch: Mike Binder
Kamera: Reynaldo Villalobos (Farbe)
Musik: James Newton Howard; Joe Still
Schnitt: Paul Hirsch
Produktion: Larry Brezner, Paul Schiff für Rollins, Morra, Brezner Prod., USA 1990
Verleih: Delta/-/Rialto
UA: 9.3.1990, New York
Kinostart: 18.10.1990
FSK: ab 12, ffr.
Länge: 97 Min.

Der Film erzählt von einer Reise dreier verfeindeter Brüder durch die USA und bietet dabei eine Sightseeing-Tour durch Familienbeziehungen. In einem Cadillac kommen sich die drei näher, und kurz vor Florida werden sie vom Harmoniebedürfnis der Filmemacher eingeholt. Die Schauspieler gewinnen den Kampf mit dem etwas schematischen Drehbuch nach Punkten. *Lars-Olav Beier, tip*

Andreas Hahn in: FR, 24.10.90; Andreas Obst in: FAZ, 19.10.90; Anke Sterneborg in: Der Tagesspiegel, 18.10.90

Wild Horses — 1060
WILD HORSES
**

Video

Regie: Dick Lowry
Darsteller: Kenny Rogers (Matt Cooper), Pam Dawber (Daryl Reese), Ben John-

son (Bill Ward), David Andrews (Dean Ellis), Richard Masur (Bob Bowne), Karen Carlson (Ann Cooper), Richard Farnsworth (Chuck Reese), Richard Hamilton (Blue Houston), Jack Rader (Dick Post)
Drehbuch: Roderick Taylor, Daniel Vining
Kamera: Keith Wagstaff (Farbe)
Musik: Stanley Myers, Hans Zimmer
Schnitt: Byron Brandt
Produktion: Hunt Lowry für Wild Horses Prod./Telepictures Prod., USA 1985
Verleih: -/-/-/Taurus Video
Videostart: 15.1.1990
Sendetermin: 12.11.1985, CBS
FSK: ab 12 J.
Länge: 92 Min.

Kenny Rogers als krisengeschüttelter Rodeoweltmeister, der sich in die Berge von Wyoming zurückzieht, um Wildpferde einzufangen. Dabei stößt er auf ein rassiges Cowgirl und einen zwielichtigen Pferdedieb. Und ewig glimmt die Marlboro.

Wilde Orchidee 1061

WILD ORCHID **

Regie: Zalman King
Darsteller: Mickey Rourke (Wheeler), Jacqueline Bisset (Claudia), Carré Otis (Emily), Assumpta Serna (Hanna), Bruce Greenwood (Jerome), Oleg Vidov (Otto), Milton Gonçalves, Jens Peter, Antonio Mario da Silva, Paul Land, Michael Villella
Drehbuch: Patricia Louisianna Knop, Zalman King
Kamera: Gale Tattersall (Farbe)
Musik: Geoff MacCormack, Simon Goldenberg
Schnitt: Marc Grossman, Glenn A. Morgan

Carry Otis (l.) als »Wilde Orchidee«.

Produktion: Mark Damon, Tony Anthony für Damon/Saunders Prod., USA 1990
Verleih: Senator/Constantin/Rialto/Starlight-Film Video
Kinostart: 5.4.1990
FSK: ab 16, ffr.
Länge: 112 Min.

Naives Provinz-Girl (»Playboy«-Modell Carré Otis) kommt als hochdekorierte Jura-Absolventin in eine großstädtische Welt voller übler Geschäfte und heißer Erotik und verliert beim Anblick des apathischen, impotenten Millionärs Mickey Rourke Verstand und Unschuld. Bunte Bilder aus Rio und Umgebung, Lambada-Sex und eine miese Story.

Hans-Ulrich Pönack, tip

(...) Klischee an Klischee reihen die Macher des Yuppie-Sado-Maso-Films »9 1/2 Weeks« aneinander. Die Geschichte tritt zu Gunsten der exotischen, erotischen Ausschweifungen in den Hintergrund. Allenfalls für Freunde des Emanuelle-Genres. *Zoom*

Bodo Fründt in: SZ, 7.4.90; Claudia Schülke in: FAZ, 7.4.90; Jochen Schütze in: Prinz, 4/90; Eva Strasser in: Wiener, 3/90

Die Wilde von Beverly Hills 1062

TROOP BEVERLY HILLS **

Regie: Jeff Kanew
Darsteller: Shelley Long (Phyllis Nefler), Craig T. Nelson (Freddy Nefler), Betty Thomas (Velda Plendor), Mary Gross (Annie Herman), Stephanie Beacham (Vicki Sprantz), Audra Lindley (Framces Temple), Edd Byrnes (Ross Coleman), Jenny Lewis (Hannah Nefler), Tasha Scott (Jasmine), Ami Foster (Claire), Carla Gugino, Heather Hopper
Drehbuch: Margaret Grieco Oberman, Pamela Norris, nach einer Erzählung von Ava Ostern Fries
Kamera: Donald E. Thorin (Metrocolor)
Musik: Randy Edelman
Schnitt: Mark Melnick
Produktion: Ava Ostern Fries für Fries/Avanti Prods., USA 1989
Verleih: Columbia Tri-Star/-/-/RCA-Columbia Video
Kinostart: 7.6.1990
FSK: ab 6, ffr.
Länge: 106 Min.

Eine unterhaltsame Komödie für ein vornehmlich jugendliches Zielpublikum, in deren Mittelpunkt eine von Luxus umgebene, aber unglückliche und gelangweilte Ehefrau steht, die zu neuem Selbstwertgefühl findet, indem sie die Leitung einer unbeliebten, auseinanderfallenden Mädchen-Pfadfindergruppe übernimmt und sie mit pfiffigen Ideen und einem teenagergemäßen Stil wieder mit neuem Schwung erfüllt.
Die Komödie lebt hauptsächlich von der Lockerheit, dem Charme und komischen Talent der Hauptdarstellerin und ihrer Opponentin, die den schwachen Anfang und die etwas wacklige Story kompensieren. Letztlich ein Film über die wenigen Dinge im Leben, die selbst in Beverly Hills nicht mit Geld zu kaufen sind.

Variety

Wilding – Bande der Gewalt 1063

NIGHT OF THE WILDING *

Video

Regie: Eric Louzil
Darsteller: Erik Estrada (Joseph Gainer), Joey Travolta (Paul), Wings Hauser, Kathrin Lautner (Marian), Charlie Ganis (Martin), Isaac Allen (Carl), Robert Dickey (Allan), Pamela Dixon (Linda), Robert Gallo (Robert), Jean Levine
Drehbuch: Joseph Merhi, Charles T. Kanganis
Kamera: Richard Pepin (Farbe)
Musik: John Gonzalez
Schnitt: Paul Volk
Produktion: Joseph Merhi, Richard Pepin für P/M Entertainment Group/Wilding Prod./DB Films, USA 1990
Verleih: -/-/-/Madison Video
Videostart: 31.10.1990
FSK: nicht unter 18 J.
Länge: 81 Min.

Die in der amerikanischen Öffentlichkeit vieldiskutierte Vergewaltigung einer Frau durch eine Gruppe Jugendlicher im Central Park New Yorks ist Auslöser für dieses Action-B-Movie, das das Phänomen von unkontrollierten Gewaltausbrüchen in den Suburbs spektakulär ausschlachtet. Daß der Film streckenweise zusammenhanglos wirkt und natürlich nicht den Tiefgang eines »Colors« erreicht, können auch wilde Verfolgungsjagden und Actionszenen nur bedingt wettmachen.

VideoWoche

Willi der Spatz 1064

VILI, A VEREB ***

Regie: József Gémes
Drehbuch: József Gémes, József Nepp
Kamera: György Varga (Farbe)
Musik: Zsolt Pethö
Produktion: Pannonia Film, Ungarn 1988
Verleih: Progreß/-/-
Kinostart: 14.9.1990
Länge: 80 Min.

Ein abendfüllender Zeichentrickfilm über einen kleinen Spatz, der nicht fliegen kann.

Wimps 1065

WIMPS *

Video

Regie: Chuck Vincent
Darsteller: Louie Bonnano (Francis), Jim Abele (Charles Conrad), Deborah Blaisdell (Roxanne), Jane Hamilton (Tracy), Eddie Prevot, Derrick R. Roberts, Philip Campanero, Michael Heintzman
Drehbuch: Chuck Vincent, Craig Horrall
Kamera: Larry Revene (Farbe)
Musik: Ian Shaw, Kai Joffe
Schnitt: Chuck Vincent
Produktion: Chuck Vincent für Platinum Pictures/Vestron Entertainment, USA 1987
Verleih: -/-/-/Lightning Video
Videostart: 21.2.1990
FSK: ab 16 J.
Länge: 84 Min.

Ein Versager mit Hochwasserhosen, gestreiften Socken und überstarker Brille verknallt sich in das schönste Mädchen der High School. Chuck Vincents derbe Version des Cyrano von Bergerac.

Winckelmanns Reisen 1066

****

Regie: Jan Schütte
Darsteller: Wolf-Dietrich Sprenger (Ernst Winckelmann), Susanne Lothar (Aline), Traugott Buhre (Vater), Mine-Marei Wiegandt (Rosa), Mathias Gnädinger (Ber-

ner), Fritz Lichtenhahn (Alter Vertreter), Jan-Paul Biczycki (Friseur Niedenzu), Axel Milberg (Vertreter Wöhler), Horst Mendroch (Mehlmann), Ulrich Wildgruber (Tankwart), Bodo Abel (Gasmus)
Drehbuch: Thomas Strittmatter
Kamera: Sophie Maintigneux
Musik: Claus Bantzer
Schnitt: Renate Merck
Produktion: Novoskop Film, BRD 1990
Verleih: Pandora Film/-/-
UA: 11.9.1990, Int. Filmfestspiele Venedig (außer Konkurrenz)
Kinostart: 22.11.1990
FSK: ab 6, ffr. – *FBW:* Wertvoll
Länge: 80 Min.

Der Film beschreibt die Irrwege eines mittelmäßigen Shampoovertreters durch das öde Schleswig-Holstein. Seine Frau hat es vorgezogen, mit einem Trabifahrer zusammenzuleben, seine Freundin will nach Ostende abhauen. Trauer, Komik und Idylle gehen in den ungekünstelten schwarzweißen Bildern auf lakonische Weise zusammen.

Christoph Terhechte, tip

Heiner Behring in: Freitag, 16.11.90; H.G. Pflaum in: SZ, 13.9.90 (Venedig-Bericht); Carla Rhode in: Der Tagesspiegel, 21.11.90; Harald Rowohlt in: Die Zeit, 23.11.90; Helmut Schmitz in: FR, 22.11.90

The Wingates 1067

KAMILIONS

*

Video

Regie: Mikel B. Anderson
Darsteller: Christopher Gasti (Desmon), Dan Evans (Sam Wingate), Dru-Anne Cakmis (Jasmine), Laura O'Malley (Nancy Wingate), Kate Alexander (Angelica Wingate), David Allan Shaw (Reverend Newman), Chuck Bartell (Floyd), Andrew Ross Litzky (Alex), Harry S. Robins (Nathan Wingate)
Drehbuch: Mikel B. Anderson, Harry S. Robins
Kamera: Kathleen Beeler
Musik: Kent H. Randolph
Schnitt: Ian Turner
Produktion: Robert Hsi, Teresa Woo für Molesworth, Niederlande 1989
Verleih: -/-/-/Empire Video
Videostart: 4.10.1990
FSK: ab 16 J.
Länge: 100 Min.

Zwei Insektenreptilien aus dem Paralleluniversum hinter Professor Wingates Kellerlabor übernehmen die Körper eines Grafen sowie der Geliebten seines Sohnes. Einer jener schrecklich elitären Filme, die mit nichts anderem als einem brachialen Zitatenreigen um die Gunst des wissenden Zuschauers buhlen wollen.

Roadmovie aus der norddeutschen Provinz. »Winkelmanns Reisen«.

Winter im Tal der Muminken 1068

ZIMA W DOLINIE MUMIKOW ***

Regie: Lucjan Dembinski, Krystyna Kulczycka, Jadwiga Kudrzycka
Drehbuch: Maria Kossakowska, Lucjan Dembinski, nach Tove Jansson
Kamera: Waclaw Fedak, Jadwiga Zauder (Farbe)
Musik: Andrzej Rokicki
Schnitt: Henryk Sitek, Barbara Sarnocinska
Produktion: Studio SE-A-FOR, Polen 1986
Verleih: Progreß/-/-
UA: August 1987
Kinostart: 2.3.1990
Länge: 63 Min.

Puppentrickfilm um den Jüngsten aus der Familie Mumin, der, statt einen Winterschlaf zu halten, lieber auf Entdeckungsreise geht.

Wir sind keine Engel 1069

WE'RE NO ANGELS ***

Regie: Neil Jordan
Darsteller: Robert De Niro (Ned), Sean Penn (Jim), Demi Moore (Molly), James Russo (Bobby), Ray McAnally (Warden), Hoyt Axton (Pater Levesque), Wallace Shawn (Übersetzer), John C. Reilly, Jay Brazeau, Ken Buhay, Elizabeth Lawrence, Bill Murdoch, Jessica Jickels
Drehbuch: David Mamet, nach den Theaterstücken »My Three Angels« von Sam und Bella Spewak und »La Cuisine des Anges« von Albert Husson
Kamera: Philippe Rousselot (Technicolor)
Musik: George Fenton
Schnitt: Mick Audsley, Joke Van Wuk
Produktion: Art Linson für Paramount, USA 1989
Verleih: -/-/UIP
Kinostart: Dez. 1990
Länge: 100 Min.

Zwei kleine Gauner entwischen aus einem der schlimmsten Gefängnisse der USA und finden sich als Priester verkleidet in einem von der Depression der dreißiger Jahre gezeichneten Städtchen wieder. Ein Wunder ist nötig, damit sie den zahlreichen Verfolgern entkommen und über die rettende Grenze nach Kanada gelangen können. Mit hervorragend disponierten Schauspielern besetzte und mit zahlreichen Action-Elementen angereicherte Gaunerkomödie, die vom gleichnamigen Vorgänger aus dem Jahre 1955 lediglich die Ausgangsposition übernommen hat. *Zoom*

Wired

Siehe »Belushi - Wired«

Witch Bitch – Tod aus dem Jenseits 1070

DEATH SPA *

Video

Regie: Michael Fischa
Darsteller: William Bumiller (Michael Evans), Brenda Bakke (Laurel), Merritt Butrick (David), Robert Lipton, Alexa Hamilton, Rosalind Cash, Frank McCarthy, Ken Foree, Shari Shattuck
Drehbuch: James Bartruff, Mitch Paradise
Kamera: Arledge Armenaki (Farbe)
Musik: Peter Kaye
Schnitt: Michael Kewley
Produktion: Jamie Beardsley-Jones für Shapiro Glickenhaus, USA 1987
Verleih: -/-/-/RCA-Columbia Video
Videostart: 3.4.1990
FSK: nicht unter 18 J.
Länge: 87 (80) Min.

Der Tod aus dem Jenseits treibt in einem Fitness-Studio sein Unwesen. Der Ort mag neu sein, die blonden Dummchen sind die immergleichen, und bei den Schlachtereien war den Machern jedes Mittel recht. *tips*

Witchtrap 1071

WITCHTRAP *

Video

Regie: Kevin S. Tenney
Darsteller: James W. Quinn (Tony Vicente), Kathleen Bailey (Whitney), Judy Tatum (Agnes), Rob Zapple (Felix), Jack W. Thompson (Frank Murphy), Clyde Talley 3d (Levi Jackson), Linnea Quigley (Ginger), Hal Havins
Drehbuch: Kevin S. Tenney
Kamera: Thomas Jewett (Monaco Color)
Musik: Dennis Michael Tenney
Schnitt: William O. Sullivan
Produktion: Kevin S. Tenney, Dan Duncan für Mentone Pictures, USA 1989
Verleih: -/-/-/New Vision Video
Videostart: 3.12.1990
FSK: ab 16 J.
Länge: 90 Min.

Zwei Experten für Übersinnliches finden heraus, daß die wirren Stimmen im neuen Haus dem mörderischen Geist des verblichenen Onkel Albert gehören, der nur dann seinen Frieden finden wird, wenn sein Herz mit dem Rest seiner sterblichen Überreste vereinigt wird. Flinker Nachzieher zu »Witchboard« mit schauerlichen Darstellerleistungen.

Witwen 1072

WDOYWY ***

Regie: Sergej Mikaeljan
Darsteller: Galina Makarowa (Schura), Galina Skorobogatowa (Lisa), G. Loshkin, Borislaw Brondukow, N. Masajewa, N. Mamajewa, R. Maximowa, M. Pogoroshelski, B. Morosow, J. Kajurow
Drehbuch: Juli Dunski, Valeri Frid
Kamera: Wladimir Tschumak (Farbe)
Produktion: Lenfilm, UdSSR 1976
Verleih: Progreß/-/-/-
Kinostart: 16.2.1990
Länge: 89 Min.

Das Foto eines unbekannten Rotarmisten, einzige Hinterlassenschaft zweier Gefallener, bisher gehütet von zwei alten Frauen in einem kleinen sowjetischen Dorf, ist zur Feststellung der Identität des Gefallenen in der Zeitung veröffentlicht worden. Fünfhundert Menschen melden sich, glauben, ihren Angehörigen erkannt zu haben. In der Begegnung der beiden Frauen mit Menschen, die aus persönlichen Gründen oder von Amts wegen an der Angelegenheit interessiert sind, reflektiert der Film Probleme, die aus der Last der Erinnerung und aus der Verantwortung für die Gegenwart erwachsen. *Kino DDR*

Wo immer du bist 1073

GDZIESKOLWIEK JEST, JESLIS JEST ****

Regie: Krzysztof Zanussi
Darsteller: Julian Sands (Julian), Renée Soutendijk (Nina), Maciej Robakiewicz (Stas), Tadeusz Bradecki (Dr. Marcin), Maja Komorowska (Klementine), Joachim Krol (Edward), Vadim Glowna, Andrzej Lapicki, Aleksander Bardini, Andrzej Zarnecki, Maggie O'Neill, Marcus Vogelbacher, Jerzy Nowak, Hanna Skarzanka, Milva, Anna Milweska, Irena Malkiewicz
Drehbuch: Krzysztof Zanussi
Kamera: Slawomir Idziak (Farbe)
Musik: Wojciech Kilar
Schnitt: Marek Denys
Produktion: Michal Szczerbic, Klaus Rettig für Zespoly Polskich Producentow Filmowych, Gruppe »Tor«/Gerhard Schmid Prod./Challenge Film/La Sept/Belbo, Polen/BRD 1988
Verleih: Progreß/-/-
Kinostart: 28.9.1990
Länge: 112 Min.

Ein Versprechen von biblischer Klarheit hat Julian Castor seiner Frau Nina einst gegeben – und gebrochen. Jahre nach dem Verlust der schönen, sensiblen Gefährtin erinnert der Diplomat und Geschäftsmann die gemeinsame Zeit im verhängnisüberschatteten Vorkriegspolen. Unwiederbringlich dahin sind die Herbsttage '38, Ninas unbedingter Glücksanspruch und ihre ahnungsvollen Träume, die tragische Erfüllung finden sollten... Krzysztof Zanussis Geschichte von Liebe und Schuld und Sehnsucht nach Polen. *Kino DDR*

The Wonderbeats – Kings of Beat 1074

***

Regie: Claude-Oliver Rudolph
Darsteller: Richy Müller (Dicky), Jürgen Vogel (Achim), Uwe Fellensiek (Rudi), Ralph Richter (Herbert), Rudolf Rock (Manni Weißleder), Sabine von Maydell (Lydia L'Arronge), Miro Nemec (Harry Deutscher), Klaus Emmerich (Regisseur), Frank Strecker (Siggi), Claude-Oliver Rudolph (Rudi Dutschke), Peter Stripp (Vater), Sabina Trooger (Conny), Linde Fulda (Dörte), Renate Muhri
Drehbuch: Claude-Oliver Rudolph
Kamera: Otto Kirchhoff
Musik: The Wonderbeats
Schnitt: Michael Feik
Produktion: Wild Movie, BRD 1990
Verleih: Europolis/-/-
EA: Internationale Hofer Filmtage 1990
Kinostart: 6.12.1990
Länge: 92 Min.

Hamburg 1962, da träumte man auf englisch und verstand nur deutsch. Die vier Jungs in Claude-Oliver Rudolphs drittem Film arbeiten tagsüber als Bademeister oder im Schweinestall und spielen abends im Jugendzentrum einen harten Beat. Das gibt den Rhythmus vor, in dem Rudolph vom langsamen Aufstieg des Quartetts zur beliebtesten Band jener Jahre erzählt. *Michael Althen, SZ*

Christian Winterfeld in: Kölner Stadt-Anzeiger, 8.12.90

Der Würger von Beverly Hills 1075

THE CASE OF THE HILLSIDE STRANGLERS **

Video

Regie: Steven Gethers
Darsteller: Dennis Farina (Angelo Buono), Richard Crenna (Detective Bob Grogan), Billy Zane (Kenneth Bianchi), James Tolkan (Lt. Ed Henderson), Bob Grogan (Polizist), Tony Plana (Mike Hernandez)
Drehbuch: Steven Gethers, nach dem Roman von Darcy O'Brien
Kamera: Ronald M. Lautore (Farbe)
Musik: Gil Melle, J.D. Hall, Michael Wells
Schnitt: Debra Neil
Produktion: Carole Coates für Fries Entertainment/Kenwood Prod., USA 1989
Verleih: -/-/-/USA Video
Videostart: 26.3.1990
Sendetermin: 2.4.1989, NBC
FSK: ab 16 J.
Länge: 95 Min.

Ein Detektiv der Mordkommission leitet die mühseligen Ermittlungen gegen einen psychisch gestörten Massenmörder. Fernsehkrimi, der großen Wert auf die authentische Darstellung der Polizeiarbeit legt und von daher ganz folgerichtig in der Biederkeit eines »Derrick« versumpft.

Das Wunderkind 1076

CUDOWNE DZIECKO ***

Regie: Waldemar Dziki
Darsteller: Rusty Jedwab/Przemyslaw Wasowicz (Piotr), Eduard Garson/Marcin Wieczorkiewicz (Aleksander), Daria Trafankowska (Mutter), Mariusz Benoit (Vater), Wladyslaw Kowalski (Polizeiinspektor), Jan Machulski (Soldat), Natasza Maraszek (Malgosia), Tomasz Klimasiewicz (Michal), Wojciech Mann (Direktor der Philharmonie), Grazyna Szapolowska, Maria Robaszkiewicz, Marciej Szary, Danuta Kowalska, Andrzej Szczepkowski, Andrzej Blumenfeld
Drehbuch: Waldemar Dziki
Kamera: Wit Dabal (Farbe)
Musik: Krzesimir Debski
Schnitt: André Corniveau
Produktion: Jacek Szeligowski, Michal Szczerbic, Ann Burke für PRF Zespoly Filmowe, Zespol »Tor« mit Les Productions »La Fête«, Polen/Kanada 1987
Verleih: Progreß/-/-
UA: 28.9.1987
Kinostart: 3.8.1990
Länge: 105 Min.

Die Geschichte von dem Halbwüchsigen Michal, der eines schönen Tages an sich die Fähigkeit entdeckt, Schränke zu verschieben, Wände zu durchbrechen und auf einer Geburtstagsparty, von der man ihn ausschließt, ein Chaos anzurichten - dieses merkwürdige Gegenwartsmärchen hat zu tun mit der Sehnsucht junger Leute, groß zu sein, erfolgreich und begehrt. Und mit der Enttäuschung darüber, daß im Alltag so vieles ganz anders läuft.
Und mit einem Lernprozeß: sich zu sich selbst zu bekennen, sich in der Individualität zu behaupten und zu bewähren.(...) .

Kino DDR

Xala 1077
XALA ****

Regie: Ousman Sembene
Darsteller: Thierno Leye, Douta Seck, Younousse Seye, Seune Samb, Myriam Niang, Makourédia Gueye
Drehbuch: Ousman Sembene
Kamera: Georges Caristan (Farbe)
Musik: Sambadiabara Samb
Produktion: Films Domirev/S.N.C., Senegal 1974
Verleih: Matthias Film/-/-
Kinostart: Mai 1990
Sendetermin: 26.3.1976/27.8.1979, ARD
Länge: 120 Min.
Original mit Untertiteln

Ein erfolgreicher älterer Geschäftsmann, Vertreter der senegalesischen Bourgeoisie, möchte sich mit der Heirat einer dritten, wesentlich jüngeren Frau auch privat noch einmal bestätigen. Mit Pomp feiert er die Hochzeit, doch spätestens am folgenden Morgen besitzt er die Gewißheit: er ist impotent (»Xala« heißt soviel wie Impotenz). Rapide geht es mit seinem Selbstbewußtsein und seinem Erfolg abwärts. Der vorher sich so aufgeklärt gebende Geschäftsmann wendet sich in seiner Verzweiflung an Wunderärzte und Wunderheiler, um seine Manneskraft wieder zu erlangen. Er erniedrigt sich immer weiter; doch die Erniedrigten geben ihm ihre Verachtung zu spüren. Zum Schluß sieht man ihn umringt von zerlumpten Gestalten, die ihn anspucken.

Yaaba 1078
YAABA ****

Regie: Idrissa Ouedraogo
Darsteller: Fatimata Sanga (Yaaba), Noufou Ouedraogo (Bila), Roukietou Barry (Nopoko), Adam Ouedraogo (Kougri),

Impotenz auch in Afrika: »Xala«.

Amadé Toure (Tibo), Sibidou Oeudraogo, Adama Sidibe
Drehbuch: Idrissa Ouedraogo
Kamera: Matthias Kälin (Farbe)
Musik: Francis Bebey
Schnitt: Loredana Cristelli
Produktion: Freddy Denaes, Pierre-Alain Meier, Idrissa Ouedraogo für Arcadia Films/Les Films de l'Avenir/ Ouegadougo/Thela Films, Frankreich/ Burkina Faso/Schweiz 1989
Verleih: Pandora/-/Filmcooperative
EA: Int. Filmfestspiele Cannes 1989
Kinostart: 1.2.1990
FSK: o.A., ffr.
Länge: 90 Min.
Original mit Untertitel

»Yaaba« heißt in der More-Sprache Großmutter. So nennt der zwölfjährige Bila denn auch Sana, die alte, verlassene und von der Dorfbevölkerung verstoßene Frau. »Yaaba« erzählt die Geschichte einer langsam wachsenden Freundschaft zwischen zwei Personen einer Dorfgemeinschaft. Die Menschen dort sind gut und schlecht, großzügig und intolerant - menschlich eben (Idrissa Ouedraogo). Ein detailreicher, liebevoller Film voller Lebensfreude, ein Film, der Zeit zum Zusehen, zum Entdekken seiner reichen, verhaltenen Poesie läßt. *Zoom*

Ein ruhiger, intensiver Film aus Burkina Faso, der die Geschichte zweier Kinder in einem westafrikanischen Dorf erzählt. Im Mittelpunkt steht Sana, die von der Dorfgemeinde ausgestoßen wurde. Doch ihr (und den Frauen im Dorf) verdankt das junge Mädchen Nopoko schließlich ihr Leben. Ein klarer und sicherer Film vom Sieg des Humanismus über Vorurteile. *André Simonoviescz, tip*

Gregor Dotzauer in: FAZ, 3.2.90; G. Göckenjan in: tz, 2.3.90; Heike Kühn in: FR, 2.2.90; Kai Niemeyer in: AZ, 1.3.90; H.G. Pflaum in: SZ, 2.3.90; Carla Rhode in: Der Tagesspiegel, 2.2.90; Werner Schneider in: epd Film, 2/90

Erwachsenwerden in der Sahelzone: »Yaaba«.

Z

Zärtliche Liebe 1079
FRESH HORSES **

Regie: David Anspaugh
Darsteller: Molly Ringwald (Jewel), Andrew McCarthy (Matt Larkin), Patti D'Arbanville (Jean), Ben Stiller (Tipton), Leon Russom (Larkins Vater), Molly Hagan (Ellen), Rachel Jones, Viggo Mortensen, Doug Hutchison, Chiara Peacock, Welker White
Drehbuch: Larry Ketron, nach seinem gleichn. Theaterstück
Kamera: Fred Murphy (CFI Color)
Musik: David Foster, Patrick Williams
Schnitt: David Rosenbloom
Produktion: Dick Berg für Weintraub Ent. Group, USA 1988
Verleih: Columbia Tri-Star/-/-/RCA Video
Kinostart: 31.5.1990
FSK: ab 12, nffr.
Länge: 102 Min.

»Zärtliche Liebe« entsteht zwischen dem braven, cleveren College-Jungen Matt und der aus niedrigerer sozialer Schicht stammenden Jewel. Doch sie kann seine besserwisserische Arroganz nicht ertragen, und er zerbricht fast, als er erfährt, daß sie erst 16 und schon verheiratet ist. Trotz beachtlicher schauspielerischer Leistung von Andrew McCarthy einer der langweiligsten, sicher aber der humorloseste Film zum Thema Jugendliebe. *Achim Forst, tip*

Claudia Schülke in: FAZ, 7.7.90; Anke Sterneborg in: Der Tagesspiegel, 22.6.90

Das Zauberschwert 1080
THE MAGIC SWORD ***
TV

Regie: Bert I. Gordon
Darsteller: Basil Rathbone (Lodac), Estelle Winwood (Sybil), Gary Lockwood (George), Anne Helm (Prinzessin Helen), Liam Sullivan (Sir Branton), John Mauldin (Sir Patrick), Leroy Johnson (Sir Ulrich), Angus Duncan (Sir James), Jacques Gallo, David Cross, Taldo Kenyon
Drehbuch: Bernard Schoenfeld
Kamera: Paul Vogel (Eastmancolor)
Musik: Richard Markowitz
Schnitt: Harry Gerstadt
Produktion: Bert I. Gordon Prod., USA 1962
Sendetermin: 28.4.1990, ARD, 23.35 Uhr
Länge: 80 Min.

Von seiner Hexentante Sybil mit Zauberpferd und Zauberschwert ausgerüstet, zieht der wackere Ritter George zusammen mit sechs Kumpeln aus, die Prinzessin Helene aus den Fängen des Zauberers Lodak zu befreien. Eine schön doofe Verunstaltung der Legende von St. Georg und dem Drachen, die vor allem von ihren skurrilen Charakteren, der Corman-ähnlichen Betonung ihrer totalen Künstlichkeit und dem Spaß lebt, den alle Beteiligten bei den Dreharbeiten offensichtlich hatten.
Lexikon des Fantasy-Films

Zazie 1081
ZAZIE ***

Regie: Go Riju
Darsteller: Yoshito Nakamura (Zazie), Masumi Miyazaki (Kyoko), Rikaco (Megumi), Tetsua Sugimoto (Sunada), Yuki Matsushita (Bun), Kiyoshi Namikata (Tatsuo Yamamura), Michiko Amahisa, Baku Numata
Drehbuch: Go Riju
Kamera: Jyoji Ide (Farbe)
Musik: Odd-Bowz-Band
Schnitt: Kan Suzuki
Produktion: Cinema City, Japan 1989
Verleih: Freunde der deutschen Kinemathek (nicht gewerblich)
EA: 12.2.1990, Int. Forum des jungen Films
Kinostart: 1990
Länge: 95 Min.
Original mit Untertitel

Unbekanntes Tokio. Nicht die neondurchglänzte, verkehrsüberflutete Schauseite der Metropole ist Schauplatz, sondern deren Abseite, der häßliche Hafendistrikt mit dampfspeienden Kraftwerken, öden Lagerhäusern, Fabriken und trostlosen Wohnbaracken. Der Punk-Rock-Sänger Zazie kehrt hierhin zurück, um an diesem tristen Ort zur Ruhe und zum Nachdenken über sich und sein gehetztes Leben zu kommen. Dem Blick in die Kaffeetasse und auf das spärliche Mobiliar seines Appartements folgt bald der in sein eigenes Gesicht, mit dem er erst unbeholfen, dann immer beredter werdend Zweisprache hält (...) Go Rijus erster langer Film ist ein frisch und unbefangen wirkendes Experimentieren mit unterschiedlichen Filmformen, Dokumentarfilm-Elemente werden in Spielsequenzen integriert, Video-Inserts dazugemischt, und langsam wächst aus der Fülle scheinbar desperater Teile das Porträt dieses jungen japanischen, uns in seinen Motiven so ganz und gar vertrauten Verweigerers zusammen.

Carla Rhode, Tagesspiegel

Ronald Glomb in: Volksblatt Berlin, 14.2.90; Michael Kötz in: FR, 15.2.90

Der 10. Mann 1082

THE TENTH MAN ***

Video

Regie: Jack Gold
Darsteller: Anthony Hopkins (Louis Chavel), Kristin Scott Thomas, Derek Jacobi, Brenda Bruce, Paul Rogers, Timothy Watson, Cyril Cusack, Geoffrey Bayldon
Drehbuch: Lee Langley, nach dem Roman von Graham Greene
Kamera: Alan Hume (Farbe)
Musik: Lee Holdridge
Produktion: David A. Rosemont, David Hill für William Self Prod./Rosemont Prod., GB 1988
Verleih: -/-/-/MGM-UA Video
Videostart: 23.1.1990
Sendetermin: 4.12.1988, CBS
FSK: ab 12 J.
Länge: 95 Min.

Während des Zweiten Weltkriegs wird der reiche Anwalt Chavel von den Deutschen als Geisel genommen und soll erschossen werden. Es gelingt Chavel, mit Michel, einem armen Teufel, zu tauschen, dem er seine Güter vermacht. Nach dem Krieg begibt sich Chavel auf sein ehemaliges Besitztum, wo inzwischen Michels Mutter und Schwester leben und alsbald ein unheimlicher Fremder mit Chavels Namen in Erscheinung tritt. Im Stil einer TV-Serie inszeniertes psychologisches Drama, das die Zeitatmosphäre mit einer gewissen Sorgfalt rekonstruiert, in der jedoch die blaß gezeichneten Figuren unglaubwürdig agieren.

Zoom

Zeichen des Unheils 1083

SNAK BEDY **

Regie: Michail Ptaschuk
Darsteller: Nina Ruslanowa (Stepanida), Gennadi Garbuk (Petrok), Jewgeni Platochin, Wladimir Gostjuchin, Wladimir Jemeljanow
Drehbuch: Jewgeni Grigorjew, Oskar Nikitsch, nach der gleichn. Erzählung von Wassil Bykau
Kamera: Tatjana Loginowa (Farbe)
Musik: Oleg Jantschenko
Produktion: Belarusfilm, UdSSR 1986
Verleih: Progreß/-/-
Kinostart: 31.8.1990
Länge: 120 Min.

Das Leid und die Tapferkeit einfacher Bauern im Hinterland sind Gegenstand dieses sowjetischen Films. Es ist ein ungewöhnlicher Film über den Krieg und gegen den Krieg. Es ist ein Film über die moralische Kraft der Schwachen, die sich totalitärer Gewalt entgegenstellen. Das Grundanliegen des belorussischen Schriftstellers Wassil Bykau erweist sich dabei als durchaus gegenwartsbezogen. (...)

Kino DDR

Zeichen und Wunder 1084

WAITING FOR THE LIGHT ***

Regie: Christopher Monger
Darsteller: Shirley MacLaine (Tante Zena), Teri Garr (Kay), Hillary Wolf (Emily), Colin Baumgartner (Eddie), Clancy Brown (Joe), Vincent Schiavelli (Mullins), John Bedford Lloyd (Pfarrer Stevens)
Drehbuch: Christopher Monger
Kamera: Gabriel Beristain (Farbe)
Musik: Michael Storey
Schnitt: Eva Gardos
Produktion: Ron Bozman, Caldecot Chubb für Epic/Edward R. Pressman Prod., USA 1990
Verleih: Tivoli/Fleur/Stamm-Film/21st Century Video

EA: 19.2.1990, Int. Filmfestspiele Berlin »Panorama«
Kinostart: 7.6.1990
FSK: ab 12, ffr.
Länge: 94 Min.
FBW: Wertvoll

Eine alleinerziehende Frau mit zwei Kindern, die mit ihrer Tante zusammenlebt, erbt ein heruntergekommenes Café in der Provinz. Nachdem ein spleeniger Nachbar ein scheinbares Wunder erlebte, floriert das Geschäft, allerdings mit Komplikationen.
(...) In dieser Skurrilkomödie von Christopher Monger überlagern sich britischer Schwarzhumor und amerikanischer Naiv-Frohsinn, Spinnerwitz und Provinzgemüt (1962, Kuba-Krise, Kennedy, Kriegsgefahr):
Die Erbschaft einer verschlampten Bulettenkneipe an der Nordwestküste beschert einer Chicagoer Exzentrikersippe allerhand Zoff und Schabernack zur Zukunftsangst. Ein freundliches Simsalabim-Filmchen, eingebettet ins Zeitbild der frühen sechziger Jahre. *Ponkie, AZ*

Thomas Brandlmeier in: epd Film, 6/90; Elke Frick in: FR, 19.6.90; Rolf Lenz in: Prinz, 6/90; H.G. Pflaum in: SZ, 20.6.90; Ralph Umard in: tip, 12/90; Verena Lueken in: FAZ, 13.6.90

Die Zeit der bunten Vögel 1085

WHERE THE HEART IS ***

Regie: John Boorman
Darsteller: Uma Thurman (Daphne), Dabney Coleman (Stewart McBain), Joanna Cassidy (Jean), Crispin Glover (Lionel), Susan Amis (Chloe), David Hewlett (Jimmy), Christopher Plummer, Maury Chaykin, Dylan Walsh, Ken Pogue
Drehbuch: John Boorman, Telsche Boorman
Kamera: Peter Suschitzky (Farbe)
Musik: Peter Martin
Schnitt: Ian Crafford
Produktion: John Boorman für Touchstone Pic. mit Silver Screen Partners IV, USA 1990
Verleih: Senator/-/Monopole Pathé/ Starlight-Film Video
Kinostart: 3.5.1990
FSK: ab 12, ffr. – *FBW:* Wertvoll
Länge: 107 Min.

Suzy Amis und Uma Thurman in John Boormans »Die Zeit der bunten Vögel«.

»Zeit der Illusionen« für Fernando Fernán Gomez und Laura del Sol.

(...) Schade, daß die originelle Wallstreet-, Kunstgewerbe- und Philosophie-Komödie (mit Christopher Plummer als Penner-Guru) sich dann im Exzentriker-Hokuspokus verzettelt und die Buntvogel-Harmonie der Junior- und Senior-Yuppies als Bauchladen-Lebenshilfe verhökert: Boormans Ego-Clowns – bescheuert und unverwüstlich.

Ponkie, AZ

Bei den McBains, einer reichen New Yorker Bauunternehmer-Familie, geht alles drunter und drüber. Kaum hat Papa seine längst erwachsene Kinderschar aus dem Elternhaus vertrieben, damit sie auf eigenen Füßen stehen lernen, verspekuliert er sich fürchterlich und wird zum Bettler. In faszinierenden Bildern wird von der Wandlung der Familie berichtet. John Boormans Film erinnert auf den ersten Blick an die naive Welt der Märchen, erzählt aber ziemlich kritisch von den Werten der Großstadtmenschen am Ende des 20. Jahrhunderts.

Zoom

Bodo Fründt in: SZ, 4.5.90; Roland Huschke in: tip, 9/90; Rolf Lenz in: Prinz, 5/90; Andreas Obst in: FAZ, 7.5.90; Carla Rhode in: Der Tagesspiegel, 4.5.90

Zeit der Illusionen 1086

LOS ZANCOS

****

TV

Regie: Carlos Saura
Darsteller: Fernándo Fernán Gómez (Angel), Laura del Sol (Teresa), Antonio Banderas (Alberto), Francisco Rabal (Manuel), Anparo Soto, Enrique Pere
Drehbuch: Carlos Saura, Fernando Fernán Gómez
Kamera: Teo Escamilla (Eastmancolor)
Musik: Grupo de musica judeo-española Madrid
Schnitt: Pablo G. Del Amo
Produktion: Emiliano Piedra Prod., Spanien 1984
Sendetermin: 9.5.1990, ZDF, 23.20 Uhr
Länge: 92 Min.

Ein sehr elegischer, fast meditativer Film ist Carlos Sauras »Zeit der Illusionen«: Stimmungen einer Altersdepression, sensibel nachgelebt in kultiviertem Erinnerungs-Mißmut und neuen erotischen Wunschträumen von Fernándo Fernán Gómez. Als Professor, dessen Frau gestorben ist und der gerade Selbstmord begehen will, wird er in die Theateraktivitäten seiner jugendlichen Nachbarin hineingezogen - Kreativität und Liebe (Laura del Sol als Objekt der Begierde) wecken kurz seine Lebensgeister. Da ist viel Symbolik im Spiel beim Laien-Straßentheater auf Stelzen, und Sauras stille Versenkung in das lahmgelegte, wieder erwachende und aufs neue abgewürgte Lebensgefühl des Alten endet in Melancholie.

Ponkie, AZ

Hartmut Regitz in: Stgt. Zeitung, 11.5.90

Zeit der Rache 1087

****

Regie: Anton Peschke
Darsteller: Cumhur Vural (Orhan), Otto Sander (Robert), Dominic Raacke (Werner), Anette Uhlen (Sylvie), Tuncel Kurtiz (Großvater)
Drehbuch: Anton Peschke, Milan Dor, Gebhard Birnbaumer
Kamera: Michael Riebl (Fujicolor)
Musik: Willi Resetarits, Schurli Herrnstadt
Schnitt: Ulli Schwarzenberger
Produktion: Danny Krausz, Milan Dor für Dor-Film, Österreich 1990
Verleih: -/Filmladen/-
UA: 27.9.1990, San Sebastian Film Festival
Kinostart: 19.10.1990
Länge: 93 Min.

Ein türkischer Bub übernimmt die eigentlich seinem Onkel zugedachte Aufgabe, den Unfalltod seines Vaters in Wien zu »rächen«. Weithin gelungenes Regiedebüt des Kameramannes Anton Peschke mit glaubwürdiger Milieuschilderung. *multimedia*

Zeit der Rache 1088

TIEMPO DE MORIR

***

TV

Regie: Jorge Ali Triana
Darsteller: Gustavo Angarita (Juan Sayago), Sebastian Ospina (Julian Trueba), Jorge Emilio Salazar (Pedro Trueba), Maria Eugenia Davila (Mariana), Lina Botero (Sonia), Enrique Almirante
Drehbuch: Gabriel García Márquez
Kamera: Mario García Joya (Farbe)
Musik: Leo Bower, Nafer Duran
Schnitt: Nelson Rodriguez
Produktion: Focine/ICAIC, Kolumbien/Kuba 1985
Sendetermin: 9.9.1990, ZDF, 23.40 Uhr
Länge: 94 Min.

Eine literarische Entdeckung mumifizierter lateinamerikanischer Mannesehre: Der Film suchte Verständnis zu wecken für jene niederschmetternden Rituale der »Ehre«, die dem Manne das Gebot der Blutrache vorgaukeln und ihn Vernunft mit Feigheit und Mut mit dummer Gewalt verwechseln lassen. Man sah's beeindruckt und mit Grausen. *AZ*

Hannoversche Allgemeine Zeitung, 11.9.90

Zigeunerin Asa 1089

ZIGANKA ASA

***

Regie: Grigori Kochan
Darsteller: Ljalja Shemtschushnaja (Asa), Jelena Ponomarenko (Galja), Igor Krikunow (Wassili), Alexander Bondarenko (Pylyp), Berta Chapawa (Gordylja), Wiktoras Schinkarjukas (Aprasch)
Drehbuch: Grigori Kochan, Jaroslaw Stelmach, nach Motiven eines Stückes von M. Starizki
Kamera: Arkadi Perschin (Farbe)
Musik: Wladimir Gronski
Produktion: Dowshenko-Studio, UdSSR 1988
Verleih: Progreß/-/-
Kinostart: 3.8.1990
Länge: 99 Min.

Ukraine, XIX. Jahrhundert. Der junge Zigeuner Wassil liebt die schöne, feurige Asa - doch er verläßt seinen Stamm, um bei der Bäuerin Galja Heim und Familie zu suchen. Von seiner Mutter verflucht, von den ukrainischen Bauern gemieden, schuldig am frühen Tod der beiden Frauen, die ihn liebten, endet Wassil fatal in dem Brunnen, den er nach altem Brauch zur Sühne seiner Schuld graben will: Denn nach dem anderen alten Glauben seines Volkes darf ein Zigeuner die Erde nicht verwunden... *Kino DDR*

Zombie High 1090

ZOMBIE HIGH *

Video

Regie: Ron Link
Darsteller: Virginia Madsen (Andrea), Richard Cox (Philo), Kay Kuter (Dean Eisner), James Wilder (Barry), Sherilyn Fenn (Suzi), Paul Feig (Emerson), T. Scott Coffey (Felner), Paul Williams (Ignatius), Henry Sutton (Bell), Clare Carey (Mary Beth)
Drehbuch: Tom Doyle, Elizabeth Passerelli, Aziz Ghazal
Kamera: Brian Coyne, David Lux (Farbe)
Musik: Daniel May
Schnitt: Shawn Hardin, James Whitney
Produktion: Aziz Ghazal, Marc Toberoff für Priesthill, USA 1987
Verleih: -/-/-/Lightning Video
Videostart: Januar 90
FSK: nicht unter 18 J.
Länge: 91 Min.

Eine Studentin bemerkt zu ihrem Grausen, daß ihre Professoren sämtliche Kommilitonen am Hirn operieren, um aus ihrem Gewebe ein Unsterblichkeitsserum zu gewinnen. Ernstgemeintes Horror-Cheapie aus den Lobotomy Studios.

Zu schön für Dich! 1091

TROP BELLE POUR TOI! ****

Regie: Bertrand Blier
Darsteller: Gérard Depardieu (Bernard Barthélémy), Josiane Balasko (Colette Chevassu), Carole Bouquet (Florence Barthélémy, Nachbarin von Colette), Roland Blanche (Marcello), François Cluzet (Pascal), Didier Bénureau (Léonce), Philippe Loffredo (Tanguy), Sylvie Orcier, Myriam Boyer, Flavien Lebarbe, Juana Marques, Denise Chalem, Jean-Louis Cordina
Kamera: Philippe Rousselot (Farbe)
Musik: Franz Schubert, Francis Lai
Schnitt: Claudine Merlin
Produktion: Bertrand Blier für Ciné Valse/ D.D. Prod./Orly Films/SEDIF/TF1, Frankreich 1989
Verleih: prokino/top-film/Alpha
UA: 11.5.1989, Int. Filmfestspiele Cannes
EA: 28.6.1990, Filmfest München
Kinostart: 8.11.1990
FSK: ab 16, ffr.
Länge: 91 Min.
Der Film wurde 1989 auf dem Int. Filmfestival in Cannes mit dem Spezialpreis der Jury ausgezeichnet und erhielt 1990 fünf Césars.

Gérard Depardieu und Carole Bouquet in »Zu schön für Dich!«.

Eine Komödie mit Musik: Bernard verliebt sich in seine rundliche Sekretärin und verläßt seine schöne Frau. Er haßt Schubert, dessen Musik ein integraler Teil des Films ist, und ist so feige, daß er am Ende beide Frauen verliert. Entlarvende Parodie aufs französische Bürgertum, die wegen Zeitsprüngen manchmal verwirrend erscheinen mag. *André Simonoviescz, tip*

Michael Althen in: SZ, 19.11.90; Volker Baer in: Der Tagesspiegel, 15.11.90; Marli Feldvoss in: FAZ, 8.11.90; Heike Kühn in: Freitag, 16.11.90; Karl-Heinz Schäfer in: Prinz, 11/90; Helmut Schmitz in: FR, 8.11.90

Der Zufall möglicherweise 1092

PRZYPADEK ****

TV

Regie: Krzysztof Kiéslowski
Darsteller: Boguslaw Linda (Witek Dlugosz), Tadeusz Lomnicki (Werner), Zbigniew Zapasiewicz (Adam), Boguslawa Pawelec (Csuszka), Marzena Trybala, Jacek Botrowski, Monika Gózdzik, Zbigniew Hübner, Jerzy Stuhr
Drehbuch: Krzysztof Kiéslowski
Kamera: Krzsztof Pakulski (Farbe)
Musik: Wojciech Kilar
Schnitt: Elzbieta Kurowska
Produktion: Zespoly Filmowe, Gruppe »Tor«, Polen 1982
EA: Filmfest München 1987
Sendetermin: 3.1.1990, ZDF, 22.40 Uhr
Länge: 122 Min.

(...) Ein vielfältig deutbarer Denkfilm über Opportunismus, Gewissen und »neutrales« Wegschauen – doch entscheiden muß sich jeder allein, der

»Zufall« gibt kein Alibi. Bitterkeit ist inbegriffen in diesem polnischen Vexierbild des Terrorstaats, der für den Machterhalt wütend um sich schlägt.

Ponkie, AZ

Ein polnischer Medizinstudent überlegt in einer für ihn kritischen Phase, ob er als parteitreuer Funktionär, als Oppositioneller oder als Arzt durchs Leben gehen soll. Im Film erprobt er die drei Wege, entscheidet sich für die Medizin - und kommt auf einer Kongreßreise bei einem Flugzeugabsturz ums Leben. Der 1982 gedrehte Film durfte erst 1986 gezeigt werden.

Birgit Amon, AZ

Christian Berger in: Stgt. Nachrichten, 5.1.90; Wilfried Wiegand in: FAZ, 5.1.90

Zum Teufel mit den Kohlen

Siehe »Limit Up - Zum Teufel mit den Kohlen«

Zur Hölle mit dem Himmelhund

Siehe »Cold Dog - Zur Hölle mit dem Himmelhund«

Zurück in die Zukunft III 1093

BACK TO THE FUTURE III ***

Regie: Robert Zemeckis
Darsteller: Michael J. Fox (Marty/Seamus McFly), Christopher Lloyd (Dr. Emmett Brown), Mary Steenburgen (Clary Clayton), Thomas F. Wilson (Buford-Mad Dog-Tannen/Biff Tannen), Lea Thompson (Maggie/Lorraine McFly), Elisabeth Shue (Jennifer), Matt Clark, Richard Dysart, James Tolkan, Pat Buttram, Harry Carey jr., ZZ Top
Drehbuch: Bob Gale, nach einer Story von Robert Zemeckis, Bob Gale
Kamera: Dean Cundey; Don Burgess, 2d unit (Deluxe Color)
Musik: Alan Silvestri
Schnitt: Arthur Schmidt, Harry Keramidas
Produktion: Bob Gale, Neil Canton für Amblin Ent. Prod., USA 1990
Verleih: UIP/UIP/UIP/CIC Video
UA: 25.5.1990, New York
Kinostart: 12.7.1990
FSK: ab 12, ffr. - *FBW:* Wertvoll
Länge: 119 Min.

Professionelle Zeitreisende: »Zurück in die Zukunft III«-Produzent/Autor Bob Gale und Regisseur Robert Zemeckis

Der Film schickt Marty McFly auf Abenteuerurlaub in den Wilden Westen des Jahres 1885, wo er mit seinem DeLorean beinahe auf der Ranch seiner Vorfahren vorfährt. Der dritte Teil der Trilogie, der alle Standardsituationen des Western durchspielt, ist ein einziges Déjà-vu-Erlebnis, bei dem es garantiert nichts zu sehen gibt, was es noch nie zuvor zu sehen gab. »Zurück in die Zukunft« wirkt wie ein kinematographisches Perpetuum mobile, das aus sich selbst Filme hervorbringen könnte bis zum jüngsten Tag. *Lars-Olav Beier, tip*

Ponkie in: AZ, 14.7.90

Zwang zum Töten 1094

BLUE VENGEANCE *

Video

Regie: Dan Kuchuck
Darsteller: Rick Washburn, Johnny Stumper, John Rano, Stewart Garrison, Dan Lutzky, Carolyn Puleo
Drehbuch: Dan Kuchuck, John Weiner, J. Christian Ingvordsen
Kamera: Steven W. Kaman (Farbe)
Musik: Walter Fritz
Produktion: J. Christian Ingvordsen, Steven W. Kaman für Cinema Sciences/Shapiro-Glickenhaus, USA 1990
Verleih: -/-/-/RCA-Columbia Video
Videostart: 7.8.1990
FSK: nicht unter 18 J.
Länge: 99 Min.

Aus dem Gefängnis entflohener Psychopath mordet sich durch die Mitglieder einer Heavy Metal-Band; ein Polizist und eine Punkerin können den Verrückten bei einem mittelalterlichen Ritterduell schließlich überwältigen. Mit wirren Schnitten und konfusen Rückblenden aufgemotzter Billigschocker.

Zwei Fische auf dem Trockenen 1095

MARCHE A L'OMBRE ***

Regie: Michel Blanc
Darsteller: Michel Blanc (Denis), Gérard Lanvin (François), Sophie Deuz (Mathilde), Mimi Felixine (Marie-Gabriele), Béatrice Camurat (Martine), Maka Kotto (Joseph), Prosper Niang (Prosper), Bernard Farcy (Monsieur Christian), Katrine Boorman (Katrina)
Drehbuch: Michel Blanc, Patrick Dewolf
Kamera: Eduardo Serra (Farbe)
Musik: Renaud, Tephone, La Velle, Jacques Delaporte
Schnitt: Joëlle Hache
Produktion: Christian Fechner für Films Christian Fechner/Films A2, Frankreich 1984
Verleih: Metropol/Fleur/-/VPS Video
UA: 17.10.1984, Paris
Kinostart: 6.9.1990
FSK: ab 12, ffr.
Länge: 85 Min.

Der Film erzählt von François und Denis, die wie Hund und Katze sind. Der eine gibt sich cool, der andere ist ein Hypochonder, beide streunen abgebrannt durch Paris und halten sich mühsam über Wasser. Lahme, in die Länge gezogene Klamotte. Michel Blanc ist als französischer Möchtegern-Woody-Allen völlig uninteressant und nervend. *Hans-Ulrich Pönack, tip*

Daniel Brunner in: FAZ, 22.8.90; Heike Kühn in: FR, 18.8.90

Zwei Italiener mögen's heiß 1096

BELLIFRESCHI **

TV

Regie: Enrico Oldoini
Darsteller: Christian de Sica (Jerry), Lino Banfi (Tom), Lionel Stander (Frank Santamaria), Lisa Lavendre (Sandra), Monica Frassinelli (Conchita), Marina Viro, Rosanna Banfi
Drehbuch: Enrico Oldoini, Paolo Costella, Liliana Betti
Kamera: Giorgio di Battista (Farbe)
Musik: Manuel de Sica
Produktion: Int. Dean Film/Danice/Reteitalia, Italien 1987
Sendetermin: 10.8.1990, ARD, 20.15 Uhr
Länge: 89 Min.

Eine überdeutliche Anspielung auf Billy Wilders Klassiker. Die italienischen Komiker Tom und Jerry, die ihr Karriere-Glück in den USA versuchen, sind nach einem Einbruch in eine Hollywood-Villa auf der Flucht vor der Polizei. Als »Singende Kellnerinnen« entkommen sie, doch die nächste Komplikation läßt nicht lange auf sich warten: Ein alternder Mafiaboß verliebt sich leidenschaftlich in die knackige Maid Tom. Zwei Söhne des großen Vittorio de Sica sind hier mit von der Partie: Christian spielt den Jerry und Manuel schrieb die Filmmusik. *Birgit Amon, AZ*

Zwei Mädchen vom Lande 1097

THE COUNTRY GIRLS ***

TV

Regie: Desmond Davis
Darsteller: Maeve Germaine (Kate), Jill Doyle (Baba), Sam Neill (Mr. Gentleman), John Olohan (Hickey), John Kavanagh (James), Britta Smith (Lil), Patricia Martin (Babas Mutter), Des Nealon, Sheila Flitton
Drehbuch: Edna O'Brien, nach ihrem Roman
Kamera: Denis Lewiston (Farbe)
Musik: Francis Shaw
Schnitt: Timothy Gee
Produktion: London Film/Irish Film Board, GB/Irland 1983
Sendetermin: 7.10.1990, ZDF, 22.50 Uhr
Länge: 102 Min.

Eine selige Welle von ländlicher Irland-Nostalgie der fünfziger Jahre überspülte den Zuschauer: Die hochbegabte Kate, Säufer-Tochter mit Klosterstipendium, und ihre egozentrisch intrigante Schulfreundin Baba, in strenger Klosterzucht darbend und in

Maeve Germaine und Jill Doyle als »Zwei Mädchen vom Lande« in Dublin.

Dubliner Großstadtsünde schwelgend. Provinz-Romantik und scheue, verbotene Liebe zum verheirateten Ritter - ein Heimweh-Seufzer aus naiver Jugendzeit, schön sentimental und innig. *Ponkie, AZ*

Stuttgarter Zeitung, 9.10.90

Zwei Stunden bis zur Ewigkeit

Siehe »White Panther II - Zwei Stunden bis zur Ewigkeit«

Zwei tugendhafte Frauen 1098

***

Regie: Huang Jianzhong
Darsteller: Gu Yan, Fu Yiwei, He Wei, Li Baotian, Wang Zhengrong
Drehbuch: Gu Hua, nach der gleichn. Erzählung von Gu Hua
Kamera: Chen Youqun (Farbe)
Musik: Shi Wanchun
Produktion: Beijing Film Studio, China 1988
Verleih: Progreß/-/-
Kinostart: 9.3.1990
FSK: ab 14 J.
Länge: 105 Min.

Zwei junge Frauen, deren Männer früh gestorben sind, leiden unter der unerbittlichen Moralnorm, ewig Witwen bleiben zu müssen. Qingyu, vom feudalen Verhaltenskodex der Zeit gefesselt, Guihua, eine Frau unserer Tage, vom dunklen Schatten der Tradition belastet. Doch während die eine ihre schüchtern erwachenden Gefühle mit dem Tod bezahlt, bekennt sich viele Generationen später die geistige Schwester zu ihrer Liebe. Der lange Weg der Emanzipation in einem entfernten Kulturkreis - verhalten und einfühlsam in einem neuen Film aus China erzählt.

Kino DDR

Zwei Uhr morgens 1099

WUYE LIANG DIAN

***

Regie: Bao Zhifang
Darsteller: Yan Xiaoping, Wang Shikui
Drehbuch: Hu Huiying, Zhao Zhifang, Shen Yaoting
Kamera: Zhou Zaiyuan (Farbe)
Musik: Liu Yanxi
Produktion: Shanghai-Filmstudio, China 1987
Verleih: Progreß/-/-
Kinostart: 16.3.1990
FSK: ab 14 J.
Länge: 105 Min.

Plötzlich und für Dr. Cao Dongming lange Zeit unerklärlich ist über die Familie seiner Frau der Wohlstand gekommen. Eingeweiht hat ihn niemand, aber er hat ja Augen zu sehen und Ohren zu hören. Und auch Hände zu handeln... Denn von Geld und Luxus träumte er schon in seinen Anfangsjahren als junger Arzt. Jetzt scheint die große Gelegenheit greifbar nahe - die Träume der Vergangenheit sind in ihm wieder wach. Da aber gefährdet seine Frau alle Pläne, indem sie die Scheidung will. *Kino DDR*

Festivals, Preise und Auszeichnungen

Preise und Auszeichnungen

Oscars 1990

Schon bei den Nominierungen für die 62. Verleihung der Preise der amerikanischen Filmakademie gab es eine große Überraschung. Wenige Wochen zuvor war Oliver Stones *Geboren am 4. Juli* als der große Sieger aus der Golden Globe-Wahl hervorgegangen und galt auch als der große Favorit auf die meisten Oscars. Die Auswahl-Jurys entschieden anders: Mit neun Nominierungen lag schließlich *Miss Daisy und ihr Chauffeur* von Bruce Beresford vorne, der schließlich auch den Preis für den besten Film des Jahres erhielt. Aus deutscher Sicht gab es eine besondere Überraschung: Der Animationsfilm *Balance* der Hamburger Zwillingsbrüder Wolfgang und Christoph Lauenstein erhielt in seiner Sparte den Preis.

Bester Film: Nominiert waren *Geboren am 4. Juli*, *Der Club der toten Dichter*, *Miss Daisy und ihr Chauffeur*, *Das Feld der Träume*, *Mein linker Fuß*. Ausgezeichnet wurde ***Miss Daisy und ihr Chauffeur*** von Bruce Beresford.

Beste Hauptdarstellerin: Nominiert waren Isabelle Adjani für *Camille Claudel*, Pauline Collins für *Shirley Valentine*, Jessica Lange für *Music Box*, Michelle Pfeiffer für *Die fabelhaften Baker Boys*, Jessica Tandy für *Miss Daisy und ihr Chauffeur*.
Ausgezeichnet wurde ***Jessica Tandy*** in *Miss Daisy und ihr Chauffeur*.

Bester Hauptdarsteller: Nominiert waren Kenneth Branagh für *Henry V.*, Tom Cruise für *Geboren am 4. Juli*, Daniel Day Lewis für *Mein linker Fuß*, Morgan Freeman für *Miss Daisy und ihr Chauffeur*, Robin Williams für *Der Club der toten Dichter*. Ausgezeichnet wurde ***Daniel Day Lewis*** in *Mein linker Fuß*.

Beste Nebendarstellerin: Nominiert waren Brenda Fricker für *Mein linker Fuß*, Anjelica Huston für *Feinde*, Julia Roberts für *Magnolien aus Stahl*, Dianne Wiest für *Eine Wahnsinns-Familie*. Ausgezeichnet wurde ***Brenda Fricker*** in *Mein linker Fuß*.

Bester Nebendarsteller: Nominiert waren Danny Aiello für *Do the Right Thing*, Dan Aykroyd für *Miss Daisy und ihr Chauffeur*, Marlon Brando für *Weiße Zeit der Dürre*, Martin Landau für *Verbrechen und andere Kleinigkeiten*, Denzel Washington für *Glory*. Ausgezeichnet wurde ***Denzel Washington*** in *Glory*.

Beste Regie: Nominiert waren Oliver Stone für *Geboren am 4. Juli*, Woody Allen für *Verbrechen und andere Kleinigkeiten*, Peter Weir für *Der Club der toten Dichter*, Kenneth Branagh für *Henry V.*, Jim Sheridan für *Mein linker Fuß*. Ausgezeichnet wurde ***Oliver Stone*** für *Geboren am 4. Juli*.

Bestes Original-Drehbuch: Nominiert waren Woody Allen für *Verbrechen und andere Kleinigkeiten*, Tom Schulman für *Der Club der toten Dichter*, Spike Lee für *Do the Right Thing*, Steven Soderbergh für *Sex, Lügen und Video*, Nora Ephron für *Harry und Sally*. Ausgezeichnet wurde ***Tom Schulman*** für *Der Club der toten Dichter*.

Bestes adaptiertes Drehbuch: Nominiert waren Oliver Stone und Ron Kovic für *Geboren am 4. Juli*, Alfred Uhry für *Miss Daisy und ihr Chauffeur*, Roger L. Simon und Paul Mazursky für *Feinde*, Phil Alden Robinson für *Das Feld der Träume*, Jim Sheridan und Shane Connaughton für *Mein linker Fuß*. Ausgezeichnet wurde ***Alfred Uhry*** für *Driving Miss Daisy*.

Beste Ausstattung: Nominiert waren

Leslie Dilley und Anne Kuljian für *Abyss*, Dante Ferretti und Francesca Lo Schiavo für *Die Abenteuer des Baron Münchhausen*, Anton Furst und Peter Young für *Batman*, Bruno Rubeo und Crispian Sallis für *Miss Daisy und ihr Chauffeur*, Norman Garwood und Garrett Lewis für *Glory*. Ausgezeichnet wurden ***Anton Furst*** und ***Peter Young*** für *Batman*.

Beste Kamera: Nominiert waren Mikael Salomon für *Abyss*, Haskell Wexler für *Blaze*, Robert Richardson für *Geboren am 4. Juli*, Michael Ballhaus für *Die fabelhaften Baker Boys*, Freddie Francis für *Glory*. Ausgezeichnet wurde ***Freddie Francis*** für *Glory*.

Beste Kostüme: Nominiert waren Gabriella Pescucci für *Die Abenteuer des Baron Münchhausen*, Elizabeth McBride für *Miss Daisy und ihr Chauffeur*, Joe I. Tompkins für *Harlem Nights*, Phyllis Dalton für *Henry V.*, Theodor Pistek für *Valmont*. Ausgezeichnet wurde ***Phyllis Dalton*** für *Henry V.*

Bester Schnitt: Nominiert waren Noelle Boisson für *Der Bär*, David Brenner und Joe Hutshing für *Geboren am 4. Juli*, Mark Warner für *Miss Daisy und ihr Chauffeur*, William Steinkamp für *Die fabelhaften Baker Boys*, Steven Rosenblum für *Glory*. Ausgezeichnet wurden ***David Brenner*** und ***Joe Hutshing*** für *Geboren am 4. Juli*.

Beste Maske: Nominiert waren Maggie Weston und Fabrizio Storza für *Die Abenteuer des Baron Münchhausen*, Dick Smith, Ken Diaz und Greg Nelson für *Dad*, Manilo Rocchetti, Lynn Barber und Kevin Haney für *Miss Daisy und ihr Chauffeur*. Ausgezeichnet wurden ***Manilo Rocchetti, Lynn Barber, Kevin Haney*** für *Miss Daisy und ihr Chauffeur*.

Beste Musik: Nominiert waren John Williams für *Geboren am 4. Juli*, David Grusin für *Die fabelhaften Baker Boys*, James Horner für *Das Feld der Träume*, John Williams für *Indiana Jones und der letzte Kreuzzug*, Alan Menken für *Die kleine Meerjungfrau*. Ausgezeichnet wurde ***Alan Menken*** für *Die kleine Meerjungfrau*.

Bester Original-Song: Nominiert waren »After All« aus »Chances Are«, »The Girl who Used To Be Me« aus »Shirley Valentine«, »I Love To See Your Smile« aus »Eine Wahnsinnsfamilie«, »Kiss The Girl« aus »Die kleine Meerjungfrau«, »Under The Sea« aus »Die kleine Meerjungfrau«. Ausgezeichnet wurden ***Alan Menken*** und ***Howard Ashman*** für *Die kleine Meerjungfrau*.

Beste Spezialeffekte: Nominiert waren John Bruno, Dennis Muren, Hoyt Yeatman und Dennis Skotak für *Abyss*, Richard Conway und Kent Houston für *Die Abenteuer des Baron Münchhausen*, Ken Ralston, Michael Lantieri, John Bell, Steve Gawley für *Zurück in die Zukunft II*. Ausgezeichnet wurden ***John Bruno, Dennis Muren, Hoyt Yeatman, Dennis Skotak*** für *Abyss*.

Bester Ton: Nominiert waren Don Bassman, Kevin F. Cleary, Richard Overton, Lee Orloff für *Abyss*, Donald O. Mitchell, Kevin O'Connell, Greg Russell, Keith A. Wester für *Black Rain*, Michael Minkler, Gregory H. Watkins, Wylie Stateman, Tod A. Maitland für *Geboren am 4. Juli*, Donald O. Mitchell, Gregg C. Rudloff, Elliot Tyson, Russell Williams II. für *Glory*, Ben Burtt, Gary Summersm, Shawn Murphy, Tony Dawe für *Indiana Jones und der letzte Kreuzzug*. Ausgezeichnet wurden ***Donald O. Mitchell, Gregg C. Rudloff, Elliot Tyson, Russell Williams II.*** für *Glory*.

Bester Tonschnitt: Nominiert waren Milton C. Burrow und William L. Manger für *Black Rain*, Ben Burtt und Richard Hymns für *Indiana Jones und der letzte Kreuzzug*, Robert Henderson und Alan Robert Murray für *Lethal Weapon 2*. Ausgezeichnet wurden ***Ben Burtt, Richard Hymns*** für *Indiana Jones und der letzte Kreuzzug*.

Bester kurzer Animationsfilm: Nominiert waren *Balance* con Christoph und Wolfgang Lauenstein, *Cow* von Alexander Petrov, *The Hill Farm* von Mark Baker. Ausgezeichnet wurden ***Christoph*** und ***Wolfgang Lauenstein*** für *Balance.*

Bester Kurzfilm: Nominiert waren *Amazon Diary* von Robert Nixon, *The Childeater* von Jonathan Tammuz, *Work Experience* von James Hendric. Ausgezeichnet wurde ***James Hendric*** für *Work Experience.*

Bester Dokumentarfilm: Nominiert waren *Adam Clayton Powell* von Richard Kilberg und Yvonne Smith, *Common Threads: Stories From The Quilt* von Robert Epstein und Bill Couturie, *Crack USA: Country Under Siege* von Vince DiPersio und William Guttentag, *For All Mankind* von Al Reinert und Betsy Broyles Breir, *Super Chief: The Life and Legacy Of Earl Warren* von Judith Leonard und Bill Jersey. Ausgezeichnet wurden ***Robert Epstein, Bill Couturie*** für *Common Threads: Stories from the Quilt.*

Bester kurzer Dokumentarfilm: Nominiert waren *Fine Food: Fine Pastries, Open 6 to 9* von David Peterson, *The Johnstown Flood* von Charles Guggenheim, *Yad Vashen: Preserving The Past To Ensure The Future* von Ray Errol Fox. Ausgezeichnet wurde ***Charles Guggenheim*** für *The Johnstown Flood.*

Bester fremdsprachiger Film: Nominiert waren *Camille Claudel* von Bruno Nuytten (Frankreich), *Cinema Paradiso* von Giuseppe Tornatore (Italien), *Jesus von Montreal* von Denys Arcand (Kanada), *Santiago, The Story of his Life* (Puerto Rico), *Waltzing Regitze* (Dänemark). Ausgezeichnet wurde ***Cinema Paradiso*** von Giuseppe Tornatore, Italien.

Ehren-Oscar: ***Akira Kurosawa***

Jean Hersholt Humanitarian Award: ***Howard W. Koch***

Golden Globes 1990

Die Hollywood Foreign Press Association hatte bereits am 27. Dezember 1989 die Filme und Filmschaffenden für die 90er Golden-Globe-Verleihung nominiert. Die endgültigen Gewinner wurden am 20. Januar bekanntgegeben. Die Preisverleihung war ein Triumph für Oliver Stone und seinen Film *Geboren am 4. Juli.*

Bester Film (Drama): Nominiert waren *Verbrechen und andere Kleinigkeiten, Der Club der toten Dichter, Do the Right Thing, Geboren am 4. Juli, Glory.* Ausgezeichnet wurde ***Geboren am 4. Juli*** von Oliver Stone.

Bester Film (Komödie/Musical): Nominiert waren *Miss Daisy und ihr Chauffeur, Shirley Valentine, Die kleine Meerjungfrau, Der Rosenkrieg,* Harry und Sally. Ausgezeichnet wurde ***Miss Daisy und ihr Chauffeur*** von Bruce Beresford.

Beste Regie: Nominiert waren Spike Lee für *Do the Right Thing,* Rob Reiner für *Harry und Sally,* Oliver Stone für *Geboren am 4. Juli,* Peter Weir für *Der Club der toten Dichter,* Edward Zwick für *Glory.* Ausgezeichnet wurde ***Oliver Stone*** für *Geboren am 4. Juli.*

Bester Darsteller (Drama): Nominiert waren Tom Cruise für *Geboren am 4. Juli,* Daniel Day Lewis für *Mein linker Fuß,* Jack Lemmon für *Dad,* Robin Williams für *Der Club der toten Dichter,* Al Pacino für *Sea of Love.* Ausgezeichnet wurde ***Tom Cruise*** in *Geboren am 4. Juli.*

Bester Darsteller (Komödie/Musical): Nominiert waren Billy Crystal in *Harry und Sally,* Michael Douglas in *Der Rosenkrieg,* Morgan Freeman in *Miss Daisy und ihr Chauffeur,* Steve Martin in *Eine Wahnsinnsfamilie,* Jack Nicholson in *Batman.* Ausgezeichnet wurde ***Morgan Freeman*** in *Miss Daisy und ihr Chauffeur.*

Beste Darstellerin (Drama): Nominiert waren Sally Field für *Magnolien aus Stahl,* Jessica Lange für *Musik Box,* Andie MacDowell für *Sex, Lügen und Video,* Liv Ullmann in *Der Rosengarten,* Michelle Pfeiffer in *Die fabelhaften Baker Boys.* Ausgezeichnet wurde ***Michelle Pfeiffer*** in *Die fabelhaften Baker Boys.*

Beste Darstellerin (Komödie/Musical): Nominiert waren Pauline Collins für *Shirley Valentine*, Meg Ryan in *Harry und Sally*, Meryl Streep in *Die Teufelin*, Jessica Tandy un *Miss Daisy und ihr Chauffeur*, Kathleen Turner in *Der Rosenkrieg*. Ausgezeichnet wurde ***Jessica Tandy*** in *Miss Daisy und ihr Chauffeur.*

Bestes Drehbuch: Nominiert waren Nora Ephron für *Harry und Sally*, Kevin Jarre für *Glory*, Spike Lee für *Do the Right Thing*, Oliver Stone und Ron Kovic für *Geboren am 4. Juli.* Ausgezeichnet wurden ***Ron Kovic*** und ***Oliver Stone*** für *Geboren am 4. Juli.*

Beste Nebendarstellerin: Nominiert waren Bridget Fonda für *Scandal*, Brenda Fricker für *Mein linker Fuß*, Julia Roberts für *Magnolien aus Stahl*, Laura San Giacomo in *Sex, Lügen und Video*, Dianne Wiest in *Eine Wahnsinnsfamilie.* Ausgezeichnet wurde ***Julia Roberts*** für *Magnolien aus Stahl.*

Bester Nebendarsteller: Nominiert waren Danny Aiello für *Do the Right Thing*, Marlon Brando in *Weiße Zeit der Dürre*, Sean Connery in *Indiana Jones und der letzte Kreuzzug*, Denzel Washington in *Glory*, Bruce Willis in *In Country.* Ausgezeichnet wurde ***Denzel Washington*** für *Glory.*

Bester Auslandsfilm: ***Cinema Paradiso*** von Giuseppe Tornatore, Italien

Cecil-B.-DeMille-Preis: ***Audrey Hepburn.***

Deutscher Filmpreis 1990

Selten ging eine deutsche Filmpreisverleihung so in die Hose wie jene am 7. Juni im Berliner Theater des Westens: Die wichtigsten deutschen Filme, – vor allem Jörg Grasers *Abrahams Gold* wurde in der Presse oft genannt – waren gar nicht unter den Preisträgern, bei der Verleihung des Filmbands an Bernhard Wicki mußte Maximilian Schell stehende Ovationen für den Leistungsträger des deutschen Films geradezu provozieren und Schell selbst gab seinen Preis zurück, weil er sich noch nicht alt genug für diese Auszeichnung fühlte. Allgemein wurde kritisiert, daß der Hauptpreis an einen nach Hollywood-Kriterien produzierten Film ging und nicht an eine typische deutsche Produktion.

Filmband in Gold: *Letzte Ausfahrt Brooklyn*, Produzent: Bernd Eichinger

Filmband in Silber: *Georg Elser - Einer aus Deutschland*, Produzent: Rainer Söhnlein und *Das Spinnennetz*, Produzent: Jürgen Haase

Filmband in Gold für künstlerische Einzelleistungen: Axel Block für seine Kameraarbeit an *American Beauty Ltd.*, Klaus Maria Brandauer als Darsteller in *Georg Elser* und *Das Spinnennetz*, Uli Edel für die Regie von *Letzte Ausfahrt Brooklyn*, Götz Heymann und Karel Vacek für die Ausstattung von *Das Spinnennetz*, Dagmar Hirtz für den Schnitt von *Georg Elser*, Lena Stolze für ihre schauspielerische Leistung in *Das schreckliche Mädchen* und Bernhard Wicki für die Regie von *Das Spinnennetz.*

Filmband in Gold für langjähriges und hervorragendes Wirken im deutschen Film: Artur Brauner, Carola Höhn, Hans-Wilhelm Lavies, Maximilian Schell, Antje Weisgerber

Europäischer Filmpreis Felix 1990

Zum dritten Mal wurde am 2. Dezember 1990 der Europäische Filmpreis, der »Felix«, verliehen. Nach Berlin, von wo 1988 die Initiative ausging, und nach Paris 1989 entstand die dritte Verleihung in gemeinsamer Vorbereitung zwischen den britischen Mitgliedern der European Cinema Society (ECS), dem British Film Institute (BFI), dem Scottish Film Council, der British Academy of Film and Television, dem Festivals Office der City of Glasgow sowie dem Generalsekretariat des Europäischen Filmpreises in Berlin. Zur

Nominierungsjury gehörten in diesem Jahr Anja Breien (Norwegen), Mircea Daneliuc (Rumänien), Marion Hänsel (Belgien), Gudny Hallsdorsdottir (Island), Agnieszka Holland (Polen), Zülfü Livaneli (Türkei), Luis Megino (Spanien), Janos Rosza (Ungarn), Maria Swerjewa (UdSSR). Die Jury leitete als Präsident Ingmar Bergman, dem Gremium selbst gehörten Deborah Kerr, Jeanne Moreau, Seno Cecchi d'Amico, Andrej Smirnow, Margarethe von Trotta und Theo Angelopoulos an.

Kategorie Film: Nominiert waren *Das Mädchen aus der Streichholzfabrik* von Aki Kaurismäki (Finnland), *Cyrano de Bergerac* von Jean-Paul Rappeneau (Frankreich), *Porte Aperte/Offene Türen* von Gianni Amelio (Italien), *Presluchanie/Verhör einer Frau* von Ryszard Bugajski (Polen), *Ay Carmela* von Carlos Saura (Spanien), *Skyddsängeln/Der Schutzengel* von Suzanne Osten (Schweden) und *Matj/Mutter* von Gleb Panfilow (UdSSR). Ausgezeichnet wurde ***Porte Aperte*** von Gianni Amelio.

Kategorie Junger Film: Nominiert waren *Eine Welt ohne Mitleid* von Eric Rochant (Frankreich), *Turné* von Gabriele Salvatores (Italien), *La Blanca Paloma* von Juan Minon (Spanien), *Henry V.* von Kenneth Branagh (Großbritannien) und *Halt still, stirb, erwache* von Witaly Kanewsky (UdSSR). Ausgezeichnet wurde ***Henry V.*** von Kenneth Branagh.

Europäischer Schauspieler des Jahres: Nominiert waren Gérard Depardieu in *Cyrano de Bergerac*, Kenneth Branagh in *Henry V.* und Philip Zanden in *Der Schutzengel.* Ausgezeichnet wurde ***Kenneth Branagh.***

Europäische Schauspielerin des Jahres: Nominiert waren Anne Brochet in *Cyrano de Bergerac*, Krystina Janda in *Verhör einer Frau* und Carmen Maura in *Ay Carmela.* Ausgezeichnet wurde ***Carmen Maura.***

Kategorie Nebendarsteller/in: Nominiert waren Gabino Diego in *Ay Carmela*, Björn Kjellman in *Der Schutzengel*, Dmitrij Pewsow in *Die Mutter*, Malin Ek, Lena Nylen und Gunilla Röör in *Der Schutzengel.* Ausgezeichnet wurde ***Malin Ek.***

Drehbuchpreis: Nominiert waren Ryszard Bugajski und Janusz Dymek für *Verhör einer Frau*, Madeleine Gustafsson, Suzanne Osten, Etienne Glaser für *Der Schutzengel* und Witaly Kanewsky für *Halt still, stirb, erwache.* Ausgezeichnet wurde ***Witaly Kanewsky.***

Europäischer Kamerapreis: Nominiert waren Pierre Lhomme für *Cyrano de Bergerac*, Tonino Nardi für *Offene Türen*, Göran Nilsson für *Der Schutzengel.* Ausgezeichnet wurde ***Tonino Nardi.***

Europäischer Komponistenpreis: Nominiert waren Jean-Claude Petit für *Cyrano de Bergerac*, Jürgen Knieper für *December Bride* und Jean-Luc Godard für *Nouvelle Vague.* Der Preis wurde nicht vergeben.

Preis für Production-Design: Nominiert waren Ezio Frigerio für die Ausstattung und Franca Squarciapino für die Kostüme für *Cyrano de Bergerac*, Ben van Os mit Jan Roelfs für die Ausstattung und Jean-Paul Gautier für die Kostüme von *Der Koch, der Dieb, seine Frau und ihr Liebhaber* und Youri Pachigorew für *Halt still, stirb, erwache.* Ausgezeichnet wurden ***Ezio Frigerio*** und ***Franca Squarciapino.***

Sonderpreis der Jury: *December Bride* (Irland)

Europäische Entdeckung des Jahres: Ennio Fantastichini in *Porte Aperte*

Dokumentarfilm des Jahres: *Skersiela* von Ivars Selektiskis (UdSSR). Special Mention: *Step Across The Border* von Humbert/Penzel.

Preis der European Cinema Society für ein Lebenswerk: Andrzej Wajda.

Sonderpreis der European Cinema Society: Vereinigung der sowjetischen Filmemacher.

Britische Filmpreise

Zum 21. Mal hatte die britische Filmakademie ihre Preise an die Besten in den jeweiligen Sparten zu vergeben. Die Gewinner unter den Regisseuren und Schauspielern wurden am 18. März in London in Beisein von Prinzessin Diana, Präsidentin der British Academy of Film and Television Arts (BAFTA), bekanntgegeben, die filmtechnischen Preise, die sogenannten Craft-Awards, am 11. März in Glasgow. Die Preise im einzelnen:

Bester Film: Nominiert waren *Der Club der toten Dichter, Mein linker Fuß, Shirley Valentine, Harry und Sally.* Ausgezeichnet wurde ***Der Club der toten Dichter.***

Beste Regie: Nominiert waren Stephen Frears für *Gefährliche Liebschaften, Peter Weir für Der Club der toten Dichter,* Kenneth Branagh für *Henry V.,* Alan Parker für *Mississippi Burning.* Ausgezeichnet wurde ***Kenneth Branagh*** für *Henry V.*

Beste Darstellerin: Nominiert waren Glenn Close für *Gefährliche Liebschaften,* Pauline Collins für *Shirley Valentine,* Jodie Foster für *Angeklagt,* Melanie Griffith für *Die Waffen der Frauen.* Ausgezeichnet wurde ***Pauline Collins*** für *Shirley Valentine.*

Bester Darsteller: Nominiert waren Kenneth Branagh für *Henry V.,* Daniel Day Lewis für *Mein linker Fuß,* Dustin Hoffman für *Rain Man,* Robin Williams für *Der Club der toten Dichter.* Ausgezeichnet wurde ***Daniel Day Lewis*** in *Mein linker Fuß.*

Beste Nebendarstellerin: Ausgezeichnet wurde ***Michelle Pfeiffer*** in *Gefährliche Liebschaften.*

Bester Nebendarsteller: Nominiert waren Marlon Brando in *Weiße Zeit der Dürre,* Sean Connery in *Indiana Jones und der letzte Kreuzzug,* Ray McAnally in *Henry V.,* Jack Nicholson in Batman. Ausgezeichnet wurde ***Ray McAnally*** in *Henry V.*

Bester ausländischer Film: Nominiert waren *Das Leben und nichts anderes* (Frankreich), *Pelle, der Eroberer* (Dänemark/Schweden), *Salaam Bombay* (Italien/Frankreich/Großbritannien), *Frauen am Rande des Nervenzusammenbruchs* (Spanien). Ausgezeichnet wurde ***Das Leben und nichts anderes*** (Frankreich).

Bestes Original-Drehbuch: Nominiert waren Tom Schulman für *Der Club der toten Dichter,* Ronald Bass und Barry Morrow für *Rain Man,* Steven Soderbergh für *Sex, Lügen und Video,* Nora Ephron für *Harry und Sally.* Ausgezeichnet wurde ***Nora Ephron*** für *Harry und Sally.*

Bestes adaptiertes Drehbuch: Nominiert waren Frank Galati und Lawrence Kasdan für *Die Reisen des Mr. Leary,* Christopher Hampton für *Gefährliche Liebschaften,* Shane Connaughton und Jim Sheridan für *Mein linker Fuß,* Willy Russell für Shirley Valentine. Ausgezeichnet wurde ***Christopher Hampton*** für *Gefährliche Liebschaften.*

Beste Filmmusik: Nominiert waren George Fenton für *Gefährliche Liebschaften,* Maurice Jarre für *Der Club der toten Dichter,* Trevor Jones für *Mississippi Burning,* Carly Simon für *Die Waffen der Frau.* Ausgezeichnet wurde ***Maurice Jarre*** für *Der Club der toten Dichter.*

Beste Kamera: Nominiert waren Philippe Rousselot für *Der Bär* und *Gefährliche Liebschaften,* John Seale und Alan Root für *Gorillas im Nebel,* Kenneth McMillan für *Henry V.,* Peter Biziou für *Mississippi Burning.* Ausgezeichnet wurde ***Peter Biziou*** für *Mississippi Burning.*

Beste Ausstattung: Nominiert waren Dante Ferretti für *Die Abenteuer des Baron Münchhausen,* Anton Furst für *Batman,* Stuart Craig für *Gefährliche Liebschaften,* Tim Harvey für *Henry V.* Ausgezeichnet wurde ***Dante Ferretti*** für *Die Abenteuer des Baron Münchhausen.*

Beste Kostüme: Nominiert waren Gabriella Pescucci für *Die Abenteuer des Baron Münchhausen,* Bob Ringwood für

Batman, James Acheson für *Gefährliche Liebschaften,* Phyllis Dalton für *Henry V.* Ausgezeichnet wurde ***Gabriella Pescucci*** für *Die Abenteuer des Baron Münchhausen.*
Bester Schnitt: Nominiert waren Mick Audsley für *Gefährliche Liebschaften,* William Anderson, Lee Smith und Priscilla Nedd für *Der Club der toten Dichter,* Gerry Hambling für *Mississippi Burning,* Stu Linder für *Rain Man.* Ausgezeichnet wurde ***Gerry Hambling*** für *Mississippi Burning.*
Bester Ton: Ausgezeichnet wuren ***Bill Phillips, Danny Michael, Robert Litt, Elliot Tyson und Richard C. Kline*** für *Mississippi Burning.*
Beste Spezial-Effekte: Ausgezeichnet wurden ***Ken Ralston, Michael Lantieri, John Bell*** und ***Steve Gawley*** für *Zurück in die Zukunft II.*
Bestes Make-up: Ausgezeichnet wurden ***Maggie Westeon, Fabricio Sforza*** und ***Pam Meager*** für *Die Abenteuer des Baron Münchhausen.*
Die BAFTA vergab außerdem folgende Zusatz-Auszeichnungen:
BAFTA Special Award: Peggy Ashcroft
Akademie-Mitgliedschaft: Paul Fox
Michael Balcon Award: Lewis Gilbert
The Desmond Davis Award: John Lloyd
The Writer's Award: Andrew Davis
The Richard Dimbley Award: Kate Adie
Academy Award post mortem: Leslie Halliwell

Bayerische Filmpreise 1990

Beste Darstellerin: Claudia Messner in *Absturz*
Bester Darsteller: Ulrich Mühe in *Das Spinnennetz*
Beste Regie: Uli Edel für *Letzte Ausfahrt Brooklyn*
Bester Film: Rainer Söhnlein und Moritz Borman als Produzenten von *Georg Elser*
Bester Nachwuchsregisseur: Uwe Janson für *Verfolgte Wege* und Berthold Mittermayr für *Eis*
Beste Nachwuchsdarsteller: Anna Dobra und Jürgen Vogel in *Rosamunde*
Bester Dokumentarfilm: Axel Engstfeld für *Das Antarctica-Project*
Preis für Dialoge: Gabriel Barylli für *Butterbrot*
Bester Schnitt: Peter Przygodda für *Letzte Ausfahrt Brooklyn*
Nachwuchsproduzenten-Preis: Wolf Gaudlitz für *Die Väter des Nardino*
Ehren-Preis: Franz Seitz

Césars 1990

Bertrand Blier war der große Sieger der 15. César-Verleihung in Paris. Für *Zu schön für dich* erhielt er gleich fünfmal den an den Oscar angelehnten wichtigsten französischen Filmpreis. Die Preise im einzelnen:
Bester Film: *Trop belle pour toi* von Bertrand Blier
Beste Regie: Bertrand Blier für *Trop belle pour toi*
Bester Darsteller: Philippe Noiret in *Das Leben und nichts anderes* von Bernard Tavernier
Beste Darstellerin: Carole Bouquet in *Trop belle pour toi*
Bester Nachwuchsregisseur: Eric Rochant für *Eine Welt ohne Mitleid*
Bester Nachwuchsdarsteller: Yvan Attal in *Eine Welt ohne Mitleid*
Beste Nachwuchsdarstellerin: Vanessa Paradis in *Noce blanche*
Beste Kostüme: *Valmont*
Bester ausländischer Film: *Gefährliche Liebschaften* von Stephen Frears
Bester Film des Jahrzehnts: *Die letzte Metro* von François Truffaut
Beste Schauspieler der 80er Jahre: Isabelle Adjani und Gérard Depardieu

Max-Ophüls-Preis 1990

Der Jury des Festivals in Saarbrücken gehörten in diesem Jahr Frauke Hanck, Ronald Holloway, Berthold Mittermayr, Vivian Naefe, Bea Roduner und Rainer Simon an.

Max-Ophüls-Preis für den besten Film : *Shalom, General* von Andreas Gruber (Österreich)
Preis des Ministerpräsidenten: Michael Schottenberg für *Caracas*
Förderpreis der Jury (Preis der Stadtsparkasse): *Motivsuche* von Dietmar Hochmuth (DDR)
Förderpreis der Jury (Preis der Stadtwerke Saarbrücken): *Engrazia* von Stefan Dähnert
Preis der Interfilm-Jury: *Geister und Gäste* von Isa Hesse-Rabinovitch.
Publikumspreis: *Piano Panier* von Patricia Plattner
Kurzfilmpreis: *Mittwoch* von Markus Silberschmidt
Leser-Jury-Preis der *Saarbrücker Zeitung*: Rainer Egger, Hauptdarsteller in *Shalom General*
Beste Nachwuchsdarsteller: Anne-Laure Luisoni für *Piano Panier* und Klaus Rohrmoser für *Freitag, der 12.* und *Man erfährt nicht, warum*

Helmut-Käutner-Preis 1990

Der mit 12000 Mark dotierte und nur alle zwei Jahre vergebene Helmut-Käutner-Preis ging 1990 an den Ost-Berliner Schriftsteller und Drehbuchautor Wolfgang Kohlhaase (*Solo Sunny, Der Bruch*). Die Jury begründete die Entscheidung mit den wichtigen Impulsen, die Kohlhaase durch kontinuierliche schöpferische Arbeit der deutschen Filmszene gegeben habe. Außerdem habe er gemeinsam mit dem Regisseur Gerhard Klein einen Typus des realistischen deutschen Gegenwartsfilms entwickelt, der sich engagiert mit gesellschaftlichen Problemen im Brennpunkt Berlin auseinandersetzt.

Ernst-Lubitsch-Preis

Regisseur *Frank Beyer* und Autor *Wolfgang Kohlhaase* wurden für ihren Spielfilm »Der Bruch (DDR) mit dem Berliner »Ernst-Lubitsch-Preis« ausgezeichnet. 1990 wurde *Manfred Krug* von dem Club der Filmjournalisten in Berlin mit dem »Ernst-Lubitsch-Preis« ausgezeichnet.

Murnau-Preis 1990

Wim Wenders erhielt den Murnau-Preis 1990 der Friedrich-Wilhelm-Murnau-Gesellschaft in Bielefeld. Bei der Bekanntgabe der Verleihung verwies die Gesellschaft besonders auf Wenders Schwarz-weiß-Experimente in *Der Himmel über Berlin.* Die Auszeichnung wird alle zwei Jahre Filmschaffenden und Publizisten verliehen, die sich um die Analyse und Dokumentation des Stummfilms und um die Weiterentwicklung der zeitgenössischen Filmsprache im Sinne Murnaus verdient gemacht haben.

Gilde-Preise 1990

Goldener Gildepreis für einen deutschen Film: *Das Spinnennetz* von Bernhard Wicki
Silberner Gildepreis für einen deutschen Film: *Georg Elser* von Klaus-Maria Brandauer
Goldener Gildepreis für einen ausländischen Film: *Der Club der toten Dichter* von Peter Weir
Silberner Gildepreis für einen ausländischen Film: *Mein linker Fuß* von Jim Sheridan

US-Regiepreis 1990

Oliver Stone erhielt am 10. März in New York den *Directors Guild Award of America 1990.* Barry Levinson, der Vorjahressieger, überreichte die Auszeichnung.

Taiwan-Preise für Deutsche

Bei der 26. Verleihung der *Golden Horse Awards* in der taiwanesischen Hauptstadt Taipeh teilten sich den Hauptpreis der amerikanische Film *The Thin Blue*

Line und der japanische Film *Schwarzer Regen*. Die deutschen Schauspielerinnen Adriana Altares, Friederike Tiefenbacher und Claudia Matschulla erhielten den Preis als beste Schauspielerinnen in *Der Philosoph* von Rudolf Thome.

Drehbuchpreis in Madrid

Beim 11. Internationalen Filmfestival Madrid verlieh die internationale Jury dem bundesdeutschen Wettbewerbsbeitrag *Erdenschwer* von Oliver Herbrich den Preis für das beste Drehbuch, das von Oliver Herbrich und Friedemann Schulz geschrieben wurde.

Nachwuchstalent Andi Engel

Andi Engel wurde in London für seinen Film *Der fünfte Freitag - Melancholia*, eine Coproduktion zwischen dem British Film Institute und der Hamburger Lichtblick-Produktion mit dem Evening Standard British Film Award als *most promising newcomer* ausgezeichnet.

Deutscher Darstellerpreis 1990

Der Bundesverband der Fernseh- und Filmregisseure in Deutschland vergab am Sonntag, dem 1. Juli 1990 zum 14. Mal die von ihm gestifteten »Deutschen Darstellerpreise«.
Ausgezeichnet werden eine Schauspielerin und ein Schauspieler des deutschen Sprachraums für die herausragendste schauspielerische Leistung des vergangenen Jahres.
Lena Stolze für ihre Darstellung der ›Sonja‹ in dem Kinofilm *Das schreckliche Mädchen* von Michael Verhoeven; **Ulrich Mühe** für seine Darstellung des ›Theodor Lohse‹ in dem Kinofilm *Das Spinnennetz* von Bernhard Wicki.
Der Preis ist verbunden mit einer Nachbildung der berühmten Charlie Chaplin-Schuhe als Symbol für das Beschreiten eines schweren, aber von Erfolg gekrönten Berufsweges.
Als Nachwuchsdarsteller wurden ausgezeichnet.: **Anja Franke** und **Uwe Bohm**.

Internationale Festivals

Festival des phantastischen Films Avoriaz

Jerry Schatzberg, Bo Derek, Julien Clerc, Wes Craven, Karel Reisz und Yves Boisset - sie bildeten in diesem Jahr die Jury in dem französischen Ort zwischen Mont Blanc und Genfer See, in dem alljährlich das »Festival des phantastischen Films« ausgetragen wird. Dreizehn Produktionen stellten sich in diesem Jahr der Jury und hofften, mit dem Titel »Phantastischer Film des Jahres 1990« nach Hause fahren zu können. Das Programm war so vielfältig wie die Länder, aus denen die Werke kamen. Natürlich dominierten die Amerikaner, aber auch die Italiener hatten mit *Leviathan* einen Streifen geschickt, der sogar den Preis für Spezialeffekte kassierte. England schickte eine Satire von Bruce Robinson ins Rennen und *Black Rainbow* von Mike Hodges, aus Österreich kamen *Die toten Fische* von Michael Synek, eine »dröge Boris-Vian-Adaption im schwarzweißen Kafka-Outfit« (AZ, München), aus Kanada kam die Medizin-Moritat *Dans le ventre du dragon* von Yves Simoneau. Die Filme aus dem Osten heimsten in diesem Jahr gar Preise ein: ***Jena Kerossinshika*** von Alexandr Kaidanovski erhielt den »Prix de l'Etrange«, der Jugoslawe Goran Markovic für ***Sabirin Sentar*** den Preis der Kritik. Der »Grand Prix« aber ging wieder einmal an einen amerikanischen Streifen: ***I, Madman*** von Tibor Takacs, in dem ein Gruselschmöker vor den Augen seiner Leserin Wirklichkeit wird.

Filmfestspiele Berlin 1990

Natürlich standen auch die 40. Internationalen Filmfestspiele von Berlin ganz im Zeichen der Maueröffnung. Erstmals seit Errichtung der Mauer am 13. August 1961 fand die Berlinale auch im Osten der Stadt in drei Kinos statt. Das war nicht das einzige prägnante Merkmal der politischen Entwicklung in und um Berlin. Besondere Aufmerksamkeit zogen die vielen bislang verbotenen Filme aus der DDR und der Sowjetunion auf sich, die in fast allen Sparten des Berlinale-Programms und im Forum gezeigt wurden. Trotzdem war die Übermacht der Amerikaner auch in diesem Jahr nicht zu übersehen. Allein von den 30 Wettbewerbsfilmen kamen sieben aus den USA, was einmal mehr in vielen Presseberichten der auswählenden Festivalleitung angelastet wurde. Allerdings hatte die Übermacht auch ihre Qualität, wie Hans-Dieter Seidel in der »FAZ« schrieb: »Die Klage über die Dominanz des amerikanischen Kinos bei den Berliner Filmfestspielen ist als Leitmotiv längst in die Jahre gekommen. Doch das vorgebliche Leiden, von dem viele Kritiken tönen, muß zu einem nicht geringen Teil geheuchelt sein. Tatsächlich beherrscht das halbe Dutzend amerikanischer Großverleiher nicht nur den Weltmarkt - und das Angebot auf dem Festival wirkt wie ein Spiegel dieser Situation - tatsächlich überragen auch im einzelnen die Filme aus den Vereinigten Staaten häufig die europäische Konkurrenz.« Während die Jury-Entscheidung durchweg als ausgewogen und akzeptabel gewertet wurde, setzte sich Festivalleiter Moritz de Hadeln mit einem Sonder-Bären in die Nesseln. Nicht die Jury, sondern die Festivalleitung, sprich De Hadeln, suchte Oliver Stone als Preisträger eines »Goldenen Jubiläums-Bären« heraus, eines Preises, den es zuvor nicht gegeben hat und von dem bis zur Preisverleihung auch niemand wußte. Sofort kam die Vermutung auf, De Hadeln habe dem Amerikaner einen Preis zugesagt, um den Film *Geboren am 4. Juli* überhaupt zur Berlinale zu bekommen. Als die Jury nicht so parierte, wie es dem Festivalmanagement gefiel, zauberte De Hadeln den Sonderbären aus der Tasche. Die Retrospektive in diesem Jahr war einem Jahr gewidmet: 70 Filme aus fünfzehn Ländern und drei Kontinenten aus dem Produktionsjahr 1945 zeichneten ein facettenreiches Bild eines Neubeginns nach dem Zweiten Weltkrieg.

Die Internationale Jury der Berlinale: Michael Ballhaus (Präsident, BRD), Margaret Menegoz (Frankreich), Vadim Abdraschitov (UdSSR), Suzana Amaral (Brasilien), Steven Bach (USA), Roberto Benigni (Italien), Livia Gyarmathy (Ungarn), Helke Misselwitz (DDR), Otto Sander (BRD), Stephen Silverman (USA), Rita Tushingham (Großbritannien)

Goldener Berliner Bär für den besten Film: zu gleichen Teilen an ***Music Box*** von Costa-Gavras (USA) und ***Lerchen am Faden*** von Jiri Menzel (CSFR)

Goldener Berliner Bär für den besten Kurzfilm: ***Mistertao*** von Bruno Bozzetto (Italien)

Goldener Berliner Bär als Ehrenpreis anläßlich des 40. Jubiläums der Festspiele: ***Oliver Stone***

Silberner Berliner Bär als Spezialpreis der Jury: ***Das asthenische Syndrom*** von Kira Muratova (UdSSR)

Silberner Berliner Bär für die beste Regie: ***Michael Verhoeven*** für *Das schreckliche Mädchen*

Silberner Berliner Bär für die gemeinsame schauspielerische Leistung: ***Jessica Tandy*** und ***Morgan Freeman*** für *Miss Daisy und ihr Chauffeur* (USA)

Silberner Berliner Bär für die schauspielerische Einzelleistung: ***Iain Glen*** für *Der lautlose Schrei* (GB)

Silberner Berliner Bär für eine herausragende Einzelleistung: ***Xie Fei*** für die Regie von *Schwarzer Schnee* (China)

Silberner Berliner Bär für die sensible Behandlung der Probleme von Minoritäten: ***Coming Out*** von Heiner Carow (DDR)

Silberner Berliner Bär für einen Kurzfilm: ***Insel der Blumen*** von Jorge Furtado (Brasilien). Außerdem lobende Erwähnungen für *Korova* von Aleksandr Petrov (UdSSR), *Tma, Svetlo, tma* von Jan Svankmajer (CSFR), *Die Panne* von Klaus Georgi und Lutz Stützner (DDR)

Alfred-Bauer-Preis: ***Die Wache*** von Aleksandr Rogoschkin (UdSSR)

FIPRESCI-Preis der internationalen Filmkritik: ***Die Wache*** von Aleksandr Rogoschkin (UdSSR). Außerdem besondere Erwähnungen für *Lerchen am Faden* von Jiri Menzel (CSFR) und *Spur der Steine* von Frank Beyer (DDR)

Preis der OCIC: ***Silent Scream*** von David Hayman (GB). Außerdem eine lobende Erwähnung für den Kurzfilm *Mistertao* von Bruno Bozzetto

Interfilm-Preis der Internationalen Evangelischen Jury: ***Das schreckliche Mädchen*** von Michael Verhoeven. Außerdem sprach die Jury eine lobende Erwähnung für *Common Threads: Stories from the Quilt* von Robert Epstein und Jeffrey Friedman (USA) aus dem Panorama-Programm aus.

Preis der Gilde Deutscher Filmkunsttheater: ***Miss Daisy und ihr Chauffeur*** von Bruce Beresford (USA)

Leserpreis der Berliner Morgenpost: ***Das schreckliche Mädchen*** von Michael Verhoeven

Preis des Verbands Internationaler Filmkunsttheater: ***Rikyu*** von Hiroshi Tashigahara (Japan)

UNICEF-Preise für Filme des 13. Kinderfilmfestes der Filmfestspiele: Hauptpreis für ***Mahi*** von Kambuzia Partovi (Iran)

Spezialpreis für den besten Kurzfilm: ***In and Out*** von David Fine und Alison Snowden (Kanada) sowie lobende Erwähnungen für *Lu Bing Hua* von Yang Li-Kuo (Taiwan) und *Mig Og Mama Mia* von Eric Clausen (Dänemark).

Preis des Internationalen Zentrums für Kinder- und Jugendfilm: ***En Verden Til Forskel*** von Leif Magnusson (Dänemark)

Preis der Berliner Kinderjury: ***Kunst & Vliegwerk*** von Karst van der Meulen (Niederlande). Ein zweiter Preis ging an *Tunnelkind* von Erhard Riedlsperger (Österreich), außerdem wurde *Bulten* von Lennart Gustafsson lobend erwähnt.

Preise für Filme des 20. Internationalen Forum des Jungen Films

Caligari-Filmpreis der AG für Kommunale Filmarbeit: ***Untamagiru*** von Go Takamine (Japan)

Wolfgang-Staudte-Filmpreis: ***Freiheit ist ein Paradies*** von Sergej Bodrow (UdSSR)

Preis der FIPRESCI-Jury: ***Near Death*** von Frederick Wiseman (USA). Lobende Erwähnungen für *Jahrgang 45* von Jürgen Böttcher, *Wenn Du groß bist, lieber Adam* von Egon Günther, *Berlin um die Ecke* von Wolfgang Klein, *Das Kaninchen bin ich* von Kurt Maetzig, *Der Frühling braucht Zeit* von Günter Stahnke, *Karla* von Hermann Zschoche und *Denk bloß nicht, ich heule* von Frank Vogel.

CICAE-Jury: ***Drugstore Cowboy*** von Gus van Sant

Interfilm-Jury: ***Das Mädchen aus der Streichholzfabrik*** von Aki Kaurismäki. Außerdem eine lobende Erwähnung für die Gruppe der acht Verbotsfilme aus der DDR.

OCIC-Jury der Katholischen Filmarbeit: ***Meiyou Taiyang de Rizi*** von Shu Kei (Hongkong/Japan). Außerdem eine lobende Erwähnung für *Das Mädchen aus der Streichholzfabrik* von Aki Kaurismäki.

Zitty-Leser-Jury: ***Ultimas Imagenes del Naufragio*** von Eliseo Subiela (Argentinien)

Friedensfilmpreis der IG Medien: ***Mein Krieg*** von Harriet Eder und Thomas Kufus (BRD)

43. Filmfestspiele Cannes 1990

Die Diskussion um den Siegerfilm war das Aufregendste an der 43. Ausgabe des immer noch wichtigsten Filmfestivals der Welt. Daß die Jury unter Bernardo Bertolucci ***Wild at Heart*** von David Lynch die Goldene Palme gab, erregte die Gemüter.

»Man kann sich fragen, wie krank eine Gesellschaft sein muß, um solche perversen Alpträume hervorzubringen und auch noch zu feiern«, schimpfte etwa »Multimedia« (Wien) über die Jury-Entscheidung.

Die weltweite politische Entspannung hatte auch auf Cannes seine Auswirkungen. Hatte einst nur die Berlinale Drehscheiben-Funktion zwischen Ost und West, tauchten nun auch an der Croisette verstärkt Filme aus dem Osten Europas auf.

Kritikern wie Peter W. Jansen nach waren sie die einzigen, die noch das Risiko neuer Wege, neuer Ausdrucksformen eingehen, während der Rest der Welt auf perfekt funktionierendes Erzählkino setzt.

Wolfram Knorr formulierte das im »Rheinischen Merkur« so: »Bei vielen Filmen, aber bei David Lynchs hinreißend schrägem Orpheus-Melodram besonders, wurde man das Gefühl nicht los, nicht in einem Kino zu sitzen, sondern mitten in einer chemischen Raffinerie. Etwas deliriös Irres geistert durch die jüngsten Produktionen, die, von hybriden Geräuscheffekten abgesehen, freilich im konventionellen Mittelmaß verharren – in diesem Jahr auffälliger denn je.«

Andreas Kilb fand für seinen »Zeit«-Bericht eine prägnante Kurzformel: »Die Kinos waren zum Ersticken voll, die Filme zum Ersticken leer.«

Goldene Palme für den besten Film: ***Wild at Heart*** von David Lynch, USA
Großer Preis der Jury: ***Tilai*** von Idrissa Quedraogo, Burkina Faso, und ***Shi no toge*** von Kohei Oguri, Japan
Preis der Jury: ***Hidden Agenda*** von Ken Loach, Großbritannien
Beste Regie: ***Pavel Lungin*** für *Taxi Blues*, Sowjetunion
Bester künstlerischer Beitrag: ***Matj*** von Gleb Panfilow, UdSSR
Beste Darstellerin: ***Krystyna Janda***, Polen, in *Przesluckanie* von Ryszard Bugajski
Bester Darsteller: ***Gérard Depardieu*** in *Cyrano de Bergerac* von Jean-Paul Rappeneau, Frankreich
Technikerpreis: ***Pierre Lhomme*** für die Fotografie von *Cyrano de Bergerac*
Goldene Palme für den besten Kurzfilm: ***The Lunch Date*** von Adam Davidson, USA
Preis der Jury für den besten Kurzfilm: ***Revestriction*** von Barthelmy Bompard, Frankreich, und ***De Slaapkamer*** von Maarten Koopman, Niederlande
Caméra d'Or für den besten Erstlingsfilm: ***Zamri oumi voskresni*** von Vitali Kanevski, UdSSR

Rosa von Praunheim und die bejubelte Lotti Huber mit »Affengeil« in Hof.

24. Internationale Hofer Filmtage

Auch bei der 24. Auflage der Hofer Filmtage dominierten traditionell die deutschen Filme: Von den 50 Spiel- und Dokumentarfilmen war allein der junge deutsche Film mit 17 langen Arbeiten vertreten. Die Amerikaner waren ebenso traditionsgemäß - unter anderem mit Paul Schrader - gut vertreten, eine Sonderreihe galt dem neuen erotischen Kino aus Japan. Der Ehrlichkeit halber sollte man die Filmtage Hof umbenennen, forderte Rolf-Ruediger Hamacher im »filmdienst«: »Internationale Filmtage und deutsches Fernsehfestival Hof«. Symptomatisch fand Hamacher die Entwicklung von Sönke Wortmann, einst mit originellen Filmen Publikumsliebling in Hof. Nun war der ehemalige Münchner Filmstudent beim Fernsehen gelandet und hatte dort seine »Wahnsinnsehe« inszeniert. »Hier wurde deutlich, wie genügsam die Zuschauer geworden sind, denen offensichtlich ein paar Gags ausreichen, um einen Film hochzujubeln, und wie wenig innovativ die junge Generation deutscher Regisseure ist«, beklagte Hamacher. »Die wenigsten Filme zeigten mehr als das, was sich für die Gremien schwarz auf weiß zu Papier bringen ließ,« mäkelte auch Michael Althen in der »Süddeutschen Zeitung«, fand aber doch einige angenehme Überraschungen in Hof: *Aya* der Norwegerin Solrun Hoaas. In ihrem Film schildert sie das Leben der gleichnamigen Japanerin, die 1950 mit ihrem australischen Mann in dessen Heimat kommt. »Mit einem unglaublichen Blick für Details erzählt Hoaas, wie aus der Fremdheit allen Gefühlen zum Trotz Entfremdung wird,« schreibt Althen. Viel gelobt wurde in der Berichterstattung ein weiterer deutscher Film. *Hochzeitsgäste* hat der Kölner Nico Brücher mit Hilfe und Personal der Filmhochschule Lodz gedreht. Ohne Dialoge erzählt der Film eine kleine Geschichte einer Hochzeitsfeier in einem polnischen Dorf, die auch eine Liebesgeschichte beinhaltet, »in klaren, mit einmaligem Licht gestalteten Bildern, sanfter Montage und einem Ensemble unvergeßlicher Gesichter, so daß er keine Worte braucht,« freute sich der Berliner »Tip«. Die Siegerin der Filmtage aber sah die »Süddeutsche Zeitung« in Lotti Huber, der Hof für ihre Darstellung in Praunheims *Affengeil* stehende Ovationen schenkte.

9. Internationales Filmfestival Istanbul

Auch in Istanbul beim 9. Internationalen Filmfestival Anfang April steht ein Wettbewerb im Mittelpunkt des Programms, das von einer ganzen Reihe von Rahmenveranstaltungen ergänzt wird. In diesem Jahr waren das vor allem Reihen zum Thema »Kino über Kino«, Jazz, Literaturverfilmungen und internationale Festivalerfolge. Besondere Reihen galten den Regisseuren Michelangelo Antonioni, Miklos Jancso, Bertrand Tavernier und dem Produzenten Anatole Dauman. In weiteren Programmsparten wurden das Kinoschaffen Jugoslawiens und jüngste türkische Produktionen vorgestellt. Die internationale Dachorganisation aller Filmproduzenten-Verbände hat Istanbul den Wettbewerbsstatus für Filme zum Thema Kunst zuerkannt. Und so hat in diesem Jahr der Iraner Saied Ebrahimifar die »Goldene Tulpe« für seinen Film ***Die Flamme des Granatapfels im Schilfrohr*** entgegennehmen können. Den Wettbewerb der türkischen Filme gewann ein Film über einen verbotenen und verfolgten Schriftsteller nach dem Zweiten Weltkrieg: ***Blackout-Nächte*** von Yusuf Kurcenli. Der Spezialpreis ging an ***Alle Türen waren geschlossen*** von Memduh Ons über eine junge Frau, die nach sechs Jahren politischer Haft feststellen muß, daß die alten Werte nicht mehr gelten und das, wofür sie einst kämpfte, längst vergessen ist. »Das Kino wird es möglich machen, daß Menschen aus den entferntesten Ecken der Welt einander kennenlernen«, zitiert Frauke Hanck in ihrem Festivalbericht für »Die Welt« Mustafa Kemal Atatürk und prognostiziert weiter: »Jetzt, wo Ost und West einander näherrücken, können auch Filmfestivals eine realistischere Bedeutung gewinnen: Istanbul lohnt sich.« Wolf Donner entdeckte in Istanbul auch ein Friedens-Signal: »Ein Iraner und ein Israeli gemeinsam auf der Bühne, als zwei Gewinner der ›Goldenen Tulpe‹ von Istanbul, das war ein Bild mit politischem Signalwert«, schrieb der frühere Berlinale-Chef im Berliner »Tip«.

27. Internationales Filmfestival Karlovy Vary/Karlsbad

Es gehört zu den inzwischen nicht mehr ganz neuen Absonderlichkeiten von Festivals in Osteuropa, daß auf ihnen Filme erstmals gezeigt werden, die vor Jahren im eigenen Land hergestellt wurden, aber nur im Ausland gezeigt wurden. Die 27. Auflage des Internationalen Filmfestivals in Karlovy Vary (Karlsbad) war von solchen Filmen geprägt: *Vögel, Waisen und Narren* des Slowaken Juraj Jakubisko war beispielsweise im Westen zu sehen, nicht aber in der heutigen CSFR. »Manch traurige Geschichte ist mit diesen Filmen verbunden«, schreibt Peter W. Jansen im »Tip« aus Karlsbad, »zum Beispiel die von Evald Schorm und Pavel Juracek, die beide den Augenblick der Freiheit nicht mehr erlebt haben.« Ihre Filme aber, in den 60er Jahren gedreht und gleich konfisziert, haben das System überlebt, das sie verbot. Die internationale Jury, der auch Berlinale-Chef Moritz de Hadeln angehörte, würdigte diese Filmregisseure, indem sie den großen Preis des Festivals, die »Rose von Lidice«, dem außerhalb des Wettbewerbs gezeigten Programm des aus zwanzigjähriger Tresorhaft befreiten Kinos der tschechischen und slowakischen »Neuen Welle« der sechziger Jahre verlieh.

43. Filmfestival Locarno 1990

Schlechte Nachrichten meldete Achim Forst seinen »Zitty«-Lesern und zählte die Mißgeschicke auf: Die große Leinwand für die Open-Air-Projektion auf der Piazza Grande ging bei einem Rockkonzert zu Bruch, die Ersatzleinwand aus England verschwand unterwegs, Jury-Star Nastassja Kinski sagte plötzlich ab, Ehrenpreis-Träger Dirk Bogarde mochte auch nicht kommen, und Ersatzmann Gian Maria Volonté lag wegen einer schweren Operation im Krankenhaus. Zu allem Überfluß mußte Forst auch melden: »Dieses Publicity-Pech mußte Locarno in einem äußerst schwachen Filmjahrgang verkraften. Bis kurz vor Ende war das Programm höchstens mittelmäßig.« Auch in Locarno war von dem europäischen Entspannung etwas zu spüren: Das elf Produktionen umfassende Programm »Verbotsfilme der 60er« fand ebenso regen Zuspruch wie die Retrospektive mit 35 Arbeiten des sowjetischen Regisseurs Lew Kuleschow. Locarno ist traditionell ein Festival der neuen Regisseure. Nur erste, zweite, in Ausnahmefällen auch dritte Produktionen werden hier zugelassen. Doch diesmal waren alle Newcomer zuvor in Cannes zu sehen und fehlten in Locarno. Dafür kamen die Besucher: Mit 100 000 wurde ein neuer Zuschauerrekord in Locarno gezählt.

Goldener Leopard: ***Zufallswalzer*** von Swetlana Proskourina, UdSSR

Silberner Leopard: zu gleichen Teilen an ***The Reflecting Skin*** von Philip Ridley (GB) und ***Metropolitan*** von Whit Stillman (USA)

Bronzener Leopard: ***Xavier Koller*** für die Regie von *Reise der Hoffnung* (Schweiz); ***Miklos Gurban*** für die Kameraführung in *Skrupel* von György Feher (Ungarn) und an die Schauspielerin ***Emer McCourt*** für die Hauptrolle in *Hush-A-Bye Baby* (Nordirland)

Preise der Jugendjury: 1. Preis an ***L'Aria Serena Dell'Ovest*** von Silvio Soldini (Italien/Schweiz); 2. Preis an ***The Reflecting Skin*** von Philip Ridley (GB); 3. Preis an ***L'Homme Imaginé*** von Patricia Bardon (Frankreich); lobende Erwähnung für *Skrupel* von György Feher (Ungarn). Die Jugendjury sollte außerdem erstmalig einen Preis an den Film verleihen, der am eindrücklichsten die Bedeutung der Umwelt darstellt. Nach Ansicht der Jury hat kein Wettbewerbsfilm diesem Anliegen entsprochen; der Preis wurde daher in diesem Jahr nicht verliehen.

Preis der Ökumenischen Jury: ***Hush-A-Bye Baby*** von Margo Harkin (Irland) sowie eine lobende Erwähnung für *Badis* von Mohamed Abderrahman Tazi (Marokko)

Preis der CICAE-Jury: ***The Reflecting Skin*** von Philip Ridley (GB)

FIPRESCI-Jury: ***The Reflecting Skin*** von Philip Ridley (GB)

10. Internationales Festival der Filmhochschulen München

Seit 1981 der »Wettbewerb Europäischer Filmhochschulen« aus bescheidenen Anfängen ins Lebens gerufen wurde, ist dieses einzigartige Festival des Nachwuchses zu einem weit über den europäischen Kontinent hinaus beachteten Ereignis geworden. Die Öffnung über die Grenzen Europas begann bereits 1986. Aus dem europäischen Wettbewerb wurde das »Internationale Festival der Filmhochschulen München«. Die Liste der teilnehmenden Schulen und Ausbildungsstätten wuchs um Israel und die USA, Ghana und Kenia, Indien und Australien, 1989 nah-

men erstmals Gäste aus der Sowjetunion teil. In diesem Jahr hatte Irvin Kershner den Vorsitz der Jury übernommen, die erstmals zwei von der Landesregierung zum zehnjährigen Bestehen des Festivals gestiftete Preise verleihen konnte. Allerdings entschied sich die Jury schließlich für drei Preisträger, auf die der erste und der zweite Preis zu gleichen Teilen aufgeteilt wurden: ***Konserv Film*** von Zlatin Radev (Bulgarien), ***Dis-moi oui, dis-moi non*** von Noémie Lvovsky (Frankreich) und ***After*** von Eytan Fox (Israel).
Die Preise der Sponsoren wurden an ***Le Mariage Blanc*** von Christine Carriere (Frankreich), ***The King of Jazz*** von Bill Anderson (England), ***Les Loukoums*** von Blaise Piguet (Belgien), ***A Grand Day out*** von Nick Park (England) und ***Kegyelmesek*** von Klara Peter (Ungarn) vergeben. Der letztgenannte Streifen erhielt auch den Spezialpreis für den besten Dokumentarfilm. Als interessantestes Schulprogramm zeichnete die Jury jene von der Taideteollinen Korkeakoulu (Finnland) aus. Der Drehbuchförderungspreis in Höhe von DM 10 000 Mark ging an ***Rainer Kaufmann*** (München) für *Der schönste Busen der Welt,* und der Hennessy-Preis für den besten Werbespot der Filmstudenten der Hochschule für Fernsehen und Film ging an Jens Noelte und Martin Griegler für *Mercedes.*

39. Internationale Filmwoche Mannheim

Manche Kritiker fühlten sich in eine andere Welt versetzt: Wenige Tage zuvor saßen sie in leeren Kinosälen beim 3,5 Millionen teuren NRW-Festival in Köln, nun in Mannheim waren die Kinos zwar voll, das fehlende Geld der Mannheimer Organisatoren aber zeigte sich an jeder Ecke und verstärkt leider auch in der wenig professionellen Projektionsqualität in den Festival-Kinos. Mannheim ist und bleibt das Festival der Erstlingsfilme, der Arbeitsatmosphäre in engen Kinos und verrauchten Diskussionsrunden, es ist auch das Festival, das sich neben dem Wettbewerbsprogramm immer noch höchst interessante Nebenreihen leistet wie in diesem Jahr »Regisseurinnen aus drei Kontinenten« oder »Neue Filme aus der Türkei«.
Eine Frau war es denn auch, die unumstritten mit dem Großen Preis ausgezeichnet wurde: ***Cynthia Scott*** aus Kanada für ihren Film *The Company of Strangers* über sieben Frauen über 65, die nach einer Autopanne zwei Tage in der Wildnis verbringen müssen. Mut zum Altern mache dieser Film, hört man allenthalben in Mannheim.
Den Preis zur Förderung des interkulturellen Dialogs erhielt ***Percy*** von Pervez Merwanji (Indien). Ebenfalls aus Indien kommt der Film ***In Memory of Friends*** von Anand Patwardhan, der mit dem Sonderpreis des Oberbürgermeisters ausgezeichnet wurde.
Der Josef-von-Sternberg-Preis wird in diesem Jahr nicht vergeben, weil die Jury ein Zeichen setzen wollte und »Filmemacher ermutigen möchte, formal und inhaltlich noch mehr zu wagen«. Fünf Filmdukaten gingen an die Filme ***Best Hotel on Skid Row*** von Christine Choy und Renee Tajima (USA), ***Katafalk*** von Walerij Todorowskij (UdSSR), ***Oliver Jones in Afrika*** von Martin Duckworth (USA), ***Palaver, Palaver*** von Alexander J. Seiler (Schweiz) und ***Zug in die Ferne*** von Andreas Dresen (DDR). Mit dem Preis für die beste Nachwuchsregie für einen Film aus Afrika, Asien oder Lateinamerika wurde *Manoushe* von ***Luis Begazo*** (Brasilien) ausgezeichnet.

36. Internationale Westdeutsche Kurzfilmtage Oberhausen

Dem Kurzfilm geht es ohnehin nicht gut. Da hatten die Schwierigkeiten um die westdeutschen Kurzfilmtage in Oberhausen als eines der wenigen Foren des Kurzfilms besondere Bedeutung. »In den letzten Jahren hatte es viel Wirbel um dieses Forum des kurzen Films gegeben. Vielfach totgesagt, versuchte man die Westdeutschen Kurzfilmtage 1989 durch Publicity-Rummel wie einen Filmmarkt und einen pompösen Filmball aufzuwerten, doch die Kosmetik von außen konnte die schwache Programmstruktur nicht verdekken,« faßte Heiko R. Blum im »Tagesspiegel« die Entwicklung zusammen. Mit Angela Haardt haben die Filmtage seit Anfang 1990 eine neue Leiterin. Sie hatte wohl einen gelungenen Einstand, wie Volker Baer ihr im »Tagesspiegel« bescheinigte: »Angela Haardt hat es verstanden, aus den ausgewählten Werken ein Programm zusammenzustellen, das jeweils in einem bestimmten Kontext zu sehen war. So korrespondierte manche Dokumentation aus Ost und West, Nord und Süd, so ergänzten sich auf ihre Weise die – keineswegs immer überzeugenden – Experimente. Abgesehen von Rumänien, dem ein eigenes Programm gewidmet war, hatte man die Filme, wenn möglich, nach Themen oder Formen zusammengestellt.« Auch die Kurzfilmtage waren geprägt von Produktionen aus Osteuropa: »Das Verbotene von Gestern kann auch noch heute als Information über korrupte, desolate, deformierte Regime dienen« schrieb Volker Baer mit Blick auf rumänische Kurzfilme, wunderte sich allerdings angesichts der vielen Regalfilme auch darüber, was die diktatorischen Regime alles als für das System verwerflich ansahen. »Die Mächtigen halten die Existenz der anderen sich im Griff, aber nur solange, wie sie ihre Macht mit Gewalt ausüben können. Gerade davon legten die Kurzfilmtage ein beredtes Zeugnis ab,« resümierte Baer im »Tagesspiegel«, »und so stand 1990 in Oberhausen das Neue zwangsläufig im Schatten des Alten, das erst jetzt in Ost-Europa aus den Verließen ans Licht treten konnte. Die Regal-Filme jedenfalls hatten insgesamt mehr Informationskraft als so manche neue Arbeit.«

Den Großen Preis der Stadt Oberhausen hat die ***Sowjetische Elegie*** von Aleksandr Sokurow (UdSSR) erhalten. Die von der Internationalen Jury des Volkshochschulverbandes vergebene Auszeichnung ist mit 5000 DM ausgestattet. Der mit dem gleichen Preisgeld ausgestattete Preis des nordrhein-westfälischen Kultusministers ging an den Film ***Panc – Ein Dorf*** von Sabina Pop aus Rumänien. Den Experimentalfilmpreis erhielten ***Aus der Ferne – the Memo Book*** des deutschen Filmemachers Matthias Müller und ***Remains to be seen*** des Amerikaners Philip Solomon.

38. Internationales Filmfestival San Sebastian

San Sebastian hatte kein gutes Jahr: »Wettbewerb ohne Höhepunkte« meldete der »Tagesspiegel«, »San Sebastian: Einfach schlecht« titelte das Wiener Medienmagazin »Multitmedia«.

Keiner der zum Wettbewerb um die »Goldene Muschel« angetretenen Streifen konnte so recht überzeugen, wenn auch die Entscheidung der Jury für ***Las Cartas de Alou*** des Spaniers Montxo Armendariz als Hauptpreisträger weitgehend mit Wohlwollen aufgenommen wurde. Die »Silberne Muschel« ging an den Amerikaner Joel Cohen für ***Miller's Crossing***, der Spezialpreis der Jury an ***Rojo amenecer*** aus Mexiko.

Zwischen der neuen Festivaldirektion und der Jury gab es etwas Ärger, weil die Jury nur vier Preise vergeben wollte, die Direktion aber auf den fünf vorgesehenen Auszeichnungen bestand. Als besten Darsteller zeichnete die Jury ***Mulie Jarju*** in *Las Cartas de Alou* aus, den Preis für die beste Schauspielerin erhielt ***Margherita Buy*** für die italienische Komödie *La Settimana della Sfinge.* »Wenn ein Festival wenig an Qualität zu bieten hat«, berichtete Richard Emele im »filmdienst«, sucht es sein Heil meist in der Quantität. Besonders reich bestückt waren der Sektor ›offene Zone‹ sowie eine Schau alter Filme, vielfach aus der Stummfilmära. Hier gab es auch eine Retrospektive des Deutschen Instituts für Filmkunde, aus der *Geheimnis einer Seele* von G.W. Pabst herausragte. Wie immer holte das Festival wieder einige Hollywood-Altstars als Aufputz. Es kamen die 85jährige Claudette Colbert, Jane Russell, Cyd Charisse, Peter O'Toole und Jerry Lewis. Sie gaben dem Festival etwas von jenem Glanz, den ansonsten nur die Kulisse des Seebades San Sebastian mit seiner wunderschönen Muschelbucht einbrachte.«

47. Internationale Filmfestspiele von Venedig

»Wer immer verantwortlich ist für die Programm-Auswahl der Mostra, er müßte an einem Zwiespalt leiden, denn das Reglement verlangt nach den ›im Augenblick bedeutendsten abendfüllenden filmischen Werken‹, und die sind gegenwärtig Mangelware« schrieb SZ-Kritiker Hans Günter Pflaum seiner Heimatredaktion in München aus Venedig und faßte damit zusammen, was auch in den Berichten anderer Blätter zum Ausdruck kam: »Flaute mit Tiefgang«, wie das Wiener Fachblatt »Multimedia« titelte, oder »Temperatur am Lido: lauwarm« aus dem »Tagesspiegel«. In Venedig machte dieses Jahr die Anekdote die Runde, daß Gilles Jacob, Festivalchef von Cannes und hier als Jurymitglied Mostra-Gast, sich kaum einen Film des Wettbewerbs habe anschauen müssen, weil er sie alle schon gesehen und für Cannes abgelehnt habe. »Das Festival am Lido hatte nicht nur kaum überzeugende Filme vorzustellen,« schrieb Peter W. Jansen im »Tagesspiegel«, »es hat sie vor allem nicht in der Kategorie gefunden, auf die Venedig regelrecht abonniert ist: in der des innovativen und avantgardistischen Kinos. Von dieser Sorte scheint es in aller Welt so gut wie nichts mehr zu geben.« Einzig Jane Campion erhielt für ihren Film »An Angel At My Table« durchweg lobende Erwähnungen in der Berichterstattung – allerdings übersah die Jury dafür die Neuseeländerin zumindest bei den Hauptpreisen.

Goldener Löwe für den besten Film: ***Rosencrantz and Guildenstern are dead*** von Tom Stoppard (GB)
Spezialpreis der Jury: ***An Angel at My Table*** von Jane Campion (Neuseeland)
Silberner Löwe für die beste Regie: ***Martin Scorsese*** für *Good Fellas*
Silberner Löwe für Idee und Drehbuch: ***Helle Ryslinge*** für *Sirup* (Dänemark)
Goldmedaille des italienischen Staatspräsidenten: ***Raspad*** von Michail Belikow (USA/UdSSR)
Coppa Volpi für die beste Darstellerin: ***Gloria Munchmeyer*** für *La Luna en el Espejo* von Silvio Caiozzi (Chile)
Preis für den besten Darsteller: ***Oleg Borisow*** in *Edinstvenijat Svidetel* von Michail Pandurski (Bulgarien)
Silberdukaten vergab die Jury an ***Waleri Milowanski*** für die Musik in *Edinstvenijat Svidetel*, ***Mauro Marchetti*** für die Kameraführung in *Ragazzi Fuori* von Marco Risi (Italien) und ***Dominique Auvray*** für den Schnitt von *S'en fout la mort* von Claire Denis (Frankreich)

Nationale und regionale Festivals und Filmtage

6. Tage des Unabhängigen Films Augsburg

Neue Filmproduktionen aus der Sowjetunion und eine Werkschau des Amerikaners Les Blank standen im Mittelpunkt der 6. Tage des Unabhängigen Films im Frühjahr in Augsburg. Eine filmische Reise quer durch die Sowjetrepubliken war der Länderschwerpunkt, mit fast 70 neuen Dokumentarfilmproduktionen aus vielen Regionen des Landes. Sie alle sind in den Jahren 1987 bis 1989 entstanden und wurden bis auf wenige Ausnahmen in Augsburg erstmals außerhalb der Sowjetunion gezeigt. Eine rund 30köpfige Delegation aus der Sowjetunion begleitete das Filmpaket. Die Werkschau des Amerikaners Les Blank stellte 17 Arbeiten des Regisseurs vor, die zwischen 1965 und 1989 überwiegend in den Südstaaten der USA entstanden sind. »Ob sowjetisch oder aus den USA«, faßte Bodo Fründt in der »Süddeutschen Zeitung« zusammen – gemeinsam war auch fast allen Filmen in Augsburg, daß die Regisseure auf die Kraft und Aussage ihrer Bilder vertrauen konnten, die Landschaften und Gesichter und die Stimmen der Menschen, um die es geht. So gut wie nie war ein erklärender Kommentar nötig, wie er hierzulande in aller Regel von den Fernsehverantwortlichen über die Bilder gekleistert wird, denen man nicht traut und die man glaubt, niederreden zu müssen. Schon deshalb hat sich die Reise nach Augsburg gelohnt, weil dort das Programm von Menschen zusammengestellt wird, die dem Kino trauen und es lieben. Muß man noch hinzufügen, daß die Augsburger in Scharen die Kinosäle füllten, obgleich doch jeder Fachmann zu wissen glaubt, daß Dokumentarfilme niemanden ins Kino lokken?«

Mystfest '90 Cattolica

Seit über einem Jahrzehnt ist Cattolica, das idyllische Fischerstädtchen an der Adria, für kriminalistische Hochspannung bekannt. Das internationale Thriller-Festival »Mystfest« fand dort bereits zum elften Mal statt. »Das Erstaunlichste an diesem überschaulich kleinen Festival ist«, bemerkte Frauke Hanck in »Die Welt«, »daß Film und Literatur so gut zusammengehen und einander bestens ergänzen.« Einer, der vom Kino erst noch richtig entdeckt werden muß, ist der Autor ***J. G. Ballard***, dessen *Das Reich der Sonne* von Spielberg verfilmt wurde. Ballard wurde in Cattolica mit dem Raymond-Chandler-Preis ausgezeichnet. Natürlich waren die Amerikaner stark auf diesem Festival. Kathryn Bigelow kassierte für ihren *Blue Steel* merkwürdigerweise von der Jury unter der ungarischen Regisseurin Marta Meszaros nur einen Preis für Hauptdarstellerin ***Jamie Lee Curtis***. Gastgeberland Italien hat dagegen ebensowenig im Thriller-Genre zu bestellen wie die Bundesrepublik – beide Länder hatten keinen Film im Programm. Den Hauptpreis »Premio Mystfest'90« vergab die Jury an einen Thriller aus Übersee: ***Bad Influence*** des Amerikaners Curtis Hanson.

Festival du Cinéma Americain in Deauville

Während überall in Europa auf Filmfestivals die Dominanz der Amerikaner über das europäische Kino beklagt wird, kommen alljährlich im französischen Deauville alle Fans des amerikanischen Films zusammen und auf ihre Kosten. Bereits im 16. Jahr präsentiert Deauville ein Programm, das repräsentativ die amerikanische Filmproduktion vorstellt. Neben den diesjährigen Ehrungen für Jane Russell, John Boorman, Jon Voight, Richard Chamberlain, Sidney Lumet und einer Hommage an Robert Duvall konnte man in Deauville die Großproduktionen *Ghost, Freshman, Flatliners, Tage des Donners, Pretty Woman, Total Recall* neben Independent-Produktionen wie Allan Moyles *Pump up the volume* oder Curtis Hansons *Bad Influence* sehen. »Die erfreulichste Überraschung war für mich indessen *Thousand Pieces of Gold*, das Regiedebüt der Dokumentarfilmerin Nancy Kelly«, berichtete Gerhard Midding im Berliner »Tagesspiegel« aus Deauville. »Mit einem sehr feinen Gespür für die Landschaft und die historische Epoche erzählt der Film die Geschichte einer Chinesin, die in den 80er Jahren des letzten Jahrhunderts von ihrem Vater nach Amerika verkauft wird und sich dort in der Welt des Goldrauschs behaupten muß.«

2. Filmfest Dresden

Im vergangenen Jahr noch mußten die zum großen Teil ehrenamtlichen Organisatoren ihr erstes Filmfest in Dresden gegen die Kulturadministration durchsetzen, im März 1990 nun war alles anders. »Während die Existenz der traditionsreichen Festivals der DDR durch Subventionsentzug gefährdet ist, demonstrieren die Initiatoren des Filmfestes Dresden, das als Publikumsfest nicht-kommerzieller Filmkultur zu einem jährlich stattfindenden Ereignis mit internationaler Resonanz werden soll, wie man bei großem persönlichen Einsatz ein Festival auch ohne staatliche Gelder durchführen kann,« berichtete Heinz Kersten im »Tagesspiegel«. Über 150 Filme hatten sich die Organisatoren besorgt, mehr als zwei Drittel liefen als DDR-Erstaufführungen. Darunter waren sowohl Filme aus den östlichen Ländern als auch westliche wie eine Wim-Wenders-Retrospektive, Werke aus dem Programm des Forums des internationalen Films der Berlinale oder Produktionen aus bundesdeutschen Medienwerkstätten und Filmhochschulen. Auf elf Spielstätten konnten die Dresdener Organisatoren die vielen Filme verteilen Heinz Kersten entdeckt in ihnen »ein waches und intelligentes Publikum, das anspruchsvolle Filmkost der Kolonialisierungswelle bundesdeutscher Wahlkämpfer vorzog und, statt sich mit Coca-Cola und Bananen ködern zu lassen, seinen geistigen Heißhunger an lange vorenthaltenen Bildern stillte.«

16. Internationales Kinderfilmfestival Frankfurt

Der australische Film ***Sebastian und der Spatz*** und die kanadische Produktion ***Wo ich zuhause bin*** wurden in Frankfurt auf dem 16. Internationalen Kinderfilmfestival mit dem »Lucas« ausgezeichnet. Den bundesdeutschen Film *Land in Sicht* hob die aus fünf Kindern und fünf Erwachsenen bestehende Jury lobend hervor. Die Themen der beiden prämierten ähneln denen der anderen 14 Filme, die sich um den »Lukas«

bewarben. Szenisch umgesetzt wurden zumeist die Begegnung mit fremden Kulturen und der Kampf um die natürliche Umwelt. Ob in einem englischen Film Kinder gegen ein Atomkraftwerk kämpfen oder mongolische Kinder die Zerstörung ihrer ehemals unberührten Natur erfahren: Das Festival zeigte, daß es eine heile Welt im heutigen Kinderfilm nicht mehr gibt. »Die diesjährige Auswahl überraschte nach manch mageren Jahren durch außergewöhnliche Qualität, wobei anzumerken ist, daß einerseits kaum etwas für die Jüngeren vorgelegt wurde und auf der anderen Seite auch nicht mehr die Rede war vom ohnehin vage definierten Genre Familienfilm der letzten Jahre«, war in der »Frankfurter Rundschau« zu lesen, und Eva-Maria Lenz faßte in der »FAZ« zusammen: »Das Frankfurter Kinderfilmfestival, längst Publikumsmagnet und Treffpunkt für Fachleute zugleich, vereinigte diesmal Regisseure auffallend verschiedener Generationen. Nachwuchstalenten bietet die geförderte Sparte die willkommene Chance zum Debüt. Erfahrene Regisseure hingegen finden, in Einzelzügen oder im Gesamtkonzept ihres Films, für lange gehegte und bewegte Kindheitsreminiszenzen die endgültige Form. Für sie ist der Kinderfilm eine späte Liebe.«

17. Hamburger Kinotage

Zum 17. Mal trafen sich in Hamburg die in der Arbeitsgemeinschaft Kino zusammengeschlossenen Programmkinos der Bundesrepublik, um neue Filme für ihre Kinos zu sichten und zu kaufen. Unter den Filmen, die auf der Sichtveranstaltung unter Vertrag genommen wurden, waren der poetisch-surreale Krimi *Bearskin* mit Tom Waits und die Asylanten-Geschichte *Les Noces de Papier* mit Genevieve Bujold. Die Überraschung des fünftägigen Filmfestes war das amerikanische *Discovery Program*, in dem drei neue Regietalente mit Genre-Kurzspielfilmen reüssieren konnten. Einmal mehr ging es auf dieser Tagung auch um die bundesdeutsche Filmförderung. »Kollaps oder Förderung – Wer rettet den deutschen Film« war das Thema der Diskussion, an der sich Hellmuth Karasek, Gert Berghoff, Hark Bohm und François Duplat beteiligten.

5. Europäisches Low Budget Film Forum Hamburg

Das in diesem Jahr zum 6. Mal veranstaltete Europäische Low Budget Film Forum in Hamburg hat in den vergangenen Jahren zusehends ein internationales Echo gefunden. Auch in diesem Jahr standen wieder 35 programmfüllende Spiel- und Dokumentarfilme sowie ebensoviele Kurzfilme neueren Datums aus allen Teilen Europas auf dem Programm. Daneben gab es eine Werkschau des »Lenfilmstudios« in Leningrad, die vor allem Arbeiten des Regisseurs Alexej German und seiner Schüler umfaßt. Ein anderer Akzent lag auf Filmproduktionen aus dem Rumänien Ceaucescus, die zwischen 1970 und 1987 entstanden. Um die Filme herum wurde viel diskutiert. »Bestimmte bisher eher der zukünftige EG-Binnenmarkt die Perspektive der Diskussionen über die europäische Zusammenarbeit im Bereich der Filmförderung, so richtete sich diesmal der Blick gen Osten,« berichtete Frank Arnold für den »Tagesspiegel« aus Hamburg: »Zahlreiche osteuropäische Filmschaffende nahmen an den Podiumsdiskussionen teil, die nach der einführenden Runde leider nicht die notwendige Vertiefung boten.« Als Grund vermutet Arnold, daß die »Teilnehmer von der Rasanz der Entwicklungen erst einmal sprachlos gemacht wurden und sich in einer Situation zwischen bisheriger sozialer Absicherung und künftigen Markterfordernissen noch nicht recht zu bewegen wissen.«

Das Filmland NRW Komplett und für die Nachwelt festgehalten:
1. Reihe (Treppe, v. l. n. r.): Bettina Woernle, Filmemacherin; Werner Possardt, Schauspieler; Rolf Bührmann, Schauspieler; Udo Kier, Schauspieler.
2. Reihe (v. l. n. r.): Michael Wiedemann, Filmbüro NW; *Ulrike Filgers,* Landeszentrale für politische Bildung; *Vera Noll,* Cinekid; *Bernd Schaefers,* Filmfestival NRW/Köln; *Dr. Gerd Prodochi,* Staatskanzlei NRW; *Rosemarie Schatter,* Organisatorin NRW-Präsentation (mit blauem Elephanten für das Int. Essener Kinderfilmfestival); *Sybille Ewel,* Verband der Filmarbeiterinnen; *Wolfgang Grunwald,* Deutscher Kamerapreis; *Hartmut Redotté,* Filminstitut Düsseldorf; *Angela Haardt,* Internationale Kurzfilmtage Oberhausen; *Paul Hofmann,* Kinemathek im Ruhrgebiet.
3. Reihe (v. l. n. r.): Christa Klein, Europäisches Dokumentarfilminstitut; *Kirsten Ellerbrake,* Filmbüro NW; *Dr. Lutz Hachmeister,* Adolf-Grimme-Institut; *Jochen Fischer,* Kölner Filmhaus; *Elke Ried,* Kinder- und Jugendfilmzentrum; *Inke Böhrnsen,* Förderverein deutscher Kinderfilm; *Wolfgang Kral,* Kultusministerium NRW; *Werner Ruzicka,* Duisburger Filmwoche; *Jürgen Hilmes,* Filmhaus Bielefeld; *Hans Peter Hüster,* AG Kino.
4. Reihe (v. l. n. r.): Ernst Schreckenberg, AG für kommunale Filmarbeit; *Heribert Schlinker,* Wirtschaftsverband der Filmtheater in NRW; *Toni Weber,* AG für Medientheorie und -praxis; *Dorothea Neukirchen,* AG der Drehbuchautoren; Rainer Komers, AG Dokumentarfilm; *Prof. Adolf Winkelmann,* Fachhochschule Dortmund; *Prof. Claudia von Alemann,* Fachhochschule Dortmund.
5. Reihe (v. l. n. r.): Hellmuth Costard, Filmemacher; *Prof. Eisenbeiß,* Kunsthochschule für Medien, Köln; *Prof. Lutz Mommartz,* Kunstakademie Münster; *Prof. Kurt Johnen,* Fachhochschule Bielefeld; *Dieter Schneider,* Landesbildstelle Rheinland.

Filmfestival NRW Köln 1990

Der Werbeaufwand stand in keinem Verhältnis zum Ergebnis. Mit immensem Werbetrubel wollte Köln sein erstes Filmfest aus der Taufe heben und sogleich zu einem Riesenerfolg machen. Nichts da: »Das Publikum spielte nicht mit« überschrieb der »Tagesspiegel« seinen Bericht über die Festival-

Premiere in der Domstadt. Heinz Kersten entdeckt in den Kinos große Lükken: »Peter Fonda und Maximilian Schell, die dem 1. Filmfestival NRW etwas Starglanz verleihen sollten, gerieten nie in Gefahr, von Verehrern erdrückt zu werden, und Regisseure wie Andrzej Wajda, Jiri Weiss, Marco Risi, Francesco Rosi und Wladimir Naumow waren nach Vorführung ihrer Filme oft mit einem nicht einmal zur Hälfte besetzten Parkett konfrontiert. Das Publikum spielte nicht mit bei dieser jüngsten Festivalneugründung.« Dabei hätte das Programm, wie der »film-dienst« bemerkte, durchaus belegen können, daß das Europäische noch lebendig ist: »Meist unterstützt durch die Fernsehanstalten der jeweiligen Länder, zeugten die Filme von Themenreichtum und Stilvielfalt, wie sie das amerikanische Mainstream-Kino gar nicht aufbieten kann«. Von Carlos Saura wurde *Ay Carmela* gezeigt, von Andrzej Wajda *Korczak*, von Kenneth Branagh *Henry V.*, von Jiri Weiss *Martha und ich* - alles Filme, die in den Berichten als Beleg für den lebendigen europäischen Film genannt wurden. Leider sah das Publikum die Filme nicht, weil es - so war mehrfach zu lesen - gar nicht eingeplant war. Der Traum von einem Festival mit 185 Filmen vor 70 000 Besuchern (Katalog-Vorwort) ging ziemlich daneben. Immerhin konnten sich einige Preisträger freuen, denn zum neuen Festival hatte man auch neue Preise kreiert. 15 Streifen konkurrierten um den »Goldenen Dom«. Eine internationale Jury vergab die damit verbundene Verleihprämie von 250 000 DM in drei Teile. Michael Winner aus Großbritannien erhielt den Löwenanteil von 100 000 DM für die »harmlose, kleine Komödie« (»Tagesspiegel«) ***A Chorus of Disapproval***. Je 75 000 DM erhielten Marco Risi für seinen Film ***Straßenjungen*** und Montxo Armendariz für ***Briefe von Alou***. Leider litten unter dem Besuchermangel auch die nun wirklich sehenswerten Retrospektiven: 20 Filme von John Ford waren zu sehen, eine kleine Reihe mit Werken von Edward Dmytryk und sechs interessante Streifen aus der Zeit des »Prager Frühlings«.

Kurzfilmfestival Krakau 1990

Beim 27. Internationalen Festival des Kurzfilms in Krakau, in diesem Jahr erstmals verbunden mit dem 30. polnischen Festival, wurden folgende Preise vergeben:
Großer Preis »Goldener Drache«: ***Skazy Matuszki Frosi O Monastyrie Diwiejewskom*** von Sergej Baranow (UdSSR)
Sonderpreis der Jury: ***Tma, Svetlo, Tma*** von Jan Svankmajer (CSFR)
Silberner Drache: ***Cafe Gretchen Somerfeld*** (USA), ***Zurawie*** von Olaf Olszewski (Polen), ***Metamorphis*** von Branko Ranitovic (Jugoslawien)
Preis der FIPRESCI: ***Z Zycia Pomnikow*** von Tadeusz Talka (Polen)
Animationspreis: ***Metamorphis***
Preis der International Federation of Filmclubs: ***Do Broni*** von Thomasz Wiszingwzki und Andrzej Kraszewski (Polen)
Preis der Jury der polnischen Journalisten: ***Las Katynski*** von Marcel Lozinski (Frankreich/Polen)

32. Nordische Filmtage Lübeck

Gleich mit mehreren Neuerungen konnten die Nordischen Filmtage in Lübeck in diesem Jahr aufwarten. Erstmals nahmen Estland, Lettland und Litauen als gleichberechtigte Teilnehmerländer an dem Festival teil, das seit der Gründung als Forum der aktuellen Filmproduktion aus Finnland, Dänemark, Island, Norwegen und Schweden gilt. Insgesamt 100 Filme standen auch in diesem Jahr wieder auf der Programmliste, darunter die Filme einer »Hommage an Bille August« und einer Retrospektive, die dem lettischen Dokumentarfilmer Herz Frank gewidmet war. Ein neues Profil erhielten die Nordischen Filmtage durch einen vom Norddeutschen Rundfunk gestifteten Förderpreis von 25 000 DM für einen Spielfilm »von besonderer künstlerischer Qualität« aus den nordischen Ländern, dem Baltikum oder Schleswig-Holstein. Integriert war das »Film-Forum Schleswig-Holstein«.

8. Filmfest München

Über das Filmfest wird auch im achten Jahr noch vortrefflich gestritten. Die Ambivalenz den Münchnern gegenüber zeigte am deutlichsten der Berliner »Tagesspiegel« in seiner Berichterstattung. Vor dem Start des Filmfestes und nur in Kenntnis des Programms schrieb Günter Jurczyk noch: »Als prestigeträchtige Glamourveranstaltung der Stadt München unter Leitung eines Modemanagers geplant, hatte das Filmfest anfangs Mühe, sich von solchem Ballast zu befreien. Der Kurs schwankte in den ersten Jahren zwischen kulturpolitischer Imagepflege, Schickeriarummel und Workshop-Festival. Inzwischen hat der Filmfest-Chef Eberhard Hauff das Steuer fest in der Hand und die Veranstaltung zweifelsfrei in den Dienst der Filmkunst gestellt. Engagiert hat er das Projekt vom Ruch eines faulen Zaubers befreit und den echten Zauber des Kinos wiederbelebt.« Nur eine Woche später hörte sich Günter Jurczyk so an: »Diese neun Tage für die Filmkunst waren ein sehr anschauliches Beispiel dafür, wie man sich zuerst ein respektables Programm einladen und es dann sabotieren kann. Hatte der Filmfest-Chef Eberhard Hauff noch zum Start bekräftigt, ihm liege besonders das Unbekannte, Experimentelle am Herzen, so sprach die darauffolgende Praxis der Veranstaltung dieser Beteuerung Hohn. Wie in den ersten Jahren des Filmfests dreht sich nun alles wieder um Gefallsucht und eitle Nabelschau. Auf einem nicht enden wollenden Karussell von Parties und Empfängen feierten sich die Vertreter der Münchner Filmszene – peinlich egozentrisch und selbstverliebt.« Man kann aber auch anders sehen und ins Kino gehen, was wohl Hans-Dieter Seidel von der »FAZ« getan hat: Wer lieber ins Dunkel des Kinos taucht, um sich in einer stets neuen, häufig anderen Welt wiederzufinden, den brauchen die äußeren Ablenkungen, der meist oberflächliche Smalltalk nicht zu kümmern.« Im Dunkel des Kinos hat Hans-Dieter Seidel dann auch eine für ihn akzeptable Mischung gefunden: »Im mittlerweile achten Jahr dürfen sich Eberhard Hauff und seine Mitstreiter der gewählten Programmstruktur völlig gewiß sein, die mit Unbekanntem aus weit verstreuten nationalen Filmkulturen der Entdeckungslust des heimischen Publikums frönt und daneben Filme setzt, die bei den großen Festivals in Cannes und Venedig aufmerken ließen und auf die jetzt viele gieren.« Und auch Hans Messias vom »filmdienst« fand die Programmischung angenehm: »Das internationale Programm wurde etwas abgespeckt und, was weitaus wesentlicher ist, das Münchner Filmfest war nicht mehr der uneingeschränkte Tummelplatz der Major Companies, die mit ihren Vorpremieren den Blick auf kleinere und möglicherweise interessantere Filme verstellen.« Viel Aufmerksamkeit erhielten auch in diesem Jahr wieder die Reihe der amerikanischen Independents, »fast schon ein Festival im Festival« (FAZ), und das Kinderfilmfest, das ohne weiteres neben jenem der Berlinale bestehen kann. ***Xaver Schwarzenberger***, dem Kameramann und Regisseur, war die Werkschau des Festivals gewidmet, Ornella Muti war mit drei ihrer Filme vertreten (und kam auch selbst) und an Lutz Hengst, den Herstellungsleiter der Bavaria, erinnerte das Filmfest mit einer Filmreihe.

»Aje Aje Bara Aje/Komm, komm herauf« von Im Kwon-Taek.

Die große Werkschau des Festivals war dem südkoreanischen Regisseur ***Im Kwon-Taek*** gewidmet. Und auch Preise gab es beim Münchner Filmfest: Der Regie-Förderpreis der Bayerischen Hypo-Bank ging an ***Reinhard Münster*** für *Der achte Tag*, der One-Future-Preis der Interfilm-Jury an ***Alexander Rechwiaschwili*** für *Michaloeba.*

Im Kwon-Taek

Weltfilmfestival 1990 Montreal

Obschon allein neun bundesdeutsche Spielfilme und vier Kurzfilme zum Weltfilmfestival ins kanadische Montreal eingeladen wurden, ächzte doch das Programm unter der Dominanz der amerikanischen Filmproduktion. Thomas Rothschild, für die »FAZ« in Montreal, schilderte drastisch die Situation: »Mag sein, daß die Europäische Gemeinschaft der wirtschaftlichen Expansion der Vereinigten Staaten Einhalt gebieten wird. Im Bereich der Kultur hat Europa kaum mehr eine Chance. Im Film, das zeigte sich auch beim 14. Weltfilmfestival in Montreal, führen die

Europäer (und natürlich auch die Lateinamerikaner, die Asiaten, die Afrikaner, die Australier) einen verzweifelten Abwehrkampf gegen die jede Selbständigkeit verschlingende Hollywood-Ästhetik.« Das Programm in Montreal bestätigte die Berfüchtungen, daß der wirtschaftliche Aspekt des Filmemachens dazu zwingt, sich diesen amerikanischen Normen anzupassen. Das macht auch die europäischen Produktionen amerikanisch, so daß Thomas Rothschild einen amerikanischen Film als den europäischsten Film entdeckte: »Es gehört zu den Paradoxien des Montrealer Festivals, daß der einzige Wettbewerbsbeitrag aus den Vereinigten Staaten, obwohl in Manhattan spielend, der europäischste Film war. Fast alle anderen Filme wollen nur eine Geschichte erzählen – so ökonomisch wie möglich, mit Atmosphäre allenfalls als Beigabe. Die Suche nach ungenutzten Möglichkeiten der Filmsprache ist fast ausgestorben. Der Amerikaner Jon Jost hat mit Jacques Rivette mehr gemeinsam als mit Hollywood. *All the Vermeers in New York* ist ein klassischer Autorenfilm.«
Den Hauptpreis des Wettbewerbsprogramms erhielt der peruanische Beitrag ***Vom Himmel gefallen*** von Francisco Lombardi.

Filmschau Nürnberg 1990

Wedding von Heiko Schier eröffnete das diesjährige Programm der Filmschau Nürnberg, das im wesentlichen in drei Sektoren geteilt ist.
Da ist einmal das Wettbewerbsprogramm mit zwölf Produktionen aus Österreich, der Schweiz und der Bundesrepublik, dann das EU-Forum mit ebenfalls zwölf Nachwuchsproduktionen aus West- und Osteuropa und natürlich die Retrospektive, die in diesem Jahr acht der besten Filme der verschiedenen Schaffensperioden von Ingmar Bergman präsentierte.

Filmfestival Pesaro 1990

Das seit 1965 bestehende Festival von Pesaro ist traditionell ein Schauplatz für das andere Kino, und in den letzten Jahren besonders für das Kino der Dritten Welt. So widmete es dieses Jahr unter dem neuen Direktor Adriano Apra neben einer Reihe von südamerikanischen und irländischen Filmen dem iranischen Kino »nach der Revolution« einen umfassenden Schwerpunkt. Rudolf Frieling fiel im »Tagesspiegel« auf, daß sich die Filme »oft in krasser Form mit sozialen Problemen der iranischen Gesellschaft auseinandersetzen.« Zu den Höhepunkten des Festivals zählte Frieling auch die Retrospektive der Filme Amir Naderis, die einen Einblick in die Filmkultur des Irans und die Umwälzungen unter Khomeini gewähren.

13. Internationale Grenzland-Filmtage Selb

Das Filmfest im Dreiländereck tönte optimistisch »Jetzt schlägt's 13!«. Zwölfmal hatte das Filmtage-Team nach Selb zu einem Festival gerufen, das die Grenzlandlage zum Thema machte und sich als filmische Drehscheibe zwischen Ost und West anbot. Nun im dreizehnten Jahr fand sich die Veranstaltung in einem ganz anderen Umfeld wieder. Rund 50 Spiel-, Kurz- und Dokumentarfilme hatte das Filmtage-Team wieder aus vielen Ländern Europas nach Selb eingeladen. Schwerpunkt blieb, da bleibt man traditionell, das Kino der Nachbarn im Osten. Die Werkschau war Eldar Rjasanow gewidmet, dem letzten Schüler Sergej Eisensteins und Meisterschüler von Gregori Kosinzew, der zudem als ausgesprochener Tauwetter- und Perestrojka-Regisseur gilt. Aus der DDR war der neueste »Leipzig«-Dokumentarfilm zu sehen. Die Filmhochschule »Konrad Wolf« stellte sich mit drei Talenten vor, und Heiner Carows *Coming out* wurde ebenfalls in Selb aufgeführt.

25. Solothurner Filmtage

Da schauten selbst die sonst nicht aus der Ruhe zu bringenden Festivalorganisatoren um Stefan Portmann etwas verblüfft drein: 24 Jahre lang hatte die offizielle Schweiz das doch immerhin wichtigste rein Schweizer Filmfestival schlichtweg ignoriert, jetzt, zum 25. Festival, kam sogar ein ausgewachsener Bundespräsident in das kleine Barockstädtchen an der Aare, wo Stefan Portmann vor einem Vierteljahrhundert eines der unkonventionellsten Filmfestivals Europas gegründet hatte. In den 25 Jahren hat sich doch etwas geändert, wie Ivo Kummer, Sprecher des sechsköpfigen Organisationsteams konstatierte. Jetzt würden sogar die Schweizer wissen, daß es einen schweizerischen Autorenfilm gibt, das Ziel, daß die Film-Szene sich in Verbänden organisiert, sei ebenfalls erreicht wie eine – wenn auch bescheidene – Förderung des Nachwuchses, und schließlich habe auch das Schweizer Fernsehen begriffen, daß sein Finanzbeitrag für den nationalen Film keine Spende sei, sondern eine Investition. Etwas Ärger schwang aber in diesem Jahr doch mit, den Peter von Gunten plastisch mit einem Koffer voller filmischen Unrat für den Herrn Bundespräsidenten ausdrückte. Diejenigen, die es geschafft hätten, meiden schon lange das Festival in Solothurn, dem sie ihren Aufstieg verdanken. »Der Nachwuchs hat den Geist der Zeit nicht weniger verstanden«, berichtete Michael Kötz für die »FAZ« aus Solothurn, »Er will ganz schnell ganz groß raus und hat für solche Kleinigkeiten keine Zeit mehr. So steckt auch Solothurn mittlerweile in jener Krise, die für alle Festivals gilt, die kleiner als die ganz großen, aber nicht so klein wie die vielen neuen lokalen Veranstaltungen sind. Auch in Solothurn ist jetzt die Anzahl qualitativ bedeutender Filme, die das Festival als Premiere vorweisen kann, dramatisch gering.« Da hatten die Besucher Glück, daß zum Jubiläum eine Werkschau mit Filmen aus 25 Jahren Solothurn gezeigt wurde, die Fredi M. Murer und Hans Stürm nach ganz persönlichen Auswahlkriterien besorgt hatten.

21. Filmfestival von Verona

Ganz im Zeichen des deutschen Films stand das 21. Filmfestival in Verona. 28 Spielfilme der neueren Produktion aus West und Ost, westdeutsche und ostdeutsche Kurzfilme sowie eine Retrospektive der deutschen Tonfilme von Fritz Lang anläßlich seines 100. Geburtstages in einer Woche wurden vom italienischen Publikum und der Presse begeistert aufgenommen. Die aus Ost und West angereisten deutschen Regisseure und Schauspieler nahmen mit großem Interesse und Eifer die günstige Gelegenheit des persönlichen Dialogs untereinander wahr. Das Festival wurde in Zusammenarbeit und mit Unterstützung der Export-Union des Deutschen Films und der DEFA organisiert.

EuropaCinema in Viareggio

»Die beachtlichen Beiträge stammten von Frauen, der deutsche Film fand so gut wie nicht statt, und europaweit geht im Kino ohne das Fernsehen nichts mehr« – so faßte Rolf Thissen in der »AZ« seine Erfahrungen vom Filmfestival »EuropaCinema & TV 90« im toskanischen Badeort Viareggio zusammen. Zum siebten Mal fand das vom Journalisten Felice Laudao ausgerichtete, ausschließlich dem europäischen Kino gewidmete Festival statt und bot mit 90 Filmen in acht Tagen ein stattliches Programm. Darin enthalten waren zwei umfangreiche Retrospektiven des Drehbuch-Autors Gerard Brach und des italienischen Produzenten Mario Cecchi Gori, der von Monicelli über

Scola, Risi, Damiani bis zu Rosi, Fellini, Bertolucci die Werke der bedeutendsten Regisseure seines Lands produziert hat. »Unter den neuen Filmen dagegen sah es in Viareggio nicht allzu rosig aus«, berichtete Frauke Hanck in »Die Welt«. Trotzdem - Marta Meszaros, Agnieszka Holland, Carlos Saura, Peter Patzak und Tony Palmer zeigten ihre neuen Filme in Viareggio. ***Marta Meszaros*** gewann gar den Großen Preis für *Tagebuch für meinen Vater und meine Mutter*, den dritten Teil ihrer autobiographischen Filmtrilogie.

Österreichische Filmtage Wels 1990

Etwas launisch wies die Festivalleitung schon auf den Plakaten auf die Hoffnung hin, daß das »verflixte 7. Jahr« möglichst ein »verflixt gutes« Jahr werden solle. Die Österreichischen Filmtage sind die aktuelle jährliche Leistungsschau des österreichischen Filmschaffens. Sie werden seit 1984 vom Österreichischen Filmbüro in der Messestadt Wels veranstaltet und genießen eine große Akzeptanz beim Publikum und den immer zahlreicher anreisenden Journalisten.

Das Land Oberösterreich ergriff in diesem verflixten siebten Jahr auch die Initiative und vergab erstmals Preise. ***Himmel oder Hölle***, der Erstlingsfilm von Wolfgang Murnberger, wurde einstimmig erster Preisträger der Filmtage und wurde auch zum Festival um den Max-Ophüls-Preis 1991 in Saarbrücken eingeladen. Außerdem erhielt der Experimentalfilmer ***Dietmar Brehm*** den oberösterreichischen Landeskulturpreis für sein bisheriges filmisches Werk; ein Talentförderungspreis ging an ***Günther Xaver Challupner***. Bereits am Eröffnungstag hatte ***Vera Mattuschka*** den »Förderungspreis für Filmkunst 1990« erhalten, ***Ursula Pürrer*** und ***Konrad Becker*** bekamen diesen Preis für die Videosparte.

Die Retrospektive der Filmtage war dem österreichischen Kameramann, Regisseur und Produzenten ***Eduard Hoesch*** gewidmet, der 1990 seinen 100. Geburtstag gefeiert hätte. Er inszenierte den ersten österreichischen Nachkriegsfilm *Der weite Weg*, ein Heimkehrerdrama mit Rudolf Prack und Hans Holt. Ein von langer Hand vorbereitetes Schülerfilmfestival gehörte auch zu den Filmtagen. Auch hier gab es Preise: Der Hauptpreis ging an den Film ***Ein schwieriger Start*** von Diana Matzhold und Sandra Wild.

16. Internationales Filmwochenende Würzburg

Sidewalk Stories von Charles Lane war unter den 42 Filmen des 16. Internationalen Filmwochenendes in Würzburg der Publikumsliebling - was sich auch im mit 2500 DM dotierten Publikumspreis für den nach Würzburg gekommenen Schauspieler und Regisseur niederschlug.

Immerhin 19 der gezeigten Filme wurden von ihren Machern höchstpersönlich vorgestellt, und gerade dieser direkte Kontakt machte für viele Besucher den besonderen Reiz des Filmwochenendes aus. »Viele Filme, die in Würzburg zu sehen waren«, bedauerte die »Deutsche Tagespost«, »werden trotz ihrer unbestrittenen Qualität nie in deutschen Kinos zu sehen sein, weil sie keinen Verleih gefunden haben. Dies gilt beispielsweise für den bezaubernden Film *Storia di ragazzi e di ragazze* von Pupi Avati, aber auch für *A Chinese Ghost Story*, einer chinesischen Geistergeschichte, die selbst nach einem anstrengenden Kinotag zu mitternächtlicher Stunde noch fesselt und unterhält.« Gregor Dotzauer, für die »FAZ« in Würzburg, konnte sich allerdings auch für Filme von Max Ophüls (*Madame de...)*, Paul Vecchiali (*Rosa la Rose, Fille publique*) oder Zoltan Huszarik begeistern, die ebenfalls hier liefen; sonst aber meinte Dotzauer: »Würzburg 1990 war ein mageres Jahr, sieht man von den Filmen Denys Arcands oder Ildiko Enyedis ab, die jetzt ohnehin in den Kinos anlaufen. Die Mini-Retrospektiven, sonst Glanzstücke des Programms, boten keine Entdeckungen. Es waren Ausgrabungen wie die restaurierte Fassung von Julien Duviviers *Au bonheur des dames* (1930), die nicht nur die Damen, sondern auch die Herren mehr zufriedenstellten.«

»Nagló apámnak, anyámnak/Tagebuch für meinen Vater und meine Mutter« von Márta M. Mészáros.

Filmliteratur

Neuerscheinungen deutschsprachiger Filmliteratur

Filmliteratur 1990 – das war kein herausragendes, aber auch kein enttäuschendes Filmbuch-Jahr. Wie jedes Jahr präsentiert sich ein breitgefächertes Themenangebot. Sollte man einen Trend ausmachen wollen, so ist es eben der eines vielfältigen Nebeneinander: Literatur für Cineasten und für diejenigen, die es werden wollen. Für jeden etwas.

Zum Blättern und zum träumerischen Eintauchen in eine andere Zeit laden zum Beispiel die wunderbaren Photo- und Ausstellungsbände »Aus der Traumfabrik« und »Film und Mode, Mode im Film« ein.

Mit Träumen, allerdings mit eindeutigen, bildgewordenen erotischen Träumen, beschäftigt sich auch Georg Seeßlens »Der Pornographische Film«; ein Versuch einer umfassenden historischen Betrachtung. Das reizvolle und die Gemüter erregende Film-Genre wird vom Autor faktenreich von den Anfängen bis zur Gegenwart verfolgt.

Auch das Kino als der Ort, an dem die Film-Träume für den Zuschauer Gestalt annehmen, hat endlich seine Geschichtsscheiber gefunden. Das Kino als sozialer und kommunikativer Ort, von den Plätzen und Straßen, wo es sein Publikum fand, davon berichten diese Kino-Geschichten. Beispielhaft für alle sei hier der von Bruno Fischli zur Kino-Geschichte Kölns herausgegebene Band »Vom Sehen im Dunkeln« hervorgehoben.

Kino-Träume brauchen Filme-Macher: »Edward Dmytryk – Film Director« – über einen der letzten lebenden Hollywood-Regieveteranen und seine Filme gibt das von Robert Fischer herausgegebene Buch Auskunft. Kernstück dieser ersten deutschen Buchveröffentlichung über Edward Dmytryk ist die komplette, vom Regisseur selbst kommentierte Filmographie.

Und schließlich, was wären all die Kino-Träume ohne Stars? Auch das europäische Kino hat seine faszinierenden Leinwand-Persönlichkeiten. Jeanne Moreau zum Beispiel. Jean-Claude Moireaus materialreiches Künstlerporträt »Jeanne Moreau« zeigt das vor allem mit seinen zahlreichen schwarz-weißen Photographien. Eine gelungene Hommage an die Schauspielerin und eine Erinnerung an ein Kino-Schaffen und seine Stars, wie es heute nicht mehr existiert.

Noch jemand erinnert sich an Jeanne Moreau: Mit ihrem »Einsatz« und ihrer »stets guten Laune« ist sie eine Schauspielerin, »mit der man ideal arbeiten kann ... Und kommt es zur Katastrophe, bleibt sie an der Seite des Kapitäns – ohne zu murren und ohne große Umstände geht sie tapfer mit ihm unter und verkneift sich sogar ein Vaterunser« – mit diesen Worten empfiehlt ein Großer einem noch Größeren die Schauspielerin Jeanne Moreau.

François Truffaut schreibt diese Sätze 1967 in einem Brief an Alfred Hitchcock. Einer von 500 Briefen Truffauts, geschrieben zwischen 1945 und 1984, die jetzt in Buchform vorliegen. »François Truffaut: Briefe 1945–84« ist uneingeschränkt das Film-Buch des Jahres 1990. Auf über 700 Seiten wird hier in der persönlichen Sicht des Filmkünstlers Truffaut das eigene Werk und Film-Geschichte lebendig. Fesselnde, hellsichtige, kurzweilige Brief-Literatur – ein traumhaftes Buch. Ein Buch, das man schon jetzt als einen Klassiker der Filmliteratur bezeichnen darf.

Rolf Selas

1. Film-Geschichte und -Theorie

Hermann Barth: Psychagogische Strategien des filmischen Diskurses in G. W. Papst »Kameradschaft« (Deutschland 1931). Diskurs Film: Bibliothek, Bd. 2, München

Udo Benzenhöfer, Wolfgang U. Eckart: Medizin im Spielfilm des Nationalsozialismus. Burgverlag

Sabina Brändli, Walter Ruggle (Hrsg.): Sowjetischer Film heute. Verlag Lars Müller, Baden (Schweiz)

Würde oder Das Geheimnis des Lächelns – Frauen-Film-Kultur in der Sowjetunion. Hrsg. von femme totale, Kulturbüro der Stadt Dortmund, Kultur Kooperative Ruhr e. V. efef-Verlag, Zürich-Dortmund

Der Deutsche Heimatfilm – Bildwelten und Weltbilder. Hrsg. Ludwig-Uhland-Institut für Empirische Kulturwissenschaft der Universität Tübingen

Claudia Dillmann-Kühn: Artur Brauner und die CCC. – Filmgeschäft, Produktionsalltag, Studiogeschichte 1946–1990. Schriftenreihe des Deutschen Filmmuseums, Frankfurt/M.

Regine und **Peter W. Engelmeier** (Hrsg.): Film und Mode, Mode im Film. Prestel Verlag, München

Aus der der Traumfabrik. Die Kunst der Filmphotographie. Photographien aus dem Filmhistorischen Bildarchiv **Peter W. Engelmeier,** München. Ausstellungskatalog Museum Ludwig Köln. Bachem Verlag, Köln

Werner Faulstich, Helmut Korte (Hrsg.): Fischer Filmgeschichte, Band 3 – Auf der Suche nach Werten, 1945–1960. Fischer Verlag, Frankfurt/M.

Emil-Fischer-Heimatmuseum (Hrsg.): Nahaufnahme Neukölln – Kinos, Kameras, Kopiermaschinen. Argon Verlag, Berlin

Bruno Fischli (Hrsg.): Vom Sehen im Dunkeln – Kinogeschichten einer Stadt. Prometh Verlag, Köln

Rolf Giesen: Sagenhafte Welten – Der Phantastische Film. Wilhelm Heyne Verlag, München

Norbert Grob, Karl Prumm: Die Macht der Filmkritik. Positionen und Kontroversen. edition text und kritik, München

Peter Heller, Werner Petermann, Ralph Thoms (Hrsg.): Die Entwickler. Der Blick der Medien auf die Dritte Welt. Trickster Verlag, München

Wolfgang Jacobsen: Berlinale – 40 Jahre Internationale Filmfestspiele. Argon Verlag, Berlin

Igor Jassenjawsky (Hrsg.): Von Eisenstein bis Tarkowsky – Die Malerei der Filmregisseure in der UdSSR. Prestel Verlag, München

Ernst Karpf (Red.): Arnoldsheimer Filmgespräche Band 7. Kino und Couch. Zum Verhältnis von Psychoanalyse und Film. Akademie Arnoldsheim, Schmitten/Taunus

Jürgen Kasten: Film schreiben. Eine Geschichte des Drehbuches. Hora Verlag, Wien

Heinz Müller (Hrsg.): Filme in der BRD. Henschel Verlag, Berlin

Eberhard Opl: Das filmische Zeichen als kommunikationswissenschaftliches Phänomen. Kommunikation audiovisuell. Verlag Ölschläger, München

Hans Petschar und **Georg Schmid:** Erinnerung & Vision. Die Legitimation Österreichs in Bildern. Eine semiohistorische Analyse der Austria Wochenschau 1949–1960. Akademische Druck- und Verlagsanstalt, Graz

Helmut Prinzler (Hrsg.): Das Jahr 1945 – Filme aus 15 Ländern. Retrospektive 40. Internationale Filmfestspiele Berlin. Stiftung Deutsche Kinemathek, Berlin

Andreas Rost: Von Einem der auszog

das Leben zu lernen – Ästhetische Erfahrung im Kino ausgehend von Wim Wenders' Film »Alice in den Städten«. Trickster Verlag, München
Rainer Rother: Die Gegenwart der Geschichte. – Ein Versuch über Film und zeitgenössische Literatur. Verlag J. B. Metzler, Stuttgart
Heide Schlüpmann: Unheimlichkeit des Blicks. Das Drama des frühen deutschen Kinos. Verlag Stroemfeld/Roter Stern, Basel – Frankfurt/M.
Gerhard Schumm: Der Film verliert sein Handwerk – Montagetechnik und Filmsprache auf dem Weg zur elektronischen Postproduction. MARkS Publikationen, Münster
Georg Seeßlen: Der Pornographische Film – Von den Anfängen bis zur Gegenwart. Ullstein Verlag, Frankfurt/M., Berlin
Vladimir Skutina (Hrsg.): Was ist? Film. Mit Beiträgen von Milos Forman u.a. bohem press, Zürich
Konrad Vogelsang: Filmmusik im Dritten Reich. Die Dokumentation. Facta oblita Verlag, Hamburg
Paul Werner: Die Skandalchronik des Deutschen Films – Band 1: Von 1900 bis 1945. Fischer Verlag, Frankfurt/M.
Bob Willoughby: Film-Foto-Dokumente. Jeder Band mit einem Vorwort von Bob Willoughby. »Die Reifeprüfung«, »Wer hat Angst vor Virginia Woolf?«, »Nur Pferden gibt man den Gnadenschuß«. Nieswand Verlag, Kiel
Werner Wolf: Wie wir Bilder laufen lehren. Zur Urgeschichte von Film und Fernsehen. Kulturvermittlung Steiermark, Graz
Peter Wuss: Kunstwert des Films und Massencharakter des Mediums – Konspekte zur Geschichte der Theorie des Spielfilms. Henschel Verlag, Berlin

2. Handbücher und Nachschlagewerke

Austrian Film Commission, Austrian Films 1989/90. Katalog in drei Sprachen. Europaverlag, Wien/Zürich
Austrian Film Commission, Films Trespassing. Katalog des Internationalen Dokumentarfilmfestivals 1990, Spielfilm der DDR 1965/66 und 1989/90, Spielfilmpanorama ČSFR/Österreich/Ungarn. Wiener Volksbildungsverein, Wien
Cinema-Film-Jahrbuch 1991. – Kino Verlag, Hamburg
Lothar Just (Hrsg.): Filmjahrbuch 1990. Kino, Fernsehen, Video. Erstaufführungen in der BRD, Österreich, Schweiz, DDR. Wilhelm Heyne Verlag, München
Walter Schobert, Horst Schäfer (Hrsg.): Fischer Film Almanach 1990 – Filme, Festivals, Tendenzen. Mit Video-Erstaufführungen. Fischer Verlag, Frankfurt/M.
tip. Filmjahrbuch Nr. 6 – Daten, Berichte, Kritiken. August 1989–Juli 1990. Verlag Klaus Stemmler, Berlin
Bundesministerium für Unterricht, Kunst und Sport (Hrsg.): Film Video Foto. Handbuch zur Produktion, Förderung, Forschung und Umfeld des österreichischen Film-, Video- und Fotoschaffens. Europaverlag, Wien/Zürich
Martin Compart, Thomas Wörtche (Hrsg.): Krimi-Jahrbuch 1990. Mit Beiträgen zu Kinofilmen und TV-Serien. Emons Verlag, Köln
Gustav Ernst, Thomas Pluch (Hrsg.): Drehbuch schreiben. Eine Bestandsaufnahme. Europa Verlag, Wien
Filmstatistisches Taschenbuch 1990 – Zusammengestellt und bearbeitet von Johannes Klingsporn. Spitzenorganisation der Filmwirtschaft e.V. Wiesbaden
Walter Fritz: Kino in Österreich 1929

bis 1945. Der Tonfilm. Österreichischer Bundesverlag, Wien

Katholische Filmkommission, Handbuch Film 1988/89. 730 Kurzkritiken der in Österreich angelaufenen Filme. Register mit allen 11 000 Filmen aus früheren Jahrbüchern.

Lydia Mischkulnig: Europäische Filmförderung, Entwicklung, Tendenzen und grenzüberschreitende Förderung von Film-, Video- und TV-Projekten am Binnenmarkt 1992–2000. Diplomarbeit an der Hochschule für Musik und darstellende Kunst, Wien

Hubert Schick: Tontechnik und Tondramaturgie im Dokumentarfilm. Köln, Fachhochschule, Fachbereich Fotoingenieurwesen.

3. Autobiographien, Biographien, Monographien

a) Regisseure

Federico Fellini: Cinecittà – Meine Filme und ich. Interbook Verlagsgesellschaft, Hamburg

Dominique Fernandes: In der Hand des Engels. (Romanbiographie über Pier Paolo Pasolini), Promedia Verlag, Wien

Robert Fischer (Hrsg.): Edward Dmytryk – Film Director. edition filmwerkstatt, Filmwerkstatt Essen

Fred Gehler, Ullrich Kasten: Friedrich Wilhelm Murnau. Henschel Verlag, Berlin

Franz Grabner (Hrsg.): Aufblende. Gespräche über das sowjetische Filmschaffen. Enthält u.a. Gespräche mit Herz Frank, Aleksandr Askoldov und Aleksej German. Styria Verlag, Graz, Wien, Köln

Adolf Heinzlmeier: Fritz Lang. Moewig Verlag, Rastatt

Peter W. Jansen, Wolfram Schütte (Hrsg.): Friedrich Wilhelm Murnau. Reihe Film 43. Hanser-Verlag, München

Peter W. Jansen, Wolfram Schütte (Hrsg.): Alain Resnais. Reihe Film 38. Hanser Verlag, München

Jörg Dieter Kogel (Hrsg.): Europäische Filmkunst – Regisseure im Porträt. Fischer Verlag, Frankfurt/M.

Akira Kurosawa – Mit den Augen des Osten. »du« – Heft Nr. 8, 1990. TagesAnzeiger AG, Zürich

Willy Loderhose: John Carpenter. Das große Filmbuch. Bastei Lübbe Verlag, Bergisch Gladbach

Jutta Pirschtat (Hrsg.): Zeit für Mitteilungen – Peter Nestler. Dokumentarist. edition filmwerkstatt, Filmwerkstatt Essen

Reinhold Rauh: Wim Wenders und seine Filme. Heyne Filmbibliothek 32/144. Wilhelm Heyne Verlag, München

Walter Ruggle: Theo Angelopoulos: Filmische Landschaft. Verlag Lars Müller, Baden (Schweiz)

Jutta Schütz: Außenwelt – Innenwelt. Thematische und formale Konstanten im Werk von Luis Buñuel. Peter Lang Verlag, Frankfurt

Andrej Tarkowskij: Martyrolog – Tagebücher 1982–1986. Limes/Ullstein, Frankfurt/Berlin

Michael Töteberg (Hrsg.): Fassbinders Filme, Bd. 2. Verlag der Autoren, Frankfurt/M.

François Truffaut: François Truffaut – Briefe 1945–1984. Hrsg. von Gilles Jacob und Claude de Givray mit einem Vorwort von Jean-Luc Godard. vgs verlagsgesellschaft, Köln

b) Stars

Michael Freedland: Shirley MacLaine. Bastei Lübbe Verlag, Bergisch Gladbach

Michael Freedland: Liza Minelli. Wilhelm Heyne Verlag, München

Greta Garbo. Ein Mythos in Bildern. Photographien 1920–1951 mit einem Essay von Gisela von Wysocki. Schirmer/Mosel Verlag, München

Alexander Granach: Da geht ein Mensch. Autobiographischer Roman des Schauspielers. Piper Verlag, München

Christiane Habich (Hrsg.): Lilian Harvey. Haude & Spenersche Verlagsbuchhandlung, Berlin

Adolf Heinzlmeier: Mickey Rourke. Der rebellische Hollywood-Star. Bastei Lübbe Verlag, Bergisch Gladbach

Hans Holt: Jeder Tag hat einen Morgen. Erinnerungen. F. A. Herbig Verlagsbuchhandlung, München

Paul Honeyford: Harrison Ford. Wilhelm Heyne Verlag, München

Barney Hoskyns: James Dean - Rebell von Hollywood. Wilhelm Heyne Verlag, München

Lotti Huber: Diese Zitrone hat noch viel Saft! - Ein Leben. Edition diá, St. Gallen/Berlin

Garson Kanin: Spencer Tracy und Katharine Hepburn. Fischer Verlag, Frankfurt/M.

H. H. Kirst, Mathias Forster: Das Große Heinz Rühmann Buch. Verlag Martin Greil GmbH, Grünwald

Peter Kraus: Wop-baba-luba. Mein Verrocktes Leben. Paul Neff Verlag, Wien

Harpo Marx, Rowland Barber: Harpo spricht! Autobiographie. (1989) Rogner & Bernard, Hamburg

Michael Barson (Hrsg.): *Marx Brothers: Die Marx Brothers Radio Show* - (1989) Rogner & Bernard, Hamburg

Brigitte Mira: Kleine Frau - was nun? Erinnerungen an ein buntes Leben. Ullstein Verlag, Frankfurt/Berlin

Andreas Missler: Charles Laughton. Wilhelm Heyne Verlag, München

Jean Claude Moireau: Jeanne Moreau. Nymphenburger in der F. A. Herbig Verlagsbuchhandlung

Robert Payne: Greta Garbo. Wilhelm Heyne Verlag, München

Liselotte Pulver: ... wenn man trotzdem lacht. Langen Müller bei F. A. Herbig Verlagsbuchhandlung, München

Michael Schulte: Warum haben Sie nicht das Pferd geheiratet. Groucho Marx - Sein Leben. Piper Verlag, München

David Shipman: Marlon Brando. Wilhelm Heyne Verlag, München

Donald Spoto: Die Seeräuber-Jenny - Das bewegte Leben der Lotte Lenya. Droemer Knaur Verlag, München

Norbert Stresau: Michael Douglas. Wilhelm Heyne Verlag, München

Norbert Stresau: Eddie Murphy. Wilhelm Heyne Verlag, München

Peter Strotmann: Dustin Hoffman - Hollywoods Verwandlungskünstler. Bastei Lübbe Verlag, Bergisch Gladbach

Andrea Thain: Katharine Hepburn. Eine Biographie. Wunderlich Verlag bei Rowohlt, Reinbek

Romano Tozzi: Spencer Tracy. Wilhelm Heyne Verlag, München

Klaus Völker: Elisabeth Bergner. Das Leben einer Schauspielerin. Ganz und doch immer unvollendet. Edition Hentrich, Berlin

Cornelia Zumkeller: Bogart & Bacall. Eine Liebe in Hollywood. Wilhelm Heyne Verlag, München

Meinolf Zurhorst: Die neuen Sexgöttinnen. Wilhelm Heyne Verlag, München

4. Literatur im Film

Warren Adler: Der Rosenkrieg. Bastei Lübbe Verlag, Bergisch Gladbach

Clive Barker: Cabal. Wilhelm Heyne Verlag, München

André Brink: Weiße Zeit der Dürre. Roman. Goldmann Verlag, München

Carrie Fisher: Bankett im Schnee. Roman. (Grüße aus Hollywood). Goldmann Verlag, München

James Fogle: Drugstore Cowboy. Roman. Goldmann Verlag
Barry Gifford: Wild at Heart. Roman. Goldmann Verlag, München
David Goodis: Am Ende der Nacht. Roman. Mit einem Nachwort und einer ausgewählten Filmographie von André Simonoviecz. Bastei Lübbe Verlag, Bergisch Gladbach
Paul Hengge: Der Rosengarten. Roman. Goldmann Verlag
Ron Kovic: Geboren am 4. Juli. Roman. Wilhelm Heyne Verlag, München
Leonhard Lentz: Der Indianer. Ein Bericht. (Vorlage für den Dokumentarfilm von Rolf Schübel). Kellner Verlag, Hamburg
Edwin Torres: Tödliche Fragen. Roman. Goldmann Verlag
Peter Viertel: Weißer Jäger Schwarzes Herz. Roman. Schweizer Verlagshaus, Zürich

5. Film und Literatur

Raymond Chandler: Briefe 1937–1959. Hrsg. von Frank MacShane. Albrecht Knaus Verlag
Charles Bukowski: Hollywood. Roman. Kiepenheuer & Witsch, Köln
Doris Dörrie: »Was wollen Sie von mir?« und fünfzehn andere Geschichten. Diogenes Verlag, Zürich
Gert Hofmann: Der Kinoerzähler. Roman. Hanser Verlag, München
Hanif Kureishi: Der Buddha aus der Vorstadt. Roman. Kindler Verlag, München
Howard A. Rodman: LANGopolis. Roman. (Fritz Lang als Romanfigur). Quadriga Verlag, Weinheim, Berlin
Robert Stone: Kinder des Lichts. (Hollywood Roman). Rowohlt Verlag, Reinbek
Lina Wertmüller: Iris und der Scheich. Roman. Limes/Ullstein, Frankfurt/Berlin

6. Das Buch zum Film

(Drehbücher, Produktionsnotizen, Gespräche, Kommentare)

Herbert Achternbusch: MixWix. Drehbuch zu MixWix und Texte zu Hick's Last Stand, zu Chaplin und Kurosawa. Kiepenheuer & Witsch, Köln
Bernd Eilert, Robert Gernhardt, Peter Knorr, Otto Walkes: Otto - Der Film, Otto - Der neue Film, Otto - Der Heimatfilm. Die Drehbücher der drei Otto-Filme. Haffmanns Verlag, Zürich
Federico Fellini: Die Stimme des Mondes. Diogenes Verlag Zürich
Roland Keller: Das Filmbuch zu »Stille Tage in Clichy«. Bastei Lübbe Verlag, Bergisch Gladbach
Krzysztof Kieslowski, Krzysztof Piesiewicz: Dekalog. Zehn Geschichten für zehn Filme. Rogner & Bernhard bei Zweitausendeins, Hamburg
Marx Brothers: Eine Nacht in Casablanca. Originaldrehbuch von Joseph Fields und Roland Kibbee und deutsche Übersetzung von Sven Böttcher. Mit Videokassette des Films, Englisch oder Deutsch. Zweitausendeins und Atlas Video, Frankfurt
Christiane Mückenberger (Hrsg.): Prädikat: Besonders schädlich. Die Drehbücher zu den Filmen *Das Kaninchen bin ich* und *Denk bloß nicht, ich heule* und ein dokumentarischer Anhang. Henschel Verlag, Berlin
Pier Paolo Pasolini: La notte brava. Drehbuch zu dem Roman »Ragazzi di vita« (deutscher Filmtitel: Wir von der Straße). Piper Verlag, München/Zürich
Michael Pilz: Donner.blitzt. Aus Aufzeichnungen zu einem Filmprojekt. Reihe Medium Film-Lauf. Bild. Buch. Amt der Niederösterr. Landesregierung, Wien

Ulrich Plenzdorf: Filme. 11 Drehbücher. Suhrkamp Verlag, Frankfurt/M.
Berndt Schulz: Die Unendliche Geschichte II. Bastei Lübbe Verlag, Bergisch Gladbach
Barbara von der Lühe: ... auf Herz und Nieren geprüft... Entstehung, Inhalt und Wirkung des Spielfilms »Fleisch« von Rainer Erler. Hrsg. vom Forschungsschwerpunkt Massenmedien und Kommunikation an der Universität-Gesamthochschule-Siegen.

7. Der Roman nach dem Film

James B. Adair: Navy Seals. Bastei Lübbe Verlag, Bergisch Gladbach
Piers Anthony: Der Mega-Mann. Bastei Lübbe Verlag, Bergisch Gladbach
Piers Anthony: Die Totale Erinnerung. Bastei Lübbe Verlag, Bergisch Gladbach
David Bischoff: Gremlins II. Goldmann Verlag, München
Randall Boyll: Darkman. Bastei Lübbe Verlag, Bergisch Gladbach
Deborah Chiel: Music Box. Bastei Lübbe Verlag, Bergisch Gladbach
Deborah Chiel: Und wieder 48 Stunden. Bastei Lübbe Verlag, Bergisch Gladbach
Max Allan Collins: Dick Tracy. Bastei Lübbe Verlag, Bergisch Gladbach
Leonore Fleischer: Flatliners. Bastei Lübbe Verlag, Bergisch Gladbach
N. H. Kleinbaum: Der Club der toten Dichter. Bastei Lübbe Verlag, Bergisch Gladbach
Robert Marshall: Die Schattenmacher. Knaur Verlag
Peter Menningen: Blue Steel. Bastei Lübbe Verlag, Bergisch Gladbach
Vincent Patrick: Family Business. Wilhelm Heyne Verlag, München
Todd Strasser: Pink Cadillac. Bastei Lübbe Verlag, Bergisch Gladbach

8. Varia

Amt der Niederösterr. Landesregierung: Film & Video in Niederösterreich. Reihe Medium Film-Lauf. Bild. Buch, Wien
Gerhard Bliersbach: »Schön, daß Sie hier sind!« – Die heimlichen Botschaften der TV-Unterhaltung. Beltz Verlag, Weinheim
Monika Czernin und **Ernst Strouhal:** Go east – go west. Zur Zukunft der Kulturpolitik. Texte der Wiener Kulturminister-Konferenz 1990. Österreichischer Bundesverlag, Wien
Eva & Co (Hrsg.): Film und Video. Sonderband der feministischen Kulturzeitschrift gleichen Namens zu einer Retrospektive in Graz.
Kay Hoffmann: Am Ende Video – Video am Ende? Aspekte der Elektronisierung der Spielfilmproduktion. Edition Sigma Rainer Bohn Verlag, Berlin
Sabine Perthold (Hrsg.): Rote Küsse. Film Schau Buch. Katalog zu einer Veranstaltung in Wien. Konkursbuch Verlag, Tübingen
Stadtwerkstatt (Hrsg.): Mögliche Antworten. Dokumentation der Linzer Stadtwerkstatt inkl. ihrer Filmaktivitäten.
Hubertus von Amelunxen, Andrej Ujica (Hrsg.): Television/Revolution – Das Ultimatum des Bildes (Rumänien im Dezember 1989). Jonas Verlag, Marburg
Ellen Wietstock (Hrsg.): Der Deutsche Film – Vertrieben zwischen Kino und Kabelfernsehen. edition black box, Hamburg
Heinz Wittmann (Hrsg.): Film- und Videorecht. Leitfaden für Produzenten, Kinos und Videoveranstalter. Verlag Medien und Recht, Wien

9. Film- und Medienzeitschriften in Österreich

Blimp, Zeitschrift für Film. Herausgeber: Grazer Filmwerkstatt, vierteljährlich.

Filmfolder, Hrsg.: Aktion Film Österreich, vierteljährlich.

Filmkunst, Zeitschrift für Filmkultur und Filmwissenschaft. Hrsg.: Österr. Ges. für Filmwissenschaft, Kommunikations- und Medienforschung, 5 Hefte jährlich.

Sonderhefte **Filmkunst** 1990: EG 1992 – Filmmarkt ohne Grenzen, Film und Industrie (Nr. 123), Film und Industrie (Nr. 124), Emotionale Wirkung audiovisueller Medien (Nr. 126/27), Eduard Hoesch 1890 bis 1983 (Nr. 128).

Medienjournal, Informationen aus Medienarbeit und -forschung. Hrsg.: Österr. Ges. für Kommunikationsforschung, vierteljährlich. Sonderheft 3/1990: Rundfunk- und Kulturpolitik in europäischen Kleinstaaten.

Medien und Recht, Presse-Rundfunk-Kabel-TV-Film-Video. Hrsg.: Verlag Medien und Recht, zweimonatlich.

Multimedia, Zeitschrift für kritische Medienarbeit. Hrsg.: Katholisches Zentrum für Massenkommunikation, dreiwöchentlich.

SHB – Sehen, Hören, Bilden, Beiträge zur Medienpädagogik. Hrsg.: Medienzentrum des Bundesministeriums für Unterricht, Kunst und Sport, 5 Hefte jährlich.

Skytec, Zeitschrift für Video, Film & Broadcast. Hrsg.: Aram Verlag, 10 Hefte jährlich.

Wissenschaftlicher Film, Interdisziplinäre Zeitschrift für Forschung und Lehre. Hrsg.: Österr. Bundesinstitut für den wissenschaftlichen Film, vierteljährlich.

Meryl Streep und Dennis Quaid in »Grüße aus Hollywood« nach dem Roman »Bankett im Schnee« von Carrie Fisher.

Filmwirtschaft 1990

Mit freundlicher Genehmigung des Fachblattes film-echo/Filmwoche, Wiesbaden

Das vorliegende Zahlenmaterial basiert auf den wöchentlichen Meldungen von mittlerweile rund 900 Kinos an Film-Echo und Media Control. Erhebungszeitraum: 30. November 1989 bis 28. November 1990. Die Rangfolge der erfolgreichsten Produktionen (100 Filme aus der Hit-Box) ergibt sich indessen aus den vom Verleih gemeldeten Besucherzahlen.

Der absolute Kassenknüller des Jahres: *Pretty Woman* mit Julia Roberts und Richard Gere. Das moderne Märchen vom reichen Prinzen und dem schönen, leicht gefallenen Mädchen sahen rund 8,6 Millionen Besucher. Ebenfalls In und Top: *Kuck' mal, wer da spricht* (5,1 Millionen), gefolgt von dem gekonnt inszenierten Ehe-Drama *Der Rosen-Krieg* (4 Millionen). Eine weitere Anmerkung: Die ersten zehn Filme - darunter Komödien, Fantasy und anspruchsvollere Ware wie *Der Club der toten Dichter* - verbuchten allein rund 37 Millionen Zuschauer.

Stichwort Besucher: Angesichts zahlreicher »Dauerbrenner«, die maximal 30 Wochen in der Hit-Box vertreten sind, fragte Film-Echo den aktuellen Stand per 28. November 1990 ab. Für Filme mit Start vor Woche 49/89 gilt ebenfalls nur der angegebene Zeitraum.

Als Kontroll- und Vergleichsmöglichkeit dienen die FE/MC-Zahlen, die durch das breit gefächerte Kinospektrum aus Groß-, Mittel- und Kleinstädten das vorliegende Bild - in der Regel - bestätigen. Ein Problem: Die eventuelle Einbeziehung von Besuchern aus der ehemaligen DDR. Detaillierte und aufgeschlüsselte Angaben kann hier erst die FFA (Filmförderungsanstalt) liefern, die ihre Jahresabrechnung getrennt nach alten und neuen Bundesländern durchführen will.

Mit allein sechs Titeln unter den Top 10 konnte die Warner gegenüber dem Vorjahr (14,14%) ihren Marktanteil mehr als verdoppeln und liegt mit insgesamt 62 Produktionen bei rund 30 Prozent. Basis: FE/MC-Marktbeobachtung mit 706 erfaßten Filmen und einem Besucheraufkommen von rund 36,6 Millionen, bezogen auf die rund 900 Kinos.

Während die UIP (1989: 36,83%) bei 84 Filmen auf rund 23 Prozent zurückging, verzeichnet die Fox mit 9,7 Prozent (1989: 7,72%) einen leichten Anstieg. Die Columbia konnte ihren Anteil am Kuchen ebenfalls fast verdoppeln und verzeichnet rund 8,3 Prozent. Die Zusammenarbeit auf der Produktionsschiene von Columbia, Tri-Star, Carolco (eingeschränkt) und Orion läßt für das kommende Jahr einiges erwarten. Kräftig zugelegt hat auch die Scotia *(Total Recall)*, die nach 1989 (1,12%) nun bei 3,7 Prozent rangiert. Highlight verzeichnet 2,1 Prozent, was vorwiegend auf die Überraschungserfolge *Driving Miss Daisy* sowie *Leon* zurückzuführen ist.

Bei den deutschen Verleihfirmen führt Jugendfilm mit 4,75 Prozent (1989: 5,69%). Es folgen die Senator-Film mit 3,97 Prozent (1989: 5,66), die Tobis mit 2,90 Prozent (1989: 5,94%) und die Neue Constantin mit 1,5 Prozent (1989: 6,0%).

Aufgesplittet nach den Länderanteilen, auch hier gilt die FE/MC-Erhebung, beherrschen die USA weiterhin das Bild und liegen nach 1988 (65%) und 1989 mit 68,8 Prozent - ohne *Bond* und *Gefährliche Liebschaften*, die auf Englands Konto gehen - nunmehr bei rund 85 Prozent. Frankreich und Großbritannien verzeichnen jeweils 3

Prozent. Das Fehlen eines *James Bond* macht sich deutlich bemerkbar.
Der deutsche Film kommt auf einen Anteil von rund 6,4 Prozent. Noch nicht berücksichtigt sind *Werner - Beinhart* (Start: 6. Dezember), der zur Zeit in mehr als 400 Kinos die Kassen klingeln läßt, und *Bei mir liegen Sie richtig* (Start: 13. Dezember): Zwei Produktionen, die zum Abschluß des Jahres eine Peilung auf die 10-Prozent-Marke erlauben.
Die vorliegende FE-Statistik weist darauf hin, daß nach einem Besucherrückgang im Jahr 1989 auf insgesamt 101,6 Millionen (–6,7% zu 1988) das Jahr 1990 konstante Zahlen verspricht.

Ralf Bögner

100 Filme aus der Hit-Box
vom 30.11.1989 bis 28.11.1990

Titel	Verleih	Besucher	FE/MC	Start
Pretty Woman	Warner	8 558 652	3 243 723	90/27
Kuck' mal, wer da spricht	Columbia	5 129 839	1 608 979	90/18
Der Rosenkrieg - Bis daß der Tod ...	Fox	4 046 650	1 825 262	90/08
Zurück in die Zukunft II	UIP	3 656 348	1 486 759	89/52
Der Club der toten Dichter	Warner	3 207 580	1 519 948	90/04
Ghost - Nachricht von Sam	UIP	2 785 272	1 007 459	90/41
Die unendliche Geschichte II	Warner	2 679 255	696 383	90/43
Gremlins II ...	Warner	2 503 569	834 890	90/34
Scott & Huutsch	Warner	2 278 669	908 888	90/05
Liebling, ich habe die Kinder ...	Warner	2 234 297	835 375	89/51
Oliver & Co.	Warner	2 120 224	892 093	89/49
Ghostbusters II	Columbia	2 092 609	739 917	90/02
Zurück in die Zukunft, Teil III	UIP	1 899 790	558 471	90/28
Die totale Erinnerung - Total Recall	Scotia	1 838 219	737 722	90/30
Stirb langsam II (Die Harder)	Fox	1 747 270	624 079	90/43
Harry und Sally ...	Jugendfilm	1 642 572	660 299	89/38
Black Rain	UIP	1 515 810	665 930	89/51
Geboren am 4. Juli	UIP	1 424 041	473 682	90/08
Jagd auf »Roter Oktober«	UIP	1 341 033	537 141	90/32
Tango & Cash	Warner	1 210 350	485 750	90/13
Ein Vogel auf dem Drahtseil	UIP	1 179 093	495 517	90/36
Einstein Junior	Warner	1 109 625	398 265	90/24
Und wieder 48 Stunden	UIP	1 101 445	465 405	90/42
Wilde Orchidee	Senator	1 090 681	485 903	90/14
Lock up - Überleben ist alles	Scotia	1 064 223	358 944	90/02
Sea of Love - Melodie des Todes	UIP	1 062 577	530 446	90/05
Charlie - Alle Hunde kommen ...	Jugendfilm	1 017 805	170 628	90/13
Tage des Donners - Days of Thunder	UIP	982 972	297 850	90/38
Friedhof der Kuscheltiere	UIP	896 669	302 969	89/46
Feuer, Eis & Dynamit	Neue Constantin	677 475	275 262	90/42
Family Business	Tobis	599 857	339 417	90/03

Titel	Verleih	Besucher	FE/MC	Start
Eine Wahnsinnsfamilie	UIP	588 207	236 527	90/23
Erik, der Wikinger	Jugendfilm	585 271	228 261	89/46
Sex, Lügen und Video	Concorde	564 538	271 165	89/45
Leon	Highlight	543 770	259 748	90/40
Dick Tracy	Warner	543 590	250 484	90/39
Bernard und Bianca - Die Mäusepolizei	Warner	542 603	168 160	90/14
Harlem Nights	UIP	521 538	222 392	90/15
Puppenmord	Metropol	516 550	259 494	90/19
Wild at Heart - Die Geschichte...	Senator	475 773	292 398	90/38
Miss Daisy und ihr Chauffeur	Highlight	453 809	330 198	90/11
Flatliners	Columbia	441 144	111 636	90/47
Asterix - Operation Hinkelstein	Jugendfilm	428 409	42 431	89/42
Die fabelhaften Baker Boys	Tobis	416 825	264 037	90/17
Himmel über der Wüste	Jugendfilm	415 961	224 465	90/43
Robocop II	Fox	406 118	156 831	90/37
Leviathan	Fox	372 404	168 525	90/06
Always	UIP	347 328	141 222	90/14
Herr der Fliegen	Jugendfilm	335 653	129 539	90/17
Der Indianer von Cleveland	Senator	300 669	112 985	90/06
Tante Daniele	NEF 2	298 518	180 065	90/26
Die Teufelin	Fox	291 919	153 822	90/15
Eine Komödie im Mai	NEF 2	289 394	156 915	90/11
So ein Satansbraten	UIP	280 864	117 629	90/45
Ich liebe Dich zu Tode...	Columbia	274 926	139 712	90/35
Die Geschichte der Dienerin	Neue Constantin	264 692	120 808	90/07
Butterbrot	Senator	263 843	128 466	90/03
Indiana Jones III und der letzte Kreuzzug	UIP	254 673	46 728	89/38
Verbrechen und andere Kleinigkeiten	Fox	252 520	157 683	90/09
Stille Tage in Clichy	Senator	250 286	121 390	90/34
Internal Affairs - Trau' ihm, er...	UIP	250 011	126 425	90/17
Immer Ärger mit Bernie	Highlight	248 958	132 014	89/48
Mystery Train	Pandora	246 344	115 004	89/49
Hexen hexen	Warner	246 208	149 123	90/26
Nikita	Jugendfilm	239 092	126 143	90/26
Spur der Steine	Kinowelt	238 945	117 946	90/19
Mein linker Fuß	Fox	225 604	75 307	90/05
Fessle mich	Concorde	219 468	127 405	90/33
GoodFellas - Drei Jahrzehnte...	Warner	219 244	114 404	90/41
Nonnen auf der Flucht	Fox	212 641	91 711	90/26
Blue Steel	Concorde	210 000	119 389	90/17
Nightmare on Elm Street V	Tobis	206 099	86 414	90/06
Valmont	Tobis	199 547	130 960	89/51
Stanley & Iris	UIP	198 602	120 037	90/21
Die Glücksjäger	Columbia	193 835	92 129	89/43

Titel	Verleih	Besucher	FE/MC	Start
Johnny Handsome	Scotia	172 725	98 376	90/07
Moon 44	Warner	171 366	84 720	90/07
Henry & June	UIP	170 890	92 413	90/40
Leningrad Cowboys go America	Pandora	169 936	66 248	90/29
Das Traum-Team	UIP	165 576	99 994	90/01
Ruf nach Vergeltung	Warner	145 522	60 996	90/21
Delta Force II	Ascot	142 260	42 309	90/35
Magnolien aus Stahl	Columbia	139 606	72 153	90/11
Herzlich willkommen	Neue Constantin	139 527	76 289	90/08
Es ist nicht leicht, ein Gott zu sein	Jugendfilm	138 303	54 479	90/04
The Freshman	Columbia	135 455	80 052	90/45
Der Skipper	Tobis	133 001	70 226	90/14
Neuner	Tobis	132 801	79 982	90/45
Akira Kurosawas Träume	Warner	130 763	73 042	90/22
Mit stählerner Faust	Senator	128 027	31 958	90/47
Cinema Paradiso	Concorde	125 000	48 104	89/50
Das schreckliche Mädchen	Futura/Filmverlag	115 212	44 550	90/07
Cadillac Man	Fox	107 146	66 582	90/38
Im Land der Raketen-Würmer	UIP	103 115	48 927	90/20
Die Verdammten des Krieges	Columbia	102 686	44 968	90/05
Hard to Kill	Warner	101 933	49 682	90/33
Eine Frau namens Harry	Concorde	100 886	35 241	90/29
Cry Baby	UIP	100 428	50 141	90/30
Dr. M	Jugendfilm	97 980	41 846	90/21
Die Zeit der bunten Vögel	Senator	97 770	46 579	90/18

Filme nach ihren Produktionsländern

Land	Besucher lt. FE + MC	%-Anteil	Anzahl Filme
A (Österreich)	23 574	0,0644	9
A/Japan	834	0,0023	1
Argentinien	601	0,0016	1
Arg./Puerto Rico	2 278	0,0062	1
Australien	29 592	0,0809	8
Belgien	4 797	0,0131	2
B/F	7 067	0,0193	4
B/GB	4 965	0,0136	1
CH (Schweiz)	640	0,0017	1
CH/F	10 490	0,0287	3
ČSFR	178	0,0005	1
Deutschland	1 836 030	5,0173	80
D/A	1 565	0,0043	1
D/CH	711	0,0019	2

Land	Besucher lt. FE + MC	%-Anteil	Anzahl Filme
D/F	64 697	0,1768	6
D/F/GB	312	0,0009	1
D/F/I	179 683	0,4910	9
D/F/UdSSR	54 479	0,1489	1
D/GB	915	0,0025	3
D/I	31 829	0,0870	1
D/I/F	27 117	0,0741	1
D/Ungarn	9 896	0,0270	2
D/USA	121 005	0,3307	2
DDR	124 136	0,3392	4
Diverse (Sommerfestivals)	345 467	0,9441	4
Dänemark	2 229	0,0061	3
Frankreich	575 181	1,5718	49
F/B	90	0,0002	1
F/GB	121 819	0,3329	1
F/I	401 779	1,0979	17
F/Kanada	35 306	0,0965	1
Finnland/Schweden	19 965	0,0546	1
Finnland	66 961	0,1830	3
Großbritannien	1 115 170	3,0474	55
GB/I	942	0,0026	2
GB/USA	513	0,0014	1
Griechenland	113	0,0003	2
Hongkong	4 326	0,0118	2
Italien	27 383	0,0748	20
I/USA	6 884	0,0188	1
Irland	245 935	0,6721	2
Japan	2 382	0,0065	4
Kanada	42 494	0,1161	4
Mexiko	1 972	0,0054	1
Niederlande	2 581	0,0071	3
Norwegen	286	0,0008	1
Schweden	9 618	0,0263	5
Südafr./Australien	506	0,0014	1
Südkorea	19 587	0,0535	1
UdSSR	14 164	0,0387	6
unbekannt	262	0,0007	1
Ungarn	404	0,0011	1
USA	30 983 047	84,6669	367
USA/Kanada	66	0,0002	1
Summe	36 584 823	100,0000	706

Die Zahlen beziehen sich auf die rund 900 Filmtheater, die wöchentlich von FE und Media Control erfaßt werden.

Die verstorbenen Filmschaffenden des Jahres 1990

A

Allan, Elizabeth (80) 9.4.1910 bis 27.7.1990
Britische Schauspielerin, die nach Bühnen- und Filmerfolgen (*The Lodger,* 1932) in ihrer Heimat auch in Hollywood gefragt war (*David Copperfield,* 1935; *Camille/Die Kameliendame,* 1936), aber nach einem Zerwürfnis mit MGM wieder nach England zurückkehrte (*The Heart of the Matter/Das Herz aller Dinge,* 1953 etc.).

Amico, Gianni (56) 27.12.1933 bis 2.11.1990
Italienischer Filmregisseur, der nach Dokumentarfilmen (*We Insist; Notes for a Film on Jazz* u.a.) auch Spielfilme drehte (*L'Inchiesta/Die Untersuchung*) 1971, zu dem er mit seinem Freund Bernardo Bertolucci auch das Buch schrieb, u.a.).

Arden, Eve (78) 1912–12.11.1990
Als Eunice Queden geborene amerikanische Komikerin, die in ihrer schlaksigen und schlagfertigen Art Joan Crawfords bitteres Schicksal in *Mildred Pearce/Solange ein Herz schlägt*, 1945 erträglich machte. Auch: *At the Circus/ Die Marx-Brothers im Zirkus*, 1939; *Cover Girl/Es tanzt die Göttin*, 1944; *Grease/ Schmiere*, 1978 etc.

Audry, Colette (84) 1906–20.10.1990
Französische Romanautorin, die einige Drehbücher verfaßte, darunter den Réné-Clément-Klassiker *La Bataille du Rail/Schienenschlacht*, 1945 u.a. Sie war die Schwester der 1977 verstorbenen Regisseurin Jacqueline Audry.

B

Bailey, Pearl (72) 1918–17.8.1990
Schwarze amerikanische Sängerin, die als »Botschafterin der Liebe« bekannt war und gelegentlich in Filmen mitwirkte (*Carmen Jones*, 1955; *Porgy and Bess/Porgy und Bess*, 1959; *All the Fine Young Cannibals/ Früchte einer Leidenschaft*, 1960 etc.).

Becher, Ulrich (80) 2.1.1910–15.4.1990
Deutscher Schriftsteller, dessen Bühnenstück »Der Bockerer« von Franz Antel nach einem Drehbuch von Kurt Nachmann und H. C. Artmann 1981 verfilmt wurde.

Bennett, Jill (59) 1930–4.10.1990
Britische Bühnen- und Filmschauspielerin, die zeitweise mit dem Dramatiker John Osborne verheiratet war. Filme: *Moulin Rouge,* 1952; *Lust for Life/Vincent van Gogh – Ein Leben in Leidenschaft*, 1956; *For Your Eyes Only/James Bond 007 – In tödlicher Mission*, 1980; *The Sheltering Sky/Der Himmel über der Wüste*, 1990 etc.

Bennett, Joan (80) 27.2.1910–7.12.1990
Amerikanische Filmschauspielerin, die sich aus Karrieregründen ihre blonden Haare schwarz (!) färbte und in drei Fritz-Lang-Filmen Hauptrollen spielte (*Man Hunt/ Menschenjagd*, 1941; *The Woman in the Window/Gefährliche Begegnung*, 1944; *Scarlet Street/Straße der Versuchung*, 1945). Außerdem *Father of the Bride/Vater der Braut*, 1950 u.v.a.

Berghof, Herbert (81) 1909–5.11.1990
Österreichischer Schauspieler, der 1939 in die USA emigrierte, dort nur wenige Filme drehte (*Five Fingers/ Der Fall Cicero*, 1952; *Harry and Tonto/Harry und Tonto*, 1974; *Target/Tar-*

get-Zielscheibe, 1985 u.a.), aber als Bühnenregisseur überaus aktiv war. Mit seiner Frau Uta Hagen gründete er 1945 in New York die berühmte Schauspielschule »HB Studio«, die Robert DeNiro, Al Pacino u.v.a. hervorbrachte.

Bernstein, Leonard (72) 25.8.1918 bis 14.10.1990
Amerikanischer Dirigent und Komponist von höchstem Rang, der Klassik populär machte und populäre Musik komponierte. Seine Musicals *On the Town* (1949) und *West Side Story* (1960) wurden verfilmt und sind Meilensteine des Genres. Für Elia Kazans *On the Waterfront/Die Faust im Nacken,* 1954 komponierte er den Soundtrack und erhielt eine »Oscar«-Nominierung.

Berto, Juliet (42) 16.1.1947–10.1.1990
Französische Filmschauspielerin, die für Godard (*La Chinoise/Die Chinesin,* 1967 u.a.), Rivette (*Celine et Julie vont en Bateau/Celine und Julie fahren Boot,* 1974 u.a.), Tanner (*Le Retour d'Afrique/Die Rückkehr aus Afrika,* 1973 u.a.) und andere vor der Kamera stand, bevor sie ab 1981 (*Neige/Schnee,* 1981 - zusammen mit Jean-Henri Ro-ger) schrieb und inszenierte.

Berwick, Ray (75) 1915–2.7.1990
Amerikanischer Tiertrainer, der seine meiste Zeit mit Vögeln verbrachte, denen er beim Rollenstudium für Filme und Fernsehsendungen half. Ohne ihn wäre Alfred Hitchcock aufgeschmissen gewesen (*The Birds/Die Vögel*, 1962), ebenso Burt Lancaster als *Birdman of Alcatraz/Der Gefangene von Alcatraz*, 1961 etc.

Beytout, Gérard (59) 1931–23.7.1990
Französischer Filmproduzent und -verleiher (*Les Aventuriers/Die Abenteurer,* 1966; *L'Affaire Dominici/Die Affäre Dominici,* 1973; *Un été Meurtrier/Ein mörderischer Sommer,* 1983 u.v.a.), dessen Firma »Société Nou- velle de Cinematographie« (S.N.C.) auch die *Le Gendarme...* Filmreihe mit Louis de Funès produzierte.

Borchert, Ernst Wilhelm (83) 13.3.1907 bis 1.6.1990
Deutscher Staatsschauspieler, der 1976 mit dem Berliner Kunstpreis ausgezeichnet wurde und die Berliner Theatergeschichte der Nachkriegszeit entscheidend prägte. Zu seinen wenigen Filmrollen zählt die des Kriegsheimkehrers Mertens in Wolfgang Staudtes *Die Mörder sind unter uns*, 1945. Borchert war neben Arnold Marquis (im November verstorben) einer der besten Synchronschauspieler, der seine markante Stimme vornehmlich Henry Fonda, Laurence Olivier (»Sind sie außer Gefahr?« - *Der Marathon Mann*, 1976), Alec Guinness und Charlton Heston lieh.

Brandon, Henry (77) 1912–15.2.1990
Als Heinrich von Kleinbach in Berlin gebürtiger Indianerhäuptling-Darsteller in mehr als 25 Western (*The Searchers/Der Schwarze Falke,* 1956; *Two Rode Together/Zwei ritten zusammen,* 1961 etc.), der auch in vielen Komödien mitwirkte (*Babes in Toyland/Abenteuer im Spielzeugland,* 1934; *Paleface/Sein Engel mit den zwei Pistolen,* 1948 u.v.a.).

Braunberger, Pierre (85) 1905 bis 16.11.1990
Französischer Filmproduzent, der schon die ersten Filme von Jean Renoir (*Catherine ou une vie sans joie*, 1924) und Buñuel (*Un chien andalou/Ein andalusischer Hund*, 1928) produzierte und wegen seiner Verdienste für den französischen Film, der ohne Braunberger fast gar nicht denkbar wäre, 1980 mit dem Ehren-»César« ausgezeichnet wurde.

Brem, Beppo (74) 11.3.1906–3.9.1990
»Bayrisches Urviech« und Volks-

Beppo Brem

schauspieler von Bühne, Fernsehen (z.B. 117 Folgen von »Die seltsamen Methoden des Franz Josef Wanninger«) und mehr als 200 Filmen. Neben anspruchsvolleren Rollen (*Des Teufels General,* 1954) spielte er meist in launigen Possen (*Die fidelen Detektive*, 1957; *Ludwig Thomas Lausbubengeschichten* etc.).

Brodman, Roman (69) 1921–1.2.1990
Schweizer Journalist und Dokumentarfilmer, der seit 1963 ca. 100 Filme für ARD und ZDF drehte und Grimme-Preisträger gewesen ist.

Brown, Karl (93) 1897–25.3.1990
Amerikanischer Kameramann (*The Birth of a Nation/Die Geburt einer Nation*, 1915; *The Covered Wagon*, 1923; *Pony Express*, 1925 etc.), der auch inszenierte (*His Dog*, 1926; *Prince of Diamonds*, 1930) und einige B-Filme schrieb.

Buchman, Harold (77) 1913–22.6.1990
Amerikanischer Drehbuchautor, der die Story zu *Shall We Dance/Tanz mit mir*, 1937 für Astaire/Rogers schrieb, bald jedoch wie sein Bruder Sidney auf die »Schwarze Liste« der Kommunistenjäger geriet und danach erst 1965 in *Operation Snafu* und 1968 in *The Lawyer/Der Strafverteidiger* unter seinem richtigen Namen genannt wurde.

Bunnage, Avis (67) 1917–4.10.1990
Britische Bühnen- und Filmdarstellerin, die zuletzt die Großmutter in *The Krays/Die Krays – zwei mörderische Leben*, 1990 spielte. Außerdem: *Tom Jones/Tom Jones – zwischen Bett und Galgen*, 1962; *The L-Shaped Room/Das indiskrete Zimmer*, 1962 u.a.

Büttner, Wolfgang (78) 1.6.1912 bis 18.11.1990
Deutscher Theater- und Fernsehschauspieler (»Die Deutschstunde«, »Der Anwalt« – 13-tlg. Serie 1976 etc.), der durch »seine feinnervige Ernsthaftigkeit für die klassischen Charakterrollen prädestiniert« (Welt) war. Filme: *Kronjuwelen*, 1950; *Der 20. Juli*, 1955; *Teufel in Seide*, 1956; *Steiner – Das Eiserne Kreuz, 2. Teil*, 1978 u.a. Büttner synchronisierte z.B. Edward G. Robinson und John Huston.

C

Chaffey, Don (72) 1917–13.11.1990
Britischer Filmregisseur, der in seiner Heimat vom Dokumentar- zum Spielfilm kam (*Danger Within/Verrat in Camp 127*, 1958; *The Man Upstairs/Schrei im Morgengrauen*, 1959 u.a.), in die USA ging (*Jason and the Argonauts/Jason und die Argonauten*, 1963; *Pete's Dragon/Elliott – das Schmunzelmonster*, 1977 etc.) und schließlich beim Fernsehen landete (»Charlie's Angels«/»Drei Engel für Charlie« u.a.).

Charleson, Ian (40) 1950–6.1.1990
Britischer Filmschauspieler, der durch seine Rolle als Langstreckenläufer Eric Liddell in Hugh Hudsons *Chariots of Fire/Die Stunde des Siegers*, 1980 berühmt wurde und auch in *Gandhi*, 1981/82 mitwirkte.

Capucine (67) 6.1.1923–17.3.1990
Als Germaine Lefebvre geborene französische Filmschauspielerin, die in internationalen Filmen meist als etwas unterkühlte, spröde Schönheit auftrat (*Song without End/Nur wenige sind auserwählt*, 1959; *The Pink Panther/Der rosarote Panther*, 1964 – als Frau Clouseau; *Fellinis Satyricon*, 1969; *Il Grande Bluff/Bluff*, 1975 u.a.).

Carreras, Sir James (89) 1900 bis 1990
Britischer Produzent und Chef der »Hammer«-Film, die in den 50er und 60er Jahren erfolgreich klassische Horrorstoffe in Farbe neuverfilmte und fortsetzte.

Cloche, Maurice (82) 1908–20.3.1990
Französischer Filmregisseur, dessen erster Film *Monsieur Vincent*, 1947 durch Kollekten französischer Katholiken finanziert wurde. Nach sozial und christlich engagierten Filmen wanderte er zum Kriminal- und Agentenfilm ab und war auch als Autor tätig (*Touchez pas aux blondes/Blonder Charme und schräge Schatten*, 1960; *Baraka sur X 13/ Baraka, Agent X 13*, 1965 etc.).

Conchon, Georges (65) 1925–29.7.1990
Französischer Romancier und Drehbuchautor, nach dessen preisgekröntem Roman »L'état sauvage« (1964) Francis Girod 1978 den gleichnamigen Film drehte, und der Co-Autor von Annauds *La victoire en chantant/Schwarz und Weiß in Farbe*, 1976 (»Oscar«) war.

Corbucci, Sergio (62) 6.12.1927 bis 1.12.1990
Italienischer Filmregisseur, dessen *Django* 1966 die Ära der »Spaghetti-Western« einläutete, darunter auch sein *Il grande silenzio/Leichen pflastern seinen Weg*, 1968. Der zeitweise als Stanley Corbett Arbeitende verlegte sich später auf Klamotten mit Adriano Celentano (*Il grande bluff/Bluff*, 1975; *Sing, Sing*, 1983 etc.).

Cowan, Lester (83) 1907–21.10.1990
Amerikanischer, unabhängiger Filmproduzent (*You Can't Cheat an Honest Man/Ehrlich währt am längsten*, 1939; *My Little Chickadee/Mein kleiner Gockel*, 1940; *One Touch of Venus/Venus macht Seitensprünge*, 1947 etc.), der auch als Dozent tätig war.

Cugat, Xavier (90) 1.1.1900–27.10.1990
In Spanien gebürtiger kubanischer »Rumba-König«, der mit seiner Band in zahlreichen Spielfilmen mit Musikeinlagen auftrat (*You were never lovelier/Du warst nie berückender*, 1942; *Bathing Beauty/Badende Venus*, 1944; *Chicago Syndicate/Die große Masche*, 1955 u.v.a. Sein »One, Two, Three, Kick« hat Woody Allen für den Soundtrack von *Radio Days*, 1987 verwendet.

Cummings, Robert (80) 10.6.1910 bis 2.12.1990
Amerikanischer Filmschauspieler, der zweimal unter Hitchcocks Regie arbeitete: *Saboteur/Saboteure*, 1942 und *Dial M for Murder/ Bei Anruf Mord*, 1954, aber in *Sleep, my Love/Schlingen der Angst* seine stärkste Rolle hatte.

D

Dahl, Roald (74) 11.9.1916–23.11.1990
Britischer Schriftsteller, von dem der Spruch stammt: »Man kommt zur Welt. Man stirbt. Fertig.« Er hat dazwischen 19 Kinderbücher und etliche makaber-gruselige Geschichten von tiefschwarzem Humor geschrieben, außerdem Drehbücher (*You Only Live Twice/ Man lebt nur zweimal*, 1966; *Chitty Chitty Bang Bang; Tschitty Tschitty Bäng Bäng*, 1968 u.a.). Nicholas Roeg verfilmte zuletzt sein *Witches/ Hexen, hexen*, 1990.

Davis jr., Sammy (64) 8.12.1925 bis 16.5.1990
Amerikanisches Multitalent von

Sammy Davis jr.

kleiner Statur, aber großer Stimme, der sich selbst als »einzigen schwarzen, einäugigen, jüdischen Entertainer der Welt« bezeichnete. Er sang, spielte und tanzte in *Porgy and Bess/Porgy und Bess*, 1959; *Robin and The Seven Hoods/Sieben gegen Chicago*, 1964; *The Cannonball Run/Auf dem Highway ist die Hölle los*, 1981; *Tap/Tap Dance*, 1988 u.v.a. und nannte seine Autobiographien »Yes I Can« (1966) und »Why Me?« (1989).

Demy, Jacques (59) 5.6.1931 bis 27.10.1990
Französischer Filmregisseur, der nach Kurzfilmen 1960 *Lola/Lola, das Mädchen aus dem Hafen* mit Anouk Aimée drehte, anschließend eigenwillige, anmutige Musicals *Les Parapluies de Cherbourg/Die Regenschirme von Cherbourg*, 1963; *Les Demoiselles de Rochefort/Die Mädchen von Rochefort*, 1966; *Un Chambre en Ville/Ein Zimmer in der Stadt*, 1982. Mit *The Model Shop/Das Fotomodell* konnte der Gatte von Agnès Varda 1968 einen Film in den USA realisieren.

De Treaux, Tamara (31) 1959 bis 28.11.1990
89 Zentimeter große amerikanische Schauspielerin, die neben Patrick Bilon und Matthew Maclean in Steven Spielbergs *E.T. – The Extraterrestrial/E.T. – Der Außerirdische*, 1982 in das »Kostüm« des verschrumpelten Weltraumwesens schlüpfte.

Drach, Michel (59) 18.10.1930 bis 15.2.1990
Französischer Filmregisseur, der sich häufig mit gesellschaftlich relevanten Konfliktstoffen auseinandersetzte (*On n'enterre pas le Dimanche/Man begräbt nicht am Sonntag*, 1959; *Le Pull-Over Rouge/Der rote Pullover*, 1979) und melancholische Krimis drehte (*Safari Diamants/Für eine Handvoll Diamanten*, 1966; *Le Passe Simple/Schatten der Erinnerung*, 1977) u.a.

Drake, Fabia (86) 1904–28.2.1990
Britische Bühnenschauspielerin mit zahlreichen Gastrollen beim Film (*Young Wifes Tales/Mit Küchenbenutzung*, 1951; *Valmont*, 1989 u.v.a.).

Duff, Howard (76) 24.11.1917–8.7.1990
Amerikanischer Charakterdarsteller, der als Radiostimme des Krimihelden Sam Spade von Dashiell Hammett begann und im »film noir« (*Brute Force/Zelle R 17*, 1946; *The Naked City/Stadt ohne Maske*, 1948) erste Rollen fand. Weiterhin: *Shakedown/Ohne Skrupel*, 1950; *The Late Show/Die Katze kennt den Mörder*, 1976; *Kramer vs. Kramer/Kramer gegen Kramer*, 1979 u.v.a. Auf dem Bildschirm war er u.a. in der Serie »Flamingo Road« zu sehen.

Dunne, Irene (88) 20.12.1901–4.9.1990
»Die Verkörperung der Amerikanischen Lady« (Leslie Halliwell). Fünfmal für den »Oscar« nominiert, ohne ihn erhalten zu haben. Brillierte in Komödien (*The Awful Truth/Die schreckliche Wahrheit,* 1937; *My Favourite Wife/Meine Lieblingsfrau,* 1940) als auch in Melodramen (*Penny Serenade/*

Akkorde der Liebe, 1941 - alle drei Filme mit Cary Grant) und historischen Stoffen (*The Mudlark/Der Dreckspatz und die Königin,* 1950).

E

Emshwiller, Ed (65) 1925–27.7.1990
Amerikanischer Experimental- (*Relativity*, 1966; *Image, Flesh and Voice*, 1969 u.a.) und Animationsfilmer (*Dance Chromatic*, 1959), der ab 1971 bereits mit Video arbeitete, als Kameramann tätig war (*The American Way*, 1961; *Painters painting*, 1972 u.a.) und schließlich Dekan der kalifornischen Kunsthochschule wurde.

Esmond, Jill (82) 1908–28.7.1990
Britische Theaterschauspielerin, die über die Bühnentätigkeit Laurence Olivier kennenlernte und seine erste Gattin wurde. Filme: Hitchcocks *The Skin Game/Bis aufs Messer*, 1932; *F.P. 1* (engl. Version), 1932; *The Bandit of Sherwood Forest/ Der Bandit und die Königin*, 1946; *A Man Called Peter/Ein Mann namens Peter*, 1955 u.a.

F

Fabrizi, Aldo (84) 1.11.1905–2.4.1990
Italienischer Filmkomiker (*Prima Comunione/Der Göttergatte*, 1950; *Guardie e Ladri/Räuber und Gendarm*, 1951 etc.) und -regisseur von kugeligem Äußeren, der in seiner ernsten Rolle des Priesters Don Pietro in Rosselinis *Roma Città aperta/ Rom, offene Stadt* auch andere Facetten zeigen konnte.

Feddersen, Helga (60) 14.3.1930 bis 24.11.1990
Deutsche Schauspielerin und Drehbuchautorin, die durch Fernsehrollen große Popularität errang, aber auch in Filmen mitwirkte: *Die Buddenbrooks*, 1959; *Lola*, 1981; *Sunshine Reggae auf Ibiza*, 1983 u.a.

Flamant, Georges (86) 1904–23.7.1990
Französischer Filmschauspieler (*La Chienne/Die Hündin*, 1931; *L'Étrange Monsieur Victor/Der merkwürdige Monsieur Victor*, 1937 u.v.a.), dessen letzter Film *Les Quatre Cents Coups/Sie küßten und sie schlugen ihn*, 1959 war.

French, Valerie (59) 1931–3.11.1990
Britische Schauspielerin, die in US-amerikanischen Filmen mitwirkte, z.B.: *Jubal/Der Mann ohne Furcht*, 1955; *The Garment Jungle/Ums nackte Leben*, 1959; *The Four Skulls of Jonathan Drake/Die vier Schädel des Jonathan Drake*, 1959 etc.

G

Garbo, Greta (84) 18.9.1905–15.4.1990
Als Greta Lovisa Gustafsson in Stockholm geborene Filmschauspielerin, die durch 28 Filme, davon 18 mit William Daniels hinter der Kamera, zur »Göttlichen« avancierte, eine der letzten lebenden Legenden. Nach Stummfilmerfolgen war *Anna Christie* 1930 ihr erster Tonfilm, von dem auch eine deutschsprachige »Version« hergestellt wurde. Zu ihren großen Filmen gehören *Mata Hari*, 1931; *Grand Hotel/Menschen im Hotel*, 1932; *Queen Christi- na/Königin Christine*, 1934; *Ninotchka/Ninotschka*, 1939. Nach dem Flop *The Two-Faced Woman/Die Frau mit den zwei Gesichtern*, 1941 zog sie sich vom Film und der Öffentlichkeit zurück, was den Mythos ihrer faszinierenden Rätselhaftigkeit noch steigerte.

Gardner, Ava (67) 24.12.1922–25.1.1990
Amerikanische Filmdiva, die zeitweise als schönste Frau der Welt galt und ihren eigenen Mythos in Joseph L. Mankiewicz' *The Barefoot Comtessa/Die barfüßige Gräfin*, 1954 reflektierte. Als »femme fatale« verstörte die als Lucy Johnson geborene in *The Killers/Rächer der Unter-*

Greta Garbo

welt, 1947 und setzte in John Hustons *The Night of the Iguana/Die Nacht des Leguan* einen weiteren Glanzpunkt in ihrer reichen Leinwandkarriere.

Gilford, Jack (81) 25.7.1908–2.6.1990
Amerikanischer Charakterdarsteller und Komiker, der als einer der ersten US-Schauspieler während der Kommunisten-Hysterie beschäftigungslos wurde. Seine Filmrollen ab den 60er Jahren wiesen ihn als sanften Schlawiner aus (*A Funny Thing Happened on the Way to the Forum/Toll trieben es die alten Römer*, 1966; *Catch 22*, 1971; *Save the Tiger*, 1973 – »Oscar«-Nominierung u.a.) und *Cocoon*, 1986 als tragische Figur voller herzzerreißender Verzweiflung.

Goddard, Paulette (78) 3.6.1911 bis 23.4.1990
Als Marion Levy geborene amerikanische Filmschauspielerin von gro-

ßer Schönheit, die durch ihre Ehe und die Filme mit Charles Chaplin (*Modern Times/Moderne Zeiten*, 1936; *The Great Dictator/Der große Diktator*, 1940) berühmt wurde, aber auch danach noch beachtenswerte Filme drehte: *Pot O'Gold*, 1941; *Reap the Wild Wind/Piraten im Karibischen Meer*, 1942; *The Diary of a Chambermaid/Tagebuch einer Kammerzofe*, 1946 u.a.

Gordon, Dexter (67) 27.2.1923 bis 25.4.1990
Amerikanischer Jazz-Saxophonist, dessen überzeugende Darstellung des Bebop-Saxophonisten Dale Turner in *Autour de Minuit/Round Midnight/Um Mitternacht* (1986), der 1959 in Paris ein Comeback versucht, für den »Oscar« nominiert wurde. Neben Robert DeNiro konnte er noch Penny Marshalls neuen Film *Awakenings* fertigstellen.

H

Hale, Alan jr. (71) 1918–2.1.1990
Amerikanischer Charakterdarsteller aus etwa 65 Filmen (*The Gunfighter/Der Scharfschütze*, 1950; *The Killer is Loose/Blutige Hände*, 1956; *There was a Crooked Man/Mit Dynamit und krummen Touren*, 1960 etc.), der aber eher durch seine TV-Serien »Casey Jones«, 1957 und »Gilligan's Island« 1964–66 Popularität errang.

Harrison, Sir Reginald »Rex« (82) 5.3.1908 bis 2.6.1990
Britischer Bühnen- und Filmstar mit dem Image des kultivierten Gentleman, dessen Lebensrolle die des Professor Higgins (»Oscar« für ihn in der Filmversion von *My Fair Lady*, 1964) wurde. Zu seinen Filmerfolgen in Großbritannien und den USA zählen *Storm in a Teacup/Sturm im Wasserglas*, 1936; *Blythe Spirit/Geisterkomödie*, 1944; *Cleopatra*, 1962; *Doctor Dolittle*, 1967 u.v.a.

Hatheyer, Heidemarie (71) 8.4.1919 bis 11.5.1990
Österreichische Staatsschauspielerin, die in Wien, Berlin, Hamburg, München und Düsseldorf auf der Bühne agierte, ab 1936 auch in Filmen (*Der Berg ruft*, 1937; *Die Geierwally*, 1940; *Dr. Holl*, 1951; *Die Ratten*, 1955; *Ruf der Wildgänse*, 1961;*Martha Jellneck*, 1988 u.v.a.) und Fernsehspielen. Trägerin des Filmbandes in Gold (1984).

Henson, Jim (53) 24.9.1936 bis 16.5.1990
Amerikanischer Puppenspieler und Trickfilmer, der für die Fernseh-Vorschulserie »Sesame Street/Sesamstraße« die »Muppets« (Ernie, Bert, Kermit, Bibo etc.) schuf und ab 1976 für seine Puppen die »Muppet Show« zusammen mit Frank Oz entwickelte, ab 1978 auch im Kino: *Muppet Movie*, 1978; *The Muppets take Manhatten/Die Muppets erobern Manhattan*, 1984 u.a. In *The Dark Crystal/Der dunkle Kristall*, 1982; *Labyrinth/Reise ins Labyrinth*, 1985 entwickelte er neue Animationsverfahren und wirkte u.a. bei *Witches/Hexen, hexen* und *Turtles*, 1990 mit.

Hoffmann, Paul (89) 25.3.1902 bis 2.12.1990
Deutscher Theaterschauspieler, -regisseur und zeitweise -leiter, der etwa 20 Filmrollen annahm (*Ich bin gleich wieder da*, 1939; *Liebe 47*, 1949; *Hunde, wollt ihr ewig leben*, 1959 u.a.).

Hole, William J. (71) 1919–11.2.1990
Amerikanischer B-Film Regisseur (*Four Fast Guns/Vier schnelle Colts*, 1959 etc.), der Episoden von TV-Serien inszenierte und produzierte (»77 Sunset Strip« u.v.a.).

Holub, Karl-Ludwig (85) 1905–6.4.1990
»Couturier der Stars von damals« (Spiegel), der von Marlene Dietrich

(*Der blaue Engel*, 1930) über Heinz Rühmann (*Die Feuerzangenbowle*, 1944) alle großen deutschen Filmidole vor 1945 einkleidete – für ihre Rollen und ihr Privatleben.

Hummel, Christoph (45) 1945 bis 23.5.1990
Redakteur der ARD-Filmredaktion, der auch als Filmjournalist und in der Bildungsarbeit tätig war.

I/J

Ireland, Jill (54) 1936–18.5.1990
Britische Filmschauspielerin, die nach kleinen Rollen im britischen Film (*Hell Drivers/Duell am Steuer*, 1957 u.a.) 15 mal an der Seite ihres zweiten Ehemannes Charles Bronson spielte (*Villa Rides/Pancho Villa reitet*, 1967; *The Valachi Papers/Die Valachi Papiere*, 1971; *From Noon till Three/Zwischen Zwölf und Drei*, 1975 etc.), und die Bücher »Life Wish« (über ihre Krebserkrankung) und »Life Lines« schrieb.

Jackson, Gordon (66) 1923–15.1.1990
Schottischer Bühnen- und Filmschauspieler (*Mutiny on the Bounty/Meuterei auf der Bounty*, 1961; *The Great Escape/Gesprengte Ketten,* 1962; *The Medusa Touch/Der Schrekken der Medusa*, 1977), dessen Popularität auf seiner Rolle des Butlers Hudson in der Serie »Upstairs, Downstairs«/»Das Haus am Eaton Place« beruhte.

Jaray, Hans (73) 24.6.1906–6.1.1990
Österreichischer, mehrfach geehrter Kammerschauspieler, Regisseur, Autor von Bühne, Film und Fernsehen, der zwischen 1938 und 1948 in den USA als Hans Yaray arbeitete (*Lydia/Ein Frauenherz vergißt nie*, 1941; *Carnegie Hall*, 1943). Vorher: *Pat und Patachon als Schwiegersöhne*, 1926; *Die Liebe der Jeanne Ney*, 1927; *Der Pfarrer von Irchfeld*, 1937 u.v.a.

K

Katzka, Gabriel (58) 1932–19.2.1990
Amerikanischer Filmproduzent (*Sleuth/Mord mit kleinen Fehlern*, 1972; *The Taking of the Pelham 123/Stoppt die Todesfahrt der U-Bahn 123*, 1974; *The Falcon and the Snowman/Der Falke und der Schneemann*, 1984 u.a.), der auch Fernsehfilme und Broadwayshows produzierte.

Keane, Eamon (64) 30.5.1925–7.1.1990
Irischer Schauspieler, der zuletzt in der Verfilmung des Bühnenstücks seines Bruders John B. Keane *The Field*, 1990 unter Regie von Jim Sheridan mitwirkte.

Kennedy, Arthur (75) 17.2.1914 bis 5.1.1990
Amerikanischer Filmschauspieler, der es trotz beachtlicher Leistungen und fünf »Oscar«-Nominierungen nicht zum Star-Status brachte, jedoch durch seine Mitwirkung in wichtigen Filmen unvergessen bleibt: *High Sierra/Entscheidung in der Sierra,* 1941; *The Glass Menagerie/Die Glasmenagerie,* 1950; *Lawrence von Arabien* – als US-Journalist, 1962 u.v.a.

Krumm, Paul Albert (62) 28.12.1927 bis 1.1.1990
Deutscher Bühnen- und Fernsehschauspieler, der nur wenige Filme drehte (*Unser Mittwochabend*, 1948; *Die feuerrote Baronesse*, 1959; *Sieben Tage Frist*, 1969 u.a.).

L

Lauffen, Richard (83) 2.6.1907 bis 2.6.1990
Deutscher Bühnen- und Fernsehschauspieler mit wenigen Filmrollen (*Menschen in Gottes Hand*, 1948; *Damals in Paris*, 1957; *Der Tiger von Eschnapur* und *Das indische Grabmal*, 1958 u.a.).

Leacock, Philip (73) 1917–14.7.1990
Britischer Regisseur, der vom Do-

kumentar- zum Spielfilm kam (*The Kidnappers/Besiegter Haß*, 1953; *The Spanish Gardener/Der spanische Gärtner*, 1956; *The War Lover/Wir alle sind verdammt*, 1961 u.a.), bevor er zum amerikanischen Fernsehen abwanderte.

Legatt, Alison (86) 1904–15.7.1990
Britische Theaterschauspielerin, die sich nur zu relativ wenigen Filmrollen überreden ließ (*Never Take Sweets from a Stranger/Vertraue keinem Fremden*, 1959; *A Funny Thing happened on the Way to the Forum/Toll trieben es die alten Römer*, 1966; *Far from the Madding Crowd/Die Herrin von Thornhill*, 1967 u.a.).

Lockwood, Margaret (73) 15.9.1916 bis 15.7.1990
Britische Schauspielerin, die in den 30er und 40er Jahren ihre größten Filmerfolge hatte (*The Lady Vanishes/Eine Dame verschwindet*, 1938; *The Man in Grey/Der Herr in Grau*, 1943; *The Wicked Lady/Die Frau ohne Herz*, 1945 u.a.), sich danach vermehrt der Bühne und dem Fernsehen zuwandte.

Lorente, Juan (47) 1943–11.9.1990
Spanischer Filmpublizist, Buchautor, Dozent und seit 1987 Leiter des Internationalen Filmfestivals in Barcelona, der ein Fachmann des Catalanischen Films war.

Lorenzi, Stellio (69) 1921–1990
Italienischer Regisseur und Autor von anspruchsvollen Filmen z.B. *Climats/Die Nacht und die Versuchung*, 1961 u.a.

Lory-Koppé, Hedda (93) 1897 bis 20.4.1990
Schweizer Bühnenschauspielerin mit gelegentlichen Filmrollen (*Uli, der Knecht*, 1954; *Uli, der Pächter*, 1956; *Und ewig ruft die Heimat*, 1956 u.a.).

Low, Bruce (76) 26.3.1913–4.3.1990
Niederländischer Schlagersänger mit sonorer Bariton-Stimme und Ernst Bjelke als bürgerlichen Namen, der auch im deutschen Film Parts bekam: *Die Dritte von rechts*, 1950; *Lockende Gefahr*, 1950; *Die Blume von Hawaii*, 1953 u.a.

M

Mackail, Dorothy (87) 18.6.1903 bis 12.8.1990
Britische Schauspielerin, die in den USA zum »Ziegfeld-Girl« und Stummfilmstar avancierte (*The Man who came back*, 1924; *Danger of Paris*, 1927; *Kept Husbands*, 1931 etc.).

Marquis, Arnold (69) 6.4.1921 bis 24.11.1990
Deutscher Bühnen-, Fernseh-(»Der Portland-Ring«, 1970 u.v.a.) und Filmschauspieler (*Und wieder 48*, 1948; *Jeder stirbt für sich allein*, 1975; *Das Wagnis des Arnold Jansen*, 1983; *Otto – der Außerfriesische*, 1989 u.a.), der dank seiner unverwechselbaren, sonoren, rauhen Stimme und seiner schauspielerischen Vielfalt zum »König der Synchronschauspieler« wurde. So profitierten Leinwandhelden wie John Wayne, Robert Mitchum, Kirk Douglas, Richard Widmark, Lee Marvin, George C. Scott, Trevor Howard, Lino Ventura, Yves Montand, John Huston, Humphrey Bogart und etliche andere vom Timbre seines Organs, aber auch Komödianten wie André Bourvil oder Jack Klugman in der TV-Serie »Männerwirtschaft«. Weitere Fernsehstars waren Darren McGavin *Der Einzelgänger,* Leif Erikson *High Chaparral*, Lionel Stander *Hart aber herzlich*, Brian Keith *Hardcastle & McCormick* etc.
Außerdem wirkte er bei vielen Hörspielen mit.

Martin, Mary (76) 1.12.1913–4.11.1990
Amerikanischer Broadway-Musical-Star, die 1925 Vorstellungen von

»South Pacific« und 1443 von »The Sound of Music« gab. Film (*Birth of the Blues*, 1941; *Night and Day/Tag und Nacht denk ich an Dich*, 1946 u.a.) war nicht unbedingt ihr Metier. Sie ist die Mutter von »Dallas«-Fiesling Larry Hagman.

McCrea, Joel (84) 5.11.1905 bis 20.10.1990
Amerikanischer Filmstar, der in Krimis (*Dead End/Sackgasse*, 1937), Komödien (*Sullivan's Travels/Sullivans Reisen*, 1941; *The Palm Beach Story/Atemlos nach Florida*, 1942), Thrillern (*Foreign Correspondent/Der Auslandskorrespondent/Mord*, 1940) und Western (*Buffalo Bill/Buffalo Bill, der weiße Indianer*, 1944; *Ride the High Country/Sacramento*, 1962) überzeugte und als Rancher ebenfalls erfolgreich war.

Monaster, Nathan (78) 1912 bis 19.5.1990
Amerikanischer Autor von Komödien (That Touch of Mink/Ein Hauch von Nerz, 1962; *A Very Special Favour/Ein Appartement für Drei*, 1965; *How to Save a Marriage and Ruin your Life/Zärtlich schnappt die Falle zu,* 1968) und TV-Shows.

Joel McCrea

Moravia, Alberto (82) 28.11.1907 bis 26.9.1990
Italienischer Schriftsteller, dessen aufsehen- und skandalerregende Werke sich mit Dekadenz und Sexualität gesellschaftskritisch auseinandersetzen und oft verfilmt wurden: *Sensualita/Die Sinnlichkeit*, 1952 (auch Co-Autor); *La Romana/Die freudlose Straße*, 1954; *Gli indifferenti/Desirs pervers/Die Gleichgültigen*, 1963; *Il Conformista/Le Conformiste/Der große Irrtum*, 1969 u.v.a. Zuletzt verfilmte Doris Dörrie in New York mit *Ich und er*, 1987 das Thema seines Romans »Io & Lui«.

Morris, Jack Julius (87) 1903 bis 21.4.1990
Amerikanischer Stuntman und Stummfilmkomiker als einer der »Keystone Kops«, der für Douglas Fairbanks, Harold Lloyd, Charles Chaplin, John Barrymore u.v.a. die gefährlichen Szenen drehte und alle Stars überlebte.

N

Nadel, Arthur H. (68) 1922–22.2.1990
Amerikanischer Regisseur, der hauptsächlich für das Fernsehen arbeitete (»The Big Valley« u.a.) und wenige Filme inszenierte (*Clambake*, 1967; *Underground/Im Netz der Abwehr*, 1969).

North, Edmund (79) 1911–28.8.1990
Amerikanischer Drehbuchautor von mehr als 30 Spielfilmen (*The Day the Earth Stood Still/Der Tag, an dem die Erde stillstand*, 1951; *Cowboy*, 1957; *Meteor*, 1977 etc.), der für sein Buch zu *Patton/Patton-Panzer nach vorn*, 1969 zusammen mit F. F. Coppola den »Oscar« erhielt.

O

Olias, Lothar (76) 23.12.1913 bis 21.10.1990
Deutscher Schlager- und Filmmusikkomponist (*Artistenblut*, 1949; *Freddy, die Gitarre und das Meer*, 1959 etc.), aus dessen Feder »So ein Tag, so wunderschön wie heute«, »Junge, komm bald wieder« stammen.

P

Pan, Hermes (79) 1911–19.9.1990
Amerikanischer Tänzer und Choreograph, der mit Ginger Rogers nach Hollywood kam und mit Fred Astaire seine berühmten Tanzszenen einstudierte (*Top Hat/Ich tanze mich in Dein Herz hinein*, 1935; *Damsel in Distress/Ein Fräulein in Nöten*, 1937 – »Oscar« für Pan; *Silk Stockings/Seidenstrümpfe*, 1957).

Paradschanow, Sergej Jossifowitsch (66) 9.1.1924 bis 23.7.1990
Armenisch-georgischer Filmregisseur, der »stets Hymnen an die Schönheit des Lebens« (Horst Peter Koll) drehte, voller Verschlüsselungen und Symbole, was ihn unnachsichtigen Verfolgungen aussetzte (*Ukrainskaja Rapsodia/Ukrainische Rapsodie*, 1960/61; *Sajat Nowa/Die Farbe des Granatapfels*, 1968; *Aschik Kerib*, 1988 u.a.). Dem auch als bildender Künstler Tätigen wurde in Jerewan 1989 eigens ein Museum geschaffen.

Pelikowsky, Erika (74) 18.1.1916 bis 1.3.1990
Österreichische Theaterschauspielerin, die in Wien, Düsseldorf und Ost-Berlin Theater spielte und 1955 in Österreich im Film *Herr Puntila und sein Knecht Matti* mitwirkte, danach in DEFA-Filmen spielte (*Der geteilte Himmel*, 1964; *Der Dritte*, 1972; *Der nackte Mann auf dem Sportplatz*, 1974 u.a.).

Sergej Jossifowitsch Paradschanow

Powell, Michael (84) 30.9.1904 bis 19.5.1990
Britischer Filmregisseur, der zusammen mit dem 1988 verstorbenen Emeric Pressburger künstlerisch innovative und mitreißende Filme schuf (*A Matter of Life and Death/Irrtum im Jenseits*, 1946; *Black Narcissus/Schwarze Narzisse*, 1946; *The Red Shoes/Die roten Schuhe*, 1948 u.a.), aber auch ohne ihn einfallsreich arbeitete (*The Thief of Bagdad/Der Dieb von Bagdad*, 1940 zusammen mit Ludwig Berger und Tim Whelan; *Peeping Tom/Augen der Angst*, 1960 etc.).

Puig, Manuel (57) 1933–22.7.1990
Argentinischer Schriftsteller, dessen Roman »Beijo da a mulher aranha« (1979) als *The Kiss of the Spider Woman/Der Kuß der Spinnenfrau* 1985 von Hector Babenco verfilmt wurde. Drehbuch: Leonard Schrader.

Q

Quillan, Eddie (83) 1907 bis 19.7.1990
Amerikanischer Filmschauspieler,

der oft in komischen, jungenhaften Rollen zu sehen war (*Mutiny on the Bounty/Meuterei auf der Bounty*, 1935; *Young Mr. Lincoln/Der junge Mr. Lincoln*, 1939; *The Grapes of Wrath/Früchte des Zorns*, 1940 u.v.a.).

R

Rappaport, David (38) 1952 bis 2.5.1990
Britischer Schauspieler von zwergenhaftem Wuchs, der neben zahlreichen Filmrollen (*Cuba/Explosion in Cuba*, 1979; *Time Bandits*, 1981; *The Bride/Die Braut*, 1985 u.a.) auch durch seine Rolle in der TV-Serie »L.A. Law« populär war.

Richlin, Maurice (70) 1920–13.11.1990
Amerikanischer Drehbuchautor von Komödienstoffen, der zusammen mit seinem Kollegen Stanley Shapiro (am 21.7. gestorben) den »Oscar« für *Pillow Talk/Bettgeflüster*, 1959 erhielt und auch *Operation Petticoat/Unternehmen Petticoat*, 1959 schrieb. Zusammen mit Blake Edwards erfand er den Supertrottel Inspektor Clouseau (Peter Sellers) für *The Pink Panther/Der rosarote Panther*, 1963 u.a.

Ritt, Martin (70) 2.3.1920–9.12.1990
Amerikanischer Regisseur, der sich in seinen Filmen häufig mit Außenseitern der Gesellschaft befaßte (*Norma Rae/Norma Rae – Eine Frau steht ihren Mann*, 1978; *Nuts/Nuts – Durchgedreht*, 1988; *Stanley & Iris*, 1990), der selbst auf McCarthys »Schwarzer Liste« stand und über diese Zeit *The Front/Der Strohmann*, 1976 drehte, der vier der besten Filme Paul Newmans inszenierte und in Maximilian Schells *Der Richter und sein Henker*, 1975 die Titelrolle verkörperte.

Rivkin, Allen (86) 1904–17.2.1990
Amerikanischer Drehbuchautor von etwa 70 Filmen (*Dancing Lady*, 1933; *The Farmer's Daughter/Die Farmerstochter*, 1947 etc.), der sich bis zuletzt in der »Writer's Guild of America« engagierte, die er mitbegründet hatte.

Rhodes, Eric (84) 1906–17.2.1990
Amerikanischer Bühnen-, Film- und Fernsehkomiker, der neben Fred Astaire und Ginger Rogers in *The Gay Divorce/Tanz mit mir*, 1934 debutierte, außerdem: *Top Hat/Ich tanze mich in dein Herz hinein*, 1935; *Woman Chases Man*, 1937; *Say it in French*, 1938 etc.

Ross, Frank (85) 1904–18.2.1990
Amerikanischer Filmproduzent, der für seinen Kurzfilm *The House I Live in,* 1945 den »Oscar« erhielt, für *The Robe/Das Gewand,* 1953 »nur« eine Nominierung. Weiterhin: *Demetrius and the Gladiators/Die Gladiatoren*, 1954; *Mister Moses/Südlich vom Pangai-Fluß*, 1964 u.a. Er war Co-Autor von *The More the Merrier/Immer mehr, immer fröhlicher*, 1943 und inszenierte *The Lady Says No*, 1952.

Rossif, Frédéric (68) 1932–18.4.1990
In Montenegro (heute: Jugoslawien) geborener Dokumentarfilmer (*Mourir a Madrid/Sterben für Madrid*, 1962), der – ab 1947 als französischer Staatsbürger – ca. 400 Filme drehte.

Roth, Rose Renée (82) 12.12.1907 bis 3.1990
Charmant und zerbrechlich wirkende österreichische Schauspielerin, die an Bühnen ihrer Heimat, der Schweiz, Deutschland und den USA arbeitete, viele Fernsehspiele drehte und Filme: *Holiday, Schloß Hubertus*, beide 1973; *Waldrausch*, 1977; *Ödipussi*, 1988 u.a.

Russell, Craig (42) 1938–30.10.1990
Kanadischer Schauspieler und Imitator, der sein ganzes Talent in *Outrageous/Ausgeflippt*, 1977 zeigen konnte.

S

Salce, Luciano (67) 1923–17.12.1990
Italienischer Filmregisseur, der seine Regielaufbahn in Brasilien begann, dann in seiner Heimat fortfuhr (*Il Federale/Zwei in einem Stiefel*, 1961; *La Voglia Matta/Lockende Unschuld*, 1962; beide mit Ugo Tognazzi) und auch an seinen Drehbüchern mitwirkte (*Colpo di Stato/Staatsstreich*, 1968 u.a.).

Salmi, Albert (62) 1928–23.4.1990
Amerikanischer Charakterdarsteller, der in *The Brothers Karamazov/Die Brüder Karamasow*, 1957 sein Filmdebut gab. Weiterhin: *The Bravados/Bravados*, 1958; *Wild River/Wilder Strom*, 1960; *Brubaker*, 1980. Salmi war Dauergast in Fernsehserien (z.B. »Petrocelli«).

Sanchez, Fernando (72) 1918–1990
Spanischer Charakterdarsteller, der seit seinem Debut *Polizon a Bordo*, 1941 in über 350 Filmen auftrat.

Schumm, Hans (93) 1897–2.2.1990
Deutscher Filmschauspieler, der in den 20er Jahren nach Hollywood emigrierte und dort in zahllosen Filmen mitwirkte (*Blonde Venus*, 1932; *The Great Dictator/Der große Diktator*, 1940; *The Sound of Music/Meine Lieder – meine Träume*, 1964 etc.).

Sedlmayr, Walter (64) 6.1.1926 bis 15.7.1990
Bayrischer Volksschauspieler, durch zahlreiche Bildschirmauftritte populär, der als grantelndes Unikum auch etliche Filmrollen spielte (*Die drei Dorfheiligen*, 1949; *Der Pauker*, 1958; *Strohfeuer*, 1972; *Händler der vier Jahreszeiten*, 1972 u.a.). Für *Theodor Hierneis oder wie man ein ehemaliger Hofkoch wird* wurde er 1973 mit dem Bundesfilmpreis geehrt.

Seggelke, Herbert (85) 1905–11.7.1990
Deutscher Animations- (*Strich-Punkt-Ballett*, 1943; *1000 Kleine Zeichen*, 1957; *Farbige Schatten*, 1957 etc.) und Dokumentarfilmer, der als »Förderer der Filmkunst« z.B. das Düsseldorfer Filmforum mitbegründete.

Sellner, Gustaf Rudolf (84) 25.5.1905 bis 8.5.1990
Deutscher Schauspieler, Regisseur und Intendant, der in *Ansichten eines Clowns*, 1975 Bölls Worte »eine sehr gut gekonnte Mischung aus Erstaunen und Ekel« als Hans Schniers Vater perfekt verkörperte.

Seyler, Athene (101) 31.5.1889 bis 12.9.1990
Britische Bühnenkomikerin, die an ihrem 101. Geburtstag ihr neues Buch »The Craft of Comedy« in Londons National Theatre vorstellte. Ihre Abstecher zum Film waren *The Citadel/Die Zitadelle*, 1938; *Quiet Wedding*, 1940; *The Pickwick Papers/Mr. Pickwick*, 1952; *The Inn of the Sixth Happiness/Die Herberge zur sechsten Glückseligkeit*, 1958 u.a.

Seyrig, Delphine (58) 10.4.1931 bis 15.10.1990
Französische Theater- und Filmschauspielerin, die zur »Wegbegleiterin der »Nouvelle Vague« geworden ist« (Rolf-Ruediger Hamacher) und Filme mit Alain Resnais (*L'Année Dernière à Marienbad/Letztes Jahr in Marienbad*, 1960), Marguerite Duras (*La Musica*, 1966) und François Truffaut (*Baisers Volés/Geraubte Küsse*, 1968) drehte, aber auch mit Luis Buñuel, Joseph Losey, Chantal Ackerman, Ulrike Ottinger u.a.

Shapiro, Stanley (65) 1925 bis 21.7.1990
Amerikanischer Drehbuchautor von Komödienstoffen, der zusammen mit seinen Co-Autoren den »Oscar« für *Pillow Talk/Bettgeflüster*, 1959 erhielt. Außerdem *Operation Petticoat/Unternehmen Petticoat*, 1959; *Bedtime Story/Zwei erfolgreiche Verführer*, 1963 und das Remake davon *Dirty Rotten Scoun-*

drels/Zwei hinreißend verdorbene Schurken, 1988 u.v.a. Er schrieb auch Romane und Theaterstücke.

Sobielski, Carol (51) 1939–4.11.1990
Amerikanische Professorin und Drehbuchautorin, die am Trinity College in Dublin Examen machte und für John Huston *Annie* (1982) schrieb. (Auch: *Casey's Shadow/Der Champion*, 1977; *Winter People/Winter people – wie ein Blatt im Wind*, 1988 u.a.).

Spewack, Bella (91) 1898–27.4.1990
In Rumänien gebürtige amerikanische Autorin, die mit ihrem Mann Samuel Musicals und Drehbuchvorlagen für Filme schrieb: *Boy Meets Girl/Der kleine Star*, 1938; *My Favourite Wife/Meine Lieblingsfrau*,1940; *Kiss me Kate/Küß mich, Kätchen*, 1953; *Move over, Darling/Eine zuviel im Bett*, 1963 etc.

Stanwyck, Barbara (82) 16.7.1907 bis 20.1.1990
Amerikanische Filmschauspielerin, deren Bandbreite in 88 Filmen von der eiskalten »femme fatale« in Billy Wilders *Double Indemnity/Frau ohne Gewissen*, 1944 bis zur hilflosen Todeskandidatin in *Sorry Wrong Number/Du lebst noch 105 Minuten*, 1948 reichte. Die Serie »Big Valley« machte sie hierzulande populär. 1982 erhielt sie den Ehren-»Oscar« und 1987 den Silver Star des American Film Institute als Life Achievement Award.

Barbara Stanwyck

St. Jacques, Raymond (60) 1930 bis 27.8.1990
Als James Johnson geborener amerikanischer schwarzer Bühnen- und Filmschauspieler (*Mister Moses/Südlich vom Pangani-Fluß*, 1964; *Cotton Comes to Harlem/Wenn es Nacht wird in Manhattan*, 1969; *Born Again/Die Colson Affäre*, 1978 etc.).

T

Tayback, Vic (60) 1929–25.5.1990
Amerikanischer Nebendarsteller von imposanter Erscheinung mit vielen Rollen in Film und Fernsehen (*Bullitt*, 1968; *Papillon*, 1973; *The Choirboys/Die Chorknaben*, 1977 etc.).

Thackery, Bud (87) 1903 bis 15.7.1990
Amerikanischer Kameramann, der schon am ersten Tonfilm *The Jazz Singer*, 1927 beteiligt war, bei *King Kong/King Kong und die weiße Frau*, 1933 die Trickfotografie durchführte, etliche Western-Serials, zahlreiche Fernsehfolgen filmte und zuletzt *Coogan's Bluff/Coogans großer Bluff*, 1969.

Thomas-Terry (78) gest. 8.1.1990
Britischer Komiker, der eigentlich Thomas Terry Hoar-Stevens hieß und dessen gigantische Zahnlücke zwischen den beiden Vorderzähnen sein Markenzeichen war, das er gerne entblößte: *Tom Thumb/Der kleine Däumling*, 1958; *Those Magnificent Men in their Flying Machines/Diese tollkühnen Männer*

in ihren fliegenden Kisten, 1965; *La Grande Vadrouille/The Big Spree/ Die große Sause*, 1966 u.v.a.

Thompson, Carlos (67) 7.6.1923 bis 11.10.1990
Argentinischer Theater- und Filmschauspieler und Buchautor, mit bürgerlichem Namen Juan Carlos Mundin Schaffter, der seinem Leben ein Ende setzte, weil er den Tod seiner Gattin Lilli Palmer (1986) nicht verwinden konnte. Mit ihr drehte er: *Zwischen Zeit und Ewigkeit*, 1956 und *Finden Sie, daß Constanze sich richtig verhält?*, 1962. Außerdem: *Valley of the Kings/Das Tal der Könige*, 1954; *Das Wirtshaus im Spessart*, 1957 u.a.

Tognazzi, Ugo (68) 1922 bis 27.10.1990
Italienischer Schauspieler, Regisseur und Autor, der neben klamottigen Lustspielrollen (*Il Mantenuto/ Der Nächste bitte*, 1961 - auch Regie; *Amici miei/Ein irres Klassentreffen*, 1975) ein exzellenter Darsteller tragikomischer Charaktere war (*Primo Amore/Ein Sack voller Flöhe*, 1978; *La Tragedia di un uomo Ridicolo/Die Tragödie eines lächerlichen Mannes*, 1980. Goldene Palme in Cannes als bester Schauspieler) und auch Kochbücher schrieb.

Trauberg, Leonid (89) 1901-14.11.1990
»Einer der letzten Großen des einst revolutionären Sowjetfilms« (Sebastian Feldmann), der zusammen mit Grigori Kosinzew die »Fabrik des exzentrischen Schauspielers« anführte und phantastische, innovative Filme schuf (*SWD - Sojus Welikogo/SWD - Der Bund der großen Tat*, 1927 u.v.a.), vom Stalinismus zunächst vor den Karren gespannt, dann ins Straflager verbannt. Ein Spätwerk: *Mjortvaje Duschy/Die toten Seelen*, 1960.

Trenker, Luis (97) 4.10.1892–13.4.1990
Südtiroler Holzschnitzer, Bergführer, Architekt, Skilehrer, Umweltschützer, Schauspieler, Schriftsteller, Drehbuchautor und Regisseur, der als »König der Berge« (Titel eines seiner über 50 Dokumentarfilme) auch zum beliebten Fernseh-Entertainer wurde (»Luis Trenker erzählt«, 1959–65; »Alles gut gegangen«, 1960–67 etc.). Seine Spielfilme, zumeist in der Bergwelt angesiedelt, enthielten oft atemberaubende Bilder (*Der Ruf des Nordens*, 1927; *Der Rebell*, 1931; *Der Berg ruft*, 1937; *Sein bester Freund*, 1962 u.v.a.) und brachtem ihm zahlreiche Preise ein (z.B. Filmband in Gold für besondere Verdienste um den deutschen Film 1982).

Luis Trenker

V

Vailati, Bruno (71) 1919–27.2.1990
In Ägypten gebürtiger italienischer Filmregisseur von Dokumentar- (*Il Sesto Continente/Der sechste Kontinent*, 1954 - zusammen mit Folco Quilici; *Uomini e Squali/Menschen und Haie*, 1975) und Spielfilmen (*Il Lado di Bagdad/Der Gauner von*

Bagdad - zusammen mit Arthur Lubin u.a.).

von Collande, Volker (76) 21.11.1913 bis 29.10.1990
Als Volker Hubertus Valentin Maria von Mitschke in Dresden geborener Schauspieler, Regisseur, Autor und Theaterleiter, der in mehr als 100 Filmen mitwirkte und selber 9 inszenierte (z.B. *Zwei in einer großen Stadt*, 1942; *Ich warte auf dich*, 1952; *Hochzeit auf Immenhof*, 1956 etc.).

von Reibnitz, Ursula (75) 1915 bis 28.7.1990
Deutsche Theaterschauspielerin mit gelegentlichen Filmrollen (*Der letzte Mann*, 1955; *Regine*, 1955), die Berengar Pfahl für all seine Fernsehspiele zur Verfügung stand (z.B. »Zwei oder Was sind das für Träume?«, 1979).

W

Waldman jr., Clarence Frank gest. 5.9.1990
Amerikanischer Drehbuchautor, dessen Debutfilm *Bathing Beauty/Schwimmende Venus*, 1944 war, der dann über Fernsehserien wie »A dream of Jeannie«/»Bezaubernde Jeannie«, »Peter Gunn« u.a. an Blake Edwards geriet, mit dem er die »Rosarote Panther«-Nachfolge-Filme ausbaldowerte. Außerdem: *The Party/Der Partyschreck*, 1968 u.v.a.

Wallace, Irving (74) 19.3.1916 bis 29.6.1990
Amerikanischer Bestsellerautor von Polit-, Sex- und Kriminalromanen, der weltweit fast 200 Millionen Bücher verkaufte, von denen einige verfilmt wurden (*The Prize/Der Preis*, 1963 u.a.), und der auch Drehbücher verfaßte (*Split Second/Explosion in Nevada*, 1953 u.a.).

Wallace, Jean (61) 1929–14.2.1990
Amerikanische Filmschauspielerin, die häufig an der Seite ihres Gatten Cornel Wilde (gestorben 15.10.1989) wirkte: *The Big Combo/Geheimring 99*, 1955; *Lancelot and Guinevere/Lancelot, der verwegene Ritter*, 1962; *Beach Red/Blutiger Strand*, 1966 u.a.

Walter, Ruedi (73) 1917–16.6.1990
Schweizer Schauspieler und Kabarettist, mit bürgerlichem Namen Rudolf Hans Haefeli, der oft Dialektrollen in schweizer und bundesdeutschen Filmen übernahm (*Der fröhliche Weinberg*, 1952; *Polizist Wäckerli*, 1955; *Pfarrer Isel*, 1969; *Bingo*, 1990 u.a.) und seit 1984 Träger des Hans-Reinhardt-Rings war, dem höchsten schweizer Theaterpreis.

Warren, Charles Marquis (77) 1913 bis 11.8.1990
Amerikanischer Drehbuchautor und Regisseur (*Little Big Horn/Tödliche Pfeile*, 1951; *Flight to Tanger/Flucht nach Tanger*, 1953; *Charro*, 1969 u.v.a.), der als Autor, Regisseur und Produzent 1955 die TV-Serie »Gunsmoke«/»Rauchende Colts« schuf, später auch »The Virginian«/»Die Leute von der Shiloh Ranch«, und Western-Romane schrieb.

Wechsler, David (78) 1912–11.8.1990
Schweizer Filmproduzent und Drehbuchautor (*The Search/Die Gezeichneten*, 1947 - für den er mit Co-Autor Richard Schweizer den »Oscar« erhielt; *Unser Dorf*, 1953), der auch als Filmhistoriker einen Namen hatte.

Wheeler, Lyle (84) 1905 bis 10.1.1990
Einer der wichtigsten, prägendsten und fleißigsten Ausstattungsdirektoren und Filmarchitekten, der an über 400 Filmen mitwirkte und 29 mal für den »Oscar« nominiert wurde und ihn für *Gone with the Wind/Vom Winde verweht*, 1939; *Anna and the King of Siam/Anna und der König von Siam*, 1946; *The*

Robe/Das Gewand, 1953; *The King and I/Der König und ich*, 1956 und *The Diary of Anne Frank/Das Tagebuch der Anne Frank*, 1959 erhielt. Seine Entwürfe bestimmen aber auch das Bild von *Rebecca*, 1940; *Laura*, 1944; *My Darling Clementine/Faustrecht der Prärie,* 1946 und vielen berühmten Klassikern.

Wieder, Hanne (61) 8.5.1929 bis 13.5.1990
Deutsche Theater-, Film- (*Mit Eva fing die Sünde an*, 1958; *Grieche sucht Griechin*, 1966; *Trauma*, 1984 u.a.) und Fernsehschauspielerin mit tiefer, rauchiger Stimme, die auch als Chansonette im Kabarett erfolgreich war.

Fremdsprachige Originaltitel

A

A MI CSALADUNK Unsere Familie
ACQUE DI PRIMAVERA Wenn die Masken fallen
ADJUSTMENT AND WORK Adjustment and Work
THE ADVENTURES OF FORD FAIRLANE Ford Fairlane – Rock'n Roll Detective
L'AFRICANA Die Rückkehr
AGENT ORANGE Tödliches Gift
ALIEN SEED Alien Seed
ALIENATOR Alienator – Der Vollstrecker aus dem All
ALL DOGS GO TO HEAVEN Charlie – Alle Hunde kommen in den Himmel
ALLONS Z'ENFANTS Kinder für das Vaterland
ALWAYS Always
THE AMBULANCE Ambulance
THE AMERICAN ANGELS – BAPTISM OF BLOOD American Angels
AMERICAN BORN American Born
AMERICAN BOYFRIENDS American Eiskrem 3
AMERICAN DREAMER American Dreamer
AMERICAN HUNTER American Hunter
AMERICAN NINJA 4 American Fighter 4 – Die Vernichtung
AMERICAN RISCIO American Rikscha
L'AMI DE VINCENT Mein Freund, der Frauenheld
LA AMIGA La Amiga
THE AMITYVILLE CURSE The Amityville Curse – Der Fluch
AMITYVILLE: THE EVIL ESCAPES Amityville Horror Teil 4
ANGEL TOWN Angel Town
ANGEL'S MISSION Born to Fight 2
THE ANNIHILATOR Die Roboter kommen
ANOTHER 48 HRS. Und wieder 48 Stunden
ANTONIETA Antonieta
ANTONYHO SANCE Antonys Chance
ANY MEN'S DEATH Im Zeichen des Krebs
THE APPLEGATES Applejuice
L'ARMA The Gun
ASCHIK-KERIB Kerib, der Spielmann
ASSA Assa
ASTONISHED Des Teufels Unschuld
AT MOTHER'S REQUEST Tötungsbefehl
ATAME! Fessle mich
ATLANTIC RHAPSODY – 52 MYNDIR UR TORSHAVN Atlantic Rhapsody – 52 Bilder aus Tórshavn
AUNTIE SUE Dirty Diamonds
AVAETÉ, A SEMENTE DA VINGANCA Tod im Regenwald
A.W.O.L. Leon
AZ EN XX. SZAZADOM Mein 20. Jahrhundert
AZ ERDO KAPITANYA Der Waldhauptmann

B

BACH ET BOTTINE Bach und Broccoli
BACK STAB Back Stab
BACK TO BACK Back to Back
BACK TO THE FUTURE III Zurück in die Zukunft III
BAD INFLUENCE Todfreunde – Bad Influence
BARBAROSA Die Ballade vom Banditen Barbarosa
BASKETBALL King of Basketball
BATTLE RATS Kampfratten
BAYWATCH Baywatch – Die Rettungsschwimmer von Malibu
LE BEAUF Heißes Geld
THE BECKETT AFFAIR The Beckett Affair
BEDROOM EYES II Bedroom Eyes II
BELLIFRESCHI Zwei Italiener mögen's heiß
BERLIN BLUES Berlin Blues
BERNADETTE Bernadette – Das Wunder von Lourdes
BERSERKER – THE NORDIC CURSE Berserker
BESÖKARNA The Visitors
BEST OF THE BEST Karate Tiger IV
THE BEST OF THE MARTIAL ARTS FILMS The Best
BEVERLY HILLS BODY SNATCHERS Beverly Hills Body Snatchers
BEVERLY HILLS BRATS Beverly Hills Brats
THE BIG GAG Big Gag – Selten so gelacht
THE BIG HEAT Heißes Eisen
BIG MAN ON CAMPUS Das bucklige Schlitzohr
BIG TOP PEE-WEE Big Top Pee-Wee
BIRD ON A WIRE Ein Vogel auf dem Drahtseil
B.L. STRYKER: AUNTIE SUE Dirty Diamonds

B.L. STRYKER: BLUES FOR BUDER Im Bann der Sekte
BLACK RAIN Schwarzer Regen
BLACK RAINBOW Schwarzer Regenbogen
BLACKOUT Blackout - Bestie in Schwarz
BLAST OF SILENCE Blast of Silence
BLAZE Blaze - Eine gefährliche Liebe
BLIND FEAR Blind Fear - Nackte Angst
BLISKIE SPOTKANIA Z WESOLYM DIABLEM Begegnung mit dem lustigen Teufel
BLOOD BROTHERS Kickboxer 2 - Blood Brothers
BLOODFIST Blood Fist Fighter
BLOODHOUNDS OF BROADWAY Bluthunde am Broadway
BLUE HEART Blue Heart - Die letzten Helden
BLUE MOVIE Blue Movie
BLUE STEEL Blue Steel
BLUE VENGEANCE Zwang zum Töten
BLUEBERRY HILL Blueberry Hill
BLÜCHER Deep Secret - Gefahr in der Tiefe
BLUES FOR BUDER Im Bann der Sekte
BONY A KLID Das große Geld
BOOM BOOM Boom Boom
B.O.R.N. B.O.R.N.
BORN ON THE 4TH OF JULY Geboren am 4. Juli
THE BOUNTY HUNTER Bounty Hunter
A BOY AND HIS DOG In der Gewalt des Unterirdischen
BREAKING IN Die Traumtänzer
BRÖDERNA LEJONHJÄRTA Die Brüder Löwenherz
BRONTOSAURUS Brontosaurus
BRUTAL GLORY Blutiger Ruhm
BRYSGI SCHAMPANSKOGO Heimaturlaub
BURIED ALIVE Buried Alive - Lebendig begraben
BURIED ALIVE Lost Girls
BURNIN' LOVE Verhext nochmal!
THE BURNING OF THE IMPERIAL PALACE Das Imperium brennt

C

CACTUS Kaktus
CADILLAC MAN Cadillac Man
CAGE FIGHTER Cage Fighter
CAGED FURY Caged Fury
THE CALIFORNIA KID The California Kid
THE CALLER The Caller
CANNON Der Stich ins Wespennest
CAPTAINS COURAGEOUS Junge über Bord
THE CARPENTER The Carpenter
CARTEL Cartel
THE CASE OF THE HILLSIDE STRANGLERS Der Würger von Beverly Hills
CASUALTIES OF WAR Die Verdammten des Krieges
CAT CHASER Short Run
CESTA NA JIHOZAPAD Reise nach Südwest
CÉZANNE Cézanne
THE CHAIN Ein Umzug kommt selten allein
CHAINS Chains
CHALLENGE OF LADY NINJA Lady Ninja - Geheimkommando D.E.A.T.H.
CHAMBRE A PART Liebe, Betrug und andere Leidenschaften
CHANCE Chance
CHE ORA E? Wie spät ist es?
CHEERLEADER CAMP Bloody Pom Poms
CHICAGO JOE AND THE SHOWGIRL Chicago Joe und das Showgirl
LA CHIESA The Church
CHILD'S CRY Spur der Angst
CHINA LAKE China Lake
THE CHINA LAKE MURDERS Killing Cop
CHINA O'BRIEN China O'Brien
CHOUANS! Chouans! Revolution und Leidenschaft
CHU CHU AND THE PHILLY FLASH Crazy Street Life
C.H.U.D. 2 - BUD THE CHUD Bud the Chud - C.H.U.D. II
CIAO KIDS Die flotten Teens von Rimini
LA CINTURA Gepeinigt... liebe mich.. .quäle mich
CIRCUITRY MAN Cyberspace
CIZIM VSTUP POVOLEN Hunde-Theater
CLEAN AND SOBER Clean and Sober
CLEO/LEO Cleo/Leo
CLOWNHOUSE Clownhouse
COBRA MISSION 2 Cobra Mission
COHEN & TATE Hitman
COLD DOG SOUP Cold Dog - Zur Hölle mit dem Himmelhund
COLD FRONT Cold Front - Ein Killer läuft Amok
COLD HEAT Cold Heat
COLDFIRE Coldfire
COLUMBO: GREAT DECEPTIONS Tödliche Kriegsspiele
COME SEE THE PARADISE Komm und sieh das Paradies
THE COMFORT OF STRANGERS Der Trost von Fremden

COMMENT FAIRE L'AMOUR AVEC UN NEGRE SANS SE FATIGUER How to make Love to a Negro without getting tired oder...
COMMON LAW CABIN Die liebestollen Hexen
CONDOR Condor
CONTE DE PRINTEMPS Frühlingserzählung
CONTRA CONSPIRACY Contra Conspiracy
COOK AND PEARY: THE RACE TO THE POLE Mission Nordpol
COOKIE Cookie
COOL CHANGE Highland Ranger
COUNTRY BLUE On the Run
THE COUNTRY GIRLS Zwei Mädchen vom Lande
COUPE DE VILLE Wild Boys
COURAGE MOUNTAIN Nightwalker
CRACK HOUSE Crack House
CRASH AND BURN Kampf der Roboter
CRAZY HORSE Crazy Horse
CRIMES AND MISDEMEANORS Verbrechen und andere Kleinigkeiten
CRNA MARIJA Ein anderer Sound
CRY-BABY Cry Baby
CRYSTALSTONE Crystalstone
CUDOWNE DZIECKO Das Wunderkind
CURFEW Curfew
CURIOSITY KILLS Neugier tötet
CUTTING CLASS Todesparty II
CY WARRIOR - SPECIAL COMBAT UNIT Cy-Warrior

D

DAD Dad
DAKOTA Wehr dich, Dakota
DAMNED RIVER Damned River
DANCE Dance
DANCIN' THRU THE DARK Dancin' thru the Dark
DANCING CO-ED Dancing Co-Ed
DANGEROUS AFFECTION Im Netz des Todes
DANGEROUS CURVES Scharfe Kurven
DANGEROUS PURSUIT Gejagt zwischen zwei Leben
DANNY THE CHAMPION OF THE WORLD Danny - Der Champion
DARK HOLIDAY Eintritt zur Hölle
THE DARK SIDE OF THE MOON The Dark Side of the Moon
DARKMAN Darkman
DAUNTAUN HIROZU Hoffnung und Schmerz
DAWID I SANDY David und Sandy
DAYS OF THUNDER Tage des Donners
DEAD BANG Dead Bang - Kurzer Prozeß
THE DEAD PIT Dead Pit
DEAD POETS SOCIETY Der Club der toten Dichter
DEAD RECKONING Nasses Grab
DEADLY ILLUSION Deadly Illusion
DEADLY REVENGE Bluthund
A DEADLY SILENCE Tödliche Stille
DEADLY WEAPON Killer Kid
DEALERS Big Business
DEALING: OR THE BERKELEY-TO-BOSTON FORTY BRICK... Heißer Stoff für Boston
DEATH CAGE Bloodfight 2
DEATH DOLL Death Doll - Killerpuppe
DEATH FORCE Death Force
DEATH SPA Witch Bitch - Tod aus dem Jenseits
DEATH WARRANT Mit stählerner Faust
DEATHSTALKER AND THE WARRIORS FROM HELL Deathstalker III
DECEIT Das Alien vom Highway
DEEP DARK SECRETS Night Shadow - Schatten der Vergangenheit
DEEP SPACE Deep Space
THE DEFECTOR Defector: Karate-Kickboxer
THE DELINQUENTS Delinquents
DELTA FORCE COMMANDO 2 Delta Force Commando 2
DELTA FORCE 2 - THE COLOMBIAN CONNECTION Delta Force 2 - The Colombian Connection
DEMON WIND Tanz der Dämonen
DESTINY TO ORDER Verhängnis auf Bestellung
THE DEVIL RIDES OUT Die Braut des Teufels
DIARY OF A SANE MAN Tagebuch eines vernünftigen Mannes
DIAS DIFICILES Kritische Tage
DICK TRACY Dick Tracy
DIE HARD 2 Stirb langsam 2
DIKIJE LEBEDI Die elf Schwäne
DIMENTICARE PALERMO Palermo vergessen
DINER American Diner
DIRTY GAMES Dirty Games
DISORGANIZED CRIME Im Tresor ist die Hölle los
DIXIE LANES Family Trouble

E

F

HISTOIRES D'AMERIQUE Geschichten aus Amerika
HOLLYWOOD DETECTIVE Hollywood Detective
HONEYMOON ACADEMY Flitzerwochen
THE HONEYMOON KILLERS The Honeymoon Killers
HONOR BOUND Red End
HORKA KASE Heiße Eisen
HOSPITAL Hospital
HOT PAINT Wie klaut man einen Renoir?
HOT SPOT Hot Spot
THE HOUSE OF USHER The House of Usher
HOW I GOT INTO COLLEGE Die Uni meiner Träume
HOW TO GET AHEAD IN ADVERTISING Ein erfolgreicher Mann
HUMAN ERROR Das MI-8 Projekt
HUNK Hunk
THE HUNT FOR RED OCTOBER Jagd auf »Roter Oktober«
THE HUNTED Die Gejagten

I

I COME IN PEACE Dark Angel
I LOVE YOU TO DEATH Ich liebe Dich zu Tode
I, MADMAN Hardcover
I MARRIED A CENTERFOLD Mädchen des Monats
I WANNA HOLD YOUR HAND I Wanna Hold Your Hand
I WENT TO THE DANCE J'ai été au Bal
IGLA Morphium - Die Nadel
IL FAUT VIVRE DANGEREUSEMENT Gefährlich lebt sich's besser
ILLEGALLY YOURS Die Unschuld der Molly
I'M DANGEROUS TONIGHT Im Banne des Grauens
IMAGEN LATENTE Das latente Bild
IMMEDIATE FAMILY Second Hand Familiy
IMPASSE Auf der Jagd nach dem verlorenen Gold
IMPULSE Impulse
IN DANGEROUS COMPANY Gefährliche Lust
IN THE BEST INTEREST OF THE CHILD Ohne Zeugen
IN THE COLD OF THE NIGHT In the Cold of the Night
IN THE LINE OF DUTY - F.B.I. MURDERS FBI: Schonungslos
IN THE LINE OF DUTY 4 Red Force
INCIDENT AT RAVEN'S GATE Blue Fever
INDIA, MATRI BHUMI Indien, Mutter Erde
INDIO Indio
AN INNOCENT MAN Von Bullen aufs Kreuz gelegt
INTERNAL AFFAIRS Internal Affairs
INTERZONE Interzone
THE INVESTIGATOR Investigator
ISLAND Insel der Frauen
IT TAKES TWO Kopflos durch die Nacht

J

JA MILUJEM, TY MILUJES Ich liebe, du liebst . . .
JA SLUSCHIL W OCHRANE STALINA Ich war Stalins Leibwächter
JÄG AR MARIA Mein Freund, der Maler
J'AI ÉTÉ AU BAL J'ai été au Bal
JAK SE TOCI ROZMARYNY Eine Hauptrolle für Rosmarina
JAKARTA Jakarta
JAKOB Leben und Tod des Goldgräbers Jakob O.
JE T'AI DANS LA PEAU Ich bin dir verfallen
JESUS DE MONTREAL Jesus von Montreal
JEWREJSKOJE SCHTSCHASTJE Jüdisches Glück
JIDDISCHE GLIKN Jüdisches Glück
JOE PANTHER Alligator Joe
JOE VERSUS THE VOLCANO Joe gegen den Vulkan
JOHNNY HANDSOME Johnny Handsome - Der schöne Johnny
JOURS TRANQUILLES A CLICHY Stille Tage in Clichy

K

KAMIKAZE HEARTS Kamikaze Hearts
KAMILIONS The Wingates
KAPITAN »PILGRIMA« Der Kapitän der Pilgrim
KARATE WARRIOR 2 Blood Tiger
DE KASSIERE Lily was here
KEATON'S COP Keaton's Cop
KENNONITE Der falsche Zeuge
THE KID WHO LOVED CHRISTMAS Der Brief an den Weihnachtsmann
KILL AND KILL AGAIN Fighter Gang - Sie kämpfen bis zum Ende

KILL ME AGAIN Kill Me Again
THE KILLER Blast Killer
KILLER CROCODILE 2 Killer Crocodile 2 – Die Mörder-Bestie
THE KILLER INSIDE ME Killer Inside Me
THE KILLERS The Killers
KING OF NEW YORK King of New York
KING OF THE WIND König der Winde
KISS SHOT Kiss Shot
THE KISSING PLACE Billy's Tod
THE KITCHEN TOTO Aufstand in Kenia
KLATWA DOLINY WEZY Der Fluch des Schlangentals
KLAUS FUCHS – ATOM SPY Klaus Fuchs – Atomspion
K-9000 Projekt 9000 ... die coolste Schnauze von L.A.
KOGEL-MOGEL Kogel-Mogel
KOMEDIANTKA Die Komödiantin
KONBU FINZE Spur des Schreckens
KONEC STARYCH CASU Ende der alten Zeiten
KONNA YUME WO MITA Akira Kurosawas Träume
KONO AI NO MONOGATARI Stunts auf Leben und Tod
KOPYTEM SEM, KOPYTEM TAM Einmal hin, einmal her
THE KRAYS Die Krays
KRISTINIHALD UNDIR JÖKLI Am Gletscher
KUROI AME Schwarzer Regen
KUUTAMOSONTTI Muttertag II

L

L.A. BOUNTY L.A. Bounty
LABERINTO DE PASIONES Labyrinth der Leidenschaften
LADRI DI SAPONETTE Die Seifendiebe
LADY REPORTER Born to Fight
LADY TERMINATOR Lady Terminator – Nasty Hunter
LADYKILLERS Ladykillers
LAMBADA Lambada – Heiß und gefährlich
LAMBADA – SET THE NIGHT ON FIRE Lambada – Set The Night On Fire
LAMBADA! THE FORBIDDEN DANCE Der verbotene Tanz
LAO JING Der alte Brunnen
THE LAST FLIGHT TO HELL Last Flight to Hell – Flug in die Hölle
THE LAST PLANE FROM CORAMAYA Das Geheimnis von Coramaya
LAST RITES Last Rites
THE LAUGHING POLICEMAN Massenmord in San Francisco
LAW AND ORDER Law and Order
LAWRENCE OF ARABIA Lawrence von Arabien
LEAN ON ME Der knallharte Prinzipal
LEDI MAKBET MZENSKOWO UESDA Lady Macbeth aus dem Landkreis Mzensk
LENINGRAD COWBOYS GO AMERICA Leningrad Cowboys go America
LET IT RIDE Alles auf Sieg
LEVIATHAN Leviathan
LIANLIAN FENGCHEN Wie Staub im Wind
LIBERTY & BASH Crime Task Force
THE LIGHT IN THE FOREST Das Herz eines Indianers
THE LIGHTHORSEMEN The Lighthorseman
LIMIT UP Limit Up – Zum Teufel mit den Kohlen
LISTEN TO ME Die große Herausforderung
LITTLE BIG MAN Little Big Man
THE LITTLE MERMAID Arielle – Die Meerjungfrau
LO SAM ZAYIN Verdammte Helden
LOBSTER MAN FROM MARS Lobstermann vom Mars
LOCK UP Lock up – Überleben ist alles
THE LOG OF THE BLACK PEARL Die Fahrt der Black Pearl
LONGTIME COMPANION Longtime Companion
LOOK WHO'S TALKING Kuck' mal, wer da spricht
LOOKING FOR LANGSTON Looking for Langston
LOOSE CANNONS Der Harte und der Zarte
LORD OF THE FLIES Herr der Fliegen
LORDS OF THE DEEP Lords of the Deep
THE LOST IDOL Der Todesmajor
THE LOST TRIBE Lost Tribe
LOVE AND KISSES Heiraten will gelernt sein
LOVE & MURDER Auf Liebe und Mord
LOVE AT LARGE Die Liebe eines Detektives
LOVE AT STAKE Verhext nochmal!
LOVE POTION Schock Therapie
LUCKY STIFF Der Dicke und die Schöne

M

MAD BULL Mad Bull
MAD MISSION 5 Mad Mission 5
MADE IN U.S.A. Made in USA

N

THE NIGHT BEFORE Eine verrückte Reise durch die Nacht
NIGHT CHILDREN Los Angeles Cop
NIGHT GAME Final Game
NIGHT OF THE WILDING Wilding - Bande der Gewalt
NIGHT WALK Nightwalk
NIGHTBREED Cabal - Die Brut der Nacht
NIGHTFALL Black Nightfall
NIGHTLIFE Nightlife
NIGHTMARE V - THE DREAM CHILD Nightmare on Elm Street 5 - Das Trauma
NIGHTMARES Alpträume
NIGHTWISH Nightwish - Out of Control
NIKITA Nikita
NINJA ACADEMY Ninja Academy
NOBODY'S PERFECT Hände weg von Stefanie!
NOCE BLANCHE Weiße Hochzeit
NON OU A VA GLORIA DE MANDAR Non oder Der vergängliche Ruhm der Herrschaft
NOUVELLE VAGUE Nouvelle Vague
NOWHERE TO RUN Ausweglos
LA NUIT DU SERAIL Die Favoritin
NUNS ON THE RUN Nonnen auf der Flucht

O

O PRINCEZNE JULINCE Prinzessin Julia
THE OASIS Tödliche Wüste
ODD BALL HALL Odd Ball Hall - Jetzt rasten die Götter völlig aus
OIJI Miracles
ON THE BLACK HILL Black Hill
OPTIONS Die Reise nach Tarzania
ORDER OF THE EAGLE Order of the Eagle
ORIGINAL SIN Die unbarmherzige Meute
L'OURS ET LA POUPEE Der Bär und die Puppe
OUT COLD Tau mich auf, Liebling
OUT OF TIME L.A. 2088 - Die Zukunft ist jetzt
OUTBACK BOUND Die Känguruh-Lady
THE OUTSIDERS - THE STRUGGLE CONTINUES The Outsiders II - Der Kampf geht weiter

P

PABO SUNON Das Manifest der Narren
PACIFIC HEIGHTS Fremde Schatten
PACIFIC PALISADES Pacific Palisades
THE PACKAGE Die Killer-Brigade
PAINT IT BLACK Paint It Black
PALAIS ROYALE The Last Game
PANCHO BARNES Pancho Barnes - Ein Leben fürs Fliegen
PANI KLUCI Die Herren Buben
PAPER MASK Paper Mask - Vorsicht Arzt
PARENTHOOD Eine Wahnsinnsfamilie
PARIS BY NIGHT Paris bei Nacht
THE PASSAGE Rivalen der Liebe
PAYBACK Payback
PEACEMAKER Peacemaker
PERSONAL CHOICE Moon Trek
PERSONALS Tödliche Bekanntschaften
PESTI VE TME Fäuste in der Dunkelheit
PETER GUNN Peter Gunn
THE PHANTOM OF THE OPERA Das Phantom der Oper
PINK CADILLAC Pink Cadillac
PIROSKA ES A FARKAS Piroschka und der Wolf
PLAF Plaff oder Zuviel Angst vor dem Leben
THE PLATINUM TRIANGLE The Platinum Triangle
PLAYROOM Schizomaniac
THE PLOT AGAINST HARRY Komplott gegen Harry
POBRE MARIPOSA Armer Schmetterling
PODSCHIGATELI Brandstifter
POLICE STORY: THE FREEWAY KILLINGS Los Angeles: Mord auf dem Freeway
PORCILE Der Schweinestall
POROG Tschernobyl - Die Schwelle
LES PORTES TOURNANTES Revolving Doors
POSED FOR MURDER Augenblicke mit dem Mörder
PRANCER Jessica und das Rentier
PRESUMED INNOCENT Aus Mangel an Beweisen
PRETTY WOMAN Pretty Woman
PRIVATE INVESTIGATIONS Private Investigations
PROBLEM CHILD So ein Satansbraten
PROC? Warum?
PRODLENIJE RODA Von Generation zu Generation
PROFESSION: DETEKTIVE Beruf: Detektiv
PROMISED LAND Promised Land
PROSCHTSCHAJ SPANA SAMOSKWOREZKAJA Leb wohl, Gesindel!
PROTOTYPE Sein Freund, der Roboter
PRZESLUCHANIE Verhör einer Frau
PRZYPADEK Der Zufall möglicherweise
PSYCHIC KILLER Psychic Killer

Q

R

S

SHE-DEVIL Die Teufelin
THE SHELTERING SKY Himmel über der Wüste
SHE'S BEEN AWAY Die unwürdige Frau
SHIRLEY VALENTINE Shirley Valentine - Auf Wiedersehen, mein lieber Mann
SHOCKER Shocker
THE SHOOTERS Sexy Platoon
SHORT TIME Short Time - Nichts als Ärger mit dem Kamikaze-Cop
SIBAJ Die Leihmutter
SIDE OUT Atemloser Sommer
SIDEWALK STORIES Sidewalk Stories
LES SIEGES DE L'ALCAZAR Die Sitze im Alcazar
SILK 2 Silk 2 - Hart wie Seide, sanft wie Stahl
SINBAD OF THE SEVEN SEAS Sindbad, Herr der Sieben Meere
SINGAPORE HARBOR, USA Private Guys
SINNERS Sinners
SKI PATROL Ski Academy
SKINHEADS Skinheads in USA
SKORYJ POJESD Schnellzug
SKRIVANCI NA NITICH Lerchen am Faden
SKYTTURNAR Weiße Wale
SLEEPAWAY CAMP 2: UNHAPPY CAMPERS Camp des Grauens 2
THE SLEEPING CAR Sleeping Car
SLIPPING INTO DARKNESS Killing Girls
SLIPSTREAM Slipstream
SLOW BURN Kalte Hölle
SLUGA Der Diener
SMRT KRASNYCH SRNCU Der Tod der herrlichen Rehe
SNACK BAR BUDAPEST Snack Bar Budapest
SNAK BEDY Zeichen des Unheils
SNAKE EATER'S REVENGE Snake Eater's Revenge
SO PROUDLY WE HAIL Mörder Clan
SOCIETY Dark-Society
SOFIA Sofia
SOIGNE TA DROITE Schütze deine Rechte
SOLDIERS OF FORTUNE Running Hero
IL SOLE ANCHE DI NOTTE Nachtsonne
SOME GIRLS Some Girls
SOMMARKVÄLLAR PÄ JORDEN Sommernächte auf dem Planeten Erde
SONS Söhne
SOPHISTICATED LADY Sophisticated Lady
SORRY, WRONG NUMBER Mit dem Tod verbunden
SOTTO IL VESTITO NIENTE The Last Shot
SPACE AVENGER Alien Terror
SPACE MUTINY Space Mutiny
SPIKE OF BENSONHURST The Brooklyn-Kid
SPIRKA SA NEPOSNATI Station für Unbekannte
SPONTANEOUS COMBUSTION Fire Syndrome
SPRING FEVER USA Spring Fever USA
SPY The Spy
THE STALKER Der Jaguar
STANLEY AND IRIS Stanley and Iris
LA STANZA DEL VESCOVO Das rote Zimmer
STEEL MAGNOLIAS Magnolien aus Stahl
STELLA Stella
STEPFATHER II Stepfather II
THE STORE The Store
STORIA DI RAGAZZI E DI RAGAZZE Geschichte der Knaben und Mädchen
STREET HUNTER Logan Blade - Ein Kopfgeldjäger sieht rot
STREET OF DREAMS Straße der Träume
STREET SOLDIERS Street Soldiers
STRIKE OF THE PANTHER White Panther II - Zwei Stunden bis zur Ewigkeit
STRIPPED TO KILL 2 - LIVE GIRLS Stripped to Kill 2
SUMMER CAMP NIGHTMARE Die unbeugsamen Wilden
SUMMER CITY Summer City
SUMMER JOB Summer Job
SUNLESS DAYS Tage ohne Sonne
SVENGALI Obsession - Die dunkle Seite des Ruhms
SWIFT JUSTICE Hateman
SWOBODA - ETO RAJ Freiheit ist ein Paradies
SZELEBURDI VAKACIO Familie Brausewind macht Urlaub
SZÜRKÜLET Dämmerung

T

TABU Tabu
TÄCKNAMN COQ ROUGE Coq Rouge
THE TAKE Gefährlicher Stoff
TALES FROM THE CRYPT Im Horrorkabinett
TALES FROM THE DARKSIDE - THE MOVIE Geschichten aus der Schattenwelt
THE TALL GUY Das lange Elend
TANGO & CASH Tango & Cash
TANGO BAR Tango Bar
TANK MALLING The Soho Connection

TANYA'S ISLAND Tanya's Island
TAPEHEADS Tapeheads - Verrückt auf Video
TATIE DANIELLE Tante Danielle
TAX SEASON Dollarjagd in Hollywood
TEEN WITCH Teen Witch
TEENAGE MUTANT NINJA TURTLES Turtles
TEN LITTLE INDIANS Death on Safari
TENI SABYTYCH PREDKOW Schatten vergessener Ahnen
THE TENTH MAN Der 10. Mann
TEO EL PELIRROJO Der rothaarige Teo
THE TERROR WITHIN Good Night Hell
THE TERRY FOX STORY Marathon der Hoffnung
LE TESTAMENT D'UN POETE JUIF ASSASSINE Das Testament eines ermordeten jüdischen Dichters
THIEVES OF FORTUNE Mexican Jackpot
THINGS CHANGE Things Change
THREE BEWILDERED PEOPLE IN THE NIGHT Drei Verirrte in der Nacht
THRILLED TO DEATH Verhängnisvolle Freundschaft
THROUGH THE FIRE Pentagramm des Satans
THUNDERGROUND Das Mädchen und der Fighter
TICHA RADOST Stille Freude
TIEMPO DE MORIR Zeit der Rache
THE TIGER AND THE FLAME Feuer und Sturm
A TIME TO LIVE Ein kurzes Leben lang
TIME TRACKERS Time Trackers
TO HEAL A NATION Die Vergessenen
TOKYO NAGAREMONO Tokyo Drifter - Der Mann aus Tokio
TONG NIEN WANG SHI Erinnerungen an meine Kindheit
TORRENTS OF SPRING Wenn die Masken fallen
TOTAL RECALL Die totale Erinnerung
TOTO, PEPPINO E LA DOLCE VITA Toto, Peppino und das Süße Leben
TOUGHER THAN LEATHER Mad Dogs - Ein tödlicher Alptraum
THE TOXIC AVENGER PART II Atomic Hero 2
TRAPPER COUNTY WAR Dirty War
TREASURE ISLAND Die Schatzinsel
THE TREE WE HURT Der Baum, den wir verletzten
TREMORS Im Land der Raketenwürmer
TRENCHCOAT IN PARADISE Ananas und blaue Bohnen
TRICKS OF THE TRADE Die Tricks einer Frau
TRIPWIRE Trip Wire
3615 - CODE PERE NOEL Deadly Games
TROLL 2 Troll 2
TROOP BEVERLY HILLS Die Wilde von Beverly Hills
TROP BELLE POUR TOI! Zu schön für Dich!
TROUBLE IN PARADISE Gefährliches Paradies - Ein Sarg voller Heroin
TROUBLE IN PARADISE Tote Zeugen reden nicht
TRUE BLUE Truck One
TÜSKE A KÖRÖM ALATT Splitter unterm Nagel
TULITIKKUTEHTAAN TYTTÖ Das Mädchen aus der Streichholzfabrik
TURNER & HOOCH Scott & Huutsch
TWO MOON JUNCTION Two Moon Junction
TWO WRONGS MAKE A RIGHT Fletcher Quinn in Action

U

UBIT DRAKONA Den Drachen töten
UHF UHF - Sender mit beschränkter Hoffnung
UMUD'A YOLCULUK Reise der Hoffnung
UNCLE MOSES Onkel Moses
UNCOMMON VALOR Großalarm im Krankenhaus
UNDER THE GUN 2 Under the Gun 2
UNDERGROUND ACES Die Maulwürfe von Beverly Hills
UNDERGROUND TERROR Underground
UNDERWORLD Underworld
UNION CITY Nacht in Union City
L'UNION SACREE Waffenbrüder
UNTAMAGIRU Untamagiru
UP YOUR ALLEY Modern Love

V

VALAHOL MAGYARORSZAGON Irgendwo in Ungarn
VANISHING ACT Die Spur der zweiten Frau
VENUS PETER Venus Peter
VEVERKA A KOUZELNA MUSLE Eichhörnchen und die Zaubermuschel
LA VIDA ALEGRE Lady Check - Jetzt sind mal die Männer dran

W

X

Y

Z

Personenregister

Regie, Darsteller, Drehbuch, Musik, Schnitt, Produzenten

A

B

C

D

E

F

G

H

I

J

K

L

M

N

O

P

Q

R

S

T

U

V

W

X

Y

Z